PROYECTOS CONSTITUCIONALES DEL CHAVISMO
PARA DESMANTELAR LA DEMOCRACIA Y ESTABLECER
UN ESTADO SOCIALISTA EN VENEZUELA
(Del principio al fin: 1999-2019)

©   Allan R. Brewer-Carías
    Email: allan@brewercarias.com
    http://www.allanbrewercarias.com

©   Editorial Temis S.A., 2019
    Hecho el depósito de Ley
    ISBN: 978-980-35-1222-3

    Reedición por Editorial Jurídica Venezolana
    Avda. Francisco Solano López, Torre Oasis, P.B., Local 4,
    Sabana Grande, Apartado 17.598 – Caracas, 1015, Venezuela
    Teléfono 762.25.53, 762.38.42. Fax. 763.5239
    Email fejv@cantv.net
    http://www.editorialjuridicavenezolana.com.ve

    Impreso por: Lightning Source, an INGRAM Content company
    para Editorial Jurídica Venezolana International Inc.
    Panamá, República de Panamá.
    Email: ejvinternational@gmail.com

    Diagramación, composición y montaje
    por: Francis Gil
    Primera Edición 2019

ALLAN R. BREWER-CARÍAS

Profesor de la Universidad Central de Venezuela

PROYECTOS CONSTITUCIONALES DEL CHAVISMO PARA DESMANTELAR LA DEMOCRACIA Y ESTABLECER UN ESTADO SOCIALISTA EN VENEZUELA

(Del principio al fin: 1999-2019)

Prólogo por:
Carlos Ayala Corao

editorial jurídica venezolana

EDITORIAL TEMIS
OBRAS JURÍDICAS

2019

CONTENIDO

PRIMERA PARTE:

PROPUESTA CONSTITUYENTE Y CONSTITUCIONAL DE HUGO CHÁVEZ Y LA CONSTITUCIÓN DE 1999

SEGUNDA PARTE:

EL PROYECTO DE REFORMA CONSTITUCIONAL PRESENTADO POR HUGO CHÁVEZ ANTE LA ASAMBLEA NACIONAL EN 2007

TERCERA PARTE:

LAS PROPUESTAS DE REFORMAS CONSTITUCIONALES AL RÉGIMEN DE LOS DERECHOS INDIVIDUALES FORMULADAS POR EL CONSEJO PRESIDENCIAL PARA LA REFORMA CONSTITUCIONAL (JUNIO 2007)

NOTA DEL AUTOR

Este libro se refiere a todos los proyectos y procesos de reforma constitucional desarrollados en Venezuela por lo que se ha denominado el "régimen chavísta," es decir, el régimen político iniciado por el ex Teniente Coronel Hugo Chávez Frías a partir de 1999, mediante la convocatoria de una Asamblea Nacional Constituyente no regulada en la Constitución de 1961, y que en 2019 está en proceso de terminar, luego de la convocatoria de otra Asamblea Nacional Constituyente en 2017; todo con el propósito general de desmantelar la democracia y el Estado de derecho, y establecer en su lugar un Estado socialista.

Mediante la Asamblea de 1999, quienes habían fracasado en su intento de asaltar al poder mediante un golpe de Estado militar contra el régimen democrático, que el mismo Chávez lideró en 1992, igualmente asaltaron el poder y con el mismo objetivo, que no era otro que demoler y acabar con el régimen democrático que tanto había costado construir en el país durante cuatro décadas, y ello, entre otros sortilegios, con el canto de sirena de sustituirla por una "democracia participativa" para, en definitiva, establecer un Estado Socialista, con un sistema económico comunista, destruyendo, con tal propósito, todas las instituciones del país, civiles y del Estado constitucional, todos los valores sociales y cívicos de nuestra Sociedad, y la totalidad del aparato productivo del país, reduciendo a la pobreza más miserable el que fue hasta la entrada del siglo XXI, uno de los países más desarrollados de la América del Sur, y que, paradójicamente posee las mayores reservas de petróleo de Occidente.

Esos proyectos y procesos constitucionales destructivos se desarrollaron durante los últimos 20 años (1999-2019), en cinco etapas, que se estudian en las cinco partes en las que hemos dividido el libro, y que están precedidas de un excelente *Prólogo* escrito por mi querido amigo y antiguo alumno, el profesor Carlos Ayala Corao, donde insiste en el mismo sentido de nuestro análisis, en que el verdadero proyecto constitucional del chavismo no ha sido otro que la destrucción de la Constitución, del Estado de Derecho y de la democracia.

La primera etapa, es la del proceso constituyente de 1999, en el cual si bien la mayoría de las propuestas constitucionales que formuló Hugo Chávez ante la Asamblea Nacional Constituyente no se adoptaron, la Constitución que resultó sancionada en 1999, sin embargo, como lo advertimos en 1999 y 2000, sentó las bases constitucionales para el desarrollo de un autoritarismo político, que se montó sobre regulaciones que reforzaron el centralismo, el presidencialismo, el estatismo, el paternalismo de Estado, el partidismo y el militarismo, ya con el peligro del derrumbe de la propia democracia.

La segunda etapa corresponde a la propuesta de reforma constitucional que presentó el mismo Hugo Chávez ante la Asamblea Nacional en 2007, con el objeto de eliminar definitivamente la democracia representativa y crear, en sustitución del Estado democrático y social de derecho, un Estado del Poder Popular, de carácter centralizado, socialista, policial y militarista, montado sobre un partido único e intervencionista.

La tercera etapa corresponde a la efectiva aprobación por la Asamblea Nacional, durante el mismo año 2007, de la reforma constitucional que le había propuesto el presidente Chávez, con cambios (i) la *los principios fundamentales de la organización del Estado,* para transformar el Estado democrático, social, pluralista y descentralizado de derecho, en un Estado socialista centralizado, con ideología socialista y doctrina "bolivariana" oficiales, lo que es excluyente de todo pluralismo; (ii) en el *sistema político,* para transformar la democracia representativa en una supuesta democracia participativa y protagónica conducida por el Poder Central, limitando a la vez las previsiones constitucionales sobre participación política; en la *forma del Estado,* para eliminar la forma Federal del Estado, es decir, la Federación, mediante la centralización total del Estado; en la *organización del Poder Nacional,* para acentuar el presidencialismo, y eliminar la participación de la sociedad civil en la elección de los altos funcionarios públicos; en la *Constitución económica,* para transformar un Estado social y promotor de la economía mixta, en un Estado socialista de economía estatal centralizada y confiscatoria; en el *régimen de los derechos humanos,* con contenido marcadamente regresivo en materia de derechos individuales, para establecer un Estado Policial, gendarme de una ideología única oficial; y en el *régimen de la Fuerza Armada,* para transformar el Estado civil en un Estado Militarista. Dicha reforma constitucional, sin embargo, una vez sometida a referendo fue rechazada por el pueblo en diciembre de 2007.

La cuarta etapa corresponde al proceso de desconstitucionalización del Estado, al implementarse buena parte de las reformas constitucionales propuestas en 2007, que habían sido rechazadas por el pueblo, y crearse en paralelo al Estado Constitucional, y por supuesto inconstitucionalmente, un Estado del Poder Popular o Estado Comunal a través de la sanción en 2010 de un conjunto de leyes orgánicas denominadas del Poder Popular, que fueron las Leyes Orgánicas del Poder Popular, de las Comunas, del Sistema Económico Comunal, de Planificación Pública y Comunal y de Contraloría Social, a las que se sumaron las Ley de los Consejos Comunales, la Ley Orgánica del Consejo Federal de Gobierno, la reforma de la Ley Orgánica del Poder Público Municipal, y de las Leyes de los Consejos Estadales de Planificación y Coordinación de Políticas Públicas, y de los Consejos Locales de Planificación Pública.

Y la quinta parte corresponde al nuevo intento de estructurar el Estado del Poder Popular en la Constitución, conforme a las mismas ideas propuestas en las etapas anteriores, mediante la convocatoria en julio de 2017, de una nueva Asamblea Nacional Constituyente que en enero de 2019 continuaba funcionando,

14

sin que el país hubiese conocido ningún proyecto concreto para la "nueva" trasformación del Estado y creación de un "nuevo" ordenamiento jurídico.

El libro concluye con una sexta parte, con el estudio escrito en enero de 2019 titulado "la Asamblea Nacional al rescate de los principios democráticos, ante una dictadura metida en un laberinto, después de la fraudulenta "reelección" presidencial de mayo de 2018," en el cual analizo a situación que se presentó en el país a partir del 10 de enero de 2019, cuando terminaba el período presidencial 2013-2019, ante la ausencia de un presidente legítimamente electo que pudiese juramentarse para el período 2019-2025, dado que desde mayo de 2018 la Asamblea Nacional había considerado como inexistente e ilegítima la "reelección" de Nicolás Maduro.

Ante esa situación constitucional inédita, la Asamblea Nacional, como legítima representante del pueblo, a través de la cual ejerce su soberanía, interpretó la Constitución aplicando analógicamente el artículo 233 de la misma e implementando lo dispuesto en sus artículos 333 y 350, y asumió la conducción del recate de la democracia en el país para hacer cesar la usurpación de Nicolás Maduro, conformar efectivamente un gobierno de transición y proceder a organizar elecciones libres y transparente, proceso en el cual el presidente de la Asamblea, conforme a sus competencias constitucionales, comenzó a encargarse de las funciones de la Presidencia de la República.

En ese contexto parecía que los proyectos constitucionales del chavismo, iniciados en 1999, para implantar un Estado comunista en el país, veinte años después, en 2019, llegaban a su fin.

Nueva York, 31 de enero de 2019

15

PRÓLOGO

Carlos Ayala Corao

*Profesor Titular de Derecho Constitucional
y Jefe de la Cátedra de Derecho Constitucional en la Universidad
Católica Andrés Bello; Presidente del Capítulo Venezuela
y miembro de la Junta Directiva del Instituto Iberoamericano de
Derecho Constitucional;
y Vicepresidente de la Comisión Internacional de Juristas*

El verdadero proyecto constitucional del chavismo: la destrucción de la Constitución, el Estado de Derecho y la democracia

Esta nueva obra jurídica que nos ofrece el maestro Allan Brewer-Carías, es una excelente contribución al estudio de los proyectos constitucionales del chavismo entre los años 1999 y 2019. Solo una persona con el talento y la disciplina de Brewer-Carías, podría haber realizado un estudio como este, en el cual se analizan veinte años de documentos constitucionales, procesos y decisiones, que presentan lo que podría llamarse el verdadero proyecto chavista para destruir la Constitución.

En efecto, luego de leer este estudio, uno concluye que el único proyecto constitucional del chavismo fue y ha sido, la destrucción de la Constitución, el Estado de Derecho y la democracia.

La Constitución y el Estado de Derecho son el fundamento y el límite al ejercicio del poder. Ninguna persona ni proyecto político puede estar por encima de la Constitución. Pero para que ello sea así, se requiere organizar el poder conforme a los principios y exigencias de un Estado de Derecho y una democracia constitucional, entre ellos: separación de poderes con una independencia garantizada del poder judicial y de la jurisdicción constitucional; reconocimiento y protección de los derechos humanos; libertad para fundar y actuar los partidos políticos y las organizaciones políticas; pluralismo y tolerancia; la celebración de elecciones periódicas, libres, justas y basadas en el sufragio universal y secreto como expresión de la soberanía del pueblo; libertad de expresión y crítica a los gobernantes sin temor a sufrir consecuencias; medios de comunicación y redes sociales; un Estado plural no sometido a persona o partido alguno; y la subordinación constitucional de todas las instituciones del Estado a la autoridad civil legalmente constituida.[1]

Los proyectos constitucionales del chavismo han tenido por objetivo destruir las constituciones, ya sea formalmente o materialmente, a través de la demolición del Estado de Derecho y la democracia

En 1999 el proyecto consistió en convocar a una Asamblea Nacional Constituyente, no prevista en la Constitución de 1961, pero mediante un decreto del presidente Hugo Chávez con el cual convocó a un referendo consultivo. Originalmente el decreto presidencial ni siquiera establecía las bases comiciales ni de organización, duración y límites de la Constituyente, lo cual tuvo que ser sometido expresamente a la consulta popular por requerimiento judicial.[2]. A pesar de que la entonces Corte Suprema de Justicia había establecido que, en caso de convocarse la Asamblea Nacional Constituyente, esta no tendría carácter absoluto u originario por encima de la Constitución de 1961 sino que esta estaría en vigencia hasta que entrara en vigor la nueva Constitución,[3] apenas se instaló la Constituyente, la misma dispuso lo contrario en su Estatuto y dictó varios decretos de intervención de los poderes públicos, en abierta violación a la Constitución de 1961.[4]

A finales de diciembre de 1999, tres días antes de entrar en vigor la nueva Constitución, la Asamblea Nacional Constituyente dictó un Decreto sobre el Régimen de Transición del Poder Público,[5] nombrando transitoriamente a los nuevos titulares de los poderes públicos y creando un poder legislativo no electo, todo ello en abierta violación material y formal a la nueva Constitución. Luego,

---

1   Consultar: *Carta Democrática Interamericana*, Asamblea General de la Organización de Estados Americanos, Asamblea General, 11 de septiembre de 2001. Disponible en: http://www.oas.org/OASpage/esp/Documentos/Carta_Democratica.htm

2   Sentencia de la Sala Político Administrativa de la entonces Corte Suprema de Justicia, 18 de marzo de 1999. Ver en *Revista de Derecho Público,* No 77-80 (enero diciembre 1999), Editorial Jurídica venezolana, Caracas 1999, pp.73-83.

3   Sentencia de la Sala Político Administrativa de la entonces Corte Suprema de Justicia, 13 de abril de 1999. Ver en *Revista de Derecho Público,* No 77-80 (enero diciembre 1999), Editorial Jurídica venezolana, Caracas, 1999, pp. 85-90.

4   *Estatuto de Funcionamiento de la Asamblea Nacional Constituyente*, Gaceta Oficial No. 36.786, de 14 de septiembre de 1999. *Decreto mediante el cual se declara la reorganización de todos los órganos del Poder Público*, Gaceta Oficial No. 36.764, de 13 de agosto de 1999. *Decreto mediante el cual se regulan las funciones del Poder Legislativo*, Gaceta Oficial No. 36.776, de 31 de agosto de 1999. *Decreto de reorganización del Poder Judicial*, Gaceta Oficial No. 36.782, de 8 de octubre de 1999 (reimpresión).

5   *Decreto mediante el cual se dicta el Régimen de Transición del Poder Público*, Gaceta Oficial No. 36.857, de 27 de diciembre de 1999.

el chavismo mostró poco respeto por el texto mismo de la Constitución, ya que después de ser sancionada por la Constituyente le introdujo unos cambios puntuales antes de ser aprobada por referendo; y posteriormente, también le introdujo varios cambios antes de su publicación oficial que tuvo lugar el 30 de diciembre de 1999.[6] No contento con ello y habiendo cesado ya la Asamblea Nacional Constituyente, en marzo del año 2000, el presidente Chávez dispuso la publicación de una nueva versión de la Constitución con otra serie de cambios incorporados a su texto.[7]

Luego, en el año 2007, como es analizado en detalle en este trabajo de Brewer-Carías, después de la reelección del Presidente Chávez, este tuvo un aparente deseo de "sinceración constitucional" y propuso demoler la Constitución de 1999, para sustituirla por un texto a su medida, mediante un conjunto de normas autoritarias que esencialmente sustituían el modelo de un Estado Social y Democrático de Derecho y de Justicia por un Estado Socialista y Comunal, una democracia socialista, y otras normas que, entre otras cosas, restringían los derechos políticos de referendo, creaban un sistema de propiedad comunal, colectiva y social dejando disminuida la propiedad privada, y -como si fuera poco- se establecía la reelección presidencial ilimitada. Esta reforma que configuraba en sí misma un fraude constitucional, fue sin más derrotada por el pueblo en el referendo de ese mismo año.

Pero para el chavismo, *cuando el pueblo no le da la razón, esa decisión no vale y no hay que respetarla, por lo que, en esos casos, simplemente se burlan de la soberanía popular y buscan la fórmula para darle la vuela e imponer su propia decisión.*

El desmantelamiento de la democracia y el Estado Constitucional con el Estado Comunal Socialista

Como también lo expone magistralmente en detalle Brewer-Carías en este trabajo, el proyecto autoritario de constitución del chavismo de 2007 de un Estado Comunal y Socialista que fue rechazado por el pueblo, fue igualmente implementado mediante un conjunto de leyes del poder comunal y comunas, en abierta violación a la Constitución de 1999: Ley Orgánica del Poder Comunal; Ley Orgánica de Planificación Pública y Popular; Ley Orgánica de las Comunas; Ley Orgánica del Sistema Económico Comunal; Ley Orgánica de Contraloría Social;

---

6   *Gaceta Oficial* No. 36.860, de 30 de diciembre de 1999 y ver, Allan R. Brewer Carías, *Asamblea Constituyente y proceso constituyente 1999*, Colección Tratado de Derecho Constitucional, Tomo VI Fundación de Derecho Público, Editorial Jurídica Venezolana, Caracas, 2013. Disponible en: https://allanbrewercarias.com/wp-content/uploads/2014/-07/BREWER-TRATADO-DE-DC-TOMO-VI-9789803652432-txt.pdf.

7   Ver, Allan R. Brewer Carías, *La Constitución de 1999: Estado Democrático y Social de Derecho*. Fundación de Derecho Público Editorial Jurídica Venezolana, Caracas, 2014, pp. 168-172; y del mismo autor, ver la Introducción de *La Constitución de 1999*. Editorial Jurídica Venezolana, Caracas, 2000.

y, Ley Orgánica de los Consejos Comunales. [8]. Con ello se avanzó en el desmantelamiento de la democracia representativa y pluralista, ya que, en el inconstitucional Estado Comunal Socialista, sus autoridades o "voceros," no son electas por los ciudadanos mediante sufragio universal, directo y secreto, sino mediante una designación comunitaria por asambleas y organismos comunales.

Conforme a la Constitución, el principio democrático consiste en que la soberanía "reside intransferiblemente en el pueblo, quien la ejerce directamente en la forma prevista en esta Constitución y en la ley, e indirectamente, mediante el sufragio, por los órganos que ejercen el Poder Público;" en consecuencia, "los órganos del Estado emanan de la soberanía popular y a ella están sometidos."[9] De allí que el gobierno de la República Bolivariana de Venezuela y de las entidades políticas que la componen, están regidos por principios fundamentales (que "son y serán siempre"), entre ellos: democrático, participativo, electivo, alternativo y pluralista.[10] A los fines de materializar la soberanía popular y el carácter democrático, participativo, alternativo, electivo y pluralista del gobierno de Venezuela y de todas las entidades políticas que lo componen, la Constitución consagra expresamente el derecho político al sufragio, mediante "votaciones libres, universales, directas y secretas."[11]

Sin embargo, la Ley Orgánica de Comunas (LOC), como bien lo analiza Brewer-Carías en esta obra, establece la organización básica de la Comuna, con los siguientes órganos: el Parlamento Comunal, el Consejo Ejecutivo de la Comuna, el Consejo de Planificación Comunal, el Consejo de Economía Comunal, el Banco de la Comuna y el Consejo de Contraloría Social. Sin embargo, como dijimos arriba, ninguna de estas autoridades son electas mediante sufragio universal, directo y secreto. Se trata de un secuestro del derecho político al sufragio por directo y secreto, tutelado e impuesto por autoridades nacionales controladas por el chavismo, a fin de imponer de arriba hacia abajo esta forma de organización popular como forma de control social y político.

Como se ha señalado, los titulares de los diversos órganos de las Comunas (Parlamento Comunal, Consejo Ejecutivo, Consejo de Planificación, Consejo de Economía Comunal, Consejo de Contraloría Comunal y Banco de la Comuna), se denominan "voceros" y los mismos no tienen su origen en votación ciudadana alguna, sino que son designados por otros órganos del Poder Popular, quienes, a su vez, tampoco son electos por votación popular mediante sufragio universal, directo y secreto. Por tanto, ni siquiera se podría decir que los voceros de los

---

8   *Ley Orgánica del Poder Comunal; Ley Orgánica de Planificación Pública y Popular; Ley Orgánica de las Comunas; Ley Orgánica del Sistema Económico Comunal; y, Ley Orgánica de Contraloría Social*; Gaceta Oficial No. 6.011 Extraordinario, de 21 de diciembre de 2010. *Ley Orgánica de los Consejos Comunales*, Gaceta Oficial No. 39.335, de 28 de diciembre de 2009.

9   Art. 5, Constitución de la República Bolivariana de Venezuela (CRBV).

10 Art.6, CRBV.

11 Art. 62, CRBV.

órganos de las Comunas son electos en segundo o tercer grado, pues nunca en el origen en el primer grado son electos por votación popular mediante sufragio universal, directo y secreto.

Así, por ejemplo, conforme a la Ley Orgánica de los Consejos Comunales (LOCC), la Asamblea de ciudadanos -no los ciudadanos- debe aprobar la creación de comités de trabajo u otras formas de organización comunitaria, con carácter permanente temporal (art. 23,2); elegir y revocar a los voceros del Consejo Comunal "a través de un proceso de elección popular comunitaria (art. 23,3); designar a los voceros del Consejo Comunal para las distintas instancias de participación popular y de gestión de políticas públicas (art. 23,10); elegir y revocar los integrantes de la comisión electoral (art. 23,4); evaluar la gestión de cada una de las unidades que conforman el Consejo Comunal (art. 23,8); y designar a los y las miembros de la comisión de contratación, conforme a la Ley de Contrataciones Públicas (art. 23,12).

Es importante resaltar, que conforme al artículo 17 de la Ley, los Consejos Comunales solo adquieren su personalidad jurídica mediante el registro ante el Ministerio del Poder Popular para las Comunas y Protección Social como "órgano rector" del proceso, con competencia en materia de participación ciudadana, al cual le asigna las funciones de dictar las políticas, estratégicas, planes generales, programas y proyectos para la participación comunitaria en los asuntos públicos (art. 56).

Con relación a las Comunas, la LOC dispone (art. 10) que para su constitución se debe notificar al "Ministerio del Poder Popular con competencia en materia de participación ciudadana," es decir, actualmente, el "Ministerio del Poder Popular para las Comunas y Protección Social" al cual, conforme al artículo 63 de la LOC, se le atribuye competencia para dictar "los lineamientos estratégicos y normas técnicas para el desarrollo y consolidación de las comunas, en una relación de acompañamiento en el cumplimiento de sus fines y propósitos, y facilitando su articulación y sus relaciones con los otros órganos y entes del Poder Público". Finalmente, el registro de las comunas también debe realizarse ante el mismo Ministerio de las Comunas, que es la formalidad esencial con la cual la Comuna adquiere su personalidad jurídica (art. 17). Con todo lo cual, se confirma el estricto control político que el Ejecutivo Nacional ejerce sobre el llamado Estado Comunal.

Lo mismo ocurre con el Parlamento Comunal como máximo órgano de la Comuna, el cual está integrado, conforme se indica LOC (art. 23), por una serie de personas denominadas "voceros" designadas por otros órganos del Poder Popular, de la siguiente manera: un vocero y su respectivo suplente, electo por cada consejo comunal de la Comuna; tres voceros y sus respectivos suplentes, electos por las organizaciones socio-productivas; y un vocero y su respectivo suplente, en representación del Banco de la Comuna.

En fin, el verdadero proyecto constitucional chavista consiste en el desmantelamiento del Estado Constitucional y la democracia. Si ello no es posible hacerlo mediante una "reforma" constitucional porque el pueblo la rechaza, igualmente se impone por leyes que abiertamente violan el modelo de Estado y la democracia establecido en la Constitución. Con ello, se crea una llamado Estado Comunal Socialista cuyas estructuras dependen de la aprobación de su creación y de su presupuesto del propio Poder Ejecutivo a través de un Ministerio del ramo; y cuyas autoridades no son electas en sufragio por los ciudadanos mediante "votaciones libres, universales, directas y secretas.

La insistencia en la reelección ilimitada del Presidente de la República en fraude a la Constitución

No contento con ello, a los pocos meses del año siguiente, es decir en 2008, el presidente Chávez propuso lo que evidentemente era la verdadera razón de ser de su reforma encallada: la reelección ilimitada del Presidente de la República, adornada ahora, con la propuesta de la reelección indefinida de todos los funcionarios y autoridades de elección popular.

Esta reforma a pesar de la prohibición constitucional de someter de nuevo en el mismo período constitucional una reforma que haya sido rechazada en el referendo,[12] fue revestida como una "enmienda" a pesar de que en el fondo ya había sido propuesta y derrotada. Además de ello, esta propuesta viola uno de principios fundamentales o cláusulas pétreas de la Constitución, como es el carácter "alternativo" del sistema de gobierno.[13] En este caso, se aseguró que resultara aprobada en el referendo.

De esta manera, Venezuela pasó a ser el único país latinoamericano con un sistema presidencial de reelección ilimitada del presidente de la República, lo cual se convirtió en un producto de exportación constitucional autoritaria, no por casualidad, para los regímenes de Nicaragua (Ortega), Bolivia (Morales) y Ecuador (Correa). Ello contrasta con el hecho de que cuando el presidente Álvaro Uribe de Colombia trató de hacer aprobar su reforma constitucional para una segunda reelección presidencial, la Corte Constitucional la haya declarado inconstitucional, entre otros motivos, por violar el principio democrático de alternabilidad.[14]

---

12   Art. 345, *Constitución de la República Bolivariana de Venezuela* de 1999 (CRBV): [...] La iniciativa de reforma constitucional que no sea aprobada no podrá presentarse de nuevo en un mismo período constitucional a la Asamblea Nacional.

13   Nótese que el Artículo 6 de la CRBV, dispone que el gobierno de Venezuela "es y será siempre" democrático y alternativo: *Artículo 6.* El gobierno de la República Bolivariana de Venezuela y de las entidades políticas que la componen *es y será siempre* democrático, participativo, electivo, descentralizado, alternativo, responsable, pluralista y de mandatos revocables." (Cursivas nuestras).

14   Sentencia C-141/10 de la Corte Constitucional de Colombia, 26 de febrero de 2009. Disponible en: http://www.corteconstitucional.gov.co/

El modelo constitucional chavista no acepta que el pueblo decida elegir a otra opción mayoritaria: el chavismo solo concibe una constitución que le permita el control total, así sea ilegítimo, de todos los poderes públicos nacionales

Bajo la Constitución de 1999 con su enmienda autoritaria de 2008, se experimentó por primera vez que la oposición ganara las elecciones parlamentarias de diciembre de 2015, incluso con las dos terceras partes de los diputados de la Asamblea Nacional. De allí, que, por primera vez, al menos desde el año 1999, el Ejecutivo Nacional iba a tener un contrapeso institucional, a través de la legislación, los controles, las autorizaciones, las aprobaciones y las investigaciones parlamentarias.

Este acontecimiento iba a poner a prueba las convicciones democráticas y republicanas del presidente de la República y del Proyecto Revolucionario Socialista, pues la *Constitución* venezolana le atribuye a la Asamblea Nacional facultades importantes para legislar; ejercer funciones de control sobre el resto de los órganos del Estado; organizar internamente su funcionamiento; e incluso para modificar la *Constitución*.

No obstante, muy pronto se evidenció que el chavismo solo concibe una constitución que le permita estar en control total de todos los poderes públicos nacionales. Este es otro de los elementos esenciales del verdadero proyecto constitucional chavista: *un modelo dictatorial que cuando el pueblo ya no apoye al chavismo y éste pierda la mayoría, se busquen vías alternas para mantenerse en el poder de manera ilegítima.*

Para ello, en diciembre de 2015 se puso en práctica en pocos días el aparato judicial del Tribunal Supremo de Justicia controlado férreamente por el chavismo y, en horas, se suspendieron a los tres diputados del Estado Amazonas y al diputado indígena de la región sur del país. En efecto, el 30 de diciembre de 2015, en pleno receso judicial, la Sala Electoral del TSJ (SE/TSJ) dictó una medida cautelar mediante la cual se ordenó la suspensión de los efectos de los actos de totalización, adjudicación y proclamación de los tres diputados electos por el estado Amazonas y el diputado de la representación indígena de la Región Indígena Sur (Amazonas y Apure) en las elecciones parlamentarias del 6 de diciembre del 2015. Con esta decisión "cautelar" (aún vigente año y medio después) se logró que la coalición parlamentaria de oposición (MUD) perdiera la mayoría calificada de 2/3 partes de sus integrantes, pretendiendo con ello impedir la designación de una serie de funcionarios de órganos importantes del Estado con períodos vencidos, entre ellos, los rectores del Consejo Nacional Electoral y el Contralor General de la República. De seguidas, el Tribunal Supremo de Justicia se inventó la tesis inexistente del "desacato" para vaciar todas y cada una de las competencias de la nueva Asamblea Nacional instalada en enero de 2016, anulando todas sus leyes y actos dictados, usurpando así la soberanía popular.[15] Así,

---

15 Comisión Internacional de Juristas. Informe sobre *El Tribunal Supremo de Justicia de Venezuela: un instrumento del Poder Ejecutivo,* 2017, pp. 6-9. Disponible en:

a través de "sentencias" dictadas fundamentalmente por la Sala Constitucional del Tribunal Supremo de Justicia, se desconocieron todas las facultades parlamentarias de i) organizarse internamente; ii) dictar leyes; iii) controlar e investigar al resto de los órganos del poder público; y vi) modificar la *Constitución*.

La gota que rebasó el vaso de esta usurpación de la soberanía popular representativa fue cuando a finales del mes de marzo de 2017, la Sala Constitucional dictó las sentencias No.155[16] y No. 156,[17] mediante las cuales desconoció la inmunidad parlamentaria y estableció que la Asamblea Nacional no podía ejercer ninguna de sus facultades constitucionales, las cuales, de ese momento en adelante, serían ejercidas por aquella entidad que en cada caso determinara dicho Tribunal.

Tanto la sociedad venezolana como la comunidad internacional cuestionó fuertemente ambas decisiones judiciales, señalándolas como un golpe de estado, en virtud de que configuraban una clara alteración del orden constitucional que impedía en funcionamiento democrático. Y aunque en una inusual decisión posterior, a recomendación del Consejo de Defensa de la Nación, el Tribunal Supremo de Justicia parcialmente dio marcha atrás a estas decisiones judiciales, ellas de inmediato prendieron el fuego de las protestas públicas en Venezuela, frente a los que la gente consideró como un ataque a su derecho a elegir sus representantes y ante el grave deterioro de sus condiciones de vida. Estas protestas públicas del 2017 como las del 2014, fueron brutalmente reprimidas por un régimen que perdió el apoyo popular y al solo le quedaba el abuso de la fuerza con las consecuentes violaciones graves a los derechos humanos.

Ahora bien, para adoptar todas esas sentencias inconstitucionales mediante las cuales se vaciaron todas las competencias constitucionales de la Asamblea Nacional, usurpando de esa manera la soberanía constitucional y violando masivamente la Constitución, se utilizó una inexistente figura del "desacato" de la Asamblea Nacional a la sentencia inicial de la Sala Electoral del Tribunal Su-

---

https://www.icj.org/wp-content/uploads/2017/09/Venezuela-Tribunal-Supremo-Publications-Reports-Thematic-reports-2017-SPA.pdf. Iniciativa de Reparación y Responsabilidad Global *"Logrando justicia por graves violaciones a los derechos humanos en Venezuela"*, Estudio de Referencia de 2017, pp. 11-12, disponible en: http://www.icj.org/wp-content/uploads/2017/08/Venezuela-GRA-Baseline-Study-Publications-Reports-Thematic-reports-2017-ENG.pdf; y ver Carlos Ayala Corao y Rafael Chavero Gazdik, *El Libro Negro del TSJ de Venezuela: Del Secuestro de la democracia y la usurpación de la soberanía popular a la ruptura del orden constitucional (2015-2017)*. Fundación de Derecho Público Editorial Jurídica Venezolana, 2017.

16   SC/TSJ: Sentencia N° 155 de fecha 28 de marzo del 2017, caso *diputado Héctor Rodríguez Castro vs Acuerdo AN sobre reactivación de la Carta Democrática Interamericana*. Expediente N° 17-0323. Disponible en: http://historico.tsj.gob.ve/decisiones/scon/ marzo/197285-155-28317-2017-17-0323.HTML.

17   SC/TSJ: Sentencia N° 156 de fecha 29 de marzo del 2017, caso *Corporación Venezolana del Petróleo, S.A. (CVP) (Interpretación de la Ley Orgánica de Hidrocarburos vs AN)*. Expediente N° 17-0325. Ponencia Conjunta. Disponible en: http://historico.tsj.gob.ve/decisiones/scon/marzo/197364-156-29317-2017-17-0325.HTML.

premo de Justicia sobre la desincorporación de los diputados del estado Amazonas y la región indígena.

Este insólito e inédito argumento del *"desacato,"* como ha sido utilizado por el Tribunal Supremo de Justicia, no existe ni se encuentra regulado en el Derecho venezolano, sino que ha sido inventado y moldeado por dicho Tribunal, para impedir el funcionamiento de una Asamblea Nacional conformada en su mayoría por diputados de partidos de oposición al Gobierno. Como afirma Jesús María Casal, el llamado *"desacato"* que ha utilizado el TSJ para anular gran parte de los actos parlamentarios no es "sino una construcción judicial artificial, perversa constitucionalmente y lesiva del principio democrático, pensada para derribar funcionalmente a la Asamblea Nacional…" Y más adelante concluye el mismo autor señalando que la "situación de inhabilitación funcional impuesta por el Tribunal Supremo de Justicia es, pues, de alguna manera, un desenlace previsible del ataque político-institucional contra la Asamblea Nacional ejecutado por un gobierno que no acepta el control ni la división de poderes, frente a una mayoría parlamentaria que no se ha rendido ante la arbitrariedad."[18]

En efecto, los artículos 122 y 123 de la Ley Orgánica del Tribunal Supremo de Justicia lo único que señalan es que quien incumpla una decisión del Tribunal Supremo de Justicia, podrá ser objeto de una multa de 200 unidades tributarias o de 300 unidades tributarias, en caso de reincidencia. Es decir, frente al incumplimiento de una decisión del Tribunal Supremo de Justicia, lo único que está previsto legalmente es la posibilidad de imponer *multas*, más no *anular* actos presentes y futuros de un órgano constitucional, pues en un Estado de Derecho no hay penas accesorias que permitan desconocer todas las actuaciones de un órgano del poder público, y mucho menos del órgano más representativo del sistema democrático. También, el incumplimiento de una decisión podría ser objeto de ciertas figuras penales con una sanción penal, pero es obvio que en este caso los responsables serían las personas naturales que se nieguen a acatar el fallo judicial, y nunca una institución o el órgano del poder público.

Pero como hemos visto, el Tribunal Supremo de Justicia ha considerado que al no darse cumplimiento a unos fallos cautelares que ordenaron desincorporar a unos diputados de la AN, deben entonces considerarse *todos* sus actos como nulos, sin que exista ni una sola disposición constitucional ni legal que consagre tan absurda y desproporcionada sanción.

En conclusión, mediante todas las sentencias írritas que han declarado la nulidad presente y futura de todos los actos de la Asamblea Nacional, se ha desconocido no solo la Constitución, sino la voluntad popular expresada por el pueblo venezolano en las elecciones parlamentarias de diciembre de 2015. Ello no habría sido posible sin el control político total por el chavismo del Poder Judicial y en especial la Sala Constitucional y el resto del Tribunal Supremo de Justicia.

---

18   Jesús María Casal, en el *Discurso de Incorporación como Individuo de Número, en el Sillón Número 8 de la Academia de Ciencias Políticas y Sociales*, Caracas, 2017.

El secuestro y sometimiento de los poderes públicos: el chavismo es el Estado. El Consejo Nacional Electoral

Otro poder público constitucional que ha sido secuestrado políticamente es, nada más y nada menos, que el Poder Electoral, en cabeza de su órgano: el Consejo Nacional Electoral. Éste está constitucionalmente encargado, entre otras facultades, de la organización, administración, dirección y vigilancia de todos los actos relativos a la elección de los cargos de representación popular de los poderes públicos, así como de los referendos; organizar la inscripción y registro de las organizaciones con fines políticos; controlar, regular e investigar los fondos de financiamiento de las organizaciones con fines políticos; y organizar las elecciones de sindicatos, gremios profesionales y organizaciones con fines políticos, así como organizar procesos electorales de otras organizaciones de la sociedad civil a solicitud de éstas, o por orden de la Sala Electoral del Tribunal Supremo de Justicia.[19]

No podía la revolución chavista, permitir que el árbitro electoral fuese como lo exige la norma constitucional, es decir, organizado bajo los principios de independencia orgánica, autonomía funcional y presupuestaria, despartidización de los organismos electorales, imparcialidad y participación ciudadana; descentralización de la administración electoral, transparencia y celeridad del acto de votación y escrutinios.[20] Con ello se corría el grave riesgo de que una vez que el chavismo perdiera la mayoría del apoyo popular, ese "otro" pueblo y sus representantes, tomaran el control de los órganos constitucionales y con ello el chavismo perdiera el poder.

Y aquí es importante hacer una parada para resaltar algo: *el chavismo solo se concibe en el Estado y desde el Estado, nunca fuera de él*. El chavismo creció y se desarrolló desde el Estado como un partido de Estado, confundiéndose con el Estado, con todas las graves consecuencias que ello conlleva. Por eso el chavismo no se ve fuera del Estado, como un partido de oposición, con opción de poder a futuro, con parlamentarios y algunos gobernadores y alcaldes. En realidad, el chavismo como movimiento político nacional (primero como Movimiento Quinta República -MVR- y luego como Partido Socialista Unido de Venezuela -PSUV-) si bien tuvo su etapa de gestación política pública desde los dos golpes de estado de 1992, la cárcel, el sobreseimiento, el abstencionismo y la campaña electoral de 1998, finalmente su desarrollo tuvo lugar desde el poder, a raíz del triunfo electoral de Hugo Chávez como presidente de la República en 1998.

Por ello, parte del proyecto constitucional chavista ha sido controlar el órgano electoral, para controlar los procesos electorales y de referendos, especialmente los referendos revocatorios.

La Constitución dispuso un mecanismo abierto y de participación plural en la postulación de los rectores del Consejo Nacional Electoral y la competencia de

---

19   Art. 293, CRBV.
20   Art. 294, CRBV.

la Asamblea Nacional para su designación por la *mayoría calificada* de sus diputados: con el voto de las dos terceras partes de sus integrantes.[21]

Como lo ha notado Brewer Carías, ya desde 1999 el nombramiento del Consejo Nacional Electoral fue realizado por la Asamblea Nacional Constituyente, en violación a la propia Constitución naciente:

> "En cuanto al Poder Electoral, por último, la Asamblea Nacional Constituyente, careciendo totalmente de competencia para ello y en forma ilegítima, en el Decreto del 22-12-99 se autoatribuyó competencias para designar a los integrantes del Consejo Nacional Electoral (artículo 40), designaciones que realizó días después, con carácter provisorio, al nombrar a personas todas vinculadas al nuevo poder y a los partidos que apoyaban al gobierno, lo que incluso no garantizaba la imparcialidad electoral necesaria, burlándose del artículo 296 de la Constitución."[22]

Ese acto de la Asamblea Nacional Constituyente de diciembre de 1999, por el cual fueron nombrados los Directivos del Consejo Nacional Electoral –así como el Fiscal General de la República, Contralor General de la República, Magistrados del Tribunal Supremo de Justicia, Defensora del Pueblo y miembros del "Congresillo"-, denominado *Decreto sobre el Régimen de Transición del Poder Público,* fue objeto de un recurso de nulidad declarado improcedente por la Sala Constitucional del Tribunal Supremo de Justicia, mediante sentencia N° 4 del 26 de enero del año 2000. Conforme a la narrativa de la sentencia, entre los funda-

---

21 Artículos 294 y 295 de la CRBV en los siguientes términos: Artículo 295. El Comité de Postulaciones Electorales de candidatos o candidatas a integrantes del Consejo Nacional Electoral estará *integrado por representantes de los diferentes sectores de la sociedad,* de conformidad con lo que establezca la ley. // Artículo 296. El Consejo Nacional Electoral estará integrado por cinco *personas no vinculadas a organizaciones con fines políticos; tres de ellos o ellas serán postulados o postuladas por la sociedad civil, uno o una por las facultades de ciencias jurídicas y políticas de las universidades nacionales y uno o una por el Poder Ciudadano.* // Los o las tres integrantes postulados o postuladas por la sociedad civil tendrán seis suplentes en secuencia ordinal y cada designado o designada por las universidades y el Poder Ciudadano tendrá dos suplentes, respectivamente. La Junta Nacional Electoral, la Comisión de Registro Civil y Electoral y la Comisión de Participación Política y Financiamiento, serán presididas cada una por un o una integrante postulado o postulada por la sociedad civil. Los o las integrantes del Consejo Nacional Electoral durarán siete años en sus funciones y serán elegidos o elegidas por separado: los tres postulados o postuladas por la sociedad civil al inicio de cada período de la Asamblea Nacional, y los otros dos a la mitad del mismo. // Los o las integrantes del Consejo Nacional Electoral serán *designados o designadas por la Asamblea Nacional con el voto de las dos terceras partes de sus integrantes.* Los o las integrantes del Consejo Nacional Electoral escogerán de su seno a su presidente o presidenta, de conformidad con la ley.// Los o las integrantes del Consejo Nacional Electoral serán removidos o removidas por la Asamblea Nacional, previo pronunciamiento del Tribunal Supremo de Justicia. (Cursivas nuestras).

22 Allan R. Brewer Carías, *Historia Constitucional de Venezuela,* Caracas, Editorial Alfa, 2008, Tomo II, p. 267.

mentos del recurso, se argumentó *"[q]ue a los fines de tales designaciones, el ciudadano Luis Miquilena, presidente de la Asamblea Nacional Constituyente, recibió instrucciones directas del Presidente de la República Hugo Chávez Frías, en abierta violación al principio de separación de poderes."* Estos mismos argumentos, fueron esgrimidos ante los Magistrados de la Sala Constitucional quienes habían sido designados por el mismo acto impugnado, a lo cual los jueces responden de manera casi burlesca aduciendo que, si se aplicara ese mismo criterio a ellos, no podrían entonces decidir el recurso presentado:

> "Con carácter previo, debe esta Sala referirse insoslayablemente a la especial situación en la que se encuentran los Magistrados de esta Sala, en virtud de que su nombramiento ha sido igualmente cuestionado, lo cual, en principio podría colocarlos en una situación de interés particular frente a la decisión que habrá de dictarse, concretamente la prevista en el numeral 4 del artículo 82 del Código de Procedimiento Civil.

> No obstante, como ha sido cuestionado el nombramiento de todos los Magistrados del Tribunal Supremo de Justicia y en virtud de que no han sido designados los suplentes y conjueces respectivos –los cuales aun siendo designados estarían en la misma circunstancia de los titulares- no podría aplicarse la solución que otorga el artículo 72 de la Ley Orgánica de la Corte Suprema de Justicia, de manera que la consecuencia de lo antes dicho, sería la imposibilidad de decidir el recurso planteado."[23]

Resulta claro entonces, que los mismos Magistrados como ya vimos, de una Sala y un Tribunal controlada políticamente desde el principio, que no ofrecían garantía alguna de imparcialidad y que habían sido designados por el mismo acto impugnado, desecharon el recurso, declarando su improcedencia.

Luego, en noviembre del año 2002 se publicó en Gaceta Oficial la *Ley Orgánica del Poder Electoral* en la cual se desarrollaron las disposiciones constitucionales relativas al Comité de Postulaciones Electorales. Esa regulación contempla la conformación de ese Comité con un número mayoritario de diputados para asegurar el control por parte del partido de gobierno.[24] En ese sentido, Brewer Carías ha afirmado:

> Esos Comités son órganos intermedios, algunos permanentes, que obligatoriamente deben estar integrados por *representantes de los* diferentes *sectores de la sociedad.* Son diferentes a la Asamblea Nacional *y los representantes populares no pueden formar parte de los mismos. Sin embargo,*

---

23 Consultar la sentencia de la Sala Constitucional del TSJ. Disponible en: http://historico.tsj.gob.ve/decisiones/scon/enero/04-260100-00-009.HTM.

24 El artículo 19 de la *Ley Orgánica del Poder Electoral*, publicada en la Gaceta Oficial N° 37.573 del 19-11-2002, dispone que el comité de postulaciones electorales estará conformado por 21 miembros de los cuales 11 son diputados.

lamentablemente este postulado constitucional ha sido violado al regularse la conformación del Comité de Postulaciones Electorales en la Ley Orgánica del Poder Electoral, *y el Comité de Postulaciones Judiciales en la Ley Orgánica del Tribunal Supremo de Justicia, los cuales se han integrado con diputados a la Asamblea Nacional, como Comisiones Parlamentarias ampliadas*[25] (Cursivas nuestras).

Así mismo, las organizaciones internacionales también advirtieron la contradicción entre las leyes dictadas y las disposiciones constitucionales relativas a los Comités de Postulaciones,

"[…] se contradice el espíritu y los principios constitucionales sobre este tema, se crean obstáculos, se usurpa, se confisca y se tutela la legítima participación ciudadana y el efectivo control de la sociedad organizada."[26]

---

25 Allan R. Brewer Carías, *Ley Orgánica del Tribunal Supremo de Justicia, Procesos y procedimientos constitucionales y contencioso-administrativos*, Caracas, EJV-CECLA, 2004, p. 15.

26 Documento *Comité de Postulaciones: Participación y control social en la preselección de candidatos a ocupar cargos de los poderes públicos nacionales Judicial, Ciudadano y Electoral*, elaborado en julio de 2003, por el Instituto Latinoamericano de Investigaciones Sociales (Raúl Pinto Peña): http://library.fes.de/pdf-files/bueros/caracas/03843.pdf En ese informe se hace una relación de los mecanismos de designación de los rectores del Consejo Nacional Electoral, desde el año 2000, cuando se prescindió de la conformación del Comité de Postulaciones Electorales y luego en la inconstitucional regulación de ese Comité en la Ley Orgánica del Poder Electoral, desconociendo los objetivos de despartidización, dispone su conformación mayormente por diputados de la Asamblea Nacional. En ese mismo sentido se ha pronunciado reiteradamente la Comisión Interamericana de Derechos Humanos en sus informes desde el año 2003, en el último, se lee en los párrafos 127 al 129 lo siguiente: "la información al alcance de la CIDH indica que existe una falta de independencia del CNE. Esta situación se debería, entre otros factores, al incumplimiento reiterado del procedimiento establecido en la Constitución para la elección de sus integrantes. De acuerdo a la Constitución, los candidatos son propuestos por el Comité de Postulaciones Electorales, compuesto por sociedad civil y son elegidos con el voto de las dos terceras partes de la AN. Sin embargo, desde 1999, sus miembros habrían sido elegidos de manera distinta. 128. En efecto, los primeros integrantes del CNE fueron designados por la Asamblea Constituyente de 1999. En el 2000, fueron elegidos por la Comisión Legislativa Nacional. En tres ocasiones (en los años 2003, 2005 y 2014) fueron designados por la Sala Constitucional del TSJ, quien se arrogó dicha función por la omisión legislativa en la que consideró había incurrido la AN por no nombrarlos a tiempo. En dos ocasiones (en los años 2006 y 2010), fueron elegidos por una AN oficialista que negó la participación de un Comité de Postulaciones electoral efectivamente compuesto por la sociedad civil. Más recientemente, en el 2016, la Sala Constitucional del TSJ volvió a designar a las y los rectores del CNE, pero esta vez afirmó que se debía al desacato de la AN. 129. Otro aspecto determinante para la falta de independencia de este órgano constitucional es que sus miembros no cumplirían con el requisito de no estar vinculados a organizaciones con fines políticos, exigido por la Constitución. En efecto, según ha sido advertido, muchos de los rectores del CNE serían o habrían sido operadores de confianza del Gobierno y su personal técnico sería militante en el partido oficialista". CIDH (31 de diciembre de 2017) *Informe de País: Institucionalidad democrática, Estado de*

Estas disposiciones constitucionales han sido violadas sistemáticamente desde la entrada en vigencia de la Constitución de 1999, vicio que afecta de manera particular la designación de los cinco "rectores" que actualmente lo integran, lo cual ha derivado en la absoluta *politización partidista* del Consejo Nacional Electoral como un órgano parcializado y dependiente del Poder Ejecutivo Nacional y el partido de gobierno (PSUV).

En efecto, el artículo 296 de la Constitución establece que el Consejo Nacional Electoral estará integrado por cinco rectores, *no vinculados a organizaciones con fines políticos*, tres (3) de ellos postulados por la sociedad civil, uno por las facultades de ciencias jurídicas y políticas de la Universidades nacionales y uno por el Poder Ciudadano.

Como vimos antes, estos nombramientos de los rectores del Consejo Nacional Electoral están previstos como una atribución propia y exclusiva de la Asamblea Nacional mediante votación calificada, a partir de la lista de postulados que le presenten la sociedad civil, las facultades de ciencias jurídicas y políticas y el Poder Ciudadano, según corresponda (penúltimo aparte del ar-tículo 296 constitucional). En efecto, conforme a lo previsto en el penúltimo aparte del artículo 296 de la Constitución, los rectores del Consejo Nacional Electoral son designados *"por la Asamblea Nacional con el voto de las dos terceras partes de sus integrantes"*, duran siete (7) años en el ejercicio de sus funciones y sus designaciones se hacen por separado: los tres postulados por la sociedad civil, al inicio de cada período de la Asamblea Nacional; y los otros dos rectores, a la mitad del período de dicho órgano parlamentario.

Desde el año 2003, los rectores del Consejo Nacional Electoral incluyendo los actuales han sido designados inconstitucionalmente por el Tribunal Supremo de Justicia, mediante decisiones políticas adoptadas por la Sala Constitucional, usurpando las funciones constitucionales propias y exclusivas de la Asamblea Nacional.

Primero, la Sala Constitucional del Tribunal Supremo en la sentencia de 4 de agosto de 2003 al resolver sobre la supuesta omisión del órgano legislativo de proceder a nombrar los rectores del Consejo Nacional Electoral, le otorgó a la Asamblea Nacional, un plazo de 10 días para que cumpliera con su obligación y, si no lo hacía dentro de dicho término, anunció que corregiría en lo que fuese posible la situación que naciera de la omisión concreta, que no era otra que "si transcurrido el lapso aquí señalado, la Asamblea Nacional no ha procedido a nombrarlos, la Sala lo hará dentro de un término de diez (10) días nuos."[27] Como la propia Sala Constitucional lo anunció en su sentencia, dicho nombramiento es político, por lo "trasciende lo jurídico". Transcurridos los 10

---

derecho y derechos humanos en Venezuela 2017. OEA/Ser.L/V/II. Doc. 209. párr. 117-119. Disponible en: http://www.oas.org/es/cidh/informes/pdfs/Venezuela2018-es.pdf

27 Sentencia No 2073 de 4 de agosto de 2003 (Caso: *Hermann Escarrá Malaver y otros*). Ver en *Revista de Derecho Público,* No 93-96 (enero diciembre 2003), Editorial Jurídica venezolana, Caracas 2003, pp. 520-525; 73-83.

días que le había otorgado a la Asamblea Nacional para cumplir su obligación, al no haber logrado la mayoría chavista de la Asamblea poder imponer su criterio y obtener el apoyo de las 2/3 partes de sus integrantes en el nombramiento de los miembros del Consejo Nacional Electoral, la Sala Constitucional, procedió a suplir la supuesta "omisión" de la Asamblea Nacional, nombró a sus cinco integrantes (rectores) con una clara mayoría del chavismo por lo que asumió así el control del Consejo Nacional Electoral.

La lección aprendida para el proyecto constitucional chavista era de suma importancia: *lo que no pudo lograr el chavismo con la mayoría calificada de la Asamblea Nacional en su propio seno, lo podía lograr a través del control de la Sala Constitucional del Tribunal Supremo: el control del Consejo Nacional Electoral.*

De esta forma, y bajo la errada figura de una "omisión" legislativa, el chavismo más nunca pretendió de buena fe a nombrar con consenso a los rectores del Consejo Nacional Electoral por la mayoría calificada de las dos terceras partes de los diputados de la Asamblea Nacional, sino que en adelante aquéllos serían nombrados, sustituidos y ratificados, por la Sala Constitucional del Tribunal Supremo de Justicia a su vez controlada por el chavismo, como ocurrió mediante sentencias de 21 de enero de 2005, 26 de diciembre de 2014 y el 5 de enero del 2017.

Así llegamos a la actualidad, donde los tres (3) rectores que debían ser designados por la Asamblea Nacional mediante voto calificado a partir de las postulaciones presentadas por la sociedad civil, fueron en su lugar indebidamente designados por la Sala Constitucional del Tribunal Supremo de Justicia mediante una sentencia del 26 de diciembre de 2014.[28] En esa "sentencia" la Sala Constitucional se auto-declaró competente para conocer de la solicitud planteada por quien para entonces se desempeñaba como diputado presidente de la Asamblea Nacional, Diosdado Cabello Rondón, referente a la declaratoria de la supuesta omisión por parte de dicho órgano legislativo, y en consecuencia, usurpando las competencias constitucionales de la Asamblea Nacional procedió al nombrar tres Rectores del Consejo Nacional Electoral,

[...] en atención a la solicitud de declaratoria de omisión por parte de la Asamblea Nacional de designar los Rectores y Rectoras del Consejo Nacional Electoral, conforme a las postulaciones realizadas por la sociedad civil se *procede a designar 3 rectores principales*: Tibisay Lucena, Sandra Oblitas y Luis Emilio Rondón y como sus suplentes a Abdón Rodolfo Hernández, Alí Ernesto Padrón Paredes, Carlos Enrique Quintero Cuevas,

---

28   Sentencia SC/TSJ No. 1864 de fecha 22 de diciembre del 2014, caso *G/D Diosdado Cabello Presidente Asamblea Nacional, alcance artículo 279 de la Constitución Nacional.* Ponencia conjunta. Disponible en: http://historico.tsj.gob.ve/decisiones/scon/diciembre/-173497-1865-261214-2014-14-1343.HTML

Pablo José Durán, Marcos Octavio Méndez y Andrés Eloy Brito. (Cursivas nuestras).

De la misma manera, posteriormente, cuando ya el partido de gobierno (PSUV) había perdido la mayoría parlamentaria –e incluso la oposición había ganado en diciembre de 2015 la mayoría calificada de diputados de la Asamblea Nacional-, mediante sentencia del 13 de diciembre de 2016, la Sala Constitucional,[29] nuevamente alegando una supuesta -pero inexistente- omisión legislativa, declaró la nulidad de las actuaciones adelantadas por la Asamblea Nacional y el Comité de Postulaciones Electorales y procedió a *designar* a las dos (2) Rectoras Principales del Consejo Nacional Electoral Socorro Elizabeth Hernández Hernández y Tania D' Amelio Cardiet, y los Rectores Suplentes Iván Zerpa Guerrero y Gustavo Guevara Sifontes. Para cometer esta usurpación de las funciones de la Asamblea Nacional, la Sala Constitucional invocó además del argumento de la inexistente omisión legislativa, el supuesto desacato parlamentario a una sentencia de la Sala Electoral del mismo Tribunal Supremo de Justicia, aduciendo que su consecuencia era el vaciamiento y nulidad de todas las competencias constitucionales de dicha Asamblea Nacional, por lo que debían permanecer en sus cargos ahora con un nuevo nombramiento judicial, las rectoras Principales del Consejo Nacional Electoral Socorro Elizabeth Hernández Hernández y Tania D' Amelio Cardiet, y los Rectores Suplentes Iván Zerpa Guerrero y Gustavo Guevara Sifonte:

'[…] [E]videnciada la ocurrencia de una nueva omisión por parte de la Asamblea Nacional, al no designar dentro del marco de la Constitución y las leyes a dichos rectores del Consejo Nacional Electoral, en el entendido de que a estos se les venció el período de los siete años para el cual fueron designados, el día 4 de diciembre de 2009, fecha en la que fue instalado formalmente el Consejo Nacional Electoral, con la presencia de esos Rectores –ver Gaceta Oficial n.° 39.321 de esa misma fecha- (adviértase que el artículo 296 del Texto Fundamental establece un tiempo preciso de duración del ejercicio de las funciones del cargo de rector o rectora del CNE -"Los o las integrantes del Consejo Nacional Electoral durarán siete años en sus funciones…"-), derivándose de allí la urgencia y necesidad de tales nombramientos para preservar el normal funcionamiento del Poder Electoral, quien tiene bajo su responsabilidad mantener vivo en los ciudadanos y ciudadanas, el afecto por la democracia, en cuanto al sistema más adecuado para una pacífica convivencia en sociedad. Así se decide.

---

29   Sentencia SC/TSJ No. 1086 de fecha 13 de diciembre del 2016, caso *Héctor Rodríguez Castro vs. Asamblea Nacional, Omisión Legislativa Asamblea Nacional designación de Rectores CNE*. Ponencia conjunta. Disponible en: http://historico.tsj.gob.ve/decisiones/scon/diciembre/193866-1086-131216-2016-16-1191.HTML.

Establecido lo anterior, por cuanto se ha verificado la omisión de la designación de Rectores y Rectoras del Consejo Nacional Electoral, en atención al mandato estatuido en los artículos 296, 335 y 336.7 de la Constitución de la República Bolivariana de Venezuela, y 25.7 de la Ley Orgánica del Tribunal Supremo de Justicia, en correspondencia con la jurisprudencia reiterada (ver sentencia n.° 1865 del 26 de diciembre de 2014), esta Sala Constitucional decreta: 1. La designación se efectúa como medida indispensable, atendiendo al mantenimiento de la supremacía constitucional, así como a la estabilidad y a la paz de la República, por haber expirado el período constitucional correspondiente y por falta de diligencia en el trámite de la designación respectiva, aunado a que el órgano parlamentario nacional se encuentra en desacato al Poder Judicial, situación que determina la nulidad de todas sus actuaciones mientras se mantenga tal situación lesiva al orden constitucional. 2. *La Sala designa, para el período que transcurre desde el 4 de diciembre de 2016 al 4 de diciembre de 2023, como primera Rectora principal a la ciudadana Socorro Elizabeth Hernández, titular de la cédula de identidad n.° 3.977.396, y como su suplente al ciudadano Iván Zerpa Guerrero, titular de la cédula identidad n.° 5.147.743; como segunda Rectora principal a la ciudadana Tania D' Amelio Cardiet, titular de la cédula de identidad n.° 11.691.429, y como su suplente al ciudadano Gustavo Guevara Sifontes, titular de la cédula identidad n.° 11.916.776;* quienes ya fueron postulados e, inclusive, designados rectores del Consejo Nacional Electoral, por cumplir todos los requisitos previstos en la Constitución y en el resto del ordenamiento jurídico para desempeñar esa función pública que deberán ejercer, ahora por un nuevo período, puesto que no existe obstáculo para ello, en virtud de la designación que se efectúa en la presente sentencia, ante la manifiesta y persistente omisión parlamentaria en la que se encuentra la Asamblea Nacional [30] (Cursivas nuestras).

---

30 Las rectoras Socorro Elizabeth Hernández Hernández y Tania D' Amelio Cardiet habían sido designadas en diciembre del año 2009 por la Asamblea Nacional, para esa fecha con mayoría parlamentaria del PSUV, ello a pesar que *su postulación había sido impugnada con motivo de su militancia en el partido de gobierno.* En esa oportunidad SUMATE expresó que de procederse a la designación de esas ciudadanas como rectoras "se estarían anulando potencialmente las actuaciones de los futuros rectores por provenir de una autoridad usurpada en fraude a las normas constitucionales y por ser personas inelegibles en su origen, con lo cual queda viciada su futura competencia en el dictamen de resoluciones para la convocatoria de elecciones, las variadas normativas electorales, la fijación de las circunscripciones electorales, la inscripción de nuevas organizaciones con fines políticos (partidos), la administración del registro electoral y civil, o la promulgación de autoridades electas por el sufragio de los ciudadanos, entre otras de las muchas competencias que le estarían asignadas. Con el fin de prevenir esta inseguridad jurídica, Súmate insta a la Sala Político-Administrativa del TSJ a actuar oportunamente con el fin de *corregir las ilegalidades cometidas por el Comité de Postulaciones Electorales en la tramitación de las candidaturas para los dos rectores principales y los cuatro suplentes del CNE*". Súmate (Nota de Prensa) (30 de noviembre de 2009) *Súmate exhorta al TSJ a*

De esta forma, la Sala Constitucional usurpando nuevamente las atribuciones constitucionales de la Asamblea Nacional, procedió a designar, a los otros dos (2) miembros del Consejo Nacional Electoral, ratificando en sus cargos a las rectoras Socorro Hernández y Tania D´Amelio, quienes habían sido designadas para en anterior período de siete años en diciembre 2009 con vencimiento en diciembre de 2016.

Es importante advertir, que el fundamento invocado por la Sala Constitucional para hacer estos nombramientos por vía de una *omisión* inconstitucional del poder legislativo, no autorizan en modo alguno a usurpar las atribuciones constitucionales expresas, exclusivas y por tanto excluyentes de la Asamblea Nacional en cuanto a la designación de los rectores del Consejo Nacional Electoral. En todo caso, dichas normas únicamente facultarían a la Sala Constitucional para establecer el "plazo" y, de ser necesario, los "lineamientos de su corrección" por la omisión en que hubiere incurrido el cuerpo legislativo correspondiente, pero no para dictar los actos constitucionales propios de dicho órgano parlamentario. De manera que estamos en presencia de un claro caso de *usurpación de las funciones constitucionales expresas de la Asamblea Nacional por parte de la Sala Constitucional del Tribunal Supremo de Justicia*, que determina la *ineficacia y nulidad de esas designaciones*, a tenor de lo dispuesto en el artículo 138 de la Constitución.

De manera que con esa designación se violó además el derecho político fundamental de acceso a las funciones públicas, en condiciones generales de igualdad, consagrado en los artículos 5, 62 y 70 de la Constitución, en el artículo 20 de la Declaración Americana sobre Derechos Humanos y en el artículo 25 del Pacto Internacional de Derechos Civiles y Políticos.

Esta usurpación de funciones y secuestro de la autoridad electoral en Venezuela, fue objeto de un fuerte rechazo por la comunidad internacional, como fue, en primer lugar, el *Parlamento Europeo:* en la sesión plenaria del 8 de febrero de 2018, se pronunció sobre el llamado a elecciones en nuestro país, advirtiendo que sólo reconocería elecciones basadas en un calendario electoral viable y que respeten condiciones de participación equitativas, justas y transparentes. El rechazo a la convocatoria a elecciones se fundamentó en el cuestionamiento de la decisión de la Asamblea Nacional Constituyente y en la ausencia de garantías electorales, señalando al respecto, la necesidad de que el Consejo Electoral Nacional sea *imparcial.*[31]

---

suspender *designación de rectores del CNE.* (Cursivas agregadas). Disponible en http://www.sumate.org/noticias/2009/20091130-sumate-exhorta-al-tsj-a-suspender-designacion-de-rectores-del-cne.html.

31   El texto de este acuerdo afirma: 1. Deplora la decisión unilateral de la ilegítima Asamblea Nacional Constituyente, carente de reconocimiento tanto internacional como de la Unión Europea, de convocar elecciones presidenciales anticipadas para finales de abril de 2018; lamenta profundamente la reciente sentencia del Tribunal Supremo de Justicia de Venezuela por la que se prohíbe la participación de los candidatos de la MUD en las próximas elecciones; señala que son muchos los posibles candidatos que no podrán pre-

Pocos días antes, el 23 de enero de 2018,[32] los cancilleres que conforman la Alianza del llamado *Grupo de Lima* habían reaccionado ante decisión del Gobierno de Venezuela de convocar a elecciones presidenciales para el primer cuatrimestre de este año, rechazando la decisión por considerar que la misma *"imposibilita la realización de elecciones presidenciales democráticas, transparentes y creíbles, conforme a estándares internacionales y contradice los principios democráticos y de buena fe para el diálogo entre el gobierno y la oposición".* En virtud de lo cual exigían que *"las elecciones presidenciales sean convocadas con una adecuada anticipación, con la participación de todos los actores políticos venezolanos y con todas las garantías que corresponda, incluida la participación de observadores internacionales independientes. Unas elecciones que no cumplan estas condiciones carecerán de legitimidad y credibilidad."* Así mismo, reiteraron su respaldo a la Asamblea Nacional, democráticamente electa, al tiempo que insisten en desconocer la validez de los actos adoptados por la asamblea nacional constituyente, condenando todas sus actuaciones.

La *Comisión Interamericana de Derechos Humanos* (CIDH) en su informe sobre la Situación de los Derechos Humanos en Venezuela, divulgado el 12 de febrero de 2018, relaciona ampliamente las violaciones de todos los derechos

---

sentarse a las elecciones por estar en el exilio, en situación de inhabilitación administrativa, en arresto domiciliario o presos; insiste en que no deben imponerse condiciones ni levantarse obstáculos en lo que respecta a la participación de partidos políticos y pide a las autoridades venezolanas que restablezcan plenamente sus derechos a ser elegidos. // 2. Insiste en que la Unión y sus instituciones, incluido el Parlamento Europeo, únicamente reconocerán unas elecciones que estén basadas en un calendario electoral viable y acordadas en el contexto del diálogo nacional con el conjunto de los actores pertinentes y partidos políticos en las que se cumplan unas condiciones de participación equitativas, justas y transparentes, lo que supone que se supriman las prohibiciones que pesan sobre políticos de la oposición, que no haya presos políticos, que se vele por que el Consejo Electoral Nacional tenga una composición equilibrada y sea imparcial, y que existan suficientes garantías, incluido el seguimiento por parte de observadores internacionales independientes; recuerda su disposición a enviar una misión de observación electoral en caso de cumplirse todos los requisitos.31 (Subrayados añadidos). En el numeral 5 del texto aprobado por el Parlamento Europeo, se insiste en el desconocimiento de la Asamblea Nacional Constituyente y en el apoyo a la Asamblea Nacional, afirmando que es el único órgano al que reconocen como Poder Legislativo válidamente constituido en Venezuela, expresando al respecto: Condena en los términos más enérgicos la continua violación del orden democrático en Venezuela; hace una vez más patente su pleno apoyo a la Asamblea Nacional en cuanto único parlamento legalmente constituido y reconocido de Venezuela y pide al Gobierno del país que se le restablezca en su plena autoridad constitucional; rechaza cualquier decisión adoptada por la Asamblea Nacional Constituyente por constituir una violación de todas las reglas y normas democráticas; manifiesta su apoyo a una solución política en un contexto que incluya al conjunto de los actores pertinentes y partidos políticos; recuerda que la separación y la no interferencia entre los poderes del Estado es un principio esencial de los Estados democráticos que se rigen por el Estado de Derecho.

32 Declaración Cancilleres Grupo de Lima, en Santiago de Chile, de fecha 23 de enero de 2018. Disponible en: http://dossier33.com/nacional/pronunciamiento-del-grupo-de-lima-sobre-venezuela/.

humanos, incluidos los derechos políticos y censura la ausencia de garantías electorales, que hacen nugatorio el ejercicio y goce efectivo de los derechos a elegir y ser elegido, así como la Democracia y el Estado de Derecho, indicando en su recomendación N° 13, lo siguiente:

"En relación con el Consejo Nacional Electoral, tomar las medidas necesarias para asegurar su independencia, a través de la aplicación del mecanismo de elección y requisitos establecidos constitucionalmente; así como el aseguramiento en sus decisiones de los derechos políticos de la población venezolana, sin interferencias indebidas"[33] (Cursivas nuestras).

El *Consejo Permanente de la Organización de Estados Americanos* adoptó el 23 de febrero de 2018 la Resolución CP/RES. 1095 (2145/18), en cuyos considerandos se cuestiona la credibilidad del proceso electoral convocado, señalando lo siguiente:

"[…] el anuncio del Gobierno venezolano de adelantar las elecciones presidenciales al 22 de abril de 2018 imposibilita la realización de elecciones democráticas, transparentes y creíbles de conformidad con las normas internacionales, y contradice los principios democráticos y la buena fe."

En virtud de lo cual, tomando en cuenta el contenido del informe de la Comisión Interamericana de Derechos Humanos y entendiendo *"que un proceso electoral libre y justo es fundamental para resolver de manera pacífica y democrática la actual crisis, y el único camino posible para la vigencia del Estado de Derecho en Venezuela"*, exhorta:

"[…] a que reconsidere la convocatoria de las elecciones presidenciales y presente un nuevo calendario electoral que haga posible la realización de elecciones con todas las garantías necesarias para un proceso libre, justo, transparente, legítimo y creíble, que incluya la participación de todos los partidos y actores políticos venezolanos sin proscritos de ninguna clase, observadores internacionales independientes, acceso libre e igualitario a los medios de comunicación, *y con un Consejo Nacional Electoral cuya compo-*

---

33 Esa recomendación está fundamentada en constataciones que se leen a lo largo del Informe, de manera particular en los numerales 16 y 120 al 131, en los cuales se cuestiona la independencia del Poder Electoral por la forma de designación de los rectores que integran el Consejo Nacional Electoral y por las decisiones que ese órgano ha adoptado afectando el ejercicio de los derechos políticos de venezolanos. CIDH (31 de diciembre de 2017) *Informe de País: Institucionalidad democrática, Estado de derecho y derechos humanos en Venezuela 2017.* OEA/Ser.L/V/II. Doc. 209. Disponible en: http://www.oas.org/es/cidh/informes/pdfs/Venezuela2018-es.pdf

sición garantice su independencia y autonomía y que goce de la confianza de todos los actores políticos"[34] (Cursivas nuestras).

El sometimiento de los demás órganos constitucionales autónomos

EL gran proyecto constitucional del chavismo es entonces controlar todos los poderes públicos para cometerlos al proyecto político, sin límite ni control alguno. Para ello, además del Consejo Nacional Electoral, también se ha controlado de manera férrea la designación del Fiscal General de la República, el Defensor del Pueblo y el Contralor General de la República. Estos tres órganos integran el Consejo Moral Republicano como órgano a su vez del Poder Ciudadano, el cual por disposición constitucional "es independiente y sus órganos gozan de autonomía funcional, financiera y administrativa."[35]

De conformidad con la Constitución, la designación de estos tres altos funcionarios del Estado, corresponde a *la Asamblea Nacional por votación de la mayoría calificada de las dos terceras (2/3) partes de sus integrantes.* Para ello, el Consejo Moral Republicano convocará un Comité de Evaluación de Postulaciones del Poder Ciudadano, el cual estará integrado por representantes de diversos sectores de la sociedad, a fin de adelantar un proceso público de cuyo resultado se obtendrá una terna por cada órgano del Poder Ciudadano, la cual será sometida a la consideración de la Asamblea Nacional[36]. En mismo artículo 279 constitucional prevé la situación en la cual en caso de no haber sido convocado el Comité de Evaluación de Postulaciones del Poder Ciudadano, la Asamblea Nacional procederá, dentro del plazo que determine la ley, a la designación del titular o la titular del órgano del Poder Ciudadano correspondiente. Evidentemente al estar esta disposición en la misma norma y no establecerse una mayoría parlamentaria diferente, no hay duda de que en este caso la designación de los titulares de estos cargos debe hacerse igualmente por *la Asamblea Nacional por votación de la mayoría calificada de las dos terceras (2/3) partes de sus integrantes.*

No obstante, en el año 2014, cuando correspondía la nueva designación de los cargos de Fiscal General de la República, Defensor del Pueblo y Contralor General de la República, el chavismo (PSUV) no contaba con la mayoría calificada de las dos terceras (2/3) partes de los integrantes de la Asamblea Nacional. En virtud de ello, igualmente buscaron imponer su nombramiento, violando la Constitución. Para ello utilizaron de nuevo a la Sala Constitucional del Tribunal Supremo de Justicia para que le diera "cobertura" a esta violación material flagrante. Así, lo primero que se hizo fue hacer que el Consejo Moral Republicano no enviara las ternas a la Asamblea Nacional y, de seguidas, el entonces presi-

---

34   OEA (23 de enero de 2018) Resolución sobre los últimos acontecimientos en Venezuela. OEA/Ser.GCP/RES.1095 (2145/18). Disponible en: http://www.oas.org/documents/spa/press/CP-RES.1095(2145-18).pdf.

35   Art. 273, CRBV.

36   Art. 279, CRBV.

dente de la Asamblea Nacional, Diputado Diosdado Cabello, presentó ante la Sala Constitucional un recurso de interpretación del comentado artículo 279 de la Constitución, para que se determinara en ese caso -como si no estuviese meridianamente claro-, la mayoría parlamentaria que se requería para sus nombramientos. El recurso fue presentado el 19 de diciembre de 2014 y a los pocos días, el 22 de diciembre de ese mismo año, la Sala Constitucional, insólitamente interpretó que se solamente se requería la mayoría simple (que erradamente llamó "absoluta"), es decir, *la mitad más uno de los diputados presentes en la sesión parlamentaria* que corresponda al nombramiento de los titulares de los cargos de Fiscal General de la República, Defensor del Pueblo y Contralor General de la República:

> "En consecuencia, esta Sala Constitucional determina, luego de la interpretación fundamentada en los razonamientos expuestos, que en la situación planteada por el ciudadano Presidente de la asamblea Nacional y que motivó el requerimiento interpretativo declarativo, *ese Órgano Legislativo Nacional debe proceder, luego de los trámites correspondientes, a la escogencia por mayoría absoluta -mitad más uno de los diputados y diputadas presentes en la sesión parlamentaria que corresponda-* de los titulares de las instituciones que componen el Consejo Moral Republicano, en un tiempo no mayor de treinta (30) días continuos"[37] (Cursivas nuestras).

De esta forma, el chavismo, al no tener los votos de las dos terceras partes de los integrantes de la Asamblea Nacional, buscando la cobertura de una nueva decisión de su Sala Constitucional del Tribunal Supremo de Justicia, burló la mayoría parlamentaria calificada establecida expresamente por la Constitución para el nombramiento de los titulares de los cargos de Fiscal General de la República, Defensor del Pueblo y Contralor General de la República. Con ello no sólo se violó groseramente la Constitución, sino que se rompió una regla de mayorías parlamentarias esencial para la vida democrática. La lección para el proyecto constitucional chavista: *si el chavismo no tiene la mayoría parlamentaria constitucionalmente exigida para tomar una decisión, la inventa a su conveniencia y la impone con la cobertura de la propia jurisdicción constitucional a la que controla políticamente.*

Nueva Constituyente, pero ahora sin referendo ni sufragio por votación universal e igual

En 2017, luego de caso dos años, se hacía impresentable que la Sala Constitucional del Tribunal Supremo de Justicia siguiera asumiendo todas las faculta-

---

37 Sentencia SC/TSJ No. 1864 de fecha 22 de diciembre del 2014, caso *G/D Diosdado Cabello Presidente Asamblea Nacional, alcance artículo 279 de la Constitución Nacional.* Ponencia conjunta. Disponible en: https://vlexvenezuela.com/vid/diosdado-cabello-rondon-593332490.

des de la Asamblea Nacional para la aprobación de presupuestos, créditos públicos, contratos de interés público y hasta de informe anual del presidente.

En ese el año 2017, el chavismo se inventó otra fase de su proyecto constitucional: *convocar a una suerte de asamblea paralela todo poderosa de corporaciones y soviets como la nueva Asamblea Nacional Constituyente, de manera abiertamente arbitraria e inconstitucional, sin aprobación previa de la convocatoria y bases comiciales por referendo, y mediante un fraude electoral consistente en la elección de representantes por sectores y votos municipales.*[38] En todo caso, en medio de un fraude electoral que terminó con denuncias públicas y el retiro de la empresa que manejaba el software para el Consejo Nacional Electoral -que denunció discrepancia entre los votos anunciados en el resultado oficial y los emitidos por el sistema informático-, se impuso esta nueva Constituyente, sin límite de tiempo y declarándose por encima de la Constitución de 1999.[39] Así, con este nuevo proyecto constitucional del chavismo, también queda claro otro de sus componentes: *cuando se hace necesario para la sobrevivencia política del proyecto de poder absoluto, simplemente hay que dejar de lado la Constitución escrita.*

De hecho, luego de más de año y medio de instalada esta Asamblea Nacional Constituyente integrada por más de 500 miembros y cuyo quórum real se desconoce, ésta ha legislado, ha aprobado nombramientos, ha destituido a la Fiscal General de la República cuando descubrió su independencia y criticó los abusos de poder y la violación de la Constitución y ha nombrado a un nuevo Fiscal General, ha nombrado a un nuevo Defensor del Pueblo y a un nuevo Contralor General, aprobado presupuestos, y cuanto otro acto le venga en gana.[40] A pesar

---

38   Ver Carlos Ayala Corao, *"La Asamblea Nacional Constituyente de Maduro -2017: fraude constitucional y usurpación de la soberanía popular (inconstitucionalidad e inconvencionalidad de la Convocatoria y las Bases Comiciales)"* en Brewer Carías, Allan y García Soto, Carlos (comp), *"Estudios Sobre la Asamblea Nacional Constituyente y su Inconstitucional Convocatoria en 2017".* Editorial Temis y Fundación de Derecho Público Editorial Jurídica Venezolana, 2017. Disponible en: http://allanbrewercarias.net/site/wp-content/uploads/2017/07/ESTUDIOS-SOBRE-LA-AN-CONSTITU-YENTE-25-7-2017.pdf.

39   Ver *Normas para garantizar el pleno funcionamiento institucional de la Asamblea Nacional Constituyente en armonía con los Poderes Públicos constituido*, Gaceta Oficial No. 6.322 Extraordinaria, de 8 de agosto de 2017.

40   Ver, por ejemplo, *Decreto Constituyente sobre la Emergencia y Reestructuración del Ministerio Público; Decreto Constituyente de la Remoción de la ciudadana Luisa Marvelia Ortega Díaz como Fiscal General de la República; Decreto Constituyente de la designación provisional del cargo de Fiscal General de la República de Tarek Williams Saab; Gaceta Oficial No. 6.322 Extraordinaria, de 5 agosto de 2017. Decreto Constituyente sobre convocatoria a elecciones en la República Bolivariana de Venezuela,* Gaceta Oficial No. 41.351, de 1 de marzo de 2018. *Decreto Constituyente sobre Criptoactivos y la Criptomoneda Soberana Petro,* Gaceta Oficial No. 6.370 Extraordinaria, de 9 de abril de 2018. *Decreto Constituyente mediante el cual se ratifica al ciudadano Nicolás Maduro Moros, como Presidente Constitucional de la República Bolivariana de Venezuela, Jefe de Estado y de Gobierno, Comandante en Jefe de la Fuerza Armada Nacional Boli-*

de ello, luego de año y medio de funcionamiento de esta Asamblea Nacional Constituyente, no se conoce ni un artículo del nuevo texto constitucional, sencillamente porque ya no importa. De esta forma llegamos al verdadero proyecto constitucional chavista: *la inexistencia de la idea de Constitución y de Constitución misma como fuente y límite del poder, con el reino de la arbitrariedad sin control alguno; y la "neutralización" de todo foco de poder público nacional que, aunque tenga su legitimidad en una elección popular, pueda hacer oposición o simplemente no someterse a su voluntad absoluta.*

Lección aprendida: para poder imponer el proyecto constitucional autoritario chavista, es esencial controlar el poder judicial y en especial la jurisdicción constitucional

Ahora bien, ¿cómo lograr que la Constitución esté al servicio del proyecto político de la revolución chavista? La pregunta era y es pertinente, ya que si el Estado previsto en la Constitución de 1999 se organizara conforme a los principios del Estado de Derecho, como son la separación de poderes y especialmente la independencia del poder judicial, se estaría gestando la destrucción de la propia Constitución real y el Estado chavistas. Por ello, con el poder que el pueblo le dio a los representantes electos, primero al Presidente de la República, Hugo Chávez Frías, -de un liderazgo autoritario y popular indiscutible-; luego a la Asamblea Nacional Constituyente de 1999; y luego a la Asamblea Nacional (al menos desde 2000 hasta el 2015), se estructuró un *Estado de Partido Oficial o Hegemónico* (MVR, luego PSUV). Ello tuvo lugar, primero, a través de la elección por la Asamblea Nacional Constituyente -de manera abrupta sin ni siquiera seguir los trámites y procedimientos constitucionales- de los órganos constitucionales (Consejo Supremo Electoral, Fiscal General de la República y Contralor

---

variana, para el cual fue electo por decisión del soberano Pueblo de Venezuela, Gaceta Oficial No. 6.325 Extraordinaria, de 10 de agosto de 2017. Decreto Constituyente mediante el cual se ratifica a las ciudadanas Tibisay Lucena Ramírez, Sandra Oblitas Ruzza, Socorro Elizabeth Hernández y Tania D'Amelio Cardiet, como Rectoras del Consejo Nacional Electoral, Gaceta Oficial No. 6.326 Extraordinaria, de 11 de agosto de 2017. Decreto Constituyente mediante el cual se ratifica en el ejercicio de sus funciones constitucionales a los Magistrados y Magistradas Principales del Tribunal Supremo de Justicia; y, Decreto Constituyente mediante el cual se ratifica al ciudadano Luis Emilio Rondón González, como Rector Principal del Consejo Nacional Electoral, Gaceta Oficial No. 41.214, de 15 de agosto de 2017. Decreto Constituyente mediante el cual se designa al ciudadano Elvis Eduardo Hidrobo Amoroso, como Contralor General de la República; y se aprueba la solicitud de jubilación del ciudadano Manuel Galindo Ballesteros, Gaceta Oficial No. 41.508, de 23 de octubre de 2018. Decreto Constituyente mediante el cual se ratifica en el ejercicio de sus funciones al ciudadano Alfredo José Ruiz Ángelo como Defensor del Pueblo, Gaceta Oficial No. 41.529, de 21 de noviembre de 2018. Decreto Constituyente que aprueba la Ley de Presupuesto para el Ejercicio Económico Financiero 2019, la Ley Especial de Endeudamiento Anual para el Ejercicio Económico Financiero 2019 y el Plan Operativo Anual 2019; y, Decreto Constituyente que aprueba el Presupuesto de Ingresos y Gastos Operativos del Banco Central de Venezuela para el Ejercicio Fiscal 2019, Gaceta Oficial No. 41.549, de 19 de diciembre de 2018.

General de la República) y en especial a los magistrados del Tribunal Supremo de Justicia;[41] y segundo, a través de leyes u otros actos de aprobación y autorización constitucional a los actos del Presidente de la República, pero sobre todo, a través de sentencias que aprobaron todos sus actos incluyendo aquellos que violan la Constitución abiertamente.

El resultado de ello fue el inmediato asalto a todos los poderes públicos por miembros del partido oficial y sus acólitos, para secuestrarlos y ponerlos al servicio de la revolución chavista, es decir, del comandante supremo en el ejercicio de la presidencia de la República. En un primer momento, en el año 2000 se logró la mayoría calificada de la Asamblea Nacional con el cuoteo o reparto de algunos pocos cargos de magistrados en el Tribunal Supremo de Justicia (TSJ) a algunos partidos de oposición; luego, cuando se vio una peligrosa tendencia a dictar sentencias que no eran del agrado del comandante supremo de la revolución y Presidente de la República, se decidió en el año 2004, hacer una purga del TSJ y aumentar el número de sus integrantes de tres (3) a cinco (5), excepto en la Sala Constitucional que pasaron de cinco (5) a siete (7).[42] Sin embargo, al no obtener la mayoría calificada de las dos terceras partes de los diputados de la Asamblea Nacional requerida para el nombramiento de los magistrados del Tribunal Supremo de Justicia y los demás órganos constitucionales, se buscaron diversas fórmulas creativas, todas inconstitucionales, para retener el control político: para la elección de los magistrados y magistradas del Tribunal Supremo de Justicia, se estableció en su ley orgánica, que si luego de tres votaciones no se logra la elección de los magistrados por las dos terceras partes (2/3) de los diputados, entonces la Asamblea Nacional procederá a su elección por "mayoría simple."[43] En definitiva, el partido oficial proponía sus candidatos sin necesidad lograr la aprobación de la oposición parlamentaria, y se sentaba tranquila a esperar las tres votaciones, para a la cuarta, imponer finalmente sus candidatos por mayoría simple.

En efecto, la ampliación en el año 2004 de la composición del TSJ de veinte (20) a treinta y dos (32) magistrados por medio de la aprobación de la reforma a la Ley Orgánica del TSJ sin la mayoría calificada que se requería constitucionalmente, por tratarse de una ley orgánica, permitió a la coalición oficialista en la Asamblea Nacional nombrar doce (12) magistrados, obteniendo así una gran mayoría de magistrados en el Tribunal Supremo aliados o afectos al partido de gobierno, como lo señaló en su momento el Relator Es-

---

41 Recordemos que, en diciembre de 1999, mediante un *Decreto sobre el Régimen de Transición del Poder Público*, la Asamblea Nacional Constituyente designó a todos los magistrados del Tribunal Supremo de Justicia, Consejo Supremo Electoral, Fiscal General de la República, Contralor General de la República y Defensor del Pueblo (*Decreto mediante el cual se dicta el Régimen de Transición del Poder Público*, Gaceta Oficial No. 36.857, de 27 de diciembre de 1999).

42 *Ley Orgánica del Tribunal Supremo de Justicia*, Gaceta Oficial No. 37.942, de 20 de mayo de 2004.

43 Art. 8, *Ley Orgánica del Tribunal Supremo de Justicia*.

pecial sobre Independencia de Magistrados y Abogados de Naciones Unidas,[44] quien concluyó que "*la adopción y aplicación de esta Ley, contraria a la Constitución venezolana y a los principios del derecho internacional, ha creado un poder judicial fuertemente politizado*"

Adicionalmente, la Comisión Interamericana de Derechos Humanos (CIDH) ha resaltado la gravedad de los procedimientos de designación de los magistrados desde 2004 hasta la actualidad, función que le corresponde a la Asamblea Nacional del país. En ese sentido, en su Informe 2004[45] menciona:

"174. Sin embargo, debe señalarse que la Ley Orgánica del Tribunal de Justicia aprobada por la Asamblea Nacional no toma en consideración las preocupaciones expresadas por la CIDH en su informe en cuanto a posibles amenazas a la independencia del poder judicial. En efecto, *las normas de designación, destitución y suspensión de los magistrados carecen de previsiones adecuadas para evitar que otros poderes del Estado puedan afectar la independencia del tribunal*, o que escasas mayorías circunstanciales decidan la composición del éste sin previa consulta a la sociedad a través de un debate amplio y transparente" (Resaltado nuestro).

Posteriormente en el año 2010, la Asamblea Nacional saliente de mayoría absoluta oficialista, modificó las condiciones y mecanismos para designar magistrados del Tribunal Supremo de Justicia en la Ley Orgánica del Tribunal Supremo de Justicia, meses antes de que se celebraran las elecciones parlamentarias de ese año y la oposición política a Hugo Chávez conquistó un tercio (1/3) de los curules en la Asamblea Nacional. De forma similar, el ya cuestionado Tribunal Supremo de Justicia acordó la resolución No. 2010-0011 en su Sala Plena, permitiendo una particular jubilación adelantada de magistrados que habían mostrado un criterio jurisdiccional autónomo e inconveniente para el partido de gobierno y para el Poder Ejecutivo. El objetivo era que la Asamblea Nacional saliente procediera a hacer nuevos nombramientos, para cubrir la vacante de nueve (9) magistrados jubilados y treinta y dos (32) nuevos magistrados suplentes.

La politización y falta de independencia de la escogencia de nueve (9) magistrados principales y treinta y dos (32) suplentes del TSJ se hizo evidente cuando se designaron cinco (5) magistrados que, alejados de cumplir con los requisitos constitucionales y legales para poder optar por el cargo, eran

---

44 Relatoría Especial de las Naciones Unidas sobre Independencia de Magistrados y Abogados (18 de marzo de 2005), *Report of the Special Rapporteur on the independence of judges and lawyers, Leandro Despouy, submitted in accordance with Commission on Human Rights resolution 2004/33 - Addendum: Situations in specific countries or territories*, E/CN.4/2005/60/Add.1, párr. 167.

45 CIDH (23 de febrero de 2005) *Informe Anual 2004*, Capítulo V: Venezuela. OEA/Ser.L/V/II.122 Doc. 5 rev. 1. Disponible en: https://www.cidh.oas.org/annual-rep/2005sp/cap.4d.htm.

diputados de la Asamblea Nacional vinculados al Partido Socialista Unido de Venezuela (PSUV) y a la entonces Procuradora General de la República (funcionaria del Ejecutivo Nacional).[46]

Durante el año 2015 fueron convocaron comicios parlamentarios para elegir a los diputados de la Asamblea Nacional. Como se dijo, el 6 de diciembre, la oposición política venezolana conquistó electoralmente la mayoría calificada de los escaños.[47] Según lo establecido en la Constitución y en la Ley Orgánica del Tribunal Supremo de Justicia vigente[48], existía un grupo de magistrados del máximo tribunal que fueron escogidos en 2004 y culminarían su período constitucional en 2016, motivo por el que sería la Asamblea Nacional de 2016, cuya composición sería de mayoría opositora, la encargada de realizar el proceso de selección de esos Magistrados.

No obstante, previo a la realización de las elecciones parlamentarias, trece (13) magistrados principales –elegidos en 2004- presuntamente firmaron una solicitud de jubilación adelantada (basados en el mismo procedimiento de 2010), lo cual los separaría del cargo antes de culminar su período constitucional.[49] De esta forma, se dejaron unas vacantes en esos cargos que serían convenientemente suplidas por magistrados escogidos por la Asamblea Nacional en funciones para el momento, de denotada mayoría oficialista.

En ese momento y, a pesar de no contar con la mayoría calificada de dos tercios (2/3) del parlamento, requerida para la elección de magistrados, el partido de gobierno procedió a elegir finalmente a los nuevos trece (13) magistrados principales y veintiún (21) magistrados suplentes del Tribunal Supremo de Justicia el 23 de diciembre de 2015,[50] sin seguir ninguno de los procesos y lapsos constitucionales, legales y reglamentariamente dispuestos para tal fin; ni siquiera se ciñeron a la Ley Orgánica del Tribunal Supremo de Justicia de 2010 que permitía la elección de los magistrados del máximo tribunal mediante apro-

---

46 Juan José Mendoza, Malaquías Gil, Roberto Quintero, Ninoska Queipo Briceño y Gladys Gutiérrez, todos diputados del partido de gobierno o agrupaciones afines electos en 2006, la última también Procuradora General de la República entre 2007 a 2010, hasta su designación como magistrado.

47 BBC Mundo. *"Venezuela: la oposición consigue mayoría calificada de 3/5 en las elecciones parlamentarias, 8 de diciembre de 2015"*. Disponible en: https://www.bbc.com/mundo/noticias/2015/12/151207_venezuela_elecciones_mud_may oria_calificada_n

48 *Ley Orgánica del Tribunal Supremo de Justicia*, Gaceta Oficial No. 39.522, de 1 de octubre de 2010.

49 Efecto Cocuyo (15 de octubre de 2015) *"Con jubilaciones anticipadas suben a 18 las vacantes del TSJ que la AN sustituirá antes del 6D"*. Disponible en: http://efectococuyo.com/politica/con-jubilaciones-anticipadas-suben-a-18-las-vacantes-del-tsj-que-la-an-sustituira-antes-del-6d/

50 Diario Panorama (23 de diciembre de 2015) *"Conozca la lista de Magistrados del TSJ designados por la Asamblea Nacional"*. Disponible en: https://www.panorama.com.ve/politicayeconomia/Conozca-la-lista-de-Magistrados-del-TSJ-designados-%20por-la-Asamblea-Nacional-20151223-0046.html.

bación por mayoría simple de la Asamblea Nacional (1/2), una vez fuese inalcanzable el consenso de las dos terceras (2/3) partes de los integrantes del parlamento luego de haber intentado la elección durante tres (3) sesiones plenarias.

De los trece (13) magistrados principales, únicamente tres (3) cumplen con todos los requisitos constitucional y legalmente establecidos para poder ser nombrado en dicha posición; entre los elegidos se encuentran nuevamente personas directamente vinculadas al partido de gobierno, habiendo sido asesores o incluso habiendo ejercido cargos dentro del poder ejecutivo.[51]

"Como mencionábamos anteriormente, el 14 de octubre de 2015 la Sala Plena del Tribunal Supremo de Justicia había aprobado las peticiones de jubilación que hicieron trece (13) magistrados. Sin embargo, no se trató de jubilaciones enteramente voluntarias sino realizadas bajo fuerte presión gubernamental. A tal efecto, el 17 de febrero de 2016, dos (2) de estos magistrados jubilados –Carmen Elvigia Porras y Luis Ortíz Hernández– declararon ante la Comisión de Evaluación sobre la Designación de Magistrados del Tribunal Supremo de Justicia, órgano perteneciente a la Asamblea Nacional, que los trece (13) magistrados habían sido presionados para pedir sus jubilaciones un año antes del período previsto constitucionalmente, con el fin de crear vacantes anticipadas de los puestos y así dejar la posibilidad de asignación de esos nuevos magistrados a la Asamblea Nacional dominada por el oficialismo[52]. Por ello, la opinión pública conoció a estos nuevos jueces como los "magistrados exprés."

---

51   Como ejemplo tenemos al Presidente del TSJ Maikel José Moreno Pérez; la Presidenta de la Sala Político- Administrativa, María Carolina Ameliach Villarroel; el Presidente de la Sala de Casación Civil Yván Darío Bastardo Flores; el Magistrado, Calixto Ortega Ríos diputado suplente del Parlamento Latinoamericano por el Partido Socialista Unido de Venezuela (PSUV) y diputado de la Asamblea Nacional en los períodos 2000-2005 y 2006-2011; la Magistrada de la Sala Electoral, Jhannett María Madriz Sotillo, miembro PSUV; los Magistrados Arcadio Delgado Rosales y Christian Zerpa, de la Sala Constitucional y Electoral, este último diputado de la Asamblea Nacional por e PSUV en el período 2011-2016.

52   RunRun.es (17 de febrero de 2016) *"Ex magistrados del TSJ denunciaron que fueron extorsionados y amenazados para dejar sus cargos"*. Disponible en: http://run-run.es/nacional/venezuela-2/248932/ex-magistrados-del-tsj-denunciaron-que-fueron-extorsionados-y-amenazados-para-dejar-sus-cargos.html; RunRun.es (1 de marzo de 2016) *"Ex magistrada: Maikel Moreno y presidenta del TSJ me presionaron para adelantar mi jubilación"*. Disponible en: https://runrun.es/investigacion/-251041/audio-ex-magistrada-maikel-moreno-y-presidenta-del-tsj-me-presionaron-para-adelantar-mi-jubilacion/.

Sobre este respecto, el Instituto de Derechos Humanos de la *International Bar Association*, la Unión Internacional de Magistrados Grupo Ibero-Americano y la Comisión Internacional de Juristas[53] han expresado lo siguiente:

"18. Nuevas designaciones controversiales de magistrados del TSJ tuvieron lugar también en diciembre de 2010 cuando, de los nueve magistrados principales designados, al menos cinco fueron diputados en la AN y miembros del partido de gobierno (PSUV). Actualmente, Gladys Gutiérrez, quien había sido previamente Procuradora General de la República por designación del Presidente, ocupa la presidencia del TSJ y, Exactamente lo mismo sucedió en diciembre 2015, cuando el partido de gobierno en la AN procedió a elegir apresuradamente mediante mayoría simple de los diputados, a 13 (trece) magistrados principales y 3 (tres) magistrados suplentes del TSJ, consolidando nuevamente el control político de esa alta instancia judicial, lo que demuestra un patrón sistemático de actuación en contra de la independencia judicial. Entre los magistrados de la Sala Constitucional designados el 23 de diciembre de 2015, figura Calixto Ortega, quien participó como candidato *a diputado por el PSUV en las elecciones parlamentarias del 6 de diciembre del mismo año y luego de perderlas fue electo magistrado.*

19. Los nombramientos del TSJ han sido seriamente criticados por organizaciones nacionales e internacionales, así como diversos académicos. Antes de la designación de los magistrados que tendría lugar en diciembre de 2015, tanto Human Rights Watch como el IBAHRI y la Academia de Ciencias Políticas y Sociales advirtieron sobre el inminente 'copamiento' político del TSJ y exhortaron a las autoridades venezolanas a garantizar la separación de poderes" (Cursivas nuestras).

También se han elaborado otros pronunciamientos y comunicados de organismos multilaterales; entre estos, podemos encontrar observaciones realizadas a Venezuela durante el Examen Periódico Universal en el año 2016, donde se recomienda: *"Adoptar las medidas necesarias para respetar la separación e independencia de los distintos poderes, entre ellos el Consejo Nacional Electoral, el Parlamento y el poder judicial, en particular el Tribunal Supremo de*

---

53   Instituto de Derechos Humanos de la International Bar Association, la Unión Internacional de MagisGrupo Ibero-Americano y la Comisión Internacional de Juristas. Informe alternativo conjunto. Examen del cuarto informe periódico de la República Bolivariana de Venezuela presentado al Comité de Derechos Humanos (114 Sesión de la Comité de Derechos Humanos de las Naciones Unidas, 29 de junio a 24 de julio de 2015; Venezuela (República Bolivariana de Venezuela). Disponible en: https://uprdoc.ohchr.org/uprweb/downloadfile.aspx?filename=2784&file=SpanishTranslation.

Justicia."[54] Asimismo, nuevamente, la CIDH en su *Informe País sobre Venezuela de 2017*,[55] señaló:

"81. Los problemas en torno al nombramiento de los miembros del TSJ se volvieron a manifestar casi inmediatamente después de que la oposición ganara las elecciones legislativas del 6 de diciembre del 2015, cuando la entonces AN oficialista nombró, el 23 de diciembre de 2015, a trece nuevos magistrados del TSJ. Los principales cuestionamientos a estos nombramientos fueron que no se respetaron los plazos establecidos por ley para la elección, no se contestaron las impugnaciones presentadas a los candidatos y se objetaron los perfiles de varios de los magistrados elegidos. Precisamente con la composición elegida se han producido serias injerencias a la AN a las que se referirá la CIDH en la próxima sección (Capítulo II.A.2). Dicha composición también ha sido responsable de las preocupantes sentencias que destituyen o inhabilitan alcaldes y gobernadores, que también serán abordadas por la Comisión más adelante (Capítulo II.B.2).

82. La Comisión ha advertido anteriormente los riesgos para la independencia judicial que conlleva que un órgano político, como la AN, realice el nombramiento de los miembros de una alta corte, como el TSJ, sin mayores garantías. Para evitar tales riesgos, la CIDH reitera que es indispensable la difusión previa de convocatorias, plazos y procedimientos que deben estar claramente definidos en la Constitución y otras normas aplicables; la garantía de acceso igualitario e incluyente de las y los candidatos; la participación de la sociedad civil y la calificación con base en el mérito y capacidades profesionales. A tales efectos, también resulta importante la elaboración previa de un perfil claro de las cualidades personales y capacidades que debe tener la o él candidato; la investigación y evaluación de sus antecedentes; llevar a cabo un proceso de elección transparente, de carácter público; y que las entidades encargadas del nombramiento motiven su decisión. En esa medida, la CIDH condena que, a pesar de sus observaciones en informes anuales anteriores, los procesos de elección de los miembros del TSJ continúen sin respetar dichas garantías, incluso cuando algunas de ellas se encuentran previstas por su propio ordenamiento jurídico. En vista de ello, la Comisión urge al Estado a cumplir en los futuros procesos de elección estas garantías, establecer mecanismos que sancionen su incumplimiento y modificar su normativa a la luz de estos lineamientos, para garantizar en mejor medida la independencia de la más alta instancia judicial.

---

54   Consejo de Derechos Humanos *Examen Periódico Universal 2016.* A/HRC/34/6. Disponible en: https://daccess-ods.un.org/TMP/3006809.05580521.html.

55   CIDH (31 de diciembre de 2017) *Informe de País: Institucionalidad democrática, Estado de derecho y derechos humanos en Venezuela 2017.* OEA/Ser.L/V/II. Doc. 209. Disponible en: http://www.oas.org/es/cidh/informes/pdfs/Venezuela2018-es.pdf.

83. *La independencia de los miembros del TSJ también se ha visto perjudicada por la falta de estabilidad en sus cargos.* De acuerdo a información recibida por la Comisión, de los 84 magistrados del TSJ nombrados desde su creación, solo 7 habrían cumplido con el periodo de 12 años establecido por la Constitución. Aproximadamente, el 60% de los magistrados que no cumplió con ese periodo, *se retiró por jubilación anticipada.* Sin embargo, la información disponible indica que tal jubilación no sería voluntaria en todos los casos. Al respecto, destacan los 13 magistrados que se retiraron en el 2015 para que la AN designara ese mismo año a nuevos miembros. El 17 de febrero de 2016, dos de los jueces retirados, denunciaron ante la Comisión Especial que había creado la AN para investigar las rápidas elecciones del 2015, que fueron forzados a jubilarse de manera adelantada. La Comisión expresa su condena a estas denuncias, pues contravienen la garantía de inamovilidad en el cargo. Al respecto, la CIDH ha señalado en virtud de este principio, que las y los jueces solo podrán ser removidos cuando se venza su periodo o condición de nombramiento, se llegue a la edad de la jubilación forzosa o exista un control disciplinario. Ninguno de estos supuestos se estaría cumpliendo en el escenario reseñado" (Cursivas nuestras).

En ese mismo sentido, la falta de garantía de estabilidad se extiende a los fiscales del Ministerio Público, los cuales forman parte medular del proceso penal en Venezuela y son precisamente los receptores principales de denuncias sobre violaciones a derechos y comisión de delitos en Venezuela, así como los encargados de velar y tramitar solicitudes de protección.

Así las cosas, esa CIDH ha determinado que *"la capacidad de las y los fiscales o su disposición para iniciar procesos penales se encontraría limitada por la falta de transparencia en su selección, inestabilidad en sus puestos y ausencia de criterios técnicos para la asignación de investigaciones penales."*[56]

En ese sentido, otro hecho relacionado al contexto institucional de Venezuela se refiere a la arbitraria destitución y nombramiento de los Fiscales Generales de la República por la Asamblea Nacional Constituyente.[57] El mismo día de su inconstitucional instauración, el 5 de agosto de 2017, la ANC decidió destituir a

---

56 CIDH 2017 (31 de diciembre de 2017) Informe de País: *Institucionalidad democrática, Estado de derecho y derechos humanos en Venezuela 2017.* OEA, OEA/Ser.L/V/II. Doc. 209, párr. 134. Disponible en: http://www.oas.org/es/cidh/informes/pdfs/Venezuela2018-es.pdf.

57 La Asamblea Constituyente es un mecanismo de modificación de la Constitución, en el año 2017, fue convocado inconstitucionalmente por Nicolás Maduro, desde entonces ha fungido como poder supraconstitucional sobre el resto de los órganos del Poder Público (incluido la Asamblea Nacional, el Tribunal Supremo de Justicia y el Ministerio Público), con control absoluto de partidarios afines al partido de gobierno.

la Fiscal General de la República, Luisa Ortega Díaz,[58] quien desde febrero de 2017 había mostrado una posición crítica e independiente del gobierno. La Asamblea Constituyente nombró en su lugar al actual Fiscal General, Tarek Williams Saab, quien no cumple con los requisitos para ser Fiscal General de la República dada su pública vinculación con el partido de gobierno.[59] Es este el máximo representante del Ministerio Público en Venezuela, así como máximo jerarca de su administración, siendo la autoridad que nombra a los *fiscales provisorios*; similar a la situación del Poder Judicial, los Fiscales de la República tampoco pueden brindar garantías suficientes de independencia e imparcialidad en el ejercicio de sus funciones.

El Alto Comisionado para los Derechos Humanos de Naciones Unidas, ya ha manifestado su preocupación por "*la independencia del Poder Judicial en Venezuela, la imparcialidad de los jueces y fiscales y las presiones que enfrentan cuando se trata de casos políticamente sensibles. Los casos de la Jueza María Lourdes Afiuni y Leopoldo López son ilustraciones evidentes de estos problemas.*"[60]

Previamente, en el Informe del Grupo de Trabajo sobre el Examen Periódico Universal del año 2011 sobre Venezuela figuran las recomendaciones que fueron rechazadas por el Estado, que en su mayoría tienen que ver con la situación de falta de independencia del Poder Judicial y los fiscales del Ministerio Público.[61]

Igualmente, en el Informe del Grupo de Trabajo sobre el Examen Periódico Universal del 2016, figuran veintiún (21) recomendaciones hechas por otros Estados al Estado venezolano vinculadas a la independencia del Poder Judicial.[62] Asimismo, el Comité de Derechos Humanos en agosto del 2015 indicó su preocupación respecto a la falta de independencia del Poder Judicial, a la provisionalidad de la mayoría de los jueces y a la falta de información sobre el porcentaje de fiscales provisorios.[63]

---

58 Beneficiaria de Medidas Cautelares. CIDH (3 de agosto de 2017) Medidas Cautelares número 449/17 *Luisa Ortega Díaz y familia respecto a Venezuela*. Disponible en: http://www.oas.org/es/cidh/decisiones/pdf/2017/27-17MC449-17-VE.pdf

59 Gaceta Oficial No. 6.322 Extraordinario, de 8 de agosto de 2017.

60 ACNUDH (12 de noviembre de 2015). *Declaración del Alto Comisionado en la Reunión Especial del Consejo de Derechos Humanos con ocasión de la visita del Presidente de la República Bolivariana de Venezuela*. Disponible en: http://www.ohchr.org/SP/News-Events/Pages/DisplayNews.aspx?NewsID=16744&LangID=S.

61 Grupo de Trabajo sobre el Examen Periódico Universal (7 de diciembre de 2011) *Informe del Grupo de Trabajo sobre el Examen Periódico Universal* A/HRC/19/12. párr. 96. Disponible en. http://acnudh.org/wp-content/uploads/2011/12/EPU-Venezuela-2011.pdf

62 Grupo de Trabajo sobre el Examen Periódico Universal (24 de diciembre de 2016) *Informe del Grupo de Trabajo sobre el Examen Periódico Universal*. A/HRC/34/6. Disponible en: https://documents-dds-ny.un.org/doc/UNDOC/GEN/G16/441/45/PDF/G164-4145.pdf?OpenElement.

63 Comité de Derechos Humanos (14 de agosto de 2015) *Observaciones finales sobre el cuarto informe periódico de la República Bolivariana de Venezuela*

De forma complementaria, la Relatoría Especial sobre Independencia de Magistrados y Abogados de Naciones Unidas se manifestó sobre la situación en Venezuela, y mediante un comunicado de prensa, urgió al Estado venezolano a adoptar todas las medidas necesarias para garantizar plenamente que jueces, magistrados y fiscales puedan realizar sus funciones con plena independencia y garantías en aras de garantizar los derechos humanos en el país.

El Relator Especial hizo un llamado a todas las instituciones estatales a *"respetar, promover y garantizar la independencia e imparcialidad de la judicatura, así como el derecho de todas las personas a que ésta pueda desempeñar sus funciones en un entorno seguro y resolver los asuntos que conozca sin restricción alguna, sin influencias, alicientes, presiones, amenazas o intromisiones indebidas, sean directas o indirectas, de cualesquiera sectores o por cualquier motivo"*; asimismo, señaló que *"En el actual periodo de inestabilidad, la falta de fiscales y magistrados de carrera, así como el hecho de que la mayoría de jueces tengan nombramientos provisionales y de corta duración, produce una severa merma en la independencia del sistema judicial."*[64]

De esta mera, resulta evidenciado el carácter parcializado y político que tiene el Poder Judicial en cabeza de todos los jueces de la República. La falta de independencia del poder judicial en Venezuela se extiende a la situación de precariedad en la estabilidad de jueces provisorios y permanentes que vulneran cualquier ápice de garantía al debido proceso necesaria a través de jueces independientes e imparciales. Por su parte, el Ministerio Público ha sido afectado por la misma situación, la falta de estabilidad de los Fiscales y la posibilidad de que sean removidos de sus cargos de forma arbitraria, sin que medie procedimiento alguno distinto a la voluntad de su máxima autoridad conlleva a un contexto de Fiscales carentes de independencia e imparcialidad.

Este desmantelamiento de la independencia judicial no se limitó al Tribunal Supremo de Justicia, sino que se llevó a todo el sistema judicial, terminando con la estabilidad de los jueces, mediante un sistema de jueces *provisorios* designados a dedo y que pueden ser removidos sin causal legal alguna, sin procedimientos y ni derecho a recurrir.

Este desmantelamiento de la justicia ocasionó un colapso de la inseguridad ciudadana ante cifras de más de un 90% de impunidad en los delitos comunes y de hasta un 99% en los delitos contra los derechos humanos. Pero al mismo tiempo, esos funcionarios (jueces y fiscales) al servicio del poder ejecutivo, son

---

CCPR/C/VEN/CO/4, párr. 15. Disponible en: http://docstore.ohchr.org/SelfServices/FilesHandler.ashx?enc=6QkG1d%2FPPRiCAqhKb7yhssbM7JCwZtFkfxb2j9CZsrnc bCJTZg7FHMeF5ZKobh7v6BNh7YSs9wUKw7ySny4lo4jZSXEoIhxUMwKGU%2Fl9 kiGVg6CmC6URjwR3O1WdeqK5.

64 Relatoría Especial sobre Independencia de Magistrados y Abogados (8 de febrero de 2019) *Venezuela: Relator Especial urge al Estado garantizar la independencia judicial mientras se acentúa la presión gubernamental.* Disponible en: https://www.ohchr.org/-SP/NewsEvents/Pages/DisplayNews.aspx?NewsID=24150&LangID=S

los encargados de ejercer la persecución y detención de la disidencia: estudiantes, líderes sindicales, políticos, campesinos, profesionales, etc.

Otra lección aprendida: para poder imponer el proyecto constitucional autoritario chavista, es esencial incumplir sistemáticamente las sentencias de la Corte Interamericana de Derechos Humanos, denunciar la Convención Americana y la Carta de la OEA

Sueltas por completo las amarras de la Constitución y el Estado de Derecho en el orden interno, el paso siguiente fue romper las amarras de los límites y controles del Derecho Internacional y en especial de los derechos humanos. De esta forma, *de la ruptura del Estado Constitucional de Derecho se avanza a la ruptura del Estado Internacional de Derecho*, lo cual permite a su vez, la consolidación de la huida del Derecho.

A pesar de las normas avanzadas sobre derechos humanos que logramos incorporar en la Constitución de 1999 (*vgr.* jerarquía constitucional de los tratados sobre derechos humanos, obligación de dar cumplimiento a las decisiones de los órganos internacionales sobre derechos humanos, progresividad de los derechos, obligación del Estado de investigar y sancionar las violaciones a los derechos humanos y de reparar a las víctimas, prohibición de amnistías e indultos de graves violaciones a los derechos humanos, etc.), el chavismo nunca se las tomó en serio.

Desde un comienzo, en el año 2000, comenzó el rechazo por las decisiones de los órganos de protección internacional de derechos humanos, que luego pasó a un incumplimiento sistemático de todas las sentencias de la Corte Interamericana de Derechos Humanos y de las decisiones de la Comisión Interamericana de Derechos Humanos y de los demás órganos del sistema de Naciones Unidas.[65]

Este incumplimiento sistemático fue llevado en paralelo por un agravamiento de las violaciones a los derechos humanos imputables al Estado venezolano: detenciones arbitrarias, torturas, ejecuciones arbitrarias, persecución a defensores de derechos humanos, líderes sociales y partidos de la oposición, y luego a las derechos a la salud y alimentación, que han sido ampliamente documentadas ampliamente en los informes de la Comisión Interamericana de Derechos Humanos desde 1999[66] y de las Naciones Unidas.[67]

---

65   Ver lo expuesto en nuestro trabajo, Ayala Corao, Carlos M., *La "inejecución" de las sentencias internacionales en la jurisprudencia constitucional de Venezuela (1999-2009)*. Fundación Manuel García Pelayo. Caracas, 2009.

66   Se pueden consultar estos informes de la CIDH en: www.cidh.org.

67   Informes de la Oficina del Alto Comisionado de las Naciones Unidas para los Derechos Humanos: *2017: Violaciones y abusos de los derechos humanos en el contexto de las protestas en la República Bolivariana de Venezuela del 1 de abril al 31 de julio de 2017*, en: http://www.ohchr.org/Documents/Countries/VE/HCReportVenezuela_1April-31July-2017_SP.pdf y 2018: *Violaciones de los derechos humanos en la República Bolivariana de Venezuela: una espiral descendente que no parece tener fin*, en: https://www.ohchr.org/Documents/Countries/VE/VenezuelaReport2018_SP.pdf

Luego de acumular condenas incumplidas y de optar por una política de insultos y ataques a los órganos del sistema interamericano de protección de derechos humanos, como había sido ya "solicitado" en 2008 por la Sala Constitucional, el entonces Ministro del Poder Popular para las Relaciones Exteriores de la República Bolivariana de Venezuela, Nicolás Maduro Moros, denunció de la Convención Americana de Derechos Humanos, mediante nota de fecha 6 de septiembre de 2012, adoptada por órdenes directas del Presidente de la República, Hugo Chávez Frías, presentada el 10 de septiembre de 2012, ante la Secretaría General de la Organización de Estados Americanos ("OEA"), convirtiéndose en el primer -y único- país latinoamericano en denunciar este instrumento.[68]

Esta decisión dejó a las víctimas de las violaciones a los derechos humanos, ocurridas a partir del año siguiente, sin la protección de dicho tribunal internacional.

No contento con ello, y como quiera que ante los atropellos a la democracia y los derechos humanos la OEA había activado la Carta Democrática Interamericana respecto a Venezuela, el Gobierno chavista de Venezuela decidió denunciar la Carta de la OEA, mediante nota de fecha 27 de abril de 2017, consignada en fecha 28 de abril de 2017 por la Embajadora Interina de Venezuela ante la OEA, Carmen Luisa Velásquez, por ante el Secretario General de la OEA, Luis Almagro, convirtiéndose en el primer -y único- país miembro de la OEA en denunciar este instrumento.[69]

Tanto la denuncia de la Convención Americana como la denuncia de la Carta de la OEA fueron configuran violaciones manifiestas a la Constitución de Venezuela, por lo cual no deberían tener efecto en el Derecho internacional.[70]

Conclusión

Es evidente, por tanto, que el chavismo es contrario a la idea misma de Constitución, al Estado de Derecho y a la democracia. Para el chavismo, ellos mismos son el pueblo en el poder y el pueblo soberano no tiene límites, más que los que él mismo se autoimpone. La idea es que el poder ejercido por el chavismo es "bueno", porque emana del pueblo y lo ejercen ellos en beneficio del pueblo. El chavismo es el pueblo en el poder y con el chavismo el pueblo llegó para finalmente ejercer el poder y desplazar a las demás élites corruptas. Se trata de

---

68   Ver lo expuesto por nosotros en: Carlos Ayala Corao, Inconstitucionalidad de la Denuncia de la Convención Americana sobre Derechos Humanos por Venezuela, en: *Revista Europea de Derechos Fundamentales* (Instituto de Derecho Público, Valencia, España, No. 20/2° semestre 2012), disponible en: www.kas.de/uruguay/es/publications/20306/.

69   Ver lo expuesto por nosotros en: Carlos Ayala Corao, *Inconstitucionalidades de la Denuncia de la Carta de la OEA por Venezuela y sus consecuencias en el Derecho internacional*, Academia de Ciencias Políticas y Sociales, Serie Estudios No. 113, Caracas, 2017.

70   Ver lo expuesto por nosotros en: Carlos Ayala Corao, *Inconstitucionalidades de la Denuncia de la Carta de la OEA por Venezuela y sus consecuencias en el Derecho internacional, op. Cit.*

darle todo el poder al pueblo, lo que significa, *todo el poder para el chavismo en el poder*. Esta es la verdadera "revolución" -mal llamada- "bolivariana" que ejecutó el chavismo.

Ahora bien, quien encarna ese poder del pueblo es un líder único, primero el comandante supremo de la revolución, Hugo Chávez Frías, teniente coronel (retirado) del Ejército; y luego de su muerte, su sucesor designado, Nicolás Maduro Moros. Esos líderes supremos personalizan el poder del pueblo y por tanto están por encima de la Constitución. Son "líderes" y "comandantes supremos", no simples presidentes de la República. Si fuesen solo presidentes, estarían limitados y encuadrados en la Constitución. Pero ellos están por encima de la Constitución.

Por ello, todo límite al poder, todo control al poder ejercido por el Estado y en especial por el comandante supremo de la revolución, es absurdo y debe ser desechado por antirrevolucionario. El solo intento de controlar al comandante supremo es, cuanto menos, un acto de insubordinación, y es considerada una conspiración en contra de la revolución y del pueblo que él protege.

La Constitución se convierte así, en un mero instrumento al servicio del poder que ahora es del "pueblo", en una suerte de documento moldeable con principios porosos meramente orientadores de la acción del Estado y del gobierno, pero nunca será una norma jurídica obligatoria capaz de limitar el ejercicio del poder. La Constitución debe ser así, útil al ejercicio del poder por el chavismo y no debe obstaculizarlo, debe adaptarse constantemente al proyecto político del chavismo. Por tanto, la Constitución debe interpretarse de manera que no obstaculice el ejercicio del poder, sino que lo justifique; pero cuando ello se torna imposible, -como vimos- la solución es obviar y luego terminar con el propio texto constitucional.

Esta doctrina del sometimiento de la interpretación de la Constitución al proyecto político del chavismo ha sido incluso acogida por la propia jurisdicción constitucional chavista, al establecer:

Sobre este tema, la sentencia de esta Sala N° 1309/2001, entre otras, aclara que *el derecho es una teoría normativa puesta al servicio de la política que subyace tras el proyecto axiológico de la Constitución y que la interpretación debe comprometerse*, si se quiere mantener la supremacía de la Carta Fundamental cuando se ejerce la jurisdicción constitucional atribuida a los jueces, *con la mejor teoría política que subyace tras el sistema que se interpreta o se integra y con la moralidad institucional que le sirve de base axiológica (interpretatio favor Constitutione)*.[71] (Cursivas nuestras).

---

71 Sentencia SC/TSJ No. 1.939 de fecha 18 de diciembre de 2008 de la Sala Constitucional del Tribunal Supremo de Justicia, relativa a la declaración de "inejecución" de la sentencia de la Corte Interamericana de Derechos Humanos de 5 de agosto de 2008 en el caso *Caso Apitz Barbera y otros Vs. Venezuela*. Disponible en: http://www.tsj.gov.ve/. Sobre

En fin, lo importante es que la Constitución no es un conjunto de principios, reglas y normas jurídicas generales y obligatorias a las cuales se somete la política y el poder del Estado; sino que aquella es un instrumento poroso y desechable, que se interpreta al servicio de la política y el poder. Así, el proyecto político lo define el chavismo en el poder, bajo la dirección de un líder que personaliza al pueblo mismo (un líder, un pueblo). Ese proyecto se plasma en un *Plan de la Patria*, elaborado por el líder, que se convierte en la verdadera norma suprema, a cuyo servicio está el poder burocrático, la Constitución y todo el Derecho.[72] El *Plan de la Patria* es incluso usado por la Sala Constitucional del TSJ de Venezuela como parámetro para declarar la "constitucionalidad" de los actos del poder público nacional. Así, por ejemplo, con ocasión de pronunciarse sobre la constitucionalidad del Decreto No. 2.270 dictado por el entonces presidente Nicolás Maduro de 11 de marzo de 2016, el cual prorrogó la vigencia del Decreto No. 2.184 de fecha 4 de enero de 2016, mediante el cual declaró el Estado de Emergencia Económica en todo el territorio nacional, dicho Tribunal, fundamentó su constitucionalidad en argumentos basados en el *Plan de Patria*:

"Asimismo, *el decreto sub examine se muestra compatible con la necesidad de alcanzar los fines esenciales del Estado previstos en el artículo 3 Constitucional, así como también con las metas macroeconómicas y macrosociales y con el cumplimiento de los objetivos generales y estratégicos que adopta el Plan de la Patria*, Segundo Plan Socialista de Desarrollo Económico y Social de la Nación, 2013-2019, publicado en la Gaceta Oficial de la República Bolivariana de Venezuela n.° 6118 Extraordinario del 4 de diciembre de 2013, que han venido siendo desarrollados por el Estado venezolano, entre las cuales pueden mencionarse, a título de ejemplo, los siguientes:

I. Convertir a Venezuela en un país potencia en lo social, lo económico y lo político dentro de la Gran Potencia Naciente de América Latina y el Caribe, que garanticen la conformación de una zona de paz en Nuestra América […]"[73] (Cursivas nuestras).

---

la materia ver nuestro trabajo: Ayala Corao, Carlos M., *La "inejecución" de las sentencias internacionales en la jurisprudencia constitucional de Venezuela (1999-2009). Op. Cit.*

72 *Plan de la Patria*, "Segundo Plan Socialista de Desarrollo Económico y Social de la Nación, 2013-2019", Gaceta Oficial No. 6118 Extraordinario, de 4 de diciembre de 2013.

73 Sentencia SC/TSJ No. 184 de fecha 12 de marzo de 2016, *Caso Decreto de Emergencia Económica*. Ponencia Conjunta. Disponible en: https://vlexvenezuela.com/vid/presidente-republica-bolivariana-venezuela-635056621

En conclusión, *el proyecto constitucional autoritario chavista que terminó con la destrucción de la Constitución, el Estado de Derecho y la democracia, comenzó por ganar las elecciones presidenciales, convocar a una Asamblea Nacional Constituyente, tomar el control total de todas las instituciones del Estado y luego de la sociedad. Para ello, la herramienta fundamental de apoyo a la destrucción fue el control político del poder judicial y en concreto de la jurisdicción constitucional.*

PRIMERA PARTE:
PROPUESTA CONSTITUYENTE Y CONSTITUCIONAL DE HUGO CHÁVEZ Y LA CONSTITUCIÓN DE 1999

I. LA PROPUESTA CONSTITUYENTE EN 1998 Y LA INSTALACIÓN DE LA ASAMBLEA NACIONAL CONSTITUYENTE EN 1999

En 1998, en medio de la crisis política venezolana producto del deterioro manifiesto del liderazgo partidista y del derrumbamiento de los otrora poderosos partidos, lo que condujo a un vacío de liderazgo político, en un país que había estado habituado a su conducción exclusivamente partidista, por lo que en 1998, el ex Teniente Coronel Hugo Chávez Frías, entonces como candidato presidencial, siguiendo lo que luego se enmarcaría en el denominado "nuevo constitucionalismo latinoamericano,"[1] enarboló en Venezuela la bandera de la convocatoria de una Asamblea Nacional Constituyente, no prevista en la Constitución de 1961.

Lamentablemente, esa iniciativa no sólo no le fue disputada por los partidos políticos tradicionales, sino que, inclusive, fue ignorada y rechazada por los mismos. Incluso, el planteamiento de que fuera el propio Congreso electo en diciembre de 1998 el que pudiera asumir la conducción del proceso constituyente, fue totalmente ignorado por los propios partidos. Sin duda, no tenían conciencia de la magnitud de la crisis. En consecuencia, la convocatoria de la Asamblea Nacional Constituyente se convirtió en un proyecto político exclusivo del entonces candidato presidencial Hugo Chávez Frías, y luego, como presidente electo.

Su ejecución, sin embargo, presentaba un escollo constitucional que lucía insalvable: la institución de una Asamblea Nacional Constituyente como mecanismo de revisión constitucional, no estaba prevista ni regulada en el propio texto de la Constitución de 1961, la cual establecía expresamente sólo dos mecanismos para su revisión: la enmienda y la reforma general. Por ello, después de la elección del presidente Chávez, el debate político no fue realmente sobre si se con-

---

1   Véase Allan R. Brewer-Carías, *El "nuevo constitucionalismo latinoamericano" y la destrucción del Estado democrático por el Juez Constitucional. El caso de Venezuela*, Ediciones Olejnik, Buenos Aires 2018.

vocaba o no la Asamblea Constituyente, sino sobre la forma de hacerlo: o se reformaba previamente la Constitución, para regularla y luego elegirla, o se convocaba sin regularla previamente en la Constitución, apelando a la soberanía popular. Se trataba, en definitiva, de un conflicto entre supremacía constitucional y soberanía popular que había que resolver.[2] Sin embargo, antes de que se resolviera el conflicto por la Corte Suprema de Justicia[3], el presidente electo optó por la segunda vía, manifestando públicamente su decisión de convocar la Asamblea Constituyente apenas asumiera la Presidencia de la República, el 2 de febrero de 1999, sin necesidad de reformar previamente la Constitución de 1961 para regularla.

El presidente electo, además, apoyado por la popularidad que en ese momento tenía, ejerció públicamente presiones indebidas ante la Corte Suprema de Justicia, la cual conocía, precisamente, de sendos recursos de interpretación que habían sido intentados para que resolviera, justamente, sobre si era necesario o no reformar la Constitución para regular la Asamblea Constituyente para poder ser convocada. El resultado de la presión política que se originó, fue la emisión de una sentencia por la Corte Suprema, el 19 de enero de 1999, casi dos semanas antes de la toma de posesión de su cargo por el presidente de la República, en la cual, si bien no resolvió expresamente lo que se le había solicitado interpretar, glosó ampliamente en forma teórica la doctrina constitucional sobre el poder constituyente[4]. Ello dio pie para que el presidente de la República, sin autorización constitucional alguna, en lo que fue su primer acto de gobierno dictado al tomar posesión de su cargo, el 2 de febrero de 1999, emitiera un Decreto convocando un "referendo consultivo" en el cual pretendía que el pueblo no sólo lo autorizara a convocar la Asamblea Constituyente sino que lo autorizara a él mismo y sólo él, para definir la composición, el régimen, la duración y la misión de la Asamblea. Se pretendía, así, que se produjera una especie de referendo ciego sobre una Asamblea Constituyente que nadie sabía cómo se iba a elegir, quién la conformaría, cuáles eran sus poderes, cuál era su misión o su duración. En Ecuador, desde el inicio, sin embargo, se siguió un camino distinto al formularse el texto del Estatuto en el mismo Decreto presidencial.

---

2   Véase Allan R. Brewer-Carías, "El desequilibrio entre soberanía popular y supremacía constitucional y la salida constituyente en Venezuela en 1999", en *Anuario Iberoamericano de Justicia Constitucional,* N° 3, 1999, Centro de Estudios Políticos y Constitucionales, Madrid 2000, pp. 31-56

3   Véase Allan R. Brewer-Carías, "La configuración judicial del proceso constituyente o de cómo el guardián de la Constitución abrió el camino para su violación y para su propia extinción", en *Revista de Derecho Público,* N° 77-80, Editorial Jurídica Venezolana, Caracas 1999, pp. 453 ss.

4   Véase Allan R. Brewer-Carías, *Poder constituyente originario y Asamblea Nacional Constituyente (Comentarios sobre la interpretación jurisprudencial relativa a la naturaleza, la misión y los límites de la Asamblea Nacional Constituyente)*, Colección Estudios Jurídicos N° 72, Editorial Jurídica Venezolana, Caracas 1999, 296 pp.

El Decreto del presidente Chávez obviamente, fue impugnado por razones de inconstitucionalidad ante la Corte Suprema de Justicia[5], la cual, después de varias y sucesivas decisiones, declaró la inconstitucionalidad de la forma como el presidente pretendía la convocatoria al referéndum sobre la Asamblea Constituyente al anular la convocatoria hecha por el Consejo Supremo Electoral, y en particular en sentencia de 18 de marzo de 1999, exigió que *también se sometiera a consulta popular el propio estatuto de la Asamblea Constituyente* (sistema de elección, número de miembros, misión, régimen y duración), para que el pueblo, se pronunciara sobre ello.

La Corte Suprema precisó, además, en otra sentencia de 13 de abril de 1999, que una Asamblea Constituyente electa en el marco del Estado de derecho regulado en la Constitución de 1961, *no podía tener los poderes de una Asamblea Constituyente originaria*, es decir, no podía tener "plenos poderes" en la terminología ecuatoriana, como los que pretendía el presidente Chávez en su proyecto. Las bases que el presidente propuso sobre el Estatuto de la Asamblea Constituyente, habían sido cuestionadas judicialmente, y como consecuencia de ello, la Corte Suprema eliminó la indicación de que la Asamblea Constituyente podía tener plenos poderes, es decir, poder constituyente de carácter originario. Pero incluso con esta corrección, el Estatuto de la Asamblea Nacional Constituyente no se diseñó como producto de un acuerdo o negociación política entre todos los sectores interesados. En realidad, fue impuesto unilateralmente por el presidente de la República, en su convocatoria al referéndum consultivo.

El 25 de abril de 1999, en todo caso, se efectuó la votación del referéndum consultivo sobre la convocatoria a una Asamblea Nacional Constituyente, entre cuyas bases establecidas unilateralmente por el presidente, se reguló el sistema para la elección de 104 constituyentes en 24 circunscripciones regionales correspondientes a las entidades políticas del territorio (Estados y Distrito Federal) (en Ecuador son 100), de 24 constituyentes en la circunscripción nacional (igual que en Ecuador), y de 3 constituyentes en representación de los pueblos indígenas, que en Venezuela (contrariamente a Ecuador) son muy exiguos desde el punto de vista de la población y presencia en la dinámica social. El sistema electoral que se estableció, por tanto, tampoco fue producto de algún acuerdo político entre los diversos sectores del país. Lo definió sólo el presidente de la República, como un sistema de carácter nominal mediante postulación individual de cada candidato, y una elección personificada.

Este sistema electoral, aparentemente nominal y personalizado, se convirtió en el más diabólico mecanismo de control de la Asamblea Nacional Constituyente por parte del presidente de la República y sus seguidores. El presidente, perso-

---

5   Véase el texto de la acción de inconstitucionalidad que intentamos contra el Decreto presidencial en Allan R. Brewer-Carías, *Asamblea Constituyente y ordenamiento constitucional*, Academia de Ciencias Políticas y Sociales, Caracas, 1998; y Allan R. Brewer-Carías, "Comentarios sobre la inconstitucional de la convocatoria a Referéndum sobre una Asamblea Nacional Constituyente, efectuada por el Consejo Nacional Electoral en febrero de 1999" en *Revista Política y Gobierno,* Vol. 1, N° 1, enero-junio 1999, Caracas 1999, pp. 29-92.

nalmente, hizo campaña electoral en todo el país, y propuso su propia lista en cada región, con los candidatos a elegir, en una multimillonaria campaña electoral financiada, incluso, desde el extranjero.[6] Efectuada la votación el 25 de julio de 1999, en la cual se produjo una abstención del 53%, el resultado fue que el presidente de la República logró la elección de todos los candidatos regionales, menos dos, es decir, un total de 102 de los 104 que correspondían; y de sus 20 candidatos nacionales de los 24 electos, que conformaban sus listas. Por tanto, sólo llegaron a ser electos sin el respaldo del presidente Chávez y más bien adversándolo, 4 constituyentes nacionales entre los cuales se me encontraba. Los tres representantes indígenas fueron electos de acuerdo con "las costumbres ancestrales" respectivas, y los mismos resultaron adeptos al partido de gobierno.

El sistema electoral establecido por el presidente de la República en la convocatoria al referendo, por tanto, fue el menos indicado para conformar una Asamblea Constituyente pluralista que incluyera a todos los grupos y actores políticos. Lejos de contribuir al pluralismo y a la representación plural, el sistema electoral impuesto por el presidente de la República en su convocatoria, condujo a la instalación de una Asamblea Constituyente exclusionista, en la cual quedaron excluidos de representación todos los partidos políticos tradicionales, quedando dominada por el partido de gobierno y por los seguidores del presidente.

Una Asamblea Constituyente conformada por una mayoría de esa naturaleza, por supuesto, impidió toda posibilidad de convertirse en un instrumento válido de diálogo, conciliación política y negociación. Fue, en realidad, un instrumento político de imposición por un grupo que la dominaba, al resto de la sociedad, de sus propias ideas, con exclusión total respecto de los otros grupos. Por ello, la Asamblea Constituyente que se eligió en julio de 1999 y se instaló el 3 de agosto de 1999, fue un instrumento para lograr el control total del poder por los que conformaban la mayoría y que habían sido electos constituyentes gracias al apoyo y a la campaña del propio presidente de la República. En la Asamblea, dichos constituyentes estuvieron a su servicio y al diseño de cuantos mecanismos sirvieran para el control del poder por parte de los nuevos actores políticos que habían aparecido en escena de la mano del presidente Chávez, en medio del más terrible deterioro de los partidos políticos tradicionales, que materialmente desaparecieron de la escena política durante el proceso constituyente.

En su sesión de instalación celebrada el día 3 de agosto de 1999 que se desarrolló en el Aula Magna de la Universidad Central de Venezuela, la Asamblea se autoproclamó como "poder constituyente originario" en contra de lo que se había decidido por la antigua Corte Suprema de Justicia como antes se mencionó, marcando así el parámetro de lo que serían los poderes que la Asamblea se fue auto atribuyendo.

El mismo día, horas antes, tuvo lugar la sesión preliminar de instalación de la Asamblea, cuya dirección asumió Pedro Ortega Díaz, no sólo como el Asam-

---

6   Por ello, según informaciones de prensa, en 2006 incluso se formularon acusaciones criminales ante la *Audiencia Nacional*, Madrid (Procedimiento Nº 251/02-N).

bleísta de mayor edad, sino en su calidad de veterano y viejo dirigente del Partido Comunista de Venezuela.

Ese hecho, de entrada, puede considerarse que tuvo importante significación, pues fue el anuncio de lo que en algún momento futuro ocurriría en el país, como en efecto sucedió formalmente, diez años después, en 2010, cuando el mismo Chávez en enero de ese año se declararía marxista,[7] y el Partido Socialista Unido de Venezuela, presidido por Chávez, en su Primer Congreso Extraordinario celebrado en abril del mismo año 2010, adoptaría su "Declaración de Principios" en la cual oficialmente se declaró como un partido "marxista," antimperialista," y "anticapitalista;" precisándose en el mismo documento que las acciones del partido están basadas en el "socialismo científico" y en los "aportes del marxismo como filosofía y práctica," con el objeto de sustituir el "Estado capitalista burgués" por un "Estado socialista" basado en el Poder Popular y en la socialización de los medios de producción.[8] Con base en esos principios la Asamblea Nacional, en diciembre de ese mismo año de 2010, procedió a sancionar las Leyes del Poder Popular, de corte claramente comunista.[9]

En todo caso, en la misma sesión preliminar de la Asamblea Constituyente de agosto de 1999 se eligió su directiva con Luis Miquilena como presidente; Isaías Rodríguez y Aristóbulo Isturiz, como primero y segundo vicepresidentes, y Elvis Amoroso y Alejandro Andrade, como secretario y subsecretario. Y en la primera intervención que, como se dijo, le correspondió al dirigente del partido comunista Ortega Díaz, este informó a la Asamblea lo que se había decidido en la reunión preliminar, procediendo a entregar la conducción de la misma a Luis Miquilena, a los efectos de desarrollar, dijo:

"esta gigantesca empresa en la cual nos proponemos nada más ni nada menos que enfrentar la miseria del pueblo venezolano azotado hoy por ella, la corrupción y castigar a los corruptos (gritos y aplausos); la inseguridad personal; el caos moral; los grilletes, a veces invisibles, que nos sujetan a los poderes extranjeros para reivindicar, como lo ha comenzado a hacer este

---

7   En su Discurso Anual ante la Asamblea Nacional el 15 de enero de 2010, Chávez declare que "asumía el marxismo," a pesar de que, como dijo, nunca había leído los trabajos de Marx. Véase María Lilibeth Da Corte, "Por primera vez asumo el marxismo," en *El Universal*, Caracas Jan. 16, 2010, http://www.eluniversal.com/2010/01/16/pol_art_por-primera-vez-asu_1726209.shtml.

8   Véase la Declaración de principios del Partido Socialista Unido de Venezuela, Ier Congreso Extraordinario (Abril. 23, 2010), del Partido disponible en http://psuv.org.ve/files/-tcdocu-mentos/Declaracion-de-principios-PSUV.pdf.

9   Véase Allan R. Brewer-Carías, "La reforma de la Constitución económica para implantar un sistema económico comunista (o de cómo se reforma la Constitución pisoteando el principio de la rigidez constitucional), en Jesús María Casal y María Gabriela Cuevas (Coordinadores), *Homenaje al Dr. José Guillermo Andueza. Desafíos de la República en la Venezuela de hoy. Memoria del XI Congreso Venezolano de Derecho Constitucional*, Universidad Católica Andrés Bello, Caracas 2013, Tomo I, pp. 247-296.

gobierno, la soberanía. Unámonos para poder romper las cadenas de hoy, para poder romper la cadena de la deuda externa." [10]

Veinte años después de aquél primer discurso que se oyó en la Asamblea, ante el legado político que dejó Hugo Chávez y que completó, después de su fallecimiento anunciado en marzo de 2013, su sucesor en la presidencia, Nicolás Maduro, y constatar ahora el mundo entero, que la "gigantesca empresa" que quienes asaltaron el poder mediante esa Asamblea Nacional Constituyente acometieron junto con sus seguidores fue, al contrario de lo expresado, la de la destrucción masiva del país, en el orden institucional, económico y social; cualquiera que hubiese conocido a Ortega Díaz no podría menos que imaginarse cómo se podría sentir ante un país que se sitúa, internacional y comparativamente, entre los más corruptos y de mayor inseguridad personal del mundo; donde campea la impunidad, y donde la persecución política se realiza mediante el encarcelamiento a mansalva utilizando para ello al ministerio público y al sistema judicial; y que está descaradamente sometido al control de poderes extranjeros, en particular de Cuba; donde se le ha vendido la soberanía al mejor postor, al regalase no sólo los recursos materiales del país, sino la propia ciudadanía venezolana, que se le ha otorgado indiscriminadamente a cuando extranjero se cree es útil para los proyectos políticos entreguistas; y además, condenado a varias generaciones futuras por la mayor deuda externa e interna de toda la historia del país. [11]

Sin duda, el viejo líder comunista, si sus palabras fueron sinceras, algo hubiera estado ahora pensando sobre porqué la "gigantesca empresa" no resultó como la soñaba, sino en el agravamiento de todos los males que denunció: agravamiento de la miseria del pueblo venezolano, agravamiento de la corrupción y ausencia de castigo a los corruptos; mayor inseguridad personal; caos moral por la degradación de todos los valores de la sociedad; sujeción y entrega del país poderes extranjeros visibles, como los que ejercen Cuba y China, reforzándose las cadenas de la mayor deuda externa de la historia.

---

10   Todas las citas de lo expuesto ate la Asamblea Nacional Constituyente que se hacen en esta parte fueron tomadas de las actas de la sesión – en la cual, por lo demás, participé como Constituyente -, publicadas en el *Diario de debates, Asamblea Nacional Constituyente. Gaceta Constituyente,* Tomo I, Caracas 1999. Véase igualmente todas las referencias en Allan R. Brewer-carías, *Asamblea Constituyente y proceso constituyente 1999, Colección Tratado de Derecho Constitucional, Tomo VI* Fundación de Derecho Público, Editorial Jurídica venezolana, Caracas 2013.

11   Véase Allan R. Brewer-Carías, *La ruina de la democracia. Algunas consecuencias. Venezuela 2015* (Prólogo de Asdrúbal Aguiar), Colección Estudios Políticos, No. 12, Editorial Jurídica Venezolana, Caracas 2015; *La mentira como política de Estado. Crónica de una crisis política permanente. Venezuela 1999-2015* (Prólogo de Manuel Rachadell), Colección Estudios Políticos, No. 10, Editorial Jurídica Venezolana, Caracas 2015.

II. LA PROPUESTA CONSTITUCIONAL DE HUGO CHÁVEZ FOR-MULADA ANTE LA ASAMBLEA NACIONAL CONSTITUYENTE

1. *Los discursos iniciales ante la Asamblea Constituyente sobre su supuesto carácter de soberana y originaria, la usurpación de la soberanía del pueblo y el inicio de la destrucción del Estado de derecho*

En su discurso de introducción antes indicado, en la sesión de 3 de agosto de 1999, el mismo Constituyente Ortega Díaz concluyó formulando una recomendación inmediata, y que fue que se adoptara:

"la declaratoria de soberanía incuestionable de la Asamblea Nacional Constituyente (aplausos prolongados), no podemos permitir ningún acto que interrumpa, altere o mucho menos contradiga las decisiones de esta plena soberanía de la Asamblea Nacional Constituyente (*Aplausos*)."

Y eso fue lo que efectivamente ocurrió: La Asamblea al instalarse asumió la soberanía, que sólo la tiene el pueblo, usurpando el poder constituyente originario del mismo. Una Asamblea nunca puede ser soberana, pues soberano sólo es el pueblo.

Pero Ortega Díaz lo único que hacía en su discurso era cumplir la parte del libreto que le había tocado, y que desde el inicio Chávez había anunciado con su decreto de convocatoria al referendo sobre la Asamblea Nacional Constituyente, en el cual ya se anunciaba cuál iba a ser el rol destructivo y usurpador de la Asamblea. Por ello, las impugnaciones que se habían hecho del decreto presidencial,[12] de manera que razón tuvo Chávez al expresar en su discurso ante la Asamblea Constituyente el mismo día 3 de agosto de 1999, que su Decreto del 2 de febrero de 1999 convocando el referendo consultivo sobre la Constituyente, había sido impugnado muchas veces, -dijo-:

"no sé cuántas impugnaciones, el decreto más impugnado, batieron récord los impugnadores, no sé si un decreto ha sido impugnado tantas veces en alguna parte, en alguna época, pero bien bueno que eso quede allí, porque es parte del conflicto histórico desatado, irrenunciable, inevitable. Es un conflicto terminal, es el fin de una época y el comienzo de otra."

Y efectivamente así fue, pero lo cierto fue que con motivo de los diversos juicios que se iniciaron con la impugnación del decreto convocando el referendo sobre la Asamblea, en una de las sentencias dictadas por la Sala Político Administrativa del Tribunal Supremo de Justicia, de fecha 18 de marzo de 1999,[13] se

---

12   Véase el texto de la acción de nulidad en Allan R. Brewer-Carías, *Asamblea Constituyente y ordenamiento constitucional*, Academia de Ciencias Políticas y Sociales, Caracas, 1998.

13   Véase la referencia en Allan R. Brewer-Carías, "La configuración judicial del proceso constituyente o de cómo el guardián de la Constitución abrió el camino para su violación y

había resuelto la cuestión de que el poder constituyente originario no podía ser asumido por la Asamblea, por lo cual se había ordenado expresamente eliminar de las bases comiciales del referendo consultivo sobre la Asamblea, el supuesto carácter de poder constituyente originario que Chávez había propuesto se le otorgara a la Asamblea. Pero la verdad es que la decisión de una Corte Suprema de un sistema que quienes controlaban el poder lo consideraba moribundo, poco le importó a quienes asumieron la dirección de la Asamblea, habiendo sido la pauta que recomendó Ortega Díaz, contraria a la citada sentencia, la que se impuso, todo lo cual, desde el inicio, motorizó el presidente Miquilena.

Este último tema del carácter o no de poder constituyente originario de la Asamblea, entre muchos otros, fue el que me había enfrentado a la propuesta de Chávez particularmente durante el año 1998, y ello fue precisamente lo que en la Asamblea Constituyente, una vez constituida y con la mayoría abrumadora que apoyaba al presidente, fue impuesto, haciéndose caso omiso a lo resuelto por la Corte Suprema.

Ello es lo que explica, precisamente, la recomendación de Ortega Díaz al instalarse la Asamblea el 3 de agosto de 1999, y lo que retomó Luis Miquilena, luego de la juramentación de los miembros de la Asamblea, en su discurso inicial y primigenio, al referirse al momento histórico que vivía el país, considerando que estábamos presenciando, no el cambio de un equipo de gobierno por otro equipo de gobierno, sino de un cambio de un sistema por otro sistema, siendo "la Asamblea Nacional Constituyente la palanca impulsora" de dicho cambio.

Por ello, al inicio de su discurso hizo referencia a la idea misma de la Asamblea Constituyente, mencionando la iniciativa que hacía "más de una década" habían tenido algunos, indicando que con ello habían puesto "en el país a flamear la bandera de la Asamblea Nacional Constituyente," la cual confesaba, sin embargo, había sido "estigmatizada, atacada precisamente porque se consideraba que tenía un carácter subversivo ante el estado de cosas que estaba padeciendo nuestro país." Y ciertamente, salvo opiniones aisladas como la mía, la de Oswaldo Álvarez Paz, entonces Gobernador del Estado Zulia y la del Fiscal General de la República, Ramón Escovar Salóm, entre otros,[14] la idea fue rechazada por los partidos políticos.

Pero antes de desembocar en el tema del carácter de la Asamblea Constituyente, que fue lo central de su discurso, Miquilena hizo referencias a lo que consideró habían sido los antecedentes políticos de la misma, haciendo referencia al hecho de que por ignorar el clamor del pueblo por un cambio "se produjo espontáneamente un acontecimiento que hizo estremecer el edificio del viejo sistema," como fue el "Caracazo" (febrero 1989), lo que fue seguido del intento de golpe militar de Hugo Chávez del 4 de febrero de 1992, como resultado del cual

---

para su propia extinción", en *Revista de Derecho Público*, N° 77-80, Editorial Jurídica Venezolana, Caracas 1999, pp. 453 ss.

14 Véase Ricardo Combellas, "El proceso constituyente y la Constitución de 1999," Revista *Politeia*, No. 30, 2003, pp. 183-208.

consideró, en mi criterio erradamente que al país le había nacido "una nueva esperanza," estimando que el grupo de oficiales jóvenes que intentaron el golpe:

"habían dado un paso adelante con el propósito de romper el equilibrio de una estructura que estaba asfixiando al país y que necesitaba salidas y que si no se les daba salida por la vía pacífica tendría que recurrirse a la vía de la violencia para romper una estructura que era necesario acabar' *(Aplausos prolongados).*

Después de esos hechos, narró Miquilena en su discurso, que ante la ceguera de las clases dominantes en poder vislumbrar el conflicto social, en la búsqueda de "salidas pacíficas, precisamente para evitar la vía de la violencia," consideró que había sido un acierto del proyecto liderado por Hugo Chávez, el decidir tomar "la vía electoral para participar en los procesos que el sistema había establecido, es decir, jugar con sus propias cartas," de la cual, después de enfrentar – dijo– un proceso electoral lleno de acciones violentas, obstáculos y arbitrariedades, terminara victoriosamente la elección del 6 de diciembre."

Como parte esencial de todo ese proceso, Miquilena se refirió entonces a lo que consideró "la consigna más importante, la consigna emblemática de este proyecto" que fue la Asamblea Nacional Constituyente, haciendo entonces la precisión de que sus enemigos pretendieron entonces:

"refugiarse en una rebuscada hermenéutica jurídica para quitarle poder a la Asamblea Nacional Constituyente, pretenden que la Asamblea Nacional Constituyente sea un simple instrumento cualquiera para elaborar una Constitución; es decir, pretenden presentarle al país una Asamblea Constituyente chucuta, que no sea capaz de tener la soberanía suficiente *(aplausos),* pretendiendo las vacas sagradas del derecho, inventar que es una Asamblea Constituyente secundaria y no originaria."

He aquí la esencia del planteamiento que desde el inicio guio la imposición, liderada por Miquilena, de una Asamblea Constituyente "originaria," carácter que la Asamblea misma se auto arrogó a los pocos días. Y por supuesto, nada me impidió que yo mismo me diera por aludido cuando Miquilena se refirió a "las vacas sagradas del derecho" –honor que me hizo– pues sin duda, como en algún momento él me lo confirmó, su referencia, entre otros, estaba dirigida a mi persona, junto con todos los juristas que se oponían a tal idea, comenzando por los magistrados de la Corte Suprema. Consideré - y el tiempo lo confirmó - que ese carácter originario que usurpó la Asamblea, fue lo que dio inicio al proceso de demolición del Estado de derecho en Venezuela. [15]

Las objeciones que habíamos formulado en contra de dicha idea, es lo que justificó lo que afirmó Miquilena tajantemente al iniciar su discurso:

---

15 Véase Allan R. Brewer-Carías, *Golpe de Estado y proceso constituyente en Venezuela,* Universidad Nacional Autónoma de México, México 2002; *Usurpación Constituyente 1999, 2017. La historia se repite: una vez como farsa y la otra como tragedia,* Colección Estudios Jurídicos, No. 121, Editorial Jurídica Venezolana International, 2018.

"Nosotros declaramos, en mi carácter de Presidente de la Asamblea Nacional Constituyente en este acto, declaro solemnemente el carácter originario... *(aplausos y gritos prolongados)* y nadie podrá disminuir el carácter soberano de esta Asamblea y así será consagrada ante la historia de nuestra patria."

Y así fue. La Asamblea Constituyente, para Chávez y sus seguidores, no sólo fue "originaria" sino "soberana," usurpando la propia soberanía del pueblo. Por ello Miquilena repitió: "Sí es soberana, sí es original," agregando sin embargo que tratarían "de que la vía del diálogo, la vía del entendimiento, produzcan los cambios sin el traumatismo que podría ocurrir si la gente que está refugiada dentro de esos poderes para seguir conservando sus privilegios." Se refería, sin duda a los poderes públicos constituidos, advirtiéndoles que, si entendían que el país había cambiado, entonces el tratamiento que "recibirán de la soberana Asamblea Constituyente no será de abuso de su poder, será de un diálogo que permita la transición, sin que esa transición produzca traumas que pueden ser irremediables para nuestra patria."

Con todo esto, Miquilena terminó su discurso al dejar instalada la Asamblea,

"con esas dos solemnes promesas: primero, la Asamblea Nacional Constituyente es originaria y soberana. *(Nutridos aplausos)*. Segundo, el proceso de cambio no tiene retroceso y va hacia adelante impulsado por nuestro pueblo."

No pasaron dos años y medio, en todo caso, para que Miquilena, luego de haber presidido la Asamblea Constituyente y haber servido en el gobierno del presidente Chávez, pasara a la oposición acusando al gobierno incluso de asesinato por la masacre del 11 de abril de 2002.[16]

Atrás habían quedado sus últimas palabras en el acto de instalación de la Asamblea cuando recordó lo que había dicho en su despedida del Ministerio de Relaciones Interiores para ocupar una posición de combate por la construcción de la Asamblea Nacional Constituyente, refiriéndose al "panorama del país alegre," que –dijo– había hecho el milagro de que en el invierno de su vida él pudiera "soñar con la primavera." Esta, sin duda, para él, debió haberse convertido en una tormenta, con lluvia torrencial, rayos y centellas, que no deben haber cesado hasta su fallecimiento.

2. *"Marco histórico" de la propuesta constituyente de Hugo Chávez Frías*

Una vez que la Asamblea Nacional Constituyente se había autocalificado de "soberana," su primera sesión que tuvo lugar el *5 de agosto de 1999*, tuvo por objeto, además de la Comisión para la redacción del Estatuto de la Asamblea, el

---

16 Véase en *El Universal,* 12-04-02, p. 1-6.

"Recibir la propuesta del ciudadano Hugo Rafael Chávez Frías, presidente de la República."

Antes, sin embargo, Jorge Olavarría con motivo del texto del acta de la sesión anterior, destacó que en la misma Miquilena había declarado el "carácter originario" de la Asamblea, por lo que rechazó dicho aserto argumentando que ese carácter no había sido sometido a debate ni a consideración por parte de la Asamblea, siendo aquella una expresión de Miquilena que consideró fue formulada "a título personal y no en nombre de la Asamblea." Consideró Olavarría, con razón, increpando a Miquilena, que "el carácter originario de la Asamblea tiene que ser sometido a la Asamblea y si ésta así lo decide, usted, en su nombre, podrá hacerlo, de lo contrario usted procederá de una forma usurpadora de las funciones que le corresponden como presidente."

El tema, sin embargo, quedó inserto en acta, dejándose su discusión para la sesión siguiente, concentrándose la Asamblea en el punto de "recibir la propuesta del ciudadano Hugo Rafael Chávez Frías, presidente Constitucional de la República."

Jorge Olavarría, sin embargo, objetó con razón dicho punto, considerando que la Asamblea no había aprobado invitación alguna al presidente; a lo que Miquilena respondió que la solicitud había sido formulada por el presidente, habiendo la Junta Directiva decidido aceptarla.

Se dio así inicio el punto de la Agenda, sometiéndoselo de inmediato a la aprobación de la propia Asamblea "para satisfacer la inquietud del constituyente Jorge Olavarría," punto que fue obviamente aprobado con "evidente mayora (*Aplausos*)," todo, sin duda, conforme a un libreto que se veía estaba ya conformado.

Se nombró entonces una Comisión de Constituyentes para acompañar al presidente Chávez a la Asamblea, de la cual formé parte, siendo dicha oportunidad la última en la cual crucé palabra con él. Antes había tenido una interlocución con él en la Academia de Ciencias Políticas y Sociales, en agosto de 1998, con ocasión de la invitación que como presidente de la Academia formulé a todos los candidatos presidenciales para que explicaran ante la misma sus propuestas sobre la reforma al Estado. Allí presenté a Chávez como quien había hecho su "aparición en la vida política recientemente, en medio de una gran crisis, y por una vía no democrática." [17]

El presidente Chávez consignó en esa ocasión un documento, elaborado con la colaboración de una comisión que había designado en enero de 1999 que denominó Comisión Presidencial Constituyente, [18] con el título "*Ideas fundamentales para la Constitución Bolivariana de la V República*," el cual, sin llegar a ser

---

17 Véase en el libro *Los Candidatos Presidenciales ante la Academia. Ciclo de Exposiciones 10-18 agosto 1998*, Serie Eventos N° 12, Biblioteca de la Academia de Ciencias Políticas y Sociales, Caracas 1998.

18 Véase Ricardo Combellas, "El proceso constituyente y la Constitución de 1999," Revista *Politeia*, No. 30, 2003, p. 195

un proyecto de Constitución, inspiró en algunos casos la elaboración de algunas propuestas por algunas las Comisiones de la Asamblea. [19]

A. La "soberanísima" Asamblea Constituyente

Chávez comenzó su discurso en dicha sesión del 5 de agosto de la Asamblea,[20] refiriéndose a la misma no sólo como originaria o soberana, sino como "la soberanísima Asamblea Nacional Constituyente," dirigiéndose a los miembros de la misma como "constituyentes soberanos," dando así de antemano por zanjado el tema del carácter "soberano" de la Asamblea, que la misma aún no había considerado. Con ello quedaba claro que imponía su voluntad, a pesar de que aclaraba que en ese momento en el país "no es un hombre providencial que ha llegado; [...] no hay hombres providenciales [...]. No hay individualidades todopoderosas [...] No hay caudillos beneméritos y plenipotenciarios que puedan señalar y conducir y hacer el camino de los pueblos, mentira." Y luego repitió: "No pensemos jamás que un hombre providencial, repito, no pensemos jamás que 131 hombres o mujeres providenciales van a hacer el camino."

Chávez consideró que la instalación de la Asamblea Constituyente era "un acto revolucionario," considerando que la revolución había llegado al Palacio Federal Legislativo, pidiéndole a la Asamblea que recuperara dicha casa para la revolución. Dijo así: "desde hoy tienen que comenzar a demostrar que ustedes, representantes verdaderos del pueblo, son los dueños de esta casa y que esta casa es la casa del pueblo y no la casa de las cúpulas ni la casa de los cogollos que durante años traicionaron esa esperanza de un pueblo."

Con ello comenzó a definirle a sus seguidores la agenda de la Constituyente, –y a los recién electos senadores y diputados lo que les esperaba–, advirtiéndoles a los Constituyentes:

"No vayan, compatriotas, ustedes a cometer el error que cometieron los que habitaron esta casa durante 40 años y ya no les pertenece, eso hay que recordarlo. Esta casa desde hoy es la sede de la Asamblea Nacional Constituyente. *(Aplausos).* La magnanimidad de ustedes es grande, han permitido que convivan por allí. Ustedes son los dueños de esta casa, porque esta es la casa del pueblo y recuperen ustedes esta casa para el pueblo, para la revolución."

B. La revolución bolivariana

Chávez en su discurso insistió sobre el tema de la revolución, advirtiendo que aún había venezolanos que "todavía a estas alturas no se den cuenta o no quieran darse cuenta que estamos en el mero epicentro de un profundo, de un

---

19   Véase Hugo Chávez Frías, *Ideas fundamentales para la Constitución Bolivariana de la V República,* Ministerio de la Secretaría de la Presidencia de la República, Caracas 1999.

20   El texto puede verse en el siguiente link del blog *anicrisbracho*: https://anicrisbracho.wordpress.com/2017/05/02/discurso-del-presidente-hugo-chavez-en-la-instalacion-de-la-constituyente-1999/

verdadero, de un indetenible proceso revolucionario que no tiene marcha atrás […] Es una revolución lo que está ocurriendo y nada ni nadie podrá evitarla."

Hizo referencia entonces al Caracazo, "cuando los habitantes de Guarenas se fueron a la calle a protestar con una huelga, haciendo uso del derecho a la resistencia," indicando sin embargo que si bien "no estaban planificando una revolución," al igual que no lo hicieron los golpistas el 3 y 4 de febrero de 1992, " quienes "no sabían plenamente lo que se iba a desatar con aquel gesto", sin embargo habían provocado la situación del momento que era la de "una revolución que se hizo presente e impone su propio ritmo", que está " en marcha y es el pueblo el que guiará ese potro libre de la revolución."

Se preguntó entonces repetidamente sobre el origen de esa revolución, concluyendo que venía del "contexto bolivariano cuando nació o cuando nacieron las primeras repúblicas que se levantaron en esa tierra venezolana." En definitiva, afirmaba, que era de Bolívar de dónde venía la revolución, de "Bolívar que vuelve con su clara visión, con su espada desenvainada, con su verbo y con su doctrina." Se trataba, conforme a la visión de Chávez, de la "revolución bolivariana," para lo cual hizo referencia a una absolutamente errada apreciación de la división de los períodos históricos venezolanos en cuatro diversas Repúblicas, de las cuales las tres primeras habrían ocurrido en un breve período de ocho años, entre 1811 y 1819.

Chávez se refirió, en efecto, a lo que se ha llamado la Primera República, la formada en 1811, que fue, según dijo, la que Bolívar vio caer, y que calificó en su Manifiesto de Cartagena al indicar las causas de dicha caída, como "una república aérea," lo que sirvió a Chávez para advertirle a los Constituyentes de 1999, que tuvieran "cuidado con las repúblicas aéreas; no aguantan el primer golpe de viento." Para ello recordó Chávez la conocida expresión de Bolívar sobre el sistema de 1811 cuando dijo "Tuvimos filántropos por jefes y sofistas por soldados," y que no fue otra cosa que la más clara expresión del resentimiento del Libertador frente a una República en cuya construcción constitucional no había efectivamente participado, y que más bien había contribuido a que cayera con su propio fracaso militar en Puerto Cabello unos meses antes, y con la entrega que personalmente hiciera de Francisco de Miranda a los españoles, en premio de lo cual pudo recibir un salvoconducto de Monteverde para terminar en Cartagena, redactando su conocido Manifiesto.

Se refirió luego Chávez a lo que llamó la Segunda República, supuestamente formada por el propio Bolívar con "El arma, la espada y la pluma" en 1813 al llegar a Caracas luego de la Campaña Admirable, cuando asumió "el mando supremo de la República", convocando una "Asamblea de Notables" en Caracas para respaldarlo. En esa reconquista del territorio de Venezuela, por supuesto que no hubo "Segunda República" alguna, pues lo que existió, incluso en paralelo, fue por una parte, la "ley de la conquista" impuesta por Monteverde, y por la otra la "ley marcial" decretada por Bolívar, con guerra a muerte de por medio. Allí no hubo República alguna, sino un militar que asumió el mando supremo de las provincias en el calor de la guerra, imponiéndolo sobre los gobiernos civiles que conducían las provincias unidas. Por ello la referencia que el mismo Chávez hizo de la reacción que tuvo Bolívar en 1811, con sus ideas centralistas, contra el Gobernador de Barinas en 1813 quien defendía el sistema federal, al afirmar que había sido la federación otra de las causas de la derrota y la caída de la Primera República, y decir –según narró Chávez– que:

"cómo vamos a hablar de Federación cuando hay una amenaza y hay un ejército invasor en el territorio. Yo soy el Presiente de esta República", y le cedo a usted la autonomía administrativa y judicial. Pero usted tiene que entender que forma parte de una nación, de una república unitaria."

Al afirmar esto, Chávez no hacía otra cosa que advertirle a los Constituyentes con las mismas ideas centralistas de Bolívar, es decir de la "doctrina bolivariana," que:

"no podemos confundir federación con anarquía. Cuidado con la anarquía. Cuando llegamos al caos y a la anarquía se pone en peligro la existencia no sólo de la República, no sólo del Estado, sino de la Nación misma como un todo."

Pero lo cierto fue que, a pesar del esfuerzo de Bolívar por recuperar el territorio, dicha irreal "Segunda República" supuestamente establecida en 1813, duró sólo un año, habiendo desaparecido según la errada teoría histórica de Chávez en 1814, cuando los españoles reconquistaron el territorio de Venezuela. Luego de cinco años de guerra, y siguiendo su misma errada teoría, Chávez en su discurso expresó que en 1819 "vuelve a nacer una Tercera República, la grande" con la Constitución de Angostura propuesta por Bolívar, "bajo el escudo de las armas de su mando, pero con el desarrollo pleno de la voluntad popular en el Congreso Constituyente," para establecer, citando de nuevo a Bolívar, que:

"El sistema de gobierno más perfecto es el que le proporciona a su pueblo, la mayor suma de seguridad social, la mayor suma de estabilidad política y la mayor suma de felicidad posible".

Esa supuesta llamada "Tercera República" de Venezuela, en todo caso, habría durado menos de dos escasos años pues con la Constitución de 1819 desapareció con la desaparición misma del Estado de Venezuela y la constitución de la República de Colombia, en la cual los territorios de la antigua Venezuela pasaron a ser un departamento más.

Todo el recuento histórico de los acontecimientos de comienzos del siglo XIX que hizo Chávez, y que lo distorsionan, está basado en una errada división de los períodos históricos republicanos en estas supuestas tres repúblicas iniciales que Venezuela habría tenido en 1811, 1813 y 1819, que en realidad no existieron. La única República efectiva que existió en Venezuela en esos tiempos fue la de 1811 establecida en la Constitución federal de las Provincias Unidas de Venezuela, que formalmente funcionó, con todas sus vicisitudes, hasta 1830, cuando se reconstituyó la República después de la separación de Venezuela de Colombia. En 1813, como se dijo no hubo ninguna "nueva República," y en 1819 sólo hubo un proyecto de Estado centralista que no llegó a cristalizar en Venezuela, pues al mes de aprobarse la Constitución de Angostura, el propio

Bolívar sometió al mismo Congreso la Ley de la Unión de los pueblos de Colombia proponiendo la desaparición de Venezuela como Estado (y como República), con su fusión a Colombia, como en efecto ocurrió y logró constitucionalmente algo más de un año después con la sanción de la Constitución de Cúcuta de 1821. La verdad, además, es que esa Constitución de 1821, inspirada en la de 1819, fue con la que se puede decir que realmente se estableció la verdadera "República Bolivariana," una donde Venezuela no existía como Estado, y que desapareció como nación conformando, su territorio, un departamento más de la República de Colombia.

Esa fue la idea de la República Bolivariana que quería Chávez; una donde Venezuela desapareciera. Así, quizás por no haber logrado, tras apoyar abiertamente la guerrilla colombiana, apoderarse subversivamente del gobierno de Bogotá y fundir de nuevo a Venezuela junto a Colombia en una nueva "República Bolivariana," Chávez terminó sus días en 2012, soñado también con la eliminación de Venezuela y lograr su unión con Cuba, en otra nueva "República," como en su propuesta de reforma constitucional de 2007 lo llegó a esbozar.

3. **Los errores históricos del discurso de Chávez y el verdadero sentido de lo que fue la "República Bolivariana" como proyecto militarista**

Lo expresado por Chávez en su discurso ante la Asamblea Nacional Constituyente el 5 de agosto de 1999, en lo que fue el anuncio de su gestión de gobierno que culminó con el anuncio de su muerte en marzo de 2013, nos obliga a hacer algunas precisiones fundamentadas sobre los hechos que ocurrieron en Venezuela a partir de 1812, cuando Bolívar comenzó a tener un papel protagónico y, con ello, el país comenzó a olvidar a sus verdaderos próceres.[21]

La República de Venezuela, surgió en la historia con la rebelión independentista del 19 de abril de 1810, cuando el conjunto de nuestros próceres fundadores, inspirados en el conjunto de principios que surgieron de las revoluciones norteamericana y francesa del siglo XVIII procedieron a conformar un nuevo gobierno en Caracas, en sustitución de lo que había sido el gobierno de la Capitanía General de Venezuela y de la Provincia de Caracas; procediendo subsecuentemente a organizar la elección de los diputados al Congreso General de las provincias de dicha Capitanía a partir de junio de 1810; a declarar solemnemente la Independencia el 5 de julio de 1811; a redactar tanto la Constitución Federal de los Estados de Venezuela de 21 de diciembre de 1811, como la Constitución de la Provincia de Caracas de 31 de enero de 1812; estos últimos textos, modelos acabados de lo que podían ser textos constitucionales de un nuevo Estado republicano de comienzos del siglo XIX, influidos por todos los principios del constitucionalismo moderno.

---

21 Véase sobre lo expuesto en estas páginas: Allan R. Brewer-Carías *Historia Constitucional de Venezuela. Colección Tratado de Derecho Constitucional, Tomo I,* Fundación de Derecho Público, Editorial Jurídica Venezolana, Caracas 2013, 1096 pp.

Esas Constituciones fueron sancionadas por el Congreso General de la Confederación de Venezuela, destacándose la Constitución federal de 21 de diciembre de 1811, con la cual se integró el nuevo Estado nacional con siete Estados provinciales (Caracas, Barcelona, Cumaná, Margarita, Barinas, Trujillo, Mérida) que habían resultado de la transformación de las antiguas Provincias que habían formado la antigua Capitanía General de Venezuela. A dicha Constitución federal le siguió la sanción de la Constitución provincial de Caracas de enero de 1812, sancionada por la "Sección Legislativa de la Provincia de Caracas del mismo Congreso General de Venezuela," es decir, por los diputados electos en la Provincia que integraban dicho Congreso General, en enero de 1812.

La elaboración de ambos textos constitucionales, Federal y Provincial de Caracas, se realizó en paralelo, en las sesiones del Congreso General, con la participación activa de Francisco Javier Uztáriz, Juan Germán Roscio y Gabriel de Ponte, los dos últimos diputados por diversos partidos de la provincia de Caracas, por una parte, para la conformación de un Estado federal en todo el ámbito territorial de lo que había sido la antigua Capitanía General de Venezuela; y por la otra, para la conformación del marco constitucional de gobierno para una de las provincias de dicha Federación, la de Caracas, incluso, para que el texto sirviera de modelo para la elaboración de las otras Constituciones provinciales. Otro grupo de diputados que también debe mencionarse dentro de los próceres de la independencia, son aquellos que si bien no participaron en los hechos de la Revolución de 19 de abril de 1810, fundamentalmente porque no eran vecinos de Caracas, o como fue el caso de Francisco de Miranda, no estaban en ese entonces en Caracas, sin embargo sí estuvieron presentes en todos los hechos y actos políticos posteriores antes mencionados, como fueron además, los siguientes diputados, todos por otros partidos de la Provincia de Caracas: Felipe Fermín Paúl, Fernando de Peñalver, Luis José de Cazorla, Juan Rodríguez del Toro, Juan José de Maya, Gabriel Pérez de Págola, José Ángel Álamo, y José Vicente de Unda. Otros distinguidos civiles y abogados, además, tuvieron participación activa en el gobierno, particularmente en el Poder Ejecutivo plural, como Juan de Escalona, Cristóbal Mendoza, Baltasar Padrón, y Miguel José Sanz.

A todos les correspondió desarrollar un intenso trabajo para el diseño y construcción constitucional del nuevo Estado, de nuestra república primigenia, inspirado en las mejores ideas constitucionales de la época; proceso que terminó con la elaboración de la primera Constitución republicana del mundo moderno después de la Constitución de los Estados Unidos de América de 1787, y a la Constitución de la Monarquía Francesa de 1791, como fue la Constitución Federal para las Provincias de Venezuela de 21 de diciembre de 1811, a la cual Chávez ignoró totalmente en su discurso, nada menos cuando pretendía sentar las bases para la conformación de una "nueva" república y de una nueva Constitución.

Esas bases constitucionales que originaron a Venezuela en 1811, sin embargo, hay que recordarlo, fueron destruidas en pocos meses, –sin que ello pueda ser excusa para ignorarlas– por la fuerza de la guerra y sobre todo, por fuerza de la incomprensión de los nuevos líderes militares producto de la misma, como fue el mismo Bolívar, que produjo que Venezuela, muy pronto, entrara en un proceso histórico signado por la fuerza bruta del militarismo que a partir de 1812 se apoderó del país y de su historia, arraigándose en el suelo de la República. El primer síntoma de ello fue la sustitución del régimen constitucional de 1811, sucesivamente, primero por la "ley de la conquista" impuesta por el invasor español Domingo Monteverde, y segundo, por la "ley marcial" impuesta por Simón Bolívar; proceso que comenzó a manifestarse, precisamente, a partir del momento en el cual el país que encontraba preparándose para celebrar el primer aniversario formal de la independencia, a comienzos de julio de 1812, cuando ocurrió la caída del Fuerte de Puerto Cabello que comandaba el mismo Bolívar.

A partir de entonces, el país entró en una guerra que se prolongó por casi una década, en medio de la cual no sólo desapareció el constitucionalismo, recibiendo el país la mayor expedición militar jamás enviada antes por España a América (Morillo, 1814), sino que al final de la misma, en 1821, incluso el país mismo llegó a desaparecer como Estado a propuesta de Bolívar, quedando el territorio de lo que había sido la Federación de Venezuela como un "departamento" más de otro nuevo Estado creado contra toda lógica histórica por Simón Bolívar, como fue la República de Colombia, establecida con la Constitución de Cúcuta de ese año, luego de que el mismo Simón Bolívar hubiera propuesto al Congreso de Angostura la sanción de la Ley de Unión de los Pueblos de Colombia en 1819.

Ese entierro de la obra de los próceres de la independencia que construyeron la República mediante sus ejecutorias civiles entre el 19 de abril de 1810 con la constitución de la Junta Suprema de Caracas y marzo de 1812 con la instalación del Congreso en la ciudad federal de Valencia, en todo caso, como siempre acaece en la historia, se produjo por la conjunción de varios hechos, en este caso, sin embargo, todos ellos de carácter estrictamente militar.

Esos hechos fueron: *primero*, la invasión del territorio nacional en febrero de 1812 por una fuerza militar extranjera comandada por Domingo Monteverde, dirigida desde Puerto Rico, donde la Regencia de España y luego, las propias Cortes de Cádiz, había situado el cuartel general español para la pacificación de las provincias de Venezuela; *segundo*, el fracaso militar ocurrido en el novel ejército venezolano, específicamente, como consecuencia de la pérdida del arsenal de la República, al caer el Castillo de Puerto Cabello en manos realistas, en los primeros días del mes de julio de 1812, el cual estaba al mando del coronel Simón Bolívar, quien hubo de abandonar la plaza con los pocos oficiales que le quedaron leales; *tercero*, la consecuente Capitulación del ejército republicano que estaba comandado por Francisco de Miranda, a quien el Congreso le había otorgado plenos poderes para enfrentar la invasión militar de la provincia, y que se materializó el 25 de julio de 1812 en la firma de un Armisticio entre los enviados de Miranda y Monteverde, mediante el cual se le aseguró la ocupación militar española de las provincias; *cuatro*, la decisión militar, injustificada, inicua y desleal, adoptada en la noche del 30 de julio de 1812 por un grupo de oficiales del ejército republicano al mando del mismo Simón Bolívar, e inducidos por oficiales traidores que ya habían negociado con Monteverde, de apresar a su superior, el general Francisco de Miranda, acusándolo de traidor, y quien luego de salvarse de ser fusilado in situ como lo pretendía Bolívar, fuera entregado inmisericordemente a Monteverde, para no recobrar más nunca su libertad; *quinto*, la violación sistemática del tratado militar que se había suscrito, por parte de Monteverde, quien persiguió a todos los que habían participado en la creación de la República, estableciendo en la provincia una dictadura militar y sometiendo al país, no a la Constitución de Cádiz recién sancionada, sino a la "ley de la conquista," lo que se prolongó hasta 1814 en medio de la más espantosas represión militar, de todo de lo cual escapó Bolívar por haber obtenido un salvoconducto de Monteverde que le permitió salir del país, como recompensa a sus servicios con la entrega de Miranda quien para ese momento y desde hacía más de tres décadas, era el español más buscado en todo el mundo por la Corona española; *sexto*, por la nueva invasión del territorio venezolano en 1814 por la que sería históricamente la mayor fuerza militar que hubiese enviado jamás la Corona española a América al mando del mariscal Morillo, con quien Bolívar llegaría a firmar un Armisticio para regularizar la guerra; *séptimo*, la también invasión militar del territorio de Venezuela desde la Nueva Granada en 1813, esta vez un ejército autorizado por el Congreso de Nueva Granada, al mando de Simón Bolívar, y los contundentes triunfos del ejército republicano de liberación que llevaron a proclamar a Bolívar como El Libertador, quien por la fuerza militar ocupó intermitentemente los territorios de las provincias de Venezuela hasta 1819; y *octavo*, la ausencia de régimen constitucional alguno en los territorios de Venezuela desde 1813 hasta 1819, por el sometimiento efectivo de los mismos por los ejércitos republicanos, no a la Constitución de 1811, la cual lamentablemente nunca más se puso en vigencia como tal, sino que más bien fue estigmatizada, imponiéndose en su lugar la "ley marcial," lo que se extendió hasta 1819 cuando Bolívar buscó, aún cuando efímeramente, reconstituir el Estado venezolano con una nueva Constitución (Angostura).

En particular, de todos esos hechos, deben destacarse los de orden "constitucional" que se produjeron, de entrada, como consecuencia de la ocupación militar de las Provincias por el ejército español, luego de la Capitulación de julio de 1812. Monteverde y sus nuevas autoridades, una vez que desconocieron la Constitución federal republicana de diciembre de 1811, de hecho, obviaron poner en vigencia régimen constitucional alguno.

La pretendida publicación de la recién sancionada Constitución de Cádiz de 1812, que era a lo que debían proceder, en efecto, llevó al nuevo Capitán General de Venezuela, Fernando Mijares, - quien recién había sido nombrado para un cargo que nunca llegó a ejercer efectivamente pues el mismo fue asumido y usurpado por Monteverde -; a enviarle a Monteverde, el 13 de agosto de 1812, unos días después de la detención de Miranda, unos ejemplares del texto constitucional monárquico con las correspondientes órdenes y disposiciones que habían dado las Cortes para su publicación y observancia. Sin embargo, Monteverde retrasó de hecho la jura de la Constitución, aclarándole incluso posteriormente a la Audiencia que si se había diferido su publicación no había sido por descuido, ni omisión ni capricho, sino por "circunstancias muy graves," que impedían su aplicación en Provincias como las de Venezuela, "humeando todavía el fuego de la rebelión más atroz y escandalosa," considerando a quienes la habitaban como "una sociedad de bandoleros, alevosos y traidores," indicando que si publicaba la Constitución no respondería "por la seguridad y tranquilidad del país."

Es decir, como Monteverde no estimaba a "la provincia de Venezuela merecedora todavía de que participase de los efectos de tan benigno código" solo llegó a publicar y jurar la Constitución de Cádiz "a la manera militar," el 21 de noviembre de 1812, y luego, en Caracas, el 3 de diciembre de 1812, asumiendo sin embargo un poder omnímodo contrario al texto constitucional gaditano mismo. Monteverde además, desconoció la exhortación que habían hecho las propias Cortes de Cádiz, en octubre de 1810, sobre la necesidad de que en las provincias de Ultramar donde se hubiesen manifestado conmociones (sólo era el caso de Caracas), si se producía el "reconocimiento a la legítima autoridad soberana" establecida en España, debía haber "un general olvido de cuanto hubiese ocurrido indebidamente." Nada de ello ocurrió en las Provincias de Venezuela, donde la situación con posterioridad a la firma de la Capitulación de julio de 1812 fue de orden fáctico, pues el derrumbamiento del gobierno constitucional fue seguido en paralelo, por el desmembramiento de las antiguas instituciones coloniales, bajo la autoridad militar.

A esa inundación militar inicial de la República, invadida por los ejércitos españoles, siguió la también invasión militar republicana de los territorios de las Provincias, desde la Nueva Granada, la cual tampoco restableció el orden constitucional republicano.

En efecto, desde cuando Simón Bolívar llegó a Cartagena de Indias a finales de diciembre de 1812, gracias al salvoconducto que le había suministrado Monteverde, en retribución "a los servicios prestados" a la Corona; en su primera alocución pública que fue el llamado "Manifiesto de Cartagena," efectivamente calificó la construcción institucional de la República reflejada en la Constitución federal de diciembre de 1811 -que fue lo único que por lo visto interesó a Chávez en su discurso el 5 de agosto de 1999-, como propia de una "república aérea" atribuyéndole a dicha concepción y a sus autores la caída misma de la República, lo que, posteriormente originaría en la Nueva Granada el despectivo calificativo de la "patria boba" para referirse a ese período de nuestra historia.

Simón Bolívar, en efecto, diría a los seis meses de haber detenido y entregado a Miranda al invasor Monteverde, quizás cuando buscaba explicar su conducta, que:

> "los códigos que consultaban nuestros magistrados no eran los que podían enseñarles la ciencia práctica del Gobierno, sino los que han formado ciertos buenos visionarios que, imaginándose *repúblicas aéreas*, han procurado alcanzar la perfección política, presuponiendo la perfectibilidad del linaje humano. Por manera que tuvimos filósofos por Jefes, filantropía por legislación, dialéctica por táctica, y sofistas por soldados."

No es de extrañar con semejante apreciación, que Bolívar pensase que como las circunstancias de los tiempos y los hombres que rodeaban al gobierno en ese momento eran "calamitosos y turbulentos, [el gobierno] debe mostrarse terrible, y armarse de una firmeza igual a los peligros, *sin atender a leyes, y constitucio-*

nes, ínterin no se restablece la felicidad y la paz." Por ello concluía afirmando tajantemente que

"entre las causas que han producido la caída de Venezuela, debe colocarse en primer lugar la naturaleza de su constitución que, repito, era tan contraria a sus intereses, como favorable a los de sus contrarios."

Debe mencionarse, sin embargo, que apenas iniciada su "Campaña Admirable" desde Nueva Granada para la recuperación del territorio de la República, una vez liberada la provincia de Mérida en mayo de 1813, Bolívar proclamó, desde allí, "el establecimiento de la Constitución venezolana, que regía los Estados antes de la irrupción de los bandidos que hemos expulsado," que no era otra que la de 1811; y que al mes siguiente, desde Trujillo, al tomar conciencia del sesgo social de la guerra que se estaba ya librando, el 15 de junio de 1813, en su proclama de guerra a muerte, Bolívar también anunció que su misión era "restablecer los Gobiernos que formaban la Confederación de Venezuela" indicando que los Estados ya liberados (Mérida y Trujillo) se encontraban ya "regidos nuevamente por sus antiguas Constituciones y Magistrados."

Sin embargo, esa intención inicial duró poco, no sólo por el contenido mismo del decreto de Guerra a Muerte donde se ordenó pasar por las armas ("contad con la muerte") a todo aquél, español o americano que "aún siendo indiferente" no obrara "activamente en obsequio de la libertad de Venezuela," sino por su declaración y proclamación desde Caracas, al año siguiente, el 17 de junio de 1814, de la *ley marcial*, entendiendo por tal "la cesación de toda otra autoridad que no sea la militar," con orden de alistamiento general, anunciando para quienes contravinieran la orden que "serán juzgados y sentenciados como traidores a la patria, tres horas después de comprobarse el delito."

A partir de entonces, la ley militar rigió completamente en el bando republicano en los territorios de Venezuela, sumándose así a la "ley de la conquista" que ya había impuesto Monteverde desde que había ocupado el territorio de la República, violado la Capitulación que había suscrito con Miranda, habiendo recibido a éste, preso, entregado por sus propios subalternos. Ello le permitió a Monteverde, en representación que dirigió a la Audiencia de Caracas el 30 de diciembre de 1812, afirmar que si bien Coro, Maracaibo y Guayana, que habían sido las provincias de la Capitanía que no habían participado en la conformación del Estado federal de 1811, "merecen estar bajo la protección de la Constitución de la Monarquía," es decir, de la de Cádiz que había pretendido jurar en Caracas bajo rito militar; en cambio "Caracas y demás que componían su Capitanía General, no deben por ahora participar de su beneficio hasta dar pruebas de haber detestado su maldad, y bajo este concepto deben ser tratadas por la *ley de la conquista*; es decir, por la dureza y obras según las circunstancias; pues de otro modo, todo lo adquirido se perderá."

Así quedaron los territorios del Estado de Venezuela sumidos bajo la ley militar, la ley marcial o la ley de la conquista, barriéndose con ellas todo lo que fuera civilidad, contribuyendo desde entonces, con el militarismo resultante, con el desplazamiento, secuestro y sustitución de los próceres de la independencia, quienes fueron apresados y entregados a los españoles, como Francisco de Miranda, o fueron perseguidos y detenidos por éstos (Roscio, Iznardi, Ustáriz) a raíz de los acontecimientos de la noche del 30 de julio de 1812.

Con el abandono del constitucionalismo inicial de la República, primero por el invasor español, y luego por los militares republicanos que salieron en su defensa, pero que lamentablemente lo despreciaron por provenir de "filósofos" y "sofistas," se inició el proceso que condujo a que los verdaderos próceres de la independencia fueran olvidados, pero no por ingratitud de los venezolanos, sino porque históricamente, en definitiva, fueron secuestrados por el militarismo que, en desdeño el civilismo republicano, culparon a los próceres civiles de la independencia por el fracaso de la propia República de 1811-1812. De ello resultó que, además, fueran posteriormente suplantados por los nuevos héroes militares, a quienes incluso la historia comenzó a atribuir la propia independencia de Venezuela, cuando lo que los militares hicieron, con Bolívar a la cabeza fue, mediante una extraordinaria campaña militar, liberar a un país que ya era independiente y que estaba ocupado militarmente por fuerzas enemigas.

Ese proceso de secuestro y suplantación de los próceres y de los hacedores de la institucionalidad republicana, y el olvido subsiguiente en el cual cayeron, en todo caso, fue inducido, no tanto por los militares que liberaron el territorio, sino por quienes escribieron la historia, que fueron los que hicieron pensar que los próceres habían sido los héroes militares libertadores, atribuyéndoles el rol de "próceres de la independencia" que no tuvieron. Y a los secuestrados por la historia les ocurrió lo que por ejemplo le pasa, a medida que transcurre el tiempo, inexorablemente, a toda persona privada de su libertad por secuestro o prisión, o que ha sido extrañada de su país; y es que en el mediano plazo y a la larga, inevitablemente cae en el olvido.

Solo ese efecto del tiempo, combinado con la suplantación histórica, explica, por ejemplo, que una vez que Francisco de Miranda fuera apresado por sus subalternos, y fuera entregado al invasor español, al desaparecer en vida de la escena por su prisión en La Guaira, Puerto Cabello, Puerto Rico y Cádiz hasta 1816 cuando murió, hubiera caído rápidamente en el olvido al ser enterrado en vida por el pensamiento, la escritura y la acción de los héroes militares, incluyendo entre ellos a Bolívar quien pasó 16 años sin siquiera nombrarlo. En ello, sin duda, jugaron papel preponderante los apologistas de los nuevos líderes que salieron de las cenizas de las guerras posteriores.

Sin embargo, de todo ello, lo que debe quedar en claro históricamente es que en Venezuela, contrariamente a lo que se piensa y se celebra, la independencia fue un proceso político y civil, obra del antes mencionado grupo de destacadísimos pensadores e intelectuales que la concibieron, diseñaron y ejecutaron durante un período de menos de dos años que se desarrolló entre abril de 1810 y enero de 1812, logrando la configuración de un nuevo Estado Constitucional en lo que antes habían sido antiguas colonias españolas, inspirado en los principios fundamentales del constitucionalismo moderno que recién se habían derivado de las Revoluciones americana y francesa de finales del Siglo XVIII, y que entonces estaban en proceso de consolidación. La independencia, por tanto, no fue obra de militares, quienes a partir de 1813 libraron importantes batallas para buscar la liberación del territorio de la nueva y recién nacida República, después de que había sido invadido por el ejército español en febrero de 1812.

Por ello las importantes batallas militares desarrolladas a partir de 1813 al mando de Simón Bolívar, no fueron realmente batallas por la independencia del país que ya antes se había consolidado, sino por la liberación de su territorio invadido. La República nació a partir del 19 de abril de 1810, y se consolidó constitucionalmente con la declaración de Independencia del 5 de julio de 1811 y la sanción de la Constitución Federal para los Estados de Venezuela de 21 de diciembre de 1811. La República, en consecuencia, no nació ni con las campañas militares de Bolívar de 1813, ni con la Constitución de Angostura de 1819, ni mucho menos con la Constitución de Cúcuta de 1821 con la cual, más bien, desapareció como Estado al integrarse su territorio a la naciente República de Colombia. Tampoco nació la República con la Constitución de 1830, con la cual, en realidad, lo que ocurrió fue la primera gran reconfiguración del Estado de Venezuela.

Entre todas esas Constituciones, sin duda, la Constitución Federal de los Estados de Venezuela de 21 de diciembre de 1811, en el marco de la cual se dictó la Constitución provincial de Caracas, ambas, obra de aquellos destacados juristas próceres de la independencia,[22] tuvo la importancia histórica de que fue la tercera Constitución de ámbito nacional que se sancionó en el mundo moderno. La concepción y conducción del proceso constituyente venezolano, que en ese momento era por tanto, a la vez, el inicio del proceso constituyente de toda la América hispana fue, insistimos, obra, no de militares, sino de esos destacados e ilustrados diputados y funcionarios, juristas y políticos que lo integraban, casi todos formados a finales del siglo XVIII en la Universidad de Caracas, y muchos de ellos con experiencia en funciones de gobierno antes de la Revolución de abril de 1810, en las instancias de administración y gobierno coloniales de la Capitanía General de Venezuela.

Es lamentable, por ello, que todos esos próceres de nuestra independencia hayan caído en el olvido, lo que se debió, sin embargo, lamentablemente a la necesidad de buscar un culpable en los acontecimientos políticos, tan arraigado en la idiosincrasia venezolana. Para ello, aquellos próceres, fueron estigmatizados de todos los males por ser los culpables o responsables de la caída de la Primera República, por haber diseñado una "república aérea," cuando dicha caída sólo se debió a una conjunción de factores devastadores, entre otros, la invasión del territorio por Monteverde en febrero de 1812; los efectos del terremoto del 23 de marzo de 1812 que destruyó físicamente la Provincia de Caracas hasta los Andes; las deserciones políticas y militares que afectaron las filas republicanas tempranamente, y la pérdida del Castillo de Puerto Cabello, donde estaba el arsenal de la nueva República, a manos de Simón Bolívar.

---

22 Véase el libro coordinado por Allan R. Brewer-Carías, Enrique Viloria Vera y Asdrúbal Aguiar, *La independencia y el Estado constitucional en Venezuela: como obra de civiles (19 de abril de 1811, 5 de julio de 1811, 2 de diciembre de 1811)*, Miami Dade College, Cátedra Mezerhane sobre Democracia, Estado de Derecho y Derechos Humanos, Colección Anales Nº 2, Ediciones EJV International, Caracas / Miami 2018.

Además, al ser dichos próceres, los "responsables" de todos los males de la naciente República, ello fue así tanto para los mismos republicanos según lo comenzó a difundir Simón Bolívar a fines del mismo año 1812, como para los españoles, para quienes además fueron "los monstruos, origen y raíz primitiva de todos los males de América." De todo ello, era obvio que terminarían rápidamente secuestrados por quienes desde las trincheras militares hicieron la guerra para la recuperación del territorio de la República, y por quienes desde ese ángulo contaron la historia.

Por eso, incluso, la celebración del día de la independencia en Venezuela aún en nuestros días no es un acto que sea puramente civil, como en cambio lo fue la sanción misma y firma del Acta en el seno del Congreso General el 5 de julio de 1811; sino que es un acto esencialmente militar; y la independencia en sí misma, lejos de identificarse con los actos civiles desarrollados en los orígenes de la república entre 1810 y 1812, se la confunde con las guerras de liberación del territorio, ya independiente, de la ocupación española que culminaron con la batalla de Carabobo en 1821, que se engloban bajo la denominación de las guerras de independencia.

Ciertamente, en esos años se libraron verdaderas "guerras de independencia" incluso por el mismo Ejército y bajo el mismo liderazgo de Bolívar, pero ello fue en la Nueva Granada, en Ecuador, en el Perú y en Bolivia. No en Venezuela, que era territorio independiente desde 1810-1811, donde las guerras que a partir de 1813 lideró Bolívar fueron guerras de liberación de un Estado ya independiente, invadido por los españoles. Estado independiente en el cual, precisamente se inició el constitucionalismo moderno o liberal de la América Hispana en 1810-1811.

Todo ello, sin embargo, fue olvidado por Chávez en su discurso ante la Asamblea Nacional Constituyente el día 5 de agosto de 1999, distorsionando la historia, queriendo hacer ver que la República nació con Bolívar, al derrumbarse la obra de los próceres de 1811, en buena parte como consecuencia del fracaso militar del propio Bolívar en Puerto Cabello, cuando supuestamente estableció una "Segunda República" en 1813, lo cual es falso, y luego supuestamente también reestableció otra "Tercera República" en 1819, lo cual también es falso.

En todo caso, toda la errada referencia a las supuestas "tres" primeras Repúblicas (1811, 1813, 1819) que hizo Chávez en su discurso para tratar de justificar su propuesta de que aquella revolución de la independencia, que por lo demás fue sangrienta, era "la revolución que vuelve y esa es la palabra que orienta" recordando por ejemplo, que fue en 1819, cuando Bolívar en su Discurso de Angostura "llamó a inventar una cuarta potestad," invocando antiguas instituciones de la Roma y Grecia para la construcción de la moral republicana, proponiendo la creación del famoso "Poder Moral," pero como agregados a las instituciones fundamentales de 1811 que se conservaron en Angostura.

En el discurso de Chávez, por tanto, las referencias históricas a Bolívar y a sus propuestas en la Constitución de 1819, en el proyecto de Constitución para Bolivia de 1826, en su discurso en la Constitución de Ocaña de 1828 cuando Bolívar "sentía como crujían las estructuras de la Tercera República," e incluso en sus palabras finales a favor de la unión de Colombia en 1830; no tuvieron otro propósito que no fuera el tratar de buscarle una fuente de inspiración a la revolución de la cual hablaba Chávez en 1999, diciendo que: "esta revolución viene de allá," – dijo Chávez – de Bolívar, quien propuso instituciones para asegurarle al pueblo la igualdad y la libertad, como la creación también de una "cuarta potestad," "el poder electoral, para que fuese el soberano el que condujese, el que pensase, el que pidiese y el que vigilase los procesos electorales permanentes."

De todo ello, dijo Chávez en 1999, "ese clamor llega hoy desde la cima de los Andes bolivianos," junto con otro "clamor" que recordó que Bolívar expresó a la Convención de Ocaña y que era el dirigido a los Legisladores diciéndoles: "¡Legisladores, os clamo leyes inexorables!, porque la corrupción de los pueblos es el origen de la indulgencia de los tribunales y de la corrupción de la República. Leyes inexorables." De allí llegó Chávez a expresar en 1999 que:

> "Hoy, ante la tempestad de corrupción, ante la podredumbre que nos rodea, yo, 180 años después, me atrevo a pedir también a ustedes, constituyentes, leyes inexorables, leyes que constituyan un verdadero imperio del derecho *(aplausos)* y más allá del derecho, que sean el camino hacia una situación donde impere la justicia, que, como dice la Biblia, es el único camino a la paz. No hay otro. Mientras no haya justicia, verdadera justicia, estaremos amenazados por la violencia o estaremos no amenazados; estaremos inmersos en una terrible situación de violencia."

Casi veinte años después de aquel pedido de Chávez ante la Asamblea Constituyente, por supuesto, siempre quedará en la incógnita qué habrá pensado en su lecho de hospital antes de su muerte anunciada en marzo de 2013, del sistema político que legó a los venezolanos a fuerza de destrucción institucional, en el cual, la "podredumbre de la corrupción" ha alcanzado niveles nunca vistos en la historia de país alguno, dada la riqueza petrolera dilapidada sin control; donde las leyes dejaron de ser garantes del "imperio del derecho," habiéndose demolido el Estado de derecho; y donde impera la injusticia y la impunidad, estando el país en esa terrible situación de violencia que mencionaba, precisamente por ausencia de justicia y de órganos públicos de control.

Pero no terminó allí la referencia histórica de Chávez, sino que la misma concluyó con la también errada indicación de que en 1830 se produjo el nacimiento de una supuesta "Cuarta República" que fue "la República antibolivariana de 1830" a la caída de la "Gran República" de Colombia, cuando surgió – dijo Chávez – :

> "la República de la oligarquía conservadora que echó atrás los postulados de la revolución y que produjo, entonces, un siglo XIX lleno de violencia, de estertores intestinos que, de verdad, disolvieron la nación, disolvieron la unidad del pueblo y disolvieron la República."

Por supuesto, llamar "Cuarta República" al Estado de Venezuela que se reconstituyó como Estado independiente a partir de 1830 por la disolución de la Gran Colombia que fue la única real "República bolivariana," y extender ese período de la "Cuarta República" durante todo el siglo XIX y el siglo XX hasta

1999, no sólo es un disparate histórico, sino que es una manipulación inaceptable de la historia del país, todo con el propósito de tratar de justificar, en 1999, una nueva "revolución bolivariana" y el supuesto nacimiento de una nueva República, la "Quinta República." Por ello Chávez dijo en su discurso el 5 de agosto de 1999:

> "Hoy, así como aquella Cuarta República nació sobre la traición a Bolívar y a la revolución de Independencia, así como esa Cuarta República nació al amparo del balazo de Berruecos y a la traición, así como esa Cuarta República nació con los aplausos de la oligarquía conservadora, así como esa Cuarta República nació con el último aliento de Santa Marta, hoy le corresponde ahora morir a la Cuarta República con el aleteo del cóndor que volvió volando de las pasadas edades.

> Hoy, con la llegada del pueblo, con ese retorno de Bolívar volando por estas edades de hoy, ahora le toca morir a la que nació traicionando al cóndor y enterrándolo en Santa Marta. Hoy muere la Cuarta República y se levanta la República Bolivariana. De allá viene esta revolución *(aplausos)*, de los siglos que se quedaron atrás desde 1810, desde 1811, desde 1813, desde 1818, 19, desde 1826, desde 1830 *(prolongados aplausos)."*

Quedaba claro entonces a cuál revolución es que Chávez se refería en 1999. "Esa es la revolución a la que me refiero" –dijo -, a lo que llamó la "Revolución Bolivariana," que no fue otra cosa que una revolución militarista y centralista que fue la que se puede atribuir a Bolívar, con la cual incluso acabó con la Venezuela independiente al integrarla a Colombia; pero que siete años después, en 2007, se convirtió en una "revolución socialista" plasmada en la propuesta de reforma constitucional que fue rechazada por el pueblo, y que en 2010 se convirtió en una "revolución comunista," con la adopción oficial del marxismo leninismo como doctrina de Estado, y la sanción de las leyes del Poder Popular y del Estado Comunal. Y todo ello, siempre siendo llamada por Chávez y sus seguidores como "Revolución Bolivariana".

Siguió Chávez en su discurso "haciendo historia" para también tratar de identificar el origen de esa "revolución bolivariana," pero ahora refiriéndose a fechas más recientes, en particular a los acontecimientos ocurridos en el país en la década precedente, desde el Caracazo del 27 de febrero de 1989, a la cual llamó "la década constituyente, la década revolucionaria, la década bolivariana;" procediendo a indicar las fechas que consideró fueron las referencias del camino que había venido construyendo políticamente, y que fueron: el 27 de febrero 1989, que fue el día del llamado "Caracazo;" el 4 de febrero 1992, que fue el día del intento de golpe de Estado militar contra el gobierno de Carlos Andrés Pérez que liderizó; el 27 de noviembre 1992, que fue cuando ocurrió otro intento de golpe de Estado militar contra el gobierno democrático; el 6 de diciembre 1998, que fue cuando fue electo como presidente de la República; el 2 de febrero 1999, que fue cuando tomó posesión de su cargo y convocó la Asamblea Nacional Constituyente; el 25 de abril 1999, que fue cuando se realizó el referendo consultivo sobre la Constituyente; el 25 de julio 19999, que fue cuando se eligieron los miembros de la Asamblea; y el 3 de agosto 1999, que fue cuando se instaló la Asamblea Constituyente.

Esos hechos, desarrollados en lo que llamó una "década bolivariana," en su opinión, se configuraron como una "tormenta revolucionaria" que era lo que explicaba el proceso constituyente que se había iniciado con la instalación de la Asamblea, producto de una "revolución constituyente" que sin embargo, dijo, nadie había planificado, pues consideraba que "las revoluciones no se planifican." Concluyó esta parte de su discurso expresando su gran satisfacción por la instalación de la Asamblea, después de tanto esfuerzo, pero aclarando que "no me siento imprescindible, no me siento indispensable y soy feliz por ello. *(Aplausos)*. Me han hecho ustedes feliz, porque terrible sería que una revolución dependa de un hombre: no sería revolución."

4.   *La agenda de la Asamblea Constituyente conforme a lo expresado por su proponente H. Chávez*

Después de todas las consideraciones anteriores, pasó luego Chávez en su discurso ante la Asamblea Nacional Constituyente el día 5 de julio de 1999, a hablar de lo que específicamente era el motivo de su requerimiento a ser oído ese primer día de funcionamiento de la Asamblea, antes incluso de que incluso la Asamblea hubiera aprobado su propio Estatuto de funcionamiento, que no era otra cosa que fijarle la agenda a sus seguidores en la Constituyente, que eran la abrumadora mayoría, expresándoles lo que denominó "unas ideas fundamentales sobre lo que pudiera ser un anteproyecto de Constitución Bolivariana para la V República," como ideas que recoja –dijo– "no sólo la letra, no sólo el espíritu de las leyes, no sólo la norma, el derecho, sino donde además se recoja, más allá del derecho, más allá de la norma, se recoja allí una nueva idea nacional," con las que ya quedaba claro cuál debía ser en su propuesta, el título mismo de la Constitución que proponía, como "Bolivariana," y cuál el de la nueva República que quería fundar: la "Quinta República." Para ello decía:

> "no se trata sólo de una tarea de juristas, ¡cuidado con las repúblicas aéreas de nuevo!, se trata de recoger la expresión del momento nacional y tener la capacidad de reflejar en esa nueva Carta Magna un nuevo proyecto de país, un nuevo proyecto nacional, una nueva idea de refundar a Venezuela."

Mostraba así Chávez, de nuevo, su aversión por los hombres de leyes y por las leyes mismas, a quienes y a las cuales siempre despreció, habituado como estaba a dar órdenes y a hacer lo que decidiera hacer, así las leyes se lo impidieran. Los 'juristas' que le gustaban fueron sólo los que obedecían sus órdenes y torcían las leyes para ejecutarlas.

A.   *El supuesto componente ideológico: el "bolivarianismo"*

Entre los componentes fundamentales que toda Constitución debe tener, –dijo Chávez en su discurso–, está el "componente ideológico," es decir, "las ideas que conforman el marco filosófico-ideológico que anima al texto," y que en su criterio, no podía ser otra:

> "que la idea del momento, que la idea que ha resucitado: el bolivarianismo, he allí una de mis propuestas, y por eso el título "Constitución Bolivariana de Venezuela," para que ese concepto, para que esa idea quede sembrada de pies a cabeza, del alfa al omega, del comienzo al fin de ese texto o Carta Política o Carta Magna o Carta Fundamental para los próximos siglos venezolanos."

Se refirió entonces Chávez a "la idea del bolivarianismo, la idea robinsoniana," a "la idea bolivariana, la ideología bolivariana," en fin, a lo que llamó, el "árbol de las tres raíces: la idea bolivariana, la idea robinsoniana y la idea zamorana;" como contrapuesta al "dogma liberal," al "dogma neoliberal," al "dogma del mercado," que en su criterio pretende "sembrar de fundamentalismos y de pensamiento único lo que debe estar sembrado por ideas diversas y por inteligencias que van e inteligencias que vienen;" de manera que –dijo– "contra el dogma liberal invoco lo que podríamos llamar el "invencionismo robinsoniano" conforme al derecho de "una nación, de un país o de una república a darse su propio modelo económico en función de sus potencialidades, en función de sus oportunidades, en función de su idiosincrasia." Y agregaba Chávez en su discurso, al referirse al mercado, que:

> "Como aquí en Venezuela se hizo popular una expresión, yo la voy a recoger: "La mano peluda, invisible del mercado". No arregla sociedades el mercado. No hace repúblicas el mercado. No impulsa desarrollo colectivo el mercado, porque el mercado se basa en ese dogma del individualismo que ha llevado al mundo a que seamos unos salvajes, luchando unos contra otros... *(aplausos)."*

Sin embargo, aclaró en su discurso, que "contra ese dogma del mercado no podemos responder nosotros con otro dogma, tampoco el extremo del Estado" invocando la necesidad de "modelos propios," como "la mano invisible del mercado con la mano visible del Estado y una combinación, un punto de equilibrio que permita más allá del mercado y más allá del Estado."

Concluía su referencia al componente de la ideología bolivariana o del "bolivarianismo" que el mismo tenía:

> "que hacerse concreta y ser llevada a texto, porque no haríamos nada con estar declarándonos bolivarianos y robinsonianos y zamoranos durante siglos, si no somos capaces ahora, cuando la historia y el momento lo reclama, de sembrar en una nueva Carta Fundamental, en la nueva Carta Magna de Venezuela, en el texto político que va a regir los próximos siglos, la idea bolivariana, esa que viene desde los siglos perdidos."

Y proponía entonces, delinear en la nueva Constitución, un "modelo económico" basado en el "no al dogma neoliberal ni al dogma del Estado," para crear "en función de una ideología autóctona, un nuevo sistema político, un nuevo sistema económico, un nuevo sistema social," conforme a lo cual precisamente lo social y "un nuevo concepto de solidaridad social," debía colocarse "antes, en prioridad a lo político, al aparato del Estado."

En definitiva, Chávez propuso en su discurso, la necesidad de precisar en la Constitución "un concepto económico nacional, un modelo económico nacional, un modelo económico" que "debe ser un modelo endógeno que se potencie con nuestras propias fuerzas internas, que se abra hacía el mundo pero con fuerza propia, con carácter endógeno." Basado en la especial situación geopolítica de Venezuela, y en sus recursos naturales, en particular: "la fachada caribeña, la atlántica y la andina, recursos infinitos de agua, de tierra fértil, de hidrocarburos líquidos y gaseosos, de minerales preciosos, de todo, y un pueblo joven."

Lo que resultó de la destrucción sistemática del modelo de economía mixta que existía en Venezuela durante casi veinte años de "bolivarianismo" fue un dogmatismo más salvaje que el que criticaba Chávez, que no es otro que el dogma comunista, al haber incluso establecido una doctrina oficial de Estado que es el marxismo leninismo, encubierto con el velo de un Estado socialista que se ha construido, no en la Constitución, sino en las leyes del Poder Popular dictadas en 2010 al margen de la misma.

B. La República Bolivariana y el Estado

Chávez, en su discurso, después de referirse a los conceptos de "pueblo" y "Nación", de afirmar que "el pueblo es la misma Nación, la Nación es el mismo pueblo," y de considerar que "para que un pueblo se considere una nación," además de un "pasado común," requiere de "un proyecto hacia el futuro;" apreció que sólo cuando un pueblo consigue un rumbo, o dirección histórica, es que entonces, "podemos hablar de Nación." De allí entonces Chávez, partiendo de una premisa falsa, exhortó a los constituyentes a definir para Venezuela un "proyecto nacional en su visión macro," considerando que "desde hacía mucho tiempo la Nación venezolana andaba sin rumbo, no sabía o no sabíamos hacía donde íbamos." Premisa falsa, pues el país sí tenía un proyecto político nacional democrático, que sin duda había que recomponer, pero negar su existencia era partir de una premisa falsa para caer en el vacío.

Chávez sin embargo, estaba convencido que con él se termina-ría el proyecto democrático definido desde los años cuarenta del siglo pasado y que fue perfeccionándose a partir de 1958, y que con él comenzaría un nuevo proyecto político por definir en 1999. Por eso afirmó: que en ese momento era "el último presidente de la IV República, y [...] seré y espero que así sea, el primer presidente de la V República, el primer presidente de la República Bolivariana *(aplausos)* que vuelve."

Casi veinte años después, exacerbados todos los vicios que tenía la República que criticaba, entre ellos, el partidismo y el exclusivismo como forma de gobierno, lo único que queda claro es que efectivamente fue el último presidente del período democrático iniciado en 1958, pero para destruirlo y demolerlo, pero sin que hubiese surgido proyecto político nacional alguno nuevo, salvo el de la

82

destrucción nacional basado en lugares comunes, en la vuelta a establecer un fracasado Estado socialista y en una doctrina bolivariana inexistente, salvo en su conversión histórica en 2007 y en 2010, en una doctrina socialista y marxista inconcebible en tiempos de Bolívar, y alejada de su pensamiento.

Por ello en 1999, Chávez insistió sólo en que la República "nueva", debía ser "institucionalizada, democrática y libre, soberana ante el mundo que no acepta injerencia de ningún poder extranjero, económico o político porque somos libres y soberanos para decidir nuestro propio rumbo, nuestros propios modelos *(aplausos)*." Sin embargo, en 2014, la realidad nos mostraba una República postrada y entregada al dominio extranjero de gobiernos como el de Cuba, o del poderío económico de un verdadero Imperio como China.

Sobre la República que proponía en 1999, en todo caso, insistió como su "idea fundamental" que era que se la debía declarar como "bolivariana", es decir, "que la Constitución Bolivariana declare que la República de Venezuela será una República Bolivariana." Y ello para Chávez significaba, como si fuera una novedad en 1999 y como si nunca antes había ocurrido en la historia del país, que entonces sería "portadora de un mensaje de paz para todos los pueblos del mundo," y sería " portadora de un mensaje de integración en el área latinoamericana y caribeña;" además, abriría "los brazos de paz, de hermandad, pero de firmeza y respeto a todos los pueblos, naciones y gobiernos del universo," y sería "verdaderamente democrática, sin engaños, sin farsas, sin discursos retóricos, huecos y vacíos, democracia porque tiene pueblo."

Y sobre el Estado de esa República Bolivariana, afirmó que en su propuesta, estaba:

"saliéndole al paso a Hobbes, no queremos a Hobbes con su "Leviatán", con su Estado como maquinaria demoledora, hegemónica de la fuerza, el Estado como hegemón de la fuerza y del recurso armado para imponer, para esclavizar a los habitantes de un pueblo que merece libertad. No, no queremos al "Leviatán" de Hobbes, preferimos a Platón y "La República", preferimos a Bolívar y un Estado orientado a la justicia, que es el fin último al que puede orientarse la acción de un Estado democrático."

Qué lejos de todo ello fue sin embargo el Estado que legó a su fallecimiento anunciado en 2013, un Estado hegemónico, dueño de todo, manejado militarmente por los más incapaces y corruptos, en el cual los ciudadanos dejaron de tener derechos y pasaron a ser dependientes o siervos, y la justicia simplemente desapareció.

En su concepción del Estado, en 1999, Chávez agregó que el Estado era "una necesidad" por lo que se alejaba "de Hobbes pero también de Marx cuando decía que no hacía falta el Estado. Sí, hace falta el Estado," y agregaba que también se alejaba de "los neoliberales que pretenden minimizar el Estado," afirmando que era "otro concepto fundamental de la ideología bolivariana en contra del dogma neoliberal," que el Estado debía ser:

"suficientemente fuerte, suficientemente capaz, suficientemente moral, suficientemente virtuoso para impulsar la república, para impulsar al pueblo y para impulsar a la nación, asegurando la igualdad, la justicia y el desarrollo del pueblo. Ese Estado bolivariano se recoge aquí en estas ideas fundamentales para lo que pudiera ser la Constitución Bolivariana de la V República."

Hoy en 2018, no podemos más que constatar cuán lejos de esos pensamientos resultó el Estado que Chávez le legó a los venezolanos después de catorce años de ejercicio del poder, como el último presidente del período democrático que tanto criticó y que no fue capaz de recomponer. Un Estado que resultó ser una maquinaria demoledora de toda iniciativa, amoral, corrupto, ineficiente que atentó contra la igualdad, acabó con la justicia e hizo retroceder el desarrollo del pueblo

Por ello, en 2013, cuando se anunció su fallecimiento, contrario a lo que Chávez afirmaba en 1999 sobre su concepción del Estado, lo que resultó después de catorce años, fue un Estado que se quedó como un "un fin en sí mismo," y que se convirtió en "una maquinaria burocrática, demoledora, negadora de los derechos humanos fundamentales," y lo que tenemos hoy es un Estado que ha aniquilado la iniciativa de los individuos, y contrario a lo que Chávez proponía en 1999, lo ha triturado todo en el "engranaje de su maquinaria" afectando la igualdad, el trabajo, la vivienda, la educación, la salud, la libertad, las ciencias y las artes.

C. El Estado de Justicia y los Poderes Públicos, y los nuevos Poder Moral y el Poder Electoral

Luego pasó Chávez en su discurso ante la Asamblea en agosto de 1999 a referirse a su concepción del Estado y a la organización de los poderes públicos, afirmando que "esos poderes deben ser instrumento para el bien común," de manera que "más que un estado de derecho, requerimos, en mi criterio, un estado de justicia, porque la justicia va mucho más allá del derecho, porque el derecho es un tránsito hacia la justicia."

Y agregó las siguientes consideraciones: que:

"por un supuesto derecho hoy está la tormenta social desatada en Venezuela; por unas supuestas leyes hay miles de venezolanos muriendo en vida en las cárceles de Venezuela, por ejemplo, porque para ellos hay derecho, para ellos hay leyes pero no hay justicia para ellos, allí, ese es un ejemplo muy claro de que el Estado no puede ser de derecho, tiene que ir más allá del derecho. Un Estado de justicia necesitamos urgentemente en Venezuela. Un estado en el cual también está sembrada la idea fundamental bolivariana."

De nuevo, un discurso plagado de lugares comunes, que sin embargo, casi veinte años después, lo que claman es contra lo que el propio Chávez legó a los venezolanos, que ha sido un Estado en el cual la justicia desapareció, donde la impunidad es la regla, donde el sistema carcelario está entre los peores del mundo, y mucho peor del que pensaba en 1999, y donde el Poder Judicial, que en definitiva es el garante de la justicia, el propio Chávez lo convirtió en un instrumento del poder ejecutivo, incluso para la persecución de la disidencia.

Luego pasó Chávez a exponer la necesidad de romper "el esquema clásico de la democracia liberal de los tres poderes. Eso no tiene por qué ser así para siempre; necesitamos un nuevo concepto de Estado, una nueva arquitectura del poder," pasando a formular su propuesta de una división de cinco poderes, agregando a los clásicos Legislativo, Ejecutivo y Judicial, al Poder Moral y al Poder Electoral, conforme a sus ideas fundamentales bolivarianas para la nueva Constitución, afirmando que "los nuevos poderes bolivarianos, el moral y el electoral, conformarían en este criterio o con estos criterios bolivarianos, la nueva arquitectura del Estado."

En cuanto al *Poder Moral*, propuso rescatar de la idea bolivariana de ese "cuarto poder," expresando que debía ser concebido como:

"un nuevo ente estatal, no burocrático ni como un fin en sí mismo; un poder moral que sea de verdad autónomo, que no esté subordinado a los otros o a los tres poderes clásicos del Estado; un poder moral, propongo, modestamente, que pudiera ser la fusión o pudiera alimentarse de tres fuentes que hoy existen dispersas, maniatadas, sin vida propia: una Fiscalía, un Ministerio Público autónomo de las cúpula políticas que esté libre de manipulaciones y de presiones de sectores nacionales. Un Ministerio Público, una Fiscalía de la República con un nuevo concepto para garantizar no sólo el estado de derecho sino el estado de justicia. Una Contraloría, un poder contralor también incorporado al concepto del poder moral y además de eso, esta figura de la que se ha venido hablando un poco en Venezuela, pero que nunca se ha podido sembrar que es la Defensoría del Pueblo.

Ese poder moral, de acuerdo con las propuestas de Bolívar en 1819, entre sus funciones afirmaba Chávez en 1999 que debía encargarse "de la lucha a muerte contra la corrupción", pues consideraba que "la corrupción sabemos fue el último de los males que terminó de hundir a la IV República y estamos rodeados de ella."

Y agregaba al hablar de la "moral republicana" como "resultante de los valores y las virtudes de un pueblo":

¡Cómo no va a ser importante hablar de moral hoy cuando la corrupción ha azotado y ha roto todos los recortes y resortes de la era y de la vida republicana! […] El poder moral pudiera ser un hermoso resorte o un hermoso escalón para subir de este abismo, de este tremedal al que hemos caído en lo moral, en lo ético y en lo político."

Qué contraste, en todo caso, de lo que criticaba respecto de la moral republicana en 1999, con el legado de corrupción que el propio Chávez dejó a su muerte catorce años después, cuando el Estado y sus recursos se convirtieron en un verdadero botín, que ha sido impunemente saqueado y dilapidado por una nueva burocracia que asumió su conducción bajo su propia dirección, como aquellos "concejales pobres" de los que hablaban las viejas crónicas castellanas, que ejercían el cargo solo para fondearse y enriquecerse. Y qué contraste la situación de sumisión de los órganos del llamado Poder Ciudadano en 2014, con las ideas que expresó en 1999, con unos órganos que integran el Consejo Moral Republicano, que durante los últimos casi veinte años de gobierno nunca han sido autónomos, todos sujetos al control político del Ejecutivo que durante catorce años Chávez presidió, convertidos en instrumentos para la persecución política, para el amparo a la corrupción y para proteger al Estado en las violaciones a los derechos humanos.

Pero las propuestas de Chávez sobre la reorganización de los Poderes Públicos no se quedaron con la creación del Poder Moral, sino que además propuso en su discurso ante la Asamblea nacional Constituyente el 3 de agosto de 1999, al fijarle la agenda a la Constituyente, la creación del *Poder Electoral*, siguiendo la misma idea bolivariana expresada en el proyecto de Constitución de Bolivia de 1826, como "un poder autónomo de los demás, que sea permanente y que no esté sujeto a las cúpulas o a la manipulación política de ciertos sectores o a las presiones." Es más, en particular, propuso en 1999 crear ese Poder Electoral, para convertirlo:

"en el gestor, en el impulsor, en el contralor, el evaluador de los procesos electorales y sus resultados y que esté pendiente de los magistrados, que esté pendiente de que los representantes cumplan de verdad con su compromiso y que obliguen a todo candidato que opte por un cargo público de representación popular a decirle al pueblo cuál es su proyecto. Y si es elegido, que cumpla ese proyecto, y si no que se vaya a través de mecanismos democráticos, de referéndum revocatorio, por ejemplo, para asegurar el principio de la representatividad *(aplausos)* para asegurar el principio de la legitimidad, un poder electoral. Aquí se recoge de nuevo la idea de Bolivia."

El Poder Electoral, efectivamente se creó en la Constitución de 1999, pero la estrategia del gobierno que presidió el presidente Chávez desde 2000 y durante los catorce años que gobernó el país, fue todo lo contrario a lo que propugnaba en 1999, sometiendo sistemáticamente el Poder Electoral al control político del Ejecutivo, integrándolo por miembros del partido de gobierno.

En cuanto a la regulación del *Poder Ejecutivo*, Chávez en su discurso del 3 de agosto de 1999 ante los Constituyentes, propuso que la figura presidencial, estuviese "acompañada de un vicepresidente," para atenuar "la concentración de poderes que hoy recaen sobre el presidente de la República. Un presidente acompañado con un vicepresidente y un Consejo de Estado." Ambas figuras se establecieron en el texto constitucional de 1999, pero sin haber contribuido a la desconcentración del Poder Presidencial, o sin haber funcionado en catorce años, como ha ocurrido con el Consejo de Estado.

En cuanto al Poder Legislativo, Chávez propuso eliminar el Congreso bicameral que existió en Venezuela desde 1811, e incluso en todas las Constituciones bolivarianas (1819, 1821, 1826), sustituyéndolo por una Asamblea Nacional unicameral en el sentido de que "de verdad sea una Asamblea, que la Asamblea no desaparezca, que la Asamblea Constituyente pase a ser una Asamblea constituida para darle continuidad a las ideas y a la creación hermosa de la Asamblea Nacional Constituyente."

En cuanto al *Poder Judicial*, Chávez propuso en su discurso, crear "un tribunal supremo de justicia" en sustitución de la Corte Suprema de Justicia, "y la figura de la elección de los jueces en las parroquias y en los municipios para llenar de democracia al Poder Judicial, para quitárselos a las tribus que se adueñaron y que se lo expropiaron al pueblo. *(Aplausos)*. Y el Poder Judicial, si estamos hablando de un estado de justicia, el Poder Judicial sería la columna vertebral de los poderes del Estado para que sea un estado de justicia."

Agregó a su propuesta la necesidad de "establecer con rango constitucional la carrera judicial y un mecanismo mucho más amplio, cristalino, para la elección de miembros de la Corte Suprema de Justicia o de ese Tribunal Supremo de Justicia donde estamos proponiendo la creación de una Sala Constitucional para que se encargue de los asuntos constitucionales, un nuevo concepto mucho más moderno, dinámico, mucho más del siglo XXI que está amaneciendo."

Buena parte de estas propuestas se recogieron en la Constitución de 1999, pero de nada sirvieron pues además de haberse acabado con la independencia y autonomía del Poder Judicial durante los catorce años de gobierno de Chávez, en cuanto a la carrera judicial, las normas constitucionales han sido letra muerta al haber quedado el Poder Judicial en manos de jueces temporales y provisorios del libre nombramiento y remoción de una Comisión Judicial ad hoc; y al haber sido distorsionadas las normas para la elección de los miembros del Tribunal Supremo de Justicia, los cuales pasaron todos a ser controlados por el Poder Ejecutivo, convirtiéndose a la Sala Constitucional en el instrumento más eficaz del autoritarismo para la demolición del Estado de derecho. Lejos de erigirse al Poder Judicial en la "columna vertebral de los poderes del Estado para que sea un estado de justicia," como lo propuso Chávez, al Poder Judicial lo convirtió durante su gobierno en la columna vertebral del Poder hegemónico del Estado y la negación de los derechos ciudadanos.

D. *La democracia representativa, participativa y protagónica*

En cuanto a la democracia, Chávez planteó en su discurso, la necesidad de que los Constituyentes diseñaran "una auténtica democracia representativa, participativa y protagónica," insistiendo que no bastaba "hablar de democracia participativa como si ese fuese el fin" sino que "la participación debe ser un instrumento para lograr un fin," porque se preguntaba, "¿de qué nos vale que todos participen hablando, levantando la mano o discurseando o escribiendo?" Frente a ello, Chávez planteó el concepto de "democracia participativa y protagónica" como "protagonismo popular" que –dijo– era "un concepto bolivariano, democrático y eminentemente revolucionario," que se acerque a "los mecanismos de una democracia directa" dándole "al pueblo diversos mecanismos como los plebiscitos, los referenda, las asambleas populares, las consultas populares, las iniciativas de leyes." Todos estos mecanismos, propuso Chávez a los Constituyentes debían quedar "insertados en la nueva Carta Fundamental para que sea vinculante la participación y para que no sea, sencillamente, un participar por participar, sino un instrumento de construcción, de protagonismo y de democracia verdadera, de participación efectiva, vital para construir un país, un rumbo, un proyecto."

En contraste, la participación que reguló la Constitución en 1999 fue completamente ignorada durante catorce años, como fue el caso de las consultas populares para la aprobación de leyes, y la participación de los diversos representantes de la sociedad en la elección de los magistrados del tribunal supremo, todo lo cual nunca funcionó; habiéndose establecido sólo unos supuestos mecanismos de "participación" controlada y sometida, no democrática, en los órganos del Poder Popular, restringiéndose además en la práctica la posibilidad de convocar referendos, de manera que desde 2006 no se ha realizado ninguno en el país.

E. *La Federación minimizada*

En cuanto a la organización territorial del Estado, Chávez propuso en su discurso ante la Asamblea Constituyente de 1999,

"un nuevo concepto de Federación que se aleje de los extremos de la anarquía y del centralismo y que recupere y ponga en orden los valores de la llamada descentralización que degeneró muchas veces en anarquía, anarquización de la República, para que no haya ningún gobernador, no puede haberlo; ningún alcalde, no puede haberlo, que piense o llegue a pensar alguna otra vez en esta tierra que él es un cacique o un presidente de una republiquita que se llama un municipio o que se llama un estado."

Por supuesto, al Chávez expresar esto, no sólo no entendió en 1999 cuál era el significado y sentido de lo que era el proceso que calificó como la "llamada descentralización," que no era otra cosa que un proceso democrático para hacer posible la participación política, sin que reflejó toda la estirpe centralista y militarista que provenía de Bolívar, al recordar la carta que en 1813 éste le había escrito al Gobernador de Barinas, que calificó de "memorable hecha al fragor de la batallas," concluyendo de ello que "ese federalismo de la Primera República que fue nefasto, no podemos repetirlo; un federalismo con un nuevo concepto de unidad nacional." Chávez, como militar, la verdad es que nunca entendió qué era y qué significaba la descentralización política, considerando el federalismo como un atentado a la soberanía nacional. Llegó a decir incluso: "Venezuela es una sola República, no es una sumatoria de pequeñas repúblicas que ponen en peligro la existencia de la nación y la existencia de un proyecto futuro *(Aplausos)*." Por ello el marcado acento centralista de sus propuestas que, por lo demás, siguieron el marcado acento de centralismo de las ideas de Bolívar a partir de 1819. En eso, sus propuestas definitivamente si fueron bolivarianas, en cuanto al centralismo y la crítica a la descentralización. Por eso hablaba es su discurso ante la Asamblea Constituyente, de un "concepto que se recoge en las ideas fundamentales de una nueva federación."

F. *La emergencia nacional, la vuelta a la idea de la Constituyente origi-*
    naria y la intervención de los Poderes constituidos

Por último, Chávez en su discurso del 3 de agosto de 1999, instó a la Asamblea Nacional Constituyente, a desarrollar sus actividades "de manera acelerada y en emergencia" exigiendo que "declare la emergencia nacional," y en particular, "la emergencia de todos los poderes constituidos." Con ello, además de las ideas para ser incorporadas en la futura Constitución, le fijó la agenda inmediata a la Constituyente, que no era otra que la intervención de todos los poderes constituidos. Para ello, exigió:

"Emergencia ejecutiva *(aplausos)*, emergencia legislativa, emergencia judicial. Estamos en una verdadera emergencia nacional y creo que la Asamblea Constituyente se quedaría corta, en mi criterio, si no reconoce ese clamor de emergencia que anda por toda la Nación. Y que someta a su rigurosa evaluación todos y cada uno de los poderes constituidos, porque esta Asamblea, como bien lo declaró su presidente en la instalación, es una Asamblea originaria, y originarios deben ser sus métodos de evaluación y de conducción de este proceso de transición en esta hora venezolana. ¡Clamo por la emergencia nacional! *(Aplausos)*.

Para ello, Chávez ofreció asumir la emergencia hasta donde se lo exigiera la Asamblea, pidiéndole "a los demás poderes constituidos su cooperación con la Asamblea Nacional Constituyente", felicitándola por la "magnanimidad" que había tenido "con el vencido" hasta ese momento, al no haber borrado de inmediato a los poderes constituidos, pero amenazándolos que no fueran a equivocarse, y que "por ejemplo, el Congreso moribundo," no fuera a "tratar de poner trabas u obstáculos a la ordinaria y soberana Asamblea Nacional Constituyente," agregando: "Mejor es que se queden tranquilitos, como si los estuvieran operando."

Apoyó, para concluir, la propuesta de Miquilena, el recién nombrado presidente de la Asamblea, de una "transición sin traumas," pero amenazando con "la espada del guerrero [que] está   desenvainada," de manera que "si hubiere que usarla, no dudaremos, no temblará el pulso ni se aguara el ojo para usarla *(aplausos)* en favor de la originaria Asamblea Nacional Constituyente." Y diciendo a la Asamblea, al final, cuál debía ser su tarea inmediata, que no era otra que comenzar, con "la declaratoria de una emergencia nacional y en la revisión y evaluación de los poderes constituidos. Comiencen por mí, aquí estoy a la orden de ustedes." Les pidió además, a los Constituyentes "como presidente que soy de esta República moribunda," que fueran "por las gobernaciones, vayan por las alcaldías, vayan por las asambleas legislativas, vayan por los tribunales de la República." En fin, que intervinieran todos los poderes constituidos. Esa era la orden.

Después de las amenazas, pidió a todos esos órganos sujetos a intervención, cooperación con la "soberanísima Asamblea Nacional Constituyente, llegando incluso a expresarles a los Constituyentes que:

"si ustedes consideran que mi presencia como jefe del Estado, pudiera perturbar las labores soberanas de la Asamblea, hagan conmigo lo que ustedes quieran, son ustedes los dueños de este momento nacional. *(Aplausos)*. Me subordinaré al mandato de la Asamblea Nacional Constituyente y como ciudadano o como soldado, empuñaré la palabra o empuñaré la espada para defender los mandatos de la máxima Asamblea Nacional Constituyente."

Instó además, a la propia Asamblea Nacional Constituyente a declararse en emergencia, "y declarar en emergencia a toda la Nación, y a los poderes constituidos, y trabajar de manera acelerada," de manera que en seis meses, para diciembre de 1999, "pudiéramos tener ya naciendo, la V República," para lo cual hizo remembranza de su formación militar, la única que pudo tener Chávez, exigiendo apurar el paso, sin detenerse "en objetivos subalternos, como la fuerza del blindado, ustedes saben que me formé con el espíritu del blindado," de manera que:

"Cuando un batallón de tanques avanza rompiendo la barrera enemiga, no se detiene ante un fusilero que apunta al tanque. No se detiene ante una pequeña trinchera, una mina antipersonal. No, los blindados avanzan hacia el corazón estratégico, adversario. La Asamblea Nacional Constituyente, permítanme sugerirle, debería imbuirse en el espíritu de los blindados en la ofensiva. Vayan directo al corazón del adversario. Vayan directo al corazón de la Patria nueva y hagan lo que tienen que hacer, pero pronto, porque la situación del país así lo requiere."

Concluyó Chávez su discurso contentivo de lo que llamó "reflexiones de un soldado, de un ciudadano angustiado por la suerte de la República," recomendando a los Constituyentes que fueran "sabios en buscar el punto de equilibrio. Rapidez en la ofensiva, pero con la participación de todos. Construcción acelerada de las bases de la V República, del Estado nuevo, del Estado democrático, de la Nación nueva, de la Nación venezolana del siglo XXI;" y finalmente poniendo su cargo "a orden de la soberana Asamblea Nacional Constituyente, para que ustedes vean y decidan qué hacer con ello *(Aplausos)*."

Después que concluyó el discurso de Chávez, el presidente de la Asamblea, Luis Miquilena, le agradeció a Chávez el material entregado, ordenando que se imprimiera para ser tratado por los Constituyentes, indicándole que "en cuanto a la disposición que ha tenido de poner su cargo a la orden de esta Asamblea, será esto motivo de consideración especial en la oportunidad correspondiente y le participaremos sobre el particular cuál será nuestra decisión."

No era difícil imaginar, en todo caso, cuál sería la conducta de la mayoría de la Asamblea, que no fuera la de seguir ciegamente las ideas presentadas por Chávez, y por supuesto, ratificarlo en su cargo. Ello ocurriría seguidamente. Así estaba en el libreto.

Y precisamente por ello, en la primera sesión plenaria de la misma celebrada el 8 de agosto de 1999, por supuesto, se planteó de nuevo la discusión sobre el pretendido carácter de poder originario de la Asamblea, el cual había sido descartado por la doctrina de la Corte Suprema de Justicia que le había dado nacimiento.[23] El único poder constituyente originario en el proceso constituyente era la manifestación popular del *referéndum del 25 de abril de 1999,* la cual adquirió rango supra constitucional[24], por lo que la Asamblea tenía los límites contenidos en las *bases comiciales* del mismo, a los cuales estaba sometida.

Sin embargo, prevaleció el criterio de la mayoría que quedó plasmada, contra toda la doctrina jurisprudencial de la Corte Suprema, en el artículo 1° de los Estatutos de Funcionamiento con el siguiente texto:

Artículo 1. Naturaleza y misión. La asamblea nacional constituyente es la depositaria de la voluntad popular y expresión de su Soberanía con las atribuciones del Poder Originario para reorganizar el Estado Venezolano y crear un nuevo ordenamiento jurídico democrático. La Asamblea, en uso de las atribuciones que le son inherentes, podrá limitar o decidir la cesación de las actividades de las autoridades que conforman el Poder Público.

Su objetivo será transformar el Estado y crear un nuevo ordenamiento jurídico que garantice la existencia efectiva de la democracia social y participativa.

Parágrafo Primero: Todos los organismos del Poder Público quedan subordinados a la Asamblea Nacional Constituyente, y están en la obligación de cumplir y hacer cumplir los actos jurídicos estatales que emita dicha Asamblea Nacional.

Parágrafo Segundo: La Constitución de 1961 y el resto del ordenamiento jurídico imperante, mantendrán su vigencia en todo aquello que no colida o sea contradictorio con los actos jurídicos y demás decisiones de la Asamblea Nacional Constituyente.[25]

Debe indicarse, en todo caso, que en el texto del artículo 1° Estatuto de Funcionamiento que se sometió a debate, el Parágrafo Segundo antes copiado no estaba incorporado, por lo que puede decirse que no fue objeto del debate general inicial, el cual por tanto no pudo referirse a ese parágrafo. Dicho parágrafo segundo, que formalizaba el golpe de Estado constituyente, como se indica más adelante, solo se propuso en el curso del debate por el Constituyente Ricardo Combellas, y finalmente se incorporó en la norma.

En todo caso, la norma tal como se propuso, como se dijo, contrariaba abiertamente lo que había sido resuelto expresamente la antigua Corte Suprema de

---

23   Véase los textos en Allan R. Brewer-Carías, *Debate Constituyente, (Aportes a la Asamblea Nacional Constituyente),* Tomo I, (8 agosto-8 septiembre 1999), Caracas, 1999, pp. 15 a 39. Así mismo, en *Gaceta Constituyente (Diario de Debates),* Asamblea Nacional Constituyente, (agosto-septiembre 1999), Caracas, 1999, pp. 6 a 13 de la sesión del 07-08-99.

24   Véase la sentencia de la Sala Constitucional N° 6 de 25-01-2000, *Revista de Derecho Público*, N° 81, Caracas, 2000, pp. 81-82.

25   Véase en *Gaceta Constituyente (Diario de Debates),* agosto-sep. 1999, pp. 144 de la sesión del 07-08-99. Véase el texto, además, en *Gaceta Oficial* N° 36.786 de 14-09-99.

Justicia en sus sentencias de 18 de marzo de 1999 y 14 de abril de 1999, mediante la cual la Asamblea pretendía asumir para sí el "poder constituyente originario," que sólo el pueblo puede ejercer, usurpando la voluntad popular, y dado un golpe de Estado continuado contra todos los Poderes Públicos constituidos. Además, la adopción de la norma constituyó un golpe de Estado contra la Constitución de 1961, al ubicarse la Asamblea Constituyente a sí misma por encima de la Constitución.

5. *El proceso de elaboración de la Constitución de 1999 en ausencia de un proyecto como base de discusión*

En efecto, para el momento en el cual la Asamblea se eligió en julio de 1999, en paralelo estaban funcionando en el país los poderes públicos constituidos, los cuales habías sido electos en noviembre de 1998, con misiones distintas. La Asamblea Constituyente había sido electa, conforme al referendo de abril de 1999, para diseñar la reforma del Estado y establecer un nuevo ordenamiento para hacer efectiva la democracia social y participativa, todo lo cual debía elaborar y someter a la aprobación popular por un referendo final. La Asamblea Constituyente no había sido electa para gobernar ni para sustituir ni intervenir los poderes constituidos. No tenía carácter de poder constituyente originario, como expresamente lo había resuelto la Corte Suprema de Justicia.

Sin embargo, como se dijo, en su primera decisión, que fue la aprobación de su Estatuto de Funcionamiento, la Asamblea Constituyente, se auto-proclamó como "poder constituyente originario", auto-atribuyéndose la facultad de "limitar o decidir la cesación de las actividades de las autoridades que conforman el Poder Público" y estableciendo que "todos los organismos del Poder Público quedan subordinados a la Asamblea Nacional Constituyente y están en la obligación de cumplir y hacer cumplir los actos jurídicos estatales que emita la Asamblea".

En esta forma, la Asamblea Nacional Constituyente se auto proclamó como un super-poder estatal, contrariando lo dispuesto en el estatuto de su elección contenido en las bases aprobadas en el referendo de abril de 1999 y violando la Constitución de 1961, al amparo de la cual y de su interpretación judicial había sido electa; y en esa forma usurpó el poder público y violó la Constitución de 1961. En definitiva, dio un golpe de Estado.

Y así, durante el primer período de su funcionamiento, entre agosto y septiembre de 1999, la Asamblea, lejos de conciliar y buscar conformar un nuevo pacto político de la sociedad, a lo que se dedicó fue a intervenir los poderes constituidos que habían sido electos en diciembre de 1998 y que estaban en funcionamiento conforme a la Constitución en ese entonces vigente de 1961. En esta forma, en agosto de 1999, la Asamblea decretó la reorganización de todos los poderes públicos; decretó la intervención del Poder Judicial creando una Comisión de Emergencia Judicial que lesionó la autonomía e independencia de los jueces, y que aunque con otro nombre en 2007 todavía perdura, habiendo demolido al Poder Judicial que llegó a estar integrado por un 95% de jueces provisorios o temporales, es decir, dependientes[26]; decretó la regulación de las funciones del Poder Legislativo, eliminando tanto al Senado como a la Cámara de Diputados y a las Asambleas Legislativas. Además, intervino a los Concejos Municipales, suspendiendo, incluso, las elecciones municipales.[27]

Ese primer período de funcionamiento de la Asamblea, por tanto, fue un período de confrontación y conflictividad política entre los poderes públicos y los diversos sectores políticos del país. El proceso constituyente, en esta etapa inicial, no fue un vehículo para el diálogo y la consolidación de la paz ni un instrumento para evitar el conflicto, sino que, al contrario, fue un mecanismo de confrontación, conflicto y aplastamiento de toda oposición o disidencia y de apoderamiento de todas las instancias del poder. El proceso constituyente, por tanto, antes de ser un instrumento para la reducción del conflicto, acentuó la confrontación y contribuyó al dominio exclusivo del poder por parte de un solo partido político, el de gobierno, que respondía a las instrucciones del presidente de la República. En definitiva, el proceso constituyente se utilizó para acabar con la clase política que había dominado la escena en las décadas anteriores.

Una vez intervenidos los poderes públicos y en medio del conflicto político que ello ocasionó, la segunda etapa de funcionamiento de la Asamblea Nacional Constituyente (septiembre-octubre 1999) se destinó a la elaboración del texto de un proyecto para una nueva Constitución, proceso en el cual no siguió ningún proyecto que pudiera permitir la efectiva discusión pública y participación popular. La Asamblea Nacional Constituyente, incluso, comenzó a elaborar el proyecto de nueva Constitución, desde el principio, colectivamente, sin que hubiera habido un proyecto inicial. Por tanto, en la elaboración de la nueva Constitución no se siguió la vía ortodoxa en procesos similares de haberse elaborado previamente un proyecto de Constitución por una Comisión constitucional pluralista, para luego ser discutida por una Asamblea plenaria.

En esa forma, luego de dos meses de funcionamiento, la Asamblea Nacional Constituyente comenzó el proceso de elaboración de un proyecto de Constitución mediante el método menos adecuado, que consistió en nombrar 20 comisiones que trataron los 20 temas esenciales de cualquier Constitución, y a ellas se encargó la elaboración en forma aislada de sus propuestas en cada tema. Eso se hizo durante el mes de septiembre de 1999, es decir, un período excesivamente corto, durante el cual cada Comisión actuó aisladamente, realizando escasas con-

---

26   Véase Allan R. Brewer-Carías, "La progresiva y sistemática demolición institucional de la autonomía e independencia del Poder Judicial en Venezuela 1999-2004" en el libro *XXX Jornadas J.M. Domínguez Escovar, Estado de derecho, Administración de justicia y derechos humanos*, Instituto de Estudios Jurídicos del Estado Lara, Barquisimeto, 2005, pp. 33-174

27   Véanse todos nuestros votos salvados a estas decisiones en Allan R. Brewer-Carías, *Debate Constituyente (Aportes a la Asamblea Nacional Constituyente), Tomo I (8 agosto-8 septiembre 1999)*, Fundación de Derecho Público-Editorial Jurídica Venezolana, Caracas 1999, 233 pp.

sultas y propiciando esporádicamente la participación en la elaboración de proyectos, de los grupos que consideraron apropiados.[28]

Para finales de septiembre de 1999, las 20 Comisiones sometieron a la Comisión Constitucional los 20 proyectos de articulado constitucional, los cuales en conjunto sumaban casi 800 artículos. La Comisión Constitucional de la Asamblea era la encargada de conformar el proyecto de Constitución; pero lamentablemente se le impuso un lapso de sólo 2 semanas para realizar la integración de todos aquellos textos redactados aisladamente, en un solo proyecto. La rapidez atropellada del proceso de elaboración de un anteproyecto de Constitución, dominado por un solo grupo que constituía mayoría abrumadora en todas las comisiones, por supuesto, impidió toda posibilidad de discusión pública del proyecto y de participación de la sociedad civil en la elaboración del texto que debía someterse a las discusiones de la Asamblea en plenaria. El texto que la Comisión Constitucional presentó el 18 de octubre ante la Asamblea, sobre todo por la premura impuesta, lamentablemente resultó ser muy deficiente, por constituir un agregado o catálogo de deseos, peticiones y buenas intenciones integrados en un texto excesivamente extenso.

De nuevo, la premura en tener listo el nuevo texto constitucional se impuso por presiones del gobierno, exigiéndose a la Asamblea Nacional Constituyente la tarea de discutir y aprobar el proyecto de Constitución en sólo un mes, lo que ocurrió entre el 19 de octubre y el 17 de noviembre de 2000. Es decir, en sólo 19 sesiones de primera discusión (20 de octubre a 9 noviembre) y de 3 sesiones de segunda discusión (12 al 14 de noviembre) lo que equivale a sólo 22 días de discusión, en Venezuela se aprobó el texto de una nueva Constitución.

La manera inusitadamente rápida con que se elaboró la Constitución, con una celeridad irracional exigida e impuesta por el presidente de la República, condujo a que fuera completamente imposible que se asegurara la posibilidad de participación pública en el proceso constituyente. A pesar de algunas buenas intenciones y una corta propaganda política, la verdad es que, por lo reducido del tiempo, fue imposible toda participación política y pública efectiva en la elaboración del proyecto. Antes de la elaboración del proyecto, no hubo discusión pública, ni participación para la definición de las cuestiones constitucionales básicas que debían resolverse en la Asamblea (presidencialismo, bicameralismo, separación de poderes, descentralización, federalismo, municipalismo), ni sobre la misión básica de la misma. Tampoco hubo un programa de educación pública, para permitir la incorporación de propuestas de grupos de la sociedad civil y de organizaciones no gubernamentales. Estos no se incorporaron efectivamente al proceso constitucional, y sólo las organizaciones indigenistas tuvieron posibilidad de participar, por el hecho de contar directamente con 3 constituyentes indígenas.

El escaso tiempo que se impuso a la Asamblea para su trabajo, en todo caso, disipó toda posibilidad real de participación. Quienes controlaron el proceso op-

---

28 Véanse buena parte de nuestras propuestas, en Allan R. Brewer-Carías, *Debate Constituyente (Aportes a la Asamblea Nacional Constituyente), Tomo II (9 septiembre-17 octubre 1999)*, Fundación de Derecho Público-Editorial Jurídica Venezolana, Caracas 1999, 286 pp.

taron más por un proceso rápido sin participación, que por un proceso participativo que era más lento. La participación popular en el proceso constituyente de 1999, en consecuencia, quedó realmente reducida a votaciones populares generales: en abril de 1999, en el referendo consultivo sobre las bases y misión de la Asamblea Constituyente; en julio de 1999, en la elección de los miembros de la Asamblea; y finalmente, en diciembre de 1999, en el referendo aprobatorio del proyecto de Constitución que se había divulgado durante sólo tres semanas previas. La Constitución fue aprobada el 15 de diciembre de 1999, en un referendo aprobatorio en el cual hubo una abstención del 55%.

El texto constitucional, en todo caso, no se configuró como un documento que como lo había precisado el referendo consultivo de abril de 1999, asegurara la transformación del Estado y del sistema democrático venezolano. Es decir, el texto aprobado no llegó a constituir la nueva visión de la sociedad democrática que se exigía, con la definición de los principios fundamentales que se requerían para la reorganización política del país en democracia y la redistribución y control del poder, de manera que se pudiera reemplazar el sistema de Estado centralizado de democracia de partidos por un Estado descentralizado de democracia participativa.[29]

En realidad, ningún gran debate se dio en la Asamblea Nacional Constituyente y menos aquellos que imponían el momento de crisis que vivía el país, como los relativos a la descentralización política y a la democracia participativa. Más democracia exigía más descentralización política, que es la única forma de lograr que fuera más representativa y más participativa. Para ello se debía construir un nuevo modelo de Estado descentralizado, con un nuevo sistema de distribución del poder y de democracia participativa, que no podía quedar reducida a referendos, y que eliminara el monopolio de la representatividad y de la participación que tenían los partidos. Lamentablemente nada de esto se logró, y lo que resultó fue un esquema de gobierno autoritario, presidencialista, centralizado, de concentración del poder, militarista, montado sobre un partido único e intervencionista.

En todo caso, durante los debates intervine en todas las sesiones y salvé mi voto en muchos artículos. [30] Al final, al sancionarse el proyecto el 15 de noviem-

---

29   Véanse nuestros comentarios apenas la Constitución fue aprobada en Allan R. Brewer-Carías, "Reflexiones críticas sobre la Constitución de Venezuela de 1999" en el libro de Diego Valadés, Miguel Carbonell (Coordinadores), *Constitucionalismo Iberoamericano del Siglo XXI*, Cámara de Diputados. LVII Legislatura, Universidad Nacional Autónoma de México, México 2000, pp. 171-193; en *Revista de Derecho Público*, N° 81, Editorial Jurídica Venezolana, Caracas, enero-marzo 2000, pp. 7-21; en *Revista Facultad de Derecho, Derechos y Valores*, Volumen III N° 5, Universidad Militar Nueva Granada, Santafé de Bogotá, D.C., Colombia, Julio 2000, pp. 9-26; y en el libro *La Constitución de 1999*, Biblioteca de la Academia de Ciencias Políticas y Sociales, Serie Eventos 14, Caracas 2000, pp. 63-88.

30   Véase el texto de nuestros votos salvados en las sesiones de discusión en Allan R. Brewer-Carías, *Debate Constituyente (Aportes a la Asamblea Nacional Constituyente), Tomo III (18 octubre-30 noviembre 1999)*, Fundación de Derecho Público-Editorial Jurídica Venezolana, Caracas 1999.

bre de 1999, no lo firmé, habiendo pronunciado, durante la campaña para la votación en el referendo aprobatorio que se convocó para el 15 de diciembre de 1999, por el voto NO.[31] Una vez que el texto constitucional, fue aprobado por el pueblo, consideré que debía estampar mi firma en el momento de su proclamación en la Asamblea lo que ocurrió el 20 de diciembre de 1999 *"con las salvedades derivadas de los votos salvados razonados consignados"* durante las discusiones del Proyecto. Exigí al presidente de la Asamblea que dicha salvedad, que quedó escrita en el original de la Constitución, constara también en la publicación del texto. Sin embargo, lamentablemente como consecuencia de una arbitrariedad más, mi derecho no se respetó.[32]

III. ALGUNAS LAS FALLAS Y CARENCIAS DE LAS PROPUESTAS CONSTITUCIONALES FORMULADAS POR HUGO CHÁVEZ

Como se dijo, el documento que Chávez había presentado ante la Asamblea al momento de su instalación el 5 de agosto de 1999, titulado *"Ideas Fundamentales para la Constitución Bolivariana de la V República,"* cuyo contenido esbozó en su discurso inicial, como antes se reseñó, no fue adoptado por la Asamblea como documento de base para la elaboración del Proyecto de Constitución.

Sin embargo, en muchas de las veinte Comisiones que la Asamblea Constituyente designó para elaborar los diversos proyectos de los diversos Títulos de la Constitución, se incorporaron disposiciones siguiendo las propuestas de dicho documento, que motivaron a que, por mi parte, al no estar de acuerdo con lo propuesto, dirigiera diversas comunicaciones escritas a las Comisiones respectivas, criticando el texto adoptado inicialmente y proponiendo textos alternativos, lo que en la mayoría de los casos fueron casi totalmente seguidos.

Eso ocurrió con las comunicaciones que envié a las diversas Comisiones sobre temas como los relativos a los principios fundamentales de la República; al territorio y la división política; a las disposiciones generales sobre derechos y garantías constitucionales; a la situación internacional sobre los derechos humanos; a la constitucionalización de los tratados sobre derechos humanos; a los principios generales relativos a los derechos políticos; al derecho a la participa-

---

31 Véase Allan R. Brewer-Carías, "Razones para el Voto NO," en *Debate Constituyente (Aportes a la Asamblea Nacional Constituyente), Tomo III (18 octubre-30 noviembre 1999),* Fundación de Derecho Público-Editorial Jurídica Venezolana, Caracas 1999.

32 El día 20 de diciembre de 1999 dirigí en tal sentido una comunicación al presidente de la Asamblea, con el siguiente texto: "Adjunto le remito copia de las páginas correspondientes a las firmas de las Constituciones de 1811 y de 1947, en las cuales se dejo constancia de los votos salvados y demás reservas. Como le dije telefónicamente atendiendo su llamada, firme hoy el original de la Constitución de 1999 pues mediante el voto popular, la misma fue aprobada en el referéndum del 15 de diciembre; antes no la había firmado, pues se trataba de un proyecto con el cual no estaba de acuerdo. Pero una vez aprobado en el referéndum, al decidir asistir a la sesión de hoy para su Promulgación, estimé que debía firmarla, pero ejerciendo mi derecho a dejar constancia de las salvedades derivadas de los votos salvados razonados que consigné. Esa, por lo demás, es la costumbre en las Constituyentes efectivas. Exijo, por tanto, que se respete mi derecho."

ción política; al derecho de asilo, la extradición y al derecho de los refugiados; al régimen general del Poder Público; a la competencia del Poder Nacional; al tema del federalismo; a la descentralización del impuesto al cigarrillo; a la Administración de Justicia; y a la jurisdicción contencioso-administrativa y a la justicia constitucional.

A continuación, me refiero a esas diversas comunicaciones, que pusieron en evidencia algunas fallas y carencias de la propuesta que formuló Hugo Chávez en el antes mencionado su documento: *Ideas Fundamentales para la Constitución Bolivariana de la V República,*" al ser acogidas por algunas de mis propuestas en las Comisiones de la Asamblea.

1. *Sobre la forma del Estado*[33]

El 6 de septiembre de 1999 dirigí una comunicación a los presidentes de la Comisión Constitucional y de la Comisión Sobre forma del Estado y Federalismo, sobre una propuesta sobre "la forma federal del Estado en la nueva constitución: Nuevo federalismo y nuevo municipalismo," ante la necesidad ineludible de introducir agregados y correcciones para eliminar aspectos nocivos de orden centralizador que en mi criterio contenía, el conjunto de normas que se han incorporado en el documento presentado por el presidente Hugo Chávez Frías a la Asamblea, denominado *Ideas Fundamentales para la Constitución Bolivariana de la V República.*

En la comunicación expuse lo siguiente:

"En tal sentido, por ejemplo, es esencial eliminar de dicho Proyecto de Constitución la atribución que se asigna al presidente de la República para destituir a los Gobernadores de Estado; debe atribuirse a los Estados competencia en materia de ordenación del territorio y a los Municipios competencia en materia de Policía Municipal.

Por otra parte, debe reincorporarse al Proyecto una norma específica, equivalente al artículo 2 de la Constitución de 1961, que defina con claridad, en el Título Preliminar, la forma del Estado; y otra norma en el Título relativo al Poder Público que precise la distribución vertical del mismo, en Nacional, Estadal y Municipal, como lo hicieron todas las Constituciones anteriores, con excepción de la de 1961. También debe reincorporarse al Proyecto la figura del Situado Constitucional y la noción de autonomía de los Estados.

En cuanto al Consejo Federal de Gobierno debe concebirse como un instrumento de relaciones intergubernamentales y no como un mecanismo de imposición de decisiones nacionales en relación con los Estados, que pudieran significar una limitación a su autonomía.

También debe incorporarse al Proyecto una norma similar a la del artículo 137 de la Constitución de 1961 relativa a la descentralización política, para que

---

33 Véase en Allan R. Brewer-Carías, *Debate Constituyente (Aportes a la Asamblea Nacional Constituyente), Tomo I (8 agosto-8 septiembre 1999),* Fundación de Derecho Público-Editorial Jurídica Venezolana, Caracas 1999, pp. 155-170.

se asegure la continuación progresiva del proceso, sobre todo en materia de competencia concurrentes.

En cuanto al sistema de distribución de competencias entre los tres niveles territoriales de gobierno, debe enumerarse la materia de la potestad tributaria nacional (que seguramente, por involuntaria omisión, no aparece en el Proyecto), y debe reatribuirse a los Estados la competencia ya descentralizada relativa a la administración, explotación y mantenimiento de las autopistas.

Respecto de la elección de Gobernadores debe preverse la doble vuelta; y sobre la elección de los miembros del Consejo Estadal Legislativo, debe regularse la elección en circunscripciones uninominales.

En el ámbito Municipal debe retomarse la limitación prevista en el artículo 33 de la Constitución de 1961 para controlar racionalmente la posibilidad del endeudamiento municipal.

Por lo que se refiere a la condición ciudadana para ser electo a los cargos de los Poderes Públicos estadales y municipales, debe sólo exigirse la nacionalidad venezolana, sin distingo entre venezolanos por nacimiento y venezolanos por naturalización; y en cuanto a la revocación del mandato de dichos funcionarios mediante *Referéndum,* debe establecerse su posibilidad sólo después que haya transcurrido más de la mitad del período de Gobierno.

En todo caso, es de destacar, que dicho documento presentado por el presidente Chávez a la Asamblea, recoge en buena parte, el contenido del documento denominado *Bases para la Constitución Ciudadana. Un nuevo proyecto de país para el II Milenio,* elaborado por los constituyentes Carlos Tablante y Ricardo Combellas para el Debate Constituyente. Asimismo, el documento mencionado recoge, en muchos aspectos y salvo los mencionados artículos que pueden considerarse como de tendencia centralista, las propuestas de reforma en materia de descentralización que se habían venido formulando desde hace varios lustros, tanto desde la Comisión Presidencial para la Reforma del Estado, como desde ámbitos académicos y profesionales."

2.   *Sobre la democracia representativa*[34]

Con fecha 7 de septiembre de 1999 dirigí a la Comisión Constitucional y de la Comisión de Régimen Político, una comunicación con una "propuesta sobre la regulación del principio democrático representativo y participativo," en torno a la redacción que debería tener la norma del nuevo Texto Constitucional que regule la *soberanía popular y su ejercicio,* en sustitución del artículo 4° de la Constitución de 1961.

A tal efecto, expresé lo siguiente:

"En efecto, el artículo 4° de la Constitución de 1961 establece lo siguiente:

---

34   Véase en Allan R. Brewer-Carías, *Debate Constituyente (Aportes a la Asamblea Nacional Constituyente), Tomo I (8 agosto-8 septiembre 1999),* Fundación de Derecho Público-Editorial Jurídica Venezolana, Caracas 1999, pp. 183-200.

"*Art. 4°* La soberanía reside en el pueblo, quien la ejerce, mediante el sufragio, por los órganos del Poder Público".

En el documento *Ideas fundamentales para la Constitución Bolivariana de la V República* presentado por el presidente de la República a la consideración de la Asamblea Nacional Constituyente, el artículo equivalente a dicha norma está redactado así:

"*Art.* La Soberanía reside intransferiblemente en el pueblo, quien la ejerce directamente de la manera cómo lo establece esta Constitución e indirectamente mediante los órganos del Poder Público".

Es de destacar que en esta propuesta no se hace referencia al sufragio, como principio de la democracia representativa, para la conformación de los órganos del Poder Público mediante los cuales, indirectamente, el pueblo puede ejercer la soberanía.

Por otra parte, en el documento de trabajo para el Proyecto de articulado formulado para el Título I de la Constitución por esa *Comisión Constitucional,* el equivalente del artículo 4 de la Constitución de 1961 se redactó así:

Art. 4: La soberanía reside en el pueblo, quien la ejerce en forma de democracia directa o por medio de representantes en los términos que esta Constitución establece

Art. 5: Los órganos del Poder Público emanan de la soberanía popular y están directamente sometidos a ella con fundamento en el principio de legalidad".

En esta redacción, sin embargo, tampoco se hace mención al sufragio, como forma de designación de los representantes, lo que constituye la esencia de la democracia representativa, y en cambio, la democracia se reduce conceptualmente a la democracia directa.

Ahora bien, el principio básico y fundamental del republicanismo, sin duda, es el que se encuentra en el artículo 4° de la Constitución de 1961, que consagra el principio democrático basado en la representación.

Sin duda, el mismo debe ser reformulado en la Nueva Constitución, pero no para eliminar o sustituir la democracia representativa por la democracia directa, lo cual es imposible en las sociedades democráticas modernas, sino para incorporar a la democracia representativa, precisamente, elementos de democracia participativa.

A. *El principio de la democracia representativa en nuestra historia republicana*

La democracia representativa, sin duda, es uno de "los valores y principios de nuestra historia republicana" que la Asamblea Nacional Constituyente debe respetar, como límite que le fue impuesto en la *Base octava de la Segunda pregunta del Referéndum* del 25 de abril de 1999.

El artículo 4° de la Constitución de 1961, que la consagra, tiene su antecedente inicial en los artículos 1° a 4° del Título I "Soberanía del Pueblo" de la *Declaración de los Derechos del Pueblo* adoptada por el Supremo Congreso de Venezuela, el 1° de julio de 1811, es decir, 4 días antes de la declaración de Independencia, con el siguiente texto:

"*Art. 1°*   La soberanía reside en el pueblo; y, el ejercicio de ella en los ciudadanos con derecho a sufragio, por medio de sus apoderados legalmente constituidos".

"*Art. 2°*   La soberanía es, por su naturaleza y esencia, imprescriptible, inenajenable e indivisible".

"*Art. 3°*   Una parte de los ciudadanos con derecho a sufragio, no podrá ejercer la soberanía. Todos deben concurrir con su voto a la formación del Cuerpo que la ha de representar, porque todos tienen derecho a expresar su voluntad con entera libertad, único principio que hace legítima y legal la Constitución de su gobierno".

"*Art. 4°*   Todo individuo, corporación o ciudad que usurpe la soberanía, incurrirá en el delito de lesa Nación".

Posteriormente, a partir de la Constitución de 1811 el principio de la soberanía y la democracia representativa, se consagra en todas las Constituciones del país. En efecto, en la *Constitución de 1811,* en sus artículos 143 a 145 en la Sección "Soberanía del Pueblo" del Capítulo, relativo a los "Derechos del Hombre" se recogieron los mismos principios así:

"*Art. 143.* Una sociedad de hombres reunidos bajo unas mismas leyes, costumbres y Gobierno forma una soberanía.

Art. 144.   La soberanía de un país, o supremo poder de reglar o dirigir equitativamente los intereses de la comunidad, reside, pues, esencial y originalmente en la masa general de sus habitantes y se ejercita por medio de apoderados o representantes de éstos, nombrados y establecidos conforme a la Constitución.

Con esta norma se inicia el Estado venezolano y la organización republicana de la sociedad, y de ella deriva la esencia de la democracia representativa: la soberanía reside en la masa general de los habitantes, en el pueblo, pero esa masa general o pueblo sólo puede actuar a través de sus representantes, que sólo pueden ser nombrados y establecidos conforme a la Constitución. Es decir, la organización republicana por la que optaron los fundadores del Estado Venezolano, fue la de una democracia representativa, de manera que el pueblo o la masa general de los habitantes de este territorio solo puede manifestar su soberanía a través de los representantes previstos y regulados en la Constitución. Precisamente por ello, el artículo 145 de la *Constitución de 1811* completaba el régimen del ejercicio de la soberanía del pueblo, precisando lo siguiente:

"Art. 145. Ningún individuo, ninguna familia, ninguna porción o reunión de ciudadanos, ninguna corporación particular, ningún pueblo, ciudad o partido puede atribuirse la soberanía de la sociedad, que es imprescindible, inenajenable e indivisible en su esencia y origen, ni persona alguna podrá ejercer cualquier función pública del gobierno si no la ha obtenido por la Constitución".

La *Constitución de Angostura de 1819* recogió los mismos principios y en el Título 5° sobre "Del Soberano y del Ejercicio de la Soberanía", así

"Art. 1° La soberanía de la nación reside en la universidad de los ciudadanos. Es imprescriptible e inseparable del pueblo

Art. 2° El pueblo de Venezuela no puede ejercer por sí otras atribuciones de la soberanía que la de las elecciones ni puede depositarla toda en unas solas manos. El poder soberano estará dividido para su ejercicio en legislativo, ejecutivo y judicial".

En este texto de 1819, en consecuencia, encontramos la misma precisión de la democracia representativa como sistema político, en el sentido de que el pueblo sólo puede ejercer su soberanía mediante representantes electos; agregándose otro principio esencial de nuestro constitucionalismo, que es el de la separación de poderes, en el sentido de que no se puede depositar la soberanía en unas solas manos, estando necesariamente dividido el poder soberano en tres órganos del Poder Público. Esto implica un rechazo constitucional a toda figura de una Asamblea que asuma la totalidad del Poder soberano y que no respete el principio de la separación orgánica del mismo, como garantía de la libertad.

Luego del interregno de la República de Colombia, al reconstituirse el Estado venezolano como Estado independiente y autónomo en la *Constitución de 1830,* se recogió el mismo principio antes señalado, así:

"Art. 3. La soberanía reside esencialmente en la nación y no puede ejercerse sino por los poderes políticos que establece esta Constitución.

Art. 7. El pueblo no ejercerá por si mismo otras atribuciones de la soberanía que la de las elecciones primarias ni depositará el ejercicio de ella en una sola persona.

Art. 8. El Poder Supremo se dividirá para su administración en Legislativo, Ejecutivo y Judicial. Cada Poder ejercerá las atribuciones que le señala esta Constitución, sin excederse de sus límites respectivos".

En esta forma, de nuevo, quedó precisado con absoluta claridad el principio democrático de la representatividad, en el sentido de que si bien la soberanía reside esencialmente en el pueblo, éste no puede ejercerla sino por los poderes políticos que establece la propia Constitución mediante elecciones

El texto de la Constitución de 1830, siguió el espíritu de la Constitución de la República de Colombia de 1821 y el de los textos de 1811 y 1819. En efecto, la *Constitución de la República de Colombia de 1821* dispuso, lo siguiente:

"*Art. 2.* La soberanía reside esencialmente en la Nación. Los magistrados y oficiales del gobierno, investidos de cualquier especie de autoridad, son sus agentes o comisarios y responsables a ella de su conducta pública".

Art. 10. El pueblo no ejercerá por sí mismo otras atribuciones de la soberanía que la de las elecciones primarias; ni depositará el ejercicio de ella en unas solas manos. El Poder Supremo estará dividido para su administración en legislativo, ejecutivo y judicial".

Es decir, en todos estos textos constitucionales de 1811, 1819, 1821 y 1830, el principio de que la soberanía reside en el pueblo estaba consagrado conforme al principio de la democracia representativa, en el sentido de que el pueblo no puede ejercer la soberanía sino mediante elecciones y a través de los poderes públicos establecidos en la propia Constitución.

En consecuencia, el pueblo sólo puede actuar conforme a la Constitución, para elegir sus representantes, como titulares de órganos del poder supremo separados en Legislativo, Ejecutivo y Judicial con lo cual, además del principio constitucional de la representatividad, siempre se consagró el de la separación orgánica de poderes, y la proscripción de que el pueblo pueda llegar a depositar el ejercicio de la soberanía en una sola persona o institución.

En la *Constitución de 1857* se siguió la misma tradición constitucional, al establecerse que:

"*Art. 2.* La soberanía reside en la Nación y los Poderes que establece esta Constitución son delegaciones de aquella para asegurar el orden, la libertad y todos los derechos."

A tal efecto, el artículo 6 precisó que:

"*Art. 6.* El Poder Público se divide para su administración en Legislativo, Ejecutivo, Judicial y Municipal. Cada uno de estos poderes ejercerá las atribuciones que le señalan la Constitución y las leyes, sin excederse de sus límites".

En la *Constitución de 1858,* los anteriores principios se recogieron en diversas normas así:

"*Art. 2.* La soberanía reside esencialmente en la Nación.

Art .7. El gobierno de Venezuela es y será siempre republicano, popular, representativo, responsable y alternativo.

Art. 8. El pueblo ejerce la soberanía directamente en las elecciones e indirectamente por los poderes públicos que establece esta Constitución.

Art. 9. El poder público se divide en Nacional y Municipal".

Estas disposiciones desaparecieron del texto constitucional a partir de la Constitución de 1864 y durante todo el período histórico correspondiente al Estado Federal (1864-1901), organizado como Estados Unidos de Venezuela, precisándose, sin embargo, el principio de que el gobierno de los Estados de la Federación debía organizarse conforme a los principios de gobierno popular, electivo, federal, representativo, alternativo y responsable. Así sucedió con los textos constitucionales de 1874, 1881, 1891 y 1893.

Los principios relativos a la soberanía del pueblo y su ejercicio, sin embargo, se retomaron en la historia constitucional a partir de la Constitución de 1901, que reformó sustancialmente el sistema político y la forma federal del Estado, con la cual se dio inicio al período histórico del Estado centralizado autocrático (1901-1945).

En efecto, en la *Constitución de 1901* se establecieron las siguientes normas:

"*Art. 21.* La soberanía reside esencialmente en el pueblo, quien la ejerce por medio de los Poderes Públicos para garantía de la libertad y del orden.

Art. 22. El pueblo no gobierna sino por medio de sus mandatarios o autoridades establecidas por la Constitución y las leyes.

Art. 26. El gobierno de la Unión es y será siempre republicano, democrático, electivo, federal, representativo, alternativo y responsable.

Art. 27. El ejercicio de la soberanía se confiere por el voto de los ciudadanos o de las corporaciones que tienen la facultad de elegir los Poderes Públicos, al tenor de esta Constitución, sin que sea potestativo a ninguno de estos Poderes arrogarse la plenitud de la soberanía.

Art. 29. El Poder Público se distribuye entre el Poder Federal y el Poder de los Estados, en los límites establecidos en esta Constitución".

De estas normas resulta el restablecimiento expreso de los principios centrales del constitucionalismo del primero de los períodos histórico políticos de la República, que derivan del sistema democrático representativo y del ejercicio de la soberanía por el pueblo exclusivamente mediante la elección de representantes que integran los órganos del Poder Público, que debe estar separado para garantizar la libertad y el orden, y con la proscripción a cualquiera de los Poderes de arrogarse la plenitud de la soberanía.

En términos generales, estos principios que se restablecieron en el texto constitucional de 1901, se repitieron con sólo variaciones de forma, en las *Constituciones de 1904, 1909, 1914, 1922, 1925, 1928, 1929 y 1931*. En la *Constitución de 1936* se varió la redacción de la norma central antes indicada, señalándose lo siguiente:

"*Art. 40.* La soberanía reside en el pueblo, quien la ejerce por medio de los Poderes Públicos. Toda fuerza o reunión armada de personas que se atribuya los derechos del pueblo y peticione así, comete delito de sedición o rebeldía contra los Poderes Públicos y serán castigados conforme a las leyes".

Este artículo se repitió en la *Constitución de 1945,* con la cual concluyó el período histórico constitucional del Estado autocrático centralizado.

Un nuevo cambio político se produjo a partir de la Revolución de Octubre de 1945 y de la *Constitución de 1947,* la cual, sobre la materia, sentó los principios que hoy nos rigen en el mismo sentido que los precedentes. Así, en el texto de 1947 se dispuso lo siguiente:

> *"Art. 79.* La soberanía reside en el pueblo, quien la ejerce mediante el sufragio y por órgano de los Poderes Públicos."

Esta norma tuvo idéntica redacción en la *Constitución de 1953* (art. 38) con la variante de que en lugar de decir en la frase final "por órgano de los Poderes Públicos" dice "por órgano del Poder Público", el cual, el artículo 40 de dicho texto, "distribuyó entre el Poder Municipal, el de los Estados y el Nacional". En todo caso, es la misma norma que está en el artículo 4° de la Constitución vigente, con la variante de que la última frase reza "por los órganos del Poder Público".

En consecuencia, el artículo 4° de la *Constitución de 1961*, como lo dice la Exposición de Motivos, es el principio básico del sistema democrático adoptado en toda nuestra historia republicana, que es la democracia representativa, la cual exige que la soberanía, que sin duda reside en el pueblo, sólo puede ejercerse mediante el sufragio, es decir, el derecho a votar y a ser electo que regulan los artículos 110 a 112, y por los órganos del Poder Público que de acuerdo a la Constitución son los órganos del Poder Nacional (que se regulan en los artículos 138 y siguientes); del Poder de los Estados (Poder Estadal) que se regulan en los artículos 19 y siguientes; y del Poder Municipal, que se regula en el artículo 26 del Texto Fundamental y en la Ley Orgánica de Régimen Municipal. (Sobre lo anterior, Véase Allan R. Brewer-Carías, *Asamblea Constituyente y Ordenamiento Constitucional,* Caracas 1999, págs. 184-190).

De la trayectoria histórica de la regulación de la democracia representativa en Venezuela, resulta por tanto que la médula de dicho principio, desde el propio nacimiento de la República en 1811, es que la soberanía reside en el pueblo quien la ejerce mediante el sufragio por órgano de representantes electos. Es decir, *republicanismo, democracia representativa* y *elecciones libres* son los principios esenciales de nuestra historia republicana que debe respetar la Asamblea Nacional Constituyente en la conformación del nuevo pacto político que debe formularse, en una Constituyente electa en democracia para, precisamente, perfeccionar la democracia. Sería un fraude constitucional que hayamos elegido una Asamblea Constituyente en democracia, que buscara o propugnara acabar con la democracia y con los principios del republicanismo representativo, y establecer cualquier sistema de gobierno autoritario o autocrático.

Por tanto, el principio fundamental que limita las labores de la Asamblea Nacional Constituyente es el de la democracia representativa, es decir, que la soberanía popular tiene que ejercerse, mediante elecciones, por representantes del pueblo.

Ello implica que nadie, pero nadie, puede atribuirse la representación del pueblo y que, además, el mismo pueblo no puede ejercer directamente la soberanía, sino a través de representantes, o mediante los mecanismos de democracia directa que se regulen.

El principio del gobierno republicano de democracia representativa, en consecuencia, tiene que ser respetado y resguardado por la Asamblea Nacional Constituyente, por ser un imperativo derivado de la voluntad popular manifestada en el *Referéndum Consultivo* del 25 de abril de 1999. Se consultó al pueblo sobre las bases para la elección de la Asamblea Nacional Constituyente y el pueblo, en ejercicio de su derecho de participación, decidió como Poder Constituyente Originario que la Asamblea tiene como límite los principios y valores de nuestra historia republicana, es decir, entre otros, el de que la soberanía popular se ejerce mediante la elección de representantes del pueblo.

Pretender sustituir el principio republicano de democracia representativa por una supuesta democracia directa, podría significar, en definitiva, centralizar y concentrar el poder, autocráticamente, lo cual sería esencialmente antidemocrático.

La democracia, ciertamente, tiene que ser más participativa y más representativa, lo cual exige entre otros factores distribuir territorialmente, pero efectivamente, el Poder, de manera que esté cerca de los ciudadanos. Pero en todo caso, ese poder en el cual debe participarse, sólo puede ejercerse mediante representación, por funcionarios electos. (Sobre lo anterior véase Allan R. Brewer-Carías, *Poder Constituyente Originario y Asamblea Nacional Constituyente,* Caracas 1991, págs. 287-288).

B. *La necesidad de perfeccionar la democracia y hacerla más participativa*

En todo caso, del análisis de nuestra historia republicana resulta que el primer y más importante tema de la Agenda Constituyente, es el del régimen político democrático, que exige su perfeccionamiento para hacerlo más representativo y más participativo.

La democracia comenzó efectivamente en la historia del constitucionalismo moderno, con motivo de las Revoluciones Norteamericana (1776) y Francesa (1789), cuando la soberanía, como supremo poder de decisión en una sociedad determinada, pasó de ser el poder de un Monarca absoluto, sin límites, de la cual era titular por la gracia de Dios, y comenzó a ser el poder del pueblo, ejercido mediante representantes. Por ello, durante más de 200 años, el constitucionalismo moderno ha estado signado por el principio de la democracia representativa, es decir, que residiendo la soberanía en el pueblo, éste la ejerce mediante representantes electos.

En efecto, si el pueblo es el titular de la soberanía, en democracia éste sólo puede ejercerla directamente o a través de representantes; de allí la distinción que usualmente se hace entre democracia directa y democracia representativa.

La primera, la democracia directa, en la cual el pueblo supuestamente ejercería directamente su poder en Asambleas, sin intermediación de representantes, es imposible en sociedades complejas. También, incluso, en los propios ejemplos históricos que nos han llegado respecto de su existencia, en las ciudades griegas, por ejemplo, confirman su imposibilidad, pues incluso en dichas Ciudades-Estado, el gobierno se ejercía mediante representantes, que eran Magistrados quienes aún cuando no eran electos, si eran designados *por sorteo* en las Asambleas. Por tanto, la democracia directa ni ha existido ni puede existir en el mundo contemporáneo, y es un engaño pretender formularla como solución alternativa frente a la democracia representativa, la cual, lejos de desaparecer lo que debemos hacer es corregirla.

En efecto, la democracia representativa, en la cual el pueblo ejerce el gobierno indirectamente a través de representantes que elige con toda libertad e igualdad, es la única forma posible de operatividad de la democracia, como gobierno del pueblo. Sus defectos, vicios, problemas o deformaciones, lo que tienen que provocar es lograr su perfeccionamiento y transformación para hacerla más representativa del pueblo y para permitir que este pueda participar más y efectivamente en los asuntos públicos. Pretender sustituirla por una supuesta democracia directa, simplemente es un engaño, una ilusión; lo que tenemos es que hacerla más representativa, y no sólo representativa de los partidos políticos como la hemos conocido en las últimas décadas.

No olvidemos que la democracia representativa que se ha desarrollado en nuestro país en los últimos años, por el sistema político de *Estado Centralizado de Partidos* que se estableció a partir de 1958, ha sido una democracia de exclusiva representación de partidos, es decir, una Partidocracia o democracia de partidos y no del pueblo, en la cual sólo los partidos políticos participaban. Conforme a ese sistema, los partidos políticos asumieron el total monopolio de la representatividad y de la participación, confiscando la representación y participación populares.

Es ese sistema el que está en crisis, no la democracia en sí misma, la cual tenemos que perfeccionar, haciéndola precisamente más representativa y más participativa.

Una democracia más representativa implica organizar el poder de manera que estando más cerca de los ciudadanos, éstos directamente o a través de sociedades intermedias, y no sólo de los partidos políticos, puedan encontrar representación en los cuerpos representativos. Para ello tiene que diseñarse un nuevo sistema electoral, más uninominal y personalizado, pues el sistema de representación proporcional de las minorías que durante tantas décadas hemos aplicado en el país, sólo conduce a la exclusiva representatividad de los partidos políticos.

Por otra parte, igualmente, más participación en democracia, sólo es posible acercando el poder al ciudadano, es decir, distribuyendo el Poder Público en el territorio, de manera que en cada comunidad y localidad territorial exista una forma de gobierno, en la cual se pueda participar políticamente.

En definitiva, no se trata de sustituir la democracia representativa por una supuesta e ilusoria democracia directa, que es de imposible existencia, sino de sustituir el sistema político de *Estado Centralizado de Partidos* por un sistema de *Estado Descentralizado y Participativo*. En el primero, por el centralismo del poder, sólo los partidos políticos han obtenido representación y sólo a través de ellos es que se ha podido participar; al contrario, en un sistema político de *Estado Descentralizado y Participativo,* los partidos políticos centralizados pierden el monopolio de la representación, abriéndose nuevos canales de participación.

Incluso, la descentralización del Poder debe conducir a la descentralización de los propios partidos políticos y la erosión del principio organizativo del centralismo democrático, tan nocivo para la propia democracia.

Por supuesto, una democracia más participativa y más representativa como la que se puede lograr con un *Estado Descentralizado y Participativo,* podría tener el rechazo de los partidos políticos, tanto tradicionales como de los nuevos que siguen la misma forma organizativa interna, y que se resisten a perder poder o a renunciar a monopolizarlo.

En todo caso, cuando se habla de democracia participativa o de democracia directa, por supuesto que no se está planteando ni puede plantearse la sustitución o reemplazo total del régimen representativo por un sistema de gobierno donde todas las decisiones sean tomadas directamente por los ciudadanos, sin que exista ningún tipo de representantes electos, lo cual simplemente es imposible.

Un Estado no puede funcionar con base en decisiones adoptadas en Asambleas públicas y populares, o mediante *referendos.* Todos los instrumentos propios de la democracia participativa, por tanto, constituyen, en realidad, un complemento de los gobiernos representativos o indirectos que caracterizan las democracias modernas.

En consecuencia, todas las propuestas relativas a la democracia participativa o directa, son mecanismos de perfeccionamiento de la democracia representativa, que no se sustituye, mediante la introducción de instrumentos de mayor control del pueblo sobre las decisiones políticas.

Entre los instrumentos de democracia participativa se destacan, en *primer lugar,* las iniciativas populares, planteadas directamente con el respaldo de un número determinado de electores, o mediante un *Referéndum Consultivo* y que en todo caso originan iniciativas políticas adoptadas desde fuera de la clase política.

En *segundo lugar,* se destacan los *referendos autorizatorios o aprobatorios*, que sujetan a la voluntad popular la adopción por el gobierno o el Congreso de una decisión política de importancia, incluyendo la promulgación de leyes. También se destacan los *referendos revocatorios,* que permiten al pueblo tomar una decisión contraria a la adoptada por uno de los órganos del Estado o de terminación del mandato de los titulares de dichos órganos.

Con todos estos instrumentos de participación política o de democracia directa, se perfecciona el régimen democrático pues se permite al pueblo reaccionar directamente contra o en relación a las decisiones políticas que adopten los representantes, incluso con resultados contrarios a las mismas, dado que estos con frecuencia tienen intereses, incluso partidistas, distintos a los de los ciudadanos. Los *referendos* son así mecanismos de control directo de los ciudadanos en relación a sus representantes políticos.

La previsión de los *referendos,* por ello, perfecciona la democracia pues la hacen más viva y participativa, dada la discusión que en general se desarrolla sobre los temas sometidos a consulta. El ciudadano, con ellos, comienza a sentir que participa y que su voto cuenta.

Pero para que los *referendos* puedan efectivamente servir de instrumentos para perfeccionar la democracia, el Poder Público tiene que estar efectivamente descentralizado. No es por azar que en los países donde estos mecanismos de democracia directa se han desarrollado mayormente, están organizados políticamente como Estados Federales. Es el caso de Suiza, donde los *referendos* tienen la mayor tradición en el mundo moderno, desarrollándose tanto a nivel cantonal como a nivel nacional, en relación a decisiones de la exclusiva competencia de ambos niveles territoriales de gobierno. En los Estados Unidos de Norteamérica, los *referendos* son bastante comunes en aproximadamente la mitad de los Estados de la Unión, sobre asuntos de la competencia de los mismos, no existiendo, sin embargo, la figura a nivel nacional.

En todo caso, la iniciativa popular y los referendos, para que sean efectivos mecanismos para hacer de la democracia un régimen más Participativo, exigen un sistema de distribución territorial o vertical del Poder Público, con autonomías político-territoriales y competencias propias sobre las cuales se pueda consultar a la ciudadanía.

Pero la sola previsión de *referendos* para la toma de decisiones nacionales no hace de la democracia la forma de vida que queremos, que permita la participación directa y efectiva del ciudadano en la toma de decisiones políticas. Ello, en verdad, sólo puede dar frutos a nivel local (Municipal) o a nivel de los Estados en una Federación como la nuestra. Incluso a nivel local, si se distribuye efectivamente el Poder Público y se lo acerca al ciudadano con un *Nuevo Municipalismo,* los propios Cabildos Abiertos serían instrumentos efectivos para la participación ciudadana en la toma de ciertas decisiones locales.

En todo caso, en la nueva Constitución debe consagrarse el derecho ciudadano a la participación en los asuntos públicos, tanto directamente como por medio de representantes electos, regulándose expresamente así, a la democracia, como participativa y representativa. (Sobre lo anterior, véase Allan R. Brewer-Carías, *Poder Constituyente Originario y Asamblea Nacional Constituyente,* Caracas 1999, págs. 284 a 286 y 294 a 296).

C. *Propuesta para la regulación del principio democrático, representativo y participativo para el ejercicio de la soberanía popular*

De todo lo anteriormente expuesto, resulta indispensable regular en la Nueva Constitución, equilibradamente, la democracia representativa con la democracia participativa, sustituyendo el actual artículo 4° de la Constitución por una norma que podría tener el siguiente texto:

"*Art.*__ La soberanía reside en el pueblo, quien la ejerce directamente en la forma prevista en la Constitución y en las leyes, e indirectamente mediante el sufragio por los órganos del Poder Público".

Esta redacción es la propuesta en el documento *Bases para la Constitución Ciudadana. Un nuevo proyecto de país el III milenio* elaborado por los Constituyentes Carlos Tablante y Ricardo Combellas (pág. 3).

En su redacción, se aproxima este texto el contenido en el artículo 4° del *Proyecto de Constitución* presentado a la Asamblea por el *Polo Patriótico*, aún cuando este es mucho más restrictivo al reducir los mecanismos de democracia directa al *Referéndum*, que es sólo una de sus modalidades, y que tiene la siguiente redacción

"*Art. 4°* La soberanía radica exclusivamente en el pueblo, quien la ejerce mediante el sufragio y por *Referéndum* en sus distintas modalidades".

3. *Principios fundamentales en materia de derechos humanos*[35]

Con fecha 30 de septiembre de 1999 me dirigí al presidente de la Comisión de Derechos Humanos y Garantías Constitucionales y presidente y demás miembros de la Comisión Constitucional, con el objeto de hacerles llegar algunos comentarios y observaciones en torno al *Proyecto* de articulado contenido en el capítulo sobre "*Disposiciones Fundamentales*" del Título "*De los Derechos Humanos, Deberes y Garantías*", presentado por la *Comisión de Derechos Humanos y Garantías Constitucionales* a la Comisión Constitucional.

En dicho documento expresé lo siguiente:

A. *El orden constitucional orientado hacia la protección de los Derechos Humanos*

El artículo primero de las Disposiciones Generales comienza por establecer lo siguiente:

"*Artículo* El orden constitucional de la República de Venezuela está basado en la búsqueda de la paz social dentro del más absoluto respeto a la dignidad humana, a los derechos inherentes a la persona y al libre desarrollo de la personalidad como base fundamental del Estado de Justicia como medio eficaz para alcanzar la solidaridad".

En relación con este artículo, a pesar de las buenas y amplias intenciones que se podrían apreciar de su redacción, contiene numerosos conceptos jurídicos indeterminados, algunos de ellos más bien inéditos, cuya interpretación de conjunto, en casos concretos, podría prestarse inconvenientemente a graves arbitrariedades y hasta para la imposición de un régimen antidemocrático, invocando, sin embargo, para ello, "el más absoluto respeto a la dignidad humana".

En efecto, la afirmación según la cual "*el orden constitucional de la República de Venezuela está basado en la búsqueda de la paz social*", podría conducir, inconvenientemente, a la conclusión de que el valor fundamental del "orden constitucional" sería "la ley y el orden". Por otra parte, a pesar de la difusión

---

35   Véase Allan R. Brewer-Carías, *Debate Constituyente (Aportes a la Asamblea Nacional Constituyente), Tomo II (9 septiembre-17 octubre 1999)*, Fundación de Derecho Público-Editorial Jurídica Venezolana, Caracas 1999, pp. 77-102. Dicho documento lo redacté con la colaboración de Pedro Nikken y Carlos Ayala Corao.

que últimamente ha tenido la expresión "Estado de Justicia" no está claro su significado, ni si se trata de una concepción sustitutiva de la conocida noción de "Estado de Derecho" pero con posibilidad de ser dotado del concepto particular que de la "justicia" tenga cada gobernante o funcionario llamado a resguardar la "paz social" como base fundamental del "orden constitucional".

Cabría además preguntarse sobre qué quiere expresarse en la norma, cuando se señala que el "respeto a la dignidad humana, a los derechos inherentes a la persona y al libre desarrollo de la personalidad" son "base fundamental del Estado de Justicia *como medio eficaz para alcanzar la solidaridad.*

Estimamos que los derechos inherentes a la persona, el respeto a la dignidad humana y el libre desarrollo de la personalidad son *valores absolutos,* por lo que su *mediatización* para considerarlos como mera "base fundamental" del llamado "Estado de Justicia" o como "medio eficaz para alcanzar la solidaridad" podría conducir a la negación misma del carácter absoluto de los atributos inherentes a la dignidad humana y su condicionamiento a nociones que se podrían prestar a cualquier interpretación, como "Estado de justicia" o "solidaridad".

En todo caso, una redacción como la propuesta en este artículo del Proyecto aprobado en la Comisión, podría llegar a ser la base para que, en la práctica, en nombre de la "paz social", de la "solidaridad" o del "Estado de justicia" se pueda despojar de todo contenido a los derechos fundamentales y a las libertades públicas; y con un enfoque particular de la terminología utilizada, sin quererlo, se podría hasta edificar un régimen fascista que proclamase los derechos humanos pero condicionando a su antojo la efectividad de los mismos.

Por ello, y sin renunciar a ciertos conceptos contenidos en la propuesta, pero dotándolos de su verdadera jerarquía y rigor jurídico, el artículo inicial sobre derechos humanos podría quedar redactado así:

"*Artículo* El orden constitucional de la República de Venezuela está basado en el más absoluto respeto de la dignidad humana, de los derechos inherentes a la persona y del libre desarrollo de la personalidad, dentro de un régimen de plena vigencia del Estado de Derecho, cuya finalidad es garantizar el bien común, la justicia y la paz y solidaridad sociales".

B. *La garantía general de los derechos y el principio de la progresividad*

En las "Disposiciones Generales" del *Proyecto* de la Comisión se incorporó otra norma con el siguiente texto:

"*Artículo* El Estado garantiza a toda persona sin discriminación alguna el ejercicio y goce irrenunciable, indivisible e interdependiente de los derechos humanos: civiles, políticos, económicos, sociales, culturales y ambientales y su aplicación es de obligatorio cumplimiento por los órganos del Poder Público de conformidad con la Constitución, los Tratados sobre Derechos Humanos suscritos por la República de Venezuela y las leyes que rijan la materia".

Debe destacarse que se trata de una norma garantista de los derechos en general, lo que implica no sólo la asunción de una obligación de garantía por parte del Estado, sino que los respectivos derechos deben ser consagrados de tal manera que puedan ser efectivamente exigibles.

Por otra parte, debe señalarse que si bien conceptualmente, la indivisibilidad e interdependencia de los derechos humanos no es discutible, ello es así siempre que tales nociones no sean el pretexto para que por la circunstancia de que ciertos derechos estén lesionados, el Estado pueda sentirse autorizado, en nombre de la "interdependencia", a lesionar otros.

Por otra parte, se estima conveniente agregar a la enumeración los derechos denominados de la tercera generación, sustituir la expresión "derechos civiles" por derechos individuales, e incluir el reconocimiento expreso del principio de la progresividad de los derechos.

En consecuencia, la norma podría quedar redactada así:

"Artículo El Estado garantiza a toda persona conforme al principio de progresividad y sin discriminación alguna, el ejercicio y goce irrenunciable de los derechos individuales, políticos, económicos, sociales, culturales, ambientales y los denominados de tercera generación; y su aplicación es de obligatorio cumplimiento por los órganos del Poder Público de conformidad con la Constitución, los Tratados sobre Derechos Humanos suscritos por la República y las leyes que rijan la materia".

    C. *Las obligaciones del Estado respecto de la paz, el derecho al desarrollo y la participación*

En el Capítulo de las Disposiciones Generales del *Proyecto* de la Comisión se incorporan además, tres artículos (3, 4, y 5) que en los documentos precedentes de la Comisión configuraban un solo artículo (el número 3) con un acápite con el Título *Derecho a la Paz*, y que ahora tienen la siguiente redacción:

"Artículo 3   El Estado promoverá la educación para la paz y proyectarán políticas para el establecimiento, mantenimiento y fortalecimiento de la paz en el territorio nacional y en la comunidad internacional.

Artículo 4   El Estado adoptará, todas las medidas necesarias para la realización del derecho al desarrollo y garantizar la justa distribución del ingreso nacional, la igualdad de oportunidades, así como el acceso a una mejor calidad de vida, la educación, salud, alimentación, vivienda, empleo, recreo y deporte.

Artículo 5   El Estado alentará la participación popular como factor importante para el desarrollo y para la plena realización de todos los derechos humanos".

De la lectura de estos artículos, sin embargo, resulta que el contenido de los mismos no se corresponde con el Título general relativo a los Derechos. Realmente, se trata de artículos que regulan obligaciones para el Estado respecto de la promoción de la paz y de la participación popular, por una parte, y por la otra, de adoptar medidas para realizar el derecho al desarrollo.

Por lo demás, es difícil dar contenido normativo *stricto sensu,* a las disposiciones de dichos textos. No se olvide que la justiciabilidad de los derechos es uno de los temas de vanguardia en el Derecho de los derechos humanos. Por ejemplo, en relación con el llamado "derecho al desarrollo" no se ve cómo podría deducirse una pretensión jurídica de tal "derecho", cuya realización depende esencialmente de un esfuerzo colectivo y no sólo del Estado. Ello, no obstante, no puede afirmarse que esa mención sea nociva, salvo en cuanto levanta expectativas que el Estado no está en capacidad de satisfacer.

En todo caso, por el contenido de las normas, antes que su inclusión en este Capítulo, los artículos podrían estar ubicados en el Capítulo sobre el Sistema Socio-Económico Constitucional.

D. *La garantía de la irretroactividad*

El *sexto* de los artículos de las Disposiciones Generales del *Proyecto* de la Comisión, que equivale al segundo del Capítulo de "Derechos Civiles" del documento presentado por el presidente Chávez a la Asamblea, tiene el siguiente texto:

> *"Artículo* Ninguna disposición legislativa tendrá efecto retroactivo, excepto cuando imponga menor pena. Las leyes de procedimiento se aplicarán desde el momento mismo de entrar en vigencia aún en los procesos que se hallaren en curso; pero en los procesos penales las pruebas ya evacuadas se estimarán, en cuanto beneficien al reo, conforme a la ley vigente para la fecha en que se promovieron".

Esta redacción es casi exactamente igual a la del artículo 44 de la Constitución de 1961, salvo con algunos errores de transcripción que hemos corregido. La palabra "imponga" en vez de "impongan"; agregar la palabra "aún" antes de "en los procesos que se hallen en curso"; y la palabra "cuanto" en vez de "cuánto" antes de la frase "beneficien al reo".

E. *La nulidad de los actos violadores de los derechos y garantías*

El *séptimo* de los artículos de las Disposiciones Generales del *Proyecto* de la Comisión, reproduce el tercer artículo del *Proyecto* presentado por el presidente Chávez (Capítulo los Derechos Civiles) y el texto del artículo 46 de la Constitución de 1961, así:

> *"Artículo* Todo acto del Poder Público que viole o menoscabe los derechos garantizados por esta Constitución es nulo, y los funcionarios y empleados públicos que lo ordenen o ejecuten incurren en responsabilidad civil, penal o administrativa según los casos, sin que sirvan de excusa órdenes superiores manifiestamente contrarias a la Constitución y las leyes".

Nuestra sugerencia, en relación con este artículo es que habría que corregir la primera frase para que diga "Todo acto dictado en ejercicio del Poder Público..." pues tal como está redactado sugiere que el Poder Público pudiera dictar actos, lo cual no es correcto ni posible, pues como se ha dicho, el Poder Público no es un órgano del Estado, sino una potestad constitucional que ejercen dichos órganos.

La norma, en consecuencia, debería quedar redactada así:

"Artículo Todo acto dictado en ejercicio del Poder Público que viole o menoscabe los derechos garantizados por esta Constitución es nulo, y los funcionarios y empleados públicos que lo ordenen o ejecuten incurren en responsabilidad penal, civil y administrativa según los casos, sin que les sirvan de excusa órdenes superiores y manifiestamente contrarias a la Constitución y a las leyes".

F. *La cláusula abierta de los derechos y la constitucionalización de la internacionalización de los mismos*

El *octavo* de los artículos incorporados a las Disposiciones Generales del Proyecto presentado por la Comisión tiene la siguiente redacción:

"Artículo La enunciación de los derechos y garantías contenidos en esta Constitución y en los tratados internacionales sobre derechos humanos no debe entenderse como negación de otros que, siendo inherentes a la persona humana, no figuren expresamente en ellos. La falta de ley reglamentaria de estos derechos no menoscaba el ejercicio de los mismos. En materia de derechos y garantías constitucionales se aplicará la interpretación que más favorezca su vigencia efectiva".

Esta norma, en general, constituye un buen artículo que, en cierta forma, amplía el artículo 50 de la Constitución de 1961.

Consideramos, en todo caso, que debe hacerse referencia a los "instrumentos internacionales" y no sólo a los Tratados. La jurisprudencia venezolana, desde el caso "Rondalera", ha invocado con frecuencia entre sus fundamentos ciertas "declaraciones" sobre derechos humanos, que no son estrictamente tratados, pero que gozan de gran respeto, como lo son la Declaración Universal de Derechos Humanos y la Declaración Americana de los Derechos y Deberes del Hombre.

Por otra parte, a los instrumentos internacionales sobre derechos humanos deberían agregarse los relativos al Derecho Internacional Humanitario, que es una disciplina autónoma. Las cuatro Convenciones de Ginebra de 1949, cuyo medio siglo se está celebrando, tienen la más universal aceptación (188 ratificaciones). En un tiempo en que la humanidad se encamina hacia la búsqueda de medios eficaces para proteger a las víctimas de los crímenes de guerra y de otros delitos de lesa humanidad, sería de extraordinaria significación que Venezuela otorgara rango constitucional a esas Convenciones.

Debe señalarse, además, que la última frase no debería limitarse estrictamente a la interpretación de los derechos en sí, sino también a la norma. Es una regla universalmente reconocida que ninguna disposición en materia de derechos humanos puede menoscabar la protección más amplia que ofrezca otra norma, sea de Derecho interno, sea de Derecho internacional; en consecuencia, entre las distintas disposiciones aplicables a un mismo caso debe preferirse aquella que brinde el mayor nivel de protección. Esta materia, por lo demás, no se conecta directamente con el resto del artículo, por lo que debería ser materia de norma aparte.

Como mera ilustración sobre la propuesta de incluir en el Proyecto lo que se ha llamado *"la cláusula del individuo más favorecido"*, a continuación, enunciamos la siguiente lista de ejemplos de convenciones internacionales sobre derechos humanos que la refieren:

1° El artículo 5.2 (común) de los Pactos Internacionales de Derechos Económicos, Sociales y Culturales y de Derechos Civiles y Políticos señala:

"No podrá admitirse restricción o menoscabo de ninguno de los derechos humanos fundamentales reconocidos o vigentes en un país en virtud de leyes, convenciones, reglamentos o costumbres, a pretexto de que el presente Pacto no los reconoce o los reconoce en menor grado".

2° Los tres últimos párrafos del artículo 29 del Pacto de San José rezan:

"Artículo 29 Ninguna disposición de la presente Convención podrá ser interpretada en el sentido de:

b) Limitar el goce y ejercicio de cualquier derecho o libertad que pueda estar reconocido de acuerdo con las leyes de cualquiera de los Estados partes o de acuerdo con otra Convención en que sea parte uno de dichos Estados.

c) Excluir otros derechos y garantías que son inherentes al ser humano o que se deriven de la forma democrática y representativa de gobierno; y

d) Excluir o limitar el efecto que pueden producir la Declaración Americana de Derechos y Deberes del Hombre y otros actos internacionales de la misma naturaleza".

3° El Preámbulo de la Convención Europea de Derechos Humanos enuncia con claridad la noción comentada de compromiso mínimo cuando expresa la determinación de los gobiernos signatarios de «tomar las primeras medidas adecuadas para la protección de algunos derechos enunciados en la Declaración Universal». Una consecuencia práctica de esta consideración inicial que preside el sistema europeo, ha sido la adopción, dentro del Consejo de Europa, de ocho Protocolos Adicionales a la Convención, en algunos de los cuales se declara expresamente la resolución de las partes de "tomar las medidas adecuadas para asegurar la garantía colectiva de derechos y libertades distintos" de los ya protegidos anteriormente.

Por otra parte, en un sentido análogo al ya expresado en los Tratados citados, el artículo 60 de la Convención Europea establece:

"Ninguna de las disposiciones del presente Convenio será interpretada en el sentido de limitar o perjudicar aquellos derechos humanos y libertades fundamentales que podrían ser reconocidos conforme a las leyes de cualquier Alta Parte Contratante, o en cualquier otro convenio en que ésta sea parte".

4° El artículo 32 de la Carta Social Europea señala:

"Las disposiciones de la presente Carta no afectan las disposiciones de Derecho interno y de los tratados, convenciones o acuerdos bilaterales o multilaterales que están en vigor o que entren en vigor y que sean favorables a las personas protegidas".

5° El artículo 5 de la Convención sobre el Estatuto de los Refugiados dice:

"Ninguna disposición de esta Convención podrá interpretarse en menoscabo de cualesquiera otros derechos y beneficios independientemente de esta Convención otorgados por los Estados contratantes a los refugiados".

6° El artículo 5 de la Convención sobre el Estatuto de los Apátridas dispone:

"Ninguna disposición de esta Convención podrá interpretarse en menoscabo de cualesquiera derechos y beneficios otorgados por los Estados contratantes a los apátridas independientemente de esta Convención".

7° El artículo 13 de la Convención para reducir los casos de apatridia señala:

"Nada de lo establecido en la presente Convención se opondrá a la aplicación de las disposiciones más favorables para la reducción de los casos de apatridia que figuren en la legislación nacional en vigor o que se ponga en vigor en los Estados contratantes, o en cualquier otro tratado, convención o acuerdo que esté en vigor o que entre en vigor entre dos o más Estados contratantes".

8° El artículo 10 de la Convención relativa a la Lucha contra las Discriminaciones en la Esfera de la Enseñanza dice:

"La presente Convención no tendrá por efecto menoscabar los derechos de que disfrutan los individuos o los grupos en virtud de acuerdos concertados por dos o más Estados, siempre que esos derechos no sean contrarios a la letra o al espíritu de la presente Convención".

9°   Las siguientes disposiciones de la Convención de las Naciones Unidas contra la tortura recogen la misma idea:

> *"Artículo 1.2.*   El presente artículo se entenderá sin perjuicio de cualquier otro instrumento internacional o legislación nacional que contenga o pueda contener disposiciones de mayor alcance.
>
> *Artículo 14.2.*   Nada de lo dispuesto en el presente artículo afectará cualquier derecho de la víctima o de otra persona a indemnización que pueda existir con arreglo a las leyes nacionales.
>
> *Artículo 16.2.*   La presente Convención se entenderá sin perjuicio de lo dispuesto en otros instrumentos internacionales o leyes nacionales que prohíban los tratos y las penas crueles, inhumanas y degradantes, o que se refieran a la extradición o expulsión".

10°   El artículo 14 de la Convención Interamericana para Prevenir, Sancionar y Erradicar la Violencia contra la Mujer establece:

> "Nada de lo dispuesto en la Presente Convención podrá ser interpretado como restricción o limitación a la Convención Americana sobre Derechos Humanos u otras Convenciones Internacionales sobre la materia que prevean iguales o mayores protecciones relacionadas con el tema".

En consecuencia, estimamos que el artículo antes indicado podría quedar redactado en dos normas distintas, así:

> *"Artículo.* La enunciación de los derechos y garantías contenidos en esta Constitución y en los instrumentos internacionales sobre derechos humanos no debe entenderse como negación de otros que, siendo inherentes a la persona humana, no figuren expresamente en ellos. La falta de ley reglamentaria de estos derechos no menoscaba el ejercicio de los mismos.
>
> *Artículo.* Los Tratados, Pactos y Convenios internacionales sobre derechos humanos ratificados por Venezuela prevalecen en el orden interno, en la medida en que contengan normas que garanticen su goce y ejercicio más favorable a la establecida por esta Constitución y las leyes de la República.

G.   *La jerarquía constitucional de los Tratados sobre Derechos Humanos*

Por otra parte, en este mismo contexto de la progresividad de los derechos humanos, estimamos que, en la Nueva Constitución, debería dársele rango constitucional a los *Tratados sobre Derechos Humanos,* para así responder a uno de los principios fundamentales que deben guiar los trabajos de la Asamblea.

En efecto, la jerarquía de los diversos instrumentos internacionales en general y, en particular, sobre derechos humanos dentro del ordenamiento jurídico estatal, es una materia que debe ser determinada fundamentalmente por la propia Constitución. Es, por tanto, la Constitución la llamada a establecer el rango normativo de un tratado, pacto o convenio internacional sobre derechos humanos, dentro del ordenamiento jurídico interno o las fuentes del Derecho estatal. Como lo expresó Jiménez de Arechaga, la cuestión de cuál norma prevalece en caso de conflicto entre las reglas de Derecho Internacional y las de Derecho Interno, es regida por el Derecho Constitucional de cada país (Eduardo Jiménez de Arechaga, "La Convención Interamericana de Derechos Humanos como Derecho Interno", en *Revista IIDH*, Instituto Interamericano de Derechos Humanos, enero/junio 1988, San José, páginas 27 y 28). Lo mismo ocurre con la decisión que adopte cada Estado, en relación con su posición monista o dualista sobre el Derecho Internacional: la determina su propia Constitución.

En términos generales las Constituciones le otorgan a estos instrumentos internacionales, cuatro tipos de rango o valor: supraconstitucional, constitucional, supralegal y legal.

Conforme al sistema de *rango constitucional,* los Tratados se equiparan con la misma jerarquía normativa de la Constitución. En otras palabras, los Tratados Internacionales tienen rango constitucional, adquiriendo la supremacía y, en consecuencia, la rigidez, propias de la Constitución.

Un modelo de este sistema lo configura la Constitución de Perú de 1979, derogada por la de 1993, que entró en vigencia en 1994. El artículo 105 de la referida Constitución de 1979, establecía:

"Los preceptos contenidos en los Tratados relativos a derechos humanos, tienen jerarquía constitucional. No pueden ser modificados sino por el procedimiento que rige para la reforma de la Constitución".

La nueva Constitución de Argentina de 1994, si bien le da a los Tratados en general una jerarquía "superior a las leyes"; a los Tratados y Declaraciones vigentes sobre derechos humanos, que enumera expresa y taxativamente en el artículo 75 inciso 22, les otorga la "jerarquía constitucional"; y los demás Tratados sobre derechos humanos, dispuso que podrán gozar de la "jerarquía constitucional", en caso de que luego de ser aprobados por el Congreso así se disponga con el voto de las dos terceras partes de la totalidad de los miembros de cada Cámara. Dicha norma tiene el siguiente contenido:

"*Artículo 75* Corresponden al Congreso:

... 22. Aprobar o desechar Tratados concluidos con las demás naciones y con las organizaciones internacionales y los concordatos con la Santa Sede. Los Tratados y concordatos tienen jerarquía superior a las leyes. La Declaración Americana de los Derechos y Deberes del Hombre; la Declaración Universal de Derechos Humanos; la Convención Americana sobre Derechos Humanos; el Pacto Internacional de Derechos Económicos, Sociales y Culturales; el Pacto Internacional de Derechos Civiles y Políticos y su Protocolo Facultativo; la Convención sobre la Prevención y la Sanción del Delito de Genocidio, la Convención Internacional sobre la Eliminación de todas las Formas de Discriminación Racial; la Convención sobre la Eliminación de todas las Formas de Discriminación contra la Mujer; la Convención contra la Tortura y otros Tratos o Penas Crueles, Inhumanos o Degradantes; la Convención sobre los Derechos del Niño; en la condiciones de su vigencia tienen *jerarquía constitucional*, no derogan artículo alguno de la primera parte de esta Constitución y deben entenderse complementarios de los derechos y garantías por ella reconocidos. Solo podrán ser denunciados en su caso, por el Poder Ejecutivo Nacional, previa aprobación de las dos terceras partes de la totalidad de los miembros de cada Cámara.

Los demás Tratados y convenciones sobre derechos humanos, luego de ser aprobados por el Congreso, requerirán del voto de las dos terceras partes de la totalidad de los miembros de cada Cámara para gozar de la *jerarquía constitucional*" (Subrayados nuestros).

Conforme a esta norma, por tanto, en Argentina, los Tratados sobre Derechos Humanos gozan de la misma jerarquía que la Constitución. Por ello, esos Tratados solo pueden ser denunciados previo cumplimiento de un procedimiento agravado, previsto en la Constitución, que exige la previa aprobación de las dos terceras partes de la totalidad de los miembros de cada Cámara.

En el caso venezolano, ya nuestra Corte Suprema de Justicia ha reconocido, en reciente jurisprudencia, la jerarquía constitucional de los Tratados sobre derechos humanos. En efecto, de manera tajante, la Corte afirmó que los derechos humanos están constitucionalizados en Venezuela, por lo que los instrumentos internacionales que los consagran tienen jerarquía constitucional; convirtiéndose, como en el caso concreto de la Convención Americana, en parámetro para el control de la constitucionalidad.

En tal sentido, la Corte Suprema de Justicia en Corte Plena, en sentencia de 14-10-97, (mediante la cual se declaró la inconstitucionalidad de la Ley sobre Vagos y Maleantes), estableció lo siguiente:

"Al quedar constitucionalizados los derechos humanos, conforme a la disposición contenida en el artículo 50 de la Constitución de la República, la Ley sobre Vagos y Maleantes vulnera "Ipso jure" *convenciones Internacionales y Tratados, sobre los derechos del hombre, en la medida en que dichos instrumentos adquieren jerarquía constitucional.*

La Convención Americana de Derechos Humanos (Pacto de San José) se ha incorporado a nuestro derecho interno como norma ejecutiva y ejecutable reforzada por la jurisprudencia, la cual le ha dado el carácter de parámetro de constitucionalidad.

Ello entraña la incorporación a nuestro ordenamiento jurídico interno del régimen previsto en convenciones internacionales".

Estimamos, por tanto, que conforme a esta doctrina y para ser consecuentes con el carácter progresivo de los derechos humanos que debe inspirar el trabajo de la Asamblea Nacional Constituyente, de conformidad con lo establecido en la *Base Comicial Número Octava* del *Referéndum* celebrado el 25 de abril de 1999 debe incorporarse en la nueva Constitución, una norma que consagre la jerarquía constitucional de los Tratados sobre derechos humanos; y que, como consecuencia de ello, en dicha norma se disponga la rigidez de su denuncia, a fin de que no puedan ser denunciados por los mecanismos ordinarios, sino mediante la previa aprobación de las dos terceras partes de los miembros de cada Cámara del Poder Legislativo Nacional. Con todo y ello, debe destacarse, como por ejemplo, conforme al criterio sostenido por el Comité de Derechos Humanos de Naciones Unidas, el Pacto Internacional de Derechos Civiles y Políticos no es denunciable.

Conforme a lo anteriormente expuesto, la norma que proponemos podría tener la siguiente redacción:

"*Artículo* Los Tratados y convenciones relativos a derechos humanos en las condiciones de su vigencia, tienen jerarquía constitucional. Estos Tratados solo podrán ser denunciados en su caso por el Ejecutivo Nacional cuando resulte procedente, previa aprobación de las dos terceras partes de la totalidad de los miembros de cada una de las Cámaras del Poder Legislativo Nacional".

H. *El derecho al libre desenvolvimiento de la personalidad*

En cuanto a las Disposiciones Generales, estimamos que en ellas debe incluirse, como aparece en la Constitución de 1961 (artículo 43), el artículo 13 ubicado en el Capítulo III sobre *Derechos Individuales* del Proyecto presentado por la Comisión, con el acápite "*Derecho al desarrollo de la Personalidad"*, y que tiene el siguiente texto:

"*Artículo* Todas las personas tienen derecho al libre desenvolvimiento de su personalidad, sin más limitaciones que las que derivan del derecho de los demás y del orden público y social".

Este artículo, está al comienzo del Capítulo I de las Disposiciones Generales del Título III, de los "Deberes, Derechos y Garantías" de la Constitución de 1961, y como se indica en la Exposición de Motivos de dicha Constitución,

"sustituye el enunciado tradicional de que todos pueden hacer lo que no perjudique a otro y nadie está obligado a hacer lo que la Ley no ordene ni impedido de ejecutar lo que ella no prohíba".

Por ello, al ser la consagración más clásica de la libertad, estimamos que esta norma debe también encabezar las Disposiciones Generales relativas a los derechos humanos en la Nueva Constitución, con la siguiente redacción:

"*Artículo* Todos tienen derecho al libre desenvolvimiento de su personalidad, sin más limitaciones que las que derivan del derecho de los demás y del orden público y social".

I. *El derecho de amparo*

También consideramos que debe incorporarse en el Capítulo de las Disposiciones Generales, la norma equivalente al artículo 49 de la Constitución de 1961 que consagra el derecho de amparo en la siguiente forma:

"Artículo 49   Los Tribunales ampararán a todo habitante de la República en el goce y ejercicio de los derechos y garantías que la Constitución establece, en conformidad con la ley.

El procedimiento será breve y sumario, y el juez competente tendrá potestad para restablecer inmediatamente la situación jurídica infringida".

En el *Proyecto* presentado por la Comisión, la norma relativa al "derecho de amparo", inconvenientemente convertido en "acción de amparo", se encuentra incorporada en el artículo 12 del Capítulo III referido a los Derechos Individuales que tiene el acápite *"Derecho a un recurso efectivo"* con el siguiente texto:

"Derecho a un recurso efectivo

Artículo   Todas las personas tienen derecho a un recurso efectivo y a una adecuada administración de la justicia y en virtud de ello:

1.   Todas las personas tienen derecho a acceder a los órganos de administración de justicia para hacer valer sus intereses y derechos y a que éstos decidan con prontitud los asuntos que le sean sometidos.

2.   Toda persona que se considere privada arbitrariamente de su libertad podrá acogerse al hábeas corpus, el cual podrá ejercer por sí o por interpuesta persona. Este derecho se garantizará aún en estado de emergencia, excepción o restricción de garantías individuales. Todo tiempo será hábil y el tribunal dará preferencia a este trámite sobre cualquier otro asunto.

3.   Todas las personas podrán solicitar ante los tribunales competentes que sean amparadas en el goce y ejercicio de los derechos y garantías constitucionales, aún de aquellos derechos de la persona humana que no figuren expresamente en la Constitución, con el propósito de que se restablezca inmediatamente la situación jurídica infringida o la situación que más se asemeje a ella.

4.   Toda persona tiene derecho a conocer lo que de ella conste en los servicios informáticos, en cualquier otra forma de archivo o registro público o privado de carácter público, y a que se elimine o se actualice, la información allí registrada si fuere procedente. De la misma manera podrá acceder a documentos de cualquier naturaleza que tenga la información y conocimiento de interés para comunidades o grupos de personas. No podrá afectarse el secreto profesional de las fuentes de información periodística.

5.   El Estado velará por garantizar una justicia accesible, idónea, transparente, autónoma, responsable y equitativa, que se desarrolle de manera proba, sin dilaciones indebidas, formalismos o reposiciones inútiles.

Ahora bien, esta norma, en realidad, no se limita sólo a regular el "derecho a un recurso efectivo", ya que regula el amparo, el *habeas corpus* y el *habeas data*; sino que, además, regula otros derechos como el derecho de acceso a la justicia. La redacción del artículo, en todo caso, tiene su origen en el *Proyecto* presentado por el presidente de la República a la Asamblea Nacional Constituyente con el nombre *Ideas Fundamentales para la Constitución Bolivariana de la V República.*

Estimamos que las diversas regulaciones que se incorporan a la norma, para que tengan la efectividad necesaria como derechos y garantías constitucionales, deberían ser objeto de artículos separados, pues entre otros aspectos, la integración en una norma única, de varias instituciones, produce en algunos casos, incluso sin quererse, una distorsión como sucede por ejemplo, respecto de la concepción del *derecho de amparo* regulado en el artículo 49 de la Constitución, y que podría quedar reducido a una sola *acción de amparo*.

En efecto, la institución venezolana del amparo es única en las regulaciones latinoamericanas, pues se la concibe como un *derecho constitucional* más que una sola acción o medio procesal específico de protección (acción autónoma de amparo), como se la concibe en general, en América Latina, y en algunos países europeos (Véase Allan R. Brewer-Carías, *El amparo a los derechos y garantías constitucionales. Una aproximación comparativa,* Caracas 1993).

En virtud de que el amparo en Venezuela está concebido como un derecho y no reducido a ser sólo un recurso o acción (Véase Allan R. Brewer-Carías "El derecho de amparo y la acción de amparo", *Revista de Derecho Público,* N° 22, Caracas, 1985, pág. 51 ss.) en términos algo parecidos, conceptualmente al menos, con el amparo mexicano (Véase Héctor Fix Zamudio "Algunos aspectos del derecho de amparo en México y Venezuela", *Libro Homenaje a la Memoria de Lorenzo Herrera Mendoza,* UCV, Caracas 1970, Tomo II, pág. 333 a 339), si algo hay que hacer en la Nueva Constitución es no abandonar ese carácter universal del amparo que permite que la protección constitucional inmediata y efectiva, además de obtenerse a través de la acción autónoma de amparo (recurso efectivo), se pueda lograr mediante múltiples otros medios procesales o adjetivos.

Por ello, en Venezuela, al contrario de la tradición de la mayoría de países de América Latina, la acción de *habeas corpus* no se diferencia de la acción de amparo, pues como lo dispone la Disposición Transitoria Quinta de la Constitución de 1961, se trata del "amparo a la libertad personal".

Por ello, estimamos que del artículo propuesto, en realidad, deberían salir tres normas separadas.

En *primer lugar,* la que regula, en general, el derecho de acceso a la justicia y a obtener efectiva tutela judicial, la cual puede redactarse con los principios establecidos en el ordinal 1° y el ordinal 5° del referido artículo décimo segundo propuesto por la Comisión, así:

"Artículo Todos tienen derecho de acceso a los órganos de una adecuada administración de justicia para hacer valer sus derechos e intereses, pretender la tutela efectiva de los mismos y obtener con prontitud la decisión de los asuntos que le sean sometidos.

Todos tienen, además, el derecho de acudir ante un tribunal competente para solicitar la tutela de derechos o intereses colectivos o difusos.

El Estado velará para garantizar una justicia accesible, idónea, transparente, autónoma, responsable y equitativa, que se desarrolle de una manera proba sin dilaciones indebidas, formalismos o reposiciones inútiles".

En *segundo lugar*, se debe regular el derecho de amparo, como tal derecho constitucional, con una redacción que podría ser la siguiente:

> *"Artículo* Todos tienen derecho a que los Tribunales los amparen en el goce y ejercicio de los derechos y garantías constitucionales, aún de aquellos inherentes a la persona humana que no figuren expresamente en la Constitución.
>
> El procedimiento, incluyendo el de la acción autónoma de amparo, será sencillo, breve y sumario y el juez competente tendrá potestad para restablecer inmediatamente la situación jurídica infringida o la situación que mas se asemeje a ella. Todo tiempo será hábil y el tribunal dará preferencia al trámite sobre cualquier otro asunto.
>
> En el caso de la acción de amparo a la libertad o seguridad personales (*habeas corpus*), la misma podrá ser intentada por sí o por interpuesta persona; sin que pueda afectarse su ejercicio por la declaratoria del estado de emergencia o de excepción o de la restricción de garantías constitucionales".

En *tercer lugar*, en cuanto a la acción del *habeas data,* la misma podría estar regulada en un artículo aparte, con la redacción modificada del ordinal 4° del artículo propuesto por la Comisión, siguiendo el sentido de la redacción del artículo 135 de la Constitución de Paraguay, así:

> *"Artículo* Toda persona tiene derecho de acceder a la información y a los datos que sobre si misma o sobre sus bienes, consten en registros oficiales o privados de carácter público, así como de conocer el uso que se haga de los mismos y de su finalidad; y a solicitar ante el Tribunal competente la actualización, la rectificación o la destrucción de aquéllos, si fuesen erróneos o afectaran, ilegítimamente, sus derechos".

J. El derecho a la igualdad y a la no discriminación

Por último, también consideramos que deben incorporarse al articulado de las *Disposiciones Generales* del Título sobre Derechos, Deberes y Garantías Constitucionales, las normas relativas al denominado *Derecho a la igualdad y no discriminación* y que en el Proyecto presentado por la Comisión se encuentran (con los números 14, 15 y 16) en el Capítulo sobre Derechos Individuales, para las cuales proponemos el siguiente texto refundido y corregido:

Derecho a la igualdad y no-discriminación

> *"Artículo* Todas las personas son iguales ante la Ley. No se permitirán discriminaciones fundadas en la raza, la edad, el color, el sexo, el idioma, la religión, la opinión política o de otra índole, el origen nacional, étnico o social, la filiación, la adopción, la discapacidad y condición de salud o cualquier condición de sus progenitores, responsables y familiares que tengan por objeto o por resultado anular o menoscabar el reconocimiento, goce o ejercicio en condiciones de igualdad, de los derechos y libertades de toda persona.

El Estado garantiza las condiciones jurídicas y administrativas para que la igualdad ante la ley sea real y efectiva; adoptará medidas a favor de grupos discriminados y marginados; protegerá especialmente a aquellas personas que por alguna de las condiciones antes especificadas, se encuentren en circunstancia de debilidad manifiesta y sancionará los abusos o maltratos que contra ella se cometan.

No se dará otro trato oficial sino el de Ciudadano y Usted, salvo las fórmulas diplomáticas.

No se reconocerán títulos nobiliarios ni distinciones hereditarias".

En la forma anterior, el texto de los mencionados artículos quedaría refundido en uno sólo, con el mismo texto propuesto, excepto en cuanto a la eliminación de la expresión "orientación sexual" que, además de imprecisa, el supuesto que pretendería abarcar quedaría incluido en el principio de la proscripción de la discriminación fundada en el "sexo."

Posteriormente, con fecha, 3 de octubre de 1999, dirigí otra comunicación dirigida al presidente de la Comisión de Derechos Humanos y presidente y demás miembros de la Comisión Constitucional, sobre la "Situación internacional sobre los derechos, deberes y garantías constitucionales," [36] también en relación con las *Disposiciones Generales* del Título relativo a los *Derechos, Deberes y Garantías Constitucionales* de la Nueva Constitución, con el objeto de hacer algunas sugerencias para incluir nuevas normas que adapten la Constitución a la situación internacional de los *Derechos Humanos*.

Expuse entonces lo siguiente:

"En efecto, los Tratados Internacionales constituyen una fuente principal de obligaciones que los Estados se comprometen a cumplir, cuando los ratifican mediante un acto voluntario y soberano. Entre los Tratados sobre Derechos Humanos ratificados por Venezuela se encuentran el Pacto Internacional de Derecho Civiles y Políticos, el Pacto Internacional de Derechos Sociales, Económicos y Culturales, y la Convención Americana sobre Derechos Humanos.

La Convención Americana, que es uno de los más completos Tratados generales de derechos humanos, fue ratificada por Venezuela en 1977; por tanto, las obligaciones que contempla dicha Convención son de obligatorio cumplimiento para el Estado venezolano. El artículo 2 de dicha Convención contempla que

"si en el ejercicio de los derechos y libertades mencionados en el artículo 1 no estuviere ya garantizado por disposiciones legislativas o de otro carácter, los Estados partes se comprometen a adoptar, con arreglo a sus procedimientos constitucionales y a las disposiciones de esta Convención, las me-

---

36 Véase Allan R. Brewer-Carías, *Debate Constituyente (Aportes a la Asamblea Nacional Constituyente), Tomo II (9 septiembre-17 octubre 1999)*, Fundación de Derecho Público-Editorial Jurídica Venezolana, Caracas 1999, pp. 104-110. Dicho documento lo redacté con la colaboración de Carlos Ayala Corao.

didas legislativas o de otro carácter que fueren necesarias para hacer efectivos tales derechos y libertades".

De acuerdo a la Convención Americana, los órganos internacionales competentes para interpretar el contenido y alcance de las disposiciones de tal Convención son la Comisión Interamericana de Derechos Humanos y la Corte Interamericana de Derechos Humanos.

Con fundamento en ello, a continuación nos permitimos sugerir la incorporación a las *Disposiciones generales* del Título relativo a los *Derechos, Deberes y Garantías Constitucionales,* de una serie de normas acordes con las disposiciones de la Convención Americana y la interpretación que del contenido y alcance de éstas han efectuado tanto la Comisión Interamericana como la Corte Interamericana.

K. Las obligaciones del Estado de investigar violaciones a los derechos humanos

De acuerdo a lo establecido en el artículo 1 (1) de la Convención Americana, Venezuela se comprometió a respetar los derechos reconocidos por la Convención y a garantizar su libre y pleno ejercicio. La Corte Interamericana ha explicado que

"dicho artículo pone a cargo de los Estados Partes los deberes fundamentales de respeto y de garantía, de tal modo que todo menoscabo a los derechos humanos reconocidos en la Convención que pueda ser atribuido, según las reglas del Derecho Internacional, a la acción u omisión de cualquier autoridad pública, constituye un hecho imputable al Estado que compromete su responsabilidad en los términos previstos por la misma Convención". (*Caso Velásquez Rodríguez,* sentencia de 29 de julio de 1988, párr. 164).

La Corte aclaró también que el Estado puede incurrir en responsabilidad aun en casos en que las autoridades o funcionarios públicos no hayan cometido directamente la violación de un derecho humano, pero hayan tolerado o consentido su violación por un particular.

La Corte ha señalado, igualmente, que la obligación asumida por los Estados de garantizar el libre y pleno ejercicio de los derechos reconocidos en la Convención a toda persona sujeta a su jurisdicción implica el deber de los Estados de organizar todo el aparato gubernamental y, en general, todas las estructuras a través de las cuales se manifiesta el ejercicio del Poder Público, de manera tal que sean capaces de asegurar jurídicamente el libre y pleno ejercicio de los derechos humanos.

Ha dicho así la Corte:

"Como consecuencia de esta obligación los Estados deben prevenir, investigar y sancionar toda violación de los derechos reconocidos por la Convención y procurar, además, el restablecimiento, si es posible, del derecho conculcado y, en su caso, la reparación de los daños producidos por la violación de los derechos humanos". (*Idem* párrs. 166-168).

Con fundamento en lo anteriormente expuesto, proponemos que se refleje en la Nueva Constitución esta obligación de que el Estado venezolano debe investigar y sancionar legalmente los delitos contra los derechos humanos cometidos por sus autoridades y funcionarios, o por particulares, con la tolerancia o consentimiento de autoridades.

En el mismo orden de ideas, la experiencia señala que en algunos Estados del hemisferio en que se han producido violaciones masivas y sistemáticas de derechos humanos, ha habido una tendencia a la impunidad. Esta impunidad ha sido incluso, de hecho, cuando las investigaciones por delitos contra los derechos humanos se han alargado, hasta el momento en que los éstos prescriben conforme a la ley interna (no obstante que a nivel internacional muchas de ellas se entiendan imprescriptibles, ya sea por disposiciones convencionales expresas o por la costumbre internacional). La impunidad también ha sido de derecho, cuando diversos países han dictado leyes de amnistía o han otorgado beneficios como el indulto, la amnistía particular, u otros, a las personas responsables, investigadas o sancionadas por crímenes en contra de los derechos humanos.

En función de las consideraciones anteriormente expuestas, proponemos que se incluya al final de las *Disposiciones generales,* un artículo que establezca que los delitos contra los derechos humanos se declaran imprescriptibles, y que los responsables, o presuntos responsables, queden excluidos de los beneficios que puedan conllevar su impunidad, incluidos el indulto y la amnistía; con la siguiente redacción:

"*Artículo* El Estado venezolano está obligado a investigar y sancionar legalmente los delitos contra los derechos humanos cometidos por sus autoridades y funcionarios o por particulares con su tolerancia o consentimiento. En consecuencia, se declaran imprescriptibles los delitos contra los derechos humanos.

En todo caso, los delitos contra los derechos humanos quedan excluidos de los beneficios que puedan conllevar su impunidad, incluidos el indulto y la amnistía".

L. *Las obligaciones del Estado de reparar las violaciones a los derechos humanos*

De acuerdo a lo señalado anteriormente, el Estado se encuentra obligado, conforme a lo establecido en el artículo 1 (1) de la Convención Americana, no sólo a prevenir las violaciones a los derechos humanos y a investigar y sancionar a los responsables por tales violaciones, sino también a reparar integralmente la violación de derechos humanos, incluyendo la indemnización a las víctimas o a sus familiares, de ser el caso, por los daños que la violación de los derechos humanos les haya ocasionado.

Aun cuando la falta de las medidas específicas, legislativas o de otra naturaleza, para hacer efectivas las medidas reparatorias e indemnizatorias antes mencionadas no implica menoscabo de las obligaciones del Estado al respecto, proponemos incluir un artículo en la Nueva Constitución, del siguiente tenor:

"*Artículo*   El Estado tiene la obligación de reparar integralmente, incluido el pago de daños y perjuicios causados, por la violación de derechos humanos.

El Estado deberá adoptar las medidas legislativas y de otra naturaleza, para hacer efectivas las medidas reparatorias e indemnizatorias establecidas en este artículo".

M.   *El derecho a acceder a la justicia internacional*

Por otra parte, debe señalarse que si bien la competencia para conocer sobre aspectos relativos al cumplimiento de la obligación que tiene el Estado de prevenir, investigar, sancionar y reparar las violaciones a los derechos humanos que puedan sufrir las personas naturales sujetas a su jurisdicción, corresponde de manera originaria a los órganos de la jurisdicción interna; al ratificar diversos instrumentos internacionales de derechos humanos, el Estado venezolano ha aceptado voluntariamente que si a nivel nacional no se obtiene justicia, o si los Tratados Internacionales ratificados por Venezuela permiten que en ciertas circunstancias muy excepcionales se pueda acudir a la vía internacional sin agotar previamente los recursos de la jurisdicción interna, las personas afectadas tienen el derecho de acudir a tratar de obtener justicia ante los órganos internacionales de protección de los derechos humanos, como la Comisión Interamericana de Derechos Humanos o el Comité del Pacto Internacional de Derechos Civiles y Políticos, por ejemplo.

Al ratificar dichos Tratados, Venezuela se comprometió a dar cumplimiento de buena fe a las recomendaciones que le formulen los órganos internacionales, e, inclusive a que, por ejemplo, la parte de las sentencias de la Corte Interamericana de Derechos Humanos que dispongan indemnización compensatoria se puedan ejecutar en Venezuela por el procedimiento interno vigente para la ejecución de sentencias contra el Estado.

En este orden de ideas, y sin perjuicio de que la falta de procedimientos específicos no excusa de la obligación internacional que tiene el Estado venezolano de cumplir con las decisiones de los mencionados órganos internacionales, se propone incluir un artículo en la Nueva Constitución que comprenda los dos aspectos antes mencionados, que pudría quedar redactado en los siguientes términos:

"*Artículo*   Agotadas las instancias jurisdiccionales nacionales conforme a las reglas del Derecho Internacional, todos tienen el derecho a dirigir peticiones o quejas ante los órganos creados por los Tratados Internacionales para tales fines, con el objeto de solicitar el amparo a sus derechos humanos.

El Estado venezolano se compromete a adoptar conforme a procedimientos establecidos en esta Constitución y las leyes, las medidas que sean necesarias para dar cumplimiento a las decisiones emanadas de los órganos internacionales previstos en el encabezamiento de este artículo".

N. El ámbito de la justicia militar

El artículo 8 de la Convención Americana sobre Derechos y Humanos contempla, como una de las garantías del debido proceso, la de ser juzgado por un tribunal independiente e imparcial. Sin embargo, algunas veces ha sucedido y así lo ha constatado tanto la Comisión Interamericana de Derechos Humanos como la Corte Interamericana de Derechos Humanos, que en varios países, la justicia militar ha sido utilizada indebidamente para juzgar a civiles. Respecto de ello, debe señalarse que la justicia militar no tiene la independencia e imparcialidad necesaria para hacerlo, atendiendo a que la estructura militar, en general, demanda estricta e incuestionable obediencia, deber y lealtad por parte de sus miembros.

Debido a tales circunstancias, puede decirse que existe cierto consenso a nivel internacional sobre la necesidad de no permitir que los tribunales militares juzguen a civiles. Así, por ejemplo, el Relator Especial de la ONU Encargado de la Cuestión de la Independencia de los Jueces y Abogados, ha señalado que:

"Los principios 3 y 5 de los Principios Básicos (de la ONU) relativos a la Independencia de la Judicatura prevén el derecho de toda persona a ser juzgada por los tribunales de justicia ordinarios o por tribunales legalmente establecidos. En forma más categórica, el principio 5 f) de los principios de Singhvi dispone que la competencia de los tribunales militares estará limitada a los delitos militares y que existirá siempre un derecho de apelación contra las decisiones de esos tribunales ante una corte o tribunal de apelaciones legalmente calificados o de interponer un recurso para solicitar una anulación. Además, el principio 22 b) de los Principios de Johannesburgo prevé que un civil no podrá en ningún caso ser juzgado por un tribunal o corte militar por un delito contra la seguridad. El párrafo 4 del artículo 16 de las Normas de París también prevé que las cortes civiles tendrán y mantendrán su competencia para todos los juicios de civiles acusados de delitos contra la seguridad u otros delitos conexos; se prohibirá la iniciación de tales actuaciones ante un tribunal o corte militar o su remisión a esas instancias". (ONU, Comisión de Derechos Humanos, *Informe del Relator Especial encargado de la cuestión de la independencia de los jueces y abogados,* Sr. Param Cumaraswamy, Doc. E/CN 4/1998/39/Add.1 (1998), párr. 70).

En el mismo sentido, la Corte Interamericana de Derechos Humanos señaló recientemente que:

"La jurisdicción militar ha sido establecida por diversas legislaciones con el fin de mantener el orden y la disciplina dentro de las fuerzas armadas. Inclusive, esta jurisdicción funcional reserva su aplicación a los militares que hayan incurrido en delito o falta dentro del ejercicio de sus funciones y bajo ciertas circunstancias" (Corte Interamericana de Derechos Humanos, *Caso Castillo Petruzzi y otros*, sentencia de 30 de mayo de 1999, párr. 128.)

La experiencia de los mencionados organismos internacionales enseña también que la justicia militar ha sido utilizada en algunos países como un mecanismo para procurar la impunidad de militares que han cometido violaciones de derechos humanos.

En atención a lo anterior se sugiere incluir un artículo en la Nueva Constitución que exprese lo siguiente:

"*Artículo* La justicia militar tendrá por objeto salvaguardar la disciplina militar en el ámbito de las fuerzas armadas nacionales. En consecuencia, la justicia militar únicamente tendrá competencia para juzgar a militares en situación de actividad por delitos cometidos en el ejercicio estrictamente de sus funciones. Quedan por tanto excluidos de la justicia militar los delitos de lesa humanidad, incluidos los crímenes contra los derechos humanos.

En todo caso, la justicia militar deberá garantizar las normas del debido proceso contenidas en esta Constitución y en los instrumentos internacionales sobre derechos humanos".

Todas las normas anteriores, que se sugiere incluir en la Nueva Constitución, podrían ubicarse al final de las *Disposiciones Generales* del Título relativo a los *Derechos, Deberes y Garantías,* cuya reformulación propuse en mi anterior comunicación del día 30 de septiembre de 1999."

4. *Sobre los derechos políticos*[37]

El 6 de octubre de 1999 dirigí una comunicación al presidente y demás miembros de la Comisión Constitucional en la sesión del 06-10-1999, con el objeto de formular algunos comentarios y observaciones al Informe Final del Capítulo relativo a los *Derechos Políticos* presentado por la *Comisión de Régimen Político.*

En dicho documento expuse lo siguiente:

A. *Los principios del régimen político*

En efecto, ante todo debemos señalar que en la redacción del Capítulo relativo a los *Derechos Políticos*, se deberían recoger y reflejar una serie de principios que desarrollan el contenido del *Estado Social y Democrático de Derecho*, también llamado *Estado de Justicia o Estado Constitucional*, que han sido regulados en casi todas las Constituciones recientes de Latinoamérica.

Algunos de estos principios que rigen la materia de los derechos políticos han sido considerados tanto en el documento presentado por el presidente Chávez a la consideración de la Asamblea, como en el *Proyecto* presentado por

---

37 Véase Allan R. Brewer-Carías, *Debate Constituyente (Aportes a la Asamblea Nacional Constituyente), Tomo II (9 septiembre-17 octubre 1999),* Fundación de Derecho Público-Editorial Jurídica Venezolana, Caracas 1999, pp. 119-134. Dicho documento lo redacté con la colaboración de Jaqueline Lejarza y Yusbi Méndez.

la Comisión de Régimen Político. Sin embargo, en virtud de que algunos de ellos se han formulado de manera incompleta y, por consiguiente, no tienen el alcance que en nuestro criterio la Nueva Constitución requiere, estimamos conveniente, en forma previa, hacer referencia a los mismos.

Estos principios son los siguientes:

En *primer lugar,* el principio de la *soberanía popular* como la esencia de todo el sistema político democrático, que se manifiesta y se ejerce directa e indirectamente mediante diversos mecanismos que sólo la Constitución establece y la ley desarrolla, para el perfeccionamiento y la eficacia del sistema democrático.

En *segundo lugar,* el postulado de que el *sistema político democrático* se revitaliza bajo una concepción dual y no excluyente de un sistema *participativo y representativo,* que permite tanto el ejercicio directo como indirecto de la soberanía.

El ejercicio directo de la soberanía se traduce en el perfeccionamiento de la democracia haciéndola cada vez más *participativa* y se ejerce efectivamente mediante los mecanismos de referenda, la posibilidad de acceder directamente a los cargos y funciones públicas, y de conformar partidos y agrupaciones políticas que garanticen los *principios de igualdad y libertad democrática.*

En cuanto al ejercicio indirecto de la soberanía, se manifiesta como la democracia *representativa* y se ejerce mediante sufragio, permitiendo, mediante elecciones universales, secretas y periódicas, la elección de los representantes que ejercen el Poder Público, como el mejor mecanismo de efectividad y funcionalidad democrática.

En *tercer lugar*, la previsión de la incorporación al texto constitucional del *sistema electoral uninominal y personalizado*, en la elección de ciertos cargos públicos, para el *perfeccionamiento de la democracia representativa*, y el principio de representación de las minorías, como garantía de representación de los partidos políticos.

En *cuarto lugar,* el principio del *pluralismo político* de los órganos electorales, para garantizar la celebración de elecciones libres e iguales.

En *quinto lugar*, el postulado de que la *efectividad de la democracia* tanto *participativa* como *representativa*, debe implicar una *nueva organización del Poder* sobre la base esencial de un sistema de distribución territorial del mismo, en niveles autónomos y con competencias propias, que facilite la participación directa del ciudadano en la dirección y control de los asuntos públicos, con la finalidad de diseñar y lograr un modelo de *Estado Descentralizado y Participativo.*

En *sexto lugar*, el principio de la *participación responsable de los representantes* electos.

En *séptimo lugar*, el principio de la *separación e independencia de los poderes públicos*, como garantía del insustituible principio democrático de la libertad.

En *octavo lugar*, el principio de igualdad entre los venezolanos, lo que implica la *ampliación de los derechos políticos de los naturalizados*, en lo que se refiere al derecho a ser elegido (derecho pasivo al sufragio), sujeto sólo a las excepciones establecidas expresamente en el texto constitucional para optar a los más altos cargos públicos.

Y *por último,* en noveno lugar, el principio de *cooperación entre los Estados* orientado hacia el fortalecimiento de la protección de los derechos de las personas que ponen en peligro su vida e integridad por razones o motivos políticos, sujeto sólo a las limitaciones que se derivan de combatir la impunidad en los casos de delitos que alteren el orden jurídico internacional, el narcotráfico, la corrupción, y el terrorismo.

B.   *La representatividad y la participación políticas*

Conforme a estos principios, como ya lo expusimos en la *Propuesta sobre la Regulación del Principio Democrático Representativo y Participativo,* contenida en la comunicación de fecha 7 de octubre de 1999, que dirigimos a los presidentes de la Comisión Constitucional y de la Comisión de Régimen Político, lo primero que hay que precisar es la redacción del artículo correspondiente a la *soberanía,* principio inspirador del sistema democrático y, por consiguiente, de la consagración de los derechos políticos. En este sentido, destacamos que en el documento *Ideas Fundamentales para la Constitución Bolivariana de la V República* presentado por el presidente de la República a la consideración de la Asamblea, en el artículo correspondiente a la soberanía, no se hace referencia al sufragio como principio de la democracia representativa, para la conformación de los órganos del Poder Público, mediante los cuales, indirectamente, el pueblo puede ejercer la soberanía. También se omite este principio fundamental de la democracia representativa, que es uno de los valores y principios de nuestra historia republicana, en el documento de trabajo para el *Proyecto de articulado formulado para el Título I de la Constitución por esa Comisión Constitucional,* reduciéndolo conceptualmente a la democracia directa.

Ahora bien, atendiendo a los principios fundamentales señalados que deben reflejarse no sólo en el artículo correspondiente a la *soberanía,* sino también en el relativo al *sistema político* y al de *participación ciudadana,* es que insistimos sobre la concepción dual y no excluyente del *sistema político representativo y participativo,* que permite además del ejercicio directo de la soberanía, el ejercicio directo de la misma.

Por estas razones, la Comisión Constitucional el 5-10-99 ha aprobado la inclusión, en el Capítulo I del Título I, de una norma relativa al ejercicio de la soberanía con la siguiente redacción:

"*Artículo* La soberanía reside en el pueblo, quien la ejerce directamente en la forma prevista en la Constitución y en las leyes, e indirectamente mediante el sufragio por los órganos del Poder Público".

En el mismo sentido, se consideró la inclusión en el mismo Capítulo I del Título I de un artículo que consagre las características del *sistema político,* en concordancia con el anterior, lo cual ha sido aprobada por la Comisión Constitucional el 5-10-99, con la siguiente redacción:

"Artículo El gobierno de la República de Venezuela y de las entidades políticas que la componen, es y será siempre democrático, participativo, electivo, representativo, descentralizado, alternativo, responsable, pluralista y de mandatos revocables".

Esta redacción parcialmente se corresponde a la presentada en el *Proyecto de Reforma General* elaborado por la *Comisión Bicameral* en 1992, la cual consideró de suma importancia, en el marco de la Reforma Constitucional, introducir el principio de la democracia participativa, del que carecía la *Constitución vigente de 1961* en su artículo 3. Tal como se expresó en la *Exposición de Motivos del Proyecto* de la Reforma:

*"*Dentro de las materias planteadas, quizás una de las de mayor importancia es la relativa a la participación. Se introduce el principio de que la democracia venezolana es participativa y se realiza especialmente la participación a través de la figura del *referéndum.* Al referéndum se le presta en el Proyecto una atención central y se le consagra dentro de la mayor amplitud".

Ahora bien, debe destacarse que la misma deficiencia que presenta el documento presentado por el presidente Chávez respecto a la ausencia de previsión expresa del ejercicio indirecto de la soberanía y de la democracia representativa, también se evidencia en el Informe Final de la *Comisión de Régimen Político,* en el cual se sugiere incluir, en el Capítulo I Disposiciones Fundamentales del Título I, el siguiente artículo:

"Artículo La República de Venezuela es democrática porque su esencia misma radica en la *participación activa* del pueblo en la formación y ejecución de las decisiones públicas, siendo dicha participación el medio necesario para lograr el protagonismo que garantice el completo desarrollo individual colectivo".

En torno a esta propuesta debe insistirse que la democracia requiere tanto de la participación directa, en tanto que "participación activa", como de la participación indirecta, mediante el ejercicio indirecto del Poder, esencia de la *democracia representativa.*

En todo caso, consideramos de suma importancia consagrar expresamente el derecho a la participación política, y no sólo como una referencia indirecta en los mecanismos específicos para su ejercicio, como se propuso en el documento presentado por el presidente Chávez a la Asamblea.

Por ello, en la propuesta que presentamos ante esa *Comisión Constitucional,* mediante comunicación dirigida a los presidentes de esa *Comisión y a la de Régimen Político* de fecha 15 de septiembre de 1999, propusimos la consagración expresa del *derecho a la participación política,* como el primero de los Derechos Políticos, de la siguiente manera:

"Artículo Todos los ciudadanos tienen el derecho a participar en los asuntos públicos, directamente o por medio de representantes libremente elegidos".

Esta norma podría completarse con el siguiente párrafo que recoja la idea reflejada en el antes mencionado artículo que propuso la Comisión:

"La participación política del pueblo en la formación y ejecución de las decisiones públicas es el medio necesario para lograr el protagonismo que garantice el completo desarrollo político tanto individual como colectivo".

C. *El derecho al sufragio*

Ahora bien, una vez analizados y estudiados comparativamente los diversos proyectos relativos al tema de los derechos políticos, nos permitimos hacer las siguientes observaciones al proyecto de articulado presentado por la *Comisión de Régimen Político*:

En *primer lugar*, se destaca que a la democracia participativa (directa) se le ha dedicado el Título IV *"De la democracia social, participativa y protagónica"*, en el mismo sentido que aparece en el documento presentado por el presidente Chávez pero en el Capítulo IV que desarrolla los derechos políticos, se disponen los artículos correspondientes al Sufragio, es decir, es el capítulo que desarrolla la democracia indirecta o representativa. Por ello, consideramos que el enunciado debe quedar expreso en este artículo, de la manera siguiente:

"Artículo El derecho al sufragio es el fundamento del sistema democrático representativo."

En *segundo lugar*, también debe destacarse que en el documento presentado por el presidente Chávez, a la consideración de la Asamblea, siguiendo las más recientes tendencias en esta materia, se consagra tanto el sistema de elección plurinominal con representación proporcional de las minorías, como el sistema de elección uninominal, al establecerse lo siguiente:

"Artículo El voto es un derecho y una función pública dentro de los límites y condiciones que establezca la ley.

La ley asegurará la libertad y el carácter universal y secreto del voto, así como la representación proporcional de las minorías. *La elección uninominal podrá aplicarse para elecciones municipales y parroquiales.*

Los partidos políticos, grupo de electores y cualquier grupo social organizado tendrán derecho a vigilancia sobre el proceso electoral".

Se omite de esta norma, sin embargo, el carácter *directo* del voto, que es una de las más grandes conquistas democráticas.

Por otra parte, en el Proyecto presentado por la *Comisión de Régimen Político,* si bien se consagra el sistema de representación proporcional de las minorías, se omite la referencia al sistema uninominal de la misma manera que lo hacía la Constitución vigente de 1961.

En nuestro criterio, la democracia representativa se perfecciona a través del sistema electoral uninominal y personalizado, por lo que consideramos de gran importancia incorporarlo al nuevo Texto Constitucional, por lo que proponemos que la norma se redacte de la siguiente manera:

"Artículo El derecho al sufragio es el fundamento del sistema democrático representativo. Se garantiza su libertad mediante elecciones universales, directas y secretas celebradas periódicamente conforme al procedimiento establecido en la ley electoral, y asegurando la representación proporcional de las minorías. *En las elecciones estadales, municipales y parroquiales se podrá aplicar el sistema electoral uninominal personalizado".*

En *tercer lugar,* debe observarse que ni en el documento presentado por el presidente Chávez a la Asamblea, ni en el proyecto presentado por la *Comisión de Régimen Político,* se consagra el principio del *pluralismo político* como garantía de la independencia de los órganos electorales, respecto de lo cual, la Constitución vigente de 1961, en su artículo 113, dispone lo siguiente:

"Artículo 113. Los organismos electorales estarán integrados de manera que no predomine en ellos ningún partido o agrupación política, y sus componentes gozarán de los privilegios que la ley establezca para asegurar su independencia en el ejercicio de sus funciones."

En *cuarto lugar,* debe destacarse que en el documento presentado por el presidente Chávez a la consideración de la Asamblea, se amplía adecuadamente el derecho de vigilancia sobre los procesos electorales, disponiendo que no sólo corresponde a los partidos políticos, sino también a cualquier grupo social organizado, a diferencia de la *Constitución vigente* que sólo consagra, en el citado artículo 113, el derecho de vigilancia sobre el proceso electoral para los partidos políticos concurrentes.

En el proyecto presentado por la *Comisión de Régimen Político*, se extiende este derecho de vigilancia, al disponerse que tanto los partidos políticos, los grupos de electores, y los grupos sociales organizados tienen derecho además a postularse y postular candidatos, a supervisar, vigilar y controlar el proceso eleccionario.

Consideramos que esta es una tendencia que debe incorporarse al nuevo Texto Constitucional, por lo que, conforme a todo lo expuesto anteriormente, proponemos recoger en un solo artículo todos los principios señalados, que podría quedar redactado así:

"Artículo El derecho al sufragio es el fundamento del sistema democrático representativo. Se garantiza su libertad mediante elecciones universales, directas y secretas celebradas periódicamente conforme al procedimiento establecido por la ley electoral, y asegurando la representación proporcional de las minorías. En las elecciones estadales, municipales y parroquiales se podrá aplicar el sistema electoral uninominal y personalizado.

Los órganos electorales estarán integrados de manera que no predomine en ellos ningún partido o agrupación política, y sus miembros gozarán de los privilegios que la ley establezca para asegurar su independencia en el ejercicio de sus funciones.

Los partidos políticos o cualquier grupo de electores organizado tendrán derecho de vigilancia sobre el proceso electoral".

D.   El régimen de los partidos políticos

El *quinto lugar*, la *Comisión de Régimen Político* al prever el artículo destinado a regular el derecho a asociarse en partidos políticos, estimamos que no ha insistido suficientemente en lo que respecta a la democracia interna de los partidos, que en el pasado ha sido uno de los problemas más graves del sistema de partidos.

En efecto, en el Proyecto presentado por la Comisión se proponen estas normas para regular a los partidos:

"Artículo Los Partidos Políticos constituyen una forma de asociación política y por la función que ejercen son instituciones de interés público, organizadas para intermediar entre la sociedad y los órganos del Poder Público, proceso en el cual contribuyen en la formación del liderazgo necesario para orientar la sociedad y conducir el Estado con base en una visión compartida de país y en representación de la voluntad popular.

Artículo En razón de la función pública que cumplen, los partidos políticos deberán actuar conforme a los principios democráticos en su constitución, organización y funcionamiento, garantizando a todos los asociados el ejercicio pleno de los derechos y garantías ciudadanas consagrados por esta Constitución.

Artículo La Ley regulará, con criterios de eficiencia y austeridad, todo lo concerniente al financiamiento de los partidos políticos y otras organizaciones o agrupaciones que se establezcan con estos fines, así como las campañas electorales, estableciendo los mecanismos de control sobre la procedencia y destino de los aportes y recursos utilizados en la realización de sus actividades y garantizando que los mismos sean de conocimiento público".

Ahora bien, en el Proyecto de Reforma General de la Constitución, presentado en 1992, lo relativo a este punto fue acuciosamente tratado, por lo que consideramos conveniente su inclusión exacta en el texto de la Nueva Constitución. Tal como lo han señalado Ángel D. Álvarez y Julio C. Fernández T. (véase Ángel E. Álvarez D., *El control público de las finanzas de los partidos políticos en Constitución y Reforma. Un Proyecto de Estado Social y Democrático de Derecho*, COPRE, Caracas, 1991, pp. 425 y ss.; y Julio C. Fernández T., *Las reformas políticas a la Constitución de 1961*, COPRE, Caracas, pp. 378-379), la motivación de aquél proyecto de reforma fueron las siguientes:

En *primer lugar*, se estableció imperativamente que la ley determinará los *deberes y derechos de los militantes*, a quienes se garantizará el derecho a elegir y ser elegidos como miembros de las direcciones de los partidos. Aquí, al igual que con la búsqueda del control social de la gestión del Estado, lo que se buscó fue el control de la base partidaria sobre los niveles de poder del partido. En efecto, el combate contra los posibles rasgos autoritarios en el funcionamiento interno del partido, se logra con esta regulación de los derechos de los militares ante el partido, estableciendo reglas claras, conocidas por todos y que deben ser acatadas ahora por mandato constitucional.

En *segundo lugar*, lo anteriormente señalado también se consigue cuando se garantiza el *respeto por los principios democráticos*, ordenando que estos sean exigidos y protegidos por la ley tanto en la constitución de los partidos políticos, como en su organización y funcionamiento. Nuevamente se busca democratizar la vida interna de los partidos, ya no con la mera protección de los derechos de los militantes de base, sino además, garantizando mecanismos democráticos que permitan el real control de la base sobre la gestión del partido.

En *tercer lugar*, se prevé la regulación legal de los *recursos económicos de los partidos* por medio del control de su financiamiento, limitando sus gastos en campañas electorales, fijando las contribuciones lícitas que pueden recibir y estableciendo controles internos y externos al manejo de sus finanzas. Dada la importancia pública de los partidos, se busca preservarlos como instrumentos indispensables de la democracia, evitando pervertir la finalidad que deben cumplir y se contaminen con intereses foráneos que puedan ocultarse detrás de cuantiosos recursos económicos. Inclusive, el Proyecto de Reforma de 1992, estableció que del financiamiento público que reciban los partidos, se debían destinar recursos para la formación política de sus militantes y para la educación cívica de los ciudadanos con el objeto de crear una sana cultura democrática.

En *cuarto lugar*, debe mencionarse el establecimiento de un *régimen de incompatibilidades* entre la actividad política y otras actividades que pueden contener intereses contrapuestos, como por ejemplo, la precisión expresa de que la ley señalará las causas de incompatibilidades entre el ejercicio de los cargos de dirección de los partidos y la contratación con entidades del sector público. Se busca que el acceso de los dirigentes partidistas al poder del Estado no sea a la sombra de conseguir prebendas económicas personales, ni que con ello quienes estén en el Estado, puedan comprar conciencias de la oposición. Aquí resalta el interés de que los partidos sean, a su vez, controles de la gestión del Estado, razón por la cual no deben existir compromisos económicos entre sus dirigentes y el Estado.

Finalmente, es preciso señalar que el Proyecto de Reforma de 1992, no sólo planteaba reformas para que los partidos políticos cumplieran mejor con su papel democrático, sino que además se sugería alternativas para el ejercicio de esta función cuando posibilita la *apertura en las formas de organización política* para la participación de los ciudadanos, consagrando que la ley dictará las normas para el funcionamiento de grupos electorales y otras formas de asociación política diferentes a la de los partidos políticos.

En efecto, los partidos políticos pueden considerarse que ya no son los únicos y privilegiados actores del sistema democrático. De manera que a la diversificación de los esquemas democráticos y a la diversificación de los mecanismos de participación democrática, se agrega la diversificación de los instrumentos de organización de los ciudadanos. Así se puede racionalizar mejor la actividad política, ya sea bajo un esquema de democracia representativa o uno de democracia participativa, y existirán distintas formas organizativas entre las cuales se podrá adoptar la que mejor se adecue a los fines deseados.

En consecuencia, conforme a lo antes expuesto proponemos que el artículo relativo a los partidos políticos tenga el siguiente texto:

"Artículo Todos los venezolanos aptos para el voto tienen el derecho de asociarse en partidos para participar, por métodos democráticos, en la orientación de la política nacional. La ley establecerá los deberes y derechos de los militantes, a quienes se garantizará el derecho a elegir y ser elegidos en la selección de sus autoridades.

En razón del interés público de la función que cumplen los partidos, se garantizaran los principios democráticos en su constitución, organización, funcionamiento e igualdad ante la ley. Así mismo, se regulará con criterios de eficiencia y austeridad, lo concerniente al financiamiento de los partidos, los límites de gastos en campañas electorales, la licitud de las contribuciones económicas que pueden recibir y los mecanismos de control que aseguren la pulcritud en el manejo de las mismas.

El financiamiento público para la actividad ordinaria de los partidos políticos les impone la obligación de ejecutar programas de capacitación política de los militantes y educación cívica del pueblo para el mejor desempeño de la democracia.

La ley señalará incompatibilidades entre el ejercicio de cargos de dirección partidista y la contratación con entidades del sector público.

La ley dictará normas relativas al funcionamiento de grupos electorales y otras formas de asociación política diferentes de los partidos".

E. *El derecho de reunión y el derecho de manifestación*

En *sexto lugar,* en el proyecto presentado por la *Comisión de Régimen Político,* se consagra el *"derecho de reunión y manifestación"* de la siguiente manera:

"Artículo Todos los ciudadanos tienen el derecho de *reunirse y manifestar* pacífica y públicamente, sin autorización previa de la autoridad, ajustándose para ello a las disposiciones legales.

La ley prohibirá el uso de armas de fuego y sustancias tóxicas en el control de manifestaciones pacíficas, y reglamentará la actuación de los cuerpos policiales y de seguridad en el control del orden público".

En relación con esta norma, debe observarse que en su texto se mezclan dos derechos: el de reunión y el de manifestación, cuando se trata de dos derechos diferentes, con distinta naturaleza por lo que, deberían estar sujetos a limitaciones y restricciones diferentes.

En efecto, en cuanto al *derecho de reunión,* se trata de un *derecho individual* que corresponde a cualquier persona. Su ejercicio no está sujeto a condición jurídica alguna, como por ejemplo la ciudadanía, por lo que tampoco está sujeto a mayores restricciones ni limitaciones; como sería la de pedir permiso previo. Este derecho se puede ejercer pública o privadamente, y sólo en el caso de reuniones en lugares públicos es que estaría limitado por razones de orden público en general, como son las de seguridad, tranquilidad y salubridad públicas. Precisamente, este es el contenido y naturaleza que tiene este derecho en la Constitución vigente de 1961, que lo consagra como el último de los *Derechos Individuales* en el Capítulo III, así:

"*Artículo 71* Todos tienen el derecho de reunirse pública o privadamente, sin permiso previo, con fines lícitos y sin armas. Las reuniones en lugares públicos se regirán por la ley".

En este mismo sentido, también se regula en el Capítulo correspondiente a los derechos civiles del documento presentado por el presidente Chávez a la Asamblea, de la siguiente manera:

"*Artículo* Todos tienen derecho de reunirse, pública o privadamente, sin permiso previo, con fines lícitos y sin armas. Las reuniones en lugares públicos se regirán por la ley".

Por otra parte, el *derecho de manifestación* es un derecho esencialmente político y, por esta misma razón, se corresponde con la condición jurídica de ciudadano, estando sujeto a ciertas restricciones y limitaciones dispuestas en la ley. En concreto, en Venezuela, durante la vigencia de la Constitución de 1961, el ejercicio de este derecho se ha sujetado a las limitaciones y restricciones establecidas en la Ley de Partidos Políticos, Reuniones Públicas y Manifestaciones, estando consagrado en el Capítulo VI de los Derechos Políticos, en el artículo 115, así:

"*Artículo* Los ciudadanos tienen el derecho de manifestar pacíficamente y sin armas, sin otros requisitos que los que establezca la Ley".

Asimismo, en el documento presentado por el presidente Chávez a la consideración de la Asamblea, en el Capítulo IV de los Derechos Políticos, se dispone:

"*Artículo* Todos tienen el derecho a manifestar pacíficamente y sin armas, sin otros requisitos que los que establezca la ley. La ley prohibirá el uso de armas de fuego y sustancias tóxicas en el control de manifestaciones pacíficas, y reglamentará la actuación de los cuerpos policiales y de seguridad en el control del orden público".

Conforme a lo antes expuesto, por tanto, consideramos, que el derecho de reunión y el derecho de manifestación, deben estar regulados en sus Capítulos correspondientes y su ejercicio sujeto a las limitaciones y restricciones derivadas de su propia naturaleza.

Por ejemplo, la *Convención Americana sobre Derechos Humanos,* consagra el *derecho de reunión* en el artículo 15, como un *Derecho Civil,* de la siguiente manera:

"*Artículo 12* Se reconoce el derecho de reunión pacífica y sin armas. El ejercicio de tal derecho sólo puede estar sujeto a las restricciones previstas por la ley, que sean necesarias en una sociedad democrática, en interés de la seguridad nacional, de la seguridad o del orden público, o para proteger la salud o la moral pública o los derechos o libertades de los demás".

En el mismo sentido se consagra en el *Pacto Internacional de Derechos Civiles y Políticos,* el *derecho de reunión* en el artículo 21:

"Artículo 21 Se reconoce el derecho de reunión pacífica. El ejercicio de tal derecho sólo podrá estar sujeto a las restricciones previstas por la ley que sean necesarias en una sociedad democrática, en interés de la seguridad nacional, de la seguridad pública o del orden público, o para proteger la salud o la moral públicas o los derechos y libertades de los demás".

En nuestro criterio, por tanto, el *derecho a manifestar* debe conservarse como derecho esencialmente político, cuyo ejercicio está sujeto a mayores restricciones que el derecho genérico de reunión que, sin embargo, está sujeto a limitaciones semejantes cuando se ejerce en lugares públicos por evidentes razones de orden público. Proponemos, por tanto, que se conserve la redacción que tienen estos dos derechos en la Constitución vigente de 1961, como antes se han transcrito.

5. *Sobre la participación política*[38]

Con fecha 15 de septiembre de 1999, dirigí una comunicación al presidente y a los miembros de la Comisión de Régimen Político y de la Comisión Constitucional, con el objeto de hacerles llegar algunas ideas en torno a la necesidad de regular expresamente en la Nueva Constitución, el *derecho a la participación política*; y sobre el articulado estimé debía incorporarse al texto constitucional en relación a los instrumentos específicos para asegurar dicha participación.

En dicho documento expresé lo siguiente:

A. *El derecho a la participación*

En efecto, a pesar de que la democracia participativa no está expresamente regulada en la Constitución de 1961, dado el carácter sustancialmente democrático de nuestro sistema político constitucional (artículo 3), se puede afirmar, que el derecho de los ciudadanos a participar en la actividad del Estado es un "derecho inherente a la persona humana", que deriva por tanto del artículo 50 de la Constitución.

Conforme a esta norma, la Constitución de 1961 no limita los derechos constitucionales a aquellos señalados expresamente en ella, sino que admite, como tales, a todos aquellos derechos inherentes a la persona humana, aunque no figuren como señalados expresamente en su texto. Entre estos derechos se encuentran aquellos consagrados en los diferentes tratados, acuerdos y convenios internacionales, celebrados y ratificados por el país.

En este sentido, el llamado "derecho de participación", se encuentra expresamente consagrado en la Declaración Universal de Derechos Humanos (artículo 21), en el Pacto Internacional de Derechos Civiles y Políticos (artículo 25), en la Declaración Americana de los Derechos y Deberes del Hombre (artículo 20), y

---

38   Véase Allan R. Brewer-Carías, *Debate Constituyente (Aportes a la Asamblea Nacional Constituyente), Tomo II (9 septiembre-17 octubre 1999),* Fundación de Derecho Público-Editorial Jurídica Venezolana, Caracas 1999, pp. 135-143. Dicho documento lo redacté con la colaboración de Carlos Ayala.

en la Convención Americana de Derechos Humanos (artículo 23); y conforme a dichos instrumentos, toda persona tiene el derecho a participar en el gobierno y en la dirección de los asuntos públicos de su país, bien sea directamente o por medio de representantes escogidos libremente.

En cuanto a la participación representativa, puede decirse que está suficientemente reglamentada en los instrumentos legislativos nacionales, que consagran y desarrollan el derecho al sufragio (*vgr*. Ley Orgánica del Sufragio). Sin embargo, la participación directa de los ciudadanos en la toma de las decisiones políticas a nivel nacional, no tiene consagración ni por tanto, desarrollo en la Constitución de 1961, salvo en materia de aprobación de la reforma general (art. 246). Sin embargo, dicha participación, sí se encuentra regulada a nivel municipal en la Ley Orgánica de Régimen Municipal y más recientemente, en la Ley Orgánica del Sufragio y Participación Política a nivel nacional con la regulación de los referendos consultivos.

Estimamos, por tanto, que la Nueva Constitución debe regular la participación del ciudadano como miembro de una comunidad "*uti socius*", "*uti cives*", como simplemente afectado por el interés general, excluyendo de este concepto la intervención del ciudadano en la administración como parte de un procedimiento por ser titular de derechos o intereses propios, "*uti singulus*", regulado en la Ley Orgánica de Procedimientos Administrativos.

En tal sentido, estimamos que, dentro del Capítulo de los Derechos Políticos, se debe incluir una norma que consagre expresamente el derecho a la participación política en todas sus dimensiones. Se trata de un derecho de todos los ciudadanos en el Estado Democrático, de participar en los asuntos públicos, directamente o por medio de representantes libremente elegidos en elecciones periódicas por sufragio universal, directo, igual y secreto. Por lo tanto, siguiendo el carácter progresivo del derecho a la participación política, tal y como ha sido consagrado en los instrumentos internacionales sobre derechos humanos y en el constitucionalismo comparado, éste debe ser consagrado expresamente en la nueva Constitución. Así por ejemplo, ya la Corte Suprema de Justicia, en sentencia de fecha 5-12-96 ("Pueblos Indígenas del Amazonas vs. Ley de División Político Territorial del Estado Amazonas") reconoció *el derecho a la participación política como derecho humano de rango constitucional.*

En este sentido estimamos que debe superarse la propuesta formulada en el documento presentado por el presidente de la República en sus *Ideas Fundamentales para la Constitución Bolivariana de la V República,* a fin de no reducir la consagración de la participación política, como un derecho constitucional, a la sola enumeración de los mecanismos específicos para su ejercicio, máxime cuando el derecho sustantivo que sea consagrado puede ser fuente de inspiración para el desarrollo de la participación ciudadana en otros ámbitos y mediante instrumentos distintos a los consagrados en el texto constitucional.

En este sentido, proponemos que en el Capítulo de los Derechos Políticos, se incluya como una de las primeras normas, la consagración expresa del derecho a la participación política, en los siguientes términos:

Artículo   Todos los ciudadanos tienen el derecho a participar en los asuntos públicos, directamente o por medio de representantes libremente elegidos.

B.   *La rendición de cuentas a los electores*

En relación a los mecanismos concretos de participación política, es evidente que en ellos están comprendidos, además del voto como mecanismo indirecto o de representación, todos los demás mecanismos de participación directa. Por ello consideramos como un error conceptual, reducir la participación política a los mecanismos directos (ej. referendos).

En todo caso, con ocasión del principio de la democracia participativa, convendría agregar a las normas sobre el sufragio o el voto, algunos principios orientadores de la participación responsable de los representantes electos. Así, por ejemplo, podría establecerse el deber de los representantes electos de rendir cuenta periódicamente a sus representados, con una norma que podría tener el siguiente texto:

Artículo   Los representantes electos tendrán la obligación de rendir cuentas e informes periódicos sobre su gestión pública, mediante mecanismos adecuados, tales como las asambleas populares, los medios de comunicación social, los medios electrónicos, las cartas y otros afines. El Estado contribuirá al financiamiento de estos mecanismos de información representativa, mediante los espacios públicos disponibles y la realización de los aportes necesarios que establezca la ley. Los representantes que reciban aportes por este concepto estarán obligados a rendir cuentas de su gasto al órgano contralor, en la forma y oportunidad que determine el ordenamiento jurídico correspondiente.

C.   *Los referendos a nivel estadal y municipal*

En relación con los mecanismos de participación directa propuestos en el documento presentado por el presidente de la República, los cuales a su vez entendemos que tienen su origen en el *Proyecto de Reforma Constitucional* preparado por la Comisión Bicameral del Congreso de la República de 1992, pueden hacerse las observaciones:

A pesar de que la enumeración que se hace de los mecanismos de participación ciudadana es bastante amplia e innecesariamente taxativa, (el voto, el plebiscito, el referéndum, la consulta popular, el cabildo abierto, la iniciativa constitucional, la iniciativa constituyente, la iniciativa legislativa, la asamblea de ciudadanos, y la revocatoria de mandato), la regulación que se propuso de los mismos no solo se limita a la figura del *referéndum*, sino que incluso respecto de los *referéndum* consultivo, aprobatorio y revocatorio, sólo se regulan en relación al ámbito nacional. Ello constituye una visión limitada de la participación ciudadana que quedaría reducida al ámbito nacional, desconociendo que la eficacia de la democracia participativa se manifiesta, realmente, a nivel local, por lo que es necesario incluir una norma general que deje a salvo su reglamentación en el ámbito estadal y municipal. En tal sentido, proponemos la inclusión de una norma en ese sentido:

Artículo La celebración de los referéndums en las materias propias de los Estados y Municipios, se regirá con base en los principios consagrados en la presente Constitución, por lo establecido en las Constituciones Estadales, la Ley Orgánica nacional sobre el Régimen Municipal y las respectivas Ordenanzas Municipales.

D. *Las materias excluidas del referendo*

En segundo lugar, entre las materias excluidas de la materia refrendaria deberían agregarse aquellas no sujetas al veredicto popular o de las mayorías, por constituir principios inherentes al Estado Democrático mismo y a sus compromisos internacionales. En este sentido consideramos que debería añadirse a las materias no sometibles a referéndum, además de las ya propuestas en el Proyecto en cuestión, las siguientes: *suspensión o restricción de garantías constitucionales; supresión o disminución de derechos humanos; conflictos entre Poderes Públicos no sometibles a decisión de los órganos jurisdiccionales; y concesión de indultos.*

E. *El referendo aprobatorio*

En cuanto al *Referéndum aprobatorio de leyes* que se propone, debe observarse que en el texto proyectado no se indica la mayoría requerida en las Cámaras Legislativas reunidas en sesión conjunta, para que se considere aprobada su convocatoria. En este sentido proponemos que el quórum requerido para su convocatoria sea *la mayoría de los miembros de cada Cámara,* por lo que, la norma propuesta podría quedar redactada así:

Artículo Podrán ser sometidos a referéndum, antes de su sanción, aquellos proyectos de ley aprobados por la Asamblea Nacional de la República, cuando así lo decidan la mayoría de los miembros de las Cámaras reunidas en sesión conjunta. Si el referéndum concluye en un sí aprobatorio, las Cámaras declararán sancionada la Ley.

F. *Los referendos y la restricción de garantías*

En virtud de la necesaria normalidad democrática para la convocatoria a referendos, así como para su libre debate público, la libre expresión de ideas, la libertad de manifestación y otras libertades públicas fundamentales necesarias, en el Derecho Constitucional Comparado se ha establecido como norma la prohibición de celebrar referendos durante la suspensión o restricción de garantías constitucionales.

El hecho de que puedan ser convocados, particularmente por la autoridad ejecutiva, en condiciones en las cuales no sea posible el libre juego democrático, por estar suspendidas o restringidas las garantías constitucionales, se ha considerado que afecta el carácter democrático de estos mecanismos y por ende su peligro de ser desvirtuados.

En este sentido, proponemos una norma en los siguientes términos:

Artículo No podrán celebrarse referéndum durante la vigencia de la suspensión o restricción de garantías constitucionales vigentes en todo o en parte del territorio nacional.

G. *El referendo revocatorio*

En cuanto al *Referéndum Revocatorio del mandato popular,* además de ser una forma de participación ciudadana, es un mecanismo de legitimación o en su caso, de relegitimización de la representación popular. De hecho -cosa que no proponemos para Venezuela- en Austria, el presidente que sale vencedor en un referendo revocatorio, se considera constitucionalmente reelecto por un período adicional.

Ahora bien, vista la experiencia venezolana de los últimos 10 años de vigencia del referendo revocatorio de los alcaldes, debe cuidarse que este mecanismo esencial de participación no se convierta en un instrumento de chantaje político en manos de minorías partidistas, ni en la pérdida de la legítima gobernabilidad democrática. En este sentido deben recordarse las escenas de las revocatorias de alcaldes electos por amplias mayorías, cuyos mandatos fueron revocados por la votación mínima de pequeños grupos de electores (alrededor de 200 en el caso de la Alcaldía del Municipio Vargas).

Es con base en esas reflexiones que proponemos que en las consultas populares para la revocatoria del mandato, se exija con quórum para su convocatoria del 20 por ciento de los electores; y para que la decisión sea válida, que concurran al acto de votación al menos el 40 por ciento de los electores inscritos en el registro electoral correspondiente (nacional, estadal o municipal). En esta forma se reservaría este referendo para cumplir su objetivo de revocar el mandato de los representantes o gobernantes electos, que hayan sufrido una pérdida tan grave de su popularidad que devienen en ilegítimos poniendo en juego a la democracia misma.

Por otro lado, tal y como hemos visto en la experiencia venezolana de revocatoria de mandatos de alcaldes en los últimos 10 años, la falta absoluta de los Alcaldes revocados en muchos casos era cubierta por la Cámara Municipal con un concejal, como premio a la estrategia de eliminación exitosa del Alcalde. Lo mismo ocurría con la sustitución de los Gobernadores de Estado destituidos por las Asambleas Legislativas.

Es por ello que no debe permitirse que la falta absoluta generada por la revocatoria de mandato sea suplida por un representante no electo popularmente, a menos que -por razones de economía electoral- se esté en el último año del período correspondiente. Con base en estas reflexiones, proponemos que la norma quede redactada de la manera siguiente (el añadido va en cursivas):

Artículo Transcurrido la mitad del período para el cual fue elegido *un representante*, un número no menor del *veinte* por ciento de los electores inscritos en la correspondiente circunscripción electoral, podrá solicitar la convocatoria de un referéndum para evaluar su gestión. *Cuando más del cuarenta por ciento de los sufragantes* hubiera votado negativamente, se considerará revocado su mandato, y se procederá de inmediato a cubrir la falta absoluta *mediante una nueva elección por el resto del período, a menos de que aquella ocurra en el último año del período correspondiente, en cuyo caso* se procederá a cubrir la falta absoluta, conforme a lo dispuesto en esta Constitución y en las leyes. *La falta absoluta también será suplida temporalmente conforme a los dispuesto en esta Constitución y las leyes, desde el momento en que se considere revocado el mandato y hasta que se celebre la nueva elección en los casos en que proceda.*

H.   *El quórum decisorio*

A fin de hacer compatibles las reformas propuestas, se hace necesario adecuar la norma correspondiente al quórum de decisión de los referéndums, de la manera siguiente:

Artículo   La votación en los referenda consistirá en sí o no. La decisión será vinculante *y se tomará por la mayoría de los votos válidos, excepto en los casos en que esta Constitución dispone lo contrario, y en aquellos casos en que con base en estas disposiciones las constituciones estadales o las leyes municipales así lo regulen.*

Quiero significarles que en la elaboración de este documento he contado con la colaboración del profesor de Derecho Constitucional Dr. Carlos M. Ayala Corao, especialista en estos temas y proyectista de la reforma a la Ley Orgánica del Sufragio y Participación Política, en la cual se reguló la figura del *Referéndum consultivo* en el país.

6.   *Sobre la propiedad y expropiación*[39]

Con fecha 7 de septiembre de 1999, dirigí una comunicación a los presidentes de la Comisión de Derechos Humanos y Garantías Constitucionales, de la Comisión de lo Económico y social y de la Comisión Constitucional con el objeto de formularles mis observaciones en torno a la forma de regulación del *derecho de propiedad y la expropiación*, en respuesta al Documento presentado por los presidente de la República a la Asamblea Nacional Constituyente, sobre *Ideas fundamentales para la Constitución Bolivariana de la V República.*

En dicho documento expresé lo siguiente:

"En efecto, en dicho Proyecto se regula la propiedad y la expropiación en cuatro artículos distintos, ubicados, dos en el Capítulo de los "Derechos Económicos" y dos en el Título relativo al "Sistema socioeconómico", los cuales se contradicen en su contenido.

---

39   Véase Allan R. Brewer-Carías, *Debate Constituyente (Aportes a la Asamblea Nacional Constituyente), Tomo I (8 agosto-8 septiembre 1999),* Fundación de Derecho Público-Editorial Jurídica Venezolana, Caracas 1999, pp. 201-206.

El *primer* artículo, en efecto, establece lo siguiente:

Derecho de Propiedad

> *"Art.* Toda persona tiene derecho al uso y goce de sus bienes. La Ley puede subordinar tal uso y goce al interés general.
>
> Ninguna persona puede ser privada de sus bienes, excepto mediante el pago de una justa y oportuna indemnización, por razones de utilidad pública o de interés social y en los casos y en las formas establecidas por la Ley".

El *segundo* artículo, establece lo siguiente:

Expropiación por utilidad pública

> *"Art.*_ Solo por causa de utilidad pública o interés social, mediante sentencia firme y pago de justa indemnización, podrá ser declarada la expropiación de cualquier clase de bienes".

En cuanto al *tercer* artículo, dispone:

> *"Art.*_ Se garantiza el derecho de propiedad. En virtud de su función social, la propiedad estará sometida a las contribuciones y obligaciones que establezca la Ley con fines de utilidad pública o de interés general".

El *cuarto* artículo tiene el siguiente texto

> *"Art.*__ Sólo por causa de utilidad pública podrían hacerse expropiaciones, siempre acompañadas de una justa indemnización".

Estos artículos, como se ha dicho, establecen regulaciones contradictorias, que deben resolverse, tanto en materia de propiedad como en materia de expropiación.

A. *El Régimen de la Propiedad*

El *primer* artículo citado, con el subtítulo "Derecho de Propiedad", en realidad no la regula, sino que la desnaturaliza al definirla según algunos de sus atributos, pero omitiendo el *derecho de disposición* que es de la esencia de la titularidad de la misma.

Recordemos la noción clásica del artículo 545 del Código Civil, según el cual:

> "La propiedad es el derecho de usar, gozar y disponer de una cosa de manera exclusiva, con las restricciones y obligaciones establecidas por la ley".

En consecuencia, regular el derecho de propiedad, en la Constitución, sólo como el derecho de uso y goce de bienes, los cuales además, se podrían "subordinar" al interés general, sin hacer referencia al derecho de disponer de los bienes de los cuales se es propietario, significa desnaturalizar el derecho, lo cual sería inadmisible

En realidad, la fórmula utilizada en la redacción esta norma, es una copia textual de los dos primeros párrafos del artículo 21 de la *Convención Americana sobre Derechos Humanos,* que en esta materia es un marco general que se aplica a todos los países signatarios, pero que en la legislación interna tiene que adaptarse al contexto legal de cada país.

Lo contrario, sería violar el principio de la progresividad en materia de derechos humanos, principio que obliga a la Asamblea, como límite a su actividad conforme a la *Base octava de la Pregunta segunda del Referéndum* del 25-4-99, de manera que en la regulación de los derechos fundamentales estos no pueden resultar desmejorados.

Por ello, estimamos que la primera parte del primero de los artículos citados debe ser eliminada, y en su lugar ubicar el tercero de los artículos citados que utiliza, para regular la propiedad, la misma fórmula de la Constitución de 1961, pero al cual habría que agregar la posibilidad de que la Ley pueda también establecer "restricciones " a la propiedad y no sólo "contribuciones y obligaciones".

En esta forma, el artículo sobre propiedad, trasladándolo del Título sobre el "sistema socio-económico" al capítulo de los "Derechos Económicos", debería quedar redactado así:

"Art. __Se garantiza el derecho de propiedad. En virtud de su función social la propiedad estará sometida a las contribuciones, restricciones y obligaciones que establezca la Ley con fines de utilidad pública o de interés general".

B. *El Régimen de la Expropiación*

En cuanto al régimen de la expropiación, también se evidencia una contradicción entre el párrafo del primer artículo y la segunda y cuarta norma citadas.

En efecto, en el primer caso se regula la expropiación sólo mediante pago de una "justa y oportuna" indemnización, sin exigirse, en primer lugar, el carácter previo del pago de la misma, lo que es contrario a la garantía patrimonial que acompaña a la institución de la expropiación; y en segundo lugar, sin exigirse sentencia firme, es decir, la garantía judicial, lo cual permitiría expropiaciones administrativas, las cuales jamás se hacen admitido en Venezuela. Prever regulaciones de este tipo, además, también significaría violar el límite que le impone a la Asamblea la *Base octava de la Pregunta segunda del Referéndum* del 25-4-99, en el sentido de respetar la progresividad de los derechos fundamentales.

Por ello, en nuestro criterio, debe optarse por la redacción que tiene el segundo de los artículos citados, que sigue la orientación del artículo 101 de la Constitución de 1961, eliminándose el referido párrafo del primero y el cuarto de los textos citados, por lo que la norma debería quedar redactada así:

*"Art.*__ Sólo por causa de utilidad pública o de interés social, mediante sentencia firme y pago de justa indemnización, podrá ser declarada la expropiación de cualquier clase de bienes.

C. *La proscripción de la confiscación*

Ha sido una tradición de nuestra historia republicana, el de la proscripción de la confiscación, lo cual se remonta al Texto constitucional de 1830 (art. 206).

Estimamos que la nueva Constitución debe continuar esta tradición republicana como lo exige la *Base octava de la Pregunta segunda del Referéndum* del 25-4-99. En tal sentido debe recordarse lo establecido en la Constitución de 1961, cuyo artículo 102, establece:

> *"Art. 102.* No se decretarán ni ejecutarán confiscaciones sino en los casos permitidos por el artículo 250. Quedan a salvo, respecto del los extranjeros, las medidas aceptadas por el derecho internacional".

Es decir, conforme a esta norma se declara la proscripción de la confiscación con sólo dos limitaciones, en el sentido de casos en los que procedería: respecto de los extranjeros, conforme a lo establecido en el derecho internacional; y respecto de todas aquellas personas que se enriquezcan ilícitamente el amparo de la usurpación.

Con la esperanza de que las anteriores observaciones sean de utilidad para los trabajos de esas Comisiones, y con el ruego de que se le entregue copia a los miembros de las mismas, me suscribo de Uds.

7. *Sobre el régimen del Poder Público*[40]

En fecha 30 de septiembre de 1999, dirigí una comunicación enviada al presidente de la Comisión del Poder Público Nacional y al presidente y demás miembros de la Comisión Constitucional en para hacerles llegar algunos comentarios y sugerencias, en torno al *Informe final* del Proyecto del Texto Constitucional relativo al Título VI sobre *El Poder Público Nacional* que propuso la Comisión del Poder Público Nacional de la Asamblea Nacional Constituyente, y sobre a la necesidad de incorporar a la Nueva Constitución, conforme a la estructura y a la tradición constitucional de nuestro país, de un Título relativo al *Poder Público*, diferenciado tanto de las regulaciones relativas a las competencias y organización del *Poder Público Nacional* como los Poderes Públicos Estadales y Municipales y que no se ha previsto ni en el mencionado *Proyecto* ni en el documento *Ideas Fundamentales para la Constitución Bolivariana de la V República,* presentado por el presidente Chávez a la consideración de la Asamblea.

En el documento expresé lo siguiente:

---

40   Véase Allan R. Brewer-Carías, *Debate Constituyente (Aportes a la Asamblea Nacional Constituyente), Tomo II 9 septiembre-17 octubre 1999),* Fundación de Derecho Público-Editorial Jurídica Venezolana, Caracas 1999, pp. 157-226.

A. *La noción de Poder Público como potestad constitucional y su distribución*

En efecto, el Poder Público está concebido como la potestad constitucional de las personas jurídicas que conforman el Estado venezolano, cuyo ejercicio, por ellas, distinguen la actividad estatal de las actividades privadas.

Dicha potestad, conforme al principio de la distribución vertical (territorial) del Poder, se divide en las *ramas* siguientes: Poder Nacional, Poder Estadal y Poder Municipal.

Adicionalmente, conforme al principio de la separación orgánica de Poderes, en cada una de esas *ramas* del Poder Público, éstas se han dividido tradicionalmente en forma horizontal, así: el *Poder Público Nacional,* en Poder Legislativo Nacional, Poder Ejecutivo Nacional y Poder Judicial; el *Poder Público Estadal,* en Poder Legislativo Estadal y Poder Ejecutivo Estadal; y el *Poder Municipal,* en Poder Legislativo Municipal y Poder Ejecutivo Municipal.

En el ámbito de la potestad constitucional del Estado, por tanto, el *Poder Público,* es el género, y el *Poder Público Nacional,* es una de sus especies, por lo que es totalmente inconveniente regular principios que se aplican a todo el Poder Público (Nacional, Estadal o Municipal) en el Capítulo destinado al Poder Público Nacional, como se plantea en los documentos antes mencionados presentados a consideración de la Asamblea.

En consecuencia, la primera sugerencia que quiero formularles es la necesaria separación de las regulaciones, en la Constitución, de las relativas al *Poder Público* en su conjunto, por una parte, y por la otra, las destinadas exclusivamente al *Poder Público Nacional.*

B. *La distribución vertical del Poder Público en la historia constitucional*

En cuanto al régimen del Poder Público en un sistema de distribución territorial del Poder, debe señalarse que la regulación constitucional del mismo comenzó a establecerse expresamente en la Constitución de 1858, en la cual se previeron estas dos normas:

"*Artículo 9*   El Poder Público se divide en Nacional y Municipal".

"*Artículo 10*   El Poder Nacional se divide en Legislativo, Ejecutivo y Judicial".

Luego de la distribución constitucional efectiva del Poder Público a nivel territorial con las Constituciones del período del Estado Federal (1864-1893), la norma destinada a precisar expresamente la distribución territorial del Poder Público en la Constitución, se reformó a partir de la Constitución de 1901, así:

"*Artículo 29*   El Poder Público se distribuye entre el Poder Federal y el Poder de los Estados, en los límites establecidos en esta Constitución".

"Artículo 30   El Poder Federal se divide en Legislativo, Ejecutivo y Jurídico".

Estas normas se mantuvieron invariables en las Constituciones de 1904, 1909, 1914 y 1922.

A partir de la Constitución de 1925, la distribución territorial del Poder Público se consolidó en el Texto Constitucional, en *tres niveles,* al agregarse el Poder Municipal, así:

"Artículo 51   El Poder Público se distribuye entre el Poder Federal, el de los Estados y el Municipio, en los límites establecidos por esta Constitución. El Poder Federal se divide en Legislativo, Ejecutivo y Judicial".

Esta norma se repitió en todas las Constituciones posteriores (1928, 1929, 1931, 1936, 1945), invirtiéndose el orden de enumeración de los Poderes en la Constitución de 1947, así:

"Artículo 86   El Poder Público se distribuye entre el Poder Municipal, el de los Estados y el Nacional, y su organización y funcionamiento se rigen, en todo caso, por los principios de gobierno republicano federal, popular, representativo, alternativo y responsable".

Por último, en la Constitución de 1953, se conservó la misma enumeración de la distribución de las ramas del Poder Público, pero en forma más simplificada, así:

"Artículo 40   El Poder Público se distribuye entre el Poder Municipal, el de los Estados y el Nacional".

C.   *Las ramas del Poder Público y su enunciación constitucional*

La distribución territorial del Poder Público entre el Poder Nacional, el Poder Estadal y el Poder Municipal, se conservó en la estructura de la Constitución de 1961, pero sin la enumeración tradicional, sustituyéndosela en el artículo 118, por la referencia a las "ramas del Poder Público" las cuales a pesar de la imprecisión, son la del Poder Público Nacional, la del Poder Público Estadal y la del Poder Municipal, así:

"Artículo 118   Cada una de las ramas del Poder Público tiene sus funciones propias, pero los órganos a los que incumbe su ejercicio colaboración entre sí en la realización de los fines del Estado".

Estas "ramas del Poder Público", se insiste, son las que derivan de la distribución vertical del Poder Público que conforman la Constitución, montada sobre la forma Federal del Estado y el Municipalismo. El mencionado artículo 118 de la Constitución, por tanto, no se refiere a las solas *ramas* del Poder Público Nacional (que tradicionalmente han sido el Poder Legislativo Nacional, el Poder Ejecutivo Nacional y el Poder Judicial) sino a las ramas del Poder Público, que son la Nacional, la Estadal y la Municipal, teniendo cada una de ellas sus propias funciones.

Ahora bien, tanto en el *Proyecto* presentado a la consideración de la Asamblea por el presidente Chávez, como en el elaborado por la Comisión del Poder Público Nacional de la Asamblea se incorpora una norma que, en nuestro criterio, mezcla indebidamente conceptos y confunde el Poder Público con el Poder Público Nacional, distorsionando la distribución territorial del Poder y la estructura Federal del Estado que se propuso en el mismo *Proyecto.*

Dicha norma, que es la Segunda en el Título VI que regula el Poder Público Nacional, tiene la siguiente redacción:

"*Artículo* Conforman el Poder Público Nacional los poderes Legislativo, Ejecutivo, Judicial, Moral y Electoral. Los órganos y poderes del Estado, así como las ramas del Poder Público tienen sus funciones propias y separadas, pero colaboran entre sí para la realización de los fines del Estado".

Consideramos que esta norma debe ser reformulada, para deslindar los dos ámbitos de su regulación: por una parte, el Poder Público y por la otra, el Poder Público Nacional.

En cuanto a la *primera,* que retomaría la segunda de las frases del artículo del *Proyecto* presentado, debería concebirse con el mismo carácter enumerativo histórico señalado, en una norma que podría quedar redactada así:

"*Artículo* El Poder Público se distribuye entre el Poder Municipal, el de los Estados y el Nacional. Cada una de dichas ramas tiene sus funciones propias, pero los órganos a los que incumbe su ejercicio colaborarán entre sí en la realización de los fines del Estado".

En cuanto a la *segunda,* que se refiere al Poder Público Nacional, la misma, también de acuerdo con la tradición enumerativa y el necesario agregado a la trilogía clásica de la separación de poderes, de los órganos constitucionales con autonomía funcional, podría quedar redactado así:

"*Artículo* El Poder Público Nacional se divide en Legislativo, Ejecutivo, Judicial, Moral y Electoral".

En todo caso, la *primera* norma debería ir en un Capítulo destinado a regular en general al Poder Público; y la *segunda,* a renglón seguido o en el Capítulo destinado a regular el Poder Público Nacional.

D. *El ejercicio del Poder Público y los fines del Estado*

Ahora bien, partiendo de lo anterior, las normas contenidas en el Capítulo I, Título VI del *Proyecto* presentado por el presidente Chávez a la Asamblea y en el presentado por la Comisión del Poder Público Nacional de la Asamblea, deben revisarse para distinguir cuales son las destinadas al Poder Público en general, y cuales al Poder Público Nacional.

En cuanto a la *primera,* en el *Proyecto* presentado por el presidente Chávez, se establece una disposición que aún cuando deberían estar destinadas a regular al Poder Público en su conjunto, se la reduce al Poder Público Nacional, en la forma siguiente:

"*Artículo* El Poder Público Nacional existe como instrumento para lograr el fin último del Estado, definido por la justicia, el bienestar y la felicidad social".

Esta norma se modifica en el *Proyecto* de la Comisión del Poder Público de la Asamblea, la cual propuso la siguiente redacción:

"*Artículo* El Poder Público Nacional es un instrumento para lograr el fin último del Estado, definido por la justicia, el bien común y la seguridad social".

Esta redacción es confusa, pues por una parte, se califica al Poder Público Nacional como un "instrumento"; por la otra, se precisa que dicho "instrumento" tiene por objeto lograr el fin último del Estado, identificándose Poder Público con Poder Público Nacional y excluyendo como parte del Estado los niveles estadales y municipales; y por último, dicho fin se identifica con la justicia, el bienestar y la felicidad social o con la justicia, el bien común y la seguridad social.

Partiendo del supuesto de que ni el Poder Público ni el Poder Público Nacional son "instrumentos" u órganos, sino una potestad constitucional que habilita a los órganos de las personas jurídicas que conforman el Estado para actuar, y si se interpreta lo que se quiso expresar con las propuestas, consideramos que esta podría quedar redactada así:

"*Artículo* Los órganos del Estado ejercen el Poder Público con el fin de lograr la justicia, el bien común y la seguridad jurídica y social".

El interés de esta norma, en realidad, estaría en la precisión constitucional de los fines del Estado, lo cual debería establecerse en el Título I de la Constitución sobre las Disposiciones Generales. Si allí se incluye una norma de esa naturaleza, ésta sería redundante, pues es obvio que los órganos del Estado, para la consecución de sus fines, ejercen el Poder Público.

E.   *La autoridad usurpada y la nulidad de sus actos*

Ahora bien, del contenido del resto de las disposiciones del Capítulo I del Título VI de los Proyectos presentados también resulta que constituyen normas fundamentales relativas al Poder Público, y no sólo al Poder Público Nacional, por lo que también deben destinarse a regular los órganos o funcionarios que ejercen el Poder Público Estadal y Municipal; muchas de las cuales se encuentran expresadas con mejor técnica en la Constitución de 1961, en el Capítulo I (Disposiciones Generales) del Título IV (Del Poder Público), artículos 117 a 135.

Así sucede, ante todo, con el artículo *tercero* del Capítulo I del Título VI del *Proyecto* presentado a la Asamblea por el presidente Chávez, que equivale al artículo 119 de la Constitución de 1961, con el cambio de la palabra *ineficaz* por *inexistente*.

No es necesario entrar en la polémica de la supuesta "inexistencia" de los actos nulos, pues si se asumió una función, así sea usurpada, y se dictó un acto, este "existe", pudiendo ser nulo, por lo que estimamos que debe conservarse la redacción del artículo 119 de la Constitución actual, como lo propuso la Comisión del Poder Público Nacional de la Asamblea, en la siguiente forma:

> *"Artículo* Toda autoridad usurpada es ineficaz, y sus actos son nulos".

F. *La responsabilidad de los funcionarios o empleados públicos y el principio de la imparcialidad*

El *cuarto* de los artículos del *Proyecto* del presidente Chávez y *quinto* del *Proyecto* de la Comisión del Poder Público Nacional de la Asamblea está dedicado a regular dos cosas distintas, por una parte, la responsabilidad de los funcionarios y por la otra, la imparcialidad de estos, así:

> *"Artículo* El ejercicio del Poder Público acarrea responsabilidad individual por abuso de poder o por violación del derecho (por abuso o desviación de poder o por violación de la ley o del derecho)".

> "Los servidores públicos están sólo al servicio del Estado y de la comunidad y en ningún caso la filiación política determinaría el nombramiento para un empleo de carrera, su ascenso o remoción".

Estimamos que los dos aspectos señalados deben normarse separadamente.

En cuanto al primer aspecto, se retiene la primera frase del artículo que equivale al artículo 121 de la Constitución vigente, pero en el Proyecto de la Comisión cambiando la expresión "violación de ley" por "violación de la ley o del derecho", y en el *Proyecto* del presidente Chávez, por la frase "abuso o desviación de poder o por violación de la ley o del derecho".

En estas redacciones consideramos que la remisión al "derecho" es absolutamente inconveniente e imprecisa al tratarse de responsabilidad, pues "el derecho" no sólo está conformado por la Ley, como fuente (cuya violación es precisa), sino incluso por la analogía, la costumbre o los principios generales del derecho. La violación de estas últimas fuentes no debería ser tipificable como originadora de responsabilidad, por la imprecisión del contenido de dichas fuentes. En nuestro criterio, por tanto, debería conservarse, ampliado, el texto del artículo 121 de la Constitución actual, así:

> *"Artículo* El ejercicio del Poder Público acarrea responsabilidad individual por abuso o desviación de poder o por violación de ley".

En cuanto a la *segunda parte* del artículo propuesto, que se refiere a la imparcialidad de los funcionarios, consideramos, ante todo que no debe utilizarse la vaga expresión de "servidores públicos" en sustitución de la tradicional expresión, con sentido jurídico propio en el derecho administrativo, de "funcionarios o empleados públicos", la cual debería conservarse en ésta y las otras normas constitucionales. Por otra parte, consideramos inconveniente, que la norma no prohíba, como sí lo hace el artículo 122 de la Constitución de 1961, el que los funcionarios públicos, puedan estar al servicio de "parcialidades políticas".

Por otra parte, la proscripción que se propuso de la militancia política como determinante para nombramiento de funcionarios, sólo se limita a los empleos "de carrera", pero no se prohíbe respecto del resto de funcionarios públicos, particularmente de libre nombramiento y remoción que, incluso, por las regulaciones de la Ley de Carrera Administrativa, son la gran mayoría.

Estimamos, por ello, que esta norma debería quedar redactada así:

"*Artículo* Los funcionarios o empleados públicos están al servicio del Estado y no de parcialidad política alguna. Su nombramiento y remoción no podrá estar determinada por la filiación política".

G. *La incompatibilidad de los funcionarios o empleados públicos para contratar con el Estado*

El artículo *quinto* del mencionado Capítulo, del *Proyecto* del presidente Chávez, que equivale al artículo undécimo del *Proyecto* presentado por la Comisión del Poder Público Nacional, establece la incompatibilidad para la celebración de contratos entre los funcionarios públicos y los entes estatales, así:

"*Artículo* Los servidores públicos no podrán celebrar por sí o por interpuesta persona o en representación de otro, contratos con entidades públicas o con personas privadas que manejen o administren recursos públicos".

Esta norma, que relativamente equivale al artículo 124 de la Constitución vigente, tiene una serie de imprecisiones terminológicas que deben corregirse. En *primer lugar,* de nuevo debe advertirse sobre la utilización del término "servidores públicos", que debe sustituirse por la expresión técnica de "funcionarios o empleados públicos"; en *segundo lugar,* la referencia a "entidades públicas", lo que por su imprecisión dificultaría la aplicación de la norma (¿se trata de las personas jurídicas de derecho público? ¿incluye a las personas jurídicas de derecho privado estatales? ¿incluye a las personas jurídicas de derecho público no estatales?); y en *tercer lugar,* la referencia a la acción de "manejar o administrar recursos públicos" por personas privadas.

En este último aspecto, "el manejo o administración de recursos públicos" como concepto relativo a "personas privadas" es totalmente impreciso. Además de que la referencia a "personas privadas" puede considerarse impropia, pues la distinción correcta de las personas jurídicas en el mundo contemporáneo del derecho administrativo no es entre "personas públicas" y "personas privadas" sino, por una parte, entre "personas de derecho público y personas de derecho privado" y por la otra, entre "personas jurídicas estatales y no estatales".

La norma, por tanto, y de acuerdo con la tradición constitucional y la intención que puede deducirse de los *Proyectos,* podría redactarse siguiendo los lineamientos del artículo 124 de la Constitución vigente, así:

"*Artículo* Nadie que esté al servicio de la República, de los Estados, de los Municipios y demás personas jurídicas de derecho público o de derecho privado estatales, podrá celebrar contrato alguno con ellas, ni por si ni por interpuesta persona ni en representación de otro, salvo las excepciones que establezca la ley".

H. *La prohibición de la utilización del empleo público como instrumento de presión política y proselitista*

La *séptima* norma del Capítulo I del Título VI del *Proyecto* presentado por presidente Chávez a la consideración de la Asamblea, regula el supuesto de la utilización del empleo público para presionar a los ciudadanos a respaldar campañas políticas, lo que se castiga con sanción de inhabilitación política. En sentido similar se presenta dicha norma en el artículo octavo del *Proyecto* presentado por la Comisión del Poder Público Nacional de la Asamblea.

Esta norma, en realidad, es un supuesto derivado del antes mencionado principio de la imparcialidad, pero con la previsión de una sanción de tal naturaleza que tendría que ser aplicada por una autoridad judicial. Recuérdese que esta pena, en el Código Penal, es una pena accesoria, por lo que su previsión como pena principal, sólo podría regularse en el Código Penal y establecerse por la autoridad judicial. La norma, en realidad, consideramos que es de rango legislativo debiendo conservarse en la Constitución el principio general mencionado de la imparcialidad del funcionario. Sin embargo, en caso de insistirse en prever el supuesto, estimamos que el artículo podría redactarse así:

"*Artículo* La utilización del empleo público para presionar o estimular a los ciudadanos para respaldar u oponerse a campañas políticas o a un candidato a ser electo en votación popular, compromete la responsabilidad penal y disciplinaria del funcionario o empleado público que lo haga. La ley establecerá las sanciones del caso, incluso la inhabilitación para el desempeño de funciones públicas por un lapso de tiempo determinado".

I. *La inhabilitación política por los delitos contra el patrimonio público*

El *séptimo* artículo del Capítulo I del Título VI del *Proyecto* presentado por el presidente Chávez, establece una pena similar por delitos contra la cosa pública así:

"*Artículo* El servidor público que fuere condenado por delitos contra el patrimonio del Estado queda inhabilitado para el desempeño de cualquier función pública".

Además de la observación ya hecha relativa al empleo de término "servidor público", debe señalarse que para utilizar la expresión "patrimonio del Estado" en lugar de "patrimonio público" tendría que darse una definición de qué se entiende por "Estado" lo cual limitaría el ámbito de aplicación de la norma, pues el Estado es el conjunto de personas jurídicas de derecho público que ejercen el Poder Público, lo que reduciría el ámbito de aplicación de la norma a la República, a los Estados y a los Municipios. En cambio, la expresión "patrimonio público" es más amplia, y abarca el patrimonio del conjunto de personas que forman el sector público, incluyendo las personas de derecho privado estatales.

En cuanto a la pena prevista por estos delitos, al establecérsela por tiempo indeterminado, podría configurarse como una pena perpetua que tradicionalmente ha sido proscrita constitucionalmente en nuestro país, como también la prohíbe el *Proyecto* presentado por el presidente Chávez en el régimen de la integridad personal.

Esto, sin embargo, se ha corregido en el artículo noveno del *Proyecto* presentado por la Comisión del Poder Público Nacional al agregarse a la norma la frase "La ley determinará el tiempo de la inhabilitación".

En consecuencia, la redacción de la norma podría quedar así:

> "*Artículo* Los funcionarios o empleados públicos que fueren condenados por delitos contra el patrimonio público quedarán inhabilitados para el desempeño de cualquier función pública, por el tiempo que determine la ley".

J. *El principio de legalidad*

La última de las normas relativas al Poder Público, incorporada en el Capítulo I (Principios fundamentales) del Título VI (Del Poder Público Nacional) del *Proyecto* presentado por el presidente Chávez a la Asamblea y que se recoge en el artículo cuarto del *Proyecto* presentado por la Comisión del Poder Público Nacional de la Asamblea, se refiere al principio de legalidad, que se define en el art. 117 de la Constitución de 1961, así:

> "*Artículo 117*. La Constitución y las leyes definen las atribuciones del Poder Público y a ellas debe sujetarse su ejercicio".

Los Proyectos proponen sustituir este enunciado por un artículo con esta redacción:

> "*Artículo* El Poder Público debe sujetar su actividad a la Constitución y a la ley".

Este enunciado adolece de varias fallas que deben destacarse. En *primer lugar,* se insiste en que el Poder Público no es un órgano o un conjunto de órganos que deban sujetarse a algo y que puedan realizar una actividad. El Poder Público es una potestad constitucional que ejercen los órganos del Estado, por lo que en realidad la norma debería decir:

> "Los órganos del Estado en ejercicio del Poder Público deben sujetar su actividad a la Constitución y a la Ley".

Por ello, en realidad, el artículo 117 de la Constitución de 1961 debería ser modificado en ese mismo sentido, y la norma podría quedar redactada así:

> "*Artículo* La Constitución y las leyes definen las atribuciones de los órganos que ejercen el Poder Público, a las cuales deben sujetarse las actividades que realicen".

K. El régimen de los contratos de interés público (nacional, estadal o municipal) y la cláusula de inmunidad jurisdiccional

Las observaciones anteriores ponen en evidencia, en nuestro criterio, la necesidad de distinguir las normas que se refieren al *Poder Público* en general, es decir, que regulan a los órganos estatales de los tres niveles de división del mismo: Nacional, Estadal y Municipal; de las normas que sólo se refieren al primer nivel, al Poder Público Nacional.

En consecuencia, debe establecerse un Capítulo que regule el Poder Público en general, en el cual deben estar las normas respectivas antes indicadas y otras que están en la actual Constitución de 1961 en las disposiciones generales del Poder Público, pero que sólo están parcialmente incorporadas al *Proyecto* presentado por el presidente Chávez a la consideración de la Asamblea, y a las cuales no se menciona sino muy parcialmente en el Proyecto presentado por la Comisión del Poder Público Nacional a la Asamblea. Entre esas normas están las relativas a los denominados *contratos de interés público*, denominación que responde al mismo principio de distribución vertical del Poder Público que hemos analizado.

En efecto, en los artículos 126 y 127 de la Constitución de 1961 se utiliza la expresión genérica "contratos de interés público" para abarcar tres especies de contratos: "contratos de interés público nacional, contratos de interés público estadal y contratos de interés público municipal"; y, en consecuencia, someterlos a un régimen general mediante la previsión, en su texto, de determinadas cláusulas obligatorias, sobre la exigencia de aprobación o autorización legislativa y la prohibición de cesión de los mismos, y cuya inclusión, en el Capítulo general sobre el Poder Público tiene, precisamente por objeto, imponer su aplicación no sólo a los contratos que celebren los órganos del Poder Público Nacional sino a los que celebren los órganos de los Poderes Públicos estadales y municipales.

Por ello es necesario incorporar al Capítulo general relativo al Poder Público, el artículo del *Proyecto* presentado por el presidente Chávez contenido en el Título V relativo al Sistema Económico y que se refiere a la Cláusula de Inmunidad Jurisdiccional aún cuando reducida sólo a "los contratos en los que participe la República y sean de interés público". La Cláusula, que está en el artículo 127 de la Constitución de 1961 y que en nuestro criterio, como lo hemos indicado en otro documento (véase Allan R. Brewer-Carías, *Debate Constituyente. Aportes a la Asamblea Nacional Constituyente*, Tomo I (8 agosto-8 septiembre 1999), Caracas 1999, págs. 209-233, debe conservarse como de *inmunidad relativa de jurisdicción* y no de inmunidad absoluta como se propone; tiene que establecerse como obligatoria para los contratos que celebren todos los órganos del Poder Público y no sólo la República; es decir, también los que celebren los Estados y los Municipios. Por lo demás, reducir la obligatoriedad de la cláusula sólo a los contratos que celebre la República "y sean de interés público" sugiere la idea de que podría haber contratos celebrados por la República que no fueran "de interés público", lo cual no es posible.

En realidad, allí se está utilizando la expresión "interés público" en una forma distinta a la tradición constitucional que implica que todo contrato celebrado por un ente estatal es de interés público, y la única distinción que se establece es que puede ser de interés público *nacional, estadal* o *municipal,* según el nivel de distribución del Poder Público en el cual se celebren.

Pero además de la Cláusula de Inmunidad de Jurisdicción, también debe conservarse en la Nueva Constitución la denominada Cláusula Calvo, que regula la última parte del artículo 127 de la Constitución de 1961 y que no se ha recogido en el *Proyecto* presentado por el presidente Chávez a la consideración de la Asamblea ni en el *Proyecto* presentado por la Comisión del Poder Público Nacional de la Asamblea.

En consecuencia, conforme a lo que hemos argumentado en otro documento (véase "Propuesta sobre la cláusula de inmunidad relativa de jurisdicción y sobre la Cláusula Calvo en los contratos de interés público" en Allan R. Brewer-Carías, *Debate Constituyente (Aportes a la Asamblea Nacional Constituyente),* Tomo I (8 agosto - 8 septiembre 1999), Caracas 1999, págs. 209 a 233), proponemos que se incluya en el Capítulo relativo al Poder Público la norma equivalente del artículo 127 de la Constitución, así:

"*Artículo* En los contratos de interés público, si no fuere improcedente de acuerdo con la naturaleza de los mismos, se considerará incorporada, aun cuando no estuviere expresa, una cláusula según la cual las dudas y controversias que puedan suscitarse sobre dichos contratos y que no llegaren a ser resueltas amigablemente por las partes contratantes serán decididas por los Tribunales competentes de la República, en conformidad con sus leyes, sin que por ningún motivo ni causa puedan dar origen a reclamaciones extranjeras".

L   *La aprobación legislativa en los contratos de interés nacional*

También estimamos que deben conservarse, en la Constitución, las normas relativas a la prohibición de cesión de contratos de interés público y la relativa a las autorizaciones y aprobaciones parlamentarias, que se establecen en el artículo 126 de la Constitución.

En tal sentido, en el *Proyecto* presentado por la Comisión del Poder Público Nacional de la Asamblea, sólo se retiene una norma con el siguiente texto:

"*Artículo* Sin la aprobación de la Asamblea Nacional, no podrá celebrarse ningún contrato de interés nacional, salvo los que fueren necesarios para el normal desarrollo de la Administración Pública o lo que permita la ley".

Esta redacción equivale a la primera frase del artículo 126 de la Constitución de 1961, cuya interpretación a dado origen a más de 30 años de polémica entre los especialistas en derecho administrativo, sobre lo que ha de entenderse por "contrato de interés nacional" y las excepciones a la aprobación legislativa, particularmente en cuanto a la expresión "los que permita la ley". (Véase "Los contratos de interés nacional y su aprobación legislativa" en Allan R. Brewer-Carías, *Estudios de Derecho Público, Tomo I, (Labor en el Senado 1982),* Caracas 1983, págs. 183 y sigts.)

La práctica constitucional, en relación con esta norma, ha conducido a que los contratos de interés nacional (que, como se dijo anteriormente, son los de interés público nacional quedando excluidos de la aprobación parlamentaria nacional, los contratos de interés público estadal y municipal) que se han sometido a la aprobación parlamentaria, han sido sólo aquellos respecto de los cuales la ley expresamente ha establecido este requisito. Es decir, la aprobación legislativa sólo se ha producido cuando la ley respectiva ha sometido los contratos de interés nacional a tal requisito, convirtiéndose la excepción en la regla.

En consecuencia, estimamos que la norma debería redactarse en forma cónsona con la realidad del país y la práctica constitucional, así:

"*Artículo* La celebración de los contratos de interés público nacional requerirá aprobación del Congreso en los casos en los cuales lo determine la ley".

Pero además, estimamos que deben conservarse los dos últimos párrafos del artículo 126 de la Constitución de 1961, con el siguiente texto:

"*Artículo* No podrá celebrarse ningún contrato de interés público nacional, estadal o municipal con Estados o entidades oficiales extranjeras, ni con sociedades no domiciliadas en Venezuela, ni traspasarse a ellos sin la aprobación del Congreso.

La ley puede exigir en los contratos de interés público determinadas condiciones de nacionalidad, domicilio o de otro orden, o requerir especiales garantías".

M. *La duración de los períodos constitucionales de los órganos de los poderes públicos*

Por otra parte, y en relación con el régimen de los Poderes Públicos Nacional, Estadal y Municipal, estimamos que debe retenerse en el texto constitucional la norma que regula la duración de los períodos de los mismos y que está en el artículo 135 de la Constitución de 1961. En el Proyecto presentado a la Comisión Constitucional, este aspecto se pretende regular casuísticamente, en las normas relativas al Poder Ejecutivo y al Poder Legislativo Nacional y las relativas a los Poderes Públicos Estadales y Municipales. Estimamos que, en contrario, debe establecerse una regulación general, así:

"*Artículo* Los períodos constitucionales de los órganos del Poder Nacional durarán ___ años, salvo disposición especial de esta Constitución.

Los períodos de los órganos de los poderes públicos estadales y municipales serán fijados por la ley nacional y no serán menores de   años ni mayores de   ".

En relación con esta norma, en la Nueva Constitución habrá que establecer los nuevos lapsos de duración de los períodos de los poderes públicos según las reformas que se adopten.

N. *El régimen de las Fuerzas Armadas y su regulación en otro Capítulo*

La Constitución de 1961, en el Capítulo de Disposiciones Generales relativas al Título IV sobre el Poder Público, contiene una serie de materias que en la Nueva Constitución, con seguridad, pasarán a ser objeto de regulación en otros títulos.

En *primer lugar*, están las normas destinadas a regular las Fuerzas Armadas Nacionales y el régimen militar y de policía, que son las siguientes:

"Artículo 131 La autoridad militar y la civil no podrán ejercerse simultáneamente por un mismo funcionario, excepto por el presidente de la República, quien será, por razón de su cargo, Comandante en Jefe de las Fuerzas Armadas Nacionales.

Artículo 132 Las Fuerzas Armadas Nacionales forman una institución apolítica, obediente y no beligerante, organizada por el Estado para asegurar la defensa nacional, la estabilidad de las instituciones democráticas y el respeto a la Constitución y a las leyes, cuyo acatamiento estará siempre por encima de cualquier otra obligación. Las Fuerzas Armadas Nacionales estarán al servicio de la República, y en ningún caso al de una persona o parcialidad política.

Artículo 133 Sólo el Estado puede poseer y usar armas de guerra. Todas las que existan, se fabriquen o se introduzcan en el país pasarán a ser propiedad de la República, sin indemnización ni proceso. La fabricación, comercio, posesión y uso de otras armas serán reglamentados por la ley.

Artículo 134 Los Estados y Municipios sólo podrán organizar sus fuerzas de policía de acuerdo con la ley".

Estas normas las estudiaremos al considerar el Informe y Proyecto de la Comisión de Defensa de la Asamblea.

O. *El régimen de los Tratados y su regulación en otros Capítulos*

En *segundo lugar*, están las normas destinadas a regular el régimen de los Tratados Internacionales, así:

"Artículo 128 Los tratados o convenios internacionales que celebre el Ejecutivo Nacional deberán ser aprobados mediante ley especial para que tengan validez, salvo que mediante ello se trate de ejecutar o perfeccionar obligaciones preexistentes de la República, de aplicar principios expresamente reconocidos por ella, de ejecutar actos ordinarios en las relaciones internacionales o de ejercer facultades que la le atribuya expresamente al Ejecutivo Nacional. Sin embargo, la Comisión Delegada del Congreso podrá autorizar la ejecución provisional de tratados o convenios internacionales cuya urgencia así lo requiera, los cuales serán sometidos, en todo caso, a la posterior aprobación o improbación del Congreso.

En todo caso, el Ejecutivo Nacional dará cuenta al Congreso, en sus próximas sesiones, de todos los acuerdos jurídicos internacionales que celebre, con indicación precisa de su carácter y contenido, estén o no sujetos a su aprobación.

Artículo 129 En los tratados, convenios y acuerdos internacionales que la República celebre, se insertará una cláusula por la cual las partes se obliguen a decidir por las vías pacíficas reconocidas en el derecho internacional, o previamente convenidas por ellas, si tal fuere el caso, las controversias que pudieren suscitarse entre las mismas con motivo de su interpretación o ejecución si no fuere improcedente y así lo permita el procedimiento que deba seguirse para su celebración".

Estimamos que estas normas deben retenerse en el nuevo texto constitucional. En contraste, encontramos que en el *Proyecto* presentado por el presidente Chávez a la consideración de la Asamblea, se propuso incluir en la Constitución un artículo que establece la obligatoriedad, en todo caso, de la aprobación de todos los Tratados por la Asamblea Nacional, eliminándose la categoría de Tratados o Acuerdos de ejecución de otros, que no requieren dicha aprobación conforme al citado artículo 128 de la Constitución actual. La norma del *Proyecto* del presidente Chávez, ubicada en el Título VIII sobre las Relaciones Internacionales, tiene el siguiente texto:

"*Artículo* Los Tratados Internacionales suscritos por la República deben ser aprobados por la Asamblea Nacional antes de su ratificación por el Presidente de la República. Cuando la materia de que se trate esté referida a la Defensa Nacional, a la soberanía, el dominio, la integridad territorial, su entrada en vigencia queda supeditada a su aprobación en referéndum nacional".

Los comentarios en relación con esta norma lo haremos al recibir el *Proyecto* respectivo de articulado constitucional de la Comisión de Relaciones Internacionales de la Asamblea, pero en caso de insistirse en su inclusión en este capítulo, debería limitarse a la exigencia de la aprobación refrendaria, eliminándose, sin embargo, el tema de los Tratados referidos a la defensa nacional, lo que estimamos limitaría excesivamente la acción del Estado en la materia. La norma con el siguiente texto podría entonces constituir un aparte del equivalente al actual artículo 128 de la Constitución.

"Los Tratados Internacionales relativos a la soberanía, el dominio y la integridad territorial deberán ser aprobados en referéndum nacional como condición para que entren en vigencia".

P.   *El régimen de las relaciones entre el Estado y la Iglesia*

Otra norma que tradicionalmente se ha incorporado en las Constituciones venezolanas ha sido la que establece las bases de relaciones entre el Estado y la Iglesia, y que conforme al principio del Patronato Eclesiástico, tiene el siguiente texto en la vigente Constitución:

"*Artículo 130* En posesión como está la República del Derecho de Patronato Eclesiástico, lo ejercerá conforme lo determine la ley. Sin embargo, podrán celebrarse convenios o tratados para regular las relaciones entre la Iglesia y el Estado".

El régimen entre el Estado y la Iglesia se ha regulado en el *modus vivendi* de 1964, en el cual se ha establecido un acuerdo que podría decirse que lo aleja del régimen de Patronato. Por ello, la eliminación o inclusión de una norma en sentido similar al artículo 130 de la Constitución, debe ser objeto de una motivación adecuada.

Q. El régimen de la función pública

En el Capítulo de las normas relativas al Poder Público Nacional, en el Proyecto presentado por la Comisión del Poder Público Nacional de la Asamblea, se proponen una serie de regulaciones destinadas a los funcionarios o empleados públicos, sea nacionales, estadales o municipales, lo que confirma la necesidad de que esta normativa se incluya en un Título destinado al Poder Público y no sólo al Poder Público Nacional.

En efecto, el *sexto* artículo del *Proyecto* presentado por la Comisión del Poder Público Nacional de la Asamblea, establece lo siguiente:

> *"Artículo No habrá empleo público que no tenga funciones detalladas en la ley o reglamento y para proveer los de carácter remunerado se requiere que sus respectivos emolumentos estén previstos en el presupuesto correspondiente.*
>
> *Nadie podrá desempeñar más de un destino público remunerado simultáneamente, salvo las excepciones que determine la ley".*

Esta norma busca regular dos aspectos diferentes del régimen de la función pública que conciernen, *primero,* al régimen general y, *segundo,* al de las incompatibilidades.

En cuanto a la norma sobre el régimen general, estimamos conveniente la orientación de establecer disposiciones que regulen el régimen de la función pública en relación con los tres niveles de gobierno (nacional, estadal y municipal) y no sólo con el nivel nacional, como lo hace el artículo 122 de la Constitución vigente, para lo cual debe también tenerse en cuenta lo regulado en el artículo 2° de la Enmienda Constitucional N° 2 de 1983 y en el artículo 229 de la Constitución de 1961.

Dicha norma, por tanto, podría quedar redactada así:

> *"Artículo* Las leyes establecerán el estatuto de la función pública mediante normas sobre el ingreso, ascenso, traslado, suspensión y retiro de los empleados de las Administraciones Públicas, y proveerán su incorporación al sistema de seguridad social.
>
> Todo empleo público debe tener detalladas en la ley o reglamento las funciones correspondientes a su desempeño; y los funcionarios o empleados públicos están obligados a cumplir los requisitos establecidos por la ley para el ejercicio de su cargo".

En la propuesta de la Comisión del Poder Público Nacional, además, se propuso la incorporación a nivel constitucional de una norma que estimamos procedente sobre la función pública, que constituye el artículo *siete* del *Proyecto*, y que podría tener la siguiente redacción, cónsona con la terminología que proponemos de "funcionarios o empleados públicos" en lugar de "servidores públicos":

> *"Artículo* Los cargos de los órganos de la Administración Pública son de carrera. Se exceptúan los de elección popular, los de libre nombramiento

y remoción, los contratados, los obreros al servicio de la Administración Pública y los demás que determine la Ley.

El ingreso de los funcionarios o empleados públicos a los cargos de carrera será por concurso público, fundamentado en principios de idoneidad y eficiencia. El ascenso estará sometido a métodos científicos basados en el sistema de méritos y el traslado, suspensión y retiro será de acuerdo a su desempeño".

En cuanto a las remuneraciones, es necesario establecer algunos principios como los propuestos por la Comisión del Poder Público Nacional, integrado con la última frase del primer párrafo del artículo 229 de la Constitución de 1961, en un artículo que podría tener la siguiente redacción:

"*Artículo* Para la ocupación de cargos de carácter remunerado es necesario que sus respectivos emolumentos estén previstos en el presupuesto correspondiente.

Las escalas de salarios en la Administración Pública se establecerán reglamentariamente conforme a la ley.

Una ley nacional podrá establecer límites a los emolumentos que devenguen los funcionarios y empleados públicos de los Estados y de los Municipios".

También estimamos que debe recogerse la norma del artículo 2° de la Enmienda Constitucional N° 2 de 1983 que establece la competencia de la ley nacional para establecer el régimen de las jubilaciones y pensiones de funcionarios o empleados públicos. Dicha norma podría tener la siguiente redacción:

"*Artículo* La ley nacional establecerá el régimen de las jubilaciones y pensiones de los funcionarios o empleados públicos nacionales, estadales y municipales".

Otra norma que debe desarrollarse, que deriva del segundo párrafo del artículo *sexto* del *Proyecto* de la Comisión, se refiere a las incompatibilidades para el desempeño de funciones públicas. Estimamos que en tal sentido debe mantenerse la precisión del artículo 123 de la Constitución de 1961, con el siguiente texto al que se ha agregado la compatibilidad en relación con las jubilaciones y pensiones conforme a la ley, de acuerdo con el artículo 2° de la Enmienda Constitucional N° 2 de 1983:

"*Artículo* Nadie podrá desempeñar a la vez más de un destino público remunerado, a menos que se trate de cargos académicos, accidentales, asistenciales, docentes, edilicios o electorales que determine la ley. La aceptación de un segundo destino que no sea de los exceptuados en este artículo implica la renuncia del primero salvo cuando se trate de suplentes mientras no reemplacen definitivamente al principal.

Sólo podrá disfrutarse más de una jubilación o pensión en los casos que expresamente se determine en la ley".

Otras incompatibilidades deben recogerse en la Constitución. Una de ellas es la prevista en el artículo *décimo* del *Proyecto* presentado por la Comisión del

Poder Público Nacional, respecto de cargos u honores extranjeros que tiene el siguiente texto:

"Artículo Los servidores públicos no podrán aceptar cargos, honores o recompensas de gobiernos extranjeros u organismos internacionales ni celebrar contratos con ellos sin previa autorización de la Asamblea Nacional".

Esta norma, que tiene su origen en el artículo 125 de la Constitución de 1961, agrega a la lista de exigencia de aprobación legislativa, sin justificación alguna, la aceptación de un cargo en un organismo internacional, lo que realmente no tiene sentido e implicaría una limitación intolerable a los derechos de las personas. Por ello, proponemos regresar a la redacción del artículo 125 de la Constitución así:

"Artículo Los funcionarios o empleados públicos no podrán aceptar cargos, honores o recompensas de gobiernos extranjeros sin la autorización del Senado".

R. *La regulación de la responsabilidad del Estado*

Por último, estimamos necesario que en la Nueva Constitución se establezca una norma que regule en forma precisa la responsabilidad patrimonial del Estado. Como hemos señalado, en el Capítulo del Poder Público sólo se regula la responsabilidad de los funcionarios (art. 119 de la Constitución vigente), estando destinado el artículo 47 de la actual Constitución, en cierta forma incompleta, a regular la responsabilidad del Estado.

Estimamos que, precisamente en el Capítulo relativo al Poder Público, es donde debe incorporarse una norma que regule la responsabilidad patrimonial del Estado.

En efecto, uno de los principios fundamentales e inherentes a todo Estado de Derecho es, sin duda, el principio de responsabilidad patrimonial del Estado, por los daños o perjuicios que sean causados a los particulares por los actos u omisiones de las autoridades públicas y de cualesquiera personas que legítimamente actúen en función administrativa o de servicio público.

Puede decirse que la responsabilidad patrimonial del Estado está consagrada en Venezuela en la Constitución de 1961, en los siguientes términos:

"Artículo 47 En ningún caso podrán pretender los venezolanos ni los extranjeros que la República, los Estados o los Municipios les indemnicen por daños perjuicios o expropiaciones que no hayan sido causados por autoridades legítimas en el ejercicio de su función pública".

El antecedente claro y directo de esta norma está en la Constitución de 1901, cuyo artículo 14 fue reproducido sistemáticamente por los textos constitucionales posteriores. En esta forma puede decirse que la Constitución vigente, recoge el principio de la responsabilidad patrimonial del Estado, lo que está respaldado por el contenido de otras normas como los artículos 68 (derecho a la defensa y a la tutela judicial efectiva) y 206 (relativo a la jurisdicción contencioso administrativo), e igualmente de los artículos 3 (carácter democrático y responsable del gobierno); 46 y 121 (sobre la responsabilidad de los funcionarios); 49, 117, 205, 209 (referente a la protección jurisdiccional); 99 y 101 (relativos a la garantía de la propiedad y a la integridad patrimonial); 45, 56, 57, 61 y 223 (relativos al principio de igualdad ante las cargas públicas).

Tales normas, han permitido a la jurisprudencia el desarrollo general y la articulación técnica de todo un sistema de responsabilidad administrativa completo, eficaz e inspirado de principios de Derecho público, tal como es la tendencia actualmente en la mayoría de los países democráticos y basados en la idea del Estado de Derecho. Sin embargo, la elaboración de una Nueva Constitución es la oportunidad propicia para mejorar aún más tales normas y adaptarlas a las más recientes tendencias mundiales, tal como se observa ha sucedido con las Constituciones de muchos países europeos y latinoamericanos.

En contraste, se observa que el *Proyecto* presentado por el presidente Chávez relativo a las *Ideas Fundamentales para la Constitución Bolivariana de la V República*, no ha tomado en consideración la modernización de las normas relativas a la responsabilidad patrimonial del Estado, pues el mismo, en su Título II, Capítulo III (Derechos Civiles) se limita a señalar, de forma similar a lo previsto en la Constitución de 1961, que

"En ningún caso podrán pretender los venezolanos ni los extranjeros que la República, los Estados o los Municipios les indemnicen por daños, perjuicios o expropiaciones que no hayan sido causados por autoridades legítimas en el ejercicio".

Por ello, estimamos que en la Nueva Constitución debe procederse a mejorar las normas relativas al principio de responsabilidad patrimonial del Estado, en especial, del actual artículo 47 de la Constitución de 1961, a los fines de sustituirlo por un precepto mucho más moderno.

En este sentido, a título comparativo, es ilustrativo destacar el contenido del artículo 106.2 de la Constitución española de 1978, según el cual:

"Los particulares, en los términos establecidos por la ley, tendrán derecho a ser indemnizados por toda lesión que sufran en cualquiera de sus bienes y derechos, salvo en los casos de fuerza mayor, siempre que la lesión sea consecuencia del funcionamiento de los servicios públicos".

Por otra parte, igualmente paradigmático es el caso de la Constitución de Colombia de 1991, la cual, adaptándose a las tendencias modernas en la materia, incluyó un artículo 90 del siguiente tenor:

"El Estado responderá patrimonialmente por los daños antijurídicos que le sean imputables causados por la acción o la omisión de las autoridades públicas".

Las anteriores normas constitucionales son el reflejo de las tendencias modernas, por lo que, dentro de este contexto, estimamos que debe darse una nueva redacción del artículo regulador de la responsabilidad patrimonial del Estado, a ser incluido dentro del Título de Poder Público en la nueva Constitución de Venezuela, que podría ser la siguiente:

"*Artículo* El Estado responderá patrimonialmente por todos los daños antijurídicos que sufran los particulares en cualquiera de sus bienes y derechos, siempre que la lesión sea imputable al funcionamiento normal o anormal de los servicios públicos o de la actividad administrativa".

En relación con esta propuesta, que hemos preparado con la colaboración del Profesor Luis Ortiz Álvarez, uno de nuestros más destacados especialistas en el tema de la responsabilidad del Estado, el mismo ha indicado que:

"El anterior artículo, en armonía con las tendencias modernas y con las mejores normas constitucionales del Derecho Comparado, contiene las bases de un *sistema indemnizatorio completo y efectivo* de responsabilidad patrimonial del Estado a ser desarrollado bajo principios de Derecho público y a ser controlado por los jueces de la jurisdicción contencioso administrativa. Dicho sistema de responsabilidad cubre *todos los tipos de daños* causados por las *autoridades en el ejercicio de su función pública*, en sentido amplio, lo que alcanza las funciones *legislativas, jurisdiccional y administrativa*. Se trata de una responsabilidad *directa* del Estado y no subsidiaria, quedando siempre a salvo la posibilidad de que el Estado, en caso de *falta personal* de los funcionarios, repita contra éstos.

La responsabilidad patrimonial del Estado alcanza a todas las vertientes de la función administrativa, es decir, *todas las actividades* (hechos, abstenciones, inactividad y actos), trátese de actividades ilegales o ilícitas (anormales) como a las actividades legales o lícitas (normales) cuando éstas generan daños. Igualmente, el sistema de responsabilidad es aplicable a todas las Administraciones o entes públicos e, incluso, a los particulares cuando actúen en función administrativa o en misión de servicio público.

El fundamento general o unitario de todo el sistema o de los dos regímenes de responsabilidad administrativa es la *integridad patrimonial*. El criterio técnico general de la responsabilidad lo constituye la noción de *lesión o daño antijurídico*, en el sentido de que el particular no tiene la obligación de soportar el daño sin indemnización. Dentro de este contexto, por lo demás ya aceptado, al igual que en el derecho comparado, por la jurisprudencia venezolana, el sistema de responsabilidad administrativa es un *sistema mixto,* en el sentido de que, según los casos, el Estado puede responder patrimonialmente a través dos regímenes indemnizatorios, a saber: un régimen de responsabilidad sin falta o por sacrificio particular y un régimen de responsabilidad por falta o funcionamiento anormal.

En concreto, tenemos entonces, por una parte, que en el régimen de responsabilidad por sacrificio particular, la antijuricidad o insoportabilidad de un daño viene dada por presencia e imputación de daños anormales (graves o intensos) y especiales (individualizados) los cuales producirían un sacrificio particular y, por tanto, una ruptura lícita de la igualdad ante las cargas públicas haciéndose necesaria una indemnización compensatoria, independientemente de si el daño es producto del funcionamiento lícito o normal de los servicios públicos o de la actividad administrativa. Se trata, por lo demás, de un régimen indemnizatorio objetivo ya desarrollado por la jurisprudencia e incluso previsto en algunas leyes vigentes, tales como la Ley Orgánica de Ordenación Urbanística (artículo 53) y en la Ley Orgánica de Ordenación del Territorio (artículo 63). Por otra parte, en el régimen de responsabilidad por falta o funcionamiento anormal, la antijuricidad o insoportabilidad del daño viene dada por la presencia de daños de cualquier naturaleza causados por actividades administrativas o servicios públicos en funcionamiento "anormal" o ilícito, esto es, en situaciones de irrespeto o violación a las obligaciones a cargo del Estado. Ambos regímenes de responsabilidad son coexistentes y complementarios y la aplicabilidad de cada uno dependerá de la naturaleza y antecedentes de cada caso concreto". (Comunicación de 22-9-99).

En consecuencia, la inclusión en la nueva Constitución de un artículo sobre la responsabilidad patrimonial del Estado como el que se propone, puede considerarse que constituye un avance constitucional relevante, que daría respuesta precisa y moderna, a la necesidad de la renovación de uno de los temas más fundamentales de todo Estado de Derecho y de Justicia, consolidando en los particulares unos de los derechos y principios más necesarios de toda sociedad moderna

Implicaría, además, alinear a Venezuela con las mejores tendencias constitucionales del Derecho comparado, tanto en Europa como en Latinoamérica, donde muchos países han desarrollado constitucional y jurisprudencialmente un moderno y efectivo sistema de responsabilidad patrimonial del Estado, todo ello con el efecto inmediato de un mejor funcionamiento de los servicios públicos y de una mayor seguridad jurídica para los ciudadanos e inversionistas.

S. *Las regulaciones relativas a la Administración Pública*

En las Disposiciones Fundamentales relativas al Poder Público, estimamos que también deben incorporarse normas destinadas a regular la Administración Pública en general, que han de regir tanto para la Administración Pública Estadal como para la Administración Pública Municipal.

En el *Proyecto* de la Comisión del Poder Ejecutivo se han incorporado estas normas que transcribimos a continuación, y sin perjuicio de que se revisen cuando se considere dicho *Informe,* podrían incluirse en el Título sobre El Poder Público, tienen el siguiente texto:

Artículo   La Administración Pública está al servicio de los ciudadanos y se fundamenta en los principios de honestidad, participación, eficacia, eficiencia, transparencia y responsabilidad en el ejercicio de la función pública, con sometimiento pleno a la ley y el derecho.

Artículo   La Administración Pública como instrumento para lograr el bien común como fin supremo del Estado, definido por la justicia, la igualdad y el bienestar de los ciudadanos, adecuará su organización y funcionamiento al cumplimiento del Plan Nacional de Desarrollo.

Artículo   La Administración Pública será organizada de tal modo que se promoverá en su seno la autonomía gerencial necesaria para establecer los mecanismos institucionales que garanticen el logro de las metas establecidas en el programa de gobierno, gracias a la participación activa de la ciudadanía en su gestión.

Artículo   Los ciudadanos tienen derecho a ser informados oportunamente por la Administración Pública, siempre que lo soliciten, sobre el estado de las actuaciones en que estén directamente interesados, así como a conocer las resoluciones definitivas que se adopten sobre el particular. Asimismo, tienen acceso a los archivos y registros administrativos, sin perjuicio de lo dispuesto mediante ley en materias relativas a seguridad interior y exterior, a investigación criminal y a intimidad de la vida privada.

T.   *Las competencias del Poder Público Nacional*

En el *Informe* final presentado por la Comisión del Poder Público Nacional de la Asamblea se incluye una norma relativa a la *Competencia del Poder Público Nacional,* correspondiendo al Capítulo I, del Título III "De la Competencia del Poder Público Nacional, de los Estados y de los Municipios".

El artículo en cuestión, que equivalente al artículo 136 de la Constitución de 1961; detalla y enumera las competencias de los órganos que ejercen el Poder Público Nacional, siguiendo en parte la redacción del artículo correspondiente del proyecto presentado por el presidente Chávez a la Asamblea con el título *Ideas Fundamentales para la Constitución Bolivariana de la V República,* lo que, aún sin querer, hace más restrictivas las competencias de los órganos del Poder Público Nacional por una inadecuada redacción que en lugar de conducir a un "significado cierto que no ofrezca ambigüedad" o a "hacer más comprensible y manejable su contenido", conduce a lo contrario.

La norma, con el enunciado de "Son competencias del Poder Público Nacional", para su redacción final tiene que compaginarse con los artículos de la Nueva Constitución que definan la competencia del Poder Público Estadal y del Poder Público Municipal.

8.   *Sobre la inmunidad jurisdiccional del Estado*[41]

Con fecha 8 de septiembre de 1999 dirigí una comunicación a los presidentes de las Comisiones de Integración y Relaciones con la Comunidad Internacional, de la Comisión de Poder Público Nacional, de la Comisión de lo Económico y Social y de la Comisión Constitucional, sobre una "Propuesta sobre la cláusula de inmunidad relativa de jurisdicción y sobre la cláusula Calvo en los contratos de interés público," con mis comentarios en torno a la *Cláusula de Inmunidad jurisdiccional* contenida en el documento presentado por el presidente Chávez a la Asamblea, denominado *Ideas Fundamentales para la Constitución Bolivariana de la V República*, en sustitución del artículo 127 de la Constitución de 1961;

---

41   Véase Allan R. Brewer-Carías, *Debate Constituyente (Aportes a la Asamblea Nacional Constituyente), Tomo I (8 agosto-8 septiembre 1999),* Fundación de Derecho Público-Editorial Jurídica Venezolana, Caracas 1999, pp. 207-233.

y a la ausencia de regulación en dicho documento de la llamada *Cláusula Calvo* que está contenida en la última parte de la referida norma constitucional.

En dicha comunicación expuse lo siguiente:

"En efecto, la Constitución de 1961 establece en su artículo 127, lo siguiente:

"Art. 12. En los contratos de *interés público,* si no fuere improcedente *de acuerdo con la naturaleza de los mismos,* se considerará incorporada, aun cuando no estuviere expresa, una cláusula según la cual las dudas y controversias que puedan suscitarse sobre dichos contratos y que no llegaren a ser resueltas amigablemente por las partes contratantes serán decididas por los *Tribunales competentes de la República,* en conformidad con *sus leyes,* sin que por ningún motivo ni causa puedan dar origen a *reclamaciones extranjeras".*

Por su parte, en el Proyecto presentado por el presidente Chávez, la norma equivalente, ubicada en el Título V sobre el "Sistema socio económico", establece lo siguiente:

"Art.__ En los contratos en los que participe la República y sean de interés público se considerará incorporada, aún cuando no estuviere expresa, una cláusula según la cual las dudas y controversias que puedan suscitarse sobre dichos contratos, serán decididas por los tribunales competentes de la República en conformidad con las leyes".

Para entender adecuadamente estas normas, y los cambios propuestos, las analizaremos separadamente.

A. *La cláusula de inmunidad relativa de jurisdicción en relación con los contratos de interés público en la Constitución de 1961*

La Constitución de 1961, en el mencionado artículo 127, establece la denominada *Cláusula de Inmunidad* relativa de jurisdicción en relación con los contratos de interés público, sea cual sea el ente estatal que los suscriba, conforme a la cual y cuando por su naturaleza no sea "procedente, las dudas y controversias que se susciten pueden ser decididos por Tribunales extranjeros, o conforme a otra legislación distinta a la venezolana.

a. *La noción de contratos de interés público*

En relación con el artículo 127 de la Constitución, ante todo, resulta necesario precisar qué ha de entenderse por contrato de interés público (Véase Allan R. Brewer-Carías, "Los contratos de interés nacional y su aprobación legislativa", *Revista de Derecho Público,* N° 11, 1982, Caracas, págs. 49 y sigts.), a los efectos de determinar a cuáles se aplica esta cláusula.

La Constitución, en efecto, se refiere a la noción de contratos de interés público, en genérico, como sucede en el artículo 127; y aparte especifica las especies de contratos de interés público, al indicar que pueden ser de interés público nacional, de interés público estadal o de interés público municipal (art. 126).

La noción de interés público, por tanto, es de carácter genérico, en contraste con las especies (nacional, estadal o municipal), lo que resulta de la forma Federal del Estado conforme a la distribución vertical del Poder (nacional, estadal y municipal).

Por ello, el texto constitucional habla de interés público nacional, de interés público estadal y de interés público municipal, para hacer referencia a un solo interés público que concierne a los tres niveles territoriales.

Por tanto, contratos de interés público son los contratos suscritos por la República, cualquiera que sea su contenido, y también todos los contratos suscritos por los Estados y por los Municipios, y por sus entes descentralizados de derecho público. Por lo demás, esta noción de interés público, que engloba los tres niveles territoriales, tiene relación con otros aspectos fundamentales del Derecho Público Venezolano, como el concepto de Estado o el de Poder Público.

De lo anterior resulta que contrato de interés público, en la Constitución de 1961, es todo contrato suscrito por los entes públicos territoriales, cualquiera que sea su naturaleza y contenido, es decir, por la República, los Estados y los Municipios, y aún más, también, por los entes descentralizados de derecho público de esos tres niveles. Por tanto, un contrato suscrito por un instituto autónomo nacional, estadal o municipal, también puede considerarse como contrato de interés público.

Esto sin duda, es el primer tema que sugiere el artículo 127 de la Constitución, y que conduce a interpretar que se trata, realmente, de una cláusula contractual obligatoria, en el sentido de que todo contrato que suscriban todos los entes del Estado Venezolano, en los tres niveles territoriales e, incluso, en los niveles de descentralización funcional, deben contener esta cláusula cuyo objeto es, salvo que la naturaleza de los mismos excluya, *primero,* estipular que la interpretación, aplicación y ejecución de esos contratos debe someterse a la Ley Venezolana, y *segundo,* que las controversias y dudas que de ellos surjan deben también someterse al conocimiento de los Tribunales venezolanos. Este principio, que se deriva de esta cláusula, encuentra también su fundamento en el principio universal del derecho internacional, de la inmunidad de jurisdicción de los Estados extranjeros. (Véase, Tatiana Bogdanowsky de Maekelt, "Inmunidad de Jurisdicción de los Estados" en *Libro Homenaje a José Melich Orsini,* Vol. I, Caracas, 1982, págs. 213 y ss.).

b. *El origen de la inmunidad relativa de jurisdicción*

La Cláusula del artículo 127 de la Constitución, sin embargo, desde el ángulo de la inmunidad jurisdiccional, se aparta del carácter absoluto tradicional, y encaja dentro de la llamada "inmunidad relativa de jurisdicción". En efecto, esa norma prescribe que esa cláusula debe estar presente en todos los contratos de la Administración "*si no fuere improcedente de acuerdo con la naturaleza de los mismos*". Esto conecta la disciplina en materia de contratos, con un tema clásico de derecho internacional, que muestra la evolución que ha tenido en el derecho contemporáneo el tema, desde una inmunidad absoluta a la inmunidad relativa de jurisdicción (véase, en general, Ian Sinclair, "The Law of Sovereign Inmunity, Recent Development", Académie International de Droit Comparé, *Recueil des Cours, 1980,* Vol. II, La Haya, 1981, págs. 201 y ss.).

El origen de esta cláusula, en el sistema constitucional venezolano, se remonta a la Constitución de 1893, en la cual se estableció lo que puede calificarse como el principio de la inmunidad absoluta. El artículo 149 de ese texto dispuso que:

"*...*En todo contrato de interés público, se establecerá la cláusula, de que «las dudas y controversias que puedan suscitarse sobre su inteligencia y ejecución, serán decididas por los tribunales venezolanos y conforme a las leyes de la República...»"

De acuerdo a esta norma del Texto Fundamental de 1893 la fórmula era distinta al texto vigente: *primero,* preveía la inmunidad absoluta, y *segundo,* prescribía la obligación de que en todo contrato de interés público se estableciera la cláusula, lo que difiere del sistema de la Constitución de 1961, conforme la cual se entiende incorporada la cláusula a los contratos. En aquel texto sólo se decía que en esos contratos debía incorporarse la cláusula, por la que la misma tenía mero carácter contractual.

En la Constitución de 1947 estos dos elementos se cambiaron: se abandonó el sistema de inmunidad absoluta, sustituyéndose por uno de inmunidad relativa, porque la cláusula se consideraba incorporada en los contratos "si fuera procedente de acuerdo a la naturaleza de los mismos"; y, además, se adoptó el esquema actual de considerar incorporada la cláusula aún cuando no estuviera expresa, con lo cual no es necesario que se indique en el texto del contrato que esa cláusula forma parte del mismo, sino que en virtud de la Constitución ella está incorporada (art. 108).

c.   *La situación en el derecho internacional y la distinción entre actos de autoridad y actos de gestión*

Esta cláusula, como se señaló, tiene una evidente vinculación con el Derecho Internacional, y hoy puede decirse que refleja una situación universalmente aceptada y adoptada en todo el mundo: la del principio de la relatividad de la inmunidad de soberanía o de inmunidad jurisdiccional de los Estados.

Por supuesto, ello no implica que haya unanimidad absoluta en la doctrina en relación a determinar cuándo la *naturaleza* de un contrato implica la renuncia a la inmunidad de jurisdicción. Sobre el particular puede decirse que no hay criterios universalmente aceptados, aun cuando todavía se recurra a la distinción tradicional abandonada en el campo del derecho administrativo, entre los actos de autoridad (*jure imperii*) y los actos de gestión (*jure gestionis*) para la interpretación de los casos en los cuales debe haber inmunidad de jurisdicción. La misma doctrina del Fisco, elaborada también durante el siglo pasado, incluso, tuvo sus repercusiones en el Derecho Internacional en este tema de la inmunidad jurisdiccional.

En todo caso, puede decirse que esas distinciones tradicionales, en el momento actual, no tienen valor como tal, porque todo acto del Estado siempre tiene una finalidad pública y no puede decirse que haya actos que el Estado cumple como un particular pura y simplemente.

Sin embargo, la distinción entre actos de autoridad y actos de gestión con todas sus consecuencias, condicionó la elaboración de un documento que, en el ámbito del Derecho Internacional Privado y su incidencia en los contratos estatales, fue muy importante en América Latina. Se trata del *Código Bustamante,* es decir, la *Convención sobre Derecho Internacional Privado* de 1928, que suscribieron casi todos los países de América Latina y del cual es parte Venezuela. En esa Convención puede decirse que se comenzó, en el ámbito internacional de América Latina, a erosionar el principio de la inmunidad jurisdiccional absoluta de los Estados.

En efecto, en ese texto se admitió, como principio, que había inmunidad absoluta, pero salvo el caso de que un Estado hubiera admitido una sumisión expresa a la ley extranjera, en cuyo caso habría un consentimiento expreso a someterse a la jurisdicción de tribunales extranjeros.

En tal sentido, el artículo 333 del Código establece lo siguiente:

"*Artículo 333:* Los jueces y tribunales de cada Estado contratante serán incompetentes para conocer de los asuntos civiles o mercantiles en que sean parte demandada los demás Estados contratantes o sus Jefes, si se ejercita una acción personal, *salvo el caso de sumisión expresa* o de demandas reconvencionales".

Pero, además, en el Código Bustamante, y de allí la importancia de este documento en el derecho internacional, también se estableció el principio de que, a pesar de la inmunidad establecida, ciertas acciones podían dar origen a la renuncia a la inmunidad de jurisdicción, particularmente las acciones reales vinculadas a la propiedad inmueble y los juicios universales (art. 316). Sin embargo, para regular esta materia, en 1928, el Código seguía el parámetro de la distinción entre actos de autoridad y actos de gestión.

Así, los artículos 334 y 335 del Código establecieron lo siguiente:

"*Artículo 334* En el mismo caso y *con la propia excepción, serán incompetentes* cuando se ejerciten *acciones reales*, si el Estado contratante o su Jefe *han actuado en el asunto como tales y en su carácter público.*

Artículo 335 Si el Estado contratante o su Jefe *han actuado como particulares o personas privadas, serán competentes* los jueces o tribunales para conocer de los asuntos en que se ejerciten *acciones reales* o mixtas, si esta competencia les corresponde conforme a este Código".

Conforme a estas normas, por tanto, si se trata de acciones reales, en asuntos en los cuales el Estado actúa como Poder Público, dictando actos de autoridad, se mantiene el principio de la inmunidad absoluta; en cambio, si lo que está envuelto en el asunto es un acto de gestión en el cual el Estado actúa como particular o persona privada, entonces puede estar sometido a la jurisdicción de otro Estado.

170

Es claro, sin embargo, que actualmente esta distinción no puede seguir sosteniéndose, como no se sostiene ya en el Derecho Internacional, sobre todo en virtud de la expansión económica de los Estados, pues ha sido justamente en las últimas décadas cuando los Estados han venido desarrollando un intenso proceso de intervención en la economía. En este campo de la actuación económica del Estado, ello no puede implicar que en las mismas, los Estados dejen de ser tales Estados soberanos, a pesar de que cumplan actividades comerciales o industriales en cualquier nivel.

El tema se ha discutido en el campo del derecho internacional, llegándose incluso a afirmaciones mucho más definidas que las que a veces encontramos en el derecho interno. Por ejemplo, Ian Sinclair afirma que "es una sobresimplificación pretender que todas las actividades del Estado en el campo económico -como el manejo estatal de una industria, las compras o ventas del Estado- son necesariamente de naturaleza de "derecho privado" y que cumpliéndolas el Estado actúa como persona privada" (*loc. cit.* pág. 209), y Chetien ha sostenido que "el Estado no adopta acto alguno, ni interviene en cualquier relación jurídica, sin que ello esté motivado, directa o indirectamente, por la necesidad de mantener su alta misión gubernamental... si uno va al fondo de las cosas, el Estado no se puede presentar jamás como una persona privada" (*idem* p. 209).

Por tanto, por el hecho de que el Estado realice actividades comerciales o industriales, no implica que deba de estar sometido al derecho público y que actúe enteramente regido por el derecho privado.

d. *Las excepciones a la Inmunidad jurisdiccional basadas en la naturaleza de los contratos y su carácter comercial*

En consecuencia, abandonada la distinción entre actos de autoridad y acto gestión, o entre "Estado persona" y "Estado Poder Público", en el Derecho Internacional, para evaluar las cláusulas de inmunidad de jurisdicción, la discusión se centra en la *naturaleza de la actividad* del Estado más que en su finalidad, que siempre es pública; y la tendencia es a admitir la excepción al principio de la inmunidad basada en el *carácter comercial* de las actividades que realice un Estado, sobre todo el ámbito internacional, lo que ha provocado la admisión del principio de la inmunidad relativa de jurisdicción.

En esta orientación, hay varios instrumentos jurídicos internacionales adoptados en los últimos años que deben destacarse. El primero de ellos es la *Convención Europea sobre Inmunidad de los Estados* de 1972, en la cual se señalaron los casos en los cuales los Estados no podían invocar la inmunidad de jurisdicción, los cuales son: cuando se trate de contratos de trabajo o laborales que deben ser ejecutados en el Estado del foro; cuando un Estado participe como accionista junto con otros particulares en empresas comerciales en el Estado del foro; cuando un Estado tenga oficinas o agencias que realicen actividades industriales, comerciales o financieras, de la misma manera que personas privadas; los procedimientos relativos a patentes, marcas de fábricas y todo lo vinculado al derecho industrial; y las acciones relativas a propiedad inmueble y sobre sucesiones y donaciones (Art. 5 a 10).

Esta Convención Europea fue seguida en cuanto al abandono progresivo de la inmunidad absoluta, por una ley muy importante, que fue la *Ley de Inmunidad de Soberanía de los Estados Unidos de América* de 1976, particularmente por tratarse de un Estado en el cual ha habido, históricamente, muchos conflictos y búsqueda de excepciones al sometimiento de los Estados extranjeros a las leyes norteamericanas. En esa ley se estableció, como principio, que bajo el ámbito del derecho internacional, los Estados no son inmunes en materia de jurisdicción en relación a sus actividades comerciales (Art. 1602), las cuales se definen en el mismo estatuto, como las actividades regulares de conducta comercial, o las transacciones particulares de tal carácter comercial. En este texto, además, se precisa que "el carácter comercial de una actividad debe determinarse en relación a la naturaleza de la conducta, la transacción particular o el acto, antes que en referencia a su objetivo o finalidad" (Art. 1603, d).

El mismo principio se adoptó en la *Ley de Inmunidad del Estado del Reino Unido,* de 1978, lo cual fue también muy importante, porque Inglaterra había sostenido siempre el principio de la inmunidad absoluta. Fue a partir de 1978 cuando se abandonó el principio e, incluso, se definieron los casos a los cuales no se podía alegar la inmunidad jurisdiccional, basado en el principio de la naturaleza comercial de la transacción, tales como: suministros de bienes o servicios; préstamos y transacciones que tienen relación con el financiamiento a los países o garantías o indemnizaciones relativas a estos préstamos y financiamientos, así como cualquier otra transacción o actividad, sea comercial, industrial, financiera, profesional o de carácter similar, en las cuales un Estado entra en relación con otro, sin que quede comprometido realmente el ejercicio de su autoridad soberana (Secc. 3ª).

Esta misma orientación la sigue el *Proyecto de Convención Interamericana de inmunidad de Jurisdicción de los Estados,* aprobado en 1.983 por el Comité Jurídico Interamericano, en el cual se plantea también la excepción a la inmunidad jurisdiccional en el caso de actividades mercantiles y comerciales, en los casos de "la realización de una determinada transacción o acto comercial o mercantil como parte del desarrollo ordinario de su comercio", agregándose también, los asuntos laborales y contratos de trabajo.

e. *La discusión en Venezuela y el caso de los contratos de empréstito público.*

El tema tiene gran importancia en Venezuela, porque toca el principio constitucional contenido en esta cláusula obligatoria del artículo 127; obligatoriedad que está, sin embargo, sujeta a la excepción basada en la naturaleza del contrato, en cuyo caso no se aplica el principio de la inmunidad.

Por supuesto, la discusión en Venezuela se ha planteado en torno al tema de la naturaleza de los contratos (Véase Isabel Boscán de Ruesta, "La inmunidad de jurisdicción de los contratos de interés público", en *Revista de Derecho Público,* N° 14, Caracas, 1983, pp. 24 y ss.; Alfredo Morles. "La inmunidad de Jurisdicción y las operaciones de Crédito Público", en *Estudios sobre la Constitución, Libro Homenaje a Rafael Caldera,* tomo III. Caracas, 1979, pp. 1701 y ss.; y la doctrina de la Procuraduría General de la República, en *20 años de Doctrina de la Procuraduría General de la República 1962-1981,* Caracas, 1984, tomo IV, Vol. 2, pp. 169 y ss.) y en la materia no se puede dar fórmulas universales. A la conclusión que se ha llegado después de interpretaciones contradictorias, es que el criterio debe incidir en la naturaleza práctica del negocio que está en juego, lo cual tuvo particular aplicación, a principios de la década de los ochenta, con motivo de los contratos de empréstitos públicos y obligaciones financieras que asumía el Estado en territorio de Estados extranjeros (Véase A. Morles, *loc. cit.,* pp. 1.701 y ss).

Por supuesto, en materia de empréstitos públicos, el tema de la inmunidad jurisdiccional se ha planteado desde siempre, y ha habido toda una discusión, tanto en el Derecho Financiero como en el Derecho Internacional, sobre *la naturaleza de los contratos de empréstitos.* En todo caso, si se utiliza la distinción de actos de autoridad y actos de gestión *(jure imperii-jure gestione)* nadie podía afirmar que un contrato de empréstito público no sea un acto de autoridad, y no sea un contrato administrativo: más público, en cualquier sentido, que un contrato de empréstitos, no habría.

Por ello, la solución al problema no se basa en considerar si el Estado suscribe el contrato haciendo uso de su soberanía o de sus poderes públicos, o si son o no contratos administrativos, sino en la naturaleza de las operaciones. En el caso de empréstitos, sin duda, el juez que pueda estar llamado a conocer de un problema judicial en relación a ellos, lo que debe conocer en realidad son cuestiones mercantiles y comerciales. Por eso, y con base en la excepción prevista en la Constitución, los contratos de empréstitos no contienen las cláusulas de inmunidad de jurisdicción y, por tanto, pueden estar sometidos, en su ejecución, que se produce además fuera del país, a las leyes y tribunales donde se realiza la operación. Este, además, es el principio aceptado en todos los países en el momento actual.

Ahora bien, esta posición de principio, en cuanto a la excepción respecto de la cláusula de inmunidad de jurisdicción y que existe respecto de contratos de interés público de naturaleza comercial o industrial, puede verse modificada, como ha sucedido con la Ley sobre Construcción, Explotación y Mantenimiento de Obras Viales y de Transporte en Régimen de Concesión de 1983 (*G.O.* N° 3.247 Extraordinaria de 26-8-83) que estableció que:

"La concesionaria estará sometida al ordenamiento jurídico venezolano y a la jurisdicción de los Tribunales de la República, cualesquiera sea el origen de sus capitales y el de sus accionistas" (art. 10).

En el mismo sentido, en el sector hidrocarburos, y en cuanto a los contratos para la constitución de empresas mixtas, el artículo 3° (Parágrafo Segundo, literal d), numeral 9) de la Ley de Hidrocarburos, estableció que en dichos contratos se debía insertar la cláusula de inmunidad de jurisdicción, con el siguiente contenido:

"Las dudas y controversias de cualquier naturaleza que puedan suscitarse con motivo de este convenio y que no puedan ser resueltas amigablemente, serán decididas por los Tribunales de Venezuela de conformidad con sus leyes, sin que por ningún motivo ni causa puedan ser motivo de reclamaciones extranjeras".

B. *El caso de la inclusión de la excepción a la inmunidad de jurisdicción en los contratos relativos a la Apertura Petrolera*

a. *La cláusula de excepción y el arbitramiento*

Ahora bien, de acuerdo con el principio del artículo 127 de la Constitución de 1961, en el Acuerdo del Congreso del 04-07-95 que autorizó los "Convenios de asociación para la explotación a riesgo de nuevas áreas y la producción de hidrocarburos bajo el esquema de ganancias compartidas", se incluyó la Cláusula Decimaséptima con el texto siguiente:

"DECIMASÉPTIMA: El Convenio se regirá e interpretará de conformidad con las leyes de la República de Venezuela.

Las materias competencia del Comité de Control no estarán sujetas a arbitraje.

El modo de resolver controversias en materias que no sean de la competencia del Comité de Control y que no puedan dirimirse por acuerdo entre las partes, será el arbitraje, el cual se realizará según las reglas de procedimiento de la Cámara Internacional de Comercio, vigentes al momento de la firma del Convenio".

Esta cláusula, junto con otras, fue impugnada en 1995 y 1996 ante la Corte Suprema de Justicia por diversos ciudadanos, entre ellos el actual constituyente Dr. Luis Vallenilla, y el actual Ministro de Energía y Minas, Dr. Alí Rodríguez Araque, argumentando que la misma era contraria al artículo 127 de la Constitución, pues los Convenios de Asociación cuyas condiciones de celebración autorizaba el Acuerdo del Congreso, eran contratos de evidente interés público cuyas controversias, a juicio de los recurrentes, no podían "dirimirse con arreglo a normas de procedimiento distintas a las que establece la Ley Venezolana".

En cuanto a esta denuncia formulada por los recurrentes debe señalarse que, evidentemente, los Convenios de Asociación autorizados en el Acuerdo del Congreso de 04-07-95, son contratos de interés público nacional conforme al artículo 127 de la Constitución, a los cuales, sin embargo, por su *naturaleza industrial y comercial,* se les aplica la excepción contenida en la misma norma respecto al principio de la inmunidad jurisdiccional; razón por la cual no puede considerarse que violaban dicha norma.

En efecto, en la referida Cláusula Decimaséptima si bien se deja claramente sentado el mandato de que el Convenio *"se regirá e interpretará de conformidad con las leyes de la República de Venezuela",* en cuanto a la resolución de *algunas* controversias que deriven del mismo (con exclusión de las materias que sean competencia del Comité de Control), precisamente de acuerdo a lo establecido en el Código de Procedimiento Civil, que es una Ley de la República de Venezuela, se la somete a arbitraje que se realizará según las reglas de procedimiento de la Cámara Internacional de Comercio, vigentes al momento de la firma del Convenio. Esta previsión de la Cláusula Decimaséptima del artículo 2º del Acuerdo está, en un todo, conforme con lo establecido en el artículo 127 de la Constitución, por lo que no lo contradice en forma alguna; y además, responde ahora al contenido del artículo 4° de la Ley de Arbitraje Comercial de 1998, que autoriza el arbitramento en contratos de interés público

En efecto, los Convenios de Asociación autorizados en el Acuerdo de 04-07-95, a celebrarse entre una de las empresas de la industria petrolera nacionalizada y una empresa privada, indudablemente que en los mismos, dada la naturaleza industrial y comercial de las actividades envueltas en ellos -que no cambian por el hecho de originarse en la explotación de hidrocarburos, lo que ha sido reservado al Estado por ley-, la inclusión de la mencionada cláusula de inmunidad de jurisdicción no es obligatoria, razón por la cual incluso podría haberse incluido una cláusula que estableciera la excepción tanto en cuanto a que la interpretación, aplicación y ejecución del contrato debía someterse a la Ley Venezolana (quedando exceptuadas siempre la aplicación obligatoria de las normas de orden público), como en cuanto a que las controversias y dudas que de ellos surjan, debían también someterse a conocimiento de los Tribunales de la República.

Ahora bien, establecida la posibilidad constitucional de la excepción al principio de inmunidad de jurisdicción en relación a los Convenios de Asociación cuyas condiciones se han fijado en el Acuerdo dictado conforme al artículo 126 de la Constitución y al artículo 5° de la Ley Orgánica que Reserva al Estado la Industria y el Comercio de los Hidrocarburos, es indudable que el Acuerdo podía constitucionalmente, como lo hizo, prever que para la solución de determinadas controversias las partes debían recurrir a la figura del arbitramento para su resolución, conforme a lo establecido en el artículo 2° y 608 del Código de Procedimiento Civil.

En todo caso, y en relación a los Convenios de Asociación de la apertura petrolera pueden establecerse las siguientes conclusiones:

A. El principio de la inmunidad jurisdiccional del Estado que establece el artículo 127 de la Constitución, de carácter relativo, permite cuando la naturaleza del contrato de interés público lo aconseje, excluir respecto del mismo la aplicación de las leyes venezolanas (con excepción de las normas de orden público) y la jurisdicción de los Tribunales venezolanos.

B. Los contratos de interés público, contenidos en los Convenios de Asociación en ejecución del artículo 5° de la Ley Orgánica que Reserva al Estado la Industria y el Comercio de los Hidrocarburos, por su naturaleza industrial y comercial, son de aquéllos que están dentro de las excepciones respecto del principio de la inmunidad jurisdiccional del Estado. Por ello, en la Cláusula Décima Séptima del artículo 2° del Acuerdo de 04-07-95, y conforme al artículo 127 de la Constitución, si bien se ha previsto expresamente que se regirán e interpretarán de conformidad con las Leyes de la República de Venezuela, se ha dispuesto la excepción respecto de la cláusula de inmunidad jurisdiccional del Estado, prescribiéndose que las partes contratantes, respecto de controversias que no sean de las materias competencia del Comité de Control, deben recurrir al arbitramento para su solución conforme al Código de Procedimiento Civil (arts. 2 y 608 CPC), lo cual es admisible en los contratos de interés público que no tengan que contener obligatoriamente dicha cláusula.

C. Las limitaciones fundamentales en relación al recurso de arbitramento en los contratos de interés público, como los Convenios de Asociación, son las establecidas en el artículo 608 del Código de Procedimiento Civil, en el sentido de que no pueden comprometerse "cuestiones sobre estado, sobre divorcio o separación de los cónyuges, *ni sobre los demás asuntos en los que no cabe transacción"*. En cuanto a la transacción, si bien es admisible en materia de contratos de interés público, no puede conllevar a que las partes transijan sin tener capacidad para disponer de las cosas comprendidas en la transacción. Esto implica, en materia de derecho público, que solo los órganos *competentes* para ello pueden transigir, y que, además, la transacción no puede recaer sobre *derechos inalienables* respecto de los cuales *no se puede disponer. Por tanto, la transacción no puede implicar renuncia ni relajamiento de normas de orden público o las buenas costumbres* (art. 6 CC), y particularmente de aquéllas que establecen una *competencia de ejercicio obligatorio* (reglada para el Estado). En consecuencia, *ninguna de estas cuestiones puede ser objeto de compromiso arbitral.* En materia tributaria en todo caso, la transacción judicial sólo es admisible en cuanto a la determinación de los hechos y no en cuanto al significado de la norma aplicable, por lo que un arbitramento no podría incidir sobre esto último.

D. El recurso al arbitramento en los contratos de interés público donde no sea obligatoria la inclusión de la cláusula de inmunidad jurisdiccional, puede conducir, inclusive, a que los árbitros designados resuelvan en el exterior, conforme al artículo 2 del Código de Procedimiento Civil, sometido, el compromiso arbitral, siempre, a las limitaciones antes mencionadas y adicionalmente a las previstas en dicho artículo en el sentido de que los arbitrajes que se resuelvan en el extranjero "no pueden referirse a controversias sobre *bienes inmuebles situados en el territorio de la República o sobre otras materias que interesen al orden público o a las buenas costumbres"*.

E. El recurso al arbitramento, en todo caso, cuando ello es posible en los contratos de interés público, permite a las partes indicar a los árbitros las reglas de procedimiento que deban seguir, conforme al artículo 618 del Código de Procedimiento Civil, las cuales bien podrían ser las de la Cámara Internacional de Comercio, como ha sucedido con la condición fijada por el Acuerdo del Congreso de 04-07-95 en su Cláusula Décima Séptima del artículo 2°.

En consecuencia, la mencionada Cláusula Décima Séptima del artículo 2° del Acuerdo de 04-07-95 consideramos que no contradecía, en forma alguna, el artículo 127 de la Constitución, y al contrario, se adoptó por las Cámaras Legislativas conforme al mismo, razón por la cual la Corte Suprema de Justicia desestimó los alegatos de supuesta violación de dicha norma formulados en la acción de nulidad intentada en 1995 y 1996.

b.   *La sentencia de la Corte Suprema de Justicia de 17-08-1999*

En efecto, la Corte Suprema de Justicia, en Corte Plena, el 17-08-99 dictó sentencia decidiendo los recursos de inconstitucionalidad e ilegalidad que se habían intentado contra el Acuerdo del Congreso autorizatorio de los contratos relativos a la apertura petrolera; y en cuanto a la Cláusula Decimoséptima, sostuvo lo siguiente:

"6. *Cláusula Decimoséptima*:

Se ha alegado como motivo de impugnación de esta cláusula la violación del artículo 127 de la Constitución, que dispone la obligatoriedad de incorporar en todo contrato de interés público una cláusula según la cual las dudas y controversias que se susciten con relación a dichos contratos y que no llegaren a resolverse de forma amigable por las partes, serán decididas por los Tribunales de la República. Insistiendo, además, en la naturaleza de contratos de interés público que tienen los Convenios de Asociación, lo cual compromete aspectos esenciales de la Nación venezolana.

En contra del anterior alegato, quienes defienden la constitucionalidad y legalidad de la cláusula Decimoséptima del Acuerdo recurrido, que permite la incorporación del arbitraje en los convenios de asociación estratégica, han sostenido que la disposición constitucional del artículo 127 revela que efectivamente la cláusula que establece la inmunidad de la jurisdicción nacional es de obligatoria incorporación en toda contratación de interés público, pero que siendo ésta la regla, la excepción se produce, cuando "no fuere improcedente de acuerdo con la naturaleza de los mismos".

Para decidir, se observa:

Son tres los aspectos a dilucidar en la presente controversia:

En *primer lugar,* el referido a si los convenios de asociación deben reputárseles como contratos de interés público.

En *segundo término,* lo relacionado con la concepción adoptada por la Constitución de la República en su artículo 127, esto es, si acogió el sistema de inmunidad absoluta de jurisdicción o, por el contrario, el de inmunidad relativa, a través del cual se permitiría, dependiendo de la naturaleza del contrato, incorporar la cláusula arbitral.

Y, *por último,* debe dilucidarse a qué se ha referido el Constituyente de 1961 cuando estableció "si no fuera improcedente, de acuerdo con la naturaleza de los mismos".

Primero: Con relación al interés público del cual están revestidos los Convenios de Asociación a que se refiere el Acuerdo del Congreso impugnado, estima esta Corte que en el punto 4 de la motiva del presente fallo, referido a la Cláusula Sexta, se dejó claramente establecido que su naturaleza jurídica, es la de un contrato administrativo, o de interés público dadas las características allí extensamente analizadas.

Debe, además, dejarse sentado en esta oportunidad, visto lo alegado por los recurrentes, que la contratación administrativa aludida se encuentra vinculada al interés público colectivo, pues, como se ha dicho -y aquí se reitera- es precisamente este elemento el que mueve a la Administración a realizar este tipo de contratación. Así se declara.

Segundo: Por lo que se refiere a la concepción que adoptó el artículo 127 de la Constitución de la República, resulta a todas luces evidente para esta

Corte, que la redacción de la citada norma no deja la menor duda de que el Constituyente al incorporar en los contratos de interés público la excepción "*si no fuera improcedente de acuerdo con la naturaleza de los mismos*" se acogió al sistema de inmunidad relativa que ya había establecido la Constitución de 1947. Sistema que, por lo demás, impera en los países desarrollados, que permanentemente someten sus controversias internacionales a los árbitros que elijan uno y otro Estado, buscando con ello evitar que la jurisdicción interna de alguno de ellos tienda -como pareciera inevitable- a favorecer a su país en la disputa de que se trate.

Ahora bien, resulta para este Alto Tribunal innecesario recalcar el fundamento de las precisiones doctrinarias que innumerables y muy reconocidos juristas nacionales y extranjeros han hecho en relación con la justificación para que los Estados acojan el sistema de inmunidad relativa, pues entiende la Corte, que el eje central de esta controversia no se circunscribe especialmente a este hecho, sino al alegado por los recurrentes en cuanto a que esta excepción que concibe -y así lo aceptan- el artículo 127, se encuentra sólo referida a los contratos celebrados "entre dos Estados soberano o entre un Estado soberano y los organismos de Derechos Internacional Público", lo que les permite argüir , que el dispositivo constitucional no autoriza el sometimiento a normas distintas de las venezolanas fuera de estos casos.

No comparte la Corte lo expuesto por los impugnantes, toda vez que la redacción de la mencionada norma no permite, ni semántica ni conceptualmente, hacer tal distinción. En efecto, dispone el artículo 127 citado que: *"En los contratos de interés público, **si no fuere improcedente de acuerdo con la naturaleza de los mismos,** se considerará incorporada, aun cuando no estuviere expresa, una cláusula según la cual las dudas y controversias que puedan suscitarse sobre dichos contratos y que no llegaren a ser resueltas amigablemente por las partes contratantes, serán decididas por los Tribunales competentes de la República, en conformidad con sus leyes, sin que por ningún motivo ni causa puedan dar origen a reclamaciones extranjeras".* (Resaltado de la Corte). De tal redacción resulta ostensible que el Constituyente no precisó que la excepción allí contenida estuviese referida a los contratos celebrados entre dos Estados soberanos o entre un Estado soberano y los organismos de Derecho Internacional Público, como lo pretenden los recurrentes.

Rebasa el alegato de los demandantes la intención del Constituyente quien no hizo distinción alguna. De lo expuesto, cabe concluir que no se encuentran excluidos por la excepción contenida en el artículo 127 de la Constitución, los contratos de interés público distintos a los señalados por los recurrentes, pues entran en ella todos aquéllos cuya naturaleza haga procedente la incorporación de la cláusula arbitral. Así se declara.

Tercero: Ha quedado establecido tanto el carácter de interés público de los Convenios de Asociación autorizados por el Acuerdo del Congreso como la circunstancia de que la excepción contenida en el artículo 127 constitucional no se limita sólo a aquellos contratos que celebren dos Estados soberanos o un Estado soberano y los organismos de Derecho Internacional

Público, y sólo reta por deducir si estos Convenios de Asociación -como lo afirman los opositores al presente recurso de nulidad- tienen la "naturaleza" a la que se refiere el texto constitucional.

En este sentido, son contestes los opositores al recurso en cuanto a que el término "naturaleza" al que alude el texto constitucional no puede estar referido a la esencia jurídica de los contratos, por cuanto queda claramente definida al señalar que se trata de contratos de "interés público", aceptados por la jurisprudencia como contratos administrativos. Por lo que, ha sostenido un sector de la doctrina que se trata del contenido práctico, lo que obligaría a la Administración a incluir la cláusula arbitral, pues sin ella podría no realizarse la operación contractual.

En un sentido más restringido, otros estudiosos del tema (Informe suscrito por el doctor José Melich Orsini, presentado al Consultor Jurídico de PDVSA donde recoge la opinión de reconocidos especialistas en la materia, el cual fue acompañado como documental por la Fiscal del Ministerio Público ante esta Corte) y los opositores al recurso sostienen que, esa naturaleza no es más que la comercial o mercantil que identifica las contrataciones, que por razones de interés público, debe realizar la Administración.

Observa la Corte al respecto que, ciertamente la naturaleza determinada constitucionalmente no es la naturaleza jurídica del contrato, no es la que se refiere a los rasgos característicos de la contratación, esto es, no está vinculada a las notas que permitan incluirlo en una determinada clasificación el tipo de contratos, pues ella queda claramente evidenciada del señalamiento "de interés público" que hace la norma, y efectivamente, se trata de la gestión administrativa involucrada en la negociación, la que determinará la posibilidad de la excepción a la inmunidad jurisdiccional.

Considera esta Corte, además, que esa "naturaleza" a la que se refiere el artículo *in comento* no puede reducírsele única y exclusivamente a la índole comercial, pues se incurriría en el error de excluir otro tipo de contrataciones que, no siendo de naturaleza mercantil, las circunstancias de la negociación también exijan o recomienden la inclusión de la cláusula arbitral. Esto conlleva a concluir, que la Administración puede y debe estimar la circunstancia específica del caso, y siempre que en ella esté involucrado el interés general, el interés público, en definitiva, la conveniencia del colectivo, la idoneidad del arbitraje como mecanismo que coadyuve al mejor cumplimiento de los fines perseguidos con la contratación, lo que de ninguna manera postula una discrecionalidad en sentido *lato,* pues, se preserva de ello el artículo 126 de la Constitución, cuando exige la aprobación del Congreso Nacional al tratarse de contratos de interés nacional.

Ahora bien, en cuanto a la cláusula de arbitraje autorizada por el Acuerdo aquí impugnado a fin de ser incorporada en los Convenios de Asociación cabe destacar que conforme a la misma Cláusula Decimoséptima, en el artículo 2, se expresa "El Convenio se regirá e interpretará de conformidad con las leyes de la República de Venezuela"; también establece que las materias sometidas a la competencia del Comité de control no estarán sujetas a arbitraje. Y es sólo este Comité de Control (cuya mayor representación corresponde a representantes de la empresa filial) el que conocerá de las decisiones fundamentales de interés nacional relacionadas con la ejecución del Convenio, lo que permite deducir que las materias que conocería eventualmente la Comisión Arbitral no serían fundamentales para el interés nacional.

En razón de lo expuesto, estima esta Corte que, en el caso concreto de los Convenios de Asociación autorizados por el Acuerdo del Congreso de fecha 4 de julio de 1995, su naturaleza no solamente comercial sino de trascendencia para la consecución de las medidas económicas adoptadas por la Administración y validadas por el Congreso Nacional, se subsume en el supuesto previsto en la norma constitucional, por lo que al no infringirla debe declararse improcedente el alegato de inconstitucionalidad por esta causa y así se declara."

C. La reforma propuesta en el Proyecto presentado por el presidente Chávez en materia de inmunidad de jurisdicción y su inconveniencia

Como se ha señalado, en el proyecto presentado por el presidente Chávez a la consideración de la Asamblea Nacional Constituyente, se propuso sustituir la cláusula del artículo 127 de la Constitución de 1961, por una norma que establecía el principio de la inmunidad absoluta de jurisdicción, pero *sólo para la República,* en relación con los contratos en los que sea parte y sean de interés público.

a. La inmunidad de jurisdicción sólo para la República

Debe destacarse, en primer lugar, que esta norma es menos restrictiva que la prevista en la Constitución de 1961, pues sólo regula el principio de la inmunidad jurisdiccional respecto *de la República* en relación a los contratos en los que sea parte y que sean de *interés público.*

La consecuencia de ello sería que en los contratos celebrados por lo Estados, los Municipios, los Institutos Autónomos y demás personas jurídicas de derecho público y por las empresas del Estado, como principio, no existiría régimen alguno que prevea la inmunidad de jurisdicción.

Ello implicaría que la cláusula no se consideraría jamás incorporada a los contratos de interés público celebrados por cualquier otro ente estatal distinto a la República, razón por la cual se estaría autorizando, sin límites, a estos entes a celebrar contratos de interés público, cualquiera que sea su naturaleza, en los cuales no sólo se prevea que las controversias pueden ser resueltas por Tribunales extranjeros o mediante arbitramento, sino incluso conforme a leyes extranjeras.

Esta liberalidad extrema, en realidad, consideramos que no se justifica, pues salvo algunos contratos de empréstito público, la generalidad de los contratos de interés público que el Estado Venezolano celebra, son suscritos por entes descentralizados, los cuales escaparían al régimen de la norma propuesta.

Con una norma constitucional como la propuesta en el Proyecto del presidente Chávez, en todo caso quedan disipadas hacia el futuro, todas las dudas y objeciones que se hicieron respecto a los Convenios de Asociación de la apertura petrolera, suscritos por las empresas filiales de PDVSA, pues conforme a dicha propuesta, en el futuro, no sólo todas las controversias derivadas de Contratos celebrados por empresas nacionalizadas de la industria petrolera podrían someterse a arbitraje sino que incluso podrían someterse a regulaciones de derecho extranjero.

b. *La vuelta a la inmunidad absoluta de jurisdicción sólo para la República*

Por otra parte, en *segundo* lugar, debe destacarse que aún cuando la *Cláusula* sólo se refiera a la República, respecto de ella y de los contratos que sean de interés público, el régimen de inmunidad que se proyecta establecer, sería de carácter absoluto.

Ello podría significar un retroceso en cuanto a la contratación internacional en materia de contratos de orden comercial o financiero, como los de crédito público, que podrían afectar la posibilidad misma de contratación de la República.

Por otra parte, quedaría pendiente la interpretación respecto de qué debe entenderse por contratos que "sean de interés público". En el Proyecto de Constitución presentado a la Asamblea por el presidente Chávez, no hay, ni siquiera indirectamente, una interpretación que permita definir otra noción, que si encuentra significado, en cambio, en la Constitución de 1961

D. *La ausencia de regulación de la denominada Cláusula Calvo en el Proyecto presentado por el presidente Chávez*

La denominada *Cláusula Calvo,* que ha tenido tradicionalmente rango constitucional en Venezuela a partir de 1893, es la exigencia conforme a la cual, en los contratos de interés público también se debe considerar incorporada una *Cláusula* que establezca que por ningún motivo ni causa la ejecución de esos contratos puede dar origen a reclamaciones extranjeras. Así se establece en efecto, expresamente, en el mismo artículo 127 de la antes citada Constitución de 1961.

El antecedente remoto de esta *Cláusula* está también en la Constitución de 1893 (art. 149) en la cual, al regularse los contratos de interés público, se señaló que los mismos en ningún caso podían ser motivo de reclamaciones internacionales. Esta *Cláusula* establecía, por tanto, la improcedencia de las reclamaciones diplomáticas de Estados extranjeros contra el Estado Venezolano, actuando aquellos Estados por cuenta de súbditos extranjeros, y partía del supuesto de que los extranjeros en el territorio del Estado Venezolano se hallaban en las mismas condiciones que los nacionales, por lo que si tenían alguna reclamación debían acudir únicamente a los órganos locales cuando se pudieran considerar lesionados. El objeto de la *Cláusula*, en definitiva, era impedir que las divergencias que pudieran surgir entre partes contratantes en la cual una parte fuera un ciudadano extranjero, pudieran ser consideradas como de naturaleza internacional.

El origen de esta *Cláusula* y por eso su denominación de *Cláusula Calvo*, está en la exposición contenida en el libro de Carlos Calvo, *Tratado de Derecho*

Internacional, editado inicialmente en 1868, en el cual, después de estudiar la intervención franco-inglesa en el Río de La Plata y la intervención francesa en México, expresó lo siguiente:

"Además de móviles políticos, las intervenciones han tenido siempre por pretexto aparente lesiones a intereses privados, reclamaciones y pedidos de indeminizaciones pecunarias a favor de extranjeros cuya protección no era justificada la mayoría de las veces... Según el derecho internacional estricto, el cobro de créditos y la gestión de reclamaciones privadas no justifican de plano la intervención armada de los gobiernos, y como los Estados Europeos siguen invariablemente esta regla en sus relaciones recíprocas, no han razón para que no se la impongan también en sus relaciones con los otros Estados del Nuevo Mundo" (Véase *Op. cit.,* Tomo I, Parágrafo 205, *cit.* por L.A. Podestá Corta, *Derecho Internacional Público,* Tomo I, Buenos Aires, 1955, pp. 445 y 446).

La propia *Cláusula Calvo* incluso, influyó en la concepción de la llamada *Doctrina Drago,* formulada en 1902 por el Ministro de Relaciones Exteriores de Argentina, Luis María Drago, quien ante las medidas de fuerza adoptadas por Alemania, Gran Bretaña e Italia contra Venezuela, formuló su tesis denegatoria del cobro compulsivo de las deudas públicas por los Estados. (Véase Victorino Jiménez y Núñez, *La Doctrina Drago y la Política Internacional,* Madrid, 1927).

Por supuesto, sobre la propia *Cláusula Calvo* se ha discutido en torno a su validez: unos han estimado que es nula porque las personas privadas no pueden contraer obligaciones que importen dejar sin efecto el derecho de su Estado de origen de protegerlas en el exterior; otros, en cambio, estiman que es válida porque constituye una estipulación formal explícita entre dos partes contratantes: una parte que la ha propuesto como condición para celebrar el contrato y una persona privada que la acepta. Por eso hay una obligatoriedad absoluta de esta *Cláusula* en todo tipo de contrato de interés público y, en particular, por supuesto, en materia de contratos de empréstitos en los cuales incluso, como se ha dicho, puede haber la excepción de la *Cláusula* de inmunidad jurisdiccional. (Véase *Doctrina Procuraduría General de la República 1973,* Caracas, 1974, pp. 276-288).

Estimamos, por tanto, que la *Cláusula Calvo* debe ser obligatoria en los contratos que celebre la República y los demás entes de derecho público, conforme a nuestra tradición constitucional, y debe mantenerse en la nueva Constitución.

De todo lo anterior resulta que, en nuestro criterio, debe mantenerse en la Nueva Constitución la regulación del artículo 127 de la Constitución de 1961, tal como está regulado, tanto en cuanto a la *Cláusula de Inmunidad* relativa de jurisdicción, como también, en cuanto a la *Cláusula Calvo.*

9. *Sobre la Constitución económica*[42]

Con fecha 29 de octubre de 1999, dirigí una comunicación al presidente y demás miembros de la Asamblea Nacional Constituyente con una propuesta de integración de un conjunto de normas que regulen el régimen de la *Constitución Económica,* acorde con el principio del *Estado Democrático y Social de Derecho y de Justicia* que se ha consagrado en el artículo 2 del Anteproyecto aprobado, y que formulé en sustitución de los artículos 335 y siguientes del Anteproyecto presentado a la consideración de la Asamblea, para ser incorporadas al articulado del Capítulo I del Título VI sobre el Régimen Socio-Económico.

En dicha comunicación expresé lo siguiente:

"En efecto, desde hace más de cuarenta años Venezuela ha intentado desarrollar un régimen constitucional y político propio de un *Estado democrático y social de Derecho,* con la formulación, en la Constitución de 1961, de las bases de una Constitución económica que opta por un modelo económico de libertad como opuesto al de economía dirigida, similar al que, en ese momento, existía en todos los países occidentales y al cual, progresivamente, se han dirigido muchos de los países que se conocían como socialistas.

Desde el punto de vista económico, y a pesar de los múltiples problemas de desarrollo económico-social que continúan existiendo, el modelo ha enmarcado el desenvolvimiento de una economía basada en la libertad económica y la iniciativa privada, pero con una intervención importante y necesaria del Estado para asegurar los principios de justicia social que constitucionalmente deben orientar el régimen económico. Además, el Estado, al ser titular desde siempre del dominio público respecto del subsuelo conforme a la pauta que marcaron las Ordenanzas de Nueva España, en vigencia desde la segunda mitad del siglo XVII en los territorios de las antiguas Provincias Coloniales de España en el Mar Caribe; en el caso de Venezuela ha convertido al Estado en la entidad económica más poderosa del país, por ser dueño del petróleo, lo que le ha llevado a intervenir en forma importante en la actividad económica.

Nuestra intención en estas reflexiones (en las cuales seguimos lo que hemos expuesto en el trabajo Allan R. Brewer-Carías, "Reflexiones sobre la Constitución Económica" en *Estudios sobre la Constitución Española. Homenaje al Profesor Eduardo García de Enterría,* Madrid, 1991, págs. 3839 a 3853), es referirnos a la Constitución económica tal como se estableció en el Texto constitucional venezolano de 1961, a los efectos de determinar el esquema más adecuado en la materia para la Nueva Constitución que la Asamblea Nacional Constituyente está elaborando.

Antes, sin embargo, nos referiremos a la propuesta del Anteproyecto.

---

42   Véase Allan R. Brewer-Carías, *Debate Constituyente (Aportes a la Asamblea Nacional Constituyente), Tomo III (18 octubre-30 noviembre 1999),* Fundación de Derecho Público-Editorial Jurídica Venezolana, Caracas 1999, pp. 15-52.

A. *La propuesta del Anteproyecto*

El texto de las normas relativas al "Régimen Económico y el papel del Estado en la Economía" (Capítulo I del Título VI), están contenidas en los artículos 335 a 346 del Anteproyecto en consideración por la Asamblea, con el siguiente texto:

"Artículo 335: El régimen socioeconómico de la República de Venezuela estará siempre al servicio del interés social; sus elementos básicos se constituirán en función de humano integral.

El régimen económico de la República se fundamentará en principios de justicia social, eficiencia, libre competencia e iniciativa, defensa del ambiente, productividad y solidaridad, a los fines de asegurar, a todas las personas, una existencia digna y provechosa para la colectividad. El Estado promoverá el desarrollo armónico de la economía nacional con el fin de generar un alto valor agregado nacional, mejorar el nivel de vida de la población y fortalecer la soberanía económica del país. El Estado garantizará la seguridad jurídica y fomentara la iniciativa privada.

El Estado deberá planificar, desarrollar y ejecutar una estrategia mediante un proyecto nacional que imprima solidez, dinamismo, permanencia y equidad al crecimiento de la economía, La planificación debe ser fruto de la participación, la consulta y realmente democrática y abierta.

Artículo 336: En aquellas áreas que no le estén reservadas, las entidades públicas territoriales, sólo por autorización expresa de una ley podrán crear entidades descentralizadas para realizar actividad empresarial, la cual debe estar motivada por razones de interés público, sin menoscabo de la razonable productividad económica y social de los recursos que el Estado invirtiere en dicha actividad La Ley Nacional establecerá condiciones para la creación funcionamiento y control de entidades descentralizadas.

Artículo 337: La República se reserva el derecho de defender las actividades económicas de su empresa nacional. No se podrá otorgar a empresas, organismos o personas extranjeras regímenes más beneficiosos que los establecidos para los nacionales, bien sea por leyes, resoluciones ejecutivas, acuerdos de la Asamblea Nacional o por tratados internacionales. La inversión extranjera estará sujeta a las mismas condiciones que la inversión nacional.

Artículo 338: Quedan reservados al Estado por conveniencia nacional los recursos naturales no renovables y, en general, los productos del subsuelo y todos los minerales; los servicios de agua potable, energía eléctrica y la administración del espectro de las telecomunicaciones; y las empresas estratégicas definidas por la ley.

El Estado podrá otorgar en concesión cualquiera de las actividades antes mencionadas, en los casos que la ley establezca.

Artículo 339: Quedan reservadas al Estado las actividades de la exploración, explotación, transporte, manufacturas y mercadeo interno de los hidrocarburos, exceptuándose los gaseosos. Sólo en casos especiales, cuando así convenga al interés nacional previa autorización de la Asamblea Nacional y siempre que se mantenga el control por parte del Estado, podrán suscribirse convenios con el sector privado para el ejercicio de las mencionadas actividades.

Artículo 340: El Estado conservará la totalidad de las acciones de Petróleos de Venezuela S.A., o del ente creado para el manejo de la industria petrolera por razones de soberanía económica, política y de estrategia nacional.

Artículo 341: Todas las aguas son bienes de dominio público de la República, insustituibles para la vida y el desarrollo. La ley establecerá las disposiciones necesarias a fin de garantizar su protección y aprovechamiento, respetando las fases del ciclo hidrológico y los criterios de ordenación del territorio.

Artículo 342: El Estado garantizará la seguridad alimentaria de la población; entendida como la disponibilidad suficiente y estable de alimento a nivel nacional y el acceso oportuno y permanente a estos por parte de los venezolanos. La seguridad alimentaria deberá alcanzarse privilegiando la producción agrícola interna. La producción de alimentos es de interés nacional y fundamental al desarrollo económico y social de la nación. A tales fines, el Estado dictará las medidas de orden financiera, comercial, transferencia tecnológica, tenencia de la tierra, infraestructura, capacitación de mano de obra y otras que fueran necesarias para alcanzar niveles estratégicos de autoabastecimiento. Además, promoverá las acciones en el marco de la economía nacional e internacional para compensar las desventajas propias de la actividad rural.

Artículo 343: El régimen latifundista es contrario al interés social. El Estado protegerá y promoverá las formas asociativas de propiedad de la tierra para estimular la productividad y la competitividad del productor agrícola nacional. La ley desestimulará la permanencia de tierras ociosas y dispondrá lo conducente a su transformación en unidades económicas productivas, rescatando igualmente las tierras de vocación agrícola.

Por su importancia alimentaria nacional, el Estado protegerá los asentamientos y comunidades de pescadores artesanales, así como sus caladeros de pesca próximos a la línea de costa.

Artículo 344: El Estado protegerá y promoverá la pequeña y mediana industria, así como también la empresa familiar, la microempresa y cualquier otra forma de asociación para el trabajo, con el fin de elevar el sector informal de la economía a la calidad o condición de empresa final; promoviendo la generación de empleos productivos.

Artículo 345: La artesanía e industrias populares típicas de la nación, gozarán de protección especial del Estado, con el fin de preservar su autenticidad y gozarán de las facilidades crediticias necesarias para promover su producción y comercialización. El arte y folklore nacionales, gozarán de la misma protección y se cultivarán en centros de educación.

Artículo 346: El turismo es una actividad económica de interés nacional, prioritaria para el país en su estrategia de diversificación y desarrollo sustentable".

Estas normas, lejos de configurar un sistema de economía mixta propio de una economía social de mercado en la cual cohabitan la iniciativa privada y la libertad económica con la intervención estatal para asegurar los principios de justicia social, se establece un régimen contradictorio que no se sabe a qué esquema responde, salvo al de rigidizar excesiva e innecesariamente la economía.

En efecto, de estos artículos se evidencian los siguientes aspectos:

1. La definición del sistema económico de manera confusa e imprecisa (art. 335).

2. La inconveniente prohibición de actividades empresariales del Estado, salvo en las materias "reservadas" o con intervención parlamentaria (art. 336).

3. La equiparación absoluta entre las empresas extranjeras y la empresa nacional a los efectos de los incentivos (art. 337).

4. La reserva al Estado de los recursos del subsuelo, de los servicios de agua potable y energía eléctrica y de la administración del espectro de las comunicaciones (art. 338).

5. La constitucionalización de la nacionalización de la industria petrolera (art. 339).

6. La propiedad pública permanente de las acciones de PDVSA (art. 340).

7. La declaratoria de las aguas como del dominio público (art. 341).

8. La garantía de la seguridad alimentaria (art. 342).

9. El régimen del latifundio (art. 343).

10. La protección a la pequeña y mediana industria (art. 344).

11. El régimen de la artesanía (art. 345).

12. El régimen del turismo (art. 346).

En nuestro criterio, estas normas son absolutamente insuficientes para regular el sistema económico en la nueva Constitución, acorde con los principios del Estado Democrático y Social de Derecho.

Para entender esa insuficiencia, en todo caso, es necesario precisar las bases del sistema económico que requiere la Venezuela contemporánea y que debe regularse en el texto constitucional.

B. *El Estado democrático y social de derecho y su modelo económico*

En efecto, uno de los signos más característicos del constitucionalismo contemporáneo es, sin duda, el de la constitucionalización de los principios reguladores de la economía. El sistema económico, junto con el territorio, la población y el gobierno, está indisolublemente ligado a la idea misma del Estado contemporáneo, por lo que éste es inconcebible o al menos impreciso, constitucionalmente hablando, si no se tiene en cuenta el elemento económico. De allí la inevi-

186

table realidad del constitucionalismo contemporáneo, que muestra el hecho de que en las Constituciones, consideradas como normas supremas del ordenamiento jurídico directamente aplicables a los sujetos de derecho, además de los clásicos contenidos orgánico (derivado del régimen de distribución del Poder Público), y dogmático (caracterizado por la enumeración y garantía de los derechos individuales, económicos, sociales y políticos), regulan adicionalmente, como lo ha advertido el Tribunal Constitucional español, "el marco jurídico fundamental para la estructura y funcionamiento de la actividad económica" (STC 1/1982, de 28 de enero).

Es decir, las Constituciones contemporáneas además de su contenido político, formulan, jurídicamente, una *Constitución económica* para ordenar la totalidad de la actividad económica, sea que ésta corresponda ser desarrollada por el sector público, sea por los particulares.

No se trata, sólo, de que las Constituciones regulen, conforme a la tradición iniciada por la Constitución de Weimar, los derechos económicos y sociales de los ciudadanos con sus implicaciones tanto de limitación a la actividad estatal como de obligaciones de prestación a cargo de la Administración del Estado, sino que cada vez con más frecuencia contienen normas que regulan la economía nacional globalmente considerada, es decir, el marco jurídico conforme al cual se debe desarrollar.

A esta tendencia generalizada no escapó la Constitución venezolana, la cual contiene regulada extensivamente una Constitución económica, es decir, una regulación jurídica constitucional de la economía, cuyos antecedentes se sitúan en el texto de la Constitución de 1947. Este texto, además de que proclamaba en su Preámbulo como razón de la existencia de la Nación Venezolana, "la libertad espiritual, política y económica del hombre, asentada en la dignidad humana, la justicia social y la equitativa participación de todo el pueblo en el disfrute de la riqueza Nacional", contenía un Capítulo con el título "De la economía nacional" (arts. 65 a 75) en el cual, además de regular la propiedad y la libertad de industria y comercio, se establecía el marco fundamental del proceso económico.

Esa Constitución, la cual tuvo escasos meses de vigencia, inspiró directamente el texto constitucional vigente de 23 de enero de 1961, el cual, como lo afirmaron los Proyectistas en la Exposición de Motivos, "no es una simple Ley Orgánica de régimen político, sino la formulación de un esquema conforme al cual debe desenvolverse la vida de un pueblo". Por ello, siguiendo la mejor tradición constitucional, la Constitución de 1961 también está precedida de un Preámbulo o declaración preliminar formulada como la base o presupuesto que sirve de fundamento al texto constitucional y señala, además, los valores sociales, económicos, políticos y jurídicos que inspiran la acción del Estado.

En ese Preámbulo se establecen los principios fundamentales que conforman un modelo específico de Estado, que luego se regula detalladamente en el texto del articulado, el que se conoce con la denominación de *Estado democrático y social de Derecho,* que responde a un modelo económico concreto, en el cual si bien se reconoce y garantiza la iniciativa privada y la libertad económica, como base de un sistema que es opuesto, por tanto, al modelo de economía dirigida; el Estado tiene un papel ordenador y conformador de la realidad económica que debe cumplir con vista a realizar la justicia social, en cuyos principios debe fundamentarse el régimen económico. Este modelo económico, equivale, sin duda, al denominado de "economía social de mercado" en los países europeos.

Ahora bien, consecuencialmente, en el Preámbulo de la Constitución se establece el principio y término de las actividades económicas, es decir, la base fundamental de la Constitución económica al prescribirse como objetivos de ésta, el

"proteger y enaltecer el trabajo, amparar la dignidad humana, promover el bienestar general y la seguridad social; lograr la participación equitativa de todos en el disfrute de la riqueza, según los principios de la justicia social, y fomentar el desarrollo de la economía al servicio del hombre".

En la misma línea de formulación principista, por ejemplo, el Preámbulo de la Constitución española de 1978, proclama la voluntad de la Nación española, de garantizar "un orden económico y social justo" y también, de "promover el progreso de la economía, para asegurar a todos una digna calidad de vida".

Con esa formulación del Preámbulo, sin duda, en materia de principios, estamos en presencia de un *Estado Social* cuya tarea es procurar o lograr una sociedad más justa (la justicia social), asumiendo obligaciones prestacionales frente a los ciudadanos y ordenando y regulando la realidad económica y social para el logro de tales objetivos.

Por supuesto, la Constitución de 1961, además, desde el punto de vista político, organiza un *Estado Democrático* cuyo objetivo fundamental, como lo señala el mismo Preámbulo, es el "sustentar el orden democrático como único e irrenunciable medio de asegurar los derechos y la dignidad de los ciudadanos". Este *Estado Democrático,* basado en el objetivo de "asegurar la libertad, la paz y la estabilidad de sus instituciones", siempre de acuerdo al Preámbulo, busca "mantener la igualdad social y jurídica, sin discriminaciones derivadas de raza, sexo, credo o condición social" y respetar "la garantía universal de los derechos individuales y sociales de la persona humana".

Conforme a todos esos postulados que, con palabras más palabras menos, se recogen en el Proyecto de Preámbulo que se ha elaborado para la Nueva Constitución; por tanto, el Estado que organiza la Constitución, como se dijo, es un Estado democrático y social de Derecho, el cual además de su contenido social, fundamenta su existencia en el establecimiento y garantía de los derechos fundamentales, en el pluralismo y participación democráticas y la representatividad por vía del sufragio, en el sometimiento al derecho (principio de legalidad) y en la sumisión al control judicial. En todo caso, debe advertirse que la Constitución de 1961, aun cuando organiza y regula un modelo de *Estado democrático y social de Derecho,* no utiliza, para calificarlo, esta expresión en ninguna parte de su texto, al contrario de lo establecido en la Constitución Española de 1978, en cuyo artículo 1 se declara al Estado como un "Estado social de Derecho" (art. 1.1), conforme a la línea constitucional iniciada por la Constitución de la República Federal de Alemania. Por ello, en el Anteproyecto de Constitución que se discute en la Asamblea Nacional Constituyente, ya se ha aprobado el artículo 2 en el cual sí se precisa que:

"Venezuela se constituye en un Estado Democrático y Social de Derecho y de Justicia, que propugna como valores superiores de su ordenamiento jurídico y de su actuación, la vida, la libertad, la justicia, la igualdad, la solidaridad, la democracia y, en general, la preeminencia de los derechos humanos, la ética pública y el pluralismo político".

C. *La flexibilidad de la Constitución económica*

Conforme a la orientación del Preámbulo de la Constitución de 1961, el marco de la Constitución económica está regulado en el Capítulo relativo a los "Derechos económicos" (art. 95 a 109) en el cual, como lo expresó la Exposición de Motivos, se reunieron "los postulados más importantes que deben regir la acción del Estado y la de los particulares en el campo económico" o, en otros términos, "las orientaciones más importantes de algo tan fundamental como es la vida económica".

Ello se hizo, por supuesto, de manera flexible, o si se quiere, como lo expresaron los proyectistas, sin someterlo a "moldes excesivamente rígidos", de manera de "no coartar la acción legislativa", por supuesto, de los sucesivos gobiernos democráticos.

Por tanto, si bien la opción respecto del modelo económico en la Constitución de 1961, fue por un modelo de libertad económica fundamentado en principios de justicia social, ello se hizo en forma tal que, como lo expresó la Exposición de Motivos,

"deja cierta flexibilidad al legislador ordinario para resolver cuestiones e injertar modificaciones que correspondan a las necesidades y a la experiencia de la República, sin tener que apelar a una reforma constitucional".

En materia económica, por supuesto, esa flexibilidad en la formulación de los postulados, es la que puede permitir la actuación sucesiva de gobiernos democráticos, cada uno con sus propias concepciones económicas e ideológicas, sin que para implantarlas se hagan necesarias reformas constitucionales, como sucedió por ejemplo, con la experiencia del gobierno socialista en Chile a comienzos de la década de los setenta, que exigía una reforma constitucional a los efectos de establecer las distintas formas de propiedad (pública, mixta, privada), que formulaba la ideología socialista del gobierno.

La Constitución venezolana de 1961, al contrario, aunque como se dijo no formuló una Constitución económica neutra, lo hizo de manera de permitir el libre juego democrático de las ideologías y el establecimiento de gobiernos de orientación más socialistas (socialismo democrático) o más liberales; o en otros términos, una mayor o menor intervención del Estado, según las exigencias del logro de la justicia social. Como lo resumieron los proyectistas de la Constitución:

"Por supuesto, la libertad económica que la Constitución garantiza no es la que puede impedir al Estado reservarse determinadas industrias, la explotación o servicios de interés público por razones de conveniencia nacional y dictar medidas para planificar, racionalizar y fomentar la producción, así como regular la circulación, la distribución y el consumo de las riquezas con el objeto de impulsar el desarrollo económico del país. La protección a la iniciativa privada que la Constitución consagra se ve dentro de este orden de cosas como una consecuencia lógica de la acción del Estado y el reconocimiento de la necesidad de que aquélla contribuya eficazmente al desarrollo nacional".

La Constitución económica en el Texto Fundamental venezolano, por tanto, no sólo no está formulada rígidamente, sino que además no conduce, en modo alguno, a que el modelo económico formulado se tenga que concretar políticamente en una vía exclusiva o excluyente; al contrario, permite muchas y diferentes posibilidades, pero siempre dentro de los fundamentos de la propia Constitución económica, que por lo demás, en forma expresa precisa el artículo 95 de la Constitución al postular que

"El régimen económico de la República se fundamentará en principios de justicia social que aseguren a todos una existencia digna y provechosa para la comunidad".

Por tanto, al haber diferentes aproximaciones políticas al logro de la justicia social, no sólo la Constitución no rigidiza ninguna opción, sino que, al contrario, permite, por ejemplo, dentro del modelo de libertad económica fundamentado en principios de justicia social, mayor o menor intervención del Estado, según la orientación ideológica del programa del gobierno correspondiente, como lo reconoció expresamente la Corte Suprema de Justicia, al comentar el contenido de los artículos 95 a 98 de la Constitución:

"Las actividades del sector público pueden aumentar en la misma medida en que disminuyen las del sector privado o viceversa, de acuerdo con el uso que hagan las autoridades competentes de los poderes que les confine el Constituyente en las citadas disposiciones, y en razón de ello, es posible que un servicio pase del sector público al sector privado, para que sea explotado como actividad comercial o industrial con fines de lucro, o que el Estado reasuma la responsabilidad de prestar el servicio directamente o por medio de un órgano contratado por él, entre otros motivos por "razones de conveniencia nacional", según dice el Constituyente en las disposiciones antes citadas (Sala Político-Administrativa, sentencia de 5 de octubre de 1970)".

De ello resulta, por ejemplo, que tanto la nacionalización como la privatización, como políticas económicas, han encontrado cabida en el Texto constitucional, siempre, por supuesto, dentro del modelo económico formulado por la Constitución: el de la *libertad económica fundamentada en principios de justicia social.*

Este modelo, indudablemente de economía mixta, en todo caso, a pesar de su formulación flexible, no puede conducir, pues sería contrario a la Constitución, ni a una privatización total de la economía, eliminando toda intervención del Estado, ni a una estatización total de la economía, ahogando la iniciativa y propiedad privadas; al contrario, conforme a la Constitución económica, tanto el Estado como los particulares participan en el proceso económico, atribuyéndose incluso al Estado unos objetivos concretos que no puede renunciar a cumplir.

D. *Los objetivos del Estado en la Constitución económica*

En efecto, de acuerdo al texto constitucional, en el marco del modelo económico adoptado, además de los objetivos generales formulados en el Preámbulo como marco de toda la actividad económica, el Estado tiene un papel fundamental que cumplir para lograr la "participación equitativa de todos en el disfrute de la riqueza, según los principios de la justicia social" (Preámbulo), "asegurar a todos una existencia digna y provechosa" (art. 95) y "fomentar el desarrollo de la economía al servicio del hombre" (Preámbulo), el cual debe estar encauzado conforme a los siguientes objetivos:

En *primer lugar,* la Constitución atribuye al "Estado", es decir, a la globalidad de la organización política de la sociedad, lo que comprende los entes que conforman el sector público y que ejercen el Poder Público frente a las actividades privadas, el objetivo fundamental de promover

"el desarrollo económico y la diversificación de la producción, con el fin de crear nuevas fuentes de riqueza, aumentar el nivel de ingresos de la población y fortalecer la soberanía económica del país" (art. 95).

En un Estado con forma federal, como el venezolano, estos objetivos, por supuesto, corresponden tanto a la República en el nivel nacional, como a los Estados miembros de la Federación y a los Municipios, en forma concurrente, en cada nivel territorial.

Por tanto, no sólo la promoción del desarrollo económico y la diversificación de la producción es responsabilidad de la República como Estado Nacional, sino también la responsabilidad de cada Estado miembro de la Federación en su territorio, de los Municipios en el ámbito local e, incluso, de las otras entidades políticas que han conformado la República: el Distrito Federal y los Territorios Federales. Se debe destacar, incluso, cómo la Ley Orgánica de Descentralización, Delimitación y Transferencia de Competencias del Poder Público de diciembre de 1989, sancionada para revitalizar el Federalismo, incluye, dentro de las materias a ser transferidas del Poder Central a los Estados, "la planificación, coordinación y promoción de su propio desarrollo integral" (art. 4.1).

En todo caso, el objetivo de promover e impulsar el desarrollo económico del país, como fin fundamental del Estado en el campo económico, se repite nuevamente en el artículo 98 del Texto Fundamental al regular los poderes estatales en relación a la iniciativa privada.

En *segundo lugar,* al establecer las bases del sistema tributario, es decir, de la tributación que puede imponerse no sólo por la República (art. 136.8), sino por los Estados (art. 18) y los Municipios (art. 31), la Constitución formula otro objetivo fundamental del Estado en materia económica, el cual es procurar la justa distribución de las cargas según la capacidad económica del contribuyente, atendiendo al principio de la progresividad, así como "la protección de la economía nacional y la elevación del nivel de vida del pueblo" (art. 223).

En la Constitución económica, por tanto, en cuanto se refiere al sector público, la participación e intervención del Estado en la economía, además de tener que perseguir los objetivos establecidos en el Preámbulo (proteger y enaltecer el trabajo, amparar la dignidad humana, promover el bienestar general y la seguridad social; lograr la participación equitativa de todos en el disfrute de la riqueza, según los principios de la justicia social, y fomentar el desarrollo de la economía al servicio del hombre), y buscar que el régimen económico se fundamente efectivamente "en principios de justicia social que aseguren a todos una existencia digna y provechosa para la colectividad" (art. 95); en particular, al promover el desarrollo económico y la diversificación de la producción, debe perseguir "crear nuevas fuentes de riqueza, aumentar el nivel de ingresos de la población y fortalecer la soberanía económica del país" (artículo 95). Adicionalmente, al establecer el sistema tributario, éste debe perseguir "la protección de la economía nacional y la elevación del nivel de vida del pueblo" (art. 223).

Por último, también debe mencionarse el objetivo que la Constitución asigna al Estado en materia económica, en el contexto latinoamericano y en el marco de la "integración económica latinoamericana" que la República *debe favorecer. A* este fin, prescribe la Constitución que

"se procurará coordinar recursos y esfuerzos para fomentar el desarrollo económico y aumentar el bienestar y seguridad comunes" (art. 108).

E. *La iniciativa privada, la libertad económica y sus limitaciones*

La Constitución formula la Constitución económica, como se dijo, conforme al modelo de libertad económica y libre iniciativa privada fundamentadas en principios de justicia social.

El principio fundamental de la libertad, base de todo el régimen constitucional, lo formula el artículo 43 de la Constitución al prescribir que

"Todos tienen el derecho al libre desenvolvimiento de su personalidad, sin más limitaciones que las que derivan del *derecho de los demás y del orden público y social".*

Con esta fórmula, según lo expresa la Exposición de Motivos de la Constitución, se sustituyó

"el enunciado tradicional de que todos pueden hacer lo que no perjudique a otro y nadie está obligado a hacer lo que la Ley no ordene ni impedido de ejecutar lo que aquélla no prohíba";

siendo por tanto aplicable su contenido al ámbito de la libertad económica, sometida, a las limitaciones que deriven "del derecho de los demás y del orden público y social", con lo que no sólo se garantiza la concurrencia (respecto al derecho de los demás al ejercicio de la libertad económica) prohibiéndose, incluso, expresamente los monopolios (art. 97), sino que se somete la libertad a la consecución de los objetivos generales de la Constitución económica consignados en el Preámbulo y en el artículo 95, conforme al cual la actividad económica, incluso la privada, se debe fundamentar "en principios de justicia social que aseguren a todos una existencia digna y provechosa para la colectividad" (art. 95). Por ello, también, las limitaciones que circundan la libertad económica, se pueden fundamentar en el "orden público y social" (artículo 43).

Pero en particular, adicionalmente, la Constitución formula el principio de la *libertad económica* como el derecho de todos a "dedicarse libremente a la actividad lucrativa de su preferencia" (art. 96), fórmula que sustituye la tradicional "libertad de industria y comercios.

Esta libertad, por supuesto, corresponde conforme a la Constitución a "todos", es decir, a todos los sujetos de derecho, y por tanto, no sólo a los venezolanos sino también a los extranjeros. Sin embargo, si bien la Constitución garantiza la igualdad de derechos y deberes entre venezolanos y extranjeros, ello lo establece "con las limitaciones o excepciones establecidas por esta Constitución y las leyes" (art. 45), destacándose, dentro de las normas de la Constitución económica, el régimen de las inversiones extranjeras al disponer que "la ley establecerá las normas relativas a la participación de los capitales extranjeros en el desarrollo económico nacional" (art. 107).

La libertad económica, sin embargo, no se establece en la Constitución como absoluta, sino que se la somete a las limitaciones

"previstas en esta Constitución y las que establezcan las leyes por *razones de seguridad, de sanidad u otras de interés social"* (art. 96).

Se establece, por tanto, la garantía constitucional fundamental de esta libertad consistente en la reserva legal (ley formal) respecto de las limitaciones a la misma, aparte de las limitaciones a la libertad económica que la propia Constitución establece, por ejemplo, al reservar al Estado directamente la posesión y el uso de las armas de guerra, y someter a limitaciones legales la fabricación, comercio, posesión y uso de otras armas (art. 133); al prescribir la posibilidad que tiene el Estado, mediante ley, de "reservarse determinadas industrias, explotaciones o servicios de interés público por razones de conveniencia nacional" (art. 97); al regular que por ley se pueden establecer obras y servicios de interés público (obras públicas y servicios públicos) a cargo del Estado, que sin embargo pueden otorgarse mediante concesión a los particulares (art. 97); al prescribir que, en todo caso, el Estado tendrá el control de la industria pesada (art. 97) aun cuando ésta sea desarrollada por los particulares; al indicar que en los casos de empresas explotadoras de recursos naturales, los ferrocarriles, carreteras, oleoductos y obras de comunicación o de transportes que construyan *"estarán al servicio del público,* en las condiciones y con las limitaciones que establezca la Ley" (art. 104); y al establecer la figura de la reversión en materia de concesiones mineras, en los siguientes términos:

"Las tierras adquiridas con destino a la exploración o explotación de concesiones mineras, comprendidas las de hidrocarburos y demás minerales combustibles, pasarán en plena propiedad a la Nación, sin indemnización alguna, al extinguirse por cualquier causa la concesión respectiva (art. 103)".

El ejercicio de la libertad económica, en todo caso, base del modelo económico de la Constitución, no sólo debe fundarse en los principios de justicia social (art. 95), sino que no puede significar lesión a la misma libertad ejercida por otros. De allí que la Constitución imponga al legislador que por ley se dicten "normas para impedir la usura, la indebida elevación de los precios y, en general, las maniobras abusivas encaminadas a obstruir o restringir la libertad económica" (art. 96).

Ahora bien, y dentro de la garantía de la reserva legal, la Constitución autoriza el establecimiento de limitaciones a la libertad económica con una amplitud considerable, al señalar que por ley se le pueden establecer limitaciones "por razones de seguridad, de sanidad u otras de interés social" (art. 96). Ciertamente que aquí estamos en presencia de conceptos jurídicos indeterminados, cuya concreción corresponde a las Cámaras Legislativas mediante Ley, y excepcionalmente, mediante Decreto-Ley, al presidente de la República en los casos autorizados por la Constitución (art. 190, ordinales 10 y 11).

Se advierte, sin embargo, que al calificar estas expresiones como conceptos jurídicos indeterminados, ello no impide que conforme a la formulación flexible del modelo económico contenida en la Constitución, los mismos pueden ser concretados en diversas formas y conforme a las diversas orientaciones políticas de los gobiernos, sin que lleguen a ser desnaturalizados. Sin embargo, precisamente por tratarse de conceptos jurídicos indeterminados, la determinación por el legislador de lo que son razones de seguridad, razones de sanidad o razones de interés social, no implica ejercicio alguno de poderes discrecionales por parte del Legislador, el cual, a pesar de su soberanía, no podría incurrir en arbitrariedad y pretender calificar, por ejemplo, como "razones de interés social" limitaciones a la libertad económica que resulten contrarias a los principios de la Constitución económica, es decir, que conduzcan a negarla; que resulten contrarias a los principios de justicia social; que impliquen disminución del nivel de ingresos de la población o un debilitamiento de la economía del país, o que sean de carácter discriminatorias. En tales casos, en nuestro criterio, la Corte Suprema de Justicia, como juez constitucional, podría juzgar y declarar la nulidad de la Ley respectiva por violar la Constitución (art. 215), pues la inconstitucionalidad no sólo se origina por violación de artículos expresos sino de los principios constitucionales.

Pero además de consagrar expresamente la libertad económica, la Constitución también *garantiza la iniciativa privada* en materia económica al prescribir que

"El Estado protegerá la iniciativa privada, sin perjuicio de la facultad de dictar medidas para planificar, racionalizar y fomentar la producción, y regular la circulación, distribución y consumo de la riqueza, a fin de impulsar el desarrollo económico del país" (artículo 98).

La garantía de la iniciativa privada, por tanto, no escapa al objetivo general de contribuir al desarrollo económico del país, hacia lo cual el Estado debe orientarla con los poderes planificadores, reguladores y de fomento que la Constitución le atribuye expresamente. Los sectores económicos privados, en todo caso, deben ser oídos "en los asuntos que interesan a la vida económica". El principio se establece en el artículo 109 de la Constitución al prescribir que la Ley debe

"regular la integración, organización y atribuciones de los cuerpos consultivos que se juzguen necesarios para oír la opinión de los sectores económicos privados, la población consumidora, las organizaciones sindicales de trabajadores, los colegios de profesionales y las universidades, en los asuntos que interesen a la vida económica".

Por otra parte, dentro de los derechos económicos de los particulares que se garantizan en la Constitución, está el *derecho de propiedad,* el cual, en virtud de la "función social" que debe siempre cumplir, está sometido "a las contribuciones, restricciones y obligaciones que establezca la Ley con fines de utilidad pública o de interés general" (art. 99). De nuevo, aquí está la garantía de la reserva legal para el establecimiento de las limitaciones a la propiedad, que sólo puede formular el Legislador mediante Ley formal, o en los casos autorizados en la Constitución, el presidente de la República mediante Decretos-Leyes, con fines de utilidad pública o de interés social que, en definitiva, delinean el concepto de función social. De nuevo también aquí estamos en presencia de conceptos jurídicos indeterminados, que no pueden concretarse arbitrariamente, sino con los criterios de racionalidad, logicidad y congruencia a los efectos de que las medidas dictadas no violen los principios constitucionales de la Constitución económica, pudiendo ejercerse, en nuestro criterio, en caso contrario, el control judicial de la constitucionalidad de las leyes, que en el caso de Venezuela es tanto de carácter difuso como concentrado, en este último caso, por vía de acción popular.

En cuanto a la propiedad privada de *inmuebles rurales,* la Constitución formula el principio de que "el régimen latifundista es contrario al interés social", por lo que autoriza al Legislador a que mediante ley formal disponga "lo conducente a su eliminación", y al establecimiento de "normas encaminadas a *dotar de tierra* a los campesinos y trabajadores rurales que carezcan de ella, así como a proveerlos de los medios necesarios para hacerla producir (art. 105), lo que se ha regulado, incluso antes de haberse promulgado la Constitución, en la Ley de Reforma Agraria de 1960.

Además, y también en relación a la propiedad privada, en cuanto ésta implique *aprovechamiento de recursos naturales,* la Constitución establece el principio de que el Estado debe atender "a la defensa y conservación de los recursos naturales de su territorio", sean renovables o no renovables; y el de que en todo caso "la explotación de los mismos estará dirigida primordialmente al beneficio colectivo de los venezolanos" (art. 106), lo que implica, una limitación adicional derivada de la función social que la propiedad privada debe cumplir.

Por último, la Constitución también garantiza "los derechos sobre *obras científicas,* literarias y artísticas, invenciones, denominaciones, marcas y lemas", los cuales, sin embargo, sólo gozan de protección por el tiempo y en las condiciones que señale la Ley" (art. 100), previéndose de nuevo, en todo caso, la garantía fundamental de la reserva legal.

Debe señalarse, además, en relación a la propiedad e, incluso, en relación a los derechos sobre bienes inmateriales, que la Constitución adicionalmente establece dos garantías frente a su eventual extinción por parte del Estado.

En *primer lugar,* regula la institución de la *expropiación,* la cual puede ser declarada respecto de cualquier clase de bienes sólo por causa de utilidad pública o de interés social, mediante sentencia firme y pago de justa indemnización" (art. 101). En cuanto al previo pago de la indemnización, sin embargo, la propia

Constitución establece la posibilidad que mediante Ley "en la expropiación de inmuebles, con fines de reforma agraria o de ensanche y mejoramiento de poblaciones, y en los casos que por graves razones de interés nacional determine la Ley, podrá establecerse el diferimiento del pago por tiempo determinado o su cancelación parcial mediante la emisión de bonos de aceptación obligatoria, con garantía suficiente" (art. 101). La concreción de los conceptos jurídicos indeterminados que prevé la norma constitucional, como por ejemplo, la determinación de graves razones de interés nacional", también está sujeta a los límites antes mencionados, pues toda arbitrariedad, incluso la que provenga del legislador, significa una violación de la Constitución.

En *segundo lugar,* la Constitución formula la garantía general respecto de que *"no se decretarán ni ejecutarán confiscaciones"* (art. 102), abriendo, sin embargo, dos excepciones: las medidas que sean aceptadas por el Derecho internacional y los casos en los cuales el Congreso decrete "por acuerdo aprobado por la mayoría absoluta de sus miembros, la incautación de todos o parte de los bienes" de las personas responsables de actos de fuerza contra la vigencia de la Constitución y de los funcionarios de los gobiernos que se puedan organizar subsecuentemente, salvo que hayan contribuido a restablecer el imperio de la misma. La incautación de bienes, en esos casos, también puede ser decretada respecto de "quienes se hayan enriquecido ilícitamente al amparo de la usurpación". Dicha incautación, en todo caso, se regula "para resarcir a la República de los perjuicios que se le hayan causado" (art. 250).

Por último, además de la regulación de la libertad económica y del derecho de propiedad, en la Constitución se establecen indirectamente otros derechos económicos como inherentes al sistema, y que pueden englobarse en un conjunto de derechos constitucionales *a la protección de la libertad económica y de la iniciativa privada.* Por ejemplo, al establecerse imperativamente que "no se permitirán monopolios" (art. 97)*,* de ello se deducen derechos de protección económica contra las conductas monopólicas que puedan afectar la libertad económica; y al establecerse la obligación para el legislador de dictar normas "para impedir la usura, la indebida elevación de los precios y, en general, las maniobras abusivas encaminadas a obstruir o restringir la libertad económica" (art. 96)*,* se deducen derechos económicos, por ejemplo, a la protección de la competencia o concurrencia.

F. *Los principios de la intervención del Estado en la economía*

El modelo económico que establece la Constitución, si bien se fundamenta en la libertad económica y la iniciativa privada, prescribe expresamente que ésta debe basarse en "principios de justicia social que aseguren a todos una existencia digna y provechosa para la colectividad" (art. 95). En consecuencia, el sistema no se concibe sin que el Estado tenga una intervención decisiva con el objeto de garantizar, conforme lo formula el Preámbulo de la Constitución, que se protegerá y enaltecerá el trabajo; se amparará la dignidad humana; se promoverá el bienestar general y la seguridad social; se buscará lograr la participación equitativa de todos en el disfrute de la riqueza, según los principios de la justicia social; se fomentará el desarrollo de la economía al servicio del hombre y se mantendrá la igualdad social y jurídica, sin discriminaciones derivadas de raza, sexo, credo o condición social. En consecuencia, como pieza esencial de la Constitución económica, además de los objetivos señalados que se asignan al Estado, se le atribuyen expresamente una serie de poderes de intervención en la vida económica.

En *primer lugar,* están los poderes de regulación de la actividad económica *(Estado regulador)* que, como se ha dicho, en todo caso, requieren como garantía, la regulación mediante Ley, siempre que se trate de la imposición de limitaciones a la libertad económica y a la iniciativa privada. Así, las limitaciones a la libertad económica "por razones de seguridad, de sanidad u otras de interés social" (art. 96) sólo pueden establecerse por Ley. Asimismo, sólo la ley puede establecer "normas para impedir la usura, la indebida elevación de los precios y, en general, las maniobras abusivas encaminadas a obstruir o restringir la libertad económica" (art. 96)*; y* sólo la ley puede establecer las regulaciones que permitan al Estado "dictar medidas para planificar, racionalizar y fomentar la producción, y regular la circulación, distribución y consumo de las riquezas (art. 98). En el mismo sentido, en cuanto a la propiedad privada, sólo por Ley se pueden establecer las contribuciones, restricciones y obligaciones a que deba someterse en virtud de su función social, con fines de utilidad pública o de interés general (art. 99); y sólo por ley ha de disponerse lo conducente a la eliminación del latifundio (art. 105).

En *segundo lugar,* están los poderes de planificación y ordenación de la actividad económica *(Estado planificador)* como tarea de ordenación de la misma, mencionados en el artículo 98 del texto fundamental (planificar la producción a fin de impulsar el desarrollo económico del país) e, indirectamente, previstos en el artículo 191 que exige al presidente de la República, en su Mensaje Anual al Congreso, la exposición de los "lineamientos del *plan de desarrollo económico y social de la Nación",* y en el artículo 229 que autoriza la sanción de una ley con normas para "coordinar la inversión del situado constitucional (es decir, la partida del presupuesto nacional destinada a distribuirse entre los Estados miembros de la Federación) con planes administrativos desarrollados por el Poder Nacional". Con la Enmienda Constitucional núm. 2 de 1983, la función planificadora del Estado se especificó adicionalmente en la Constitución económica, al prescribirse que

> "El Ejecutivo Nacional en el transcurso del primer año de cada período constitucional presentará para su aprobación, a las Cámaras Legislativas en sesión conjunta, las *líneas generales del plan de desarrollo económico y social de la Nación"* (art. 7).

Con ello no sólo el propio Ejecutivo Nacional y la Administración Pública deben estar vinculados al plan aprobado, sino que las propias Cámaras Legislativas deben sujetarse al mismo, por ejemplo, al sancionar las leyes de Presupuesto y los créditos adicionales al mismo en el período de ejecución del plan.

En *tercer lugar,* están los poderes de control *(Estado de control),* por ejemplo, para proteger la propia libertad económica en su ejercicio recíproco por los sujetos de derecho y asegurar que se ajuste a los principios de justicia social. Siendo los límites de la libertad "el derecho de los demás y el orden público y social" (art. 43), el Estado tiene los poderes de control para evitar que ellos se traspasen. Por ello, la prohibición constitucional respecto a los monopolios, que "no se permitirán" (art. 97), y la potestad expresa para que la Ley dicte "normas para impedir la usura, la indebida elevación de los precios y, en general, las maniobras abusivas encaminadas a obstruir o restringir la libertad económica" (artículo 96). Dentro de los poderes de control, se destacan, además, aquellos que ejerce el Estado sobre determinadas actividades económicas de producción, como la "industria básica pesada", que aun cuando sea desarrollada por los particulares, conforme a la Constitución, debe estar siempre bajo control del Estado (art. 97).

En *cuarto lugar* están los poderes del Estado para reservarse determinados servicios de interés público *(Estado de servicios públicos)* (artículo 97), lo que implica, siempre, una restricción a la libertad económica, pues el que se declare una actividad determinada como servicio público no significa otra cosa que sustraerla de las actividades que pueden realizar, libremente, los particulares. Esta reserva, por otra parte, comporta siempre una obligación de prestación o prestacional que asume el Estado, sea de manera exclusiva, con exclusión de toda actividad privada, sea con participación de la iniciativa privada, en algunos casos, mediante el régimen de concesiones. En este caso, la Constitución establece que

> "sólo podrán otorgarse, en conformidad con la ley, concesiones con carácter de exclusividad, y por tiempo limitado, para el establecimiento y la explotación de obras y servicios de interés público" (art. 97).

En *quinto lugar* están los poderes del Estado de participar directamente en la actividad económica, como empresario en cualquier tipo de actividades industriales, comerciales y de servicio *(Estado empresario),* establecido de forma tal, sin limitación de ningún tipo, de manera que no hay visos algunos de subsidiariedad. Por tanto, el Estado no tiene límites constitucionales expresos para participar en la actividad económica y ser propietario de medios de producción, salvo, por supuesto, los que derivan de la misma formulación del modelo económico que impedirían una estatización total de la economía y la eliminación de la iniciativa privada.

Por tanto, en un régimen de economía mixta y dentro de los mismos marcos de la Constitución económica, es decir, fundamentada en principios de justicia social que aseguren a todos una existencia digna y provechosa para la colectividad, el Estado puede desarrollar una actividad empresarial en concurrencia con las actividades económicas privadas, con poderes, incluso, para reservarse determinadas industrias y explotaciones.

En esta materia, la Constitución, en *primer lugar,* establece la reserva para el Estado de poseer y usar armas de guerra, de manera que todas las que existan o se introduzcan en el país *"pasarán a ser propiedad de la República, sin indemnización ni proceso"* (art. 133).

Además, en segundo lugar el artículo 97 de la Constitución establece que "El Estado podrá reservarse determinadas industrias, explotaciones o servicios de interés público por razones de conveniencia nacional", de lo que resulta, primero una cláusula habilitatoria para que el Estado pueda reservarse actividades económicas, en cuyo caso quedarían excluidas del ámbito de la libre iniciativa privada; y segundo, una cláusula limitativa, en cuanto que sólo puede incidir en "determinadas" industrias, explotaciones o servicios, es decir, la posibilidad constitucional de reserva de actividades económicas al Estado no puede conducir a una estatización general de la economía.

La reserva al Estado de actividades económicas, hemos dicho, implica que un sector de actividad económica (de industrias, explotaciones o servicios de interés público) queda excluida de la libre iniciativa privada, correspondiendo al Estado su realización, e implicando, una vez dictada la reserva por Ley, que los particulares que realizaban actividades económicas en las áreas reservadas, deben cesar en ello. Este poder de reserva ha sido usado expresamente en cuatro ocasiones en Venezuela durante la vigencia de la Constitución: la reserva del mercado interno de los hidrocarburos (1973), la reserva de la industria del gas natural (1972) y la reserva de la industria del mineral de hierro de la industria y el comercio de los hidrocarburos (1975), y en esos casos, la reserva ha sido total, excluyéndose la posibilidad de realización de dichas actividades por los particulares. Es de advertir, además, que la reserva, en sí misma, no implica pago de indemnización alguna a los particulares que realizaban la actividad concreta y deben cesar, salvo cuando el Estado, además de formular la reserva, decide asumir y apropiarse de los bienes que los particulares tenían afectados a la actividad, en cuyo caso debe expropiarlos conforme a lo establecido en el artículo 101 del Texto Fundamental, es decir, mediante sentencia firme y pago de justa indemnización. En consecuencia, la reserva de actividades económicas por ley y la expropiación de los bienes de particulares que estaban afectos a la actividad, como medidas conjuntas, conforman en Venezuela la figura de la nacionalización, que se aplicó, entre otras, en materia petrolera, por supuesto, sólo respecto de la industria petrolera, pues el subsuelo (el petróleo) siempre ha sido del dominio público del Estado.

Pero la participación del Estado en actividades empresariales, por supuesto, puede realizarse también en concurrencia con los particulares, estableciéndose en la Constitución que una Ley debe determinar "lo concerniente a las *industrias promovidas y dirigidas por el Estado"* (art. 97), y que "los intereses del Estado en corporaciones o entidades de cualquier naturaleza" y, por supuesto, de carácter económico estarán sujetos al control del Congreso, en la forma que la Ley establezca" (art. 230).

Por último, en el marco de los poderes de intervención del Estado en la economía, se deben mencionar los clásicos poderes de fomento *(Estado de fomento)* que derivan expresamente de la obligación impuesta al Estado de "proteger la iniciativa privada" con la atribución en el artículo 98 de, entre otras potestades, dictar medidas para "fomentar la "producción... a fin de impulsar el desarrollo económico del país". Por supuesto, también derivan los poderes de fomento del objetivo general que se le define al Estado en la Constitución económica de

"promover el desarrollo económico y la diversificación de la producción, con el fin de crear nuevas fuentes de riqueza, aumentar el nivel de ingresos de la población y fortalecer la soberanía económica del país" (art. 95).

G. Los principios de la Constitución económica en el Proyecto de Constitución

Como consecuencia de las reflexiones anteriores, estimamos que en la Nueva Constitución lo que debe es consolidarse el sistema económico del *Estado Social y Democrático de Derecho y de Justicia* que está definido en el artículo 2 del Anteproyecto aprobado en la sesión del 19 de octubre de 1999, y que responda, por supuesto, en el texto constitucional, a la idea indicada en el documento presentado por el presidente de la República, con el título: *Ideas fundamentales para la Constitución Bolivariana de la V República,* sometido a la consideración de la Asamblea, y que queda expresada en este párrafo:

"El sistema económico venezolano *rechaza los extremismos* dogmáticos y su desarrollo autogestionario se ubicará en un punto de *equilibrio entre el Estado y el mercado,* entre lo *público y lo privado,* entre lo *nacional y lo internacional*".

De ello resulta, entonces, que siguiendo la orientación flexible y no dogmática del régimen constitucional de la economía, las normas del Capítulo I (Del Régimen Socio-Económico y el papel del Estado en la Economía) del Título VI (Del Sistema Socio-Económico) en nuestro criterio, no sólo deberían simplificarse y sincerarse sino adaptarse al esquema flexible, no extremista y excluyente señalado.

Con fundamento en lo anteriormente expuesto, por tanto, a continuación proponemos las siguientes modificaciones a los artículos del Anteproyecto.

a. Principios del Régimen Económico

Como se ha dicho, el artículo 335 del Anteproyecto, en relación con los principios del régimen económico, establece lo siguiente

"**Artículo 335:** El régimen socioeconómico de la República de Venezuela estará siempre al servicio del interés social; sus elementos básicos se constituirán en función de humano integral.

El régimen económico de la República se fundamentará en principios de justicia social, eficiencia, libre competencia e iniciativa, defensa del ambiente, productividad y solidaridad, a los fines de asegurar, a todas las personas, una existencia digna y provechosa para la colectividad. El Estado promoverá el desarrollo armónico de la economía nacional con el fin de generar un alto valor agregado nacional, mejorar el nivel de vida de la población y fortalecer la soberanía económica del país. El Estado garantizará la seguridad jurídica y fomentará la iniciativa privada.

El Estado deberá planificar, desarrollar y ejecutar una estrategia mediante un proyecto nacional que imprima solidez, dinamismo, permanencia y equidad al crecimiento de la economía, La planificación debe ser fruto de la participación, la consulta y realmente democrática y abierta".

Este artículo, que equivale al artículo 95 de la Constitución de 1961, debería precisar que el régimen económico, no dirigista, de la República, equivale a un régimen fundamentado en la libertad económica en una economía social de mercado. Su redacción podría entonces ser la siguiente, partiendo del supuesto de que el mismo, como toda acción de la República, siempre está al servicio del interés social y general:

"*Artículo 335:* El régimen económico de la República será el de la economía social de mercado y se fundamenta en principios de justicia social, de libre empresa, de eficiencia, de productividad y de libre competencia e iniciativa, que tiendan a asegurar a todos una existencia digna y provechosa para la colectividad.

El Estado promoverá el desarrollo económico y social y creará las condiciones necesarias para la diversificación de la producción con el fin de crear nuevas fuentes de riqueza, mejorar el nivel de vida de la población y fortalecer la soberanía económica del país".

En cuanto a la última parte del artículo 335 en relación con la iniciativa privada y la planificación, estimamos que debe redactarse un párrafo del artículo 335 que retenga, en lo sustancial, el texto del artículo 98 de la Constitución de 1961, así:

"El Estado protegerá la iniciativa privada, sin perjuicio de la facultad de dictar medidas para planificar, racionalizar y fomentar la producción, y regular la circulación, distribución y consumo de la riqueza, a fin de impulsar el desarrollo económico del país".

b.   *La intervención empresarial del Estado en la economía*

La intervención del Estado en la economía, en un sistema de economía social de mercado, es una materia de política económica que no puede tampoco rigidizarse en la Constitución.

Sin embargo, en el artículo 336 del Anteproyecto, en una forma excesivamente rígida, se limita la actividad del *Estado empresario* a las áreas reservadas, salvo casos distintos sometidos a una excesiva intervención legislativa en las actividades ejecutivas. Dicho artículo tiene la siguiente redacción:

"*Artículo 336:* En aquellas áreas que no le estén reservadas, las entidades públicas territoriales, sólo por autorización expresa de una ley podrán crear entidades descentralizadas para realizar actividad empresarial, la cual debe estar motivada por razones de interés público, sin menoscabo de la razonable productividad económica y social de los recursos que el Estado invirtiere en dicha actividad. La Ley Nacional establecerá condiciones para la creación funcionamiento y control de entidades descentralizadas".

Al contrario, estimamos que el artículo 336, si bien tiene la intención de frenar la actividad empresarial del Estado que ha sido en muchos casos inconveniente, no debe limitarla sólo a las áreas reservadas y en cuanto a las otras, no debe establecer un régimen de intervención parlamentaria, a todas luces inconveniente, en el nuevo esquema que debe establecerse de relaciones entre el Poder Ejecutivo y el Poder Legislativo.

Esta norma, estimamos que debería redactarse así:

"Artículo 336: La Ley nacional establecerá las condiciones para la creación de entidades descentralizadas funcionalmente para la realización de actividades sociales o empresariales, de manera de asegurar la razonable productividad económica y social de los recursos públicos que en ellas se inviertan".

c. *Las actividades reservadas al Estado*

En cuanto a las normas del Anteproyecto relativas a la reserva del Estado sobre determinados bienes y servicios, estas están en los artículos 338 y 339 del mismo, que tienen el siguiente texto

"Artículo 338: Quedan reservados al Estado por conveniencia nacional los recursos naturales no renovables y, en general, los productos del subsuelo y todos los minerales; los servicios de agua potable, energía eléctrica y la administración del espectro de las telecomunicaciones; y las empresas estratégicas definidas por la ley.

El Estado podrá otorgar en concesión cualquiera de las actividades antes mencionadas, en los casos que la ley establezca.

Artículo 339: Quedan reservadas al Estado las actividades de la exploración, explotación, transporte, manufacturas y mercadeo interno de los hidrocarburos, exceptuándose los gaseosos. Sólo en casos especiales, cuando así convenga al interés nacional previa autorización de la Asamblea Nacional y siempre que se mantenga el control por parte del Estado, podrán suscribirse convenios con el sector privado para el ejercicio de las mencionadas actividades".

Estimamos que estas reservas de rango constitucional no resultan nada conveniente para el régimen constitucional flexible que requiere la economía, y más bien debe dejarse el principio de que dichas reservas, como potestad del Estado, se harán mediante Ley como ha ocurrido hasta la fecha. En consecuencia, estimamos que debe retenerse la segunda parte del artículo 97 de la Constitución de 1961, en un artículo, así:

"Artículo 338: El Estado podrá reservarse determinadas industrias, explotaciones o servicios de interés público por razones de conveniencia nacional. La ley que establezca la reserva regulará las condiciones y modalidades de realización de las actividades reservadas".

Con una norma de este tipo, el Estado se reservó la industria y la comercialización de los hidrocarburos, incluyendo el gas; pero luego ha iniciado la apertura del mercado interno de los hidrocarburos y de los hidrocarburos gaseosos sin necesidad de reformar la Constitución, también por razones de conveniencia nacional que es, por supuesto, cambiante y dinámica. Por ello estimamos que no tiene sentido, en el largo plazo, constitucionalizar el texto del artículo 5° de la Ley de Nacionalización Petrolera.

En tal contexto, tampoco tiene sentido alguno constitucionalizar una reserva estatal sobre los servicios de agua y de energía eléctrica que son servicios públicos económicos, cada vez más a cargo de la iniciativa privada en todo el mundo, sin perjuicio de las potestades reguladoras del Estado.

Más que actividades reservadas, en estos servicios públicos económicos estamos en presencia de actividades o sectores reglamentados en muy diversos grados, que deben estar sometidos a un ordenamiento sectorial que ordene el sistema en su conjunto o globalmente, pero no por ello extraídas del ámbito de la libertad y de la iniciativa privada, que podría asumirlos mediante títulos de autorizaciones y concesiones, como acontece, por ejemplo, con la recién dictada Ley de Servicio Eléctrico.

Los artículos 338 y 339, en consecuencia, podrían ser eliminados, pues en cuanto al subsuelo y sus riquezas de minerales en el Anteproyecto ya aparecen declaradas como del dominio público en el Título II, artículo 11 y en cuanto al espectro electromagnético está sometido a la soberanía del Estado en el artículo 10, por lo que le corresponde su administración. La eliminación de los artículos señalados, sin embargo, exige atribuir al Poder Nacional competencia expresa en cuanto al régimen de la energía eléctrica y los servicios de agua potable, en el artículo que sea equivalente al art. 136 de la Constitución vigente.

En todo caso, el artículo propuesto debería complementarse con un párrafo que establezca el régimen general relativo a los servicios públicos, así:

"La Ley que regule los servicios públicos establecerá los principios relativos a la justa remuneración de los operadores y las obligaciones o cargas del servicio universal que junto a la libre competencia, garanticen la seguridad, la calidad, la cobertura universal y la eficiencia económica del servicio".

d. *El régimen de la reserva de la industria petrolera*

El Anteproyecto, en el artículo 340, complementa la constitucionalización del régimen de la reserva de la industria petrolera que se propuso en el artículo 339 del Anteproyecto, al buscar establecer en la Constitución la propiedad invariable de las acciones de PDVSA, en la forma siguiente:

"*Artículo 340:* El Estado conservará la totalidad de la acciones de Petróleos de Venezuela, S.A., o del ente creado para el manejo de la industria petrolera por razones de soberanía económica, política y de estrategia nacional".

En cuanto a este artículo relativo a la propiedad de las acciones de PDVSA, estimamos adecuada la posición expresada por el presidente de dicha empresa, Ing. Cavaldini, en el sentido de que esa materia no debía constitucionalizarse. Además, la noción de "Estado" no es la que aquí debería utilizarse, sino la de "República"; y en ningún caso, una decisión de esa naturaleza, en una Constitución, requiere de una "motivación" como la indicada en la norma propuesta.

e. *La declaratoria de las aguas como del dominio público*

El artículo 341 del Anteproyecto declara a las aguas como del dominio público, en la siguiente forma:

"Artículo 341: Todas las aguas son bienes de dominio público de la República, insustituibles para la vida y el desarrollo. La ley establecerá las disposiciones necesarias a fin de garantizar su protección y aprovechamiento, respetando las fases del ciclo hidrológico y los criterios de ordenación del territorio".

Respecto de esta declaratoria de todas las aguas como del dominio público, el tema, por supuesto no es nada nuevo y lo hemos estudiado desde hace muchos años (véase "Comentarios sobre la declaratoria general de las aguas como bienes del dominio público en el Proyecto de Ley de Aguas", en Allan R. Brewer Carías, *Derecho y Administración de las Aguas y otros Recursos Naturales Renovables,* Caracas 1976, págs. 147 y ss.).

Conforme a ello, y siguiendo los estudios realizados en la década de los setenta por la Comisión del Plan Nacional de Aprovechamiento de los Recursos Hidráulicos, estimamos que más que las aguas en genérico, lo que interesa declarar como del dominio público son los recursos hidráulicos.

Por ello, el artículo 341 podría quedar redactado así:

"Artículo 341: Todos los recursos hidráulicos, como elementos esenciales para la vida y el desarrollo económico y social de la Nación, son bienes del dominio público y, por tanto, son patrimonio exclusivo, inalienable e imprescriptible de la misma y no son susceptibles de apropiación individual.

Todas las aguas son fases de un mismo ciclo y consecuentemente quedan sometidas al mismo régimen jurídico que establezca la Ley, sin perjuicio de las distintas peculiaridades que en cada caso pueda requerir su aprovechamiento".

La norma, por otra parte, podría ubicarse a continuación del artículo 11 del Título II, Capítulo I sobre los Espacios Geográficos.

f. *El régimen de la seguridad alimentaria*

En cuanto al artículo 342 sobre la seguridad alimentaria, estimamos que debe ser una política económica esencial del Estado, pero para ello parece desproporcionado que éste *garantice* la seguridad alimentaria de la población. El artículo, en efecto está redactado así:

"Artículo 342: El Estado garantizará la seguridad alimentaria de la población; entendida como la disponibilidad suficiente y estable de alimento a nivel nacional y el acceso oportuno y permanente a estos por parte de los venezolanos. La seguridad alimentaria deberá alcanzarse privilegiando la producción agrícola interna. La producción de alimentos es de interés nacional y fundamental al desarrollo económico y social de la nación. A tales fines, el Estado dictará las medidas de orden financiera, comercial, transfe-

rencia tecnológica, tenencia de la tierra, infraestructura, capacitación de mano de obra y otras que fueran necesarias para alcanzar niveles estratégicos de autoabastecimiento. Además, promoverá las acciones en el marco de la economía nacional e internacional para compensar las desventajas propias de la actividad rural".

Estimamos que el artículo podría redactarse de manera de estimular y propender a la seguridad alimentaria, con un texto que podría ser el siguiente

"Artículo 342: Con el objeto de lograr la seguridad alimentaria de la población, se declara la actividad agrícola de interés fundamental y prioritario para el desarrollo económico y social de la Nación. Con tal fin, el Estado apoyará y estimulará la modernización, el desarrollo integral y el incremento de la competitividad de las actividades agrícolas, pecuarias, pesqueras, forestales y agroindustriales, así como la construcción de obras de infraestructura física y adecuación de tierras. De igual manera, el Estado promoverá la investigación y la transferencia de tecnología para la producción de alimentos y materias primas de origen agropecuario, con el propósito de incrementar su productividad".

g. *El régimen del latifundio*

En cuanto al artículo 343 relativo al régimen latifundista y al desarrollo rural, está redactado así en el Anteproyecto:

*"**Artículo 343:*** El régimen latifundista es contrario al interés social. El Estado protegerá y promoverá las formas asociativas de propiedad de la tierra para estimular la productividad y la competitividad del productor agrícola nacional. La ley desestimulará la permanencia de tierras ociosas y dispondrá lo conducente a su transformación en unidades económicas productivas, rescatando igualmente las tierras de vocación agrícola.

Por su importancia alimentaria nacional, el Estado protegerá los asentamientos y comunidades de pescadores artesanales, así como sus caladeros de pesca próximos a la línea de costa".

Ahora bien, estimamos que la norma podría ser redactada más ampliamente, de manera de regular en la misma no sólo al latifundio privado sino al latifundio público (tierras baldías afectadas a la reforma agraria) y a la promoción del desarrollo rural integrado. En consecuencia, la norma podría quedar redactada así:

"Artículo 343: El régimen latifundista es contrario al interés social. El Estado protegerá y promoverá las formas asociativas de propiedad de la tierra para estimular la productividad y competitividad del productor agrícola nacional. La ley desestimulará la permanencia de tierras ociosas y dispondrá lo conducente a su transformación en unidades económicas productivas. Las tierras con potencial agrícola que son propiedad del Estado deberán cumplir una función económica productiva, a cuyo efecto la ley establecerá normas encaminadas a adjudicar la tierra en propiedad plena a los campesinos y

productores del medio rural en dimensiones adecuadas para que sea económicamente viable su explotación.

El Estado promoverá las condiciones para el desarrollo rural integral, con el propósito de generar empleo y garantizar a la población campesina un nivel adecuado de bienestar, así como su incorporación al desarrollo nacional. Es deber del Estado promover el acceso de la población rural a los servicios de educación, salud, vivienda, seguridad social y asistencia técnica con el fin de mejorar el ingreso y calidad de vida a los campesinos y pequeños productores del campo".

10. *Propuesta para una cláusula sobre la integración económica*[43]

Con fecha 6 de septiembre de 1999, dirigí una comunicación a los presidentes de la Comisión de Integración y Relaciones con la Comunidad Internacional y de la Comisión Constitucional, con una "propuesta sobre la regulación de la integración regional," considerando que era necesario resolver, en el nuevo texto constitucional, *las exigencias jurídico-constitucionales de la integración regional,* en particular, de las que planteaba la Comunidad Andina, las cuales no habían podido ser resueltas con la exigua norma contenida en el artículo 108 de la Constitución de 1961.

En dicha comunicación expresé lo siguiente:

A. *La integración económica y las exigencias constitucionales*

En efecto, uno de los procesos de mayor importancia para el futuro de América Latina, sin duda, es el proceso de integración económica. Los Estados europeos lo diseñaron como la única vía para recomponer sus economías y, en consecuencia, mejorar la calidad de vida de sus habitantes. Para ello, después de la II Guerra Mundial procedieron a la constitución de un bloque económico, a través del cual implementaron mecanismos de cooperación, facilitando el intercambio de bienes y servicios entre los Estados. Inicialmente el proceso de integración fue por sectores, razón por la cual en 1951, nació la Comunidad Europea del Carbón y el Acero (CECA) mediante la firma del Tratado de París y, posteriormente, abarcó otros aspectos a cuyo efecto suscribieron, en 1957, los Tratados de Roma que crearon a la Comunidad Económica Europea (CEE) y a la Comunidad Europea de la Energía Atómica (Euratom).

En todo caso, y a pesar de tratarse de un proceso novedoso en el campo internacional, debe decirse que desde el punto de vista constitucional, el proceso de integración europeo, desde sus inicios y en todas sus fases, siempre fue precedido de un *reacomodo de las Constituciones de los Estados miembros,* para permitirlo y posibilitarlo, de manera de evitar, en lo posible, todo conflicto entre lo que

---

43 Véase Allan R. Brewer-Carías, *Debate Constituyente (Aportes a la Asamblea Nacional Constituyente), Tomo I (8 agosto-8 septiembre 1999),* Fundación de Derecho Público-Editorial Jurídica Venezolana, Caracas 1999, pp. 171-182. Dicho documento lo redacté con la colaboración de Marianela Zubillaga de Mejía.

ha significado, jurídicamente, la integración económica, la Comunidad y la Unión; con lo previsto en las Constituciones de los Estados miembros; siendo las reformas constitucionales una exigencia y a la vez, consecuencia lógica y necesaria para el avance de la integración. (Véase en general Allan R. Brewer-Carías, *Las implicaciones constitucionales de la integración económica regional*, Caracas 1998).

En América Latina, el proceso de integración en proceso de implementación de más vieja data fue el iniciado en 1969, por Bolivia, Colombia, Chile, Ecuador y Perú, con la suscripción del Acuerdo de Cartagena, al cual Venezuela se adhirió, con posterioridad, en 1973. Mediante dicho Acuerdo los países miembros convinieron, entre otros objetivos, en la armonización de las políticas económicas y sociales, la aproximación de sus legislaciones en las materias pertinentes, la adopción de un arancel externo común y el desarrollo de un programa para la liberalización del intercambio comercial.

Sin embargo, en contraste con lo que sucedió en Europa, las Constituciones de los países de América andinos, salvo el caso de Colombia, no han solucionado los problemas jurídicos que plantea el ingreso a procesos de integración económica de carácter comunitario. Por ello, en América Latina, el problema constitucional de la integración es el problema jurídico más importante que debe ser resuelto, pues sin su solución, no podrán existir las bases jurídicas sólidas que requiere el proceso de integración regional.

B. *La consecuencia de la integración: el derecho comunitario*

Ante todo debe señalarse que el desarrollo de las Comunidades Europeas y del Pacto Andino (hoy Comunidad Andina), ha implicado el surgimiento de una serie de instituciones que deben velar por el cumplimiento de los fines de la integración o "comunitarios", los cuales, en más de una oportunidad pueden ser distintos e, incluso, opuestos a los de los Estados miembros. En esta forma, en el ámbito europeo nacieron la Comisión, el Consejo, el Parlamento Europeo y el Tribunal de Justicia Europeo. En nuestro contexto, el Acuerdo de Cartagena creó a la Junta (hoy Secretaría General), la Comisión y el Tribunal de Justicia Andino.

Por otra parte, para garantizar la ejecución de los fines de la integración, progresivamente resultó indispensable que los Países miembros transfirieran a los órganos comunitarios, competencias originalmente reservadas por las Constituciones nacionales a los órganos de los poderes nacionales. Así sucede por ejemplo, con el establecimiento de un arancel externo común, que tiene que pasar a ser una competencia "comunitaria" no siendo posible, una vez establecido, que los países miembros puedan llegar a fijar aranceles distintos a los que establezca el órgano comunitario competente. Para ello es indispensable que en casos como el señalado, los órganos del Poder Público Nacional cedan sus competencias en esas determinadas materias a los órganos supranacionales.

Desde el punto de vista jurídico, la consecuencia fundamental del surgimiento de dichas instituciones supranacionales, es el nacimiento de un nuevo derecho: el Derecho Comunitario, conformado por el conjunto de tratados que originan la comunidad y por las normas dictadas por los órganos comunitarios para garantizar el cumplimiento de los objetivos comunes fijados. La doctrina y jurisprudencia europea tradicionalmente señalan que el referido Derecho Comunitario comprende a su vez, el Derecho Comunitario originario, constituido por los tratados suscritos por los Estados miembros como actores del Derecho Internacional Público y sus modificaciones; y el Derecho Comunitario derivado, integrado por el conjunto de normas de diverso rango, emanadas de los órganos comunitarios o supranacionales creados.

El Derecho Comunitario, por lo tanto, es un derecho distinto, novedoso, que cabalga entre el Derecho Internacional y el Derecho interno de cada país miembro.

C. *Los principios rectores del derecho comunitario y su solución constitucional*

La vasta doctrina y jurisprudencia europea así como la andina, han dejado claramente definido el criterio de que para garantizar la aplicación uniforme del Derecho Comunitario en los Países miembros es indispensable el cumplimiento de al menos tres requisitos: en *primer lugar*, la atribución de competencias propias de los órganos constitucionales de los Estados a los órganos comunitarios; en *segundo lugar*, la primacía del derecho comunitario y su exclusión del ámbito de los controles constitucionales internos de cada país; y, en *tercer lugar*, la aplicación directa de la normativa dictada por dichos órganos. Para ello, como lo enseña el ejemplo europeo, la única manera para garantizar el cumplimiento de los principios antes señalados en cada uno de los Países miembros, es que sus respectivas Constituciones consagren expresamente, por una parte, la posibilidad de transferir competencias a órganos comunitarios y, por la otra, el efecto directo de dicha normativa en el ámbito interno.

De ello resulta que no se puede llegar a desarrollar un régimen de integración económica efectivo, desconociendo o coartando en el orden interno el contenido y aplicación de los principios que rigen el Derecho Comunitario, a cuyo efecto las Constituciones de los países miembros deben regular el tema. Por ello, si se analiza la experiencia europea se puede apreciar que todos y cada uno de los Estados de la actual Unión Europea consagraron en sus Constituciones, previamente al ingreso a las Comunidades o a la Unión, la posibilidad de atribuir competencias que corresponden a los órganos legislativos, ejecutivos y judiciales nacionales a órganos comunitarios, con la previsión expresa de aceptar limitaciones a su soberanía.

Además, a medida que se ha ido profundizando el proceso de integración europea, como ha sucedido con el reciente paso de la Comunidad Europea a la Unión Europea, y su consolidación a través de los Tratados de Maastricht y de Amsterdam, la aprobación de estos instrumentos conllevó a que se realizaran reformas constitucionales (como por ejemplo, los casos de Alemania, Francia y España, países que tuvieron que proceder a realizar dichas modificaciones, después de emitidas las decisiones de sus respectivos Tribunales Constitucionales, que así lo impusieron) e incluso *Referéndum*, (como fue el *Referéndum consultivo* de Francia, o el de Dinamarca) en los Estados de la Unión.

De lo anterior resulta, por tanto, que en Europa, el problema jurídico de la integración *siempre ha encontrado solución en las normas constitucionales de los Estados Miembros,* de manera que el derecho comunitario se fundamenta, en último término, en la Constitución de cada uno de ellos.

En Latinoamérica con excepción de las Constituciones de Argentina, Colombia y Paraguay, ninguna otra resuelve en forma clara y expresa la problemática de la transferencia de competencias a órganos comunitarios, sin lo cual resulta imposible concebir un régimen de integración.

En el área andina, en todo caso, se destaca la Constitución de Colombia que establece en su artículo 227 (norma inicialmente incorporada en la reforma de 1968, previa a la suscripción del Acuerdo de Cartagena), lo siguiente:

"El Estado promoverá la integración económica, social y política con las demás naciones y especialmente, con los países de América Latina y del Caribe, mediante la celebración de tratados que, sobre las bases de equidad, igualdad y reciprocidad, *creen organismos supranacionales,* inclusive para conformar una comunidad latinoamericana de naciones. La Ley podrá establecer elecciones directas para la constitución del Parlamento Andino y del Parlamento Latinoamericano".

Adicionalmente, en el artículo 150, numeral 16, del Capítulo 3, de la misma Constitución relativo a la formación de las leyes, establece que el Congreso, entre otras, tiene la siguiente función:

"Aprobar o improbar los tratados que el Gobierno celebre con otros Estados o con entidades de derecho internacional. Por medio de dichos tratados podrá el Estado, sobre bases de equidad, reciprocidad y conveniencia nacional, *transferir parcialmente determinadas atribuciones a organismos internacionales, que tengan por objeto promover o consolidar la integración económica con otros Estados".*

Ninguna otra Constitución de los países que conforman la Comunidad Andina resuelve, en esta forma, el problema jurídico de la integración económica, lo que hace el desarrollo del proceso absolutamente precario.

D. *La Constitución de 1961: su insuficiencia, y la propuesta de Reforma Constitucional de 1992*

En el caso de Venezuela, la Constitución de 1961 sólo contiene un artículo que hace una referencia muy general al proceso de integración, como sólo podía suceder en 1961, cuando aún el proceso de supranacionalidad no había encontrado carta de naturaleza en Europa. En efecto, el artículo 108, ubicado en el Capítulo V que versa sobre los Derechos Económicos, pauta que:

"La República *favorecerá la integración económica latinoamericana.* A este fin se *procurará* coordinar recursos y esfuerzos para fomentar el desarrollo económico y aumentar el bienestar y seguridad comunes".

Parte de la doctrina nacional ha pretendido fundamentar en este artículo el proceso de integración andina; al contrario, consideramos que dicho texto no es suficiente para que pueda proceder la delegación de las competencias constitucionales atribuidas a los órganos nacionales, hacia los órganos supranacionales.

Precisamente, en virtud de las discusiones que han surgido por la insuficiencia del contenido del artículo 108 antes citado, como fundamento del proceso integracionista, y en vista de la necesidad de darle una base incuestionable a éste, surgió, en 1992, la propuesta de incorporar a la reforma de la Constitución que se discutía en aquel entonces, en la norma que se refiere a la integración, un párrafo con el siguiente texto:

"En los Tratados que tengan por objeto promover o consolidar este proceso *podrá convenirse en atribuir a los organismos e instituciones de integración, el ejercicio de determinadas competencias que esta Constitución haya conferido a los poderes del Estado. Las decisiones de éstos organismos o instituciones tendrán efectos directos para la población en la medida en que lo establezca el Tratado*".

Con una norma de esta naturaleza, el problema jurídico de la integración económica regional quedaría, sin duda, resuelto para Venezuela.

E. *El contenido en materia de integración del Proyecto de Constitución Bolivariana propuesto por el presidente Chávez: sus insuficiencias y contradicciones*

Ahora bien, en contraste con aquella propuesta, en el Proyecto de Constitución presentado por el presidente Hugo Chávez Frías a la Asamblea Nacional Constituyente, sólo se incorpora un artículo tendiente supuestamente a fomentar el proceso de integración económica, que como una voluntad integracionista, sigue el sentido del artículo 108 de la Constitución de 1961, cuyo texto es del tenor siguiente:

"Artículo.- *La República favorecerá la integración económica latinoamericana y caribeña, defendiendo los intereses económicos, sociales y políticos del país, para insertarse en óptimas condiciones en el proceso de cambios mundiales ya en marcha.* Para estos fines procurará fortalecer la cooperación económica, técnica y la coordinación de recursos y esfuerzos entre los Estados, para incrementar el desarrollo humano sustentable".

Es evidente, que con dicho artículo, a estas alturas del proceso de integración del área andina, no se resuelve la cuestión constitucional de la integración, puesto que prácticamente repite o tiene el mismo alcance del artículo 108 de la Constitución de 1961. Si Venezuela quiere avanzar efectivamente en un proceso de integración como parte de la Comunidad Andina, se requiere, repetimos, una norma constitucional que permita, en forma clara y diáfana, la transferencia de competencias constitucionales atribuidas a los órganos de los poderes nacionales, a órganos supranacionales y sostener, por ende, la primacía del derecho comunitario.

La norma que se propuso en el Proyecto presentado por el presidente Chávez, no atiende a la verdadera consagración de un régimen de integración que exige, insistimos, la recepción automática de las normas de los organismos comunitarios en el ordenamiento jurídico interno, verdadera base y garantía de un sistema comunitario.

En consecuencia, se puede afirmar que en el Proyecto presentado por el presidente Chávez persiste la falta de fundamento constitucional para la integración, puesto que la norma señalada, ubicada en el Título V "Del Sistema Socieconómico", además de ser insuficiente, es de carácter programático, en la cual se califica la integración como económica y como latinoamericana y caribeña, lo cual significa una limitación a su ámbito, porque la verdadera no sólo opera en el campo económico, sino que abarca otros ámbitos, como por ejemplo, el social.

Al contrario, en la nueva Constitución se requiere una norma constitucional que autorice expresamente la transferencia de competencias nacionales a los órganos supranacionales y la consecuencial limitación a los poderes constitucionales de los órganos constitucionales nacionales, entre ellos, del Congreso.

Pero además de la insuficiencia del Proyecto presentado por el presidente Chávez en la solución de las exigencias constitucionales de la integración, debe destacarse el contenido de otra norma del mismo Proyecto que se encuentra ubicada en el Título V "Del Sistema Socieconómico", que resulta totalmente contraria a la posibilidad de resolver la cuestión constitucional de la integración; según el cual:

"Artículo.- *Se considera nula y no escrita cualquier cláusula que, como consecuencia de compromisos* crediticios, tecnológicos, comerciales, educativos o de cualquiera otra índole, *condicione o limite la potestad soberana de la República para legislar y adoptar medidas en materia económica".* (Cursivas agregadas)

Conforme a este artículo, entonces, cualquier cláusula contenida en un compromiso internacional de orden comercial (léase, ámbito económico), que limite o condicione la potestad soberana de la República para "legislar y adoptar medidas en materia económica" será nula.

Por tanto, aún cuando se considerase que el primer artículo antes comentado consagrase una verdadera posibilidad de integración económica, con todas las consecuencias que ello acarrea (entiéndase, la obligatoriedad de las decisiones adoptadas por los órganos comunitarios supranacionales, que éstas sean directa e inmediatamente aplicables, teniendo primacía el derecho comunitario sobre el derecho interno), resultaría imposible sostener ambos artículos a los fines de que se desarrolle un verdadero régimen de integración, puesto que éstos, en su contenido, son contradictorios y, por ende, excluyentes.

En efecto, cualesquiera decisiones que adoptasen los órganos comunitarios supranacionales relativas a materias económicas que, precisamente, con motivo de la integración económica constituyen una limitación a la competencia legislativa y ejecutiva nacional, y pasan a tener prevalencia sobre las que al respecto haya dictado el poder legislativo nacional, con ocasión de la transferencia de competencias a dichos órganos supranacionales, serían, según el artículo del proyecto constitucional propuesto, nulas. Con ello, existiría una evidente contradicción con la norma integracionista, rompiéndose así uno de los principios o pilares fundamentales del derecho comunitario, como lo es, la sumisión del derecho interno a lo que en materias ya reguladas en la legislación nacional dicten los órganos comunitarios supranacionales, en virtud de las competencias transferidas a éstos.

Por tanto, dicho artículo anula cualquier voluntad integracionista y más aún, la posibilidad real y efectiva de instaurar un régimen de integración, en virtud de que imposibilita la transferencia de competencias legislativas en materia económica a los órganos supranacionales.

F. *Propuesta de norma constitucional para el nuevo texto*

Con fundamento en todo lo anteriormente expuesto y en virtud de las numerosas discusiones que ha planteado la redacción tan vaga del artículo 108 de la Constitución de 1961, así como las observaciones críticas que hemos formulado a las normas contenidas en el Proyecto de Constitución Bolivariana, presentado a la Asamblea por el presidente Chávez, proponemos a la Comisión la inclusión en el Proyecto de Constitución, en sustitución de las normas mencionadas, del siguiente artículo:

"*Artículo__ De la integración*:

La República favorecerá y promoverá la integración económica, social y política, particularmente con los países latinoamericanos y del Caribe. Con tal objetivo, el Estado podrá celebrar tratados, acuerdos o pactos que sobre la base de la equidad, igualdad y reciprocidad, establezcan organismos supranacionales, a los cuales se les podrá transferir determinadas competencias atribuidas a los poderes públicos nacionales, estadales o municipales. Las normas dictadas por dichos organismos supranacionales serán de aplicación directa en la República, a menos que requieran ser desarrolladas por normas de rango inferior.

La ratificación por parte del Ejecutivo Nacional de aquellos tratados, pactos o protocolos que modifiquen y amplíen las competencias atribuidas a los referidos organismos, requerirán la previa aprobación de la mayoría de absoluta de los miembros de las Cámaras Legislativas en sesión conjunta".

Con una norma como esta se resolverían todos los problemas constitucionales de la integración económica aún no resueltos en el país; exigiéndose que la ratificación que vaya a realizar el Ejecutivo Nacional, actuando en representación del Estado venezolano como sujeto de Derecho Internacional, de tratados que conlleven a transferir a los órganos comunitarios nuevas competencias a las ya atribuidas, se requerirá la aprobación de la mayoría absoluta de los miembros de las Cámaras Legislativas en sesión conjunta. Esto se requeriría, por ejemplo, si en el futuro, la Comunidad Andina decide transferir a los órganos comunitarios, como acaba de ocurrir con el Tratado de Maastricht en Europa, competencias en materia monetaria. Dicho Tratado, en esos casos, requeriría ser previamente aprobado por dicha mayoría parlamentaria, para que el presidente lo ratifique.

Por último, debe llamarse la atención sobre el capítulo en el cual debe incluirse el artículo sobre la integración. Como se señaló anteriormente, la Constitución de 1961, en materia de integración, sólo contiene un artículo de integración ubicado en el capítulo relativo a los "Derechos Económicos".

Sin embargo, si como se pretende, la integración y, concretamente, la Comunidad Andina, debe dirigirse hacia un proceso más amplio que supere el aspecto económico, es a todas luces inconveniente colocar el artículo de la integración en el campo de los "Derechos Económicos". Basta recordar que en la última modificación del Acuerdo de Cartagena mediante el "Protocolo de Trujillo" (*Gaceta Oficial* N° 36.116 de fecha 30/12/96) se creó el "Consejo Andino de Ministros de Relaciones Exteriores" el cual está conformado por los Ministros de Relaciones Exteriores de los Países miembros, a quien se le otorgan, entre otras facultades la de:

a)   Formular la política exterior de los Países Miembros en los asuntos que sean de interés subregional, así como orientar y coordinar la acción externa de los diversos órganos e instituciones del Sistema Andino de Integración; d) Suscribir Convenios y Acuerdos con terceros países o grupos de países o con organismos internacionales sobre temas globales de política exterior y de cooperación".

Por este motivo, estimo que el artículo relativo a la integración que proponemos, se debe colocar en el capítulo que verse sobre las relaciones internacionales de la República.

Debo dejar constancia que en la elaboración de este documento, que es básicamente un resumen o condensado de mi libro las *Implicaciones Constitucionales de la Integración Económica Regional,* Caracas 1998, colaboraron las abogadas Marianela Zubillaga de Mejías y María Alejandra Estévez, a quienes quiero agradecer su desinteresada ayuda.

En la espera de que las anteriores consideraciones y propuestas sean de utilidad para esa Comisiones, y con el ruego de que las hagan llegar a los miembros de esas Comisiones, me suscribo de Uds.

11. *Sobre el control judicial de las actividades del Estado: la Jurisdicción Constitucional y la Jurisdicción Contencioso Administrativa.* [44]

Con fecha 6 de octubre de 1999 dirigí una Comunicación al presidente y demás miembros de la Comisión Constitucional, sobre "la Jurisdicción Constitucional y la Jurisdicción Contencioso Administrativa," formulando observaciones y consideraciones en torno al Título relativo al *Poder Judicial*, presentado por la *Comisión de la Administración de Justicia* de la Asamblea, en particular en relación con las competencias de la jurisdicción constitucional y de la jurisdicción contencioso-administrativa, y las atribuciones asignadas al Tribunal Supremo.

---

44   Véase Allan R. Brewer-Carías, *Debate Constituyente (Aportes a la Asamblea Nacional Constituyente), Tomo II (9 septiembre-17 octubre 1999),* Fundación de Derecho Público-Editorial Jurídica Venezolana, Caracas 1999, pp. 245-252.

En dicha comunicación expresé lo siguiente:

"Nuestras observaciones se refieren a tres aspectos: en primer lugar, a la necesidad de distinguir la justicia constitucional de la jurisdicción constitucional; en segundo lugar, a la necesidad de diferenciar la jurisdicción constitucional de la jurisdicción contencioso-administrativa; y en tercer lugar, a la necesidad de diferenciar la revisión de las sentencias de amparo contra sentencias por el Tribunal Supremo, de una acción directa de inconstitucionalidad contra sentencias.

A. *La necesaria distinción entre la jurisdicción constitucional y la justicia constitucional*

En el proyecto se incorpora una norma que tiene el siguiente texto:

"*Artículo* Corresponde al Tribunal Supremo de Justicia y a los demás tribunales que establezca la Ley, el ejercicio de la jurisdicción constitucional. La jurisdicción constitucional ejerce el control de la constitucionalidad de las leyes y de otros actos de ejecución directa de la Constitución, y vela por la tutela integral de los derechos y garantías fundamentales y de los derechos colectivos e intereses difusos. El objeto es asegurar la supremacía y efectividad de las normas y principios constitucionales".

Esta norma, de contenido destacable pues apunta a garantizar la tutela de la Constitución, debe, sin embargo, reformularse, pues confunde, básicamente, la jurisdicción constitucional con la justicia constitucional.

En efecto, la jurisdicción constitucional es una noción orgánica que apunta a identificar un órgano que ejerce en exclusiva la potestad de anular leyes y demás actos de ejecución directa de la Constitución. En los países europeos, dicha jurisdicción corresponde a los Tribunales Constitucionales, al igual que en algunos países de América Latina; en cambio, en Venezuela, siempre ha correspondido a la Corte Suprema de Justicia en Corte Plena.

La justicia constitucional, en cambio, apunta a un concepto material, es decir, al control de la constitucionalidad de las leyes y demás actos estatales que en un país como Venezuela, corresponde materialmente a todas las jurisdicciones, es decir, a los órganos que ejercen el Poder Judicial.

En efecto, desde hace más de cien años, en nuestro país se ha establecido expresamente el control difuso de la constitucionalidad de las leyes, que corresponde a cualquier Juez, y que consiste en la potestad de declarar una Ley o acto normativo, inaplicable al caso concreto que conoce, cuando estime que colide con la Constitución, aplicando el Texto constitucional con carácter preferente. Así se prevé, en general, en el Código de Procedimiento Civil (art. 20) y en el Código Orgánico Procesal Penal.

Por otra parte, en materia de tutela de los derechos constitucionales, ello tampoco corresponde a una jurisdicción en particular, sino a todos los Tribunales, incluso inferiores a los de primera instancia, es decir, a tribunales de todas las jurisdicciones, tanto mediante el ejercicio de las acciones y recursos ordinarios como de la acción de amparo.

Adicionalmente, los órganos de la jurisdicción contencioso-administrativa, al tener potestad para declarar la nulidad de los actos administrativos por contrariedad al derecho, no solo por ilegalidad sino por inconstitucionalidad, ejercen la justicia constitucional pero no forman parte de la jurisdicción constitucional.

En consecuencia, la norma ha confundido jurisdicción constitucional con justicia constitucional, lo cual no es ni necesario ni conveniente; la jurisdicción constitucional, con potestad para anular las leyes y demás actos de ejecución directa de la Constitución, corresponde a la Corte Suprema de Justicia, en Sala Constitucional si se crea y, actualmente, en Sala Plena. La justicia constitucional en el sistema venezolano corresponde a todos los Tribunales y todas las jurisdicciones, incluso a la jurisdicción constitucional.

En las Disposiciones Fundamentales del Título I ya hemos sugerido que se incorpore una norma que consagre la supremacía constitucional y el control difuso de la constitucionalidad, en la siguiente forma:

"*Artículo 6*   La Constitución es la norma suprema y el fundamento del ordenamiento jurídico. Todas las personas y los órganos de los Poderes Públicos están sujetos a la Constitución y al resto del ordenamiento jurídico.

La Constitución garantiza el principio de legalidad, la jerarquía normativa, la publicidad de las normas, la seguridad jurídica, la responsabilidad y la interdicción de la arbitrariedad de los órganos que ejercen el Poder Público.

La incompatibilidad entre la Constitución y una ley u otra norma o acto jurídico, harán aplicable preferentemente las disposiciones constitucionales, correspondiendo a los tribunales, en cualquier causa, aún de oficio, decidir lo conducente".

Por ello, la norma que debe preverse en este Título, debería quedar redactada así:

"*Artículo* La jurisdicción constitucional corresponde al Tribunal Supremo de Justicia, al ejercer, con poderes anulatorios, el control de la constitucionalidad de las Leyes y demás actos de ejecución directa de la Constitución. Su objeto es asegurar la supremacía y efectividad de las normas y principios constitucionales".

En cuanto a la jurisdicción contencioso-administrativa, en el articulado propuesto se incorpora una norma con similar redacción a la del artículo 206 de la Constitución vigente, así:

"*Artículo* La jurisdicción contencioso-administrativa corresponde al Tribunal Supremo o de Justicia y a los demás tribunales que determine la ley.

Los órganos de la jurisdicción contencioso-administrativa son competentes para anular los actos administrativos generales o individuales contrarios a derecho, incluso por desviación de poder; condenar al pago de sumas de dinero y a la reparación de daños y perjuicios originados en responsabilidad de la administración; conocer de reclamos por la prestación de servicios públicos; y disponer lo necesario para el restablecimiento de las situaciones jurídicas subjetivas lesionadas por la actividad administrativa".

Al establecerse la posibilidad de anulación "por contrariedad al derecho", sin duda, ello incluye motivos de inconstitucionalidad.

Adicionalmente, en los artículos relativos a los Derechos, Deberes y Garantías, hemos propuesto la diferenciación de las normas que regulen la acción de amparo, el habeas corpus y el habeas data, como instrumentos para la tutela efectiva de los derechos constitucionales.

En consecuencia, una cosa es la justicia constitucional, que se atribuye a todos los jueces de todas las jurisdicciones (constitucional, contenciosa-administrativa y ordinaria) al ejercer el control anulatorio de las Leyes y demás actos de rango legal, el control difuso de la constitucionalidad, conocer de acciones de amparo y de lo contencioso administrativo; y otra cosa es la jurisdicción constitucional, que se atribuye, *en exclusiva,* a la Corte Suprema de Justicia para anular las leyes y demás actos estatales dictados en ejecución directa de la Constitución.

Esta jurisdicción constitucional, que tradicionalmente se ha ejercido por la Corte Suprema de Justicia en Corte Plena, se proyecta que debe atribuirse a una *Sala Constitucional* de la Corte. No consideramos conveniente, en este momento, pensar en una Corte o Tribunal Constitucional separado de la Corte Suprema para constituir la jurisdicción constitucional.

B. *La necesaria diferenciación entre la jurisdicción constitucional y la jurisdicción contencioso-administrativa*

Así como debe diferenciarse la "jurisdicción constitucional", que se proyecta constituir por el Tribunal Supremo de Justicia en Sala Constitucional de la función de justicia constitucional que corresponde a todos los jueces; también, debe establecerse claramente la diferenciación entre la jurisdicción constitucional y la jurisdicción contencioso-administrativa.

La diferencia entre ambas jurisdicciones, está en la competencia que se atribuye a los Tribunales que las componen: la jurisdicción constitucional, que corresponde a la Corte Suprema de Justicia (actualmente en Corte Plena) en Sala Constitucional (como se propone), tiene por objeto conocer de las acciones de nulidad por inconstitucionalidad de las Leyes y demás actos de ejecución directa de la Constitución; en cambio, la jurisdicción contencioso-administrativo que corresponde al mismo Tribunal Supremo, pero en Sala Político Administrativa, y a los demás tribunales que señale la Ley, tiene por objeto básicamente conocer de las acciones de nulidad por contrariedad al derecho (inconstitucionalidad e ilegalidad) de los actos administrativos.

Esto implica, que ambas jurisdicciones se diferencian por el objeto de las acciones y no por el motivo de las mismas: la jurisdicción constitucional conoce de la nulidad de las Leyes y demás actos de ejecución directa de la Constitución; en cambio, la jurisdicción contencioso-administrativa, conoce de la nulidad de los actos administrativos.

En consecuencia, conforme al Proyecto, la jurisdicción constitucional corresponde al Tribunal Supremo de Justicia en Sala Constitucional; y la jurisdicción contencioso administrativa, corresponde al Tribunal Supremo de Justicia, en Sala Político-Administrativa a los otros Tribunales que determine la Ley; y así debe establecerse.

Sin embargo, en el Proyecto elaborado por la Comisión esto no se especifica con claridad. En efecto, en el artículo que atribuye funciones al Tribunal Supremo, además de calificárselas impropiamente como "jurisdiccionales", se le asignan las siguientes:

"3. Declarar la nulidad total o parcial de las leyes nacionales y demás actos con rango de Ley que colidan con la Constitución".

Esta es la atribución, por excelencia, de la Sala Constitucional.

Más adelante se consagra otra, competencia, en parte redundante, que es:

"5. Declarar la inconstitucionalidad de las leyes nacionales, de las constitucionales y leyes estadales o de las ordenanzas municipales, que colidan con la Constitución".

Por supuesto, de este texto debe eliminarse la expresión "leyes constitucionales", que no existen y sustituirse el "declarar la inconstitucionalidad" por el declarar la nulidad por inconstitucionalidad, que es la esencia de la jurisdicción constitucional que corresponde a la Sala Constitucional.

Pero el problema está en el ordinal 4° del artículo, el cual además de ser parcialmente redundante, confunde la jurisdicción constitucional con la jurisdicción contencioso administrativa, al establecer como competencia de la Sala Constitucional,

"4. Declarar la nulidad total o parcial de los actos con rango legal, reglamentos y demás actos generales del Poder Ejecutivo Nacional que colidan con la Constitución".

En cuanto al primer objeto de esta competencia, ya está indicado en el ordinal (3°) precedente; y en cuanto a "los reglamentos y demás actos generales del Poder Ejecutivo Nacional", tratándose de actos administrativos, su anulación corresponde a la jurisdicción contencioso-administrativa que ejerce la Sala Político-Administrativa conforme al ordinal 11 del proyecto de artículo, y no a la Sala Constitucional, como también está en el Proyecto, razón por la cual dicho ordinal debe ser eliminado.

    C.   *La necesaria diferenciación entre la revisión de las sentencias de amparo contra sentencias y la atribución a la sala constitucional de competencia para conocer de una acción directa de inconstitucionalidad contra sentencias.*

Por último, en cuanto al numeral 9 del artículo que atribuye competencias a la Corte Suprema, debe eliminarse, en nuestro criterio, la que se asigna a la Sala Constitucional de

"9. Declarar la nulidad de las sentencias firmes dictadas fuera de la competencia constitucional de los tribunales y que violen derechos y garantías fundamentales".

Estimamos que esta atribución distorsionaría todo el sistema judicial existente. Las sentencias violatorias de derechos fundamentales, conforme al ordenamiento jurídico del país, pueden ser objeto de los recursos ordinarios y extraordinarios de revisión y además, de acciones de amparo; y las sentencias que se dicten en este último caso, conforme al Proyecto, pueden ser revisadas por la Sala Constitucional del Tribunal Supremo.

En consecuencia, el Tribunal Supremo, a través de su Sala Constitucional, podría conocer de las sentencias violatorias de derechos constitucionales mediante la revisión de las sentencias de amparo contra sentencias; pero abrir un recurso directo de inconstitucionalidad contra todas las sentencias de cualquier tribunal ante la Sala Constitucional, implicaría distorsionar totalmente el sistema procesal.

En consecuencia, proponemos que el ordinal 9° del artículo de las competencias del Tribunal Supremo se elimine, conservándose el ordinal 8°, en materia de revisión de las decisiones dictadas por los Tribunales sobre amparo constitucional, incluso contra sentencias violatorias de derechos constitucionales.

12. *Sobre el control difuso de la constitucionalidad*[45]

Con fecha 31 de octubre de 1999, dirigí una comunicación Asamblea Nacional Constituyente sobre el tema del control de constitucionalidad en Venezuela, y en especial sobre el control difuso y su consagración en el texto constitucional, proponiendo formalmente, que se agregase al artículo 376 que consagraba el ámbito de la protección judicial a la Constitución, un párrafo que previera expresamente el denominado *control difuso de la constitucionalidad de las leyes*.

En dicha comunicación expuse lo siguiente:

"Dicho control está establecido en el país formalmente, desde 1897, en el Código de Procedimiento Civil, cuyo artículo 20 establece:

"*Artículo 20:* Cuando la ley vigente, cuya aplicación se pida, colidiere con alguna disposición constitucional, los jueces aplicarán ésta con preferencia".

Esta norma y el control difuso de la constitucionalidad, por tanto, forman parte de una tradición venezolana más que centenaria en materia de justicia constitucional, reconocida en el derecho comparado, razón por la cual debe constitucionalizarse formalmente, como ha ocurrido en otros países.

El sistema venezolano de justicia constitucional, en efecto, se ha calificado como un sistema mixto o integral, que combina el control concentrado de la constitucionalidad de las leyes atribuido a la Corte Suprema de Justicia, con po-

---

45   Véase Allan R. Brewer-Carías, *Debate Constituyente (Aportes a la Asamblea Nacional Constituyente), Tomo III (18 octubre-30 noviembre 1999),* Fundación de Derecho Público-Editorial Jurídica Venezolana, Caracas 1999, pp. 95-108.

deres anulatorios, como jurisdicción constitucional; con el control difuso de la constitucionalidad de las leyes, atribuido a todos los jueces en los casos concretos sometidos a su decisión, con efectos entre las partes en cuanto a la inaplicabilidad de la ley en el caso concreto.

A. *El carácter mixto o integral del sistema venezolano*

En efecto, la Constitución de 1961 establece en forma explícita, en su artículo 215, la competencia de la Corte Suprema de Justicia para declarar la nulidad por inconstitucionalidad, de las leyes y demás actos de los cuerpos deliberantes de carácter nacional, estadal o municipal, así como de los reglamentos y actos de gobierno, dictados por el Ejecutivo Nacional. Es decir, la Constitución prevé un *control judicial concentrado de la constitucionalidad* de todos los actos estatales, con exclusión de los actos judiciales y de los actos administrativos respecto de los cuales prevé medios específicos de control de legalidad y constitucionalidad (recurso de casación, apelaciones y jurisdicción contencioso-administrativa). De acuerdo a la Constitución, por tanto, existe un control concentrado de la constitucionalidad reservado básicamente, en el nivel nacional, a los actos estatales de rango legal (leyes, actos parlamentarios sin forma de ley y actos de gobierno); en el nivel estadal, a las leyes emanadas de las Asambleas Legislativas; y en el nivel municipal, a las Ordenanzas Municipales. Este control de la constitucionalidad de los actos estatales permite a la Corte Suprema de Justicia en Corte Plena declarar su nulidad cuando sean violatorios de la Constitución. Se trata, por tanto, como hemos dicho, de un control concentrado de la constitucionalidad de las leyes y otros actos estatales de ejecución directa de la Constitución, atribuido a la Corte Suprema de Justicia.

Pero además, como se ha dicho, el artículo 20 del Código de Procedimiento Civil, permite a todos los Tribunales de la República, al decidir un caso concreto, poder declarar la inaplicabilidad de las leyes y demás actos estatales normativos a la resolución del mismo, cuando estimen que son inconstitucionales, dándole por tanto, preferencia a las normas constitucionales. Se trata, sin duda, de la base legal del control difuso de la constitucionalidad.

Por tanto, el sistema venezolano de control de la constitucionalidad de las leyes y otros actos estatales, puede decirse que es uno de los más amplios conocidos en el mundo actual si se lo compara con los que muestra el derecho comparado, pues mezcla el llamado control difuso de la constitucionalidad de las leyes con el control concentrado de la constitucionalidad de las mismas. Cuando se habla de control difuso de la constitucionalidad, se quiere significar, que la facultad de control no se concentra en un solo órgano judicial, sino que, por el contrario, corresponde, en general, a todos los órganos judiciales de un determinado país, que poseen el poder-deber de desaplicar las leyes inconstitucionales en los casos concretos sometidos a su conocimiento; en cambio, en el denominado método de control concentrado, el control de la constitucionalidad se centraliza en un solo órgano judicial, quien tiene el monopolio.

En todo caso, este sistema mixto de control de la constitucionalidad tiene su fundamento en el principio básico de nuestro constitucionalismo, del carácter de norma suprema de la Constitución, la cual no sólo tiene por objeto regular orgánicamente el funcionamiento de los órganos estatales sino establecer los derechos fundamentales de los ciudadanos. Este principio de la supremacía constitucional y de la Constitución como norma suprema de derecho positivo directamente aplicable a los individuos, tiene sus raíces en la primera Constitución de Venezuela de 1811, la cual puede considerarse no sólo la primera en la historia constitucional de América Latina, sino la cuarta de las Constituciones escritas en la historia constitucional del mundo moderno. Este principio de la supremacía constitucional es el que ha conducido, inevitablemente, al desarrollo de nuestro sistema mixto de justicia constitucional establecido hace más de cien años, y se ha concretado en el artículo 7 del Proyecto de Constitución que discute la Asamblea, ya aprobado, que tiene el siguiente texto:

"*Artículo 7:*   La Constitución es la norma suprema y el fundamento del ordenamiento jurídico. Todas las personas y los órganos que ejercen el Poder Público están sujetos a esta Constitución".

En todo caso, tal como lo ha explicado la Corte Suprema de Justicia en una decisión del 15 de marzo de 1962 cuando resolvió la acción popular intentada contra la Ley aprobatoria del Tratado de Extradición suscrito con los Estados Unidos de América, al sostener que la existencia del control jurisdiccional de la constitucionalidad de los actos del Poder Público por parte del más Alto Tribunal de la República, como indispensable en todo régimen que pretenda subsistir como Estado de Derecho:

"Porque lo inconstitucional es siempre antijurídico y contrario al principio que ordena al Poder Público, en todas sus ramas, sujetarse a las normas constitucionales y legales que definen sus atribuciones. Lo inconstitucional es un atropello al derecho de los ciudadanos y al orden jurídico en general, que tiene su garantía suprema en la Ley Fundamental del Estado. En los países libremente regidos, toda actividad individual o gubernativa ha de mantenerse necesariamente circunscrita a los límites que le señala la Carta Fundamental, cuyas prescripciones como expresión solemne de la voluntad popular en la esfera del Derecho Público, son normas de ineludible observancia para gobernantes y gobernados desde el más humilde de los ciudadanos hasta los más altos Poderes del Estado. De los principios consignados en la Constitución, de las normas por ella trazadas, así en su parte dogmática como en su parte orgánica, deben ser simple desarrollo las leyes y disposiciones que con posterioridad a la misma se dicten; y tan inconstitucionales, y por consiguiente, abusivas serian éstas si de tal misión excedieran, como inconstitucionales y también abusivos lo serian cualquiera otros actos de los Poderes Públicos que abiertamente contravienen lo estatuido en la Ley Fundamental" (Véase la sentencia de la CSJ-CP, de 15-3-62 en *G.O.* N° 760, Extra de 22-3-62, pp. 3-7).

Como consecuencia precisamente de este principio de la supremacía constitucional, es que el sistema venezolano de justicia constitucional se ha venido desarrollando como un sistema mixto de control judicial de la constitucionalidad, a la vez difuso y concentrado.

En torno al carácter mixto del sistema venezolano, la propia Corte Suprema de Justicia ha insistido sobre el ámbito del control de la constitucionalidad de las leyes al señalar que está encomendado:

"no tan sólo al Supremo Tribunal de la República, sino a los jueces en general, cualquiera sea su grado y por ínfima que fuere su categoría. Basta que el funcionario forme parte de la rama judicial para ser custodio de la Constitución y aplicar, en consecuencia, las normas de ésta prevalecientemente a las leyes ordinarias... Empero, la aplicación de la norma fundamental por parte de los jueces de grado, sólo surte efecto en el caso concreto debatido, y no alcanza, por lo mismo, sino a las partes interesadas en el conflicto; en tanto, que cuando se trata de la ilegitimidad constitucional de las leyes pronunciadas por el Supremo Tribunal en ejercicio de su función soberana, como intérprete de la Constitución y en respuesta a la acción pertinente, los efectos de la decisión se extienden *erga omnes* y cobran fuerza de ley. En el primer caso, el control es incidental y especial; y en el segundo, principal y general; y cuando éste ocurre, vale decir, cuando el recurso es autónomo, éste es formal o material, según que la nulidad verse sobre una irregularidad concerniente al proceso elaborativo de la ley, o bien que no obstante haberse legislado regularmente en el aspecto formalista, el contenido intrínseco de la norma adolezca de vicios sustanciales". (Véase sentencia CF de 19-6-53, en *GF.,* N° 1, 1953, pp. 77 y 78).

B. *El método difuso de control de constitucionalidad y la nulidad de las leyes inconstitucionales*

Ahora bien, el método de control difuso que permite a todos los tribunales conocer de la inconstitucionalidad de las leyes y decidir su *inaplicabilidad al caso concreto,* existe en el ámbito de América Latina y siguiendo el arquetipo norteamericano, por ejemplo, en Brasil, Guatemala, Uruguay, México, Argentina, Colombia y Venezuela, en cada caso, con modalidades específicas que hacen diferir los sistemas de un país a otro. Por ejemplo, en Argentina, donde el control difuso se ha mantenido muy apegado al sistema americano, a pesar de que todos los tribunales tienen la facultad de desaplicar una ley al caso concreto, siempre es posible llevar el conocimiento del asunto a la Corte Suprema de Justicia, en última instancia, mediante el ejercicio del recurso extraordinario de inconstitucionalidad. En cambio, en sistemas como el de Venezuela y Colombia, el control difuso de la constitucionalidad no es el único existente, sino que se combina con el control concentrado que ejerce la Corte Suprema de Justicia.

Sin embargo, en todos los casos de control difuso de la constitucionalidad de las leyes, la decisión del juez mediante la cual declara inaplicable una ley al caso concreto, tiene carácter incidental y efectos interpartes, considerándose a la ley como si nunca hubiera existido o producido efectos en el caso concreto.

Este método de control responde a ciertos criterios de racionalidad derivados del principio de la supremacía constitucional, que queremos destacar.

En efecto, el primer aspecto que muestra esa racionalidad es el principio de la nulidad de los actos estatales y, particularmente, de las leyes que colidan con la Constitución. Esto fue lo que Hans Kelsen llamó la "garantía objetiva de la Constitución", lo que significa que un acto estatal nulo por ser contrario a la Constitución no puede producir efectos, y no necesita de ningún otro acto estatal que así lo declare, pues si fuera necesario, entonces la garantía no sería la nulidad del acto, sino su anulabilidad.

En consecuencia, en estricta lógica, la supremacía de la Constitución significaría que todo acto estatal que viole la Constitución es nulo, y, por tanto, teóricamente, cualquier autoridad pública e, incluso, los particulares, estarían autorizados para examinar su irregularidad, declarar su inexistencia y considerar el acto inválido como no obligatorio.

Por supuesto, esto podría conducir a la anarquía jurídica, por lo cual normalmente, el derecho positivo establece límites respecto de este poder de examinar la regularidad de los actos estatales, y lo reserva a los órganos judiciales. En consecuencia, cuando un acto estatal viola la Constitución y es nulo, este sólo puede ser examinado por los jueces y sólo los jueces tienen el poder para considerarlo nulo.

En conclusión, en el método difuso de control de la constitucionalidad, el deber de todos los jueces es el de examinar la constitucionalidad de las leyes, y declarar, cuando ello sea necesario, que una ley particular no debe ser aplicada a un proceso específico que el juez esté conociendo, en razón de que es inconstitucional, y por tanto, debe considerarse nula y sin valor.

C. *El poder de control de constitucionalidad de todos los jueces*

Lo anterior nos conduce al segundo aspecto de la racionalidad del método difuso de control de la constitucionalidad, el cual es que el poder para declarar la inconstitucionalidad de la legislación es atribuida a todos los jueces de un país determinado.

En efecto, si la Constitución es la Ley suprema del país, y el principio de la supremacía es aceptado, entonces la Constitución se debe aplicar con preferencia sobre cualquier otra ley que sea inconsistente con la misma, sea que ello esté expresamente establecido en el texto expreso de la Constitución, o sea una consecuencia implícita de su supremacía. Consecuentemente, las leyes que violen la Constitución o en cualquier forma colidan con sus normas, principios y valores, son nulas y sin valor, y no pueden ser aplicadas por los Tribunales, los cuales tienen que aplicar preferentemente la Constitución.

Todos los Tribunales deben en consecuencia decidir los casos concretos que están considerando, como lo decía el Juez Marshall, en 1803, "conforme a la Constitución desaplicando la ley inconstitucional" siendo esto "la verdadera esencia del deber judicial". En consecuencia, en el método difuso de control de la constitucionalidad, este rol corresponde a todos los jueces y no sólo a una Corte o Tribunal en particular, y no debe ser sólo visto como un poder atribuido a los Tribunales, sino como un deber de los mismos, para decidir conforme a las reglas constitucionales, desaplicando las leyes contrarias a sus normas.

D. *El carácter incidental del método difuso*

Este deber de todos los tribunales de dar preferencia a la Constitución y, en consecuencia, a desaplicar las leyes que consideren inconstitucionales y por tanto nulas y sin valor, nos lleva al tercer aspecto de la racionalidad del método difuso de control de la constitucionalidad de las leyes, el cual es que este deber judicial sólo puede ser cumplido *incidenter tantum,* es decir en un proceso concreto del cual el juez esté conociendo, y donde la inconstitucionalidad de la ley o norma no es ni el objeto de dicho proceso ni el asunto principal del mismo.

En consecuencia, en este caso, siempre debe iniciarse un proceso ante un Tribunal en cualquier materia, por lo que el método difuso de control de la constitucionalidad siempre es un sistema incidental de control, en el sentido de que la cuestión de inconstitucionalidad de una ley y su inaplicabilidad, debe plantearse en un caso o proceso concreto, cualquiera sea su naturaleza, en el cual la aplicación o no de una norma concreta es considerada por el Juez como relevante para la decisión del caso. En consecuencia, en el método difuso de control de constitucionalidad, el objeto principal del proceso y de la decisión judicial no es la consideración abstracta de la constitucionalidad o inconstitucionalidad de la ley o su aplicabilidad o inaplicabilidad, sino más bien, la decisión de un caso concreto de carácter civil, penal, administrativo, mercantil o laboral, etc. La cuestión de constitucionalidad, en consecuencia, sólo es un aspecto incidental del proceso que sólo debe ser considerada por el juez para resolver la aplicabilidad o no de una ley en la decisión del caso concreto, cuando surgen cuestiones relativas a su inconstitucionalidad.

E. *La indicativa del poder de los jueces de control constitucional*

Ahora bien, si se trata de un deber de los jueces el aplicar la Constitución en un caso concreto y desaplicar la ley que consideren inconstitucional para su decisión, debe señalarse que el cuarto aspecto de la racionalidad del método difuso, consiste en permitir a los jueces el considerar de oficio las cuestiones de constitucionalidad, a pesar de que ninguna de las partes en el proceso las haya planteado. De hecho, esta es la consecuencia directa de la garantía de la Constitución cuando se establece como "garantía objetiva", lo que implica la nulidad de las leyes contrarias a la Constitución, y además, produce como consecuencia, la reserva dada a los jueces para considerar la nulidad y la inaplicabilidad de una norma en un caso concreto.

Dentro de este marco, estimamos que la inconstitucionalidad de la ley en relación a los procesos particulares, no debe quedar a la sola instancia de las partes en el proceso, por lo que aún cuando las partes no planteen ante el Juez la cuestión de inconstitucionalidad, éste tiene el deber de considerarla, y decidir, de oficio, sobre la inconstitucionalidad de la ley.

En todo caso, el signo común de este aspecto de la racionalidad del método difuso es que la cuestión de inconstitucionalidad sólo puede ser incidental en un proceso particular el cual, por supuesto, en todo caso debe ser iniciado a instancia de parte.

F. *El efecto inter partes y declarativo de la decisión judicial confor-*
me al método difuso

El quinto aspecto de la racionalidad del método difuso de control de constitucionalidad se refiere a los efectos de la decisión que adopten los Tribunales en relación a la constitucionalidad o aplicabilidad de la ley en un caso concreto; y este
aspecto de los efectos de la decisión judicial se relaciona con dos preguntas, primero, ¿a quién afecta la decisión? y segundo, ¿cuándo comienza a surtir efectos?

En relación al primer interrogante, la racionalidad del método difuso es que
la decisión adoptada por el Juez sólo tiene efectos en relación a las partes en el
proceso concreto en la cual aquella se adopta. En otras palabras, en el método
difuso de control de constitucionalidad, la decisión adoptada sobre la inconstitucionalidad e inaplicabilidad de la ley en un caso, sólo tiene efectos *in casu et inter partes,* es decir en relación al caso concreto y exclusivamente en relación a
las partes que han participado en el proceso, por lo que no puede ser aplicada a
otros particulares. Esta es la consecuencia directa del antes mencionado aspecto
relativo al carácter incidental del método difuso de control de constitucionalidad.

En efecto, si la decisión judicial sobre la constitucionalidad y aplicabilidad
de una ley sólo puede ser adoptada en un proceso particular desarrollado entre
partes concretas, la lógica del sistema es que la decisión sólo se puede aplicar a
este proceso en particular, y a las partes del mismo y, en consecuencia, no puede
ni beneficiar ni perjudicar a ningún otro individuo ni a otros procesos.

En consecuencia, si una ley es considerada inconstitucional en una decisión judicial, esto no significa que dicha ley ha sido invalidada y que no es efectiva y aplicable en otros casos. Sólo significa que en cuanto concierne al proceso particular, y
a las partes que en él intervinieron en el cual el Juez decidió la inaplicabilidad de la
Ley, es que ésta debe considerarse inconstitucional, nula y sin valor, sin que ello tenga ningún efecto en relación a otros procesos, otros jueces y otros particulares.

Por otra parte, los efectos *inter partes* de la decisión judicial adoptada conforme al método de control difuso de constitucionalidad, están directamente relacionados con otras cuestiones concernientes también a los efectos de la decisión,
pero en el tiempo, es decir, respecto de cuándo comienza a ser efectiva la declaración de inconstitucionalidad y, por supuesto, también en relación a la nulidad
como garantía de la Constitución.

Hemos señalado que el principal aspecto de la racionalidad del método difuso de control de constitucionalidad es el de la supremacía de la Constitución sobre todos los demás actos estatales, lo que lleva a considerar que las leyes contrarias a la Constitución son nulas y sin valor, siendo ésta la garantía más importante de la Constitución. En consecuencia, cuando un Juez decide sobre la constitucionalidad de una ley, y la declara inconstitucional e inaplicable a un caso concreto, es porque la considera nula y sin valor, tal cual como si nunca hubiera
existido. Por ello, la decisión tiene efectos declarativos; declara que una ley es
inconstitucional y consecuentemente que ha sido inconstitucional desde que se
dictó. Así, la ley cuya inaplicabilidad se decida por ser contraria a la Constitución, debe ser considerada por el Juez como si nunca hubiera tenido validez y
como si siempre hubiese sido nula y sin valor. Por ello es que se dice que la deci-

sión del Juez en virtud de ser de carácter declarativo, tiene efectos *ex tunc, pro pretaerito* o de carácter retroactivo, en el sentido de que dichos efectos se retrotraen al momento en que la norma considerada inconstitucional fue dictada, evitando que pueda tener efectos, por supuesto, solamente en lo que concierne al caso concreto decidido por el Juez y en relación a las partes que intervinieron en el proceso. El acto legislativo declarado inconstitucional por un Juez conforme al método difuso de control de constitucionalidad, por tanto, es considerado, *ab initio*, como nulo y sin valor, por lo que no es anulado por el Juez sino que éste sólo declara su nulidad preexistente.

G. *Apreciación general y propuesta*

En conclusión, podemos señalar en el campo de los principios, que la racionalidad del método difuso de control de constitucionalidad funciona de la siguiente manera:

La Constitución tiene un carácter supremo sobre todo el orden jurídico, por lo que los actos contrarios a la Constitución no pueden tener efectos y son considerados nulos y sin valor.

Todos los jueces tienen el poder y el deber de aplicar la Constitución, y en consecuencia, a dar preferencia a la Constitución sobre las leyes que la violen, y a declararlas inconstitucionales e inaplicables en los casos concretos de los cuales conocen.

El poder-deber de los jueces de considerar una ley inconstitucional aplicando preferentemente la Constitución, sólo puede ser ejercido en un proceso particular, iniciado a instancia de parte, donde la cuestión constitucional sólo es una cuestión incidental, y cuando su consideración es necesaria para resolver el caso.

La decisión judicial relativa a la inconstitucionalidad e inaplicabilidad en un proceso concreto puede ser adoptada de oficio por el Juez, pues es su deber el aplicar y respetar la supremacía de la Constitución.

La decisión adoptada por los jueces sobre inconstitucionalidad e inaplicabilidad de la Ley sólo tiene efectos *inter partes* en relación al caso concreto en el cual se adopta; y tiene efectos declarativos en el sentido que declara *ab initio* la nulidad de la Ley. Por ello, al declarar una ley inconstitucional e inaplicable, de hecho, la decisión tiene efectos *ex tunc* y *pro pretaerito* en el sentido que ellos son retroactivos al momento en que se promulgó la Ley, la cual es considerada como no habiendo producido efecto alguno en relación al caso concreto y a las partes que en él intervinieron.

Con fundamento en todo ello, y conforme a la tradición constitucional venezolana es que proponemos que se incluya en el artículo 376 del Anteproyecto de Constitución como tercer párrafo, el siguiente, que ya había sido incorporado en el artículo 7 del Proyecto inicial del Título I (Disposiciones Fundamentales), y que fue eliminado en la segunda versión del Anteproyecto:

"En caso de incompatibilidad entre la Constitución y una ley u otra norma jurídica, serán aplicables preferentemente las disposiciones constitucionales, correspondiendo a los tribunales, en cualquier causa, aún de oficio, decidir lo conducente".

En este sentido quedaría consolidado el control difuso de la constitucionalidad de las leyes que, como hemos dicho, está previsto expresamente en el Código de Procedimiento Civil (artículo 20) desde 1897.

Como consecuencia de ello, consideramos que también debería atribuirse a la Sala Constitucional una competencia para conocer de un recurso extraordinario de revisión que pueda intentarse contra las sentencias de última instancia en las cuales se resuelvan cuestiones constitucionales relativas a las leyes, de conocimiento discrecional por la Sala. En esta forma, en materia de cuestiones de constitucionalidad, la Sala Constitucional de la Suprema Corte, a su juicio, podría tener la última palabra en estas materias y en los casos en los que estime necesario estatuir con fuerza de precedente y uniformizar la jurisprudencia."

IV. REFLEXIONES CRÍTICAS SOBRE LA CONSTITUCIÓN DE 1999[46]

El proceso constituyente desarrollado en 1999, en todo caso, lejos de conciliar políticamente al país, acentuó las diferencias fundamentales y condujo a un mayor fraccionamiento y polarización extrema, al servir de instrumento para que un grupo asumiera el control total del poder. Es decir, lejos de constituir un instrumento de conciliación e inclusión, fue un instrumento de exclusión y control hegemónico del poder. Para ello, el asalto y control hegemónico del poder por el grupo político que controlaba la Asamblea Nacional Constituyente y que respondía a la voluntad del presidente de la República, no sólo se comenzó a realizar durante los primeros meses de funcionamiento de la Asamblea, violándose la Constitución vigente de 1961, sino al final, luego de aprobado popularmente el nuevo texto constitucional el 15 de diciembre de 1999, violándose esta vez, el nuevo texto aprobado.

Durante los 5 meses de funcionamiento que tuvo la Asamblea en la segunda mitad de 1999, puede decirse que todo el debate político del país, giró en torno a la misma. La Asamblea se había constituido en el centro del poder, el presidente la calificaba de "soberanísima" y la Corte Suprema de Justicia, al decidir sendos recursos de inconstitucionalidad contra actos de la Asamblea Constituyente de intervención de los poderes públicos constituidos, incluso del propio Poder Judicial, en una sentencia del 14 de octubre de 1999, que fue su propia sentencia de

---

46   Véase sobre esto: Allan R. Brewer-Carías, "Reflexiones críticas sobre la Constitución de Venezuela de 1999", publicado en Diego Valadés, Miguel Carbonell (Coordinadores), *Constitucionalismo Iberoamericano del Siglo XXI*, Cámara de Diputados. LVII Legislatura, Universidad Nacional Autónoma de México, México 2000, pp. 171-193; en *Revista de Derecho Público*, Nº 81, Editorial Jurídica Venezolana, Caracas, enero-marzo 2000, pp. 7-21; en *Revista Facultad de Derecho, Derechos y Valores*, Volumen III Nº 5, Universidad Militar Nueva Granada, Santafé de Bogotá, D.C., Colombia, Julio 2000, pp. 9-26; y en el libro *La Constitución de 1999*, Biblioteca de la Academia de Ciencias Políticas y Sociales, Serie Eventos 14, Caracas 2000, pp. 63-88.

muerte, la Corte Suprema le reconoció supuestos poderes "supraconstitucionales" a la Asamblea.

Se trataba, por tanto, del centro del poder más poderoso que había en el país, que escapaba a toda posibilidad efectiva de control judicial sobre sus actos y que actuaba como brazo político del presidente de la República, para el asalto final al poder. Ello ocurrió una semana después de aprobada la Constitución por referendo popular, el 22 de diciembre de 1999, con la sanción, por la propia Asamblea Nacional Constituyente fuera de la Constitución, de un "Régimen Constitucional Transitorio" paralelo y que no fue sometido a referendo aprobatorio.[47]

Mediante ese Régimen Transitorio, que violaba la propia nueva Constitución, la Asamblea sólo ratificó al presidente de la República, en cambio, removió a todos los otros órganos electos y no electos del Estado. Nombró directamente y sin someterse a los requisitos que la propia Constitución establecía, a los integrantes del nuevo Tribunal Supremo de Justicia, a los nuevos miembros del Consejo Nacional Electoral y a los titulares de la Fiscalía General de la República, de la Contraloría General de la República y del Defensor del Pueblo. Todo el poder, por tanto, quedó en manos de la mayoría que controlaba la Asamblea y que respondía a los dictados de presidente. La Asamblea Nacional Constituyente, además, creó una Comisión Legislativa que ni siquiera estaba regulada en la Constitución, para que actuara como órgano legislativo en sustitución del Congreso que había sido electo un año antes y que había quedado definitivamente borrado, hasta que se eligiera la nueva Asamblea Nacional, para lo cual, la propia Asamblea Constituyente asumió funciones legislativas que no tenía, cambiando entre otras, la Ley Electoral.

Todas estas actuaciones inconstitucionales, por supuesto y lamentablemente, fueron avaladas y lavadas por el nuevo Tribunal Supremo de Justicia, cuyos Magistrados habían sido nombrados a la medida por la Asamblea Constituyente en el Régimen Transitorio para defender el poder. El Tribunal, así, nuevamente en sentencia de 26 de enero de 2000, en cierta forma actuando como juez en su propia causa, reconoció un supuesto carácter originario (plenos poderes) de la Asamblea[48], con poderes supraconstitucionales, justificando la transitoriedad constitucional que no cesó en los años subsiguientes y que ha permitido avalar muchas otras acciones contrarias a la Constitución por parte de los órganos del Estado, como ha ocurrido con la interminable intervención del Poder Judicial.

Como resultado de todo este proceso, se evidencia que si bien en Venezuela se produjeron cambios políticos de importancia con motivo del proceso constituyente de 1999, ellos han consistido fundamentalmente en el apoderamiento de todas las instancias de poder por un nuevo grupo político que gira en torno al presidente Hugo Chávez, para imponerle a los venezolanos un proyecto político

---

47 Véanse los cometarios sobre este régimen transitorio en Allan R. Brewer-Carías, *La Constitución de 1999. Derecho Constitucional Venezolano*, Editorial Jurídica venezolana, Caracas 2004, Tomo II.

48 Véase específicamente los comentarios a esta sentencia en Allan R. Brewer-Carías, *Golpe de Estado y proceso constituyente en Venezuela,* Goberna & Derecho, Guayaquil 2007.

por el cual no han votado, provocando el desplazamiento del poder de los partidos tradicionales que controlaron el panorama político por cuatro décadas. Pero en cuanto a las reformas políticas y del Estado que motivaron la convocatoria de la Asamblea Constituyente, a pesar de la reforma constitucional efectuada, no se produjo ninguna. Nada de lo que había que cambiar en el sistema político fue cambiado; y más bien, el resultado constitucional del proceso constituyente, fue la acentuación de los aspectos más negativos del sistema. Por ello, por ejemplo, al promover el voto NO en el referéndum aprobatorio de la Constitución, en noviembre de 1999, ello lo fundamentábamos en el hecho de que en la Constitución se había formulado:

Un esquema institucional concebido para el autoritarismo derivado de la combinación del centralismo del Estado, el presidencialismo exacerbado, la democracia de partidos, la concentración de poder en la Asamblea y el militarismo, que constituye el elemento central diseñado para la organización del poder del Estado. En mi opinión -agregaba-, esto no es lo que se requería para el perfeccionamiento de la democracia; la cual, al contrario, se debió basar en la descentralización del poder, en un presidencialismo controlado y moderado, en la participación política para balancear el poder del Estado y en la sujeción de la autoridad militar a la autoridad civil.

Y además, agregábamos:

La gran reforma del sistema político, necesaria e indispensable para perfeccionar la democracia era desmontar el centralismo de Estado y distribuir el Poder Público en el territorio; única vía para hacer realidad la participación política. La Asamblea Constituyente –agregábamos–, para superar la crisis política, debió diseñar la transformación del Estado, descentralizando el poder y sentar las bases para acercarlo efectivamente al ciudadano. Al no hacerlo, *ni transformó el Estado ni dispuso lo necesario para hacer efectiva la participación.*[49]

Es decir, se utilizó la Constitución de 1961 en forma fraudulenta para originar el proceso constituyente, y dar un golpe de Estado; y luego, desde el poder, se utilizó la democracia representativa vía elecciones, también en forma fraudulenta, para destruir la propia democracia.

Como consecuencia de todo ello, y siguiendo lo que había expresado en el mencionado documento "Razones para el Voto NO en el referendo," apenas la Constitución de 1999 fue publicada, no sólo publiqué un libro sobre comentarios a la misma, [50] sino que elaboré un texto que sirvió de base para diversas confe-

---

49   Documento de 30 de noviembre de 1999. Véase en Allan R. Brewer-Carías, *Debate Constituyente (Aportes a la Asamblea Nacional Constituyente)*, Tomo III, Fundación de Derecho Público, Editorial Jurídica Venezolana, Caracas 1999, p. 323.

50   Véase Allan R. Brewer-Carías, *La Constitución de 1999. Comentada por Allan R. Brewer-Carías*, Editorial Arte, Caracas 2000, 414 pp.

rencias que me tocó dictar, sobre "Reflexiones críticas sobre la Constitución de 1999,"[51] cuyo texto fue el siguiente:

1. *La Constitución de 1999 o la frustración del necesario cambio político*

La Asamblea Nacional Constituyente, creada por el referéndum del 25 de abril de 1999, tenía por misión elaborar una nueva Constitución para la República de Venezuela que, en democracia, transformara el Estado y creara un nuevo ordenamiento jurídico que permitiera el funcionamiento efectivo de una democracia social y participativa. Con ese fin se eligieron los miembros de la Asamblea el 25 de julio de 1999.

La creación de la Asamblea y la elección de sus miembros, sin duda, respondió a las exigencias del momento constituyente que vive el país, producto de la crisis terminal del sistema político de Estado Centralizado de Partidos establecido a partir de los años cuarenta y reestablecido en 1958, que había que cambiar, para permitir el perfeccionamiento y sobrevivencia de la propia democracia.

La crisis del sistema de Estado Centralizado de Partidos, montado sobre el Centralismo Estatal y la Democracia de Partidos, en la cual estos han ejercido el monopolio de la participación y de la representatividad, exigía de la Asamblea la transformación de dicho Estado Centralizado de Partidos en un sistema de Estado Descentralizado y Participativo, montado al contrario del que hemos tenido, sobre la descentralización política del Poder Público en el territorio y sobre la participación popular.

La misión de la Asamblea consistía: por una parte, en transformar Estado para hacerlo más democrático, mediante la desarticulación del centralismo y la construcción de un Estado descentralizado; y por la otra, en la creación de un nuevo ordenamiento jurídico que permitiera el funcionamiento efectivo de una democracia social y participativa, que incorporara a la sociedad civil al proceso político, económico y social y asegurara la participación de todos en la conducción del Estado.

Ahora bien, concluidas las sesiones de la Asamblea para la elaboración del Proyecto de Constitución, éste fue aprobado mediante referéndum el 15 de diciembre de 1999, con una votación afirmativa del 71% de los votos (29% de votos negativos), pero con una abstención del 55%, lo que significa que la Constitución fue aprobada por sólo el 30% de los venezolanos con derecho a voto.

---

51. Véase Allan R. Brewer-Carías, "Reflexiones críticas sobre la Constitución de Venezuela de 1999", en Diego Valadés, Miguel Carbonell (Coordinadores), *Constitucionalismo Iberoamericano del Siglo XXI*, Cámara de Diputados. LVII Legislatura, Universidad Nacional Autónoma de México, México 2000, pp. 171-193; en *Revista de Derecho Público*, N° 81, Editorial Jurídica Venezolana, Caracas, enero-marzo 2000, pp. 7-21; en *Revista Facultad de Derecho, Derechos y Valores*, Volumen III N° 5, Universidad Militar Nueva Granada, Santafé de Bogotá, D.C., Colombia, Julio 2000, pp. 9-26; y en el libro *La Constitución de 1999*, Biblioteca de la Academia de Ciencias Políticas y Sociales, Serie Eventos 14, Caracas 2000, pp. 63-88

En todo caso, al estar en vigencia (a partir del 30 de diciembre de 1999) la nueva Constitución, es necesario e indispensable determinar si dicho texto responde a las exigencias de transformación política determinadas en el referéndum del 25 de abril de 1999 y, por sobre todo, si la *"transformación del Estado"* y el *"nuevo ordenamiento jurídico"* que contiene contribuyen a superar la crisis del sistema de Estado Centralizado de Partidos y a estructurar, en su lugar, un sistema de Estado Descentralizado y Participativo que pudiera permitir el mantenimiento de la democracia.

En nuestro criterio y como conclusión de dicha evaluación, la nueva Constitución no asegura ni sienta las bases para dicha transformación del sistema político y, al contrario, consolida tanto el centralismo estatal imperante, lo que da marcha atrás, incluso, al proceso de descentralización que se había iniciado en 1989; como el partidismo, al reiterar el sistema electoral de representación proporcional como el único de rango constitucional, lo cual asegura el monopolio de la representatividad por los partidos políticos y sus agentes; y la tendencia a la ilegitimidad democrática al mantener la mayoría relativa para la elección de las autoridades ejecutivas.

En consecuencia, la tarea esencial de la Asamblea, que consistía en perfeccionar la democracia mediante la transformación del Estado (de Estado Centralizado a Estado Descentralizado) y en crear de un nuevo ordenamiento jurídico que permitiera el funcionamiento efectivo de una democracia social y participativa (de Estado de Partidos a Estado de participación), no se logró en la nueva Constitución, y se perdió, en consecuencia una oportunidad histórica única, pues convocar a una Asamblea Nacional Constituyente en democracia, no es un hecho político común, es más bien excepcionalísimo como lo demuestra nuestra historia político-constitucional.

En efecto, hemos tenido momentos constituyentes como este, en nuestra historia constitucional en situaciones similares de ruptura del proceso político, por su agotamiento y la necesidad de su cambio radical y en ellos las Asambleas Constituyentes, siempre han jugado un rol decisivo pero establecidas como consecuencia de una revolución o una guerra y nunca electas pacíficamente en democracia. En efecto, el primer período de nuestra historia constitucional se inició en 1811 con el Congreso Constituyente que declaró la Independencia de España y se reconstituyó en 1830, después de las guerras de Independencia y la desaparición de Venezuela como República por su unión a los pueblos de Colombia. Ese período de la formación del Estado concluyó abruptamente con las guerras federales y la Asamblea Constituyente de 1863 la cual estableció las bases constitucionales de un nuevo sistema estatal; el del Estado Federal. Este segundo período político, de nuevo concluyó abruptamente luego de su crisis terminal, con la Revolución Liberal Restauradora en 1899 y la Asamblea Constituyente de 1901 que diseñó un cambio radical en el sistema político-estatal, dando paso a un Estado Centralizado y Autocrático que se consolidó durante la primera mitad del Siglo XX. De nuevo este tercer período político de nuestra historia constitucional concluyó abruptamente con la Revolución de octubre de 1945 y la Asamblea Constituyente de 1946 que diseñó el sistema político democrático de Estado Centralizado el cual, después de un interregno militar (1948-1958), se consolidó durante los últimos cuarenta años de centralismo de Estado y democracia de partidos. Este es el sistema cuya crisis terminal exigía un cambio radical que debía diseñar la Asamblea Constituyente de 1999, pero en democracia y sin ruptura constitucional. Si la Constitución de 1999 es, en efecto, la primera de un quinto período de nuestra historia política o la última del cuarto período mencionado, eso sólo lo dirá la historia. Lo que sí podemos ahora evaluar es la magnitud del cambio político que se esperaba con la nueva Constitución.

Lo cierto, es que en efecto, la nueva Constitución no resuelve el problema central y medular de la crisis política para perfeccionar la democracia, pues no se diseñó para sentar las bases del cambio político democrático. Su aprobación no sólo no contribuye a superar la crisis del centralismo del Estado y del Estado de Partidos, -más bien la agrava-; sino que sienta las bases constitucionales para el desarrollo de un autoritarismo político, que se monta sobre regulaciones que refuerzan el centralismo, el presidencialismo, el estatismo, el paternalismo de Estado, el partidismo y el militarismo; con el peligro del derrumbe de la propia democracia.

Este es el cuadro político que nos deja la nueva Constitución, cuyo contenido analizamos a continuación, mediante el estudio de las principales regulaciones que contiene; lo que haremos analizando los tres elementos centrales que conforman cualquier Constitución: la Constitución política; la Constitución social y la Constitución económica.

2. *El problema de una constitución política concebida para el autoritarismo*

Toda Constitución política tiene por objeto la organización del Poder Público, como potestad constitucional del Estado y, en consecuencia, la organización misma del Estado.

En cualquier Constitución, esta organización está signada por diversas opciones: primero, la derivada de la distribución del Poder Público, lo que origina Estados Unitarios o Estados Descentralizados; y segundo, la que provoca la separación de poderes, lo cual origina la unicidad o la pluralidad de los Poderes; característica esta última de los sistemas democráticos, montados sobre la separación, balance y contrapeso de los Poderes del Estado.

Además, la Constitución política diseña el sistema político con opción entre la autocracia y la democracia, según que la soberanía resida en un autócrata o efectivamente en el pueblo.

Ahora bien, en relación con la Constitución de 1999 y desde el punto de vista de la Constitución política, a continuación queremos destacar las regulaciones que, en nuestro criterio, contienen aspectos negativos en relación con el perfeccionamiento de la democracia y que pesan más que las razones que podrían hacer que dicha Constitución merezca nuestra aprobación, referidas a la formal consolidación de principios del Estado de Derecho y de Justicia, con excelentes mecanismos de control de constitucionalidad y de reforma judicial. Estos, lamentablemente, corren el riesgo de quedar inutilizados dado los elementos de autoritarismo y concentración del poder que se derivan de otros aspectos del texto aprobado, a los cuales nos referimos a continuación.

A. *El nuevo nombre de la "República Bolivariana de Venezuela" y su carácter partisano*

La nueva Constitución pretende, ante todo, en su primer artículo, cambiarle el nombre a la "República de Venezuela" y sustituirlo por el de "República Bolivariana de Venezuela".

El nombre de República de Venezuela, en verdad, nos ha acompañado durante toda nuestra historia política constitucional desde 1811 cuando se constituyó la Confederación de Estados de Venezuela, con la sola excepción del período constitucional que transcurrió desde el Congreso de Angostura, en 1819 y la reconstitución de la República de Venezuela por la Convención de Valencia de 1830. En 1819, y luego en 1821, en efecto, el Libertador hizo sancionar por el Congreso, las Leyes de la Unión de los Pueblos de Colombia con las cuales se decretó la desaparición de la República de Venezuela, lo que se consolidó en 1821 cuando la Constitución de Cúcuta estableció la "República de Colombia" cuyo territorio comprendió tanto el de la antigua Capitanía General de Venezuela como el del antiguo Virreinato de Nueva Granada. Con ello se hizo realidad parte de lo que había sido el sueño del Libertador en cuanto a la unión de los pueblos de América.

Históricamente, la idea de la República Bolivariana, apunta a una organización política que implicó la desaparición de Venezuela como Estado, por lo que bajo dicho ángulo, el cambio de nombre es totalmente inadmisible y contrario a la idea de independencia de nuestro país. En todo caso, sería demasiado torpe y necio pensar que la motivación del cambio de nombre propuesto, el cual aun no ha sido justificado, respondió a esa idea de desaparición de la República de Venezuela.

Pero igualmente necio y torpe sería el que se pretendiera fundamentar el cambio de nombre en algún afán romántico de evocar el pensamiento y la acción del Libertador, en la formación de nuestra República. Para ello hubiera bastado con hacer esa indicación tanto en el Preámbulo como en el artículo 1º, como se aprobó en la primera discusión.

El cambio de nombre, por tanto, tiene que tener otra explicación y esa no es otra que una motivación política, partidaria, partisana o partidista, que se deriva de la denominación inicial del Movimiento político que estableció y preside el presidente de la República, Hugo Chávez y que, como partido político, pretendió funcionar con el nombre de Movimiento Bolivariano 200. El partido del presidente de la República, en efecto, es el "partido bolivariano" y es por ello que se pretende imponerlo como nombre de la República. Ello, en nuestro criterio, debe ser rechazado, no sólo por ser antibolivariano (no se olvide que el último grito del Libertador, en la víspera de su muerte, fue por que cesaran los partidos) sino porque pretende consolidar, desde el primer artículo de la Constitución, la división del país, entre bolivarianos y los que no lo son; entre patriotas y realistas; entre buenos y malos; entre puros y corruptos; entre revolucionarios y antirrevolucionarios; y todo ello mediante la manipulación de la historia y los sentimientos populares con el control del Poder.

B. *La burla al proceso de descentralización: el Estado Federal Descentralizado con un marco centralista y la eliminación del Senado*

Uno de los grandes cambios políticos que ha debido propugnar la nueva Constitución era transformar definitivamente la Federación Centralizada que hemos tenido durante los últimos cien años por una Federación Descentralizada, con una efectiva distribución territorial del poder hacia los Estados y Municipios. En tal sentido debía apuntar la reforma constitucional, no sólo al concebirse la forma del Estado como un Estado Federal Descentralizado (art. 4), sino al preverse a la descentralización política de la Federación como una política nacional de carácter estratégico (art. 158).

Sin embargo, el resultado final del esquema constitucional aprobado de distribución territorial del poder no ha significado ningún avance sustancial respecto del proceso de descentralización que venía avanzando durante la última década en el país, al amparo de la Constitución de 1961 y en ejecución de la Ley Orgánica de Descentralización de 1989; y más bien, en muchos aspectos, ha significado un retroceso institucional. Por ello, la denominación de "Estado Federal Descentralizado", en definitiva, no pasa de ser nominal y continua el mismo "desiderátum" inserto en la Constitución de 1961, hacia el cual se puede apuntar.

En este caso, incluso, el régimen se concibe en forma contradictoria, pues institucionalmente se limita en forma amplia la autonomía de los Estados y Municipios, al remitirse su regulación a la Ley, (lo que es contrario a lo que debe ser la garantía constitucional de dicha autonomía), y se lesiona la igualdad de los Estados al eliminarse el Senado (y crearse una Asamblea Nacional Unicameral) y con ello, la posibilidad de la participación política igualitaria de los Estados en la conducción de las políticas nacionales.

En efecto, en la Constitución se ha establecido una organización unicameral de la proyectada Asamblea Nacional (art. 186) que no sólo rompe una tradición que se remonta a 1811, sino que es contradictoria con la forma federal del Estado, que exige una Cámara Legislativa con representación igualitaria de los Estados, cualquiera que sea su población, y que sirva de contrapeso político a la cámara de representación popular, según la población del país. La "eliminación" del Senado o Cámara Federal es, por tanto, un atentado contra la descentralización política efectiva, al extinguir el instrumento para la igualación de los Estados en el tratamiento de los asuntos nacionales en la Asamblea Nacional; y además, un retroceso tanto en el proceso de formación de las leyes nacionales, como en el ejercicio de los poderes de control parlamentario sobre el Ejecutivo.

Por otra parte, como indicamos, la autonomía de los entes territoriales, (Estados y Municipios), exige su garantía constitucional, en el sentido de que no puede ser limitada por ley nacional posterior. De ello se trata al establecerse una distribución constitucional del Poder en el territorio.

En la nueva Constitución, sin embargo, la regulación del funcionamiento y la organización de los Consejos Legislativos Estadales se remite a la ley nacional (art. 162), lo cual además de contradictorio con la atribución de los Estados de dictarse su Constitución para organizar sus poderes públicos (art. 164, ord. 1), es una intromisión inaceptable del Poder Nacional en el régimen de los Estados.

En cuanto a los Municipios, la autonomía municipal tradicionalmente garantizada en la propia Constitución también se encuentra interferida, al señalarse que los Municipios gozan de la misma, no sólo "dentro de los límites" establecidos en la Constitución, sino en la ley nacional (art. 168), con lo cual el principio descentralizador básico, que es la autonomía, queda minimizado.

Por otra parte, en cuanto a la distribución de competencias entre los entes territoriales, el proceso de descentralización exigía, ante todo, la asignación efectiva de competencias tributarias a los Estados, sobre todo en materia de impuestos al consumo, como sucede en casi todas las Federaciones. Se abandonaron los avances que el Proyecto de Constitución tenía en esta materia en la primera discusión y en la segunda discusión se le quitaron a los Estados todas las competencias tributarias que se le habían asignado, con lo que se retrocedió al mismo estado que actualmente existe en la Constitución de 1961. En esta forma, los Estados siguen dependientes del aporte financiero nacional (Situado Constitucional), el cual puede incluso disminuirse, además de que se le fijó un tope máximo (20% de los ingresos nacionales) que en la Constitución de 1961 no tenía (sólo había un mínimo); y si bien se crea en la Constitución el Consejo Federal de Gobierno (art. 185) como órgano intergubernamental, su organización por ley nacional, puede conducir a su control por los órganos nacionales.

Conforme a lo anterior, en líneas generales no se logró superar el esquema de Federación Centralizada de la Constitución de 1961 en la nueva Constitución, y si bien se habla de descentralización, sigue siendo un desideratum, no actualizado.

La gran reforma del sistema político, necesaria e indispensable para perfeccionar la democracia, en todo caso, era desmontar el centralismo del Estado y distribuir el Poder Público en el territorio; única vía para hacer realidad la participación política. Ello, sólo, justificaba el proceso constituyente; ello, sin embargo, se pospuso y con ello, se perdió la gran oportunidad de comenzar a sustituir el Estado Centralizado por un Estado Descentralizado.

La Asamblea Constituyente, para superar la crisis política, ha debido diseñar la transformación del Estado, mediante la descentralización del poder, y sentar las bases para acercarlo efectivamente al ciudadano. Al no hacerlo, la nueva Constitución ni transformó el Estado ni dispuso lo necesario para hacer efectiva la participación.

C. *La representación proporcional y la supervivencia de la partido-cracia*

En la nueva Constitución tampoco se atacó el otro aspecto del sistema político que requería de una reforma radical, que era la representatividad política y la participación, de manera de romper el monopolio que en esa materia han tenido los partidos políticos.

En efecto, el centralismo de Estado ha estado acompañado, como parte del sistema político, por el Estado de partidos, en el cual los partidos políticos han sido los únicos mecanismos de participación política y los únicos que han obtenido representantes en los órganos representativos. Ello ha estado asegurado a través del método de escrutinio plurinominal basado en la representación proporcional, el cual no sólo no se ha cambiado, sino que es el único consagrado en la Constitución (art. 63). A pesar de que se señale en el texto constitucional que debe garantizarse la personalización del voto, ello no cambia la representatividad si se sigue el método de representación proporcional, que conduce a la representación de partidos. Lamentablemente, no se acogió la propuesta de establecer la elección uninominal a nivel de los representantes a las Juntas Parroquiales, Concejos Municipales y Consejos Legislativos Estadales para lograr una representatividad territorial de las comunidades respectivas.

En todo caso, en nuestro criterio, el haber mantenido, en general, el sistema de representación proporcional garantiza la continuación de la partidocracia, y nada habrá cambiado, salvo la representatividad de unos partidos por otros.

D. *El presidencialismo exacerbado*

En la organización del Poder Público, en su vertiente horizontal, en la Constitución, se optó por continuar con el sistema presidencial de gobierno, aún cuando se le hayan incrustado algunos elementos del parlamentarismo como había sucedido con la Constitución de 1961.

Sin embargo, en la nueva Constitución, el presidencialismo se ha exacerbado por la extensión del período constitucional del presidente de la República, con reelección inmediata; y por la pérdida de balance o contrapeso de los poderes, por la eliminación del bicameralismo.

En efecto, en el modelo presidencial escogido, se combinan los siguientes cuatro factores: en primer lugar, la extensión del período presidencial a seis años; y en segundo lugar, la reelección inmediata del presidente de la República (art. 230). Ello atenta contra el principio de la alternabilidad republicana al permitir un largo período de gobierno de hasta 12 años. Pero los dos elementos anteriores se combinan con otros dos: tercero, lo complicado del referendo revocatorio del mandato (art. 72), lo que lo hace prácticamente inaplicable; y cuarto, la eliminación del principio de la elección del presidente por mayoría absoluta y doble vuelta, que estaba en el Proyecto aprobado en primera discusión. Ello se eliminó en segunda discusión y se conservó la elección por mayoría relativa (art. 228), como lo preveía la Constitución de 1961, y, por tanto, mantendremos, entonces, un sistema de gobiernos electos con una minoría de votos, que ha hecho al sistema ingobernable.

Con este modelo presidencialista, al que se agrega la posibilidad de disolución de la Asamblea por el presidente de la República, aún cuando en casos excepcionales de tres votos de censura parlamentaria al Vicepresidente Ejecutivo (art. 240), se exacerba el presidencialismo que no encuentra contrapeso en el bicameralismo que se elimina, sino más bien refuerzo en otras reformas, como la regularización de las leyes habilitantes o de delegación legislativa a los efectos de emisión de Decretos-Leyes y no sólo en materia económica y financiera (art. 203).

E. *El desbalance en la separación de Poderes por la concentración del Poder en la Asamblea Nacional*

La Constitución adopta un esquema de separación de poderes no sólo entre el Legislativo y el Ejecutivo con la configuración del sistema presidencial de gobierno, sino entre el Poder Judicial, cuya autonomía se consagra repetidamente y otros dos nuevos Poderes de rango constitucional: el Poder Ciudadano, que abarca el Ministerio Público (Fiscal General de la República), el Defensor del Pueblo; la Contraloría General de la República; y el Poder Electoral, que ejerce el Consejo Nacional Electoral.

Una efectiva separación de poderes, por supuesto, está montada sobre la independencia entre ellos, de manera que el origen de sus titulares (elección o designación) no quede a merced de la voluntad de ninguno de los poderes del Estado. En ello consiste la garantía del contrapeso.

En la nueva Constitución, al contrario, se consagra un desbalance entre los Poderes estatales al permitirse que la Asamblea Nacional pueda remover de sus cargos al Fiscal General de la República, al Defensor del Pueblo, al Contralor General de la República, a los Miembros del Consejo Nacional Electoral (art. 296) y más grave aún, a los Magistrados del Tribunal Supremo de Justicia (art. 265). Ello constituye la antítesis de la independencia y contrapeso entre los Poderes del Estado, y configura un modelo de concentración de Poder en la Asamblea Nacional, totalmente incompatible con una sociedad política democrática.

F. *La base constitucional para el militarismo*

En la nueva Constitución, al presidencialismo como forma de gobierno, y a la concentración del Poder en la Asamblea Nacional, se agrega un acentuado esquema militarista, cuya combinación puede conducir fácilmente al autoritarismo.

En efecto, en el texto constitucional quedó eliminada toda idea de sujeción o subordinación de la autoridad militar a la autoridad civil, consagrándose, al contrario, una gran autonomía de la autoridad militar y de la Fuerza Armada Nacional, unificadas las cuatro fuerzas, con la posibilidad de intervenir en funciones civiles.

Ello se evidencia de las siguientes regulaciones: primero, de la eliminación de la tradicional prohibición de que la autoridad militar y la civil no pueden ejercerse simultáneamente, que establecía el artículo 131 de la Constitución de 1961; segundo, de la eliminación del control, por parte de la Asamblea Nacional, respecto de los ascensos de los militares de alta graduación, que en el constitucionalismo histórico siempre se había previsto, disponiéndose en el texto constitucional, al contrario, que ello es competencia exclusiva de la Fuerza Armada (art. 331); tercero, de la eliminación del carácter no deliberante y apolítica de la institución militar, como lo establecía el artículo 132 de la Constitución de 1961, lo que abre la vía para que la Fuerza Armada, como institución militar, comience a deliberar políticamente y a intervenir y dar su parecer sobre los asuntos de los que estén resolviendo los órganos del Estado; cuarto, de la eliminación de la obligación de la Fuerza Armada de velar por la estabilidad de las instituciones democráticas que preveía el artículo 132 de la Constitución de 1961; quinto, lo que es más grave aún, de la eliminación de la obligación de la Fuerza Armada de respetar la Constitución y las leyes "cuyo acatamiento estará siempre por encima de cualquier otra obligación", como lo decía el artículo 132 de la Constitución de 1961; sexto, de la atribución a los militares, en forma expresa, del derecho al sufragio (art. 330), lo cual podría ser incompatible, políticamente, con el principio de obediencia; séptimo, del establecimiento del privilegio procesal, tradicionalmente reservado a los altos funcionarios del Estado, a los altos oficiales de la Fuerza Armada de que para ser enjuiciados se requiera una decisión del Tribunal Supremo sobre si hay o no méritos para ello (art. 266,3);.octavo, del sometimiento a la autoridad de la Fuerza Armada de todo lo concerniente con el uso de armas y no sólo las de guerra, lo que se le quita a la Administración civil del Estado (art. 324); noveno, de la atribución, en general, a la Fuerza Armada de competencias en materia de policía administrativa (art. 329); y décimo, de la adopción en el texto constitucional del concepto ya histórico de la doctrina de la seguridad nacional, por ser esta de carácter globalizante, totalizante y omnicomprensiva, conforme a la cual todo lo que acaece en el Estado y la Nación, concierne a la seguridad del Estado, incluso el desarrollo económico y social (art. 326).

Esta situación da origen a un esquema militarista que constitucionalmente es una novedad, pero que puede conducir a un apoderamiento de la Administración civil del Estado por la Fuerza Armada, a la cual, incluso se le atribuye en la Constitución "la participación activa en el desarrollo nacional" (art. 328).

Todo lo anterior, muestra un cuadro de militarismo realmente único en nuestra historia constitucional que ni siquiera se encuentra en las Constituciones de los regímenes militares.

3. *El problema de una Constitución social concebida para el paternalismo y el populismo*

La segunda parte de toda Constitución, como norma suprema, además de la Constitución política, es la Constitución social o del ciudadano, en la cual se deben establecer las relaciones entre el Estado y la sociedad y sus componentes individuales.

En definitiva, está compuesta por el conjunto de libertades y derechos de los ciudadanos y habitantes del país, con sus correlativos deberes de parte del Estado y sus autoridades de protección, abstención o de prestación social. Lo cierto es que no puede haber un derecho consagrado constitucionalmente que no tenga un deber u obligación correlativo a cargo del Estado.

En esta materia, a pesar de los avances que contiene la Constitución, por ejemplo, en la enumeración de los derechos individuales y en la constitucionalización de los Tratados internacionales sobre derechos humanos a los cuales se les prescribió aplicación preferente cuando sean más favorables; los aspectos negativos del texto pesan más que las razones que podrían hacer que la Constitución merezca nuestra aprobación.

A. *La grave lesión a la garantía constitucional de la reserva legal*

La verdadera efectividad de una enunciación de derechos constitucionales en una Constitución, está en la previsión de sus garantías. La nueva Constitución venezolana en esta materia puede decirse que contiene una extensa y excelente enunciación de derechos constitucionales, en la misma línea de previsión, que se había seguido en América Latina con las Constituciones de Brasil y Colombia. En la nueva Constitución, además, con la previsión expresa y amplísima de otorgarle rango constitucional a los Tratados Internacionales sobre Derechos Humanos, y prever no sólo su aplicación inmediata por los jueces sino su aplicación preferente en todo lo que puedan beneficiar a las personas (art. 31).

Esta enunciación, sin embargo, puede quedar perfectamente inefectiva, por la previsión, en la propia Constitución, de normas que significan una antítesis de la garantía constitucional de los derechos. En efecto, entre tales garantías, la más importante es la de la reserva legal, es decir, que las limitaciones a los derechos constitucionales sólo pueden establecerse mediante ley, y como tal debe entenderse el acto que emana del órgano legislativo (Asamblea Nacional) compuesto por representantes electos democráticamente. Sin embargo, en la nueva Constitución venezolana se prevé un sistema de legislación delegada mediante leyes habilitantes, que no tiene parangón en ninguna Constitución Latinoamericana, con la cual se puede atribuir, al presidente de la República, la potestad de legislar en cualquier materia, con lo cual la garantía constitucional de la reserva legal quedaría totalmente minimizada y con ello, se podría dar al traste a la excelente enunciación de los derechos constitucionales.

B. *La ausencia de consagración constitucional de derechos de protección al niño desde la concepción*

Por otra parte, a pesar de todo el avance en materia de derechos individuales del texto constitucional, y de que se hubiese repetido la regulación de la Constitución de 1961 sobre el carácter inviolable del derecho a la vida (art. 43), en la nueva Constitución no se estableció con rango constitucional el derecho de los niños a protección integral "desde la concepción", como sí estaba regulado en el artículo 74 de la Constitución de 1961.

La Asamblea Constituyente, en este aspecto, violó las bases comiciales que la originaron y que le impusieron, como límite, la progresión de la protección de los derechos humanos. Al contrario, en este campo tan sensible, puede considerarse que hubo una regresión en la regulación constitucional, lamentablemente motivada por la discusión entre abortistas y no abortistas y entre movimientos feministas y la propia Iglesia Católica.

La Asamblea Nacional Constituyente no supo deslindar el campo de regulación y pretendiendo satisfacer los requerimientos de la Jerarquía Eclesiástica de la consagración del derecho de protección del niño desde la concepción, lo que hizo fue engañarla, previendo la protección de la maternidad "desde la concepción" (art. 76) ¡como que si pudiera haber otro momento a partir del cual se pudiera iniciar la maternidad!

Lo cierto de todo es que en la nueva Constitución no existe el balance necesario que debe haber entre los derechos del niño y los derechos de la madre para que se mantenga el equilibrio general de la protección y los derechos recíprocos pues, como es bien sabido, el límite del ejercicio de todos los derechos humanos es "el derecho de los demás y el orden público y social".

En todo caso, una Constitución que en el campo de los derechos individuales no garantiza expresamente el derecho de todo niño a protección integral desde la concepción, por regresiva en materia de protección de derechos individuales, no merece nuestra aprobación.

C. *La siembra constitucional del principio para el control de la libertad de información*

En la Constitución, ciertamente se consagra el derecho de toda persona a expresar libremente sus pensamientos, sus ideas y opiniones y de hacer uso para ello de cualquier medio de comunicación y difusión, sin que pueda establecerse censura, correspondiendo a quien haga uso de tal derecho plena responsabilidad por todo lo expresado (art. 57).

Sin embargo, al consagrarse el derecho de todos a la información, es decir, a ser informados, se adjetiviza dicha información al calificársela de "oportuna, veraz e imparcial" (art. 58), lo que sin dejar de ser un desideratum que debe derivarse del principio general de que el ejercicio de los derechos tiene como límite el derecho de los demás y el orden público y social (art. 20), así expresado constituye la siembra, en la nueva Constitución, de un principio que podría dar origen al desarrollo de un control público o político que podría conducir a la definición de una "verdad oficial" y por tanto, el rechazo de cualquier otra verdad en la información. En una Constitución signada por el principio de la progresión en la mayoría de los derechos individuales, esta regresión en materia de libertad de información es inadmisible, pues abre una grieta que puede servir al autoritarismo.

D. *La confusión entre buenas intenciones y los derechos constitucionales y el engaño que deriva de la imposibilidad de satisfacer algunos derechos sociales*

En la consagración de los derechos humanos, uno de los principios esenciales de orden constitucional es el denominado principio de alteridad, que implica que todo derecho comporta una obligación y que todo titular de un derecho tiene que tener relación con un sujeto obligado.

No hay, por tanto, derechos sin obligaciones ni obligados; por lo que la consagración de supuestos derechos que no pueden originar obligaciones u obligados, por imposibilidad conceptual, no es más que un engaño.

Así sucede, por ejemplo, con varios de los derechos y garantías sociales, tal y como se consagraron en la Constitución, cuya satisfacción es simplemente imposible. Constituyen, más bien, declaraciones de principio y de intención de indiscutible carácter teleológico, pero difícilmente pueden concebirse como "derechos" por no poder existir un sujeto con obligación de satisfacerlos.

Es el caso, por ejemplo, del "derecho a la salud", que se consagra como "un derecho social fundamental, obligación del Estado, que lo garantizará como parte del derecho a la vida" (art. 83). Lo cierto es que es imposible que alguien garantice la salud de nadie y que constitucionalmente se pueda consagrar el derecho a la salud. Ello equivale a consagrar, en la Constitución, "el derecho a no enfermarse", lo cual es imposible pues nadie puede garantizar a otra persona que no se va a enfermar.

En realidad, el derecho que se puede consagrar en materia de salud, como derecho constitucional, es el derecho a la protección de la salud, lo que comporta la obligación del Estado de velar por dicha protección, estableciendo servicios públicos de medicina preventiva y curativa. De resto, regular el "derecho a la salud", por imposibilidad de la alteridad, es un engaño.

Lo mismo podría señalarse, por ejemplo, respecto del derecho que se consagra en la Constitución a favor de "toda persona", "a una vivienda adecuada, segura, cómoda, higiénica, con servicios básicos esenciales que incluyan un hábitat que humanice las relaciones familiares, vecinales y comunitarias" (art. 82). Este derecho, así como está consagrado, es de imposible satisfacción; se trata, más bien, de una declaración de principio o de intención bellamente estructurada que no puede conducir a identificar a un obligado a satisfacerla, y menos al Estado.

También resulta un engaño establecer en la Constitución, pura y simplemente, que "toda persona tiene derecho a la seguridad social como servicio público no lucrativo que garantice la salud y asegure protección en contingencias... de previsión social"; siendo igualmente una imposibilidad prever que "El Estado tiene la obligación de asegurar la efectividad de este derecho, creando un sistema de seguridad social..." (art. 86).

De nuevo aquí, la intención es maravillosa, pero no para pretender regularla como un "derecho" constitucional con una obligación estatal correlativa, también de rango constitucional, cuya satisfacción es imposible. Se confundieron, en esta materia, las buenas intenciones y declaraciones sociales con derechos y obligaciones constitucionales, que originan otro tipo de relaciones jurídicas, incluso con derecho de ser amparados constitucionalmente.

E. *El excesivo paternalismo estatal y la minimización de las iniciativas privadas en materia de salud, educación y seguridad social*

En la regulación de los derechos sociales, en la nueva Constitución no sólo se pone en manos del Estado excesivas cargas, obligaciones y garantías, de imposible cumplimiento y ejecución en muchos casos, sino que se minimiza, al extremo de la exclusión, a las iniciativas privadas. En esta forma, aparecen regulados con un marcado acento estatista y excluyente servicios públicos esencial y tradicionalmente concurrentes entre el Estado y los particulares, como los de educación, salud y seguridad social.

Por ejemplo, en materia de salud, se dispone que para garantizarla "el Estado creará, ejercerá la rectoría y gestionará un sistema público nacional de salud, ... integrado al sistema de seguridad social, regido por los principios de gratuidad, universalidad, integralidad, equidad, integración social y solidaridad" (art.

84). Se trata, por tanto, de un sistema público de salud, regulado como un servicio público gratuito que forma parte del sistema de seguridad social. Nada se dice en la norma sobre los servicios privados de salud, aún cuando en otro artículo se indica que el Estado "regulará las instituciones públicas y privadas de salud" (art. 85).

En materia de seguridad social, el rasgo estatista del sistema es aún mayor: se declara la seguridad social como un servicio público de carácter no lucrativo, estando obligado el Estado "de asegurar la efectividad de este derecho, creando un sistema de seguridad social universal, integral, de financiamiento solidario, unitario, eficiente y participativo, de contribuciones directas o indirectas", precisándose, además, que las cotizaciones obligatorias sólo "podrán ser administradas con fines sociales bajo la rectoría del Estado" (art. 86). Se excluye así, en principio, toda iniciativa privada en materia de seguridad social y se minimiza la participación privada en la administración reproductiva de los fondos de pensiones.

En materia de educación, la tendencia estatista es similar: se regula la educación , en general, como un derecho humano y un deber social fundamental; se la declara en general como "democrática, gratuita y obligatoria" y se la define como "un servicio público" que el Estado debe asumir "como función indeclinable" (art. 102). Nada se indica, en la norma, en relación con la educación privada, y solo es en otro artículo que se consagra el derecho de las personas "a fundar y mantener instituciones educativas privadas bajo la estricta inspección y vigilancia del Estado, previa aceptación de este" (art. 106). La posibilidad de estatización de la educación, por tanto, no tiene límites en la Constitución, habiéndose eliminado del texto constitucional la disposición, que en la materia preveía la Constitución de 1961 de que "El Estado estimulará y protegerá la educación privada que se imparta de acuerdo con los principios contenidos en esta Constitución y en las leyes" (art. 79).

En esta materia, de nuevo, la Asamblea violó las bases comiciales al ignorar el carácter progresivo de la protección de los derechos humanos, y eliminar este derecho de protección que corresponde a la educación privada.

F. *La discriminación constitucional a favor de los pueblos indígenas*
    y la siembra de principios desintegradores del Estado

Una de las novedades de la nueva Constitución ha sido la inclusión de un capítulo sobre derechos de los pueblos indígenas, sobre todo si se compara su contenido con la escueta norma que traía la Constitución de 1961 que se limitaba a remitir a la ley para el establecimiento del "régimen de excepción que requiera la protección de las comunidades indígenas y su incorporación progresiva a la vida de la Nación" (art. 77).

La verdad es que de una idea de régimen de protección, en la nueva Constitución se pasó a un régimen discriminatorio en exceso respecto del resto de la población de nuestro territorio, al establecerse en general, un régimen de germen de un Estado dentro del Estado, con grave riesgo futuro a la integridad del territorio y de la Nación.

Bien es sabido que al Estado se lo define en el derecho constitucional como un pueblo, asentado en un territorio con gobierno propio. Esos tres componentes pueblo, territorio y organización política definen al Estado; y, este solo puede ser uno. No puede haber varios Estados en un mismo territorio.

Sin embargo, en la Constitución, en el primero de los artículos relativos a los derechos de los pueblos indígenas, se señala que "El Estado reconocerá la existencia de los *pueblos* y comunidades indígenas, *su propia organización* social, *política* y económica, sus culturas, usos y costumbres, idiomas y religiones, así como su hábitat y derechos originarios *sobre las tierras* que ancestral y tradicionalmente ocupan y que son necesarias para desarrollar y garantizar sus formas de vida" (art. 119).

De nuevo, esta declaración de principios es un desideratum humano, pero su consagración en un texto constitucional es cosa distinta: genera derechos y deberes y, en su forma, constituye el reconocimiento de un Estado dentro del Estado, con grave riesgo futuro a la generación de conflictos que afecten a la integridad territorial de la Nación.

4. *El problema de una Constitución económica concebida para el estatismo insolvente*

El paternalismo estatal en el campo social conduce inexorablemente a la concepción de una Constitución económica con una gran carga estatista. En efecto, la tercera parte de la Constitución, como toda Constitución contemporánea, está destinada a regular la Constitución económica, en la cual se establecen las reglas de juego del sistema económico del país, el cual sigue concibiéndose en un principio, como un sistema de economía mixta, que se basa en reconocer la iniciativa privada y los derechos de propiedad y libertad económica, pero fundamentándolo en principios de justicia social, lo que permite la intervención del Estado en la economía, en algunos casos en forma desmesurada.

En esta materia, a pesar de que en las discusiones en la Asamblea se lograron establecer algunos equilibrios importantes entre la libertad económica y la intervención del Estado, quedó en la Constitución un marcado acento estatista, lo que aunado a las consecuencias fiscales del paternalismo social y del populismo que contiene, hacen inviable financieramente el rol del Estado, y originan un esquema de terrorismo tributario que informa el texto constitucional.

A. *La posibilidad casi ilimitada de intervención estatal en la economía*

En efecto, la Constitución no sólo es manifiestamente estatista en materia económica, al atribuir al Estado la responsabilidad fundamental en la gestión y prestación de los servicios públicos básicos en materia de salud, educación y seguridad social, y de los de carácter domiciliario como distribución de agua, electricidad y gas, sino que ello también deriva de la regulación, en la misma, de un conjunto de potestades reguladoras, de control y de planificación.

Las normas relativas a la economía, por tanto, son básicamente las destinadas a prever la intervención del Estado, destinándose a lo privado, en realidad, las escuetas normas reguladoras de la libertad económica (art. 112) y de la propiedad privada (art. 115). No existe, sin embargo, el equilibrio necesario entre lo público y lo privado, privilegiándose en el sector privado sólo actividades no fundamentales en la generación de riqueza y empleo como la agrícola (art. 305), la artesanía (art. 309), la pequeña y mediana empresa (art. 308), y el turismo (art. 310).

A ello se agregan normas de control y persecución como las relativas a los monopolios y a los delitos económicos (arts. 113 y 114); la declaración como del dominio público del subsuelo, las costas marítimas y las aguas (arts. 112 y 304) lo que abre un campo ilimitado respecto del control estatal del uso y aprovechamiento de dichos bienes; la reserva al Estado de la industria petrolera, y la posibilidad de reserva de otras actividades, servicios o explotaciones de carácter estratégico (art. 302); y las normas que prevén las potestades planificadoras del Estado, tanto a nivel nacional (arts. 112 y 299) como a nivel local (art. 178).

El Estado, así, en la Constitución es responsable de casi todo, y puede regularlo todo. La iniciativa privada aparece marginal y marginada. No se asimiló la experiencia del fracaso del Estado regulador, de control, planificador y empresario de las últimas décadas, ni se entendió la necesidad de privilegiar las iniciativas privadas y estimular la generación de riqueza y empleo por la sociedad.

El resultado del texto constitucional en materia económica, visto globalmente y en su conjunto, es el de una Constitución hecha para la intervención del Estado en la economía y no para el desarrollo de la economía por los privados bajo el principio de la subsidiariedad de la intervención estatal

B. *La incapacidad financiera para la atención por el Estado de las tareas y responsabilidades que se le asignan*

El Estado que se concibe en la nueva Constitución, cuando se analiza en su conjunto el enorme cúmulo de responsabilidades que se le atribuyen en el campo social, de la salud, educación, seguridad social y cargas laborales, con exclusión sistemática de las iniciativas privadas; es totalmente incapaz, financieramente, para atenderlas. Para la previsión de las regulaciones del Estado paternalista establecidas en la Constitución, no hubo cálculo alguno de costos, lo que coloca al Estado, si pretende asumirlas y cumplirlas, de entrada, en una situación de quiebra, por estar obligado a pagar más de lo que es capaz y puede recaudar en impuestos, máxime en un país en el cual no hay hábito ciudadano de contribuyente.

Si a ello se agrega la previsión con rango constitucional de que la gestión fiscal debe equilibrarse en un marco plurianual del presupuesto "de manera que los ingresos ordinarios deben ser suficientes para cubrir los gastos ordinarios" (art. 311); no se entiende cómo será posible la atención por el Estado de todas las obligaciones que se le imponen.

C. *La consagración del terrorismo fiscal como ilusión para resolver la insolvencia estatal y la desprotección de los contribuyentes*

La enorme responsabilidad social atribuida al Estado y los costos financieros que conlleva su atención, por supuesto que implicarán la exacerbación del ejercicio de la potestad tributaria del Estado en sus diversos niveles territoriales y, de inmediato, en el nivel nacional y en el nivel municipal. Ello exigía, por sobre todo, el establecimiento de un adecuado equilibrio entre la potestad pública y los derechos de los individuos, de manera que el ejercicio de la primera no afecte la capacidad económica de los contribuyentes ni sus garantías constitucionales, que requieren de protección especial.

La nueva Constitución, en esta materia, no reguló nada específico sobre el necesario respeto de la capacidad contributiva de las personas ni sobre el principio de que la imposición debía revertir servicios públicos adecuados hacia los contribuyentes-ciudadanos. Nada se reguló, además, sobre las garantías constitucionales del contribuyente frente al ejercicio de la potestad tributaria, ya que es precisamente con ocasión de su ejercicio que todo el poder del Estado se puede volcar sobre los individuos. Al contrario, las únicas normas nuevas previstas en el texto en esta materia tienden a castigar la evasión fiscal con penas privativas de la libertad personal (art. 317), estableciéndose en las Disposiciones Transitorias normas destinadas a regularizar el terrorismo fiscal (Disposición Transitoria Quinta), elaboradas pensando como si sólo las grandes empresas fueran contribuyentes, a quienes sólo hay que perseguir, e ignorando que en un sistema de Estado con incapacidad financiera estructural todas las personas son o deben ser potencialmente contribuyentes y, por tanto, sujetos de persecución fiscal.

En esta materia la Constitución se olvidó del ciudadano y de la protección y seguridad que había que brindarle.

D. *La lesión a la autonomía del Banco Central de Venezuela*

La nueva Constitución atribuye al Banco Central de Venezuela el ejercicio exclusivo y obligatorio de las competencias monetarias del Poder Nacional, atribuyéndole la autonomía necesaria para ello, sin perjuicio de la necesaria coordinación con la política económica general (art. 318).

Sin embargo, esa autonomía se limita en el texto, con remisión a la Ley, a tal punto que puede neutralizarse completamente, politizándose la gestión de la Institución. Ello deriva de las siguientes previsiones: en *primer lugar,* de la posibilidad de regularse legalmente la remoción del Directorio del Banco por incumplimiento de metas y objetivos de la política monetaria; en *segundo lugar,* de la obligatoriedad de rendición de cuenta de su actuación, metas y resultados respecto de sus políticas, ante la Asamblea Nacional; en *tercer lugar,* de la previsión de inspección y vigilancia del Banco por parte de la Superintendencia de Bancos; en *cuarto lugar,* de la aprobación por la Asamblea Nacional del Presupuesto de gastos de funcionamiento e inversiones del Banco (art. 319); y por último, conforme con la Disposición Transitoria Cuarta, de la intervención de la Asamblea Nacional en la designación y ratificación de los miembros del Directorio del Banco (ord. 8).

Con este esquema constitucional, la consagrada autonomía del Banco Central de Venezuela, puede ser minimizada, abriéndose campo a la politización de la Institución.

5.   *Apreciación general: una Constitución concebida para el autoritarismo, el paternalismo estatal, el populismo y el estatismo insolvente*

De lo anterior resulta que, en cuanto a la *Constitución política* la nueva Constitución, cuando se analiza globalmente, particularmente en los elementos antes mencionados, pone en evidencia un esquema institucional concebido para el autoritarismo, que deriva de la combinación del centralismo de Estado, del presidencialismo exacerbado, de la partidocracia, de la concentración del Poder en la Asamblea y del militarismo que constituyen los elementos centrales diseñados para la organización del Poder del Estado.

En nuestro criterio esa no es la Constitución política que la democracia requería para su perfeccionamiento, y que al contrario, debía haber estado montada sobre la descentralización del poder, un presidencialismo controlado, la participación política al balance entre los Poderes del Estado y la sujeción de la autoridad militar a la civil.

Por su parte, en cuanto a la *Constitución social,* en la Constitución, al enumerar el elenco de derechos humanos y de garantías y obligaciones estatales, lamentablemente, abre la puerta para su limitación por el Ejecutivo mediante legislación delegada; y además, analizada globalmente, lo que muestra es un marginamiento de la sociedad y de las iniciativas particulares, haciendo recaer sobre el Estado todas las obligaciones imaginables, imposible de cumplir. Es una Constitución concebida para el paternalismo, lo que se traduce en populismo.

Esa no es la Constitución social que se requería para fundar una democracia social y participativa, para lo cual debió haber revalorizado la participación de todas las iniciativas privadas en los procesos educativos, de salud y de seguridad social, como actividades en las cuales tiene que existir una corresponsabilidad entre el Estado y la Sociedad.

Por último, la nueva Constitución, en su componente de *Constitución económica,* completa el cuadro paternalista de la Constitución social, inclinando el régimen constitucional hacia el Estado en lugar de hacia la iniciativa privada, originando un estatismo exagerado, con el riesgo de multiplicación de una voracidad fiscal incontrolable concebida para aplastar al contribuyente, al cual no se protege constitucionalmente.

Esa no es la Constitución económica que se requería para fundar la política de desarrollo económico que requiere el país, que tiene que apuntar hacia la creación de riqueza y empleo y que el Estado es incapaz de lograr, sin la decisiva participación de las iniciativas privadas, que lejos de ser perseguidas, deben ser protegidas e incentivadas.

Por todo lo anterior, es que hemos señalado que la Constitución de 1999 no ha introducido los cambios que requería el país, con motivo del momento constituyente que originó la crisis del modelo político de Estado Centralizado de Partidos establecido a partir de 1945 y reestablecido en 1958, y que exigía para perfeccionar la democracia y hacerla más representativa y participativa, estructurar un Estado democrático descentralizado y participativo. Nada de esto se logró, por lo que sólo la historia dirá si esta Constitución es la última del cuarto de los períodos histórico políticos de Venezuela o la primera del quinto.

SEGUNDA PARTE:

EL PROYECTO DE REFORMA CONSTITUCIONAL PRESENTADO POR HUGO CHÁVEZ ANTE LA ASAMBLEA NACIONAL EN 2007[*]

I. EL NUEVO FRAUDE A LA CONSTITUCIÓN: LA PROPUESTA DE "TRANSFORMACIÓN DEL ESTADO Y CREACIÓN DE UN NUEVO ORDENAMIENTO JURÍDICO" PARA ESTABLECER UN ESTADO CENTRALIZADO, SOCIALISTA, POLICIAL Y MILITARISTA, MEDIANTE EL PROCEDIMIENTO DE "REFORMA CONSTITUCIONAL"

En enero de 2007, el presidente de la República anunció que propondría una serie de reformas a la Constitución de 1999[1], para cuya elaboración designó una **Consejo Presidencial para la Reforma de la Constitución**[2], presidida por la Presidenta de la Asamblea Nacional e integrada, entre otros, por los siguientes altos funcionarios del Estado: el Segundo Vicepresidente de la Asamblea Nacional y otros cuatro diputados; la Presidenta del Tribunal Supremo de Justicia; el Defensor del Pueblo; el Ministro del Trabajo; la Procuradora General de la República y el Fiscal General de la Republica. Entre las disposiciones del Decreto estaba la expresa indicación de que el trabajo del Consejo debía realizarse "de conformidad con los lineamientos del Jefe de Estado en estricta confidencialidad" (art. 2)[3], lo que de por si es contrario a los principios de cualquier reforma constitucional en un país democrático.

---

[*] El texto de esta parte es el del libro: Allan R. Brewer-Carías, *Hacia la consolidación de un Estado socialista, centralizado, policial y militarista. Comentarios sobre el sentido y alcance de las propuestas de reforma constitucional 2007*, Colección Textos Legislativos, No. 42, Editorial Jurídica Venezolana, Caracas 2007, 157 pp.

[1] Véase en *Gaceta Oficial* Nº 36.860 de 30-12-1999.

[2] Véase Decreto Nº 5138 de 17-01-2007, *Gaceta Oficial* Nº 38.607 de 18-01-2007.

[3] Ello también lo declaró públicamente, además, la Presidenta de la Asamblea Nacional al instalarse el Consejo. Véase en *El Universal*, 20-02-2007.

Las pautas que en diversos discursos y alocuciones fue dando el presidente de la República para la reforma constitucional, apuntaban, por una parte, a la conformación de un **Estado del Poder Popular o del Poder Comunal, o Estado Comunal**, estructurado desde los Consejos Comunales como unidades políticas primarias u organizaciones sociales **no electas mediante sufragio universal, directo y secreto,** supuestamente dispuestos para canalizar la participación ciudadana, pero conforme a un sistema de **conducción centralizado** desde la cúspide del Poder Ejecutivo Nacional, donde **no hay autonomías territoriales**; y por la otra, a la estructuración de un **Estado socialista**, sustituyendo al sistema de libertad económica y Estado de economía mixta que existe en Venezuela, por un sistema de economía estatista y colectivista, sometido a una planificación centralizada, minimizando el rol del individuo y eliminando todo vestigio de libertad económica y de propiedad privada.

Es decir, se trataba de una modificación que implicaba **transformar radicalmente al Estado y crear un nuevo ordenamiento jurídico.** Para ello, conforme al artículo 347 de la Constitución, ineludiblemente que se requería la convocatoria y elección de una Asamblea Nacional Constituyente conforme al artículo 347 de la Constitución, no pudiendo pretenderse hacer dicha modificación mediante una "reforma constitucional". Lo que en ella se planteaba, **excepción hecha de las que se refería a los derechos laborales (arts. 87 y 90) que no justificaban reforma constitucional alguna pues lo que se propuso podía establecerse mediante ley,** definitivamente no consistía sólo en "una revisión parcial de la Constitución y la sustitución de una o varias de sus normas que no modifiquen la estructura y principios fundamentales del texto Constitucional", que era lo que conforme al artículo 342 de la Constitución se podía realizar mediante el procedimiento de la "reforma constitucional", que sólo exige la discusión y sanción del proyecto por la Asamblea Nacional y un referendo aprobatorio.

Sin embargo, a pesar de las previsiones constitucionales, lamentablemente y una vez más, se repitió en este caso la táctica política que ha sido un común denominador del régimen que se instaló en el país a partir de 1999, que era actuar en fraude a la Constitución, es decir, utilizando las instituciones existentes aparentando respetar las formas y procedimientos constitucionales, para proceder, conforme lo ha advertido el Tribunal Supremo, "a la creación de un nuevo régimen político, de un nuevo ordenamiento constitucional, sin alterar el sistema de legalidad establecido"[4]. Eso ocurrió en febrero de 1999, mediante la convocatoria del referendo consultivo sobre la Asamblea Constituyente no prevista en la Constitución entonces vigente de 1961; ocurrió con el decreto del régimen transitorio de los Poderes Públicos a la Constitución de 1999, que no fue sometido al referendo aprobatorio de la misma; y ocurrió en los años subsiguientes, con la destrucción progresiva de la democracia desde el ejercicio del poder y el sucesivo secuestro de los derechos y libertades públicas, supuestamente utilizando previsiones legales y constitucionales.

---

4   Véase la sentencia de la sala Constitucional del Tribunal Supremo de Justicia N° 74 de 25-01-2006, en *Revista de Derecho Público*, N° 105, Editorial Jurídica Venezolana, Caracas 2006, pp. 76 y ss.

En esa ocasión, una vez más se pretendió utilizar fraudulentamente las previsiones constitucionales para fines distintos a los establecidos en ellas, pues se pretendió mediante el procedimiento de reforma constitucional previsto en la Constitución, producir una transformación radical del Estado, y **trastocar el Estado Social y Democrático de Derecho y de Justicia de orden civil, para convertirlo en un Estado Socialista, Centralizado y Militarista**, donde desaparecía la democracia representativa, la alternabilidad republicana y toda idea de descentralización del poder, y donde todo se concentraba en la decisión del Jefe de Estado. Ello no era posible constitucionalmente, y como lo reseñó el Tribunal Supremo de Justicia en la sentencia antes citada, en sentido similar, ello ocurrió **"con el uso fraudulento de los poderes conferidos por la ley marcial en la Alemania de la Constitución de Weimar, forzando al Parlamento a conceder a los líderes fascistas, en términos de dudosa legitimidad, la plenitud del poder constituyente, otorgando un poder legislativo ilimitado"**[5].

Todo este fraude constitucional comenzó a evidenciarse con las propuestas de reforma elaboradas por el **Consejo Presidencial para la Reforma de la Constitución** cuya divulgación se efectuó en junio de 2007 y cuya autenticidad a pesar del "pacto de confidencialidad" ordenado por el presidente, es indudable[6] (en lo adelante: *Propuestas de Reforma del CPRC, junio 2007*), en las que se formularon proyectos de cambios radicales respecto de una serie de artículos de la Constitución[7], y que si bien, en algunos casos, el presidente de la República no repitió en su **Anteproyecto para la primera reforma constitucional**, presentado ante la Asamblea Nacional el 15 de agosto de 2007 (en lo adelante: *Anteproyecto para la 1era. Reforma Constitucional PR, agosto 2007*), el mismo **muestra cual era el pensamiento y la intención de los más altos funcionarios del gobierno y el Estado que formaron dicho Consejo**, por lo que tenían que to-

---

5   Véase la sentencia de la Sala Constitucional del Tribunal Supremo de Justicia N° 74 de 25-01-2006, en *Revista de Derecho Público*, N° 105, Editorial Jurídica Venezolana, Caracas 2006, pp. 76 y ss.

6   El documento circuló en junio de 2007 con el título **Consejo Presidencial para la Reforma de la Constitución de la República Bolivariana de Venezuela, "Modificaciones propuestas"**. El texto completo fue publicado como *Proyecto de Reforma Constitucional. Versión atribuida al Consejo Presidencial para la reforma de la Constitución de la república Bolivariana de Venezuela*, Editorial Atenea, Caracas 01 de julio de 2007, 146 pp.

7   En el documento del Consejo Presidencial, se formularon propuestas de reforma respecto de los siguientes artículos de la Constitución: 12, 13, 15, 16, 17, 18, 19, 20, 21, 22, 23, , 24, 25, 28, 29, 31, 35, 36, 44, 47, 50, 52, 55, 57, 59, 60, 61, 62, 67, 65, 70, 71, 72, 73, 74, 79, 81, 83, 84, 85, 86, 87, 89, 90, 96, 98, 99, 100, 102, 103, 104, 106, 108, 109, 110, 111, 113, 114, 115, 116, 117, 118, 119, 120, 121, 126, 127, 128, 129, 133, 140, 141, 143, 148, 149, 150, 152, 153, 156, 159, 160, 162, 163, 164, 165, 166, 168, 174, 175, 176, 178, 179, 181, 183, 184, 185, 187, 186, 188, 189, 191, 192, 193, 198, 206, 207, 208, 209, 211, 212, 222, 223, 224, 225, 226, 229, 230, 231, 232, 233, 236, 237, 238, 239, 240, 241, 242, 243, 246, 253, 254, 255, 258, 259, 260, 261, 262, 263, 264, 265, 266, 267, 268, 269, 270, 271, 272, 279, 280, 284, 285, 287, 288, 289, 290, 291, 293, 294, 295, 296, 297, 299, 300, 301, 302, 303, 304, 305, 306, 307, 310, 311, 312, 313, 314, 315, 316, 317, 318, 320, 337, 338, 341, 342, 344, 348 y 350.

marse en cuenta, ya que en definitiva, en su mayoría, eran consecuencia de las propuestas formuladas por el presidente, o eran las orientaciones futuras para las próximas reformas constitucionales ya anunciadas[8].

En efecto, en el texto de las *Propuestas de Reforma del CPRC, junio 2007*, se evidencia que una serie de artículos fundamentales de la transformación del Estado no fueron siquiera mencionados, a los efectos, precisamente de que fuera el presidente de la República el que formulara las propuestas de reforma sobre los mismos, como en efecto ocurrió en el texto del **Anteproyecto** que presentó ante la Asamblea Nacional el 15 de agosto de 2007[9]. En el documento presentado por el presidente, además, claramente se anunció que se trataba de un **Anteproyecto** para una **primera** reforma constitucional, con lo que se anunció que en el futuro vendrían otras reformas.

Por tanto, con el anteproyecto para la primera reforma constitucional presentado por el presidente de la República (en lo adelante *Anteproyecto para la 1era. Reforma Constitucional PR, agosto 2007*) ante la Asamblea Nacional en agosto de 2007, y con las propuestas de reforma de la Constitución elaboradas por el Consejo Presidencial para la Reforma de la Constitución (en lo adelante *Propuestas de Reforma del CPRC, junio 2007*) y publicitadas en junio de 2007, **que complementaban el Anteproyecto**, si son analizadas en su conjunto, se evidencia, **excepción hecha de las que se referían a los derechos laborales (arts. 87 y 90) que no justifican reforma constitucional alguna pues lo que se propuso podía establecerse mediante ley,** que lo que se buscó efectuar era una radical transformación del Estado y la creación de un nuevo ordenamiento jurídico para:

PRIMERO, transformar el Estado en un **Estado Centralizado, de poder concentrado bajo la ilusión del Poder Popular, lo que implicaba la eliminación definitiva de la forma federal del Estado, imposibilitando la participación política y degradando la democracia representativa; todo ello,** mediante la supuesta organización de la población para la participación en los Consejos del Poder Popular, como los Comunales, que son instituciones sin autonomía política alguna, **cuyos miembros se declaraba que no eran electos,** y que eran controlados desde la Jefatura del gobierno y para cuyo funcionamiento, el instrumento preciso era el partido único que el Estado se estaba creando en esos meses.

SEGUNDO, transformar el Estado en un **Estado Socialista, que implicaba la eliminación de la libertad económica y de la iniciativa privada, así como la casi desaparición de la propiedad privada, dándosele al Estado la propiedad de los medios de producción, la planificación centralizada y la posibilidad de confiscar bienes de las personas materialmente sin límites, configurándolo como un Estado del cual todo depende, y a cuya burocracia queda sujeta la totalidad de la población;** lo que chocaba con las ideas de libertad

---

8   Recuérdese que la propuesta del Presidente de la República en su Anteproyecto fue para una "primera reforma constitucional".

9   En el Anteproyecto presentado por el Presidente de la República a la Asamblea Nacional, se formulan propuestas respecto de los artículos 11, 16, 18, 67, 70, 87, 90, 100, 112, 113, 115, 136, 141, 156, 167, 168, 184, 185, 225, 230, 236, 251, 252, 300, 302, 305, 307, 318, 320, 321, 328 y 329.

y solidaridad social que se proclaman en la propia Constitución, sentando las bases para que el **Estado sustituya a la propia sociedad y a las iniciativas particulares,** minimizándoselas.

TERCERO, transformar el Estado en un **Estado Militarista,** dado el rol que se le daba a la "Fuerza Armada Bolivariana" en su configuración y funcionamiento, toda sometida al Jefe de Estado, y con la creación del nuevo componente de la **Milicia Popular Bolivariana.**

Además, en particular, conforme a las *Propuestas de Reforma del CPRC, junio 2007* formuladas por el Consejo Presidencial, dado el carácter acentuadamente **regresivo y represivo** que contenían en materia de protección y garantía de derechos humanos, la intención de sus redactores fue buscar configurar al Estado como **Estado Policial,** lo que sin duda orientó el sentido de las futuras reformas anunciadas.

En esta forma, siete años después de la sanción de la Constitución de 1999, el mismo presidente de la República que en aquél momento motorizó la concepción y sanción de dicha Constitución a través de sus seguidores quienes controlaron totalmente la Asamblea Constituyente; en 2007 anunció el propósito de cambiar de nuevo la Constitución de 1999, pero con el objeto, **de transformar, ahora si, radicalmente, el sistema político constitucional venezolano,** estableciendo un **Estado Centralizado del Poder Popular, como Estado Socialista, de economía estatal y centralizada, y como Estado Militarista,** lo que se apartaba radicalmente de la concepción del Estado civil social y democrático de derecho y de justicia, de economía mixta que reguló la Constitución de 1999. Con las reformas propuestas, además, materialmente **desaparecía la democracia representativa y las autonomías político territoriales**, sustituyéndosela por una supuesta democracia "participativa y protagónica" controlada total y centralizadamente por el Jefe de Estado, en la cual quedaba proscrita toda forma de descentralización política y autonomía territorial.

Nuestro propósito en estas notas, es analizar el sentido y alcance del "**Anteproyecto, para la 1era. Reforma Constitucional, Propuesta del presidente Hugo Chávez, Agosto 2007**" (en lo adelante *Anteproyecto para la 1era. Reforma Constitucional PR, agosto 2007*) que presentó el presidente de la República a la Asamblea Nacional. Sin embargo, tratándose de un "Anteproyecto" que por esencia es susceptible de cambios, modificaciones y adiciones en las tres discusiones que tenía que darle la Asamblea Nacional, era obligante, además, analizar las **Propuestas de Reforma Constitucional formuladas en junio de 2007 por la Comisión Presidencial para la Reforma Constitucional** (en lo adelante *Propuestas de Reforma del CPRC, junio 2007*) presidida por la Presidenta de la propia Asamblea Nacional, y como se ha dicho, integrada entre otros por el Segundo Vicepresidente de la Asamblea Nacional y otros diputados; la Presidenta del Tribunal Supremo de Justicia; el Defensor del Pueblo; el Ministro del Trabajo; la Procuradora General de la República y el Fiscal General de la Republica; lo cual haremos confrontándolas, en cada caso, con los aspectos más relevantes del texto vigente de la Constitución de 1999 que se buscó destruir, precisamente para entender lo que se estaba proponiendo.

Insistimos, es obligante analizar ambas propuestas, pues las formuladas por el presidente de la República en su Anteproyecto, si bien sólo se referían formalmente a 33 artículos de los 350 de la Constitución, lo que en ellas se propuso conllevaba necesariamente modificaciones en casi todos los otros artículos a los que se referían las propuestas de reforma formuladas por el Consejo Presidencial. Por ello, el anuncio oficial que hizo el presidente de la República de que su propuesta de reforma sólo modificaba "menos de 10% del articulado de la Constitución vigente"[10], en definitiva fue un fraude más, para engañar al pueblo, pues el carácter sustancial de las mismas afectaba casi todo el texto constitucional, de manera que de haberse aprobarse el anteproyecto muchas otras normas debían ajustarse a dichas reformas, tal como lo "reconoció" la Presidenta del Tribunal Supremo de Justicia, correspondiendo a la Asamblea realizar las modificaciones[11], precisamente conforme a las Propuestas ya elaboradas por el Consejo Presidencial. Además, se insiste, se trató de una "primera reforma", por lo que sin duda se anunciaba que vendrían otras.

La orientación de las reformas constitucionales que se propusieron en 2007, en todo caso, derivaron de ambos documentos, que se complementan, por lo que sería un engaño más en el que no se podía caer, analizar sólo y aisladamente lo que formalmente propuso el presidente en agosto de 2007 y no lo que propuso su Consejo Presidencial en junio de 2007, integrado por los más altos funcionarios del Estado. Tanto el presidente de la República como su Consejo, dada la trascendencia de los cambios propuestos, debieron haber recurrido al procedimiento de la Asamblea Nacional Constituyente regulado en los artículos 347 y siguientes de la Constitución y no al procedimiento de "reforma constitucional" previsto en los artículos 342 y siguientes del texto fundamental. Al hacerlo, comenzaron el proceso de reforma violando la Constitución[12].

---

10   Véase *El Universal*, Caracas 16-08-2007 (Política). Por lo demás, ese es el titular de una de las notas de "Prensa Presidencial/Marynés Ladera", Ministerio del Poder Popular para la Comunicación y la Información, Caracas 16-08-2007.

11   En este sentido llama la atención lo afirmado el 17-08-2007 por la Presidenta del Tribunal Supremo de Justicia, Presidenta de la Sala Constitucional y miembro del Consejo Presidencial para la Reforma Constitucional en el sentido de que, según reseñó Juan Francisco Alonso: "los diputados de la Asamblea Nacional no están facultados para realizar ninguna modificación distinta a las 33 que planteó el jefe del Estado, **salvo que alguno de los cambios contenidos en el proyecto de reforma altere otras normas**. "La reforma fue planteada por el Presidente, por lo tanto es lo que presentó el Presidente lo que debe ser estudiado (...) Si (algún artículo) tuviese **conexión con los que se van a reformar, entonces por técnica legislativa deberían adecuarse, porque no puede haber artículos contradictorios**", afirmó, al ser consultada sobre la posibilidad de que el Parlamento cambie alguna de las normas referidas a la estructura y funcionamiento del Poder Judicial". Véase en *El Universal*, 18-08-07.

12   En este sentido el Rector del Consejo Nacional Electoral, Sr. Vicente Díaz, el día 16-08-2007 indicó "que la propuesta presidencial para reformar el texto constitucional modifica las disposiciones fundamentales y por ello sería necesario convocar una Asamblea Constituyente para su aprobación". Véase en **Unión Radio, 16 de agosto de 2007**, http://www.unionradio.com.ve/Noticias /Noticia.aspx?noticiaid=212503. El inicio del procedimiento de reforma ante la Asamblea Nacional, por tanto, podría ser impugnado ante la Jurisdicción Constitucional, por inconstitucionalidad. Sin embargo, el día 17-08-

Por otra parte, el presidente de la República en la presentación del Anteproyecto ante la Asamblea Nacional, fue marcadamente explícito en anunciar que se trataba de un *Anteproyecto para la 1era. Reforma Constitucional,* lo que significa que vendrían otras reformas futuras, cuyo contenido podía desde entonces deducirse de las propuestas de reforma de la Constitución elaboradas por el **Consejo Presidencial para la Reforma de la Constitución.** De allí, además, lo indispensable que resultaba el análisis de estas.

Ahora bien, para precisar el sentido y alcance de las propuestas de reformas constitucionales formuladas en 2007, y además, para evidenciar que las mismas afectaban los aspectos más fundamentales del Estado, **excepción hecha de las que se refieren a los derechos laborales (arts. 87 y 90) que no justificaban reforma constitucional alguna pues lo que se propuso podía establecerse mediante ley,** las analizaremos a continuación, dividiendo este estudio en las siguientes ocho partes, en las que analizaremos:

I.   *Los cambios en los principios fundamentales de la organización del Estado,* que buscaban transformar el Estado democrático descentralizado en un Estado socialista centralizado.

II.   *Los cambios en el sistema político,* que buscaban transformar la democracia representativa en una supuesta participación popular conducida por el Poder Central.

III.   *Los cambios en la forma del Estado,* que buscaban eliminar definitivamente los vestigios de Federación centralizada mediante la centralización total del Estado.

IV.   *Los cambios en la organización del Poder Nacional,* que buscaban acentuar el presidencialismo.

V.   *Los cambios en la Constitución económica,* que buscaban transformar un Estado social y promotor de la economía mixta, en un Estado socialista de economía estatal centralizada y confiscatoria.

VI.   *Los cambios en los derechos laborales:* una "reforma" constitucional inútil;

VII.   *Los cambios en el régimen de la Fuerza Armada,* que buscaban transformar el Estado civil en un Estado Militarista.

VIII.   *El sentido de las "futuras" reformas constitucionales que se anunciaban.*

2007, adelantándose a cualquier impugnación y emitiendo opinión impunemente prejuzgando cualquier asunto, la Presidenta del Tribunal Supremo de Justicia, Presidenta de la Sala Constitucional (es decir de la Jurisdicción Constitucional) y miembro del Consejo Presidencial para la Reforma Constitucional , según reseñó el periodista Juan Francisco Alonso: "dejó en claro que la Sala Constitucional no tramitará ninguna acción relacionada con las modificaciones al texto fundamental, hasta tanto éstas no hayan sido aprobadas por los ciudadanos en el referendo. "Cualquier acción debe ser presentada después del referendo cuando la reforma ya sea norma, porque no podemos interpretar una tentativa de norma. Después de que el proyecto sea una norma podríamos entrar a interpretarla y a conocer las acciones de nulidad", precisó". Véase en *El Universal,* 18-08-07.

II. LOS CAMBIOS EN LOS PRINCIPIOS FUNDAMENTALES DE LA ORGANIZACIÓN DEL ESTADO: DEL ESTADO DEMOCRÁTICO DESCENTRALIZADO AL ESTADO SOCIALISTA CENTRALIZADO

El presidente de la República, durante todo el año 2007, y en particular en su Discurso de Presentación del Anteproyecto de Constitución ante la Asamblea Nacional señaló que el propósito central de la reforma propuesta era "**la construcción de la Venezuela bolivariana y socialista**" (art. 4); es decir, sembrar "**el socialismo en lo político y económico**", lo que no se hizo en la Constitución de 1999. Cuando ésta se sancionó -dijo- "no proyectábamos el socialismo como camino", agregando, que "así como el candidato Hugo Chávez repitió un millón de veces en 1998, "Vamos a Constituyente", el candidato presidente Hugo Chávez dijo: "**Vamos al Socialismo**", y todo el que votó por el candidato Chávez, votó por ir al socialismo"[13], de manera que por ello, el Anteproyecto de Constitución que presentó, fue para "la construcción del **Socialismo Bolivariano, el Socialismo venezolano, nuestro Socialismo, nuestro modelo socialista**" (p. 34), cuyo "núcleo básico e indivisible" era "la comunidad", "donde los ciudadanos y las ciudadanas comunes, tendrán el poder de construir su propia geografía y su propia historia" (p. 23). Y todo ello bajo la premisa de que "**sólo en el socialismo será posible la verdadera democracia**" (p. 35), pero de una supuesta "democracia" que, como lo propuso el presidente en su proyecto de reforma del artículo 136 de la Constitución, "**no nace del sufragio ni de elección alguna**, sino que nace de la condición de los grupos humanos organizados como base de la población". Es decir, una "democracia" que no es democracia, pues no hay democracia sin elección de representantes.

Todas estas propuestas las resumió el presidente en su Discurso, así: "en el terreno político, profundizar la **democracia popular bolivariana**; en el terreno económico, preparar las mejores condiciones y sembrarlas para la construcción de un **modelo económico productivo socialista**, nuestro modelo, lo mismo en lo político la **democracia socialista**; en lo económico, el modelo productivo socialista; en el campo de la Administración Pública incorporar novedosas figuras para aligerar la carga, para dejar atrás el burocratismo, la corrupción, la ineficiencia administrativa, cargas pesadas del pasado, que todavía tenemos encima como rémoras, como fardos en lo político, en lo económico, en lo social" (p. 74).

Y todas estas propuestas de construcción del socialismo, además, el presidente las vinculó al proyecto de Bolívar elaborado en 1819, el cual -dijo- "es **perfectamente aplicable a un proyecto socialista**: perfectamente se puede tomar la **ideología bolivariana originaria, como elemento básico de un proyecto socialista**" (p. 42)[14].

---

13 Es decir, se pretende imponer al 56% de los votantes que no votaron por la reelección presidencial, la voluntad expresada por sólo el 46% de los votantes inscritos en el Registro Electoral que votaron por la reelección del Presidente. Según las cifras oficiales del CNE, en las elecciones de 2006, de un universo de 15.784.777 votantes inscritos en el Registro Electoral, sólo 7.309.080 votaron por el Presidente.

14 Debe recordarse que solo un mes antes del Discurso del Presidente de la República en la presentación de su Anteproyecto de reforma de la Constitución, quien fuera su Ministro

Estas propuestas, sin duda, tocaban las bases fundamentales del Estado, en particular, en relación a la ampliación constitucional de la llamada doctrina bolivariana; a la sustitución del Estado democrático y social de derecho por el Estado Socialista; a la eliminación de la descentralización como política de Estado en aras de la participación política; a la desarticulación de la organización de la Administración Pública, y a la eliminación definitiva de la disciplina presupuestaria y del principio de la unidad del tesoro.

1. *La doctrina bolivariana como supuesta doctrina del Estado socialista*

Una de las innovaciones de la Constitución de 1999, fue el cambio de la denominación de la República de Venezuela por el de "República Bolivariana de Venezuela" (art. 1), que fue propuesta por el presidente de la República en su trabajo *Ideas Fundamentales para la Constitución Bolivariana de la V República,* (Caracas 05-08-99) presentado a la Asamblea Nacional Constituyente. Ello, si bien fue rechazada por la mayoría oficialista de los constituyentes en la primera discusión del proyecto de Constitución, luego estos cambiaron radicalmente su parecer, aprobándola en segunda discusión (*Gaceta Constituyente (Diario de Debates), Noviembre 1999-Enero 2000,* Sesión de 12-11-99, N° 42, pp. 4 a 6).

El anterior nombre de "República de Venezuela", había sido el que había tenido la República entre 1811-1821 y luego, desde 1830 hasta 1999, con la sola excepción del período 1821-1830 cuando Venezuela desapareció como Estado independiente al ser integrada a la República de Colombia, precisamente a propuesta de Simón Bolívar. La verdad es que esta última organización política fue la que respondió a lo que podría considerarse una concepción "bolivariana" del Estado, donde Venezuela simplemente no existió como tal.

El cambio de nombre, por tanto, en 1999 nada tenía que ver con Simón Bolívar y su pensamiento, y ni siquiera con la idea de construcción del socialismo –pues incluso, como lo dijo el presidente en su discurso del 15 de agosto de 2007, en ese momento no estaba planteado- , y realmente obedeció a una motivación político partidaria, partisana o partidista que inicialmente derivó de la denominación del Movimiento político que había sido establecido por el presidente de la República que, como partido político, sin embargo no podía funcionar con esa denominación por utilizar el nombre del Libertador. De manera que fue el "partido bolivariano" el que le dio el nombre a la República, habiéndose hecho en la Constitución referencia al tema "bolivariano", además, en el artículo 107, al referirse a la obligatoriedad de la enseñanza en las instituciones públicas y privadas, hasta el ciclo diversificado, de los principios del **ideario bolivariano.**

---

de la Defensa hasta el 18-07-2007, General en jefe, Raúl Baduel, en su discurso al dejar el Ministerio del Poder Popular para la Defensa, había dicho que el llamado del Presidente "a construir el **Socialismo del Siglo XXI**, implica la **necesidad imperiosa y urgente de formalizar un modelo** teórico propio y autóctono de Socialismo que esté acorde a nuestro contexto histórico, social, cultural y político", pero que "este modelo teórico **hasta los momentos, ni existe ni ha sido formulado."** Esta "disidencia," entre otras, le costó la cárcel.

La doctrina bolivariana, ahora identificada por el presidente de la República con el modelo socialista político económico del Estado, además de identificar al Estado mismo, es decir, a la República, en el *Anteproyecto para la 1era. Reforma Constitucional PR, agosto 2007*, se lo utilizó para afirmar que "la **Republica Bolivariana de Venezuela es el producto histórico de la confluencia de varias culturas**" (art. 100), y además, para calificar a la Fuerza Armada, como **Fuerza Armada Bolivariana** (art. 156,8; 236,6; 328 y 329) y a sus componentes como **Ejército Bolivariano, Armada Bolivariana, Aviación Bolivariana, Guardia Territorial Bolivariana y Milicia Popular Bolivariana** (Art. 329). Además, en el artículo 328, se propuso que las funciones de la Fuerza Armada Bolivariana para garantizar la independencia y soberanía de la Nación, preservarla de cualquier ataque externo o interno y asegurar la integridad del espacio geográfico, se debían realizar "mediante el estudio, planificación y ejecución de **la doctrina militar bolivariana**".

El tema de la doctrina bolivariana como doctrina del Estado, en las *Propuestas de Reforma del CPRC, junio 2007,* también se formuló para agregar en varios artículos, así: en el artículo 152 sobre los principios que debía guiar las relaciones internacionales de la República, se propuso agregar que "**se rigen por la Doctrina Bolivariana**"; y también, como lo propuso el presidente en su Anteproyecto, para la denominación de la **Fuerza Armada Bolivariana** en los artículos 236,6; 266,3; y 291.

2. *La sustitución del Estado Democrático y Social de Derecho y de Justicia por el Estado Socialista*

El artículo 2 de la Constitución define a Venezuela como un Estado democrático y social de derecho y de justicia, con lo que se siguió la tradición del constitucionalismo contemporáneo construido, precisamente, para diseñar un **Estado no socialista**, tal como se recogió en la Constitución de la República Federal de Alemania de 1949 (art. 20,1), en la Constitución española de 1978 (art. 1°) y en la Constitución de Colombia de 1991 (art. 1°).

En esta concepción de Estado liberal de economía mixta no socialista, la idea de **Estado social** es la de un Estado con obligaciones sociales, de procura de la justicia social, lo que lo lleva a intervenir en la actividad económica y social, como Estado prestacional. Tal carácter social deriva principalmente del valor fundamental de la igualdad y no discriminación (arts. 2 y 21); y de la declaración del principio de la justicia social como base del sistema económico (art. 299).

El **Estado democrático**, es el que fundamenta toda la organización política de la Nación en el principio democrático representativo, que deriva del Preámbulo (sociedad democrática) y de los artículos 2, 3, 5 y 6 de la Constitución, al identificar como valor fundamental del constitucionalismo a la democracia, que se tiene que ejercer mediante representantes (democracia representativa) además de mediante elementos de democracia directa.

El **Estado de derecho** es el Estado sometido al imperio de la Ley o legalidad como lo señala el Preámbulo, lo que implica el sometimiento de la actuación del Estado a controles judiciales independientes (arts. 7, 137,258, 334 y 336); lo que implica también que se lo defina como un **Estado de justicia**, que tiene que tender a garantizar la justicia por encima de la legalidad formal (art. 26).

La propuesta de crear un **Estado Socialista** en lugar del tradicional Estado democrático y Social de derecho y de justicia, aún cuando el *Anteproyecto para la 1era. Reforma Constitucional PR, agosto 2007* **no hizo mención al artículo 2 de la Constitución**, era evidente que el mismo resultaba cambiado radicalmente, pues **un modelo de Estado Socialista es absolutamente incompatible con el Estado democrático y Social de derecho y de justicia.** **Fue** un engaño más, por tanto, formular una propuesta de reforma constitucional para establecer un Estado Socialista sin que se cambiase el artículo 2 de la Constitución. Ello, sin embargo, se hizo para pretender argumentar que no se estaban tocando los aspectos fundamentales del Estado y que por ello no se recurrió al procedimiento de la Asamblea Nacional Constituyente para reformar la Constitución[15]. Es decir, un fraude más a la Constitución.

En particular, las referencias al **Estado Socialista** estaba en las propuestas de reforma referidas al artículo 16, donde se creaban las Comunas y Comunidades como "el núcleo espacial básico e indivisible del **Estado Socialista Venezolano**"; al artículo 70, donde al definirse los medios de participación y protagonismo del pueblo en ejercicio directo de su soberanía, se indicaba que era "para la **construcción del socialismo**", haciéndose mención a las diversas asociaciones "constituidas para desarrollar los valores de la mutua cooperación y la **solidaridad socialista**"; al artículo 112 donde se indicaba, en relación con el modelo económico del Estado, que era para crear "las mejores condiciones para la construcción colectiva y cooperativa de una **Economía Socialista**"; y al artículo 113 que precisaba la necesidad de la constitución de "empresas mixtas y/o unidades de **producción socialistas**".

Además, en el Anteproyecto del presidente se buscó derogar y sustituir el artículo 158 de la Constitución de 1999 **que define a la descentralización como política nacional**, para "**profundizar la democracia, acercando el poder a la población y creando las mejores condiciones, tanto para el ejercicio de la democracia** como para la prestación eficaz y eficiente de los cometidos estatales", y establecer, en cambio, sólo que "El Estado promoverá como política nacional, **la participación protagónica del pueblo, transfiriéndole poder** y creando las mejores condiciones para la construcción de una **Democracia Socialista**".

La misma orientación que adoptó el *Anteproyecto para la 1era. Reforma Constitucional PR, agosto 2007* fue la que se siguió en las *Propuestas de Reforma del CPRC, junio 2007*, entre las cuales se destacaba la referencia en el artículo 62 en relación con la participación del pueblo en el proceso de definición y ejecución de la gestión pública y en el control y evaluación de sus resultados, indicándose que ello "constituye la esencia del ejercicio directo de la soberanía por parte del pueblo y de su protagonismo en función del desarrollo social integral para la **construcción de la sociedad socialista**"; al artículo 70, que al igual

---

15   Ello lo declaró la Presidenta de la Asamblea Nacional el 23 de agosto de 2007 al aprobarse el Anteproyecto de Reforma Constitucional, en bloque, en primera discusión. Véase *El Universal*, Caracas, 24-08-2007.

que lo indicado en el *Anteproyecto para la 1era. Reforma Constitucional PR, agosto 2007,* también se precisaban los "medios de participación y protagonismo del pueblo en ejercicio directo de su soberanía, para la **construcción del socialismo**"; al artículo 113 sobre la prohibición de los monopolios, donde se indicaba que ello era "en aras de materializar los **principios de la economía socialista** y humanista"; al artículo 299, sobre los principios del régimen socioeconómico de la República, en el cual se indicaba que su objetivo general era "asegurar el establecimiento de una **sociedad socialista** que propenda al desarrollo humano integral y una existencia digna y provechosa para la colectividad"; al artículo 300 que se refiere a la creación de empresas públicas, donde se precisaba que en lugar de que las mismas realicen "actividades sociales o empresariales" como indica la Constitución de 1999, se buscó regularlas sólo "para la promoción y realización de los fines de la **economía socialista**"; y al artículo 316 sobre el sistema tributario, donde al regularse el principio de la progresividad se dispuso que su objetivo era que "paguen cualitativa y cuantitativamente más tributos quienes mayores niveles de egresos y patrimonios posean, todo bajo la óptica de la solidaridad y el **modelo tributario socialista**".

3. *La eliminación de la descentralización como política de Estado*

La Constitución de 1999 en su artículo 4 precisó que "La República Bolivariana de Venezuela es un **Estado federal descentralizado** en los términos consagrados por esta Constitución"; incorporando algunos aspectos que se habían establecido en la Ley Orgánica de Descentralización, Delimitación y Transferencia de Competencias del Poder Público de 1989, relativos a la transferencia a los Estados de competencias que eran del Poder Nacional. La descentralización en esta forma, como política de Estado se reflejó en varias normas de la Constitución, como sucedió, por ejemplo, en el artículo 6 (que define al gobierno como *descentralizado),* en el artículo 16 (al hablar de "la autonomía municipal y la **descentralización** político-administrativa"; en el artículo 84 (que se refiere al sistema público nacional de salud *descentralizado);* en los artículos 269 y 272 (sobre la administración de justicia y penitenciaria descentralizada); en el artículo 285 (sobre la administración electoral descentralizada); y en el artículo 300 (sobre organización administrativa económica del Estado funcionalmente descentralizada).

Pero además, respecto de todas las actividades públicas, la Constitución de 1999 al establecer los principios de la *política nacional de descentralización,* exige que la misma "**debe profundizar la democracia, acercando el poder a la población** y creando las mejores condiciones, tanto **para el ejercicio de la democracia** como para la prestación eficaz y eficiente de los cometidos estatales" (art. 158). Por ello, el artículo 185 identificó al Consejo Federal de Gobierno como "el órgano encargado de la planificación y coordinación de políticas y acciones para el desarrollo del proceso de *descentralización* y transferencia de competencias del Poder Nacional a los Estados y Municipios"; y el artículo 166 de la Constitución dispuso que los Estados *"descentralizarán* y transferirán a los Municipios los servicios y competencias que gestionen y que éstos estén en capacidad de prestar, así como la administración de los respectivos recursos, dentro de las áreas de competencias concurrentes entre ambos niveles del Poder Público"; y en general, el artículo 184 exigió que mediante ley, el Estado cree "**mecanismos abiertos y flexibles** para que los Estados y los Municipios *descentralicen* y transfieran a las comunidades y grupos vecinales organizados los servicios que éstos gestionen previa demostración de su capacidad para prestarlo", entre otros aspectos, promoviendo "la creación de nuevos sujetos de *descentralización* a nivel de las parroquias, las comunidades, los barrios y las vecindades a los fines de garantizar el principio de la corresponsabilidad en la gestión pública de los gobiernos locales y estadales y desarrollar procesos autogestionarios y cogestionarios en la administración y control de los servicios públicos estadales y municipales"(art. 184,6).

Todo esto se eliminaba en las propuestas contenidas en el *Anteproyecto para la 1era. Reforma Constitucional PR, agosto 2007,* así como en las *Propuestas de Reforma del CPRC, junio 2007*, en las cuales siguiendo la orientación de esa práctica política de los últimos años, definitivamente se buscó **centralizar totalmente el Estado y eliminar todo vestigio de descentralización como organización y política pública, de autonomía territorial y de democracia representativa a nivel local,** es decir, de la unidad política primaria en el territorio. Ello, sin duda tocaba un aspecto fundamental y medular del Estado que no podía ser cambiado mediante una reforma constitucional[16].

En efecto, en el *Anteproyecto para la 1era. Reforma Constitucional PR, agosto 2007,* así como en las *Propuestas de Reforma del CPRC, junio 2007*, se propuso eliminar todo vestigio de "descentralización política", comenzando por el principio fundamental de **descentralización y autonomía** territorial del artículo 16 de la Constitución de 1999 que exige que la división político territorial de

---

16   Con toda precisión, la periodista Sara Carolina Díaz, en una nota publicada ("6 artículos sobre descentralización son susceptibles a modificación") en el diario "*El Universal* observó, con razón, que "al menos 6 artículos de la Carta Magna referidos a la descentralización, que no fueron mencionados en la propuesta de reforma, son susceptibles de sufrir modificaciones, luego de que el Presidente propusiera modificar el artículo 158 de manera tal de sustituir la descentralización como política nacional por la participación protagónica, entre otros. Esos artículos son el 84, 157, 165, 269, 272 y 294. La palabra descentralización aparece de modo explícito en 14 artículos del texto constitucional de 1999 y en 5 de ellos el Presidente propuso eliminar dicha palabra. De los otros 9 artículos, que se supone no serán tocados, estos 6 mencionan la descentralización en distintos ámbitos como cárceles, salud y funciones de la Asamblea Nacional, y los otros 3 están contenidos en el preámbulo y en parte de los 9 de los principios fundamentales de la Carta Magna. Estos principios son considerados intocables por el oficialismo para no justificar una Constituyente. Sin embargo fueron, al menos en lo referente a la descentralización, trastocados (y eliminados) en la reforma que plantea el presidente Chávez a los artículos 16, 184, 185, 300 y el mencionado 158. El artículo 4 parte de estos principios fundamentales "intocables", establece que Venezuela es un estado federal descentralizado. La presidenta de la AN, Cilia Flores, ha insistido en que estos principios no serán modificados. Sin embargo, ha reconocido que es probable que modifiquen artículos más allá de los 33 propuestos. La justificación es que otros artículos pueden verse afectados. La presidenta del TSJ, Luisa E. Morales, dijo que sólo deben cambiar los artículos de la propuesta y los que tengan relación directa con estos artículos". Véase en *El Universal*, Caracas 24, 08-2007.

la República garantice siempre "**la autonomía municipal y la descentralización** político administrativa", como elementos básicos de la democracia de participación (autonomía y descentralización), proponiéndose en cambio una división territorial que sólo garantizase "la participación del **Poder Popular**."

Además, en el *Anteproyecto para la 1era. Reforma Constitucional PR, agosto 2007,* se derogaba y eliminaba el artículo 158 de la Constitución de 1999 que como se indicó, definió la *política nacional de descentralización* para "profundizar la democracia, acercando el poder a la población y creando las mejores condiciones, tanto para el ejercicio de la democracia como para la prestación eficaz y eficiente de los cometidos estatales". En lugar de esta norma, en el Anteproyecto se propuso redactar el artículo 158 así: "El **Estado promoverá como política nacional, la participación protagónica del pueblo, transfiriéndole poder y creando las mejores condiciones para la construcción de una Democracia Socialista",** constituyendo esta redacción, como lo indicó el presidente de la República en su Discurso de presentación del Anteproyecto, "el desarrollo de lo que nosotros **entendemos por descentralización, porque el concepto cuartorepublicano de descentralización es muy distinto al concepto que nosotros debemos manejar.** Por eso, incluimos aquí la participación protagónica, la transferencia del poder y crear las mejores condiciones para la construcción de la democracia socialista".

Por otra parte, en cuanto a las referencias que se hacen en los artículos 269 y 272 (administración de justicia y penitenciaria **descentralizada)** y en el artículo 295 (administración electoral **descentralizada**) de la Constitución sobre la descentralización, las mismas se propusieron fueran eliminadas en las *Propuestas de Reforma del CPRC, junio 2007,* e, incluso, la palabra descentralización se eliminaba respecto de las empresas públicas en el artículo 300 tanto en el *Anteproyecto para la 1era. Reforma Constitucional PR, agosto 2007,* como en las *Propuestas de Reforma del CPRC, junio 2007.*

4. *La fragmentación de la Administración Pública del Estado*

Una de las innovaciones más importantes de la Constitución de 1999 fue el haber incorporado una normativa específica destinada a regular los principios fundamentales de la Administración Pública del Estado, buscando su racionalización, y en especial disponiendo en el artículo 141, como principios fundamentales, primero, que la Administración Pública **está al servicio de los ciudadanos;** segundo, que se fundamenta en los principios de **honestidad, participación, celeridad, eficacia, eficiencia, transparencia, rendición de cuentas y responsabilidad en el ejercicio de la función pública**, y tercero, que debe actuar con **sometimiento pleno a la ley y al derecho**, lo que implica la formulación constitucional del **principio de legalidad**.

En el *Anteproyecto para la 1era. Reforma Constitucional PR, agosto 2007,* se propuso eliminar todos estos principios fundamentales sobre la Administración Pública, eliminando el principio de que como un universo está al **servicio de los ciudadanos,** sustituyendo la norma del artículo 141 por otra en la que se disponía que **estaba al sólo servicio del Estado, eliminándose el derecho de los**

ciudadanos a que la Administración esté a su servicio. Se propuso en efecto, que el artículo 141 dispusiera que: "Las administraciones públicas son las estructuras organizativas **destinadas a servir de instrumento a los poderes públicos,** para el ejercicio de sus funciones, y para la prestación de los servicios".

En la redacción que se propuso del artículo 141, además, se buscó fragmentar a la Administración Pública, pasándose de un régimen universal de "la Administración Pública" a regular a "las administraciones públicas", las cuales, incluso, contra toda técnica legislativa, se las clasificó en las siguientes dos "categorías": "**las administraciones públicas burocráticas o tradicionales**, que son las que atienden a las estructuras previstas y reguladas en esta constitución y las leyes; y "**las misiones**", constituidas por "organizaciones de variada naturaleza, creadas para atender a la satisfacción de las más sentidas y urgentes necesidades de la población, cuya prestación exige de la aplicación de **sistemas excepcionales, e incluso, experimentales**, los cuales serán **establecidos por el Poder Ejecutivo mediante reglamentos organizativos y funcionales**".

Es decir, con la reforma constitucional propuesta, en lugar de corregirse el descalabro administrativo producido por la indisciplina presupuestaria de fondos asignados a "misiones" fuera de la organización general del Estado, se pretendió constitucionalizar el desorden administrativo, calificándose a las estructuras administrativas del Estado como "burocráticas o tradicionales", renunciando a que las mismas fueran reformadas para convertirlas en instrumentos para precisamente atender a la satisfacción de las más sentidas y urgentes necesidades de la población. Y todo ello, dejando la organización de la Administración Pública **a la sola voluntad del presidente de la República** mediante reglamentos.

5. *El abandono de la disciplina presupuestaria y de la unidad del Tesoro*

En el *Anteproyecto para la 1era. Reforma Constitucional PR, agosto 2007,* aún cuando no se propuso reforma alguna expresa en relación con los artículos 313 y 314 de la Constitución que establecen el principio general de la disciplina presupuestaria, con la propuesta de reforma que se formuló en relación con el artículo 321 se buscaba eliminar la disciplina presupuestaria como principio fundamental de la administración económica y financiera del Estado.

En efecto, conforme a los artículos 313 y 314 de la Constitución, la administración económica y financiera del Estado se tiene que regir por un presupuesto aprobado anualmente por la Asamblea Nacional mediante ley, en el cual deben indicarse las estimaciones de ingresos públicos y los gastos públicos anuales que puede efectuar el Ejecutivo nacional, de manera tal que en el artículo 314 se declara que "no se hará ningún tipo de gasto que no hay sido previsto en la ley de Presupuesto", siendo la excepción, sólo, en casos de créditos adicionales al presupuesto para gastos no previstos o con partidas insuficientes, que también deben ser aprobados por la Asamblea nacional.

Todo este sistema de disciplina presupuestaria que exige que en el presupuesto estén la totalidad de los ingresos estimados y de los gastos proyectados, se buscó desquiciar formalmente, al proponerse en el *Anteproyecto para la 1era. Reforma Constitucional PR, agosto 2007,* la reforma del artículo 321, en el cual, en lugar de establecer, como lo hace la Constitución de 1999, que la ley debe establecer "un fondo de estabilización macroeconómica destinado a garantizar la estabilidad de los gastos del Estado en los niveles municipal, regional y nacional, ante las fluctuaciones de los ingresos ordinarios", el cual debe funcionar bajo los "principios básicos la eficiencia, la equidad y la no discriminación entre las entidades públicas que aporten recursos al mismo"; se propuso en relación con la **administración de las reservas internacionales (art. 318), que "el Jefe del Estado establecerá,** en coordinación con el Banco Central de Venezuela y al final de cada año, el nivel de las **reservas necesarias para la economía nacional,** así como el monto de las **reservas excedentarias,** las cuales se destinarían a **fondos que dispusiera el Ejecutivo Nacional** para inversión productiva, desarrollo e infraestructura, **financiamiento de las misiones** y, en definitiva, el desarrollo integral, endógeno, humanista y socialista de la nación", con lo que se propugnaba la ruptura definitiva del principio de la unidad del Tesoro.

En esta forma, se buscó constitucionalizar el mecanismo de financiamiento paralelo al presupuesto, mediante **fondos creados por el sólo Ejecutivo Nacional** destinado a las misiones que, como se dijo, también se propuso que estuvieran a cargo de "misiones" como organizaciones administrativas públicas paralelas a la Administración Pública burocrática y tradicional".

Se observa, sin embargo, que en la propuesta de reforma del artículo 184 de la Constitución que se formuló en el *Anteproyecto para la 1era. Reforma Constitucional PR, agosto 2007*, se precisó que sería la ley la que debía crear "un Fondo destinado al financiamiento de los proyectos de los Consejos Comunales".

III. LOS CAMBIOS EN EL SISTEMA POLÍTICO: DE LA DEMOCRACIA REPRESENTATIVA A LA SUPUESTA PARTICIPACIÓN POPULAR CONDUCIDA POR EL PODER CENTRAL

1. *La eliminación de la democracia representativa a nivel local y su sustitución por una supuesta "participación protagónica"*

El artículo 5° de la Constitución, se establece que "la soberanía reside intransferiblemente en el pueblo, quien la ejerce directamente en la forma prevista en esta Constitución y en la Ley, e indirectamente, mediante el sufragio, por los órganos que ejercen el Poder Público". Con esta norma, si bien se siguió la tradición republicana de la soberanía popular iniciada en 1811, en particular, en la Constitución de 1999 el concepto de representatividad política (democracia indirecta) se complementó con la previsión del ejercicio directo de la democracia, mediante los mecanismos de participación previstos en el artículo 62 que consagra el derecho de todos los ciudadanos "de participar libremente en los asuntos públicos, directamente o por medio de sus representantes".

La democracia, por tanto, para ser tal, tiene que ser representativa, pudiendo **además**, establecerse mecanismos de democracia directa; y por ello, en la Constitución de 1999 se exige que la representatividad democrática **siempre tiene que tener su fuente en elecciones populares universales, directas y secretas** (art. 70), destinadas a elegir los titulares de los órganos que ejercen el Poder

Público que, por supuesto, son los que establece la Constitución conforme a los principios de distribución y separación del Poder Público (art. 136). En el texto de la Constitución de 1999 si bien es cierto que se eliminó la palabra "representativo" para calificar al gobierno (art. 6), se precisa en dicha norma que debe ser "democrático, participativo, electivo, descentralizado, alternativo, responsable, pluralista y de mandatos revocables". Sin embargo, no existe ni puede existir democracia que no sea representativa, siendo de la esencia del régimen político democrático la idea de que el pueblo, titular de la soberanía, no la ejerce directamente, sino a través de representantes.

Esta democracia representativa, por supuesto, no se opone a democracia participativa, y ambas se diferencian de los mecanismos de democracia directa como la que deriva de los referendos (consultivas, aprobatorios, abrogatorios y revocatorios) (arts. 78 ss.) que perfeccionan la democracia, al igual que de las consultas populares, la revocatoria del mandato, la iniciativa legislativa, constitucional y constituyente, el cabildo abierto y la asamblea de ciudadanos y ciudadanas (art. 62), todas reguladas como formas de participación política en la Constitución.

Sin embargo, la democracia representativa no puede pretender ser sustituida por la "democracia participativa"; ello es una falsedad para no calificarla de ilusión. La democracia, para que sea participativa, además de esencialmente representativa, lo que tiene que permitir al ciudadano es participar en los asuntos públicos, **teniendo acceso al poder cuando lo tiene que tener cerca**, lo que necesariamente implica un bien arraigado y desarrollado sistema de gobierno local, en cada lugar, asentamiento urbano o rural, que sólo puede estar **basado en la descentralización política, es decir, en la creación de entidades políticas autónomas que permitan el autogobierno local**. En ese sentido, participar es sólo posible cuando mediante la descentralización, se crean autoridades locales en los niveles territoriales más pequeños, lo que implica desparramar el poder.

Ello, por supuesto, era contrario a la concentración del Poder y al centralismo que era lo que, encubriéndolo con el tema del socialismo y la "participación protagónica" se buscó en las propuestas de reformas constitucionales de 2007, al pretender eliminarse de la Constitución, como antes se ha comentado, toda referencia a la descentralización política. Lo que se propuso, en definitiva, fue la sustitución de la democracia representativa por una supuesta "democracia participativa", pero acabando con la propia democracia como régimen político, tratando de sustituirla por un régimen autoritario, centralizador y concentrador del Poder que impide la participación política al no existir entidades locales autónomas. Ello, como se dijo, se buscó con las propuestas para **eliminar todo vestigio de autonomía territorial y de descentralización política, con lo que no puede haber democracia participativa**. Como se dijo, la participación democrática exige la existencia de **entes políticos territoriales autónomos**, sin los cuales aquella no pasa de ser una **simple movilización controlada desde el Poder Central.** Ello era lo que ocurría, precisamente, con los Consejos Comunales que entonces se habían recién creados por ley en 2006, cuyos miembros **no son electos mediante sufragio sino designados bajo el control del propio Poder Ejecutivo Nacional,** lo cual se buscó entonces consolidar constitucionalmente, con la propuesta de reforma del artículo 16 al referirse a la división territorial para supuestamente garantizar "la participación del Poder Popular".

En efecto, conforme al artículo 16 del *Anteproyecto para la 1era. Reforma Constitucional PR, agosto 2007,* el Poder Popular se desarrollaba de abajo hacia arriba, a partir de las **Comunidades,** "cada una de las cuales constituirá el núcleo espacial básico e indivisible del **Estado Socialista Venezolano,** donde los ciudadanos y las ciudadanas comunes tendrán el poder para construir su propia geografía y su propia historia". Estas **Comunidades** estarían agrupadas en **Comunas,** que serían "áreas o extensiones geográficas" que serían "células geohumanas del territorio"; y estas, a su vez, estarían agrupadas, en **ciudades** que se conciben como **"la unidad política primaria de la organización territorial nacional",** entendidas **"como todo asentamiento poblacional dentro del Municipio".** En esta forma, era a partir de la **Comunidad y la Comuna,** que **"el Poder Popular desarrollará formas de agregación comunitaria Político-Territorial, las cuales serán reguladas en la Ley, y que constituyan formas de Autogobierno y cualquier otra expresión de Democracia Directa."**

La propuesta de reforma formulada en el *Anteproyecto para la 1era. Reforma Constitucional PR, agosto 2007,* respecto del artículo 136, en todo caso, era precisa al referirse al Poder Popular y establecer que el mismo **"se expresa constituyendo las comunidades, las comunas y el autogobierno de las ciudades, a través de los consejos comunales, los consejos obreros, los consejos campesinos, los consejos estudiantiles y otros entes que señale la ley",** pero que siendo el pueblo "el depositario de la soberanía" el mismo "la **ejerce directamente a través del Poder Popular",** con la precisión de que **"éste no nace del sufragio ni de elección alguna, sino que nace de la condición de los grupos humanos organizados como base de la población".**

En definitiva, lo que se buscaba en esta "primera reforma", era poner **fin** a la democracia representativa a nivel local, y con ello, de todo vestigio de autonomía política territorial que es la esencia de la descentralización.

Esto mismo fue lo que se había formulado en las *Propuestas de Reforma del CPRC, junio 2007,* en relación con el artículo 61, al buscarse agregar que "La participación del pueblo en forma efectiva, suficiente y oportuna en el proceso de definición y ejecución de la gestión pública y en el control y evaluación de sus resultados **constituye la esencia del ejercicio directo de la soberanía por parte del pueblo** y de su protagonismo"; sin garantizar que ello fuera mediante entes político territoriales autónomos, lo que hacía la propuesta vacía de democracia representativa. Además, respecto del artículo 62, en las *Propuestas de Reforma del CPRC, junio 2007* se buscó cambiar el **sentido y propósito de la participación democrática,** calificándola solo como el mecanismo para la construcción de una **sociedad socialista,** proponiéndose que la norma disponga que "La participación del pueblo en forma efectiva, suficiente y oportuna en el proceso de definición y ejecución de la gestión pública y en el control y evaluación de sus resultados **constituye la esencia del ejercicio directo de la soberanía por parte del pueblo** y de su protagonismo en función del desarrollo social integral para la construcción de la **sociedad socialista".**

Por otra parte, en las *Propuestas de Reforma del CPRC, junio 2007,* los medios de participación política del artículo 70, se los identificaba como medios del pueblo en ejercicio **directo** de su soberanía "**para la construcción del socialismo**", agregándose entre los medios de participación de orden político, además, a los **Consejos Comunales.** Las Propuestas también buscaban agregar a los medios de participación en lo social y económico, a "la **gestión directa y democrática por parte de los trabajadores y trabajadoras de cualquier empresa de propiedad social, colectiva o del Estado**" y a "las **empresas de producción social**, las organizaciones financieras comunales y microfinancieras".

Por otra parte, en cuanto a la eliminación de la **democracia representativa a nivel local,** como resulta del *Anteproyecto para la 1era. Reforma Constitucional PR, agosto 2007* y en las *Propuestas de Reforma del CPRC, junio 2007,* ello se reafirmó en materia de elección de los jueces de paz que en la Constitución se garantiza que debe ser "por votación universal, directa y secreta" y que en la propuesta de reforma del artículo 258, lo que se establecía era que los jueces de "paz serán designados por la asamblea de ciudadanos por votación universal, directa y secreta", es decir, **eliminando el carácter popular de la elección**.

En definitiva, en nombre de la "democracia participativa" lo que se buscaba era eliminar la democracia representativa a nivel local, y sustituirla por una supuesta "democracia directa" de "participación" en asambleas de ciudadanos, comunidades, comunas y ciudades, **que no eran ni son entes políticos territoriales autónomos,** todas controladas desde el Poder Central; y si bien en las propuestas de reforma de los artículos 16 y 136 se hablaba de formas de autogobierno y del autogobierno de las ciudades, no se indicaba que los mismos debían ser el resultado de una elección popular.

Debe indicarse, por último, en relación con las organizaciones del Poder Popular que como la Constitución de 1999 reconoció el derecho de los trabajadores y de la comunidad, para desarrollar asociaciones de carácter social y participativo, como las cooperativas, cajas de ahorro, mutuales y otras formas asociativas, para realizar cualquier tipo de actividad económica (art. 118); entonces, conforme a las *Propuestas de Reforma del CPRC, junio 2007,* se buscó que en el artículo 118 se agregase, a los "**consejos comunales, organizaciones comunitarias, comunidades indígenas, empresas de producción social**", con la precisión de que el Estado debía ejercer "la **supervisión e incluso la intervención** necesaria para evitar que se **desvíen** de su objetivo comunitario, cooperativo y de interés social, para constituirse en **meros instrumentos de intereses privados particulares**".

2. *La eliminación del principio de la alternabilidad republicana con la propuesta de reelección indefinida del Presidente de la República*

Conforme al artículo 4 de la Constitución, el gobierno de la República y de todas las entidades políticas que la componen tiene que ser democrático alternativo, y de allí las limitaciones que la Constitución establece respecto de la reelección de funcionarios.

En efecto, en cuanto al presidente de la República, el artículo 230, cambiando radicalmente la tradición constitucional anterior, estableció la posibilidad de la reelección inmediata del presidente de la República, aún cuando por una sola vez, para un nuevo período; el artículo 192 dispuso que los diputados a la Asamblea Nacional podían ser reelegidos sólo "por dos periodos consecutivos como máximo"; el artículo 160 dispuso que los Gobernadores de Estado podían ser "reelegidos, de inmediato y por una sola vez, para un nuevo período"; el artículo 162 dispuso que los legisladores a los Consejos Legislativos de los Estados podían ser reelegidos sólo "por dos periodos consecutivos como máximo"; y el artículo 174 dispuso que los Alcaldes podían ser "reelegidos, de inmediato y por una sola vez, para un nuevo período".

En el *Anteproyecto para la 1era. Reforma Constitucional PR, agosto 2007,* se propuso reformar el artículo 230, aumentando el período constitucional del presidente de la República a **siete años,** y establecerse que el presidente de la República **"puede ser reelegido o reelegida de inmediato para un nuevo período".**

3. *El sistema de partidos políticos y de asociación política y el financiamiento público a las actividades electorales*

En un marcado criterio reactivo contra los partidos políticos, en la Constitución de 1999 se eliminó tal expresión estableciéndose, en cambio, un conjunto de regulaciones contra lo que habían sido los partidos políticos tradicionales, pero garantizándose el derecho de los ciudadanos de asociarse con fines políticos mediante métodos democráticos de organización, funcionamiento y dirección.

Ahora bien, uno de los problemas vinculados a los partidos políticos había sido el tema del financiamiento público de los mismos que regulaba la Ley Orgánica del Sufragio y Participación Política, lo que había conducido a un acaparamiento inequitativo de dichos fondos. Los redactores de la Constitución reaccionaron contra ello, prohibiendo simplemente dicho financiamiento público y exigiendo control respecto del financiamiento privado de los partidos (art. 67), con lo que se retrocedió en lo que es la constante en todo el mundo democrático, habiéndose abierto, de hecho, la posibilidad de financiamiento público irregular e ilegítimo a los partidos de gobierno.

En el *Anteproyecto para la 1era. Reforma Constitucional PR, agosto 2007,* al igual que en las *Propuestas de Reforma del CPRC, junio 2007,* se buscó modificar **la prohibición** establecida en el artículo 67 de financiamiento de los partidos políticos con fondos provenientes del Estado, previéndose que "**el Estado podrá financiar las actividades electorales**", pero sin indicarse si se trataba de un financiamiento a los partidos políticos en general o a las actividades electorales del partido único socialista o de los candidatos a reelección. En las propuestas se estableció además una remisión a la ley para establecer **"los mecanismos para el financiamiento, el uso de los espacios públicos y accesos a los medios de comunicación social en las campañas electorales, por parte de las referidas asociaciones con fines políticos".**

En las *Propuestas de Reforma del CPRC, junio 2007,* se agregaba que la ley debía establecer esos mecanismos "para el **financiamiento transparente** de las actividades electorales", el uso de los espacios públicos y acceso a los medios de comunicación social en las campañas electorales, por parte de las asociaciones con fines políticos".

Sin embargo, tanto en el *Anteproyecto para la 1era. Reforma Constitucional PR, agosto 2007,* como en las *Propuestas de Reforma del CPRC, junio 2007,* se buscó eliminar la prohibición general que regula el artículo 67 de la Constitución de 1999, en el sentido de que "Las direcciones de las asociaciones con fines **políticos no podrán contratar con entidades del sector público**". En un sistema de partido único oficialista, la eliminación en la propuesta era un llamado a la legitimación de la imbricación total entre el partido y el Estado.

Por otra parte, tanto en el *Anteproyecto para la 1era. Reforma Constitucional PR, agosto 2007,* como en las *Propuestas de Reforma del CPRC, junio 2007,* en la propuesta de reforma del artículo 67 se estableció una prohibición general en cuanto al "financiamiento a las asociaciones con fines políticos o a quienes participen en procesos electorales por iniciativa propia, por parte de **gobiernos o cualquier otra entidad pública o privada extranjeros**".

IV. LOS CAMBIOS EN LA FORMA DEL ESTADO: DE LA FEDERACIÓN CENTRALIZADA A LA CENTRALIZACIÓN TOTAL DEL ESTADO

La forma del Estado venezolano, desde que se creó la República en 1811, y luego, desde que se reconstituyó la República en 1830, ha sido siempre formalmente la de una **Federación,** en la cual el Poder Público está distribuido en el territorio entre **entidades políticas territoriales autónomas** en tres niveles: el nivel nacional (República), el nivel estadal (Estados) y el nivel municipal (Municipios), cuyas respectivas autonomías garantiza la propia Constitución.

Con todos sus altibajos, y a pesar de la tendencia a centralizar la Federación, esa ha sido la forma del Estado que siempre hemos tenido, y que implica la distribución vertical del Poder Público. Esta forma de Estado federal, sin embargo, aún cuando sin eliminarla formalmente, desaparece con las reformas propuestas, de nuevo, en fraude a la Constitución.

1. *El desmoronamiento de la forma federal del Estado*

A. *El vaciamiento del contenido territorial de la federación*

En efecto, en el *Anteproyecto para la 1era. Reforma Constitucional PR, agosto 2007,* si bien no se eliminó expresamente la Federación, la verdad es que de tal manera se la buscaba vaciar de contenido, que materialmente desaparecía.

En particular, en cuanto a los Estados y Municipios sobre cuya concepción se monta el sistema federal, conforme a la propuesta de reforma del artículo 16, si bien no se los eliminó expresamente, de la norma **desaparecía la garantía constitucional de la autonomía municipal y la descentralización político ad-**

ministrativa que establece dicha norma de la Constitución de 1999 como condición esencial de la división territorial, sentándose las bases para vaciarlos de sentido y de competencias. Además, en cuanto a los Municipios, en la propuesta de reforma se les quitaba el carácter de **unidad política primaria** que el artículo 168 de la Constitución de 1999 les garantiza, y se dispuso, en cambio, que "la unidad política primaria de la organización territorial nacional será **la ciudad, entendida esta como todo asentamiento poblacional dentro del Municipio, e integrada por áreas o extensiones geográficas denominadas Comunas**".

Estas **Comunas** conforme al mismo artículo 16, "serán las células geohumanas del territorio y **estarán conformadas por las Comunidades,** cada una de las cuales constituirá el núcleo espacial básico e indivisible del Estado Socialista Venezolano, donde los ciudadanos y las ciudadanas comunes tendrán el poder para construir su propia geografía y su propia historia". Y se concluyó indicando que "a partir de **la Comunidad y la Comuna, el Poder Popular desarrollará formas de agregación comunitaria Político-Territorial**, las cuales serán reguladas en la Ley, **y que constituyan formas de Autogobierno y cualquier otra expresión de Democracia Directa".**

La propuesta de reforma del *Anteproyecto para la 1era. Reforma Constitucional PR, agosto 2007,* en el artículo 16 agregó, además, que "la **Ciudad Comunal** se constituye cuando en la totalidad de su perímetro, se hayan establecido las **Comunidades** organizadas, las **Comunas** y los Autogobiernos Comunales, estando sujeta su creación a un referéndum popular **que convocará el presidente de la República en Consejo de Ministros".**

Pero además, en la propuesta de reforma del artículo 136 relativo al Poder Público, se precisó el esquema, indicándose que "**El Poder Popular se expresa constituyendo las comunidades, las comunas y el autogobierno de las ciudades, a través de los consejos comunales, los consejos obreros, los consejos campesinos, los consejos estudiantiles** y otros entes que señale la ley", y que el mismo, es decir, **el Poder Popular "no nace del sufragio ni de elección alguna,** sino que nace de la condición de los grupos humanos organizados como base de la población". Se trataba, en definitiva, de la **eliminación de la democracia representativa y de la autonomía política local, es decir, de la descentralización política como condición para la participación política.**

B. *La nueva división territorial de la república sujeta al Poder Central y con autoridades no electas*

Con todo el esquema antes indicado, lo que se propuso en el *Anteproyecto para la 1era. Reforma Constitucional PR, agosto 2007*, fue el descuartizamiento de la forma de federal del Estado que, como se dijo, implica la división política del territorio en "entidades políticas", es decir, que gozan esencialmente de autonomía política territorial, y cuyo gobierno, como lo exige el artículo 6 de la Constitución, debe ser entre otros aspectos "electivo".

En efecto, en lugar de la organización política de la República montada en la división del territorio nacional en el de los Estados, el del Distrito Capital, el de las dependencias federales y el de los territorios federales, todas con gobiernos democráticos electos mediante sufragio, en la reforma del artículo 16 que se propuso en el *Anteproyecto para la 1era. Reforma Constitucional PR, agosto 2007*, "el territorio nacional se conforma a los fines político-territoriales y de acuerdo con la nueva geometría del poder, por un **Distrito Federal** en el cual tendrá su sede la capital de la República, por los **Estados**, las **Regiones Marítimas**, los **Territorios Federales**, los **Municipios Federales** y los **Distritos Insulares**", quedando "la vigencia de los Territorios Federales y de los Municipios Federales supeditada a la realización de un referéndum aprobatorio en la entidad respectiva", ya que con la creación de los mismos se afectaba la división política territorial de los Estados. Se dispuso, sin embargo, que la organización político-territorial de la República se debía regir por una Ley Orgánica.

Además, conforme a la propuesta del mismo artículo 16, y dejando aparte las de orden local ya referidas mediante las cuales el Municipio se vaciaba en las Comunidades, comunas y ciudades, a partir de las cuales se propuso desarrollar el Poder Popular, se buscó autorizar al **presidente de la República, en Consejo de Ministros,** para que "previo acuerdo aprobado por la mayoría simple de los diputados y diputadas de la Asamblea Nacional", pudiera **"crear mediante decreto, Provincias Federales, Ciudades Federales y Distritos Funcionales, así como cualquier otra entidad que establezca la Ley".** Es decir, con la propuesta de reforma, la división político territorial de la República dejaba de ser una materia de rango constitucional como siempre lo ha sido, y se pretendía que pasase a ser una materia ni siquiera de regulación mediante ley, sino de la sola regulación ejecutiva.

Respecto de esas entidades territoriales nuevas, en el *Anteproyecto para la 1era. Reforma Constitucional PR, agosto 2007*, se indicó que los "**Distritos Funcionales**" que podían ser conformados "por uno o más Municipios o Lotes Territoriales de estos, **sin perjuicio del Estado al cual pertenezcan**", se crearían "conforme a las características históricas, socio-económicas y culturales del espacio geográfico correspondiente, así como en base a las potencialidades económicas que, desde ellos, sea necesario desarrollar en beneficio del país"; y que la creación de los mismos "implica la elaboración y activación de una **Misión Distrital con el respectivo Plan Estratégico-funcional a cargo del Gobierno Nacional,** con la participación de los habitantes de dicho Distrito Funcional y en consulta permanente con sus habitantes".

En cuanto a las **Ciudades federales,** conforme a la propuesta de reforma, su organización y funcionamiento debía hacerse "de conformidad con los que establezca la ley respectiva", y en este caso, también implicaba "la activación de una Misión Local con su correspondiente plan estratégico de desarrollo".

En cuanto a los **Territorios Federales, los Municipios Federales y las Ciudades Federales,** se trataba, conforme a la propuesta de reforma, no de entidades políticas con alguna autonomía, sino de entidades sujetas al Poder Central, de manera que se proponía que fuera "el Poder Nacional" el que designase a "las autoridades respectivas, por un lapso máximo que establecía la Ley y sujeto a mandatos revocables".

En cuanto a las "**Provincias Federales**", en la propuesta de reforma se dispuso que las mismas "se conformarán como unidades de agregación y coordinación de políticas territoriales, sociales y económicas a escala regional, siempre en función de los planes estratégicos nacionales y el enfoque estratégico internacional del Estado venezolano", y se "constituirán pudiendo agregar indistintamente Estados y Municipios, sin que estos sean menoscabados en las atribuciones que esta Constitución les confiere" [...].

Como se dijo, si bien en las propuestas del *Anteproyecto* no se propuso la eliminación formal de los Estados y Municipios, sin embargo, como se verá, las propuestas en materia de distribución de competencias y de vaciamiento de las mismas en los Consejos Comunales, hacían que materialmente desaparecieran por inoperantes. Por otra parte, y salvo en el caso de los Estados y Municipios, todas las otras entidades territoriales se buscaban establecer sin garantía alguna de que sus gobiernos fueran electos mediante sufragio universal, directo y secreto. Al contrario, como nuevas organizaciones que se integraban al Poder Popular, lo que se propuso en el artículo 136 fue establecer que como "El pueblo es el depositario de la soberanía y la ejerce directamente a través del Poder Popular", **"este no nace del sufragio ni de elección alguna,** sino que nace de la condición de los grupos humanos organizados como base de la población". Es decir, el principio del fin de la democracia representativa.

Todas estas propuestas del *Anteproyecto para la 1era. Reforma Constitucional PR, agosto 2007*, en cierta forma ya se habían anunciado en las *Propuestas de Reforma del CPRC, junio 2007*, también en relación con el artículo 16, en el cual al buscarse cambiar la división político territorial, solo se agregó a los **"territorios Comunales"** aún cuando sin definirse, y al disponerse que el objetivo de la división territorial era garantizar "la participación del **Poder Popular**", cuya definición conceptual no se estableció, ya que no se conocía la propuesta de reforma del artículo 136. En cuanto a la creación de los territorios federales especiales que conforme a la Constitución de 1999 exige que se haga mediante Ley Orgánica previa la realización de un referendo también, esta exigencia se buscó eliminarla, atribuyéndose tal **facultad al presidente de la República** previa aprobación de la mayoría de la Asamblea Nacional. Igual sucedió con la creación de territorios Comunales.

La creación de estos territorios, por supuesto, afectaba el de los Estados, y por ello, el artículo 16 de la Constitución de 1999 exigía la participación activa de la población del mismo para aprobar mediante **referendo** toda afectación del territorio del Estado, lo que **se buscó eliminar** en las *Propuestas de Reforma del CPRC, junio 2007*.

C. *La nueva concepción de la Ciudad Capital sin autonomía política ni gobierno democrático local*

Una de las reformas importantes en la Constitución de 1999 fue la de asegurar definitivamente un régimen de gobierno local descentralizado y democrático para la ciudad capital, garantizando la autonomía municipal y la participación política de las diversas entidades que componen la ciudad. Por ello la figura del gobierno metropolitano a dos niveles: para asegurar el gobierno global (metropolitano) de la ciudad y a la vez, asegurar el gobierno local. En esta forma se eliminó el Distrito Federal que había quedado como vestigio decimonónico del esquema tradicional de las federaciones, en el cual la ciudad capital carecía de autogobierno.

En las propuestas de reforma constitucional que se anunciaron en 2007, lamentablemente, se propuso volver al mismo esquema del siglo XIX, ya superado en todas las Federaciones del mundo, de ausencia de gobierno local en la ciudad capital.

En efecto, en el *Anteproyecto para la 1era. Reforma Constitucional PR, agosto 2007*, en relación con el artículo 18, se propuso **eliminar el Distrito Capital** y la organización municipal del mismo, y su sustitución por un **Distrito Federal**, que se propuso revivir, pero **sin garantía constitucional alguna de la autonomía municipal o territorial** ni "carácter democrático y participativo de su gobierno" como lo establece la Constitución de 1999, con lo cual se buscó que pasase a estar **controlado por el Poder Nacional, como fue la concepción original del Distrito Federal en 1863,** para que en la capital de la República y sede del **Poder nacional, no existiera gobierno local y democrático alguno con autonomía**.

En lugar del artículo 18 de la Constitución de 1999 se propuso que la norma se redactase de manera de regular a la ciudad de Caracas como la capital de la República y el asiento de los órganos del Poder Nacional, remitiendo a una ley especial el establecimiento "de la unidad político territorial de la ciudad de Caracas, la cual será llamada la Cuna de Bolívar y Reina del *Guaraira Repano*". Dicha organización, dependiente del Poder Central, se concibió sin autonomía local alguna, agregándose en la norma que "El Poder Nacional **por intermedio del Poder Ejecutivo** y con la colaboración y participación de todos los entes del Poder Público Nacional, Estadal y Municipal, así como del **Poder Popular, sus Comunidades, Comuna, Consejos Comunales** y demás organizaciones sociales, dispondrá todo lo necesario para el reordenamiento urbano, reestructuración vial, recuperación ambiental, logros de niveles óptimos de seguridad personal y pública, fortalecimiento integral de los barrios, urbanizaciones, sistemas de salud, educación, deporte, diversiones y cultura, recuperación total de su casco y sitios históricos, construcción de un sistema de pequeñas y medianas Ciudades Satélites a lo largo de sus ejes territoriales de expansión y, en general, lograr la mayor suma de humanización posible en la Cuna de Bolívar y Reina del *Guaraira Repano*".

Estas propuestas de reforma se habían anunciado en las *Propuestas de Reforma del CPRC, junio 2007*, en relación con el artículo 18 de la Constitución, también **eliminando el Distrito Capital** y la organización municipal del mismo, creando en su lugar un **Distrito Federal sin autonomía municipal o territorial** ni gobierno democrático.

D. *El sistema nacional de ciudades y el derecho a la ciudad*

Por otra parte, en la misma norma del artículo 18 de la Constitución, en el *Anteproyecto para la 1era. Reforma Constitucional PR, agosto 2007*, sin que ello tuviera relación directa con el Distrito Federal, se propuso incorporar la definición de políticas de ordenamiento territorial y urbano, en el sentido de que el Estado Venezolano debía desarrollar "una política integral, para articular un **sistema nacional de ciudades**, estructurando lógica y razonablemente las relaciones entre las ciudades y sus territorios asociados y uniendo y sustentando las escalas locales y regionales en la visión sistémica del país".

Se propuso agregar, además, que "a tales efectos, el Estado enfrentará toda acción especulativa respecto a la renta de la tierra, los desequilibrios económicos, las asimetrías en la dotación de servicios e infraestructura, así como sobre las condiciones de accesibilidad, físicas y económicas, de cada uno de los componentes del citado sistema nacional de ciudades".

Además, se indicó que todos los ciudadanos "sin discriminación de genero, edad, etnia, orientación política y religiosa o condición social, disfrutarán y serán titulares del **Derecho a la Ciudad,** y ese derecho debe entenderse como el beneficio equitativo que perciba, cada uno de los habitantes, conforme al rol estratégico que la ciudad articula, tanto en el contexto urbano regional como en el Sistema Nacional de Ciudades".

Estas disposiciones serían aplicables a todo el Sistema Nacional de Ciudades y a sus componentes regionales.

2. *El abandono del principio de la distribución vertical del Poder Público en Nacional, Estadal y Municipal con la incorporación del Poder Popular*

En las Constituciones venezolanas, la forma federal del Estado concretizada en la distribución vertical del Poder Público, comenzó a expresarse formalmente en texto constitucional en la Constitución de 1858, que estableció que "El Poder Público se divide en Nacional y Municipal" (art. 9), a lo que posteriormente, a partir de la Constitución de 1925, se agregó el Poder Municipal. Por ello, el artículo 136 de la Constitución de 1999 dispone en su artículo 136 que: "El Poder Público se distribuye entre el Poder Municipal, el Poder Estadal y el Poder Nacional".

Esta distribución tradicional del Poder público se buscó cambiar radicalmente en el *Anteproyecto para la 1era. Reforma Constitucional PR, agosto 2007*, al proponerse que en el artículo 136 se agregase un nuevo nivel territorial de distribución del Poder Público, además del poder municipal, del poder estatal y del poder nacional, que era el **Poder Popular**. En relación con este último, como ya se ha destacado, se propuso que en la norma se indicase que "el pueblo es el depositario de la soberanía y la **ejerce directamente** a través del Poder Popular" y que "**éste no nace del sufragio ni de elección alguna**, sino que nace de la condición de los grupos humanos organizados como base de la población", el cual "se expresa constituyendo las comunidades, las comunas y el autogobierno de las ciudades, a través de los consejos comunales, los consejos obreros, los consejos campesinos, los consejos estudiantiles y otros entes que señale la ley".

Estas propuestas relativas al Poder Popular ya se habían anunciado en las *Propuestas de Reforma del CPRC, junio 2007,* en las cuales en forma indirecta aparecía el concepto de **Poder Popular, por ejemplo,** en la propuesta de reforma del artículo 16 donde se indicó que "la división político territorial será regulada por ley orgánica, que garantice la **participación del Poder Popular**"; en la propuesta de reforma del artículo 149 donde se buscó agregar a las categorías de contratos del Estado, además de los de interés municipal, estadal o nacional, los **contratos de interés público comunal**; en la propuesta de reforma del artículo 174, que buscó agregar un párrafo indicando que el Alcalde está obligado "a rendir cuenta de su gestión, anual y públicamente, mediante un informe que presentará ante el **Consejo Municipal del Poder Popular** y ante la **Federación de los Consejos Comunales existentes en el Municipio**"; en la propuesta de reforma del artículo 175, en la cual se indicó que "la función legislativa del Municipio corresponde al **Concejo Municipal del Poder Popular**"; en la propuesta de reforma del artículo 186, donde se identifica a la Asamblea Nacional, como "**Asamblea Nacional del Poder Popular**"; en la propuesta de reforma del artículo 189,3, sobre incompatibilidades de elección donde se habló de **funcionarios comunales**; en la propuesta de reforma del artículo 239, en la cual se atribuía al Vicepresidente de la República la competencia de "presidir el **Consejo de Gobierno del Poder Popular**" (art. 239,6); en la propuesta de reforma del artículo 293, en la cual se facultaba al Consejo Nacional Electoral para "cooperar en los procesos electorales de otras **organizaciones del Poder Popular**"; en la propuesta de reforma del artículo 297 en la cual se cambiaba la configuración del Comité de Evaluación del Poder Ciudadano para estar "por Diputados y voceros de los **diferentes sectores del Poder Popular**"; y en la propuesta de reforma del artículo 350, en la cual se hacía referencia al "pueblo de Venezuela en **ejercicio del Poder Popular**".

3. La "nacionalización" de competencias que la Constitución de 1999 atribuye a los Estados

La Constitución en su artículo 136, al organizar al Estado "Federal" conforme al principio de la distribución vertical del Poder Público, distribuye y asigna diversas competencias a los tres niveles de gobierno, es decir, al Poder Nacional, al Poder Estadal y al Poder Municipal, aún cuando siguiendo la tendencia centralista de los últimos cien años, centralizó casi todas las competencias públicas en el nivel nacional, con muy pocas competencias en el nivel estadal intermedio y con competencias en materia de la vida local atribuida a los Municipios.

En todo caso, las competencias de cada nivel territorial deben ejercerse con autonomía, en el sentido de que ésta no podría ser limitada por ley nacional posterior, pues de ello se trata, al establecerse una distribución constitucional del Poder Público en el territorio. En la Constitución, sin embargo, la regulación del funcionamiento y la organización de los Consejos Legislativos Estadales se remite a la ley nacional (art. 162), lo cual, además de contradictorio con la atribución de los Estados de dictarse su Constitución para organizar sus poderes públicos (art. 164, ord. 1), es una intromisión inaceptable del Poder Nacional en el régimen de los Estados.

En cuanto a los Municipios, la autonomía municipal tradicionalmente garantizada en la propia Constitución, también se encuentra interferida, al señalarse que los Municipios gozan de la misma, no sólo "dentro de los límites" establecidos en la Constitución, sino en la ley nacional (art. 168), con lo cual el principio descentralizador básico, que es la autonomía, queda minimizado.

Por otra parte, en cuanto a la distribución de competencias entre los entes territoriales, el proceso de descentralización exigía, ante todo, la asignación efectiva de competencias tributarias a los Estados, sobre todo en materia de impuestos al consumo, como sucede en todas las Federaciones, lo que no se satisfizo, de manera que los Estados han seguido dependientes del Situado Constitucional.

Ahora, en las Propuestas de reforma 2007 relativas a la distribución de competencias públicas entre los tres niveles territoriales de gobierno, las mismas lo que buscaban era **terminar de centralizar materialmente todas las competencias del Poder Público en el nivel nacional**, mediante la asignación de nuevas competencias al Poder Nacional; mediante la **centralización de competencias** que tienen los Estados en la Constitución de 1999, que se eliminaban; y mediante la obligación impuesta a los Estados y Municipios de transferir sus competencias a los Consejos Comunales, con lo que se quedan como entelequias vacías.

Entre las nuevas competencias que se buscó asignar al Poder Nacional tanto en el *Anteproyecto para la 1era. Reforma Constitucional PR, agosto 2007*, como en las *Propuestas de Reforma del CPRC, junio 2007*, estaba la del **Registro Civil de Bienes** (art. 156,5), quizás ignorándose que desde el siglo XIX esta es y ha sido una competencia del Poder Nacional establecida en el Código Civil (Registro Público).

También se buscó, en las propuestas de reforma 2007, asignar al Poder Nacional competencia en materia de las **políticas de control fiscal** (art. 156,22), lo que implicaba la **centralización total de la materia en la Contraloría General de la República**, eliminándose la supuesta autonomía de las contralorías de los Estados y Municipios (art. 290). Estas propuestas se complementaban con la que se formularon respecto del artículo 163 en las *Propuestas de Reforma del CPRC, junio 2007*, en el cual se buscó que las **Contralorías estadales** ejercieran el control sobre las Administraciones de los Estados, respecto del "cumplimiento de las metas, objetivos y programas previstos en los respectivos presupuestos, **bajo la rectoría de la Contraloría General de la República**". Igualmente se propuso en dichas Propuestas, en relación con las **Contralorías Municipales**, que las mismas debían actuar bajo la **rectoría de la Contraloría General de la República** (art. 176).

Se buscó agregar también, como competencia nacional, la relativa a los **teleféricos** (art. 156, 28).

Llama la atención que en el artículo 156, se buscara atribuir al Poder Nacional competencia además de en materia de derecho internacional privado que siempre ha sido del ámbito nacional, competencia en cuanto a la **legislación de derecho internacional público.** No se entiende cómo se pretendía que el derecho internacional público, **cuya creación corresponde a la comunidad internacional y a las relaciones entre Estados,** se pudiera atribuir al Poder nacional de la República.

Además, en el artículo 156,30, que regula los servicios públicos domiciliarios se buscó atribuir al Poder Nacional, competencia en materia de servicios de **telefonía por cable, inalámbrica y satelital y televisión por suscripción**, ignorando que todos son servicios de telecomunicaciones ya atribuidos al Poder Nacional en la misma norma (art. 156, 28). Igualmente, se buscó asignar al Poder Nacional en el artículo 156, 32, competencia en materia de **legislación económica y financiera** ignorando que un Título entero de la Constitución (Título VI) se destina a la materia como competencia nacional.

Entre las materias que tanto en el *Anteproyecto para la 1era. Reforma Constitucional PR, agosto 2007*, como en las *Propuestas de Reforma del CPRC, junio 2007*, se propuso asignar al Poder Nacional, destacan aquellas que implican una completa centralización de competencias en el Poder Nacional y de ahogamiento definitivo de las competencias estadales y municipales, al pretenderse atribuir al Poder Nacional en el artículo 156,10, competencia para "**la ordenación y gestión del territorio y el régimen territorial del Distrito Federal, los Estados, los Municipios, las Dependencias Federales** y demás entidades regionales" y en el Artículo 156,11, competencia para "la creación, ordenación, y gestión de **Provincias federales, Territorios federales y Comunales, Ciudades Federales y Comunales**". En esta forma, los Estados y Municipios dejaban de ser "entidades políticas" y pasaban a **depender totalmente del nivel nacional,** como órganos **sin autonomía alguna, es decir, como administraciones periféricas del Poder central** sometidas a la ordenación y gestión que establezca el Poder Nacional.

Por ello en las *Propuestas de Reforma del CPRC, junio 2007,* también se **propuso eliminar la obligación que la Constitución impone a la Asamblea Nacional de "velar por la autonomía de los Estados"** (art. 187,16). En este **esquema de sumisión centralista** en las *Propuestas de Reforma del CPRC, junio 2007,* también se propuso reformar el artículo 164,2 de la Constitución de 1999, para establecer que los Estados tengan competencia para ejercer "la **coordinación de sus municipios y demás entidades locales** de conformidad con lo dispuesto en el artículo 156 ordinal 10 de esta Constitución" lo que implicaba la **eliminación de la autonomía municipal**.

Por ello, incluso, en las *Propuestas de Reforma del CPRC, junio 2007*, relativa al artículo 168 sobre la **autonomía municipal**, se propuso eliminar de ella, "la gestión de las materias de su competencia", y agregar que el ejercicio de las competencias por los municipios, debía realizarse "**en armonía con las orientaciones, la planificación y las políticas del Poder Nacional**" (art. 176).

Además, tanto en el *Anteproyecto para la 1era. Reforma Constitucional PR, agosto 2007,* como en las *Propuestas de Reforma del CPRC, junio 2007,* en relación con el artículo 156,32, se buscó atribuir al Poder Nacional competencia en cuanto a la legislación **administrativa**, lo que implicaba la **centralización total de la legislación sobre la Administración Pública**, así fuera estadal o municipal.

Por último, tanto en el *Anteproyecto para la 1era. Reforma Constitucional PR, agosto 2007,* como en las *Propuestas de Reforma del CPRC, junio 2007,* se buscó eliminar varias competencias que en la Constitución de 1999 se atribuyen tanto a los Estados y Municipios, y asignarlas al Poder Nacional, como una muestra más de la **orientación totalmente centralista** de la propuesta. En particular, en el *Anteproyecto para la 1era. Reforma Constitucional PR, agosto 2007*, se buscó atribuir en el artículo 156,27, al Poder Nacional ("nacionalizar") la competencia que el artículo 164,10 de la Constitución de 1999 atribuyó a los Estados en materia de la **conservación, administración y aprovechamiento de autopistas y carreteras nacionales** como un avance en el proceso de descentralización, lo que implicaba también la modificación de los ordinales 9 y 10 del artículo 164 de la Constitución, que asignan competencia a los Estados en materia de "la conservación, administración y aprovechamiento de **carreteras y autopistas nacionales, así como de puertos y aeropuertos de uso comercial**, en coordinación con el Ejecutivo Nacional".

Además, en esta misma orientación, tanto en el *Anteproyecto para la 1era. Reforma Constitucional PR, agosto 2007*, como en las *Propuestas de Reforma del CPRC, junio 2007*, **se propuso eliminar** la competencia de los Estados establecida en el artículo 164,5 de la Constitución de 1999 en materia del **régimen y aprovechamiento de minerales no metálicos, las salinas y ostrales**, dejándose a los Estados competencias en materia de administración de tierras baldías" (art. 164, 5), lo que se atribuye al Poder nacional (art. 156,17). En el *Anteproyecto para la 1era. Reforma Constitucional PR, agosto 2007*, sin embargo, se previó la posibilidad de que el régimen y aprovechamiento de dichos minerales no metálicos se pudiera "delegar" a los Estados (156,17).

En las *Propuestas de Reforma del CPRC, junio 2007*, también se **propuso eliminar** la competencia de los Estados establecida en el artículo 164,5 de la Constitución de 1999 en materia de "organización de la policía y la determinación de las ramas de este servicio atribuidas a la competencia municipal, conforme a la legislación nacional aplicable", buscándose **eliminar la competencia de los Estados en relación con la policía municipal**, y disponerse **la centralización total del régimen de las policías**, al proponerse sustituir esa norma por el artículo 164,6 que sujeta a "la organización de la policía estadal **conforme a las competencias que la legislación nacional** determine". Igualmente, en las *Propuestas de Reforma del CPRC, junio 2007*, en materia de **policía municipal**, se buscó disponer que la competencia municipal en la materia se ejerza **conforme a la legislación nacional**" (art. 178,15).

La competencia establecida en el artículo 164,7 de la Constitución de 1999 en materia de "La creación, organización, recaudación, control y administración de los ramos **de papel sellado**, timbres y estampillas", en las *Propuestas de Reforma del CPRC, junio 2007*, se buscó minimizar y neutralizar con la propuesta de agregar al nuevo artículo 164,7 que esa competencia es "sin menoscabo de la obligación de **aceptar especies de valor equivalente expedidas por el Poder Nacional u otros estados**".

Por otra parte, el artículo 165 de la Constitución al regular las materias de **competencia concurrente**, es decir, que corresponden a los tres niveles de gobierno (nacional, estadal y municipal), dispone que su regulación se debe realizar "mediante leyes de bases dictadas por el Poder nacional, y leyes de desarrollo aprobadas por los Estados". En las *Propuestas de Reforma del CPRC, junio*

2007, se buscó **convertir dichas competencias concurrentes en competencias exclusivamente nacionales** al proponerse en dicho artículo 165, pura y simplemente, que "las materias objeto **de competencias concurrentes serán reguladas por el Poder Nacional**", perdiendo los Estados toda competencia en la materia.

Por último, tanto en el *Anteproyecto para la 1era. Reforma Constitucional PR, agosto 2007,* como en las *Propuestas de Reforma del CPRC, junio 2007,* el **golpe de gracia definitivo a la forma federal del Estado,** fue la propuesta de eliminar la tradicional **competencia residual** de los Estados establecida en el artículo 164,11 de la Constitución de 1999, en el sentido de que les corresponde "todo lo que no corresponda, de conformidad con esta Constitución, a la competencia nacional o municipal"; buscándose sustituir esta disposición en el *Anteproyecto para la 1era. Reforma Constitucional PR, agosto 2007,* por otra que estableciera una situación inversa, es decir, atribuir la competencia residual al Poder Nacional en el artículo 156 al proponerse su redacción indicando que correspondía al Poder Nacional **"toda otra materia que la presente Constitución atribuya al Poder Público Nacional, o que le corresponda por su índole o naturaleza**, o que no estuviese atribuido expresamente a la competencia estadal o municipal", y en las *Propuestas de Reforma del CPRC, junio 2007,* por la atribución a los Estados sólo de "todo lo que le atribuya esta Constitución o Ley Nacional" (art. 164,11).

Además, en cuanto a la competencias de los Estados en materia de ingresos, si bien en el *Anteproyecto para la 1era. Reforma Constitucional PR, agosto 2007* se propuso aumentar su monto a un 25% de los ingresos ordinarios estimados en la ley de presupuesto (donde no estaban los recursos derivados de las reservas excedentarias), **se propuso eliminar** del artículo 167,5 de la Constitución la exigencia de la Constitución de 1999 de que "El porcentaje del ingreso nacional ordinario estimado que se destine al situado constitucional, no será menor al quince por ciento del ingreso ordinario estimado, para lo cual se tendrá en cuenta la situación y sostenibilidad financiera de la Hacienda Pública Nacional, sin menoscabo de la capacidad de las administraciones estadales para atender adecuadamente los servicios de su competencia".

Por último, en materia de competencia nacional compartida con la municipal, se propuso **eliminar toda referencia al ámbito municipal** de la previsión del artículo 156,14 de la Constitución de 1999 según la cual compete al Poder Nacional la creación y organización de impuestos territoriales o sobre predios rurales y sobre transacciones inmobiliarias, **"cuya recaudación y control corresponda a los municipios, de conformidad con esta Constitución".** Por ello, en el *Anteproyecto para la 1era. Reforma Constitucional PR, agosto 2007,* se propuso en el artículo 156,15 agregar como competencia del Poder Nacional, la **"recaudación** de los impuestos territoriales o sobre predios rurales", y en las *Propuestas de Reforma del CPRC, junio 2007* se propuso eliminar del artículo 179 de la Constitución de 1999, **como ingreso municipal, "el impuesto territorial rural o sobre predios rurales"** que se buscó que pasase a ser un impuesto nacional exclusivamente.

4. La obligación de los Estados y Municipios de desprenderse (descentralizar) sus competencias y transferirlas en los órganos del Poder Popular

La Constitución de 1999 en su artículo 184 estableció el principio de que la ley debía crear mecanismos abiertos y flexibles para que los Estados y los Municipios descentralicen y transfieran a las comunidades y grupos vecinales organizados los servicios que éstos gestionen previa demostración de su capacidad para prestarlos, promoviendo entre otras, la transferencia de servicios en materia de salud, educación, vivienda, deporte, cultura, programas sociales, ambiente, mantenimiento de áreas industriales, mantenimiento y conservación de áreas urbanas, prevención y protección vecinal, construcción de obras y prestación de servicios públicos; la participación de las comunidades y de ciudadanos, a través de las asociaciones vecinales y organizaciones no gubernamentales, en la formulación de propuestas de inversión ante las autoridades estadales y municipales encargadas de la elaboración de los respectivos planes de inversión, así como en la ejecución, evaluación y control de obras, programas sociales y servicios públicos en su jurisdicción; y la creación de nuevos sujetos de descentralización a nivel de las parroquias, las comunidades, los barrios y las vecindades a los fines de garantizar el principio de la corresponsabilidad en la gestión pública de los gobiernos locales y estadales y desarrollar procesos autogestionarios y cogestionarios en la administración y control de los servicios públicos estadales y municipales.

En esta materia, el *Anteproyecto para la 1era. Reforma Constitucional PR, agosto 2007,* redefinía materialmente el Estado democrático federal descentralizado y buscó convertirlo en un Estado Comunal centralizado no democrático. En efecto, en relación con el antes mencionado artículo 184 de la Constitución, la propuesta del *Anteproyecto* estableció que esa "descentralización y transferencia" que debe regular la ley debía ser hecha a "**las Comunidades organizadas, a los Consejos Comunales, a las Comunas y otros Entes del Poder Popular**", implicando incluso, entre otros casos, "**la asunción por parte de las organizaciones comunales de la gestión de las empresas públicas municipales y/o estadales**" (ord. 2), y "**la transferencia a las organizaciones Comunales de la administración y control de los servicios públicos estadales y municipales, con fundamento en el principio de corresponsabilidad en la gestión pública**" (ord. 7).

En la propuesta, además, como se ha visto, se definía la estructura de "la **Comunidad organizada**" indicando que "**tendrá como máxima autoridad la Asamblea de ciudadanos y ciudadanas del Poder Popular, quien en tal virtud designa y revoca a los órganos del Poder Comunal en las comunidades, Comunas y otros entes político-territoriales que se conformen en la ciudad, como la unidad política primaria del territorio**"; y además, que "**El Consejo Comunal constituye el órgano ejecutor de las decisiones de las asambleas de ciudadanos y ciudadanas, articulando e integrando las diversas organizaciones comunales y grupos sociales, igualmente asumirá la Justicia de Paz y la prevención y protección vecinal**", que han sido competencias tradicionales de los Municipios. Además, se dispuso que "por Ley se **creará un Fondo destinado al financiamiento de los proyectos de los Consejos Comunales**".

Este esquema institucional, por supuesto hay que concatenarlo con lo que el *Anteproyecto para la 1era. Reforma Constitucional PR, agosto 2007,* propuso para reformar el artículo 136, relativo al Poder Popular y **eliminar todo vestigio democrático representativo**, al indicar, como antes se ha dicho, que "**El pueblo es el depositario de la soberanía y la ejerce directamente a través del Poder Popular. Este no nace del sufragio ni de elección alguna, sino que nace de la condición de los grupos humanos organizados como base de la población**" y "**se expresa constituyendo las comunidades, las comunas y el autogobierno de las ciudades, a través de los consejos comunales, los consejos obreros, los consejos campesinos, los consejos estudiantiles y otros entes que señale la ley**".

En cuanto a la "**promoción de la participación**" en el ejercicio de las competencias municipales que prevé el artículo 178 de la Constitución, en las *Propuestas de Reforma del CPRC, junio 2007,* se buscó encasillar el tema al buscar precisar que se trataba de "la **promoción de la participación protagónica del pueblo organizado desde la comunidad**". Por otra parte, en materia de **descentralización y transferencia de servicios** "a las comunidades y grupos vecinales" que regula el artículo 184 de la Constitución de 1999, en las *Propuestas de Reforma del CPRC, junio 2007* también se buscó encasillar dicha descentralización sólo a "**las comunidades organizadas como una política primaria de la organización nacional de la República**" y "**previa planificación** democráticamente elaborada" (art. 184).

5. *La limitación a la autonomía municipal*

De acuerdo con el artículo 168 de la Constitución, los Municipios constituyen la unidad política primaria de la organización nacional, gozan de personalidad jurídica y de autonomía, comprende, la elección de sus autoridades; la gestión de las materias de su competencia; la creación, recaudación e inversión de sus ingresos, y que sus actos "no pueden ser impugnados sino ante los tribunales competentes, de conformidad con la Constitución y la ley"; por lo que no pueden ser revisados, en forma alguna, por los órganos del Poder Nacional ni de los Estados.

Tanto en el *Anteproyecto para la 1era. Reforma Constitucional PR, agosto 2007,* como en las *Propuestas de Reforma del CPRC, junio 2007,* se buscó eliminar esta última autonomía jurídica e institucional de los Municipios que establece el artículo 168 de la Constitución de 1999, dejándose entonces a la ley la posibilidad de establecer que los actos de los Municipios **pudierann ser impugnados ante otros órganos del Estados no judiciales.**

6. *La sustitución del Consejo Federal de Gobierno por un Consejo Nacional de Gobierno*

Otra innovación de la Constitución de 1999, fue la creación del Consejo federal de Gobierno, que aún cuando nunca ha funcionado, se lo concibió en el artículo 185 como un ente intergubernamental encargado de la planificación y coordinación de políticas y acciones para el desarrollo del **proceso de descentra-**

lización y transferencia de competencias del Poder Nacional a los Estados y Municipios, que presidía el Vicepresidente Ejecutivo y debía estar integrado por los Ministros, los Gobernadores, un Alcalde por cada Estado y representantes de la sociedad organizada, de acuerdo con la ley, del cual debía depender el Fondo de Compensación Interterritorial, destinado al financiamiento de inversiones públicas para promover el desarrollo equilibrado de las regiones, la cooperación y complementación de las políticas e iniciativas de desarrollo de las distintas entidades públicas territoriales, y a apoyar especialmente la dotación de obras y servicios esenciales en las regiones y comunidades de menor desarrollo relativo.

En el *Anteproyecto para la 1era. Reforma Constitucional PR, agosto 2007*, se buscó cambiar radicalmente esta entidad, y en la propuesta de reforma del artículo 185 se lo buscó convertir en un ente exclusivamente nacional, como **Consejo Nacional de Gobierno, totalmente desligado de la política de descentralización que se eliminaba de la Constitución,** encargado de "evaluar los diversos proyectos comunales, locales, estadales y provinciales, para articularlos al plan de desarrollo integral de la nación, dar seguimiento a la ejecución de las propuestas aprobadas y realizar los ajustes convenientes a los fines de garantizar el logro de sus objetivos". Se propuso que entonces fuera presidido por el presidente de la República quien lo convocaría, e integrado por los Vicepresidentes, los Ministros, los Gobernadores y Alcaldes **"convocados por el presidente de la República".**

V. LOS CAMBIOS EN LA ORGANIZACIÓN DEL PODER NACIONAL: LA ACENTUACIÓN DEL PRESIDENCIALISMO

En el *Anteproyecto para la 1era. Reforma Constitucional PR, agosto 2007*, las propuestas que se formularon en relación con los órganos del Poder nacional, se refirieron básicamente a los que conforman el Poder Ejecutivo, con una acentuación creciente del presidencialismo.

1. *La extensión del período presidencial*

En el *Anteproyecto para la 1era. Reforma Constitucional PR, agosto 2007*, lo primero que se propuso, además de **establecer la reelección indefinida** del presidente de la República, fie la **extensión del período presidencial de seis a siete años,** en forma contraria a la tradición constitucional venezolana (art. 230).

2. *Los nuevos órganos ejecutivos: los Vicepresidentes*

Una de las innovaciones de la Constitución de 1999, fue la creación del cargo de Vicepresidente Ejecutivo, pero para disipar cualquier duda sobre la posible inclusión de un elemento del parlamentarismo en el texto constitucional, con la previsión expresa de que es del libre nombramiento y remoción del presidente de la República (art. 225).

En el *Anteproyecto para la 1era. Reforma Constitucional PR, agosto 2007*, en relación con el artículo 225 se propuso que además de cambiarle el nombre al Vicepresidente Ejecutivo por **Primer Vicepresidente, el presidente pudiera**

designar Vicepresidentes, en el número **"que estime necesario",** quienes también ejercerían el Poder Ejecutivo.

En las *Propuestas de Reforma del CPRC, junio 2007,* relativas a los artículos 236,3; 238; 239,10; 241, y 243, se repitió esta propuesta de creación de la figura de los **"Vicepresidentes para determinado territorio, sector o materia,"** quienes tendría "las competencias que les asigne el presidente", configurándose dicho funcionario como un mecanismo para reforzar la acción directa del presidente en el territorio o en determinadas materias, independientemente del sistema de distribución vertical del Poder Público o de las posibles autonomías territoriales que puedan existir, con lo que se acentuaba aún más el **centralismo de Estado controlado por el presidente.**

3.   *La extensión de las atribuciones del Presidente de la República*

El artículo 236 de la Constitución de 1999 enumera las competencias del presidente de la República siguiendo la tradición constitucional anterior, con algunas innovaciones como la de formular el Plan de desarrollo nacional y dirigir su ejecución con la aprobación de la Asamblea (art. 236, 18) y fijar el número, organización y competencia de los Ministerios y otros organismos de la Administración (art. 236,20).

En el *Anteproyecto para la 1era. Reforma Constitucional PR, agosto 2007*, en las reformas al artículo 236 de la Constitución, se propusieron nuevas atribuciones del presidente de la República, y la ampliación de las que tiene, en la siguiente forma:

1. Se le atribuía la competencia para no sólo dirigir las acciones del Gobierno, sino del **Estado, y además**, coordinar las relaciones con los otros Poderes Públicos Nacionales en su carácter de Jefe de Estado (art. 236, 2).

2. Se le atribuía una nueva competencia para incidir en la organización territorial del Estado, **creando "las Provincias Federales, los Territorios Federales y/o las Ciudades Federales** según lo establecido en la Constitución y designar sus autoridades, según la ley" (art. 236,3).

3. Se le atribuía la competencia para "**formular el Plan Nacional de Desarrollo y dirigir su ejecución" (art. 236,19),** eliminándose la necesaria aprobación de la Asamblea Nacional en relación con la formulación y ejecución del Plan Nacional de desarrollo que dispone la Constitución de 1999 (art. 236, 18).

4. En lugar de "dirigir la Fuerza Armada Nacional en su carácter de Comandante en Jefe, ejercer la suprema autoridad jerárquica de ella y fijar su contingente" y de "ejercer el mando supremo de la Fuerza Armada Nacional, promover sus oficiales a partir del grado de coronel o capitán de navío, y nombrarlos para los cargos que les son privativos" como dicen los artículo 236,5 y 236,6 de la Constitución de 1999, se propuso asignarle la competencia para **"comandar la** Fuerza Armada Bolivariana **en su carácter de Comandante en Jefe, ejerciendo la Suprema Autoridad Jerárquica en todos sus Cuerpos, Componentes y Unidades, determinando su contingente"** (art. 236,6), y **"promover a sus oficiales**

en todos los grados y jerarquías y designarlos o designarlas para los cargos correspondientes" (art. 236,7).

Además, en el *Anteproyecto para la 1era. Reforma Constitucional PR, agosto 2007*, se propuso lo siguiente,:

1. En el artículo 11, asignarle al presidente de la República competencias para **"decretar Regiones Especiales Militares** con fines estratégicos y de defensa, en cualquier parte del territorio y demás espacios geográficos de la República" y para **"decretar Autoridades Especiales** en situaciones de contingencia, desastres naturales, etc.".

2. En el artículo 16, asignarle al presidente de la República competencias para **convocar referendo popular** en caso de constitución de una **Ciudad Comunal** cuando en la totalidad de su perímetro se hayan establecido las Comunidades organizadas, las Comunas y los Autogobiernos Comunales.

3. En el mismo artículo 16, asignarle al presidente de la República competencias para, en Consejo de Ministros, previo acuerdo aprobado por la mayoría simple de los diputados de la Asamblea Nacional, **"crear mediante decreto, Provincias Federales, Ciudades Federales y Distritos Funcionales,** así como cualquier otra entidad que establezca la Ley"; y al "Gobierno Nacional, **la elaboración y activación de una Misión Distrital con el respectivo Plan Estratégico-funcional con motivo de la creación de un Distrito Funcional".**

4. En el artículo 18 atribuir al "Poder Ejecutivo" con la colaboración y participación de todos los entes del Poder Público Nacional, Estadal y Municipal, así como del Poder Popular, sus Comunidades, Comuna, Consejos Comunales y demás organizaciones sociales, competencia para **disponer "todo lo necesario para el reordenamiento urbano, reestructuración vial, recuperación ambiental, logros de niveles óptimos de seguridad personal y pública, fortalecimiento integral de los barrios, urbanizaciones, sistemas de salud, educación, deporte, diversiones y cultura, recuperación total de su casco y sitios históricos, construcción de un sistema de pequeñas y medianas Ciudades Satélites a lo largo de sus ejes territoriales de expansión".**

5. En el artículo 141 se le asignaba al "Poder Ejecutivo" competencia para establecer como "administraciones públicas" **mediante reglamentos organizativos y funcionales,** a "**las misiones**", como "organizaciones de variada naturaleza, creadas para atender a la satisfacción de las más sentidas y urgentes necesidades de la población, cuya prestación exige de la aplicación de sistemas excepcionales, e incluso, experimentales".

6. En el artículo 318 se propuso asignar al presidente de la República o al Poder Ejecutivo competencia para, en coordinación con **el Banco Central de Venezuela, fijar "las políticas monetarias" y ejercer "las competencias monetarias del Poder Nacional";** conjuntamente con el Banco Central de Venezuela, **"lograr la estabilidad de precios y preservar el valor interno y externo de la unidad monetaria";** compartir con el Banco Central de Venezuela, **la función "de participar en la formulación y ejecución de la política monetaria, en el diseño y ejecución de la política cambiaria, en la regulación de la moneda, el crédito y fijación de las tasas de interés";** y como administrador de la

Hacienda Pública Nacional, **administrar y dirigir las reservas internacionales de la República** manejadas por el Banco Central de Venezuela.

7. En el artículo 321 se propuso atribuirle al "Jefe del Estado", en el marco de su función de administración de las reservas internacionales, el establecer, en coordinación con el Banco Central de Venezuela y al final de cada año, **el nivel de las reservas necesarias para la economía nacional, así como el monto de las reservas excedentarias,** las cuales se deben destinar a fondos que "**disponga el Ejecutivo Nacional para inversión productiva, desarrollo e infraestructura, financiamiento de las misiones** y, en definitiva, el desarrollo integral, endógeno, humanista y socialista de la nación".

4.   *La transformación del Consejo de Estado*

Otra innovación de la Constitución de 1999 fue el establecimiento del Consejo de Estado como **órgano superior de consulta del Gobierno y de la Administración Pública Nacional, de carácter intergubernamental,** con competencia para recomendar políticas de interés nacional en aquellos asuntos a los que el presidente reconozca de especial trascendencia y requieran de su opinión (art. 251); el cual debía estar presidido por el Vicepresidente Ejecutivo y conformado, además, por cinco personas designadas por el presidente de la República; un representante designado por la Asamblea Nacional; un representante designado por el Tribunal Supremo de Justicia y un Gobernador designado por el conjunto de mandatarios estadales (art. 252). Dicho órgano, nunca se configuró.

En el *Anteproyecto para la 1era. Reforma Constitucional PR, agosto 2007*, se propuso cambiar radicalmente la configuración de este Consejo de Estado, y convertirlo en un órgano exclusivamente nacional, como órgano superior de **consulta y asesoramiento del Estado y Gobierno Nacional,** el cual en forma por demás incongruente se propuso que ejerciera sus atribuciones "**con autonomía funcional**", aun cuando "**sus opiniones o dictámenes no tendrán carácter vinculante**". Se propuso atribuirle competencia para: "1. Emitir opinión sobre el objeto de la consulta. 2. Velar por la observancia de la Constitución y el ordenamiento jurídico. 3. Emitir dictámenes sobre los asuntos que se sometan a su consideración y 4. Recomendar políticas de interés nacional en aquellos asuntos de especial trascendencia" (art. 251).

A tal efecto, la propuesta de reforma cambiaba la conformación del Consejo de Gobierno y disponía que lo presidía el presidente de la República y estaría además conformado, por el presidente de la Asamblea Nacional; el presidente del Tribunal Supremo de Justicia, el presidente del Poder Ciudadano, el presidente del Consejo Nacional Electoral y las personas que el presidente de la República considere necesario convocar para tratar la materia a la que se refiere la consulta (art. 252).

VI. LOS CAMBIOS EN LA CONSTITUCIÓN ECONÓMICA: DE UN ESTADO SOCIAL Y PROMOTOR DE ECONOMÍA MIXTA, A UN ESTADO SOCIALISTA, DE ECONOMÍA ESTATAL CENTRALIZADA Y CONFISCATORIA

Uno de los componentes normativos esenciales de toda Constitución contemporánea, es la *Constitución Económica* que tiene por objeto establecer los principios del régimen de las relaciones económicas y el papel que, en las mismas, corresponde a la iniciativa privada y al propio Estado, y que conforme al constitucionalismo desarrollado desde mitades del siglo pasado, estableció un modelo económico de economía mixta, basado en el principio de la libertad como **opuesto al de economía dirigida**, similar al que existe en todos los países occidentales.

La aplicación práctica de ese modelo constitucional provocó el desenvolvimiento de una economía basada en la libertad económica y la iniciativa privada, pero con una intervención importante y necesaria del Estado para asegurar los principios de justicia social que constitucionalmente deben orientar el régimen económico; lo que se ha acrecentado por el hecho de ser el Estado, titular desde siempre del dominio público sobre el subsuelo.

Conforme a esa orientación, la Constitución de 1999 estableció un **sistema económico de economía mixta**, es decir, **de economía social de mercado que se fundamenta en la libertad económica, pero que debe desenvolverse conforme a principios de justicia social, que requieren de la intervención del Estado.** Por ello, conforme al artículo 299 de la Constitución de 1999, el régimen socioeconómico de la República se fundamenta en los siguientes principios: justicia social, democratización, eficiencia, libre competencia, protección del ambiente, productividad y solidaridad, a los fines de asegurar el desarrollo humano integral y una existencia digna y provechosa para la colectividad.

El sistema de economía mixta en la Constitución, por otra parte, conforme se dispone expresamente en el artículo 299, obliga al Estado, **"conjuntamente con la iniciativa privada"**, a promover **"el desarrollo armónico de la economía nacional** con el fin de generar fuentes de trabajo, alto valor agregado nacional, elevar el nivel de vida de la población y fortalecer la soberanía económica del país, garantizando la seguridad jurídica, solidez, dinamismo, sustentabilidad, permanencia, equidad del crecimiento de la economía, para garantizar una justa distribución de la riqueza **mediante una planificación estratégica democrática, participativa y de consulta abierta"**.

En el *Anteproyecto para la 1era. Reforma Constitucional PR, agosto 2007,* se propuso cambiar radicalmente ese modelo, acentuando el desequilibrio existente entre lo público y lo privado, y transformarlo en un sistema de **economía estatal, de planificación centralizada, propia de un Estado y economía socialista.**

1. *La eliminación de la libertad económica como derecho constitucional al libre ejercicio de las actividades económicas*

En efecto, el artículo 112 de la Constitución establece como uno de los principios fundamentales del sistema constitucional, el derecho de todas las personas de poder **dedicarse libremente a la actividad económica de su preferencia,** sin más limitaciones que las previstas en la Constitución y las que establezcan las leyes, por razones de desarrollo humano, seguridad, sanidad, protección del ambiente u otras de interés social, a cuyo efecto, **el Estado está obligado a promover "la iniciativa privada,** garantizando la creación y justa distribución de la riqueza, así como la producción de bienes y servicios que satisfagan las necesidades de la población, la **libertad de trabajo, empresa, comercio, industria,** sin perjuicio de su facultad para dictar medidas para planificar, racionalizar y regular la economía e impulsar el desarrollo integral del país".

En el *Anteproyecto para la 1era. Reforma Constitucional PR, agosto 2007,* se propuso **eliminar este derecho y la libertad económica,** y sustituir esta norma por otra en la cual lo que se propuso fue que se estableciera la definición de una política estatal para promover "el desarrollo de un **Modelo Económico Productivo, intermedio, diversificado e independiente,** fundado en los valores humanísticos de la **cooperación y la preponderancia de los intereses comunes sobre los individuales,** que garantice la satisfacción de las necesidades sociales y materiales del pueblo, la mayor suma de estabilidad política y social y la mayor suma de felicidad posible"; agregándose que el Estado, asimismo, "**fomentará y desarrollará distintas formas de empresas y unidades económicas de propiedad social, tanto directa o comunal como indirecta o estatal, así como empresas y unidades económicas de producción y/o distribución social, pudiendo ser estas de propiedad mixtas entre el Estado, el sector privado y el poder comunal, creando las mejores condiciones para la construcción colectiva y cooperativa de una Economía Socialista**".

Es decir, en un artículo como el 112 ubicado en el Capítulo constitucional sobre los **derechos económicos,** simplemente **se eliminaba el derecho al libre ejercicio de las actividades económicas y la propia libertad económica.** Ello, por supuesto, era contrario al principio de la progresividad en materia de derechos humanos y constitucionales que garantiza el artículo 19 de la Constitución. Además, debe destacarse en esta misma orientación que en las *Propuestas de Reforma del CPRC, junio 2007,* respecto del artículo 299, se propuso eliminar de su texto el principio de **libre competencia,** y en su lugar se busco establecer los principios de "predominio del interés común sobre el individual, ética pública y emulación", estableciéndose como fines del sistema económico no sólo asegurar el desarrollo humano integral y una existencia digna y provechosa para la colectividad, sino "el **establecimiento de una sociedad socialista**". Por otra parte, la promoción del desarrollo económico no se asignaba "**al Estado conjuntamente con la iniciativa privada**", sino "**al Estado conjuntamente con la sociedad.**"

En la Constitución de 1999, por otra parte, se establecen un conjunto de atribuciones que facultan al Estado para regular el ejercicio de los derechos económicos, en particular, al precisarse el régimen de la prohibición de los monopolios (art. 113), declarándose contrarios a los principios fundamentales de la Constitución las actividades tendientes a su establecimiento o que conduzcan a su existencia. También se declaró como contrario a dichos principios, el abuso de la posición de dominio que puedan adquirir los agentes económicos independientemente de su causa. En todos estos casos, la norma faculta al Estado para adoptar las medidas que fueren necesarias para evitar los efectos nocivos y restrictivos del monopolio, del abuso de la posición de dominio y de las demandas concentradas, teniendo como finalidad la protección del público consumidor, los productores y productoras y el aseguramiento de condiciones efectivas de competencia en la economía.

Tanto en el *Anteproyecto para la 1era. Reforma Constitucional PR, agosto 2007*, como en las *Propuestas de Reforma del CPRC, junio 2007*, se propuso **cambiar radicalmente el régimen de la actividad económica,** estableciéndose en la propuesta de reforma del artículo 113 una serie de limitaciones a la misma que iban mucho más allá de la restricción de los monopolios y la posición dominante de empresas, privilegiándose la **economía estatal y los medios de producción socialista.**

En esta orientación, se propuso agregar a la norma, que en general no se permitirían actividades, acuerdos, prácticas, conductas y omisiones de los particulares que vulnerasen los **métodos y sistemas de producción social y colectiva** con los cuales **se afectara la propiedad social y colectiva** o impidieran o dificultasen la justa y equitativa concurrencia de bienes y servicios.

Además, en el *Anteproyecto para la 1era. Reforma Constitucional PR, agosto 2007,* se propuso agregar a la norma que en los casos de explotación de recursos naturales o de cualquier otro bien del dominio de la Nación de carácter estratégico, o de la prestación de servicios públicos vitales, el Estado podía "**reservarse la explotación o ejecución de los mismos, directamente o mediante empresas de su propiedad,** sin perjuicio de establecer empresas de **propiedad social directa, empresas mixtas y/o unidades de producción socialistas,** que aseguren la soberanía económica y social, respeten el control del Estado, y cumplan con las cargas sociales que se le impongan, todo ello conforme a los términos que desarrollen las leyes respectivas de cada sector de la economía". Con ello, como se propuso en las *Propuestas de Reforma del CPRC, junio 2007*, lo que se buscó fue establecer que la prohibición de los monopolios no se aplicase a aquellos casos en los cuales el **Estado "los establezca, reservándose actividades o servicios en función del interés social, en aras de materializar los principios de la economía socialista y humanista"**, indicándose, además, que el **Estado podía asumir posiciones de control** cuando por razones de estrategia así lo requiera.

En las *Propuestas de Reforma del CPRC, junio 2007*, además, en relación con este artículo 113, se declaraban contrarios a los principios fundamentales de esta Constitución no sólo las actividades que tuvieran por objeto el establecimiento de un monopolio, sino también de un "**oligopolio, monopsonio u oligopsonio**"; se prohibía la posición de dominio sólo en relación con las empresas **de propiedad privada**; y se propuso incluir una disposición conforme a la cual, "el

Estado, en corresponsabilidad con los particulares **planificará y adoptará las medidas** que fueren necesarias para **evitar los efectos nocivos y restrictivos del monopolio, del abuso de la posición de dominio y de las demandas concentradas,** teniendo como finalidad la **protección del público consumidor, de los productores y productoras y el aseguramiento de condiciones efectivas de competencia en la economía".** También se propuso declarar en la norma que "la **concentración de la propiedad privada sobre los medios de comunicación y empresas del mismo ramo,** vinculado a ello, en condiciones de monopolio y oligopolio, era contraria tanto al derecho, a la pluralidad y libertad de la comunidad como al interés social, y **sería materia de limitación, regulación y sanción por la ley,** la cual dispondría medidas expeditas para evitar esta indebida restricción de la competencia.

2. *La eliminación de la garantía de la propiedad privada*

Por otra parte, otro de los pilares fundamentales de la Constitución de 1999, además de la libertad económica, es la garantía del derecho de propiedad privada, que conforme al artículo 115 de la Constitución de 1999, se lo concibe como el derecho que tiene toda persona **"al uso, goce, disfrute y disposición de sus bienes",** aún cuando sometida a "las contribuciones, restricciones y obligaciones que establezca la ley con fines de utilidad pública o de interés general". Dicha garantía implica que "sólo por causa de utilidad pública o interés social, **mediante sentencia firme y pago oportuno de justa indemnización**, podrá ser declarada **la expropiación** de cualquier clase de bienes".

Tanto en el *Anteproyecto para la 1era. Reforma Constitucional PR, agosto 2007,* como en las *Propuestas de Reforma del CPRC, junio 2007,* se propuso cambiar radicalmente el régimen de la **propiedad privada, la cual se buscó que quedase materialmente eliminada y reducida a la que pudiera existir sobre los bienes de consumo, quedando por tanto minimizada y marginalizada en relación con la propiedad pública.** Además, contrario a lo que garantiza la Constitución de 1999 al prohibir las confiscaciones, en las *Propuestas de Reforma del CPRC, junio 2007,* se buscó constitucionalizar las confiscaciones.

En el *Anteproyecto para la 1era. Reforma Constitucional PR, agosto 2007* en efecto, respecto del artículo 115 de la Constitución, en lugar de garantizarse la propiedad privada, lo que se propuso fue que se reconocieran y garantizasen **"las diferentes formas de propiedad",** las cuales se enumeraron así:

1. "La propiedad pública es aquella que pertenece a los entes del Estado**; la propiedad social** es aquella que pertenece al pueblo en su conjunto y las futuras generaciones, y **podrá ser de dos tipos**:

A. **"La propiedad social indirecta**, cuando es ejercida por el Estado a nombre de la comunidad", y

B. **"La propiedad social directa**, cuando el Estado la asigna, bajo distintas formas y en ámbitos territoriales demarcados, a una o varias comunidades, a una o varias comunas, constituyéndose así en **propiedad comunal,** o a una o varias ciudades, constituyéndose así en **propiedad ciudadana;"**

2. "La propiedad colectiva es la perteneciente a grupos sociales o personas, para su aprovechamiento, uso o goce en común, pudiendo ser de origen social o de origen privado";

3. "La propiedad mixta es la conformada entre el sector público, el sector social, el sector colectivo y el sector privado, en distintas combinaciones, para el aprovechamiento de recursos o ejecución de actividades, siempre sometida al respeto absoluto de la soberanía económica y social de la nación"; y

4. "La propiedad privada es aquella que pertenece a personas naturales o jurídicas y que se reconoce sobre bienes de uso y consumo, y medios de producción legítimamente adquiridos".

La propiedad privada, en consecuencia, quedaba reducida a los bienes de consumo a los medios de producción. Debe destacarse, por otra parte, que en las *Propuestas de Reforma del CPRC, junio 2007,* incluso se incluyó otra posible redacción del artículo 115, en la cual se restringía aún más el ámbito de la propiedad privada, que quedaba reducida a las remuneraciones del trabajo, y a los bienes necesarios para satisfacer las necesidades vitales, así: "En virtud que el trabajo es el origen de todo valor económico, todos y todas tienen derecho a la propiedad privada sobre las remuneraciones, ingresos y ahorros provenientes de su trabajo, así como sobre los bienes necesarios para satisfacer sus necesidades costeados por ellos, incluida la vivienda adquirida de tal forma o mediante título legítimo, así como el derecho de herencia sobre tales bienes. Se reconoce también la propiedad privada personal sobre los instrumentos de trabajo de profesionales, investigadores, artesanos, artistas o grupos de producción familiar siempre que no sean aplicados como medios de producción para explotar el trabajo de terceros".

En el *Anteproyecto para la 1era. Reforma Constitucional PR, agosto 2007,* por otra parte, se propuso agregar en la norma del artículo 115 que "toda propiedad, estará sometida a las contribuciones, cargas, restricciones y obligaciones que establezca la ley con fines de utilidad pública o de interés general"; y que "por causa de utilidad pública o interés social, **mediante sentencia firme y pago oportuno de justa indemnización, podrá ser declarada la expropiación de cualquier clase de bienes, sin perjuicio de la facultad de los Órganos del Estado, de ocupar previamente, durante el proceso judicial, los bienes objeto de expropiación,** conforme a los requisitos establecidos en la ley".

Con esta propuesta, al igual que la formulada en las *Propuestas de Reforma del CPRC, junio 2007,* se pretendió **constitucionalizar el mecanismo de la ocupación previa,** ratificándose sin embargo el principio de la **indemnización oportuna e**n materia de expropiación.

Debe destacarse, además, que, en lugar de la prohibición de las confiscaciones, en las *Propuestas de Reforma del CPRC, junio 2007,* se buscó establecer lo contrario, en el sentido de que: **"La propiedad cuyo uso atente o afecte los derechos de terceros o de la sociedad, podrá ser objeto de confiscación por parte del Gobierno Nacional,** de acuerdo a la ley".

En esta redacción del artículo 115, además, se buscó establecer la posibilidad de la expropiación sin garantía judicial alguna, así: "La República podrá declarar mediante resolución administrativa la expropiación de bienes por causa de utilidad pública o interés social, a cuyo efecto pagará justa indemnización determinada por los órganos de los poderes públicos, de acuerdo con la ley".

Con estas propuestas de reforma, **simplemente desaparecía el derecho de propiedad como elemento fundamental del orden jurídico, lo que sin duda era la intención** de las *Propuestas de Reforma del CPRC, junio 2007,* en las cuales se generalizaban las confiscaciones que en la Constitución de 1999 se encuentran prohibidas salvo en los casos permitidos por la propia Constitución y, en particular, por vía de excepción, mediante sentencia firme, respecto de los bienes de personas naturales o jurídicas, nacionales o extranjeras, responsables de delitos cometidos contra el patrimonio público, o de quienes se hayan enriquecido ilícitamente al amparo del Poder Público y los provenientes de las actividades comerciales, financieras o cualesquiera otras vinculadas al tráfico ilícito de sustancias psicotrópicas y estupefacientes (art. 116 y 271).

En las *Propuestas de Reforma del CPRC, junio 2007,* en cambio, en relación con el artículo 115, se buscó establecer como principio general que "**La propiedad cuyo uso atente o afecte los derechos de terceros o de la sociedad, podrá ser objeto de confiscación por parte del Gobierno Nacional,** de acuerdo a la ley". Además, en relación con el artículo 116, relativo a la prohibición de las confiscaciones, se propuso, no sólo **eliminar la necesidad de sentencia firme,** sino ampliar la excepción para incluir la posibilidad de confiscación en los casos de delitos de "**falsificación de moneda y operaciones comerciales y legítimas de bienes prohibidos o regulados**"; y "de **trata de personas y la destrucción de recursos naturales y de la ecología,** así como los de las personas incursas en las contravenciones señaladas en los artículos 114 y 117 de esta Constitución, quedando a salvo los derechos del afectado de recurrir ante los Tribunales competentes". En las *Propuestas de Reforma del CPRC, junio 2007,* también se buscó establecer también la **confiscación,** en materia de **seguridad alimentaria** (art. 305) y de eliminación del **latifundio** (art. 307).

3. *La eliminación del latifundio*

El artículo 307 de la Constitución de 1999 declara al régimen latifundista como contrario al interés social, y remite al legislador para disponer lo conducente **en materia tributaria para gravar las tierras ociosas y establecer las medidas necesarias para su transformación en unidades económicas productivas,** rescatando igualmente las tierras de vocación agrícola.

Por otra parte, la norma establece el derecho de los campesinos y demás productores agropecuarios a la propiedad de la tierra, en los casos y formas especificados por la ley respectiva, con la obligación para el Estado de **proteger y promover las formas asociativas y particulares de propiedad para garantizar la producción agrícola,** y para velar por la ordenación sustentable de las tierras de vocación agrícola con el objeto de asegurar su potencial agroalimentario.

Excepcionalmente dispone el mismo artículo constitucional, que el legislador creará contribuciones parafiscales con el fin de facilitar fondos para financiamiento, investigación, asistencia técnica, transferencia tecnológica y otras actividades que promuevan la productividad y la competitividad del sector agrícola.

Tanto en el *Anteproyecto para la 1era. Reforma Constitucional PR, agosto 2007,* como en las *Propuestas de Reforma del CPRC, junio 2007,* se propuso eliminar del artículo 307 toda idea de promover la desaparición del latifundio mediante medidas **tributarias** para gravar las tierras ociosas, así como la política de transformar el latifundio en unidades económicas productivas, rescatando igualmente las tierras de vocación agrícola; por una sustitución de la disposición que estableciera que "**la República determinará mediante Ley la forma en la cual los latifundios serán transferidos a la propiedad del Estado, o de los entes o empresas públicas, cooperativas, comunidades u organizaciones sociales** capaces de administrar y hacer productivas las tierras".

Se propuso agregar a la norma, además, que, a los fines de garantizar la producción agrícola, el Estado debía **proteger y promover la propiedad social;** y que la ley **crearía tributos sobre las tierras productivas que no fueran empleadas para la producción agrícola o pecuaria.**

Por último, se propuso agregar a la norma que "se **confiscarán** aquellos fundos cuyos dueños ejecuten en ellos **actos irreparables de destrucción ambiental, los dediquen a la producción de sustancias psicotrópicas o estupefacientes o la trata de personas o los utilicen o permitan su utilización como ámbitos para la comisión de delitos contra la seguridad y defensa** de la Nación".

Debe mencionarse, por último, en materia de derechos económicos, que otra innovación de la Constitución de 1999 fue el derecho que regula el artículo 117, de todas las personas a disponer de bienes y servicios de calidad, así como a una información adecuada y no engañosa sobre el contenido y características de los productos y servicios que consumen, a la libertad de elección y a un trato equitativo y digno. En las *Propuestas de Reforma del CPRC, junio 2007,* se buscó agregar a dicha norma, en primer lugar, la indicación de que las personas también "**tienen derecho a producir socialmente**"; en segundo lugar, declarar que queda "terminantemente prohibida la paralización directa o indirecta de los **servicios de prestaciones públicas**, como consecuencia de acciones y omisiones de personas o grupo de personas que afecten el interés social", con la indicación de que "la ley determinará severamente las sanciones para este tipo de conductas y **facultará al Estado para tomar las medidas necesarias para asegurar la continuidad y eficiencia de los servicios o prestaciones públicas, en función de la primacía del interés colectivo sobre el interés individual**"; en tercer lugar, la previsión general de que los ciudadanos "de manera **individual,** así como los **comités de usuarios, consejos comunales y otras organizaciones sociales** tienen el deber y el derecho de ejercer la **vigilancia y contraloría social,** no solo sobre la calidad de los bienes y servicios, sino sobre la diligencia y la efectividad en el cumplimiento del deber de los funcionarios encargados de garantizar tales derechos y de ejercer contra ellos acciones de amparo y de cualquier índole por negación de derechos constitucionales y legales".

La política comercial se reguló en el artículo 301 de la Constitución, re-servándosela al Estado, a los efectos de defender las actividades económicas de las **empresas nacionales públicas y privadas**, disponiendo en relación con las **inversiones extranjeras que estarían sujetas a las mismas condiciones que la inversión nacional.** En las *Propuestas de Reforma del CPRC, junio 2007*, se propuso agregar dentro de los objetivos de la política comercial defender y pro-mover no sólo las actividades económicas de las empresas nacionales públicas y privadas, sino de las **empresas mixtas, cooperativas y otras unidades produc-tivas comunitarias nacionales; eliminándose toda referencia a las inversio-nes extranjeras.**

Por último, en cuanto a los ilícitos económicos, es decir, a "la especulación, el acaparamiento, la usura, la cartelización y otros delitos conexos" que confor-me al artículo 114 de la Constitución deben ser penados severamente de acuerdo con la ley; en las *Propuestas de Reforma del CPRC, junio 2007*, se buscó esta-blecer en la norma en forma más amplia que "la **destrucción de los bienes de la República y de los entes públicos, de las organizaciones sociales, cooperati-vas y comunidades indígenas,** así como el daño causado a ello por acción u omisión, **el ilícito económico, la falsificación de moneda, el tráfico ilícito de divisas, adulteración de bienes de primera necesidad, la especulación, el acaparamiento, la usura, la cartelización y otros delitos conexos,** originan responsabilidad civil y administrativa y serán penados severamente de acuerdo con la ley".

4.   *Cambios en el régimen de la intervención del Estado en la economía*

En cuanto a la intervención del Estado en la economía, la forma clásica es mediante la constitución de empresas públicas, respecto de cuya regulación, el artículo 300 de la Constitución remitió a la ley nacional para el establecimiento de las condiciones para su creación como entidades funcionalmente descentrali-zadas para la realización de actividades sociales o empresariales, con el objeto de asegurar la razonable productividad económica y social de los recursos públicos que en ellas se inviertan.

Tanto en el *Anteproyecto para la 1era. Reforma Constitucional PR, agosto 2007,* como en las *Propuestas de Reforma del CPRC, junio 2007*, se buscó cambiar la concepción de esta regulación, **eliminándose toda referencia a la descentralización** y reduciéndose la posibilidad de creación de empresas o enti-dades para la promoción y realización de **los fines de la economía socialista.** En particular, en el *Anteproyecto para la 1era. Reforma Constitucional PR, agosto 2007,* se propuso que la norma sólo se refiriera a la creación de **empresas o en-tidades regionales**, para la promoción y realización de actividades económicas o sociales, **bajo los principios de la economía socialista,** estableciendo los meca-nismos de control y fiscalización que aseguren la transparencia en el manejo de los recursos públicos que en ellas se inviertan, y su razonable productividad económica y social

En cuanto a la reserva de actividades al Estado, el artículo 302 de la Consti-tución, luego de intensos debates estableció que "el Estado se reserva, mediante la ley orgánica respectiva y por razones de conveniencia nacional, la actividad petrolera", agregando que también se puede reservar en la misma forma "industrias, explotaciones, servicios y bienes de interés público y de carácter estratégico". En esta forma, si bien la reserva de la industria petrolera efectuada mediante la Ley Orgánica de 1975, adquirió rango constitucional en el texto de 1999, ello se sujetó a lo que estableciera la ley orgánica respectiva, la cual podría ser modificada, como en efecto ha ocurrido en 2000. La reserva que se estableció en 1999, por tanto, no fue ni rígida ni absoluta, sino flexible, conforme lo estableciera la ley orgánica respectiva.

Tanto en el *Anteproyecto para la 1era. Reforma Constitucional PR, agosto 2007*, como en las *Propuestas de Reforma del CPRC, junio 2007*, se buscó cambiar radicalmente la concepción de esta regulación, proponiéndose el establecimiento de la reserva en la propia Constitución, **por razones de conveniencia nacional**, en una forma materialmente ilimitada, no sólo respecto de "**la actividad explotación de los hidrocarburos líquidos, sólidos y gaseosos**", sino de las "**explotaciones, servicios y bienes de interés público y de carácter estratégico**", sin precisión ni definición alguna. Con esta propuesta, **todo servicio que se declarase en una ley como de interés público, quedaría reservado al Estado.**

Además, se propuso agregar a la norma que "el Estado privilegiará por carácter estratégico y de soberanía, el uso de tecnología nacional para el **procesamiento de los hidrocarburos líquidos, gaseosos y sólidos**, especialmente de aquellos cuyas características constituyen **la mayoría de las reservas** y sus derivados".

Una importante innovación en la Constitución de 1999 fue la regulación en el artículo 305 de los principios y políticas en materia de producción de la agricultura sustentable y de la seguridad alimentaria. Tanto en el *Anteproyecto para la 1era. Reforma Constitucional PR, agosto 2007*, como en las *Propuestas de Reforma del CPRC, junio 2007*, se propuso agregar al artículo 305 una disposición que establecía que "si ello fuere necesario para garantizar la seguridad alimentaria, **la República podrá asumir sectores de la producción agrícola, pecuaria, pesquera y acuícola indispensables a tal efecto,** y podrá **transferir su ejercicio a entes autónomos, empresas públicas y organizaciones sociales, cooperativas o comunitarias.** Así como utilizar a plenitud las **potestades de expropiación, afectación y ocupación** en los términos de esta Constitución y la Ley".

5.   *Cambios en el régimen fiscal y económico del Estado*

En materia del régimen fiscal, por primera vez en el constitucionalismo venezolano se incorporaron al texto fundamental un conjunto de normas relativas al Banco Central de Venezuela y a la política macroeconómica del Estado (arts. 318 a 321). En particular, sobre el Banco Central de Venezuela la Constitución de 1999 le atribuyó las competencias monetarias del Poder Nacional para ejercerlas de manera exclusiva y obligatoria, estableciéndose como su objetivo fundamental lograr la estabilidad de precios y preservar el valor interno y externo de la unidad monetaria, y garantizándose su autonomía para la formulación de las políticas de su competencia. La Constitución, además, le asignó al banco para el adecuado cumplimiento de su objetivo, la atribución de formular y ejecutar la política monetaria, participar en el diseño y ejecutar la política cambiaria, regular la moneda, el crédito y las tasas de interés, administrar las reservas internacionales, y todas aquellas que establezca la ley.

A. *La eliminación de la autonomía del Banco Central de Venezuela*

Tanto en el *Anteproyecto para la 1era. Reforma Constitucional PR, agosto 2007,* como en las *Propuestas de Reforma del CPRC, junio 2007,* se propuso **cambiar total y radicalmente** el régimen de la política monetaria y del Banco Central de Venezuela, **eliminándosele sus competencias y su autonomía, y estableciendo su total dependencia directa del Ejecutivo Nacional.**

A tal efecto, se propusieron las siguientes reformas al artículo 318:

En primer lugar, se buscó precisar que **"El sistema monetario nacional debe propender al logro de los fines esenciales del Estado Socialista y el bienestar del pueblo, por encima de cualquier otra consideración."**

En segundo lugar, las competencias para fijar las políticas monetarias del Poder Nacional que la Constitución de 1999 asignó "exclusivamente" al Banco Central, se buscó **atribuírselas al Ejecutivo Nacional y al Banco Central "en estricta y obligatoria coordinación".**

En tercer lugar, se precisó que el objetivo específico del Banco Central de Venezuela, **"conjuntamente con el Ejecutivo Nacional",** era lograr la estabilidad de precios y preservar el valor interno y externo de la unidad monetaria.

En cuarto lugar, **se buscó eliminar formalmente la autonomía** del Banco Central, al disponerse que **"es persona de derecho público sin autonomía** para la formulación y el ejercicio de las políticas correspondientes", y se agregaba que sus funciones estarían **"supeditadas a la política económica general y al Plan Nacional de Desarrollo** para alcanzar los **objetivos superiores del Estado Socialista** y la mayor suma de felicidad posible para todo el pueblo".

En quinto lugar, se buscó establecer que **las funciones del Banco Central fueran "compartidas con el Poder Ejecutivo",** al proponerse precisar en el artículo 118 que para el adecuado cumplimiento de su objetivo específico, el Banco Central de Venezuela **"tendrá entre sus funciones, compartidas con el Poder Ejecutivo Nacional",** sólo **"participar** en la formulación y ejecución de la política monetaria, en el diseño y ejecución de la política cambiaria, en la regulación de la moneda, el crédito y fijación de las tasas de interés".

En sexto lugar, **se le quitaba al Banco Central de Venezuela la competencia de "administrar las reservas internacionales"** y en su lugar se propuso establecer, que **"**las reservas internacionales de la República serán manejadas por el Banco Central de Venezuela, **bajo la administración y dirección del presidente o Presidenta de la República, como administrador o administradora de la Hacienda Pública Nacional".**

Debe destacarse, que en las *Propuestas de Reforma del CPRC, junio 2007,* incluso lo que se proponía al eliminarse **la autonomía del Banco Central de**

Venezuela para la formulación y el ejercicio de las políticas de su competencia, era que el Banco debía "**colaborar y apoyar técnicamente al Ejecutivo Nacional en la formulación de las políticas monetarias, y velar por la ejecución de las mismas**", con la indicación de que debía ejercer "sus funciones en estricto **cumplimiento de la política económica, financiera, monetaria y productiva general diseñada y establecida por el Ejecutivo Nacional,** para alcanzar los objetivos superiores del Estado y la Nación"; y que debía "ejecutar la política monetaria y cambiaria **formulada por el Ejecutivo Nacional,** regular la moneda, el crédito y las tasas de interés, administrar las reservas internacionales **en estricto apego a la política general monetaria establecida por el Ejecutivo Nacional** bajo los lineamientos de esta Constitución y las leyes".

Por otra parte, en el artículo 320 de la Constitución de 1999, en relación con la coordinación macroeconómica, se estableció una detallada regulación, primero sobre la estabilidad económica y segundo sobre el Fondo de Estabilización macroeconómica. En el *Anteproyecto para la 1era. Reforma Constitucional PR, agosto 2007,* ambas regulaciones se buscó cambiarlas radicalmente.

En efecto, el artículo 320 de la Constitución de 1999 dispone que "el Estado debe promover y defender la estabilidad económica, evitar la vulnerabilidad de la economía y velar por la estabilidad monetaria y de precios, para asegurar el bienestar social", disponiéndose **la obligación** para "el ministerio responsable de las finanzas y el Banco Central de Venezuela" de contribuir "a la **armonización de la política fiscal con la política monetaria,** facilitando el logro de los objetivos macroeconómicos" y con la precisión de que "**en el ejercicio de sus funciones, el Banco Central de Venezuela no estará subordinado a directivas del Poder Ejecutivo y no podrá convalidar o financiar políticas fiscales deficitarias**".

En la norma, además, se precisó que **la actuación coordinada del Poder Ejecutivo y del Banco Central de Venezuela se debía realizar "mediante un acuerdo anual de políticas**", en el cual se debían establecer "los objetivos finales de crecimiento y sus repercusiones sociales, balance externo e inflación, concernientes a las políticas fiscal, cambiaria y monetaria; así como los niveles de las variables intermedias e instrumentales requeridos para alcanzar dichos objetivos finales". La norma del artículo 320 precisa las formalidades de dicho acuerdo, el cual debe ser firmado por el presidente del Banco Central de Venezuela y el titular del ministerio responsable de las finanzas, **el cual se debe divulgar en el momento de la aprobación del presupuesto por la Asamblea Nacional.** De acuerdo con la Constitución, es responsabilidad de las instituciones firmantes del acuerdo "que las acciones de política sean consistentes con sus objetivos", debiendo especificarse en el acuerdo, "los resultados esperados, las políticas y las acciones dirigidas a lograrlos".

En el *Anteproyecto para la 1era. Reforma Constitucional PR, agosto 2007,* se propuso eliminar todo este detallado marco regulatorio para garantizar la estabilidad económica y la coordinación entre el Ejecutivo Nacional y el Banco Central, y en su lugar se propuso que el artículo 320 tuviera la siguiente redacción: "El Estado debe promover y defender la estabilidad económica, evitar la vulnerabilidad de la economía y velar por la estabilidad monetaria y de precios, para asegurar el bienestar social. Igualmente velará por la armonización de la política fiscal con la política monetaria, para el logro de los objetivos macroeconómicos". Con ello, se eliminaba todo principio de coordinación entre el Ejecutivo Nacional y el Banco Central, el cual quedaba sin autonomía como un brazo ejecutor de lo que aquél disponga.

B.   *El control de las Reservas Internacionales por el Ejecutivo*

En cuanto al régimen del fondo de estabilización macroeconómica que el artículo 321 de la Constitución de 1999 se exige que se establezca por Ley para "garantizar la estabilidad de los gastos del Estado en los niveles municipal, regional y nacional, ante las fluctuaciones de los ingresos ordinarios", con la precisión de que el funcionamiento del fondo debe sujetarse a los "principios básicos la eficiencia, la equidad y la no discriminación entre las entidades públicas que aporten recursos al mismo".

En el *Anteproyecto para la 1era. Reforma Constitucional PR, agosto 2007,* se propuso eliminar totalmente la existencia del Fondo de Estabilización macroeconómica, y en su lugar se propuso que la norma del artículo 321 quedase redactada de manera de **atribuir "al jefe de Estado" la función "de administración de las reservas internacionales",** para lo cual **se lo autorizaba a "establecer, en coordinación con el Banco Central de Venezuela** y al final de cada año, **el nivel de las reservas necesarias para la economía nacional**, así como el monto de las **reservas excedentarias**" con la expresa indicación de que las mismas se debían destinar "**a fondos que disponga el Ejecutivo Nacional** para inversión productiva, desarrollo e infraestructura, financiamiento **de las misiones** y, en definitiva, el desarrollo integral, endógeno, humanista y socialista de la nación".

VII.   LOS CAMBIOS EN LOS DERECHOS LABORALES: UNA "REFORMA" CONSTITUCIONAL INÚTIL

En el *Anteproyecto para la 1era. Reforma Constitucional PR, agosto 2007,* se propuso la reforma de dos artículos del capítulo de la Constitución relativo a los derechos laborales, cuyo contenido, en realidad, no ameritaban de reforma constitucional alguna para su implementación.

La primera propuesta se refirió al artículo 87, básicamente en relación con al régimen de seguridad social de los trabajadores no dependientes. Dicha norma, en efecto, además de establecer que toda persona tiene derecho al trabajo y el deber de trabajar, dispone que el Estado debe garantizar la adopción de las medidas necesarias a los fines de que toda persona pueda obtener ocupación productiva, que le proporcione una existencia digna y decorosa y le garantice el pleno ejercicio de este derecho; declarando como "fin del Estado fomentar el empleo" y remitiendo a la **ley la adopción de medidas tendentes a garantizar el ejercicio de los derechos laborales de los trabajadores no dependientes**. La norma, además, exige que todo patrono debe garantizar a sus trabajadores condiciones de seguridad, higiene y ambiente de trabajo adecuados, obligando al Estado a adoptar medidas y crear instituciones que permitan el control y la promoción de estas condiciones.

La propuesta de reforma relativa a dicho artículo fundamentalmente consistió, primero, **en eliminar la declaración de que el fomento del empleo es un fin del Estado**; segundo, en **eliminar la obligación de los patronos de garantizar a los trabajadores condiciones de seguridad, higiene y ambiente de trabajo** adecuados, y sustituirla con la previsión de la **obligación del Estado de garantizar** que en todos los centros laborales se cumplan las condiciones de seguridad, higiene, ambiente y relaciones sociales acordes con la dignidad humana y de crear instituciones que permitan el control y supervisión del cumplimiento de estas condiciones de trabajo, y la formulación del principio de que en aplicación de los **principios de corresponsabilidad y solidaridad el patrono** "debe adoptar todas las medidas necesarias para el cumplimiento de dichas condiciones"; y tercero, en lugar de sólo remitir a la **ley para la adopción de medidas tendentes a garantizar el ejercicio de los derechos laborales de los trabajadores y trabajadoras no dependientes,** se propuso definir algunos contenidos de la misma al prever que "a los fines de garantizar el ejercicio de los derechos laborales de los trabajadores y trabajadoras no dependientes, como taxistas, transportistas, comerciantes, artesanos, profesionales y todo aquel que ejerza por cuenta propia cualquier actividad productiva para el sustento de sí mismo y de su familia, **la Ley creará y desarrollará todo lo concerniente a un "Fondo de estabilidad social para trabajadores y trabajadoras por cuenta propia", para que con el aporte del Estado y del trabajador,** pueda éste último gozar de los derechos laborales fundamentales tales como jubilaciones, pensiones, vacaciones, reposos, prenatal, post natal y otros que establezcan las leyes".

La verdad es que para la implementación de lo que se propuso en esta "reforma" bastaba sancionar una ley que regulara todos esos aspectos, conforme a la norma vigente. La "reforma", en realidad, nada cambiaba en relación a lo que conforme a la norma del artículo 87 de la Constitución pudiera desarrollarse por el legislador.

La segunda de las reformas propuestas en materia de derechos laborales, se refirió al artículo 90 en relación con la jornada de trabajo. En efecto, el artículo 90 de la Constitución de 1999 dispone que "**la jornada de trabajo diurna no excederá de ocho horas diarias ni de cuarenta y cuatro horas semanales**" y en los casos "en que la ley lo permita, la jornada de trabajo nocturna **no excederá de siete horas diarias ni de treinta y cinco semanales**", prohibiéndose a los patronos a "obligar a los trabajadores a laborar horas extraordinarias". El artículo, además, establece el principio de que se **debe propender "a la progresiva disminución de la jornada de trabajo** dentro del interés social y del ámbito que se determine" y se debe "disponer lo conveniente para la mejor utilización del tiempo libre en beneficio del desarrollo físico, espiritual y cultural de los trabajadores y trabajadoras"; y consagra el derecho de los trabajadores "al descanso semanal y vacaciones remunerados en las mismas condiciones que las jornadas efectivamente laboradas".

La propuesta de reforma relativa a dicho artículo fundamentalmente consistió, primero, en **reducir los límites máximos de la jornada de trabajo a seis horas diarias y treinta y seis horas semanales**, para la jornada diurna; y a **seis horas diarias ni de treinta y cuatro semanales,** para la jornada nocturna, para lo cual, en realidad, hubiera bastado la sanción de una ley, ya que lo que se establece en la Constitución es un límite máximo; y en segundo lugar, en indicar que la mejor **utilización del tiempo libre de los trabajadores no sólo es en beneficio del desarrollo físico, espiritual y cultural** de los mismos, sino además, en beneficio de **la educación, formación integral, desarrollo humano, moral, y técnico** de los trabajadores, para lo cual, de nuevo, no era necesario "reformar" la Constitución, bastando que ello se establezca en la ley.

Por tanto, en esta materia laboral, la "reforma" propuesta de los artículos 87 y 90 de la Constitución era un ejercicio inútil, pues lo que en ellas se propuso podía establecerse mediante ley en ejecución de las normas de la Constitución de 1999, tal como están redactadas[17].

VIII. LOS CAMBIOS EN EL RÉGIMEN DE LA FUERZA ARMADA: DE UN ESTADO CIVIL A UN ESTADO MILITARISTA

Otra materia que constituyó una novedad en la Constitución de 1999 es la relativa a la Fuerza Armada Nacional dentro del régimen de la seguridad y defensa, con acentuado carácter militarista.

En el *Anteproyecto para la 1era. Reforma Constitucional PR, agosto 2007*, además de **buscarse** cambiar el nombre de la institución de **Fuerza Armada Nacional por Fuerza Armada Bolivariana** (art. 156,8; 236,6; 328 y 329) y de sus componentes de **Ejército, la Armada, la Aviación y la Guardia Nacional**, por **Ejército Bolivariano, Armada Bolivariana, Aviación Bolivariana, Guardia Territorial Bolivariana y Milicia Popular Bolivariana** (Art. 329); se formularon propuestas de reforma respecto de los artículos 328 y 329 de la Constitución.

En cuanto al artículo 328 de la Constitución de 1999, el mismo dispone que la Fuerza Armada Nacional **constituye "una institución esencialmente profesional, sin militancia política, organizada por el Estado para garantizar la independencia y soberanía de la Nación y asegurar la integridad del espacio geográfico"**, mediante la defensa militar, la cooperación en el mantenimiento del orden interno y la participación activa en el desarrollo nacional, de acuerdo con esta Constitución y con la ley. La norma agrega, que "en el cumplimiento de sus funciones, **está al servicio exclusivo de la Nación y en ningún caso al de persona o parcialidad política alguna"**, siendo sus pilares fundamentales "la disciplina, la obediencia y la subordinación".

En la propuesta de reforma del artículo 328, en primer lugar, **se buscó eliminar la previsión constitucional de que la Fuerza Armada es "institución esencialmente profesional, sin militancia política"**, y en su lugar se propuso

---

17 La única explicación razonable de estas "reformas" constitucionales inútiles, es la que se derivaba de la decisión adoptada por el Consejo Nacional Electoral, de que el referendo sobre la aprobación de la Constitución debía ser "en bloque", y no separadamente, de manera que desestimulase el posible voto "NO", que podría significar votar en contra de estas mejoras laborales que, como se dijo, sin embargo, no requerían estar previstas en la Constitución para ser implementadas.

establecer que constituye "**un cuerpo esencialmente patriótico popular y anti-imperialista**". Con ello, **hubiera desaparecido la institución militar como institución profesional, y desaparecido la prohibición de que la misma no tenga militancia política, definiéndosela como "patriótico popular y antiimperialista"**, lo que buscaba abrir el camino constitucional para la integración de la Fuerza Armada **en el partido político de su Comandante en Jefe, quien ejerce la Suprema Autoridad Jerárquica en todos sus Cuerpos, Componentes y Unidades (como se proponía en la reforma del artículo 236,6 de la Constitución).**

En segundo lugar, entre los objetivos de la Fuerza Armada, además de ser organizada para "**garantizar la independencia y soberanía de la nación y asegurar la integridad del espacio geográfico**", se propuso agregar, además, que era para "**preservarla de cualquier ataque externo o interno**".

En tercer lugar, en lugar de establecerse que esos objetivos se debían lograr "**mediante la defensa militar, la cooperación en el mantenimiento del orden interno y la participación activa en el desarrollo nacional**", se propuso que se regulase que se debían lograr "**mediante el estudio, planificación y ejecución de la doctrina militar bolivariana, la aplicación de los principios de la defensa militar integral y la guerra popular de resistencia, la participación permanente en tareas de mantenimiento de la seguridad ciudadana, y conservación del orden interno, así como la participación activa en planes para el desarrollo económico, social, científico y tecnológico de la nación**". Se buscaba incorporar, en esta forma, la "**doctrina militar bolivariana**", como elemento esencial de la actuación de la Fuerza Armada, aun cuando se desconociera su contenido exacto, se buscó incorporar elementos de guerrilla como "la guerra popular de resistencia", y se buscó convertir a la Fuerza Armada en organización de policía nacional, al atribuírsele la competencia en materia de **seguridad ciudadana y conservación del orden interno.** Además, con la previsión de que entre sus funciones estaba la de participar en forma "activa en planes para el desarrollo económico, social, científico y tecnológico de la nación", **se buscaba constitucionalizar la militarización del Estado y la Administración.**

En cuarto lugar, en lugar de establecerse como lo prevé la Constitución de 1999 que en el cumplimiento de sus funciones, la Fuerza Armada "**está al servicio exclusivo de la Nación y en ningún caso al de persona o parcialidad política alguna**", se propuso sustituir esta disposición por la indicación de que en "**el cumplimiento de su función, estará siempre al servicio del pueblo venezolano en defensa de sus sagrados intereses y en ningún caso al de oligarquía alguna o poder imperial extranjero**". La consecuencia de este cambio, era **la eliminación de la prohibición impuesta constitucionalmente a la Fuerza Armada de que pueda estar al servicio de persona o parcialidad política alguna,** lo que de nuevo buscaba abrir el camino constitucional para la integración de la Fuerza Armada **en el partido político de su Comandante en Jefe, quien ejerce la Suprema Autoridad Jerárquica en todos sus Cuerpos, Componentes y Unidades (como se propuso en la reforma del artículo 236,6 de la Constitución), quien la puede poner a su servicio o al servicio del partido del gobierno.**

Recuérdese, además, que en la reforma que se propuso al artículo 236,7, se buscó atribuir al presidente de la República, en tal carácter de Comandante en jefe, la potestad de **promover a sus oficiales en todos los grados y jerarquías y designarlos o designarlas para los cargos correspondientes (art. 236,7), lo que constituye el instrumento para asegurar la sujeción política de los mismos.**

En quinto lugar, además de establecerse que sus pilares fundamentales son la Constitución y las leyes, así como la disciplina, la obediencia y la subordinación, se propuso agregar que "**sus pilares históricos están en el mandato de Bolívar: "Libertar a la patria, empuñar la espada en defensa de las garantías sociales y merecer las bendiciones del pueblo".**

En cuanto al artículo 329 de la Constitución de 1999, el mismo dispone que, "el Ejército, la Armada y la Aviación tienen como responsabilidad esencial la planificación, ejecución y control de las operaciones militares requeridas para asegurar la defensa de la Nación", y en cuanto a la Guardia Nacional, la misma debe "cooperar en el desarrollo de dichas operaciones y tendrá como responsabilidad básica la conducción de las operaciones exigidas para el mantenimiento del orden interno del país". La norma agrega que "la Fuerza Armada Nacional podrá ejercer las actividades de policía administrativa y de investigación penal que le atribuya la ley".

En la propuesta de reforma del artículo 329, en primer lugar, se propuso **aumentar a cinco los componentes militares de la Fuerza Armada Bolivariana**, como cuerpos de tierra, mar y aire, organizados administrativamente así: el **Ejército Bolivariano, la Armada Bolivariana, la Aviación Bolivariana, la Guardia Territorial Bolivariana y la Milicia Popular Bolivariana.**

En segundo lugar, se buscó disponer en la norma constitucional que los cinco componentes o cuerpos militares se debían "**estructurar en unidades combinadas de guarnición, unidades combinadas de adiestramiento y unidades de operaciones conjuntas,** tanto en el nivel táctico como en el nivel estratégico, a efectos del cumplimiento de su misión".

En tercer lugar, mediante una "Disposición Transitoria" se buscó establecer en cuanto a la Guardia Nacional, además de que la misma "**cambiará su denominación militar por el de Guardia Territorial",** que dicho cuerpo "se convertirá en un cuerpo esencialmente militar, pudiendo ser destinada por su Comandante en Jefe para conformar cuerpos de tierra, mar y aire como parte integrante de otros componentes militares; y además, que **también podrán "formarse cuerpos policiales con una parte de sus recursos humanos, técnicos y materiales".**

En cuarto lugar, en otra "Disposición Transitoria" se buscó establecer que "**las unidades y cuerpos de la reserva militar se transformarán en unidades de la Milicia Popular Bolivariana".**

Con estas reformas se buscó **terminar de acentuar el carácter político de la Fuerza Armada y el militarismo del Estado,** que se había iniciado en la propia Constitución de 1999, de cuyas normas ya había desaparecido "el carácter apolítico y no deliberante" de la Fuerza Armada que establecía el artículo 132 de la Constitución de 1961; la obligación esencial que tenía la Fuerza Armada Nacional conforme a ese mismo artículo, de asegurar "la estabilidad de las instituciones democráticas y el respeto a la Constitución y las leyes, cuyo acatamiento estará siempre por encima de cualquier otra obligación"; la tradicional prohibición de que la autoridad militar y la civil no podían ejercerse simultáneamente que establecía el artículo 131 de la Constitución de 1961; y el control por parte de la Asamblea Nacional respecto de los ascensos de los militares de alta graduación (art. 331, C. 1961).

IX. EL SENTIDO DE LO QUE PUDIERON HABER SIDO "FUTURAS" REFORMAS CONSTITUCIONALES ANUNCIADAS.

El presidente de la República, el 15 de agosto de 2007 presentó a la Asamblea Nacional un Anteproyecto de la **Primera reforma** Constitucional, lo que significó que con ello se estaba anunciando que se **propondría otras** en el progresivo proceso de destrucción de la democracia y del Estado de Derecho.

Para el diseño de las reformas constitucionales, como se dijo, en enero de 2007 el presidente designó un **Consejo Presidencial para la Reforma de la Constitución** el cual, en junio de 2007 dio a conocer una serie de propuestas de reformas constitucionales, muchas de las cuales fueron incorporadas en el **Anteproyecto** que el presidente presentó a la Asamblea Nacional en agosto de 2007, o complementan las propuestas formuladas por el presidente, por lo que se han analizado al estudiar el contenido del Anteproyecto. Las otras propuestas de reformas constitucionales formuladas por el **Consejo Presidencial para la Reforma de la Constitución que no guardan relación con el Anteproyecto,** dada la composición del referido Consejo integrado por las altas autoridades del Estado que se han mencionado, sin duda, lo lógico es que servirían de orientación para las futuras reformas, y en todo caso, sirvieron para precisar el sentido y alcance de las mismas.

A continuación, por tanto, analizaremos las propuestas formuladas por el **Consejo Presidencial para la Reforma de la Constitución** cuya divulgación se efectuó en junio de 2007 (en lo adelante: *Propuestas de Reforma del CPRC, junio 2007*), y que **no fueron** incorporadas por el presidente en su **Anteproyecto de Primera Reforma Constitucional** o que no tienen relación directa con estas.

1. *Reformas en el régimen general del Poder Público*

A. *Las nuevas orientaciones en materia de relaciones internacionales*

En las *Propuestas de Reforma del CPRC, junio 2007,* en relación con los principios que rigen las relaciones internacionales, se propuso agregar "la **Doctrina Bolivariana**", el principio de "**complementación**" "y la consolidación de un **mundo pluripolar**" (art. 152). Además, se propuso calificar la "práctica democrática" que la República debe defender en todos los organismos e instituciones, como "**participativa y protagónica**"

Por otra parte, en el 153, se buscó agregar como objetivo de la integración latinoamericana y caribeña previsto en el artículo 153 de la Constitución, de defender los intereses económicos, sociales, culturales, políticos y ambientales de la región, el de la "consolidación de los pueblos de nuestra América, como un **bloque de Poder Autónomo entre las naciones latinoamericanas**"; y que en las políticas de integración, además de privilegiar las relaciones con Iberoamérica, la República debía privilegiar las relaciones con "**los países del Sur**", como política común de toda América Latina "basada en un **Pacto de repúblicas**".

B. *Las reformas en cuanto al régimen tributario*

El artículo 316 de la Constitución de 1999 dispone que el sistema tributario debe procurar la justa distribución de las cargas públicas según la capacidad económica del contribuyente, atendiendo al principio de progresividad, así como la protección de la economía nacional y la elevación del nivel de vida de la población, y se sustentará para ello en un sistema eficiente para la recaudación de los tributos.

En las *Propuestas de Reforma del CPRC, junio* **2007,** respecto del artículo 316 sobre los principios del sistema tributario, además de establecerse que el mismo procuraría la justa distribución de las cargas públicas según la capacidad económica del o la contribuyente, atendiendo al principio de progresividad, así como protección de la economía nacional y la elevación del nivel de vida de la población, se propuso agregar el principio de la "**territorialidad de la renta, de acuerdo con el cual los tributos se cancelan al Estado en cuyo territorio esté situada la fuente o la causa de su enriquecimiento**". Con esta propuesta, se convertía a los **Estados de la Federación,** a los cuales se los minimizaba en las diversas propuestas de reforma y se les quitaba toda competencia tributaria, **en recaudadores únicos de todos los tributos nacionales.**

En cuanto al principio de la progresividad, en las propuestas de reforma 2007 se propuso la transformación del sistema tributario en un **sistema tributario socialista,** al agregar al artículo 316, expresamente, que "la ley establecerá medidas especiales para **asegurar la aplicación estricta del principio de progresividad** a los fines de que **paguen** cualitativa y cuantitativamente **más tributos quienes mayores niveles de egresos y patrimonios posean**, todo bajo la óptica de la solidaridad y el **modelo tributario socialista**".

En la Constitución de 1999 se regula, además, el principio de la legalidad tributaria (art. 317) y se estableció en forma expresa lo que constituye una novedad en nuestro ordenamiento constitucional, que es el principio de que "ningún tributo puede tener efecto confiscatorio". En las *Propuestas de Reforma del CPRC, junio* **2007,** se buscó **eliminar** del artículo 317 **la prohibición general del efecto confiscatorio de los tributos.**

En dicho artículo, después de reiterarse el principio de que no pueden cobrarse impuestos, tasas, ni contribuciones que no estén establecidos en la ley, ni concederse exenciones y rebajas, ni otras formas de incentivos fiscales, sino en los casos previstos por las leyes, se propuso agregar a la norma una **prohibición general respecto de todo tipo de estímulos fiscales,** en el sentido de que "en consecuencia, ni los Cuerpos Legislativos ni ninguna otra autoridad de la República, los Estados y Municipios podrán en ningún caso suscribir acuerdos, convenios ni contratos con el objeto de excluir a contribuyentes o grupo de contribuyentes de la aplicación de futuras reformas tributarias, ni para garantizarles la estabilidad de ciertas medidas hacendísticas. El capital financiero no podrá ser exonerado de tributos ni gozar de regímenes tributarios más favorables que el aplicado directamente en actividades productivas".

Esta propuesta prohibitiva se repitió y reiteró en las propuestas de reforma que se formularon respecto de los artículos 52, 89 y 162.

El artículo 183 de la Constitución prohíbe a los Estados y a los Municipios el establecimiento de tributos sobre importación, exportación o tránsito sobre bienes, sobre las demás materias rentísticas de la competencia nacional; y sobre consumo de bienes en casos específicos. En las *Propuestas de Reforma del CPRC, junio* **2007,** se propuso agregar al artículo 183 que se refiere a las prohibiciones a los Estados y Municipios, las siguientes prohibiciones: "**contraer deuda pública interna o externa**, salvo en lo relativo a aquellos contratos de gestión ordinaria cuya ejecución se extiende por varios ejercicios fiscales", y "celebrar **contratos, convenios o acuerdos** tendientes a **excluir a determinados contribuyentes o grupo de contribuyentes de la aplicación de la reforma tributaria** que la entidad sancione".

Ello se reiteró en las propuestas de reforma del artículo 162.

C. *Las reformas al régimen de la responsabilidad del Estado*

Una de las innovaciones importantes de la Constitución de 1999 en materia de régimen general del ejercicio del Poder Público, fue la previsión expresa del principio de la responsabilidad patrimonial del Estado; es decir, de las personas jurídicas estatales, básicamente las que resultan de la distribución vertical del Poder Público (Repúblicas, Estados y de Municipios), por los daños y perjuicios que causen los funcionarios en ejercicio de sus funciones. Dispuso así, el artículo 140 que "El Estado responderá patrimonialmente por los daños que sufran los particulares en cualquiera de sus bienes y derechos, siempre que la lesión sea imputable al funcionamiento de la Administración Pública".

La expresión "funcionamiento de la Administración Pública", de carácter muy genérico, permite que la responsabilidad del Estado se origine cuando la lesión se derive del funcionamiento normal o anormal de los servicios públicos a cargo del Estado o en general, de la actividad administrativa realizada por la Administración Pública, como estructura orgánica.

En las *Propuestas de Reforma del CPRC, junio 2007,* se buscó agregar a la norma del artículo 140, un apartado en el cual se disponía, totalmente **fuera de contexto pues parece que se refiere a un supuesto caso de responsabilidad** contractual y no de responsabilidad extracontractual que es la prevista en la norma, y además, en una forma **muy mal redactada**, que "En ningún caso se reconocerá responsabilidad cuando los daños alegados por los particulares se refieran a la falta de ingreso de beneficios económicos esperados, sean atribuibles a conflictos laborales o a conmociones públicas, o al ejercicio de poderes soberanos discrecionales".

Además, también se propuso agregar al artículo 140 una norma también **fuera de contexto pues su regulación pertenece al Código Civil**, según la cual, "los ciudadanos y ciudadanas asimismo responderán penal, administrativa y patrimonialmente por los daños que causen a los bienes del dominio público y privado de la República, así como a los de los entes o sociedades en las que esta tenga participación o al patrimonio de las comunidades, consejos comunales y otros entes de interés social protegidos por esta Constitución."

D. *Las propuestas de reformas sobre prohibiciones a los Estados*

En las *Propuestas de reforma 2007,* en el artículo 162 se propuso **agregar prohibiciones adicionales a "los Estados** de la República", indicándose que no podrían: "asumir **funciones diplomáticas ni consulares propias**; suscribir **tratados con países** ni con **organismos internacionales; contratar deuda pública**; y suscribir **convenios, acuerdos o contratos** con contribuyentes o grupos de contribuyentes específicos con la finalidad de **excluirlos de la aplicación de las reformas tributarias**". Esto mismo se volvió a proponer como reforma del artículo 183 que se refiere a las prohibiciones a los Estados y Municipios, al proponerse incluir dos ordinales (3 y 4) con las siguientes prohibiciones: "4. **Contraer deuda pública interna o externa**, salvo en lo relativo a aquellos contratos de gestión ordinaria cuya ejecución se extiende por varios ejercicios fiscales", y "5. Celebrar **contratos, convenios o acuerdos** tendientes a **excluir a determinados contribuyentes o grupo de contribuyentes de la aplicación de la reforma tributaria** que la entidad sancione".

Prohibiciones similares se repitieron en la propuesta de reforma del artículo 317 sobre el sistema tributario.

E. *Las propuestas de reformas sobre limitaciones a los municipios*

Por otra parte, es de observar que en las *Propuestas de Reforma del CPRC, junio 2007*, en el artículo 168 **se buscó eliminar de las competencias municipales** la competencia esencial del numeral 2 del artículo 168 relativa a "**la gestión de las materias de su competencia**", con lo que se vaciaría a los Municipios de todo sentido de entidad autónoma. Igualmente se propuso **eliminar** la previsión del artículo 168 de la Constitución de 1999 que dispone que las actuaciones de los Municipios, en el ámbito de sus competencias, **se deben cumplir incorporando la participación ciudadana** al proceso de definición y ejecución de la gestión pública y en el control y evaluación de sus resultados, en forma efectiva, suficiente y oportuna, conforme a la ley. En el *Anteproyecto para la 1era. Reforma Constitucional PR, agosto 2007,* en cambio se propuso **encasillar dicha participación ciudadana**, sólo "a través de los **Consejos del Poder Popular** y de los **medios de producción socialista**".

En cuanto al régimen de gobierno y administración del Municipio, el mismo corresponde al alcalde, quien, además, tiene el carácter de la primera autoridad civil (art. 174), y es electo para un período de 5 años pudiendo ser reelecto una sola vez. En las *Propuestas de Reforma del CPRC, junio 2007*, en el artículo 174 se propuso establecer la posibilidad de reelección indefinida de los Alcaldes.

Además, en las Propuestas de reforma se limitaba la autonomía municipal, al pretender agregarse al artículo 174 que los Alcaldes estarían obligados a **rendir cuenta de su gestión**, anual y públicamente, mediante un informe que presentará ante el **Consejo Municipal del Poder Popular** y ante la **Federación de los Consejos Comunales** existentes en el Municipio, y en el caso que ese informe sea improbado, sería sometido en un lapso de 30 días a la consideración de la **Asamblea Nacional para que ésta decidiera por mayoría de sus integrantes si procede su destitución.**

El artículo 175 de la Constitución, atribuye la función legislativa del Municipio al Concejo Municipal, integrado por concejales elegidos. En las *Propuestas de Reforma del CPRC, junio 2007*, en los artículos 174 y 175 al Concejo Municipal se lo denominó como **Consejo Municipal del Poder Popular.**

La Constitución de 1999, por otra parte, reguló a las Contralorías Municipales para controlar, vigilar y fiscalizar los ingresos, gastos y bienes municipales, a cargo de un Contralor designado por el Consejo Municipal, sin menoscabo del alcance de las atribuciones de la Contraloría General de la República. En las *Propuestas de Reforma del CPRC, junio 2007*, se limitaba esta manifestación de la autonomía municipal, y se propuso que la Contraloría Municipal actuase "**bajo la rectoría de la Contraloría General de la República**", estando además, **obligada** a "conocer, procesar y decidir oportunamente todas las denuncias o informaciones que sobre la materia de su competencia le formulen los ciudadanos o ciudadanas individual o colectivamente en el ejercicio de la **Contraloría Social**".

2. *Propuestas de reforma sobre el Poder Ejecutivo Nacional*

A. *Los cambios respecto de la jefatura del Estado*

En relación con el sistema presidencial de gobierno en las *Propuestas de Reforma del CPRC, junio 2007* se propuso que en el artículo 225, se estableciera que "el presidente de la República es el **jefe del estado y Jefe de gobierno, en cuya condición dirige al Ejecutivo Nacional**", incorporándose a la Constitución una terminología más propia de los sistemas parlamentarios (jefe de gobierno); y en el artículo 236,2 atribuir al presidente la facultad de "**dirigir las acciones de Estado y de Gobierno y coordinar las relaciones con los otros Poderes Públicas Nacionales** en su carácter de Jefe de Estado".

En las *Propuestas de Reforma del CPRC, junio 2007* también se buscó acentuar, como lo había propuesto el presidente de la República en su Anteproyecto, el carácter presidencialista del sistema de gobierno, al pretender eliminar la sola posibilidad de reelección inmediata del presidente por una sola, y establecer formalmente la posibilidad de **reelección indefinida** del presidente de la República (art. 230), como lo había propuesto el presidente en su Anteproyecto, y al hacer aún **más dificultosa la posibilidad de realización de un referendo revocatorio** del mandato del presidente de la República (art. 72).

Por otra parte, en cuanto a las competencias del presidente de la República, en las *Propuestas de Reforma del CPRC, junio 2007* se buscó **eliminar la necesaria aprobación de la Asamblea Nacional en relación con la formulación y**

ejecución del Plan Nacional de desarrollo por parte del presidente de la República (art. 236, 18).

B. *La búsqueda de la permeabilidad política entre el ejecutivo y el legislativo*

La Constitución de 1999 estableció el principio de la separación de poderes, lo que en la tradición del sistema presidencial, conforme al sistema de balances y contrapesos, para asegurar la separación entre la Asamblea Nacional como órgano que ejerce el Poder Legislativo y los órganos que ejercen el Poder Ejecutivo, dispuso que los diputados a la Asamblea **no pueden ser designados para cargos ejecutivos, "sin perder su investidura,** salvo en actividades docentes, académicas, accidentales o asistenciales, siempre que no supongan dedicación exclusiva" (art. 191). Ello significa, que, salvo estas excepciones, si un diputado es nombrado ministro o director de un instituto autónomo, por ejemplo, pierde su investidura de diputado, y al cesar en su cargo ejecutivo no puede volver a la Asamblea Nacional.

En las *Propuestas de Reforma del CPRC, junio 2007,* se buscó **diluir** la separación de poderes entre el Legislador y el Ejecutivo, al **eliminarse la pérdida de investidura de los diputados** cuando aceptasen cargos ejecutivos y, al contrario, se estableció una total **permeabilidad** al proponerse que los diputados a la Asamblea Nacional podían aceptar o ejercer cargos públicos sin perder su investidura, **"si son llamados para ejercer cargos cualquiera de los Poderes Públicos Nacionales, previa autorización por la mayoría de los integrantes de la Asamblea Nacional, pudiendo reincorporarse a sus funciones cuando cesen en la gestión y así lo determine la mayoría de los integrantes de la Asamblea"** (art. 191).

C. *La dilución de la responsabilidad del Ejecutivo en los Estados de excepción*

La Constitución de 1999 dispone con precisión las obligaciones del presidente y su responsabilidad, así como de los otros altos funcionarios del Ejecutivo, aún en los casos de que se decreten los Estados de excepción (art. 232).

En las *Propuestas de Reforma del CPRC, junio 2007,* si bien en el artículo 232 se propuso agregar a las obligaciones del presidente de "procurar la garantía de los derechos y libertades de los venezolanos y venezolanas, así como la independencia, integridad, soberanía del territorio y defensa de la República", la de **"procurar la mayor suma de felicidad posible, la libertad, la justicia, la igualdad, la solidaridad y el humanismo ético";** se buscab **eliminar** la previsión establecida en la Constitución de 1999 de que **la declaración de los estados de excepción no modifica el principio de su responsabilidad,** ni la del Vicepresidente Ejecutivo, ni la de los Ministros, de conformidad con esta Constitución y con la ley" (art. 232).

D. *La creación de la figura de los vicepresidentes territoriales*

El sistema presidencial venezolano no cambió por el hecho de haberse establecido en la Constitución de 1999 la figura del Vicepresidente Ejecutivo, quien es de libre nombramiento y remoción del presidente de la República (art. 238). El artículo 225 de la Constitución de 1999, sin embargo, dispone que el Poder Ejecutivo se ejerce además de "por el presidente de la República", por "el Vice presidente Ejecutivo, los ministros y demás funcionarios" que determine la Constitución, agregando el artículo 226 que "el presidente de la República es el jefe del Estado y del Ejecutivo nacional, en cuya condición dirige la acción de gobierno".

Sin embargo, para reforzar aún más el presidencialismo, las *Propuestas de Reforma del CPRC, junio 2007*, buscó invertir el sentido de las normas de los artículos 225 y 226. Se propuso que el artículo 225 estableciera que "el presidente de la República es el **jefe del estado y Jefe de gobierno**, en cuya condición dirige al Ejecutivo Nacional", incorporándose a la Constitución una terminología más propia de los sistemas parlamentarios (jefe de gobierno); y se propuso que en el artículo 226 (que recoge el texto del 225 de la Constitución de 1999), se agregase que además de al Vicepresidente Ejecutivo, el presidente podía nombrar "**Vicepresidentes para determinado territorio, sector o materia**, quienes tendrán las competencias que este les asigne". Esta previsión se repitió en la propuesta de reforma de los artículos 236,3; 238; 239,10; 241, y 243. Se trató de una nueva figura para reforzar la acción directa del presidente en el territorio o en materias, independientemente del sistema de distribución vertical del Poder Público o de las posibles autonomías, que se estableciera, con lo que se acentuaba aún más el **centralismo de Estado controlado por el presidente**. En las Propuestas de reforma 2007, sin embargo, los vicepresidentes contradictoriamente no aparecieron como miembros del Consejo de Ministros, y solo se previó que podían ser convocados al mismo (art. 242).

Por otra parte, conforme al artículo 240, la aprobación de una moción de censura al Vicepresidente Ejecutivo, por una votación no menor de las 3/5 partes de los integrantes de la Asamblea Nacional, implica su remoción. En estos casos, el funcionario removido no puede optar al cargo de Vicepresidente Ejecutivo o de ministro por el resto del período presidencial. En las *Propuestas de Reforma del CPRC, junio 2007*, se reducía la **incompatibilidad** para alguno de los vicepresidentes removidos de poder ser designado **ministro** que establece el artículo 240 de la Constitución de 1999, y solo dispuso la incompatibilidad para optar al cargo de **vicepresidente ejecutivo** para el resto del período.

3. *Las reformas en relación con el Poder Legislativo Nacional: la Asamblea Nacional*

A. *La asamblea del Poder Popular*

El Poder Legislativo Nacional se ejerce por la Asamblea Nacional como cuerpo unicameral, con lo que la Constitución de 1999 cambió radicalmente la tradición **bicameral** que caracterizaba a los órganos del Poder Legislativo Nacional, lo que por lo demás es contradictorio con la forma federal del Estado, y con la descentralización política.

Ahora, en las *Propuestas de Reforma del CPRC, junio 2007*, se buscó cambiar la denominación de la Asamblea Nacional por la de "Asamblea Nacional del Poder Popular" (art. 186); y, además, ampliar sus competencias. Eso se propuso en relación con la atribución del Tribunal Supremo de Justicia para decretar, sin mayores precisiones "la destitución del presidente de la República" (art. 233). En las *Propuestas de Reforma del CPRC, junio 2007*, se buscó limitar esta potestad del Tribunal Supremo de Justicia, al exigirse que la **destitución decretada por el Tribunal Supremo de Justicia**, quedaba sujeta a la "previa aprobación de la Asamblea Nacional" (art. 233), lo que reforzaba la concentración del poder en la Asamblea. Por otra parte, en cuanto a las causales de falta absoluta del presidente de la República, en las propuestas de reforma 2007 se buscó exigir que en los casos de **renuncia del presidente,** esta debía ser "escrita, suscrita y debidamente aceptada por la Asamblea Nacional" (art. 233) lo que de nuevo buscaba reforzar la concentración de poder en la Asamblea.

Además, las *Propuestas de Reforma del CPRC, junio 2007* buscaron ampliar las competencias de la Comisión Delegada de la Asamblea, **agregándose a las atribuciones** de la misma previstas en el artículo 196 de la Constitución de 1999, las de "7. Autorizar al Ejecutivo Nacional para celebrar contratos de interés nacional, en los casos establecidos en la ley; y 8. Autorizar el empleo de misiones militares venezolanas en el exterior o extranjeras en el País".

B. *Los cambios en materia de revocación de mandato de diputados*

De acuerdo con el artículo 198 de la Constitución, el mandato de los diputados puede ser revocado, y en esta materia, la Constitución reguló expresamente los efectos de la revocatoria al disponer que "no podrá optar a cargos de elección popular en el siguiente período" (art. 198).

En las *Propuestas de Reforma del CPRC, junio 2007* **se buscó eliminar esta congruente y democrática incompatibilidad** de que una vez revocado el mandato, el diputado revocado no pueda optar a cargos de elección en el siguiente período, y solamente establecer, en cambio, que el diputado "revocado, no podrá optar a cargos de elección durante el período para el cual había sido electo".

C. *Los cambios en el procedimiento de formación de las leyes y la eliminación de los mecanismos de consulta*

Una innovación de importancia en materia de formación de las leyes en la Constitución de 1999, fue la establecida en el artículo 211 en el sentido de que durante el procedimiento de discusión y aprobación de los proyectos de leyes, la Asamblea Nacional o las Comisiones Permanentes, **deben consultar** a los otros órganos del Estado, a los ciudadanos y a la sociedad organizada para oír su opinión sobre los mismos (art. 206).

En las *Propuestas de Reforma del CPRC, junio 2007* se buscó eliminar la participación política en la consulta de las leyes, al eliminarse la exigencia de que la ley debe establecer **"mecanismos de consulta a la sociedad civil"**, como lo prevé el artículo 206, y sustituirla por la expresión **"mecanismos de consulta al pueblo"** que es más imprecisa y elusiva para establecer dichos mecanismos; y en particular, **eliminar toda consulta posible a los Estados**, cuando una ley afecte sus intereses, sustituyéndose el derecho de palabra que tienen **los Estados a través de un o una representante designado o designada por el Consejo Legislativo**, como lo dispone el artículo 211, por "los representantes del los **Consejos comunales** designados".

Por otra parte, en cuanto a la sanción de las leyes, las *Propuestas de Reforma del CPRC, junio 2007* buscaron agilizar extremadamente el proceso de formación de las leyes, proponiendo **eliminar la exigencia de las dos discusiones necesariamente en días diferentes**, lo que significaba que una ley podía recibir **las dos discusiones en un solo día** (art. 207); y eliminando la exigencia de devolución a la Comisión respectiva para que con el tiempo necesario elaborase un informe para la segunda discusión, sustituyendo ese procedimiento por uno que permitiera que en caso de modificaciones "puedan ser **corregidas en la misma sesión**" quedando sancionada la ley, y proponiendo que en "caso contrario la Comisión correspondiente hará las correcciones respectivas y **en la sesión siguiente entregará** la versión para su lectura y sanción de la Ley".

D. *Los cambios en materia de control parlamentario*

Tanto la Asamblea como sus Comisiones pueden realizar las investigaciones que juzguen convenientes en las materias de su competencia, de conformidad con el reglamento, estando los funcionarios públicos obligados a suministrar las informaciones y documentos que le sean requeridos (art. 223). Las *Propuestas de Reforma del CPRC, junio 2007* buscaron limitar las facultades de control al establecer, por una parte, como excepción general a la obligación de los funcionarios de suministrar las informaciones y documentos que les requieran la Asamblea o las Comisiones en sus funciones de control, al agregar al artículo 223 que "podrán excepcionarse de prestar determinadas informaciones **cuando ello afecta la seguridad y defensa de la nación o la materia de reserva legal"**; y por la otra que cuando se tratase de la **comparecencia de las máximas autoridades de los poderes públicos, las Comisiones no podían acordarla** sino que la misma debía ser aprobada por la Directiva de la Asamblea Nacional (art. 224).

4. *Las reformas en relación con El Poder Judicial*

A. *La restricción de la autonomía presupuestaria del Poder Judicial*

El principio de la independencia del Poder Judicial está declarado en el artículo 254 de la Constitución, el cual, además, establece la autonomía financiera del mismo, al disponerse que dentro del presupuesto general del Estado se le debe asignar al sistema de justicia una partida anual variable, no menor del 2% del presupuesto ordinario nacional.

En las *Propuestas de Reforma del CPRC, junio 2007,* se **eliminaba este principio de autonomía presupuestaria** y solo se establecía que "a tal efecto, dentro del presupuesto general del Estado se le asignará al sistema de justicia una **partida anual suficiente del presupuesto ordinario nacional**, para su efectivo funcionamiento (art. 236, 18).

B. *La eliminación de las jurisdicciones en la Constitución*

En la Constitución de 1999 se establecieron normas expresas regulando las **jurisdicciones: constitucional** (art. 334), **disciplinaria judicial** (art. 267), contencioso-administrativo (art. 259), electoral (art. 297), **penal militar** (art. 261), **justicia de paz y jurisdicción indígena** (art. 260).

En las ***Propuestas de Reforma del CPRC, junio 2007***, en una confusión entre "Jurisdicción" como conjunto de órganos judiciales con competencias específicas como siempre se ha usado el término en el derecho venezolano, y "jurisdicción" como la función estatal de decidir sobre derecho en casos concretos, particularmente atribuida como función propia a los órganos del Poder Judicial, o "jurisdicción" como ámbito de acción territorial de los órganos del Estado; se propuso **eliminar de la Constitución la denominación de "Jurisdicción" y sustituirla por** "competencia". Así se propuso en relación con la **Jurisdicción Contencioso Administrativa** (art. 259), jurisdicción de los pueblos indígenas (art. 260) **jurisdicción penal militar** y **jurisdicciones especiales** (art. 261), **Jurisdicción Constitucional** (266,1), y **Jurisdicción disciplinaria judicial** (art. 267, 270) y la **Jurisdicción contencioso electoral** (art. 297); la cual se buscó entonces denominar como **competencia contencioso administrativa** (art. 259), competencia en las instancias judiciales de los pueblos indígenas (art. 260; **competencia penal militar** y competencias especiales (art. 261), **competencia constitucional** (266,1), **competencia disciplinaria judicial** (art. 267) y **competencia contencioso electoral** (art. 297). **Para sólo destacar el tema de la Jurisdicción contencioso administrativa o de la Jurisdicción Constitucional, la propuesta de reforma ignoraba los principios más elementales y universales del derecho administrativo y del derecho constitucional.**

Las Propuestas de reforma 2007, además, en relación con los medios alternativos de solución de conflictos, como el **arbitraje, la conciliación y la mediación** que el artículo 258 exigen que deben ser promovidos, buscó limitar su aplicación en "lo **relativo a la propiedad pública y social, materias atinentes al orden público** y demás excepciones establecidas en esta Constitución".

En relación con las instancias de **justicia de los pueblos indígenas** se **eliminaba** la limitación de su uso en materias que sean contrarios al **orden público** (art. 260).

En cuanto a la **Jurisdicción penal militar**, que se pretendió denominar, competencia penal militar, **se eliminaba la exigencia de la Constitución (art. 261) de que se regirán por el sistema acusatorio** remitiéndose solo a lo que disponga el Código Orgánico de Justicia Militar; y además **se eliminaba** el principio fundamental de que "**la comisión de delitos comunes, violaciones de derechos humanos y crímenes de lesa humanidad, serán juzgados por los tribunales ordinarios**" que establece el artículo 261, con lo que se abría la posibilidad de que esos delitos cometidos por militares se juzgasen por **tribunales militares.**

Por último, en las ***Propuestas de Reforma del CPRC, junio 2007,*** sin embargo, se **eliminaba este principio de la elección popular y democrática por votación universal, directa y secreta de los jueces de paz** sustituyéndose la elección popular directa por la **designación "por la asamblea de ciudadanos** por votación universal, directa y secreta conforme a la ley".

C. *La absurda constitucionalización de la ausencia de jurisdicción disciplinaria*

La Constitución dispone que los jueces sólo pueden ser removidos o suspendidos de sus cargos mediante los procedimientos expresamente previstos en la ley (art. 255), es decir, los juicios disciplinarios, llevados por jueces disciplinarios, los cuales hasta ahora no se han establecido, y en cambio, por la prolongación de la transitoriedad constitucional, continúa funcionamiento una Comisión de Funcionamiento del Poder Judicial inicialmente creada por la Asamblea Constituyente en 1999.

En las ***Propuestas de Reforma del CPRC, junio 2007,*** se **legitimaba y regularizaba esta transitoriedad,** al disponerse que "mientras no se constituyan los tribunales, estará a cargo de **una comisión judicial** integrada por los presidentes de las diferentes Salas del Tribunal Supremo. En ejercicio de la competencia disciplinaria, se podrá suspender o remover a los jueces provisorios o titulares" art. 267)

D. *Las reformas al Tribunal Supremo de Justicia*

La Constitución de 1999 creó el Tribunal Supremo de Justicia en sustitución de la Corte Suprema de Justicia, el cual funciona en Sala Plena y en Salas Constitucional, Político-Administrativa, Electoral, de Casación Civil, Casación Penal y de Casación Social, cuya integración y competencia deben ser determinadas por su ley orgánica, regulándose sólo la competencia de la Sala Social en lo referente a la casación agraria, laboral y de menores (art. 262).

En las ***Propuestas de Reforma del CPRC, junio 2007,*** sin embargo, se **eliminaba la enumeración de las Salas del Tribunal Supremo**, remitiéndose la integración, competencia y funcionamiento de las mismas a la ley (arts. 262, y art 266). Ello implicaba, ante todo, **la eliminación del rango constitucional de la Sala Constitucional** como el **órgano de la Jurisdicción Constitucional.**

Por otra parte, en relación con el artículo 264 sobre el período de doce años de los magistrados del Tribunal Supremo, en las ***Propuestas de Reforma del CPRC, junio 2007*** se establecía un período **de seis años** para los magistrados, pudiendo ser **reelegidos por una sola vez** (art. 264).

Por otra parte, el artículo 263 de la Constitución establece con todo detalle los requisitos para ser Magistrado del Tribunal Supremo de Justicia, entre los que está el haber ejercido la abogacía durante un mínimo de 15 años, o haber sido profesor universitario en materias jurídicas durante un mínimo de 15 años y tener el rango de profesor titular, o haber sido juez por un mínimo de 15 años

En las *Propuestas de Reforma del CPRC, junio 2007*, se relajaban estos estrictos requisitos, y se disponía que el requisito de ejercicio de la abogacía era **solo durante un mínimo de 10 años**; que el requisito de haber sido profesor universitario en ciencia jurídica era **solo durante un mínimo de diez años, eliminándose el requisito de ser profesor titular**; en cuanto al requisito de haber sido juez por un mínimo de 15 años, **se eliminaba**, sustituyéndoselo por haberse **desempeñado en el Sistema Judicial por un mínimo de 10 años** (art. 263).

E. *La eliminación de la Jurisdicción Constitucional (Sala Constitucional)*

El Tribunal Supremo de Justicia, ejerce, en exclusiva, a través de la Sala Constitucional la Jurisdicción constitucional (art. 334); es la máxima autoridad judicial en la jurisdicción contencioso-administrativa (art. 259); resuelve los conflictos entre autoridades judiciales; conoce en exclusiva de los recursos de casación y de interpretación y tiene a su cargo declarar si hay o no méritos para el enjuiciamiento de altos funcionarios (art. 266).

En las *Propuestas de Reforma del CPRC, junio 2007*, en el artículo 266 sobre las atribuciones del Tribunal Supremo de Justicia, **se eliminaba la referencia a la Jurisdicción Constitucional** y se la sustituía por la de "competencia constitucional" (art. 266,1); en cuanto al **antejuicio de mérito** se agregaba "a los "**integrantes de los Parlamentos regionales** elegidos nacionalmente por voto popular, y en cuanto a los militares se precisaba que se aplicaba solo a los **Almirantes y generales** (art. 266,3); en cuanto a la competencia para dirimir **controversias administrativas** se agrega a las que se susciten entre **Consejos Comunales** de un mismo Estado (art. 266,4)

F. *Las reformas al sistema de gobierno y administración del sistema judicial*

Una de las innovaciones de la Constitución de 1999 fue el atribuir al Tribunal Supremo de Justicia el "Gobierno y la Administración del Poder Judicial", eliminando al Consejo de la Judicatura que como órgano con autonomía funcional ejercía estas funciones conforme a la previsión del artículo 217 de la Constitución de 1961.

En las *Propuestas de Reforma del CPRC, junio 2007*, se buscó reformar el artículo 267 para establecer directamente en la Constitución que la dirección, el gobierno y la administración del Poder Judicial, lo ejercería el Tribunal Supremo "a través de la **Magistratura,** cuyo titular será **designado por la Asamblea Nacional**, mediante el mismo procedimiento de nombramiento de los magistrados". En esta forma, se **limitaba la potestad del Poder Judicial** en cuanto al gobierno y administración del Poder Judicial, con la intervención de la Asamblea Nacional.

En las Propuestas de reforma 2007, además, se atribuía a los tribunales disciplinarios, además de la jurisdicción disciplinaria sobre los jueces, "la **inspección y vigilancia de los Tribunales**", eliminándose esta competencia de las que tiene el Tribunal Supremo. Sin embargo, como dichos tribunales no se habían regulado y creado, en la propuesta de reforma 2007 se propuso regular transitoriamente el tema disponiéndose que "mientras no se constituyan los tribunales, estará a cargo de una comisión judicial integrada por los presidentes de las diferentes salas del Tribunal Supremo" (art. 267).

Además, se buscó **limitar una vez más el carácter del Tribunal Supremo de Justicia** como rector del sistema judicial, y se atribuía a la **Asamblea Nacional** la competencia para **designar al titular del Sistema autónomo de Defensa Pública** con el mismo procedimiento como se designan los magistrados (art. 268).

En cuanto al sistema penitenciario, en las Propuestas de reforma 2007 se **eliminaba** tanto la necesidad de que se crease un ente penitenciario con carácter **autónomo** y personal exclusivamente técnico y exigencia de su **administración descentralizada** a cargo de los gobiernos estadales, o municipales, como la **posibilidad de que fueran sometidos a modalidades de privatización** (art. 272).

5.   *Las reformas en relación con el Poder ciudadano*

Otra innovación de la Constitución de 1999 fue declarar formalmente como formando parte de la distribución del Poder Público Nacional, además del Poder Legislativo Nacional, del Poder Ejecutivo Nacional y del Poder Judicial, tanto al Poder Ciudadano como al Poder Electoral (art. 136). En cuanto al Poder Ciudadano, el mismo lo ejercen dos órganos de rango Constitucional con tradición en el país, como la Contraloría General de la República y el Ministerio Público (Fiscalía General de la República) y un órgano nuevo creado por la Constitución de 1999, el Defensor del Pueblo, en la orientación general de los organismos similares creados en toda América Latina.

De acuerdo con la Constitución, a los efectos del nombramiento de los titulares de los órganos del Poder Ciudadano por la Asamblea Nacional, el Consejo Moral Republicano debe convocar un Comité de Evaluación de Postulaciones del Poder Ciudadano, que debe estar integrado por representantes de diversos sectores de la sociedad.

En las *Propuestas de Reforma del CPRC, junio 2007*, se buscó **cambiar radicalmente** el régimen del **Comité de Evaluación del Poder Ciudadano**, atribuyéndose a **la Asamblea Nacional** la potestad de convocarlo, disponiendo su integración, **no por representantes de los diversos sectores de la sociedad** como exige el artículo 279 de la Constitución de 1999, sino **"por Diputados y voceros de los diferentes sectores del Poder Popular"** (art. 279). Se propuso, además, **la eliminación** de la exigencia del nombramiento de los miembros del Poder Ciudadano por el voto favorable de las **dos terceras partes** de sus integrantes de la Asamblea Nacional, por sólo **la mayoría de sus integrantes**.

Por otra parte, en las *Propuestas de Reforma del CPRC, junio 2007*, se propuso que la Asamblea Nacional **pudiera remover a los integrantes del Poder Ciudadano por la mayoría de sus integrantes.** (art. 279).

Por último, en relación con la Contraloría General de la República (art. 287), dado su ámbito de control sobre ingresos, gastos y bienes nacionales, las funciones de la misma se establecieron en la Constitución "sin perjuicio de las facultades que se atribuyan a otros órganos en el caso de los Estados y Municipios, de conformidad con la ley"(art. 289,1); y en cuanto al control de la deuda pública, la misma la ejerce la Contraloría "sin perjuicio de las facultades que se atribuyen a otros órganos en el caso de los Estados y Municipios, de conformidad con la Ley"(art. 289,2).

En las *Propuestas de Reforma del CPRC, junio 2007,* **se eliminaba** toda referencia a que las funciones de la Contraloría General de la República se ejerce **"sin perjuicio de las facultades que se atribuyan a otros órganos en el caso de los Estados y Municipios,** de conformidad con la ley"(art. 289,1); o en materia de deuda pública, **"sin perjuicio de las facultades que se atribuyen a otros órganos** en el caso de los Estados y Municipios, de conformidad con la Ley"(art. 289,2)

Por otra parte, para asegurar el **predominio de la Contraloría General de la República** en materia de control fiscal, particularmente **sobre los Estados y Municipios,** en las *Propuestas de Reforma del CPRC, junio 2007* se propuso agregar al artículo 290 que remite a la ley la regulación de lo relativo a la organización y funcionamiento de la misma, que: "las funciones de control de la Contraloría General de la República podrán extenderse de acuerdo con la ley a los institutos autónomos, empresas del Estado, fundaciones y todos los demás entes en los cuales la República tenga participación o aporte fondos. La ley determinará así mismo, lo relativo al sistema nacional de control fiscal en los ámbitos nacional, estadal y municipal y proveerá lo conducente para asegurar la idoneidad, probidad y estabilidad de los **Contralores Estadales y Municipales, cuya selección se hará mediante concurso público convocado por la Contraloría General de la República y serán designados y destituidos por el Contralor General".**

6.   *Las reformas en relación con el Poder Electoral*

Otra innovación de la Constitución de 1999 fue que elevó al rango constitucional al órgano de control electoral, a cuyo efecto el artículo 292 dispone que el Poder Electoral se ejerce por el Consejo Nacional Electoral como ente rector.

En las *Propuestas de Reforma del CPRC, junio 2007,* **se eliminaba** la competencia que el artículo 293,7 le asigna al Poder Electoral en materia de **Registro Civil,** y se **eliminaba,** además, **la potestad del Poder Electoral de intervenir en el funcionamiento interno de las asociaciones, proponiéndose** en la norma del ordinal 6 del artículo 293, que se asigne al Consejo Nacional Electoral, competencia sólo para **"asesorar** las elecciones de sindicatos, gremios profesionales y organizaciones con fines políticos **cuando estos lo soliciten"** así como para **"cooperar** en los procesos electorales de **otras organizaciones del Poder Popular a solicitud de estas,** o por orden del Tribunal Supremo de Justicia".

Por otra parte, el artículo 296 exige que el Consejo Nacional Electoral debe estar integrado por cinco personas no vinculadas a organizaciones con fines políticos; postulados por un Comité de Postulaciones Electorales de candidatos, el cual debe estar integrado por representantes de los diferentes sectores de la sociedad, de conformidad con lo que establezca la ley (art. 295). Lamentablemente, la Ley Orgánica del Poder Electoral lo que organizó en lugar del Comité, fue una comisión parlamentaria ampliada, sujeta al parlamento.

En las **Propuestas de Reforma del CPRC, junio 2007,** se establecía directamente que el Comité de Postulaciones Electorales, integrado por representantes de los diferentes sectores de la sociedad, **sería designado por la Asamblea Nacional** (art. 295).

Además, en el artículo 296, se buscó sustituir la postulación de unos miembros del Comité por "**la sociedad civil**", como lo indica el artículo 296 de la Constitución, por "**los sectores sociales del pueblo organizado**"; y la postulación de otros en lugar de por "las **universidades nacionales**" por las "**universidades públicas**" (art. 296).

En las *Propuestas de Reforma del CPRC, junio 2007,* además, se buscó **eliminar** la necesidad del voto de las **dos terceras partes de los integrantes de la Asamblea Nacional** para designar los miembros del Consejo Nacional Electoral, por el voto de la **mayoría absoluta** de sus integrantes (art. 296).

7. *Las reformas en el régimen de los Derechos Individuales*

En esta materia de los derechos constitucionales y, en particular, en relación con los derechos humanos, sin duda, la Constitución de 1999 fue un texto en el cual se incorporaron notables innovaciones signadas por la progresividad de la protección de los derechos humanos. Lamentablemente, en esta materia las *Propuestas de Reforma del CPRC, junio 2007* **tuvieron un notable carácter regresivo, completamente contrario al principio de progresividad que se establece en el artículo 19 de la Constitución, que configuran al Estado como un Estado Policial.**

A. *Los cambios en el régimen general de los derechos humanos*

El artículo 19 de la Constitución de 1999 dispone que el Estado debe garantizar a toda persona, conforme al principio de progresividad y sin discriminación alguna, el goce y ejercicio irrenunciable, indivisible e interdependiente de los derechos humanos. En las *Propuestas de Reforma del CPRC, junio 2007* se buscó agregar al artículo 19, como titulares de los derechos humanos que el Estado debe garantizar, además de a las personas, "**a las colectividades**".

En el artículo 20 de la Constitución de 1999 se consagró el principio de la libertad, al establecer que "toda persona tiene derecho al libre desenvolvimiento de su personalidad, sin más limitaciones que las que derivan del derecho de las demás y del orden público y social. En las *Propuestas de Reforma del CPRC, junio 2007,* se buscó ampliar las **posibilidades de imponer limitaciones** al ejercicio de los derechos constitucionales, al agregarse a las que derivan del derecho de los demás y del orden público y social, las que puedan derivarse "**del interés general**" y de los "**deberes constitucionales**".

Esta ampliación de las limitaciones al ejercicio de los derechos humanos, los **dejaba a la merced de la política de Estado** que se estableciera derivada de las **normas constitucionales de orientación ideológica** que se proponían en la reforma. De manera que, por ejemplo, al proponerse en el artículo 62 el deber constitucional del Estado y la sociedad de propiciar la participación del pueblo "para la construcción de la **sociedad socialista**", los derechos humanos podían ser **limitados para asegurar el cumplimiento de ese "deber" ideológico,** lo cual implicaba, con esta propuesta de reforma, la **posibilidad de "criminalizar" la disidencia.**

Por otra parte, los derechos humanos garantizados y protegidos conforme a la Constitución de 1999, no son sólo los enumerados en su texto sino todos los demás que sean inherentes a la persona humana no enunciados incluso en los instrumentos internacionales. Con ello, los derechos inherentes a las personas adquirieron una posibilidad y dimensión muy extensa. Sin embargo, en las *Propuestas de Reforma del CPRC, junio 2007*, en el artículo 22 **se reducía la enumeración** de los derechos humanos para servir de parámetro en la identificación de derechos inherentes a las personas, sólo a los indicados en la **Constitución y en los tratados internacionales** sobre derechos humanos suscritos y ratificados por la República.

En la propuesta de reforma, además, se determinaba la posibilidad de establecer derechos inherentes no sólo de las personas como derechos individuales, sino también como **derechos colectivos.**

Igualmente, en las *Propuestas de Reforma del CPRC, junio 2007* se propuso calificar el ámbito de los derechos en caso de falta de ley reglamentaria, al modificar la tradicional frase de que "la falta de ley reglamentaria de estos derechos no menoscaba el ejercicio de los mismos" por la frase de que "la falta de ley que desarrolle estos derechos no menoscaba **el goce** y el ejercicio **real y efectivo** de los mismos".

Por último, una de las grandes innovaciones de la Constitución de 1999 en esta materia de derechos humanos, fue el haberle otorgado rango constitucional a los tratados internacionales sobre derechos humanos, disponiendo la aplicación prevalente de los mismos en relación con la Constitución y las leyes, si establecen normas más favorables; y además, la aplicación inmediata y directa de los mismos por los órganos que ejercen el Poder Público.

En las *Propuestas de Reforma del CPRC, junio 2007* se buscó reducir y minimizar los importantes efectos protectivos de derechos humanos establecidos en esta norma del artículo 23 de la Constitución de 1999, **eliminándose totalmente la jerarquía constitucional y su prevalencia sobre el orden interno**, al formularse la norma en el sentido de que "los tratados, pactos y convenciones relativos a derechos humanos, suscritos y ratificados por Venezuela, **mientras se mantenga vigentes, forma parte del orden interno, y son de aplicación inmediata y directa por los órganos del Poder Público".**

La eliminación de la jerarquía constitucional de los tratados de derechos humanos y su valor prevalente sobre lo regulado en el orden interno, era un **duro golpe al principio de la progresividad** en la protección de los derechos que se recoge en el artículo 19 de la Constitución, que no permite regresiones en la protección de los mismos.

Además, en las propuestas de reforma 2007 se buscó agregar a la norma del artículo 23 que "**Corresponde a los tribunales de la República conocer de las violaciones sobre las materias reguladas en dichos Tratados**", lo que no tendría mayor efecto pues los tribunales tienen esa competencia, pero no exclusiva. Sin embargo, la propuesta de reforma no buscó ratificar la competencia de los tribunales nacionales, sino que lo lamentablemente buscó fue establecer una **prohibición constitucional para la aplicación de la Convención Americana de Derechos Humanos en cuanto a la competencia que tiene la Corte Interamericana de Derechos Humanos** para conocer de las violaciones de la misma. Con una norma de este tipo, Venezuela había quedado **excluida de la jurisdicción de dicha Corte internacional y del sistema interamericano** de protección de los derechos humanos.

B. *La regresión en el régimen general de las garantías constitucionales*

En la Constitución de 1999 también se incorporaron un conjunto de regulaciones muy importantes, relativas a las garantías constitucionales de los derechos humanos, es decir, de los instrumentos que permiten hacer efectivo el ejercicio de los derechos.

En tal sentido en el artículo 21 de la Constitución se reguló ampliamente la garantía de la igualdad ante la ley con un contenido muy rico en contra de todo tipo de discriminaciones.

En las propuestas de reforma 2007 se buscó ampliar el ámbito protectivo contra las discriminaciones al agregarse nuevos elementos en el ordinal primero del artículo: primero, para garantizar la no discriminación, no sólo por motivos fundados "en la raza, el sexo, el credo, la condición social" como dice la Constitución de 1999, sino además, en **la etnia, la nacionalidad, la condición económica o de salud, la edad, el idioma y la discapacidad; y segundo, para asegurar que no sólo no se admiten discriminaciones** que en general, "tengan por objeto o por resultado anular o menoscabar el reconocimiento, goce o ejercicio en condiciones de igualdad, de los derechos y libertades de toda persona", sino las que "tengan por objeto o por resultado **transgredir**, anular o menoscabar el reconocimiento, goce o ejercicio, **individual o colectivo** en condiciones de igualdad, **inclusión y solidaridad** de los derechos y libertades de toda persona".

En la Constitución de 1999 se estableció, además, la garantía de la irretroactividad de la ley en relación con toda "disposición legislativa" (art. 24), cualquiera que pueda ser el contenido de su regulación, y por tanto, no sólo en materia penal. La consecuencia es que por supuesto, también en materia civil, laboral, administrativa, comercial o de cualquier otra índole la garantía de la irretroactividad es esencial para el ejercicio de los derechos humanos. En las *Propuestas de Reforma del CPRC, junio 2007* lamentablemente se buscó reducir la garantía de la irretroactividad de la ley, al **limitársela a la "materia penal"**, lo que también debe considerarse como una regresión y **violación del principio de la progresividad**.

En cuanto a la garantía de la nulidad de los actos violatorios de derechos constitucionales y de la previsión de la responsabilidad de los funcionarios que los dicten o ejecuten, la Constitución la reguló siguiendo la tradición constitucional (art. 25) anterior. En las *Propuestas de Reforma del CPRC, junio 2007,* se buscaba cambiar la redacción en algunos aspectos de la norma, y se propuso disponer que son nulos los actos dictados en ejercicio del Poder Público cuando violen o menoscaben "los **derechos y garantías contemplados** en la Constitución", en lugar de "**los derechos garantizados por esta Constitución**", agregándose además del efecto de la nulidad, que dichos actos "**no generarán efecto alguno**".

En cuanto a las responsabilidades de los funcionarios derivadas de ordenar o ejecutar dichos actos, en la propuesta de reforma se agregó a la responsabilidad penal, civil y administrativa, la responsabilidad **disciplinaria,** quizás sin percatarse que esta es una especie de la responsabilidad administrativa respecto de los funcionarios.

Por último, entre las garantías constitucionales, en el artículo 29 de la Constitución se estableció expresamente la obligación del Estado de investigar y sancionar legalmente los delitos contra los derechos humanos cometidos por sus autoridades; enumerándose una serie de delitos respecto de los cuales las acciones penales son imprescriptibles. En las *Propuestas de Reforma del CPRC, junio 2007*, sin duda confundiendo el sentido protectivo de la norma, se agregaba que la obligación del Estado de investigar y sancionar legalmente los delitos contra los derechos humanos no sólo se refiere a los cometidos por sus autoridades sino además, "**por los particulares**", lo que era absolutamente inútil pues ello es de la **esencia de la función judicial y de los tribunales.** La norma, en realidad lo que persigue es garantizar que los delitos cometidos por funcionarios no queden impunes, amparados por la potestad estatal**.**

En las *Propuestas de Reforma del CPRC, junio 2007*, además, en relación a la **imprescriptibilidad de la acción penal** en relación con los delitos de lesa humanidad, violaciones graves a los derechos humanos y los crímenes de guerra, se buscó agregar "las **violaciones a los derechos de niños, niñas y adolescentes, la desaparición forzada de personas**".

Además, se propuso sustituir la garantía judicial prevista en la norma, al proponerse cambiar la redacción de que "las violaciones de derechos humanos y los delitos de lesa humanidad serán investigados y juzgados por los **tribunales ordinarios**", por la frase de que "Las violaciones de derechos humanos y los delitos de lesa humanidad serán investigados **por el Ministerio Público y juzgados por los tribunales competentes**". Con la redacción que se propuso de **sustituir la garantía de los "tribunales ordinarios" por los "tribunales competentes"**, lo que abría era la posibilidad de que se pudieran establecer en esos casos, **tribunales ad hoc o que los tribunales militares** fueran los que conocieran de esos delitos. Esta regresión también **afectaba el principio de la progresividad**.

Por último debe mencionarse que el colorario internacional de las garantías constitucionales está en el artículo 31 de la Constitución, que regula el derecho de toda persona de acceder a la justicia internacional para solicitar la protección de los derechos humanos; estableciéndose además, la obligación para el Estado de adoptar, conforme a procedimientos establecidos en la Constitución y la ley, las medidas que sean necesarias para dar cumplimiento a las decisiones emanadas de los órganos internacionales previstos en este artículo.

En las **Propuestas de Reforma del CPRC, junio 2007**, se cambiaba radicalmente el sentido de esta norma de la Constitución de 1999, eliminándose su efecto protectivo, en evidente violación del principio de la progresividad.

En efecto, en la propuesta de reforma, en primer lugar, se sustituía el sentido del derecho previsto de "**solicitar el amparo** a sus derechos humanos" el de "**demandar violación** a sus derechos humanos"; en segundo lugar, se buscaba limitar el derecho de toda persona a dirigir peticiones o quejas ante los órganos internacionales creados para la protección de los derechos humanos, con el objeto de demandar violación a sus derechos humanos, "**siempre que hayan agotado las instancias nacionales**"; es decir, **se pretendía constitucionalizar la limitación al acceso a las instancias constitucionales** al necesario agotamiento de las instancias nacionales, lo que podía hacer nugatorio el derecho de acceso a las instancias internacionales; y en tercer lugar, se proponía sustituir la obligación del Estado **de adoptar** "conforme a procedimientos establecidos en esta Constitución y la ley, las medidas que sean necesarias para dar cumplimiento a las decisiones emanadas de los órganos internacionales", por una obligación **de ejercer** "conforme a procedimientos establecidos en esta Constitución y la ley, las medidas que sean necesarias para dar cumplimiento a las decisiones emanadas de los órganos internacionales **a través de los tribunales nacionales**". Con ello, se buscaba restringir una vez más el ámbito de actividad protectiva de los tribunales internacionales.

C. *Los cambios en el estatuto de las personas*

a. *La eliminación del derecho humano a la nacionalidad originaria*

Una de las innovaciones fundamentales de la Constitución de 1999 en materia de nacionalidad, fue la previsión expresa de la nacionalidad por nacimiento como un derecho humano, razón por la cual se dispuso en el artículo 35 que los venezolanos por nacimiento "no pueden ser privados de su nacionalidad". Es decir, no puede haber acto estatal alguno que disponga la perdida de la nacionalidad venezolana por nacimiento.

En las **Propuestas de Reforma del CPRC, junio 2007,** se propuso **eliminar la garantía constitucional del derecho humano a la nacionalidad originaria**, prevista en el artículo 35 de la Constitución, consistente en la prohibición de que mediante un acto estatal se pueda privar a alguien de su nacionalidad originaria. La propuesta de reforma es sin duda, contraria al principio de la progresividad que existe en materia de derechos humanos (art. 19).

La Constitución, por otra parte, establece la posibilidad de renuncia de la nacionalidad (art. 36), exigiendo, por ejemplo, en caso de renuncia de la nacionalidad por nacimiento, que para su recuperación la persona entre otros requisitos se domicilie en el territorio por un lapso no menor de dos años (art. 36). En las *Propuestas de Reforma del CPRC, junio 2007*, se buscó agravar los requisitos para la recuperación en estos casos de la nacionalidad por nacimiento renunciada, exigiéndose que la persona se domiciliase en el territorio por un **lapso no menor de diez años ininterrumpidamente.**

b. *Los cambios en el régimen de la extradición*

En cuanto a los extranjeros, el artículo 271 de la Constitución estableció el principio de que en ningún caso podrá ser negada la extradición de los mismos cuando sean "responsables de los delitos de deslegitimación de capitales, drogas, delincuencia organizada internacional, hechos contra el patrimonio público de otros Estados y contra los derechos humanos".

En las *Propuestas de Reforma del CPRC, junio 2007,* **se cambiaba el régimen de protección frente a los delitos** mencionados de deslegitimación de capitales, drogas, delincuencia organizada internacional, hechos contra el patrimonio público de otros Estados y contra los derechos humanos; y se propuso establecer en el artículo 271, solamente que la extradición de los extranjeros solo se debía conceder en cumplimiento de un **tratado o de una ley,** atendiendo al principio de reciprocidad, quedando **excluida de la extradición los delitos políticos y aquellos a los cuales corresponda la pena de muerte o condena a cadena perpetua**, según el derecho del Estado reclamante".

D. *La regresión en el régimen de los derechos individuales*

La Constitución, por supuesto, entre los derechos individuales estableció la libertad personal con una serie de garantías entre las cuales, la más importante es que el arresto o detención de las personas sólo puede tener lugar "en virtud de orden judicial, a menos que sea sorprendida in fraganti" (art. 44,1).

En las *Propuestas de Reforma del CPRC, junio 2007,* se cambiaba radicalmente el sentido de esta norma protectiva de la Constitución de 1999, al pretender **definirse el propio texto constitucional el sentido de la flagrancia**, en una forma tan amplia, que la garantía de la intervención judicial desaparecía, dando origen a la posibilidad de **detenciones administrativas, policiales y políticas.** En la propuesta de reforma de este artículo se propuso agregar a la norma del artículo 44,1 de la Constitución de 1999 que "se entiende que hay flagrancia, cuando se sorprende al imputado en plena ejecución del delito, o **lo acabe de cometer y se le persiga** para su aprehensión, o **se le sorprenda a poco de haberse cometido el delito, cerca del lugar donde se produjo el hecho punible**, con instrumentos u otros objetos que hagan presumir la autoría el mismo, o **cuando el sospechoso se vea perseguido por la autoridad, la víctima o el clamor público".**

Por otra parte, en la propuesta de reforma, de nuevo en violación del principio de la progresividad, se buscó autorizar constitucionalmente que **personas no investidas de autoridad pudieran detener a otras personas**, al buscarse cambiar la norma que dispone que "En este caso será llevada ante una autoridad judicial en un tiempo no mayor de cuarenta y ocho horas a partir del momento de la detención"; por una que establecía que "en este caso será llevada ante una autoridad judicial en un tiempo no mayor de cuarenta y ocho horas a partir del momento de la **aprehensión que de él o ella hagan personas investidas o no de autoridad"**.

Otro derecho individual importante regulado en la Constitución es el derecho a la inviolabilidad del hogar doméstico a lo que se agregó la inviolabilidad de todo recinto privado (art. 47), con una serie de garantías específicas. En las *Propuestas de Reforma del CPRC, junio 2007,* también se buscó cambiar radicalmente el sentido de esta norma protectiva de la Constitución de 1999, sustituyendo el ámbito de la inviolabilidad del **hogar domestico y del recinto privado,** por la tradicional expresión **hogar o domicilio privado,** dejando fuera del alcance de la inviolabilidad los recintos privados distintos al hogar o al domicilio.

Por otra parte, la **restricción al allanamiento** establecida en el artículo 47 de la Constitución de 1999, en el sentido de que "no podrán ser allanados, sino mediante **orden judicial" con la restricción de que solo se podía dictar "para impedir la perpetración de un delito o para cumplir de acuerdo con la ley, las decisiones que dicten los tribunales,** respetando siempre la dignidad del ser humano", se pretendía relajar, en el sentido de establecer en su lugar, que "será requerida orden de un juez competente para su registrado, inspección o allanamiento, respetando siempre la dignidad humana" sin limitación, agregándose inconvenientemente que **"se exceptuará la presentación de orden judicial en aquellos casos en que se pretenda impedir la comisión de un delito",** con lo que se dejaba abierta, materialmente sin límites y a la sola interpretación del funcionario policial, el allanamiento del hogar o domicilio.

Por otra parte, en las propuestas de reforma 2007, se buscó **eliminar las limitaciones establecidas respecto de "visitas sanitarias"** en el sentido de que sólo podían practicarse "previo aviso de los funcionarios que las ordenen o hayan de practicarlas".

La Constitución de 1999 también reguló detalladamente la libertad de tránsito (art. 50), estableciendo entre otros aspectos la garantía de que, en caso de establecerse el cobro de peaje en las vías públicas, debía asegurarse una vía alterna. En las *Propuestas de Reforma del CPRC, junio 2007,* se buscó eliminar la exigencia constitucional de que **"en caso de concesión de vías,** la ley establecerá los supuestos en los que debe garantizarse el uso de una vía alterna", eliminándose toda referencia a la posibilidad de concesiones de uso y explotación de vías públicas.

En relación con los derechos individuales, la Constitución garantiza, además, el derecho a la libre expresión del pensamiento (art. 57), prohibiendo el anonimato, la propaganda de guerra y los mensajes discriminatorios o que promuevan la intolerancia religiosa; y garantizó a los funcionarios públicos el derecho de dar cuenta de los asuntos bajo sus responsabilidades. En las *Propuestas de Reforma del CPRC, junio 2007,* se buscó eliminar la prohibición que establece el artículo 57 de la Constitución de 1999, de los mensajes que específicamente promuevan la intolerancia **religiosa,** y se agregaba la prohibición de los mensajes que promuevan **"la intolerancia, el odio o la incitación al delito".**

Además, se buscó eliminar del artículo 57 de la Constitución, **la prohibición de la censura a los funcionarios públicos** para dar cuenta de los asuntos bajos sus responsabilidades.

La Constitución también garantiza el derecho de los ciudadanos de tener acceso a los archivos y registros administrativos, sin perjuicio de los límites aceptables dentro de una sociedad democrática en materias relativas a seguridad interior y exterior, a investigación criminal y a la intimidad de la vida privada (art 143). En las *Propuestas de Reforma del CPRC, junio 2007*, se buscó **ampliar este derecho** de acceso a los archivos y registros, no sólo administrativos, sino **"públicos y privados',** pero sólo "en los cuales consten derechos que específica y particularmente les conciernen y cuya prueba no podrían obtener de otro modo".

Por otra parte, se buscó **omitir** la referencia limitativa respecto del acceso a **lo aceptable dentro de una sociedad democrática**, y en su lugar se propuso establecer que los órganos de los poderes públicos **no podían dar a conocer las materias de sus archivos relativos a la intimidad de la vida privada, investigación criminal y judicial en curso, seguridad y defensa, políticas financieras y fiscales,** y otras que la ley declarase de contenido confidencial, reservado o secreto, agregando que "Los funcionarios que divulguen informaciones a las cuales atribuyen carácter confidencial o secreto esta Constitución o las leyes incurrirán en responsabilidad civil, administrativa y penal de acuerdo con ellas".

La Constitución, además, establece el derecho de toda persona de acceder a la información y a los datos que sobre sí misma o sobre sus bienes consten en registros oficiales o privados, así como de conocer el uso que se haga de los mismos y su finalidad, y eventualmente solicitar judicialmente la actualización, la rectificación o la destrucción de aquellos, si fuesen erróneos o afectasen ilegítimamente sus derechos (art. 28). En las *Propuestas de Reforma del CPRC, junio 2007,* se agregaba a esta norma del artículo 28 de la Constitución que las "personas naturales y jurídicas **solo están autorizadas a suministrar a los particulares y poderes públicos las informaciones que deban rendirle de acuerdo a la ley"**; y en cuanto a las excepciones, se eliminaba toda referencia específica a las **informaciones periodísticas.**

La Constitución regula, además, el derecho a la protección del honor y la intimidad (art. 60), disponiendo específicamente que la ley debe limitar "el uso de la informática para garantizar el honor y la intimidad personal y familiar de los ciudadanos y ciudadanas y el pleno ejercicio de sus derechos". En las *Propuestas de Reforma del CPRC, junio 2007,* se propuso **sustituir** el mandato de que la ley debe limitar "**el uso de la informática para garantizar el honor y la intimidad personal y familiar** de los ciudadanos y ciudadanas y el pleno ejercicio de sus derechos" por la indicación de que la ley debía desarrollar "los mecanismos para **garantizar la protección y el ejercicio pleno de estos derechos".**

La Constitución garantiza además el derecho a la libertad de conciencia, como un derecho de ejercicio individual salvo que su práctica afecte la personalidad de la persona o constituya delito (art. 61). En las *Propuestas de Reforma del CPRC, junio 2007,* se **ampliaban las excepciones** al ejercicio del derecho en el sentido de que no se pudiera invocar no sólo cuando afectase su personalidad o constituyera delito, sino cuando **afectase "a la sociedad" o una persona o grupo de personas"**.

Por último, otra innovación de la Constitución de 1999 fue establecer el derecho de las personas a obtener protección por parte del Estado respecto de su integridad física y sus propiedades, además de respecto del disfrute de sus derechos (art. 55). En las ***Propuestas de Reforma del CPRC, junio 2007***, se **eliminaba la mención a las "propiedades"** de las personas, como objeto de protección, y se lo sustituía por la de "sus **bienes y posesiones**".

E. *Los cambios en materia de restricción ejecutiva de las garantías constitucionales de los derechos humanos*

En los casos en los cuales se decreten estados de excepción, conforme al artículo 317 de la Constitución, el presidente de la República en Consejo de Ministros está facultado para restringir "temporalmente las garantías consagradas en la Constitución, salvo las referidas a los derechos a la vida, prohibición de incomunicación o tortura, el derecho al debido proceso, el derecho a la información y los demás derechos humanos intangibles"

A esta lista de garantías constitucionales que no pueden restringirse en forma alguna, y que están reguladas en los artículos 43; 43,2; 46,1; 49, y 58, se deben considerar como "los demás derechos humanos intangibles" cuyas garantías tampoco pueden restringirse, a los indicados en el Pacto Internacional de Derechos Civiles y Políticos (art. 4), y en la Convención Americana de Derechos Humanos (art. 27), y que son: la garantía de la igualdad y no discriminación; la garantía de no ser condenado a prisión por obligaciones contractuales; la garantía de la irretroactividad de la ley; el derecho a la personalidad; la libertad religiosa; la garantía de no ser sometido a esclavitud o servidumbre; la garantía de la integridad personal; el principio de legalidad; la protección de la familia; los derechos del niño; la garantía de la no privación arbitraria de la nacionalidad y el ejercicio de los derechos políticos al sufragio y el acceso a las funciones públicas.

La Constitución de Constitución de 1999, en todo caso, eliminó la posibilidad de que se pudiesen "**suspender**" las garantías constitucionales, como lo autorizaba el artículo 241, en concordancia con el artículo 190,6 de la Constitución de 1961, y que dio origen a tantos abusos institucionales, quedando la potestad de excepción, a la sola posibilidad de "restringir" (art. 236.7) las garantías constitucionales; y en ningún caso permite la suspensión de los derechos humanos en si mismos, que en un Estado democrático no son suspendibles.

En las ***Propuestas de Reforma del CPRC, junio 2007***, en una **regresión asombrosa** en materia de derechos humanos, en la propuesta de reforma del artículo 337, no sólo se buscó **volver a establecer la posibilidad de que se pudieran por decisión Ejecutiva "suspender" las garantías constitucionales**, sino **más grave aún** que se pudieran "suspender" los **derechos constitucionales** lo cual es inadmisible en una sociedad democrática.

Por lo demás, en franca violación del principio de progresividad en materia de derechos humanos, se buscó reducir los derechos y garantías que no pudieran ser suspendidos, a **solo "los derechos a la vida y prohibición de incomunica-**

ción o tortura", **eliminándose la prohibición** que establece el artículo 337 de la Constitución de 1999 de que puedan **restringirse los derechos al debido proceso, a la información y los demás derechos humanos intangibles".**

8. *Los cambios en el régimen de los Derechos Políticos*

A. *La eliminación de los supuestos constitucionales de participación*

Las ***Propuestas de Reforma del CPRC, junio 2007,*** propugnaban la eliminación de los únicos supuestos en los cuales está constitucionalmente regulada la participación de la sociedad civil en asuntos públicos. Se propuso, así, en la reforma del artículo 127, la eliminación de la exigencia de que "es una obligación fundamental del Estado, **con la activa participación de la sociedad,** garantizar que la población se desenvuelva en un ambiente libre de contaminación, en donde el aire, el agua, los suelos, las costas, el clima, la capa de ozono, las especies vivas, sean especialmente protegidos, de conformidad con la ley".

Además, en las ***Propuestas de Reforma del CPRC, junio 2007,*** se propuso eliminar las formas de participación de la sociedad civil en los asuntos públicos establecidas en la Constitución de 1999 para la postulación de los candidatos a los cargos de Magistrados del Tribunal Supremo de Justicia, de Miembros del Consejo Nacional Electoral, del Defensor del Pueblo, del Contralor General de la República y del Fiscal General de la República, que deben hacerse ante la Asamblea Nacional por sendos Comités de Postulaciones integrados por "representantes de los diferentes sectores de la sociedad" (arts. 270, 295 y 279). En efecto, en las ***Propuestas de Reforma del CPRC, junio 2007***, al establecerse, por ejemplo, que el Comité de Postulaciones Electorales se indica en el artículo 295, "será **designado por la Asamblea Nacional**", se buscó constitucionalizar la tendencia en convertirlos dicho Comité en una Comisión parlamentaria. En cuanto a la propuesta de reforma del artículo 297 se cambiaba la configuración del Comité de Evaluación del Poder Ciudadano para estar integrado en lugar de por representantes de los diversos sectores de la sociedad, "por **Diputados y voceros de los diferentes sectores del Poder Popular**"

B. *La limitación al derecho a la participación política mediante referendos y la restricción a la democracia directa*

Tanto el artículo 5° como el 62 de la Constitución de 1999 prevén el ejercicio del sufragio y del derecho a la participación política mediante la elección de representantes, o en forma directa a través de los mecanismos previstos en la Constitución y en la ley, en particular, además de los previstos en el artículo 70, mediante los referendos que son de cuatro tipos tal como se regulan en los artículos 71 a 74 de la Constitución, y que son el referendo consultivo, el referendo revocatorio, el referendo aprobatorio, y el referendo abrogatorio.

Lo importante de estas previsiones, además de regular mecanismos concretos de democracia directa, es **la consagración de la iniciativa popular** como medio de participación democrática para la formulación de la solicitud de la convocatoria a los referendos: en el 10 % de los inscritos en la circunscripción correspondiente para los referendos consultivos (art. 71); el 20 % de los inscritos en la circunscripción correspondiente para los referendos revocatorios (art. 72); el 15 % de los inscritos en el registro electoral para los referendos aprobatorios de ciertos tratados internacionales (art. 73); el 10% de los inscritos en el registro electoral para los referendos abrogatorios de leyes (art. 74); y el 5 % de los inscritos en el registro electoral para los referendos abrogatorios de decretos leyes (art. 74).

En las *Propuestas de Reforma del CPRC, junio 2007,* se buscó *limitar la participación de los ciudadanos en materia de referendos* al aumentarse el número de firmas requeridas para la iniciativa en la convocatoria de los referendos, así: **el 20 % en lugar del 10 %** de los inscritos en la circunscripción correspondiente para los referendos consultivos (art. 71); el **30 % en lugar del 20 %** de los inscritos en la circunscripción correspondiente para los referendos revocatorios (art. 72); **el 20 % en lugar del 10%** de los inscritos en el registro electoral para los referendos abrogatorios de leyes (art. 74); y **el 20 % en lugar del 5 %** de los inscritos en el registro electoral para los referendos abrogatorios de decretos leyes (art. 74).

Además, en las propuestas de reforma se *buscó eliminar completamente la iniciativa popular* para la solicitud de referendos aprobatorios de ciertos tratados internacionales, que en la Constitución está prevista con el 15 % de los inscritos en el registro electoral (art. 73).

Por otra parte, específicamente en cuanto al **referendo revocatorio**, en las *Propuestas de Reforma del CPRC, junio 2007,* se pretendió **cambiar el sistema del mismo y hacerlo menos participativo y más dificultoso: en primer lugar**, en vez de que la solicitud de convocatoria del mismo corresponda directamente, como un **derecho popular**, a un número no menor del 20 % de los electores inscritos en la correspondiente circunscripción, con la propuesta de reforma se buscó que fuera **el Consejo Nacional Electoral,** el que "a solicitud de algún interesado, activará el mecanismo para que los electores o electoras inscritos en la correspondiente circunscripción del Registro Electoral, en un número no menor del treinta por ciento puedan solicitar la convocatoria de un referendo para revocar su mandato", distorsionado la iniciativa popular; y **en segundo lugar**, en lugar de solo exigirse que concurran al referendo un número de electores igual o superior al **25% de los electores** inscritos, para que se considere revocado el mandato, si votan a favor de la revocatoria un número igual o mayor de electores que los que eligieron al funcionario; en la propuesta de reforma se exigía que concurrieran al referendo un número de electores **"igual o superior al número que participó en el proceso que lo eligió"**, lo que significaba un porcentaje muy superior al previsto en la Constitución.

Adicionalmente en las *Propuestas de Reforma del CPRC, junio 2007,* se buscó **restringir la iniciativa popular** para la formulación de **enmiendas constitucionales** reguladas en el artículo 341, **aumentándose el porcentaje** de ciudadanos que la pueden requerir de **15% al 20%;** para la formulación de reformas constitucionales, **aumentándose el porcentaje** de ciudadanos que la pudieran requerir de **15 % al 25 %** (art. 342); y para la solicitud de convocatoria de la

Asamblea Constituyente aumentándose el porcentaje de ciudadanos que la requirieran de **15 %** al **30 %** (art. 348).

C. *Las reformas para el establecimiento de la reelección general*

En las Propuestas de reforma 2007, al contrario de lo dispuesto en estas normas constitucionales de 1999 que restringen la reelección, **se buscó establecido el principio general de la reelección indefinida de los cargos de elección popular.**

En efecto, en las *Propuestas de Reforma del CPRC, junio 2007,* en la misma orientación, se propuso que los diputados a la Asamblea Nacional (art. 192); de los Gobernadores de Estado (art. 160); y de los Alcaldes (art. 174) pudieran también ser electos de inmediato para nuevos períodos, sin límites. La única limitación que se propuso reformar fue la relativa a la reelección de los legisladores a los Consejos Legislativos de los Estados estableciéndose que era sólo "por dos periodos consecutivos como máximo" (art. 162). En cambio, en cuanto a la reelección de los **altos funcionarios del Estado, no electos**, es decir, de los magistrados del Tribunal Supremo de Justicia, de los miembros del Poder Ciudadano (Fiscal General de la República, Contralor General de la República y Defensor del Pueblo, uniformemente, en las *Propuestas de Reforma del CPRC, junio 2007,* se les buscó reducir el período y se dispuso la posibilidad de **reelección por una sola vez** (arts. 164, 280, 284 y 288). Sin embargo, nada se propuso respecto de la reelección de los miembros del Consejo Nacional Electoral.

D. *Las reformas en el régimen de las elecciones internas de los partidos políticos y de las elecciones*

Otro aspecto que constituyó una innovación en la Constitución de 1999, como reacción contra la falta de democratización interna de los partidos políticos, y su conducción por cúpulas eternizadas de dirigentes, fue la previsión de que no sólo la designación de sus directivos de los partidos debía realizarse mediante elecciones, sino que, incluso, la escogencia de los candidatos de los partidos políticos a los cuerpos y cargos representativos, debe realizarse mediante votación interna democrática (art. 67), estando la organización de dichas elecciones internas a cargo del Consejo Nacional Electoral (art. 293, ord. 6).

En las *Propuestas de Reforma del CPRC, junio 2007,* se buscó **eliminar** esta exigencia del artículo 293,6 de la Constitución de la intervención del Consejo Nacional Electoral en la organización de las elecciones internas de los partidos políticos, de los sindicatos, y de los gremios profesionales, y sustituirla por una norma que atribuía al Consejo, solamente, la posibilidad de "**asesorar** las elecciones de sindicatos, gremios profesionales y organizaciones con fines políticos **cuando estos lo soliciten**" y la posibilidad de "**cooperar** en los procesos electorales de otras organizaciones del Poder Popular que a solicitud de estas, o por orden del Tribunal Supremo de Justicia".

Debe mencionarse, por último, que en las *Propuestas de Reforma del CPRC, junio 2007,* si bien se ratificó el derecho de los ciudadanos de concurrir a los procesos electorales postulando candidatos, se buscó agregar una disposición que no está ni en la Constitución ni en la Ley, y que **obliga a los candidatos** a que una vez inscritos ante el Consejo Nacional Electoral, "es **obligatorio mantenerse en los procesos electorales**" a cuyo efecto "la ley preverá las sanciones y excepciones a esta norma". Ello, sin duda, era una limitación inaceptable a la libertad política y al derecho pasivo al sufragio con libertad.

9. *Los cambios en el régimen de los Derechos Sociales*

A. *Los cambios en materia de derechos sociales y de las familias*

En el campo de los derechos sociales y de las familias, la Constitución de 1999 contiene extensas y complejas declaraciones.

En las *Propuestas de Reforma del CPRC, junio 2007* en lo que se refiere a los derechos de los jóvenes, se propuso sustituir la expresión respecto del derecho y deber de ser sujetos activos "**del proceso de desarrollo**", por el "**del proceso de transformación social**'; **y la obligación del Estado de crear oportunidades "para estimular su tránsito productivo hacia la vida adulta"** por la de crear oportunidades "**para el desarrollo de sus capacidades y cualidades hacia el desenvolvimiento pleno de su vida adulta**".

La Constitución reguló, además, el derecho a la salud y a su protección con el deber de participar activamente en su promoción y defensa de la salud, y de cumplir con las medidas sanitarias y de saneamiento que establezca la ley, "de conformidad con los tratados y convenios internacionales suscritos y ratificados por la República" (art. 83). En las *Propuestas de Reforma del CPRC, junio 2007* **se eliminaba toda referencia a los tratados y convenios internacionales** suscritos y ratificados por la República, que establecieran medidas sanitarias y de saneamiento que deben ser cumplidas por las personas.

En el artículo 85 de la Constitución se establece que es una obligación del Estado, el financiamiento del sistema público de salud, que debe integrar los recursos fiscales, las cotizaciones obligatorias de la seguridad social y cualquier otra fuente de financiamiento que determine la ley. El Estado, además, debe garantizar un presupuesto para la salud que permita cumplir con los objetivos de la política sanitaria. En las *Propuestas de Reforma del CPRC, junio 2007,* **se eliminaba** la previsión del artículo 85 de la Constitución de 1999, sobre la **obligación del Estado de** "garantizar un presupuesto para la salud que permita cumplir con los objetivos de la política sanitaria"; y **se sustituía** la indicación de que "**en coordinación con las universidades y los centros de investigación, se promoverá y desarrollará** una política nacional de formación de profesionales, técnicos y técnicas y una industria nacional de producción de insumos para la salud", por la de que "**El Estado promoverá y desarrollará** una política nacional de formación de profesionales, técnicos y técnicas y una industria nacional de producción de insumos para la salud y garantizará un presupuesto que permita cumplir con los objetivos de la política sanitaria".

En cuanto al derecho a la seguridad social, regulado en el artículo 86 de la Constitución, las *Propuestas de Reforma del CPRC, junio 2007* buscaban **agre-**

gar, la **prohibición** de que los remanentes netos del capital destinado a la salud, a la educación y la seguridad social **"se puedan invertir en actividades de riesgo"**.

B. *Los cambios en relación con los derechos culturales*

La Constitución, además, consagró una serie de derechos relativos a la cultura, como la libertad y la creación cultural y la propiedad intelectual con las condiciones y excepciones que establezcan la ley y los tratados internacionales suscritos y ratificados por la República en esta materia (art. 98). En las ***Propuestas de Reforma del CPRC, junio 2007***, se propuso precisar en el artículo 98 que el Estado reconocerá y protegerá **en forma privilegiada** la propiedad intelectual **y material de creadores e investigadores** con las condiciones y excepciones que establezca la ley, **eliminándose** la referencia que hace la norma en la Constitución de 1999 a las condiciones y excepciones que establezcan **los tratados internacionales suscritos y ratificados por la República en esta materia"**.

Por otra parte, en cuando a las condiciones y excepciones que establezca la ley, se propuso agregar en la norma que ello era **"en función del interés social y del derecho de la comunidad** al conocimiento y disfrute de tales creaciones". Se propuso, además, agregar que **"el Estado tiene el derecho de declarar de interés público** determinadas obras o creaciones o categorías de ellas a fin de asegurar a la **sociedad su derecho al conocimiento y al desarrollo cultural"**.

La Constitución de 1999, además, definió los valores de la cultura y estableció como obligación del Estado el garantizar la protección y preservación, enriquecimiento, conservación y restauración del patrimonio cultural, tangible e intangible, y la memoria histórica de la Nación, considerando los bienes que constituyen el patrimonio cultural de la Nación como inalienables, imprescriptibles e inembargables (art. 99). En las ***Propuestas de Reforma del CPRC, junio 2007***, se propuso **agregar** al artículo 99, la **potestad del Estado de "declarar patrimonio cultural** determinados **bienes, obras, productos del intelecto, personas, territorios u objetos"**.

En el artículo 100 de la Constitución se establecen los principios que deben guiar la protección de la cultura popular, respetándose la interculturalidad bajo el principio de igualdad de las culturas (art. 100). En las ***Propuestas de Reforma del CPRC, junio 2007*** se propuso **agregar** al artículo 100, el reconocimiento de **la diversidad de las culturas** y de sus expresiones.

C. *Los cambios en relación con el derecho a la educación y con la autonomía universitaria*

En cuanto al derecho a la educación, el artículo 102 de la Constitución comienza estableciendo, en general, que "la educación es un derecho humano y un deber social fundamental, es democrática, gratuita y obligatoria". La consecuencia de lo anterior es la previsión del mismo artículo 102, en el sentido de imponer al Estado la obligación de asumir la educación como "función indeclinable" y de máximo interés en todos sus niveles y modalidades, y como instrumento del conocimiento científico, humanístico y tecnológico al servicio de la sociedad.

En consecuencia, constitucionalmente se declara a la educación como un servicio público; precisándose, sin embargo, que "el Estado estimulará y protegerá la educación privada que se imparta de acuerdo con los principios contenidos en esta Constitución y en las Leyes".

En las *Propuestas de Reforma del CPRC, junio 2007,* se propuso **agregar** al artículo 102, la precisión de que la educación "está guiada por el principio de que **educar es formar voluntades para el ejercicio de la solidaridad y la participación ciudadana**", y que, entre sus fundamentos, está el desarrollo del "**pleno ejercicio de su personalidad en una sociedad democrática basada en la valoración ética del trabajo**".

Se regula en la Constitución, además, el derecho a la educación integral, la gratuidad de la educación pública; y el carácter obligatorio de la educación en todos sus niveles, desde el maternal hasta el nivel medio diversificado. La impartida en las instituciones del Estado es gratuita hasta el pregrado universitario (art. 103).

En las *Propuestas de Reforma del CPRC, junio 2007,* se propuso **agregar** al artículo 103 que la educación también será gratuita en "los **postgrados que determine** el Estado; y se propuso **eliminar** del texto del artículo, primero, que la igualdad de oportunidades en el ejercicio del derecho a la educación es "**sin más limitaciones que las derivadas de sus aptitudes, vocación y aspiraciones**"; segundo, la necesidad de que el Estado debe realizar "una inversión prioritaria, **de conformidad con las recomendaciones de la Organización de las Naciones Unidas**"; y tercero, el principio de que "**las contribuciones de los particulares a proyectos y programas educativos públicos a nivel medio y universitario serán reconocidas como desgravámenes al impuesto sobre la renta según la ley respectiva**".

Además, la Constitución establece el derecho humano a fundar y mantener instituciones educativas privadas bajo la estricta inspección y vigilancia del Estado, previa demostración de su capacidad, cuando cumpla de manera permanente con los requisitos éticos, académicos, científicos, económicos, de infraestructura (art. 106). En las *Propuestas de Reforma del CPRC, junio 2007,* se propuso eliminar del artículo 106 la exigencia constitucional de que la persona para fundar y mantener instituciones educativas privadas **debe demostrar previamente su capacidad**.

Por otra parte, la Constitución establece en el artículo 108, que los medios de comunicación social, públicos y privados, deben contribuir a la formación ciudadana, precisándose que el Estado debe garantizar servicios públicos de radio, televisión y redes de bibliotecas y de informática; y que los centros educativos deben incorporar el conocimiento y aplicación de las nuevas tecnologías, de sus innovaciones, según los requisitos que establezca la ley.

En las *Propuestas de Reforma del CPRC, junio 2007,* se propuso sustituir en el artículo 108 el principio de que los medios de comunicación "deben contribuir a la formación ciudadana" por una declaración general de que "**los medios de comunicación social**, públicos y privados, **prestan un servicio público** de interés general y **están obligados a contribuir con el Estado y la Sociedad, en la formación y educación ciudadana, como uno de los requisitos para la utilización del espectro radioeléctrico**". En esta forma se declaraba a los medios de comunicación en general, es decir, a la **prensa, la radio y la televisión, como servicios públicos,** con todas las implicaciones regulatorias que ello implica en el derecho público.

En la Constitución de 1999, además, se constitucionalizó el régimen de la autonomía universitaria como principio y jerarquía que permite a los profesores, profesoras, estudiantes, egresados y egresadas de su comunidad dedicarse a la búsqueda del conocimiento a través de la investigación científica, humanística y tecnológica, para beneficio espiritual y material de la Nación. A tal efecto, la Constitución reconoció el principio de autogobierno de las Universidades, precisándose que la autonomía universitaria es para planificar, los programas de investigación, docencia y extensión, y reconociéndose la inviolabilidad del recinto universitario (art. 109).

En las *Propuestas de Reforma del CPRC, junio 2007,* se limitaba seriamente la autonomía universitaria, mediante los siguientes agregados que se propusieron incorporar al artículo 109 de la Constitución de 1999.

Primero, se precisaba que la búsqueda del conocimiento mediante la autonomía universitaria debía hacerse para beneficio de la Nación, pero sujeta a la planificación nacional, agregando a la norma que era para privilegiar "la satisfacción de las necesidades de ésta en tales áreas, y en **coordinación con los planes de desarrollo nacional** sobre dichas materias y los requerimientos de profesionales y personal calificado de la República".

Segundo, el privilegio del autogobierno universitario se encasillaba, al proponerse agregar a la norma que garantiza que las Universidades se darán sus normas de gobierno, la expresión que ello debía ser "**de acuerdo con los principios de la democracia participativa y protagónica**". Se propuso, además, agregar al artículo los siguientes principios para las elecciones universitarias que la ley debía garantizar: **la igualdad entre el voto de los estudiantes y el de los profesores** para elegir las autoridades universitarias**; el derecho al sufragio a todos los docentes por concurso de oposición; y que las elecciones de rector, vicerrectores, secretario, decanos y directores de escuelas de las universidades se decidan por mayoría absoluta de los universitarios que concurran a votar**".

Tercero, se limitaba el principio de la **inviolabilidad del recito universitario**, al disponerse que ello era "con las **excepciones que establezca la Ley**", quedando la inviolabilidad a la merced del legislador, que fue lo que la Constitución de 1999 quiso evitar.

D. *Los cambios en materia de derechos ambientales*

La Constitución de 1999 también constituye una novedad en cuanto a la regulación de los derechos constitucionales relativos a los derechos ambientales, que precisan el derecho al ambiente como derecho individual y colectivo a disfrutar de una vida y de un ambiente seguro, sano y ecológicamente equilibrado, con las consecuentes obligaciones del Estado de protegerlo (art. 127).

En las *Propuestas de Reforma del CPRC, junio 2007,* se propuso sustituir en el artículo 127 el párrafo que dispone la "**obligación fundamental del Esta-**

do, con la activa participación de la sociedad", de "garantizar que la población se desenvuelva en un ambiente libre de contaminación, en donde el aire, el agua, los suelos, las costas, el clima, la capa de ozono, las especies vivas, sean especialmente protegidos, de conformidad con la ley", por la declaración general de que "El agua es un bien social y un recurso natural esencial para el desarrollo de la vida. El acceso al agua y al saneamiento constituyen derechos humanos fundamentales".

Además, la Constitución destina normas para regular las cláusulas contractuales ambientales obligatorias (art. 129), respecto de lo cual, en las *Propuestas de Reforma del CPRC, junio 2007*, se propuso agregar al artículo 129 sobre las cláusulas obligatorias en los contratos públicos que puedan afectar recursos naturales, el principio de que "será nula y se tendrá por no escrita cualquier cláusula que pretenda obligar a la República o a los entes públicos a indemnizar a la contraparte por la falta de beneficios económicos esperados dentro de cierto lapso y menos cuando dicha ausencia de beneficios esperados o calculados se deba a disturbios públicos, conflictos laborales o mediadas de ejercicio de la soberanía o de defensa de los recursos naturales y la ecología".

E. *Los cambios en materia de derechos de los pueblos indígenas*

Otra de las innovaciones de la Constitución de 1999 fue la incorporación de un conjunto de normas sobre los derechos de los pueblos indígenas, a cuyo efecto el artículo 119 reconoció la existencia de los pueblos y comunidades indígenas, su organización social, política y económica, sus culturas, usos y costumbres, idiomas y religiones, así como su hábitat y derechos originarios sobre las tierras que ancestral y tradicionalmente ocupan y que son necesarias para desarrollar y garantizar sus formas de vida. Para evitar la conformación de las bases jurídicas de un Estado dentro del Estado, el artículo 126, dispuso que "Los pueblos indígenas, como culturas de raíces ancestrales, forman parte de la Nación, del Estado y del pueblo venezolano como único, soberano e indivisible. De conformidad con esta Constitución tienen el deber de salvaguardar la integridad y la soberanía nacional", agregando que "El término pueblo no podrá interpretarse en esta Constitución en el sentido que se le da en el derecho internacional".

En las *Propuestas de Reforma del CPRC, junio 2007*, sin embargo, se propuso eliminar del artículo 126 precisamente las últimas dos frases, es decir, que de conformidad con la Constitución los pueblos indígenas "tienen el deber de salvaguardar la integridad y la soberanía nacional" y que "el término pueblo no podrá interpretarse en esta Constitución en el sentido que se le da en el derecho internacional".

Conforme al artículo 121 de la Constitución los pueblos indígenas tienen derecho a mantener y desarrollar su identidad étnica y cultural, cosmovisión, valores, espiritualidad y sus lugares sagrados y de culto. A tal efecto se obliga al Estado a fomentar la valoración y difusión de las manifestaciones culturales de los pueblos indígenas, los cuales tienen derecho a una educación propia y a un régimen educativo de carácter intercultural y bilingüe, atendiendo a sus particularidades socioculturales, valores y tradiciones.

En las ***Propuestas de Reforma del CPRC, junio 2007***, se propuso agregar al artículo 121, la precisión de que dicho régimen educativo **sería implementado por el Estado en forma progresiva;** y además, que "Los pueblos y comunidades indígenas tienen **derecho al uso, aprovechamiento sustentable y conservación de los recursos naturales, exceptuando los del subsuelo, dentro de su hábitat y tierras para sus actividades tradicionales, subsistencia y desarrollo económico con fines exclusivamente comunitarios…".**

10. *Los cambios en el régimen general de la Economía*

A. *Las propuestas en cuanto al régimen de las empresas petroleras públicas*

En la Constitución (art. 303) se estableció expresamente que por razones de soberanía económica, política y de estrategia nacional "el Estado conservará la totalidad de las acciones de Petróleos de Venezuela, S.A", o del ente creado para el manejo de la industria petrolera, exceptuando la de las filiales, asociaciones estratégicas, empresas y cualquier otra que se haya constituido o se constituya como consecuencia del desarrollo de negocios de Petróleos de Venezuela, S.A. En esta forma, lo que de acuerdo con la Constitución debe permanecer como propiedad de la República (no del Estado) son las acciones de PDVSA, es decir, del holding de la industria petrolera, pero no de las filiales, las cuales son, en realidad, las que realizan las actividades económicas en la industria.

En las ***Propuestas de Reforma del CPRC, junio 2007***, se buscó cambiar radicalmente la concepción de esta regulación, proponiéndose sustituirla por una que establecía que "la Nación o el ente a través del cual ésta ejerza la industria de los hidrocarburos **conservará la totalidad de las acciones en las filiales de éste**. Y la mayoría accionaría decisiva que permita el control y dirección en las asociaciones estratégicas, empresas y cualquier otra persona jurídica que se haya constituido o se constituya como consecuencia del desarrollo de negocios de Petróleos de Venezuela S.A.".

B. *Las propuestas en materia del régimen de la economía pública*

En la Constitución de 1999, también constituyendo una novedad, se incorporaron unas secciones sobre el régimen fiscal y presupuestario; el sistema monetario nacional y la coordinación macroeconómica; estableciéndose, además, en general, que los principios y disposiciones establecidas en la Constitución para la administración económica y financiera nacional, deben regular la de los Estados y Municipios, en cuanto sean aplicables (art. 311 a 317).

En las ***Propuestas de Reforma del CPRC, junio 2007***, se propuso agregar en el artículo 311 referido al régimen presupuestario, que el ingreso que se genere por la explotación de la riqueza del subsuelo y los minerales, además de destinarse a financiar la inversión real productiva, la educación y la salud, debía también destinarse a financiar "**otros programas de inclusión social**".

En el artículo 312, referido al endeudamiento público, se propuso **eliminar** la previsión de que "la ley **fijará límites al endeudamiento público** de acuerdo con un nivel prudente en relación con el tamaño de la economía, la inversión reproductiva y la capacidad de generar ingresos para cubrir el servicio de la deuda pública"; y se propuso **agregar** que, "los **Estados y Municipios no podrán contraer deudas públicas,** aparte de los contratos de gestión continuada y ordinaria que abarquen varios ejercicios fiscales". Esta prohibición se propuso también, en forma reiterativa, en las propuestas de reforma de los artículos 162,183 y 317.

En el artículo 315, referido a la ejecución presupuestaria, al establecerse que los presupuestos públicos anuales de gastos deben establecer de manera clara, para cada crédito presupuestario, el objetivo específico a que esté dirigido los resultados concretos que se espera obtener, se propuso **eliminar** la necesidad de indicar, también a los **funcionarios públicos responsables para el logro** de tales resultados.

C. *Los cambios en el régimen de los bienes públicos*

La Constitución declara como bienes del dominio público a los yacimientos mineros y de hidrocarburos, cualquiera que sea su naturaleza, existentes en el territorio nacional, bajo el lecho del mar territorial, en la zona económica exclusiva y en la plataforma continental, (art. 12). La misma norma del artículo 12 de la Constitución dispone que las costas marinas son bienes del dominio público; entendiéndose por tales costas, la parte de la ribera que baña el mar, es decir, la playa o zona que está entre la alta y la baja marea, como lo ha establecido la jurisprudencia de la Corte Suprema. En las *Propuestas de Reforma del CPRC, junio* **2007,** se propuso agregar a la misma norma del artículo 12, que son del dominio público "las **playas adyacentes y las vías para el libre acceso a ellas**".

Por otra parte, en el artículo 304 de la Constitución se dispone que todas las aguas son bienes del dominio público de la Nación, insustituibles para la vida y el desarrollo. Corresponde a la ley establecer las disposiciones necesarias a fin de garantizar su protección, aprovechamiento y recuperación, respetando las fases del ciclo hidrológico y los criterios de ordenación del territorio. En las *Propuestas de Reforma del CPRC, junio* **2007,** se buscó consagrar en la norma sobre el dominio público de las aguas, **la reserva a la República, lo que elimina la competencia municipal en la materia, "del servicio de potabilización y distribución de las aguas bajo principios de interés social",** con la **prohibición** establecida en la Constitución de que tales servicios se puedan **"privatizar ni ceder en concesión".**

En las *Propuestas de Reforma del CPRC, junio 2007*, por otra parte, en el artículo 181 de la Constitución se buscó calificar expresamente a los ejidos como bienes del dominio público.

11. *Los cambios en el sistema de control de constitucionalidad de los actos estatales*

Además de constitucionalizar el control difuso de la constitucionalidad de las leyes, la Constitución de 1999 estableció el control concentrado de la constitucionalidad de las leyes, configurándose claramente al Tribunal Supremo de Justicia, **como Jurisdicción Constitucional,** ejercida por la sala Constitucional, (art. 262, 266,1) a la cual el artículo 334 le asignó la competencia exclusiva de "declarar la nulidad de las leyes y demás actos de los órganos que ejercen el Poder Público dictados en ejecución directa e inmediata de la Constitución o que tengan rango de ley".

En las *Propuestas de Reforma del CPRC, junio* **2007,** se **propuso eliminar la noción de Jurisdicción Constitucional** y sustituirla por "competencia constitucional" y se propuso, además, eliminar del texto constitucional, la existencia de la **Sala Constitucional** del Tribunal Supremo de Justicia (art. 262 y 266).

Por otra parte, entre las atribuciones de control concentrado de la constitucionalidad, el artículo 339 de la Constitución establece el que se refiere a los Decretos que declaren Estados de Excepción que deben ser presentados ante la Sala Constitucional del Tribunal Supremo, para que se pronuncie sobre su inconstitucionalidad. Por ello, el artículo 336 le atribuye a la Sala, competencia expresa para dicha revisión, que puede ejercer aun de oficio. En las *Propuestas de Reforma del CPRC, junio 2007*, se buscó **eliminar** del artículo 336,6 de la Constitución, la potestad constitucional atribuida al Tribunal Supremo de **controlar de oficio estos decretos de Estados de excepción**.

12. *Los cambios en el régimen de los estados de excepción*

El Capítulo II del Título relativo a la "Protección de la Constitución", está destinado a regular las circunstancias excepcionales que pueden originar situaciones de excepción que afecten gravemente la seguridad de la Nación, de las instituciones y de las personas, y que ameritan la adopción de medidas político-constitucionales para afrontarlas.

A tal efecto, la Constitución establece, entre otros aspectos que los estados de excepción tienen que tener un límite de tiempo variable de hasta treinta, sesenta o noventa días, pudiendo ser siendo prorrogables. En las *Propuestas de Reforma del CPRC, junio* **2007,** se buscó **eliminar** del artículo 338 **los lapsos de duración** de los estados de excepción de **30 días** para los **estados de alarma, 60 días** para los **estados de emergencia económica** y **90 días** para los **estados de conmoción interior o exterior,** con la posibilidad de sólo por un lapso igual, y en su lugar establecer pura y simplemente que los estados de excepción **durarán "mientras se mantengan las causas que dieron origen a la medida"**, lo que los podía convertir en estados de excepción de duración ilimitada.

Por otra parte, en esta materia, como se dijo anteriormente, en las *Propuestas de Reforma del CPRC, junio* **2007,** en una **regresión asombrosa** en materia de derechos humanos, no sólo se buscó **volver a establecer la posibilidad de que se puedan por decisión Ejecutiva "suspender" las garantías constitucionales**, sino **más grave aún** que se pudieran "**suspender" los derechos constitucionales** (art. 337) lo cual es inadmisible en una sociedad democrática.

13. *Los cambios en el régimen de las reformas a la Constitución*

En la Constitución de 1999 se establecieron tres mecanismos institucionales para la revisión constitucional que se distinguen **según la intensidad de las**

transformaciones que se proponen, y que son las Enmiendas constitucionales, las Reformas Constitucionales y la Asamblea Nacional Constituyente.

El procedimiento de las **Enmiendas Constitucionales** para la reforma constitucional, tiene por objeto la **adición o modificación de uno o varios artículos de la Constitución, sin alterar su estructura fundamental** (art. 340).

De acuerdo con el artículo 341,1 la iniciativa para la Enmienda puede partir del quince por ciento de los ciudadanos inscritos en el registro civil y electoral; o de un treinta por ciento de los integrantes de la Asamblea Nacional o del presidente de la República en Consejo de Ministros. En las *Propuestas de Reforma del CPRC, junio* **2007,** *se buscó* **restringir la iniciativa popular** *para las enmiendas,* **aumentándose,** *en el artículo 341,* **el porcentaje** *de ciudadanos que la requieran de 15 % al 20 %.*

Por otra parte, en la regulación sobre el referendo aprobatorio de las Enmiendas (art. 341,3 y 4), se dispone que al mismo debe concurrir al menos el 25% de los electores inscritos, bastando para la aprobación que haya mayoría de votos afirmativos (art. 73). En las *Propuestas de Reforma del CPRC, junio* **2007,** sin embargo, se propuso agregar en el artículo 341,3 de la Constitución que "el Poder Electoral someterá a referendo el **proyecto de enmienda aprobado por la Asamblea Nacional,** a los treinta días siguientes a su recepción forma", lo que podía dar lugar a interpretar que todo proyecto de enmienda, incluso el que se propusiera por iniciativa popular debía ser previamente aprobado por la **Asamblea Nacional,** lo que era contrario a la participación popular.

Por otra parte, la Constitución exige que las enmiendas sean numeradas consecutivamente, y se publiquen a continuación de la Constitución sin alterar el texto de ésta, pero anotando al pie del artículo o artículos enmendados la referencia de número y fecha de la enmienda que lo modificó. En las *Propuestas de Reforma del CPRC, junio* **2007,** se propuso **modificar las formalidades de publicar las enmiendas** al final del texto con indicación al pié de los artículos enmendados, y en su lugar, se propuso que el artículo 341, dijera pura y simplemente que "las enmiendas serán numeradas y se incorporarán como un solo cuerpo al texto constitucional".

En cuanto a las **Reformas constitucionales,** conforme al artículo 342 de la Constitución, tienen por objeto una **revisión parcial de la Constitución y la sustitución de una o varias de sus normas que no modifiquen la estructura y principios fundamentales del texto constitucional.**

De lo anterior resultaba que la diferencia entre la Enmienda y la Reforma era muy sutil: aquella tenía por objeto "la adición o modificación de uno o varios artículos de la Constitución, sin alterar su estructura fundamental"; ésta tenía por objeto, "la sustitución de una o varias de sus normas que no modifiquen la estructura y principios fundamentales del texto constitucional". En definitiva, podría decirse que la Enmienda tenía por objeto "añadir o modificar" unos artículos y la Reforma la "sustitución" de unos artículos, pero en uno u otro caso, sin alterar o modificar la estructura fundamental de la Constitución.

En las *Propuestas de Reforma del CPRC, junio* **2007,** en el artículo 342 en cuanto al objeto de la reforma de revisión parcial de esta Constitución, se propuso que además de que pudiera consistir en "la sustitución de una o varias de sus normas que no modifiquen la estructura y principios fundamentales del texto Constitucional", se agregase también la posibilidad de "**supresión y adición**" de una o varias normas.

Las reformas pueden tener su origen en la iniciativa popular a solicitud de un número no menor del 15 % de los electores inscritos en el registro civil y electoral (art. 342). En las *Propuestas de Reforma del CPRC, junio* **2007,** se buscó **restringir la iniciativa popular** para las reformas constitucionales, **aumentándose,** en el artículo 342, **el porcentaje** de ciudadanos que la requieran de **15 % al 25 %.**

Para la votación en referendo de las reformas constitucionales, el pueblo en principio se debe pronunciar en conjunto sobre la reforma, pero puede votarse separadamente hasta una tercera parte de ella, si así lo aprueba un número no menor de una tercera parte de la Asamblea Nacional o si en la iniciativa de reforma así lo hubiere solicitado el presidente de la República o un número no menor del cinco por ciento de los electores inscritos en el registro civil y electoral (art. 344). En las *Propuestas de Reforma del CPRC, junio* **2007,** se buscó **aumentar el porcentaje** de los electores que podían solicitar la votación separada de las reformas constitucionales que se regulaba en el artículo 344 del **5%** a "un número no menor del que se requiere para su iniciativa", es decir, del **25%** que en la propuesta de reforma 2007 se propuso para ello.

Por último, como mecanismo de revisión constitucional, la Constitución de 1999, prevé el mecanismo de la Asamblea Constituyente en cuando se trate de "transformar al Estado, crear un nuevo ordenamiento jurídico y redactar una nueva Constitución" (art. 347), cuya convocatoria también puede tener iniciativa popular cuando sea solicitada por el quince por ciento de los electores inscritos en el registro electoral (art. 348). En las *Propuestas de Reforma del CPRC, junio 2007,* se buscó **restringir la iniciativa popular** prevista en el artículo 348 para la solicitud de convocatoria de la Asamblea Constituyente **aumentándose el porcentaje** de ciudadanos que la requieran de **15 % al 30 %.**

New York 2007

TERCERA PARTE:

LAS PROPUESTAS DE REFORMAS CONSTITUCIONALES AL RÉGIMEN DE LOS DERECHOS INDIVIDUALES FORMULADAS POR EL CONSEJO PRESIDENCIAL PARA LA REFORMA CONSTITUCIONAL (JUNIO 2007)

En materia de los derechos constitucionales y, en particular, en relación con los derechos humanos, sin duda, la Constitución de 1999 fue un texto en el cual se incorporaron notables innovaciones signadas por el principio de la progresividad de la protección de los mismos, el cual incluso se incorporó en el artículo 19.

Sin embargo, en esta materia, el **Consejo Presidencial para la Reforma Constitucional** designado por el presidente de la República Hugo Chávez en enero de 2007[1], presidida por la Presidenta de la Asamblea Nacional e integrada, entre otros, por los siguientes altos funcionarios del Estado: el Segundo Vicepresidente de la Asamblea Nacional y otros cuatro diputados; la Presidenta del Tribunal Supremo de Justicia; el Defensor del Pueblo; el Ministro del Trabajo; la Procuradora General de la República y el Fiscal General de la Republica, formuló en junio de 2007 un conjunto de propuestas de reforma constitucional de notable **carácter regresivo**, completamente **contrarias al principio de la progresividad, con las cuales, de haberse aprobado, se hubiera terminado de configurar al Estado como un Estado Policial y represivo**[2].

La Asamblea Nacional, al discutir y sancionar el proyecto de reforma constitucional de noviembre de 2007, afortunadamente **ni siquiera acogió** las propuestas que había formulado dicho Consejo Presidencial. Sin embargo, dado lo neurálgico del tema, estimamos necesario, exponer las propuestas no acogidas

---

1   Véase Decreto N° 5138 de 17-01-2007, *Gaceta Oficial* N° 38.607 de 18-01-2007

2   Véase en el texto **Consejo Presidencial para la Reforma de la Constitución de la República Bolivariana de Venezuela, "Modificaciones propuestas",** publicado como *Proyecto de Reforma Constitucional. Versión atribuida al Consejo Presidencial para la reforma de la Constitución de la república Bolivariana de Venezuela,* Editorial Atenea, Caracas 01 de julio de 2007.

por la Asamblea Nacional, pues las mismas reflejan el pensamiento de todos los altos funcionarios del Estado que conformaron dicho Consejo.

I. PROPUESTAS DE REFORMA RESPECTO DE LOS PRINCIPIOS FUNDAMENTALES SOBRE DERECHOS HUMANOS

El artículo 19 de la Constitución de 1999 dispone que el Estado debe garantizar a toda persona, conforme al principio de progresividad y sin discriminación alguna, el goce y ejercicio irrenunciable, indivisible e interdependiente de los derechos humanos. En las Propuestas de Reforma del Consejo Presidencial de junio 2007 se buscaba agregar al artículo 19, como titulares de los derechos humanos que el Estado debe garantizar, además de a las personas, "**a las colectividades**".

En cuanto al artículo 20 de la Constitución de 1999, en el mismo se consagró el principio de la libertad, al establecer que "toda persona tiene derecho al libre desenvolvimiento de su personalidad, sin más limitaciones que las que derivan del derecho de las demás y del orden público y social". En las Propuestas de Reforma del Consejo Presidencial de junio 2007, se buscaba ampliar las **posibilidades de imponer limitaciones** al ejercicio de los derechos constitucionales, al agregarse a las que derivan del derecho de los demás y del orden público y social, las que pudieran derivarse "**del interés general**" y de los "**deberes constitucionales**".

Esta ampliación de las limitaciones al ejercicio de los derechos humanos, los hubiera **dejado a la merced de la aplicación de la política de Estado** signada por la **orientación ideológica socialista.** De manera que por ejemplo, al proponerse reformar también el artículo 62 en el sentido de establecer el deber constitucional del Estado y la sociedad de propiciar la participación del pueblo "para la construcción de la **sociedad socialista**", los derechos humanos podrían ser **limitados para asegurar el cumplimiento de ese "deber" ideológico,** lo cual hubiera implicado, con esta propuesta de reforma, la **constitucionalización de la posibilidad de "criminalizar" la disidencia.**

Por otra parte, los derechos humanos garantizados y protegidos conforme a la Constitución de 1999, no son sólo los enumerados en su texto sino todos los demás que sean inherentes a la persona humana no enunciados incluso en los instrumentos internacionales. Con ello, los derechos inherentes a las personas adquirieron una posibilidad y dimensión muy extensa. Sin embargo, en las Propuestas de Reforma del Consejo Presidencial de junio 2007, en el artículo 22 **se buscaba reducir la enumeración** de los derechos humanos para servir de parámetro en la identificación de derechos inherentes a las personas, sólo a los indicados en la **Constitución y en los tratados internacionales** sobre derechos humanos suscritos y ratificados por la República.

En la propuesta de reforma, además, se buscaba establecer la posibilidad de determinar derechos inherentes no sólo de las personas como derechos individuales, sino también como **derechos colectivos.**

Igualmente, en las Propuestas de Reforma del Consejo Presidencial de junio 2007 se proponía calificar el ámbito de los derechos en caso de falta de ley reglamentaria, al buscar modificarse la tradicional frase de que "la falta de ley reglamentaria de estos derechos no menoscaba el ejercicio de los mismos" por la frase de que "la falta de ley que desarrolle estos derechos no menoscaba **el goce y el ejercicio real y efectivo** de los mismos".

Por último, una de las grandes innovaciones de la Constitución de 1999 en esta materia de derechos humanos, fue el haberle otorgado rango constitucional a los tratados internacionales sobre derechos humanos, disponiendo la aplicación prevalente de los mismos en relación con la Constitución y las leyes, si establecen normas más favorables; y además, la aplicación inmediata y directa de los mismos por los órganos que ejercen el Poder Público.

En las Propuestas de Reforma del Consejo Presidencial de junio 2007 se buscaba reducir y minimizar los importantes efectos protectivos de derechos humanos establecidos en esta norma del artículo 23 de la Constitución de 1999, **eliminándose totalmente la jerarquía constitucional y su prevalencia sobre el orden interno**, al formularse la norma en el sentido de que "los tratados, pactos y convenciones relativos a derechos humanos, suscritos y ratificados por Venezuela, **mientras se mantenga vigentes, forma parte del orden interno, y son de aplicación inmediata y directa por los órganos del Poder Público**".

La eliminación de la jerarquía constitucional de los tratados de derechos humanos y su valor prevalente sobre lo regulado en el orden interno, hubiera sido un **duro golpe al principio de la progresividad** en la protección de los derechos que se recoge en el artículo 19 de la Constitución, que no permite regresiones en la protección de los mismos.

Además, en las Propuestas de Reforma del Consejo Presidencial de junio de 2007 se agregaba a la norma del artículo 23 que "**corresponde a los tribunales de la República conocer de las violaciones sobre las materias reguladas en dichos tratados**", lo que no hubiera tenido mayor efecto pues los tribunales tienen esa competencia, pero no exclusiva. Sin embargo, la propuesta de reforma no buscaba ratificar la competencia de los tribunales nacionales, y lo que lamentablemente buscaba era establecer una **prohibición constitucional para la aplicación de la Convención Americana de Derechos Humanos en cuanto a la competencia que tiene la Corte Interamericana de Derechos Humanos** para conocer de las violaciones de la misma. Con una norma de este tipo, Venezuela hubiera quedado **excluida de la jurisdicción de dicha Corte internacional y del sistema interamericano** de protección de los derechos humanos.

II. LA REGRESIÓN EN EL RÉGIMEN GENERAL DE LAS GARANTÍAS CONSTITUCIONALES

En la Constitución de 1999 también se incorporaron un conjunto de regulaciones muy importantes, relativas a las garantías constitucionales de los derechos humanos, es decir, de los instrumentos que permiten hacer efectivo el ejercicio de los derechos.

Entre dichas garantías, la Constitución de 1999 establece la garantía de la irretroactividad de la ley en relación con toda "disposición legislativa" (art. 24), cualquiera que pueda ser el contenido de su regulación, y por tanto, no sólo en materia penal. La consecuencia de ello es que, por supuesto, también en materia civil, laboral, administrativa, comercial o de cualquier otra índole, la garantía de la irretroactividad es esencial para el ejercicio de los derechos humanos.

En las Propuestas de Reforma del Consejo Presidencial para la Reforma Constitucional de junio 2007, lamentablemente se buscaba reducir la garantía de la irretroactividad de la ley, al pretender **limitársela a la "materia penal"**, lo que también debía considerarse como una regresión y **violación del principio de la progresividad.**

En cuanto a la garantía de la nulidad de los actos violatorios de derechos constitucionales y de la previsión de la responsabilidad de los funcionarios que los dicten o ejecuten, la Constitución la reguló siguiendo la tradición constitucional (art. 25) anterior. En las Propuestas de Reforma del Consejo Presidencial de junio 2007, se buscaba cambiar la redacción en algunos aspectos de la norma, y se proponía disponer que son nulos los actos dictados en ejercicio del Poder Público cuando violen o menoscaben "los **derechos y garantías contemplados** en la Constitución", en lugar de "**los derechos garantizados por esta Constitución**", agregándose además del efecto de la nulidad, que dichos actos "**no generarán efecto alguno**".

En cuanto a las responsabilidades de los funcionarios derivadas de ordenar o ejecutar dichos actos, en las Propuestas de Reforma se buscaba agregar a la responsabilidad penal, civil y administrativa, la responsabilidad **disciplinaria,** quizás sin percatarse que ésta es una especie de la responsabilidad administrativa respecto de los funcionarios.

Por último, entre las garantías constitucionales, en el artículo 29 de la Constitución se estableció expresamente la obligación del Estado de investigar y sancionar legalmente los delitos contra los derechos humanos cometidos por sus autoridades; enumerándose una serie de delitos respecto de los cuales las acciones penales son imprescriptibles. En las Propuestas de Reforma del Consejo Presidencial de junio 2007, sin duda confundiendo el sentido protectivo de la norma, se buscaba agregar que la obligación del Estado de investigar y sancionar legalmente los delitos contra los derechos humanos no sólo se refería a los cometidos por sus autoridades sino además, "**por los particulares**", lo que era absolutamente inútil pues ello es de la **esencia de la función judicial y de los tribunales.** La norma de la Constitución, en realidad lo que persigue es garantizar que los delitos cometidos por funcionarios no queden impunes, amparados por la potestad estatal. En las Propuestas de Reforma del Consejo Presidencial de junio 2007, además, en relación a la **imprescriptibilidad de la acción penal** en relación con los delitos de lesa humanidad, violaciones graves a los derechos humanos y los crímenes de guerra, se buscaba **agregar** "las **violaciones a los derechos de niños, niñas y adolescentes, la desaparición forzada de personas**".

Además se proponía que se sustituyera la garantía judicial prevista en la norma, al proponerse cambiar la redacción de que "las violaciones de derechos humanos y los delitos de lesa humanidad serán investigados y juzgados por los **tribunales ordinarios**", por la frase de que "las violaciones de derechos humanos y los delitos de lesa humanidad serán investigados **por el Ministerio Público y juzgados por los tribunales competentes**". Con la redacción que se proponía era **sustituir la garantía de los "tribunales ordinarios" por los "tribunales competentes"**, lo que abría era la posibilidad de que se pudieran establecerse en esos casos, **tribunales** *ad hoc* **o que los tribunales militares** para que fueran los que conocieran de esos delitos. Esta regresión también **afectaba el principio de la progresividad.**

Por último, debe mencionarse que el colorario internacional de las garantías constitucionales está en el artículo 31 de la Constitución, que regula el derecho de toda persona de acceder a la justicia internacional para solicitar la protección de los derechos humanos; estableciéndose además, la obligación para el Estado de adoptar, conforme a procedimientos establecidos en la Constitución y la ley, las medidas que sean necesarias para dar cumplimiento a las decisiones emanadas de los órganos internacionales previstos en este artículo.

En las Propuestas de Reforma del Consejo Presidencial de junio 2007, se buscaba cambiar radicalmente el sentido de esta norma de la Constitución de 1999, eliminándose su efecto protectivo, en evidente violación del principio de la progresividad.

En efecto, en la Propuesta de Reforma, en primer lugar, se buscaba sustituir el sentido del derecho previsto de "**solicitar el amparo** a sus derechos humanos" por el de "**demandar violación** a sus derechos humanos"; en segundo lugar, se buscaba limitar el derecho de toda persona a dirigir peticiones o quejas ante los órganos internacionales creados para la protección de los derechos humanos, con el objeto de demandar violación a sus derechos humanos, agregándose "**siempre que hayan agotado las instancias nacionales**"; es decir, **se pretendía constitucionalizar la limitación al acceso a las instancias constitucionales** sujetándolo al necesario agotamiento de las instancias nacionales, lo que podría hacer nugatorio el derecho de acceso a las instancias internacionales; y en tercer lugar, se proponía sustituir la obligación del Estado **de adoptar** "conforme a procedimientos establecidos en esta Constitución y la ley, las medidas que sean necesarias para dar cumplimiento a las decisiones emanadas de los órganos internacionales", por una obligación **de ejercer** "conforme a procedimientos establecidos en esta Constitución y la ley, las medidas que sean necesarias para dar cumplimiento a las decisiones emanadas de los órganos internacionales **a través de los tribunales nacionales**". Con ello, se buscaba restringir, una vez más, el ámbito de actividad protectiva de los tribunales internacionales.

III. LOS CAMBIOS EN EL ESTATUTO DE LAS PERSONAS

1. *La eliminación del derecho humano a la nacionalidad originaria*

Una de las innovaciones fundamentales de la Constitución de 1999 en materia de nacionalidad, fue la previsión expresa de la nacionalidad por nacimiento como un derecho humano, razón por la cual se dispuso en el artículo 35 que los venezolanos por nacimiento "no pueden ser privados de su nacionalidad". Es decir, no puede haber acto estatal alguno que disponga la perdida de la nacionalidad venezolana por nacimiento, pues se trata de un derecho constitucional.

En las Propuestas de Reforma del Consejo Presidencial de junio 2007, se ha buscaba **eliminar la garantía constitucional del derecho humano a la nacionalidad originaria** prevista en el artículo 35 de la Constitución, consistente en la prohibición de que mediante un acto estatal se pueda privar a alguien de su nacionalidad originaria. La propuesta de reforma, sin duda, era contraria al principio de la progresividad que existe en materia de derechos humanos (art. 19).

La Constitución, por otra parte, establece la posibilidad de renuncia de la nacionalidad (art. 36), exigiendo, por ejemplo, en caso de renuncia de la nacionalidad por nacimiento, que para su recuperación la persona, entre otros requisitos, se domicilie en el territorio por un lapso no menor de dos años (art. 36). En las Propuestas de Reforma del Consejo Presidencial de junio 2007, se buscaba agravar los requisitos para la recuperación en estos casos de la nacionalidad por nacimiento renunciada, exigiéndose que la persona se domiciliase en el territorio por un **lapso no menor de diez años ininterrumpidamente.**

2. *Los cambios en el régimen de la extradición*

En cuanto a los extranjeros, el artículo 271 de la Constitución estableció el principio de que en ningún caso puede ser negada la extradición de los mismos cuando sean "responsables de los delitos de deslegitimación de capitales, drogas, delincuencia organizada internacional, hechos contra el patrimonio público de otros Estados y contra los derechos humanos".

En las Propuestas de Reforma del Consejo Presidencial de junio 2007, **se buscaba cambiar el régimen de protección** frente a los delitos mencionados de deslegitimación de capitales, drogas, delincuencia organizada internacional, hechos contra el patrimonio público de otros Estados y contra los derechos humanos; y se proponía establecer en el artículo 271, solamente que la extradición de los extranjeros solo se debía conceder en cumplimiento de un **tratado o de una ley,** atendiendo al principio de reciprocidad, quedando **excluida de la extradición los delitos políticos y aquellos a los cuales corresponda la pena de muerte o condena a cadena perpetua**, según el derecho del Estado reclamante".

IV. LA REGRESIÓN EN EL RÉGIMEN DE LOS DERECHOS INDIVIDUALES

La Constitución, por supuesto, entre los derechos individuales estableció la libertad personal con una serie de garantías entre las cuales, la más importante es que el arresto o detención de las personas sólo puede tener lugar "en virtud de orden judicial, a menos que sea sorprendida in fraganti" (art. 44,1).

En las Propuestas de Reforma del Consejo Presidencial de junio 2007, se buscaba cambiar radicalmente el sentido de esta norma protectiva de la Constitución de 1999, al pretender **definirse el propio texto constitucional el sentido de la flagrancia**, en una forma tan amplia, que la garantía de la intervención judicial desaparecía, dando origen a la posibilidad de **detenciones administrativas, policiales y políticas**. En la Propuesta de Reforma de este artículo se proponía agregar a la norma del artículo 44,1 de la Constitución de 1999 que "se entiende que hay flagrancia, cuando se sorprende al imputado en plena ejecución del delito, o **lo acabe de cometer y se le persiga** para su aprehensión, o **se le sorprenda a poco de haberse cometido el delito, cerca del lugar donde se produjo el hecho punible**, con instrumentos u otros objetos que hagan presumir la autoría el mismo, o **cuando el sospechoso se vea perseguido por la autoridad, la víctima o el clamor público"**.

Por otra parte, en la Propuesta de Reforma, de nuevo en violación del principio de la progresividad, se buscaba autorizar constitucionalmente que **personas no investidas de autoridad pudieran detener a otras personas**, al proponerse cambiar la norma que dispone que "En este caso será llevada ante una autoridad judicial en un tiempo no mayor de cuarenta y ocho horas a partir del momento de la detención"; por una que estableciera que "en este caso será llevada ante una autoridad judicial en un tiempo no mayor de cuarenta y ocho horas a partir del momento de la **aprehensión que de él o ella hagan personas investidas o no de autoridad"**.

Otro derecho individual importante regulado en la Constitución es el derecho a la inviolabilidad del hogar doméstico a lo que se agregó la inviolabilidad de todo recinto privado (art. 47), con una serie de garantías específicas. En las Propuestas de Reforma del Consejo Presidencial de junio 2007, también se buscaba cambiar radicalmente el sentido de esta norma protectiva de la Constitución de 1999, sustituyendo el ámbito de la inviolabilidad del **hogar domestico y del recinto privado,** por la tradicional expresión **hogar o domicilio privado,** dejando fuera del alcance de la inviolabilidad los recintos privados distintos al hogar o al domicilio.

Por otra parte, la **restricción al allanamiento** establecida en el artículo 47 de la Constitución de 1999, en el sentido de que "no podrán ser allanados, sino mediante **orden judicial" con la restricción de que solo se puede dictar "para impedir la perpetración de un delito o para cumplir de acuerdo con la ley, las decisiones que dicten los tribunales,** respetando siempre la dignidad del ser humano", se pretendía relajar, en el sentido de establecer en su lugar, que "será requerida orden de un juez competente para su registrado, inspección o allanamiento, respetando siempre la dignidad humana" sin limitación, agregándose inconvenientemente que **"se exceptuará la presentación de orden judicial en aquellos casos en que se pretenda impedir la comisión de un delito"**, con lo que se hubiera dejado abierta, materialmente sin límites y a la sola interpretación del funcionario policial, la posibilidad del allanamiento del hogar o domicilio.

Por otra parte, en las Propuestas de Reforma del Consejo Presidencial de junio 2007, se buscaba **eliminar las limitaciones establecidas respecto de "visitas sanitarias"** en el sentido de que sólo pueden practicarse "previo aviso de los funcionarios que las ordenen o hayan de practicarlas".

La Constitución de 1999 también reguló detalladamente la libertad de tránsito (art. 50), estableciendo entre otros aspectos la garantía de que en caso de establecerse el cobro de peaje en las vías públicas, debía asegurarse una vía alterna. En las Propuestas de Reforma del Consejo Presidencial de junio 2007, se buscaba eliminar la exigencia constitucional de que "**en caso de concesión de vías,** la ley establecerá los supuestos en los que debe garantizarse el uso de una vía alterna", eliminándose toda referencia a la posibilidad de concesiones de uso y explotación de vías públicas.

En relación con los derechos individuales, la Constitución garantiza, además, el derecho a la libre expresión del pensamiento (art. 57), prohibiendo el anonimato, la propaganda de guerra y los mensajes discriminatorios o que promuevan la intolerancia religiosa; y garantizó a los funcionarios públicos el derecho de dar cuenta de los asuntos bajo sus responsabilidades. En las Propuestas de Reforma del Consejo Presidencial de junio 2007, se buscaba eliminar la prohibición que establece el artículo 57 de la Constitución de 1999, de los mensajes que específicamente promuevan la intolerancia **religiosa**, y se agregó la prohibición de los mensajes que promuevan **"la intolerancia, el odio o la incitación al delito".**

Además, se buscaba eliminar del artículo 57 de la Constitución, **la prohibición de la censura a los funcionarios públicos** para dar cuenta de los asuntos bajos sus responsabilidades.

La Constitución también garantiza el derecho de los ciudadanos de tener acceso a los archivos y registros administrativos, sin perjuicio de los límites aceptables dentro de una sociedad democrática en materias relativas a seguridad interior y exterior, a investigación criminal y a la intimidad de la vida privada (art 143). En las Propuestas de Reforma del Consejo Presidencial de junio 2007, se buscaba **ampliar este derecho** de acceso a los archivos y registros, no sólo administrativos, sino **"públicos y privados",** pero sólo "en los cuales consten derechos que específica y particularmente les conciernen y cuya prueba no podrían obtener de otro modo".

Por otra parte, se buscaba **omitir** la referencia limitativa respecto del acceso a **lo aceptable dentro de una sociedad democrática,** y en su lugar se proponía establecer que los órganos de los poderes públicos **no podían dar a conocer las materias de sus archivos relativos a la intimidad de la vida privada, investigación criminal y judicial en curso, seguridad y defensa, políticas financieras y fiscales,** y otras que la ley declarase de contenido confidencial, reservado o secreto.

La Constitución, además, establece el derecho de toda persona de acceder a la información y a los datos que sobre sí misma o sobre sus bienes consten en registros oficiales o privados, así como de conocer el uso que se haga de los mismos y su finalidad, y eventualmente solicitar judicialmente la actualización, la rectificación o la destrucción de aquellos, si fuesen erróneos o afectasen ilegítimamente sus derechos (art. 28). En las Propuestas de Reforma del Consejo Presidencial de junio 2007, se buscaba agregar a esta norma del artículo 28 de la Constitución, que las "personas naturales y jurídicas **solo están autorizadas a suministrar a los particulares y poderes públicos las informaciones que deban rendirle de acuerdo a la ley";** y en cuanto a las excepciones, se buscaba eliminar toda referencia específica a las **informaciones periodísticas.**

La Constitución regula además, el derecho a la protección del honor y la intimidad (art. 60), disponiendo específicamente que la ley debe limitar "el uso de la informática para garantizar el honor y la intimidad personal y familiar de los ciudadanos y ciudadanas y el pleno ejercicio de sus derechos". En las Propuestas de Reforma del Consejo Presidencial de junio 2007, se proponía **sustituir** el mandato de que la ley debe limitar "**el uso de la informática para garantizar el honor y la intimidad personal y familiar** de los ciudadanos y ciudadanas y el pleno ejercicio de sus derechos" por la indicación de que la ley debía desarrollar "los mecanismos para **garantizar la protección y el ejercicio pleno de estos derechos**".

La Constitución garantiza además el derecho a la libertad de conciencia, como un derecho de ejercicio individual salvo que su práctica afecte la personalidad de la persona o constituya delito (art. 61). En las Propuestas de Reforma del Consejo Presidencial de junio 2007, se **ampliaban las excepciones** al ejercicio del derecho en el sentido de que no se pueda invocar no sólo cuando afecte su personalidad o constituya delito, sino cuando **afecta "a la sociedad" o una persona o grupo de personas"**.

Por último, otra innovación de la Constitución de 1999 fue establecer el derecho de las personas a obtener protección por parte del Estado respecto de su integridad física y sus propiedades, además de respecto del disfrute de sus derechos (art. 55). En las Propuestas de Reforma del Consejo Presidencial, se **eliminaba la mención a las "propiedades"** de las personas, como objeto de protección, y se lo sustituía por la de "sus **bienes y posesiones**".

New York 2007

CUARTA PARTE:

LA SANCIÓN DE LA REFORMA CONSTITUCIONAL DE 2007 POR LA ASAMBLEA NACIONAL Y SU RECHAZO MEDIANTE REFERENDO*

I. INTRODUCCIÓN: UNA "REFORMA CONSTITUCIONAL" QUE SÓLO PODÍA REALIZARSE MEDIANTE LA CONVOCATORIA DE UNA ASAMBLEA NACIONAL CONSTITUYENTE

El 2 de noviembre de 2007, la Asamblea Nacional, luego de haberle dado tres discusiones en algo más de un mes, sancionó un proyecto de reforma a la Constitución de 1999,[1] a los efectos de someterlo a referendo aprobatorio fijado para el 2 de diciembre de 2007. En el mismo, a pesar de todas las solicitudes y argumentos que se habían formulado para que los artículos reformados se votaran en diversos bloques, el Consejo Nacional Electoral había resuelto que se verificaría un solo bloque.

Sin embargo, en sesión extraordinaria de la Asamblea Nacional realizada al día siguiente a la sanción del proyecto de reforma constitucional, el día 3 de noviembre de 2007, luego que el presidente de la República, seguramente al tomar conciencia de los efectos negativos de las reformas sancionadas, señalara que la votación en el referendo debía hacerse en dos bloques, uno referido a "sus" pro-

---

* El texto de esta parte es el del libro: Allan R. Brewer-Carías, *La reforma constitucional de 2007 (Comentarios al proyecto inconstitucionalmente sancionado por la Asamblea Nacional el 2 de noviembre de 2007)*, Colección Textos Legislativos, N° 43, Editorial Jurídica Venezolana, Caracas 2007, 224 pp. El libro se terminó de escribir el 6 de noviembre de 2007. Por ello, cuando en el texto nos referimos a la "reforma constitucional sancionada", estamos haciendo alusión al proyecto de reforma constitucional sancionada por la Asamblea Nacional el 2 de noviembre de 2007, cuya entrada en vigencia quedó supeditada a los resultados del referendo de diciembre de 2007, que fueron negativos, rechazándose la reforma.

1. *Gaceta Oficial* N° 36.860 de 30-12-1999, republicada en *Gaceta Oficial* N° 5453 Extraordinaria de 24-03-2000. Véase los comentarios a la Constitución en Allan R. Brewer-Carías, *La Constitución de 1999. Derecho Constitucional Venezolano*, 2 volúmenes, Editorial Jurídica Venezolana, Caracas 2004.

puestas de reforma y otro a las reformas introducidas por la Asamblea Nacional, este cuerpo muy diligentemente procedió a cambiar de criterio, y pasar, según dijo la Presidenta del cuerpo, "de 'la regla' que es considerar la iniciativa de manera integral a 'la excepción' partirla en segmentos"[2], resolviendo que la pregunta se formularía en el referendo convocado para el 2 de diciembre de 2007 sobre el proyecto de reforma constitucional, para ser votada en dos segmentos[3], en la forma siguiente:

"¿Está usted de acuerdo con aprobar el proyecto de reforma constitucional sancionado por la Asamblea Nacional, con la participación del pueblo, y basado en la iniciativa del presidente Hugo Chávez, con sus respectivos títulos, capítulos y disposiciones transitorias, derogatoria y final, distribuido en los siguientes bloques:?"

Los dos bloques se conformaron sin lógica alguna en relación con las materias que abarca la reforma, sólo referidos a los artículos cuya reforma propuso el presidente y los artículos reformados por iniciativa de la Asamblea Nacional así:

El "A" contiene el Anteproyecto original presentado por el presidente y 13 artículos más, que son los artículos: 11, 16, 18, 64, 67, 70, 87, 90, 98, 100, 103, 112, 113, 115, 136, 141, 152, 153, 156, 157, 158, 167, 168, 184, 185, 225, 230, 236, 251, 252, 272, 299, 300, 301, 302, 303, 305, 307, 318, 320, 321, 328, 329, 341, 342 y 348.

El "B" contiene los artículos reformados incorporados en la Asamblea Nacional, que son los artículos: 21, 71, 72, 73, 74, 82, 109, 163, 164, 173, 176, 191, 289, 264, 265, 266, 279, 293, 295, 296, 337, 338 y 339.[4]

Se trata, en todo caso, de una reforma constitucional que transforma aspectos esenciales y fundamentales del Estado, por lo que puede considerarse como una de las más sustanciales que se haya producido en toda la historia constitucional de Venezuela.

Con ella, en efecto, se proyecta cambiar radicalmente el modelo de Estado descentralizado, democrático, pluralista y social de derecho que se había venido construyendo y consolidando desde la segunda guerra mundial, por el de un Estado Socialista, centralizado, policial y militarista, con una doctrina oficial "boli-

---

2   Véase en *El Universal*, Caracas, 04-11-2007.

3   La Sala Constitucional del Tribunal Supremo de Justicia, en sentencia No. 2087 de 06-11-2007, interpretó el artículo 344 de la Constitución en el sentido de considerar que la Asamblea Nacional tiene en todo caso, la potestad de decidir si la votación en el referendo se hace en forma total o parcial "al momento de la sanción" del proyecto de reforma constitucional (Exp. 07-1282/07-1362).

4   *Idem.* En esa oportunidad, sin embargo, nada se estableció sobre la votación de las Disposiciones Transitorias propuestas por la Asamblea Nacional, que se entiende pertenecen al segmento "B". En los subtítulos de todas las partes de este trabajo, se destacan en **tipo mayor** los artículos cuya reforma propuso el presidente de la República; y en **tipo menor** se destacan los artículos reformados por la Asamblea Nacional.

variana", que se identifica como "el Socialismo del Siglo XXI"[5] y un sistema económico de capitalismo de Estado. Esa reforma se ha sancionado, sin embargo, conforme a la propuesta que durante 2007 formuló el presidente de la República, Hugo Chávez Frías, burlando el procedimiento que la Constitución requería para un cambio tan fundamental. Se trata, por tanto, de una reforma fraudulenta o realizada en fraude a la Constitución, pues se ha utilizado para ello un procedimiento previsto para otros fines, engañando al pueblo.

La consecuencia de esta reforma a la Constitución en relación con los ciudadanos, es que con la misma se buscó establecer en Venezuela, formalmente, una ideología y doctrina oficial, del Estado, de corte socialista y supuestamente "bolivariana", la cual, en consecuencia, a pesar de su imprecisión -y he allí lo más peligroso-, siendo doctrina "oficial", no admite disidencia alguna. No se olvide que todos los ciudadanos tienen un deber constitucional esencial y es cumplir y hacer cumplir la Constitución (art. 131), por lo que, al aprobarse estas reformas, todos los ciudadanos tienen el deber de contribuir activamente en la implementación de la doctrina oficial del Estado. En ello no se admite ni siquiera la neutralidad. Por tanto, todo pensamiento, toda expresión del pensamiento, toda acción o toda omisión que pueda ser considerada como contraria a la doctrina oficial socialista y "bolivariana", o que simplemente la "autoridad" no considere que está contribuyendo a la construcción y siembra del socialismo, constituirá una violación a un deber constitucional y puede, por tanto, ser criminalizada, es decir, puede dar lugar a sanciones incluso penales. Se trata de crear un pensamiento único, que constitucionalmente no admite disidencia.

Este proyecto de reforma constitucional tuvo su origen en el anuncio efectuado por el presidente Chávez en enero de 2007, al tomar posesión de su segundo mandato presidencial, en el sentido de que propondría una serie de reformas a la Constitución de 1999, para cuya elaboración designó un Consejo Presidencial para la Reforma de la Constitución[6], el cual estuvo presidido por la Presidenta de la Asamblea Nacional e integrado por altos funcionarios del Estado como fueron el Segundo Vicepresidente de la Asamblea Nacional y otros cuatro diputados; la Presidenta del Tribunal Supremo de Justicia; el Defensor del Pueblo; el Ministro del Trabajo; la Procuradora General de la República y el Fiscal General de la Republica. En esta forma, el presidente de la República comprometió de antemano en su proyecto a los titulares de materialmente todos los Poderes Públicos, indicando en forma expresa en el Decreto que el trabajo de dicho Consejo se debía realizar "*de conformidad con los lineamientos del Jefe de Estado en estricta confidencialidad*" (art. 2)[7]. Es decir, el Consejo no tenía libertad alguna de pensamiento, y su trabajo debía desarrollarse en estricta confidencialidad, lo que

---

5   Véase el *Proyecto de Exposición de Motivos para la Reforma Constitucional, Presidencia de la República, Proyecto Reforma Constitucional. Propuesta del presidente Hugo Chávez agosto 2007*, p. 19.

6   Véase Decreto N° 5138 de 17-01-2007, *Gaceta Oficial* N° 38.607 de 18-01-2007

7   Ello también lo declaró públicamente, además, la presidenta de la Asamblea Nacional al instalarse el Consejo. Véase en *El Universal*, 20-02-2007.

de por si es contrario a los principios que deben guiar cualquier reforma constitucional en un país democrático.

Las pautas para la reforma constitucional que en diversos discursos y alocuciones fue dando el presidente de la República, apuntaron, por una parte, a la conformación de un Estado del Poder Popular o del Poder Comunal, o Estado Comunal, estructurado desde los Consejos Comunales que ya habían sido creados al margen de la Constitución en 2006[8], como unidades políticas primarias u organizaciones sociales no electas mediante sufragio universal, directo y secreto, supuestamente dispuestos para canalizar la participación ciudadana, pero conforme a un sistema de conducción centralizado desde la cúspide del Poder Ejecutivo Nacional, donde no hay autonomías territoriales; y por la otra, a la estructuración de un Estado socialista, con una doctrina socialista y "bolivariana" como doctrina oficial, sustituyendo al sistema plural de libertad de pensamiento y acción que siempre ha existido en el país, y en particular, sustituyendo la libertad económica y el Estado de economía mixta que ha existido en Venezuela, por un sistema de economía estatista y colectivista, de capitalismo de Estado, sometido a una planificación centralizada, minimizando el rol del individuo y eliminando todo vestigio de libertad económica y de propiedad privada.

Es decir, el objetivo definido por el presidente era transformar radicalmente al Estado y crear un nuevo ordenamiento jurídico, lo que no podía realizarse mediante el mecanismo de "reforma constitucional" que regula la Constitución, sino que exigía, conforme a su artículo 347, que se convocara y eligiera una Asamblea Nacional Constituyente, lo que, por supuesto, podía implicar que la reforma se le escapara de su control férreo.

Debe destacarse, que la Sala Constitucional del Tribunal Supremo, el mismo día en que la Asamblea Nacional sancionó la reforma constitucional, mediante sentencia N° 2042 de 2 de noviembre de 2007, declaró la inadmisibilidad de una acción de amparo intentada contra el presidente de la República y la propia Asamblea Nacional por "pretender tramitar" como reforma constitucional un conjunto de modificaciones fundamentales a la Constitución, que exigían la convocatoria de la Asamblea Nacional Constituyente. Para ello, la Sala se basó en la consideración de que "en el asunto bajo examen, el accionante no señaló cuál es la situación jurídica subjetiva lesionada o amenazada por las actuaciones que denunció como lesivas. En efecto, la denuncia planteada está referida a la supuesta amenaza de infracción constitucional producida por la inclusión en el contenido del Proyecto de Reforma presentado ante la Asamblea Nacional por iniciativa del presidente de la República, de normas que, en opinión del accionante, modifican la estructura y principios fundamentales del Texto Constitucional, en contravención a los límites establecidos en el artículo 342 de la Constitución vigente. Sin embargo, no expuso de qué forma su situación jurídica personal se vería afectada por las actuaciones denunciadas, ya que sólo se limitó a señalar la presunta inconstitucionalidad del aludido proyecto de reforma".

---

8   Ley de Consejos Comunales *Gaceta Oficial,* N° 5.806 *Extraordinario,* 10-04-2006.

La Sala Constitucional además, consideró que la norma del artículo 342 supuestamente no contenía derecho constitucional alguno, concluyendo que el accionante "no tiene legitimación activa alguna para incoar la presente acción de amparo constitucional, por cuanto no señaló, ni se evidencia de autos, de qué manera las actuaciones denunciadas como lesivas son susceptibles de vulnerar sus derechos constitucionales", por lo cual declaró inadmisible la acción de conformidad con lo dispuesto en el artículo 19,5, de la Ley Orgánica del Tribunal Supremo de Justicia, "por la falta de legitimación del accionante". Olvidó la Sala Constitucional que el derecho más importante de los ciudadanos es el derecho a la supremacía de la constitución, y a que los cambios a la misma se hagan de acuerdo con sus previsiones.

Por ello, el magistrado Pedro Rafael Rondón Haaz, salvó su voto por considerar, básicamente, que la norma del artículo 342

"[…] entraña **un evidente derecho de rango constitucional y alcance general para todos los ciudadanos**, en el sentido de que, sólo por su condición de tales, en cuanto suscriptores del pacto social que es, en definitiva, una Constitución, que determina la directa afectación de su esfera jurídica constitucional cuando dicho pacto es alterado, lo cual les proporciona legitimación para la defensa de dicha esfera jurídica y título jurídico suficiente para exigir a los destinatarios directos de la norma (la Asamblea Nacional - mediante acuerdo aprobado por el voto de la mayoría de sus integrantes-, el presidente o Presidenta de la República en Consejo de Ministros; o un número no menor del quince por ciento de los electores inscritos y electoras inscritas en el Registro Civil y Electoral, que son quienes tienen iniciativa para solicitarla), como conducta determinada de la cual es acreedor aquél, el estricto cumplimiento o apego a ella. En el peor de los casos, se trataría, en términos análogos, de un interés -por oposición a derecho propiamente dicho- igualmente legitimador."

El Magistrado salvante del voto ratificó entonces su criterio de que no cabe duda de que:

"[…] el artículo 342 entraña un derecho de todos - como miembros de la sociedad suscriptora del pacto social- a que la reforma constitucional proceda - y solo proceda- para *"una revisión parcial de esta Constitución y la sustitución de una o varias de sus normas que no modifiquen la estructura y principios fundamentales del Texto Constitucional"*, de manera que, cuando el demandante alegó la supuesta vulneración de esta norma ante una eventual reforma constitucional que incluya modificaciones en la estructura y principios fundamentales del Estado, está, ciertamente, haciendo referencia a la supuesta lesión a derechos constitucionales difusos, los cuales tienen expresa protección constitucional según dispone el artículo 26 de la Constitución de la República Bolivariana de Venezuela."

En todo caso, lo que planteó el presidente como "reforma constitucional", lo que propuso su Consejo Presidencial y lo que sancionó la Asamblea Nacional en noviembre de 2007, evidentemente que no constituye "una revisión parcial de la Constitución y la sustitución de una o varias de sus normas que no modifiquen la estructura y principios fundamentales del texto Constitucional", que es lo que conforme al artículo 342 podía realizarse mediante el procedimiento de la "reforma constitucional", que se desarrolla mediante la sola discusión y sanción del proyecto por la Asamblea Nacional y posterior sometimiento a referendo aprobatorio. Lo que se ha sancionado como proyecto de reforma constitucional, en realidad, requería la convocatoria de una Asamblea Constituyente, y al no hacerlo, lo que el presidente de la República y la Asamblea Nacional han cometido es un fraude a la Constitución, como ya se ha advertido reiteradamente por las instituciones más representativas del país[9], Incluso, sobre el tema se refirió en términos precisos, el Magistrado Jesús Eduardo Cabrera, en su Voto salvado a misma sentencia N° 2042 de la Sala Constitucional de 2 de noviembre de 2007, antes citada:

"1. En sentencia de 24 de enero de 2002, con ponencia de quien suscribe esta Sala expreso: "Las directrices del Estado Social de Derecho, inciden sobre las libertades económicas y sobre el derecho de propiedad...".

Igualmente, el fallo citado acotó: "No es que el Estado Social de Derecho propende a un Estado Socialista, o no respete la libertad de empresa o el derecho de propiedad..."; sin embargo, puede "restringir la propiedad con fines de utilidad pública o interés general, o limitar legalmente la libertad económica por razones de desarrollo humano, seguridad, sanidad, protección del ambiente u otros de interés social (artículo 112 Constitucional)".

Apuntó igualmente el fallo citado que el Estado Social persigue mantener un equilibrio entre clases, o entre el Estado y los ciudadanos. Ahora bien, los artículos 70, 113, 158, 168, 184, 300, 318 y 321 del Anteproyecto

---

9 En tal sentido se han pronunciado, por ejemplo, las **Academias de Medicina, Ciencias Políticas y Sociales, y de Ingeniería y el Hábitat** (23-10-2007, *El Universal*); la **Conferencia Episcopal Venezolana** (19-10-2007, *El Nacional*), el **Instituto de Previsión Social del Abogado, los Colegios de Abogados de Distrito Capital, de los Estados Miranda, Aragua, Cojedes, Falcón, Lara, Guárico, Carabobo** y de **Confederación de Profesionales Universitarios de Venezuela** (02-11-2007). Incluso, es significativo que el día 5 de noviembre de 2007, el general Raúl Baduel, quien fuera Ministro de la Defensa del Presidente Chávez hasta julio de 2007, se hubiera pronunciado públicamente sobre el tema advirtiendo sobre el proceder de los Poderes Ejecutivo y Legislativo "que innecesariamente y de forma atropellada, **mediante procedimientos fraudulentos, quieren imponer una propuesta que requiere una consulta más amplia a través de una Asamblea Nacional Constituyente**"; que con ello, ambos Poderes "**le están quitando** poder al pueblo alterando los valores, los principios y la estructura del Estado **sin estar facultados para ello, ya que el Poder Constituyente reside en el pueblo y es el único capaz de llevar a cabo un cambio de esa magnitud**", que "esta propuesta de reforma sólo le está quitando poder al pueblo por dos vías, primero, porque **usurpa de manera fraudulenta el Poder Constituyente** del pueblo y segundo, porque las autoridades de la nueva geometría del poder que se crearía **no serían elegidas por el pueblo**" y que "de culminar este proceso con la aprobación del mismo por las vías propuestas y la Asamblea Nacional, **se estaría consumando en la práctica un golpe de Estado**, violando de manera descarada el texto constitucional y sus mecanismos e introduciendo cambios de manera fraudulenta". Caracas, *El Universal*, 6-11-07.

para la primera reforma constitucional propuesta por el presidente de la República, plantea la construcción del socialismo, de la democracia socialista.

En criterio de quien disiente, un sistema de organización social o económico basado en la propiedad y administración colectiva o estatal de los medios de producción, como lo es básicamente el socialista, en sus distintas concepciones, cual es el propuesto en el Proyecto de Reforma, chocaría con lo que quien suscribe, y la propia Sala, era considerado Estado Social, y ello -en criterio del disidente- puede afectar toda la estructura y los principios fundamentales del Texto Constitucional, hasta el punto que un nuevo ordenamiento jurídico tendría que ser creado para desarrollar la construcción del socialismo.

No es que Venezuela no puede convertirse en un Estado Socialista. Si ello lo decide el pueblo, es posible; pero a juicio del voto salvante, tal logro sería distinto al que la Sala ha sostenido en el fallo de 24 de enero de 2002 (Caso*: Créditos Indexados*) y ello conduciría no a una reforma de la Constitución sino a una nueva Constitución, la cual debería ser votada por el Poder Constituyente Originario. Al menos, en nuestro criterio esto es la consecuencia del fallo N° 85 de 24 de enero de 2002."

Y es que, en efecto, el proyecto de reforma constitucional sancionada el 2 de noviembre de 2007 es de tal trascendencia, que así, incluso lo han reconocido quizás sin darse cuenta, los propios diputados de la Asamblea Nacional cuando han dispuesto que con la misma **se sustituya completamente la Constitución de 1999,** ordenando a tal efecto en la **Disposición Final** que la Constitución se imprima "íntegramente en un solo texto… con la reforma aquí sancionada y en el correspondiente texto único corríjanse los artículos **aplicando la nueva terminología señalada en esta Reforma Constitucional,** en cuanto sea aplicable suprimiéndose y sustituyéndose de acuerdo al contenido de esta Reforma **así como las firmas, fechas y demás datos de sanción y promulgación".** Es decir, aprobada la reforma por referendo, la Constitución tendría que conocerse como la "**Constitución de 2007",** es decir, una Constitución diferente, como efectivamente resulta de su contenido. Por lo demás, con esa Disposición final se le está dando carta blanca, no se sabe a quién, para que cambie otras normas constitucionales sin procedimiento constitucional alguno, como ya ocurrió con la "reimpresión" de la Constitución de 1999 en marzo de 2000[10].

En todo caso, fue la voluntad de llevar adelante la reforma contrariando la Constitución y con la sola participación de una Asamblea Nacional, totalmente controlada y dominada por el presidente y sus seguidores, y evitar los "riesgos" que podían derivar de la elección de una Asamblea Nacional Constituyente, lo que llevó al presidente de la República y a sus seguidores, a repetir una vez más la táctica política del fraude a la Constitución, que ya es un común denominador del régimen instalado en el país a partir de 1999[11], es decir, utilizar las institucio-

---

10 *Gaceta Oficial* N° 5453 *Extraordinaria* de 24-03-2000.

11 La Sala Constitucional del Tribunal Supremo de Justicia en la sentencia N° 74 de 25-01-2006 señaló que un *fraude a la Constitución* ocurre cuando se destruyen las teorías de-

nes existentes aparentando respetar las formas y procedimientos constitucionales (en este caso el procedimiento de "reforma constitucional"), para en cambio proceder a una radical trasformación del Estado, es decir, como lo ha advertido el Tribunal Supremo al definir el fraude constitucional, a pretender realizar "la creación de un nuevo régimen político, de un nuevo ordenamiento constitucional, sin alterar el sistema de legalidad establecido"[12].

Esto ya ocurrió en febrero de 1999, mediante la convocatoria del referendo consultivo sobre la Asamblea Nacional Constituyente que no estaba entonces prevista en la Constitución vigente de 1961[13]; luego ocurrió con la emisión por dicha Asamblea Constituyente, después de que la nueva Constitución de 1999 ya se había aprobado por referendo popular, el "Decreto del Régimen Transitorio de los Poderes Públicos" que obviamente no fue sometido a aprobación popular[14]; y ha venido ocurriendo en los últimos años, con la destrucción progresiva y sistemática de la democracia y de las instituciones del Estado de derecho, utilizándose sus instituciones desde el ejercicio del poder, y con ello, el sucesivo secuestro de los derechos y libertades públicas[15].

---

mocráticas "mediante el procedimiento de cambio en las instituciones existentes aparentando respetar las formas y procedimientos constitucionales", o cuando se utiliza "del procedimiento de reforma constitucional para proceder a la creación de un nuevo régimen político, de un nuevo ordenamiento constitucional, sin alterar el sistema de legalidad establecido, como ocurrió con el *uso fraudulento de los poderes* conferidos por la ley marcial en la Alemania de la Constitución de *Weimar*, forzando al Parlamento a conceder a los líderes fascistas, en términos de dudosa legitimidad, la plenitud del poder constituyente, otorgando un poder legislativo ilimitado"; y que un *falseamiento de la Constitución* ocurre cuando se otorga "a las normas constitucionales una interpretación y un sentido distinto del que realmente tienen, que es en realidad una modificación no formal de la Constitución misma", concluyendo con la afirmación de que "*Una reforma constitucional sin ningún tipo de límites, constituiría un fraude constitucional*". Véase en *Revista de Derecho Público,* Editorial Jurídica Venezolana, Nº 105, Caracas 2006, pp. 76 ss.

12 Véase la sentencia de la Sala Constitucional del Tribunal Supremo de Justicia Nº 74 de 25-01-2006, en *Revista de Derecho Público,* Nº 105, Editorial Jurídica Venezolana, Caracas 2006, pp. 76 y ss.

13 Véase Allan R. Brewer-Carías, *Asamblea Constituyente y Ordenamiento Constitucional*, Academia de Ciencias Políticas y Sociales, Caracas 1999.

14 Véase Allan R. Brewer-Carías, *Golpe de Estado y proceso constituyente en Venezuela*, Universidad Nacional Autónoma de México, México 2002.

15 Véase Allan R. Brewer-Carías, "El autoritarismo establecido en fraude a la Constitución y a la democracia y su formalización en "Venezuela mediante la reforma constitucional. (De cómo en un país democrático se ha utilizado el sistema eleccionario para minar la democracia y establecer un régimen autoritario de supuesta "dictadura de la democracia" que se pretende regularizar mediante la reforma constitucional)" en el libro *Temas constitucionales. Planteamientos ante una Reforma,* Fundación de Estudios de Derecho Administrativo, FUNEDA, Caracas 2007, pp. 13-74. Véase también, "Constitution Making Process in Defraudation of the Constitution and Authoritarian Government in Defraudation of Democracy. The Recent Venezuelan Experience", Ponencia escrita para la exposición en la Primera Sesión Plenaria sobre el tema de "La Constitución entre conflicto y estabilidad", del **VII International Congress of Constitutional Law**, Atenas, Junio 2007.

En esta ocasión, una vez más, para sancionar una reforma a la Constitución se han utilizado fraudulentamente sus propias previsiones pero para fines distintos a los establecidos en ellas, acudiéndose al procedimiento de "reforma constitucional" (art. 342), pero para producir una transformación radical del Estado, y trastocar el Estado Social y Democrático de Derecho y de Justicia de orden civil y convertirlo en un Estado Socialista, Centralizado, Policial y Militarista, donde desaparece la democracia representativa, la alternabilidad republicana y toda idea de descentralización del poder, se retrocede en materia de protección de los derechos humanos, y se concentra todo el poder en la Jefatura del Estado, desapareciendo la libertad económica y el derecho de propiedad. Ello no era posible hacerlo constitucionalmente con el procedimiento de la "reforma", sino que requería del procedimiento de convocatoria de una Asamblea Nacional Constituyente (art. 347). Por ello, en sentido similar, como lo reseñó el Tribunal Supremo de Justicia al referirse a un hecho histórico trascendente, ello también ocurrió "con el uso fraudulento de los poderes conferidos por la ley marcial en la Alemania de la Constitución de Weimar, forzando al Parlamento a conceder a los líderes fascistas, en términos de dudosa legitimidad, la plenitud del poder constituyente, otorgando un poder legislativo ilimitado"[16].

Todo este fraude constitucional que ha cometido la Asamblea Nacional al sancionar la reforma propuesta por el presidente de la República, fraude que también cometió el propio presidente al proponerla y el Consejo Presidencial para la Reforma Constitucional al avalarla, comenzó a evidenciarse no sólo del contenido de los discursos y anuncios oficiales, sino de las propuestas formuladas por el mencionado Consejo (integrado, como se dijo, por los titulares de los demás Poderes Públicos) de cambios radicales respecto de una serie de artículos de la Constitución, y cuya divulgación, a pesar del "pacto de confidencialidad" que había ordenado el presidente, se efectuó mediante documento en junio de 2007[17].

16   Véase la sentencia de la Sala Constitucional del Tribunal Supremo de Justicia N° 74 de 25-01-2006, en *Revista de Derecho Público,* N° 105, Editorial Jurídica Venezolana, Caracas 2006, pp. 76 y ss.

17   El documento circuló en junio de 2007 con el título **Consejo Presidencial para la Reforma de la Constitución de la República Bolivariana de Venezuela**, "Modificaciones propuestas". El texto completo fue publicado como *Proyecto de Reforma Constitucional. Versión atribuida al Consejo Presidencial para la reforma de la Constitución de la república Bolivariana de Venezuela*, Editorial Atenea, Caracas 01 de julio de 2007, 146 pp. En este documento se formularon propuestas de reforma respecto de los siguientes artículos de la Constitución: 12, 13, 15, 16, 17, 18, 19, 20, 21, 22, 23, , 24, 25, 28, 29, 31, 35, 36, 44, 47, 50, 52, 55, 57, 59, 60, 61, 62, 67, 65, 70, 71, 72, 73, 74, 79, 81, 83, 84, 85, 86, 87, 89, 90, 96, 98, 99, 100, 102, 103, 104, 106, 108, 109, 110, 111, 113, 114, 115, 116, 117, 118, 119, 120, 121, 126, 127, 128, 129, 133, 140, 141, 143, 148, 149, 150, 152, 153, 156, 159, 160, 162, 163, 164, 165, 166, 168, 174, 175, 176, 178, 179, 181, 183, 184, 185, 187, 186, 188, 189, 191, 192, 193, 198, 206, 207, 208, 209, 211, 212, 222, 223, 224, 225, 226, 229, 230, 231, 232, 233, 236, 237, 238, 239, 240, 241, 242, 243, 246, 253, 254, 255, 258, 259, 260, 261, 262, 263, 264, 265, 266, 267, 268, 269, 270, 271, 272, 279, 280, 284, 285, 287, 288, 289, 290, 291, 293, 294, 295, 296, 297, 299, 300, 301, 302,

Si bien las propuestas del Consejo, en algunos casos, no fueron acogidas por el presidente de la República en el "Anteproyecto para la primera reforma constitucional" presentado el 15 de agosto de 2007 ante la Asamblea Nacional[18], con las mismas ya se mostraba cual era el pensamiento y la intención de los más altos funcionarios del gobierno y el Estado que formaron dicho Consejo, razón por la cual, en definitiva, en su casi totalidad fueron luego consideradas y aprobadas por la Asamblea Nacional e incorporadas en el proyecto de reforma constitucional sancionada. Muchas de ellas eran consecuencia de las propuestas de reforma que formuló el presidente de la República, pero otras no, y en todo caso, el presidente, en el documento que éste presentó ante la Asamblea, claramente anunció que lo suyo se trataba de un Anteproyecto para una "primera reforma" constitucional, con lo que se abría la puerta para la incorporación de otras reformas.

En todo caso, con el proyecto de reforma constitucional sancionado por la Asamblea Nacional en noviembre de 2007, en Venezuela se buscó efectuar una radical transformación del Estado y se buscó dejar sentado las bases para la creación de un nuevo ordenamiento jurídico, para:

PRIMERO, transformar el Estado en un **Estado Socialista,** con una doctrina política oficial de carácter socialista, que se denomina además como "doctrina bolivariana", con lo cual se buscó eliminar toda posibilidad de pensamiento distinto al oficial y, por tanto, toda disidencia, pues la doctrina política oficial se quería incorporar en la Constitución, como política y doctrina del Estado y la Sociedad, constituyendo un deber constitucional de todos los ciudadanos cumplir y hacerla cumplir. Con ello, se sentaban las bases para la criminalización de la disidencia.

SEGUNDO, transformar el Estado en un **Estado Centralizado**, de poder concentrado bajo la ilusión del Poder Popular, lo que implicaba la eliminación definitiva de la forma federal del Estado, imposibilitando la participación política y degradando la democracia representativa; todo ello, mediante la supuesta organización de la población para la participación en los Consejos del Poder Popular, como los Comunales, que son instituciones sin autonomía política alguna, cuyos miembros se declara que no son electos, y que son controlados desde la Jefatura del gobierno y para cuyo funcionamiento, el instrumento preciso era el partido único que el Estado ha tratado de crear durante 2007.

TERCERO, transformar el Estado en un **Estado de economía estatista, socialista y centralizada,** propia de un capitalismo de Estado, con lo que se buscaba eliminar la libertad económica y la iniciativa privada, y hacer desaparecer la propiedad privada, que con la reforma habrían dejado de ser derechos constitu-

---

303, 304, 305, 306, 307, 310, 311, 312, 313, 314, 315, 316, 317, 318, 320, 337, 338, 341, 342, 344, 348 y 350.

18   Véase *Proyecto de Reforma Constitucional. Elaborado por el ciudadano Presidente de la República Bolivariana de Venezuela, Hugo Chávez Frías* Editorial Atenea, Caracas agosto 2007, 58 pp. En el Anteproyecto presentado por el Presidente de la República a la Asamblea Nacional, se formulan propuestas respecto de los artículos 11, 16, 18, 67, 70, 87, 90, 100, 112, 113, 115, 136, 141, 156, 167, 168, 184, 185, 225, 230, 236, 251, 252, 300, 302, 305, 307, 318, 320, 321, 328 y 329.

cionales, dándosele al Estado la propiedad de los medios de producción, la planificación centralizada y la posibilidad de confiscar bienes de las personas materialmente sin límites, configurándolo como un Estado del cual todo dependía, y a cuya burocracia quedaba sujeta la totalidad de la población. Ello chocaba, sin embargo, con las ideas de libertad y solidaridad social que se proclaman en la propia Constitución, sentando las bases para que el Estado sustituya a la propia sociedad y a las iniciativas particulares, minimizándoselas.

CUARTO, transformar el Estado en un **Estado Policial** (represivo), con la tarea fundamental de someter a toda la población a la doctrina oficial socialista y "bolivariana", y velar que la misma se cumpliera en todos los órdenes, lo que se aseguraba mediante la regulación, que, con acentuado carácter regresivo y represivo del ejercicio de los derechos civiles en situaciones de excepción, se establecía, con amplios márgenes de restricción y suspensión.

QUINTO, transformar el Estado en un **Estado Militarista**, dado el rol que se le daba a la "Fuerza Armada Bolivariana" en su configuración y funcionamiento, toda sometida al Jefe de Estado, y con la creación del nuevo componente de la Milicia Popular Bolivariana.

En esta forma, siete años después de la sanción de la Constitución de 1999, el mismo presidente de la República que en aquél momento motorizó la concepción y sanción de aquella, a través de sus seguidores, quienes controlaron totalmente la Asamblea Constituyente; en 2007 condujo el proceso de cambiar de nuevo la Constitución, esta vez por una Asamblea Nacional también totalmente controlada por sus seguidores, pero con el objeto, entonces sí, de transformar radicalmente el sistema político constitucional venezolano, estableciendo un Estado Centralizado del Poder Popular, como Estado Socialista, de economía estatal y centralizada, y como Estado Militarista y Policial de ideología única oficial, lo que se apartaba radicalmente de la concepción del Estado descentralizado, civil, social, democrático y pluralista de derecho y de justicia, y de economía mixta que reguló la Constitución de 1999.

Con las reformas que fueron aprobadas, además, materialmente desaparecía la democracia representativa y las autonomías político territoriales, sustituyéndosela por un esquema estatal centralizado supuestamente montado sobre una democracia "participativa y protagónica" que estaba controlada total y centralizadamente desde arriba, por el Jefe de Estado, en la cual quedaba proscrita toda forma de descentralización política y autonomía territorial, y que a la vez, restringía los mecanismos de participación política que están directamente regulados en la Constitución, como son los referendos y la participación de la sociedad civil en los Comité de Postulaciones de altos funcionarios.

Como se ha dicho, las reformas sancionadas tuvieron su origen directo en el *"Anteproyecto para la 1era. Reforma Constitucional, Propuesta del presidente Hugo Chávez"*, que presentó ante la Asamblea Nacional el 15 de agosto de 2007, y en las "Propuestas de Reforma Constitucional" formuladas en junio de 2007 por la Comisión Presidencial para la Reforma Constitucional[19], de cuyo contenido se evidencia la magnitud del fraude constitucional cometido, utilizándose, para engañar al pueblo, un procedimiento inadecuado para hacer unas reformas sustanciales que afectan casi todo el texto constitucional.

Por la trascendencia de los cambios efectuados, como se ha dicho, se debió haber recurrido al procedimiento de la convocatoria de una Asamblea Nacional Constituyente y no al procedimiento de "reforma constitucional". Al hacerlo, tanto el presidente como su Consejo Presidencial - integrado, entre otros por la propia presidenta del Tribunal Supremo y por el propio Defensor del Pueblo- comenzaron el proceso de reforma violando la Constitución[20], en fraude a la misma, tarea que completó la Asamblea Nacional en noviembre de 2007.

---

19 En este sentido llama la atención lo afirmado el 17-08-2007 por la Presidenta del Tribunal Supremo de Justicia, Presidenta de la Sala Constitucional y miembro del Consejo Presidencial para la Reforma Constitucional en el sentido de que, según reseñó Juan Francisco Alonso: "los diputados de la Asamblea Nacional no están facultados para realizar ninguna modificación distinta a las 33 que planteó el jefe del Estado, **salvo que alguno de los cambios contenidos en el proyecto de reforma altere otras normas**. "La reforma fue planteada por el Presidente, por lo tanto es lo que presentó el Presidente lo que debe ser estudiado (...) Si (algún artículo) tuviese **conexión con los que se van a reformar, entonces por técnica legislativa deberían adecuarse, porque no puede haber artículos contradictorios**", afirmó, al ser consultada sobre la posibilidad de que el Parlamento cambie alguna de las normas referidas a la estructura y funcionamiento del Poder Judicial". Véase en *El Universal*, 18-08-07.

20 Ello incluso fue advertido de inmediato por el Rector del Consejo Nacional Electoral, Sr. Vicente Díaz, quien el día 16-08-2007 indicó "que la propuesta presidencial para reformar el texto constitucional modifica las disposiciones fundamentales y por ello sería necesario convocar una Asamblea Constituyente para su aprobación". Véase en **Unión Radio, 16 de agosto de 2007**, http://www.unionradio.com.ve/Noticias/Noticia.aspx?noticiaid=212503. El inicio del procedimiento de reforma ante la Asamblea Nacional, por tanto, podría ser impugnado ante la Jurisdicción Constitucional, por inconstitucionalidad. Sin embargo, el día 17-08-2007, adelantándose a cualquier impugnación y emitiendo opinión impunemente, prejuzgando cualquier asunto, la Presidenta del Tribunal Supremo de Justicia, Presidenta de la Sala Constitucional (es decir de la Jurisdicción Constitucional) y miembro del Consejo Presidencial para la Reforma Constitucional, "dejó en claro que la Sala Constitucional no tramitará ninguna acción relacionada con las modificaciones al texto fundamental, hasta tanto éstas no hayan sido aprobadas por los ciudadanos en el referendo. "Cualquier acción debe ser presentada después del referendo cuando la reforma ya sea norma, porque no podemos interpretar una tentativa de norma. Después de que el proyecto sea una norma podríamos entrar a interpretarla y a conocer las acciones de nulidad", precisó". Reseña del periodista Juan Francisco Alonso, en *El Universal*, Caracas 18-08-07. Luego de varias solicitudes de recursos de interpretación sobre el artículo 342 de la Constitución, la misma Presidenta de la Sala Constitucional se reservó la elaboración de las ponencias de las sentencias, y con motivo de su recusación que efectuaron los peticionantes por estar comprometida su imparcialidad en la materia al haber formado parte de la Comisión Presidencial para la Reforma Constitucional, en decisión de 01-11-07, el magistrado J.E. Cabrera de la misma Sala, decidió que de la lectura del Decreto de creación del Consejo de Reforma (art. 5), "se desprende que la Secretaria Ejecutiva, cumpla funciones administrativas y no de redacción, corredacción, o ponencia sobre el contenido de un anteproyecto de reforma constitucional; por lo que la Dra. Luisa Estella Morales Lamuño no es   -necesariamente- promovente del "Proyecto

Este trabajo tiene por objeto analizar el sentido y alcance del proyecto de reforma constitucional sancionado por la Asamblea Nacional en noviembre de 2007[21] (y que afortunadamente rechazó el pueblo mediante referendo en diciembre de 2007), para imponerle a los venezolanos un Estado Socialista, las cuales afectaban los aspectos más fundamentales del Estado y de la Sociedad, lo que haremos agrupándolas en las siguientes partes:

I. *Reformas a los principios fundamentales de la organización del Estado,* para transformar el Estado democrático, social, pluralista y descentralizado de derecho, en un Estado socialista centralizado, con ideología socialista y doctrina "bolivariana" oficiales, lo que es excluyente de todo pluralismo.

II. *Reformas al sistema político,* para transformar la democracia representativa en una supuesta democracia participativa y protagónica conducida por el Poder Central, limitando a la vez las previsiones constitucionales sobre participación política.

III. *Reformas a la forma del Estado,* para eliminar la forma Federal del Estado, es decir, la Federación, mediante la centralización total del Estado.

IV. *Reformas en la organización del Poder Nacional,* para acentuar el presidencialismo, y eliminar la participación de la sociedad civil en la elección de los altos funcionarios públicos.

V. *Reformas a la Constitución económica,* para transformar un Estado social y promotor de la economía mixta, en un Estado socialista de economía estatal centralizada y confiscatoria.

VI. *Reformas en el régimen de los derechos humanos,* con contenido marcadamente regresivo en materia de derechos individuales, para establecer un Estado Policial, gendarme de una ideología única oficial.

VII. *Reformas en el régimen de la Fuerza Armada,* para transformar el Estado civil en un Estado Militarista.

En el libro que publicamos al efecto, y cuyo texto básicamente conforma esta parte de esta obra, se publicó además el ***Texto Completo de la Reforma Constitucional***; el cual estuvo precedido de un ***Apéndice*** en el cual se analizaron las propuestas de reformas constitucionales particularmente **en cuanto al régimen**

---

de Reforma Constitucional" que ha presentado el Presidente de la República, y los recusantes no señalan cuál aporte de la Secretaria Ejecutiva fue incorporado al Proyecto de Reforma, ni siquiera alguno que haga presumir la intervención de la Dra. Morales"; agregando que "Además, por ser parte del Consejo Presidencial, la Secretaria Ejecutiva no está dando ninguna recomendación sobre el juicio de nulidad de que trata esta causa, ya que nada ha manifestado en ese sentido, ni se le imputa declaración alguna de su parte que adelante opinión sobre la inconstitucionalidad denunciada en esta causa". Véase también, la Reseña periodística de JFA, *El Universal*, Caracas 2-11-07.

21 Después de las discusiones efectuadas en la Asamblea Nacional, la reforma constitucional sancionada en noviembre de 2007, incidió en los siguientes artículos: 11, 16, 18, 21, 64, 67, 70, 71, 72, 73, 74, 82, 87, 90, 98, 100, 103, 109, 112, 113, 115, 136, 141, 152, 153, 156, 157, 158, 163, 164, 167, 168, 173, 176, 184, 185, 191, 225, 230, 236, 251, 252, 264, 265, 266, 272, 279, 289, 293, 295, 296, 299, 300, 301, 302, 303, 305, 307, 318, 320, 321, 328, 329, 337, 338, 339, 341, 342, y 348.

de los **derechos individuales** que fueron presentadas por el **Consejo Presidencial para la Reforma Constitucional** y que, afortunadamente, ni siquiera fueron acogida en esa "primera" reforma sancionada por la Asamblea. Sin embargo, como se trató de la expresión del pensamiento de los más altos funcionarios de todos los Poderes del Estado, era importante tener en cuenta la orientación que las mismas tenían, particularmente por el anuncio que hizo el presidente en su Anteproyecto de Reforma Constitucional, de que se trataba de una "primera" reforma, la cual en el futuro se esperaba que seguiría planteando.

II. LOS CAMBIOS EN LOS PRINCIPIOS FUNDAMENTALES DE LA ORGANIZACIÓN DEL ESTADO Y DE LA SOCIEDAD DERIVADOS DE LA CREACIÓN DE UN ESTADO SOCIALISTA CENTRALIZADO

El presidente de la República, durante todo el año 2007, y en particular en su "Discurso de Presentación del Anteproyecto de reforma a la Constitución ante la Asamblea Nacional" en agosto de 2007[22], señaló con toda claridad que el objetivo central de la reforma que estaba proponiendo era "**la construcción de la Venezuela bolivariana y socialista**"[23]; es decir, como lo expresó, sembrar "**el socialismo en lo político y económico**"[24], lo que -dijo- no se había hecho en la Constitución de 1999.

Cuando ésta se sancionó -dijo el Jefe de Estado- "no proyectábamos el socialismo como camino", agregando, que "así como el candidato Hugo Chávez repitió un millón de veces en 1998, "Vamos a Constituyente", el candidato presidente Hugo Chávez dijo: "**Vamos al Socialismo**", y todo el que votó por el candidato Chávez, votó por ir al socialismo"[25].

Por ello, el Anteproyecto de Constitución que presentó ante la Asamblea Nacional, era para "la construcción del **Socialismo Bolivariano, el Socialismo venezolano, nuestro Socialismo, nuestro modelo socialista**"[26], cuyo "núcleo básico e indivisible" era "la comunidad", "donde los ciudadanos y las ciudadanas

---

22 Véase *Discurso de Orden pronunciado por el ciudadano Comandante Hugo Chávez Frías, Presidente Constitucional de la República Bolivariana de Venezuela en la conmemoración del Ducentésimo Segundo Aniversario del Juramento del Libertador Simón Bolívar en el Monte Sacro y el Tercer Aniversario del Referendo Aprobatorio de su mandato constitucional,* Sesión especial del día Miércoles 15 de agosto de 2007, Asamblea Nacional, División de Servicio y Atención legislativa, Sección de Edición, Caracas 2007.

23 *Idem*, p. 4

24 *Idem*, p. 33.

25 *Idem*, p. 4. Es decir, se pretende imponer al 56% de los votantes que no votaron por la reelección presidencial, la voluntad expresada por sólo el 46% de los votantes inscritos en el Registro Electoral que votaron por la reelección del presidente. Según las cifras oficiales del CNE, en las elecciones de 2006, de un universo de 15.784.777 votantes inscritos en el Registro Electoral, sólo 7.309.080 votaron por el Presidente.

26 Véase *Discurso...* p. 34.

comunes, tendrán el poder de construir su propia geografía y su propia historia"[27]. Y todo ello bajo la premisa de que "**sólo en el socialismo será posible la verdadera democracia**"[28], pero por supuesto, una "democracia" sin representación que, como lo propuso el presidente y fue sancionado en el proyecto por la Asamblea en la reforma del artículo 136 de la Constitución, "**no nace del sufragio ni de elección alguna**, sino que nace de la condición de los grupos humanos organizados como base de la población". Es decir, se pretendió establecer con el proyecto de reforma constitucional, una "democracia" que no es democracia, pues en el mundo moderno no hay ni ha habido democracia sin elección de representantes.

Todas estas propuestas que se materializaron en la reforma sancionada en noviembre de 2007, las resumió el presidente en su Discurso del 15 de agosto de 2007, así:

"[…] en el terreno político, profundizar la **democracia popular bolivariana**; en el terreno económico, preparar las mejores condiciones y sembrarlas para la construcción de un **modelo económico productivo socialista**, nuestro modelo, lo mismo en lo político la **democracia socialista**; en lo económico, el modelo productivo socialista; en el campo de la Administración Pública incorporar novedosas figuras para aligerar la carga, para dejar atrás el burocratismo, la corrupción, la ineficiencia administrativa, cargas pesadas del pasado, que todavía tenemos encima como rémoras, como fardos en lo político, en lo económico, en lo social" [29].

Y todas estas propuestas de construcción del socialismo, además, el presidente las vinculó al proyecto que Simón Bolívar había elaborado en plena guerra de independencia en 1819, el cual -dijo- "es **perfectamente aplicable a un proyecto socialista**: perfectamente se puede tomar **la ideología bolivariana originaria, como elemento básico de un proyecto socialista**"[30]. Sin embargo, basta

---

27   *Idem*, p. 32.

28   *Idem*, p. 35. Estos conceptos se recogen igualmente en la *Exposición de Motivos* para la Reforma Constitucional, Agosto 2007, donde se expresa la necesidad de "ruptura del modelo capitalista burgués" (p. 1), de desmontar la superestructura que le da soporte a la producción capitalista"(p. 2); de "dejar atrás la democracia representativa para consolidar la democracia participativa y protagónica"(p. 2); de "crear un enfoque socialista nuevo" (p. 2) y "construir la vía venezolana al socialismo"(p. 3); de producir "el reordenamiento socialista de la geopolítica de la Nación" (p. 8); de la "construcción de un modelo de sociedad colectivista" y "el Estado sometido al poder popular"(p. 11); de "extender la revolución para que Venezuela sea una República socialista, bolivariana", y para "construir la vía venezolana al socialismo; construir el socialismo venezolano como único camino a la redención de nuestro pueblo"(p. 19).

29   *Idem*, p. 74

30   *Idem*, p. 42. Debe recordarse que solo un mes antes del Discurso del Presidente de la República con motivo de la presentación de su Anteproyecto de reforma de la Constitución, quien fuera su Ministro de la Defensa hasta el 18-07-2007, General en jefe, Raúl Baduel, en su discurso al dejar el Ministerio del Poder Popular para la Defensa, había dicho que el llamado del Presidente "a construir el **Socialismo del Siglo XXI**, implica la

leer el "Discurso de Angostura" del Libertador Simón Bolívar, al presentar el proyecto de Constitución de 1819 en Congreso reunido en aquella ciudad (Angostura), para captar que nada de lo que allí expresó tiene que ver con proyecto socialista alguno[31].

Las reformas constitucionales sancionadas conforme a estas propuestas, sin duda, tocaron las bases fundamentales del Estado, en particular, en relación con la ampliación constitucional de la llamada "doctrina bolivariana"; con la sustitución del Estado democrático y social de derecho por el Estado Socialista; con la eliminación de la descentralización como política de Estado supuestamente en aras de la participación política, la cual por otra parte se limita; con la desarticulación de la organización de la Administración Pública, y con la eliminación definitiva de la disciplina presupuestaria y del principio de la unidad del tesoro.

1. La "doctrina bolivariana" como doctrina del Estado socialista (Artículos 100, 103, 156, 236, 328)

Una de las innovaciones de la Constitución de 1999, fue el cambio de la denominación de la República de Venezuela por el de "República Bolivariana de Venezuela" (art. 1), conforme a la propuesta del presidente de la República[32].

Ello, si bien fue rechazada por la mayoría oficialista de los constituyentes en la primera discusión del proyecto de Constitución, luego estos cambiaron radicalmente su parecer, aprobándola en segunda discusión[33].

---

necesidad imperiosa y urgente de formalizar un modelo teórico propio y autóctono de Socialismo que esté acorde a nuestro contexto histórico, social, cultural y político", pero que "este modelo teórico **hasta los momentos, ni existe ni ha sido formulado"**. Véase *Discurso de Raúl Baduel*, Caracas 18-07-2007. Ello lo reiteró es su declaración del día 5 de noviembre de 2007 al oponerse a la reforma constitucional, en la cual señaló que "la motivación de la reforma constitucional, tal como se ha presentado es llevar al pueblo venezolano hacia un proceso de transición, **hacia algo que se denomina de manera genérica "socialismo" sin indicar claramente a que se refiere este término.** Como ya indique en otra ocasión cuando entregue el Ministerio de la Defensa, la palabra socialismo no tiene un significado uniforme y puede incluir regímenes como el de Pol Pot en Camboya y la Unión Soviética Estalinista, hasta el llamado Socialismo Nórdico o el Socialismo Democrático Europeo. **¿A qué socialismo se nos quiere llevar? ¿Por qué no se le dice al pueblo claramente hacia donde se piensa conducir a la nación? Tenemos como pueblo que exigir que se nos diga claramente el destino de nuestro futuro y no se nos mienta con un supuesto socialismo a la venezolana"**. Véase en *El Universal*, Caracas 06-11-07.

31 Véase Simón Bolívar, *Escritos Fundamentales*, Caracas, 1982. Véase también, Pedro Grases (Ed), *El Libertador y la Constitución de Angostura de 1819*, Caracas, 1969; y José Rodríguez Iturbe (Ed.), *Actas del Congreso de Angostura*, Caracas, 1969.

32 Véase Hugo Chávez Frías, *Ideas Fundamentales para la Constitución Bolivariana de la V República*, Caracas 05-08-99 (Presentado a la Asamblea Nacional Constituyente).

33 *Gaceta Constituyente (Diario de Debates), Noviembre 1999-Enero 2000*, Sesión de 12-11-99, N° 42, pp. 4 a 6. Véase nuestro voto salvado a esa propuesta en Allan R. Brewer-Carías, *Debate Constituyente (Aportes a la Asamblea Nacional Constituyente)*, Tomo III (18 Octubre-30 Noviembre), Fundación de Derecho Público, Caracas 1999, pp. 251-252.

El anterior nombre de "República de Venezuela", había sido el que había tenido la República entre 1811-1821 y luego, desde 1830 hasta 1999, con la sola excepción del período de nueve años entre 1821 y 1830, cuando Venezuela desapareció como Estado independiente al ser integrada a la República de Colombia, precisamente a propuesta de Simón Bolívar. Por tanto, en realidad, esta última organización política fue la que respondió a lo que podría considerarse una concepción "bolivariana" del Estado, donde Venezuela simplemente desapareció y no existió como Estado.

El cambio de nombre de la República en 1999, por tanto, puede decirse que nada tenía que ver con Simón Bolívar y su pensamiento, y ni siquiera con la idea de construcción del socialismo -pues incluso, como lo dijo el presidente en su discurso del 15 de agosto de 2007, en ese momento no estaba planteado-[34], y realmente puede decirse que obedeció a una motivación político partidaria, partisana o partidista[35] que inicialmente derivó de la denominación del Movimiento político que había sido establecido por el presidente de la República que, como partido político, sin embargo no podía funcionar con esa denominación de "bolivariano", por utilizar el nombre del Libertador.[36] De manera que fue el "partido bolivariano" el que le dio el nombre a la República.

En la Constitución se hizo referencia, además, al tema "bolivariano", en el artículo 107, al establecerse la obligatoriedad de la enseñanza en las instituciones públicas y privadas, hasta el ciclo diversificado, de los principios del **ideario bolivariano.**

Pero ahora el presidente de la República al formular su propuesta de reforma constitucional identificó la doctrina bolivariana con otra cosa distinta al pensamiento del Libertador, que es el modelo socialista de sociedad y Estado, y así se dispuso en el proyecto de reforma constitucional sancionado. En la Constitución, con la reforma, el ideario bolivariano y la doctrina bolivariana buscaban adquirir un nuevo contenido, aún impreciso, pero que en todo caso se identificaba con el modelo socialista como ideología política y económica del Estado.

Y es en tal sentido que debe interpretarse la incorporación de la denominación de la República, de nuevo, como "República Bolivariana" al precisarse en el artículo 100, que "es el producto histórico de la confluencia de varias culturas" (art. 100) y, además, la utilización del término para calificar a la Fuerza Armada, que entonces se propuso que fuera "**Fuerza Armada Bolivariana**" (art. 156,8; 236,6; 328 y 329); así como para calificar a todos sus componentes militares, que entonces se propuso que fueran el "**Ejército Nacional Bolivariano**", la "**Arma-**

---

34 Véase *Discurso...*, citado *supra*, nota 16, p. 4.

35 Véase lo que expusimos en Allan R. Brewer-Carías, *La Constitución de 1999*, Editorial Arte, Caracas 1999, pp. 44 ss.

36 De acuerdo con la Ley de Partidos Políticos, *Gaceta Oficial* N° 27.725, de 30-04-1965, los partidos políticos no pueden usar los nombres de los próceres ni los símbolos de la patria. La organización política que el presidente había formado antes de la campaña presidencial de 1998, se llamó el Movimiento Bolivariano 2000, nombre que no podía ser usado. Por ello, el partido político que fundó se denominó Movimiento V Republica.

da Nacional Bolivariana", la "Aviación Nacional Bolivariana", la "Guardia Nacional Bolivariana" y la "Milicia Nacional Bolivariana"[37] (Art. 329).

Además, en el artículo 328 se dispuso que las funciones de la Fuerza Armada Bolivariana para garantizar la independencia y soberanía de la Nación, preservarla de cualquier ataque externo o interno y asegurar la integridad del espacio geográfico, se debían realizar "mediante el estudio, planificación y ejecución de la doctrina militar bolivariana"[38].

Además, en la reforma al artículo 103 de la Constitución, se completó el concepto de vinculación de lo bolivariano con el socialismo, al disponerse en el artículo 103 que la inversión prioritaria que debe realizar el Estado en materia educativa, es "de acuerdo a los principios humanísticos **del socialismo bolivariano,** y tomando en cuenta las recomendaciones de la Organización de las Naciones Unidas".

2. *La sustitución del Estado Democrático y Social de Derecho y de Justicia por el Estado Socialista (Artículos 16, 70, 112, 113, 158, 168, 299, 300, 318, 321)*

El artículo 2 de la Constitución define a Venezuela como un Estado democrático y social de derecho y de justicia, con lo que se sigue la tradición del constitucionalismo contemporáneo construido, precisamente, para diseñar un **Estado no socialista**, es decir, contrario al Estado Socialista, tal como se recogió en la post-guerra, por ejemplo, en la Constitución de la República Federal de Alemania de 1949 (art. 20,1), y luego, con el advenimiento de la democracia, en la Constitución española de 1978 (art. 1º) y en América Latina, por ejemplo, en la Constitución de Colombia de 1991 (art. 1º).

En esta concepción de Estado social y democrático de derecho, liberal y de economía mixta, no socialista, la idea de **Estado social** es la de un Estado con obligaciones sociales, de procura de la justicia social, lo que lo lleva a intervenir en la actividad económica y social, como Estado prestacional. Tal carácter social deriva principalmente del valor fundamental de la igualdad y no discriminación (arts. 2 y 21); y de la declaración del principio de la justicia social como base del sistema económico (art. 299). En cuanto al concepto de **Estado democrático**, es el que fundamenta toda la organización política de la Nación en el principio democrático representativo, que deriva del Preámbulo (sociedad democrática) y de los artículos 2, 3, 5 y 6 de la Constitución, al identificar como valor fundamental del constitucionalismo a la democracia, que se tiene que ejercer mediante representantes (democracia representativa) además de mediante elementos de democracia directa. Respecto de la noción de **Estado de derecho** es el Estado sometido al imperio de la Ley o legalidad como lo señala el Preámbulo, lo que implica el

---

37 En el Anteproyecto presidencial se denominaba "Milicia Popular Bolivariana".

38 En este mismo sentido, el Consejo Presidencial para la Reforma Constitucional llegó a proponer que en el artículo 152 sobre los principios que deben guiar las relaciones internacionales de la República, se agregara que "**se rigen por la Doctrina Bolivariana**", lo que sin embargo, no fue acogido por la Asamblea Nacional.

sometimiento de la actuación del Estado a controles judiciales independientes (arts. 7, 137,258, 334 y 336); lo que implica también que se lo defina como un **Estado de justicia**, que tiene que tender a garantizar la justicia por encima de la legalidad formal (art. 26).

El proyecto de reforma constitucional sancionado para crear un **Estado Socialista** en sustitución del tradicional Estado democrático y Social de derecho y de justicia, sin duda, generó una contradicción con el contenido del **artículo 2 de la Constitución,** que continuaba definiendo **un modelo de "Estado democrático y Social de derecho y de justicia" que es absolutamente incompatible con el de Estado Socialista, que se está estableciendo con la reforma.** Por ello, sancionar un proyecto de reforma constitucional para establecer un Estado Socialista sin que se cambiase el artículo 2 de la Constitución, lo menos que era, era una incongruencia, o era un engaño más, pues con la reforma se tocaron los aspectos fundamentales del Estado definidos en dicha norma[39]. Ello sólo pudo tener justificación para fraudulentamente eludir tener que recurrir al procedimiento de la Asamblea Nacional Constituyente para reformar la Constitución.

En todo caso, lo cierto es que a pesar de las contradicciones, el Estado que se reguló con el proyecto de la reforma constitucional sancionado, fue un **Estado Socialista** tal como se evidencia de las propuestas de reformas efectuadas al artículo 16, donde se crearon las comunas y comunidades como "el núcleo territorial básico e indivisible del **Estado Socialista Venezolano**"; al artículo 70, donde al definirse los medios de participación y protagonismo del pueblo en ejercicio directo de su soberanía mediante todo tipo de consejos, se indicó que era "para la **construcción del socialismo**", haciéndose mención a las diversas asociaciones "constituidas para desarrollar los valores de la mutua cooperación y la **solidaridad socialista**"; al artículo 112 donde se indicó, en relación con el modelo económico del Estado, que era para crear "las mejores condiciones para la construcción colectiva y cooperativa de una **economía socialista**"; y al artículo 113 que precisó la necesidad de la constitución de "empresas mixtas o unidades de **producción socialistas**".

Además, con el proyecto de reforma constitucional se buscó derogar y sustituido el artículo 158 de la Constitución de 1999 que definía a la descentralización como política nacional, para "profundizar la democracia, acercando el poder a la población y creando las mejores condiciones, tanto para el ejercicio de la democracia como para la prestación eficaz y eficiente de los cometidos estatales", y se estableció, en cambio, sólo que "El Estado promoverá como política nacional, la participación protagónica del pueblo, restituyéndole el poder y creando las mejores condiciones para la construcción de una **Democracia Socialista**".

Por otra parte, en la reforma del artículo 168 relativo al Municipio, se precisó que en sus actuaciones "estará obligado a incorporar, dentro del ámbito de sus competencias, la participación ciudadana a través de los Consejos del Poder Popular y de los **medios de producción socialista**". En la reforma del artículo

---

39   A pesar de lo declarado en contra por la presidenta de la Asamblea Nacional el 23 de agosto de 2007 al aprobarse el Anteproyecto de Reforma Constitucional, en bloque, en primera discusión. Véase *El Universal*, Caracas, 24-08-2007.

184 sobre la descentralización de Estados y Municipios hacia los entes del Poder Popular se dispuso la necesidad de estimular las expresiones de la economía social y el desarrollo endógeno sustentable, mediante mecanismos "que permitan la construcción de la **economía socialista**".

En cuanto al artículo 299 que regula el régimen socioeconómico de la República Bolivariana de Venezuela, se expresó que "se fundamenta en los **principios socialistas**", y en el artículo 300 que se refiere a la creación de empresas públicas, precisó que en lugar de que las mismas realicen "actividades sociales o empresariales" como indicaba la Constitución de 1999, solo se establecían "para la promoción y realización de los fines de la **economía socialista**". En el artículo 318, sobre el sistema monetario nacional se indicó que "debe propender al logro de los fines esenciales del **Estado Socialista**", todo de acuerdo con el Plan de Desarrollo Integral de la Nación "para alcanzar los objetivos superiores del **Estado Socialista**". Y el artículo 321 sobre el régimen de las reservas internacionales, se dispuso el establecimiento con las reservas excedentarias, de los fondos que disponga el Ejecutivo Nacional para entre otros objetivos, "el desarrollo integral, endógeno, humanista y **socialista** de la Nación".

3. *La eliminación de la descentralización como política de Estado (Artículos 16, 157, 158, 272, 295, 300)*

La Constitución de 1999 en su artículo 4 precisa que "La República Bolivariana de Venezuela es un **Estado federal descentralizado** en los términos consagrados por esta Constitución"; incorporando algunos aspectos que se habían establecido en la Ley Orgánica de Descentralización, Delimitación y Transferencia de Competencias del Poder Público de 1989, relativos a la transferencia a los Estados de competencias que eran del Poder Nacional.

La descentralización, en esta forma, como política de Estado, se reflejó en varias normas de la Constitución, como sucedió, por ejemplo, en el artículo 6, que define al gobierno como *descentralizado;* en el artículo 16, cuando hablaba de "la autonomía municipal y la **descentralización** político-administrativa"; en el artículo 84, que se refiere al sistema público nacional de salud *descentralizado*; en los artículos 269 y 272, sobre la administración de justicia y penitenciaria descentralizada; en el artículo 285, sobre la administración electoral descentralizada; y en el artículo 300, sobre organización administrativa económica del Estado funcionalmente descentralizada.

Pero, además, respecto de todas las actividades públicas, la Constitución de 1999, como se dijo, al establecer los principios de la *política nacional de descentralización*, exigía que la misma debía "**profundizar la democracia, acercando el poder a la población** y creando las mejores condiciones, tanto **para el ejercicio de la democracia** como para la prestación eficaz y eficiente de los cometidos estatales" (art. 158). Por ello, el artículo 185 identificó al Consejo Federal de Gobierno como "el órgano encargado de la planificación y coordinación de políticas y acciones para el desarrollo del proceso de *descentralización* y transferencia de competencias del Poder Nacional a los Estados y Municipios"; y el artículo 166 de la Constitución dispuso que los Estados "*descentralizarán* y transferirán a los Municipios los servicios y competencias que gestionen y que éstos estén en capacidad de prestar, así como la administración de los respectivos recursos, dentro de las áreas de competencias concurrentes entre ambos niveles del Poder Público"; y en general, el artículo 184 exigió que mediante ley, el Estado cree "**mecanismos abiertos y flexibles** para que los Estados y los Municipios *descentralicen* y transfieran a las comunidades y grupos vecinales organizados los servicios que éstos gestionen previa demostración de su capacidad para prestarlo", entre otros aspectos, promoviendo "la creación de nuevos sujetos de *descentralización* a nivel de las parroquias, las comunidades, los barrios y las vecindades a los fines de garantizar el principio de la corresponsabilidad en la gestión pública de los gobiernos locales y estadales y desarrollar procesos autogestionarios y cogestionarios en la administración y control de los servicios públicos estadales y municipales"(art. 184,6).

Todo esto se buscó eliminar con el proyecto de reforma constitucional sancionado, en la cual siguiendo la orientación de la práctica política centralista de los últimos años, definitivamente se buscó **centralizar completamente el Estado, eliminándose todo vestigio de descentralización como organización y política pública, de autonomía territorial y de democracia representativa a nivel local,** es decir, de la unidad política primaria en el territorio. Ello, sin duda, tocaba un aspecto fundamental y medular del Estado venezolano, que es la forma federal, que no podía cambiar mediante una reforma constitucional[40].

Con el proyecto de reforma constitucional sancionado, como se dijo, se ha eliminaba todo vestigio de "descentralización política", comenzando por el principio fundamental de **descentralización y autonomía** territorial que estaba en el artículo 16 de la Constitución de 1999 que exige que la división político territo-

---

40 Con toda precisión, la periodista Sara Carolina Díaz, en una nota publicada ("6 artículos sobre descentralización son susceptibles a modificación") en el diario "*El Universal*" observó, con razón, que "al menos 6 artículos de la Carta Magna referidos a la descentralización, que no fueron mencionados en la propuesta de reforma, son susceptibles de sufrir modificaciones, luego de que el Presidente propusiera modificar el artículo 158 de manera tal de sustituir la descentralización como política nacional por la participación protagónica, entre otros. Esos artículos son el 84, 157, 165, 269, 272 y 294. La palabra descentralización aparece de modo explícito en 14 artículos del texto constitucional de 1999 y en 5 de ellos el presidente propuso eliminar dicha palabra. De los otros 9 artículos, que se supone no serán tocados, estos 6 mencionan la descentralización en distintos ámbitos como cárceles, salud y funciones de la Asamblea Nacional, y los otros 3 están contenidos en el preámbulo y en parte de los 9 de los principios fundamentales de la Carta Magna. Estos principios son considerados intocables por el oficialismo para no justificar una Constituyente. Sin embargo, fueron, al menos en lo referente a la descentralización, trastocados (y eliminados) en la reforma que plantea el presidente Chávez a los artículos 16, 184, 185, 300 y el mencionado 158. El artículo 4 parte de estos principios fundamentales "intocables", establece que Venezuela es un estado federal descentralizado. La presidenta de la AN, Cilia Flores, ha insistido en que estos principios no serán modificados. Sin embargo, ha reconocido que es probable que modifiquen artículos más allá de los 33 propuestos. La justificación es que otros artículos pueden verse afectados. La presidenta del TSJ, Luisa E. Morales, dijo que sólo deben cambiar los artículos de la propuesta y los que tengan relación directa con estos artículos". Véase en *El Universal*, Caracas 24, 08-2007.

rial de la República garantce siempre "**la autonomía municipal y la descentralización** político administrativa", como elementos básicos de la democracia de participación (autonomía y descentralización). En la reforma desaparecía todo vestigio de autonomía y descentralización políticas, disponiéndose una "nueva geometría del poder" donde no había ni puede haber autonomías, con la creación de nuevas instancias territoriales, todas sometidas al poder central, mediante las cuales "el Poder Popular desarrollará formas de agregación comunitaria política territorial" que constituyan formas de autogobierno, pero sin democracia representativa alguna, sino sólo como "expresión de democracia directa" (art. 16).

Además, con el proyecto de reforma constitucional se derogaba y eliminaba el artículo 158 de la Constitución de 1999, que como se indicó, definía la *política nacional de descentralización* para "profundizar la democracia, acercando el poder a la población y creando las mejores condiciones, tanto para el ejercicio de la democracia como para la prestación eficaz y eficiente de los cometidos estatales". En lugar de esta norma, con el proyecto de reforma constitucional lo que se buscó fue establecer entonces en el artículo 158 era que "**El Estado promoverá como política nacional, la participación protagónica del pueblo, restituyéndole el poder y creando las mejores condiciones para la construcción de una democracia socialista**", constituyendo esta nueva redacción, tal y como lo indicó el presidente de la República en su Discurso de presentación del Anteproyecto, "el desarrollo de lo que nosotros **entendemos por descentralización, porque el concepto cuartorepublicano de descentralización es muy distinto al concepto que nosotros debemos manejar**. Por eso, incluimos aquí la participación protagónica, la transferencia del poder y crear las mejores condiciones para la construcción de la democracia socialista"[41].

Por lo anterior, la norma del artículo 157 de la Constitución de 1999 que dispone que "La Asamblea Nacional, por mayoría de sus integrantes, podrá atribuir a los Municipios o a los Estados determinadas materias de la competencia nacional, **a fin de promover la descentralización**", con el proyecto de reforma constitucional de noviembre de 2007 se buscó sustituir por una norma que disponía que "La Asamblea Nacional, por mayoría de sus Diputados y Diputadas integrantes, podrá atribuir a los órganos del Poder Popular, al Distrito Federal, a los estados y a los municipios, determinadas materias de la competencia nacional, a fin de promover la democracia protagónica y participativa y el ejercicio directo de la soberanía". Como todos estos órganos están controlados por el Poder Central, el proyecto de reforma constitucional lo que buscó hacer fue sustituir una política general de descentralización política, por la posibilidad de que las competencias nacionales se puedan "desconcentrar" en entidades periféricas controladas por el Poder Central.

Por otra parte, en cuanto a las referencias que se hacen en el artículo 272 sobre la administración penitenciaria **descentralizada,** y en el artículo 295 sobre la administración electoral **descentralizada,** con el proyecto de reforma constitucional sancionado se buscaba eliminar de dichas normas la palabra "descentrali-

---

41   Véase *Discurso….*, citado *supra*, nota 16.

zación", la cual incluso, también se eliminaba del artículo 300 que se refiere a las empresas públicas.

4. *La fragmentación de la Administración Pública del Estado (Artículo 141)*

Una de las innovaciones más importantes de la Constitución de 1999 fue el haber incorporado una normativa específica destinada a regular los principios fundamentales de la Administración Pública del Estado, buscando su racionalización, disponiendo en especial en el artículo 141, como principios fundamentales que debían regirla, primero, que la Administración Pública **está al servicio de los ciudadanos;** segundo, que se fundamenta en los principios de **honestidad, participación, celeridad, eficacia, eficiencia, transparencia, rendición de cuentas y responsabilidad en el ejercicio de la función pública,** y tercero, que debe actuar con **sometimiento pleno a la ley y al derecho,** lo que implica la formulación constitucional del **principio de legalidad.**

A pesar de que en el Anteproyecto presentado ante la Asamblea Nacional, el presidente de la República propuso eliminar todos los principios fundamentales relativos al funcionamiento de la Administración Pública, tal propuesta, sin embargo no fue acogida por la Asamblea Nacional, y en la reforma del artículo 141 si bien repitió la enumeración de algunos de los principios ("**honestidad, participación, celeridad, eficacia, eficiencia, transparencia, rendición de cuentas y responsabilidad en el ejercicio de la función pública, con sometimiento pleno a la ley),** sin embargo, se buscó eliminar quizás el principio más importante que establecía la Constitución de 1999 en relación con la Administración Pública, en el sentido de que como una universalidad de entes, debía estar siempre al **servicio de los ciudadanos.** Con la reforma se buscó sustituido dicho principio, y al contrario lo que se estableció fue que la Administración **está sólo al servicio del Estado, eliminándose el derecho de los ciudadanos a que la Administración esté a su servicio. Por ello, en el artículo 141 lo que se busco establecer fue** que "Las administraciones públicas son las estructuras organizativas **destinadas a servir de instrumento a los poderes públicos** para el ejercicio de sus funciones, y para la prestación de los servicios".

Con la nueva redacción del artículo 141, por otra parte, se fragmentaba a la Administración Pública, pasándose de un régimen universal de "la Administración Pública" a regularse entonces varias "administraciones públicas", las cuales, incluso, contra toda técnica legislativa, se buscó "clasificarlas" en el texto mismo de la Constitución en las siguientes dos "categorías": "**las administraciones públicas burocráticas o tradicionales,** que son las que atienden a las estructuras previstas y reguladas en esta Constitución"; y "**las misiones,** constituidas por organizaciones de variada naturaleza, creadas para atender a la satisfacción de las más sentidas y urgentes necesidades de la población, cuya prestación exige de la aplicación de **sistemas excepcionales, e incluso, experimentales,** los cuales serán **establecidos por el Poder Ejecutivo mediante reglamentos organizativos y funcionales".**

Es decir, con el proyecto de reforma constitucional sancionado, en lugar de corregirse el descalabro administrativo producido en los últimos años por la indisciplina presupuestaria derivada de fondos asignados a programas específicos del gobierno denominados "misiones", concebidos fuera de la organización general del Estado, lo que se buscó fue constitucionalizar el desorden administrativo, calificándose a las estructuras administrativas del Estado como "burocráticas o tradicionales", renunciando a que las mismas fueran reformadas para convertirlas en instrumentos para que, precisamente, pudieran atender a la satisfacción de las más sentidas y urgentes necesidades de la población. Y todo ello, dejando la organización de la Administración Pública **a la sola voluntad del presidente de la República** mediante reglamentos (artículos 141; 236,22).

5. *El abandono de la disciplina presupuestaria y de la unidad del Tesoro (Artículos 16, 164, 167, 141, 184, 318, 321)*

En el proyecto de reforma constitucional, aún cuando no se modificaron formal y expresamente los artículos 313 y 314 de la Constitución que establecen el principio general de la disciplina presupuestaria, con la reforma sancionada respecto del artículo 321, lo que se buscó fue la eliminación de la disciplina presupuestaria como principio fundamental de la administración económica y financiera del Estado.

En efecto, conforme a los artículos 313 y 314 de la Constitución, la administración económica y financiera del Estado se tiene que regir por un presupuesto aprobado anualmente por la Asamblea Nacional mediante ley, en el cual deben indicarse las estimaciones de ingresos públicos y los gastos públicos anuales que puede efectuar el Ejecutivo Nacional, de manera tal que en el artículo 314 se declara que "no se hará ningún tipo de gasto que no hay sido previsto en la ley de Presupuesto", siendo la excepción, sólo, los casos en los cuales se decreten créditos adicionales al presupuesto para gastos no previstos o con partidas insuficientes, que también deben ser aprobados por la Asamblea Nacional.

Todo este sistema de disciplina presupuestaria que exige que en el presupuesto estén la totalidad de los ingresos estimados y de los gastos proyectados, se buscó desquiciar formalmente con la reforma que se sancionó respecto del artículo 321 de la Constitución, en el cual, en lugar de establecer, como lo hace la Constitución de 1999, que la ley debe establecer "un fondo de estabilización macroeconómica destinado a garantizar la estabilidad de los gastos del Estado en los niveles municipal, regional y nacional, ante las fluctuaciones de los ingresos ordinarios", el cual debe funcionar bajo los "principios básicos la eficiencia, la equidad y la no discriminación entre las entidades públicas que aporten recursos al mismo"; lo que se buscó establecer entonces en relación con la **administración de las reservas internacionales (art. 318), fue que era el Jefe del Estado el que debía establecer,** "en coordinación con el Banco Central de Venezuela y al final de cada año, el nivel de las **reservas necesarias para la economía nacional,** así como el monto de las **reservas excedentarias,** las cuales se destinarán **a fondos que disponga el Ejecutivo Nacional** para inversión productiva, desarrollo e infraestructura, **financiamiento de las misiones** y, en definitiva, el desarrollo integral, endógeno, humanista y socialista de la Nación", con lo que se hubiera formalizado la ruptura definitiva del principio de la unidad del Tesoro.

En esta forma, con el proyecto de reforma constitucional sancionado se buscó constitucionalizar el nocivo mecanismo de financiamiento paralelo al presupuesto, mediante **fondos creados con la sola decisión del Ejecutivo Nacional,** destinados a las misiones, que como se dijo, también se buscó establecer que eran las que deben estar a cargo de "misiones" como organizaciones administrativas públicas estructuradas en paralelo a la "Administración Pública burocrática y tradicional".

En la reforma sancionada respecto de los artículos 164 y 184 de la Constitución, sin embargo, se estableció la exigencia de una ley para la creación de "un Fondo Nacional del Poder Popular" para transferir fondos del Situado Constitucional a las comunidades, consejos comunales, comunas y entes del Poder Popular.

III. LOS CAMBIOS EN EL SISTEMA POLÍTICO CON LA CREACIÓN DEL PODER POPULAR Y LA SUSTITUCIÓN DE LA DEMOCRACIA REPRESENTATIVA A NIVEL LOCAL POR UNA SUPUESTA "DEMOCRACIA PARTICIPATIVA Y PROTAGÓNICA" CONTROLADA POR EL PODER CENTRAL

1. *La eliminación de la democracia representativa a nivel local y su sustitución por una supuesta "participación protagónica" (Artículos 16, 70, 136, 184)*

El artículo 5° de la Constitución de 1999 establece que "la soberanía reside intransferiblemente en el pueblo, quien la ejerce directamente en la forma prevista en esta Constitución y en la Ley, e indirectamente, mediante el sufragio, por los órganos que ejercen el Poder Público". Con esta norma se siguió la tradición republicana de la soberanía popular iniciada en 1811, en particular, en la Constitución de 1999, vinculada al concepto de representatividad política, es decir, de democracia indirecta (democracia representativa) conforme a la cual todos los órganos del Poder Público tienen que tener su origen en elección popular. Esa democracia representativa se complementó con la previsión en la Constitución del ejercicio directo de la democracia, mediante los mecanismos de participación previstos en el artículo 62 que consagra el derecho de todos los ciudadanos "de participar libremente en los asuntos públicos, directamente o por medio de sus representantes".

La democracia, por tanto, para ser tal, tiene que ser representativa, pudiendo **además**, establecerse mecanismos de democracia directa; y por ello, en la Constitución de 1999 se exige que la representatividad democrática **siempre tiene que tener su fuente en elecciones de los cargos públicos** (art. 70), es decir, los titulares de los órganos que ejercen el Poder Público que, por supuesto, son los que establece la Constitución conforme a los principios de distribución y separación del Poder Público (art. 136). Y esa elección de los cargos públicos, es un derecho político que conforme al artículo 63, siempre debe ejercerse mediante votaciones libres, **universales, directas y secretas** (art. 63). En el texto de la

Constitución de 1999 si bien es cierto que se eliminó la palabra "representativo" para calificar al gobierno en el artículo 6, se precisó en dicha norma que debe ser "democrático, participativo, *electivo*, descentralizado, alternativo, responsable, pluralista y de mandatos revocables".

Por ello, en la Constitución no existe ni puede existir democracia que no sea representativa, siendo de la esencia del régimen político democrático la idea de que el pueblo, titular de la soberanía, no la ejerce directamente, sino a través de representantes. Esa democracia representativa, por supuesto, no se opone a democracia participativa; ambas se complementan y se diferencian de los mecanismos de democracia directa como la que deriva de los referendos (consultivas, aprobatorios, abrogatorios y revocatorios) (arts. 71 ss.) que perfeccionan la democracia, al igual que de las consultas populares, la revocatoria del mandato, la iniciativa legislativa, constitucional y constituyente, el cabildo abierto y la asamblea de ciudadanos y ciudadanas, y ahora los diversos Consejos del poder popular (art. 70), todas reguladas como formas de participación política (art. 62) en la Constitución.

Sin embargo, la democracia representativa no puede pretender ser sustituida por una supuesta "democracia participativa". La democracia, para que sea participativa, además de esencialmente representativa, lo que tiene es que permitir al ciudadano participar en los asuntos públicos, **teniendo acceso al poder lo que puede ocurrir sólo cuando lo tiene cerca.** Ello implica necesariamente un bien arraigado y desarrollado sistema de gobierno local, en cada lugar, asentamiento urbano o rural, que goce de autonomía política, lo que sólo puede estar **basado en la descentralización política, es decir, en la creación de entidades políticas autónomas que permitan el autogobierno local.** En ese sentido, participar es sólo posible cuando mediante la descentralización, se crean autoridades locales en los niveles territoriales más pequeños, lo que implica desparramar el poder.

Ello, por supuesto, es contrario a la concentración del Poder y al centralismo que fue lo que se encubrió con el proyecto de reforma constitucional sancionado, destinada a la construcción del socialismo, de una sociedad colectivista y de supuesta "participación protagónica"[42].

Con ello, lo que se buscó fue eliminar de la Constitución, toda referencia a la descentralización política, y por tanto, de efectiva posibilidad de participación. Lo que se dispuso con el proyecto de reforma constitucional, en definitiva, fue la

---

42   En la *Exposición de Motivos del Proyecto de Reforma Constitucional* presentado por el Presidente de la República en agosto 2007, se lee que el Poder Popular "es la más alta expresión del pueblo para la toma de decisiones en todos sus ámbitos (político, económico, social, ambiental, organizativo, internacional y otros) para el ejercicio pleno de su soberanía. Es el poder constituyente en movimiento y acción permanente en la construcción de un modelo de sociedad colectivista de equidad y de justicia. Es el poder del pueblo organizado, en las más diversas y disímiles formas de participación, al cual está sometido el poder constituido. No se trata del poder del Estado, es el Estado sometido al poder popular. Es el pueblo organizado y organizando las instancias de poder que decide las pautas del orden y metabolismo social y no el pueblo sometido a los partido políticos, a los grupos de intereses económicos o a una particularidad determinada", *cit.,* p. 11.

sustitución de la democracia representativa por una supuesta "democracia participativa", pero acabando con la propia democracia como régimen político, tratando de sustituirla por un régimen autoritario, centralizador y concentrador del Poder que impide la real participación política, al no existir entidades locales autónomas, y depender los consejos comunales de la cúspide del poder ejecutivo nacional.

Ello se buscó lograr con la **eliminación de todo vestigio de autonomía territorial y de descentralización política**, sin las cuales **no puede haber efectivamente democracia participativa.** Como se dijo, la participación democrática exige la existencia de **entes políticos territoriales autónomos**, sin los cuales aquella no pasa de ser una **simple movilización controlada desde el Poder Central.** Ello es lo que ha ocurrido, precisamente, con los Consejos Comunales creados por Ley en 2006[43], cuyos miembros **no son electos mediante sufragio sino designados por Asambleas de ciudadanos controladas por el propio Poder Ejecutivo Nacional.** Ello, en 2007 se buscó consolidar constitucionalmente, con la reforma del artículo 16 al referirse a la división territorial como "nueva geometría del poder" para que el Poder Popular desarrollase formas de agregación comunitaria político-territorial como expresión de democracia directa.

En efecto, conforme al texto del artículo 16 del proyecto de reforma constitucional sancionado, el Poder Popular que se creaba en el artículo 136, supuestamente se desarrollaría de abajo hacia arriba, a partir de las **comunidades,** "cada una de las cuales constituirá el núcleo territorial básico e indivisible del **Estado Socialista Venezolano,** donde los ciudadanos y las ciudadanas comunes tendrán el poder para construir su propia geografía y su propia historia". Estas **comunidades, se dispuso en la misma norma,** estarán agrupadas en **comunas**[44], que eran "áreas o extensiones geográficas" que constituían "células sociales del territorio"; y éstas, a su vez, estaban agrupadas en **ciudades** que se concebían -en sustitución del Municipio- como **"la unidad política primaria de la organización territorial nacional",** entendidas **"como todo asentamiento poblacional dentro del Municipio".**

En esta forma, dispuso la misma norma del artículo 16, que era a partir de la **comunidad y la comuna,** que **"el Poder Popular desarrollará formas de agregación comunitaria político-territorial, las cuales serán reguladas en la Ley nacional, y que constituyan formas de autogobierno y cualquier otra expresión de democracia directa."**

---

43 Véase los comentarios sobre ello en Allan R. Brewer-Carías et al, *Ley Orgánica del Poder Público Municipal*, Editorial Jurídica Venezolana, Caracas 2007, pp. 75 y ss.

44 En la *Exposición de Motivos* del Proyecto de Reforma Constitucional presentado por el Presidente de la República en agosto 2007, a las comunas se las califica como "comunas socialistas", y se la define como "Es un conglomerado social de varias comunidades que poseen una memoria histórica compartida, usos, costumbres y rasgos culturales que los identifican, con intereses comunes, agrupadas entre sí con fines político-administrativos, que persiguen un modelo de sociedad colectiva de equidad y de justicia", *cit.*, p. 12.

Conforme a ello, la reforma del artículo 136 de la Constitución, tenía por objeto crear el Poder popular como una división vertical más del Poder Público; como se afirmó en el *Informe de la Asamblea Nacional para la tercera discusión* de la reforma: se creaba el "Poder Popular dentro del ámbito territorial ... como uno de los componentes del Estado", resultando esta incorporación, "el pilar fundamental para el fortalecimiento de una democracia protagónica y participativa", e incrustando "en el alma de la Constitución, el Poder Popular".

En consecuencia, el artículo 136 propuesto rezaba: "El Poder Público se distribuye territorialmente en la siguiente forma: el Poder Popular, el Poder Municipal, el Poder Estadal y el Poder Nacional"; indicándose que el Poder Popular "**se expresa constituyendo las comunidades, las comunas y el autogobierno de las ciudades, a través de los consejos comunales, consejos de trabajadores y trabajadoras, consejos estudiantiles, consejos campesinos, consejos artesanales, consejos de pescadores y pescadoras, consejos deportivos, consejos de juventud, consejos de adultos y adultas mayores, consejos de mujeres, consejos de personas con discapacidad, y otros que señale la ley**".

Debe decirse que en la propuesta presidencial, se hacía referencia básicamente a los consejos comunales, pues el artículo 136 lo que dispuso fue una distribución vertical (territorial) del poder; pero con la reforma sancionada por la Asamblea Nacional, lo que resultaba era una mezcla de consejos territoriales y consejos sectoriales.

En todo caso, en el mismo artículo 136 de la reforma se buscó establecer el principio general de que siendo el pueblo "el depositario de la soberanía", el mismo solo "la **ejerce directamente a través del Poder Popular**", precisándose que "**éste no nace del sufragio ni de elección alguna, sino que nace de la condición de los grupos humanos organizados como base de la población**".

En definitiva, lo que se buscó con esta reforma, fue poner **fin en Venezuela** a la democracia representativa a nivel local, y con ello, de todo vestigio de autonomía política territorial que es la esencia de la descentralización[45].

Por otra parte, en el proyecto de reforma constitucional sancionado respecto del artículo 70 relativo a los medios de participación política, se los identificó como medios del pueblo "en ejercicio **directo** de su soberanía y **para la construcción del socialismo**", agregándose entre los medios de participación de or-

---

45 Esto es lo mismo que se había formulado en las propuestas de reforma presentadas por el Consejo Presidencial para la reforma Constitucional en junio de 2007, en relación con el artículo 62, que buscaba agregar a la misma que "La participación del pueblo en forma efectiva, suficiente y oportuna en el proceso de definición y ejecución de la gestión pública y en el control y evaluación de sus resultados **constituye la esencia del ejercicio directo de la soberanía por parte del pueblo** y de su protagonismo en función del desarrollo social integral para la construcción de la **sociedad socialista**"; sin garantizar que ello fuera mediante entes político territoriales autónomos, lo que hacía la propuesta vacía de democracia representativa. Estas propuestas de reforma de los artículos 61 y 62, sin embargo, no fueron acogidas ni en el Anteproyecto presidencial ni por la Asamblea Nacional, lo que no significa que no se haya logrado el mismo efecto, sin embargo, con la reforma efectuada de los artículos 16 y 136.

den político, además, a los **Consejos del Poder Popular, que no solo eran los Consejos Comunales, sino los "consejos de trabajadores y trabajadoras, consejos estudiantiles, consejos campesinos, consejos artesanales, consejos de pescadores y pescadoras, consejos deportivos, consejos de la juventud, consejos de adultos y adultas mayores, consejos de mujeres, consejos de personas con discapacidad". La reforma sancionada, además,** agregaba a los medios de participación en lo social y económico, "la **gestión democrática de los** trabajadores y trabajadoras de cualquier empresa de propiedad social directa o indirecta, la autogestión comunal, las organizaciones financieras y microfinancieras comunales, las cooperativas de propiedad comunal, las cajas de ahorro comunales, las redes de productores libres asociados, el trabajo voluntario, las empresas comunitarias y demás formas asociativas constituidas para desarrollar los valores de la mutua cooperación y la solidaridad socialista."

Por otra parte, en cuanto a la eliminación de la **democracia representativa a nivel local,** ello derivaba de la reforma del artículo 184 que buscaba disponer que los consejos comunales, que constituían el órgano ejecutor de las decisiones de las asambleas de ciudadanos, articulando e integrando diversas organizaciones comunales y grupos sociales, debía asumir "la **Justicia de Paz** y la prevención y protección vecinal". Con ello, se buscaba reformar, sin decirlo, la previsión del artículo 258 de la Constitución que dispone que la designación de los jueces de paz garantiza que sea siempre "por votación universal, directa y secreta".

En definitiva, en nombre de la "democracia participativa y protagónica" lo que se buscaba es eliminar la democracia representativa a nivel local, y sustituirla por una supuesta "democracia directa" de "participación" en asambleas de ciudadanos, consejos del poder popular, comunidades, comunas y ciudades, **que no eran entes políticos territoriales autónomos,** todas controladas desde el Poder Central; y si bien en las reformas introducidas a los artículos 16 y 136 se habla de "formas de autogobierno" y del "autogobierno de las ciudades", de ello no se derivaba que los mismos debían ser el resultado de una elección popular como lo exige una democracia representativa. Al contrario, como se indicaba en el nuevo artículo 136 del proyecto de reforma constitucional, **el Poder Popular "no nace del sufragio ni de elección alguna, sino que nace de la condición de los grupos humanos organizados como base de la población".**

2. *La ampliación del derecho a votar (Artículo 64)*

En el proyecto de reforma constitucional sancionado, el ejercicio del derecho al sufragio activo, es decir, a votar en las elecciones y votaciones, se buscaba otorgarlo a los mayores de 16 años, en lugar de los 18 años que establecía la Constitución de 1999 (Art. 64).

3. *La eliminación del principio de la alternabilidad republicana con la posibilidad de reelección indefinida del presidente de la República (Artículo 230)*

Conforme al artículo 4 de la Constitución, el gobierno de la República y de todas las entidades políticas que la componen tiene que ser democrático *alterna-*

tivo, y de allí las limitaciones que la Constitución de 1999, siguiendo una tradición constitucional que se remonta a casi dos siglos, estableció respecto de la posibilidad de la reelección de los funcionarios electos.

En efecto, en cuanto al presidente de la República, el artículo 230 de la Constitución de 1999, cambiando radicalmente las previsiones constitucionales anteriores que prohibían toda reelección, dispuso la posibilidad de la reelección inmediata del presidente de la República por una sola vez, para un nuevo período; el artículo 192 dispuso que los diputados a la Asamblea Nacional pueden ser reelegidos sólo "por dos periodos consecutivos como máximo"; el artículo 160 dispuso que los Gobernadores de Estado podían ser "reelegidos, de inmediato y por una sola vez, para un nuevo período"; el artículo 162 dispuso que los legisladores a los Consejos Legislativos de los Estados podían ser reelegidos sólo "por dos periodos consecutivos como máximo"; y el artículo 174 dispuso que los Alcaldes podían ser "reelegidos, de inmediato y por una sola vez, para un nuevo período".

El proyecto de reforma constitucional sancionado en esta materia, sólo incidió en el artículo 230, no sólo buscando aumentar el período constitucional del presidente de la República **de seis a siete años (ya en 1999 se había aumentado de cinco a seis años), sino** estableciendo expresamente que el presidente de la República **"puede ser reelegido o reelegida". En la Constitución de 1999 sólo se establecía que podía ser reelegido "de inmediato y por una sola vez, para un nuevo período".**

En esta forma, el principio de la alternabilidad republicana, cuyo objeto central es la consolidación del pluralismo político, base de los regímenes democráticos, materialmente desaparecía con el proyecto de la reforma constitucional sancionado[46].

4. Las contradictorias restricciones al derecho a la participación política de los ciudadanos

En cuanto al principio de la participación política, si bien la Constitución de 1999, en general, remitió su desarrollo a la labor del Legislador, en algunos casos lo reguló directamente imponiendo en forma expresa diversos mecanismos de participación, los cuales, contradictoriamente, en nombre de una supuesta "democracia participativa y protagónica", se pretendieron eliminar o restringir con el proyecto de reforma constitucional sancionado en noviembre de 2007. Es decir, los únicos supuestos en los cuales estaba constitucionalmente regulada la participación política de la sociedad civil en asuntos públicos, entonces se eliminaron o restringieron.

---

46 En la *Exposición de Motivos de la Propuesta de Reforma Constitucional* del presidente de la República del Proyecto de Reforma Constitucional, agosto de 2007, se afirmó, pura y simplemente, sin fundamento, ni argumento, ni lógica alguna, que "la propuesta de la reelección presidencial profundiza el principio de alternabilidad republicana", basándose sólo, en el derecho del presidente de la República a ser reelecto en el cargo, y en el derecho del pueblo de elegir su candidato, *cit.*, p. 7.

Ello sucedió con los mecanismos de participación de la sociedad civil que se dispuso en la Constitución para la elección indirecta de los altos funcionarios públicos que no son electos por votación popular (Poder Judicial, Poder Ciudadano, Poder Electoral); con el derecho a la participación política de la población mediante referendos, y con el derecho a la participación política de los ciudadanos en materia de reformas a la Constitución.

A. *La eliminación de los supuestos constitucionales de participación de representantes de diversos sectores de la sociedad civil en la postulación de los candidatos a altos cargos estatales* (**Artículos 264, 279, 295**)

El proyecto de reforma constitucional sancionado en noviembre de 2007, en efecto, buscó eliminar las formas de participación política de la sociedad civil en los asuntos públicos que directamente estableció la Constitución de 1999, como una novedad institucional, para la postulación de los candidatos a los cargos de Magistrados del Tribunal Supremo de Justicia, de Miembros del Consejo Nacional Electoral, del Defensor del Pueblo, del Contralor General de la República y del Fiscal General de la República. Esa postulación debe hacerse ante la Asamblea Nacional por sendos **Comités de Postulaciones** que necesariamente deben estar integrados por "representantes de los diferentes sectores de la sociedad" (arts. 264, 279, 295).

Estas previsiones de la Constitución de 1999 habían sido distorsionadas por la práctica política y legislativa desarrollada desde que se sancionó la propia Constitución, tanto por parte de la entonces Asamblea Nacional Constituyente (1999), como por la Asamblea Nacional (2000), que fueron convirtiendo dichos Comités de Postulaciones en violación de la Constitución, en simples Comisiones parlamentarias ampliadas (2002-2004), limitando el derecho a la participación política de la sociedad civil[47]. Esa tendencia fue la que insólitamente se buscó constitucionalizar con el proyecto de reforma constitucional sancionado en noviembre de 2007, al regularse los Comités de Postulaciones para la elección de los magistrados del Tribunal Supremo de Justicia y de los titulares de los órganos del Poder Electoral y del Poder Ciudadano, buscándose eliminar su integración exclusiva por representantes de los diversos sectores de la sociedad, y pasando a estar integrados mayoritariamente por funcionarios del Estado.

En cuanto al Comité de Postulaciones Judiciales para la designación de los magistrados del Tribunal Supremo de Justicia, que conforme al artículo 264 de la Constitución debía estar integrado por representantes de los diversos sectores de la sociedad, con el proyecto de reforma constitucional, se buscó constitucionalizar regularlo como una "Comisión parlamentaria ampliada", como ya lo había

---

47 Véase Allan R. Brewer-Carías, "La participación ciudadana en la designación de los titulares de los órganos no electos de los Poderes Públicos en Venezuela y sus vicisitudes políticas", en **Revista Iberoamericana de Derecho Público y Administrativo**, Año 5, N° 5-2005, San José, Costa Rica 2005, pp. 76-95

hecho la Ley Orgánica del Tribunal Supremo de 2004[48], al disponerse entonces que "la Asamblea Nacional convocará un Comité de Postulaciones Judiciales el cual estará integrado por Diputados y Diputadas, voceros y voceras del Poder Popular y representantes de los sectores vinculados con la actividad jurídica". Se agregó en la norma que "podrán postular ante el Comité, los Consejos del Poder Popular, sectores sociales y organizaciones vinculadas con la actividad jurídica".

En cuanto al Comité de Postulaciones Electorales de candidatos o candidatas a integrantes del Consejo Nacional Electoral el artículo 295 de la Constitución de 1999 dispone que debe estar "integrado por representantes de los diferentes sectores de la sociedad, de conformidad con lo que establezca la ley"; norma que se buscó reformar para establecer, en su lugar, que "para la designación de los Rectores y las Rectoras del Consejo Nacional Electoral, la Asamblea Nacional convocará un Comité de Postulaciones Electorales, el cual estará integrado por Diputados y Diputadas, voceros y voceras del Poder Popular y representantes de organizaciones y sectores sociales"; es decir, integrado básicamente por órganos del Estado (Poder Legislativo y Poder Popular), abandonándose la exclusiva participación de los diferentes sectores de la sociedad, y previéndose solo, una participación evidentemente minoritaria de "representantes de organizaciones y sectores sociales".

Por otra parte, en cuanto los miembros del Consejo Nacional Electoral, la Constitución de 1999 dispone que los mismos deben ser cinco personas no vinculadas a organizaciones con fines políticos; de las cuales "tres de ellos o ellas serán postulados o postuladas por la sociedad civil, uno o una por las facultades de ciencias jurídicas y políticas de las universidades nacionales y uno o una por el Poder Ciudadano" (art. 295). Esto se buscó reformar, eliminándose la participación de las facultades de ciencias jurídicas y políticas de las universidades nacionales en el proceso, y sustituyéndose la norma por una que establecía que los miembros del Consejo debían ser postulados "por Consejos del Poder Popular, representantes de instituciones, sectores educativos y otros sectores sociales".

En cuanto a la integración del Comité de Evaluación del Poder Ciudadano, la reforma del artículo 279 cambió su naturaleza y configuración, estableciendo entonces que era la Asamblea Nacional la que debía convocar "un Comité de Evaluación de Postulaciones, el cual estará integrado por **diputados y diputadas de la Asamblea Nacional y otros voceros de los diferentes sectores del Poder Popular**", **eliminándose toda referencia a la sociedad civil.**

    B.   *La limitación al derecho a la participación política mediante referendos y la restricción a la democracia directa (**Artículos 71, 72, 73, 74**)*

Tanto en el artículo 5 como en el 62 de la Constitución de 1999, se prevé que el derecho a la participación política se realiza indirectamente mediante la elección de representantes, o directamente a través de los mecanismos previstos

---

48   Véase Allan R. Brewer-Carías, *Ley Orgánica del Tribunal Supremo de Justicia,* Editorial jurídica venezolana, Caracas, 2006, pp. 32 ss.

en la Constitución y en la ley, en particular, además de los previstos en el artículo 70, mediante la realización de referendos. Estos son de cuatro tipos, tal como se regulan en los artículos 71 a 74 de la Constitución, y son el referendo consultivo, el referendo revocatorio, el referendo aprobatorio, y el referendo abrogatorio.

Lo importante de estas previsiones, además de regular directamente en la propia Constitución mecanismos concretos de democracia directa, es **la consagración de la iniciativa popular** como medio de participación democrática para la formulación de la solicitud de la convocatoria a los referendos, y que se fijaba en el 10% de los inscritos en la circunscripción correspondiente para los referendos consultivos (art. 71); en el 20% de los inscritos en la circunscripción correspondiente para los referendos revocatorios (art. 72); en el 15% de los inscritos en el registro electoral para los referendos aprobatorios de ciertos tratados internacionales (art. 73); en el 10% de los inscritos en el registro electoral para los referendos abrogatorios de leyes (art. 74); y en el 5% de los inscritos en el registro electoral para los referendos abrogatorios de decretos leyes (art. 74).

El proyecto de reforma constitucional sancionado en noviembre de 2007 en relación con los artículos 71 a 74, lo que hizo fue limitar el derecho político de participación de los ciudadanos mediante referendos, al aumentarse el número de firmas requeridas para la iniciativa en la convocatoria de los referendos (y por tanto hacerla más dificultosa), así: al **20%, en lugar del 10%** de los inscritos en la circunscripción correspondiente para los referendos consultivos (art. 71); al **30%, en lugar del 20%** de los inscritos en la circunscripción correspondiente para los referendos revocatorios (art. 72); al **30%, en lugar del 25%** de los inscritos en el registro electoral para los referendos aprobatorios de leyes (art. 73); al **30%, en lugar del 15%** de los inscritos en el registro electoral para los referendos aprobatorios de tratados internacionales (art. 73); al **30%, en lugar del 10%** de los inscritos en el registro electoral para los referendos abrogatorios de leyes (art. 74); y al **30%, en lugar del 5%** de los inscritos en el registro electoral para los referendos abrogatorios de decretos leyes (art. 74).

Por otra parte, específicamente en cuanto al **referendo revocatorio**, con el proyecto de reforma constitucional sancionado en noviembre de 2007 respecto del artículo 72, se buscó **cambiar el sistema del mismo para hacerlo menos participativo y más dificultoso, al establecerse, en primer lugar**, en vez de que la solicitud de convocatoria del mismo corresponda directamente, como un **derecho popular**, a un número no menor del 20% de los electores inscritos en la correspondiente circunscripción, se estableció que "**se podrá solicitar al Consejo Nacional Electoral la activación del mecanismo para que los electores y electoras inscritos e inscritas en la correspondiente circunscripción del Registro Electoral, en un número no menor del treinta por ciento, soliciten la convocatoria de un referendo para revocar su mandato**", distorsionado la iniciativa popular; **en segundo lugar**, en lugar de exigirse que sólo concurran al referendo un número de electores igual o superior al **25% de los electores** inscritos para que se considere válido el referendo, se buscó establecer que concurrieran al referendo el **40% de los electores inscritos**; y en **tercer lugar,** adicionalmente a la exigencia de que se considerase revocado el mandato cuando voten a favor de la revocatoria "igual o mayor número de electores que eligieron al funcionario", con la reforma se exigió que "sea mayor el total de votos a favor que el total de votos en contra", así hubieran votado por la revocatoria más electores que los que eligieron al funcionario, con lo cual el referendo revocatorio se distorsionaba en un "referendo ratificatorio".

C. *La limitación al derecho a la participación política en materia de revisión de la Constitución* (**Artículos 341, 342, 348**)

En la Constitución de 1999 se establecieron tres mecanismos institucionales para la revisión constitucional que se distinguen **según la intensidad de las transformaciones** que se proponen, y que son las Enmiendas constitucionales, las Reformas Constitucionales y la Asamblea Nacional Constituyente.

El procedimiento de las **Enmiendas Constitucionales** para la revisión constitucional, tiene por objeto la **adición o modificación de uno o varios artículos de la Constitución, sin alterar su estructura fundamental** (art. 340). De acuerdo con el artículo 341,1 la iniciativa para la Enmienda puede partir del 15% de los ciudadanos inscritos en el registro civil y electoral; o de un 30% de los integrantes de la Asamblea Nacional o del presidente de la República en Consejo de Ministros. Con l el proyecto de reforma constitucional sancionado en noviembre de 2007 se ha restringido **la iniciativa popular** para las enmiendas, **aumentándose,** en el artículo 341, **el porcentaje** de ciudadanos que la requieran de **15%** al **20%.**

Por otra parte, en la regulación sobre el referendo aprobatorio de las Enmiendas (art. 341,3 y 4), en la Constitución se dispone que al mismo deben concurrir al menos el 25% de los electores inscritos, bastando para la aprobación que haya mayoría de votos afirmativos (art. 73). En el proyecto de reforma constitucional sancionado en noviembre de 2007, sin embargo, se aumenta al 30% los electores inscritos que deben concurrir al referendo (art. 73), y se agrega en el artículo 341,3 de la Constitución, que "el Poder Electoral someterá a referendo el **proyecto de enmienda aprobado por la Asamblea Nacional**, a los 30 días siguientes a su recepción formal", lo que puede dar lugar a interpretar que todo proyecto de enmienda, incluso el que se proponga por iniciativa popular, debe ser previamente aprobado por la **Asamblea Nacional**, lo que sería contrario a la participación popular mediante la iniciativa de los electores.

Por otra parte, la Constitución exige que las enmiendas sean numeradas consecutivamente, y se publiquen a continuación de la Constitución sin alterar el texto de ésta, pero anotando al pie del artículo o artículos enmendados la referencia de número y fecha de la enmienda que lo modificó. En el proyecto de reforma constitucional sancionado en noviembre de 2007, se ha **modificado la formalidad de publicar las enmiendas** al final del texto con indicación al pié de los artículos enmendados, y en su lugar, se dispone que el artículo 341,5 diga pura y simplemente que "las enmiendas serán numeradas y se incorporarán como un solo cuerpo al texto constitucional".

En cuanto a las **Reformas constitucionales**, conforme al artículo 342 de la Constitución de 1999, la misma tenía por objeto sólo una **revisión parcial de la**

Constitución y la sustitución de una o varias de sus normas que no modificasen la estructura y principios fundamentales del texto constitucional.

De lo anterior resulta que la diferencia entre la Enmienda y la Reforma es muy sutil: aquella tiene por objeto "la adición o modificación de uno o varios artículos de la Constitución, sin alterar su estructura fundamental"; ésta tiene por objeto, "la sustitución de una o varias de sus normas que no modifiquen la estructura y principios fundamentales del texto constitucional". En definitiva, puede decirse que la Enmienda tiene por objeto "añadir o modificar" unos artículos y la Reforma la "sustitución" de unos artículos, pero en uno u otro caso, sin alterar o modificar la estructura fundamental de la Constitución.

En el proyecto de reforma constitucional sancionado en noviembre de 2007 respecto del artículo 342, en cuanto al objeto de la reforma de revisión parcial, se buscó agregar, además de que pueda consistir en "la sustitución de una o varias de sus normas que no modifiquen la estructura y principios fundamentales del texto Constitucional", en la posibilidad de "**supresión o adición**" de una o varias normas.

En todo caso, conforme a la Constitución de 1999, las reformas constitucionales pueden tener su origen en la iniciativa popular a solicitud de un número no menor del 15% de los electores inscritos en el registro civil y electoral (art. 342). La participación política que ello implica, se buscó restringir en el proyecto de reforma constitucional sancionado en noviembre de 2007, al buscarse aumentar el porcentaje para **la iniciativa popular** para las reformas constitucionales, del **15%** al **25 % de ciudadanos que la soliciten.**

Por último, como mecanismo de revisión constitucional, la Constitución de 1999, previó la convocatoria de la Asamblea Constituyente cuando se trate de "transformar al Estado, crear un nuevo ordenamiento jurídico y redactar una nueva Constitución" (art. 347), la cual puede tener su origen en la iniciativa popular cuando sea solicitada por el 15% de los electores inscritos en el registro electoral (art. 348). En el proyecto de reforma constitucional sancionado en noviembre de 2007, **también se buscó restringir la iniciativa popular** prevista en el artículo 348 para la solicitud de convocatoria de la Asamblea Constituyente, **aumentándose el porcentaje** de ciudadanos que la requieran del **15%** al **30% de electores inscritos.**

5. *La restricción del derecho a la participación política exclusivamente para la ejecución de la ideología socialista (Artículo 70)*

El artículo 62 de la Constitución de 1999 declara como un derecho político de todos el "de *participar libremente* en los asuntos públicos, directamente o por medio de sus representantes elegidos o elegidas", refiriéndose a "la participación del pueblo en la formación, ejecución y control de la gestión pública" como "el medio necesario para lograr el protagonismo que garantice su completo desarrollo, tanto individual como colectivo". A tal efecto se dispone que "es obligación del Estado y deber de la sociedad facilitar la generación de las condiciones más favorables para su práctica"

Dicha norma se complementa con la del artículo 70 de la Constitución, en la cual se enumeran los siguientes medios de participación y protagonismo del pueblo en ejercicio de su soberanía: "en lo político: la elección de cargos públicos, el referendo, la consulta popular, la revocación del mandato, las iniciativas legislativa, constitucional y constituyente, el cabildo abierto y la asamblea de ciudadanos y ciudadanas cuyas decisiones serán de carácter vinculante, entre otros; y en lo social y económico: las instancias de atención ciudadana, la autogestión, la cogestión, las cooperativas en todas sus formas incluyendo las de carácter financiero, las cajas de ahorro, la empresa comunitaria y demás formas asociativas guiadas por los valores de la mutua cooperación y la solidaridad".

Con el proyecto de reforma constitucional sancionado en noviembre de 2007, todos estos medios de participación política, además de buscar aumentarlos en el artículo 70 al proponer agregarse a los "Consejos del Poder Popular, a través de los consejos comunales, consejos de trabajadores y trabajadoras, consejos estudiantiles, consejos campesinos, consejos artesanales, consejos de pescadores y pescadoras, consejos deportivos, consejos de la juventud, consejos de adultos y adultas mayores, consejos de mujeres, consejos de personas con discapacidad"; en definitiva, resultaban restrictivos respecto del derecho ciudadano a participar en la conducción de asuntos públicos, al quedar reducidos en su objetivo, al único propósito de "la construcción del socialismo", de manera que quien no quisiera construir socialismo alguno, quedaba excluido del derecho a la participación política, que sólo estaba destinado a desarrollar los valores de "la solidaridad socialista" y no era libre como indica el artículo 62.

6. Las reformas al régimen de los partidos políticos (organizaciones con fines políticos) y de las asociaciones con fines políticos (Artículo 67)

Otro aspecto que constituyó una innovación en la Constitución de 1999, como reacción contra la falta de democratización interna de los partidos políticos, y su conducción por cúpulas eternizadas de dirigentes, fue la previsión de que no sólo la designación de sus directivos debía realizarse mediante elecciones, sino que, incluso, la escogencia de los candidatos de los partidos políticos a los cuerpos y cargos representativos, debe también realizarse mediante votación interna democrática (art. 67), estando la organización de dichas elecciones internas a cargo del Consejo Nacional Electoral (art. 293, ord. 6). Del texto de la Constitución de 1999, sin embargo, se eliminó la expresión "partidos políticos" y se la sustituyó por la de "organizaciones con fines políticos", y en algunos casos por la de "asociaciones con fines políticos".

En el proyecto de reforma constitucional sancionado en noviembre de 2007 relativa al artículo 67, se buscó dejar también de utilizar la denominación de "organizaciones con fines políticos" y se utilizó solo la más amplia de "**asociaciones con fines políticos**" con lo que se buscó dejar sentando las bases constitucionales para **la intervención del Estado cualquier asociación de la sociedad civil, no gubernamental, que pueda tener fines políticos sin ser necesariamente un "partido político",** que en la propia reforma al artículo 293, ordinales 6 y 8, se siguieron denominando como "organizaciones con fines políticos".

En el proyecto de reforma sancionado, por otra parte, se buscó agregar a la norma sobre el derecho de los ciudadanos de asociarse con fines políticos mediante métodos democráticos de organización, funcionamiento y dirección, en cuanto a la elección interna de los órganos de dirección de las asociaciones con fines políticos, así como la elección de los candidatos a cargos de elección popular, la necesidad de que fueran seleccionados "**en forma paritaria**", con lo cual se le buscó dar rango constitucional a la paridad de género en esta materia.

Ahora bien, uno de los problemas vinculados a el funcionamiento de los partidos políticos había sido el tema del financiamiento público de los mismos que reguló la Ley Orgánica del Sufragio y Participación Política de 1998, lo que antes de 1999 había conducido a un acaparamiento inequitativo de dichos fondos. Los redactores de la Constitución de 1999 reaccionaron contra ello, **prohibiendo simplemente dicho financiamiento público "de las asociaciones con fines políticos"** (art. 67), con lo que se retrocedió en lo que era la constante en todo el mundo democrático, habiéndose abierto, de hecho, la posibilidad más degradante de financiamiento público irregular e ilegítimo a los partidos de gobierno.

El proyecto de reforma constitucional sancionado buscó eliminar esta **prohibición** establecida en el artículo 67, y en cambio dispuso que "**el Estado podrá financiar las actividades electorales**", pero sin indicarse si se trataba de un financiamiento a los partidos políticos (organizaciones con fines políticos) en general o a las actividades electorales del partido único socialista o de los candidatos a reelección. Por otra parte, en el proyecto de reforma se estableció, además, una remisión a la ley para establecer "**los mecanismos para el financiamiento, el uso de los espacios públicos y accesos a los medios de comunicación social en las campañas electorales, por parte de las referidas asociaciones con fines políticos" (y no sólo de las "organizaciones con fines políticos")**".

Por otra parte, en una forma evidentemente regresiva, el proyecto de reforma constitucional sancionado en noviembre de 2007 buscó eliminar la prohibición general que regula el artículo 67 de la Constitución de 1999, en el sentido de que "**Las direcciones de las asociaciones con fines políticos no podrán contratar con entidades del sector público**". En un sistema de partido único oficialista, la eliminación en la propuesta de reforma era un llamado a la legitimación de la imbricación total entre el partido y el Estado.

Por último, en el proyecto de reforma constitucional sancionado, en el mismo artículo 67 se buscó establecer una prohibición general en cuanto al "financiamiento a las asociaciones con fines políticos" y no sólo de las "organizaciones con fines políticos" o "a quienes participen en procesos electorales por iniciativa propia, por parte de **gobiernos o cualquier otra entidad pública o privada extranjeros**". Esto implicaba, que ninguna asociación de la sociedad civil u ONG que pudiera tener fines políticos, como podía ser la defensa de los derechos humanos, podía recibir financiamiento ni siquiera de entidades privadas o fundaciones extranjeras.

IV. LOS CAMBIOS EN LA FORMA DEL ESTADO: DE LA FEDERACIÓN CENTRALIZADA A LA CENTRALIZACIÓN TOTAL DEL ESTADO

La forma del Estado venezolano, desde que se creó la República en 1811, y luego, desde que se reconstituyó la República en 1830, ha sido siempre formalmente la de una **Federación,** en la cual el Poder Público está distribuido en el territorio entre **entidades políticas territoriales autónomas** en tres niveles: el nivel nacional (República), el nivel estadal (Estados) y el nivel municipal (Municipios), cuyas respectivas autonomías garantiza la propia Constitución.

Con todos sus altibajos, y a pesar de la tendencia a centralizar la Federación, esa ha sido la forma del Estado que siempre hemos tenido, y que implica la distribución vertical del Poder Público entre entidades territoriales políticamente autónomas. Esta forma de Estado federal, sin embargo, aún cuando sin eliminarse formalmente la denominación "federal, "ha desaparecido con las reformas constitucionales sancionadas en noviembre de 2007, de nuevo, en fraude a la Constitución.

1. *El desmoronamiento de la forma federal del Estado*

A. *El vaciamiento del contenido territorial de la federación (**Artículos 16, 136, 1680**)*

En efecto, en el proyecto de reforma constitucional sancionado en noviembre de 2007, si bien no se propuso eliminar expresamente la "Federación", o la "forma federal" del Estado, la misma se vaciaba en tal forma de contenido que materialmente desaparecía.

En particular, en cuanto a los Estados y Municipios sobre cuya concepción se monta el sistema federal, conforme a la reforma que se ha efectuado al artículo 16, si bien no se los eliminaba expresamente, de la norma propuesta **desaparecía la garantía constitucional de la autonomía municipal y la descentralización político administrativa** que establece la Constitución de 1999, como condición esencial de la división territorial, buscándose sentar en consecuencia, con el proyecto de reforma constitucional sancionado en noviembre de 2007, las bases para vaciarlos de sentido y de competencias.

Además, en cuanto a los Municipios, en el proyecto de reforma constitucional se les quitó el carácter de **unidad política primaria** que el artículo 168 de la Constitución de 1999 les garantiza conforme a una tradición constitucional que se remonta a comienzos del Siglo XX, y en cambio, entonces se propuso disponer que "la unidad política primaria de la organización territorial nacional es **la ciudad,"** entendida esta como **"todo asentamiento poblacional dentro del municipio, e integrada por áreas o extensiones geográficas denominadas comunas".**

Estas **comunas,** conforme al mismo artículo 16, se buscaba establecerlas como "las células sociales del territorio y **estarán conformadas por las comunidades,** cada una de las cuales constituirá el núcleo territorial básico e indivisible del **Estado Socialista Venezolano**, donde los ciudadanos y las ciudadanas tendrán el poder para construir su propia geografía y su propia historia". Y se concluía indicando que "a partir de **la comunidad y la comuna, el Poder Popular desarrollará formas de agregación comunitaria político-territorial**, las cuales serán reguladas en la ley nacional, **y que constituyan formas de autogobierno y cualquier otra expresión de democracia directa**".

El proyecto de reforma constitucional sancionado en noviembre de 2007 en relación con el artículo 16 agregaba, además, que "la **Ciudad Comunal** se constituye cuando en la totalidad de su perímetro, se hayan establecido las **comunidades** organizadas, las **comunas** y el autogobierno comunal", y se disponía, pura y simplemente, que serán creadas por decreto del presidente de la República en Consejo de Ministros.

Pero además, en la propuesta de reforma del artículo 136 relativo al Poder Público, se precisaba el esquema, indicándose que "El Poder Popular se expresa constituyendo las comunidades, las comunas y el autogobierno de las ciudades, a través de los consejos comunales, consejos de trabajadores y trabajadoras, consejos estudiantiles, consejos campesinos, consejos artesanales, consejos de pescadores, consejos deportivos, consejos de la juventud, consejos de adultos y adultas mayores, consejos de mujeres, consejos de personas con discapacidad, y otros entes que señale la ley"; y que el mismo, es decir, **el Poder Popular** "**no nace del sufragio ni de elección alguna**, sino que nace de la condición de los grupos humanos organizados como base de la población". Se trató, en definitiva, de la **eliminación de la democracia representativa y de la autonomía política local, es decir, de la descentralización política como condición para la participación política.**

B. *La nueva división territorial de la República sujeta al Poder Ejecutivo y con autoridades no electas (**Artículos 16, 136**)*

Con todo el esquema antes indicado, lo que se sancionó por la Asamblea Nacional como proyecto de reforma constitucional en noviembre de 2007, fue el descuartizamiento de la forma de federal del Estado que, como se dijo, implica la división política del territorio en "entidades políticas", es decir, que gozan esencialmente de autonomía política territorial, y cuyo gobierno, como lo exige el artículo 6 de la Constitución, debe ser entre otros aspectos "electivo".

En efecto, en lugar de la organización política de la República montada en la división del territorio nacional en el de los Estados, el del Distrito Capital, el de las dependencias federales y el de los territorios federales, y la exigencia de que el territorio se organice en Municipios, y con todas esas entidades, excepto las dependencias federales que nunca se regularon legislativamente y los territorios federales que desaparecieron, con gobiernos democráticos electos mediante sufragio; en la reforma del artículo 16 lo que se buscó establecer fue que "el territorio nacional se conforma a los fines político-territoriales y de acuerdo con la nueva geometría del poder, por un **Distrito Federal,** en el cual tendrá su sede la capital de la República Bolivariana de Venezuela, por los **estados**, las **regiones** marítimas, los **territorios federales**, los **municipios federales** y los **distritos insulares**".[49]

Por otra parte, en lugar de que el territorio se organizase en municipios como lo exige la Constitución de 1999, lo que en 2007 se buscó establecer fue que "los Estados se organizan en municipios" (art. 16), los que por tanto desaparecían, si una parte del territorio se convertía en alguna de las entidades antes mencionadas quitándoselas a un Estado. Por ello es que con la reforma, precisamente, el Municipio desaparecía como unidad política primaria en la organización nacional como lo regula la Constitución de 1999.

Además, conforme a la reforma sancionada del mismo artículo 16 de la Constitución, y dejando aparte las reformas de orden local ya referidas mediante las cuales el Municipio se vacía en las comunidades, comunas y ciudades a partir de las cuales se propuso desarrollar el Poder Popular, se buscaba autorizar al **presidente de la República, en Consejo de Ministros,** para que "previo acuerdo aprobado por la mayoría simple de los diputados y diputadas de la Asamblea Nacional", pudiera "decretar **regiones marítimas, territorios federales, municipios federales, distritos insulares, provincias federales, ciudades federales y distritos funcionales, así como cualquier otra entidad que establezca esta Constitución y la Ley".** Es decir, con la reforma, la división político territorial de la República dejaba de ser una materia de rango constitucional como siempre lo ha sido, y pasaba a ser una materia ni siquiera de regulación mediante ley por la Asamblea Nacional, sino de la sola regulación ejecutiva. Es difícil concebir mayor centralización del poder.

Respecto de esas entidades territoriales nuevas, en la reforma del mismo artículo 16 se indicaba que los **"distritos funcionales"** se "crearán conforme a las características históricas, socioeconómicas y culturales del espacio geográfico correspondiente, así como sobre la base de las potencialidades económicas que desde ellos sea necesario desarrollar en beneficio del país"; y que la creación de los mismos "implica la elaboración y activación de una **Misión Distrital con el respectivo Plan Estratégico Funcional a cargo del Gobierno Nacional,** con la participación y en consulta permanente con sus habitantes". **Por supuesto, nada se indicaba sobre la forma de dicha participación ni consulta, pero en todo caso, se precisaba que** estos distritos funcionales podían ser conformados "por uno o más municipios o lotes territoriales de estos, **sin perjuicio del Estado al cual pertenezcan".**

En cuanto a las **ciudades federales,** el proyecto de reforma constitucional sancionado en noviembre de 2007 disponía que su organización y funcionamiento se debía hacer "de conformidad con lo que establezca la ley respectiva", y en este caso, también implicaba "la activación de una Misión Local con su correspondiente Plan Estratégico de Desarrollo".

---

49   En el Anteproyecto presentado por el Presidente, incluso, se proponía que "la vigencia de los Territorios Federales y de los Municipios Federales [quedase] supeditada a la realización de un referéndum aprobatorio en la entidad respectiva", ya que con la creación de los mismos se afecta la división política territorial de los Estados. Esto sin embargo, no se acogió en la reforma constitucional sancionada

Por último, en cuanto a las "**provincias federales**", en el proyecto de reforma constitucional se dispuso que las mismas "**se conformarán como unidades de agregación y coordinación de políticas territoriales, sociales y económicas a escala regional, siempre en función de los planes estratégicos nacionales y el enfoque estratégico internacional del Estado venezolano**". Las mismas se "**constituirán pudiendo agregar indistintamente estados y municipios, sin que éstos sean menoscabados en las atribuciones que esta Constitución les confiere**".

En relación con todas estas "regiones marítimas, territorios federales, Distrito Federal, municipios federales, distritos insulares, provincias federales, ciudades federales y distritos funcionales, así como cualquier otra entidad que establezca esta Constitución y la ley", conforme a la reforma del artículo 16, el presidente de la República tenía la competencia para designar y remover "las autoridades respectivas, por un lapso máximo que establecerá la ley." En consecuencia, se trataba, no de entidades políticas con alguna autonomía, sino de entidades sujetas completamente al Poder Central. Como no se trataba de autoridades electas, no estaban por supuesto sujetas a mandatos revocables.

Como se dijo, si bien con el proyecto de reforma constitucional sancionado no se eliminan formalmente a los Estados ni a los Municipios, sin embargo, con las propuestas en materia de distribución de competencias y de vaciamiento de las mismas hacia los Consejos del Poder Popular, y en particular, hacia los Consejos Comunales, hacían que materialmente desaparecieran por inoperantes. Por otra parte, y salvo en el caso de los Estados y Municipios, todas las otras entidades territoriales se establecían sin garantía alguna de que sus gobiernos serían electos mediante sufragio universal, directo y secreto. Al contrario, como nuevas organizaciones que se integraban al Poder Popular, lo que se disponía en el artículo 136 era que como "El pueblo es el depositario de la soberanía y la ejerce directamente a través del Poder Popular", "**este no nace del sufragio ni de elección alguna,** sino que nace de la condición de los grupos humanos organizados como base de la población". Es decir, como se ha insistido, el principio del fin de la democracia representativa.

C. La recreación del Distrito Federal y la nueva concepción de la Ciudad Capital sin autonomía política ni gobierno democrático local (*Artículo 18*)

Una de las reformas importantes en la Constitución de 1999 fue la de asegurar definitivamente un régimen de gobierno local descentralizado y democrático para la ciudad capital, garantizando la autonomía municipal y la participación política de las diversas entidades que componen la ciudad. Por ello la figura del gobierno metropolitano a dos niveles: para asegurar el gobierno global (metropolitano) de la ciudad y a la vez, asegurar el gobierno local. En esta forma se eliminó el Distrito Federal que había quedado como vestigio decimonónico del esquema tradicional de las federaciones, en el cual la ciudad capital carecía de autogobierno.

Con el proyecto de reforma constitucional sancionado en noviembre de 2007, lamentablemente, se pretendió volver al mismo esquema del siglo XIX, ya superado en todas las capitales de todas las Federaciones del mundo, donde lejos de la ausencia de gobierno local en la ciudad capital, la tendencia ha sido de establecerlos, con representantes electos por votación popular.

En efecto, con el proyecto de reforma constitucional respecto del artículo 18, se **eliminaba la existencia del Distrito Capital** y la organización municipal del mismo, y se lo sustituía por un **Distrito Federal,** que se revivía, pero **sin garantía constitucional expresa alguna de autonomía municipal o territorial,** ni con la exigencia del "carácter democrático y participativo de su gobierno" como lo establece la Constitución de 1999, con lo cual lo que se pretendía hacer era restablecer el viejo Distrito Federal en su concepción original de 1863, como un territorio **controlado por el Poder Nacional, y en particular, por el Ejecutivo Nacional,** para que en la capital de la República que es la sede del **Poder nacional, no existiera gobierno local democrático alguno con autonomía.** Por ello, el artículo 16 le atribuía al presidente la facultad de designar y remover las autoridades del Distrito Federal.

En esta forma, en lugar del artículo 18 de la Constitución de 1999, lo que se buscó incorporar en la Constitución con la reforma fue una norma que sólo establecía la ciudad de Caracas como la capital de la República y el asiento de los órganos del Poder Nacional, remitiendo a una ley especial el establecimiento "de la unidad político territorial de la ciudad de Caracas, la cual será distinguida como Cuna de Simón Bolívar, El Libertador y Reina del *Warairarepano"*. Dicha organización, dependiente del Poder Central, se concebía sin autonomía local alguna, agregándose en la norma que "El Poder Nacional **por intermedio del Poder Ejecutivo** y con la colaboración y participación de todos los entes del Poder Público Nacional, Estadal y Municipal, así como del **Poder Popular,** sus **comunidades, comuna, consejos comunales** y demás organizaciones sociales, dispondrá todo lo necesario para el reordenamiento urbano, reestructuración vial, recuperación ambiental, logros de niveles óptimos de seguridad personal y pública, fortalecimiento integral de la infraestructura del hábitat de las comunidades, sistemas de salud, educación, cultura, deporte y recreación, recuperación total de su casco y sitios históricos, construcción de un sistema de pequeñas y medianas ciudades a lo largo de sus ejes territoriales de expansión y, en general, lograr la mayor suma de humanización posible en la Cuna de Simón Bolívar, El Libertador, y Reina del *Warairarepano"*.

Con este proyecto de reforma constitucional, por tanto, desaparecía del ámbito territorial del Distrito Federal, toda forma de organización municipal, de **autonomía municipal o territorial** o de gobierno democrático, pasando sus autoridades a ser designadas y removidas por el presidente de la República (art. 16).

Para asegurar la implementación inmediata de esa reforma y barrer las autoridades locales electas en el Distrito Metropolitano de Caracas, en el proyecto de reforma constitucional se incorporó una **Disposición Transitoria Décima Segunda** en la cual se "delegó" al Ejecutivo Nacional para regular por decreto la transición y designar las autoridades, en la siguiente forma:

"Corresponderá al Presidente o Presidenta de la República, en Consejo de Ministros, por vía de decreto, regular el régimen de transición del Distrito Metropolitano de Caracas al Distrito Federal; en consecuencia, designará la máxima autoridad del Distrito Federal en sustitución del Alcalde Metropolitano de Caracas, y todas las competencias, atribuciones, entes adscritos, bienes y personal, serán asumidos inmediatamente por el Distrito Federal, mientras se dicte la ley sobre la materia".

D. *El sistema nacional de ciudades y el derecho a la ciudad (Artículo 18)*

Por otra parte, en la misma norma del artículo 18 de la Constitución, con el proyecto de reforma constitucional sancionado en noviembre de 2007 y sin que ello tenga relación directa alguna con el Distrito Federal y la ciudad capital, se buscó incorporar la definición de políticas de ordenamiento territorial y urbano, en el sentido de declarar que el Estado Venezolano debía desarrollar "una política integral para articular un **sistema nacional de ciudades**, estructurando lógica y razonablemente las relaciones entre las ciudades y sus territorios asociados y uniendo y sustentando las escalas locales y regionales en la visión sistémica del país".

Se buscó agregar, además, que "a tales efectos, **el Estado garantizará la función y uso social del suelo urbano, y prohíbe toda acción especulativa respecto a la renta de la tierra, propugnando la superación de los desequilibrios económicos, las asimetrías en la dotación de servicios e infraestructura, así como sobre las condiciones de accesibilidad, físicas y económicas, de cada uno de los componentes del citado Sistema Nacional de Ciudades**".

Además, se buscó establecer en la Constitución, que todos los ciudadanos "sin discriminación étnica, de género, edad, sexo, salud, orientación política, orientación sexual, condición social o religiosa, disfrutarán y serán titulares del **derecho a la ciudad", entendido en la norma constitucional, "c**omo el beneficio equitativo que perciba cada uno de los habitantes, conforme al rol estratégico que la ciudad articula, tanto en el contexto urbano regional como en el Sistema Nacional de Ciudades".

2. *El abandono del principio de la distribución vertical del Poder Público en Nacional, Estadal y Municipal con la incorporación del Poder Popular (Artículo 136)*

En las Constituciones venezolanas, la forma federal del Estado concretizada en la distribución vertical del Poder Público, comenzó a expresarse formalmente en la Constitución de 1858, que estableció que "El Poder Público se divide en Nacional y Municipal" (art. 9); luego en la Constitución de 1901 que se refirió al Poder Federal y el Poder de los Estados (art. 29); a los que posteriormente, a partir de la Constitución de 1925, se agregó el Poder Municipal. Por ello, el artículo 136 de la Constitución de 1999 dispone en su artículo 136 que: "El Poder Público se distribuye entre el Poder Municipal, el Poder Estadal y el Poder Nacional".

Esta distribución tradicional del Poder público se buscó cambiar radicalmente con el proyecto de reforma constitucional sancionado en noviembre de 2007, al proponer agregarse en el artículo 136 un nuevo nivel territorial de distribución del Poder Público, además del poder municipal, del poder estatal y del poder nacional, que era el **Poder Popular.** En relación con este último, en la norma constitucional se previó que "el pueblo es el depositario de la soberanía y la **ejerce directamente** a través del Poder Popular" y que "**éste no nace del sufragio ni de elección alguna**, sino que nace de la condición de los grupos humanos organizados como base de la población", el cual "se expresa constituyendo las comunidades, las comunas y el autogobierno de las ciudades, a través de los consejos comunales, consejos de trabajadores y trabajadoras, consejos estudiantiles, consejos campesinos, consejos artesanales, consejos de pescadores, consejos deportivos, consejos de la juventud, consejos de adultos y adultas mayores, consejos de mujeres, consejos de personas con discapacidad, y otros entes que señale la ley."

El concepto del Poder Popular, por otra parte, se buscó incorporar en la reforma de los artículos 264, 279 y 295 de la Constitución en la cual, como se ha dicho, se buscó cambiado la configuración de los Comités de Postulaciones y Evaluaciones para la escogencia de los magistrados del Tribunal Supremo de Justicia, los titulares del Poder Ciudadano y los miembros del Consejo Nacional Electoral, para en lugar de estar integrados por representantes de los diversos sectores de la sociedad, pasan entonces a estar integrado "por Diputados de la Asamblea Nacional y otros voceros de los **diferentes sectores del Poder Popular**"[50].

---

50   Estas reformas relativas al Poder Popular que se buscaron incorporar en la Constitución de 1999 con las reformas sancionadas en noviembre de 2007, con anterioridad ya se habían anunciado en las Propuestas de Reforma que presentó el Consejo Presidencial para la Reforma Constitucional en junio 2007, en las cuales en forma indirecta aparecía el concepto de **Poder Popular. Ello se destaca, por ejemplo, en las propuestas formuladas respecto de otras normas, distintas a las reformadas en Noviembre de 2007, por ejemplo, respecto de**l artículo 149, se buscaba agregar a las categorías de contratos del Estado, además de los de interés municipal, estadal o nacional, los **contratos de interés público comunal**; respecto de**l** artículo 174, se buscaba agregar un párrafo indicando que el Alcalde estría obligado "a rendir cuenta de su gestión, anual y públicamente, mediante un informe que presentará ante el **Consejo Municipal del Poder Popular** y ante la **Federación de los Consejos Comunales existentes en el Municipio**"; respecto de**l** artículo 175, en la cual se buscaba indicar que "la función legislativa del Municipio correspondía al **Concejo Municipal del Poder Popular**"; respecto de**l** artículo 186, donde se identificaba a la Asamblea Nacional, como "**Asamblea Nacional del Poder Popular**"; respecto de**l** artículo 189,3, sobre incompatibilidades de elección, donde se hablaba de **funcionarios comunales**; respecto de**l** artículo 239, en la cual se atribuía al Vicepresidente de la República la competencia de "presidir el **Consejo de Gobierno del Poder Popular**" (art. 239,6); respecto de**l** artículo 293, en la cual se facultaba al Consejo Nacional Electoral para "cooperar en los procesos electorales de otras **organizaciones del Poder Popular**"; y respecto de**l** artículo 350, en la cual se hace referencia al "pueblo de Venezuela en **ejercicio del Poder Popular**"

3. La "nacionalización" de competencias que la Constitución de 1999 atribuye a los Estados (Artículos 156, 164, 167)

La Constitución en su artículo 136, al organizar al Estado "Federal" conforme al principio de la distribución vertical del Poder Público, distribuye y asigna diversas competencias a los tres niveles de gobierno, es decir, al Poder Nacional, al Poder Estadal y al Poder Municipal, aún cuando siguiendo la tendencia centralista de los últimos cien años, centralizó casi todas las competencias públicas en el nivel nacional, con muy pocas competencias en el nivel estadal intermedio y con competencias en materia de la vida local atribuida a los Municipios.

En todo caso, las competencias de cada nivel territorial deben ejercerse con autonomía, en el sentido de que ésta no podría ser limitada por ley nacional posterior, pues de ello se trata la autonomía territorial producto de la descentralización, al establecerse una distribución constitucional del Poder Público en el territorio. En la Constitución de 1999, sin embargo, la regulación del funcionamiento y la organización de los Consejos Legislativos Estadales se remite a la ley nacional (art. 162), lo cual, además de contradictorio con la atribución de los Estados de dictarse su Constitución para organizar sus poderes públicos (art. 164, ord. 1), es una intromisión inaceptable del Poder Nacional en el régimen de los Estados.

En cuanto a los Municipios, la autonomía municipal tradicionalmente garantizada en la propia Constitución, también fue interferida en la Constitución de 1999, al señalarse que los Municipios gozan de la misma, no sólo "dentro de los límites" establecidos en la Constitución, sino en la ley nacional (art. 168), con lo cual el principio descentralizador básico, que es la autonomía, quedó minimizado.

Por otra parte, en cuanto a la distribución de competencias entre los entes territoriales, el proceso de descentralización exigía en 1999, ante todo, la asignación efectiva de competencias tributarias a los Estados, sobre todo en materia de impuestos al consumo, como sucede en todas las Federaciones, lo que no se satisfizo, de manera que los Estados han seguido dependientes del Situado Constitucional.

Con el proyecto de reforma constitucional sancionado en noviembre de 2007, en relación con la distribución de competencias públicas entre los tres niveles territoriales de gobierno, por una parte, se buscó **terminar de centralizar materialmente todas las competencias del Poder Público en el nivel nacional**, mediante la asignación de nuevas competencias al Poder Nacional, **centralizándose las competencias** que tenían los Estados en la Constitución de 1999, que se eliminan; y por la otra, se buscó terminar de vaciar a los Estados y Municipios de las competencias que le quedan en la Constitución, mediante la obligación que se les imponía de transferir sus competencias a los Consejos Comunales, con lo que en definitiva se quedaban como entelequias vacías.

Entre las nuevas competencias que se asignaban al Poder Nacional estaba, por ejemplo, la relativa al **Registro Civil de Bienes, Registro Civil, Mercantil y**

Fiscal de Personas (art. 156,5)[51], a los **teleféricos** (art. 156, 28); y a los servicios de **telefonía básica (art. 156, 30)**[52]. **Además, se asignan al Poder Nacional** nuevos ámbitos de legislación que se identificaban en el artículo 156,33, la mayoría de los cuales siempre han sido del nivel nacional, como la relativa al "derecho internacional privado" a lo que se ha agregado la relativa al **"derecho internacional público"**[53]; **a la legislación económica y financiera**[54]; **y a la** legislación **administrativa**, lo que implica la **centralización total de la legislación sobre la Administración Pública**, así sea estadal o municipal.

Además, se centralizaba totalmente a nivel nacional la competencia en materia de las **políticas de control fiscal** (art. 156,22), lo que implicaba la **centralización total de la materia en la Contraloría General de la República**, eliminándose la supuesta autonomía de las contralorías de los Estados y Municipios (art. 289). Estas reformas constitucionales se complementaban con la sancionada respecto del artículo 163, en el cual se buscó establecer que las **Contralorías estadales, integradas al Sistema Nacional de Control Fiscal,** ejercen el control sobre las Administraciones de los Estados, "**bajo la rectoría de la Contraloría General de la República**", previéndose, además, que los Contralores Estadales se designaban por el Contralor general de la República previa postulación por los órganos del Poder Popular del estado u otras organizaciones sociales del mismo. Igualmente debe mencionarse la reforma efectuada al artículo 176, en relación con las **Contralorías Municipales**, al disponerse que las mismas debían actuar bajo la **rectoría de la Contraloría General de la República, y que los Contralores Municipales se designaban por el Contralor General de la República previa postulación por los órganos del Poder Popular del municipio u otras organizaciones sociales del mismo.**

Pero entre las materias que con el proyecto de reforma constitucional sancionado en noviembre de 2007 se buscaba asignar al Poder Nacional, destacan aquellas que implicaban una completa centralización de competencias en éste y de ahogamiento definitivo de las competencias estadales y municipales, al buscar asignársele en el artículo 156,10, competencia para "**la ordenación y gestión del territorio y el régimen territorial del Distrito Federal, los Estados, los Municipios, las Dependencias Federales** y demás entidades regionales"; y en el Artículo 156,11, competencia para "la creación, supresión, ordenación y gestión de **provincias federales, regiones estratégicas de defensa, territorios federales, municipios federales, ciudades federales y comunales, distritos funcionales, regiones marítimas y distritos insulares**".

---

51 Quizás ignorándose que desde el siglo XIX esta es y ha sido una competencia del Poder Nacional establecida en el Código Civil (Registro Público).

52 Quizás ignorando que todos son servicios de telecomunicaciones ya atribuidos al Poder Nacional en la misma norma (art. 156, 28).

53 No se entiende cómo se pretende que el derecho internacional público, **cuya creación corresponde a la comunidad internacional y a las relaciones entre Estados**, se pueda atribuir al Poder Nacional de la República

54 Quizás ignorando que un Título entero de la Constitución (Título VI) se destina a la materia como competencia nacional

En esta forma, se buscaba que los Estados y Municipios dejaran de ser "entidades políticas" perdiendo efectiva autonomía, y pasaran a **depender totalmente del Poder Nacional,** como órganos **sin autonomía alguna, es decir, como especie de administraciones periféricas del Poder Central** sometidas a la ordenación y gestión que establezca el Poder Nacional.

Por ello también se buscó reformar el artículo 164,2 de la Constitución, para establecer que los Estados tendrían competencia para ejercer "la **coordinación de sus municipios y demás entidades locales** de conformidad con lo dispuesto en el artículo 156 ordinal 10 de esta Constitución" lo que también implicaba la **eliminación de la autonomía municipal.**

Por otra parte, la centralización de competencias en el nivel nacional se ha hecho en el proyecto de reforma constitucional sancionado en noviembre de 2007, eliminándose varias competencias que en la Constitución de 1999 se atribuían a los Estados y Municipios, y entonces se buscaba asignarlas al Poder Nacional, como una muestra más de la **orientación totalmente centralista** de la reforma. En particular, se buscaba atribuir al Poder Nacional, en el artículo 156,27, es decir se buscaba "nacionalizar" la competencia que el artículo 164,10 de la Constitución de 1999 se atribuye a los Estados en materia de la **conservación, administración y aprovechamiento de autopistas y carreteras nacionales,** lo que implicaba la modificación de los ordinales 9 y 10 del artículo 164 de la Constitución, que asignan competencia a los Estados en materia de "la conservación, administración y aprovechamiento de **carreteras y autopistas nacionales, así como de puertos y aeropuertos de uso comercial**, en coordinación con el Ejecutivo Nacional".

Además, en el proyecto de reforma constitucional sancionado en noviembre de 2007 se buscaba **eliminar** la competencia de los Estados que establece el artículo 164,5 de la Constitución de 1999 en materia del **régimen y aprovechamiento de minerales no metálicos, las salinas y ostrales**, que se buscaba asignar al Poder Nacional (art. 156,17), dejándose **sólo** a los Estados las competencias en materia de administración de tierras baldías" (art. 164, 5), previéndose sin embargo, la posibilidad de que el régimen y aprovechamiento de dichos minerales no metálicos se pueda "delegar" a los Estados (156,17).

En el proyecto de reforma constitucional sancionado también se **eliminaba** la competencia que tienen los Estados en el artículo 164,5 de la Constitución de 1999 en materia de "organización de la policía y la determinación de las ramas de este servicio atribuidas a la competencia municipal, conforme a la legislación nacional aplicable", buscándose disponer **la centralización total del régimen de las policías**, al sustituirse dicha norma por la del artículo 164,6, donde "la organización de la policía estadal" se debía desarrollar "**conforme a las competencias que la legislación nacional** determine".

La competencia que establece el artículo 164,7 de la Constitución de 1999 en materia de "creación, organización, recaudación, control y administración de los ramos **de papel sellado**, timbres y estampillas", con el proyecto de reforma constitucional sancionado en noviembre de 2007 también se buscó minimizar y neutralizar con el agregado que se propuso hacer al artículo 164,7 en el sentido de que esa competencia era "sin menoscabo de la obligación de **aceptar especies de valor equivalente expedidas por el Poder Nacional u otros estados**".[55]

En todo caso, con el proyecto de reforma constitucional sancionado en noviembre de 2007, como resulta de todas las modificaciones antes mencionadas, lo cierto es que se buscó darle un **golpe de gracia a la forma federal del Estado**, lo cual se complementó con la eliminación formal de la tradicional **competencia residual** de los Estados - que existe en todas las federaciones del mundo- que establece el artículo 164,11 de la Constitución de 1999, en el sentido de que les correspondía "todo lo que no corresponda, de conformidad con esta Constitución, a la competencia nacional o municipal". Con el proyecto de reforma constitucional sancionado en noviembre de 2007, en cambio, lo que se buscó establecer en el artículo 156,36, en sustitución de esta disposición, fue la solución inversa, es decir, atribuir la competencia residual al Poder Nacional respecto de "toda otra materia que la presente Constitución atribuya al Poder Público Nacional, o que le corresponda por su índole o naturaleza, **o que no este atribuido expresamente a la competencia estadal o municipal**". Además, en el artículo 164,10 ahora se buscó atribuir a los Estados, sólo y exclusivamente, competencia en "todo lo que le atribuya esta Constitución o ley nacional".

En otro aspecto, en cuanto a la competencias de los Estados en materia de ingresos, en el proyecto de reforma constitucional sancionado en noviembre de 2007 se buscó aumentar el monto del situado constitucional a un 25% de los ingresos ordinarios estimados en la ley de presupuesto (donde no están los recursos derivados de las reservas excedentarias), pero **eliminándose** del artículo 167,5 de la Constitución la exigencia que establece la Constitución de 1999, de que "El porcentaje del ingreso nacional ordinario estimado que se destine al situado constitucional, no será menor al quince por ciento del ingreso ordinario estimado, para lo cual se tendrá en cuenta la situación y sostenibilidad financiera de la Hacienda Pública Nacional, sin menoscabo de la capacidad de las administraciones estadales para atender adecuadamente los servicios de su competencia".

Por otra parte, en materia de Situado Constitucional, además de la participación en el mismo de los Municipios, se buscó agregar con el proyecto de reforma constitucional, la participación de las comunidades, los consejos comunales, las comunas y otros entes del Poder Popular, a los cuales les correspondía "una transferencia constitucional equivalente a un mínimo del 5% del ingreso ordina-

---

55 Debe destacarse, además, que en las propuestas de reforma formuladas por el Consejo Presidencial para la reforma Constitucional, en relación con el artículo 165 de la Constitución que regula las materias de **competencia concurrente**, es decir, que corresponden a los tres niveles de gobierno (nacional, estadal y municipal), y que dispone que su régimen se debe establecer "mediante leyes de bases dictadas por el Poder nacional, y leyes de desarrollo aprobadas por los Estados", se buscó **convertir dichas competencias concurrentes en competencias exclusivamente nacionales** al proponerse que en dicho artículo 165, pura y simplemente, se dijera que "las materias objeto **de competencias concurrentes serán reguladas por el Poder Nacional**", con lo que los Estados hubieran perdido absolutamente toda competencia en la materia. Esta propuesta de reforma, sin embargo, no fue acogida por la Asamblea Nacional, pero muestra el sentido del pensamiento de los altos funcionarios el Estado que formaron parte de dicho Consejo.

rio estimado en la Ley de Presupuesto anual", correspondiendo a una ley especial establecer un Fondo Nacional del Poder Popular que debe encargarse de ejecutar esta transferencia constitucional.

Por último, en materia de competencia nacional compartida con la municipal, con el proyecto de reforma constitucional sancionado en noviembre de 2007 se buscó **eliminar toda referencia al ámbito municipal** de la previsión del artículo 156,14 de la Constitución de 1999. En esta norma se dispone que la competencia del Poder Nacional, en materia de creación y organización de impuestos territoriales o sobre predios rurales y sobre transacciones inmobiliarias, se refiere a aquellas "**cuya recaudación y control corresponda a los municipios, de conformidad con esta Constitución**". Con el proyecto de reforma constitucional sancionado en noviembre de 2007, el artículo 156,15 se buscó nacionalizar totalmente la materia al asignar competencia al Poder Nacional, pura y simplemente, para "la creación, organización y recaudación de impuestos territoriales o sobre predios rurales y sus transacciones inmobiliarias", lo que sin duda, ras contradictorio con la calificación como ingreso municipal que el artículo 179 de la Constitución de 1999, dispone respecto del, "**impuesto territorial rural o sobre predios rurales**", que era el que buscaba nacionalizar el artículo 156,15 del proyecto de reforma constitucional sancionado en noviembre de 2007.

4. *La obligación de los Estados y Municipios de desprenderse (descentralizar) sus competencias y transferirlas en los órganos del Poder Popular (Artículo 184)*

La Constitución de 1999 en su artículo 184 estableció el principio general de política pública de que la ley debía crear mecanismos **abiertos y flexibles** para que los Estados y los Municipios descentralicen y transfieran a las comunidades y grupos vecinales organizados los servicios que éstos gestionen previa demostración de su capacidad para prestarlos, promoviendo entre otras, la transferencia de servicios en materia de salud, educación, vivienda, deporte, cultura, programas sociales, ambiente, mantenimiento de áreas industriales, mantenimiento y conservación de áreas urbanas, prevención y protección vecinal, construcción de obras y prestación de servicios públicos; la participación de las comunidades y de ciudadanos, a través de las asociaciones vecinales y organizaciones no gubernamentales, en la formulación de propuestas de inversión ante las autoridades estadales y municipales encargadas de la elaboración de los respectivos planes de inversión, así como en la ejecución, evaluación y control de obras, programas sociales y servicios públicos en su jurisdicción; y la creación de nuevos sujetos de descentralización a nivel de las parroquias, las comunidades, los barrios y las vecindades a los fines de garantizar el principio de la corresponsabilidad en la gestión pública de los gobiernos locales y estadales y desarrollar procesos autogestionarios y cogestionarios en la administración y control de los servicios públicos estadales y municipales.

En esta materia, el proyecto de reforma constitucional sancionado en noviembre de 2007, buscaba redefinir materialmente el Estado democrático federal descentralizado y convertirlo en un Estado Comunal centralizado no democrático. En efecto, el antes mencionado artículo 184 de la Constitución de 1999, **se**

buscaba modificar sustancialmente con el proyecto de reforma constitucional sancionado en noviembre de 2007, al proponer establecer entonces que esa "descentralización y transferencia" que debía regular la ley debía ser hecha exclusivamente a **"las comunidades organizadas, a los consejos comunales, a las comunas y otros entes del Poder Popular" (eliminándose toda posibilidad de establecer mecanismos "flexibles y abiertos" como establecía la Constitución de 1999),** implicando incluso, entre otros casos, **"la asunción por parte de las organizaciones comunales de la gestión de las empresas públicas municipales o estadales"**(ord. 2), y **"la transferencia a las organizaciones comunales de la administración y control de los servicios públicos estadales y municipales, con fundamento en el principio de corresponsabilidad en la gestión pública"** (ord. 6).

En el proyecto de reforma constitucional sancionado en noviembre de 2007, además, como se ha visto, se buscaba definir la estructura de **"la comunidad organizada"** indicándose en el mismo artículo 184 que **"tendrá como máxima autoridad la asamblea de ciudadanos y ciudadanas del Poder Popular, la que designa y revoca a los órganos del Poder Comunal en las comunidades, comunas y otros entes político-territoriales que se conformen en la ciudad, como la unidad política primaria del territorio"**; y además, que **"El Consejo Comunal constituye el órgano ejecutor de las decisiones de las asambleas de ciudadanos y ciudadanas, articulando e integrando las diversas organizaciones comunales y grupos sociales". Agrega la reforma que "igualmente asumirá la Justicia de Paz y la prevención y protección vecinal",** lo que habían sido competencias tradicionales de los Municipios que con la reforma sancionada en noviembre de 2007 se le buscaban quitar En todo caso, se disponía que todo lo relativo a la constitución, integración, competencias y funcionamiento de los consejos comunales debía ser regulado mediante la ley nacional.

Este esquema institucional, por supuesto, hay que concatenarlo con la reforma sancionada respecto del artículo 136 de la Constitución, relativo al Poder Popular, del cual se buscaba **eliminar todo vestigio democrático representativo a nivel local,** al indicar, como antes se ha dicho, que **"El pueblo es el depositario de la soberanía y la ejerce directamente a través del Poder Popular. Este no nace del sufragio ni de elección alguna, sino que nace de la condición de los grupos humanos organizados como base de la población"** y **"se expresa constituyendo las comunidades, las comunas y el autogobierno de las ciudades, a través de los** consejos comunales, consejos de trabajadores y trabajadoras, consejos estudiantiles, consejos campesinos, consejos artesanales, consejos de pescadores y pescadoras, consejos deportivos, consejos de la juventud, consejos de adultos y adultas mayores, consejos de mujeres, consejos de personas con discapacidad y otros entes que señale la ley".

5. La limitación a la autonomía municipal y la eliminación de las parroquias como entidades locales *(Artículos 16, 168, 173)*

De acuerdo con el artículo 168 de la Constitución de 1999, los Municipios constituyen la unidad política primaria de la organización nacional, gozaban de personalidad jurídica y de autonomía, lo que comprende la elección de sus autoridades; la gestión de las materias de su competencia; la creación, recaudación e inversión de sus ingresos, y el hecho fundamental de que sus actos "no pueden ser impugnados sino ante los tribunales competentes, de conformidad con la Constitución y la ley"; por lo que no pueden ser revisados, en forma alguna, por los órganos del Poder Nacional ni de los Estados.

Con el proyecto de reforma constitucional sancionado en noviembre de 2007, se buscaba eliminar de este artículo la característica del Municipio de ser la unidad política primaria de la organización nacional, lo que proponía atribuirlo a la ciudad (art. 16), y además, se buscaba eliminar la autonomía jurídica e institucional de los Municipios que establece el artículo 168 de la Constitución de 1999 en el sentido de que sólo el poder judicial podía revisar sus actos, con lo cual conforme a la propuesta de reforma, la ley podía entonces establecer la posibilidad de que los actos de los Municipios **pudieran ser impugnados y revisados por los otros órganos administrativos de los Estados, o del poder ejecutivo u otro ente**

Por otra parte, se debe destacar que el mismo artículo 168 de la Constitución dispone que las actuaciones del Municipio en el ámbito de sus competencias se deben cumplir "incorporando la participación ciudadana al proceso de definición y ejecución de la gestión pública y al control y evaluación de sus resultados, en forma efectiva, suficiente y oportuna, conforme a la ley", con lo que se dejan abiertas las formas de participación. Ello pretendió ser sustituido en el proyecto de reforma constitucional sancionado en noviembre de 2007, al disponerse que "En sus actuaciones **el municipio estará obligado** a incorporar, dentro del ámbito de sus competencias, **la participación ciudadana a través de los Consejos del Poder Popular y de los medios de producción socialista"**, eliminándose **toda posibilidad de otras formas de participación, la cual deja de ser libre.**

Por último, debe destacarse que, con el proyecto de reforma constitucional sancionado en noviembre de 2007, se eliminaba del artículo 173 de la Constitución toda referencia a la existencia de las "parroquias" como entidades locales que antes tenían rango constitucional.

6. La sustitución del Consejo Federal de Gobierno por un Consejo Nacional de Gobierno *(Artículo 185)*

Otra innovación de la Constitución de 1999, fue la creación del Consejo Federal de Gobierno, que buscaba conducir las relaciones intergubernamentales de una Federación, el cual sin embargo, por la política centralizadora nunca funcionó. Se reguló en el artículo 185 como un ente intergubernamental encargado de la planificación y coordinación de políticas y acciones para el desarrollo del **proceso de descentralización y transferencia de competencias del Poder Na-**

cional a los **Estados y Municipios,** que presidía el Vicepresidente Ejecutivo y debía estar integrado por los Ministros, los Gobernadores, un Alcalde por cada Estado y representantes de la sociedad organizada, de acuerdo con la ley. De dicho Consejo debía depender el Fondo de Compensación Interterritorial, destinado al financiamiento de inversiones públicas para promover el desarrollo equilibrado de las regiones, la cooperación y complementación de las políticas e iniciativas de desarrollo de las distintas entidades públicas territoriales, y a apoyar especialmente la dotación de obras y servicios esenciales en las regiones y comunidades de menor desarrollo relativo.

Con el proyecto de reforma constitucional sancionado en noviembre de 2007, se buscó cambiar radicalmente esta entidad, de manera que en el artículo 185 se la buscaba convertir en un ente exclusivamente nacional, como **Consejo Nacional de Gobierno, totalmente desligado de la política de descentralización que como tal se eliminaba de la Constitución,** encargado de "evaluar los diversos proyectos comunales, locales, estadales y provinciales, para articularlos al Plan de Desarrollo Integral de la Nación, dar seguimiento a la ejecución de las propuestas aprobadas y realizar los ajustes convenientes a los fines de garantizar el logro de sus objetivos". Se disponía que debía ser presidido por el presidente de la República quien lo convocaba, e integrado por los Vicepresidentes, los Ministros y los Gobernadores. A las reuniones el presidente podía **convocar a los Alcaldes y a los voceros del Poder Popular.**

V. LOS CAMBIOS EN LA ORGANIZACIÓN DEL PODER NACIONAL

1. *Reformas en la actuación internacional de la República (Artículos 152, 153)*

El proyecto de reforma constitucional sancionado en noviembre de 2007 modificaba sustancialmente los artículos 152 y 153 de la Constitución, que están destinados a regular las bases constitucionales de la actuación internacional de la República y de los procesos de integración regional, estableciéndose ahora nuevas orientaciones.

En cuanto al artículo 152, con el proyecto de reforma constitucional sancionado en noviembre de 2007, se buscaban establecer las líneas políticas de las relaciones internacionales de la República, precisándose que se "sustentan en el pleno ejercicio de la soberanía del Estado venezolano y se rigen por los principios de: independencia política, igualdad de los Estados, libre determinación y no intervención en los asuntos internos, solución pacifica de los conflictos internacionales, defensa y respeto a los derechos humanos y solidaridad entre los pueblos en la lucha por su emancipación y el bienestar de la humanidad". Además, se indicaba que la República debía desarrollar "la más firme y decidida defensa de estos principios en los organismos e instituciones internacionales, propiciando su permanente democratización para la construcción de un orden justo y equilibrado"; y que su política exterior debía "orientarse de forma activa hacia la configuración de un mundo pluripolar, libre de la hegemonía de cualquier centro de poder imperialista, colonialista o neocolonialista."

Por otra parte, en cuanto a las bases constitucionales que se establecen en la Constitución de 1999, como una importante novedad, para que la República pudiera participar con seguridad jurídica en los procesos de integración económica latinoamericana, las mismas se proponía eliminarlas totalmente en el proyecto de reforma constitucional de noviembre de 2007, y en su lugar se buscó establecer un conjunto de principios de política exterior, en el sentido de que "La República promoverá la integración, la Confederación y la unión de América Latina y del Caribe a objeto de configurar un gran bloque regional de poder político, económico y social". La norma buscaba agregar, que "para el logro de este objetivo el Estado privilegiará la estructuración de nuevos modelos de integración y unión en nuestro continente, que permitan la creación de un espacio geopolítico, dentro del cual los pueblos y gobiernos de nuestra América vayan construyendo un solo proyecto Grannacional, al que Simón Bolívar llamó 'Una Nación de Repúblicas'." Para ello, en la reforma que la República se propuso establecer que podían "suscribir tratados y convenios internacionales basados en la más amplia cooperación política, social, económica, cultural, la complementariedad productiva Grannacional, la solidaridad y el comercio justo".

2. *Reformas al poder ejecutivo y la acentuación del Presidencialismo*

Con el proyecto de reforma constitucional sancionado en noviembre de 2007 se buscó acentuar el presidencialismo que caracterizó el texto constitucional de 1999, particularmente con la extensión del período presidencial y la posibilidad establecida de reelección ilimitada del presidente; la creación de las Vicepresidencias y el aumento considerable de los poderes y competencias atribuidos al presidente de la República.

A. *La extensión del período presidencial (Artículos 230)*

El proyecto de reforma constitucional sancionado en noviembre de 2007, además de buscar establecer, como se ha dicho, la posibilidad de la **reelección indefinida** del presidente de la República, propuso la **extensión del período presidencial de seis a siete años,** en forma contraria a la tradición constitucional venezolana (art. 230). Debe recordarse que ya la Constitución de 1999 había extendido el período presidencial de cinco a seis años.

Por lo demás, el efecto teórico compensatorio a estas reformas, consistente en la posibilidad de que siempre se pueda revocar el mandato del presidente de la República mediante referendo revocatorio, se ha hacía **más dificultosa por las reformas introducidas en la iniciativa para ello, y en la votación requerida** (art. 72), como se ha analizado anteriormente.

B. *Los nuevos órganos ejecutivos: los Vicepresidentes (Artículo 225)*

Una de las innovaciones de la Constitución de 1999 fue la creación del cargo de Vicepresidente Ejecutivo, pero como un órgano totalmente ejecutivo, de manera que para disipar cualquier duda sobre la posible inclusión de un elemento del parlamentarismo en el texto constitucional, se previó expresamente que el

Vicepresidente es del libre nombramiento y remoción del presidente de la República (art. 225).

En el proyecto de reforma constitucional se buscó ratificar esta orientación ejecutiva, pero cambiándole el nombre al Vicepresidente Ejecutivo por el de **"Primer Vicepresidente"**, de manera de autorizar al presidente, además para **designar otros vicepresidentes** en el número **"que estime necesario"**, quienes también ejercerían el Poder Ejecutivo. Ello se repitió en la reforma propuesta para el artículo 236,5 de la Constitución.[56]

C. *La ampliación de las atribuciones del presidente de la República* *(Artículos 11, 16, 18, 141, 236, 321, 318, 338, 339)*

El artículo 236 de la Constitución de 1999 enumera las competencias del presidente de la República siguiendo la tradición constitucional anterior, con algunas innovaciones introducidas en 1999, como la de formular el Plan de desarrollo nacional y dirigir su ejecución con la aprobación de la Asamblea Nacional (art. 236, 18) y fijar el número, organización y competencia de los Ministerios y otros organismos de la Administración (art. 236,20), lo que antes correspondía al Legislador.

Con el proyecto de reforma constitucional de noviembre de 2007 en relación con el artículo 236 de la Constitución, se buscó incorporar nuevas atribuciones del Presidente de la República, y ampliado las que tiene, en la siguiente forma:

1. Se le buscó atribuir la competencia no sólo para dirigir las acciones del Gobierno, sino en general las del **Estado,** y **además**, para coordinar las relaciones con los otros Poderes Públicos Nacionales en su carácter de Jefe de Estado (art. 236, 2).

2. Se buscó atribuirle una nueva competencia general no sólo en materia de "la ordenación y gestión del territorio", sino del "régimen territorial del Distrito Federal, los estados, los municipios, dependencias federales y demás entidades regionales, de acuerdo con la ley nacional" (art. 236,3). Con ello, desaparecía de nuevo todo vestigio de autonomía y división territorial, ya que la materia ni siquiera era competencia del legislador, sino del Poder Ejecutivo.

3. Se le buscó atribuir al presidente otra nueva competencia general para "crear o suprimir las provincias federales, territorios federales, ciudades federales, distritos funcionales, municipios federales, regiones marítimas y distritos insulares, según lo establecido en esta Constitución, designar y remover sus autoridades, conforme a la ley, asimismo podrá crear ciudades comunales de acuerdo

---

56   **La intención de esta reforma como fue expresada en las Propuestas formuladas por el Consejo Presidencial para la Reforma Constitucional, entre otros, es que dichos Vicepresidentes sean designados para determinado territorio, sector o materia,** configurándose como un mecanismo para reforzar la acción directa del Presidente en el territorio o en determinadas materias, independientemente del sistema de distribución vertical del Poder Público, con lo que se acentúa aún más el **centralismo de Estado controlado por el Presidente**.

con esta Constitución" (art. 236,4). Todo lo que concierne al territorio y su división quedaba en esta forma en manos del Jefe de Estado.

4. Se le buscó atribuir la competencia para **"formular el Plan Nacional de Desarrollo y dirigir su ejecución" (art. 236,20),** eliminándose la necesaria aprobación por parte de la Asamblea Nacional en relación con la formulación y ejecución del Plan Nacional de desarrollo que disponía la Constitución de 1999 (art. 236, 18).

5. En lugar de "dirigir la Fuerza Armada Nacional en su carácter de Comandante en Jefe, ejercer la suprema autoridad jerárquica de ella y fijar su contingente" y de "ejercer el mando supremo de la Fuerza Armada Nacional, promover sus oficiales a partir del grado de coronel o capitán de navío, y nombrarlos para los cargos que les son privativos" como dicen los artículos 236,5 y 236,6 de la Constitución de 1999, con la reforma de 2007, se buscó establecer que el presidente tenía la competencia para **"comandar** la Fuerza Armada Nacional Bolivariana **en su carácter de Comandante en Jefe, ejerciendo la Suprema Autoridad Jerárquica en todos sus Cuerpos, Componentes y Unidades, determinando su contingente"** (art. 236,7), y **"promover a los oficiales y las oficialas de la Fuerza Armada Nacional Bolivariana en todos los grados y jerarquías y designarlos o designarlas para los cargos correspondientes"** (art. 236,8)

6. **Se le atribuía al presidente competencia para "decretar la suspensión o restricción de garantías" en casos de que declarase estados de excepción (art. 236,9), cuando en el artículo 236,7 de la Constitución de 1999 sólo se autoriza al presidente a "restringir" garantías, pero nunca a "suspenderlas". Esta atribución se ratificaba, además, en la reforma propuesta respecto del artículo 337 de la Constitución, ampliándose los poderes presidenciales en los estados de excepción (art. 338 y 339).**

7. **Por último, además de la clásica competencia de** "Administrar la Hacienda Pública Nacional", con la reforma al artículo 236,13, se buscó atribuir al presidente competencia para **administrar "las reservas internacionales, así como el establecimiento y regulación de la política monetaria**, en coordinación con el Banco Central de Venezuela".

Por otra parte, además de en el artículo 236 de la Constitución, con el proyecto de reforma constitucional sancionado en noviembre de 2007, en otras normas constitucionales se buscó asignar al presidente de la República nuevas y amplias competencias en la siguiente forma:

8. En el artículo 11 se le buscó asignar al presidente de la República competencia para **"decretar Regiones Estratégicas de Defensa a** fin de garantizar la soberanía, la seguridad y defensa en cualquier parte del territorio y espacios geográficos de la República" y para **"decretar autoridades especiales** en situaciones de contingencia, desastres o cualquier otra que requiera la intervención inmediata y estratégica del Estado".

9. En el artículo 16 se le buscó asignar al presidente competencia para crear por decreto las **ciudades comunales** cuando en la totalidad de su perímetro se hayan establecido las Comunidades organizadas, las Comunas y los Autogobiernos Comunales.

10. En el mismo artículo 16, además, se le buscó asignar competencia al presidente de la República, en Consejo de Ministros, previo acuerdo aprobado por la mayoría de los diputados de la Asamblea Nacional, para "**decretar regiones marítimas, territorios federales, municipios federales, distritos insulares, provincias federales, ciudades federales y distritos funcionales, así como cualquier otra entidad que establezca esta Constitución y la ley**";

11. También en el artículo 16, se buscó atribuir al "Gobierno Nacional," que dirige el presidente de la República, competencia para **la elaboración y activación de una Misión Distrital con el respectivo Plan Estratégico Funcional con motivo de la creación de un Distrito Funcional.**

12. **En el mismo artículo 16, se le buscó asignar al Poder Ejecutivo Nacional", cuyo Jefe es el presidente de la República, competencia para** designar y remover las autoridades respectivas de las regiones marítimas, territorios federales, Distrito Federal, municipios federales, distritos insulares, provincias federales, ciudades federales y distritos funcionales, así como cualquier otra entidad que establezca esta Constitución y la ley

13. En el artículo 18 se buscó atribuirle al "Poder Ejecutivo", cuyo jefe es el presidente de la República, con la colaboración y participación de todos los entes del Poder Público Nacional, Estadal y Municipal, así como del Poder Popular, sus Comunidades, Comuna, Consejos Comunales y demás organizaciones sociales, el **poder disponer** "todo lo necesario para el reordenamiento urbano, reestructuración vial, recuperación ambiental, logros de niveles óptimos de seguridad personal y pública, fortalecimiento integral de la infraestructura del hábitat de las comunidades, sistemas de salud, educación, cultura, deporte y recreación, recuperación total de su casco y sitios históricos, construcción de un sistema de pequeñas y medianas ciudades a lo largo de sus ejes territoriales de expansión".

14. En el artículo 141 se le buscó asignar al "Poder Ejecutivo" competencia para establecer como "administraciones públicas" **mediante reglamentos organizativos y funcionales,** a "**las misiones**", como "organizaciones de variada naturaleza, creadas para atender a la satisfacción de las más sentidas y urgentes necesidades de la población, cuya prestación exige de la aplicación de sistemas excepcionales, e incluso, experimentales".

15. En el artículo 318 se le buscó asignar al presidente de la República o al "Ejecutivo Nacional" competencia para, en coordinación con **el Banco Central de Venezuela, fijar "las políticas monetarias" y ejercer "las competencias monetarias del Poder Nacional";** conjuntamente con el Banco Central de Venezuela, "**lograr la estabilidad de precios y preservar el valor interno y externo de la unidad monetaria**"; compartir con el Banco Central de Venezuela, **la función "de participar en la formulación y ejecución de la política monetaria, en el diseño y ejecución de la política cambiaria, en la regulación de la moneda, el crédito y fijación de las tasas de interés";** y como administrador de la Hacienda Pública Nacional, **administrar y dirigir las reservas internacionales de la República** manejadas por el Banco Central de Venezuela.

16. En el artículo 321 se buscó atribuirle al "Jefe del Estado", en el marco de su función de administración de las reservas internacionales, el establecer, en

coordinación con el Banco Central de Venezuela y al final de cada año, **el nivel de las reservas necesarias para la economía nacional, así como el monto de las reservas excedentarias,** las cuales se deben destinar a fondos que **"disponga el Ejecutivo Nacional para inversión productiva, desarrollo e infraestructura, financiamiento de las misiones** y, en definitiva, el desarrollo integral, endógeno, humanista y socialista de la nación".

D. *La transformación del Consejo de Estado (Artículos 251, 252)*

Otra innovación de la Constitución de 1999 fue el establecimiento del Consejo de Estado como **órgano superior de consulta del Gobierno y de la Administración Pública Nacional, de carácter intergubernamental,** con competencia para recomendar políticas de interés nacional en aquellos asuntos a los que el presidente reconozca de especial trascendencia y requieran de su opinión (art. 251); el cual debía estar presidido por el Vicepresidente Ejecutivo y conformado, además, por cinco personas designadas por el presidente de la República; un representante designado por la Asamblea Nacional; un representante designado por el Tribunal Supremo de Justicia y un Gobernador designado por el conjunto de mandatarios estadales (art. 252). Dicho órgano, sin embargo, nunca se configuró en la práctica.

Con el proyecto de reforma constitucional sancionado en noviembre de 2007, se buscó cambiar radicalmente la configuración de este Consejo de Estado, y se propuso convertirlo en un órgano exclusivamente nacional, como órgano superior de **consulta y asesoramiento del Estado y Gobierno Nacional,** el cual en forma por demás incongruente se dispuso que ejercería sus atribuciones **"con autonomía funcional",** aun cuando **"sus opiniones o dictámenes no tendrán carácter vinculante".** Se le buscó atribuir competencias para: "1. Emitir opinión sobre el objeto de la consulta. 2. Velar por la observancia de la Constitución y el ordenamiento jurídico. 3. Emitir dictámenes sobre los asuntos que se sometan a su consideración y 4. Recomendar políticas de interés nacional en aquellos asuntos de especial trascendencia" (art. 251).

A tal efecto, la reforma cambiaba la conformación del Consejo de Estado y disponía que lo presidía el presidente de la República y estaba además conformado, por el presidente de la Asamblea Nacional; el presidente del Tribunal Supremo de Justicia, el presidente del Poder Ciudadano y el presidente del Consejo Nacional Electoral. Además, se autoriza al presidente de la República para convocar "voceros o voceras y las personas que considere necesario para tratar la materia a la que se refiere la consulta" (art. 252).

3. *Las reformas en el ámbito del poder legislativo y la permeabilidad política entre el Ejecutivo y el Legislativo (Artículo 191)*

La Constitución de 1999 estableció el principio de la separación de poderes, lo que en la tradición del sistema presidencial, conforme al sistema de balances y contrapesos, para asegurar la separación entre la Asamblea Nacional, como órgano que ejerce el Poder Legislativo, y los órganos que ejercen el Poder Ejecutivo, dispuso que los diputados a la Asamblea **no pueden ser designados para** cargos ejecutivos, **"sin perder su investidura**, salvo en actividades docentes, académicas, accidentales o asistenciales, siempre que no supongan dedicación exclusiva" (art. 191). Ello significa que, salvo estas excepciones, si un diputado es nombrado Ministro o director de un instituto autónomo, por ejemplo, pierde su investidura de diputado, y al cesar en su cargo ejecutivo no puede volver a la Asamblea Nacional.

En el proyecto de reforma constitucional sancionado en noviembre de 2007, la Asamblea Nacional se propuso incorporar una norma con el objeto de **diluir** la separación de poderes entre el Legislador y el Ejecutivo, al **eliminar la previsión de la pérdida de investidura de los diputados** cuando éstos aceptasen cargos ejecutivos y, al contrario, establecer una total **permeabilidad** al disponerse que los diputados a la Asamblea Nacional podían aceptar o ejercer cargos públicos sin perder su investidura, "sólo cuando **sean designados por el presidente de la República, en cuyo caso se desincorporarán temporalmente de la Asamblea Nacional y podrán reincorporarse a ésta al cesar sus funciones a objeto de concluir el período para el cual fueron electos**" (art. 191).

Esta disposición era inconcebible en un sistema constitucional de gobierno presidencial, basado en la separación del poder ejecutivo y del poder legislativo, y era más propia de los regímenes parlamentarios, donde el gobierno tiene su origen y depende del Parlamento. La Asamblea Nacional, para beneficiar a sus miembros que han sido llamados a ocupar cargos públicos ejecutivos y que por ello, conforme a la Constitución habían perdido su investidura como diputados, incorporó al proyecto de reforma constitucional una **Disposición Transitoria Segunda**, con el siguiente texto:

> "En defensa de la soberanía y de la voluntad popular, los Diputados electos y Diputadas electas en los comicios del 5 de diciembre de 2005, que hayan sido llamados o llamadas por el presidente de la República a ocupar cargos públicos, una vez cesen en sus tareas, podrán reincorporarse a la Asamblea Nacional para la culminación del período para el cual fueron electos y electas".

Es difícil ver en esta Disposición Transitoria defensa alguna a "la soberanía y a la voluntad popular", cuando se trataba de una norma dictada en "defensa" de investiduras perdidas, pretendiéndole dar efectos retroactivos a la reforma.

4. *Las reformas en relación con el Poder Judicial*

A. *Las reformas respecto de la designación y remoción de los Magistrados del Tribunal Supremo de Justicia (**Artículos 264, 265**)*

Además de la reforma sancionada respecto de la selección de los magistrados y su postulación por el Comité de Postulaciones Judiciales, completamente modificado en el artículo 264, como antes se ha comentado, en la reforma sancionada en noviembre de 2007, se buscó modificar igualmente el régimen de remoción de los magistrados.

De acuerdo con lo que se dispone en el artículo 265 de la Constitución, los magistrados del Tribunal Supremo de Justicia pueden ser removidos por la Asamblea Nacional sólo mediante una mayoría calificada de las dos terceras partes de sus integrantes, previa audiencia concedida al interesado, en caso de faltas graves ya calificadas por el Poder Ciudadano, en los términos que se establecen en ley. Esta mayoría calificada, al menos, evita que la suerte de la cúspide del Poder Judicial estuviese sujeta a simples mayorías políticas parlamentarias. Lamentablemente, ello ya había sido distorsionado por la Ley Orgánica del Tribunal Supremo de Justicia de 2004, en la cual, en forma evidentemente inconstitucional, se previó una forma de "revocación del acto administrativo de nombramiento" de los magistrados, por simple mayoría de los diputados.

Esta distorsión, atentatoria contra la independencia judicial, se buscó constitucionalizar con el proyecto de reforma constitucional sancionado en noviembre de 2007, al establecerse, que los magistrados del Tribunal Supremo de Justicia podrían ser removidos, "en caso de faltas graves, por el voto de la mayoría de los integrantes de la Asamblea Nacional, previa audiencia concedida al interesado", y que "cuando estén incursos en responsabilidad penal, se requerirá para su remoción pronunciamiento del Tribunal Supremo de Justicia".

B. *Las reformas respecto de las competencias del Tribunal Supremo de Justicia (**Artículo 266**)*

Con el proyecto de reforma constitucional sancionado en noviembre de 2007, se buscó modificar las competencias del Tribunal Supremo de Justicia, en cuanto al antejuicio de mérito, y parcialmente, en materia de control de constitucionalidad de los decretos de estados de excepción.

En cuanto la competencia en materia de antejuicio de mérito, en lugar de haberse reducido el privilegio que ello significa, se buscó ampliarlo, y en la lista de altos funcionarios que no pueden ser enjuiciados sin que el Tribunal Supremo previamente declare si hay o no méritos para su enjuiciamiento, además del presidente de la República (art. 266,2), estaban: el Primer Vicepresidente de la República, los Diputados integrantes de la Asamblea Nacional, los Magistrados del Tribunal Supremo de Justicia, el Fiscal General de la República, el Contralor General de la República, el Defensor del Pueblo, los Rectores del Consejo Nacional Electoral, los Vicepresidentes del Poder Ejecutivo, los Ministros, el Procurador General de la República, los Gobernadores, los Generales y Almirantes de la Fuerza Armada Bolivariana integrantes del Alto Mando Militar, así como de los oficiales que ejerzan cargos de Comando de Regiones Estratégicas de Defensa, de Regiones Militares, de Áreas de Defensa Integral, de Distritos Militares y de Guarniciones Militares, y los jefes de Misiones Diplomáticas de la República (art. 266,3).

Por otra parte, entre las atribuciones de control concentrado de la constitucionalidad, el artículo 339 de la Constitución de 1999 establece al regular los decretos que declaren estados de excepción, que los mismos deben ser presentados ante la Sala Constitucional del Tribunal Supremo, para que ésta se pronunciase sobre su constitucionalidad. Por ello, el artículo 336 le atribuye a la Sala competencia expresa para dicha revisión, que puede ejercer aun de oficio. Sin embargo, en el proyecto de reforma constitucional sancionado en noviembre de 2007, se buscó **eliminado** del artículo 339 de la Constitución, la exigencia de que el decreto sobre estados de excepción, se debía remitir a la Sala para dicho control.

5. **Las reformas en relación con el Poder Ciudadano**

A. *Las reformas respecto de la designación y remoción de los titulares del Poder Ciudadano* **(Artículo 279)**

Otra innovación de la Constitución de 1999 fue declarar formalmente como formando parte de la distribución del Poder Público Nacional, además del Poder Legislativo Nacional, del Poder Ejecutivo Nacional y del Poder Judicial, tanto al Poder Ciudadano como al Poder Electoral (art. 136). En cuanto al Poder Ciudadano, el mismo lo ejercen dos órganos de rango Constitucional con tradición en el país, como la Contraloría General de la República y el Ministerio Público (Fiscalía General de la República) y un órgano nuevo creado por la Constitución de 1999, el Defensor del Pueblo, en la orientación general de los organismos similares creados en toda América Latina.

De acuerdo con la Constitución, a los efectos del nombramiento de los titulares de los órganos del Poder Ciudadano por la Asamblea Nacional, el Consejo Moral Republicano debe convocar un Comité de Evaluación de Postulaciones del Poder Ciudadano, que debe estar integrado por representantes de diversos sectores de la sociedad. El proyecto de reforma constitucional sancionado por la Asamblea Nacional en noviembre de 2007, como se ha dicho, buscó cambiar radicalmente la conformación de dicho Comité convirtiéndolo en un órgano dependiente de la Asamblea, y eliminó la exclusividad de la participación, en el mismo, de diversos representantes de la sociedad civil, que fue lo que precisamente motivó su creación en la Constitución de 1999. Se propuso en cabio que el Comité estuviera integrado en su mayoría por agentes del Estado: "Diputados, voceros del Poder Popular y representantes de organizaciones y sectores sociales" (art. 279).

Pero además, en el proyecto de reforma constitucional sancionado se buscó eliminar la exigencia de una mayoría calificada de los integrantes de la Asamblea Nacional para el nombramiento del Contralor General de la República, del Fiscal General de la República y del Defensor del Pueblo como lo exigía la Constitución de 1999, proponiéndose estableciéndose para ello, en cambio, el voto de solo la mayoría de los integrantes de la Asamblea (art. 279), la misma mayoría que también se propuso establecer expresamente en la reforma, para que la Asamblea Nacional **pudiera remover a los integrantes del Poder Ciudadano** (art. 279).

B. *Las reformas respecto de las funciones de la Contraloría General de la República* **(Artículos 289, 163, 176)**

En relación con la Contraloría General de la República (art. 287), dado su ámbito de control sobre ingresos, gastos y bienes públicos, las funciones de la misma se establecieron en la Constitución "sin perjuicio de las facultades que se atribuyeron a otros órganos, y en particular, "a los Estados y Municipios" (art. 289,1 y 2). Tratándose de un Estado Federal el que regula la Constitución de 1999, la autonomía de Estados y Municipios implica la potestad de organizar sus sistemas de control, sin perjuicio de las potestades que se asignan al órgano nacional de control fiscal.

En el proyecto de reforma constitucional sancionado en noviembre de 2007, como se ha visto, en los artículos 163 y 176 se buscaba sujetar a las Contralorías Estadales y Municipales a la Contraloría General de la República y al Sistema de Control Fiscal que esta dirige, atribuyéndose al Contralor General la designación y remoción de los Contralores Estadales y Municipales, (arts. 163, 176).

En el mismo sentido de esas reformas, también se buscó reformar el artículo 289 del cual se eliminaba toda referencia a que las funciones de la Contraloría General de la República se deben ejercer **sin perjuicio de las facultades de los Estados y Municipios (arts. 289, 1 y 2), agregándose a las funciones de la Contraloría, "la rectoría del Sistema Nacional de Control Fiscal"(art. 289,1) y "designar o remover" a los contralores de los Estados y Municipios de acuerdo con lo establecido en la Constitución y la ley (art. 289,6).**

6.   *Las reformas en relación con el Poder Electoral*

A.   *Las reformas respecto de la designación y remoción de los titulares del Poder Electoral (**Artículos 295, 296**)*

Otra innovación de la Constitución de 1999 fue haberle dado rango constitucional del órgano de control electoral, a cuyo efecto el artículo 292 dispuso que el Poder Electoral se ejerce por el Consejo Nacional Electoral, como ente rector.

En cuanto a la designación de los cinco miembros que conforme al artículo 295 de la Constitución deben integrar el Consejo Nacional Electoral, como se dijo, la previsión de que para su designación los miembros deben ser postulados por un Comité de Postulaciones Electorales integrado exclusivamente "por representantes de los diferentes sectores de la sociedad", ha sido eliminada con el proyecto de reforma constitucional; estableciéndose, en su lugar, que la Asamblea Nacional, para la designación de dichos miembros, debe convocar un Comité de Postulaciones Electorales integrado, ahora, por Diputados, voceros del Poder Popular y representantes de organizaciones y sectores sociales (art. 295), es decir, en su mayoría agentes del Estado. También se eliminó en el proyecto de reforma constitucional la exigencia de que unos miembros del Consejo Nacional Electoral debían ser postulados por la sociedad civil, y en particular por las facultades de ciencias jurídicas y políticas de las universidades nacionales (art. 295).

Con el proyecto de reforma constitucional lo que se propuso fue establecer que la postulación de los candidatos estuviese a cargo de "Consejos del Poder Popular, representantes de instituciones, sectores educativos y otros sectores sociales" (art. 296). Estas reformas, siguieron la orientación de las previsiones ya establecidas en la Ley Orgánica del Poder Electoral, en forma inconstitucional, tendientes a convertir el Comité de Postulaciones Electorales en una Comisión parlamentaria ampliada.

Por otra parte, la Constitución de 1999 exige expresamente que la designación de los miembros del Consejo Nacional Electoral se haga con el voto de las **dos terceras partes de los integrantes de la Asamblea Nacional** (art. 296), lo que con el proyecto de reforma constitucional sancionado en noviembre de 2007 se buscaba sustituir por el nombramiento con la sola mayoría de los integrantes de la Asamblea Nacional (art. 295), agregándose que la remoción de los miembros del Consejo Nacional Electoral, también podía decidirse por el voto de la mayoría de los integrantes de la Asamblea Nacional (art. 296).

B. *Las reformas respecto de las funciones del Poder Electoral (**Artículo 293**)*

En la Constitución de 1999, entre otras competencias, se le atribuyó al Poder Electoral la potestad no sólo organizar las elecciones generales nacionales, sino las elecciones de "sindicatos, gremios profesionales y partidos políticos (organizaciones con fines políticos) y de poder intervenir en las elecciones de otras organizaciones de la sociedad civil" (art. 292,6), lo que sin duda, se configuró en una injerencia inaceptable del Estado en entidades privadas.

En el proyecto de reforma constitucional sancionado en noviembre de 2007 si bien se buscó dejar la potestad del Consejo Nacional Electoral de organizar las elecciones de gremios profesionales y partidos políticos (organizaciones con fines políticos), pero **eliminándose del artículo 293,6 la potestad-deber del Poder Electoral de organizar las elecciones de los sindicatos, estableciéndose en relación con los mismos, así como con las "organizaciones sociales o del Poder Popular", que el Poder Electoral lo que podía era** "asesorar" y cooperar" en las elecciones de los mismos **"cuando estos lo soliciten** o por orden del Tribunal Supremo de Justicia".

Además, del artículo 293,3 con el proyecto de reforma constitucional se buscó eliminar el carácter "vinculante" de las directrices que puede emitir el Consejo nacional Electoral en materia de financiamiento y publicidad político electorales.

VI. LOS CAMBIOS EN LA CONSTITUCIÓN ECONÓMICA: DE UN ESTADO SOCIAL Y PROMOTOR DE ECONOMÍA MIXTA, A UN ESTADO SOCIALISTA, DE ECONOMÍA ESTATAL CENTRALIZADA Y CONFISCATORIA

Uno de los componentes normativos esenciales de toda Constitución contemporánea, es la llamada *Constitución Económica* que deriva de los principios constitucionales que guían el régimen de las relaciones económicas y el papel que, en las mismas, corresponde a la iniciativa privada y al propio Estado, y que conforme al constitucionalismo desarrollado desde mitades del siglo pasado, está montada sobre un **modelo económico de economía mixta**, basado en el principio de la libertad como **opuesto al de economía dirigida**, similar al que existe en todos los países occidentales. Este sistema económico, por tanto, se fundamenta en la **libertad económica, la iniciativa privada y la libre competencia**, pero con la participación del Estado como promotor del desarrollo económico, regulador de la actividad económica, **y planificador con la participación de la sociedad civil.**

Conforme a esa orientación, la Constitución de 1999 estableció un sistema económico de economía mixta, es decir, de economía social de mercado que se fundamenta en la libertad económica, pero que debe desenvolverse conforme a principios de justicia social, que requiere de la intervención del Estado. Ese régimen socioeconómico, conforme al artículo 299 de la Constitución de 1999, se fundamenta en los siguientes principios: justicia social, democratización, eficiencia, libre competencia, protección del ambiente, productividad y solidaridad, a los fines de asegurar el desarrollo humano integral y una existencia digna y provechosa para la colectividad. Por ello, el mismo artículo constitucional dispone expresamente que el Estado, "conjuntamente con la iniciativa privada", debe promover "el desarrollo armónico de la economía nacional con el fin de generar fuentes de trabajo, alto valor agregado nacional, elevar el nivel de vida de la población y fortalecer la soberanía económica del país, garantizando la seguridad jurídica, solidez, dinamismo, sustentabilidad, permanencia, equidad del crecimiento de la economía, para garantizar una justa distribución de la riqueza mediante una planificación estratégica democrática, participativa y de consulta abierta".

Como lo precisó la Sala Constitucional del Tribunal Supremo de Justicia en sentencia N° 117 de 6 de febrero de 2001, se trata de "un **sistema socioeconómico intermedio** entre la economía de **libre mercado** (en el que el Estado funge como simple programador de la economía, dependiendo ésta de la oferta y la demanda de bienes y servicios) y la economía **interventora** (en la que el Estado interviene activamente como el "empresario mayor")", conforme al cual, el texto constitucional promueve "expresamente la actividad económica conjunta del Estado y de la iniciativa privada en la persecución y concreción de los valores supremos consagrados en la Constitución"; persiguiendo "el equilibrio de todas las fuerzas del mercado y la actividad conjunta del Estado e iniciativa privada". Conforme a este sistema, dijo además la Sala Constitucional en esa sentencia, la Constitución: "propugna una serie de **valores normativos superiores del régimen económico,** consagrando como tales la libertad de empresa en el marco de una economía de mercado y fundamentalmente el del Estado Social de Derecho (*Welfare State,* Estado de Bienestar o Estado Socialdemócrata), esto es **un Estado social opuesto al autoritarismo**"[57].

---

57 Esos valores aludidos conforme a la doctrina de la Sala Constitucional "se desarrollan mediante el concepto de libertad de empresa, que encierra, tanto la noción de un derecho subjetivo "a dedicarse libremente a la actividad económica de su preferencia", como un principio de ordenación económica dentro del cual se manifiesta la voluntad de la empresa de decidir sobre sus objetivos. En este contexto, los Poderes Públicos, cumplen un rol de intervención, la cual puede ser directa (a través de empresas) o indirecta (como ente regulador del mercado)". Véase en *Revista de Derecho Público,* N° 85-88, Editorial Jurídica Venezolana, Caracas, 2001, pp. 212-218.

La aplicación práctica de ese modelo constitucional, en todo caso, provocó el desenvolvimiento de una economía basada en la libertad económica y la iniciativa privada, pero con una intervención importante y necesaria del Estado para asegurar los principios de justicia social que constitucionalmente deben orientar el régimen económico; lo que se ha acrecentado por el hecho de ser el Estado, el titular desde siempre del dominio público sobre el subsuelo.

Con el proyecto de reforma constitucional sancionado en noviembre de 2007, se buscó cambiar radicalmente ese modelo, acentuando el desequilibrio existente entre lo público y lo privado, al transformarlo en un sistema de **economía estatal, de planificación centralizada, propia de un Estado y economía socialista, donde desaparecían la libertad económica y el derecho de propiedad como derechos constitucionales, y con ello, el principio mismo de la reserva legal**.

1. *La eliminación de la libertad económica como derecho constitucional al libre ejercicio de las actividades económicas (Artículos 112, 113, 299)*

En efecto, el artículo 112 de la Constitución establece como uno de los principios fundamentales del sistema constitucional, el derecho de todas las personas de poder **dedicarse libremente a la actividad económica de su preferencia,** sin más limitaciones que las previstas en la Constitución y las que establezcan las leyes, por razones de desarrollo humano, seguridad, sanidad, protección del ambiente u otras de interés social, a cuyo efecto, **el Estado está obligado a promover "la iniciativa privada**, garantizando la creación y justa distribución de la riqueza, así como la producción de bienes y servicios que satisfagan las necesidades de la población, la **libertad de trabajo, empresa, comercio, industria,** sin perjuicio de su facultad para dictar medidas para planificar, racionalizar y regular la economía e impulsar el desarrollo integral del país".

En el proyecto de reforma constitucional sancionado en noviembre de 2007, se buscó **eliminar este derecho y la libertad económica, es decir, se propuso quitarle rango constitucional,** y se propuso sustituir la norma por otra en la cual lo que se estableció fue la definición de una política estatal para promover "el desarrollo de un **modelo económico productivo, intermedio, diversificado e independiente,** fundado en los valores humanísticos de la **cooperación y la preponderancia de los intereses comunes sobre los individuales,** que garantice la satisfacción de las necesidades sociales y materiales del pueblo, la mayor suma de estabilidad política y social y la mayor suma de felicidad posible"; agregándose que el Estado, asimismo, **"fomentará y desarrollará distintas formas de empresas y unidades económicas de propiedad social, tanto directa o comunal como indirecta o estatal, así como empresas y unidades económicas de producción o distribución social, pudiendo ser estas de propiedad mixtas (sic) entre el Estado, el sector privado y el poder comunal, creando las mejores condiciones para la construcción colectiva y cooperativa de una economía socialista".**

Es decir, en un artículo como el 112 ubicado en el Capítulo constitucional sobre los **derechos económicos**, simplemente **se propuso eliminar el derecho al libre ejercicio de las actividades económicas y la propia libertad económica.** Ello, por supuesto, era contrario al principio de la progresividad en materia de derechos humanos y constitucionales que garantiza el artículo 19 de la Constitución.

La consecuencia más dramática de la eliminación de un derecho, como derecho constitucional, es entre otros aspectos, la desaparición de las garantías constitucionales al mismo y en particular la desaparición de la garantía de la reserva legal, es decir, que las limitaciones o restricciones al derecho sólo podrían establecerse mediante ley formal emanada de la Asamblea Nacional, y no mediante decretos reglamentarios del Ejecutivo. Por ello, precisamente, por la desaparición del derecho a la libertad económica y sus garantías constitucionales, el proyecto de reforma constitucional sancionado propuso se incorporara una **Disposición Transitoria Novena** en la cual se dispuso que:

"Hasta tanto se dicten las normas que desarrollen los principios establecidos en el artículo 112 de esta Constitución, el Ejecutivo Nacional podrá, mediante decretos o decreto ley, regular la transición al Modelo de Economía Socialista".

Es decir, se buscó autorizar constitucionalmente al Ejecutivo nacional para incluso mediante reglamentos regular todo lo concerniente al régimen económico de la República para la "transición al Modelo de Economía Socialista", lo que era contrario a todos los principios de un Estado de derecho, que desapareció en Venezuela.

Además, debe destacarse en esta misma orientación, que con el proyecto de reforma constitucional sancionado respecto del artículo 299, se buscó eliminar de su texto como fundamentos del sistema económico, a los principios de **justicia social, libre competencia, democracia y productividad** y en su lugar se propuso establecer, entre otros, los principios **socialistas, antiimperialistas, humanistas,** a los fines asegurar el desarrollo humano integral y una existencia digna y provechosa para la colectividad.

Por otra parte, la garantía del desarrollo armónico de la economía no se asignó en la reforma **"al Estado conjuntamente con la iniciativa privada"** como dispone la Constitución de 1999, sino **"al Estado** conjuntamente con la iniciativa comunitaria, social y personal", todo, "con el fin de generar fuentes de trabajo, alto valor agregado nacional, elevar la calidad de vida de la población, lograr la suprema felicidad social y fortalecer la soberanía económica del país, garantizando la solidez, dinamismo, sustentabilidad, permanencia y equidad del crecimiento de la economía, para lograr una justa distribución social de la riqueza mediante una planificación estratégica, democrática, participativa, política, económica y de consulta abierta". Esta forma de planificación, por supuesto chocaba con la potestad asignada en el proyecto de reforma constitucional al presidente de la República para formular el Plan de Desarrollo Integral de la nación (art. 236,20).

En la Constitución de 1999, por otra parte, se establecen un conjunto de atribuciones que facultaban al Estado para regular el ejercicio de los derechos económicos, en particular, al precisarse el régimen de la prohibición de los monopolios (art. 113), declarándose contrarios a los principios fundamentales de la Constitución las actividades tendientes a su establecimiento o que conduzcan a su existencia. También se declaró como contrario a dichos principios, el abuso de la posición de dominio que puedan adquirir los agentes económicos independientemente de su causa. En todos estos casos, la norma facultaba al Estado para adoptar las medidas que fueren necesarias para evitar los efectos nocivos y restrictivos del monopolio, del abuso de la posición de dominio y de las demandas concentradas, teniendo como finalidad la protección del público consumidor, los productores y productoras y el aseguramiento de condiciones efectivas de competencia en la economía.

Con el proyecto de reforma constitucional sancionado en noviembre de 2007, se buscó **cambiar radicalmente el régimen de la actividad económica,** estableciéndose en el artículo 113 una serie de limitaciones a la misma que iban mucho más allá de la restricción de los monopolios y la posición dominante de empresas, privilegiándose la **economía estatal y los medios de producción socialista.**

En esta orientación, se propuso agregar a la norma, que en general, "no se permitirán actividades, acuerdos, prácticas, conductas y omisiones de los y las particulares que vulneren los **métodos y sistemas de producción social y colectiva** con los cuales **se afecte la propiedad social y colectiva** o impidan o dificulten la justa y equitativa concurrencia de bienes y servicios", con lo cual quedaba en manos del Estado la suerte de cualquier actividad económica particular.

Además, en la reforma sancionada del artículo 113 se propuso agregar a la norma que en los casos de explotación de recursos naturales o de cualquier otro bien del dominio de la Nación, considerados de carácter estratégico por la Constitución o la ley, así como cuando se trate de la prestación de servicios públicos vitales, considerados como tales por la Constitución o la ley, el Estado podía **reservarse la explotación o ejecución de los mismos,** directamente o mediante empresas de su propiedad, sin perjuicio de establecer empresas de propiedad social directa, **empresas mixtas o unidades de producción socialistas,** que aseguren la soberanía económica y social, respeten el control del Estado, y cumplan con las cargas sociales que se le impongan, todo ello conforme a los términos que desarrollen las leyes respectivas de cada sector de la economía"[58].

---

58 Con ello, como se propuso en las ***Propuestas de Reforma del Consejo Presidencial para la Reforma Constitucional,*** lo que se busca es establecer que la prohibición de los monopolios no se aplica a aquellos casos en los cuales el **Estado "los establezca, reservándose actividades o servicios en función del interés social, en aras de materializar los principios de la economía socialista y humanista"**, indicándose, además, que "el **Estado podrá asumir posiciones de control** cuando por razones de estrategia así lo requiera". Esto, sin embargo, no se incorporó en la reforma sancionada por la Asamblea Nacional en noviembre de 2007.

En el proyecto de reforma constitucional respecto del artículo 113, en todo caso, se propuso declarar contrarios a los principios fundamentales de la Constitución cuando tengan por objeto el establecimiento de un monopolio, sólo "cualquier acto, actividad, conducta o acuerdo de un o una **particular, varios o varias particulares, o una empresa privada o conjunto de empresas privadas**", y también como contrario a dichos principios, "el abuso de la posición de dominio **que un o una particular, un conjunto de ellos o de ellas, o una empresa privada o conjunto de empresas privadas** adquiera o haya adquirido en un determinado mercado de bienes o de servicios, así como cuando se trate de una demanda concentrada". En consecuencia, dichos principios no se aplicaban al Estado, pues con el proyecto de reforma constitucional sancionado en noviembre de 2007, lo que se proponía establecer fue un sistema económico **de capitalismo de Estado**, el cual podía hacer monopolios y posición de dominio sin límite alguno.

2. *La eliminación de la garantía del derecho de propiedad privada (Artículos 115, 307)*

Por otra parte, otro de los pilares fundamentales de la Constitución de 1999, además de la libertad económica, es la garantía del derecho de propiedad privada, que conforme al artículo 115 de la Constitución de 1999, se la concibe como el derecho que tiene toda persona "**al uso, goce, disfrute y disposición de sus bienes**", aún cuando sometida a "las contribuciones, restricciones y obligaciones que establezca la ley con fines de utilidad pública o de interés general". Dicha garantía implica que "sólo por causa de utilidad pública o interés social, **mediante sentencia firme y pago oportuno de justa indemnización**, podrá ser declarada **la expropiación** de cualquier clase de bienes".

Con el proyecto de reforma constitucional sancionado en noviembre de 2007 se propuso cambiar radicalmente el régimen de la **propiedad privada, la cual se eliminaba como derecho constitucional, y quedaba materialmente reducida a la que pudiera existir sobre los bienes de uso, consumo y medios de producción legítimamente adquiridos, quedando por tanto minimizada y marginalizada en relación con la propiedad pública.**

En el proyecto de reforma constitucional sancionado respecto del artículo 115 de la Constitución, en efecto, en lugar de garantizarse la propiedad privada, lo que se propuso fue "reconocer y garantizar "**las diferentes formas de propiedad**", las cuales se enumeraron así:

1.   "La **propiedad pública** es aquella que pertenece a los entes del Estado; **la propiedad social** es aquella que pertenece al pueblo en su conjunto y las futuras generaciones", y **podía ser de dos tipos:**

A.   "La **propiedad social indirecta** cuando es ejercida por el Estado a nombre de la comunidad", y

B.   "La **propiedad social directa**, cuando el Estado la asigna, bajo distintas formas y en ámbitos territoriales demarcados, a una o varias comunidades, a una o varias comunas, constituyéndose así en **propiedad comunal** o a una o varias ciudades, constituyéndose así en **propiedad ciudadana**";

2.   "La **propiedad colectiva** es la perteneciente a grupos sociales o personas, para su aprovechamiento, uso o goce en común, pudiendo ser de origen social o de origen privado";

3.   "La **propiedad mixta** es la conformada entre el sector público, el sector social, el sector colectivo y el sector privado, en distintas combinaciones, para el aprovechamiento de recursos o ejecución de actividades, siempre sometida al respeto absoluto de la soberanía económica y social de la Nación;" y

4.   "**La propiedad privada es aquella que pertenece a personas naturales o jurídicas y que se reconoce sobre bienes de uso, consumo y medios de producción legítimamente adquiridos, con los atributos de uso, goce y disposición, y las limitaciones y restricciones que establece la ley.**"

La propiedad privada, en consecuencia, quedaba reducida a los bienes de uso y consumo y a los medios de producción. Por lo demás, quedaba por precisar qué debía entenderse por **bienes de consumo,** los cuales en el lenguaje común son aquellos que no buscan producir otros bienes, es decir, los que se usan para satisfacer las necesidades específicas del consumidor que lo adquiere; así como por **medios de producción,** los cuales en el lenguaje común son el conjunto de objetos de trabajo que participan en el proceso de producción y que el hombre utiliza para crear los bienes materiales[59].

Sobre esto, el magistrado Jesús Eduardo Cabrera en el Voto salvado a la sentencia N° 2042 de la Sala Constitucional de 2 de noviembre de 2007 en la cual se declaró inadmisible un amparo constitucional ejercido contra el presidente de la República y la Asamblea Nacional, con motivo de la inconstitucional "reforma constitucional", sostuvo lo siguiente:

"El artículo 113 del Proyecto, plantea un concepto de propiedad, que se adapta a la propiedad socialista, y que es válido, incluso dentro del Estado Social; **pero al limitar la propiedad privada solo sobre bienes de uso, es decir aquellos que una persona utiliza (sin especificarse en cual forma); o de consumo, que no es otra cosa que los fungibles, surge un cambio en la estructura de este derecho que dada su importancia, conduce a una transformación de la estructura del Estado.** Los alcances del Derecho de propiedad dentro del Estado Social, ya fueron reconocidos en fallo de esta

---

59   Debe destacarse, por otra parte, que en las *Propuestas de Reforma del Consejo Presidencial para la Reforma Constitucional de junio 2007*, incluso se llegó a proponer otra redacción del artículo 115, en la cual se restringía aún más el ámbito de la propiedad privada, que quedaba reducida a las remuneraciones del trabajo, y a los bienes necesarios para satisfacer las necesidades vitales, así: "En virtud que el trabajo es el origen de todo valor económico, todos y todas tienen derecho a la propiedad privada sobre las remuneraciones, ingresos y ahorros provenientes de su trabajo, así como sobre los bienes necesarios para satisfacer sus necesidades costeados por ellos, incluida la vivienda adquirida de tal forma o mediante título legítimo, así como el derecho de herencia sobre tales bienes. Se reconoce también la propiedad privada personal sobre los instrumentos de trabajo de profesionales, investigadores, artesanos, artistas o grupos de producción familiar siempre que no sean aplicados como medios de producción para explotar el trabajo de terceros".

Sala de 20 de noviembre de 2002, con ponencia del Magistrado Antonio García García".

En el proyecto de reforma constitucional sancionado en noviembre de 2007, se propuso establecer, además, que "toda propiedad, estará sometida a las contribuciones, cargas, restricciones y obligaciones que establezca la ley con fines de utilidad pública o de interés general", y que "por causa de utilidad pública o interés social, mediante sentencia firme y pago oportuno de justa indemnización, podrá ser declarada la expropiación de cualquier clase de bienes, sin perjuicio de la facultad de los órganos del Estado de ocupar previamente, durante el proceso judicial, los bienes objeto de expropiación, conforme a los requisitos establecidos en la ley".

En esta forma, no sólo se propuso eliminar la garantía constitucional de que "sólo" mediante expropiación puede extinguirse la propiedad como se había establecido siempre en el ordenamiento constitucional, lo que abría la vía para que por ley se establecieran otras formas de extinción de la propiedad; sino que se **constitucionalizaba el mecanismo de la ocupación previa**, ratificándose el principio de la **indemnización justa y oportuna cuando** se trate de expropiación.[60]

Con esta reforma sancionada, **simplemente desaparecía el derecho de propiedad como elemento fundamental del orden jurídico.**

Se destaca, por último, que en materia de confiscación , si bien en 2007 no se propuso reforma del artículo 116 de la Constitución, en el artículo 307 relativo a la prohibición del latifundio se agregó al texto constitucional que "Se confiscarán aquellos fundos cuyos dueños o dueñas ejecuten en ellos actos irreparables de destrucción ambiental, los dediquen a la producción de sustancias psicotrópicas o estupefacientes o la trata de personas, o los utilicen o permitan su utilización como espacios para la comisión de delitos contra la seguridad y defensa de la Nación."

3. *La eliminación del latifundio (Artículo 307)*

El artículo 307 de la Constitución de 1999 declara al régimen latifundista "como contrario al interés social", previendo para tal efecto que el legislador debía disponer lo conducente **en materia tributaria para gravar las tierras ociosas y establecer las medidas necesarias para su transformación en uni-**

---

60 No debe dejar de mencionarse que en las *Propuestas de Reforma del Consejo Presidencial para la Reforma Constitucional*, pretendía que el artículo 115, dispusiera que "La República podrá **declarar mediante resolución administrativa la expropiación de bienes por causa de utilidad pública o interés social, a cuyo efecto pagará justa indemnización determinada por los órganos de los poderes públicos, de acuerdo con la ley", y que** en lugar de la prohibición de las confiscaciones, que permanece en el artículo 116 de la Constitución, se estableciera que: **"La propiedad cuyo uso atente o afecte los derechos de terceros o de la sociedad, podrá ser objeto de confiscación por parte del Gobierno Nacional,** de acuerdo a la ley". Estas propuestas no fueron acogidas por la Asamblea nacional.

dades económicas productivas, rescatando igualmente las tierras de vocación agrícola.

Por otra parte, la norma establece el derecho de los campesinos y demás productores agropecuarios "a la propiedad de la tierra", en los casos y formas especificados por la ley respectiva, con la obligación para el Estado de **proteger y promover las formas asociativas y particulares de propiedad para garantizar la producción agrícola**, y para velar por la ordenación sustentable de las tierras de vocación agrícola con el objeto de asegurar su potencial agroalimentario.

Excepcionalmente dispone el mismo artículo constitucional, que el legislador debe crear contribuciones parafiscales con el fin de facilitar fondos para financiamiento, investigación, asistencia técnica, transferencia tecnológica y otras actividades que promuevan la productividad y la competitividad del sector agrícola.

En el proyecto de reforma constitucional sancionado en noviembre de 2007, se propuso eliminar del artículo 307 toda idea de promover la desaparición del latifundio mediante medidas **tributarias** para gravar las tierras ociosas, así como la política de transformar el latifundio en unidades económicas productivas, rescatando igualmente las tierras de vocación agrícola; y en su lugar se estableció una disposición mediante la cual "**se prohíbe el latifundio por ser contrario al interés social**", agregándose que "**la República determinará mediante ley, la forma en la cual los latifundios serán transferidos a la propiedad del Estado, o de los entes o empresas públicas, cooperativas, comunidades u organizaciones sociales** capaces de administrar y hacer productivas las tierras". En la norma constitucional, sin embargo, no se define qué debe entenderse por "latifundio", que en el lenguaje común es una explotación agrícola de grandes dimensiones basada en el uso ineficiente de los recursos disponibles. Corresponde entonces al legislador precisar esta indeterminación, con el riesgo de que sea cualquier extensión que puede variar la ya establecida en la Ley de Tierras y Desarrollo Agrario.[61]

En la reforma se repite la previsión de la Constitución de 1999 en el sentido de que "los campesinos o campesinas y demás productores agropecuarios y productoras agropecuarias tienen derecho a la propiedad de la tierra, en los casos y formas especificados en la ley respectiva", agregándose, sin embargo, que "a los fines de garantizar la producción agrícola el Estado protegerá y promoverá la propiedad social."

En la norma del artículo 307 se agregó que "el Estado velará por la ordenación sustentable de las tierras de vocación agrícola para asegurar su potencial agroalimentario" y que, por una parte, "la ley creará tributos sobre las tierras productivas que no sean empleadas para producción agrícola o pecuaria; " y por la otra, que "excepcionalmente, se crearán contribuciones parafiscales cuya recaudación se destinará para financiamiento, investigación, asistencia técnica,

---

61   *Gaceta Oficial* N° 35.771 de 18-05-2005.

transferencia tecnológica y otras actividades que promuevan la productividad y rendimiento del sector agrícola."

Por último, como ya se indicó, en el artículo 307 de la Constitución se establece la obligación del Estado de confiscar "aquellos fundos cuyos dueños o dueñas ejecuten en ellos actos irreparables de destrucción ambiental, los dediquen a la producción de sustancias psicotrópicas o estupefacientes o la trata de personas, o los utilicen o permitan su utilización como espacios para la comisión de delitos contra la seguridad y defensa de la Nación."

4. ***Cambios en el régimen de la intervención del Estado en la economía (Artículos 113, 300, 301, 302, 303, 305)***

En cuanto a la intervención del Estado en la economía, la forma más clásica en el derecho administrativo ha sido mediante la constitución de empresas públicas, respecto de cuya regulación, el artículo 300 de la Constitución de 1999 remitió a la ley nacional para el establecimiento de las condiciones para su creación como entidades funcionalmente descentralizadas para la realización de actividades sociales o empresariales, con el objeto de asegurar la razonable productividad económica y social de los recursos públicos que en ellas se inviertan.

En el proyecto de reforma constitucional sancionado en noviembre de 2007 se buscó cambiar la concepción de esta regulación, **eliminándose toda referencia a la descentralización** y reduciéndose la posibilidad de creación de empresas o entidades regionales para la promoción y realización de actividades económicas y sociales bajo los principios de la **economía socialista**, estableciendo los mecanismos de control y fiscalización que aseguren la transparencia en el manejo de los recursos públicos que en ellas se inviertan, y su razonable productividad económica y social

En cuanto a la política comercial, la misma se había regulado en el artículo 301 de la Constitución de 1999, reservándosela al Estado, a los efectos de defender las actividades económicas de las **empresas nacionales públicas y privadas**, disponiendo en relación con las **inversiones extranjeras que estarían sujetas a las mismas condiciones que la inversión nacional**. En el proyecto de reforma constitucional sancionado en noviembre de 2007, se propuso agregar dentro de los objetivos de la política comercial defender y promover no sólo las actividades económicas de las empresas nacionales públicas y privadas, sino de las **empresas comunales, mixtas, colectivas, y sociales. De la norma, en la reforma, se buscó eliminar la referencia a las inversiones extranjeras que prevé la Constitución de 1999 cuando exige que la inversión extranjera esté "sujeta a las mismas condiciones que la inversión nacional".**

En cuanto a la reserva de actividades al Estado, el artículo 302 de la Constitución, había establecido que "el Estado se reserva, mediante la ley orgánica respectiva y por razones de conveniencia nacional, la actividad petrolera", agregando que también se puede reservar en la misma forma "industrias, explotaciones, servicios y bienes de interés público y de carácter estratégico". En esta forma, si bien la reserva de la industria petrolera efectuada mediante la Ley Orgánica de 1975, adquirió rango constitucional en el texto de 1999, ello se sujetó a lo que estableciera la ley orgánica respectiva, la cual podría ser modificada, como en efecto ocurrió en con la Ley Orgánica de Hidrocarburos de 2000. La reserva que se estableció en 1999, por tanto, no fue ni rígida ni absoluta, sino flexible, conforme se estableciera en la ley orgánica respectiva.

Con el proyecto de reforma constitucional sancionado en noviembre de 2007, se buscó cambiar radicalmente la concepción de esta regulación, estableciéndose la reserva en la propia Constitución, **"por razones de soberanía, desarrollo e interés nacional**, las actividades de exploración y explotación de los hidrocarburos líquidos, sólidos y gaseosos, así como su recolección, transporte y almacenamiento iniciales y las obras que estas actividades requieran." En la norma se propuso agregar que "el Estado promoverá la manufactura nacional procesando las correspondientes materias primas, asimilando, creando e innovando tecnologías nacionales, especialmente en lo que se refiere a la Faja Petrolífera del Orinoco, los cinturones gasíferos tierra adentro y mar afuera y los corredores petroquímicos, con el fin de desarrollar las fuerzas productivas, impulsar el crecimiento económico y lograr la justicia social". Además, se indicaba en la norma que "el Estado mediante ley orgánica podrá reservarse cualquier otra actividad relacionada con los hidrocarburos".

Se propuso agregar en el artículo la previsión de que las actividades reservadas se debían ejercer "por el Ejecutivo Nacional directamente, o por medio de entes o empresas de su exclusiva propiedad, o por medio de empresas mixtas en las cuales tenga el control y la mayoría accionaria", con lo cual se constitucionaliza el régimen de las empresas mixtas de hidrocarburos, indicándose que "la adecuación al nuevo ordenamiento de los negocios existentes en materia de hidrocarburos gaseosos se hará mediante ley".

Por otra parte, en la reforma que se sancionó respecto del artículo 113, se previó también, que el Estado podía reservarse directamente o mediante empresas de su propiedad, la explotación o ejecución de la explotación de recursos naturales o de cualquier otro bien del dominio de la Nación, considerados de carácter estratégico por la Constitución o la ley, así como de la prestación de servicios públicos vitales, considerados como tales por la Constitución o la ley.

En relación con todas las actividades reservadas, el artículo 303 de la Constitución también se propuso fuera modificado radicalmente en el proyecto de reforma constitucional sancionado en noviembre de 2007, estableciéndose una prohibición absoluta de privatizar ninguna actividad reservada al Estado, eliminándose la absurda posibilidad que dejó abierta la Constitución de 1999 para que las acciones de la empresas filiales de Petróleos de Venezuela S.A., de las asociaciones estratégicas y de las demás empresas constituidas como consecuencia del desarrollo de los negocios de Petróleos de Venezuela S.A., pudieran ser vendidas. En la reforma se propuso regular, en cambio, que "por razones de soberanía económica, desarrollo e interés nacional, Petróleos de Venezuela S.A. y los entes o empresas de propiedad exclusiva del Estado que desarrollen en el territorio nacional actividades reservadas, no podrán ser privatizados total ni parcialmente". Se propuso agregar además, que "el Ejecutivo Nacional, por órgano del ministerio con competencia en la materia, fiscalizará y ejercerá el control sobre las actividades reservadas, así como sobre el transporte de los hidrocarburos y sus derivados en todo el territorio nacional, desde su extracción hasta el consumidor final en el mercado doméstico, o hasta los puertos y puntos de exportación".

Por otra parte, una importante innovación en la Constitución de 1999 fue la regulación, en el artículo 305, de los principios y políticas en materia de producción de la "agricultura sustentable y de la seguridad alimentaria de la población entendida como la disponibilidad suficiente y estable de alimentos en el ámbito nacional y el acceso oportuno y permanente a éstos por parte del público consumido". En el proyecto de reforma constitucional sancionado en noviembre de 2007 respecto de este artículo, por una parte, se propuso regular la promoción y desarrollo de "la agroecología como base estratégica del desarrollo rural integral, a fin de garantizar la seguridad y la soberanía alimentarias de la población"; y por la otra se propuso agregar a dicho artículo 305 una disposición que establecía que "si ello fuere necesario para garantizar la seguridad y la soberanía alimentarias, la República podrá asumir sectores de la producción agrícola, pecuaria, acuícola, indispensables a tal efecto y podrá transferir su ejercicio a entes autónomos, empresas públicas y organizaciones sociales, cooperativas o comunitarias, así como, utilizar a plenitud las potestades de expropiación, afectación y ocupación en los términos establecidos en la Constitución y la ley".

5. *Cambios en el régimen fiscal y económico del Estado*

En materia del régimen fiscal, en la Constitución de 1999 por primera vez en el constitucionalismo venezolano se incorporaron al texto fundamental un conjunto de normas relativas al Banco Central de Venezuela y a la política macroeconómica del Estado (arts. 318 a 321).

En particular, sobre el Banco Central de Venezuela la Constitución de 1999 le atribuyó las competencias monetarias del Poder Nacional para ejercerlas de manera exclusiva y obligatoria, estableciéndose como su objetivo fundamental lograr la estabilidad de precios y preservar el valor interno y externo de la unidad monetaria, y garantizándose su autonomía para la formulación de las políticas de su competencia. La Constitución, además, le asignó al Banco para el adecuado cumplimiento de su objetivo, la atribución de formular y ejecutar la política monetaria, participar en el diseño y ejecutar la política cambiaria, regular la moneda, el crédito y las tasas de interés, administrar las reservas internacionales, y todas aquellas que establezca la ley.

A. *La eliminación de la autonomía del Banco Central de Venezuela (Artículos 318, 320)*

Con el proyecto de reforma constitucional sancionado en noviembre de 2007 se buscó **cambiar total y radicalmente** el régimen de la política monetaria y del Banco Central de Venezuela, **eliminándosele sus competencias y su autonomía, y estableciendo su total dependencia directa respecto del Ejecutivo Nacional.**

A tal efecto, en el artículo 318 se propuso incorporar las siguientes reformas:

En primer lugar, se buscó precisar que "**El sistema monetario nacional debe propender al logro de los fines esenciales del Estado Socialista y el bienestar del pueblo, por encima de cualquier otra consideración.**"

En segundo lugar, las competencias para fijar las políticas monetarias del Poder Nacional y ejercer las competencias monetarias del Poder nacional que la Constitución de 1999 asignaba "exclusivamente" al Banco Central de Venezuela, se propuso que se **atribuyeran al "Ejecutivo Nacional, a través del Banco Central** de Venezuela **en estricta y obligatoria coordinación".**

En tercer lugar, se buscó precisar la naturaleza totalmente dependiente, jerárquicamente del Banco Central de Venezuela, como "ente del Poder Ejecutivo Nacional". En este sentido, con el proyecto de reforma constitucional **se buscó eliminar formalmente la autonomía** del Banco Central, al disponerse que "**es persona de derecho público sin autonomía** para la formulación y el ejercicio de las políticas correspondientes", y se agregó que "sus funciones estarán **supeditadas a la política económica general y al Plan Nacional de Desarrollo de la Nación** para alcanzar los **objetivos superiores del Estado Socialista** y la mayor suma de felicidad posible para todo el pueblo".

En cuarto lugar, se buscó determinar que el objetivo específico del Banco Central de Venezuela, en tal carácter de ente dependiente del Ejecutivo Nacional, era "lograr las **condiciones monetarias, cambiarias y financieras necesarias para promover el crecimiento y el desarrollo económico y social de la Nación".**

En quinto lugar, se propuso establecer que para el adecuado cumplimiento de su objetivo específico, entre **las funciones del Banco Central, "compartidas con el Poder Ejecutivo Nacional,** estaban las de "**participar** en la formulación y ejecución de la política monetaria, en el diseño y ejecución de la política cambiaria, en la regulación de la moneda, el crédito y fijación de las tasas de interés".

En sexto lugar, **se propuso quitar al Banco Central de Venezuela la competencia de** "administrar las reservas internacionales" y en su lugar se propuso establecer, que "las reservas internacionales de la República serán **manejadas** por el Banco Central de Venezuela, **bajo la administración y dirección del presidente o Presidenta de la República, como administrador o administradora de la Hacienda Pública Nacional".**

Por otra parte, en el artículo 320 de la Constitución de 1999, en relación con la coordinación macroeconómica, se estableció una detallada regulación, primero sobre la estabilidad económica y segundo sobre el Fondo de Estabilización macroeconómica. Con el proyecto de reforma constitucional sancionado en noviembre de 2007, ambas regulaciones se buscaron cambiar radicalmente.

En efecto, el artículo 320 de la Constitución de 1999 dispone que "el Estado debe promover y defender la estabilidad económica, evitar la vulnerabilidad de la economía y velar por la estabilidad monetaria y de precios, para asegurar el bienestar social", disponiéndose **la obligación** para "el ministerio responsable de las finanzas y el Banco Central de Venezuela" de contribuir "a la **armonización de** la política fiscal con la política monetaria, facilitando el logro de los objetivos macroeconómicos" y con la precisión de que "en el ejercicio de sus funciones, el Banco Central de Venezuela no estará subordinado a directivas del Poder Ejecutivo y no podrá convalidar o financiar políticas fiscales deficitarias".

En la norma, además, se precisa que la actuación coordinada del Poder Ejecutivo y del Banco Central de Venezuela se debía realizar "mediante un acuerdo anual de políticas", en el cual se deben establecer "los objetivos finales de crecimiento y sus repercusiones sociales, balance externo e inflación, concernientes a las políticas fiscal, cambiaria y monetaria; así como los niveles de las variables intermedias e instrumentales requeridos para alcanzar dichos objetivos finales". La norma del artículo 320 precisa las formalidades de dicho acuerdo, el cual debe ser firmado por el presidente del Banco Central de Venezuela y el titular del ministerio responsable de las finanzas, el cual se debe divulgar en el momento de la aprobación del presupuesto por la Asamblea Nacional. De acuerdo con la Constitución, es responsabilidad de las instituciones firmantes del acuerdo "que las acciones de política sean consistentes con sus objetivos", debiendo especificarse en el acuerdo, "los resultados esperados, las políticas y las acciones dirigidas a lograrlos".

En el proyecto de reforma constitucional sancionado en noviembre de 2007 se propuso eliminar todo el detallado marco regulatorio para garantizar la estabilidad económica y la coordinación entre el Ejecutivo Nacional y el Banco Central de Venezuela que establece la Constitución de 1999, y en su lugar se redactactó la norma del artículo 320 indicando solamente que "El Estado debe promover y defender la estabilidad económica, evitar la vulnerabilidad de la economía y velar por la estabilidad monetaria y de precios para asegurar el bienestar social. Igualmente, velará por la armonización de la política fiscal con la política monetaria para el logro de los objetivos macroeconómicos". Con ello, se eliminaba todo principio de coordinación entre el Ejecutivo Nacional y el Banco Central, el cual, como se dijo, habría quedado sin autonomía, como un brazo ejecutor dependiente del Ejecutivo y de lo que este dispusiera.

B. *La administración y control de las reservas internacionales por el Ejecutivo Nacional (Artículo 321)*

En cuanto al régimen del fondo de estabilización macroeconómica, el artículo 321 de la Constitución de 1999 exige que se establezca por Ley para "garantizar la estabilidad de los gastos del Estado en los niveles municipal, regional y nacional, ante las fluctuaciones de los ingresos ordinarios", con la precisión de que el funcionamiento del Fondo debe sujetarse a los "principios básicos de eficiencia, equidad y no discriminación entre las entidades públicas que aporten recursos al mismo".

Con el proyecto de reforma constitucional sancionado en noviembre de 2007, se buscó eliminar totalmente la existencia del Fondo de Estabilización Macroeconómica, y en su lugar, lo que se propuso regular en el artículo 321 fue la atribución "al Jefe de Estado en el marco de su función de administración de las reservas internacionales" (art. 236,23), para establecer "en coordinación con el **Banco Central de Venezuela** y al final de cada año, **el nivel de las reservas necesarias para la economía nacional**, así como el monto de las **reservas excedentarias**" con la expresa indicación de que las mismas se debían destinar "**a fondos que disponga el Ejecutivo Nacional** para inversión productiva, desarrollo e infraestructura, financiamiento de las misiones y, en definitiva, el desarrollo integral, endógeno, humanista y **socialista de la Nación**".

VII. LOS CAMBIOS EN EL RÉGIMEN DE LOS DERECHOS CONSTITUCIONALES

En esta materia de los derechos constitucionales y, en particular, en relación con los derechos humanos, sin duda, la Constitución de 1999 fue un texto en el cual se incorporaron notables innovaciones signadas por el principio de la progresividad de la protección de los derechos humanos, que incluso se incorporó en el artículo 19.

Lamentablemente, en esta materia, en particular en materia de derechos humanos en situaciones de excepción, el proyecto de reforma constitucional sancionado en noviembre de 2007 tenía un notable **carácter regresivo**, completamente **contrario a dicho principio de la progresividad, con las que se configuraron al Estado como un Estado Policial, represivo**; y ello, a pesar de que la Asamblea Nacional, al discutir y sancionar el proyecto de reforma constitucional, afortunadamente no acogió las propuestas que había formulado el Consejo Presidencial para la Reforma Constitucional en su documento de junio 2007[62].

1. *La ampliación del principio de igualdad (Artículo 21)*

En el artículo 21 de la Constitución de 1999 se reguló ampliamente la garantía de la igualdad ante la ley con un contenido muy rico en contra de todo tipo de discriminaciones.

En el proyecto de reforma constitucional sancionado en noviembre de 2007 se propuso ampliar el ámbito protectivo contra las discriminaciones, al agregarse nuevos elementos en el ordinal primero del artículo, para garantizar la no discriminación, no sólo por motivos fundados "en la raza, el sexo, el credo, la condición social" como dice la Constitución de 1999, sino "**fundadas en lo étnico, género, edad, sexo, salud, credo, orientación política, orientación sexual, condición social o religiosa**".

2. *Los cambios en el régimen de los estados de excepción y respecto de la suspensión y restricción de las garantías constitucionales*

El Capítulo II del Título relativo a la "Protección de la Constitución", está destinado a regular las circunstancias excepcionales que pueden originar situa-

---

62 Como "Apéndice" a este estudio se comentan las propuestas de reforma formuladas por el **Consejo Presidencial para la Reforma Constitucional** en materia de derechos individuales, de marcado carácter regresivo.

ciones de excepción que afecten gravemente la seguridad de la Nación, de las instituciones y de las personas, y que ameritan la adopción de medidas político-constitucionales para afrontarlas (art. 337).

Las regulaciones de la Constitución de 1999, en esta materia, pretendieron ser tan radicalmente cambiadas en el proyecto de reforma constitucional sancionado en noviembre de 2007, con marcado carácter regresivo, que en las disposiciones de la Constitución sancionadas en la reforma, la única Disposición Derogatoria que contenía expresa era que "Se deroga la Ley Orgánica sobre Estados de Excepción, sancionada el 9 de agosto de 2001 y publicada en Gaceta Oficial de la República Bolivariana de Venezuela N° 37.261 del 15 de agosto de 2001".

A. *La ampliación de los supuestos de Estados de excepción (Artículo 338)*

De acuerdo con el artículo 338 de la Constitución de 1999, el estado de alarma se puede decretar "cuando se produzcan catástrofes, calamidades públicas u otros acontecimientos similares que pongan seriamente en peligro la seguridad de la Nación, o de sus ciudadanos y ciudadanas".

En el proyecto de reforma constitucional sancionado en noviembre de 2007, se propuso ampliar el ámbito de los estados de alarma, al desdoblárselos en dos: por una parte, respecto de situaciones hipotéticas se establecieron para un nuevo **estado de alarma**, "cuando exista la posibilidad cierta e inminente que va a ocurrir una situación capaz de generar catástrofes, calamidades públicas u otros acontecimientos similares, con el fin de tomar las medidas previas necesarias para proteger la seguridad de la Nación o de sus ciudadanos y ciudadanas"; y en cuanto el anterior estado de alarma, se lo calificó como **estado de emergencia** "cuando se produzcan catástrofes, calamidades públicas u otros acontecimientos similares que pongan seriamente en peligro la seguridad de la Nación o de sus ciudadanos y ciudadanas".

B. *La eliminación de los lapsos de duración de los estados de excepción (Artículos 338)*

La Constitución de 1999 establece que los estados de excepción tanto los de alarma, como los de emergencia o conmoción, tienen necesariamente que tener un límite de tiempo de duración que era variable de hasta 30, 60 o 90 días, pudiendo ser siendo prorrogables por un sólo período igual. En el proyecto de reforma constitucional sancionado, en cambio, por una parte se propuso **eliminar** del artículo 338 **los lapsos de duración** de los estados de excepción que son de **30 días** para los **estados de alarma, de 60 días** para los **estados de emergencia económica** y de **90 días** para los **estados de conmoción interior o exterior**; y por otra parte, se propuso establecer, pura y simplemente, que los estados de excepción **durarían "mientras se mantengan las causas que los motivaron"**, lo que los podría convertir en estados de excepción de duración ilimitada, y en todo caso, de duración sujeta a la sola discreción del presidente de la República.

La consecuencia de estas propuestas, era que la Asamblea Nacional perdía la potestad que le daba el artículo 338 de la Constitución de 1999, de aprobar (o negar) la prórroga de los estados de excepción.

C   *La posibilidad de suspender y no sólo de restringir las garantías constitucionales (**Artículo 337**)*

En la Constitución de 1999, fue eliminada la posibilidad de que, en los casos de estados de excepción, se pudieran "**suspender**" las garantías constitucionales, como lo autorizaba el artículo 241 en concordancia con el artículo 190,6 de la Constitución de 1961, lo que había dado origen a tantos abusos institucionales[63], quedando la potestad de excepción, a la sola posibilidad de "restringir" (art. 236,7) temporalmente las garantías constitucionales. En ningún caso es posible la suspensión de los derechos humanos en sí mismos, pues los mismos, en un Estado democrático no son suspendibles.

En esta materia, mediante el proyecto de reforma constitucional sancionado en noviembre de 2007, en una forma **asombrosamente regresiva** en materia de derechos humanos, se pretendió establecer **la posibilidad de que por decisión del presidente de la República, no sólo se pudieran "restringir" las garantías constitucionales, sino más grave aún,** que se pudieran "suspender" dichas **garantías** (art. 337), lo cual era inadmisible en una sociedad democrática, por lo que fue expresamente eliminado cuando se sancionó la Constitución de 1999.

D   *Los cambios en materia de las garantías constitucionales de los derechos humanos que no pueden ser afectadas en los estados de excepción (**Artículo 337**)*

Como se ha dicho en la Constitución de 1999, entre las **garantías consagradas en la Constitución que no pueden ser afectadas en los estados de excepción por decisión ejecutiva, están las** referidas a los derechos a la vida, prohibición de incomunicación o tortura, el derecho al debido proceso, el derecho a la información y los demás derechos humanos intangibles". Es decir, a la lista de garantías constitucionales que no pueden restringirse en forma alguna reguladas en los artículos 43; 43,2; 46,1; 49, y 58, se agregaron "los demás derechos humanos intangibles" cuyas garantías tampoco puede restringirse, como los indicados en el Pacto Internacional de Derechos Civiles y Políticos (art. 4), y en la Convención Americana de Derechos Humanos (art. 27), y que son: la garantía de la igualdad y no discriminación; la garantía de no ser condenado a prisión por obligaciones contractuales; la garantía de la irretroactividad de la ley; el derecho a la personalidad; la libertad religiosa; la garantía de no ser sometido a esclavitud o servidumbre; la garantía de la integridad personal; el principio de legalidad; la protección de la familia; los derechos del niño; la garantía de la no privación ar-

---

63   Véase por ejemplo, Allan R. Brewer-Carías, "Consideración sobre la suspensión o restricción de las garantías constitucionales" en *Revista de Derecho Público*, N° 37, Editorial Jurídica Venezolana, Caracas, enero-marzo 1989, pp. 5-25.

bitraria de la nacionalidad y el ejercicio de los derechos políticos al sufragio y el acceso a las funciones públicas.

En el proyecto de reforma constitucional que se aprobado en segunda discusión en la Asamblea Nacional en octubre de 2007, en franca violación del principio de progresividad en materia de derechos humanos, se buscaba reducir los derechos y garantías que no podría ser suspendidos a sólo **"los derechos a la vida y prohibición de incomunicación o tortura"**, **eliminándose la prohibición** que establece el artículo 337 de la Constitución de 1999 de que no pueden **restringirse los derechos al debido proceso, a la información y los demás derechos humanos intangibles"**.

Estas excepciones, en definitiva, en el proyecto de reforma constitucional sancionado por la Asamblea Nacional en noviembre de 2007, se buscó eliminarlas de la norma constitucional del artículo 337, aun cuando la lista de los derechos cuyas garantías no pueden ser restringidas ni suspendidas se propuso ampliar incorporándose, "las referidas al derecho a la vida, la prohibición de tortura, la incomunicación, la desaparición forzosa, el derecho a la defensa, a la integridad personal, a ser juzgado o juzgada por sus jueces naturales y no ser condenado o condenada a penas que excedan los treinta años".

E. *La eliminación de los mecanismos de control de los estados de excepción (**Artículos 338, 339)***

La Constitución de 1999, al regular los estados de excepción estableció tres tipos de sistemas de control de la potestad ejecutiva: por la Asamblea Nacional, por la Sala Constitucional del Tribunal Supremo de Justicia y por los organismos internacionales. Todos estos sistemas de control, se propuso que fueran eliminados con el proyecto de reforma constitucional sancionado en noviembre de 2007.

En primer lugar, se propuso la eliminación de la posibilidad que tiene la Asamblea Nacional de controlar y revocar el decreto ejecutivo de declaración de estados de excepción (así como de prorrogar los lapsos de duración), y se pretendió sustituirlo por la indicación de que sólo el presidente de la República puede dejar sin efecto el decreto "al cesar las causas que lo motivaron" (art. 339). En el artículo 339, sin embargo, sólo se propuso indicar que el decreto debía ser "presentado, dentro de los ocho días siguientes de haberse dictado, a la Asamblea Nacional o a la Comisión Delegada para su consideración y aprobación", pero eliminándose la potestad que tiene la Asamblea Nacional conforme a la Constitución de 1999 de poder revocar los decretos de estados de excepción, al cesar las causas que los motivaren.

En segundo lugar, también se propuso eliminar del Artículo 339, el control de constitucionalidad obligatorio por parte de la Sala Constitucional del Tribunal Supremo de Justicia respecto de los decretos de estados de excepción, que en dicha norma se prevé en la Constitución de 1999, aun cuando subsistía la competencia de la Sala Constitucional conforme al artículo 336,6 de revisar aún de oficio, la constitucionalidad de los decretos que declaren los estados de excepción dictados por el presidente de la República.

En tercer lugar, con el proyecto de reforma constitucional se buscó eliminar **la exigencia constitucional expresa establecida en el mismo artículo 339 de que los decretos de estados de excepción** deben cumplir con "las exigencias, principios y garantías establecidos en el Pacto Internacional de Derechos Civiles y Políticos y en la Convención Americana sobre Derechos Humanos"(art. 339).

3. *Los cambios en el régimen de los Derechos Sociales*

A. *Los cambios en materia de protección de la vivienda principal (Artículo 82)*

En el proyecto de reforma constitucional sancionado en noviembre de 2007, se propuso agregar al artículo 82 que regula el derecho de toda persona a la vivienda, una disposición tendiente a proteger el hogar, en la cual se establecía que **"toda persona tendrá derecho a la protección de su hogar o el de su familia** declarándolo como vivienda principal ante los órganos del Poder Popular, y por lo tanto, contra él no podrá acordarse ni ejecutarse medidas preventivas o ejecutivas de carácter judicial, sin más limitaciones que las previstas en la ley o convención en contrario".

B. *Los cambios en materia de derechos laborales (**Artículos 87, 90**)*

En el proyecto de reforma constitucional sancionado en noviembre de 2007, se propuso la introducción de cambios a dos artículos del capítulo de la Constitución relativo a los derechos laborales, cuyo contenido, en realidad, no requería de reforma constitucional alguna para su implementación.

La primera reforma incidió en el artículo 87, básicamente en relación con al régimen de seguridad social de los trabajadores no dependientes. Dicha norma de la Constitución de 1999, en efecto, además de establecer que toda persona tiene derecho al trabajo y el deber de trabajar, dispone que el Estado debe garantizar la adopción de las medidas necesarias a los fines de que toda persona pueda obtener ocupación productiva, que le proporcione una existencia digna y decorosa y le garantice el pleno ejercicio de este derecho; declarando como "fin del Estado fomentar el empleo" y remitiendo a la **ley la adopción de medidas tendentes a garantizar el ejercicio de los derechos laborales de los trabajadores no dependientes**. La norma, además, exige que todo patrono debe garantizar a sus trabajadores condiciones de seguridad, higiene y ambiente de trabajo adecuados, obligando al Estado a adoptar medidas y crear instituciones que permitan el control y la promoción de estas condiciones.

La reforma sancionada en noviembre de 2007 en relación con este artículo 87, fundamentalmente consistió, en primer lugar, **en proponer la eliminación de la declaración de que es "fin del Estado fomentar el empleo"**, y que el "Estado garantizará la adopción de las medidas necesarias a los fines de que **toda persona pueda obtener ocupación productiva**, que le proporcione una existencia digna y decorosa y le garantice el pleno ejercicio de este derecho". Ello se propuso sustituir por otra declaración que sólo decía que "El Estado desarrollará **políticas que generen ocupación productiva** y adoptará las medidas sociales necesarias para que toda persona pueda lograr una existencia digna, decorosa y provechosa para sí y para la sociedad".

En segundo lugar, a la **obligación de los patronos de garantizar a los trabajadores condiciones de salud, seguridad, higiene, ambiente de trabajo digno y adecuado**, se propuso agregar la **obligación del Estado de garantizar** "que en todos los ambientes del trabajo se cumplan dichas condiciones de salud, seguridad, higiene, ambiente y relaciones laborales acordes con la dignidad humana y creará instituciones que permitan el control y supervisión del cumplimiento de estas condiciones de trabajo".

En tercer lugar, se propuso la sustitución de la previsión constitucional que remite a la ley **la adopción de medidas tendentes a garantizar el ejercicio de los derechos laborales de los trabajadores y trabajadoras no dependientes, proponiendo indicar directamente en la norma** constitucional, que "a los fines de garantizar el ejercicio de los derechos laborales de los trabajadores y trabajadoras no dependientes, como taxistas, transportistas, motorizados y motorizadas, comerciantes, artesanos y artesanas, pequeños mineros y pequeñas mineras artesanales, barberos y barberas, peluqueros y peluqueras, pescadores y pescadoras, agricultores y agricultoras, trabajadores y trabajadoras temporales, amas de casa, empleados y empleadas domésticos, cultores y cultoras populares, profesionales y todo aquel que ejerza por cuenta propia cualquier actividad productiva para el sustento de sí mismo y de su familia, la ley creará y desarrollará todo lo concerniente a un Fondo de Estabilidad Social para Trabajadores y Trabajadoras por Cuenta Propia, para que con el aporte del Estado y del trabajador o trabajadora, puedan éstos y éstas gozar de los derechos laborales fundamentales, tales como jubilaciones, pensiones, vacaciones, reposos pre y post natal y otros que establezcan las leyes".

En realidad, para la implementación de esta reforma bastaba sancionar una ley que regulara todos esos aspectos, conforme a la norma del artículo 87 de la Constitución de 1999.

La segunda de las reformas constitucionales sancionadas en materia de derechos laborales, se refirió al artículo 90 en relación con la jornada de trabajo. En el artículo 90 de la Constitución de 1999 se dispone que "**la jornada de trabajo diurna no excederá de ocho horas diarias ni de cuarenta y cuatro horas semanales**" y en los casos "en que la ley lo permita, la jornada de trabajo nocturna **no excederá de siete horas diarias ni de treinta y cinco semanales**", prohibiéndose a los patronos a "obligar a los trabajadores a laborar horas extraordinarias". El artículo, además, establece el principio de que **se debe propender** "a la **progresiva disminución de la jornada de trabajo** dentro del interés social y del ámbito que se determine" y se debía "disponer lo conveniente para la mejor utilización del tiempo libre en beneficio del desarrollo físico, espiritual y cultural de los trabajadores y trabajadoras"; y consagraba el derecho de los trabajadores "al descanso semanal y vacaciones remunerados en las mismas condiciones que las jornadas efectivamente laboradas".

El proyecto de reforma constitucional sancionado en noviembre de 2007 relativa a dicho artículo 90, fundamentalmente buscó, en primer lugar, **reducir los límites máximos de la jornada de trabajo** a **seis horas diarias y treinta y seis**

horas semanales, para la jornada diurna; y a **seis horas diarias ni de treinta y cuatro semanales,** para la jornada nocturna, para lo cual, en realidad, hubiera bastado la sanción de una ley, ya que lo que se establecía en la Constitución era un límite máximo.

En segundo lugar, en el proyecto de reforma constitucional respecto del artículo 90 buscó indicar que la mejor **utilización del tiempo libre de los trabajadores no sólo es en beneficio del desarrollo físico, espiritual y cultural** de los mismos como lo dice la Constitución de 1999, agregando además, en beneficio de **la educación, formación integral, desarrollo humano, físico, espiritual, moral, y técnico** de los trabajadores, para lo cual, de nuevo, no era necesaria una reforma a la Constitución, bastando que ello se estableciera por la ley.

C. *Los cambios en relación con los derechos culturales (****Artículos 98, 100****)*

La Constitución de 1999, consagra una serie de derechos relativos a la cultura, como la libertad y la creación cultural, incluyendo la protección legal de los derechos del autor sobre sus obras, y la propiedad intelectual, con las condiciones y excepciones que establezcan la ley y los tratados internacionales suscritos y ratificados por la República en esta materia (art. 98).

El proyecto de reforma constitucional sancionado en noviembre de 2007, en relación con el artículo 98, básicamente tuvo por objeto **eliminar** la previsión de la Constitución de 1999, que establece la obligación del Estado de **reconocer y proteger "la propiedad intelectual** sobre las obras científicas, literarias y artísticas, invenciones, innovaciones, denominaciones, patentes, marcas y lemas de acuerdo con las condiciones y excepciones que establezcan la ley y los tratados internacionales suscritos y ratificados por la República en esta materia".

Con ello, se eliminaba conceptualmente el concepto de "propiedad" intelectual, proponiéndose la sustitución de esa norma por la sola previsión de que "el Estado reconocerá los derechos de todos y todas a tomar parte libremente en la vida cultural de la comunidad, a gozar de las artes y a participar en el progreso científico, tecnológico y en los beneficios que de él resulten".

Por otra parte, en el artículo 100 de la Constitución de 1999 se establecen los principios que deben guiar la protección de la cultura popular, respetándose la interculturalidad bajo el principio de igualdad de las culturas (art. 100). Con el proyecto de reforma constitucional de noviembre de 2007, se buscó ampliar el principio cultural, al declararse que la República "es el resultado histórico de la confluencia de múltiples culturas, por ello el Estado reconoce la diversidad de sus expresiones y valora las raíces indígenas, europeas y africanas que dieron origen a nuestra Gran Nación Suramericana". En la norma se agregaba, además, que "las culturas populares de los pueblos indígenas, de los eurodescendientes y de los afrodescendientes, constitutivas de la venezolanidad, gozan de atención especial, reconociéndose y respetándose la interculturalidad bajo el principio de igualdad de las culturas".

D. *Los cambios en relación con el derecho a la educación y con la autonomía universitaria Artículos 103, 109)*

En cuanto al derecho a la educación, el artículo 103 de la Constitución, regula el derecho a la educación integral, la gratuidad de la educación pública; y el carácter obligatorio de la educación en todos sus niveles, desde el maternal hasta el nivel medio diversificado. La impartida en las instituciones del Estado es gratuita hasta el pregrado universitario (art. 103).

En la reforma sancionada en noviembre de 2007, se buscaba modificar la expresión del texto del artículo 103, en el sentido de que la igualdad de oportunidades en el ejercicio del derecho a la educación es "**sin más limitaciones que las derivadas de sus aptitudes, vocación y aspiraciones**", proponiéndose sustituirla por la expresión de que a las personas "se le respetará sus aptitudes, vocación y aspiraciones".

Por otra parte, en lugar de la obligación que tiene el Estado de realizar "una inversión prioritaria, de conformidad con las recomendaciones de la Organización de las Naciones Unidas"; como lo dispone el artículo 103 de la Constitución de 1999, con el proyecto de reforma constitucional sancionado en noviembre de 2007, se propuso establecer que la inversión prioritaria que debía realizar el Estado era "de acuerdo **a los principios humanísticos del socialismo bolivariano,** y tomando en cuenta las recomendaciones de la Organización de las Naciones Unidas".

Por otra parte, una de las innovaciones de la Constitución de 1999, fue haber constitucionalizado en el artículo 109 el régimen de la **autonomía universitaria** como principio y jerarquía que permite a los profesores, profesoras, estudiantes, egresados y egresadas de su comunidad dedicarse a la búsqueda del conocimiento a través de la investigación científica, humanística y tecnológica, para beneficio espiritual y material de la Nación. A tal efecto, la Constitución reconoció el principio de autogobierno de las Universidades, precisándose que la autonomía universitaria es para planificar, los programas de investigación, docencia y extensión, y reconociéndose la inviolabilidad del recinto universitario (art. 109).

En el proyecto de reforma constitucional sancionado en noviembre de 2007, se buscaba limitar seriamente la autonomía universitaria, mediante los siguientes agregados que se propusieron al artículo 109 de la Constitución de 1999.

En primer lugar, se buscó incorporar una disposición según la cual "se reconoce a los trabajadores y trabajadoras de las universidades como integrantes con plenos derechos de la comunidad universitaria, una vez cumplidos los requisitos de ingreso, permanencia y otros que paute la ley".

En segundo lugar, en cuanto al derecho de las universidades autónomas de darse "sus normas de gobierno", ese privilegio del autogobierno universitario se buscó encasilla con el proyecto de reforma constitucional, al agregarse a la norma que garantiza que las Universidades se darán sus normas de gobierno, la expresión que ello debía ser "**de acuerdo con los principios de la democracia participativa y protagónica**".

En tercer lugar, con el proyecto de reforma constitucional se propuso agregar a la norma del artículo 109, cambios radicales relativo al sistema de autogobierno universitario y elección de sus autoridades, al disponerse que la ley, primero, debía garantizar "el voto paritario de los y las estudiantes, los profesores y las profesoras, trabajadores y trabajadoras para elegir las autoridades universitarias", con lo que la comunidad dejaba de ser solamente académica; segundo, que debía consagrar "el derecho al sufragio a todos los y las docentes que hayan ingresado por concurso de oposición, desde la categoría de instructor o instructora hasta titular"; y tercero, que debía establecer "las normas para que las elecciones universitarias se decidan en una sola vuelta", es decir, eliminando toda posibilidad de conformaciones de autoridades con base en mayorías absolutas.

VIII. LOS CAMBIOS EN EL RÉGIMEN DE LA FUERZA ARMADA: DE UN ESTADO CIVIL A UN ESTADO MILITARISTA (ARTÍCULOS 328, 329)

Otra materia que constituyó una novedad en la Constitución de 1999 fue la relativa a la Fuerza Armada Nacional dentro del régimen de la seguridad y defensa, con acentuado carácter militarista.

En el proyecto de reforma constitucional sancionado en noviembre de 2007, además de proponer el cambio el nombre de la institución de **Fuerza Armada Nacional por Fuerza Armada Bolivariana** (art. 156,8; 236,6; 328 y 329) y de aumentarse sus componentes que en la Constitución son cuatro (**Ejército, Armada, Aviación y Guardia Nacional**), a cinco, al agregarse la **Milicia Nacional**, se les pretendió cambiado el nombre por los siguientes: **Ejército Nacional Bolivariano, Armada Nacional Bolivariana, Aviación Nacional Bolivariana, Guardia Nacional Bolivariana y Milicia Nacional Bolivariana** (Art. 329). Además, en el proyecto de reforma constitucional sancionado en noviembre de 2007, se buscó la introducción de una serie de modificaciones a los artículos 328 y 329 de la Constitución.

En cuanto al artículo 328 de la Constitución de 1999, el mismo dispone que la Fuerza Armada Nacional constituye **"una institución esencialmente profesional, sin militancia política, organizada por el Estado para garantizar la independencia y soberanía de la Nación y asegurar la integridad del espacio geográfico"**, mediante la defensa militar, la cooperación en el mantenimiento del orden interno y la participación activa en el desarrollo nacional, de acuerdo con esta Constitución y con la ley. La norma agrega, que "en el cumplimiento de sus funciones, **está al servicio exclusivo de la Nación y en ningún caso al de persona o parcialidad política alguna"**, siendo sus pilares fundamentales "la disciplina, la obediencia y la subordinación".

En el proyecto de reforma constitucional sancionado en noviembre de 2007 en relación con el artículo 328, en primer lugar, **se propuso eliminar la previsión constitucional de que la Fuerza Armada es una "institución esencialmente profesional, sin militancia política"**, y en su lugar se buscó establecer que constituía **"un cuerpo esencialmente patriótico, popular y antiimperialista"**. Con ello, **desaparecía la institución militar como institución profesional,** y desaparecía la prohibición de que la misma no tenga militancia política, definiéndosela como "patriótico popular y antiimperialista", lo que abría el camino constitucional para la integración de la **Fuerza Armada Bolivariana en el partido político de su Comandante en Jefe, quien ejerce la Suprema Autoridad Jerárquica en todos sus Cuerpos, Componentes y Unidades, tal como se propuso en la reforma del artículo 236,6 de la Constitución.**

En segundo lugar, entre los objetivos de la Fuerza Armada, además de ser organizada para **"garantizar la independencia y soberanía de la nación y asegurar la integridad del espacio geográfico"**, en el proyecto de reforma constitucional sancionado en noviembre de 2007, se propuso agregar, además, que era para **"preservarla de cualquier ataque externo o interno".**

En tercer lugar, en lugar de establecerse que esos objetivos se deben lograr **"mediante la defensa militar, la cooperación en el mantenimiento del orden interno y la participación activa en el desarrollo nacional"**, con la reforma se propuso que debían lograrse **"mediante el estudio, planificación y ejecución de la doctrina militar bolivariana, la aplicación de los principios de la defensa integral y la guerra popular de resistencia, la cooperación en tareas de mantenimiento de la seguridad ciudadana y del orden interno, así como la participación activa en planes para el desarrollo económico, social, científico y tecnológico de la Nación".** Se buscó incorporar, en esta forma, la **"doctrina militar bolivariana"**, como elemento esencial de la actuación de la Fuerza Armada, que era lo mismo que doctrina militar socialista, dada la vinculación que hizo el proyecto de reforma constitucional entre "socialismo" y "bolivarianismo"; se propuso incorporar elementos de guerrilla como "la guerra popular de resistencia", y se pretendió convertir a la Fuerza Armada en organización de policía nacional, al atribuírsele la competencia en materia de mantenimiento de la **seguridad ciudadana y del orden interno.** Además, con la previsión de que entre sus funciones estaba la de participar en forma "activa en planes para el desarrollo económico, social, científico y tecnológico de la Nación", **se buscó constitucionalizar la militarización del Estado y la Administración.**

En cuarto lugar, en lugar de establecerse como lo prevé la Constitución de 1999 que en el cumplimiento de sus funciones, la Fuerza Armada **"está al servicio exclusivo de la Nación y en ningún caso al de persona o parcialidad política alguna"**, en la reforma se buscó sustituir esta disposición por la indicación de que en **"el cumplimiento de su función, estará siempre al servicio del pueblo venezolano en defensa de sus sagrados intereses y en ningún caso al de oligarquía alguna o poder imperial extranjero".** La consecuencia de este cambio, **eras la eliminación de la prohibición impuesta constitucionalmente a la Fuerza Armada de que pueda estar al servicio de persona o parcialidad política alguna,** lo que de nuevo abría el camino constitucional para la integración de la Fuerza Armada **en el partido político de su Comandante en Jefe, quien ejerce la Suprema Autoridad Jerárquica en todos sus Cuerpos, Componentes y Unidades, como se estableció en la reforma del artículo 236,6 de la Constitución, quien la podía poner a su servicio o al servicio del partido del gobierno.**

Recuérdese, además, que en la reforma del artículo 236,7, se buscó atribuir al presidente de la República, en tal carácter de comandante en jefe, la potestad de **promover a sus oficiales en todos los grados y jerarquías y designarlos o designarlas para los cargos correspondientes (art. 236,7), lo que constituía el instrumento para asegurar la sujeción política de los mismos.**

En quinto lugar, además de establecerse que sus pilares fundamentales son la Constitución y las leyes, así como la disciplina, la obediencia y la subordinación, en la reforma se agregó que **"sus pilares históricos están en el mandato de Bolívar: 'Libertar a la patria, empuñar la espada en defensa de las garantías sociales y merecer las bendiciones del pueblo'".**

En cuanto al artículo 329 de la Constitución de 1999, el mismo dispone que, "el Ejército, la Armada y la Aviación tienen como responsabilidad esencial la planificación, ejecución y control de las operaciones militares requeridas para asegurar la defensa de la Nación", y en cuanto a la Guardia Nacional, la misma debía "cooperar en el desarrollo de dichas operaciones y tendrá como responsabilidad básica la conducción de las operaciones exigidas para el mantenimiento del orden interno del país". La norma agrega que "la Fuerza Armada Nacional podrá ejercer las actividades de policía administrativa y de investigación penal que le atribuya la ley".

En el proyecto de reforma constitucional sancionado en noviembre de 2007, en relación con el artículo 329, en primer lugar, como se dijo, se buscó **aumentar a cinco los componentes militares de la Fuerza Armada Bolivariana**, como cuerpos de tierra, mar y aire, organizados administrativamente así: el **Ejército Nacional Bolivariano, la Armada Nacional Bolivariana, la Aviación Nacional Bolivariana, la Guardia Nacional Bolivariana y la Milicia Nacional Bolivariana.**

En segundo lugar, en el proyecto de reforma constitucional sancionado en noviembre de 2007, además, se propuso establecer con toda claridad, que "la Fuerza Armada Bolivariana podrá ejercer las **actividades de policía** que le atribuya la ley".

Con estas reformas se **acentuaba el carácter político de la Fuerza Armada y el militarismo del Estado,** que se había iniciado en la propia Constitución de 1999, de cuyas normas ya había desaparecido "el carácter apolítico y no deliberante" de la Fuerza Armada que establecía el artículo 132 de la Constitución de 1961; la obligación esencial que tenía la Fuerza Armada Nacional conforme a ese mismo artículo, de asegurar "la estabilidad de las instituciones democráticas y el respeto a la Constitución y las leyes, cuyo acatamiento estará siempre por encima de cualquier otra obligación"; la tradicional prohibición de que la autoridad militar y la civil no podían ejercerse simultáneamente que establecía el artículo 131 de la Constitución de 1961; y el control por parte de la Asamblea Nacional respecto de los ascensos de los militares de alta graduación (art. 331, C. 1961).

CONSIDERACIÓN FINAL

Como se puede evidenciar de todo lo anteriormente expuesto, con el proyecto de reforma constitucional sancionado por la Asamblea Nacional el 2 de noviembre de 2007, se pretendió introducir una radical y profunda transformación del Estado y la creación de un nuevo ordenamiento jurídico como quizás nunca antes se había producido en la historia constitucional de la República.

Ello, por supuesto, no podía ser objeto de una "reforma constitucional" en los términos del artículo 342 de la Constitución. Esta, en efecto, establece tres mecanismos de revisión constitucional distintos, según la importancia de las modificaciones a la Constitución: la "enmienda", con la sola participación del pueblo como poder constituyente originario mediante referendo; la "reforma", con la participación de un poder constituido (la Asamblea Nacional) y del pueblo como poder constituyente originario mediante referendo; y la "Asamblea Nacional Constituyente" mediante la participación, dos veces, del pueblo como poder constituyente originario, primero para convocar la Asamblea y para la elección de sus miembros, y luego mediante referendo. Esta última modalidad que exige la doble participación del pueblo como poder constituyente originario, es la regulada en el artículo 347 cuando se trate de "transformar el Estado, crear un nuevo ordenamiento jurídico y redactar una nueva Constitución", y eso es lo que precisamente ocurrido con la "reforma constitucional" propuesta por el presidente de la República y sancionada por la Asamblea Nacional el 2 de noviembre de 2007, para lo cual se acudió inconstitucionalmente al procedimiento de la "reforma constitucional" regulado en el artículo 342 aplicable solo para aquellos casos en lo que se efectuase una "revisión parcial de esta Constitución y la sustitución de una o varias de sus normas que no modifiquen la estructura y principios fundamentales del texto Constitucional". Con ello, inconstitucionalmente se obvió la necesaria participación previa del pueblo como poder constituyente originario en la convocatoria y elección de una Asamblea Nacional Constituyente, cuyo rol fue usurpado por la Asamblea Nacional.

Esta inconstitucionalidad en el procedimiento de revisión constitucional debió ser controlada por la Jurisdicción Constitucional que ejerce la Sala Constitucional, la cual tiene competencia para anular los actos estatales contrarios a la Constitución, como fue el acto de la Asamblea Nacional del 2 de novie 2007 sancionado el proyecto de reforma constitucional.

En efecto, estando los procedimientos para la revisión de la Constitución regulados en el propio texto de la Constitución, el poder constituyente derivado está sujeto a límites constitucionales, sea que se ejerza directamente por el pueblo o por órganos constituidos del Estado como es la Asamblea Nacional. Entre esos límites están, precisamente, los límites que derivan de las propias regulaciones constitucionales en cuanto al procedimiento de revisión constitucional, que en el caso de Venezuela, como se dijo, están en los artículos 340 a 349.

Siendo límites constitucionales establecidos por el poder constituyente originario que fue el pueblo al aprobar mediante referendo la Constitución el 15 de diciembre de 1999, dado el principio de la supremacía constitucional que rige en la Constitución (art. 7), los mismos pueden ser objeto de control de constitucionalidad por la Jurisdicción Constitucional, es decir, por la sala Constitucional del Tribunal Supremo conforme a los artículos 266,1; 334, in fine y 366, 4 de la Constitución.

Cuando las Constituciones han establecido precisos procedimientos que el poder constituyente derivado debe seguir para la revisión constitucional, los cuales se constituyen en límites constitucionales adjetivos o procedimentales para la revisión constitucional, la consecuencia lógica de estas regulaciones y del sometimiento a la Constitución es que el cumplimiento de dichos procedimientos de reforma o enmienda constitucional, dado el principio de la supremacía constitucional, debe estar sujeto a control de constitucionalidad por parte de los órganos de la Jurisdicción Constitucional.

Ello, incluso se regula expresamente en muchas Constituciones latinoamericanas.

Es el caso por ejemplo, de la Constitución de Colombia, cuyo artículo 241 atribuye a la Corte Constitucional la guarda de la integridad y supremacía de la Constitución, y *en particular de los procedimientos para la revisión constitucional*, asignándole en particular competencia para:

"1. Decidir sobre las demandas de inconstitucionalidad que promuevan los ciudadanos contra los actos reformatorios de la Constitución, *cualquiera que sea su origen, sólo por vicios de procedimiento en su formación.*

2. Decidir, con anterioridad al pronunciamiento popular, sobre la constitucionalidad de la convocatoria a un referendo o a una asamblea constituyente para reformar la Constitución, *sólo por vicios de procedimiento en su formación.*

3. Decidir sobre la constitucionalidad de los referendos sobre leyes y de las consultas populares y plebiscitos del orden nacional. Estos últimos *sólo por vicios de procedimiento en su convocatoria y realización*".

Por su parte, el artículo 379 de la misma Constitución de Colombia dispone expresamente que en todos los procedimientos de revisión constitucional en los cuales haya actos legislativos, convocatoria a referendo, de consulta popular o convocatoria a la Asamblea Constituyente, los mismos pueden ser declarados inconstitucionales por la Corte Constitucional cuando violen los requisitos establecidos en el Título XIII de la Constitución en el cual se regula la reforma constitucional. La acción pública contra estos actos sólo procede dentro del año siguiente a su promulgación, con observancia de lo dispuesto en el artículo 241 numeral 2 de la propia Constitución que regula la potestad de la Corte Constitucional de decidir, con anterioridad al pronunciamiento popular, sobre la constitucionalidad de la convocatoria a un referendo o a una asamblea constituyente para reformar la Constitución, sólo por vicios de procedimiento en su formación.

Por otra parte, la Constitución de Bolivia enumera entre las atribuciones del Tribunal Constitucional (Art. 119, VII, 10), la de conocer y resolver sobre las demandas *respecto a procedimientos en la reforma* de la Constitución, las cuales se pueden plantear por cualquier Senador o Diputado o por el presidente de la República, en relación con los proyectos de reforma. En Costa Rica, el artículo

10, b) de la Constitución atribuye a la Sala Constitucional de la Corte Suprema de Justicia, competencia para conocer de las *consultas sobre proyectos* de reforma constitucional.

En la Constitución de Chile, el artículo 82, 2 atribuye al Tribunal Constitucional competencia para resolver las *cuestiones sobre constitucionalidad que se susciten durante la tramitación de los proyectos* de reforma constitucional. En este caso, el Tribunal sólo puede conocer de la materia a requerimiento del presidente de la República, de cualquiera de las Cámaras o de una cuarta parte de sus miembros en ejercicio, siempre que sea formulado antes de la promulgación de la reforma. El Tribunal debe resolver dentro del plazo de diez días contados desde que reciba el requerimiento, a menos que decida prorrogarlo hasta por otros diez días por motivos graves y calificados. Este requerimiento, en todo caso, no suspende la tramitación del proyecto; pero la parte impugnada de éste no podría ser promulgada hasta la expiración del plazo referido.

En consecuencia, durante el desarrollo de los procedimientos para la revisión constitucional, puede decirse que los órganos a los que se atribuye el ejercicio del poder constituyente derivado están sometidos a la Constitución, la cual, como lo indica la Constitución de Nicaragua, tiene que seguir en vigencia "mientras no se apruebe por la Asamblea Nacional Constituyente la nueva Constitución" (art. 194); o como lo indica la Constitución de República Dominicana "no podrá jamás ser suspendida ni anulada por ningún poder ni autoridad ni tampoco por aclamaciones populares"(art. 120).

No es posible, por tanto, realizar una reforma constitucional mediante un procedimiento distinto al establecido en la Constitución. En consecuencia, los procedimientos de reforma o enmienda constitucional que no se desarrollen conforme a las normas constitucionales que los regulan, o que versen sobre asuntos o materias que la Constitución prohíbe, son inconstitucionales y pueden ser controlados por la Jurisdicción Constitucional, en nuestro caso, la Sala Constitucional del Tribunal Supremo de Justicia.

El problema de la relación entre rigidez y revisión constitucional, sin embargo, deriva de la situación fronteriza entre el derecho y los hechos, en la cual se mueven. No ha sido infrecuente en América Latina, que a pesar de las previsiones constitucionales, se hayan producido reformas parciales e incluso totales de los textos constitucionales sin seguirse los procedimientos prescritos para las reformas o enmiendas, originándose sin duda, inconstitucionalidades, que luego, por la fuerza de los hechos, han encontrado alguna legitimación política circunstancial. El problema radica en la duración de la estabilidad constitucional que pueda derivarse de la supuesta legitimación y en el consenso que se haya podido haber obtenido para las reformas[64].

---

64   Véase sobre este tema de la reforma constitucional y el control de constitucionalidad en Allan R. Brewer-Carías, "La reforma constitucional en América Latina y el control de constitucionalidad", en *Reforma de la Constitución y control de constitucionalidad. Congreso Internacional*, Pontificia Universidad Javeriana, Bogotá Colombia, junio 14 al 17 de 2005, Bogotá, 2005, pp. 108-159; "Modelos de revisión constitucional en América Latina", en *Boletín de la Academia de Ciencias Políticas y Sociales*, enero-diciembre

Reformas impuestas por minorías o por mayorías circunstanciales sin que hayan sido producto de acuerdos, compromisos y consensos, es decir, de verdaderos pactos políticos, generalmente no tienen larga vida y las más de las veces, la vida que tienen termina estando vinculada a la vida política del o de los actores que las impusieron.

En el caso de la reforma constitucional sancionada por la Asamblea Nacional en 2007, sin embargo, una vez que los actos diversos que condujeron a dicha sanción fueron impugnados ante la Sala Constitucional, abandonando su función de control de constitucionalidad, la Sala declaró todas las acciones simplemente como "improponibles".[65]

Afortunadamente, sin embargo, la reforma constitucional de 2007, al ser sometida a referendo aprobatorio en diciembre del mismo año, fue rechazada por el pueblo, y así, no pasó de ser un proyecto más de Chávez por transformar al Estado democrático en un Estado socialista, eliminando el sistema democrático representativo.

2003, No. 141, Caracas 2004. pp. 115-156; y "Los procedimientos de revisión constitucional en Venezuela", en Eduardo Rozo Acuña (Coord.), *I Procedimenti di revisione costituzionale nel Diritto Comparato,* Atti del Convegno Internazionale organizzato dalla Facoltà di Giurisprudenza di Urbino, 23-24 aprile 1997, Università Degli Studi di Urbino, pubblicazioni della Facoltà di Giurisprudenza e della Facoltá di Scienze Politiche, Urbino, Italia, 1999, pp. 137-181.

65   Véase Allan R. Brewer-Carías, "El juez constitucional vs. la supremacía constitucional O de cómo la jurisdicción constitucional en Venezuela renunció a controlar la constitucionalidad del procedimiento seguido para la 'reforma constitucional' sancionada por la Asamblea Nacional el 2 de noviembre de 2007, antes de que fuera rechazada por el pueblo en el referendo del 2 de diciembre de 2007," en Eduardo Ferrer Mac Gregor y César de Jesús Molina Suárez (Coordinadores), *El juez constitucional en el Siglo XXI,* Universidad nacional Autónoma de México, Suprema Corte de Justicia de la Nación, México 2009, Tomo I, pp. 385-435.

QUINTA PARTE:

LA DESCONSTITUCIONALIZACIÓN DEL ESTADO: LA IMPLEMENTACIÓN DE LA RECHAZADA REFORMA CONSTITUCIONAL DE 2007 MEDIANTE LEYES EN 2010 Y LA CREACIÓN DEL ESTADO COMUNAL O DEL PODER POPULAR

(O de cómo en el siglo XXI, en Venezuela se decretó, al margen de la Constitución, un Estado de Comunas y de Consejos Comunales, y se estableció una sociedad socialista y un sistema económico comunista, por los cuales nadie ha votado)[*]

INTRODUCCIÓN

La Constitución de 1999 de Venezuela, actualmente vigente, constituyó al país como un **Estado Democrático y Social de Derecho y de Justicia**, "que propugna como valores superiores de su ordenamiento jurídico y de su actuación, la vida, la libertad, la justicia, la igualdad, la solidaridad, la democracia, la responsabilidad social y, en general, la preeminencia de los derechos humanos, la ética y el pluralismo político" (art. 2), organizando a la República como "un **Estado federal descentralizado**" que "se rige por los principios de integridad territorial, cooperación, solidaridad, concurrencia y corresponsabilidad" (art. 4).

---

[*] El texto de esta parte es el del estudio sobre: "Introducción General al Régimen del Poder Popular y del Estado Comunal (O de cómo en el siglo XXI, en Venezuela se decreta, al margen de la Constitución, un Estado de Comunas y de Consejos Comunales, y se establece una sociedad socialista y un sistema económico comunista, por los cuales nadie ha votado)," publicado en el libro de: Allan R. Brewer-Carías, Claudia Nikken, Luis A. Herrera Orellana, Jesús María Alvarado Andrade, José Ignacio Hernández y Adriana Vigilanza, *Leyes Orgánicas sobre el Poder Popular y el Estado Comunal (Los consejos comunales, las comunas, la sociedad socialista y el sistema económico comunal)* Colección Textos Legislativos N° 50, Editorial Jurídica Venezolana, Caracas 2011, pp. 9-182

Ese es el Estado Constitucional en Venezuela: un **Estado Federal descentralizado, Democrático y Social de Derecho y de Justicia,**[1] que está montado sobre un sistema de distribución vertical del Poder Público en tres niveles territoriales de entidades políticas: el Poder Nacional que ejercen los órganos de la República; el Poder de los Estados que ejercen los Estados de la Federación, y el Poder Municipal (art. 136) que ejercen los Municipios, cada uno debiendo tener siempre un gobierno de carácter "electivo, descentralizado, alternativo, responsable, pluralista y de mandatos revocables," tal como lo manda el artículo 6 de la Constitución.[2]

No es posible, por tanto, constitucionalmente hablando, crear por ley instancias políticas que vacíen de competencias a los órganos del Estado (la República, los Estados, los Municipios y demás entidades locales) y menos aún establecerlos con funciones políticas sin que se asegure su carácter electivo-representativo mediante la elección de representantes del pueblo a través de sufragio universal, directo y secreto; sin que se asegure su autonomía política, propia del carácter descentralizado del Estado y del gobierno; y sin que se garantice su carácter pluralista, en el sentido de que no pueden estar vinculados a una ideología determinada como es el Socialismo.

Ese modelo de Estado Constitucional desarrollado a partir de la Constitución de 1961 y que se consolidó formalmente en la Constitución de 1999, se intentó cambiar radicalmente mediante una Reforma Constitucional que fue sancionada por la Asamblea Nacional en noviembre de 2007 con el objeto de establecer un Estado Socialista, Centralizado, Militarista y Policial[3] denominado Estado del Poder Popular o Estado Comunal,[4] la cual sin embargo, una vez sometida a consulta popular, fue rechazada por el pueblo en el referendo de 7 de diciembre de 2007.[5]

---

1   Véase el estudio de la Constitución en cuanto a la regulación de este modelo de Estado Constitucional en Allan R. Brewer-Carías, *La Constitución de 1999. Derecho Constitucional venezolano*, 2 tomos, Caracas 2004.

2   En el Reglamento de la Ley Orgánica del Consejo Federal de Gobierno, sin embargo, se ha definido el "federalismo" en forma totalmente contraria al esquema de división política territorial que consagra la Constitución, indicándose que ahora es un: "Sistema de organización política de la República Bolivariana de Venezuela, regido por los principios de integridad territorial, económica y política de la Nación venezolana, cooperación, solidaridad, concurrencia y corresponsabilidad entre las instituciones del Estado y el pueblo soberano, para la construcción de la sociedad socialista y del Estado Democrático y Social de Derecho y de Justicia, mediante la participación protagónica del pueblo organizado en las funciones de gobierno y en la administración de los factores y medios de producción de bienes y servicios de propiedad social, como garantía del ejercicio pleno de la soberanía popular frente a cualquier intento de las oligarquías nacionales y regionales de concentrar, centralizar y monopolizar el poder político y económico de la Nación y de las regiones"(art. 3). Véase en *Gaceta Oficial* Nº 39.382 del 9 de marzo de 2010.

3   Véase Allan R. Brewer-Carías, *Hacia la Consolidación de un Estado Socialista, Centralizado, Policial y Militarista. Comentarios sobre el sentido y alcance de las propuestas de reforma constitucional 2007,* Colección Textos Legislativos, Nº 42, Editorial Jurídica Venezolana, Caracas 2007.

4   Véase Allan R. Brewer-Carías, *La reforma constitucional de 2007 (Comentarios al Proyecto inconstitucionalmente sancionado por la Asamblea Nacional el 2 de noviembre de*

Sin embargo, en burla a la voluntad popular y en fraude a la Constitución, desde antes de que se efectuara dicho referendo, la Asamblea Nacional, en abierta violación a la Constitución, comenzó a desmantelar el Estado Constitucional para sustituirlo por un Estado Socialista, imponiendo a la fuerza como ideología única la socialista, mediante la estructuración *paralela* de un Estado del Poder Popular o Estado Comunal, a través de la sanción de la Ley de los Consejos Comunales de 2006,[6] reformada posteriormente y elevada al rango de ley orgánica en 2009.[7]

Posteriormente, el empeño por implantar en Venezuela ese Estado Socialista y borrando todo vestigio de pluralismo, fue indirectamente rechazado de nuevo con ocasión de las elecciones legislativas efectuadas el 26 de septiembre de 2010, las cuales fueron planteadas por el presidente de la República y la mayoría oficialista de la propia Asamblea Nacional, quienes hicieron una masiva campaña a favor de sus candidatos como un "plebiscito" respecto al propio presidente, y de su actuación y sus políticas socialistas ya previamente rechazadas por el pueblo en 2007; "plebiscito" que el presidente de la República y su partido perdieron abrumadoramente pues la mayoría del país votó en contra de las mismas.

Sin embargo, al haber perdido en dichas elecciones parlamentarias, el presidente y su partido, teniendo aún el control absoluto sobre la Asamblea Nacional y sabiendo que luego de las elecciones legislativas de diciembre de 2010 ya no podrían imponer a su antojo la legislación que quisieran, antes de que los nuevos diputados electos a la Asamblea pudieran tomar posesión de sus cargos en enero de 2011, en diciembre de 2010, atropelladamente y de nuevo en fraude a la voluntad popular y a la Constitución, utilizaron la deslegitimada Asamblea Nacional precedente para proceder a la sanción de un conjunto de Leyes Orgánicas mediante las cuales se ha terminado de definir, al margen de la Constitución y en violación a la misma, [8] el marco normativo de un nuevo Estado Socialista, *paralelo al Estado Constitucional*, que se denomina "Estado Comunal" y que si nos atenemos a las experiencias históricas precedentes, todas fracasadas, unas desaparecidas como el de la Unión Soviética, y otros en vías de extinción como el de Cuba, no es otra

2007), Colección Textos Legislativos, N° 43, Editorial Jurídica Venezolana, Caracas 2007.

5   Véase Allan R. Brewer-Carías, "La proyectada reforma constitucional de 2007, rechazada por el poder constituyente originario", en *Anuario de Derecho Público 2007,* Año 1, Instituto de Estudios de Derecho Público de la Universidad Monteávila, Caracas 2008, pp. 17-65.

6   Véase en *Gaceta Oficial* N° 5.806 Extra. de 10-04-2006

7   Véase en *Gaceta Oficial* N° 39.335 de 28-12-2009. Véase la sentencia N° 1.676 de 03-12-2009 de la Sala Constitucional del Tribunal Supremo de Justicia sobre la constitucionalidad del carácter orgánico de esta Ley Orgánica de los Consejos Comunales. Véase en http://www.tsj.gov.ve/decisiones/ scon/diciembre/1676-31209-2009-09-1369.html

8   Véase el estudio de José Ignacio Hernández, Jesús María Alvarado Andrade y Luis A. Herrera Orellana, "Sobre los vicios de inconstitucionalidad de la Ley Orgánica del Poder Popular," en Allan R. Brewer-Carías et al., *Leyes Orgánicas sobre el Poder Popular y el Estado Comunal (Los consejos comunales, las comunas, la sociedad socialista y el sistema económico comunal)* Colección Textos Legislativos N° 50, Editorial Jurídica Venezolana, Caracas 2011, pp. 509 ss.

cosa que un Estado Comunista, para el cual se adopta al Socialismo como doctrina oficial pública impuesta a los ciudadanos para poder participar, montado en un sistema Centralizado, Militarista y Policial para el ejercicio del poder; y se adoptan expresa y textualmente los postulados marxistas más tradicionales sobre el comunismo, como son la propiedad social de los medios de producción; eliminación de la división social del trabajo; y reinversión social del excedente productivo tal como ha quedado plasmado en la Ley Orgánica del Sistema Económico Comunal de 2010[9] (arts. 2; 3.2; 3.3;. 3.8; 5; 6.12; 6.15 y 9).

Las Leyes Orgánicas dictadas en diciembre de 2010, en efecto fueron las **Leyes Orgánicas del Poder Popular,**[10] **de las Comunas,**[11] **del Sistema Económico Comunal,**[12] **de Planificación Pública y Comunal**[13] **y de Contraloría Social.**[14] Además, en el mismo marco de estructuración del Estado Comunal montado sobre el Poder Popular se destaca la sanción de la **Ley Orgánica del Consejo Federal de Gobierno,**[15] y la reforma de la **Ley Orgánica del Poder Público Municipal,**[16] y de las **Leyes de los Consejos Estadales de Planificación y Coordinación de Políticas Públicas,**[17] **y de los Consejos Locales de Planificación Pública.**[18]

La deslegitimada Asamblea Nacional, además, sancionó una Ley habilitante autorizando al presidente de la República para, por vía de legislación delegada, dictar leyes en todas las materias imaginables, incluso de carácter orgánico, vaciando así por un período de 18 meses, hasta 2012, a la nueva Asamblea Nacional

---

9   Véase en *Gaceta Oficial* N° 6.011 Extra. de 21-12-2010. La Sala Constitucional mediante sentencia N° 1329 de 16-12-2010 declaró la constitucionalidad del carácter orgánico de esta Ley. Véase en http://www.tsj.gov.ve/decisiones/ scon/Diciembre/1329-161210-2010-10-1434.html

10 Véase en *Gaceta Oficial* N° 6.011 Extra. de 21-12-2010. La Sala Constitucional mediante sentencia N° 1329 de 16-12-2009 declaró la constitucionalidad del carácter orgánico de esta Ley.

11 Véase en *Gaceta Oficial* N° 6.011 Extra. de 21-12-2010. La Sala Constitucional mediante sentencia N° 1330 de 17-12-2010 declaró la constitucionalidad del carácter orgánico de esta Ley. Véase en http://www.tsj.gov.ve/decisiones/ scon/Diciembre/1330-171210-2010-10-1436.html

12 Véase en *Gaceta Oficial* N° 6.011 Extra. de 21-12-2010. La Sala Constitucional mediante sentencia N° 1329 de 16-12-2010 declaró la constitucionalidad del carácter orgánico de esta Ley. Véase en http://www.tsj.gov.ve/decisiones/ scon/Diciembre/1329-161210-2010-10-1434.html

13 Véase en *Gaceta Oficial* N° 6.011 Extra. de 21-12-2010. La Sala Constitucional mediante sentencia N° 1326 de 16-12-2009 declaró la constitucionalidad del carácter orgánico de esta Ley.

14 Véase en *Gaceta Oficial* N° 6.011 Extra. de 21-12-2010. La Sala Constitucional mediante sentencia N° 1329 de 16-12-2010 declaró la constitucionalidad del carácter orgánico de esta Ley. Véase en http://www.tsj.gov.ve/decisiones/ scon/Diciembre/%201328-161210-2010-10-1437.html

15 Véase en *Gaceta Oficial* **N° 5.963** Extra. de 22-02-2010

16 Véase en *Gaceta Oficial* N° 6.015 Extra. de 28-12-2010

17 Véase en *Gaceta Oficial* N° 6.017 Extra. de 30-12-2010

18 Véase en *Gaceta Oficial* N° 6.017 Extra. de 30-12-2010

de materias sobre las cuales poder legislar;[19] y la propia Asamblea Nacional en diciembre de 2010, en la víspera de cesar su mandato, reformó el Reglamento Interior y de Debates[20] para materialmente impedir que la nueva Asamblea Nacional que tomó posesión en enero de 2011, pueda funcionar.[21]

Ahora bien, el marco definitorio general del Estado Comunista con una ideología única Socialista que se quiere imponer a los venezolanos, y por el cual nadie ha votado; montado sobre el supuesto ejercicio de la soberanía por el pueblo exclusivamente en forma directa a través del ejercicio del "Poder Popular" y el establecimiento de un "Estado Comunal," está contenido básicamente en la Ley Orgánica del Poder Popular (LOPP), en la Ley Orgánica de los Consejos Comunales (LOCC), en la Ley Orgánica de las Comunas (LOC) y en la Ley Orgánica de Contraloría Social (LOCS), cuyas disposiciones, conforme al artículo 6 de la LOPP, "son aplicables a todas las organizaciones, expresiones y ámbitos del Poder Popular, ejercidas directa o indirectamente por las personas, las comunidades, los sectores sociales, la sociedad en general y las situaciones que afecten el interés colectivo, acatando el principio de legalidad en la formación, ejecución y control de la gestión pública."

Es decir, las disposiciones de la LOPP y de las otras leyes son omnicomprensivas, aplicándose a todos, y a todo, como piezas esenciales de un nuevo y paralelo Estado regido por un principio de legalidad "socialista" que se impone a todos para la formación, ejecución y control de la gestión pública.

Nuestro objetivo en estas líneas, es estudiar el sentido de las regulaciones establecidas en estas Leyes en torno al Estado Comunal o Comunista. Antes sin embargo, analizaremos el marco constitucional de la democracia y de la participación política con cuya distorsión se quiere acabar con la primera; los intentos de reformar la Constitución para institucionalizar el Estado Socialista en 2007; y el logro de dicha institucionalización violando la Constitución y en fraude a la voluntad popular impuesta en diciembre de 2010 mediante las referidas Leyes relativas al Poder Popular, los Consejos Comunales, las Comunas y el Estado Comunal; y las relativas a la Contraloría Social y al Sistema Económico Comunal, que no es otro que un sistema comunista concebido dentro de la más clara ortodoxia marxista.

Con estas leyes orgánicas, no cabe duda de la decisión política adoptada en diciembre de 2010 por la completamente deslegitimada Asamblea Nacional que había sido electa en 2005, y que ya no representaba a la mayoría de la voluntad popular que se expresó el 26 de septiembre de 2010 en contra del presidente de la República, de la propia Asamblea Nacional y de la política socialista que han adelantado; de imponerle a los venezolanos en contra de la voluntad popular y en fraude a la Constitución, un modelo de Estado Comunista montado sobre el Socialismo como doctrina de Estado y como dogma político impuesto a la Socie-

---

19   Véase en *Gaceta Oficial* N° 6.009 Extra. de fecha 17 de diciembre de 2010

20   Véase en *Gaceta Oficial* N° 6.014 Extra. de 23 de diciembre de 2010.

21   Se redujeron las sesiones de la Asamblea a sólo cuatro por semana y se limitó el tiempo durante el cual los diputados podrían intervenir.

dad, denominado "Estado Comunal," basado en el ejercicio del Poder Popular por el pueblo, como supuesta forma de ejercicio de la soberanía en forma directa (lo que no es cierto pues se ejerce mediante "voceros" que lo "representan" y que no son electos en votaciones universales, directas y secretas).

Ese modelo de Estado Comunal o Comunista, se ha establecido en forma paralela al Estado Constitucional como Estado federal descentralizado, democrático y social, de derecho, y de justicia previsto en la Constitución de 1999, establecido para el ejercicio del Poder Público por el pueblo tanto en forma indirecta mediante representantes electos en votaciones universales, directas y secretas, como en forma directa mediante los mecanismos autorizados en la Constitución, donde se incluye a las Asambleas de Ciudadanos.

Esta regulación, en paralelo, de dos Estados y dos formas de ejercicio de la soberanía, uno, el Estado Constitucional regulado en la Constitución y el otro, el Estado Comunal o Estado Comunista basado en el Socialismo exclusionista regulado en leyes orgánicas inconstitucionales, se ha dispuesto en forma tal que el segundo irá actuando como el árbol *Ficus benjamina L.*, es decir, como "estranguladora," rodeando al primero hasta formar un tronco hueco, destruyéndolo.

En esta forma, al fraude a la Constitución, que ha sido la técnica constantemente aplicada por el gobierno autoritario en Venezuela desde 1999 para imponer sus decisiones a los venezolanos al margen de la Constitución,[22] se suma ahora el fraude a la voluntad popular, al imponerle a los venezolanos mediante leyes orgánicas, un modelo de Estado por el cual nadie ha votado y que cambia radical e inconstitucionalmente el texto de la Constitución de 1999, que no ha sido reformada conforme a sus previsiones, en abierta contradicción al rechazo popular mayoritario que se expresó en diciembre de 2007 respecto de la reforma constitucional que se intentó aprobar, incluso violando la propia Constitución, y al rechazo popular mayoritario del pueblo expresado respecto de la política del presidente de la República y de su Asamblea Nacional con ocasión de las elecciones parlamentarias del 26 de septiembre de 2010.

Lo que está claro de todo esto, es que ya no hay máscaras que puedan engañar a alguien, o con motivo de las cuales, alguien pretenda ser engañado o dejarse engañar.

---

22 Véase Allan R. Brewer-Carías, *Reforma constitucional y fraude a la Constitución (1999-2009)*, Academia de Ciencias Políticas y Sociales, Caracas 2009; *Dismantling Democracy. The Chávez Authoritarian Experiment*, Cambridge University Press, New York 2010.

I. EL RÉGIMEN CONSTITUCIONAL DE LA DEMOCRACIA Y DE LA PARTICIPACIÓN POLÍTICA Y POPULAR, Y EL AHOGAMIENTO DE LA DEMOCRACIA REPRESENTATIVA EN NOMBRE DE UNA SUPUESTA "DEMOCRACIA PARTICIPATIVA"

1. Base constitucional de la participación política

Una de las más importantes innovaciones contenidas en la Constitución de 1999, fue sin duda, la inclusión del principio y del derecho a la participación política de las personas en los asuntos públicos, materializados en dos ámbitos diferenciados:

Por una parte, la participación política o participación ciudadana, concebida como derecho político que se otorga únicamente a los ciudadanos, quienes además tienen el deber de participar solidariamente en la vida política del país (art. 132); y por la otra, la participación individual y comunitaria en los asuntos públicos, concebida como un derecho de toda persona individualmente considerada o como derecho colectivo, concebido, incluso, como un deber general de participar solidariamente en la vida civil y comunitaria del país (art. 132).

En relación con la participación política o participación ciudadana, se trata del derecho constitucional de todos los ciudadanos "de participar libremente en los asuntos públicos, directamente o por medio de sus representantes elegidos" (art. 62), a los efectos de la conformación de un gobierno democrático y participativo (arts. 6, 18, 171), regulándose a tal efecto diversas manifestaciones concretas de su ejercicio (arts. 55, 62, 70, 125, 168, 173, 178, 187, 253, 255, 294.

En relación con la participación en la vida civil y comunitaria, responde al principio general de organización de la sociedad que la Constitución de 1999 ha previsto como "una sociedad democrática, participativa y protagónica, multiétnica y pluricultural" (Preámbulo), declarando que "la participación del pueblo en la formación, ejecución y control de la gestión pública es el medio necesario para lograr el protagonismo que garantice su completo desarrollo, tanto individual como colectivo" (art. 62). Ello, en particular, se materializa en el ejercicio de diversos derechos sociales (arts. 79, 80, 81, 83, 84, 86, 91, 102, 118, 119, 122) y ambientales (art. 127, 128) o en mecanismos de participación de las comunidades en los asuntos públicos (art. 184, 299).

En el régimen constitucional sobre la participación, por tanto, la participación ciudadana como derecho político, es distinto al derecho que tiene todo habitante de una comunidad de participar en los asuntos relativos con dicha comunidad. En este último caso, no se trata de un "derecho político" que en la Constitución se reserva a los venezolanos-ciudadanos (por ejemplo, el participar en elecciones, en referendos o en las asambleas de ciudadanos), sino que se trata de un derecho de toda persona de participar en los asuntos públicos que es consecuencia del derecho esencial al libre desenvolvimiento de la personalidad que toda persona tiene (art. 20).

Es importante hacer esta distinción entre "participación ciudadana" como derecho político y "participación general" como derecho individual y comunitario, pues conforme a la Constitución, los titulares para su ejercicio son distintos: en cuanto al derecho político a la participación ciudadana el mismo sólo corresponde a los venezolanos-ciudadanos; en cambio, el derecho individual y social a la participación comunitaria, corresponde a todo habitante de la comunidad, incluyendo a los extranjeros y a los menores.

Por otra parte, y ahora concentrándonos en la previsión del artículo 62 de la Constitución que consagra el derecho político de los ciudadanos "de participar libremente en los asuntos públicos, directamente o por medio de sus representantes elegidos," en el mismo, al regularse el derecho a la participación política en los asuntos públicos, se establece un derecho esencial de la democracia que siempre tiene que poder ejercerse *libremente*, o sea, con entera libertad, en las dos formas precisas que establece la norma: por una parte, *directamente*, conforme a los mecanismos establecidos en el artículo 70 de la misma Constitución, mediante referendos, consultas populares, revocación de mandatos, iniciativas legislativas, cabildos abiertos y asamblea de ciudadanos; y por la otra, *indirectamente*, conforme al artículo 63 de la Constitución, mediante sufragio para la elección de representantes elegidos a través de votaciones libres, universales, directas y secretas, en las cuales se garantice el principio de la personalización del sufragio y la representación proporcional.

El derecho a la participación política ejercido *indirectamente* se materializa en la democracia representativa, a cuyo efecto la Constitución ha establecido como sistema de gobierno de todas las entidades políticas, un sistema electivo, garantizándose el derecho de los ciudadanos al sufragio y a ser electos, conforme a un sistema electoral que garantice votaciones libres, universales, directas y secretas, y el principio de la personalización del sufragio y la representación proporcional (art. 63).

En cuanto al derecho a la participación política ejercido *directamente*, el mismo se materializa en la democracia participativa, a cuyo efecto la Constitución ha previsto su ejercicio a través de diversos mecanismos, todos vinculados a la organización descentralizada del Poder Público entre el Poder Nacional, el Poder Estadal y el Poder Municipal, como los referendos (en materias de índole nacional, estadal y municipal), las consultas populares (sobre asuntos nacionales, estadales o municipales), la revocación de mandatos (de los funcionarios electos en el ámbito nacional, estadal y municipal), las iniciativas legislativas (ante la Asamblea Nacional, los Consejos Legislativos de los Estados y los Concejos Municipales), los cabildos abiertos (en los Concejos Municipales) y las asambleas de ciudadanos (en los ámbitos de la unidad primaria de la organización nacional que son los Municipios).

2. *La democracia y los peligros del discurso autoritario*

Ahora bien, aún con previsiones constitucionales tan claras como las de la Constitución de 1999, la práctica democrática de las últimas décadas ha resultado en una toma de conciencia de que la democracia, como régimen político, no puede quedar reducida sólo a garantizar la elección de los gobernantes. Más bien tiene que ser concebida como una alianza global entre los gobernados que eligen, y los gobernantes electos, dispuesta para garantizar, por una parte, que el ejercicio del poder por los últimos sea efectivo, y por la otra, la participación de los primeros en la conducción política de la sociedad, todo basado en la primacía que debe tener el ser humano, y con él, su dignidad y sus derechos.

Pero llegar a esta conclusión no ha sido fácil. Los ciudadanos, de cara a la democracia, han tenido que enfrentar y siguen enfrentando tremendas incomprensiones y distorsiones que tanto de buena como de mala fe, derivan de un persistente discurso político que se solaza en la crítica de las muchas deficiencias que ha mostrado la práctica de la democracia representativa, la cual, efectivamente, en muchos casos ha terminado por no representar a los diversos componentes de la población. Esa práctica democrática, por otra parte, en muchos casos no ha logrado servir de instrumento para la efectiva construcción de sociedades donde el ciudadano logre sentirse realmente incluido, y participe efectivamente en el quehacer político que en muchas ocasiones ha quedado secuestrado por los partidos políticos.

Ello ha dado origen, entre otros factores, al clamor que tan seguidamente se oye en nuestros países latinoamericanos por la construcción de una "democracia participativa," la cual, la verdad sea dicha, muchos demócratas confunden con la democracia directa, llegando incluso a preferirla respecto de la democracia representativa; y muchos no demócratas la esgrimen con el deliberado propósito de, precisamente, acabar con esta última, confundiendo la movilización popular con la participación, tal como ha sucedido en Venezuela.

Todo ello ha conducido al establecimiento de un falso enfrentamiento entre la democracia representativa, a la cual se ataca despiadadamente, y la democracia participativa, por la cual se clama, a veces incluso planteando el tema como una dicotomía que no existe, como si la segunda –la democracia participativa- pudiera sustituir a la primera; falsa dicotomía en la cual ciertamente y sin quererlo, muchos demócratas han caído inadvertidamente buscando de buena fe el perfeccionamiento de la democracia representativa; y también, queriéndolo y de mala fe, muchos otros falsos demócratas han propugnado, ocultando la faz y las fauces del autoritarismo, pretendiendo sustituir la democracia representativa por una supuesta "democracia participativa," todo en fraude a la propia democracia.

Sobre estos temas es que queremos ahora reflexionar, para lo cual nos referiremos a la democracia representativa y su significado político; a las exigencias de la participación ciudadana, en el sentido de que la democracia, sin dejar de ser representativa, debe asegurar la inclusión del ciudadano en el proceso político; y sobre la falsedad de los cantos de sirenas que se oyen con la persistente difusión de la llamada "democracia participativa" para acabar con la representación. Y por supuesto, sin desconocer que en muchos países, la democrática representativa ha quedado reducida a ser un mecanismo dispuesto para la sola elección de gobernantes, -y por ello se habla tanto de "democracia formal"-, sin lograr satisfacer las exigencias de participación de los ciudadanos, quienes sin duda se han sentido excluidos del proceso político. Y además, teniendo en cuenta que incluso, ante tantas insatisfacciones de vieja data, no se ha logrado realmente identificar lo que es necesario implementar para hacer de la democracia representativa el instrumento de inclusión política que pueda asegurar la participación ciudadana.

Es precisamente en medio de esas realidades, de estas insatisfacciones y de las frustraciones que derivan, donde soplan los vientos del falaz discurso autoritario que, vendiendo la idea de la participación, lo que busca es sustituir la democracia representativa pero contradictoriamente, en nombre de una supuesta participación, eliminando el único instrumento político que puede permitir la participación ciudadana que es la descentralización política, que es la que puede dar origen al desarrollo de gobiernos locales que es donde se puede asegurar la inclusión política. Este ha sido, precisamente, el lamentable destino de la Venezuela contemporánea, con la sanción de las Leyes sobre el Poder Popular y el Estado Comunal.[23]

Lo que tenemos que tener claro desde las trincheras democráticas es que esta llamada "democracia participativa," en el discurso autoritario lo que busca es excluir la representación a nivel local y, con ello, todo vestigio de descentralización política, pretendiendo que funcione montada sobre instituciones de "democracia directa" como asambleas de ciudadanos y consejos comunales a la usanza de los soviets de hace casi cien años. Para ello, incluso, entidades locales otrora descentralizadas como las Juntas parroquiales, se les quita su antiguo carácter representativo, transformándolas en entes consultivos conducidos por "juntas" nombradas por los Consejos Comunales, que a su vez no se gobiernan por representantes electos mediante sufragio universal, directo y secreto. Esos consejos comunales y juntas parroquiales comunales, en realidad, es imposible que puedan permitir y asegurar una efectiva participación política del ciudadano en la conducción de los asuntos públicos, como sólo la descentralización y la municipalización podrían lograr. En realidad, en ese discurso autoritario de la democracia participativa, lo único que la misma ofrece es la posibilidad de movilización popular conducida y manejada desde el centro del poder, mediante un partido único oficial, por lo que de democracia sólo tiene el nombre, el cual es hábilmente utilizado por quienes se aprovechan de los fracasos políticos de las democracias representativas reducidas a asegurar la elección de gobernantes.

Estamos en presencia, en realidad, de un engañoso slogan propagandístico, el cual, sin embargo, hay que reconocerlo, no deja de tener su atractivo, sobre todo porque muchos de los que claman por que se asegure más participación piensan que ello se puede lograr con la sola movilización popular. Pero como antes señalamos, la verdad es que el slogan lo que oculta es un feroz modelo de gobierno autoritario que el mundo occidental creía superado, particularmente en nuestro Continente, y que comienza ahora a aparecer envuelto en ropa militar de camuflaje, pero sin que se gene-

---

23 Sin embargo, en el reglamento de la Ley Orgánica del Consejo federal de Gobierno se llega a definir la descentralización vaciándola de contenido político, indicando en forma distorsionada que es una "Política estratégica para la restitución plena del poder al Pueblo Soberano, mediante la transferencia paulatina de competencias y servicios desde las instituciones nacionales, regionales y locales hacia las comunidades organizadas y otras organizaciones de base del Poder Popular, dirigidas a fomentar la participación popular, alcanzar la democracia auténtica restituyendo las capacidades de gobierno al pueblo, instalando prácticas eficientes y eficaces en la distribución de los recursos financieros e impulsar el desarrollo complementario y equilibrado de las regiones del país" (art. 3). Véase en *Gaceta Oficial* N° 39.382 del 9 de marzo de 2010.

re riqueza ni empleo. Ese es precisamente el neo populismo rico o petrolero que se ha desarrollado en Venezuela, que reparte para lograr apoyos populares, pero sin lograr disminuir la pobreza, y más bien aumentarla y generalizarla, y por sobre todo, sin asegurar la democracia como forma de vida.

En medio de toda esta confusión, y de los discursos tanto democráticos como autoritarios que, a la vez, y al unísono, desde sus propias trincheras claman por la democracia participativa, la verdad es que lo que se impone es comenzar por tratar de poner orden en el debate y distinguir lo que es realmente la democracia como régimen político que por esencia, es contrario al autoritarismo. Para ello, necesariamente tenemos que comenzar por replantearnos los principios básicos de la propia democracia, y tratar de poder situar entonces el concepto de la "democracia participativa" donde corresponde, que es precisamente donde haya efectiva representación en el ámbito de la vida y del gobierno local.

3.   *Sobre los elementos esenciales de La democracia y el control del ejercicio del poder*

En el mundo contemporáneo, sin duda, la democracia, como régimen político, hay que definirla identificando sus elementos esenciales y sus componentes fundamentales, los cuales, por lo demás, desde 2001 se encuentran plasmados en un excepcional instrumento internacional destinado precisamente a regularla, como es la *Carta Democrática Interamericana* de la Organización de los Estados Americanos.

Allí se identifica a la democracia como un régimen político en el cual tienen que estar garantizados los siguientes *elementos esenciales*: el respeto a los derechos humanos y las libertades fundamentales; el acceso al poder y su ejercicio con sujeción al Estado de derecho; la celebración de elecciones periódicas, libres, justas y basadas en el sufragio universal y secreto, como expresión de la soberanía del pueblo; la existencia de un régimen plural de partidos y organizaciones políticas, y la separación e independencia de los poderes públicos (Art. 3). Todos los ciudadanos en un régimen democrático, puede decirse que tienen derecho a todos esos elementos esenciales (al respeto de sus derechos, al Estado de derecho, al sufragio, a los partidos políticos, a la separación de poderes) que pueden ser considerados por lo demás como derechos políticos, siendo el sufragio uno de ellos.[24]

---

24   Sobre el derecho a la democracia, véase Allan R. Brewer-Carías, "Prólogo sobre el derecho a la democracia y el control del poder", al libro de Asdrúbal Aguiar, *El derecho a la democracia. La democracia en el derecho y la jurisprudencia interamericanos. La libertad de expresión, piedra angular de la democracia*, Colección Estudios Jurídicos N° 87, Editorial Jurídica Venezolana, Caracas 2008, pp. 17-37; "Sobre las nuevas tendencias del derecho constitucional: del reconocimiento del derecho a la Constitución y del derecho a la democracia", en *VNIVERSITAS, Revista de Ciencias Jurídicas (Homenaje a Luis Carlos Galán Sarmiento)*, Pontificia Universidad Javeriana, facultad de Ciencias Jurídicas, N° 119, Bogotá 2009, pp. 93-111; "El Derecho a la democracia entre las nuevas tendencias del derecho administrativo como punto de equilibrio entre los poderes de la Administración y los derechos del Administrado," *Revista Mexicana "Statum Rei Romanae"*

Lo importante de concebir a la democracia conforme a esos elementos, no sólo es tomar conciencia de que ella no se agota en el sufragio, sino que todos ellos, en conjunto, lo que buscan es asegurarles a los ciudadanos-gobernados, la posibilidad de ejercer un control efectivo del ejercicio del poder por parte de los gobernantes. De eso se trata la democracia, del ejercicio del poder en nombre de los ciudadanos y de la posibilidad real para estos de controlar dicho ejercicio, el cual necesariamente presupone, además, otros componentes esenciales de la democracia, como la transparencia de las actividades gubernamentales, la probidad y la responsabilidad de los gobiernos en la gestión pública; el respeto de los derechos sociales y de la libertad de expresión y de prensa; la subordinación constitucional de todas las instituciones del Estado, incluyendo el componente militar, a la autoridad civil legalmente constituida, y el respeto al Estado de derecho por todas las entidades y sectores de la sociedad (Art. 4).

Por tanto, insistimos, la democracia es mucho más que elecciones y participación, configurándose como un sistema político dispuesto para asegurar el control del poder, que es a lo que en definitiva el ciudadano en una democracia tiene derecho, incluso participando en su ejercicio. Por ello la importancia, por ejemplo, del principio de la separación de poderes, del cual en definitiva dependen todos los otros elementos de la democracia, pues sólo controlando al Poder es que puede haber elecciones libres y justas, así como efectiva representatividad; sólo controlando al poder es que puede haber pluralismo político; sólo controlando al Poder es que podría haber efectiva participación democrática en la gestión de los asuntos públicos; sólo controlando al Poder es que puede haber transparencia administrativa en el ejercicio del gobierno, así como rendición de cuentas por parte de los gobernantes; sólo controlando el Poder es que se puede asegurar un gobierno sometido a la Constitución y las leyes, es decir, un Estado de derecho y la garantía del principio de legalidad; sólo controlando el Poder es que puede haber un efectivo acceso a la justicia de manera que ésta pueda funcionar con efectiva autonomía e independencia; y en fin, sólo controlando al Poder es que puede haber real y efectiva garantía de respeto a los derechos humanos. De lo anterior resulta, por tanto, que sólo cuando existe un sistema de control efectivo del poder es que puede haber democracia, y sólo en esta es que los ciudadanos pueden encontrar asegurados sus derechos debidamente equilibrados con los poderes Públicos.

Por ello es que decíamos que calificamos a la democracia como una alianza destinada a asegurar el control del poder, lo que implica entre otros, al menos tres derechos políticos claves que los ciudadanos tienen, y que son, además del derecho a la separación de poderes, el derecho a la distribución vertical o territorial del poder para asegurar la participación política; y el derecho al control judicial del ejercicio poder, para asegurar la vigencia de los derechos humanos y el sometimiento del Estado al derecho.

---

de Derecho Administrativo. Homenaje al profesor Jorge Fernández Ruiz, Asociación Mexicana de Derecho Administrativo, Facultad de Derecho y Criminología de la Universidad Autónoma de Nuevo León, México 2008, pp. 85-122.

Lo cierto es que, como lo enseña la historia de la humanidad, demasiada concentración y centralización del poder, como ocurre en cualquier régimen autoritario por más velo democrático que lo cubra por su eventual origen electoral, inevitablemente conduce a la tiranía; y el mundo contemporáneo ha tenido demasiadas experiencias que ya han mostrado toda suerte de tiranos que precisamente usaron el voto popular para acceder al poder, y que luego, mediante su ejercicio incontrolado, desarrollaron gobiernos autoritarios, contrarios al pueblo, el cual fue movilizado al antojo de los gobernantes quienes acabaron con la propia democracia y con todos sus elementos, comenzando por el respeto a los derechos humanos.

Por ello, los gobiernos autoritarios no soportan la existencia de un sistema de descentralización política o de distribución vertical del poder público hacia entidades territoriales dotadas de autonomía política que estén efectivamente más cerca del ciudadano, que es lo único que puede garantizar la efectiva posibilidad de la participación política democrática en la toma de decisiones y en la gestión de los asuntos públicos. Es decir, y es bueno destacarlo siempre, porque se olvida cuando se habla de democracia participativa, ésta es sólo posible cuando el poder está cerca del ciudadano, lo que sólo se logra multiplicando autoridades locales gobernadas democráticamente mediante representantes electos, dotadas de autonomía política.[25]

Por ello, la participación política no es simple movilización popular ni se logra estableciendo mecanismos asamblearios de democracia directa. La participación política es la cotidianeidad de la vida ciudadana, que en democracia sólo se asegura a nivel local, en unidades territoriales políticas y autónomas descentralizadas donde se practique el autogobierno mediante representantes electos en forma directa, universal y secreta.

Por ello es que nunca ha habido autoritarismos descentralizados, y menos aún autoritarismos que hayan podido permitir el ejercicio efectivo del derecho a la participación política. Al contrario, en nombre de ésta lo que han impuesto es la exclusión política al concentrar el poder en unos pocos, independientemente de que hayan sido electos, imponiéndole a todos, además, una ideología exclusionista como es el socialismo. Por ello, insisto, es que los autoritarismos temen y rechazan tanto la descentralización política como la participación democrática, y en su lugar, lo que usualmente hacen es concebir parapetos políticos de control del poder a través de asambleas de ciudadanos o consejos comunales controlados por el poder central o por un partido de gobierno, como es el caso de los Consejos Comunales y de las juntas parroquiales comunales que se han institucionalizado en Venezuela,[26] configurados como instituciones de manejo centralizado,

---

25 Allan R. Brewer-Carías, "El Municipio, la descentralización política y la democracia" en *XXV Congreso Iberoamericano de Municipios, Guadalajara, Jalisco, México, 23 al 26 de octubre del 2001*, México 2003, pp. 53-61; *Reflexiones sobre el constitucionalismo en América*, Editorial Jurídica Venezolana, Caracas 2001, pp. 105-125 y 127-141.

26 Véase Allan R. Brewer-Carías, "El inicio de la desmunicipalización en Venezuela: La organización del Poder Popular para eliminar la descentralización, la democracia representativa y la participación a nivel local", en *AIDA, Opera **Prima** de Derecho Adminis-*

dispuestas para hacerle creer al ciudadano que participa, cuando lo que se hace es, si acaso, movilizarlo en forma totalmente selectiva y controlada.

De todo lo anterior resulta, por tanto, que para pueda existir democracia como régimen político, no son suficientes las declaraciones contenidas en los textos constitucionales que hablen de derecho al sufragio y de participación ciudadana; ni siquiera de separación de poderes. Tampoco bastan las declaraciones constitucionales sobre "democracia participativa" o incluso sobre descentralización del Estado; ni las solas enumeraciones de los derechos humanos.

Además de todas esas declaraciones, lo que es necesario en la práctica política democrática, es que se pueda asegurar efectivamente la posibilidad de controlar el poder. Solo así es que se puede hablar de democracia, la cual, por lo demás, además de implicar siempre la representación, es un sistema para la participación. Lo único es que esta última no puede quedar reducida a participar en elecciones o votaciones.

4. Sobre la democracia: la representación y la participación

Lo que queda claro, en todo caso, es que el ejercicio de la democracia como derecho ciudadano implica siempre la conjunción de dos principios fundamentales, el principio de la representación y el principio de la participación, que no son excluyentes. Ello es así, incluso, aún cuando tengan circunstancialmente peso diverso, como por ejemplo cuando la democracia siendo representativa sólo asegure en forma deficiente la participación. Lo contrario, en cambio, no es posible en el sentido de que no puede haber democracia que sea supuestamente participativa, sin representación. En otros términos: la democracia representativa que no asegura la efectiva participación, es deficiente; pero la supuesta democracia participativa que no asegura la representación es inexistente. De ello resulta, por tanto, que la dicotomía que por incomprensión o por destrucción se trata de establecer entre democracia representativa y democracia participativa, es falsa.

En efecto, si a algo se contrapone la representación, es a la democracia directa, de manera que la dicotomía en cuanto a la forma de ejercicio de la democracia, está entre la democracia indirecta o representativa y la democracia directa,[27] o asamblearia.

Otra cosa es el tema de la participación, que si a algo se contrapone, no es a la representación, sino a la exclusión. La dicotomía en este caso, está entre democracia de inclusión o participativa y democracia de exclusión o exclusionista; es decir, entre un régimen democrático en el cual el ciudadano tenga efectiva

---

trativo. *Revista de la Asociación Internacional de Derecho Administrativo*, 49-67 (Universidad Nacional Autónoma de México, Facultad de Estudios Superiores de Acatlán, Coordinación de Postgrado, Instituto Internacional de Derecho Administrativo "Agustín Gordillo", Asociación Internacional de Derecho Administrativo, México, 2007; y *Ley de los Consejos Comunales*, Editorial Jurídica venezolana, Caracas 2009.

27 Véase en general, Luis Aguiar de Luque, *Democracia directa y Estado Constitucional*, Editorial Revista de Derecho Privado, Edersa, Madrid 1977.

participación en la conducción de los asuntos públicos, y un régimen democrático en el cual el ciudadano, aparte de elegir, esté excluido de participar en ello.

Y esto es precisamente lo que no se tiene claro cuando se habla equivocadamente de "democracia participativa" como supuestamente "contrapuesta" a la democracia representativa, lo que ocurre en todos los frentes: por una parte, desde la mismas trincheras democráticas, queriendo en realidad referirse, sin saberlo, a la necesidad de introducir a la democracia representativa mecanismos de democracia directa; y por la otra, desde las trincheras autoritarias, confundiendo los conceptos para propugnar la eliminación o minimización de la representatividad y establecer una supuesta relación directa entre un líder y el pueblo, a través de los mecanismos institucionales del Estado dispuestos para movilizar a la población y hacer creer que con ellos se participa, cuando en realidad a lo que conducen es a la destrucción de la democracia y al control de la sociedad por el Estado.

Partiendo del supuesto de que la democracia representativa o democracia indirecta, es y seguirá siendo de la esencia de la democracia, de manera que nunca podrá haber una democracia que sólo sea asamblearia, refrendaria o de cabildos abiertos permanentes, el tema central a resolver es cómo hacer de la democracia un régimen de inclusión política, es decir, participativa, donde el ciudadano sea efectivamente parte de su comunidad política, y pueda contribuir a toma de las decisiones que le conciernen; de manera que la participación no quede reducida a votar en elecciones o en consultas populares.

Hay que recordar que incluso de acuerdo con el Diccionario de la Lengua, "participar," en realidad, es estar incluido, lo que no debe confundirse con mecanismos de democracia directa, como las iniciativas legislativas, las consultas populares, los cabildos abiertos y los referendos. Participar, en efecto, en el lenguaje común, es ser parte de…; es pertenecer a…, es incorporarse a, contribuir a, estar asociado a o comprometerse a…; es tener un rol en…, es tomar parte activa en, estar envuelto en o tener una mano en…; es, en fin, asociarse con…, es compartir con o tener algo que ver con... Por ello, la participación política para el ciudadano no es otra cosa que ser parte de o estar incluido en una comunidad política, en la cual el individuo tenga un rol específico de carácter activo conforme al cual contribuye a la toma de decisiones, participando en la elección de representantes que representen la voluntad popular. Ello se materializa, por ejemplo, sin duda, en el ejercicio del derecho al sufragio o en votar en referendos o consultas populares, que son formas mínimas de participación; o en ser miembro de sociedades intermedias. Pero la participación no se agota allí, pues para estar incluido es necesario que el ciudadano pueda ser parte efectiva de su comunidad política; permitiéndosele desarrollar, incluso, la conciencia de su efectiva pertenencia a un determinado orden social y político, por ejemplo, a una comunidad; a un lugar; a una tierra; a un campo; a una comarca; a un pueblo; a una región; a una ciudad; en fin, a un Estado.[28]

---

28 Véase en general, Norberto Bobbio, *El futuro de la democracia,* Fondo de Cultura Económica, México 1992, p. 42.

En todo caso, el tema central a resolver siempre que se trata de la participación democrática, es determinar cómo y en qué lugar la misma puede realizarse. Como lo advirtió hace años Giovanni Sartori, cuando se refería a quienes primero habían hablado sobre el tema de la democracia participativa, decía: "O el autor de la democracia participativa se decide a clarificar positivamente dónde está lo que corresponde a cuál participación (de cuál naturaleza) y en cuáles lugares (en todas partes?); o nos quedamos con un animal que no logró identificar." Sobre ello, con razón, agregaba, que lo que había era "mucho ruido" y "mucha polémica furiosa," provocando dudas sobre si efectivamente había "nacido algo nuevo."[29]

5. La participación como esencia histórica de la democracia y como fenómeno de la vida local

La verdad, sin embargo, es que la democracia participativa no era ni es nada nuevo; ha estado siempre, desde los mismos días de las Revoluciones Francesa y Norteamericana del Siglo XIX, en muchos países hoy con democracias consolidadas; ha estado siempre, allí, en el nivel más ínfimo de los territorios políticos de los Estados, en las Asambleas locales, en los Municipios, en las Comunas. Lo que pasa es que muchos no la han querido reconocer, e insisten en confundirla. Es decir, muchos no han querido entender *qué es*, efectivamente, participar en política, y *dónde es* que se puede realmente participar, aún siendo ello parte en la corriente sanguínea de la propia democracia, de manera que incluso, quienes la ejercen y la viven cotidianamente ni se dan cuenta de ella; ni le prestan atención y por ello, a veces no se la logra identificar. Ello sucede por ejemplo, en las democracias europeas, que son democracias inclusivas, en las cuales, por ello, ni siquiera el tema es de discusión política, pues la participación es asunto de todos los días.

En todo caso, y vale la pena recordarlo, la democracia participativa puede decirse que fue descubierta para Europa en las mismas tumultuosas décadas iniciales del nacimiento del Estado constitucional contemporáneo por quien puede considerarse el primer gran constitucionalista moderno, Alexis de Tocqueville, cuando en 1831 se topó de frente, sin quererlo, -como en general se han hecho los grandes descubrimientos- con el régimen de gobierno local de asambleas que funcionaba desparramado en todo el territorio de las colonias inglesas en la costa este de Norteamérica, y que hervía en los *Town Halls*. Él había ido a estudiar el régimen carcelario en el naciente Estado norteamericano, y lo que resultó fue su gran obra *La Democracia en América* publicada en 1835.[30] Esas instituciones comunales, decía De Tocqueville, "son a la libertad lo que las escuelas vienen a ser a la ciencia; la ponen al alcance del pueblo, le hacen paladear su uso político y lo habitúan a servirse de ella."[31] Pero para cuando eso escribía, ya en Europa

---

29   Giovanni Sartori, *¿Que es democracia?* , Altamira Editores, Bogotá, 1994.

30   Alexis de Tocqueville, *La democracia en América*, Fondo de Cultura Económica, México 1973, pp. 79 y ss.

31   *Idem.*, p. 78.

misma, esa democracia local también estaba en procedo de configurarse como uno de los productos más acabados y a veces incomprendidos de la propia Revolución Francesa. Ello, incluso, lo advirtió el propio De Tocqueville en su otra clásica obra del constitucionalismo histórico, *El Antiguo Régimen y la Revolución*, escrito veinte años después, al constatar que:

"La administración local tiene un contacto diario con [los ciudadanos]; toca continuamente sus puntos más sensibles; influye en todos los pequeños intereses que forman el gran interés que se pone en la vida; es el objeto principal de sus temores y también el de sus esperanzas más queridas; los mantiene vinculados a ella por una infinidad de lazos invisibles que los arrastran sin que se den cuenta"[32].

Sin quererlo, puede decirse que De Tocqueville había descubierto la participación, precisamente desarrollada en los gobiernos locales representativos en el sentido de participación política como democracia de inclusión, en la cual el ciudadano toma parte personalmente en un proceso decisorio, interviniendo en actividades estatales y en función del interés general,[33] lo cual sólo puede tener lugar efectivamente en los estamentos territoriales políticamente autónomos más reducidos, en el nivel local, comunal o municipal. Es decir, sólo en los niveles político territoriales inferiores de la organización del Estado es que se puede montar una organización participativa que permita la incorporación del ciudadano individual, o en grupos o en comunidades, en la vida pública, y particularmente, en la toma de decisiones públicas generales o de orden administrativo. Como ha dicho Jaime Castro,

"La democracia moderna no se concibe sin audaces formas de participación ciudadana y comunitaria en el ejercicio del poder a nivel local y regional. Sin la garantía de que todas y todos pueden y deben participar en la preparación de las decisiones que se piensen tomar sobre temas de interés general, en su adopción y ejecución, esto último mediante el control que realicen sobre la gestión de las autoridades y los particulares que ejerzan funciones públicas. Sólo esas formas democráticas de participación le cambian la cara a las instituciones y permiten hablar de un nuevo régimen político."[34]

---

32   Alexis de Tocqueville, *El Antiguo Régimen y la Revolución*, Alianza Editorial, Tomo I, Madrid 1982, p. 15.

33   Véase por ejemplo, en relación con la administración de justicia, Alberto González, "Participación en la Administración de Justicia" en Jorge Londoño U. (Compilador), *Constitucionalismo, participación y democracia*, Librería Jurídica Ethos, Uniboyacá, Bogotá-Tunja, 1997, pp. 76-77.

34   Véase Jaime Castro, *La cuestión territorial*, Editorial Oveja Negra, Bogotá 2003, pp. 201-202. Por ello, cabría preguntarse ¿Por qué será entonces, que en un excelente libro sobre *Las democracias. Entre el Derecho Constitucional y la Política*, de los profesores Olivier Duhamel y Manuel José Cepeda Espinosa en sus más de 400 páginas donde los autores analizan los regímenes democráticos contemporáneos de Europa y América Latina,, en la única página en la cual se habla y se usa la expresión de "democracia de parti-

Pero por supuesto, para la concepción de ese "nuevo régimen político" que como decía, sin embargo, es tan antiguo como la democracia misma, el tema central que tiene que resolverse es determinar el nivel territorial que se requiere para que pueda haber participación como cotidianeidad democrática, y la opción en esta materia, tal como ocurre por ejemplo en Francia, en Norteamérica, y todos los países europeos con democracias arraigadas; la opción está en el municipio como entidad política local autónoma desparramado en todos los rincones del Estado, en cada villa, pueblo y caserío, situado bien cerca del ciudadano. Definitivamente, por ello, la opción para la participación no está situada en el gran municipio urbano o rural, ubicado, sin duda, bien lejos del ciudadano.

En esta materia, en efecto, la práctica democrática de los países europeos muestra una realidad incontestable en cuanto al predominio de la existencia en cada Estado de muchos municipios, y entre ellos, incluso, de muchos municipios pequeños. Alemania, por ejemplo, tiene algo más de 16.000 municipios, de los cuales un 75% tiene menos de 5.000 habitantes; y España, tiene más de 8.000 municipios, de los cuales un 85% también tienen menos de 5.000 habitantes. En España, incluso, el 61% de todos los municipios tienen menos de 1.000 habitantes[35]. Es más, en una sola de las Comunidades Autónomas españolas, por ejemplo, la de Castilla y León, hay 2.248 Municipios, de los cuales más de la mitad, es decir, 1.540 Municipios tienen menos de 500 habitantes.[36] O sea en una sola Comunidad Autónoma española, con un área territorial (15.468 km2) muy similar a la del Estado Cojedes (14.800 km2) o a la del Estado Portuguesa (15.200 km2), hay casi setenta veces más Municipios (2.248) que los que hay en toda Venezuela (338) que en cambio tiene un área sesenta veces mayor que la de Castilla y León ; y por supuesto decenas de más Municipios que los que hay en esos Estados (9 en Cojedes y 14 en Portuguesa). En Castilla y León, sin duda, hay participación de todos los días, aún cuando los propios ciudadanos castellanos no lo crean o no se den cuenta. En cambio, en contraste, y este es un caso extremo, en un país como Venezuela, con un territorio que tiene diez veces más área que el de Castilla y León, sólo hay 338 Municipios, es decir, solo un décimo de los que existen en la comunidad castellana. Por eso es que en Venezuela, con esa estructura territorial de gobiernos locales, simplemente no hay ni podrá haber real participación política.[37]

---

cipación" es en relación con el sistema suizo? Véase Olivier Duhamel y Manuel José Cepeda Espinosa, *Las Democracias. Entre el Derecho Constitucional y la Política*, TM Editores. Universidad de los Andes. Facultad de Derecho, Bogotá, 1997, p. 56. ¿Acaso el régimen constitucional de Suiza, entre otros factores, por la superficie incluso del país, no es el paradigma del federalismo y del régimen local o cantonal?

35   Véase Torsten Sagawe, "La situación de los pequeños municipios en Europa: con especial referencia a la República Federal de Alemania", en Luis Villar Borla et al, *Problemática de los pequeños Municipios en Colombia ¿Supresión o reforma?*, Universidad Externado de Colombia, Bogotá 2003, p. 40.

36   *Informe sobre el Gobierno Local,* Ministerio para las Administraciones Públicas. Fundación Carles Pi i Sunyer d'Etudis Autonòmics y Locals, Madrid 1992, p. 27.

37   En nuestros países de América Latina la situación no es muy diferente: Argentina: 1.617 municipios; Bolivia: 312 municipios; Brasil: 5.581 municipios; Colombia: 1.100 munici-

Lo cierto, en todo caso, es que la Revolución Francesa, entre los muchos aportes que dio al constitucionalismo moderno, dio el de la participación ciudadana al haber desparramado el poder que hasta entonces estaba concentrado en pocas manos de la Monarquía y de los señores feudales,[38] en más de 40.000 Comunas, como allí se denomina a los municipios, lo que permitió que el Municipio se comenzara a ubicar en Europa, en cuanta aldea, pueblo, villas y ciudad existía, bien cerca del ciudadano. Todo comenzó en los mismos días de la Revolución, el 4 de agosto de 1789, veinte días antes de que la Asamblea Nacional adoptara la declaración de los Derechos del Hombre y del Ciudadano, cuando la misma Asamblea Nacional declaró irrevocablemente abolidos "todos los privilegios particulares de provincias, principados, cantones, ciudades y comunidades de habitantes, sean pecuniarios o de cualquier otra naturaleza;"[39] disponiendo los días 14 y 22 de diciembre del mismo año 1789, la instauración de una Municipalidad "en cada villa, burgo, parroquia y comunidad del campo."[40] De ello resultó que para 1791 en la Francia revolucionaria ya había 43.915 municipios, los cuales comenzaron a llamarse comunas, y que fueron las que en definitiva dieron origen a los más de 34.000 municipios o comunas que hoy existen en ese país, integradas por representantes electos mediante sufragio universal directo y secreto. Y de nuevo, comparemos esa realidad de 40.000 municipios con la nuestra, donde en un país con territorio que casi duplica el área del de Francia (643.427 km2), como es Venezuela (912.784 km2), solo hay 338 Municipios.

Frente a estas realidades, acaso nos hemos preguntado ¿porqué será entonces que en los países que llamamos democráticamente desarrollados como los europeos, donde impera la fragmentación municipal, no se plantea con tanta urgencia la necesidad de la participación ciudadana, pues es de todos los días; y, en cambio en todos nuestros países latinoamericanos, donde al contrario, hay muy pocos municipios y entidades locales autónomas electas, para sus enormes territorios y su población, es donde más se grita contra nuestras insuficiencias democráticas clamándose a la vez por una democracia participativa?

Creo que la respuesta es obvia, sobre todo cuando constatamos que lo mismo que se ha señalado respecto de Francia, se repite en todos los demás países europeos. Me refiero, siempre teniendo en cuenta la cifra de los 338 Venezolanos, a los 2.539 Municipios que existen en Bélgica (38.520 Km2); a los 16.121

---

pios Chile: 340; Cuba: 169 municipios; Ecuador: 1.079 municipios; El Salvador: 262 municipios; Guatemala: 324 municipios: en Honduras: 293 municipios; Nicaragua: 143 municipios; Paraguay: 212 municipios; Perú: 1.808 municipios; República Dominicana: 90 municipios; Uruguay: 19 municipios. Véase las referencias en Allan R. Brewer-Carías, *Reflexiones sobre el constitucionalismo en América*, Editorial Jurídica Venezolana, Caracas 2001, pp. 139 y ss.

38 Véase en general, Eduardo García de Enterría, *Revolución Francesa y administración contemporánea*, Taurus Ediciones, Madrid 1981, pp. 17, 41, 46, 49, 50, 56.

39 Luciano Vandelli, *El Poder Local. Su origen en la Francia revolucionaria y su futuro en la Europa de las regiones*, Ministerio para las Administraciones Públicas, Madrid 1992, p. 28, nota 10.

40 Albert Soboul, *La révolution française*, Gallimard, París 1981, pp. 198 y ss.;

Municipios que hay en la Alemania unificada (357.021 km2);[41]; a los 8.104 Municipios que hay en Italia (301.230 km2) y a los más de 3.000 cantones que hay en Suiza (41.290 Km2).[42] O sea, en Bélgica con una superficie algo mayor que la del Estado Barinas (35.200 km2), hay doscientas veces más municipios (en Barinas hay 12), y hay siete veces más Municipios que todos los que hay en Venezuela.

Lamentablemente, en Venezuela, como sucedió en toda América Latina la conformación del municipio, aún cuando tributario de los principios organizativos del europeo, tomó otro rumbo de distribución territorial. En efecto, a pesar de sus raíces en el municipalismo francés, y haber incluso desarrollado mucho antes que en Europa el concepto mismo de autonomía municipal el cual, por ejemplo, en Francia, sólo se introdujo con las reformas de Mitterrand en 1982[43] mediante la Ley de Libertad de las Comunas; y en España con la Ley de Bases del Régimen Local de 1985. Ese diferente rumbo derivó, primero, del condicionamiento territorial que en estas tierras impuso el desarrollo institucional del proceso colonial, que terminó por ubicar a los Municipios en las capitales provinciales, abarcando enormes territorios; y segunda, por el proceso de conformación del régimen republicano luego de la Independencia, que no sólo acogió el esquema de Municipios establecidos en ámbitos territoriales cada vez más y más alejados de los ciudadanos y de sus comunidades, sino que trató al poder municipal con recelo, particularmente desde el Poder Central que se estaba conformando. No olvidemos, incluso, que en Colombia, Estado creado en 1821 bajo el liderazgo de Simón Bolívar con base en los territorios de las antiguas provincias de Nueva Granada y Venezuela, el mismo Libertador llegó a suprimir los Municipios en 1828, considerando que eran "una verdadera carga para los ciudadanos, y producen muy pocas utilidades al público."[44].

Pero lo cierto es que en los 200 años que han transcurrido desde la Independencia, el panorama territorial de la distribución vertical del poder en los países latinoamericanos ha variado muy poco, careciendo nuestros países del nivel político territorial necesario para que la democracia pueda efectivamente ser participativa, que es el gobierno local. Y nos empeñamos en buscar en otras partes soluciones, que la verdad, no encontraremos.

---

41   Torsten Sagawe, "La situación de los pequeños municipios en Europa: con especial referencia a la República Federal de Alemania", en Luís Villar Borla et al, *Problemática de los pequeños Municipios en Colombia ¿Supresión o reforma?*, Universidad Externado de Colombia, Bogotá 2003, pp. 42-43.

42   Véase Luciano Vandelli, *El Poder Local. Su origen en la Francia revolucionaria y su futuro en la Europa de las regiones*, Ministerio para las Administraciones Públicas, Madrid 1992, pp. 179; Allan R. Brewer-Carías, *Reflexiones sobre el constitucionalismo en América*, Editorial Jurídica Venezolana, Caracas 2001, pp. 139 y ss.

43   Sobre la aplicación de la Ley de 2 de marzo de 1982, véase en general, André Terrazoni, *La décentralization a l'épreuve des faits*, LGDJ, Paris 1987.

44   Véase el decreto de Supresión de las Municipalidad de 17 de noviembre de 1828, en Allan R. Brewer-Carías, *Las Constituciones de Venezuela*, Academia de Ciencias Políticas y Sociales, Vol. I, Caracas 2008, p. 681.

Y aquí volvemos a lo que afirmaba al inicio, sobre que la democracia participativa está indisolublemente ligada, no a la democracia directa, sino a la descentralización política y la municipalización, de manera que la misma no se puede materializar con solo propuestas de incorporación al régimen democrático, de instrumentos como los referendos o las consultas o las iniciativas populares, y mucho menos eliminando la representación.

En realidad, la participación política como cotidianeidad democrática o como parte de la democracia como forma de vida, sólo puede darse a nivel local. No hay otra instancia para ello en los Estados; lo demás es falacia y engaño, o mecanismos de democracia directa que son otra cosa. Por ello es que el tema, precisamente, no tiene tanta notoriedad en los países europeos, donde la participación es de todos los días, en las pequeñas cosas que pueden tratarse en esos pequeños municipios urbanos y rurales.

La participación política o la democracia participativa están, por tanto, íntimamente unidas al localismo y a la descentralización política, y ésta, a la limitación del poder, lo que es consustancial con la democracia. Por ello, Eduardo García de Enterría afirmó con razón que el régimen local "da curso al derecho ciudadano a participar en todos, completamente en todos los asuntos públicos que afectan a la propia comunidad;"[45] de manera que como también dijo Sebastián Martín Retortillo, hace más de treinta años cuando España aún no había entrado en el proceso de transición hacia la democracia, la participación efectiva del ciudadano común, siempre presupone la descentralización.[46]

De manera que sin temor a equivocarnos podemos afirmar que no puede haber participación política sin descentralización política territorial, es decir, sin que exista una multiplicidad de poderes locales y regionales autónomos políticamente, con gobernantes electos mediante sufragio universal, directo y secreto; sin ellos, en definitiva, no puede haber una democracia participativa. Lo que habría es centralismo, que es la base de la exclusión política al concentrar el poder en unos pocos electos, y a la vez, el motivo del desprestigio de la democracia representativa por más aditivos de democracia directa o refrendaria se le implante.

No hay otra forma de perfeccionar la democracia y hacerla más participativa y más representativa, que no sea acercando el Poder al ciudadano, lo que sólo puede llevarse a cabo descentralizando política y territorialmente el Poder del Estado y llevarlo hasta la más pequeña de las comunidades; es decir, distribuyendo el Poder en el territorio nacional.[47] Por tanto, sólo municipalizando los territorios de nuestros países, es que se puede rescatar, más de doscientos años después, lo que fue la decisión terminante de la Asamblea Nacional Constituyente francesa en aquél diciembre de 1789, y que hoy se traduciría en la frase de que

---

45 Citado en Sebastián Martín Retortillo, en "Introducción" al libro Sebastián Martín Retortillo et al, *Descentralización administrativa y organización política*, Tomo I, Ediciones Alfaguara, Madrid, 1973, p. LVIII.

46 *Idem*, p. LIX.

47 Véase en *XXV Congreso Iberoamericano de Municipios, Guadalajara, Jalisco, México del 23 al 26 de octubre de 2001*, Fundación Española de Municipios y Provincias, Madrid 2003, pp. 453 y ss.

toda comunidad rural, todo caserío, todo pueblo, todo barrio urbano, debería tener su autoridad local como comunidad política gobernada democráticamente, es decir, mediante representantes electos mediante sufragio universal, directo y secreto.[48]

Pero por supuesto, para ello, es decir, para una reforma política de esta naturaleza, tenemos que pensar en otro municipio, para no desparramar territorialmente la estructura burocrática local, mal y uniformemente concebida que tenemos en muchos de nuestros países y que lo que podría provocar es peor democracia; lo que también se podría originar con los intentos que a veces se han realizado en algunos de nuestros países, donde al contrario de multiplicar los gobiernos locales, se ha propuesto una política de reducción de municipios, calificada con acierto por Jaime Castro como un verdadero "genocidio municipal" al comentar el intento que se hizo en Colombia, en 2001, con el Proyecto de Ley 041/01, que proponía la desaparición de materialmente la mitad de los 1.067 entonces existentes municipios colombianos, aquellos que tenían menos de 14.000 habitantes. Castro advertía además, lo que es válido para todos nuestros países, que en Colombia "los municipios son el Estado –la única presencia del Estado– en extensas y abandonadas regiones del país", por lo que lo que habría que hacer, al contrario, era "fortalecer y transformar el pequeño municipio [para] convertirlo en herramienta eficaz de una política de poblamiento territorial y de ocupación continua del espacio físico.[49]

De allí la enorme revalorización que requiere en nuestros países el tema del pequeño municipio como parte del proceso de descentralización político-territorial, para asegurar no sólo la presencia del Estado en el territorio, sino para hacer posible la participación democrática, partiendo de la necesaria diversidad que deben tener las entidades locales; es decir, todo lo contrario al uniformismo organizacional.

En fin, lo que debemos concientizar es que no hay que temerle a la descentralización política, pues se trata de un fenómeno propio de las democracias, que por supuesto es temido por los autoritarismos. Lo cierto es que no hay ni ha habido autocracias descentralizados, siendo los autoritarismos los que rechazan tanto la descentralización política como la participación democrática, incluyendo los autoritarismos que tradicionalmente nos han gobernado bajo el ropaje del "centralismo democrático," de cualquier cuño que sea, incluso de orden partidista. Es precisamente lo que ha ocurrido en Venezuela, donde en nombre de una

---

48   Como se enunció, por ejemplo, en la Constitución de la Provincia del Chaco, de Argentina: "Todo centro de población constituye un municipio autónomo" (Artículo 182). Citado por Augusto Hernández Barrera, "Objetivos inéditos de la categorización municipal" en Luis Villar Borda et al, *Problemática de los Pequeños Municipios en Colombia ¿Supresión o reforma?*, Universidad Externado de Colombia, Bogotá 2003, p. 108. Véase, además, Augusto Hernández Becerra, *Ordenamiento y desarreglo territorial en Colombia*, Instituto de Estudios Constitucionales Carlos Restrepo Piedrahita, Bogotá 2001.

49   Véase Jaime Castro, *La cuestión territorial*, Editorial Oveja Negra, Bogotá 2003, pp. 136-137.

supuesta participación se está acabando con la descentralización y con la misma democracia.

No hay que dejarse engañar con los cantos de sirenas autoritarios que no se cansan de hablar de "democracia participativa," pero no para hacerla posible descentralizando el poder en el territorio, sino para acabar con la democracia representativa, imposibilitando a la vez la participación. No nos confundamos los demócratas al intentar dar respuesta a las exigencias políticas crecientes de participación democrática, con el sólo establecimiento de paños calientes de carácter refrendario o de iniciativas o consultas populares, que no la agotan en absoluto. En fin, no le tengamos miedo a lo pequeño, que territorialmente hablando es precisamente la lugarización, el pequeño municipio rural y la subdivisión municipal suburbana.

6. ***El abandono de la democracia con las leyes del poder popular en Venezuela***

Ahora bien, partiendo de lo antes señalado y teniendo en cuenta el marco constitucional analizado sobre la democracia y la participación, incluyendo la mencionada distinción entre la participación ciudadana como derecho político, y la participación popular como derecho individual y colectivo de todo habitante de una comunidad de hacerse parte en los asuntos relativos a dicha comunidad, es que debe analizarse el régimen establecido en las Leyes sobre el Poder Popular y el Estado Comunal, y en particular, la Ley Orgánica de los Consejos Comunales de 2009. En todas las referidas leyes se ha establecido una mezcolanza en el ejercicio de ambos derechos, y por ejemplo en la Ley Orgánica del Poder Popular, de los Consejos Comunales y de las Comunas, se ha otorgado un derecho político que es exclusivo de los ciudadanos, como es el de la participación *en las Asambleas de Ciudadanos* consagrado en los artículos 62 y 70 de la Constitución, a quienes no son ciudadanos, como son los extranjeros y los menores de 18 años. Con ello, la base de toda la regulación establecida en estas leyes, simplemente, fue mal concebida.

Sin duda es posible y deseable que los extranjeros y menores participen en asambleas de la comunidad, vecinales o en cualquier otra instancia comunitaria como manifestación del derecho a la participación social y comunitaria que corresponde a toda persona habitante de la República, pero no es posible constitucionalmente que se les otorgue el derecho de participar en las Asamblea de "ciudadanos," o de votar en referendos que son específicos mecanismos de participación "política" que, como se dijo, de acuerdo con la Constitución, son una manifestación esencial de un derecho político que se ha reservado a los ciudadanos.

Ahora bien, refiriéndonos ahora en concreto al derecho a la participación política en forma *directa* (democracia participativa) en la Constitución de 1999, como se ha dicho, el mismo está concebido, primero, como un derecho *político* (distinto a los civiles, sociales, educativos, culturales, ambientales, etc.), el cual, por tanto corresponde sólo a los *ciudadanos*, es decir, a los venezolanos que no estén sujetos a inhabilitación política ni a interdicción civil y conforme a la edad que se determine en la ley (art. 30); segundo, se lo concibe como un derecho político que tiene que poder ejercerse *libremente*, es decir, sin limitaciones o condicionamientos algunos salvo los que puedan derivarse "del derecho de las demás y del orden público y social" (art. 20), razón por la cual no pueden estar encasillados en una ideología única compulsiva como el socialismo; tercero, se lo concibe como tal derecho político que debe ejercerse en el marco de la organización descentralizada del Poder Público (Nacional, Estadal y Municipal) que responde a su distribución en el territorio conforme a la forma federal del Estado (arts. 4 y 136); y cuarto, se lo concibe como un derecho político que por su naturaleza (la necesidad de que el Poder esté cerca del ciudadano), ha de ejercerse particularmente en la unidad política primaria y autónoma de la organización nacional que conforme a la Constitución es el Municipio, concebido como una entidad política con gobierno propio electo mediante sufragio universal directo y secreto (democracia representativa). Es en las actuaciones de esta unidad política, conforme al artículo 168 de la Constitución, que fundamentalmente se debe incorporar "la participación ciudadana al proceso de definición y ejecución de la gestión pública y al control y evaluación de sus resultados, en forma efectiva, suficiente y oportuna."

Es contrario a la Constitución, por tanto, que el derecho político a la participación se extienda a quienes no son ciudadanos, como son los extranjeros o los menores; que se lo conciba en forma restringida, es decir, sin poder ejercerse libremente, al reducírselo en su ejercicio sólo para la ejecución de una orientación política exclusionista como es el socialismo, eliminando cualquier otra; que su ejercicio se organice en forma centralizada, sometido a la sola conducción por parte del Poder Nacional y en particular del Ejecutivo Nacional, excluyéndose de su ámbito a los Estados y Municipios; y en particular, que se excluya a este último (el Municipio) como unidad política primaria que es en la organización nacional, del ámbito de su ejercicio, desmunicipalizándoselo, al concebirse otra entidad no autónoma políticamente para materializarlo como es el caso de los Concejos Comunales creados sin autonomía política y fuera del gobierno local.

En otras palabras, sólo mediante una reforma constitucional del artículo 30 de la Constitución es que podría extenderse la ciudadanía a los extranjeros, a los efectos de que puedan ejercer el derecho político a la participación; sólo mediante una reforma constitucional del artículo 62 de la Constitución es que podría eliminarse el carácter libre del ejercicio del derecho a la participación ciudadana y restringírselo sólo para la consecución del socialismo; sólo mediante una reforma constitucional de los artículos 4 y 136 de la Constitución, es que se podría eliminar la forma descentralizada del ejercicio de la participación ciudadana en el sistema de distribución vertical del Poder Público, y concebir su ejercicio sólo sometido a la sola conducción por parte del Poder Nacional y, en particular, del Ejecutivo Nacional; y sólo mediante una reforma constitucional del artículo 168 de la Constitución es que se podría excluir al Municipio del ámbito de ejercicio del derecho político a la participación ciudadana, desmunicipalizándoselo, y concebirse una unidad primaria no autónoma políticamente, como los Concejos Comunales creados sin autonomía política y fuera del gobierno local, para canalizar su ejercicio.

Y esto es precisamente lo que se ha establecido en las Leyes Orgánicas del Poder Popular, de los Consejos Comunales y de las Comunas, al regularse el régimen del derecho a la participación ciudadana, y crearse a dichos Concejos Comunales, como "una instancia de participación para el ejercicio directo de la soberanía popular" (art. 1) "en la construcción del nuevo modelo de sociedad socialista" (art. 2), "con el fin de establecer la base sociopolítica del socialismo que consolide un nuevo modelo político, social, cultural y económico" (art. 3); en una forma completamente distinta a la establecida en la Constitución, cuyo texto se viola abiertamente. Con estas Leyes Orgánicas, en realidad, y en forma completamente inconstitucional, lo que se ha pretendido es implementar las reformas constitucionales sobre el "Poder Popular" que se habían pretendido introducir con la Reforma Constitucional sancionada de 2007,[50] la cual, sin embargo, fue rechazada mayoritariamente por el pueblo.

Ahora bien, para entender adecuadamente el contenido y sentido de estas nuevas regulaciones relativas al Poder Popular y al Estado Comunal, montado sobre las Comunas y los Consejos Comunales, consideramos necesario referirnos a sus antecedentes inmediatos: primero, al contenido de la rechazada reforma constitucional de 2007, en lo que se refería a la estructuración del Poder Popular en paralelo al Poder Público, y que, como se dijo, fue rechazado mayoritariamente por el pueblo en el referendo de diciembre de 2007; y segundo, a la institucionalización efectuada en 2006 de los Consejos Comunales como pieza del Estado Socialista.

II. LOS ANTECEDENTES DEL NUEVO RÉGIMEN DEL PODER POPULAR Y DEL ESTADO COMUNAL EN UNA LEY INCONSTITUCIONAL DE 2006 Y EN EL INTENTO DE REFORMA CONSTITUCIONAL EN 2007

Como se dijo, los antecedentes inmediatos de las leyes del Poder Popular y del Estado Comunal en Venezuela, es decir, para el establecimiento del Estado Comunista, fueron: primero, la sanción en 2006 y sin soporte alguno en la Constitución, de la Ley de los Consejos Comunales[51] con la que se inició el proceso de desmunicipalización en el país; y segundo, la formulación del proyecto de reforma constitucional por el presidente de la República en 2007, para la institucionalización de un Estado centralista Socialista y Militarista, el cual a pesar de haber sido sancionado por la Asamblea Nacional en noviembre de 2007, fue rechazada por el pueblo en el referendo de diciembre de 2007.

---

50 Véase Sobre dicha reforma Allan R. Brewer-Carías, *La Reforma Constitucional de 2007*, Editorial Jurídica Venezolana, Caracas 2007.

51 Véase *Gaceta Oficial* N° 5806 Extra. de 10 de abril de 2006. Véase sobre esta Ley de 2006, lo expuesto en el estudio de Claudia Nikken, "La Ley Orgánica de los Consejos Comunales y el derecho a la participación ciudadana en los asuntos públicos," en pp. 183 ss. de este libro.

1. La "desmunicipalización" de la participación ciudadana y los Consejos Comunales creados en 2006

A. Los Municipios y los Consejos Comunales

En efecto, desde 2006, con la sanción de la Ley de los Consejos Comunales y la progresiva creación de los mismos, el gobierno autoritario había venido tratando de regular y confinar la participación ciudadana con un doble propósito: por una parte, para eliminar la democracia representativa; y por la otra, para desmunicipalizar su ámbito de ejercicio.[52]

Como se ha dicho, conforme a la Constitución, el Municipio es la unidad política primaria dentro de la organización pública nacional (art. 168) que, como parte del sistema constitucional de distribución vertical del Poder Público (art. 136), en el nivel territorial inferior es la entidad política llamada a hacer efectiva la participación ciudadana. Por ello, el artículo 2° de la Ley Orgánica del Poder Público Municipal de 2005[53] conforme a lo dispuesto en el artículo 168 de la Constitución dispuso que las actuaciones del municipio deberían incorporar "la participación ciudadana de manera efectiva, suficiente y oportuna, en la definición y ejecución de la gestión pública y en el control y evaluación de sus resultados."

Para ello, en todo caso, lo que resultaba necesario era acercar el poder municipal al ciudadano, municipalizándose el territorio, lo que la propia Ley Orgánica impidió. Pero en lugar de reformar dicha Ley Orgánica y establecer entidades municipales o del municipio más cerca de las comunidades, lo que se buscó establecer con la Ley de los Consejos Comunales de 2006 fue un sistema institucional centralizado para la supuesta participación popular, denominado "del Poder Popular", en paralelo e ignorando la propia existencia del régimen municipal, concibiéndose a la "comunidad" fuera del mismo Municipio, organizada en **Consejos Comunales, "**en el marco constitucional de la democracia participativa y protagónica", como "instancias de participación, articulación e integración entre las diversas organizaciones comunitarias, grupos sociales y los ciudadanos." Fue en estos Consejos Comunales, conforme a la Ley de 2006, establecidos sin relación alguna con los Municipios, en los que se ubicaron las Asambleas de Ciuda-

---

52 Véase lo que hemos expuesto en Allan R. Brewer-Carías, "**El inicio de la desmunicipalización en Venezuela: La organización del Poder Popular para eliminar la descentralización, la democracia representativa y la participación a nivel local**", en *AIDA*, *Opera* Prima *de Derecho Administrativo. Revista de la Asociación Internacional de Derecho Administrativo*, Universidad Nacional Autónoma de México, Facultad de Estudios Superiores de Acatlán, Coordinación de Postgrado, Instituto Internacional de Derecho Administrativo "Agustín Gordillo", Asociación Internacional de Derecho Administrativo, México, 2007, pp. 49 a 67.

53 Véase la Ley de Reforma Parcial de la Ley Orgánica del Poder Público Municipal, *Gaceta Oficial* N° 38.327 de 02-12-2005. Véanse los comentarios a esta Ley en el libro: *Ley Orgánica del Poder Público Municipal*, Editorial Jurídica Venezolana, Caracas 2007. La Ley ha sido reformada en 2010, *Gaceta Oficial* N° 6.015 Extra. de 28 de diciembre de 2010.

danos como la instancia primaria para el ejercicio del poder, la participación y el protagonismo popular, cuyas decisiones se concibieron como de carácter vinculante para el consejo comunal respectivo (art. 4,5).

Con esta Ley de los Consejos Comunales de 2006, puede decirse que se comenzó el inconstitucional proceso de desmunicipalización de la participación ciudadana, sustituyéndose al Municipio como la unidad política primaria en la organización nacional que exige la Constitución conforme a un sistema de descentralización política (distribución vertical) del poder, por un sistema de entidades sin autonomía política alguna que se denominaron del "Poder Popular" (Consejos Comunales), directamente vinculadas y dependientes en un esquema centralizado del poder, dirigido desde el más alto nivel del Poder Ejecutivo Nacional, por el presidente de la República mediante una Comisión Presidencial del Poder Popular.[54]

La Ley, además, supuestamente abogando por una participación popular, en un esquema completamente antidemocrático, sustituyó la representación que origina el sufragio en entidades políticas como los Municipales, por la organización de entidades denominadas del "Poder Popular" que no tienen origen representativo electoral, en las cuales se pretendió ubicar la participación ciudadana, pero sometida al control del vértice del poder central, y sin que los titulares rindan cuentas al pueblo.

En efecto, en abril de 2006, en lugar de reformarse nuevamente la Ley Orgánica del Poder Público Municipal para municipalizar el país y hacer efectiva la participación ciudadana en un esquema de descentralización política del poder público, se optó por sancionarse la Ley de los Consejos Comunales con el objeto de crear, desarrollar y regular la conformación de dichas supuestas instancias de participación, totalmente desvinculadas de Municipios, parroquias y organizaciones vecinales, estableciéndose su integración, organización y funcionamiento, así como su relación con los órganos del Estado, para la formulación, ejecución, control y evaluación de las políticas públicas (art. 1).

Estos **Consejos Comunales, supuestamente** "en el marco constitucional de la democracia participativa y protagónica", se regularon como se dijo, sin relación alguna con la organización municipal, para en paralelo, supuestamente permitir "al pueblo organizado ejercer directamente la gestión de las políticas públicas y proyectos orientados a responder a las necesidades y aspiraciones de las comunidades en la construcción de una sociedad de equidad y justicia social" (art. 2). Se trata, como se dijo, de un esquema organizacional completamente paralelo y desvinculado con la descentralización política o la distribución vertical

---

54 Sobre esto, por ejemplo, María Pilar García-Guadilla ha señalado al referirse al "solapamiento y usurpación de competencias entre los Concejos Comunales y el concejo municipal," que los primeros "debilitan la idea de un gobierno municipal autónomo con propiedad sobre el espacio geográfico en donde tiene jurisdicción y no promueven la descentralización," en "La praxis de los consejos comunales en Venezuela: ¿Poder popular o instancia clientelar?," en *Revista Venezolana de Economía y Ciencias Sociales*, abr. 2008, Vol. 14, N° 1, p. 125-151. Véase en http://www.scielo.org.ve/scielo.php?pid=-S1315-6411200-8000100009&script=sci_arttext.

del poder público; es decir, completamente desvinculado de la organización territorial del Estado que establece la Constitución, es decir, desvinculado de los Estados, Municipios y Parroquias.

Por ello, los Consejos Comunales se integraron conforme a un esquema estatal centralizado, que tenía en su cúspide una Comisión Nacional Presidencial del Poder Popular designada y presidida por el presidente de la República, la cual, a su vez, designaba en cada Estado a las Comisiones Regionales Presidenciales del Poder Popular, previa aprobación del presidente de la República (art. 31); y designaba además, en cada municipio, las Comisiones Locales Presidencial del Poder Popular, también previa aprobación del presidente de la República (art. 32); sin participación alguna de los Gobernadores de Estado ni de los Alcaldes municipales.

En todo caso, la Ley dispuso que la organización, funcionamiento y acción de dichos consejos comunales "se rige conforme a los principios de corresponsabilidad, cooperación, solidaridad, transparencia, rendición de cuentas, honestidad, eficacia, eficiencia, responsabilidad social, control social, equidad, justicia e igualdad social y de género"(art. 3). La práctica, sin embargo, no evidencia que no se logró desarrollar los concejos comunales conforme al discurso gubernamental y a las previsiones teóricas de la Ley, de manera que como lo ha observado María Pilar García-Guadilla, "Mientras que los objetivos y el discurso presidencial hablan de empoderamiento, transformación y democratización, las praxis observadas apuntan hacia el clientelismo, la cooptación, la centralización y la exclusión por razones de polarización política."[55]

B. *La "comunidad" como la unidad básica de organización del pueblo*

La Ley de 2006 estableció como unidad social básica para el funcionamiento de los Consejos Comunales a la "comunidad" la cual se definió como "el conglomerado social de familias, ciudadanos y ciudadanas que habitan en un área geográfica determinada, que comparten una historia e intereses comunes, se conocen y relacionan entre sí, usan los mismos servicios públicos y comparten necesidades y potencialidades similares: económicas, sociales, urbanísticas y de otra índole (art. 4,1). Ella, en realidad, debió haber sido el nuevo municipio que debió haberse creado en otra concepción democrática y participativa del mismo.

La Ley de 2006 definió, además, a las Comunidades Indígenas como "grupos humanos formados por familias indígenas asociadas entre sí, pertenecientes a uno o más pueblos indígenas, que están ubicados en un determinado espacio geográfico y organizados según las pautas culturales propias de cada pueblo, con o sin modificaciones provenientes de otras culturas (art. 4,2).

---

55 Véase en María Pilar García-Guadilla "La praxis de los consejos comunales en Venezuela: ¿Poder popular o instancia clientelar?," en *Revista Venezolana de Economía y Ciencias Sociales*, abr. 2008, Vol. 14, N° 1, p. 125-151. Véase en http://www.scielo.org.ve/-scielo.php?pid=S1315-64112008000100009&script=sci_arttext

La Ley de 2006 estableció tres elementos claves para identificar a la "comunidad" como organización social, que fueron un territorio, una población y una organización.

En cuanto al territorio, el de las comunidades debía estar formado por el área geográfica atribuida a la misma, conformado por el Territorio que ocupan sus habitantes, cuyos límites geográficos se debían establecer en Asamblea de Ciudadanos dentro de los cuales debía funcionar el Consejo Comunal. El área geográfica debía ser decidida por la Asamblea de Ciudadanos de acuerdo con las particularidades de cada comunidad (art. 4,3).

En cuanto a la población, a los efectos de "la participación protagónica, la planificación y la gobernabilidad de los consejos comunales", la misma se debía determinar conforme a una "base poblacional de la comunidad" haciendo la Ley referencia a los criterios técnicos y sociológicos que señalaban –en cierto sentido similar a los que se utilizaron en la vieja Ley Orgánica de Régimen Municipal para las asociaciones de vecinos- que las comunidades se agrupaban en familias, entre 200 y 400 en el área urbana, a partir de 20 familias en el área rural y a partir de 10 familias en las comunidades indígenas. La base poblacional debía ser decidida por la Asamblea de Ciudadanos de acuerdo con las particularidades de cada comunidad, tomando en cuenta las comunidades aledañas. (art. 4,4).

En cuanto a la organización política de las Comunidades, la Ley estableció las siguientes estructuras básicas de la comunidad, sin ningún elemento de democracia representativa o de gobierno electivo: la Asamblea de Ciudadanos, el Consejo Comunal y sus órganos ejecutivo, financiero y de control, y las demás organizaciones comunitarias. Estas últimas eran las que "existen o pueden existir en las comunidades y que agrupan a un conjunto de ciudadanos y ciudadanas con base en objetivos e intereses comunes, tales como: comités de tierras, comités de salud, mesas técnicas de agua, grupos culturales, clubes deportivos, puntos de encuentro y organizaciones de mujeres, sindicatos y organizaciones de trabajadores y trabajadoras, organizaciones juveniles o estudiantiles, asociaciones civiles, cooperativas, entre otras" (art. 4,8).

C. *Las asambleas de ciudadanos*

La Ley de 2006, en paralelo al Municipio como la unidad primaria para la participación, concibió a la Asamblea de Ciudadanos como la instancia primaria para el ejercicio del poder, la participación y el protagonismo popular, cuyas decisiones son de carácter vinculante para el consejo comunal respectivo (art. 4,5). Esta Asamblea de Ciudadanos se la reguló como "la máxima instancia de decisión del Consejo Comunal", integrada por los habitantes de la comunidad, mayores de 15 años. En esta forma, como se dijo, se violó la Constitución (arts. 62 y 70) que reserva el derecho de participar en las "Asambleas de ciudadanos," como lo indica su nombre, solo a los "ciudadanos," lo que excluye a los extranjeros y a los menores de 18 años. El legislador, quizás, lo que quiso fue regular Asambleas de la comunidad o de vecinos, pero las denominó erróneamente como Asambleas de ciudadanos, violando la Constitución.

La Ley reguló todo el proceso de constitución inicial (por primera vez) de las Asambleas de Ciudadanos (Asamblea Constituyente Comunal o Comunitaria) con la asistencia de al menos el 20% de los miembros de la comunidad, mayores de 15 años (art. 19), convocada, conducida y organizada por una comisión promotora integrada por el número variable de miembros de la comunidad que asumieran esta iniciativa, con la participación de un representante designado por la Comisión Presidencial del Poder Popular respectivo. (arts. 15, 16). Esta Comisión promotora debía, conforme al artículo 17 de la Ley de 2006, entre otras funciones, difundir entre los habitantes de la comunidad el alcance, objeto y fines de los Consejos Comunales; elaborar un croquis del área geográfica de la comunidad; recabar la información de su historia; organizar y coordinar la realización del censo demográfico y socioeconómico comunitario; y convocar a la Asamblea Constituyente Comunitaria. La Comisión Promotora cesaba en sus funciones al momento de la conformación del Consejo Comunal.

La Asamblea de Ciudadanos conforme al artículo 6 de la Ley de 2006, tenía entre sus atribuciones, el aprobar las normas de convivencia de la comunidad; aprobar los estatutos y el acta constitutiva del Consejo Comunal con la indicación de su nombre, el área geográfica, el número de familias que lo integraban, el listado de asistentes y el lugar, fecha y hora de reunión; la aprobación del Plan de Desarrollo de la Comunidad y los proyectos presentados al Consejo Comunal en beneficio de la comunidad; el ejercicio de la contraloría social; y la adopción de las decisiones esenciales de la vida comunitaria, y entre ellas, elegir a los integrantes de los diversos voceros e integrantes de los órganos comunitarios, y revocarles el mandato. La Asamblea de Ciudadanos también debía determinar y elegir el número de voceros de los diversos comités de trabajo, de acuerdo a la cantidad que se conformasen en la comunidad (art. 9), en áreas como salud, educación, tierra urbana o rural, vivienda, protección e igualdad social, economía popular, cultura, seguridad integral, medios de comunicación, recreación y deportes, alimentación, agua, energía y gas, y servicios (art. 9).

Todos los voceros de los comités de trabajo, conforme al artículo 12 de la Ley de 2006 debían ser electos en "votaciones directas y secretas por la Asamblea de Ciudadanos," para lo cual el **artículo 13 de la Ley exigía ser** habitante de la comunidad, con al menos 6 meses de residencia en la misma; mayor de 15 años, y no ocupar cargos de elección popular. Iguales condiciones se establecieron para los integrantes de las diversas unidades del Consejo Comunal. Se eliminaba así el sufragio universal, y se otorgaba la "ciudadanía" a quien no podía tenerla constitucionalmente.

La Asamblea de Ciudadanos debía nombrar una Comisión Electoral (art. 18) con el fin de organizar y conducir el proceso de elección de los voceros y demás integrantes de los órganos del Consejo Comunal, debiendo a tal efecto, entre otras funciones, elaborar un registro electoral y conducir el proceso de designación los mismos.

D. *La organización de los Consejos Comunales*

El Consejo Comunal organizado por la Asamblea de Ciudadanos, conforme a lo dispuesto en el artículo 7 de la Ley de 2006, debía estar integrado por un órgano ejecutivo, integrado por los voceros de cada comité de trabajo; una Unidad de Gestión Financiera, como órgano económico-financiero; y una Unidad de Contraloría Social, como órgano de control. Los ciudadanos integrantes de los consejos comunales debían responder a los principios de corresponsabilidad social, rendición de cuentas, y manejo transparente, oportuno y eficaz de los recursos que dispusieran (art. 5).

A los efectos de una adecuada articulación de su trabajo, el artículo 24 de la Ley disponía que los órganos ejecutivo, de control y económico financiero del Consejo Comunal, debían realizar reuniones de coordinación y seguimiento, y los gastos que se generasen por concepto de la actividad de los voceros y demás integrantes de los órganos del Consejo Comunal, debían ser compensados por el fondo de gastos de funcionamiento del Consejo Comunal.

Los consejos comunales debían ser registrados ante la Comisión Local Presidencial del Poder Popular, para lo cual debían hacer entrega de los estatutos y acta constitutiva aprobados por la Asamblea de Ciudadanos (art. 20). Este registro ante la Comisión Presidencial del Poder Popular respectiva, era lo que revestía a los Consejos de personalidad jurídica para todos los efectos relacionados con la Ley. Las tareas de procesamiento de este registro, sin embargo, fueron delegadas en la Fundación estatal FUNDACOMÚN, de larga tradición en materia de desarrollo de la comunidad, desde los años sesenta.[56]

El órgano ejecutivo del Consejo Comunal, integrado por los voceros de cada comité de trabajo (art. 7), se lo concibió en la Ley de 2006 como la instancia encargada de promover y articular la participación organizada de los integrantes de la comunidad, los grupos sociales y organizaciones comunitarias en los diferentes comités de trabajo, y tenía como funciones básicas, conforme al artículo 21 de la Ley de 2006, ejecutar las decisiones de la Asamblea de Ciudadanos; promover la creación de nuevas organizaciones en defensa del interés colectivo y el desarrollo integral, sostenible y sustentable de las comunidades; elaborar planes de trabajo para solventar los problemas que la comunidad pueda resolver con sus propios recursos y evaluar sus resultados; organizar el voluntariado social en cada uno de los comités de trabajo; promover la solicitud de transferencias de servicios, participación en los procesos económicos, gestión de empresas públi-

---

56 Para 2007 se daba una cifra de entre 18.000 y 20.000 Consejos Comunales. Véase María Pilar García-Guadilla, "La praxis de los consejos comunales en Venezuela: ¿Poder popular o instancia clientelar?," en *Revista Venezolana de Economía y Ciencias Sociales*, abr. 2008, Vol. 14, N° 1, p. 125-151. Véase en http://www.scielo.org.ve/scielo.php?pid-=S1315-64112008000100009&script=sci_arttext. Véase en general sobre el proceso de creación de consejos comunales de acuerdo con la Ley de 2006, en Steve Ellner, "Un modelo atractivo con fallas: los Consejos Comunales de Venezuela", en http://www.rebelion.org/noticia.php?id=87637; y Miguel González Marregot, "La ley de los consejos comunales: un año después (y II)", Sábado, 21 de abril de 2007, en http://queremoselegir.org/la-ley-de-los-consejos-comunales-un-ano-despues-y-ii/

cas y recuperación de empresas paralizadas mediante mecanismos autogestionarios y cogestionarios; promover el ejercicio de la iniciativa legislativa y participar en los procesos de consulta en el marco del parlamentarismo social; promover el ejercicio y defensa de la soberanía e integridad territorial de la Nación; y elaborar el Plan de Desarrollo de la Comunidad a través del diagnóstico participativo, en el marco de la estrategia endógena.

La unidad de gestión financiera del Consejo Comunal, conforme al artículo 10 de la Ley de 2006 fue concebida como un órgano integrado por 5 habitantes de la comunidad electos por la Asamblea de Ciudadanos (art. 12), que debía funcionar como el ente de ejecución financiera de los consejos comunales para administrar recursos financieros y no financieros, servir de ente de inversión y de crédito, y realizar intermediación financiera con los fondos generados, asignados o captados. A tal efecto, la Ley de 2006 denominó a esta unidad de gestión financiera como "Banco Comunal," definido como la forma de organización y gestión económico-financiera de los recursos de los consejos comunales. (art. 4,10), del cual eran "socios" todos los ciudadanos que habitasen en el ámbito geográfico definido por la Asamblea de Ciudadanos. Ese Banco Comunal debía adquirir la figura jurídica de cooperativa y regirse por la Ley Especial de Asociaciones Cooperativas, la Ley de Creación, Estímulo, Promoción y Desarrollo del Sistema Microfinanciero y otras leyes aplicables. Estos Bancos Comunales, quedaron exceptuados de la regulación de la Ley General de Bancos y Otras Instituciones Financieras (art. 10).

Conforme al artículo 22 de la Ley de 2006, estos Bancos Comunales tenían entre sus funciones, administrar los recursos asignados, generados o captados tanto financieros como no financieros; promover la constitución de cooperativas para la elaboración de proyectos de desarrollo endógeno, sostenibles y sustentables; impulsar el diagnóstico y el presupuesto participativo, sensible al género, jerarquizando las necesidades de la comunidad; promover formas alternativas de intercambio, que permitan fortalecer las economías locales; prestar servicios no financieros en el área de su competencia; prestar asistencia social; realizar la intermediación financiera; y promover formas económicas alternativas y solidarias, para el intercambio de bienes y servicios.

Por último, la Unidad de Contraloría Social del Consejo Comunal se lo configuró en la Ley de 2006 como un órgano conformado por 5 habitantes de la comunidad electos por la Asamblea de Ciudadanos para realizar la contraloría social y la fiscalización, control y supervisión del manejo de los recursos asignados, recibidos o generados por el consejo comunal, así como sobre los programas y proyectos de inversión pública presupuestados y ejecutados por el gobierno nacional, regional o municipal (art. 11), con las siguientes funciones establecidas en el artículo 23: dar seguimiento a las actividades administrativas y de funcionamiento ordinario del Consejo Comunal en su conjunto; ejercer la coordinación en materia de contraloría social comunitaria; ejercer el control, fiscalización y vigilancia de la ejecución del plan de desarrollo comunitario; y ejercer el control, fiscalización y vigilancia del proceso de consulta, planificación, desarrollo, ejecución y seguimiento de los proyectos comunitarios.

El artículo 25 de la Ley de 2006 enumeró los siguientes recursos que los Consejos Comunales debían recibir de manera directa: los que fueran transferidos por la República, los estados y los municipios; los que provinieran de lo dispuesto en la Ley de Creación del Fondo Intergubernamental para la Descentralización (FIDES) y la Ley de Asignaciones Económicas Especiales derivadas de Minas e Hidrocarburos (LAEE); los que provinieran de la administración de los servicios públicos que les fueran transferidos por el Estado; los generados por su actividad propia, incluido el producto del manejo financiero de todos sus recursos, y los que provinieran de donaciones.

E.   *La organización centralizada de la participación ciudadana*

Los Consejos Comunales fueron articulados en la Ley de 2006 en una organización centralizada tanto desde el punto de vista financiero como de conducción administrativa, la cual en la práctica resultó totalmente inoperante.[57]

Por una parte, en efecto, la Ley de 2006 creó un Fondo Nacional de los Consejos Comunales, como servicio autónomo sin personalidad jurídica, adscrito al Ministerio de Finanzas (art. 28), con una junta directiva conformada por un presidente, tres miembros principales y tres suplentes, todos designados por el presidente de la República, en Consejo de Ministros. Este Fondo Nacional de los Consejos Comunales, conforme al artículo 29 de la Ley debía tener por objeto financiar los proyectos comunitarios, sociales y productivos, presentados por la Comisión Nacional Presidencial del Poder Popular en sus componentes financieros y no financieros. La transferencia de los recursos financieros se debía hacer a través de las unidades de gestión financieras, es decir, los Bancos Comunales, creadas por los consejos comunales.

Por otra parte, el artículo 30 de la Ley de 2006 organizó a los Consejos Comunales en diversas Comisiones Presidenciales del Poder Popular establecidas a nivel nacional, regional y municipal.

La Comisión Nacional Presidencial del Poder Popular, que debía ser designada por el presidente de la República de conformidad con el artículo 71 de la

---

57   Sobre esto Miguel González Marregot ha señalado que "El elemento central de las críticas a los consejos comunales es su dependencia y sujeción a una red de Comisiones Presidenciales del Poder Popular, designada "a dedo" desde del Poder Nacional. Sin embargo, las Comisiones Presidenciales del Poder Popular no existen por ahora, en el ámbito municipal. Y su creación no ha sido implementada aún; quizás por una mezcla de la incapacidad operativa oficial con una dosis de cálculo político. Las Comisiones Presidenciales del Poder Popular son una demostración de la visión centralista y concentradora de la gestión pública que va a suprimir las propias posibilidades de participación popular que brindarían los consejos comunales. Una deuda sensible, en este contexto, es la inoperancia del Servicio Autónomo Fondo Nacional de los Consejos Comunales, que estaría adscrito al Ministerio de Finanzas; y cuyo Reglamento Orgánico fue publicado en *la Gaceta Oficial* N° 346.196 de fecha 18 de Mayo de 2006; es decir, hace nueve meses. Por si fuera, poco la Ley de los Consejos Comunales, promulgada en Abril del año pasado, no ha sido aún reglamentada mediante un proceso de consulta pública." En "Consejos Comunales: ¿Para qué?," en *Venezuela Analítica*, Viernes, 9 de febrero de 2007, http://www.analitica.com/va/politica/opinion/7483372.asp

Ley Orgánica de la Administración Pública, tenía por función: orientar, coordinar y evaluar el desarrollo de los Consejos Comunales a nivel nacional, regional y local; fortalecer el impulso del poder popular en el marco de la democracia participativa y protagónica, y el desarrollo endógeno, dando impulso al desarrollo humano integral que eleve la calidad de vida de las comunidades; generar mecanismos de formación y capacitación; recabar los diversos proyectos aprobados por los consejos comunales; tramitar los recursos técnicos, financieros y no financieros necesarios para la ejecución de los proyectos de acuerdo a los recursos disponibles en el Fondo Nacional de los Consejos Comunales; crear en las comunidades donde se amerite o considere necesario, equipos promotores externos para impulsar la conformación de los Consejos Comunales.

Además, el artículo 31 de la Ley de 2006 reguló unas Comisiones Regionales Presidenciales del Poder Popular por cada estado, designadas por la Comisión Nacional Presidencial del Poder Popular previa aprobación del presidente de la República; y el artículo 32 dispuso que la Comisión Nacional Presidencial del Poder Popular podía designar las Comisiones Locales Presidenciales del Poder Popular por cada municipio, previa aprobación del presidente de la República.

Por último, en esta estructura centralizada, conforme al artículo 33 de la Ley de 2006, en la Asamblea Nacional también se debía designar una comisión especial para que conjuntamente con las comisiones presidenciales respectivas, realizasen una evaluación del proceso de constitución y funcionamiento de los consejos comunales.

2. *La rechazada Reforma Constitucional de 2007 y el proyecto para la estructuración del Estado Socialista del Poder Popular o Poder Comunal*

En 2007 el presidente de la República presentó ante la Asamblea Nacional un proyecto de Reforma Constitucional el cual después de haber sido sancionado por la misma,[58] una vez que fue sometido a referendo aprobatorio en diciembre de 2007, fue rechazado mayoritariamente por el pueblo. Con la misma se buscaba establecer un Estado Socialista, Centralizado, Policial y Militarista[59] montado sobre el denominado Poder Popular que se propuso crear, en el cual jugaban importante papel, precisamente, los consejos comunales.

La orientación de la reforma la dio el propio presidente de la República durante todo el año 2007, y en particular en su "Discurso de Presentación del Anteproyecto de reforma a la Constitución ante la Asamblea Nacional" en agosto de

---

58 Véase Allan R. Brewer-Carías, *La Reforma Constitucional de 2007 (Comentarios al proyecto inconstitucionalmente sancionado por la Asamblea Nacional el 2 de noviembre de 2007)*, Colección Textos Legislativos, N° 43, Editorial Jurídica Venezolana, Caracas 2007, 224 pp.

59 Véase Allan R. Brewer-Carías, *Hacia la consolidación de un Estado Socialista, Centralizado, Policial y Militarista, Comentarios sobre el sentido y alcance de las propuestas de reforma constitucional 2007,* Colección Textos Legislativos, N° 42, Editorial Jurídica Venezolana, Caracas 2007, 157 pp.

2007,[60] en el cual señaló con toda claridad que el objetivo central de la misma era "la construcción de la Venezuela bolivariana y socialista"[61]; es decir, como lo expresó, se trataba de una propuesta para sembrar "el socialismo en lo político y económico,"[62] lo que -dijo- no se había hecho en la Constitución de 1999. Cuando ésta se sancionó –dijo el Jefe de Estado- "no proyectábamos el socialismo como camino", agregando, que "así como el candidato Hugo Chávez repitió un millón de veces en 1998, "Vamos a Constituyente", el candidato presidente Hugo Chávez dijo: "Vamos al Socialismo", y todo el que votó por el candidato Chávez, votó por ir al socialismo,"[63] lo que por supuesto no era cierto.

Por ello, el Anteproyecto de Reforma que presentó ante la Asamblea Nacional, era para "la construcción del Socialismo Bolivariano, el Socialismo venezolano, nuestro Socialismo, nuestro modelo socialista"[64], cuyo "núcleo básico e indivisible" era "la comunidad", "donde los ciudadanos y las ciudadanas comunes, tendrán el poder de construir su propia geografía y su propia historia."[65] Y todo ello bajo la premisa de que "sólo en el socialismo será posible la verdadera democracia."[66] pero por supuesto, una "democracia" sin representación que, como lo propuso el presidente y fue sancionado por la Asamblea Nacional en la rechazada reforma del artículo 136 de la Constitución, se buscaba establecer una "democracia" que "no nace del sufragio ni de elección alguna, sino que nace de

---

60   Véase *Discurso de Orden pronunciado por el ciudadano Comandante Hugo Chávez Frías, Presidente Constitucional de la República Bolivariana de Venezuela en la conmemoración del Ducentésimo Segundo Aniversario del Juramento del Libertador Simón Bolívar en el Monte Sacro y el Tercer Aniversario del Referendo Aprobatorio de su mandato constitucional*, Sesión especial del día Miércoles 15 de agosto de 2007, Asamblea Nacional, División de Servicio y Atención legislativa, Sección de Edición, Caracas 2007.

61   *Idem*, p. 4.

62   *Idem*, p. 33.

63   *Idem*, p. 4. Lo que no era cierto. En todo caso, se pretendió imponer al 56% de los votantes que no votaron por la reelección del presidente, la voluntad expresada por sólo el 46% de los votantes inscritos en el Registro Electoral que votaron por la reelección del presidente. Según las cifras oficiales del CNE, en las elecciones de 2006, de un universo de 15.784.777 votantes inscritos en el Registro Electoral, sólo 7.309.080 votaron por el presidente.

64   Véase *Discurso...* p. 34.

65   *Idem*, p. 32.

66   *Idem*, p. 35. Estos conceptos se recogieron igualmente en la *Exposición de Motivos* para la Reforma Constitucional, Agosto 2007, donde se expresó la necesidad de "ruptura del modelo capitalista burgués" (p. 1), de desmontar la superestructura que le da soporte a la producción capitalista"(p. 2); de "dejar atrás la democracia representativa para consolidad la democracia participativa y protagónica"(p. 2); de "crear un enfoque socialista nuevo" (p. 2) y "construir la vía venezolana al socialismo"(p. 3); de producir "el reordenamiento socialista de la geopolítica de la Nación" (p. 8); de la "construcción de un modelo de sociedad colectivista" y "el Estado sometido al poder popular"(p. 11); de "extender la revolución para que Venezuela sea una República socialista, bolivariana", y para "construir la vía venezolana al socialismo; construir el socialismo venezolano como único camino a la redención de nuestro pueblo"(p. 19).

la condición de los grupos humanos organizados como base de la población." Es decir, se buscaba establecer una "democracia" que no era democracia, pues en el mundo moderno no hay ni ha habido democracia sin elección de representantes.

En resumen, entre los aspectos esenciales de la reforma propuesta estaba por una parte, transformar el Estado en un Estado Socialista, con una doctrina política oficial de carácter socialista, que se denominaba además como "doctrina bolivariana", con lo cual se eliminaba toda posibilidad de pensamiento distinto al "oficial" y, por tanto, toda disidencia, pues la doctrina política oficial se quería incorporar en la Constitución, como política y doctrina del Estado y la Sociedad, hubiera constituido un deber constitucional de todos los ciudadanos cumplir y hacerla cumplir. Con ello, se buscaba sentar las bases para la criminalización de la disidencia.

Por la otra, también se buscaba transformar el Estado en un Estado Centralizado, de poder concentrado bajo la ilusión del Poder Popular, lo que implicaba la eliminación definitiva de la forma federal del Estado, imposibilitando la participación política y degradando la democracia representativa; todo ello, mediante la supuesta organización de la población para la participación en los Consejos del Poder Popular, como los Comunales, que eran y son instituciones sin autonomía política alguna, cuyos miembros se pretendía declarar, en la propia Constitución, que no fueran electos. Dichos Consejos, creados por Ley en 2006, estaban controlados desde la Jefatura del gobierno y para cuyo funcionamiento, el instrumento preciso era el partido único Socialista que el Estado creó también durante 2007.

En ese marco, en la propuesta de reforma constitucional de 2007 se propuso modificar varios artículos fundamentales de la Constitución así:

Primero, en relación con el artículo 16 de la Constitución, se buscaba crear las comunas y comunidades como "el núcleo territorial básico e indivisible del Estado Socialista Venezolano"; con el artículo 70, se definían los medios de participación y protagonismo del pueblo en ejercicio directo de su soberanía mediante todo tipo de consejos, "para la construcción del socialismo", haciéndose mención a las diversas asociaciones "constituidas para desarrollar los valores de la mutua cooperación y la solidaridad socialista"; con el artículo 158, se buscaba eliminar toda mención a la descentralización como política nacional, y definir como política nacional, "la participación protagónica del pueblo, restituyéndole el poder y creando las mejores condiciones para la construcción de una democracia socialista"; con el artículo 168 relativo al Municipio, se buscaba precisar la necesidad de incorporar "la participación ciudadana a través de los Consejos del Poder Popular y de los medios de producción socialista"; con el artículo 184, se buscaba orientar la descentralización de Estados y Municipios para permitir "la construcción de la economía socialista."

Segundo, en relación con el artículo 158 se buscaba eliminar toda referencia a la descentralización política siguiendo la orientación de la práctica política centralista de los últimos años, y centralizar completamente el Estado, eliminando toda idea de autonomía territorial y de democracia representativa a nivel local, es decir, de la unidad política primaria en el territorio. Con la rechazada reforma constitucional, en este campo, se buscaba materializar una supuesta "nueva geometría del poder" donde no había ni podía haber autonomías, con la propuesta de creación de nuevas instancias territoriales, todas sometidas al poder Central, mediante las cuales el Poder Popular[67] supuestamente iba a desarrollar "formas de agregación comunitaria política territorial" que constituían formas de autogobierno, pero sin democracia representativa alguna, sino sólo como "expresión de democracia directa" (art. 16). Con ello se buscaba, como lo dijo el presidente de la República, "el desarrollo de lo que nosotros entendemos por descentralización, porque el concepto cuartorepublicano de descentralización es muy distinto al concepto que nosotros debemos manejar. Por eso, incluimos aquí la participación protagónica, la transferencia del poder y crear las mejores condiciones para la construcción de la democracia socialista."[68]

Con ello se pretendía lograr la eliminación de los entes territoriales descentralizados políticamente, sin las cuales no puede haber efectivamente democracia participativa, y la creación en su lugar de Consejos del poder popular que no pasan de ser una simple manifestación de movilización controlada desde el Poder Central. Ello es lo que había ocurrido, precisamente, con los Consejos Comunales creados por Ley en 2006[69], cuyos miembros no eran electos mediante sufragio sino designados por Asambleas de ciudadanos controladas por el propio Poder Ejecutivo Nacional. Ello era lo que con la rechazada reforma constitucional, se pretendía consolidar en el texto fundamental, al proponerse una "nueva geometría del poder" en la cual se sustituía a los Municipios, por las comunidades, como el "núcleo territorial básico e indivisible del Estado Socialista Venezolano", que debían agrupar a las comunas (socialistas)[70] como "células sociales del territorio", las cuales se debían agrupar en ciudades que eran las que se pretendía concebir como "la unidad política primaria de la organización territorial nacio-

---

67 En la *Exposición de Motivos del Proyecto de Reforma Constitucional* presentado por el presidente de la República en agosto 2007, se lee que el Poder Popular "es la más alta expresión del pueblo para la toma de decisiones en todos sus ámbitos (político, económico, social, ambiental, organizativo, internacional y otros) para el ejercicio pleno de su soberanía. Es el poder constituyente en movimiento y acción permanente en la construcción de un modelo de sociedad colectivista de equidad y de justicia. Es el poder del pueblo organizado, en las más diversas y disímiles formas de participación, al cual está sometido el poder constituido. No se trata del poder del Estado, es el Estado sometido al poder popular. Es el pueblo organizado y organizando las instancias de poder que decide las pautas del orden y metabolismo social y no el pueblo sometido a los partidos políticos, a los grupos de intereses económicos o a una particularidad determinada", *cit.,* p. 11.

68 Véase *Discurso….,* citado *supra.*

69 Véase los comentarios sobre ello en Allan R. Brewer-Carías, "Introducción General al Régimen del Poder Público Municipal," en, *Ley Orgánica del Poder Público Municipal,* Editorial Jurídica Venezolana, Caracas 2007, pp. 75 y ss.

70 En la *Exposición de Motivos* del Proyecto de Reforma Constitucional presentado por el Presidente de la República en agosto 2007, a las comunas se las califica como "comunas socialistas", y se la define como "Es un conglomerado social de varias comunidades que poseen una memoria histórica compartida, usos, costumbres y rasgos culturales que los identifican, con intereses comunes, agrupadas entre sí con fines político-administrativos, que persiguen un modelo de sociedad colectiva de equidad y de justicia", *cit.,* p. 12.

nal". En la rechazada reforma constitucional se buscaba establecer en forma expresa que los integrantes de los diversos Consejos del Poder Popular no nacían "del sufragio ni de elección alguna, sino que nace de la condición de los grupos humanos organizados como base de la población".

Con ello, en definitiva, en nombre de una "democracia participativa y protagónica", lo que se buscaba era poner fin en Venezuela a la democracia representativa a nivel local, y con ello, de todo vestigio de autonomía política territorial que es la esencia de la descentralización.

Tercero, en relación con el artículo 62 de la Constitución que consagra el derecho de los ciudadanos "de participar libremente en los asuntos públicos," con la reforma constitucional se buscaba agregar a los mecanismos de participación enumerados en el artículo 70, a los Consejos del Poder Popular, con los cuales aquella perdía su carácter libre pues se buscaba que quedaran reducidos al único propósito de "la construcción del socialismo", de manera que quien no quisiera construir socialismo alguno, hubiera quedado excluido del derecho a la participación política, que sólo estaba destinado a desarrollar los valores de "la solidaridad socialista" y no era libre como indica el artículo 62.

Por otra parte, en sustitución del concepto amplio de participación ciudadana que establece el artículo 168 de la Constitución y que deben desarrollar los Municipios, con la rechazada reforma constitucional se pretendía establecer la obligación de los Municipios de "incorporar, dentro del ámbito de sus competencias, la participación ciudadana a través de los Consejos del Poder Popular y de los medios de producción socialista", eliminándose toda posibilidad de otras formas de participación, la cual dejaba de ser libre.

Cuarto, en relación con la forma federal del Estado, con la reforma constitucional rechazada de 2007 se buscaba vaciarla totalmente de contenido. En particular, en cuanto a los Estados y Municipios sobre cuya concepción se monta el sistema federal, con la reforma del artículo 16, desaparecía la garantía constitucional de la autonomía municipal y el principio de la descentralización político administrativa que establece la Constitución de 1999 como condición esencial de la división territorial.

En particular, en relación con los Municipios, con la rechazada reforma constitucional se buscaba quitarles el carácter de unidad política primaria que el artículo 168 de la Constitución de 1999 les garantiza, y en su lugar se proponía establecer a "la ciudad" como la unidad política primaria de la organización territorial nacional, entendida como "todo asentamiento poblacional dentro del municipio, e integrada por áreas o extensiones geográficas denominadas comunas". Además, se buscaba definir a estas comunas, como las células sociales del territorio conformadas por las "comunidades", cada una de las cuales se proponía que constituyera "el núcleo territorial básico e indivisible del Estado Socialista Venezolano, donde los ciudadanos y las ciudadanas tendrán el poder para construir su propia geografía y su propia historia". En la rechazada propuesta de reforma constitucional, también se proponía crear la figura de la Ciudad Comunal que debía constituirse cuando en la totalidad de su perímetro, se hubieran establecido las comunidades organizadas, las comunas y el autogobierno comunal, pero asignándose su creación al presidente de la República en Consejo de Ministros.

A partir de este esquema inicial, en el artículo 16 del proyecto de la rechazado de reforma constitucional, se buscaba cambiar radicalmente la división política del territorio nacional en "entidades políticas" (Estados, Distrito Capital, dependencias federales, territorios federales y Municipios y otras entidades locales) que conforme a la Constitución gozan esencialmente de autonomía política territorial, y deben tener un gobierno "electivo" (art. 6); por una "conformación" del territorio nacional a los fines político-territoriales y de acuerdo con una "nueva geometría del poder", por un Distrito Federal, por los estados, las regiones marítimas, los territorios federales, los municipios federales y los distritos insulares". En ese esquema, se proponía eliminar la exigencia constitucional de que todo el territorio nacional se debe organizar en municipios, por la previsión de que sólo "los Estados se organizan en municipios" (art. 16), los que por tanto se buscaba que desaparecieran, si una parte del territorio se convertía en alguna de las "nuevas" entidades. Por ello es que precisamente, se buscaba que el Municipio desapareciera como unidad política primaria en la organización nacional.

Lo más notorio de la rechazada reforma constitucional es que mediante la misma, se buscaba autorizar al presidente de la República, en Consejo de Ministros, para que "previo acuerdo aprobado por la mayoría simple de los diputados y diputadas de la Asamblea Nacional", pudiera "decretar regiones marítimas, territorios federales, municipios federales, distritos insulares, provincias federales, ciudades federales y distritos funcionales, así como cualquier otra entidad que establezca esta Constitución y la Ley", con lo que materialmente, la totalidad de la división político territorial de la República se pretendía que dejara de ser una materia de rango constitucional y pasara a ser una materia ni siquiera de regulación legislativa, sino solamente ejecutiva. En fin, lo que se pretendía con la rechazada reforma constitucional era la total centralización del poder, lo que se confirma mediante la asignación que se pretendía hacer al presidente de la República para designar y remover "las autoridades respectivas" de dichas entidades que hubieran quedado sujetas completamente al Poder Central.

Quinto, con la rechazada propuesta de reforma constitucional, se buscaba agregar a la distribución vertical del Poder Público entre el Poder Municipal, el Poder Estadal y el Poder Nacional (art. 136), a un denominado "Poder Popular," que se pretendía concebir como el medio para que supuestamente "el pueblo" como el depositario de la soberanía, la ejerciera "directamente", pero con la advertencia expresa de que dicho Poder Popular" "no nace del sufragio ni de elección alguna, sino que nace de la condición de los grupos humanos organizados como base de la población", sino mediante la constitución de comunidades, comunas y el autogobierno de las ciudades, a través de toda suerte de consejos comunales y de otra índole.

Se pretendía, así, agregar como un Poder Público más en el territorio, al Poder Popular, cuyos voceros, por ejemplo, con la rechazada reforma constitucional se pretendía que también formaran parte de los Comités de Postulaciones y Evaluaciones para la escogencia de los magistrados del Tribunal Supremo de Justicia, los titulares del Poder Ciudadano y los miembros del Consejo Nacional Electoral (arts. 264, 279 y 295).

III. LA INSTITUCIONALIZACIÓN LEGAL DEL ESTADO COMUNAL O DE CÓMO SE IMPONE AL PAÍS UN MODELO DE ESTADO COMUNISTA, DE EJERCICIO DEL PODER POPULAR Y DE SOCIEDAD SOCIALISTA POR LOS CUALES NADIE HA VOTADO, "DESCONSTITUCIONALIZÁNDOSE" AL ESTADO CONSTITUCIONAL

1. El Estado Comunal o Comunista y el Poder Popular

Como se ha dicho, después de que la reforma constitucional de 2007 fue rechazada por el pueblo en el referendo de diciembre de ese mismo año, y después de que el presidente de la República, su gobierno, la Asamblea Nacional que controlaba y el partido oficial que preside perdieron las elecciones parlamentarias de septiembre de 2010, la Asamblea Nacional ya deslegitimada, bajo el control absoluto del presidente y en los últimos días de su mandato, en diciembre de 2010, procedió atropelladamente, en fraude a la voluntad popular y a la Constitución, a sancionar el conjunto de Leyes Orgánicas antes mencionados sobre el Poder Popular,[71] las Comunas,[72] el Sistema Económico Comunal,[73] la Planificación Pública y Comunal[74] y la Contraloría Social;[75] y a reformar la Ley Orgánica del Poder Público Municipal,[76] y de las Leyes de los Consejos Estadales de Planificación y Coordinación de Políticas Públicas,[77] y de los Consejos Locales de Planificación Pública,[78] completando así el esquema de institucionalización del Estado Comunista, denominado Estado Comunal que ya se había esbozado en la Ley de los

---

71   Véase en *Gaceta Oficial* N° 6.011 Extra. de 21-12-2010. La Sala Constitucional mediante sentencia N° 1329 de 16-12-2009 declaró la constitucionalidad del carácter orgánico de esta Ley.

72   Véase en *Gaceta Oficial* N° 6.011 Extra. de 21-12-2010. La Sala Constitucional mediante sentencia N° 1330 de 17-12-2010 declaró la constitucionalidad del carácter orgánico de esta Ley. Véase en http://www.tsj.gov.ve/decisiones/ scon/Diciembre/1330-171210-2010-10-1436.html

73   Véase en *Gaceta Oficial* N° 6.011 Extra. de 21-12-2010. La Sala Constitucional mediante sentencia N° 1329 de 16-12-2010 declaró la constitucionalidad del carácter orgánico de esta Ley. Véase en http://www.tsj.gov.ve/decisiones/ scon/Diciembre/1329-161210-2010-10-1434.html

74   Véase en *Gaceta Oficial* N° 6.011 Extra. de 21-12-2010. La Sala Constitucional mediante sentencia N° 1326 de 16-12-2009 declaró la constitucionalidad del carácter orgánico de esta Ley.

75   Véase en *Gaceta Oficial* N° 6.011 Extra. de 21-12-2010. La Sala Constitucional mediante sentencia N° 1329 de 16-12-2010 declaró la constitucionalidad del carácter orgánico de esta Ley. Véase en http://www.tsj.gov.ve/decisiones/ scon/Diciembre/%201328-161210-2010-10-1437.html

76   Véase en *Gaceta Oficial* N° 6.015 Extra. de 28-12-2010

77   Véase en *Gaceta Oficial* N° 6.017 Extra. de 30-12-2010

78   Véase en *Gaceta Oficial* N° 6.017 Extra. de 30-12-2010

Consejos Comunales de 2006 y en la Ley Orgánica del Consejo Federal de Gobierno.[79]

Con estas leyes se ha terminado de definir, al margen de la Constitución, el marco normativo de un nuevo Estado, *paralelo al Estado Constitucional*, que se denomina "Estado Comunal" y que si nos atenemos a las experiencias históricas precedentes, todas fracasadas, unas desaparecidas como el de la Unión Soviética, y otros en vías de extinción como el de Cuba, no es otra cosa que un Estado Comunista, para el cual se adopta al Socialismo como doctrina oficial pública, impuesta a los ciudadanos para poder participar, montado sobre un sistema político centralizado, militarista y policial para el ejercicio del poder.

El objetivo fundamental de estas leyes, como se dijo, es la organización del "Estado Comunal" que tiene a la Comuna como a su célula fundamental, suplantando inconstitucionalmente al Municipio en el carácter que tiene de "unidad política primaria de la organización nacional" (art. 168 de la Constitución). A través de la organización de ese Estado Comunal o Comunista, se ejerce el Poder Popular, el cual se concreta en el ejercicio de la soberanía popular sólo directamente por el pueblo, y no mediante representantes. Se trata, por tanto, de un sistema político estatal en el cual se ignora la democracia representativa violándose así abiertamente la Constitución de la República.

El Estado Comunista que se busca implantar con estas leyes, denominado Estado Comunal, *en paralelo* al Estado Constitucional, se basa en este simple esquema: como el artículo 5 de la Constitución dispone que "La soberanía reside intransferiblemente en el pueblo, quien la ejerce *directamente* en la forma prevista en esta Constitución y en la ley, e *indirectamente*, mediante el sufragio, por los órganos que ejercen el Poder Público," habiéndose estructurado el Estado Constitucional basado en el concepto de democracia representativa, es decir, el ejercicio de la soberanía en forma indirecta mediante el sufragio; entonces ahora se estructura el Estado Comunal, basado en el ejercicio de la soberanía en forma directa.

Ello incluso ha sido "legitimado" por las sentencias dictadas por la Sala Constitucional del Tribunal Supremo de Justicia cuando al analizar el carácter orgánico de las leyes, como en la dictada en relación con la Ley Orgánica de las Comunas, señaló que la misma se dictó:

"en desarrollo del principio constitucional de la democracia participativa y descentralizada que postula el preámbulo constitucional y que reconocen los artículos 5 y 6 de la Constitución de la República Bolivariana de Venezuela, de cuyo contenido se extrae el principio de soberanía, cuyo titular es el pueblo, quien está además facultado para ejercerla *"directamente"* y no sólo *"indirectamente"* por los órganos del Poder Público; así como del artículo 62 *ejusdem*, que estatuye el derecho de las personas a la libre participación en los asuntos públicos y, especialmente, el artículo 70 del mismo texto fundamental, que reconoce expresamente medios de autogestión como me-

---

79   Véase en *Gaceta Oficial* Nº 5.963 Extra. de 22-02-2010

canismos de participación popular protagónica del pueblo en ejercicio de su soberanía, medios que son sólo enunciativos en los términos de la predicha norma."[80]

Es con base en estos principios que en el artículo 8.8 de la LOPP, se define al Estado comunal, como la:

"Forma de organización político social, fundada en el Estado democrático y social de derecho y de justicia establecido en la Constitución de la República, en la cual el poder es ejercido directamente por el pueblo, con un modelo económico de propiedad social y de desarrollo endógeno sustentable, que permita alcanzar la suprema felicidad social de los venezolanos y venezolanas en la sociedad socialista. La célula fundamental de conformación del estado comunal es la Comuna.[81]

Se busca establecer así, un Estado Comunal en paralelo al Estado Constitucional: el primero basado en el ejercicio de la soberanía directamente por el pueblo; y el segundo, basado en el ejercicio de la soberanía indirectamente por el pueblo, mediante representantes electos por sufragio universal; en un sistema, en el cual el primero irá vaciando progresivamente de competencias al segundo. Todo ello es inconstitucional, particularmente porque en la estructura del Estado Comunal que se monta, el ejercicio de la soberanía en definitiva es indirecta mediante "representantes" que se "eligen" para ejercer el Poder Popular en nombre del pueblo, y que son denominados "voceros" o "vocerías," pero no son electos mediante sufragio.

El sistema que se busca montar, en definitiva, controlado todo por un Ministerio del Ejecutivo Nacional, lejos de ser un instrumento de descentralización – concepto que está indisolublemente unido a la autonomía política– es un sistema de centralización y control férreo de las comunidades por el Poder Central. Por ello la aversión al sufragio.[82] En ese esquema, una verdadera democracia partici-

---

80 Véase la sentencia N° 1.330, Caso: Carácter Orgánico de la Ley Orgánica de Comunas, de fecha 17/12/2010. Véase en http://www.tsj.gov.ve/decisiones /scon/Diciembre/1330-171210-2010-10-1436.html

81 En la Ley Orgánica de las Comunas, sin embargo, se define al Estado Comunal de la siguiente manera: "Forma de organización político-social, fundada en el Estado democrático y social de derecho y de justicia establecido en la Constitución de la República, en la cual el poder es ejercido directamente por el pueblo, a través de los autogobiernos comunales, con un modelo económico de propiedad social y de desarrollo endógeno y sustentable, que permita alcanzar la suprema felicidad social de los venezolanos y venezolanas en la sociedad socialista. La célula fundamental de conformación del estado comunal es la Comuna" (art. 4.10).

82 Véase lo expuesto en los estudios de José Ignacio Hernández G., "Descentralización y Poder Popular," y Adriana Vigilanza García, "La descentralización política de Venezuela y las nuevas leyes del 'Poder Popular'," en Allan R. Brewer-Carías et al., *Leyes Orgánicas sobre el Poder Popular y el Estado Comunal (Los consejos comunales, las comunas, la sociedad socialista y el sistema económico comunal)* Colección Textos Legislativos N° 50, Editorial Jurídica Venezolana, Caracas 2011, pp. 459 ss. y 477 ss., respectivamente.

pativa sería la que garantizaría que los miembros de los Consejos Comunales, las comunas y todas las organizaciones e instancias del Poder Popular fueran electas por sufragio universal, directo y secreto, y no a mano alzada por asambleas controladas por el partido oficial y el Ejecutivo Nacional, en contravención al modelo de Estado democrático y social de derecho y de justicia descentralizado establecido en la Constitución.

Pues bien, es en este contexto, y buscando establecer en paralelo al Estado Constitucional en el cual el pueblo ejerce indirectamente el Poder Público mediante representantes electos por sufragio universal directo y secreto, un Estado Comunal en el cual el pueblo supuestamente ejercería directamente el Poder Popular mediante voceros que no son electos por sufragio universal, directo y secretos, sino en asambleas de ciudadanos, el artículo 2 de la LOPP, define al Poder Popular, como:

> "el ejercicio pleno de la soberanía por parte del pueblo en lo político, económico, social, cultural, ambiental, internacional, y en todo ámbito del desenvolvimiento y desarrollo de la sociedad, a través de sus diversas y disímiles formas de organización, que edifican el estado comunal."

Todo lo cual no es más que una falacia, pues en definitiva en ese "edificio" del Estado Comunal se le niega al pueblo el derecho de elegir libremente, mediante sufragio universal, directo y secreto a quienes van a representarlo en todos esos ámbitos, incluyendo el internacional; y además, se niega toda idea de pluralismo al imponerse a los ciudadanos una ideología única compulsiva como es el socialismo. Se trata más bien de un "edificio" de organizaciones para evitar que el pueblo realmente ejerza la soberanía e imponerle mediante férreo control central políticas por las cuales nunca tendrá la ocasión de votar.

Por otra parte, según el artículo 4 de la LOPP, la finalidad de este Poder Popular que se ejerce por los órganos del Estado Comunal,

> "garantizar la vida y el bienestar social del pueblo, mediante la creación de mecanismos para su desarrollo social y espiritual, procurando la igualdad de condiciones para que todos y todas desarrollen libremente su personalidad, dirijan su destino, disfruten los derechos humanos y alcancen la suprema felicidad social; sin discriminaciones por motivos de origen étnico, religioso, condición social, sexo, orientación sexual, identidad y expresión de género, idioma, opinión política, nacionalidad u origen, edad, posición económica, condición de discapacidad o cualquier otra circunstancia personal, jurídica o social, que tenga por resultado anular o menoscabar el reconocimiento, goce o ejercicio de los derechos humanos y garantías constitucionales."

Por supuesto todos estos principios de igualdad se rompen desde que el sistema de Estado Comunal o Comunista, paralelo al Estado Constitucional, se monta, como se ha dicho, sobre una concepción única, que es el Socialismo, de manera que quien no sea socialista está automáticamente discriminado y no puede participar. No es posible, por tanto, en el marco de esta Ley, poder conciliar el pluralismo que garantiza la Constitución y el principio de la no discriminación por razón de "opinión política" a que se refiere este artículo, con el resto de las disposiciones de la Ley que persiguen todo lo contrario, es decir, el estableci-miento de un Estado Comunista o Comunal, cuyas instancias sólo pueden actuar en función del Socialismo y en las cuales todo ciudadano que tenga otra opinión queda excluido. [83]

Es decir, mediante esta Ley Orgánica se ha establecido el marco definitorio de un nuevo modelo de Estado paralelo y distinto al Estado Constitucional, de-nominado el Estado Comunal basado en forma exclusiva y exclusionista en el socialismo como doctrina y práctica política, que es la organización política a través de la cual se produce el ejercicio del Poder Popular que es a la vez "el ejercicio pleno de la soberanía por parte del pueblo."

Ese Poder Popular se fundamenta, como se declara en el artículo 3 de la LOPP, "en el principio de soberanía y el sentido de progresividad de los dere-chos contemplados en la Constitución de la República, cuyo ejercicio y desarro-llo está determinado por los niveles de conciencia política y organización del pueblo" (art. 3).

Con esta declaración, sin embargo, lejos de la universalidad, prevalencia y progresividad de los derechos humanos que se garantizan la Constitución, lo que se ha establecido es la desaparición total de la concepción universal de los dere-chos humanos, el abandono a su carácter prevalente y el retroceso ante los prin-cipios *pro homines* y *favor libertatis*, al condicionarse su existencia, alcance y progresividad a lo que se determine "por los niveles de conciencia política y or-ganización del pueblo," es decir, por lo que dispongan y prescriban las organiza-ciones del Poder Popular con las que se busca "organizar" al pueblo, todas so-metidas al Socialismo. Con ello desaparece la concepción de los derechos huma-nos como esferas que son innatas al hombre e inmunes frente al poder; pasándose a una concepción de los derechos humanos dependientes de lo que ordene un poder central, que en definitiva controla todo el "edificio" del Estado Comunal o Estado Socialista, como clara demostración del totalitarismo que está a la base de esta Ley.

En el mismo sentido se dispone en el artículo 5 de la LOPP, que "la organi-zación y participación del pueblo en el ejercicio de su soberanía se inspira en la

---

83 En el diario *El Nacional* del 12 de febrero de 2011, se reseñó lo siguiente: "Representan-tes de 120 consejos comunales del Distrito Capital y de Miranda denunciaron en una asamblea celebrada en presencia del diputado William Ojeda que son víctimas de discri-minación por razones políticas. Aseguraron que aunque cumplieron con los requisitos pa-ra registrarse en Fundacomunal no pudieron iniciar el proceso porque no presentaron la planilla de inscripción en el PSUV, que es un requisito indispensable. "El Gobierno está aplicando una política de discriminación y exclusión. Está ocurriendo un *apartheid* polí-tico. Hay centenares de consejos comunales en el país que están organizados y que no han podido registrarse porque no militan en la tolda roja", indicó Ojeda." Véase en Diana Lozano Parafán, "Consejos Comunales rechazan discriminación. El diputado William Ojeda se reunió con representantes de 120 comunidades que no han podido inscribirse por razones partidistas," en *El Nacional*, Caracas 12-02-2011. Véase en http://impreso-digital.elnacional.com/ediciones/011/02/12/default.asp?cfg=1081FGHH666&iu=757

doctrina del Libertador Simón Bolívar, y se rige por los principios y valores socialistas,"[84] con lo cual, como se ha dicho, se vincula la organización del Estado Comunal que se organiza en paralelo al Estado Constitucional, con la ideología política socialista, es decir, con el *socialismo,* el cual se define en el artículo 8.14 como:

> "un modo de relaciones sociales de producción centrado en la convivencia solidaria y la satisfacción de necesidades materiales e intangibles de toda la sociedad, que tiene como base fundamental la recuperación del valor del trabajo como productor de bienes y servicios para satisfacer las necesidades humanas y lograr la suprema felicidad social y el desarrollo humano integral. Para ello es necesario el desarrollo de la propiedad social sobre los factores y medios de producción básicos y estratégicos que permita que todas las familias, ciudadanos venezolanos y ciudadanas venezolanas posean, usen y disfruten de su patrimonio, propiedad individual o familiar, y ejerzan el pleno goce de sus derechos económicos, sociales, políticos y culturales."[85]

Lo primero que debe observarse respecto de esta norma, es la insostenible pretensión de vincular "la doctrina del Libertador Simón Bolívar" con los principios y valores socialistas. En la obra de Bolívar y en relación con su concepción del Estado nada puede encontrarse al respecto,[86] no siendo la norma sino una pretensión más de continuar manipulando el "culto" a Bolívar para justificar los

---

84   La misma expresión se utilizó en la Ley Orgánica de las Comunas respecto de la constitución, conformación, organización y funcionamiento de las mismas (art. 2); en la Ley Orgánica de los Consejos Comunales respecto de los mismos (art. 1), en la Ley Orgánica de Contraloría Social (art. 6); en la Ley Orgánica de Planificación Pública y Popular (art. 3), que regula la planificación pública, popular y participativa como herramienta fundamental para construcción de la nueva sociedad (art. 3); y en la Ley Orgánica del Sistema Económico Comunal respecto del mismo (art. 5).

85   Igual definición se encuentra en el artículo 4.14 de la Ley Orgánica de las Comunas. También en el artículo 3 del Reglamento de la Ley Orgánica del Consejo federal de Gobierno se define el socialismo como "un modo de relaciones sociales de producción centrado en la convivencia solidaria y la satisfacción de las necesidades materiales e intangibles de toda la sociedad, que tiene como base fundamental la recuperación del valor del trabajo como productor de bienes y servicios para satisfacer las necesidades humanas y lograr la Suprema Felicidad Social y el Desarrollo Humano Integral. Para ello es necesario el desarrollo de la propiedad social sobre los factores y medios de producción básicos y estratégicos que permita que todas las familias y los ciudadanos y ciudadanas venezolanos y venezolanas posean, usen y disfruten de su patrimonio o propiedad individual o familiar, y ejerzan el pleno goce de sus derechos económicos, sociales, políticos y culturales." Véase en *Gaceta Oficial* Nº 39.382 del 9 de marzo de 2010. Muchas son las definiciones de socialismo, pero en todas, se pueden identificar sus elementos básicos: (i) un sistema de organización social y económico, (ii) basado en la propiedad y administración colectiva o estatal de los medios de producción, y (iii) en regulación por el Estado de las actividades económicas y sociales y de la distribución de los bienes, (iv) buscando la progresiva desaparición de las clases sociales.

86   Véase Allan R. Brewer-Carías, "Ideas centrales sobre la organización el Estado en la Obra del Libertador y sus Proyecciones Contemporáneas" en *Boletín de la Academia de Ciencias Políticas y Sociales*, Nº 95-96, enero-junio 1984, pp. 137-151.

autoritarismos, como tantas veces ha ocurrido antes en nuestra historia.[87] Con la norma, por otra parte y por supuesto, se viola abiertamente la garantía del derecho de propiedad que está en la Constitución (art. 115) que no permite su restricción sólo a la propiedad colectiva o social excluyendo la propiedad privada de los medios de producción

El artículo 5 de la LOPP, por otra parte, define como "principios y valores socialistas" los siguientes:

> "democracia participativa y protagónica, interés colectivo, equidad, justicia, igualdad social y de género, complementariedad, diversidad cultural, defensa de los derechos humanos, corresponsabilidad, cogestión, autogestión, cooperación, solidaridad, transparencia, honestidad, eficacia, eficiencia, efectividad, universalidad, responsabilidad, deber social, rendición de cuentas, control social, libre debate de ideas, voluntariedad, sustentabilidad, defensa y protección ambiental, garantía de los derechos de la mujer, de los niños, niñas y adolescentes, y de toda persona en situación de vulnerabilidad, defensa de la integridad territorial y de la soberanía nacional. (art. 5).[88]

Este catálogo de "principios" por supuesto no están vinculados necesariamente al socialismo, ni son exclusivamente "principios y valores socialistas" como se pretende hacer ver, en una apropiación indebida que hace el legislador. El redactor de la norma, en realidad, lo que hizo fue copiar todo el elenco de principios que se encuentran definidos a lo largo de la Constitución, en muchas normas (Preámbulo y arts. 1, 2, 3, 4, 6, 19, 20, 21, 22, 26, 84, 86, 102, 112, 137, 141, 153, 165, 257, 293, 299, 311, 316, 326, por ejemplo), y que son los valores del Estado Constitucional. Sólo en algún caso no se han atrevido a utilizar la terminología clásica como "libertad de expresión," y la han querido sustituir por

---

87 Ha sido el caso de Antonio Guzmán Blanco en el siglo XIX y de Cipriano Castro, Juan Vicente Gómez, Eleazar López Contreras y Marcos Pérez Jiménez en el siglo XX. John Lynch ha señalado que: "El tradicional culto a Bolívar ha sido usado como ideología de conveniencia por dictadores militares, culminando con los regímenes de Juan Vicente Gómez y Eleazar López Contreras; quienes al menos respetaron, más o menos, los pensamientos básicos del Libertador, aún cuando tergiversaron su significado." Concluye Lynch señalando que en el caso de Venezuela, en la actualidad, el proclamar al Libertador como fundamento de las políticas del régimen autoritario, constituye una distorsión de sus ideas. Véase John Lynch, *Simón Bolívar: A Life*, Yale University Press, New Haven 2007, p. 304. .Véase también, Germán Carrera Damas, *El culto a Bolívar, esbozo para un estudio de la historia de las ideas en Venezuela*, Universidad Central de Venezuela, Caracas 1969; Luis Castro Leiva, *De la patria boba a la teología bolivariana*, Monteávila, Caracas 1987; Elías Pino Iturrieta, *El divino Bolívar. Ensayo sobre una religión republicana*, Alfail, Caracas 2008; Ana Teresa Torres, *La herencia de la tribu. Del mito de la independencia a la Revolución bolivariana*, Editorial Alfa, Caracas 2009. Sobre la historiografía en relación con estos libros véase Tomás Straka, *La épica del desencanto*, Editorial Alfa, Caracas 2009.

88 Estos mismos principios se enumeran en relación con las comunas en el artículo 2 de la Ley Orgánica de las Comunas; en relación con la contraloría social en el artículo 6 de la Ley Orgánica de Contraloría Social; y en relación con la panificación pública y popular el artículo 3 de la ley Orgánica de Planificación Pública y Popular.

"libre debate de ideas," lo que por supuesto no es lo mismo, sobre todo porque dicha libertad no se tolera en un Estado Socialista que sólo conoce de una ideología única.

Para desarrollar y consolidar el Poder Popular, ignorando los valores y principios constitucionales básicos que tienen que tener todas las instancias de gobierno en Venezuela que deben ser "electivos, descentralizados, alternativos, responsables, pluralistas y de mandatos revocables" tal como lo exige el artículo 6 de la Constitución, es que se ha dictado la LOPP para supuestamente generar

"condiciones objetivas a través de los diversos medios de participación y organización establecidos en la Constitución de la República, en la ley y los que surjan de la iniciativa popular, para que los ciudadanos y ciudadanas ejerzan el pleno derecho a la soberanía, la democracia participativa, protagónica y corresponsable, así como a la constitución de formas de autogobierno comunitarias y comunales, para el ejercicio directo del poder" (art. 1).

Conforme a la Constitución "la creación de nuevos sujetos de descentralización a nivel de las parroquias, las comunidades, los barrios y las vecindades" sólo es posible "a los fines de garantizar el principio de la corresponsabilidad en la gestión pública de los gobiernos locales y estadales y desarrollar procesos autogestionarios y cogestionarios en la administración y control de los servicios públicos estadales y municipales" (art. 184.6). Ello significa que los mecanismos de participación que puedan establecerse conforme a la Constitución no son para vaciar a las estructuras del Estado Constitucional, es decir, de los "gobiernos locales y estadales," sino para reforzarlas en la gestión pública. Por otra parte, conforme a la Constitución, no puede haber gobierno alguno que no sea *electivo, descentralizado y pluralista*; sin embargo, en la LOPP se define un Estado paralelo que es el Estado Comunal, montado sobre "gobiernos" o "autogobiernos" que no son ni electivos, ni descentralizados ni pluralistas.

Sobre estos, el artículo 14 de la LOPP, se limita a definir "el autogobierno comunal y los sistemas de agregación que surjan entre sus instancias" como "un ámbito de actuación del Poder Popular en el desarrollo de su soberanía, mediante el ejercicio directo por parte de las comunidades organizadas, de la formulación, ejecución y control de funciones públicas, de acuerdo a la ley que regula la materia."

En este contexto, además, a la "comunidad" se la define en la LOPP como el "núcleo espacial básico e indivisible constituido por personas y familias que habitan en su ámbito geográfico determinado, vinculadas por características e intereses comunes que comparten una historia, necesidades y potencialidades culturales, económicas, sociales, territoriales y de otra índole" (art. 8.4).[89]

---

89 La misma definición se repite en la ley Orgánica de las Comunas (art. 4.4) y en la Ley Orgánica de los Consejos Comunales (art. 4.1).

2. *Los fines del Poder Popular*

El artículo 7 de la LOPP define los siguientes fines del Poder Popular, es decir, del "ejercicio pleno de la soberanía por parte del pueblo" a través "de sus diversas y disímiles formas de organización, que edifican el Estado Comunal" (art. 2):

1. Impulsar el fortalecimiento de la organización del pueblo, en función de consolidar la democracia protagónica revolucionaria y construir las bases de la sociedad socialista, democrática, de derecho y de justicia.

Se destaca, en relación con lo que dispone la Constitución sobre la organización del Estado, el agregado de "socialista" que impone esta previsión, con lo cual se rompe el principio del pluralismo que garantiza la propia Constitución, abriendo la vía para la discriminación política de todo aquél ciudadano que no sea socialista, a quien se le niega, por tanto, el derecho a la participación política.

2. Generar las condiciones para garantizar que la iniciativa popular, en el ejercicio de la gestión social, asuma funciones, atribuciones y competencias de administración, prestación de servicios y ejecución de obras, mediante la transferencia desde los distintos entes político-territoriales hacia los autogobiernos comunitarios, comunales y los sistemas de agregación que de los mismos surjan.

Conforme al artículo 184.1 de la Constitución, esta transferencia de competencias sólo se puede referir a "servicios en materia de salud, educación, vivienda, deporte, cultura, programas sociales, ambiente, mantenimiento de áreas industriales, mantenimiento y conservación de áreas urbanas, prevención y protección vecinal, construcción de obras y prestación de servicios públicos" a cuyo efecto se pueden "establecer convenios cuyos contenidos estarán orientados por los principios de interdependencia, coordinación, cooperación y corresponsabilidad.".

3. Fortalecer la cultura de la participación en los asuntos públicos para garantizar el ejercicio de la soberanía popular.

4. Promover los valores y principios de la ética socialista: la solidaridad, el bien común, la honestidad, el deber social, la voluntariedad, la defensa y protección del ambiente y los derechos humanos.

Estos, la verdad, no son valores de ninguna "ética socialista," sino como se ha dicho anteriormente, son valores de la democracia y civilización occidental, propios del Estado Constitucional.

5. Coadyuvar con las políticas de Estado en todas sus instancias, con la finalidad de actuar coordinadamente en la ejecución del Plan de Desarrollo Económico y Social de la Nación y los demás planes que se establezcan en

cada uno de los niveles políticos-territoriales y las instancias político- administrativas que la ley establezca.

6. Establecer las bases que permitan al pueblo organizado el ejercicio de la contraloría social para asegurar que la inversión de los recursos públicos se realice de forma eficiente para el beneficio colectivo; y vigilar que las actividades del sector privado con incidencia social se desarrollen en el marco de las normativas legales de protección a los usuarios y consumidores.

A los efectos de esta norma, el artículo 8.6 de la LOPP, define el control social, como el ejercicio de la función de prevención, vigilancia, supervisión, acompañamiento y control, practicado por los ciudadanos y ciudadanas de manera individual o colectiva sobre la gestión del Poder Público y de las instancias del Poder Popular, así como de las actividades privadas que afecten el interés colectivo (art. 8.6). Sin embargo, nada en la Constitución autoriza a que se asignen a entidades públicas comunitarias dependientes del Ejecutivo Nacional, competencias para ejercer vigilancia o contraloría social sobre las actividades privadas. Esa es una función que sólo pueden ejercer los entes político territoriales del Estado.

7. "Profundizar la corresponsabilidad, la autogestión y la cogestión."

A los efectos de esta norma, la Ley define la corresponsabilidad, como la "responsabilidad compartida entre los ciudadanos y ciudadanas y las instituciones del Estado en el proceso de formación, ejecución, control y evaluación de la gestión social, comunitaria y comunal, para el bienestar de las comunidades organizadas" (art. 8.7). La autogestión, se la define como el "conjunto de acciones mediante las cuales las comunidades organizadas asumen directamente la gestión de proyectos, ejecución de obras y prestación de servicios para mejorar la calidad de vida en su ámbito geográfico" (art. 8.2). Y la cogestión, se la define como el "proceso mediante el cual las comunidades organizadas coordinan con el Poder Público, en cualquiera de sus niveles e instancias, la gestión conjunta para la ejecución de obras y prestación de servicios necesarios para mejorar la calidad de vida en su ámbito geográfico"(art. 8.3).

Por otra parte, a los efectos de estas normas, la "comunidad organizada" se define en la LOPP como aquella "constituida por las expresiones organizativas populares, consejos de trabajadores y trabajadoras, de campesinos y campesinas, de pescadores y pescadoras y cualquier otra organización social de base, articulada a una instancia del Poder Popular[90] debidamente reconocida por la ley y registrada en el Ministerio del Poder Popular con competencia en materia de participación ciudadana" (art. 8.5). Por otra parte, en la Ley Orgánica del Consejo

---

90 La definición que se formula sobre la "comunidad organizada," es similar en la Ley Orgánica de las Comunas, como "constituida por las expresiones organizativas populares, consejos de trabajadores y trabajadoras, de campesinos y campesinas, de pescadores y pescadoras y cualquier otra organización de base, articuladas en una instancia del Poder Popular" (art. 4.5).

Federal de Gobierno[91] se encuentra otra definición, a los efectos de dicha ley, pero de la "sociedad organizada" que es la "constituida por consejos comunales, comunas y cualquier otra organización de base del Poder Popular" (art. 4); la cual conforme al Reglamento de dicha la Ley Orgánica del Consejo Federal de Gobierno, está "Constituida por consejos comunales, consejos de trabajadores y trabajadoras, de campesinos y campesinas, de pescadores y pescadoras, comunas y cualquier otra organización de base del Poder Popular debidamente registrada en el Ministerio del Poder Popular con competencia en materia de participación ciudadana."[92]

La Constitución, sin embargo, al referirse a las organizaciones comunitarias para poder ser sujetos de descentralización, las concibe sólo como entidades de carácter territorial, como "las parroquias, las comunidades, los barrios y las vecindades" que son las que pueden asumir conforme al artículo 186,6, "corresponsabilidad en la gestión pública de los gobiernos locales y estadales y desarrollar procesos autogestionarios y cogestionarios en la administración y control de los servicios públicos estadales y municipales."

3. *Las instancias del Poder Popular*

A. *Las diversas instancias del poder popular y su personalidad jurídica*

Las instancias del Poder Popular para el "ejercicio pleno de la soberanía por parte del pueblo" y que forman las "diversas y disímiles formas de organización, que edifican el Estado Comunal" (art. 2), conforme se precisa en el artículo 8.9 de la LOPP, están "constituidas por los diferentes sistemas de agregación comunal y sus articulaciones, para ampliar y fortalecer la acción del autogobierno comunal: *consejos comunales, comunas, ciudades comunales, federaciones comunales, confederaciones comunales* y las que, de conformidad con la Constitución de la República, la ley que regule la materia y su reglamento, surjan de la iniciativa popular,"[93] constituyendo las "organizaciones de base del Poder Popular" aquéllas "constituidas por ciudadanos y ciudadanas para la búsqueda del bienestar colectivo" (art. 8.10).[94]

Todas estas instancias del Poder Popular reconocidas en la LOPP, como lo dispone su artículo 32, adquieren personalidad jurídica mediante el registro ante el Ministerio del Poder Popular de las Comunas, atendiendo a los procedimientos

---

91   Véase en *Gaceta Oficial* **N° 5.963 Extraordinario del 22 de febrero de 2010**

92   Véase en *Gaceta Oficial* N° 39.382 del 9 de marzo de 2010.

93   En la Ley Orgánica de las Comunas, sin embargo, se define a las "instancias del Poder Popular como las constituidas "por los diferentes sistemas de agregación comunal: consejos comunales, comunas, ciudades comunales, federaciones comunales, confederaciones comunales y los otros que, de acuerdo a la Constitución de la República y la ley, surjan de la iniciativa popular." (art. 4.12)

94   Igual definición está contenida en la ley Orgánica del Sistema de Economía Comunal, art. 6.10

que se establezcan en el Reglamento de la Ley. Con ello, en definitiva, se deja en manos del Ejecutivo Nacional la decisión de registrar o no un consejo comunal, una comuna o una ciudad comunal, y ello lo hará, por supuesto, aplicando la letra de la Ley lo que significa que, si no está dominada por "voceros" que no sean socialistas, no cabe su registro ni, por tanto, su reconocimiento como persona jurídica, así sea producto genuino de una iniciativa popular.

B. *Los voceros de las instancias del poder popular y su carácter no representativo*

Ninguna de las personas que ejercen la titularidad de los órganos del Poder Popular, y que se denominan "voceros" tienen su origen en elecciones efectuadas mediante sufragio directo, universal y secreto. Ni siquiera puede decirse que tienen su origen en elecciones indirectas, pues en ningún caso hay elección directa de primer grado.

En efecto, la LOPP no indica la forma de "elección" de los voceros de las instancias del Poder Popular, y lo que se regula en las diferentes leyes dictadas para normar las instancias del Poder Popular es una designación por órganos que no tienen su origen en elecciones directas universales y secretas. En particular, por ejemplo, en la Ley Orgánica de los Consejos Comunales, se dispone que los voceros de los mismos son "electos" por las asambleas de ciudadanos (arts. 4.6 y 11), y no precisamente mediante sufragio universal, directo y secreto como lo prescribe la Constitución, sino mediante una supuesta "votación popular" que no es organizada por el Poder Electoral, y que se realiza en asambleas abiertas en las cuales no hay garantía del sufragio. La Ley, sin embargo, si indica que todas las instancias del Poder Popular que sean "electas por votación popular," son revocables a partir del cumplimiento de la mitad del período de gestión correspondiente, en las condiciones que establece la ley (art. 17).

Debe indicarse, en efecto, que a la base de estas instancias del Poder Popular, están las Asambleas de Ciudadanos que si bien la LOPP no las regula específicamente ni las nombra en artículo alguno, sin embargo, las define como la "máxima instancia de participación y decisión de la comunidad organizada, conformada por la integración de personas con cualidad jurídica, según la ley que regule la forma de participación, para el ejercicio directo del poder y protagonismo popular, cuyas decisiones son de carácter vinculante para la comunidad, las distintas formas de organización, el gobierno comunal y las instancias del Poder Público, de acuerdo a lo que establezcan las leyes que desarrollen la constitución, organización y funcionamiento de los autogobiernos comunitarios, comunales y los sistemas de agregación que de éstos surjan" (art. 8.1).

C. *Sistemas de agregación comunal*

En el artículo 15.4 de la LOPP, se define a los sistemas de agregación comunal, a aquellas instancias que por iniciativa popular surjan entre los consejos comunales y entre las comunas; sobre lo cual el artículo 50 de la LOC precisa que "las instancias del Poder Popular podrán constituir sistemas comunales de agregación entre sí, con el propósito de articularse en el ejercicio del autogobierno, para fortalecer la capacidad de acción sobre aspectos territoriales, políticos, económicos, sociales, culturales, ecológicos y de seguridad y defensa de la soberanía nacional, de conformidad a la Constitución de la República y la ley."

Las finalidades de los sistemas comunales de agregación conforme al artículo 59 de la LOC, son las siguientes:

1. Ampliar y fortalecer la acción del autogobierno comunal.
2. Llevar adelante planes de inversión en su ámbito territorial, atendiendo los lineamientos y requerimientos establecidos en los planes comunales de desarrollo respectivos.
3. Asumir las competencias que mediante transferencias se le otorguen para la administración, ejecución de obras y prestación de servicios públicos.
4. Impulsar el desarrollo del sistema económico comunal, mediante la articulación en redes, por áreas de producción y servicios, de las organizaciones socio-comunitarias de propiedad social comunal directa o indirecta.
5. Ejercer funciones de control social, sobre los diferentes planes y proyectos que en su ámbito territorial ejecuten las instancias del Poder Popular o el Poder Público.

La LOC, sin embargo, nada establece sobre las condiciones para la constitución de los sistemas comunales de agregación y sobre su funcionamiento, lo que se remite a ser establecido en el Reglamento de la LOC y los lineamientos que a tales efectos dicte el Ministerio del Poder Popular de las Comunas.

En todo caso, la LOC enumeró en su artículo 60, los diversos tipos de sistemas de agregación comunal así:

1. El Consejo Comunal: como instancia de articulación de los movimientos y organizaciones sociales de una comunidad.
2. La Comuna: como instancia de articulación de varias comunidades organizadas en un ámbito territorial determinado.
3. La Ciudad Comunal: constituida por iniciativa popular, mediante la agregación de varias comunas en un ámbito territorial determinado.
4. Federación Comunal: como instancia de articulación de dos o más ciudades que correspondan en el ámbito de un Distrito Motor de Desarrollo.
5. Confederación Comunal: instancia de articulación de federaciones comunales en el ámbito de un eje territorial de desarrollo.
6. Las demás que se constituyan por iniciativa popular.

En particular, en cuanto a la Ciudad Comunal, la federación Comunal y la Confederación Comunal, las condiciones para su conformación deben ser desarrolladas en el Reglamento de cada Ley.

Ahora bien, de todas estas instancias del Poder Popular previstas para "el ejercicio del autogobierno," el artículo 15 de la LOPP sólo se refiere con algún detalle a los Consejos Comunales y a las Comunas, las cuales por lo demás, son las que han sido reguladas en la Ley Orgánica de los Consejos Comunales y en la ley Orgánica de Comunas; y a las Ciudades Comunales.

D. *Los Consejos Comunales.*

Los Consejos Comunales se definen en la Ley como la "instancia de participación, articulación e integración entre los ciudadanos, ciudadanas y las diversas organizaciones comunitarias, movimientos sociales y populares, que permiten al pueblo organizado ejercer el gobierno comunitario y la gestión directa de las políticas públicas y proyectos orientados a responder a las necesidades, potencialidades y aspiraciones de las comunidades, en la construcción de nuevo modelo de sociedad socialista de igualdad, equidad y justicia social" (art. 15.1).[95]

Se destaca de esta definición legal, que los Consejos Comunales sólo y exclusivamente pueden tener por objeto contribuir a "la construcción de un nuevo modelo de sociedad socialista," en violación al principio del pluralismo que establece el artículo 6 de la Constitución, por lo que todo aquél ciudadano que no siga o acepte la doctrina socialista no tiene cabida en este nuevo Estado paralelo que se busca construir con esta Ley.

Esta instancia del Poder Popular constituida por los Consejos Comunales está regulada en la mencionada Ley Orgánica de los Consejos Comunales,[96] a cuyos "voceros," además, mediante la reforma de la Ley Orgánica del Poder Público Municipal de diciembre de 2010, se les ha asignado la función de designar a los miembros de las Juntas Parroquiales, las cuales, en consecuencia, fueron "degradadas" dejando de ser las "entidades locales" que eran, con gobiernos electos por sufragio universal directo y secreto, pasando a ser simples órganos "consultivos, de evaluación y articulación entre el Poder Popular y los órganos del Poder Público Municipal" (art. 35), cuyos miembros, además, los deben designar los voceros de los consejos comunales de la parroquia respectiva (art. 35), y sólo de entre aquellos avalados por la Asamblea de Ciudadanos "de su respectivo consejo comunal"(at. 36). A tal efecto, en forma evidentemente inconstitucional, la Ley de reforma del Poder Municipal, decretó la "cesación" en sus funciones de "los miembros principales y suplentes, así como los secretarios o secretarias, de las actuales juntas parroquiales, quedando las alcaldías responsables del manejo y destino del personal, así como de los bienes correspondientes" (Disposición Derogatoria Segunda).

Para el estudio del régimen de los Consejos Comunales, véase lo expuesto en la parte IV de esta "Introducción General."[97]

---

95   Igual definición se establece en el artículo 2 de la ley Orgánica de los Consejos Comunales (art. 2).

96   Véase en *Gaceta Oficial* N° 39.335 de 28-12-2009

97   Véase en pp. 89 ss. Véase, además, el estudio de Claudia Nikken, "La Ley Orgánica de los Consejos Comunales y el derecho a la participación ciudadana en los asuntos públicos," en Allan R. Brewer-Carías et al., *Leyes Orgánicas sobre el Poder Popular y el Estado Comunal (Los consejos comunales, las comunas, la sociedad socialista y el sistema*

E. *Las Comunas*

Las Comunas, por su parte, que están concebidas en la LOPP como la "célula fundamental" del Estado Comunal, se las define en el artículo 15.2 como el "espacio socialista que como entidad local es definida por la integración de comunidades vecinas con una memoria histórica compartida, rasgos culturales, usos y costumbres que se reconocen en el territorio que ocupan y en las actividades productivas que le sirven de sustento y sobre el cual ejercen los principios de soberanía y participación protagónica como expresión del Poder Popular, en concordancia con un régimen de producción social y el modelo de desarrollo endógeno y sustentable contemplado en el Plan de Desarrollo, Económico y Social de la Nación."[98] Esta misma definición de la Comuna como espacio socialista está en el artículo 5 de la Ley Orgánica de las Comunas; noción que implica que la misma está vedada a todo aquél que no sea socialista o que no crea en el socialismo o que no comulgue con el socialismo como doctrina política. La concepción legal de la Comuna, por tanto, es contraria al pluralismo democrático que garantiza la Constitución, siendo abiertamente discriminatoria y contraria a la igualdad que también garantiza el artículo 21 de la Constitución.

Por otra parte, en la norma mencionada de la LOPP se define a la Comuna como una "entidad local," y la misma calificación se encuentra en el artículo 1 de la Ley Orgánica de las Comunas, que las define "como entidad local donde los ciudadanos y ciudadanas en el ejercicio del Poder Popular, ejercen el pleno derecho de la soberanía y desarrollan la participación protagónica mediante formas de autogobierno para la edificación del estado comunal, en el marco del Estado democrático y social de derecho y de justicia" (art. 1). También en la reforma de la ley Orgánica del Poder Público Municipal de diciembre de 2010, se incluyó a las comunas en el listado de las "entidades locales territoriales," disponiéndose que las mismas, al estar reguladas por una legislación diferente como es la relativa al Poder Popular, y al deber constituirse "entre varios municipios," quedan exceptuadas de las disposiciones de la Ley Orgánica del Poder Público Municipal.

Ahora bien, en cuanto a calificar a las Comunas como "entidades locales," el Legislador deslegitimado de diciembre de 2010 olvidó que conforme a la Constitución (arts. 169, 173), esta expresión de entidad local sólo se puede aplicar a las entidades políticas del Estado en las cuales necesariamente tiene que

---

económico comunal) Colección Textos Legislativos N° 50, Editorial Jurídica Venezolana, Caracas 2011, pp. 183 ss.

98 Igual definición se establece en el artículo 5 de la Ley Orgánica de las Comunas. En el reglamento de la ley Orgánica del Consejo Federal de Gobierno también se define la Comuna como: "Es un espacio socialista definido por la integración de comunidades vecinas con una memoria histórica compartida, rasgos culturales, usos, y costumbres, que se reconocen en el territorio que ocupan y en las actividades productivas que les sirven de sustento y sobre el cual ejercen los principios de soberanía y participación protagónica, como expresión del poder popular, en concordancia con un régimen de producción social y el modelo de desarrollo endógeno, sustentable y socialista contemplado en el Plan Nacional de Desarrollo" (art. 3). Véase en *Gaceta Oficial* N° 39.382 del 9 de marzo de 2010.

haber "gobiernos" integrados por representantes electos mediante sufragio universal, directo y secreto (arts. 63, 169) ceñidos a los principios establecidos en el artículo 6 de la Constitución, es decir, tiene que ser "siempre democrático, participativo, electivo, descentralizado, alternativo, responsable, pluralista y de mandatos revocables." Conforme a la Constitución, por tanto, no puede haber "entidades locales" con gobiernos que no sean democráticos en los términos mencionados, y menos por "representantes" designados por otros órganos públicos.

Y esto es precisamente lo que ocurre con los llamados "gobiernos de las comunas," que conforme a esta legislación sobre el Poder Popular y sus organizaciones, no se garantiza su origen democrático mediante elección por sufragio universal, directo y secreto, siendo en consecuencia inconstitucional su concepción.

Debe destacarse, además, que en relación a el gobierno de las comunas, que como se establece en el artículo 28 de la LOPP, pueden transferir la gestión, la administración y la prestación de servicios a las diferentes organizaciones del Poder Popular. A tal efecto, las organizaciones de base del Poder Popular deben hacer las respectivas solicitudes formales, cumpliendo con las condiciones previas y requisitos establecidos en las leyes que regulen la materia.

Esta instancia del Poder Popular constituida por las Comunas ha sido regulada en la Ley Orgánica de las Comunas,[99] a cuyo estudio se dedica la parte V de esta "Introducción General."

F.   *Las Ciudades Comunales*

Las ciudades comunales, conforme a la Ley, "son aquellas constituidas por iniciativa popular mediante la agregación de varias comunas en un ámbito territorial determinado" (art. 15.3). Siendo las Comunas, conforme a la Ley, el "espacio socialista" y "célula fundamental" del Estado Comunal, las Ciudades Comunales como agregación de varias comunas o sea de varios espacios socialistas, son concebidas también conforme a la Ley como Ciudades "socialistas" que como tales, están vedadas de hecho a todo aquel ciudadano o vecino que no sea socialista.

4.   *Las organizaciones y expresiones organizativas del Poder Popular*

Además de las instancias del Poder Popular, en la LOPP se establecen previsiones tendientes a regular dos formas organizativas específicas del Poder Popular: las organizaciones y las expresiones organizativas del Poder Popular.

---

99   Véase en *Gaceta Oficial* N° 6.011 Extra. de 21-12-2010

A. *Formas organizativas del Poder Popular*

a. *Las organizaciones del Poder Popular*

Conforme al artículo 9 de la LOPP, las organizaciones del Poder Popular "son las diversas formas del pueblo organizado, constituidas desde la localidad o de sus referentes cotidianos por iniciativa popular, que integran a ciudadanos y ciudadanas con objetivos e intereses comunes, en función de superar dificultades y promover el bienestar colectivo, para que las personas involucradas asuman sus derechos, deberes y desarrollen niveles superiores de conciencia política. Las organizaciones del Poder Popular actuarán democráticamente y procurarán el consenso popular entre sus integrantes."

Estas organizaciones del Poder Popular se constituyen por iniciativa de los ciudadanos y ciudadanas, de acuerdo con su naturaleza, por intereses comunes, necesidades, potencialidades y cualquier otro referente común, según lo establecido en la ley que rija el área de su actividad (art. 12).

Estas organizaciones del Poder Popular, al igual que las instancias del Poder Popular, conforme al artículo 32 de la LOPP, adquieren su personalidad jurídica mediante el registro ante el Ministerio del Poder Popular con competencia en materia de participación ciudadana, atendiendo a los procedimientos que se establezcan en el Reglamento de la presente Ley. Queda en manos del Ejecutivo Nacional, por tanto, el reconocimiento formal de estas organizaciones, de mantera que todas aquellas que no sean socialistas por ser contrarias a los fines prescritos en la Ley (art. 1), serían rechazadas. En las registradas, por lo demás, no tendrían cabida los ciudadanos que no compartan la ideología socialista.

b. *Las expresiones organizativas del Poder Popular*

En cuanto a las "expresiones organizativas del Poder Popular," conforme se dispone en el artículo 10 de la LOPP, las mismas son "integraciones de ciudadanos y ciudadanas con objetivos e intereses comunes, constituidas desde la localidad, de sus referentes cotidianos de ubicación o espacios sociales de desenvolvimiento, que de manera transitoria y en base a los principios de solidaridad y cooperación, procuran el interés colectivo."

Estas expresiones del Poder Popular se constituyen, por iniciativa popular y como respuesta a las necesidades y potencialidades de las comunidades, de conformidad con la Constitución de la República y la ley. (art. 13).

Conforme a la Disposición final Tercera, el ejercicio de la participación del pueblo y el estímulo a la iniciativa y organización del Poder Popular establecidos en la Ley, se deben aplicar en los pueblos y comunidades indígenas, de acuerdo a sus usos, costumbres y tradiciones.

B. *Los fines de las organizaciones y expresiones organizativas del Poder Popular*

Estas organizaciones y expresiones organizativas del Poder Popular, conforme al artículo 11 de la LOPP, tienen como fines los siguientes:

1. Consolidar la democracia participativa y protagónica, en función de la insurgencia del Poder Popular como hecho histórico para la construcción de la sociedad socialista, democrática, de derecho y de justicia.

Como antes se dijo, con el agregado de "socialista" que esta previsión impone a la sociedad, se rompe el principio del pluralismo que garantiza la propia Constitución, abriendo la vía para la discriminación política de todo aquél ciudadano que no sea socialista, a quien se le niega el derecho político a participar.

2. Impulsar el desarrollo y consolidación del sistema económico comunal, mediante la constitución de organizaciones socio-productivas, para la producción de bienes y servicios destinados a la satisfacción de necesidades sociales, el intercambio de saberes y conocimientos, así como la reinversión social del excedente.

La LOPP, a estos efectos, define como "sistema económico comunal" el conjunto de relaciones sociales de producción, distribución, intercambio y consumo de bienes y servicios, así como de saberes y conocimiento, desarrolladas por las instancias del Poder Popular, el Poder Público, o por acuerdo entre ambos, a través de organizaciones socio-productivas bajo formas de propiedad social comunal" (art. 8.13).

3. Promover la unidad, la solidaridad, la supremacía de los intereses colectivos sobre los intereses individuales y el consenso en sus áreas de influencia.
4. Fomentar la investigación y difusión de los valores, tradiciones históricas y culturales de las comunidades.
5. Ejercer la contraloría social.

5. *Ámbitos del Poder Popular*

La LOPP distingue los siguientes "ámbitos del Poder Popular" se definen en la Ley Orgánica y que en la terminología tradicional de derecho público no es otra cosa que competencias que se asignan al Poder Popular: la Planificación de Políticas Públicas, la Economía comunal, la Contraloría social, la Ordenación y gestión del territorio y la Justicia comunal.

A. *Planificación de políticas públicas*

La planificación de políticas públicas en los términos establecidos en la Ley Orgánica de Planificación Pública y Popular,[100] se define en el artículo 17 de la LOPP como "un ámbito de actuación del Poder Popular que asegura, mediante la acción de gobierno compartida entre la institucionalidad pública y las instancias del Poder Popular, el cumplimiento de los lineamientos estratégicos del Plan de

---

100 Véase en *Gaceta Oficial* Nº 6.011 Extra. de 21-12-2010.

Desarrollo Económico y Social de la Nación, para el empleo de los recursos públicos en la consecución, coordinación y armonización de los planes, programas y proyectos a través de los cuales se logre la transformación del país, el desarrollo territorial equilibrado y la justa distribución de la riqueza."

De esta previsión, llama la atención la distinción entre los órganos del Estado Constitucional que se denominan como "institucionalidad pública" y las instancias del Poder Popular, lo que confirma la intención de la ley de establecer un Estado paralelo, el Estado Comunal, para vaciar de contenido y ahogar en definitiva al Estado Constitucional.

Por otra parte, vinculada a esta competencia de planificación, en cuanto a la "planificación participativa," en la LOPP se la define como la "forma de participación de los ciudadanos y ciudadanas en el diseño, formulación, ejecución, evaluación y control de las políticas públicas" (art. 8.11); y en cuanto al "Presupuesto participativo," se lo define "como el mecanismo mediante el cual los ciudadanos y ciudadanas proponen, deliberan y deciden sobre la formulación, ejecución, control y evaluación de los presupuestos públicos, con el propósito de materializar los proyectos que permitan el desarrollo de las comunidades y el bienestar social general" (art. 8.12).

B. *Economía comunal*

La economía comunal, conforme se define en el artículo 18 de la LOPP, es un "ámbito de actuación del Poder Popular que permite a las comunidades organizadas la constitución de entidades económico-financieras y medios de producción, para la producción, distribución, intercambio y consumo de bienes y servicios, así como de saberes y conocimientos, desarrollados bajo formas de propiedad social comunal, en pro de satisfacer las necesidades colectivas, la reinversión social del excedente, y contribuir al desarrollo social integral del país, de manera sustentable y sostenible, de acuerdo con lo establecido en el Plan de Desarrollo Económico y Social de la Nación y la ley que regula la materia."

Este ámbito de actuación del Poder Público se ha regulado en la Ley Orgánica del Sistema Económico Comunal (LOSEC),[101] el cual se define en dicha Ley (art. 2) y en la Ley Orgánica de las Comunas como el "conjunto de relaciones sociales de producción, distribución, intercambio y consumo de bienes y servicios, así como de saberes y conocimiento, desarrolladas por las instancias del Poder Popular, el Poder Público, o por acuerdo entre ambos, a través de organizaciones socio-productivas bajo formas de propiedad social comunal" (art. 4.13).

Este sistema económico comunal, como se dijo, está regulado en la Ley Orgánica del Sistema Económico Comunal (LOSEC), que tiene por objeto "desarrollar y fortalecer el Poder Popular, estableciendo las normas, principios, y procedimientos para la creación, funcionamiento y desarrollo del sistema económico comunal, integrado por organizaciones socio-productivas bajo régimen de propiedad social comunal, impulsadas por las instancias del Poder Popu-

---

101 Véase en *Gaceta Oficial* N° 6.011 Extra. de 21-12-2010.

lar, del Poder Público o por acuerdo entre ambos, para la producción, distribución, intercambio y consumo de bienes y servicios, así como de saberes y conocimientos, en pro de satisfacer las necesidades colectivas y reinvertir social mente el excedente, mediante una planificación estratégica, democrática y participativa" (at. 1). La LOSEC, en particular, tiene por finalidad específica "fomentar el sistema económico comunal en el marco del modelo productivo socialista, a través de diversas formas de organización socio-productiva, comunitaria y comunal en todo el territorio nacional" (Art. 4.3).

En todo caso, en la Ley Orgánica del Sistema Económico Comunal, y en particular en sus artículos 2; 3.2; 3.3; 3.8; 5; 6.12; 6.15 y 9 se adoptan expresa y textualmente para configurar el sistema económico comunal, los más tradicionales postulados marxistas que definen el comunismo, como son la propiedad social de los medios de producción; la eliminación de la división social del trabajo; y la reinversión social del excedente productivo.

Al estudio de dicho sistema comunista tal como ha quedado plasmado en dicha Ley Orgánica del Sistema Económico Comunal, se dedica la parte VII de esta "Introducción General." [102]

C. Contraloría social

En cuanto a la contraloría social, el artículo 19 de la LOPP la define como un "ámbito de actuación del Poder Popular para ejercer la vigilancia, supervisión, acompañamiento y control sobre la gestión del Poder Público, las instancias del Poder Popular y las actividades del sector privado que afecten el bienestar común, practicado por los ciudadanos y ciudadanas de manera individual o colectiva, en los términos establecidos en la ley que regula la materia.

Este ámbito de actuación del Poder Público se ha regulado en la Ley Orgánica del Contraloría Social,[103] donde se la define como "una función compartida entre las instancias del Poder Público y los ciudadanos, ciudadanas y las organizaciones del Poder Popular, para garantizar que la inversión pública se realice de manera transparente y eficiente en beneficio de los intereses de la sociedad, y que las actividades del sector privado no afecten los intereses colectivos o sociales" (art. 2).

Esta Ley Orgánica al organizar la Contraloría Social e imponer la doctrina socialista como la oficial y obligatoria, lo que ha creado en definitiva es un oscuro sistema general de espionaje y vigilancia social, que se atribuye a individuos o a las organizaciones comunales, basado en la denuncia y persecución contra cualquier persona o empresa privada que pudiera considerarse que no está actua-

---

102 Véase además, el estudio de Jesús María Alvarado Andrade, "La 'Constitución económica' y el sistema económico comunal (Reflexiones Críticas a propósito de la Ley Orgánica del Sistema Económico Comunal)," en Allan R. Brewer-Carías et al., *Leyes Orgánicas sobre el Poder Popular y el Estado Comunal (Los consejos comunales, las comunas, la sociedad socialista y el sistema económico comunal)* Colección Textos Legislativos N° 50, Editorial Jurídica Venezolana, Caracas 2011, pp. 375 ss.

103 Véase en *Gaceta Oficial* N° 6.011 Extra. de 21-12-2010

do de acuerdo con la doctrina socialista impuesta, y que por esa razón pudiera considerarse que actúa contra el "bienestar común" o que afecta el "interés social o colectivo."

Al estudio de este sistema de Contraloría Social, tal como se regula en la Ley Orgánica de Contraloría Social, se dedica la VI de esta "Introducción General."[104]

D. *Ordenación y gestión del territorio*

La ordenación y gestión del territorio, conforme al artículo 20 de la LOPP, es un "ámbito de actuación del Poder Popular, mediante la participación de las comunidades organizadas, a través de sus voceros o voceras, en las distintas actividades del proceso de ordenación y gestión del territorio, en los términos establecidos en la ley que regula la materia."

E. *Justicia comunal*

En cuanto a la justicia comunal, el artículo 21 de la LOPP la define como un "ámbito de actuación del Poder Popular, a través de medios alternativos de justicia de paz que promueven el arbitraje, la conciliación, la mediación, y cualquier otra forma de solución de conflictos ante situaciones derivadas directamente del ejercicio del derecho a la participación y a la convivencia comunal, de acuerdo a los principios constitucionales del Estado democrático y social de Derecho y de Justicia, y sin contravenir las competencias legales propias del sistema de justicia ordinario.[105]

El artículo 22 de la LOPP, remite a una ley especial la regulación de la jurisdicción especial comunal, la cual debe establecer la organización, el funcionamiento, los procedimientos y normas de la justicia comunal, así como su jurisdicción especial. La Ley Orgánica de las Comunas es algo más explícita al señalar que "la ley respectiva establecerá la naturaleza, los procedimientos legales, las normas y condiciones para la creación de una jurisdicción especial comunal, donde se prevea su organización y funcionamiento, así como las instancias con competencia para conocer y decidir en el ámbito comunal, donde los jueces o juezas comunales serán elegidos o elegidas por votación universal, directa y secreta de los y las habitantes del ámbito Comunal mayores de quince años"(art. 57).

La actuación de esta jurisdicción comunal conforme se exige en el artículo 22 de la LOPP, "estará enmarcada dentro de los principios de justicia gratuita, accesible, imparcial, idónea, transparente, autónoma, independiente, responsable,

---

104 Véase además, el estudio de Luis A. Herrera Orellana, "La Ley Orgánica de Contraloría Social: Funcionalización de la participación e instauración de la desconfianza ciudadana," en Allan R. Brewer-Carías et al., *Leyes Orgánicas sobre el Poder Popular y el Estado Comunal (Los consejos comunales, las comunas, la sociedad socialista y el sistema económico comunal)* Colección Textos Legislativos Nº 50, Editorial Jurídica Venezolana, Caracas 2011, pp. 359 ss.

105 Esta misma definición se encuentra en el artículo 56 de la Ley Orgánica de las Comunas.

equitativa y expedita, sin dilaciones indebidas y sin formalismos por reposiciones inútiles."

Con estas previsiones se termina de vaciar a los Municipios de una competencia constitucional que tienen asignada (art. 178.7), que se intentó realizar con la rechazada reforma constitucional de 2007, y que corresponde ser ejercida por jueces de paz que conforme al artículo 258 de la constitución deben ser elegidos por votación universal, directa y secreta.[106].

6.   *Las relaciones entre el Poder Público y el Poder Popular (o la técnica del "matapalo")*

Como hemos señalado, el Estado Comunal que se establece en la LOPP, cuyas manifestaciones ejercen el Poder Popular, se ha establecido como un "Estado paralelo" al Estado Constitucional cuyos órganos electos por votación popular directa universal y secreta ejercen el Poder Público. Se trata de dos Estados establecidos en paralelo, uno en la Constitución y otro en una ley inconstitucional, pero con previsiones en la ley que de llegar a ser aplicadas, permitirán al Estado Comunal ahogar y secar al Estado Constitucional, comportándose como en botánica lo hace el árbol *Ficus benjamina L.*, originario de la India, Java y Bali, conocido como "matapalo" que puede crecer como "estranguladora", como epífitos, rodeando al árbol huésped hasta formar un tronco hueco, destruyéndolo.

A tal efecto, en la LOPP se establecen unas previsiones para regular las relaciones entre el Estado o el Poder Público y el Poder Popular, que en general se dispone que "se rigen por los principios de igualdad, integridad territorial, cooperación, solidaridad, concurrencia y corresponsabilidad, en el marco del sistema federal descentralizado consagrados en la Constitución de la República" (art. 26), y que son las siguientes:

En *primer lugar*, se establece como obligación legal para los órganos, entes e instancias del Poder Público el promover, apoyar y acompañar las iniciativas populares para la constitución, desarrollo y consolidación de las diversas formas organizativas y de autogobierno del pueblo (art. 23).[107] En particular, incluso, la Ley Orgánica de Comunas dispone que "los órganos integrantes del Poder Ciudadano apoyarán a los consejos de contraloría comunal a los fines de contribuir con el cumplimiento de sus funciones" (art. 48).

En *segundo lugar*, se sujeta a todos los órganos del Estado Constitucional que ejercen el Poder Público, a los mandatos de las organizaciones del Poder Popular, al instaurarse un nuevo principio de gobierno, consistente en "gobernar obedeciendo." El artículo 24 de la LOPP en efecto dispone:

---

106 Véase la Ley Orgánica de la Justicia de Paz en *Gaceta Oficial* N° 4.817 Extra. de 21-12-1994).

107 Una norma similar está en el artículo 62 de la Ley Orgánica de las Comunas, a los efectos de "la constitución, desarrollo y consolidación de las comunas como forma de autogobierno."

Artículo 24. Actuaciones de los órganos y entes del Poder Público. Todos los órganos, entes e instancias del Poder Público guiarán sus actuaciones por el principio de gobernar obedeciendo, en relación con los mandatos de los ciudadanos, ciudadanas y de las organizaciones del Poder Popular, de acuerdo a lo establecido en la Constitución de la República y las leyes.

Como las organizaciones del Poder Popular no tienen autonomía política pues no sus "voceros" no son electos democráticamente mediante sufragio universal, directo y secreto, sino designados por asambleas de ciudadanos controladas e intervenidas por el partido oficial y el Ejecutivo Nacional que controla y guía todo el proceso organizativo del Estado Comunal, en el ámbito exclusivo de la ideología socialista, sin que tenga cabida vocero alguno que no sea socialista, en definitiva esto de "gobernar obedeciendo" es una limitación a la autonomía política de los órganos del Estado Constitucional electos, como la Asamblea nacional, los Gobernadores y Consejos legislativos de los Estados y los Alcaldes y Concejos Municipales, a quienes se le impone en definitiva la obligación de obedecer lo que disponga el Ejecutivo Nacional y el partido oficial enmarcado en el ámbito exclusivo del socialismo como doctrina política. La voluntad popular expresada en la elección de representantes del Estado Constitucional, por tanto, no tiene valor alguno, y al pueblo se le confisca su soberanía trasladándola de hecho a unas asambleas que no lo representan.

En *tercer lugar*, en particular, se establece la obligación para el Poder Ejecutivo Nacional, para que "conforme a las iniciativas de desarrollo y consolidación originadas desde el Poder Popular," planifique, articule y coordine "acciones conjuntas con las organizaciones sociales, las comunidades organizadas, las comunas y los sistemas de agregación y articulación que surjan entre ellas, con la finalidad de mantener la coherencia con las estrategias y políticas de carácter nacional, regional, local, comunal y comunitaria"(art. 25).

En *cuarto lugar*, se establece la obligación para los órganos y entes del Poder Público en sus relaciones con el Poder Popular, de dar "preferencia a las comunidades organizadas, a las comunas y a los sistemas de agregación y articulación que surjan entre ellas, en atención a los requerimientos que las mismas formulen para la satisfacción de sus necesidades y el ejercicio de sus derechos, en los términos y lapsos que establece la ley" (art. 29). Igualmente se prevé que los órganos, entes e instancias del Poder Público, en sus diferentes niveles político-territoriales, deben adoptar "medidas para que las organizaciones socio-productivas de propiedad social comunal, gocen de prioridad y preferencia en los procesos de contrataciones públicas para la adquisición de bienes, prestación de servicios y ejecución de obras" (art. 30).[108]

---

108 En particular, conforme al artículo 61 de la Ley Orgánica de las Comunas, se dispone que "todos los órganos y entes del Poder Público comprometidos con el financiamiento de proyectos de las comunas y sus sistemas de agregación, priorizarán aquéllos que impulsen la atención a las comunidades de menor desarrollo relativo, a fin de garantizar el desarrollo territorial equilibrado.

En *quinto lugar*, se establece la obligación para la República, los estados y municipios, de acuerdo con la ley que rige el proceso de transferencia y descentralización de competencias y atribuciones, la obligación de trasferir "a las comunidades organizadas, a las comunas y a los sistemas de agregación que de éstas surjan; funciones de gestión, administración, control de servicios y ejecución de obras atribuidos a aquéllos por la Constitución de la República, para mejorar la eficiencia y los resultados en beneficio del colectivo" (art. 27).[109]

Con ello, se dispone legalmente el vaciamiento de competencias de los Estados y Municipios, de manera que queden como estructuras vacías, con gobiernos representativos electos por el pueblo pero que no tienen materias sobre las cuales gobernar.

Este proceso se ha completado en la reforma de la Ley Orgánica de Régimen Municipal (LOPPM) y en la ley Orgánica del Consejo Federal de Gobierno (LOCGR). En efecto, la trasferencia de competencias de los Estados a los Municipios, a las comunidades y a los grupos vecinales que se prevé en la Constitución (art.184), y que en la LOPPM anterior se atribuía a los Consejos Legislativos de los Estados para establecer el procedimiento a dichos fines, se ha cambiado radicalmente, asignándose esa función al Consejo Federal de Gobierno organizado en la LOCFG, la cual se lo ha organizado de manera tal que está completamente controlado por el Ejecutivo Nacional (art. 11). En esta forma se ha limitado inconstitucionalmente la autonomía de los Estados y Municipios que les garantiza la Constitución.

A tal efecto, la LOPPM dispone, en su artículo 281 que "la transferencia de competencias y servicios de los estados a los municipios, y de éstos a las instancias del Poder Popular, se realizará de acuerdo a lo establecido en la Ley Orgánica del Consejo Federal de Gobierno," y en esta LOCFG, se asigna al Consejo, el atender "al establecimiento del régimen para la transferencia de las competencias entre los entes territoriales, y a las organizaciones detentadoras de la soberanía originaria del Estado"(art. 1); siendo por tanto ese órgano ahora el encargado de "de la planificación y coordinación de políticas y acciones para el desarrollo del proceso de descentralización y transferencia de competencias del Poder Nacional a los estados y municipios, " correspondiéndole establecer "los lineamientos que se aplican a los procesos de transferencia de las competencias y atribuciones de las entidades territoriales, hacia las organizaciones de base del Poder Popular" (art. 2). Lineamientos que además, declara esa LOCFG que son "vinculantes para las entidades territoriales (art. 2).

En el Reglamento de la Ley Orgánica del Consejo Federal de Gobierno de 2010, por otra parte, se definió la trasferencia de competencias como el:

"Proceso mediante el cual las entidades territoriales restituyen al Pueblo Soberano, a través de las comunidades organizadas y las organizaciones de

---

109 Esta misma norma se repite en la Ley Orgánica de las Comunas (art. 64). El 31 de diciembre de 2010, aún estaba pendiente en la Asamblea Nacional la segunda discusión del proyecto de Ley Orgánica del Sistema de Transferencia de Competencias y atribuciones de los Estados y Municipios a las organizaciones del Poder Popular.

base del poder popular, las competencias en las materias que, de acuerdo con lo establecido en el artículo 14 de la Ley Orgánica del Consejo Federal de Gobierno, en concordancia con el artículo 184 de la Constitución de la República Bolivariana de Venezuela, decrete el presidente o Presidenta de la República en Consejo de Ministros, sin que ello obste para que, por cuenta propia, cualquier entidad territorial restituya al Pueblo Soberano otras competencias, de acuerdo a lo establecido en el correspondiente Plan Regional de Desarrollo y previa autorización de la Secretaría del Consejo Federal de Gobierno."[110]

En *sexto lugar*, se establece que las instancias y organizaciones de base del Poder Popular contempladas en la LOPP, están exentas de todo tipo de pagos de tributos nacionales y derechos de registro, a cuyo efecto, se podrá establecer mediante leyes y ordenanzas de los estados y municipios, respectivamente, las exenciones aquí previstas para las instancias y organizaciones de base del Poder Popular (art. 31).

7. *El marginalización del Municipio en relación con las organizaciones del Poder Popular*

Para establecer el Poder Popular y el Estado Comunal, a los efectos de ahogar y estrangular progresivamente el Estado Constitucional, la primera de las instituciones territoriales afectadas ha sido el Municipio, del cual siendo la unidad política primaria de la organización de la república, ha sido desvinculado del proceso de desarrollo comunal y de la participación popular. A tal efecto, diversas reformas se introdujeron en diciembre de 2010 a la Ley Orgánica del Poder Público Municipal (LOPP),[111] y entre ellas se destaca:

En primer lugar, la previsión como objetivo de la Ley además de la regulación de los Municipios y su gobierno, el proceso denominado de "descentralización y la transferencia a las comunidades organizadas, y a las comunas en su condición especial de entidad local, como a otras organizaciones del Poder Popular" (Art. 1). Se entiende que se trata de un proceso de transferencia de "competencias" aún cuando no se indica; sin embargo, la misma no puede calificarse como descentralización, pues ésta, en el marco territorial y político, exige que las entidades receptoras de las competencias a ser transferidas, sean entidades locales como entidades políticas con gobiernos electos democráticamente. Las comunas, que se denominan como Entidades locales especiales" no son gobernadas por órganos cuyos integrantes sean electos por votación universal directa y secreta, y por tanto, no tienen autonomía política ni pueden formar parte del esquema de descentralización territorial del Estado.

En segundo lugar, el artículo 2 de la LOPPM, a pesar de que repite el aserto constitucional de que el Municipio "constituye la unidad política primaria de la organización nacional de la República," ya no habla de que "gozan de autonom-

---

110 Véase en *Gaceta Oficial* N° 39.382 del 9 de marzo de 2010.

111 Véase en *Gaceta Oficial* N° 6.015 Extraordinario del 28 de diciembre de 2010.

ía" como lo garantiza el artículo 168 de la Constitución, son que "ejerce sus competencias de manera autónoma." Ello, sin embargo, es contradicho en la propia Ley al establecerse que el artículo 110, que "el municipio se regirá por el Sistema Nacional de Planificación establecido en la ley que regula la materia," que como se sabe es una planificación centralizada.

A tal efecto, en la LOPPM se elimina la iniciativa ejecutiva de la planificación local que se asignaba al Alcalde, quien debía presentar al Consejo Local de Planificación las líneas maestras de su plan de gobierno, y se establece que es el Consejo Local de Planificación Pública "el órgano encargado de diseñar el Plan Municipal de Desarrollo y los demás planes municipales, en concordancia con los lineamientos que establezca el Plan de Desarrollo Económico y Social de la Nación y los demás planes nacionales y estadales, garantizando la participación protagónica del pueblo en su formulación, ejecución, seguimiento, evaluación y control, en articulación con el Sistema Nacional de Planificación"(art. 111). Ese Consejo, además, en la LOPPM, queda encargado de "diseñar el Plan de Desarrollo Comunal, en concordancia con los planes de desarrollo comunitario propuestos por los consejos comunales y los demás planes de interés colectivo, articulados con el Sistema Nacional de Planificación, de conformidad con lo establecido en las legislaciones que regula las comunas, los consejos comunales y la presente Ley; contando para ello con el apoyo de los órganos y entes de la Administración Pública. A tales efectos, es deber de las instancias que conforman la organización del municipio, atender los requerimientos de los diversos consejos de planificación existentes en cada una de las comunas para el logro de sus objetivos y metas" (art. 112)

En tercer lugar, en la reforma de la LOPPM, se encasilla y limita su rol como promotor de la participación del pueblo sólo "a través de las comunidades organizadas," que son las que se regulan en las leyes sobre el Poder Popular identificadas con el socialismo, en contra de la previsión del artículo 62 de la Constitución que garantiza el carácter libre de la participación. La desvinculación de las comunidades organizadas respecto del Municipio, se asegura en la Ley, al excluirse su registro ante los órganos competentes "del Municipio" como decía la Ley Orgánica anterior que se reformó, previéndose ahora su registro sólo ante "los órganos competentes" (art. 33.3) que en las Leyes del poder Popular es el Ministerio de las Comunas. Es decir, con la reforma de la LOPPM, se produce una total desmunicipalización de las entidades comunales.

En cuarto lugar, a pesar de esta desmunicipalización, a las comunas se las incorpora en el régimen del Poder Público Municipal, como "entidad local territorial" (art. 19) aún cuando de "carácter especial" que conforme al artículo 19, "se rige por su ley de creación, puede constituirse dentro del territorio del Municipio o entre los límites político administrativo de dos o más municipios, sin que ello afecte la integridad territorial de los municipios donde se constituya." Como tales entidades locales de carácter especial, se las excluye completamente del régimen de la LOPPM quedando "reguladas por la legislación que norma su constitución, conformación, organización y funcionamiento" (art. 5). Ello se reafirma en el artículo 33 de la Ley al disponer que "los requisitos para la creación de la comuna, en el marco de su régimen especial como entidad local, se regirán por lo establecido en la Ley Orgánica de las Comunas."

En quinto lugar, se eliminó el carácter de entidad local de las parroquias, y por tanto, se eliminó su carácter democrático representativo. Es más, en la Disposición Transitoria segunda de la Ley se dispuso ue a los 30 días siguientes a su publicación, "cesan en sus funciones los miembros principales y suplentes, así como los secretarios o secretarias, de las actuales juntas parroquiales,"

Eliminas las Juntas parroquiales, las cuales en el artículo 35, las pasaron a denominar "juntas parroquiales comunales," estas se regularon sólo como entidades con "facultades consultivas, de evaluación y articulación entre el poder popular y los órganos del Poder Público Municipal," con las funciones enumeradas en el artículo 37, de la cual se eliminó todo vestigio de gobierno local.

Dichas juntas parroquiales comunales, se estableció que deben ser "coordinada por una junta parroquial comunal integrada por cinco miembros y sus respectivos suplentes cuando corresponda a un área urbana y tres miembros y sus respectivos suplentes cuando sea no urbana, elegidos o elegidas para un período de dos años," no por el pueblo mediante sufragio, sino por "por los voceros de los consejos comunales de la parroquia respectiva," quienes "en dicha elección deberán ser fiel expresión del mandato de sus respectivas asambleas de ciudadanos." La norma agrega, que dicha designación, debe ser "validada por la asamblea de ciudadanos."

En la misma norma se estableció el principio de la revocatoria de los mandatos de los integrantes de las juntas parroquiales comunales, mandando a aplicar las condiciones y el procedimiento establecido para la revocación de los voceros de los consejos comunales, conforme a la Ley Orgánica que los regula.

Al desmunicipalizarse las juntas parroquiales comunales, y eliminarse su carácter de entidad política local de orden democrático representativo, el artículo 36 previó que sus miembros que deben ser avalados por la asamblea de ciudadanos, pueden ser menores de edad, aún cuando mayores de quince años, e incluso extranjeros.

IV. EL RÉGIMEN DE LOS CONSEJOS COMUNALES O LA RESURRECCIÓN DE LOS SOVIETS EN EL CARIBE CASI UN SIGLO DESPUÉS

1. *Los Consejos Comunales como instrumentos para la consolidación del socialismo*

Como se dijo, la propuesta presidencial de reforma constitucional de 2007 fue rechazada por el pueblo en el referendo de diciembre de ese mismo año, en votación mayoritaria, cuyos resultados finales, sin embargo, nunca fueron dados oficialmente por el Consejo Nacional Electoral. No es difícil imaginar la razón de esta abstención.

Sin embargo, a pesar del rechazo, en muchos de sus aspectos la reforma constitucional de 2007 ha venido siendo ilegítimamente implementada por los órganos del Estado, sea mediante leyes, como la de los Consejos Comunales, mediante decretos leyes,[112] e incluso mediante sentencias del Tribunal Supremo de Justicia.[113] Precisamente, como se dijo, la Ley relativa a los Consejos Comunales de 2009 es uno de estos intentos de implementar, mediante una ley orgánica, algunos de los postulados esenciales de la rechazada reforma constitucional.

En efecto, la Ley Orgánica de 2009 tiene por objeto regular la constitución, conformación, organización y funcionamiento de los consejos comunales "como una instancia de participación para el ejercicio directo de la soberanía popular" (art. 1); definiéndoselos supuestamente "en el marco constitucional de la democracia participativa y protagónica," como "instancias de participación, articulación e integración entre los ciudadanos, ciudadanas y las diversas organizaciones comunitarias, [114] movimientos sociales y populares, que permiten al pueblo organizado ejercer el gobierno comunitario y la gestión[115] directa de las políticas públicas y proyectos orientados a responder a las necesidades, potencialidades y aspiraciones de las comunidades, en la *construcción del nuevo modelo de sociedad socialista* de igualdad, equidad y justicia social (art. 2). Sobre este aspecto insiste el artículo 3, al prescribir que la organización, funcionamiento y acción de los consejos comunales se rige por los principios y valores de "participación, corresponsabilidad, democracia, identidad nacional, libre debate de las ideas, celeridad, coordinación, cooperación, solidaridad, transparencia, rendición de cuentas, honestidad, bien común, humanismo, territorialidad, colectivismo, eficacia, eficiencia, ética, responsabilidad social, control social, libertad, equidad, justicia, trabajo voluntario, igualdad social y de género, *con el fin de establecer la base sociopolítica del socialismo* que consolide un nuevo modelo político, social, cultural y económico."

De estas normas resulta, por tanto, que lo que se quiso establecer en la Ley Orgánica fue un medio de participación política "para el ejercicio directo de la soberanía popular," en el "marco constitucional de la democracia participativa y protagónica," como "instancias de participación, articulación e integración entre los ciudadanos," para "ejercer el gobierno comunitario." Ello, sin duda, corresponde a los ciudadanos, y es distinto a los medios de participación vecinal o comunitaria que no son reservados a los ciudadanos. La Ley Orgánica, por tanto, en

---

112 Véase los estudios sobre los decretos Leyes de 2008 en *Revista de Derecho Público, Estudios sobre los Decretos Leyes 2008*, N° 116, Editorial Jurídica Venezolana, Caracas 2008.

113 Véase Allan R. Brewer-Carías, "La fraudulenta mutación de la Constitución en Venezuela, o de cómo el juez constitucional usurpa el poder constituyente originario,", en *Anuario de Derecho Público*, Centro de Estudios de Derecho Público de la Universidad Monteávila, Año 2, Caracas 2009, pp. 23-65.

114 El artículo 4,4 de la Ley Orgánica define a las Organizaciones comunitarias, como "las organizaciones que existen o pueden existir en el seno de las comunidades y agrupan un conjunto de personas con base a objetivos e intereses comunes, para desarrollar actividades propias en el área que les ocupa."

115 El artículo 4,10 de la Ley Orgánica define como gestión, "las acciones que exigen el cumplimiento de los objetivos y metas, aprobados por la Asamblea de Ciudadanos y Ciudadanas, de cada una de las unidades de trabajo que integran el Consejo Comunal."

forma evidentemente incorrecta e inconstitucional mezcló dos derechos de las personas a la participación: la participación ciudadana con la participación individual o comunitaria.

En todo caso, ha sido en este marco que se ha dictado la Ley Orgánica de los Consejos Comunales de 2009,[116] la cual, además, tiene por objeto, regular la relación de los mismos "con los órganos y entes del Poder Público para la formulación, ejecución, control y evaluación de las políticas públicas, así como los planes y proyectos vinculados al desarrollo comunitario" (art. 1).

Por otra parte, el marco legal en la Ley Orgánica que regula la participación vinculada necesariamente a "construcción del nuevo modelo de sociedad socialista" y "con el fin de establecer la base sociopolítica del socialismo," es también inconstitucional pues elimina el carácter libre de la participación política que garantiza el artículo 62 de la Constitución, siendo además contrario al derecho constitucional que todos tienen al "libre desenvolvimiento de su personalidad" (art. 20); niega el carácter plural del sistema político que garantizan los artículos 2 y 6 de la Constitución, al encasillar un instrumento de gobierno como es el de los Consejos Comunales, dentro de un marco ideológico único y ahora "oficial," como es el socialismo, de manera que las personas que no crean ideológicamente en esta doctrina o se opongan legítimamente a ella, quedarían excluidos de la posibilidad de participar en aquellos, lo que es contrario a la democracia; y establece un sistema discriminatorio, contrario al principio de igualdad establecido en el artículo 21 de la Constitución.[117]

---

116 Véase, además, sobre esta Ley Orgánica el estudio de Claudia Nikken, "La Ley Orgánica de los Consejos Comunales y el derecho a la participación ciudadana en los asuntos públicos," en Allan R. Brewer-Carías et al., *Leyes Orgánicas sobre el Poder Popular y el Estado Comunal (Los consejos comunales, las comunas, la sociedad socialista y el sistema económico comunal)* Colección Textos Legislativos N° 50, Editorial Jurídica Venezolana, Caracas 2011, pp. 183 ss.

117 Sobre esto, contradiciendo lo que se ha previsto en el texto de la Ley Orgánica y en la práctica de los consejos comunales, Marta Harnecker, ha insistido en que "el poder popular no elimina el pluralismo político-ideológico" por lo que "no puede teñirse del color de un partido político, ni de una corriente religiosa; el poder popular debe ser de muchos colores, debe ser un arco iris y debe dar cabida a todas y todos los ciudadanos de Venezuela que deseen participar. Son las personas que habitan en una comunidad, centro de trabajo o estudio las que deben elegir democráticamente sus voceras y voceros y estos naturalmente representan diferentes posiciones políticas e ideológicas, dependiendo de la fuerza que esas posiciones tengan en sus respectivas comunidades." Véase Marta Harnecker, *De los Consejos Comunales a las Comunas. Construyendo el Socialismo del Siglo XXI*, 2 abril 2009, párrafo 268, en http://www.scribd.com/doc/16299191/Harnecker-Marta-De-los-consejos-comunales-a-las-comunas-2009 . En el mismo libro la autora ha advertido sobre la necesidad de "evitar la manipulación política" ya que "los consejos comunales deben ser arco iris", indicando que "Se ha insistido mucho en que es necesario evitar toda manipulación política o de otra índole en la conformación de los consejos comunales. No se trata de conformar los consejos comunales sólo con los partidarios de Chávez; estas instituciones comunitarias deben estar abiertas a todos los ciudadanos y ciudadanas, sean del color político que sean." *Idem*, Párrafo 185.

Ahora bien, y teniendo en cuenta todas estas violaciones a la Constitución derivadas de tratar de "imponer" a las personas una ideología, al punto de cerrarle las puertas a la participación política a aquellos que no compartan la misma, debe destacarse que el sistema de participación que regula la Ley Orgánica tiene su base fundamental territorial en la unidad social dispuesta para el funcionamiento de los Consejos Comunales, y que la Ley califica como la "Comunidad," la cual se concibe como el "núcleo espacial básico e indivisible constituido por personas y familias que habitan en un ámbito geográfico determinado, vinculadas por características e intereses comunes; comparten una historia, necesidades y potencialidades culturales, económicas, sociales, territoriales y de otra índole." Ese ámbito geográfico donde habitan las personas que conforman la comunidad es "el territorio que ocupan" y "cuyos límites geográficos se establecen o ratifican en Asamblea de Ciudadanos, de acuerdo con sus particularidades y considerando la base poblacional de la comunidad" (art. 4,1 y 2).

La base poblacional para la conformación de una Comunidad a los efectos de la constitución de los Consejos Comunales, es decir, el número de habitantes que debe existir en su ámbito geográfico y que mantiene la "indivisibilidad de la comunidad" y garantiza "el ejercicio del gobierno comunitario y la democracia protagónica," debe oscilar entre 150 y 400 familias en el ámbito urbano; y alrededor de 120 familias en el ámbito rural. En las comunidades indígenas el punto de referencia para la conformación de una Comunidad se estableció en 10 familias; (art. 4,3). Esta referencia poblacional, particularmente en el ámbito de las comunidades urbanas, es muy similar a la que se había establecido en la vieja Ley Orgánica de Régimen Municipal para la constitución de las Asociaciones de Vecinos, a las cuales, en definitiva, los Consejos Comunales han sustituido.[118]

2. *Integración de los Consejos Comunales*

Los Consejos Comunales, en esta nueva Ley Orgánica, a los efectos de su funcionamiento, se integran por las siguientes organizaciones: por una parte, por la Asamblea de Ciudadanos del Consejo Comunal, y por la otra, por las tres Unidades que los conforman: la Unidad Ejecutiva; la Unidad Administrativa y Financiera Comunitaria; y la Unidad de Contraloría Social (art 19). Además, también integra el Consejo Comunal, el Colectivo de Coordinación Comunitaria que

---

118 Con razón María Pilar García-Guadilla consideró las Asociaciones de Vecinos como los antecedentes de los Consejos Comunales. Véase en "La praxis de los consejos comunales en Venezuela: ¿Poder popular o instancia clientelar?," en *Revista Venezolana de Economía y Ciencias Sociales*, abr. 2008, Vol. 14, N° 1, p. 125-151. Véase en http://www.scielo.org.ve/scielo.php?pid=S1315-6411200-8000100009&script=sci_arttext. Sin embargo, Marta Harnecker, al analizar algunos de los "problemas" relativos al funcionamiento de los consejos comunales, destaca el hecho de que "se han transformado en una asociación de vecinos más, porque se deja toda la responsabilidad en manos de los voceros y voceras y a veces sólo en alguno de ellos." Véase Marta Harnecker, *De los Consejos Comunales a las Comunas. Construyendo el Socialismo del Siglo XXI*, 2 abril 2009, párrafo 216, en http://www.scribd.com/doc/162-99191/Harnecker-Marta-De-los-consejos-comunales-a-las-comunas-2009 .

es la instancia de coordinación de las tres Unidades antes mencionadas del Consejo, y una Comisión Electoral Permanente.

A. Las Asambleas de Ciudadanos

La Asamblea de Ciudadanos del Consejo Comunal conforme a la Ley Orgánica, es ahora parte integrante de cada Consejo Comunal, concebida como la máxima instancia de deliberación y decisión para el ejercicio del poder comunitario, la participación y el protagonismo popular (art. 20). Conforme a lo dispuesto en el artículo 70 de la Constitución, la Ley Orgánica repite que sus decisiones "son de carácter vinculante" pero sólo "para el Consejo Comunal."(art. 20). De allí la importancia de estas Asambleas de ciudadanos y la obligación que tenía el Legislador de hacerlas junto con los Consejos Comunales real y verdaderamente "representativas" de la Comunidad, y asegurar que en ellas, efectivamente "participen" los habitantes de la misma.

Pero la Ley Orgánica, sin embargo, no ha garantizado nada de esto. En cuanto a la integración de las Asambleas de ciudadanos, conforme al artículo 21 de la Ley Orgánica, las mismas están constituida por "los habitantes de la comunidad mayores de quince años, conforme a las disposiciones de la presente Ley" (art. 21), lo que, como se ha dicho, es una contradicción *in terminis* y además, inconstitucional, pues los extranjeros o menores de 18 años no son ciudadanos. En todo caso, esos habitantes de la comunidad, que sin duda deben formar parte de las familias que conforman la base poblacional de la Comunidad, deben estar inscritos en el registro electoral de la comunidad (art. 37,1), que por lo demás, por su conformación también con no ciudadanos, es diferente del Registro Electoral permanente que debe llevar el Consejo Nacional Electoral.

En efecto, si de lo que se trata es de constituir una Asamblea de "ciudadanos," sólo los "ciudadanos" podrían integrarla, y la ciudadanía, como se sabe, sólo puede ejercerse por los venezolanos conforme a los artículos 39 y 40 de la Constitución y al artículo 50 de la Ley de Nacionalidad y Ciudadanía de 2004,[119] en la cual, además, se define la ciudadanía, como "la condición jurídica obtenida por la nacionalidad venezolana, la cual permite el goce y el ejercicio de los derechos y deberes políticos previstos en la Constitución de la República Bolivariana de Venezuela y en las leyes" (art. 4,4).

Por tanto, de acuerdo con estas normas constitucionales y legales, sólo los *venezolanos ciudadanos* pueden ser "titulares de derechos y deberes políticos," y entre los derechos políticos establecidos en la Constitución está precisamente el derecho a la participación política, que además, el artículo 62 de la Constitución reserva a los ciudadanos. Por tanto, no todo habitante en el territorio de la República o de una Comunidad es "ciudadano," por lo que como se ha dicho, es inconstitucional otorgar el ejercicio de un derecho político como la participación en las Asambleas de "Ciudadanos" a todos "habitantes" de la comunidad, incluyendo a quienes no sean ciudadanos, como por ejemplo, los extranjeros. Estos,

---

119 *Gaceta Oficial* N° 37.971 de 01-07-2004.

conforme a la Constitución, sólo tienen excepcionalmente el derecho al sufragio, de acuerdo con la Constitución, en el ámbito regional y local (art. 64).

Por otra parte, la ciudadanía se ejerce por los venezolanos "en las *condiciones de edad previstas en esta Constitución*" (art. 39), por lo que no existiendo una previsión constitucional expresa que prevea la posibilidad para los menores de 18 años, pero mayores de 15 años, para ejercer algún derecho político, ello no podría preverlo el Legislador. Este, a lo sumo, lo que podría haber hecho en esta materia era haber extendido el derecho a participar en las Asamblea de "ciudadanos" a los venezolanos con derecho a la participación ciudadana indirecta, mediante el sufragio, que son los mayores de 18 años (art. 64). Por tanto, resulta también contrario a la Constitución el extender legalmente el derecho político de participar en las Asambleas de "ciudadanos" a los menores de 18 años pero mayores de 15 años.

En cuanto al quórum para la adopción de decisiones por parte de las Asambleas de Ciudadanos, las cuales, como se ha dicho, son obligatorias para el Consejo Comunal, las mismas conforme a la Ley Orgánica se adoptan por mayoría simple de los asistentes, siempre que concurran a la Asamblea en primera convocatoria, un quórum mínimo del 30% de los habitantes miembros de la Comunidad y del 20% mínimo de los mismos en segunda convocatoria (art. 22). La Ley, por tanto, no garantiza efectiva la representatividad de la Comunidad en la Asamblea, al permitir que un órgano con los poderes decisorios que tiene, por ejemplo, de una Comunidad de 400 familias, que implica un universo de aproximadamente 1600 personas, se pueda constituir con solo la presencia de 320 personas, y pueda tomar decisiones con el voto de sólo 161 personas; es decir, en definitiva, con el voto del 10% de los habitantes de la Comunidad. Estas previsiones, por otra parte, en lugar de estimular la participación, lo que fomentan es la ausencia de participación, pues si las decisiones se pueden adoptar en esa forma, los habitantes no tendrán interés o posibilidad en participar.[120]

Estas Asambleas de ciudadanos, así constituidas, a pesar de integrar el Consejo Comunal, son las que deben aprobar el ámbito geográfico de la Comunidad y del Consejo Comunal (art. 23,1) así como el acta constitutiva y estatutos del Consejo Comunal (art. 23,13). Tienen además, dentro de sus funciones: aprobar el Plan Comunitario de Desarrollo Integral, que es el documento técnico que identifica las potencialidades y limitaciones, las prioridades y los proyectos co-

---

120 Esto lo ha advertido Marta Harnecker, al destacar que "uno de los problemas que ha habido cuando se han conformado los consejos comunales, es que las asambleas de ciudadanas y ciudadanos no han logrado, en muchos casos, convocar a todas las personas que debían convocar. En algunos casos esto se debe a la apatía de la gente, en otros se debe a los defectos de la convocatoria. Muchas veces hay sectores de esa comunidad, especialmente los sectores más alejados que nunca han llegado a enterarse de que existe una asamblea, nunca fueron citados" Véase Marta Harnecker, *De los Consejos Comunales a las Comunas. Construyendo el Socialismo del Siglo XXI*, 2 abril 2009, párrafo 190, en http://www.scribd.com/doc/16299191/Harnecker-Marta-De-los-consejos-comunales-a-las-comunas-2009 .

munitarios[121] que deben orientar al logro del desarrollo integral de la comunidad (art. 4,9), y demás planes, de acuerdo a los aspectos esenciales de la vida comunitaria, a los fines de contribuir a la transformación integral de la comunidad (art. 23,5); garantizar el funcionamiento del ciclo comunal (art. 23,6); aprobar los proyectos comunitarios, de comunicación alternativa, educación, salud, cultura, recreación, actividad física y deporte, socio-productivos, de vivienda y hábitat, de infraestructura, de funcionamiento, entre otros, y la creación de organizaciones socio-productivas a ser propuestos ante distintos órganos y entes del Poder Público o instituciones privadas (art. 23,7); aprobar las normas de convivencia de la comunidad, sin menoscabo de lo dispuesto en el ordenamiento jurídico vigente (art. 23,9); aprobar la solicitud de transferencia de servicios (art. 23,11).

En cuanto a las diversas Unidades y órganos del Consejo, la Asamblea de ciudadanos debe aprobar la creación de comités de trabajo u otras formas de organización comunitaria, con carácter permanente temporal (art. 23,2); elegir y revocar a los voceros del Consejo Comunal "a través de un proceso de elección popular comunitaria (art. 23,3); designar a los voceros del Consejo Comunal para las distintas instancias de participación popular y de gestión de políticas públicas (art. 23,10); elegir y revocar los integrantes de la comisión electoral (art. 23,4); evaluar la gestión de cada una de las unidades que conforman el Consejo Comunal (art. 23,8); y designar a los y las miembros de la comisión de contratación, conforme a la Ley de Contrataciones Públicas (art. 23,12).

B. *La Unidad Ejecutiva y los voceros de la comunidad*

La Unidad Ejecutiva es la instancia del Consejo Comunal encargada de promover y articular la participación organizada de los habitantes de la comunidad, organizaciones comunitarias, los movimientos sociales y populares en los diferentes comités de trabajo; se reunirá a fin de planificar la ejecución de las decisiones de la Asamblea de Ciudadanos, así como conocer las actividades de cada uno de los comités y de las áreas de trabajo[122] (art. 27).

Esta Unidad Ejecutiva está conformada por un número indeterminado y variable de voceros, postulados según la cantidad de comités de trabajo u otras organizaciones comunitarias que existan o se conformen en la comunidad (art. 28).

Esos Comités pueden referirse a las siguientes áreas de actividad enumeradas en el artículo 28 de la Ley Orgánica: salud; tierra Urbana; vivienda y hábitat;

---

121 El artículo 4,7 de la Ley Orgánica define los proyectos comunitarios como "el conjunto de actividades concretas orientadas a lograr uno o varios objetivos, para dar respuesta a las necesidades, aspiraciones y potencialidades de las comunidades. Los proyectos deben contar con una programación de acciones determinadas en el tiempo, los recursos, los responsables y los resultados esperados."

122 El artículo 4,8 de la Ley Orgánica define Áreas de trabajo a los "ámbitos de gestión que se constituyen en relación con las particularidades, potencialidades y los problemas más relevantes de la comunidad. El número y contenido de las áreas de trabajo dependerá de la realidad, las prácticas tradicionales, las necesidades colectivas y las costumbres de cada comunidad. Las áreas de trabajo agruparán varios comités de trabajo."

economía comunal;[123] seguridad y defensa integral; medios alternativos comunitarios; recreación y deportes; alimentación y defensa del consumidor; mesa técnica de agua; mesa técnica de energía y gas; protección social de niños, niñas y adolescentes; personas con discapacidad; educación, cultura y formación ciudadana; familia e igualdad de género. En los casos en que hubiere otras formas organizativas establecidas en la comunidad, diferentes a las antes señaladas, deberán incorporarse a la constitución, funcionamiento y atribuciones de los comités de trabajo de la Unidad Ejecutiva, de conformidad con la normativa que los regula.

En cuanto a los pueblos y comunidades indígenas, atendiendo a sus culturas, prácticas tradicionales y necesidades colectivas, pueden constituir comités de trabajo, además de los antes indicados, en las siguientes áreas: ambiente y demarcación de tierra en los hábitats indígenas; medicina tradicional indígena; y educación propia, educación intercultural bilingüe e idiomas indígenas.

La Unidad Ejecutiva del Consejo Comunal tiene las siguientes funciones: ejecutar las decisiones de la Asamblea de Ciudadanos y Ciudadanas en el área de su competencia (art. 29,1); crear y organizar el sistema de información comunitario interno (art. 29,2); coordinar y articular todo lo referido a la organización, funcionamiento y ejecución de los planes de trabajo de los comités y su relación con la Unidad de Contraloría Social, la Unidad Administrativa y Financiera Comunitaria y las demás organizaciones sociales de la comunidad (art. 29,3); promover la creación de nuevas organizaciones con la aprobación de la Asamblea de Ciudadanos y Ciudadanas en defensa del interés colectivo y el desarrollo integral de la comunidad (art. 29,4); organizar el voluntariado social como escuela generadora de conciencia y activadora del deber social en cada comité de trabajo[124] (art. 29,5); promover la participación de los comités de trabajo u otras formas de organización comunitaria en la elaboración y ejecución de políticas públicas, mediante la presentación de propuestas a los órganos y entes del Poder Público (art. 29,6); promover, participar y contribuir, conjuntamente con la Milicia Bolivariana, en la seguridad y defensa integral de la Nación (art. 29,7); coadyuvar con los órganos y entes del Poder Público en el levantamiento de información relacionada con la comunidad, conforme al ordenamiento jurídico vigente (art. 29,8); impulsar y promover la formulación de proyectos comunitarios que busquen satisfacer las necesidades, aspiraciones y potencialidades de la comunidad (art. 29,9); y conocer las solicitudes y emitir las constancias de residencia de los habitantes de la comunidad, a los efectos de las actividades inherentes del Consejo Comunal, sin menoscabo del ordenamiento jurídico vigente (art. 29,10).

---

123 El artículo 4,11 de la ley Orgánica define la economía comunal como "el conjunto de relaciones sociales de producción, distribución, intercambio y consumo de bienes, servicios y saberes, desarrolladas por las comunidades bajo formas de propiedad social al servicio de sus necesidades de manera sustentable y sostenible, de acuerdo con lo establecido en el Sistema Centralizado de Planificación y en el Plan de Desarrollo Económico y Social de la Nación."

124 El artículo 4, de la Ley Orgánica define el Comité de Trabajo como "el colectivo o grupo de personas organizadas para ejercer funciones específicas, atender necesidades en distintas áreas de trabajo y desarrollar las aspiraciones y potencialidades de su comunidad."

C. La Unidad Administrativa y Financiera Comunitaria

La Unidad Administrativa y Financiera Comunitaria es la instancia del Consejo Comunal que funciona como un ente de administración, ejecución, inversión, crédito, ahorro e intermediación financiera de los recursos y fondos de los consejos comunales, de acuerdo a las decisiones y aprobaciones de la Asamblea de Ciudadanos, "privilegiando el interés social sobre la acumulación de capital." Esta Unidad está integrada por 5 habitantes de la comunidad, electos a través de un "proceso de elección popular" por la Asamblea de ciudadanos (art. 30).

La Unidad Administrativa y Financiera Comunitaria tiene las siguientes funciones: ejecutar las decisiones de la Asamblea de Ciudadanos y Ciudadanas en el área de su competencia (art. 31,1); elaborar los registros contables con los soportes que demuestren los ingresos y egresos efectuados (art. 31,2); presentar trimestralmente el informe de gestión y la rendición de cuenta pública cuando le sea requerido por la Asamblea de Ciudadanos, por el colectivo de coordinación comunitaria o por cualquier otro órgano o ente del Poder Público que le haya otorgado recursos (art. 31,3); prestar servicios financieros y no financieros en el área de su competencia (art. 31,4); realizar la intermediación financiera comunitaria, privilegiando el interés social sobre la acumulación de capital (art. 31,5); apoyar las políticas de fomento, desarrollo y fortalecimiento de la economía social, popular y alternativa (art. 31,6); proponer formas alternativas de intercambio de bienes y servicios para lograr la satisfacción de las necesidades y fortalecimiento de la economía local (art. 31,7); promover el ahorro familiar (art. 31,8); facilitar herramientas que permitan el proceso de evaluación y análisis de los créditos de las organizaciones socio-productivas previstas en la Ley para el Fomento y Desarrollo de la Economía Popular (Decreto N° 6.129)(art. 31,9); consignar ante la Unidad de Contraloría Social del Consejo Comunal, el comprobante de la declaración jurada de patrimonio de los voceros y voceras de la Unidad Administrativa y Financiera Comunitaria al inicio y cese de sus funciones (art. 31,10); administrar los fondos del Consejo comunal con la consideración del colectivo de coordinación comunitaria y la aprobación de la Asamblea de Ciudadanos (art. 31,11); elaborar y presentar el proyecto anual de gastos de los fondos del Consejo Comunal (art. 31,12); y presentar y gestionar ante el colectivo de coordinación comunitaria el financiamiento de los proyectos aprobados por la Asamblea de Ciudadanos (art. 31,13).

Esta Unidad Administrativa y Financiera Comunitaria conforme a la Ley Orgánica de 2007, sustituye a las asociaciones, cooperativas, banco comunal constituidas conforme a la Ley de 2006, las cuales quedan disueltas a partir de la adecuación del Consejo Comunal a la nueva Ley en su carácter de unidad de gestión financiera de los consejos comunales. Por consiguiente, conforme a esa adecuación, deben transferir al Consejo Comunal, en un lapso no mayor a 30 días, los recursos financieros y no financieros, los provenientes de la intermediación financiera con los fondos generados, asignados o captados, bienes, obligaciones, deudas, compromisos, planes, programas, proyectos y cualquier otro adquirido en el ejercicio de sus funciones (Disposición Transitoria Tercera). Una vez efectuada la transferencia por parte de la asociación cooperativa banco comunal, el Consejo Comunal asumirá los compromisos económicos, la ejecución y tramitación de los proyectos y los procesos administrativos y judiciales en curso causados durante la gestión de la asociación cooperativa banco comunal (Disposición Transitoria Cuarta). En todo caso, conforme a la nueva Ley Orgánica, los integrantes de las instancias de gestión financiera de la asociación cooperativa banco comunal deben mantener su condición de voceros en la nueva Unidad Administrativa y Financiera Comunitaria a los efectos del cumplimiento de la continuidad del período para los cuales fueron electos (Disposición Transitoria Sexta).

En todo caso, los voceros de las antiguas instancias de gestión financiera de la asociación cooperativa banco comunal, son responsables civil, penal y administrativamente conforme a la ley, por la omisión, retardo e incumplimiento de la transferencia indicada en la disposición transitoria tercera (Disposición Transitoria Quinta); y los voceros de la Unidad Administrativa y Financiera Comunitaria incurren en responsabilidad civil, penal y administrativa, según sea el caso, por los actos, hechos u omisiones que alteren el destino de los recursos del Consejo Comunal, por lo cual deben ser sancionados conforme a las leyes que regulen la materia (art. 32).

D. *La Unidad de Contraloría Social*

La Unidad de Contraloría Social es la instancia del Consejo Comunal para realizar la evaluación de la gestión comunitaria y la vigilancia de las actividades, recursos y administración de los fondos del Consejo Comunal. Está integrada por 5 habitantes de la comunidad, electos a través de un "proceso de elección popular" (art. 33). Esta unidad debe realizar sus funciones sin menoscabo del control social que ejerza la Asamblea de Ciudadanos y otras organizaciones comunitarias, de conformidad con el ordenamiento jurídico.

Son funciones de la Unidad de Contraloría Social, ejecutar las decisiones de la Asamblea de Ciudadanos que correspondan a sus funciones (34,1); ejercer seguimiento, vigilancia, supervisión y control de la ejecución de los planes, proyectos comunitarios y socio-productivos, organizaciones socio-productivas, fases del ciclo comunal y gasto anual generado con los fondos y los recursos financieros y no financieros asignados por órganos y entes del Poder Público o instituciones privadas al Consejo Comunal (34,2); rendir anualmente cuenta pública de sus actuaciones (34,3); presentar informes de sus actuaciones cuando les sean solicitados por la Asamblea de Ciudadanos, por el colectivo de coordinación comunitaria o cuando lo considere pertinente (34,4); cooperar con los órganos y entes del Poder Público en la función de control, conforme a la legislación y demás instrumentos normativos vigentes (34,5); conocer y procesar los planteamientos presentados por los ciudadanos y ciudadanas con relación a la gestión de las unidades del Consejo Comunal e informar de manera oportuna a la Asamblea de Ciudadanos (34,6); y remitir ante el Ministerio del Poder Popular para las Comunas con competencia en materia de participación ciudadana, las declaraciones juradas de patrimonio de los voceros de la Unidad Administrativa y Financiera Comunitaria del Consejo Comunal (34,7).

La Unidad de Contraloría Social del Consejo Comunal debe coordinar, en el ejercicio de sus funciones, con los órganos del Poder Ciudadano (art. 35).

E. *La coordinación de las Unidades de los Consejos Comunales*

El artículo 24 de la Ley Orgánica dispuso la conformación de un "Colectivo de Coordinación Comunitaria" integrado por los voceros de las Unidades Ejecutiva, Administrativa y Financiera Comunitaria y de Contraloría Social del Consejo Comunal, para servir de instancia de articulación, trabajo conjunto y funcionamiento, con las siguientes funciones: realizar seguimiento de las decisiones aprobadas en la Asamblea de Ciudadanos y Ciudadanas (art. 25,1); coordinar la elaboración, ejecución y evaluación del Plan Comunitario de Desarrollo Integral articulado con los planes de desarrollo municipal y estadal de conformidad con las líneas generales del Proyecto Nacional Simón Bolívar (art. 25,2); conocer, previa ejecución, la gestión de la Unidad Administrativa y Financiera Comunitaria del Consejo Comunal (art. 25,3); presentar propuestas aprobadas por la Asamblea de Ciudadanos, para la formulación de políticas públicas (art. 25,4); garantizar información permanente y oportuna sobre las actuaciones de las unidades del Consejo Comunal a la Asamblea de Ciudadanos (art. 25,5); convocar para los asuntos de interés común a las demás unidades del Consejo Comunal (art. 25,6); coordinar la aplicación del ciclo comunal para la elaboración del Plan Comunitario de Desarrollo Integral (art. 25,7); coordinar con la Milicia Bolivariana lo referente a la defensa integral de la Nación (art. 25,8); coordinar acciones estratégicas que impulsen el modelo socio-productivo comunitario y redes socio-productivas[125] vinculadas al Plan Comunitario de Desarrollo Integral (art. 25,9); promover la formación y capacitación comunitaria en los voceros o voceras del Consejo Comunal y en la comunidad en general (art. 25,10); elaborar propuesta de informe sobre la solicitud de transferencia de servicios y presentarlo ante la Asamblea de Ciudadanos (art. 25,11); coordinar acciones con los distintos comités que integran la Unidad Ejecutiva en sus relaciones con los órganos y entes de la Administración Pública para el cumplimiento de sus fines (art. 25,12); y elaborar los estatutos del Consejo Comunal (art. 25,13).

De acuerdo con el artículo 26 de la ley Orgánica, el Colectivo de Coordinación Comunitaria y las unidades que conforman el Consejo Comunal deben establecer el sistema de trabajo en el reglamento interno, que debe contemplar como mínimo una periodicidad quincenal para las reuniones, sin menoscabo de realizar convocatoria cuando lo estimen necesario, dejando constancia escrita de los acuerdos aprobados.

F. *La Comisión Electoral Permanente*

En cada Consejo Comunal debe constituirse una Comisión Electoral Permanente que es la instancia encargada de organizar y conducir de forma permanen-

---

125   El artículo 4,12 de la ley Orgánica define como redes socio-productivas, "la articulación e integración de los procesos productivos de las organizaciones socio-productivas comunitarias, para el intercambio de saberes, bienes y servicios, basados en los principios de cooperación y solidaridad; sus actividades se desarrollan mediante nuevas relaciones de producción, comercio, distribución, cambio y consumo, sustentables y sostenibles, que contribuyen al fortalecimiento del Poder Popular."

te, los procesos de elección o revocatoria de los voceros del Consejo Comunal y las consultas sobre aspectos relevantes de la vida comunitaria, así como cualquier otro que decida la Asamblea de Ciudadanos (art. 36). Esta Comisión está integrada por 5 habitantes de la comunidad, quienes deben ser electos por la Asamblea de ciudadanos, con sus respectivos suplentes, y duran 2 años en sus funciones, contados a partir de su elección. Quienes integren la comisión electoral no pueden postularse como voceros para las unidades del Consejo Comunal (art. 36).

La Comisión Electoral Permanente del Consejo Comunal, como se especifica en el artículo 37 de la Ley Orgánica, ejerce las siguientes funciones: elaborar y mantener actualizado el registro electoral de la comunidad, conformado por todos los habitantes de la comunidad, mayores de quince años, de acuerdo a lo establecido en la presente Ley (art. 37,1); informar a la comunidad todo lo relativo a la elección, reelección o revocatoria de los voceros del Consejo Comunal, así como los temas objeto de consulta (art. 37,2); elaborar y custodiar el material electoral (art. 37,3); convocar a los habitantes de la comunidad para que se postulen como aspirantes a voceros a las unidades del Consejo Comunal (art. 37,4); coordinar el proceso de votación (art. 37,5); verificar los requisitos exigidos a los postulados en las instancias del Consejo Comunal (art. 37,6); escrutar y totalizar los votos, firmando los resultados con los testigos electorales designados (art. 37,7); conocer y decidir sobre las impugnaciones presentadas sobre los procesos electorales o las consultas formuladas (art. 37,8); levantar el acta del proceso de elección y sus resultados (art. 37,9); proclamar y juramentar a los que resulten electos como voceros de las unidades del Consejo Comunal (art. 37,10); organizar y coordinar los procesos electorales en los lapsos establecidos en la presente Ley y en los estatutos del Consejo Comunal (art. 37,11); informar los resultados de las consultas realizadas en la comunidad (art. 37,12); velar por la seguridad y transparencia de los procesos electorales (art. 37,13); cuidar y velar por la preservación de los bienes y archivos electorales de la comunidad (art. 37,14); elaborar y presentar ante el colectivo de coordinación comunitaria un estimado de los recursos, a los fines de llevar los procesos electorales, de revocatoria y las consultas sobre los aspectos relevantes de la comunidad (art. 37,15); notificar al colectivo de coordinación comunitaria, con dos meses de anticipación al cese de las funciones de la comisión electoral, a los fines de la preparación del proceso de elección de sus nuevos integrantes (art. 37,16); y coordinar en el ejercicio de sus funciones con el Poder Electoral (art. 37,17).

Como puede apreciarse, la Ley Orgánica de 2009 ha establecido todo un sistema de administración electoral paralelo al que corresponde al Poder Electoral, para llevar adelante lo que la Ley califica de "elección popular" de los voceros de los Consejos Comunales y los otros órganos comunitarios. La Constitución asigna a los órganos del Poder Electoral, en particular al Consejo Nacional Electoral, la competencia exclusiva para la "organización, administración, dirección y vigilancia de todos los actos relativos a la elección de los cargos de representación popular de los poderes públicos, así como de los referendos" (art. 293), por lo que la elección de los voceros de las Unidades de los Consejos Comunales, que en definitiva, "representan" a los habitantes de la Comunidad, debería también organizarse por dicho Poder Electoral, el cual es el órgano con competencia para llevar el registro electoral, en particular si se trata de elección para integrar entidades estatales, como son los Consejos Comunales. Atribuir la organización, administración, dirección y vigilancia de estos procesos electorales para elegir a los representantes de la Comunidad en los Consejos Comunales, a un órgano distinto al Poder Electoral, sin duda viola la Constitución.

3. La supuesta "elección" de los voceros de las Unidades de los Consejos Comunales

Conforme al artículo 4,6 de la Ley, los voceros de las Unidades de los Consejos Comunales son las personas electas mediante "proceso de elección popular," a fin de coordinar el funcionamiento del Consejo Comunal, y la "instrumentación de las decisiones de la Asamblea de Ciudadanos." El ejercicio de las funciones de los voceros del Consejo Comunal tiene carácter voluntario y debe desarrollarse "con espíritu unitario y compromiso con los intereses de la comunidad y de la Patria" (art. 13). Además, conforme al artículo 14 de la Ley, los voceros de los Consejos Comunales tienen como deber, la disciplina, la participación, la solidaridad, la integración, la ayuda mutua, la corresponsabilidad social, la rendición de cuentas, el manejo transparente, oportuno y eficaz de los recursos que dispongan para el funcionamiento del Consejo Comunal.

Con la conformación de estos voceros de los Consejos Comunales, como los agentes a cuyo cargo está la conducción de las actividades de los mismos, en definitiva, lo que la Ley Orgánica ha establecido es una forma de "representación" de la Comunidad para el ejercicio de su derecho a participar, mediante estos voceros de los Consejos Comunales. Siendo esos voceros, en la práctica "representantes"[126] de la Comunidad, conforme a la Constitución, tendrían que ser electos como tales representantes, mediante votación, no de un número reducido de personas-habitantes que participen en una Asamblea de ciudadanos, que puede ser escuálida, sino de todos los ciudadanos habitantes que forman la Comunidad y que deben estar inscritos en el registro electoral que debe llevar la Comisión Electoral Permanente. Y dicha elección, en todo caso, tendría que realizarse conforme lo exige el artículo 63 de la Constitución mediante votaciones libres, universales, directas y secretas en las cuales se garantice el principio de la personalización del sufragio y la representación proporcional. En contraste con esta previsión constitucional, la supuesta "elección popular" que se establece en la Ley Orgánica de 2009 no es directa ni secreta, ya que incluso podría hacerse "a

---

126 A pesar de que en la página web del "Ministerio del Poder Popular para la Participación y Protección Social" se afirmaba que el vocero, a pesar de ser la persona "electa por la asamblea de ciudadanos y ciudadanas para cumplir con los *mandatos* de la comunidad," sin embargo "no es un o una representante a quien le hemos entregado nuestro poder para que decida por nosotros." Véase el anuncio sobre "Consejos Comunales. Base del Poder Popular. ¡Construir el Poder desde Abajo!," en http://gp.cnti.ve/site/minpades.gob.ve/-view/Consejos%20Comunales.php

mano alzada,"[127] y en cuanto a la elección de los voceros de las unidades Ejecutiva, Administrativa y Financiera Comunitaria y de Contraloría Social, la hace la Asamblea de ciudadanos necesariamente "de manera uninominal" lo que implica que "en ningún caso, se efectuará por plancha o lista electoral" (art. 11), lo que no se ajusta a la previsión constitucional.

Por otra parte, a los efectos de la elección de los voceros, el artículo 11 de la Ley Orgánica establece el derecho de los "ciudadanos" de manera individual o colectiva a participar y postular los candidatos a voceros a las unidades del Consejo Comunal. Este derecho de participar y postular, por tanto, contradictoriamente no se atribuye en la Ley Orgánica a los "habitantes" de la comunidad, que son los supuestos electores, sino sólo a los venezolanos ciudadanos. Pero en cambio, al regular la condición de vocero de las Unidades de los Concejos Comunales, la Ley Orgánica establece que pueden postularse para tales cargos (al igual que para los integrantes de la comisión electoral), los venezolanos o extranjeros residentes, mayores de 15 años, habitantes de la comunidad con al menos un año de residencia en la misma, salvo en los casos de comunidades recién constituidas (at. 15,1). Esto significa que sólo pueden postular a los voceros, quienes sean ciudadanos; pudiendo ser electos como voceros, los extranjeros residentes y, por tanto, no ciudadanos. Sólo en el caso de los voceros de las Unidades Administrativa y Financiera Comunitaria y de Contraloría Social se exige que sean mayores de 18 años, no pudiendo formar parte de la comisión electoral (art. 15, in fine).

Para ser postulado como vocero, además, la Ley exige que se presente una carta de postulación o manifestación de voluntad por escrito, identificando nombre, apellido y cédula de identidad (art. 15, 2), y además, que el postulado esté inscrito en el registro electoral de la comunidad (art. 15,4), ser de reconocida solvencia moral y honorabilidad (art. 15,5); tenga capacidad de trabajo colectivo con disposición y tiempo para el trabajo comunitario (art. 15,6), espíritu unitario y compromiso con los intereses de la comunidad (art. 15,7); no posea parentesco hasta el cuarto grado de consanguinidad y segundo grado de afinidad con los demás voceros integrantes de la Unidad Administrativa y Financiera Comunitaria y de la Unidad de Contraloría Social que conforman el Consejo Comunal, salvo las comunidades de áreas rurales y comunidades indígenas (art. 15,8); no ocupe cargos de elección popular (art. 15,9); y no esté sujeto a interdicción civil o inhabilitación política (art. 15,10) ni sea requerido por instancias judiciales (art. 15,11).

Quienes se postulen para voceros sólo pueden hacerlo para una Unidad del Consejo Comunal. En los pueblos y comunidades indígenas la postulación y

---

127 Así se informaba por el "Ministerio del Poder Popular para la Participación y Protección Social" en su página web al indicar dentro de las tareas del "equipo promotor" el "recoger ideas para definir con que sistema se va a votar: voto secreto o a mano alzada." Véase el anuncio sobre "Consejos Comunales. Base del Poder Popular. ¡Construir el Poder desde Abajo!," en http://gp.cnti.ve/site/minpades.gob.ve/view/Consejos%20Comunales.php

elección de voceros o voceras se debe hacer según lo previsto en la Ley y tomando en cuenta su uso, costumbres y tradiciones.

Todos los voceros de las unidades que conforman el Consejo Comunal duran 2 años en sus funciones, contados a partir del momento de su elección por la Asamblea de ciudadanos, y podrán ser reelectos (art. 12).

4. La cesación de los voceros comunales

A. La revocación del mandato de los voceros de las Unidades del Consejo Comunal

Los cargos de voceros de los Concejos Comunales son revocables por la Asamblea de Ciudadanos (art. 39), mediante decisión tomada por mayoría simple de los asistentes a la Asamblea de Ciudadanos, siempre que la misma cuente con un quórum del 20% de la población mayor de quince años de esa comunidad (art. 41).

El artículo 38 de la Ley Orgánica define por "revocatoria," la separación definitiva de los voceros del Consejo Comunal del ejercicio de sus funciones por estar incurso en alguna de las siguientes causales de revocatoria establecidas en el artículo 39 de la Ley: actuar de forma contraria a las decisiones tomadas por la Asamblea de Ciudadanos o el Colectivo de Coordinación Comunitaria del Consejo Comunal (art. 39,1); faltar evidente a las funciones que le sean conferidas de conformidad con la Ley y los estatutos del Consejo Comunal, salvo que la falta sea por caso fortuito o de fuerza mayor (art. 39,2); omitir o negarse a presentar los proyectos comunitarios decididos por la Asamblea de Ciudadanos, por ante la instancia del Gobierno Nacional, estadal o municipal correspondiente o cualquier otro órgano o ente del Poder Público, a los fines de su aprobación (art. 39,3); presentar los proyectos comunitarios, en orden distinto a las prioridades establecidas por la Asamblea de Ciudadanos (art. 39,4); representar, negociar individualmente asuntos propios del Consejo Comunal que corresponda decidir la Asamblea de Ciudadanos (art. 39,5); no rendir cuentas en el tiempo legal establecido para ello o en el momento exigido por el colectivo de coordinación comunitaria o la Asamblea de Ciudadanos (art. 39,6); incurrir en malversación, apropiación, desviación de los recursos asignados, generados o captados por el Consejo Comunal o cualquier otro delito previsto en la Ley Contra la Corrupción y el ordenamiento jurídico penal (art. 39,7); omisión en la presentación o falsedad comprobada en los datos de la declaración jurada de patrimonio de inicio y cese de funciones (art. 39,8); desproteger, dañar, alterar o destruir el material electoral, archivos o demás bienes electorales del Consejo Comunal (art. 39,9); proclamar y juramentar como electos, a personas distintas de las indicadas en los resultados definitivos (art. 39,10); no hacer la respectiva y amplia publicidad a los fines de la realización de los procesos electorales (art. 39,11); y no llevar el registro electoral, o no actualizarlo conforme con lo establecido en la Ley (art. 39,12).

En todos estos casos, la iniciativa de solicitud para la revocatoria de los voceros del Consejo Comunal, así como los de la Comisión Electoral, corresponde de acuerdo con el artículo 40 de la Ley Orgánica, corresponde a un número de habitantes de la Comunidad que representen el 10% de la población mayor de quince años, habitantes de la comunidad (art. 40,1); y a la Unidad de Contraloría Social del Consejo Comunal (art. 40,2). En estos casos, la correspondiente solicitud de la revocatoria "debe formalizarse por escrito ante el Colectivo de Coordinación Comunitaria del Consejo Comunal" (art. 40).

En los casos de denuncias contra algún vocero formulada por algún miembro de la Comunidad, conforme al artículo 41 de la Ley, "la solicitud de revocatoria de los voceros del Consejo Comunal, así como los de la Comisión Electoral, debe formalizarse ante la Unidad de Contraloría Social," ante la cual debe desarrollarse un procedimiento administrativo de revocatoria en el cual se debe garantizar el derecho a la defensa y al debido proceso. Sin embargo, en caso de que la denuncia sea en contra de un vocero de la Unidad Contraloría Social, la solicitud de revocatoria se debe presentar directamente ante el colectivo de coordinación comunitaria.

La Unidad de Contraloría Social, una vez recibida la solicitud, debe preparar el informe respectivo en un lapso no mayor de 15 días continuos, el cual debe presentar ante el Colectivo de Coordinación Comunitaria para su consideración, el cual, en un lapso no mayor de 15 días continuos, lo debe presentar ante la Asamblea de Ciudadanos para la toma de decisiones correspondiente.

De ser aprobada la revocatoria de un vocero por la Asamblea de ciudadanos, su suplente debe asumir el cargo y la Comisión Electoral debe organizar el proceso para suplir la vacante respectiva. El Colectivo de Coordinación Comunitaria debe informar sobre los resultados de la revocatoria al Ministerio del Poder Popular para las Comunas y Protección Social.

La consecuencia de la revocación del mandato es que los voceras del Consejo Comunal que hayan sido revocados de sus funciones, no pueden postularse a una nueva elección durante los dos períodos siguientes a la fecha de la revocatoria (art. 42).

B. *La pérdida de condición de vocero de las Unidades de los Consejos Comunales*

Además de por revocación de sus funciones, los voceros de los Consejos Comunales pueden perder tal condición por renuncia; cambio de residencia debidamente comprobado, fuera del ámbito geográfico del Consejo Comunal respectivo; enfermedad que le imposibilite ejercer sus funciones; haber sido electo en un cargo público de elección popular; y "estar sujeto a una sentencia definitivamente firme dictada por los órganos jurisdiccionales" (art. 43), causal esta última que parece absurdo pues puede tratarse de una sentencia en materia civil, laboral o mercantil, y ello no tendría que producir la pérdida de condición de vocero. Quizás el Legislador lo que quiso fue referirse a sentencias en materia penal, lo que hubiera tenido más lógica.

En todos estos casos de pérdida de la condición de vocero de un Consejo Comunal, el suplente debe asumir las respectivas funciones (art. 43).

5. *El Ciclo Comunal como proceso de participación popular*

El artículo 44 de la LOCC de 2009 define el "Ciclo comunal" en el marco de las actuaciones de los Consejos Comunales, como "un proceso para hacer efectiva la participación popular y la planificación participativa que responde a las necesidades comunitarias y contribuye al desarrollo de las potencialidades y capacidades de la comunidad." A tal efecto, la Ley Orgánica de Planificación Pública y Popular, precisa en especial, que en el marco de las actuaciones inherentes a la planificación participativa, que el consejo comunal "se apoyará en la metodología del ciclo comunal, que consiste en la aplicación de las fases de diagnóstico, plan, presupuesto, ejecución y contraloría social, con el objeto de hacer efectiva la participación popular en la planificación, para responder a las necesidades comunitarias y contribuir al desarrollo de las potencialidades y capacidades de la comunidad" (art. 15).

Ese ciclo también se indica en la LOCC, como una expresión del Poder Popular, a través de la realización de las mismas cinco fases: diagnóstico, plan, presupuesto, ejecución y contraloría social; las cuales conforme al artículo 45, se complementan e interrelacionan entre sí y son definidas en la forma siguiente:

1. Diagnóstico: esta fase caracteriza integralmente a las comunidades, se identifican las necesidades, las aspiraciones, los recursos, las potencialidades y las relaciones sociales propias de la localidad.

2. Plan: es la fase que determina las acciones, programas y proyectos que atendiendo al diagnóstico, tiene como finalidad el desarrollo del bienestar integral de la comunidad.

3. Presupuesto: esta fase comprende la determinación de los fondos, costos y recursos financieros y no financieros con los que cuenta y requiere la comunidad, destinados a la ejecución de las políticas, programas y proyectos establecidos en el Plan Comunitario de Desarrollo Integral.

4. Ejecución: esta fase garantiza la concreción de las políticas, programas y proyectos en espacio y tiempo establecidos en el Plan Comunitario de Desarrollo Integral, garantizando la participación activa, consciente y solidaria de la comunidad.

5. Contraloría social: esta fase es la acción permanente de prevención, vigilancia, supervisión, seguimiento, control y evaluación de las fases del ciclo comunal para la concreción del Plan Comunitario de Desarrollo Integral y, en general sobre las acciones realizadas por el Consejo Comunal, ejercida articuladamente por los habitantes de la comunidad, la Asamblea de Ciudadanos, las organizaciones comunitarias y la Unidad de Contraloría Social del Consejo Comunal.

Todas estas fases del ciclo comunal deben estar avaladas y previamente aprobadas por la Asamblea de Ciudadanos en el Consejo Comunal respectivo.

Por otra parte, los Consejos Comunales, a través de los comités de economía comunal, deben elaborar los proyectos socio-productivos, con base a las potencialidades de su comunidad, impulsando la propiedad social, orientados a la satisfacción de las necesidades colectivas y vinculados al Plan Comunitario de Desarrollo Integral (art. 46).

Debe indicarse que, además, en la LOSEC se define un "ciclo productivo comunal" como "sistema de producción, transformación, distribución, intercambio y consumo socialmente justo de bienes y servicios de las distintas formas de organización socio-productivas, surgidas en el seno de la comunidad como consecuencia de las necesidades humanas" (art. 6.3), aun cuando luego en el articulado de la misma ni en las otras leyes del Poder Popular se utiliza la expresión.

6. ***Los recursos de los Consejos Comunales y su gestión y administración***

A. *Los recursos de los Consejos Comunales*

Los Consejos Comunales tienen los siguientes recursos financieros y no financieros enumerados en el artículo 47 de la Ley Orgánica, que deben recibir de manera directa: los que sean transferidos por la República, los estados y los municipios; los que provengan de lo dispuesto en la Ley que Crea el Fondo Intergubernamental para la Descentralización y la Ley de Asignaciones Económicas Especiales Derivadas de Minas e Hidrocarburos; los que provengan de la administración de los servicios públicos que les sean transferidos por el Estado; los generados por su actividad propia, incluido el producto del manejo financiero de todos sus recursos; los recursos provenientes de donaciones de acuerdo con lo establecido en el ordenamiento jurídico; y cualquier otro generado de actividad financiera que permita la Constitución de la República y la ley.

Los recursos financieros que son los expresados en unidades monetarias propios o asignados, son manejados por el Consejo Comunal orientados a desarrollar las políticas, programas y proyectos comunitarios establecidos en el Plan Comunitario de Desarrollo Integral. Estos recursos, conforme a lo dispuesto en el artículo 48, se clasifican en la siguiente forma:

1. Recursos retornables: son los recursos que están destinados a ejecutar políticas, programas y proyectos de carácter socio-productivo con alcance de desarrollo comunitario que deben ser reintegrados al órgano o ente financiero mediante acuerdos entre los partes; y

2. Recursos no retornables: son los recursos financieros para ejecutar políticas, programas y proyectos con alcance de desarrollo comunitario, que tienen características de donación, asignación o adjudicación y no se reintegran al órgano o ente financiero y a la Unidad Administrativa y Financiera Comunitaria.

En cuanto a los recursos no financieros, que son los que no tienen expresión monetaria y son necesarios para concretar la ejecución de las políticas, planes y proyectos comunitarios, también deben ser manejados por el Consejo Comunal (art. 49).

Todos los recursos aprobados y transferidos para los Consejos Comunales deben siempre ser destinados a la ejecución de políticas, programas y proyectos comunitarios contemplados en el Plan Comunitario de Desarrollo Integral y deben ser manejados de manera eficiente y eficaz para lograr la transformación integral de la comunidad (art. 50).

Cuando se trate de recursos aprobados por los órganos o entes del Poder Público para un determinado proyecto, los mismos no podrán ser utilizados para fines distintos a los aprobados y destinados inicialmente, salvo que sea debidamente autorizado por el órgano o ente del Poder Público que otorgó los recursos, para lo cual el Consejo Comunal debe motivar el carácter excepcional de la solicitud de cambio del objeto del proyecto, acompañada de los soportes respectivos, previo debate y aprobación de la Asamblea de Ciudadanos (art. 50).

Por otra parte, debe advertirse que en la Ley Orgánica de 2009 nada se dispuso directamente en relación con el Fondo Nacional de los Consejos Comunales creado por la Ley de 2006 como servicio autónomo adscrito al Ministerio de Finanzas, y el cual al parecer nunca llegó a ser implementado.[128] Lo único que se reguló en la Ley es una Disposición Transitoria (Primera) en la cual se dispuso que el Ministerio del Poder Popular con competencia en materia de participación ciudadana debe incorporar en su reglamento orgánico las disposiciones relativas al Fondo Nacional de los Consejos Comunales, en un lapso no mayor de 30 días hábiles siguientes a la entrada en vigencia de la Ley, lo que sugiere que dicho Fondo debería seguir existiendo, pero adscrito al Ministerio del Poder Popular para las Comunas y Protección Social.

B. *Los fondos de los Consejos Comunales*

La Ley Orgánica de 2009 prevé que el Consejo Comunal, para facilitar el desenvolvimiento armónico de sus actividades y funciones, debe formar cuatro fondos internos: de acción social; de gastos operativos y de administración; de ahorro y crédito social; y de riesgos. Todos estos fondos deben ser administrados por la Unidad Administrativa y Financiera Comunitaria, previa aprobación de la Asamblea de Ciudadanos, con la justificación del colectivo de coordinación comunitaria (art. 51), y se los define en la Ley de la siguiente manera:

a. *Fondo de acción social*, que debe ser destinado a cubrir las necesidades sociales, tales como: situaciones de contingencia, de emergencia o problemas de salud, que no puedan ser cubiertas por los afectados debido a su situación socioeconómica. Se debe presentar una propuesta para la utilización de estos recursos que debe ser aprobada por la Asamblea de Ciudadanos, excepto en los casos de emergencia o fuerza mayor. Este fondo se constituye conforme se indica en el artículo 52 de la Ley Orgánica, mediante: los intereses anuales cobrados de los créditos otorgados con recursos retornables del financiamiento; los ingresos por concepto de los intereses y excedentes devengados de los recursos de inversión social no retornables; y los recursos generados de la autogestión comunitaria.

b. *Fondo de gastos operativos y de administración*, que está destinado a contribuir con el pago de los gastos que se generen en la operatividad y manejo

---

128 Véase Miguel González Marregot, "Consejos Comunales: ¿Para qué?," en *Venezuela Analítica*, Viernes, 9 de febrero de 2007, http://www.analitica.com/va/politica/opinion/7483372.asp

administrativo del Consejo Comunal. Este fondo, conforme a lo dispuesto en el artículo 53 de la Ley Orgánica, se constituye mediante tres fuentes: los intereses anuales cobrados de los créditos otorgados con recursos retornables de la línea de crédito o contrato de préstamo; los que sean asignados para estos fines, por los órganos y entes del Poder Público en los respectivos proyectos que le sean aprobados; y los recursos generados por la autogestión comunitaria.

c. *Fondo de ahorro y crédito social*, que debe ser destinado a incentivar el ahorro en las comunidades con una visión socialista y promover los medios socio-productivos mediante créditos solidarios; y está conformado por la captación de recursos monetarios de forma colectiva, unipersonal y familiar, recursos generados de las organizaciones autogestionarias, los excedentes de los recursos no retornables y los propios intereses generados de la cuenta de ahorro y crédito social (art. 54).

d. *Fondo de riesgo*, que debe ser destinado a cubrir los montos no pagados de los créditos socio-productivos, que incidan u obstaculicen el cumplimiento y continuidad de los proyectos comunitarios, en situación de riesgos y asumidos por el Consejo Comunal; el cual, conforme al artículo 55 de la Ley Orgánica, está constituido por los intereses anuales cobrados de los créditos otorgados con recursos retornables del financiamiento;[129] el interés de mora de los créditos otorgados con recursos retornables; y los recursos generados de la autogestión comunitaria.

7. El régimen de adaptación y constitución inicial de las Asambleas de Ciudadanos y de los Consejos Comunales

A. *La adecuación de los Consejos Comunales constituidos conforme a la Ley de 2006 a las previsiones de la Ley Orgánica de 2009*

Como se dijo al inicio, los Consejos Comunales fueron creados a partir de la entrada en vigencia de la Ley de los Consejos Comunales de 2006, bajo cuya vigencia se crearon muchos de ellos. Con motivo del nuevo régimen previsto en la Ley Orgánica de 2009, y a los efectos de lograr la uniformidad del régimen legal, la Disposición Transitoria Segunda de la misma estableció la necesidad de que los consejos comunales constituidos bajo el régimen legal anterior (Ley de 2006) sean objeto de un proceso de adecuación de sus estatutos a las disposiciones establecidas en la Ley Orgánica, a los fines de su registro por ante el Ministerio del Poder Popular para las Comunas y Protección Social creado en 2009, en un lapso no mayor de 180 días contado a partir del 28 de diciembre de 2009 que

---

129 Conforme al artículo 55 de la Ley Orgánica, en esta materia de intereses, la Unidad Administrativa y Financiera Comunitaria debe realizar un informe donde se contemple la voluntad por parte de las organizaciones socio-productivas de no cancelar el saldo adeudado, o cualquier circunstancia que imposibilite el pago del mismo, por situación de emergencia, enfermedad o muerte. La Unidad Administrativa y Financiera Comunitaria está en la capacidad de proponer formas alternativas para el pago de un crédito. Para su trámite administrativo se tendrá una cuenta bancaria en la que se depositará mensualmente el monto.

fue la fecha de publicación de la Ley Orgánica. Durante ese período se debe garantizar la continuidad de sus diferentes instancias en su gestión, para la ejecución de sus planes, programas y proyectos comunitarios aprobados conforme al régimen legal anterior.

A los efectos de realizar la dicha adecuación, en particular de sus Estatutos, el Consejo Comunal debe convocar una Asamblea de Ciudadanos para informar sobre la misma de acuerdo a lo establecido en la Ley Orgánica, sobre la continuidad de la gestión de los voceros hasta cumplir su período, y sobre la liquidación de la asociación cooperativa banco comunal (Disposición Transitoria Séptima).

B. *Régimen para la constitución inicial de los Consejos Comunales*

a. *El equipo promotor*

En todos los casos en los que se vaya a constituir un Consejo Comunal, debe procederse a la convocatoria de una asamblea constitutiva comunitaria; a cuyo efecto, un "equipo promotor" debe constituirse, conformado por un grupo de ciudadanos que deciden asumir la iniciativa de difundir, promover e informar la organización de su comunidad a los efectos de la constitución del Consejo Comunal. En tales casos, el equipo promotor que se constituya "debe notificar su conformación y actuaciones ante el órgano rector" que es el Ministerio del Poder Popular para las Comunas y Protección Social (Art. 5).

Este equipo promotor, conforme al artículo 6 de la Ley Orgánica, tiene las siguientes funciones: difundir entre los habitantes de la comunidad el alcance, objeto y fines del Consejo Comunal; elaborar un croquis del ámbito geográfico de la comunidad; organizar la realización del censo demográfico y socioeconómico de la comunidad; y convocar la primera Asamblea de Ciudadanos, en un lapso no mayor de 60 días a partir de su conformación.

b. *La primera Asamblea de Ciudadanos*

La primera Asamblea de Ciudadanos convocada por el equipo promotor, debe constituirse con la participación mínima del 10% de los habitantes de la comunidad mayores de quince años, lo que sin duda, es una cifra excesivamente baja para asegurar representatividad de la comunidad y participación ciudadana (art. 7).

Esta primera asamblea de ciudadanos se constituye para elegir el equipo electoral provisional y someter a consideración los comités de trabajo que deben ser creados para conformar la Unidad Ejecutiva del Consejo Comunal, dejando constancia en el acta respectiva (art. 7).

c. *El equipo electoral provisional*

El equipo electoral provisional se debe conformar por 3 habitantes de la comunidad electos en la primera Asamblea de Ciudadanos, y es la instancia encargada de regir el proceso electoral para la elección del primer Consejo Comunal (art. 8).

d. *La convocatoria a la asamblea constitutiva comunitaria*

El equipo electoral provisional y al equipo promotor (electo en la primera asamblea de ciudadanos) son las instancias encargadas de realizar la convocatoria de la asamblea constitutiva comunitaria, lo que deben hacer previa notificación al Ministerio del Poder Popular para las Comunas y Protección Social, como órgano rector, en un lapso no mayor de 90 días, contados a partir de la constitución de la primera Asamblea de Ciudadanos (art. 9). Una vez instalada válidamente la asamblea constitutiva comunitaria, el equipo promotor cesa en sus funciones, tal como lo indican los artículos 5 y 9 de la Ley Orgánica.

En cuanto al equipo electoral provisional, le corresponde dirige la asamblea constitutiva comunitaria para la elección de los voceros de las distintas unidades del Consejo Comunal, así como los de la comisión electoral permanente (art. 9).

La asamblea constitutiva comunitaria es la Asamblea de Ciudadanos en la cual se eligen por primera vez los voceros del Consejo Comunal. Esta Asamblea se considera válidamente conformada con la participación efectiva del 30% mínimo en primera convocatoria y del 20% mínimo en segunda convocatoria, para los habitantes mayores de quince años de la población censada electoralmente (art. 10).

Una vez electos los voceros se debe realizar el acta constitutiva del Consejo Comunal a los efectos del registro respectivo. El equipo electoral provisional cesa en sus funciones al momento de la constitución definitiva del Consejo Comunal (art. 8).

C. *El registro de los Concejos Comunales*

El acta constitutiva de los Consejos Comunales debe contener: el nombre del Consejo Comunal, y su ámbito geográfico con su ubicación y linderos; la fecha, lugar y hora de la asamblea constitutiva comunitaria, conforme a la convocatoria realizada; la identificación con nombre, cédula de identidad y firmas de los participantes en la asamblea constitutiva comunitaria; los resultados del proceso de elección de los voceros para las unidades del Consejo Comunal; la identificación por cada una de las unidades de los voceros o voceras electos o electas con sus respectivos suplentes (art. 16).

Conforme al artículo 17 de la Ley, los consejos comunales constituidos y organizados conforme a su normativa, adquieren su personalidad jurídica mediante el registro ante el Ministerio del Poder Popular para las Comunas y Protección Social, atendiendo al siguiente procedimiento:

1. Los responsables designados por la asamblea constitutiva comunitaria deben presentar ante la oficina competente del Ministerio del Poder Popular para las Comunas y Protección Social, en un lapso de 15 días posteriores a la constitución y organización del Consejo Comunal, solicitud de registro, acompañada de copia simple con originales a la vista del acta constitutiva, estatutos, censo demográfico y socioeconómico y el croquis del ámbito geográfico. Estos documentos deben pasar a formar parte del expediente administrativo del Consejo Comunal en los términos señalados en la Ley Orgánica de Procedimientos Ad-

ministrativos. El acta constitutiva y los estatutos deben ir firmados por todos los y las participantes de la asamblea constitutiva comunitaria en prueba de su autenticidad.

2. El funcionario responsable del registro debe recibir los documentos que le hayan sido presentados con la solicitud y en un lapso no superior a 10 días se debe efectuar el registro del Consejo Comunal. Con este acto administrativo de registro, los Consejos adquieren "la personalidad jurídica plena para todos los efectos legales."

3. Si el funcionario encontrare alguna deficiencia, lo debe comunicar a los solicitantes, quienes gozan de un lapso de 30 días para corregirla. Subsanada la falta, el funcionario del Ministerio del Poder Popular para las Comunas y Protección Social debe proceder al registro.

4. Si los interesados no subsanan la falta en el lapso antes señalado, el Ministerio del Poder Popular para las Comunas y Protección Social se debe abstener de registrar al consejo comunal.

5. Contra la decisión del Ministerio del Poder Popular para las Comunas y Protección Social, se puede interponer el recurso jerárquico correspondiente de conformidad con lo previsto en la Ley Orgánica de Procedimientos Administrativos, con lo cual queda agotada la vía administrativa. Los actos administrativos dictados por el Ministerio del Poder Popular para las Comunas y Protección Social podrán ser recurridos ante la jurisdicción contencioso-administrativa.

El Ministerio del Poder Popular para las Comunas y Protección Social, únicamente puede abstenerse del registro de un Consejo Comunal en los siguientes casos: cuando tenga por objeto finalidades distintas a las previstas en la presente Ley; si el Consejo Comunal no se ha constituido con la determinación exacta del ámbito geográfico o si dentro de éste ya existiere registrado un Consejo Comunal; o si no se acompañan los documentos exigidos en la presente Ley o si éstos presentan alguna deficiencia u omisión (art 18).

D. *La nueva adaptación de los Consejos Comunales en 2011*

De acuerdo con la Disposición Transitoria Primera de la LOPP, las instancias y organizaciones del Poder Popular preexistentes a la entrada en vigencia de la presente ley, como fueron los Consejos Comunales, debían adecuar su organización y funcionamiento a las disposiciones de la misma, en un lapso de ciento ochenta días contados a partir de su publicación de la Gaceta Oficial.

8. *Centralización de la conducción del proceso de participación ciudadana a través de los Consejos Comunales*

La Ley Orgánica de 2009 ha completado el proceso de centralización de la conducción de la participación ciudadana, al haber establecido, en sustitución de las Comisiones Presidenciales del Poder Popular que establecía la Ley de 2006, como "órgano rector" del proceso a uno de los Ministerios del Ejecutivo Nacional, en concreto, el "Ministerio del Poder Popular con competencia en materia de participación ciudadana" al cual le asigna las funciones de dictar las políticas, estratégicas, planes generales, programas y proyectos para la participación comunitaria en los asuntos públicos, el cual debe acompañar a los consejos comunales en el cumplimiento de sus fines y propósitos, y facilitar la articulación en las relaciones entre éstos y los órganos y entes del Poder Público (art. 56).

Mediante Decreto ejecutivo dictado el 17 de junio de 2009, de reforma parcial del Reglamento Orgánico de la Administración Pública, [130] se reguló en sustitución del Ministerio del Poder Popular para la Participación y la Protección Social, al *Ministerio del Poder Popular para las Comunas y Protección Social*, que es por tanto el que tiene competencia en materia de participación ciudadana. Destaca, sin embargo, que en su denominación se haya eliminado la palabra "participación" y se la haya sustituido por la palabra "Comunas," particularmente cuando esta instancia territorial no existe en el ordenamiento constitucional ni legal venezolano. Su creación fue una de las propuestas de la Reforma Constitucional de 2007 que fue rechazada por el pueblo, por lo que no se entiende cómo la primera atribución asignada al Ministerio sea "la regulación, formulación y seguimiento de políticas, la planificación y realización de las actividades del Ejecutivo Nacional en materia de participación ciudadana en el ámbito de las *comunas*" (ord. 1).

En todo caso, este Ministerio tiene, además, las siguientes funciones (art. 25):

2. La realización del análisis de la gestión de la economía comunal en el país y formulación de las recomendaciones a los órganos y entes competentes;

3. La regulación, formulación y seguimiento de políticas, la planificación y realización de las actividades del Ejecutivo Nacional en lo atinente a las normas operativas e instrumentos de promoción, autogestión y cogestión de la población en el marco de la economía del Estado, que armonice la acción de los entes involucrados en tal política sectorial, y el uso eficiente de los recursos destinados al financiamiento correspondiente;

4. Participar en la elaboración de los planes y programas tendentes al desarrollo de la economía participativa en todas sus expresiones;

5. Definir los mecanismos para la participación del sector público y privado en la planificación y ejecución de planes y programas relacionados con el desarrollo de la economía comunal. En este sentido, servirá de enlace entre los entes involucrados y las iniciativas populares cuando las circunstancias así lo requieran;

6. Impulsar el desarrollo del sistema microfinanciero en actividades tendentes al desarrollo de la economía comunal;

7. Propender al desarrollo de las actividades de comercialización y explotación en todos los sectores vinculados a la economía comunal, con especial énfasis en el sector rural;

---

130 *Gaceta Oficial* N° 39.202 de 17-06-2009.

8. Definir las políticas para los programas de capacitación en áreas determinantes para el desarrollo de la economía comunal, en especial la adquisición de conocimientos técnicos para el procesamiento, transformación y colocación en el mercado de la materia prima;

9. Establecer las políticas para el fomento de la economía comunal, estimulando el protagonismo de las cooperativas, cajas de ahorro, empresas familiares, microempresas y otras formas de asociación comunitaria para el trabajo, el ahorro y el consumo de bajo el régimen de propiedad colectiva sustentada en la iniciativa popular;

10. La regulación, formulación y seguimiento de políticas, la planificación estratégica y realización de las actividades del Ejecutivo Nacional en materia de promoción, ejecución y control y articulación de las actividades tendentes a la progresiva cogestión de responsabilidades sociales desde el Estado hacia las comunidades o grupos organizados, así como a la generación de los espacios de la participación protagónica en los asuntos públicos mediante el impulso a la iniciativa popular y otros mecanismos de participación protagónica;

11. Promover la elaboración de planes, programas y proyectos participativos y de base a ejecutarse en todos los ámbitos de la vida social nacional;

12. Diseñar, estructurar y coordinar la formación en las comunidades urbanas y rurales en materia de medios de participación popular y gerencia pública local;

13. Formular y promover políticas de incentivo y fortalecimiento a los movimientos populares que se organicen en los espacios locales;

14. Definir y establecer los parámetros para impulsar la organización del voluntariado social que apoye a los órganos y entes de la Administración Pública;

15. Fomentar la organización de consejos comunales, asambleas de ciudadanos y otras formas de participación comunitaria en los asuntos públicos;

16. Diseñar e instrumentar mecanismos de enlace entre los ciudadanos y la Administración Pública, con los Estados y los Municipios, y las demás expresiones del gobierno local, en aras a generar espacios de cogestión administrativa, y promover el control social de las políticas públicas;

17. Proponer, gestionar y hacer seguimiento, sobre la bese de las propuestas generadas por la participación activa y protagónica de la comunidad organizada, en las mejoras de las condiciones básicas e inmediatas de habitabilidad y convivencia en los sectores populares;

18. Elaborar y ejecutar planes, programas y proyectos orientados a coadyuvar con los municipios en el incremento de su capacidad de gestión en lo concerniente a la prestación de sus servicios públicos, a partir del diseño de modelos de gestión compartida que redunden en la obtención de una mayor calidad de vida para las comunidades;

19. Evaluar, supervisar y controlar los entes que le están adscritos, estableciendo las políticas y mecanismos de coordinación que sean necesarios.

20. Establecer las políticas, directrices y mecanismos para la coordinación de las acciones de los entes que le están adscritos. En este sentido, formulará las políticas sectoriales de asignación de recursos, así como controles de gestión y recuperación de los créditos otorgados;

21. La regulación, formulación y seguimiento de políticas, la planificación estratégica y realización de las actividades del Ejecutivo Nacional en materia de promoción, asistencia y desarrollo social integral y participativo. Dichas políticas estarán dirigidas al fomento del desarrollo humano, especialmente en los grupos sociales más sensibles, así como también a la familia y a la juventud.

22. La formulación, ejecución, seguimiento y control de las políticas y programas de atención y formación integral dirigidas a los niños, niñas y adolescentes, como medios efectivos para el disfrute en sociedad de sus derechos y garantías, así como el acceso a los medios que les permitirán el pleno desarrollo de sus capacidades y destrezas;

23. El diseño, control y seguimiento de las políticas y programas dirigidos a la protección, asistencia y resguardo de los niños, niñas y adolescentes que se encuentren en situación de vulnerabilidad o exclusión, de manera de asegurarles una atención inmediata e integral que posibilite su crecimiento acorde con los derechos y garantías que les corresponden;

24. La elaboración, gestión, coordinación y seguimiento de las acciones tendentes al rescate, protección, integración, capacitación, desarrollo y promoción de los grupos humanos vulnerables o excluidos socialmente, ya se encuentren ubicados en zonas urbanas o rurales;

25. Asistir en la definición de los criterios de asignación de recursos financieros destinados a la población en situación de vulnerabilidad social, que asegure un acceso real y democrático de los beneficiarios a tales recursos; de igual manera, fomentará la elaboración de propuestas de inversión social;

26. Diseñar, proponer e implementar incentivos a la organización y puesta en funcionamiento de redes operativas integradas a un sistema de información social, el cual contará con el registro de las familias e individuos beneficiarios de programas sociales; también coordinará el establecimiento y ejecución de los sistemas de evaluación a tales programas;

En las Disposiciones Transitorias (Vigésima) del Decreto, se adscribieron al Ministerio los siguientes entes: 1. Banco del Pueblo Soberano, C.A.; 2. Fundación para el Desarrollo de la Comunidad y Promoción del Poder Comunal (FUNDACOMUNAL); 3. Fundación Centro de Estudios sobre el Crecimiento y Desarrollo de la Población Venezolana (FUNDACREDESA); 4. Fondo de Desarrollo Microfinanciero (FONDEMI); 5. Instituto Nacional de Capacitación y Educación Socialista (INCES); 6. Fundación Misión Che Guevara; 7. Fondo para el Desarrollo Endógeno (FONENDOGENO); 8. Instituto Autónomo Fondo Único Social; 9. Instituto Nacional del Menor (en proceso de liquidación); 10. Fun-

dación Fondo de Inversión Social de Venezuela (FONVIS) (en proceso de liquidación); 11. Consejo Nacional para las Personas con Discapacidad (CONAP-
DIS); 12. Instituto Nacional de Servicios Sociales; 13. Instituto Autónomo Consejo Nacional de Derechos de Niños, Niñas y Adolescentes; y 14. Fundación
Misión Negra Hipólita.

El artículo 57 de la Ley Orgánica de 2009, por su parte, específicamente
atribuye a este Ministerio del Poder Popular para las Comunas y Protección Social, como "Ministerio del Poder Popular con competencia en materia de participación ciudadana," además, las siguientes atribuciones:

1. Diseñar, realizar el seguimiento y evaluar las políticas, lineamientos,
   planes y estrategias que deberán atender los órganos y entes del Poder
   Público en todo lo relacionado con el apoyo a los consejos comunales.

2. El registro de los consejos comunales y la emisión del certificado correspondiente.

3. Diseñar y coordinar el sistema de información comunitario y los procedimientos referidos a la organización y desarrollo de los consejos comunales.

4. Diseñar y dirigir la ejecución de los programas de capacitación y formación de los consejos comunales.

5. Orientar técnicamente en caso de presunta responsabilidad civil, penal
   y administrativa derivada del funcionamiento de las instancias del Consejo Comunal.

6. Recabar, sistematizar, divulgar y suministrar la información proveniente de los órganos y entes del Poder Público relacionada con el financiamiento y características de los proyectos de los consejos comunales.

7. Promover los proyectos sociales que fomenten e impulsen el desarrollo
   endógeno de las comunidades articulados al Plan Comunitario de Desarrollo.

8. Prestar asistencia técnica en el proceso del ciclo comunal.

9. Coordinar con la Contraloría General de la República, mecanismos para
   orientar a los consejos comunales sobre la correcta administración de
   los recursos.

10. Fomentar la organización de consejos comunales.

11. Financiar los proyectos comunitarios, sociales y productivos presenta-
    dos por los consejos comunales en sus componentes financieros y no
    financieros, con recursos retornables y no retornables, en el marco de
    esta Ley.

Hasta tanto se dicte el reglamento de la Ley Orgánica que el presidente de la
República debe publicar antes de fin de junio de 2010, el Ministerio del Poder
Popular para las Comunas y Protección Social debe dictar los lineamientos y elaborar los instructivos que se requieren para hacer efectivo el registro de los consejos comunales, conforme a las Disposiciones Transitorias Octava y Novena de
la Ley.

Por otra parte, el Ministerio del Poder Popular para las Comunas y Protección Social, además, debe articular los mecanismos para facilitar y simplificar toda tramitación ante los órganos y entes del Poder Público vinculados a los consejos comunales. (art. 58); y los "órganos y entes del Estado" en sus relaciones con los consejos comunales deben dará preferencia a la atención de los requerimientos que éstos formulen y a la satisfacción de sus necesidades, asegurando el ejercicio de sus derechos cuando se relacionen con éstos. Esta preferencia conforme al artículo 59 de la Ley Orgánica comprende: la especial atención de los consejos comunales en la formulación, ejecución y control de todas las políticas públicas; la asignación privilegiada y preferente, en el presupuesto de los recursos públicos para la atención de los requerimientos formulados por los consejos comunales; y la preferencia de los consejos comunales en la transferencia de los servicios públicos.

El artículo 60 de la Ley Orgánica dispone que el Ministerio Público debe contar con fiscales especializados para atender las denuncias y acciones interpuestas, relacionadas con los consejos comunales, que se deriven directa o indirectamente del ejercicio del derecho a la participación.

Por último, debe señalarse que los consejos comunales están exentos de todo tipo de pagos de tributos nacionales y derechos de registro. La Ley Orgánica agrega que "se podrá establecer mediante leyes y ordenanzas de los estados y los municipios las exenciones para los consejos comunales" (art. 61).

V. EL RÉGIMEN DE LAS COMUNAS COMO SOPORTE DEL ESTADO COMUNAL O LA DESMUNICIPALIZANDO EL ESTADO CONSTITUCIONAL MEDIANTE UN SISTEMA DE "AUTO-GOBIERNO" NO REPRESENTATIVO MANEJADO POR EL PODER CENTRAL

1. *Propósito y finalidad de las Comunas*

El propósito fundamental de las Comunas, tal como se define en el artículo 6 de la Ley Orgánica de las Comunas (LOC), es la "edificación del estado comunal, mediante la promoción, impulso y desarrollo de la participación protagónica y corresponsable de los ciudadanos y ciudadanas en la gestión de las políticas públicas, en la conformación y ejercicio del autogobierno por parte de las comunidades organizadas, a través de la planificación del desarrollo social y económico, la formulación de proyectos, la elaboración y ejecución presupuestaria, la administración y gestión de las competencias y servicios que conforme al proceso de descentralización, le sean transferidos, así como la construcción de un sistema de producción, distribución, intercambio y consumo de propiedad social, y la disposición de medios alternativos de justicia para la convivencia y la paz comunal, como tránsito hacia la sociedad socialista, democrática, de equidad y justicia social." (art. 6).

Además, las Comunas tienen las siguientes finalidades tal como se enumeran en el artículo 7 de la LOC:

1. Desarrollar y consolidar el estado comunal como expresión del Poder Popular y soporte para la construcción de la sociedad socialista.

2. Conformar el autogobierno para el ejercicio directo de funciones en la formulación, ejecución y control de la gestión pública.

3. Promover la integración y la articulación con otras comunas en el marco de las unidades de gestión territorial establecidas por el Consejo Federal de Gobierno.

4. Impulsar el desarrollo y consolidación de la propiedad social.

5. Garantizar la existencia efectiva de formas y mecanismos de participación directa de los ciudadanos y ciudadanas en la formulación, ejecución y control de planes y proyectos vinculados a los aspectos territoriales, políticos, económicos, sociales; culturales, ecológicos y de seguridad y defensa.

6. Promover mecanismos para la formación e información en las comunidades.

7. Impulsar la defensa colectiva y popular de los derechos humanos.

8. Todas aquéllas determinadas en la constitución de la República y en la Ley.

2. *Ámbito territorial de las Comunas*

A. *Ámbito territorial variado*

Por otra parte, en cuanto al ámbito de organización político-territorial que puedan tener las comunas, el mismo se formula en términos vagos, sin apuntar a principios de uniformidad algunos, sólo indicando que el mismo dependerá de las "condiciones históricas, integración, rasgos culturales, usos, costumbres y potencialidades económicas, el ámbito geográfico" donde se constituyan, el cual puede "coincidir o no con los límites político-administrativos de los estados, municipios o dependencias federales, sin que ello afecte o modifique la organización político-territorial establecida en la Constitución de la República" (art. 9).

Conforme a esta previsión, por tanto, el ámbito territorial de las comunas, no necesariamente debe estructurarse siguiendo los límites que puedan existir en la demarcación de las entidades políticas de la República; en el sentido de que pueden estar superpuestas a los mismos.

En todo caso, de la normativa de la LOC, dado que las Comunas se constituyen por iniciativa popular que deben adoptar varios Consejos Comunales y otras organizaciones sociales que deben agregarse, sin duda la intención del legislador es que las mismas tengan un ámbito territorial mayor al que puedan tener los Consejos Comunales. En definitiva, las Comunas se conciben, básicamente, como agregaciones de Consejos Comunales y de organizaciones socio productivas.

B. *Inserción en ámbitos territoriales centralizados superiores*

Por otra parte, las Comunas deben estar integradas en ámbitos territoriales superiores que son determinados por el Poder Ejecutivo, los cuales son los Distritos Motores del Desarrollo y los Ejes Estratégicos de Desarrollo Territorial, establecidos para impulsar y afianzar el socialismo.

Los "Distritos motores del desarrollo" son definidos en la LOC como las "unidades territoriales decretadas por el Ejecutivo Nacional que integran las ventajas comparativas de los diferentes espacios geográficos del territorio nacional, y que responden al modelo de desarrollo sustentable, endógeno y socialista" (art. 4.8).[131]

En la Ley Orgánica del Consejo Federal de Gobierno[132] se indica, además, que dichos Distrito Motores tienen la "finalidad de impulsar en el área comprendida en cada uno de ellos un conjunto de proyectos económicos, sociales, científicos y tecnológicos, destinados a lograr el desarrollo integral de las regiones y el fortalecimiento del Poder Popular, en aras de facilitar la transición hacia el socialismo." Dichos "motores de desarrollo," por tanto se vinculan exclusivamente con la idea de fortalecer el socialismo.

Estos Distritos Motores de desarrollo, por otra parte, se crean conforme se indica en el artículo 6 de la LOCFG por el presidente de la República en Consejo de Ministros,[133] "sin perjuicio de la organización política territorial de la República, la competencia para crear Distintos Motores de Desarrollo con la finalidad de impulsar en el área comprendida en cada uno de ellos un conjunto de proyectos económicos, sociales, científicos y tecnológicos, destinados a lograr el desarrollo integral de las regiones y el fortalecimiento del Poder Popular, en aras de facilitar la transición hacia el socialismo." Estos Distritos, conforme se indica en el artículo 24 del Reglamento del Consejo federal de Gobierno, son dirigidos por una Autoridad Única de Área denominada "Autoridad Única Distrital;" y en ellos se debe activar una Misión Distrital y se debe elaborar un plan estratégico de desarrollo integral o plan distrital (art. 22)

Conforme a la LOCFG, además, la vía para lograr el fortalecimiento de las organizaciones de base del Poder Popular y el desarrollo armónico de los Distritos Motores de Desarrollo y regiones del país, es la transferencia de competencias en el marco del Plan de Desarrollo Económico y Social de la Nación (art. 7). En ese contexto el mencionado Consejo Federal es el órgano competente para establecer los lineamientos que se deben aplicar a los procesos de transferencia de las competencias y atribuciones de las entidades territoriales del Estado, es

---

131 En el Reglamento de la ley Orgánica del Consejo federal de Gobierno, se definen los Distritos Motores de desarrollo como: "la unidad territorial decretada por el Ejecutivo Nacional que integra las ventajas comparativas de los diferentes ámbitos geográficos del territorio nacional, y que responde al modelo de desarrollo sustentable, endógeno y socialista para la creación, consolidación y fortalecimiento de la organización del Poder Popular y de las cadenas productivas socialistas en un territorio de limitado, como fundamento de la estructura social y económica de la Nación venezolana" (art. 3). Véase en *Gaceta Oficial* N° 39.382 del 9 de marzo de 2010.

132 Véase en *Gaceta Oficial* N° **5.963 Extraordinario del 22 de febrero de 2010.**

133 En el Reglamento del Consejo Federal de Gobierno, el Consejo de Ministros se denomina como "Consejo Revolucionario de Ministros" (art. 21.2). Véase en *Gaceta Oficial* N° 39.382 del 9 de marzo de 2010.

decir, de los Estados y Municipios, hacia las organizaciones de base del Poder Popular; siendo dichos lineamientos de carácter vinculante para las entidades territoriales (art. 2).

En cuanto a los "Ejes estratégicos de desarrollo territorial," están definidos como "las unidades territoriales de carácter estructural supra-local y articuladora de la organización del Poder Popular y de la distribución espacial del desarrollo sustentable, endógeno y socialista, con la finalidad de optimizar las ventajas comparativas locales y regionales, los planes de inversión del Estado venezolano en infraestructura, equipamiento y servicios, la implantación y desarrollo de cadenas productivas y el intercambio de bienes y servicios. (art. 4.9).

3. Constitución de las Comunas

A. *Iniciativa popular y aprobación de la Carta Fundacional mediante referéndum*

Conforme al artículo 8 de la LOC, las Comunas se constituyen "por iniciativa popular" a través de la agregación de comunidades organizadas. Sin embargo, la Ley nada dispone sobre el número de comunidades organizadas que se requieren para la constitución de una comuna, por lo que la norma su indicación remite al Reglamento, "tanto en el área urbana como en el área rural." A tal efecto, en la Disposición Final Cuarta, se dispuso que el Ejecutivo Nacional debía elaborar y sancionar el Reglamento de la Ley, en un lapso no mayor a 180 días continuos a su publicación de la Ley en la Gaceta Oficial, es decir, a partir del 21 de junio del 2011.

La constitución de las Comunas ocurre, en definitiva, conforme al artículo 12 de la LOC, "cuando mediante referendo los ciudadanos y ciudadanas de las comunidades organizadas del ámbito geográfico propuesto" aprueben "por mayoría simple" la Carta Fundacional de la misma, que es el "instrumento aprobado en referendo popular, donde las comunidades expresan su voluntad de constituirse en Comuna, en su respectivo ámbito geográfico, contentiva de la declaración de principios, censo poblacional, diagnóstico sobre los principales problemas y necesidades de su población, inventario de las potencialidades económicas, sociales, culturales, ambientales, y opciones de desarrollo" (art. 4.3).

Este referendo aprobatorio debe tener lugar en un lapso perentorio de 60 días siguientes a la notificación que se haga al Ministerio de las Comunas sobre la conformación de la comisión promotora de constitución de la comuna respectiva (art. 13.3).

La "iniciativa popular" para la constitución de la Comuna, entonces, conforme a la LOC, "corresponde a los consejos comunales y a las organizaciones sociales que hagan vida activa en las comunidades organizadas, quienes deberán previamente conformarse en comisión promotora" (art. 10).

B. *Control centralizado del proceso de constitución por el Ministerio para las Comunas*

Una vez constituida esta comisión promotora, la misma debe notificar dicho acto al "órgano facilitador" (art. 10), que no es otro que "el Ministerio del Poder Popular con competencia en materia de participación ciudadana," es decir, actualmente, el "Ministerio del Poder Popular para las Comunas y Protección Social" (en lo adelante, *Ministerio para las Comunas*) al cual, conforme al artículo 63 de la LOC, se le atribuye competencia para dictar "los lineamientos estratégicos y normas técnicas para el desarrollo y consolidación de las comunas, en una relación de acompañamiento en el cumplimiento de sus fines y propósitos, y facilitando su articulación y sus relaciones con los otros órganos y entes del Poder Público," con lo que se confirma el estricto control que el Ejecutivo Nacional ejerce sobre la edificación del Estado Comunal.

Por otra parte, la Disposición Final Tercera de la LOC dispone que "El Ministerio del Poder Popular con competencia en materia de comunas, desarrollará planes destinados al asesoramiento y acompañamiento de las comunidades para su constitución en comunas, la conformación de sus gobiernos y las relaciones de las mismas entre sí para su agregación en mancomunidades, ciudades comunales y cualquier otra forma de articulación que contribuya a la construcción del estado comunal."

C. *La comisión promotora*

Como se dijo, la comisión promotora para la constitución de una comunas se forma por los consejos comunales y las organizaciones sociales que hagan vida activa en las comunidades organizadas que tomen la iniciativa, la cual en un lapso de 60 días continuos contados a partir de la notificación de su constitución al Ministerio para las Comunas, y conforme se indica en el artículo 11 de la LOC, deben realizar las siguientes actividades:

1. Formular la propuesta del ámbito geográfico de la Comuna.

2. Difundir y promover, en coordinación con las unidades ejecutivas de los consejos comunales, la información y el debate, entre los y las habitantes del ámbito geográfico propuesto, sobre el alcance, objeto y finalidades de la comuna.

3. Coordinar con los voceros y voceras del comité de educación, cultura y formación ciudadana de los consejos comunales, la redacción del proyecto de la carta fundacional de la Comuna a ser sometida a referendo aprobatorio con la participación de los electores y electoras del ámbito geográfico propuesto.

4. Coordinar con las comisiones electorales de los consejos comunales del espacio territorial propuesto, la convocatoria al referendo aprobatorio de la carta fundacional de la Comuna.

5. Coordinar con el órgano facilitador el acompañamiento y apoyo que éste debe prestar en el proceso de constitución de la Comuna.

Como se dijo, incluso, este referendo aprobatorio debe tener lugar en un lapso perentorio de 60 días siguientes a la notificación que se haga al Ministerio de las Comunas sobre la conformación de la comisión promotora de constitución de la comuna respectiva (art. 13.3).

D. *Redacción y difusión del proyecto de Carta Fundacional*

A partir de la conformación de la comisión promotora, la misma tiene un lapso de 30 días continuos para la redacción del proyecto de la carta fundacional de la Comuna (art. 13.1), la cual debe contener los siguientes aspectos enumerados en el artículo 12:

1. Ubicación.
2. Ámbito geográfico.
3. Denominación de la Comuna.
4. Declaración de principios.
5. Censo poblacional para el momento de su constitución.
6. Diagnóstico sobre los principales problemas y necesidades de su población.
7. Inventario de las potencialidades económicas, sociales, culturales, ambientales y opciones de desarrollo.
8. Programa político estratégico comunal, contentivo de las líneas generales de acción a corto, mediano y largo plazo para la superación de los problemas y necesidades de la comuna.

Una vez culminada la redacción del proyecto de Carta Fundacional, la misma debe ser difundida por la comisión promotora y los voceros y voceras de los respectivos consejos comunales entre los habitantes del ámbito territorial propuesto (art. 13.1), en un lapso de 15 días continuos (Jornada de difusión) (art. 13.2).

E. *Referendo aprobatorio*

La aprobación de la Carta Fundacional debe realizarse mediante referendo aprobatorio, que debe tener lugar en un lapso no mayor a los 60 días siguientes a la notificación al Ministerio de las Comunas de la conformación de la comisión promotora (art. 13.3).

Este refrendo aprobatorio, sin embargo, y en contra de lo previsto en la Constitución, no se prevé que deba ser organizado por el Poder Electoral, es decir, el Consejo Nacional Electoral, sino conforme al artículo 14 de la LOC, por "las comisiones electorales permanentes de los consejos comunales del ámbito territorial propuesto para la Comuna, mediante la convocatoria a elecciones en sus respectivas comunidades." Sobre el Poder Electoral, lo que se establece en la LOC es que el mismo "apoyará y acompañará a las comunas en la organización de sus procesos electorales" (art. 65).

A tal efecto, la circunscripción electoral para la realización del referendo aprobatorio de la carta fundacional debe ser el ámbito geográfico propuesto para la Comuna; y los "electores con derecho al voto" serán los que, para el momento de la convocatoria del referendo, se encuentren inscritos en el registro electoral de los consejos comunales del referido ámbito geográfico, de manera que cada consejo comunal se constituye en un centro de votación (art. 15). Ahora bien, de acuerdo con la Ley Orgánica de los Consejos Municipales, como antes se ha dicho, el "registro electoral de la comunidad" en cada Consejo Comunal, está conformado por todos los habitantes de la comunidad, mayores de quince años (art. 37,1), lo que significa que es un registro electoral distinto y paralelo al que lleva el Consejo Nacional Electoral, en el cual están incorporados personas que no son ciudadanos, extranjeros y venezolanos menores de 18 años. Sin embargo, de acuerdo con la Constitución, la participación política mediante referendos está reservada, como todo derecho político, a los "ciudadanos," es decir, a los venezolanos mayores de 18 años inscritos en el Registro Electoral Permanente que lleva el Consejo Nacional Electoral, por lo que en el referendo para aprobar la constitución de las comunas, no sólo lo tendría que organizar el Poder Electoral, sino que en el mismo sólo podrían participar los ciudadanos, siendo inconstitucional que se pudiera organizar al margen del Consejo Nacional Electoral y con la participación de venezolanos que no sean ciudadanos (menores de 18 años) o de extranjeros habitantes de la comunidad.

Ahora bien, conforme al artículo 16 de la LOC, se considera aprobada la carta fundacional y en consecuencia, la constitución de la Comuna, cuando la mayoría de los votos sean afirmativos, siempre y cuando haya concurrido al referendo un número de electores igual o superior al quince por ciento de los electores del ámbito territorial propuesto.

F.   *Registro de la Comuna*

En el lapso de los 15 días siguientes a la aprobación de la carta fundacional, la comisión promotora procederá a su registro ante el Ministerio de las Comunas, acompañando dicho documento de las actas de votación suscritas por los integrantes de las respectivas comisiones electorales permanentes. Con este acto la Comuna adquiere su personalidad jurídica (art. 17).

G.   *La Gaceta Comunal*

La LOC creó una *Gaceta Comunal*, como órgano informativo oficial de la Comuna, en el cual se deben publicar, además de la Carta Comunal, las decisiones del Parlamento Comunal y las del Banco de la Comuna que posean carácter vinculante para sus habitantes, así como todos aquellos actos que requieran para su validez la publicación en dicho instrumento (art. 4.11).

4.   *Las Cartas Comunales*

Cada Comuna, una vez constituida, debe contar con una Carta Comunal, concebida como el instrumento propuesto por los habitantes de la Comuna y aprobado por el Parlamento Comunal, destinado a regular la vida social y comunitaria, coadyuvar con el orden público, la convivencia, la primacía del interés colectivo sobre el interés particular y la defensa de los derechos humanos, de conformidad con la Constitución y las leyes de la República (art. 18).

El artículo 4.2 de la LOC, por su parte al formular las definiciones, define las Cartas comunales, como los:

> Instrumentos donde se establecen las normas elaboradas y aprobadas por los habitantes de la Comuna en el Parlamento Comunal, con el propósito de contribuir corresponsablemente en la garantía del orden público, la convivencia y la primacía del interés colectivo sobre el interés particular, de conformidad con la Constitución y las leyes de la República.

La Ley, sin embargo, remite al Reglamento la determinación de las condiciones para la elaboración, consulta y presentación de proyectos de cartas comunales ante el Parlamento Comunal.

A. *Contenido*

Estas cartas comunales deberán regulaciones sobre los siguientes aspectos que enumera el artículo 19 de la LOC:

1. Título de la carta comunal de acuerdo al ámbito o actividad a regular.
2. Objeto y definición del ámbito y actividad.
3. Desarrollo de la normativa conforme a un articulado bajo los criterios que establecen la técnica legislativa, la Constitución y leyes de la República.

Esta norma está redactada en forma tal que lo único que permitiría deducir es que en las Cartas Comunales podría desarrollar una normativa relativa "al ámbito y actividad" a desarrollar por la Comuna, y que conforme esta LOC sería la tendiente "a regular la vida social y comunitaria, coadyuvar con el orden público, la convivencia, la primacía del interés colectivo sobre el interés particular y la defensa de los derechos humanos."

Sin embargo, la norma es terminante en señalar que ello sólo podría realizarse "de conformidad con la Constitución y las leyes de la República," las cuales no dejan campo regulatorio alguno en esos órdenes que pudiera regularse por cuerpos que no son representativos en el sentido de que no son integrados por representantes electos mediante sufragio universal, directo y secreto. Es decir, de acuerdo con la Constitución sólo la Asamblea Nacional (art. 187.1 de la Constitución), los Consejos Legislativos de los Estados (art. 162.1 de la Constitución) y los Concejos Municipales de los Municipios (art. 175 de la Constitución) tienen en Venezuela la potestad de legislar, por lo que toda otra "legislación" que se adopte por cuerpos no democráticamente representativos como estos Parlamentos Comunales regulados en la LOC, no sería otra cosa que fruto de una usurpación de autoridad, y por tanto nulos de nulidad absoluta en los términos indicados en el artículo 138 de la Constitución.

No se olvide, por ejemplo, que de acuerdo con la Constitución, en especial, las regulaciones, restricciones y limitaciones a los derechos y garantías constitucionales sólo pueden ser establecidas mediante *ley formal*, y "ley", conforme al artículo 202 de la Constitución, no es otra cosa que "el acto sancionado por la Asamblea Nacional como cuerpo legislador"; es decir, el acto normativo emanado del cuerpo que conforma la representación popular. Por lo demás, en este ámbito de los derechos humanos, la Corte Interamericana de Derechos Humanos ha decidido formalmente en la *Opinión Consultiva OC-6/86* de 9-3-86 que la expresión "leyes" en el artículo 30 de la Convención sólo se refiere a las emanadas de "los órganos legislativos constitucionalmente previstos y democráticamente electos."[134] Por lo que toda regulación que los afecte sólo puede ser establecidas por el órgano colegiado integrado por representantes electos mediante sufragio por el pueblo, es decir, a nivel nacional, por la Asamblea Nacional.

B. *Corrección de estilo*

En el proceso de aprobación de las cartas comunales y atendiendo sólo a razones de estilo y formalidad de redacción, el artículo 20 de la LOC autoriza expresamente al Parlamento Comunal para por acuerdo de por lo menos las dos terceras (2/3) partes de sus integrantes, proceder a modificar las cartas comunales, manteniendo en su contenido el propósito fundamental del proyecto presentado por los habitantes de la Comuna, sin perjuicio de las normas constitucionales y legales.

C. *Publicación*

El Consejo Ejecutivo de la Comuna debe refrendar y publicar en la *Gaceta Comunal* las cartas comunales (art. 29.3).

Las Cartas Fundacionales de las Comunas pueden reformarse sólo mediante referendo popular "a través del voto universal, directo y secreto" de los electores de la Comuna mayores de quince años. A los efectos, la iniciativa para solicitar la reforma corresponde a un número de electores no inferior al quince por ciento (15%) del total de electores y electoras o a las dos terceras partes de los integrantes de los voceros y voceras principales de los consejos comunales de la Comuna (art. 66).

Las reformas de la carta fundacional serán refrendadas por el Consejo Ejecutivo y deberán ser publicadas en la gaceta comunal.

5. *La organización y funcionamiento de las Comunas*

La LOC establece la organización básica de la Comuna, distinguiendo los siguientes órganos: el Parlamento Comunal, el Consejo Ejecutivo de la Comuna,

---

134 Véase "La expresión 'leyes' en el artículo 30 de la Convención Americana sobre Derechos Humanos" (*Opinión Consultiva, OC-6/86*) Corte Interamericana de Derechos Humanos, en *Revista IIDH*; Instituto Interamericano de Derechos Humanos N° 3, San José 1986, pp. 107 y ss.

el Consejo de Planificación Comunal, el Consejo de Economía Comunal, el Banco de la Comuna y el Consejo de Contraloría Social.

A. *El órgano de autogobierno comunal: el Parlamento Comunal*

El Parlamento Comunal, que es el órgano que aprueba la Carta Comunal, está concebido en el artículo 21 de la LOC, como "la máxima instancia del autogobierno en la Comuna."

El mismo artículo le atribuye fundamentalmente dos funciones:

En primer lugar, aprobar la "normativas para la regulación de la vida social y comunitaria, coadyuvar con el orden público, la convivencia, la primacía del interés colectivo sobre el interés particular y la defensa de los derechos humanos";

En segundo lugar, dictar "actos de gobierno sobre los aspectos de planificación, coordinación y ejecución de planes y proyectos en el ámbito de la Comuna."

Se trata, por tanto, de un órgano que se pretende que sea a la vez, "legislador" y de gobierno comunal

Sobre la pretendida función normativa atribuida a los Parlamentos Comunales, ya hemos señalado que ello es inconstitucional pues de acuerdo con la Constitución y las leyes de la República, normas que pretendan regular esos ámbitos que inciden en los derechos humanos sólo pueden ser producto de órganos representativos y no pueden ser dictados por cuerpos que no son representativos en el sentido de que no estén integrados por representantes electos mediante sufragio universal, directo y secreto. Por ello, la Constitución sólo atribuye la potestad legislativa a la Asamblea Nacional (art. 187.1), a los Consejos Legislativos de los Estados (art. 162.1) y a los Concejos Municipales de los Municipios (art. 175), de manera que toda otra "legislación" que se adopte por cuerpos no democráticamente representativos como serían estos Parlamentos Comunales regulados en la LOC, no sería otra cosa que fruto de una usurpación de autoridad, y por tanto nulos de nulidad absoluta en los términos indicados en el artículo 138 de la Constitución.

B. *Atribuciones del Parlamento Comunal*

El artículo 22 de la LOC, define las siguientes atribuciones de los Parlamentos Comunales "en el ejercicio del autogobierno":

1. Sancionar materias de sus competencias, de acuerdo a lo establecido en esta Ley, su Reglamento y demás normativas aplicables.
2. Aprobar el Plan de Desarrollo Comunal.
3. Sancionar las cartas comunales, previo debate y aprobación por las asambleas de ciudadanos y ciudadanas de las comunidades integrantes de la Comuna.
4. Aprobar los proyectos que sean sometidos a su consideración por el Consejo Ejecutivo.

5. Debatir y aprobar los proyectos de solicitudes, a los entes político-territoriales del Poder Público, de transferencias de competencias y servicios a la Comuna.

6. Aprobar los informes que le deben presentar el Consejo Ejecutivo, el Consejo de Planificación Comunal, el Consejo de Economía Comunal, el Banco de la Comuna y el Consejo de Contraloría Comunal.

7. Dictar su reglamento interno.

8. Designar a los y las integrantes de los Comités de Gestión.

9. Considerar los asuntos de interés general para la Comuna, propuestos por al menos el equivalente al sesenta por ciento (60%) de los consejos comunales, de la Comuna.

10. Ordenar la publicación en gaceta comunal del Plan de Desarrollo Comunal, las cartas comunales y demás decisiones y asuntos que considere de interés general para los habitantes de la Comuna.

11. Rendir cuenta pública anual de su gestión ante los y las habitantes de la Comuna.

12. Las demás que determine la presente Ley y su Reglamento.

Las decisiones del Parlamento Comunal "que posean carácter vinculante para los habitantes" de la Comuna, así como todos aquellos actos que requieran para su validez la publicación en dicho instrumento, deben publicarse en la *Gaceta Comunal* (art. 4.11).

C. *Integración de los Parlamentos Comunales*

El Parlamento Comunal no está conformado, en absoluto, por representantes que pudieran ser electos mediante sufragio directo, universal y secreto por todos los ciudadanos con derecho a voto de una Comuna, como sería el caso de tratarse de un cuerpo democráticamente representativo, sino que están integrados, conforme se indica en el artículo 23, por una serie de personas denominadas "voceros" designadas por otros órganos del Poder Popular, de la siguiente manera:

1. Un vocero y su respectivo suplente, electo por cada consejo comunal de la Comuna.

2. Tres voceros y sus respectivos suplentes, electos por las organizaciones socio-productivas, y

3. Un vocero y su respectivo suplente, en representación del Banco de la Comuna.

El período de ejercicio de los voceros ante el parlamento Comunal es de tres años, pudiendo ser reelectos.

Para ser vocero miembro del Parlamento Comunal, conforme se indica en el artículo 24 de la LOC, se requiere ser de nacionalidad venezolana; mayor de quince años; no poseer parentesco hasta el cuarto grado de consanguinidad y segundo de afinidad con quienes representen los entes político-territoriales establecidos en la Ley Orgánica del Consejo Federal de Gobierno; ser habitante del ámbito territorial de la Comuna, con al menos un año de residencia en la misma;

hacer vida activa en el ámbito territorial de la Comuna; no desempeñar cargos públicos de elección popular; y no estar sujeto o sujeta a interdicción civil o inhabilitación política.

Sobre esta situación, ya nos hemos referido a su inconstitucionalidad por carecer los menores de 18 años, de acuerdo con la Constitución, de los derechos políticos de la ciudadanía.

D. Sesiones del Parlamento Comunal

El Parlamento Comunal debe sesionar ordinariamente una vez al mes; y de forma extraordinaria cuando sea convocado por el Consejo Ejecutivo, el Consejo de Planificación Comunal, la autoridad única del distrito motor o del eje estratégico de desarrollo al que pertenezca, o por el equivalente al setenta (70%) de los consejos comunales de la Comuna (art. 25). En las sesiones ordinarias del Parlamento Comunal se deben tratar los puntos de la agenda previamente establecidos por el Consejo Ejecutivo.

En cuanto a las decisiones del Parlamento Comunal, las mismas se deben tomar por mayoría simple de sus integrantes, cuyos votos deben expresar el mandato de las instancias de las que son voceros (art. 26).

6. El órgano ejecutivo de la Comuna: el Consejo Ejecutivo

A. Carácter e integración

La instancia de ejecución de las decisiones del Parlamento Comunal es el Consejo Ejecutivo de la Comuna, el cual está integrado por tres personas: dos voceros, con sus respectivos suplentes, electos por el Parlamento Comunal; y un vocero, con su respectivo suplente, electo de entre los voceros de las organizaciones socio-productivas ante el Parlamento Comunal (art. 27). Dichos voceros del Consejo Ejecutivo duran tres años en sus funciones, pudiendo ser reelectos.

Para ser miembro del Consejo Ejecutivo, conforme al artículo 28 de la LOC se requiere, ser de nacionalidad venezolana; mayor de edad; no poseer parentesco hasta el cuarto grado de consanguinidad y segundo de afinidad con quienes representen los entes político-territoriales establecidos en la Ley Orgánica del Consejo Federal de Gobierno; ser habitante del ámbito territorial de la Comuna, con al menos un año de residencia en la misma; hacer vida activa en el ámbito territorial de la Comuna; no desempeñar cargos públicos de elección popular; y no estar sujeto o sujeta a interdicción civil o inhabilitación política.

B. Funciones del Consejo Ejecutivo

El Consejo Ejecutivo conforme al artículo 29 de la LOC. Como la instancia de ejecución de las decisiones del Parlamento Comunal, tiene las siguientes funciones:

1. Ejercer de manera conjunta la representación legal de la Comuna.

2. Refrendar y ejecutar los lineamientos estratégicos y económicos establecidos en el Plan de Desarrollo Comunal, elaborado de conformidad con el Plan de Desarrollo Económico y Social de la Nación, el Plan Regional de Desarrollo y los emanados del Consejo Federal de Gobierno.

3. Refrendar y publicar en la gaceta comunal las cartas comunales, así como las decisiones del Parlamento Comunal que sean de carácter vinculante para los habitantes de la Comuna.

4. Publicar en la gaceta comunal las informaciones del Banco de la Comuna que sean de interés para los habitantes de la Comuna.

5. Formular el presupuesto de la Comuna y someterlo a la consideración del Parlamento Comunal.

6. Convocar al Parlamento Comunal a sesiones extraordinarias.

7. Coordinar con los comités permanentes de gestión la formulación de proyectos a ser sometidos a la consideración del Parlamento Comunal.

8. Promover formas autogestionarias que provengan de la iniciativa de las organizaciones del Poder Popular.

9. Gestionar ante las instancias del Poder Público las transferencias de las atribuciones y servicios que hayan sido aprobados por el Parlamento Comunal.

10. Suscribir los convenios de transferencia de atribuciones y servicios que hayan sido acordados a la Comuna.

11. Someter a la consideración del Parlamento Comunal proyectos y propuestas derivados del estudio de los consejos comunales y sus comités de trabajo.

12. Preparar la agenda de las sesiones ordinarias del Parlamento Comunal.

13. Articular sus actividades con los consejos comunales y sus comités de trabajo.

14. Resguardar el archivo de los documentos fundacionales de la Comuna.

15. Las demás que determine la presente Ley y su Reglamento.

Las decisiones del Comité Ejecutivo para cuya validez se requiera publicación, deben publicarse en la Gaceta Comunal (art. 4.11).

El Consejo Ejecutivo se debe reunir ordinariamente una vez a la semana; y extraordinariamente, cuando así lo decida la mayoría de sus integrantes o sea convocado de acuerdo a lo contemplado en el Reglamento de la Ley (art. 30).

C. *Los Comités de gestión*

El Consejo Ejecutivo debe tener unos Comités de gestión, que son los encargados de articular con las organizaciones sociales de la Comuna de su respectiva área de trabajo, los proyectos y propuestas a ser presentados a través del Consejo Ejecutivo ante el Parlamento Comunal. Los comités de gestión se deben conformar para atender las siguientes áreas:

1. Derechos humanos; 2. Salud; 3. Tierra urbana, vivienda y hábitat; 4. Defensa de las personas en el acceso a bienes y servicios; 5. Economía y producción comunal; 6. Mujer e igualdad de género; 7. Defensa y seguridad integral; 8. Familia y protección de niños, niñas y adolescentes; 9. Recreación y deportes; y 10. Educación, cultura y formación socialista.

En cuanto a las comunas que se conformen en los pueblos y comunidades indígenas, atendiendo a sus culturas, prácticas tradicionales y necesidades colectivas, su pueden crear, además de los anteriores comités de gestión, los siguientes: a. Comités de ambiente y ordenación de la tierra; b. Comité de medicina indígena; y c. Comité de educación propia, educación intercultural bilingüe e idiomas indígenas.

7. *La planificación comunal*

A. *Plan Comunal de Desarrollo*

Conforme al artículo 32 de la LOC, en cada Comuna se debe elaborar un Plan Comunal de Desarrollo, bajo la coordinación del Consejo de Planificación Comunal, que también se prevé en la Ley Orgánica de Planificación Pública y Popular (arts. 10.4 y 14), en el cual se deben establecer los proyectos, objetivos, metas, acciones y recursos dirigidos a darle concreción a los lineamientos plasmados en el Plan de Desarrollo Económico y Social de la Nación, el Plan Regional de Desarrollo y los lineamientos del Consejo Federal de Gobierno, tomando en cuenta los patrones de ocupación del territorio, su cultura, historia, economía y ámbito geográfico.

Dicho plan se debe formular y ejecutar, a partir de los resultados de la aplicación del diagnóstico participativo, y de lo acordado en el mecanismo del presupuesto participativo, contando para ello con la intervención planificada y coordinada de las comunidades que conforman la Comuna (art. 32).

Este Plan Comunal de Desarrollo tal como se define en el artículo 40 de la Ley Orgánica de Planificación Pública y Popular "es el instrumento de gobierno que permite a las comunas, establecer los proyectos, objetivos, metas, acciones y recursos dirigidos a darle concreción a los lineamientos plasmados en el Plan de Desarrollo Económico y Social de la Nación, a través de la intervención planificada y coordinada de las comunidades y sus organizaciones, promoviendo el ejercicio directo del poder, de conformidad con la ley, para la construcción del estado comunal." Los resultados y metas de este Plan Comunal de Desarrollo, de acuerdo a la misma Ley Orgánica de Planificación Pública y Popular, debe concretarse en un Plan Operativo Comunal que es aquel que integra los objetivos, metas, proyectos y acciones anuales formuladas por cada gobierno comunal (art. 73).

B. *El Consejo de Planificación Comunal*

El Consejo de Planificación Comunal, conforme se precisa en el artículo 33 de la LOC, es el órgano encargado de coordinar las actividades para la formulación del Plan de Desarrollo Comunal, en concordancia con los planes de desarrollo comunitario propuestos por los Consejos Comunales y los demás planes de interés colectivo, articulados con el sistema nacional de planificación, de conformidad con lo establecido en la ley (art. 33).

Por su parte, el artículo 14 de la Ley Orgánica de Planificación Pública y Popular, define al Consejo de Planificación Comunal como "el órgano encargado de la planificación integral que comprende, al área geográfica y poblacional de una comuna, así como de diseñar el Plan de Desarrollo Comunal, en concordancia con los planes de desarrollo comunitario propuestos por los consejos comunales y los demás planes de interés colectivo, articulados con el Sistema Nacional de Planificación, de conformidad con lo establecido en la Ley de las Comunas y la presente Ley; contando para ello con el apoyo de los órganos y entes de la Administración Pública."

EL Consejo de Planificación Comunal está conformado por las siguientes siete personas: tres voceros electos por los consejos comunales de la Comuna; dos voceros en representación del Parlamento Comunal; un vocero designado por las organizaciones socio-productivas comunitarias; y un vocero de cada consejo comunal, integrante del comité de trabajo en materia de ordenación y gestión del territorio (art. 35).

En el caso de los pueblos y comunidades indígenas, el Consejo de Planificación Comunal se debe conformar de acuerdo con la normativa establecida en la ley respectiva, tomando en cuenta sus usos, costumbres y tradiciones.

El Consejo de Planificación Comunal, al momento de su instalación designará de su seno y por votación de mayoría simple al coordinador del mismo.

C. *Finalidad*

Este Consejo de Planificación Comunal tiene además, como finalidad, conforme se indica en el artículo 34, lo siguiente:

1. Servir de instancia de deliberación, discusión y coordinación entre las instancias de participación popular y las comunidades organizadas, con miras a armonizar la formulación, aprobación, ejecución y control de los diversos planes y proyectos.
2. Adecuar el Plan de Desarrollo Comunal al Plan de Desarrollo Económico y Social de la Nación y demás planes estratégicos nacionales; al Plan de Desarrollo Regional y a los lineamientos establecidos en el decreto de creación del Distrito Motor de Desarrollo al que pertenezca la Comuna.
3. Incentivar a los consejos comunales existentes en el ámbito geográfico de la Comuna, al ejercicio del ciclo comunal en todas sus fases.

D. *Competencias del Consejo*

El Consejo de Planificación Comunal, tendrá las siguientes competencias tal como se enumeran en el artículo 36 de la LOC:

1. Impulsar la coordinación y participación ciudadana y protagónica en la formulación, ejecución, seguimiento, evaluación y control del Plan de

Desarrollo Comunal, así como de otros planes, programas y acciones que se ejecuten o se proyecte su ejecución en la Comuna.

2. Garantizar que el Plan de Desarrollo Comunal esté debidamente articulado con el Plan de Desarrollo Económico y Social de la Nación, el Plan de Desarrollo Regional y los lineamientos establecidos en el decreto de creación del Distrito Motor al que corresponda.

3. Formular y promover los proyectos de inversión para la Comuna ante el Parlamento Comunal.

4. Realizar seguimiento, evaluación y control a la ejecución del Plan de Desarrollo Comunal.

5. Impulsar la coordinación con otros consejos de planificación comunal para coadyuvar en la definición, instrumentación y evaluación de planes para el desarrollo de mancomunidades, formulando propuestas al respecto ante el Parlamento Comunal.

6. Atender cualquier información atinente a sus competencias que le solicite el Parlamento Comunal y sus instancias de ejecución, los consejos comunales y los entes del Poder Público, sobre la situación socioeconómica de la Comuna.

7. Elaborar un banco de proyectos que contenga información acerca de los proyectos, recursos reales y potenciales existentes en la Comuna.

8. Estudiar y proponer al Parlamento Comunal la aprobación de los proyectos presentados por las comunidades y organizaciones sociales a ser financiados con recursos provenientes del Fondo de Compensación Interterritorial (regulado en la Ley Orgánica del Consejo Federal de Gobierno) y otros que se les haya acordado.

9. Promover en el desarrollo endógeno y sustentable de la Comuna el sistema de propiedad social.

10. Otras que le correspondan de acuerdo a la presente Ley, su Reglamento y demás normativas aplicables.

8. *El Consejo de Economía Comunal*

A. *Carácter y composición*

Tal como se define en el artículo 4.6 de la LOC, el Consejo de Economía Comunal es "la instancia encargada de la planificación y coordinación de la actividad económica de la Comuna. Se constituye para la articulación de los comités de economía comunal y las organizaciones socio-productivas con el Parlamento Comunal y el Consejo de Planificación Comunal." Por su parte, el artículo 37 lo define como "la instancia encargada de la promoción del desarrollo económico de la Comuna."

Este Consejo de Economía Comunal, está conformado por cinco voceros y sus respectivos suplentes, electos todos de en entre los integrantes de los comités de economía comunal de los consejos comunales de la Comuna (art. 37). Tiene un período de dos años, pudiendo ser reelectos.

Para ser vocero o vocera del Consejo de Economía Comunal conforme al artículo 38 se requiere ser de nacionalidad venezolana; mayor de quince años; no poseer parentesco hasta el cuarto grado de consanguinidad y segundo de afinidad con quienes representen los entes político-territoriales establecidos en la Ley Orgánica del Consejo Federal de Gobierno; ser habitante del Ámbito territorial de la Comuna, con al menos un año de residencia en la misma; ser vocero de un comité de economía comunal de un consejo comunal; hacer vida activa en el ámbito territorial de la Comuna; no desempeñar cargos públicos de elección popular; y no estar sujeto o sujeta a interdicción civil o inhabilitación política.

B. *Funciones del Consejo de Economía Comunal*

El artículo 37 de la LOC, asigna al Consejo de Economía Comunal las siguientes funciones:

1. Promover la conformación de organizaciones socio-productivas para el desarrollo y fortalecimiento del sistema económico comunal.

2. Articular la relación de los comités de economía comunal con el Parlamento Comunal y el Consejo de Planificación Comunal.

3. Seguimiento y acompañamiento a las organizaciones socio-productivas, a los fines de garantizar el cierre del ciclo productivo y la consolidación de redes productivas.

4. Velar para que los planes y proyectos de las organizaciones socio-productivas se formulen en correspondencia con el Plan de Desarrollo Comunal.

5. Gestionar la implementación de programas para la formación, asistencia técnica y actualización tecnológica de las organizaciones socio-productivas.

6. Articular con el órgano coordinador la certificación de saberes y conocimientos de los ciudadanos y ciudadanas integrantes o aspirantes de las organizaciones socio-productivas.

7. Presentar semestralmente, ante el Parlamento Comunal informes sobre los niveles de cumplimiento de los planes de gestión de las organizaciones socio-productivas.

8. Presentar ante el Parlamento Comunal el informe anual sobre la gestión de las organizaciones socio-productivas y los correspondientes planes para el año siguiente.

9. Proponer formas alternativas de intercambio de bienes y servicios, orientadas al desarrollo socio-productivo de la comunidad y la satisfacción de las necesidades colectivas.

10. Organizar en redes de productores y productoras a las organizaciones socio-productivas y a las comunidades organizadas que ejecuten proyectos socio-productivos ubicados en el ámbito geográfico de la Comuna.

11. Las demás que establezcan el reglamento de la presente Ley, la carta fundacional y las cartas comunales.

9. *El Banco de la Comuna*

A. *Objeto*

Tal como lo define el artículo 4.1 de la LOC, el Banco de la Comuna es "la organización económico-financiera de carácter social que gestiona, administra, transfiere, financia, facilita, capta y controla, de acuerdo con los lineamientos establecidos en el Plan de Desarrollo Comunal, los recursos financieros y no financieros de ámbito comunal, retornables y no retornables, impulsando las políticas económicas con la participación democrática y protagónica del pueblo, bajo un enfoque social, político, económico y cultural para la construcción del modelo productivo socialista."[135] Esta definición se complementa en el artículo 4° de la LOC, en la cual se precisa que el Banco de la Comuna "tiene como objeto garantizar la gestión y administración de los recursos financieros y no financieros que le sean asignados, así como los generados o captados mediante sus operaciones, promoviendo la participación protagónica del pueblo en la construcción del modelo económico socialista, mediante la promoción y apoyo al desarrollo y consolidación de la propiedad Social para el fortalecimiento de la soberanía integral del país" (art. 40).

Estos Bancos de las Comunas están exceptuados de la regulación prevista en materia de bancos y otras instituciones financieras; y su constitución, conformación, organización y funcionamiento se rige "por los principios de honestidad, democracia participativa y protagónica, celeridad, eficiencia y eficacia revolucionaria, deber social, rendición de cuentas, soberanía, igualdad, transparencia, equidad y justicia social" (art. .41). Igualmente, conforme a la Disposición Final Primera de la LOC, el Banco de la Comuna está exento de todo tipo de pagos de tributos nacionales y derechos de registro. Se previó igualmente que se puede establecer mediante leyes y ordenanzas de los estados y municipios, las exenciones para el Banco de la Comuna aquí previsto.

B. *Propósito*

El Banco de la Comuna conforme se define en el artículo 42 de la LOC, tiene como propósito: gestionar, captar, administrar, transferir, financiar y facilitar los recursos financieros y no financieros, retornables y no retornables de la Comuna, a fin de impulsar a través de la participación popular, la promoción de proyectos comunales, de acuerdo a los lineamientos del Plan de Desarrollo Comunal, en correspondencia con el Plan de Desarrollo Económico y Social de la Nación, el Plan de Desarrollo Regional y lo dispuesto en el decreto de creación de áreas de desarrollo territorial.

---

135 Igual definición está inserta en el artículo 6.2 de la Ley Orgánica del Sistema Económico Comunal.

C. *Funciones*

El Banco de la Comuna tendrá como funciones las siguientes tal como se enumeran en el artículo 43 de la LOC:

1. Fortalecer el sistema microfinanciero comunal mediante la aplicación de políticas públicas democráticas y participativas en la gestión financiera.

2. Financiar y transferir, previa aprobación por parte del Parlamento Comunal, recursos a proyectos socio-productivos y de inversión social que formen parte del Plan Comunal de Desarrollo, orientados al bienestar social mediante la consolidación del modelo productivo socialista, en aras de alcanzar la suprema felicidad social.

3. Fortalecer y ejecutar una política de ahorro e inversión en el ámbito territorial de la Comuna.

4. Promover la inclusión y activación de las fuerzas productivas de la Comuna para la ejecución de los proyectos a desarrollarse en su ámbito geográfico.

5. Promover la participación organizada del pueblo en la planificación de la producción, distribución, intercambio y consumo a través del impulso de la propiedad colectiva de los medios de producción.

6. Apoyar el intercambio solidario y la moneda comunal.

7. Realizar captación de recursos con la finalidad de otorgar créditos, financiamientos e inversiones, de carácter retornable y no retornable.

8. Las demás que se establezcan en las leyes que rijan el sistema microfinanciero y las disposiciones reglamentarias de la presente Ley.

Las decisiones del Banco de la Comuna "que posean carácter vinculante para los habitantes" de la Comuna, así como todos aquellos actos que requieran para su validez la publicación en dicho instrumento, deben publicarse en la *Gaceta Comunal* (art. 4.11).

D. *Organización*

A los fines de su conformación y funcionamiento, el Banco de la Comuna está integrado por las siguientes unidades indicadas en el artículo 44 de la LOC:

a. *La coordinación administrativa.*

La coordinación administrativa es la cuentadante y responsable de la administración de los recursos del Banco de la Comuna; y está conformada por tres voceros electos de entre los integrantes de las unidades administrativas financieras comunitarias de los consejos comunales de la Comuna.

b. *El comité de aprobación*

El comité de aprobación es el órgano responsable de evaluar, para su aprobación o rechazo por parte del Parlamento Comunal, todos los proyectos de inversión, transferencias y apoyo financiero y no financiero que sean sometidos a la consideración del Banco de la Comuna o que éste se proponga desarrollar por su propia iniciativa. Este Comité está conformado por cinco voceros designados por los consejos comunales que formen parte de la Comuna.

c. *Comité de seguimiento y control*

El Comité de seguimiento y control tiene la función de velar por el manejo transparente de los recursos financieros y no financieros del Banco de la Comuna, vigilar y supervisar que todas sus actividades se desarrollen con eficiencia y de acuerdo a los procedimientos establecidos, y que los resultados de su gestión se correspondan con los objetivos de la Comuna. Este Comité está integrado por tres voceros, que no posean parentesco hasta el cuarto grado de consanguinidad y segundo de afinidad entre sí ni con los demás voceros y voceras del Banco de la Comuna ni del Consejo de Contraloría Comunal, designados de la siguiente manera: Un vocero, por los consejos comunales que formen parte de la Comuna; un vocero por las organizaciones socio-productivas de la Comuna; y un vocero, designado por el Parlamento Comunal.

Las demás funciones, así como el período de ejercicio de los integrantes de cada una de las instancias antes indicadas deben ser desarrolladas en el Reglamento de la Ley.

10. *El Consejo de Contraloría Comunal*

Conforme a los artículos 4.7 y 45 de la LOC, el Consejo de Contraloría Comunal es "la instancia encargada de la vigilancia, supervisión, evaluación y contraloría social, sobre los proyectos, planes y actividades de interés colectivo que en el ámbito territorial de la Comuna, ejecuten o desarrollen las instancias del Poder Popular, del Poder Público y las organizaciones y personas del sector privado con incidencia en los intereses generales o colectivos.

A. *Integración*

Estos Consejo de Contraloría Comunal están conformados por cinco voceros y sus respectivos suplentes, electos de entre los integrantes de las unidades de contraloría social de los consejos comunales de la Comuna (art. 45), por un período de dos años, pudiendo ser reelectos.

Para ser vocero o vocera del Consejo de Contraloría Comunal, conforme se indica en el artículo 46, se requiere ser de nacionalidad venezolana; mayor de edad; no poseer parentesco hasta el cuarto grado de consanguinidad y segundo de afinidad con quienes representen los entes político-territoriales establecidos en la Ley Orgánica del Consejo Federal de Gobierno; ser vocero de una unidad de contraloría social de un Consejo Comunal; ser habitante del ámbito territorial de la Comuna, con al menos un año de residencia en la misma; hacer vida activa en el ámbito territorial de la Comuna; no desempeñar cargos públicos de elección popular; y no estar sujeto o sujeta a interdicción civil o inhabilitación política.

B. *Funciones del Consejo de Contraloría Comunal*

El Consejo de Contraloría Comunal tal como se enumeran en el artículo 47 de la LOC, tiene las siguientes funciones:

1. Ejercer el seguimiento, la vigilancia, supervisión y contraloría social sobre la ejecución de los planes y proyectos ejecutados o desarrollados en el ámbito territorial de la Comuna por las instancias del Poder Popular u órganos y entes del Poder Público.

2. Garantizar que la inversión de los recursos que se ejecuten en el ámbito territorial de la Comuna para beneficio colectivo, se realice de manera eficiente y eficaz, en correspondencia con el Plan de Desarrollo Comunal.

3. Velar por el cumplimiento de las obligaciones colectivas correspondientes a las organizaciones socio-productivas y la reinversión social de los excedentes resultantes de sus actividades.

4. Emitir informes semestralmente, al Parlamento Comunal sobre el funcionamiento del Consejo Ejecutivo, el Banco de la Comuna, el Consejo de Planificación Comunal y el Consejo de Economía Comunal. Dichos informes tendrán carácter vinculante.

5. Recibir y dar curso a las denuncias que se le presente.

6. Presentar informe y solicitar al Parlamento Comunal la revocatoria del mandato de los voceros o voceras de las distintas instancias de la Comuna, con base a las investigaciones sobre denuncias que se le formulen o como resultado de sus propias actuaciones.

7. Ejercer el seguimiento, la vigilancia, supervisión y contraloría social sobre las personas y organizaciones del sector privado que realicen actividades que incidan en el interés social o colectivo, en el ámbito de la Comuna.

8. En el ejercicio de la corresponsabilidad, cooperar con los órganos y entes del Poder Público en las funciones de vigilancia, supervisión y control, de conformidad con las normativas legales aplicables.

9. Las demás que se les establezcan en el reglamento de la Ley, las derivadas del contenido de la carta fundacional y las establecidas en las cartas comunales.

Los órganos integrantes del Poder Ciudadano deben apoyar a los consejos de contraloría comunal a los fines de contribuir con el cumplimiento de sus funciones (art. 48).

11. *Régimen de los voceros de los órganos de la Comuna*

Como se ha señalado, los titulares de los diversos órganos de la Comuna, se denominan "voceros" y los mismos no tienen su origen en votación popular alguna, sino que son designados por otros órganos del Poder Popular, quienes, a su vez, tampoco son electos por votación popular mediante sufragio universal, directo y secreto. Por tanto, ni siquiera se podría decir que los voceros de los órganos de las Comunas son electos en segundo o tercer grado, pues nunca en el origen en el primer grado son electos por votación popular mediante sufragio universal, directo y secreto.

Sin embargo, tales voceros integrantes del Parlamento Comunal, Consejo Ejecutivo, Consejo de Planificación, Consejo de Economía Comunal, Consejo de Contraloría Comunal y Banco de la Comuna, son responsables civil, penal y administrativamente por sus actuaciones (art. 55).

A. *Rendición de cuentas*

En cuanto a los voceros integrantes del Consejo Ejecutivo, Consejo de Planificación, Consejo de Economía Comunal, Consejo de Contraloría Comunal y Banco de la Comuna, conforme se dispone en el artículo 49 de la LOC, deben rendir cuentas anualmente de las actuaciones relativas al desempeño de sus funciones ante el Parlamento Comunal, los consejos comunales, las organizaciones socio-productivas, los ciudadanos de la Comuna. Igualmente, los voceros de las instancias antes indicadas, deben rendir cuenta ante las instituciones, organizaciones y particulares que les hayan otorgado aportes financieros o no financieros, sobre el manejo de los mismos.

B. *Revocatoria del mandato*

Los voceros integrantes del Consejo Ejecutivo, Consejo de Planificación, Consejo de Economía Comunal y Banco de la Comuna, pueden ser revocados por decisión de la mayoría simple del Parlamento Comunal, previo informe del Consejo de Contraloría Comunal. En cuanto a los voceros del Consejo de Contraloría Comunal, pueden ser revocados por decisión de las dos terceras partes del Parlamento Comunal (art. 50).

La decisión sobre la revocatoria del mandato de voceros de las instancias de la Comuna, sin embargo, sólo se puede adoptar, conforme al artículo 51 de la LOC, si se dan alguna de las siguientes causales son las siguientes:

1. Actuar de forma contraria a las decisiones tomadas por el Parlamento Comunal.
2. Falta evidente de las funciones que le sean conferidas de conformidad con la presente Ley y la carta fundacional de la Comuna.
3. Representar y negociar individualmente asuntos propios de la Comuna que corresponda decidir al Parlamento Comunal.
4. No rendición de cuentas en el tiempo establecido para ello.

5. Incurrir en malversación, apropiación, desviación de los recursos asignados, generados o captados por la Comuna o cualquier otro delito previsto en el ordenamiento jurídico aplicable.

6. Improbación del informe de gestión.

7. Desproteger, dañar, alterar o destruir el material electoral, archivos o demás bienes de la Comuna.

En cuanto a los voceros del Parlamento Comunal, la revocatoria de sus mandatos sólo procede mediante referendo que debe ser solicitado por el diez por ciento de los electores de la Comuna. Cuando la mayoría de los electores voten a favor de la revocatoria, los voceros se considerarán revocados, siempre y cuando hayan concurrido al referendo un número de electores mayor al quince por ciento del registro electoral de la Comuna (art. 50). Este registro electoral de la Comuna, en todo caso, está conformado por la sumatoria de los registros electorales de los consejos comunales que la integran (art. 52)

Los voceros de la Comuna que hayan sido revocados de sus funciones, quedan inhabilitados para postularse a una nueva elección por los dos períodos siguientes a la fecha de la revocatoria (art. 53).

Por otra parte, conforme al artículo 54 de la LOC, además de por revocatoria, la condición de vocero de la Comuna se pierde por renuncia, por cambio de residencia debidamente comprobado fuera del ámbito geográfico de la Comuna; por resultar electo en un cargo público de elección popular; por estar sujeto a una sentencia definitivamente firme dictada por los órganos jurisdiccionales; y por muerte.

En cualquiera de estos casos, el suplente asumirá las funciones del vocero o vocera de la instancia comunal que ha perdido tal condición.

VI. EL RÉGIMEN DE LA CONTRALORÍA SOCIAL O LA INSTITUCIONALIZACIÓN DE LA TÉCNICA DEL ESPIONAJE SOCIAL Y DE LA DENUNCIA POLÍTICA INDISCRIMINADA PARA IMPONER LA IDEOLOGÍA SOCIALISTA

1. *Objeto, propósito y finalidad de la Contraloría social*

La contraloría social, a la cual se concibe como función compartida entre las instancias del Poder Público y los ciudadanos, y las organizaciones del Poder Popular, se establece en la Ley Orgánica de Contraloría Social (LOCS) [136] como un mecanismo generalizado de espionaje social, no sólo "para garantizar que la

---

136 Véase en *Gaceta Oficial* N° 6.011 del 21 de diciembre de 2010. Véase además, sobre esta Ley Orgánica el estudio de Luis A. Herrera Orellana, "La Ley Orgánica de Contraloría Social: Funcionalización de la participación e instauración de la desconfianza ciudadana," en Allan R. Brewer-Carías et al., *Leyes Orgánicas sobre el Poder Popular y el Estado Comunal (Los consejos comunales, las comunas, la sociedad socialista y el sistema económico comunal)* Colección Textos Legislativos N° 50, Editorial Jurídica Venezolana, Caracas 2011, pp. 359 ss

inversión pública se realice de manera transparente y eficiente en beneficio de los intereses de la sociedad," sino para que "las actividades del sector privado no afecten los intereses colectivos o sociales" (art. 2).

Es evidente que estando concebida legalmente la organización del Poder Popular y las organizaciones del Estado Comunal para el Socialismo, y únicamente para el Socialismo, toda actividad de algún órgano del sector público o de cualquier persona organización o empresa del sector privado no comprometida con los principios del socialismo, afectarían en los términos de la Ley "intereses colectivo o sociales" pudiendo ser objeto de denuncia y sometidas a control popular.

Con ello se atribuye a los órganos del Poder Popular no sólo una función contralora general en relación con el manejo de las inversiones públicas en general, sino más destacadamente respecto de las todas las actividades de los individuos y empresas privadas, de cualquier naturaleza que sean, pues en definitiva, en una forma u otra las mismas siempre "inciden en los intereses colectivos o sociales."

El propósito fundamental de esta labor de control o espionaje social generalizado que se asigna a los órganos del Poder Popular, tal como se precisa en el artículo 3 de la LOCS,

> "es la prevención y corrección de comportamientos, actitudes y acciones que sean contrarios a los intereses sociales y a la ética en el desempeño de las funciones públicas, así como en las actividades de producción, distribución, intercambio, comercialización y suministro de bienes y servicios necesarios para la población, realizadas por el sector público o el sector privado."

A tal efecto, para formalizar esta función de investigación, denuncia y persecución indiscriminada es que se dictó específicamente la LOCS, la cual según se indica en su artículo 1, tiene por objeto desarrollar y fortalecer el Poder Popular, mediante el establecimiento de las normas, mecanismos y condiciones para la promoción, desarrollo y consolidación de la contraloría social como medio de participación y de corresponsabilidad de los ciudadanos, y sus organizaciones sociales, mediante el ejercicio compartido, entre el Poder Público y el Poder Popular, de la función de prevención, vigilancia, supervisión y control de la gestión pública y comunitaria, como de las actividades del sector privado que incidan en los intereses colectivos o sociales (art. 1).

Como se dijo, el ámbito de aplicación de la ley es tan general de manera que no sólo se aplican a "a todos los niveles e instancias político-territoriales de la Administración Pública, a las instancias y organizaciones del Poder Popular y a las organizaciones" sino a todas las "personas del sector privado que realicen actividades con incidencia en los intereses generales o colectivos" (art. 4). Solo se establecen como límites para esta labor de espionaje generalizado, el que deben realizarse "en el marco de las limitaciones legales relativas a la preservación de la seguridad interior y exterior, la investigación criminal, la intimidad de la vida privada, el honor, la confidencialidad y la reputación"(art. 4).

Con los propósitos antes mencionados, la LOCS define en su artículo 5 la finalidad de la LOCS "para la prevención y corrección de conductas, comportamientos y acciones contrarios a los intereses colectivos":

1. Promover y desarrollar la cultura del control social como mecanismo de acción en la vigilancia, supervisión, seguimiento y control de los asuntos públicos, comunitarios y privados que incidan en el bienestar común.

2. Fomentar el trabajo articulado de las instancias, organizaciones y expresiones del Poder Popular con los órganos y entes del Poder Público, para el ejercicio efectivo de la función del control social.

3. Garantizar a los ciudadanos y ciudadanas en el ejercicio de la contraloría social, obtener oportuna respuesta por parte de los servidores públicos y servidoras públicas sobre los requerimientos de información y documentación relacionados con sus funciones de control.

4. Asegurar que los servidores públicos y servidoras públicas, los voceros y voceras del Poder Popular y todas las personas que, de acuerdo a la ley representen o expresen intereses colectivos, rindan cuentas de sus actuaciones ante las instancias de las cuales ejerzan representación o expresión.

5. Impulsar la creación y desarrollo de programas y políticas en el área educativa y de formación ciudadana, basadas en la doctrina de nuestro Libertador Simón Bolívar y en la ética socialista, especialmente para niños, niñas y adolescentes; así como en materia de formulación, ejecución y control de políticas públicas.

A tal efecto, como se ha dicho, en el artículo 6 de la LOCS se precisó que el ejercicio del control social, como herramienta fundamental para construcción de la nueva sociedad, como de todas las otras funciones del Poder Popular supuestamente "se inspira en la doctrina de nuestro Libertador Simón Bolívar, y se rige por los principios y valores socialistas." Lo primero no es cierto, y lo segundo, bajo el prisma de esta LOCS, lo que pone en evidencia es el carácter totalitario del socialismo que se pretende implantar montado sobre la base de la denuncia y de la persecución, particularmente respecto de quienes no sean "socialistas," sobre todo cuando se dispone expresamente en el artículo 7 de la Ley que la contraloría social se ejerce "en todas las actividades de la vida social"

2. *El ejercicio y los medios de la Contraloría social*

A. *Formas de ejercicio.*

El ejercicio de la contraloría social es una tarea que se regula en la LOCS para ser ejercida en forma completamente indiscriminada, de manera que la misma, conforme al artículo 7 de la Ley, se ejerce "de manera individual o colectiva, en todas las actividades de la vida social, y se integra de manera libre y voluntaria bajo la forma organizativa que sus miembros decidan." Solamente cuando se decida "su conformación sea de manera colectiva, todos y todas sus integrantes tendrán las mismas potestades."

En particular, conforme se dispone en el artículo 9 de la LOCS, y sin perjuicio de cualquier "iniciativa popular que con fundamento en el principio constitucional de la soberanía y de acuerdo a las normativas legales, surjan de la dinámica de la sociedad," el control social se ejerce a través de los siguientes medios:

a. *Individual*

Cuando la persona formula o dirige una solicitud, observación o denuncia sobre asuntos de su interés particular o se relacione con el interés colectivo o social (Art. 9.1).

En el caso específico de los trabajadores, conforme al artículo 12 de la LOCS, los supervisores inmediatos de la administración pública o empleadores del sector privado, deben garantizarles el ejercicio del control social en su ámbito laboral, sin que se vea afectada la eficacia del funcionamiento de la institución o empresa.

b. *Colectivamente*

A través de la constitución de organizaciones, por iniciativa popular, conformadas por dos o más personas, para ejercer el control de manera temporal sobre una situación específica y circunstancial; o permanentemente, sobre cualquier actividad del ámbito del control social, debiendo estas últimas cumplir con las formalidades de constitución establecidas en la presente Ley y registrase en el Ministerio del Poder Popular de las Comunas. Las condiciones para la constitución de estas organizaciones de contraloría social deben ser establecidas en el reglamento de la Ley (art. 9.2), que se previó para dictarse en un lapso de 6 meses después de la publicación de la Ley, es decir, antes del 21 de junio de 2011.

En todo caso, para efectos de su operatividad, las organizaciones de contraloría social deben elegir democráticamente en asamblea de sus integrantes, a voceros con sus respectivos suplentes, quienes deben ejercer la expresión de la organización ante el resto de la sociedad y deberán rendir cuenta de sus actuaciones ante los demás integrantes de su colectivo (art. 9).

c. *Orgánicamente*

Cuando sean creadas mediante ley, estableciéndoseles su forma de organización, integración, funcionamiento y ámbito de actuación

B. *Condiciones para el ejercicio de la contraloría social*

Para ejercer la contraloría social individualmente o como vocero de alguna organización, el artículo 10 de la LOCS requiere que la persona sea mayor de edad, salvo en los casos previstos en leyes especiales; y sujetar su desempeño a los principios y valores que rigen el control social, previstos en la Ley.

En todo caso, la contraloría social constituye un derecho y un deber constitucional y su ejercicio es de carácter ad honoren, en consecuencia quienes la ejerzan no pueden percibir ningún tipo de beneficio económico ni de otra índole, derivados de sus funciones (art. 11). Esto significa, entonces, que siendo una tarea esencialmente política y ad honorem, la contraloría social sólo podrá realizarse por quienes estén financiados para otras actividades y para otros fines políticos, es decir, por quienes reciben remuneración para la realización de otras acciones políticas. Es claro, entonces, que este control social, siendo además, esencialmente de espionaje y denuncia, quedará en definitiva manos de la militancia del partido oficial, el cual, dada la simbiosis que se ha desarrollado con el Estado, no es descartable que resulte financiada con fondos públicos proveniente del Estado Constitucional, al cual precisamente se quiere ahogar con el esquema organizativo del Estado Comunal.

C. *Deberes de los voceros para la contraloría social*

En cuanto a los voceros de las organizaciones de contraloría social, los mismos tienen los siguientes deberes enumerados en el artículo 8 de la LOCS:

1. Cumplir sus funciones con sujeción estricta a la normativa de la LOCS y las que regulen la materia o las materias del ámbito de su actuación en el ejercicio del control social.

2. Informar a sus colectivos sobre las actividades, avances y resultados de las acciones de prevención, supervisión, vigilancia, evaluación y control del área o ámbito de actuación de la organización.

3. Presentar informes, resultados y recomendaciones a los órganos y entidades sobre las cuales ejerzan actividades de control social.

4. Remitir informe de avances y resultados de sus actividades a los organismos públicos a los que competa la materia de su actuación y a los órganos de control fiscal.

5. Hacer uso correcto de la información y documentación obtenida en el ejercicio del control social.

Dispone finalmente el artículo 14 de la Ley que los ciudadanos que ejerzan la contraloría social que incurran en hechos, actos u omisiones que contravengan lo establecido la Ley, son responsable administrativa, civil y penalmente conforme a las leyes que regulen la materia (art. 14).

3. *El procedimiento para el ejercicio de la contraloría social*

Tal como lo dispone el artículo 13 de la LOCS, el procedimiento para el ejercicio de la contraloría social, podrá realizarse "mediante denuncia, noticia criminis o de oficio, según sea el caso, por toda persona natural o jurídica, con conocimiento en los hechos que conlleven a una posible infracción, irregularidad o inacción que afecte los intereses individuales o colectivos de los ciudadanos.

El procedimiento debe realizarse de la manera siguiente, tal como lo precisa el mismo artículo 13 de la LOCS:

1. Notificar directamente al órgano competente local, regional o nacional, para la apertura del inicio de la investigación a los efectos de comprobar la presunta infracción, irregularidad o inacción.

2. Realizada la función de contraloría social y efectivamente presumirse las infracciones, omisiones o hechos irregulares, se levantará un acta suscrita por quien o quienes integren la contraloría social, en la cual se dejará constancia fiel de los hechos, acompañada de la documentación que soporte los mismos, la cual tiene carácter vinculante para los organismos receptores.

3. Remitir el acta vinculante, indicada en el numeral anterior, ante las autoridades administrativas, penales, judiciales o de control fiscal que corresponda.

4. Hacer seguimiento de los procedimientos iniciados ante las autoridades administrativas, penales, judiciales o de control fiscal que corresponda, con el objeto de mantener informado a la organización de contraloría social a la que pertenezca.

De este iter procedimental, sin embargo, no queda claro quién es quien realiza la función de control, si "el órgano competente local, regional o nacional" se entiende de control (como podría ser el caso de la Contraloría general de la República, o de las contralorías estadales o municipales a los efectos del control fiscal) o la persona u organización que hacen la denuncia o realizan de oficio la contraloría social, y quienes son los que realizada la función de control, deben suscribir el acta para dejar constancia de los hechos, cuyo contenido es la que "tiene carácter vinculante para los organismos receptores" se entiende de la denuncia. Con lo cual, los órganos del Estado Constitucional de Control Fiscal o de otra índole quedan como meros "receptores" de actas de contenido vinculante que provienen de actividades de contraloría social realizadas por individuos o voceros de organizaciones, quedando obligados por lo que en ellas se establece.

Nada indica la Ley, sin embargo, respecto del respeto del debido respeto a las reglas del debido proceso, es decir, los derechos del denunciado o espiado a ser oído, a producir pruebas, en fin, a la defensa que se le debe garantizar antes de que se levante dicha acta vinculante y se remita a "las autoridades administrativas, penales, judiciales o de control fiscal que corresponda." Por otra parte, siendo el acta vinculante, es decir, estando condenado políticamente una persona de antemano por unos individuos u organizaciones de contraloría social, solo con base en una "presunción" establecida en un "acta," no se entiende para que efectos reales se la remite a las autoridades mencionadas y cual es entonces el sentido de que se inicie otro "procedimientos" ante las "autoridades administrativas, penales, judiciales o de control fiscal que corresponda," de cuyo curso debe mantenerse informada a "la organización de contraloría social a la que pertenezca."

La Ley dispone finalmente que "los informes y denuncias producidos mediante el ejercicio de la contraloría social y hayan sido canalizados antes los órganos competentes del Poder Público deben obtener oportuna y adecuada respuesta," al punto de que no producirse ésta, los funcionarios públicos deben ser sancionados "de conformidad a los procedimientos establecidos en la ley que regula la materia." (art. 15).

La maraña normativa y procedimental que se aprecia en esta función de contraloría social, en forma superpuesta con las funciones de los órganos del Estado Constitucional, es de tal naturaleza que en definitiva lo que producirá será la neutralizarán las funciones de control de las "autoridades administrativas, penales, judiciales o de control fiscal" del mismo, que quedarán condicionadas por actas "vinculantes" que, en definitiva, en la mayoría de los casos sólo quedarán como manifestaciones de control de carácter político producto de la función de espionaje, denuncia y persecución sociales contra todo el que sea disidente de la implantación del socialismo, por supuesto, como este sea entendido por cualquier persona que asuma individualmente esta función "ad honorem" de control social.

4. *La formación del ciudadano en las funciones de contraloría social*

Precisamente para que las funciones de control social se realicen con conocimiento exacto de sus fines, la LOCS obliga a "las distintas instancias y órganos del Poder Público, así como de todas las expresiones del Poder Popular, desarrollar programas, políticas y actividades orientadas a la formación y capacitación de los ciudadanos, ciudadanas y expresiones del Poder Popular en materia relacionada con el ejercicio de la contraloría social" (art. 16).

En particular, se obliga a los Ministerios del Poder Popular con competencia en materia de educación y educación universitaria para diseñar e incluir en los programas de estudio, "de todos los niveles y modalidades del sistema educativo venezolano, la formación basada en la doctrina de nuestro Libertador Simón Bolívar y valores y principios socialistas relativos al control social" (art. 18). En virtud de que la supuesta doctrina de Simón Bolívar sobre "control social" no es conocida, lo que esta norma pretende es imponer la formación de los jóvenes basada en los "valores y principios socialistas" relativos al control social, que en definitiva, como se aprecia de esta LOCS, no es otra cosa que pretender erigir como valor social y principio de vida social, la práctica del espionaje, la vigilancia y la denuncia entre ciudadanos para forzar e imponer una ideología única.

La Ley, por otra parte, y en particular, impone al Ministerio del Poder Popular de las Comunas el deber de diseñar e implementar "programas orientados a crear conciencia en la ciudadanía sobre la utilidad y ventaja del correcto funcionamiento de las instancias del Poder Público y del Poder Popular, así como de las organizaciones del sector público en la realización de sus actividades, para contribuir al desarrollo integral del país" (art. 17). En este aspecto, afortunadamente el Legislador olvidó el aspecto de la contraloría social que regula la LOCS que más afecta a la ciudadanía y que es la que se refiere al control sobre todos los aspectos de la vida social respecto de las actividades del sector privado, sobre las cuales nada se indica sobre cual conciencia ciudadana hay que crear.

VII. EL RÉGIMEN DEL SISTEMA ECONÓMICO COMUNAL O DE CÓMO SE DEFINE E IMPONE LEGALMENTE UN SISTEMA ECONÓMICO COMUNISTA POR EL CUAL NADIE HA VOTADO

1. *Fundamentos del sistema económico comunal vinculado al socialismo y al modelo de producción socialista*

El Sistema Económico Comunal (SEC), tal como se define en el artículo 2 de la Ley Orgánica del Sistema Económico Comunal (LOSEC),[137] es

> "el conjunto de relaciones sociales de producción, distribución, intercambio y consumo de bienes y servicios, así como de saberes y conocimientos, desarrolladas por las instancias del Poder Popular, el Poder Público o por acuerdo entre ambos, a través de organizaciones socio-productivas bajo formas de propiedad social comunal."

Se trata, por tanto, de un sistema económico que se desarrolla exclusivamente "a través de organizaciones socio-productivas bajo formas de propiedad social comunal" que conforme a la Ley son solamente las empresas del Estado Comunal creadas por las instancias del Poder Público, las empresas públicas creadas por los órganos que ejercen del Poder Público, las unidades productivas familiares o los grupos de trueque, donde está excluida toda iniciativa privada y la propiedad privada de los medios de producción y comercialización de bienes y servicios.

Es en consecuencia, un sistema económico socialista que se pretende implantar mediante ley, violentando completamente el sistema de economía mixta que garantiza la Constitución donde se establece, al contrario, como uno de los principios fundamentales del sistema constitucional, por una parte, la libertad económica (art. 112), es decir el derecho de todas las personas de poder dedicarse libremente a la actividad económica de su preferencia, sin más limitaciones que las previstas en la Constitución y las que establezcan las leyes, por razones de desarrollo humano, seguridad, sanidad, protección del ambiente u otras de interés social, a cuyo efecto, el Estado está obligado a promover "la iniciativa privada, garantizando la creación y justa distribución de la riqueza, así como la producción de bienes y servicios que satisfagan las necesidades de la población, la libertad de trabajo, empresa, comercio, industria, sin perjuicio de su facultad para dictar medidas para planificar, racionalizar y regular la economía e impulsar el desarrollo integral del país;" .y por la otra el derecho de propiedad privada (art. 115), al limitarse la materialmente sólo sobre los bienes de uso, es decir,

---

137 Véase en *Gaceta Oficial* N° 6.011 Extraordinario del 21 de diciembre de 2010. Véase además, sobre esta Ley Orgánica, el estudio de Jesús María Alvarado Andrade, "La 'Constitución económica' y el sistema económico comunal *(*Reflexiones Críticas a propósito de la Ley Orgánica del Sistema Económico Comunal)," en Allan R. Brewer-Carías et al., *Leyes Orgánicas sobre el Poder Popular y el Estado Comunal (Los consejos comunales, las comunas, la sociedad socialista y el sistema económico comunal)* Colección Textos Legislativos N° 50, Editorial Jurídica Venezolana, Caracas 2011, pp. 375 ss.

aquellos que una persona utiliza, sobre los bienes de consumo, que no son otros que los bienes fungibles, y sobre los medios de producción estrictamente familiar.

En la LOSEC se regula, por tanto, un sistema económico que cambia la estructura el Estado y cuya aprobación solo podría ser posible a través de la convocatoria de una Asamblea Constituyente (ni siquiera mediante reforma o enmienda constitucional), de un sistema de economía mixta a un sistema económico estatista o controlado por el Estado, mezclado con previsiones propias de sociedades primitivas y lugareñas que en el mundo globalizado de hoy ya simplemente no existen, que presuponen la miseria, como forma de vida, para regular y justificar el trueque como sistema, pensando quizás en sociedades agrícolas, o recolectoras, donde al fin del día se podrían intercambiar unos pescados por una liebre; o una consulta profesional de abogado por planchar una ropa; y para crear una moneda al margen de la de curso legal que es el bolívar, llamando así como "moneda comunal" como medio de intercambio de bienes y servicios, a los viejos "vales" de las haciendas de hace más de un siglo, donde el campesino estaba confinado al ámbito geográfico de la economía que controlaba estrictamente el hacendado.

Por ello es que este sistema económico comunal se lo concibe como la "herramienta fundamental para construcción de la nueva sociedad," que supuestamente debe regirse sólo "por los principios y valores socialistas" que en esta LOSEC también se declara que supuestamente se inspira en la doctrina de Simón Bolívar (art. 5).

A tal efecto, reducida la propiedad privada a la mínima expresión, en la Ley se define la "propiedad social" como:

> "El derecho que tiene la sociedad de poseer medios y factores de producción o entidades con posibilidades de convertirse en tales, esenciales para el desarrollo de una vida plena o la producción de obras, bienes o servicios, que por condición y naturaleza propia son del dominio del Estado; bien sea por su condición estratégica para la soberanía y el desarrollo humano integral nacional, o porque su aprovechamiento garantiza el bienestar general, la satisfacción de las necesidades humanas, el desarrollo humano integral y el logro de la suprema felicidad social" (art. 6.15).

Con ello se reafirma que el sistema económico comunal que se regula está basado exclusivamente en la propiedad pública, del Estado (dominio del Estado), sobre los medios de producción, de manera que en la práctica, no se trata de ningún derecho "de la sociedad," sino del aparato Estatal, cuyo desarrollo, regido por un sistema de planificación centralizada, elimina toda posibilidad de libertad económica e iniciativa privada, y convierte a las "organizaciones socioproductivas" en meros apéndices del aparato estatal. El sistema omnicomprensivo que se regula, al contrari,o está basado en la "propiedad social comunal" y que debe ser desarrollada tanto por el Estado Constitucional (los órganos del Poder Público) como por el Estado Comunal (instancias del Poder Popular), como se dijo, exclusivamente a través de "organizaciones socio-productivas bajo formas de propiedad comunal."

Este sistema económico comunal se había comenzado a regular legalmente, al margen de la Constitución, violentándola, luego de haber sido rechazado en la reforma constitucional que se pretendió implementar en ese sentido en 2007, donde por primera vez se formuló formalmente[138] mediante el Decreto Ley N° 6.130 de 2008, contentivo de la Ley para el Fomento y Desarrollo de la Economía Popular,[139] la cual por ello fue derogada y sustituida por esta LOSEC, la cual tiene por finalidad, entre otras, de "impulsar el sistema económico comunal a través de un modelo de gestión sustentable y sostenible para el fortalecimiento del desarrollo endógeno (art. 3.2); "fomentar el sistema económico comunal en el marco del **modelo productivo socialista**, a través de diversas formas de organización socio-productiva, comunitaria y comunal en todo el territorio nacional (art. 3.3); e "incentivar en las comunidades y las comunas los valores y principios **socialistas** para la educación, el trabajo, la investigación, el intercambio de saberes y conocimientos, así como la solidaridad, como medios para alcanzar el bien común.(art. 3.8).

En este contexto socialista, la LOSEC define el "modelo productivo socialista" como el

> "modelo de producción basado en la propiedad social, orientado hacia la **eliminación de la división social del trabajo** propio del modelo capitalista. El modelo de producción socialista está dirigido a la satisfacción de necesidades crecientes de la población, a través de nuevas formas de generación y apropiación, así como de la **reinversión social del excedente**." (art. 6.12)

Se trata en consecuencia, de una Ley mediante la cual se pretende, además, cambiar el sistema capitalista y sustituirlo a la fuerza por un sistema socialista, imponer un sistema comunista, para lo cual sus redactores, basándose en algún Manual vetusto de revoluciones comunistas fracasadas, han parafraseado en la ley lo que escribieron hace más de 150 años Carlos Marx y Federico Engels, en 1845 y 1846, sobre la sociedad comunista. En el conocido libro *La Ideología Alemana*, en efecto, refiriéndose a la sociedad primitiva de la época, en muchas partes aún esclavista y en todas, preindustrial, después de afirmar que la propiedad es "el derecho de suponer de la fuerza de trabajo de otros" y declarar que la "división del trabajo y la propiedad privada" eran "términos idénticos: uno de ellos, referido a la esclavitud, lo mismo que el otro, referido al producto de ésta," escribieron que:

---

138 Véase sobre la rechazada reforma constitucional de 2007, en Allan R. Brewer-Carías, "La proyectada reforma constitucional de 2007, rechazada por el poder constituyente originario", en *Anuario de Derecho Público 2007,* Año 1, Instituto de Estudios de Derecho Público de la Universidad Monteávila, Caracas 2008, pp. 17-65.

139 La LOSEC derogó expresamente la Ley la Ley para el Fomento y Desarrollo de la Economía Popular, publicado en la *Gaceta Oficial de la República Bolivariana de Venezuela* N° 5.890 Extraordinario de fecha 31 de julio de 2008.

"la división del trabajo nos brinda ya el primer ejemplo de cómo, mientras los hombres viven en una sociedad natural, mientras se da, por tanto, una separación entre el interés particular y el interés común, mientras las actividades, por consiguientes no aparecen divididas voluntariamente, sino por modo natural,[140] los actos propios del hombre se erigen ante él en un poder hostil y ajeno, que lo sojuzga, en vez de ser él quien los domine. En efecto, a partir del momento en que comienza a dividirse el trabajo, cada cual se mueve en un determinado circulo exclusivo de actividad, que le es impuesto y del cual no puede salirse; el hombre es cazador, pescador, pastor o crítico, y no tiene más remedio que seguirlo siendo, si no quiere verse privado de los medios de vida; al paso que en la sociedad comunista, donde cada individuo no tiene acotado un círculo exclusivo de actividades, sino que puede desarrollar sus aptitudes en la rama que mejor le parezca, la sociedad se encarga de regular la producción general, con lo que hace cabalmente posible que yo pueda por la mañana cazar, por la tarde pescar y por la noche apacentar ganado, y después de comer, si me place, dedicarme a criticar, sin necesidad de ser exclusivamente cazador, pescador, pastor o crítico, según los casos."[141]

Los redactores de la Ley, por tanto, no se han percatado de que en las sociedades contemporáneas ya no se reducen a ser aquellas que vivían de la caza y de la pesca, o de la siembra y cría de animales, y de que en las sociedades globalizadas de la actualidad, es imposible no montar la producción en la división social del trabajo; y además, parece que ni siquiera se han percatado que después de tantos años de estancación y de miseria tratando de imponer la sociedad comunista, el desarrollo del sistema capitalista es el que le ha permitido a China catapultarse económicamente, aún cuando sometida a una dictadura del Estado capitalista, y que en Cuba el régimen comunista clama por su auto eliminación para lo cual en 2011 ha comenzado a lanzar a la calle a decenas de miles de antiguos asalariados o servidores del Estado para forzarlos a desarrollar iniciativas privadas, basadas en la supuesta "esclavitud" de la división del trabajo y en el supuesto producto de esa esclavitud, que es la propiedad, convencidos de que en el mundo contemporáneo no es posible "la eliminación de la división social del trabajo" como en cambio se propugna en el artículo 6.12 de la LOSEC, y de que sólo, precisamente, mediante la división social del trabajo es posible la producción industrial, la generación de empleo y la generación de riqueza.

En cambio, para eliminar toda forma de generar riqueza y con ello de trabajo y empleo, la LOSEC declara como pieza esencial del sistema económico comunal, la necesaria "reinversión social del excedente," como principio esencial que rige las organizaciones socio-productivas, definida como "el uso de los re-

---

140 Esta división "natural" se daba según Marx y Engels "en atención a las dotes físicas (por ejemplo, la fuerza corporal), a las necesidades, las coincidencias fortuitas, etc."

141 Véase en Karl Marx and Frederich Engels, "The German Ideology," en *Collective Works*, Vol. 5, International Publishers, New York 1976, p. 47. Véanse además los textos pertinentes en http://www.educa.madrid.org/cms_tools/ files/0a24636f-764c-4e03-9c1d6722-e2ee60d7/Texto%20Marx%20y%20 Engels.pdf

cursos remanentes provenientes de la actividad económica de las organizaciones socio-productivas, en pro de satisfacer las necesidades colectivas de la comunidad o la comuna, y contribuir al desarrollo social integral del país" (art. 6.19). Con este principio, los redactores de la Ley incorporaron a su articulado, otros de los pilares del sistema comunista, tal como fue concebido por Marx y Engels, como contrapuesto al sistema capitalista, y es la necesaria "reinversión social de excedente" producto de la actividad económica. Debe recordarse que las sociedades industriales se desarrollaron económicamente, al contrario, gracias a la acumulación del excedente económico que genera el empresario privado y a la reinversión de este excedente para generar mayor crecimiento, que fue en definitiva lo que generó la industrialización. Un sistema en el cual, si bien la reinversión social de parte de ese excedente se logra a través del sistema tributario, está basado en la libre iniciativa generadora de riqueza, que a la vez, es la que puede multiplicar el empleo y el trabajo, y generar mayor crecimiento económico.

Basada por tanto en los principios utópicos comunistas de la "propiedad social de los medios de producción," la "eliminación de la división social del trabajo" y la "reinversión social del excedente," la LOSEC está sin duda concebida para implantar en Venezuela el sistema comunista como contrario al sistema capitalista, a cuyo efecto la misma, como se declara en su artículo 1º, se ha dictado para desarrollar y fortalecer el Poder Popular:

> "estableciendo las normas, principios, y procedimientos para la creación, funcionamiento y desarrollo del sistema económico comunal, integrado por organizaciones socio-productivas bajo régimen de propiedad social comunal, impulsadas por las instancias del Poder Popular, del Poder Público o por acuerdo entre ambos, para la producción, distribución, intercambio y consumo de bienes y servicios, así como de saberes y conocimientos, en pro de satisfacer las necesidades colectivas y reinvertir socialmente el excedente, mediante una planificación estratégica, democrática y participativa (art. 2).

Para implantar el comunismo, la LOSEC establece un ámbito omicomprensivo de aplicación, al establecer, formalmente, que se aplica, por una parte "a las comunidades organizadas, consejos comunales, comunas y todas las instancias y expresiones del Poder Popular, en especial a las organizaciones socio-productivas que se constituyan dentro del sistema económico comunal," es decir, a todo el ámbito del Estado Comunal; y por la otra, "de igual manera, a los órganos y entes del Poder Público y las organizaciones del sector privado, en sus relaciones con las instancias del Poder Popular" (Art. 3), es decir, a todos los órganos y entes del Estado Constitucional y a todas las instituciones, empresas y personas del sector privado. Es decir, es una Ley tendiente a implementar el comunismo en todos los órdenes.

2. *Las diversas organizaciones socio-productivas*

Como antes se ha dicho, de acuerdo con esta LOSEC, las organizaciones socio-productivas son los "actores" fundamentales que se han diseñado para dar soporte al sistema económico comunal, pues es a través de ellas que se desarrolla el "modelo productivo socialista" que propugna, las cuales se definen como las:

"unidades de producción constituidas por las instancias del Poder Popular, el Poder Público o por acuerdo entre ambos, con objetivos e intereses comunes, orientadas a la satisfacción de necesidades colectivas, mediante una economía basada en la producción, transformación, distribución, intercambio y consumo de bienes y servicios, así como de saberes y conocimientos, en las cuales el trabajo tiene significado propio, auténtico; sin ningún tipo de discriminación" (art. 9).[142]

Esta afirmación legal, que también proviene de los viejos Manuales comunistas basados en las apreciaciones de Marx y Engels en las sociedades anteriores a las europeas de mitades del siglo XIX sobre el trabajo asalariado, su explotación y carácter esclavista y discriminatorio, particularmente en relación con las mujeres,[143] lo cual no tiene ninguna relación con la actualidad en ningún país occidental, parecería que parte de supuesto de que en Venezuela, el trabajo no ha tenido "significado propio" y no ha sido "auténtico," y además, se ha realizado basado en la "discriminación," lo que no tiene base ni sentido algunos. El trabajo es la tarea desarrollada por el hombre generalmente sobre una materia prima con ayuda de instrumentos con la finalidad de producir bienes y servicios; y es, por tanto, el medio para la producción de la riqueza. Ese es el sentido propio y auténtico del trabajo, en cualquier parte del mundo, y su división es de la esencia de la productividad en una sociedad, pues una sola persona no podría nunca cubrir todas las fases de la producción o comercialización de bienes o de la prestación de servicios. De manera que no se entiende qué es lo que se quiere decir que, con la nueva Ley, el trabajo supuestamente ahora adquirirá un significado "propio y auténtico." Por otra parte, en la definición se sugiere que supuestamente hasta ahora, el trabajo se habría realizado en el país sobre la base de la explotación y la discriminación, lo que está desmentido por la avanzada legislación laboral que ha habido desde la década de los cuarenta.

Ahora bien, ese trabajo con sentido "propio y auténtico," y "sin discriminación," al que se refiere la LOSEC, es el que supuestamente ahora se va a garantizar a través de las organizaciones socio-productivas que se regulan en la ley, mediante las cuales, en forma exclusiva, se desarrollará la economía del país, y que

---

142 La Ley de 2008 las definía como las: "unidades comunitarias con autonomía e independencia en su gestión, orientadas a la satisfacción de necesidades de sus miembros y de la comunidad en general, mediante una economía basada en la producción, transformación, distribución e intercambio de saberes, bienes y servicios, en las cuales el trabajo tiene significado propio y auténtico; y en las que no existe discriminación social ni de ningún tipo de labor, ni tampoco privilegios asociados a la posición jerárquica" (art. 8). Dicha autonomía e independencia desapareció totalmente de la nueva LOSEC.

143 Al referirse al trabajo en la misma obra la Ideología Alemana, Marx y Engels hablaron de la "explotación del hombre por el hombre": y se refirieron a la "distribución desigual, tanto cuantitativa como cualitativa, del trabajo y de sus productos," en "The German Ideology," *loc. cit.*

conforme al artículo 10 de la LOSEC, son sólo cuatro: primero, las empresas del Estado Comunal; segundo, las empresas públicas del Estado Constitucional; tercero, las unidades productivas familiares; y cuarto, los grupos de trueque, variándose sustantivamente las formas que se regulaban en el régimen de la derogada Ley de 2008.[144] O sea, que del trabajo en empresas privadas en las cuales los trabajadoras tienen herramientas para lograr mejores condiciones que ha sido una de las bases del sistema económico del país, se quiere pasar al trabajo exclusivamente en empresas de carácter público, creadas por las instancias del Estado Comunal y por los órganos y entes del Estado Constitucional, sometidas todas a una planificación centralizada, en las cuales no puede haber movimientos sindicales u organizaciones de trabajadores libres que puedan presionar para el logro de mejores condiciones laborales, y donde el "empresario" en definitiva resultará ser un burócrata de un régimen autoritario que usa el "excedente" para su propio confort, explotando a los asalariados alienados.

A. *Empresas del Estado Comunal (Empresas de propiedad social directa comunal)*

En primer lugar, están las "empresas de propiedad social directa comunal," o empresas del Estado Comunal, concebidas como la "unidad socio-productiva constituida por las instancias de Poder Popular en sus respectivos ámbitos geográficos, destinada al beneficio de los productores y productoras que la integran, de la colectividad a las que corresponden y al desarrollo social integral del país, a través de la reinversión social de sus excedentes." (art. 10.1)

Se trata siempre de empresas de propiedad social directa comunal creadas por las diversas instancias del Poder Popular, cuya gestión y administración es por tanto siempre ejercida la instancia que la constituya, de manera que siempre tienen un ámbito geográfico local limitado, confinadas a una comuna o alguna agregación de comunas.

---

144 Debe señalarse que la ley derogada de 2008 establecía además, como unidades socio-productivas, las siguientes unidades de trabajo colectivo para la producción y distribución social y para la autogestión: Primero, la Empresa de Producción Social, que era la "unidad de trabajo colectivo destinada a la producción de bienes o servicios para satisfacer necesidades sociales y materiales a través de la reinversión social de sus excedentes, con igualdad sustantiva entre sus integrantes." (art. 9.3), entendiéndose como "trabajo colectivo" la "actividad organizada y desarrollada por los miembros de las distintas formas organizativas, basada en relaciones de producción no alienada, propia y auténtica, con una planificación participativa y protagónica (art. 5.2). Segundo, la Empresa de Distribución Social, que era la "unidad de trabajo colectivo destinada a la distribución de bienes o servicios para satisfacer necesidades sociales y materiales a través de la reinversión social de sus excedentes, con igualdad sustantiva entre sus integrantes." (art. 9.4). Y tercero, la Empresa de Autogestión, que era la "unidad de trabajo colectivo que participan directamente en la gestión de la empresa, con sus propios recursos, dirigidas a satisfacer las necesidades básicas de sus miembros y de la comunidad." (art. 9.5).

B. *Empresas públicas (Empresa de propiedad social indirecta comunal)*

En segundo lugar están las "empresa de propiedad social indirecta comunal," o empresas públicas del Estado Constitucional, concebidas como la "unidad socio-productiva constituida por el Poder Público en el ámbito territorial de una instancia del Poder Popular, destinadas al beneficio de sus productores y productoras, de la colectividad del ámbito geográfico respectivo y del desarrollo social integral del país, a través de la reinversión social de sus excedentes." (art. 10.2).

En estos casos se trata siempre de empresas de propiedad social indirecta comunal, constituidas por los órganos del Poder Público (República, Estados y Municipios), es decir, empresas públicas nacionales, estadales y municipales pero siempre creadas en un ámbito geográfico y territorial limitado reducido al de alguna instancia del Poder Popular, y cuya gestión y administración corresponde siempre, como principio, al ente u órgano del Poder Público que las constituya; sin que ello obste para que, progresivamente, la gestión y administración de estas empresas sea transferida a las instancias del Poder Popular, en cuyo caso, se constituirían en empresas de propiedad social comunal directa, es decir, en empresas del Estado Comunal.

C. *Unidades productivas familiares*

En tercer lugar, están las "unidades productivas familiares," es decir, empresas de carácter netamente familiar, concebidas como "una organización cuyos integrantes pertenecen a un núcleo familiar que desarrolla proyectos socio-productivos dirigidos a satisfacer sus necesidades y las de la comunidad; y donde sus integrantes, bajo el principio de justicia social, tienen igualdad de derechos y deberes" (art. 10.3).

Conforme al artículo 14 de la Ley, el grupo familiar que puede confirmar estas empresas familiares, debe estar "integrado por personas relacionadas hasta el cuarto grado de consanguinidad y segundo de afinidad," y debe estar sustentada "en los saberes y el conocimiento propios del grupo familiar, destinado al beneficio de sus integrantes y a satisfacer necesidades de la comunidad donde el grupo familiar tenga su domicilio." Por tanto, un grupo de amigos y relacionados con intereses comunes, no podría establecer una unidad socio-productiva de esta naturaleza, destinada beneficiar a sus integrantes y a satisfacer necesidades de la comunidad.

D. *Organizaciones de trueque (Grupos de intercambio solidario)*

Por último, en cuarto lugar, la LOSEC regula como organización socio-productiva a los "grupos de intercambio solidario," como organizaciones de "trueque" concebidas como el "conjunto de prosumidores organizados voluntariamente, con la finalidad de participar en alguna de las modalidades de los sistemas alternativos de intercambio solidario."

A los efectos de estos Grupos, estos llamados "prosumidores" se definen en la LOSEC como las "personas que producen, distribuyen y consumen bienes, servicios, saberes y conocimientos, mediante la participación voluntaria en los sistemas alternativos de intercambio solidario, para satisfacer sus necesidades y las de otras personas de su comunidad" (art. 16.6).

En cuanto a estos sistemas alternativos de intercambio solidario, es decir, de trueque, los mismos deben operar conforme al artículo 43, bajo dos modalidades de trueque: En primer lugar, el "trueque comunitario directo," en las modalidades de intercambio de saberes, conocimientos, bienes y servicios con valores mutuamente equivalentes, sin necesidad de un sistema de compensación o mediación.[145] Y en segundo lugar, el "trueque comunitario indirecto," en la modalidad de intercambio de saberes, conocimientos, bienes y servicios con valores distintos, que no son mutuamente equivalentes y que requieren de un sistema de compensación o mediación, a fin de establecer de manera explícita relaciones de equivalencias entre dichos valores diferentes.[146]

Para el desarrollo de estas modalidades de trueque, la Ley define los "mercados de trueque comunitario" como los "espacios físicos destinados periódicamente al intercambio justo y solidario de bienes, servicios, saberes y conocimientos, con el uso de monedas comunales" (art. 6.11); y al "sistema de distribución de trueque comunitario" como el "sistema destinado periódicamente al intercambio justo y solidario de bienes, servicios, saberes y conocimientos" (art. 6.20).

Es imposible leer estas modalidades de "trueque," como uno de los pilares fundamentales del sistema de producción socialista que propugna esta Ley, sin que venga a la memoria, precisamente el esquema utópico descrito por Marx y Engels respecto de una sociedad primitiva en la cual se pudiera, el mismo día, ser cazador, pescador, pastor y crítico, ¡¡de manera que durante el transcurso del día se pudiera intercambiar liebres o gallinas por unos pescados!! Es posible que ello pudiera aplicarse respecto de grupos o humanos o comunidades aislados que pueda haber en territorios inaccesibles, como forma de vida cotidiana, pero no es más que un disparate pensar que se pueda aplicar en las grandes urbes contemporáneas y en las intercomunicadas áreas rurales del país, salvo que se las reduzca todas, a la miseria.

3. *El régimen centralizado del sistema económico comunal*

Por otra parte, todo el sistema de producción socialista que se regula en la LOSEC, es un sistema económico sometido a una planificación centralizada, conforme a la cual está proscrita toda iniciativa privada, controlado además por el Ejecutivo nacional directamente.

A tal efecto, en la Ley para el Fomento y Desarrollo de la Economía Popular de 2008, se había establecido que el sistema de economía comunal estaba bajo el control del Ejecutivo Nacional, como "órgano rector," que se ejercía por órgano del Ministerio de las Comunas (art. 6). La LOSEC establece ahora que el Ministerio de las Comunas, "es el órgano coordinador de las políticas públicas relacionadas con la promoción, formación, acompañamiento integral y financiamiento

---

145 Igual definición se encuentra en el artículo 6.22 de la LOSEC
146 Similar definición se establece en el artículo 6.23 de la LOSEC

de los proyectos socio-productivos, originados del seno de las comunidades, las comunas o constituidos por entes del Poder Público conforme a lo establecido en el Plan de Desarrollo Económico y Social de la Nación, las disposiciones de la Ley, su Reglamento y demás normativas aplicables" (art 7).

Sin embargo, de las competencias que se atribuyen, resulta todo un sistema centralizado que conduce el Ejecutivo Nacional, de manera que al Ministerio de las Comunas corresponde conforme al artículo 8, las siguientes atribuciones:

1. Otorgar la personalidad jurídica a las organizaciones socio-productivas.

2. Dictar las políticas y lineamientos en materia de economía comunal, proyectos socio-productivos, formación, financiamiento, intercambio solidario y distribución que impulsen el desarrollo, consolidación y expansión del sistema económico comunal.

3. Asignar recursos financieros y no financieros, retornables y no retornables, para el desarrollo de las organizaciones socio-productivas que se constituyan en el marco de las disposiciones de la presente Ley.

4. Velar porque los planes y proyectos de sistema económico comunal se formulen en correspondencia con el Plan de Desarrollo Económico y Social de la Nación, adecuados a las necesidades y potencialidades de las comunidades, de las comunas o del ámbito geográfico de los sistemas de agregación que surjan entre éstas.

5. Diseñar e implementar programas, por sí o en articulación con otros órganos y entes públicos, así como del sector privado, para la formación, asistencia técnica y actualización tecnológica de las organizaciones socio-productivas.

6. Coadyuvar a la consolidación de las bases del modelo productivo socialista, como instrumento para alcanzar el desarrollo humano integral, sostenible y sustentable.

7. Dictar normas en materia de recuperación y reestructuración de las organizaciones socio-productivas previstas en la presente Ley.

8. Contribuir a la consecución de la justa distribución de la riqueza mediante el diseño, planificación y ejecución de planes, programas y proyectos tendentes al desarrollo del sistema económico comunal, como instrumento para la construcción del modelo productivo socialista, en correspondencia con los lineamientos del sistema nacional de planificación.

9. Diseñar, en articulación con los órganos y entes con competencia en materia educativa y tecnológica, programas para la formación y capacitación de los integrantes o aspirantes a integrar las organizaciones socio-productivas, así como para la certificación de saberes y conocimientos de los ciudadanos y ciudadanas de las comunidades que formen parte del sistema económico comunal.

10. Hacer seguimiento, evaluación y control de las organizaciones socio-productivas con el fin de asegurar que las actividades de las mismas se

correspondan con los respectivos planes, proyectos y programas de cualquiera de los sistemas de agregación comunal.

11. Formular y promover políticas de incentivo y acompañamiento integral a las organizaciones socio-productivas que se constituyan en cualquiera de los sistemas de agregación comunal.

12. Establecer las medidas necesarias para promover el acceso de las organizaciones socio-productivas a los distintos procesos de intercambio socio-productivo, nacionales e internacionales, preferentemente con países latinoamericanos y del Caribe, en el ámbito de la integración comunitaria bolivariana y caribeña, para potenciar el humanismo y la hermandad entre los pueblos.

4. ***Régimen jurídico de las organizaciones socio-productivas***

A. *Constitución de las organizaciones socio-productivas*

a. *Forma jurídica para la constitución*

Las condiciones para la constitución de las organizaciones socio-productivas se establecen en la LOSEC, diferenciándolas según la forma de las mismas.

En primer lugar, en cuanto a las empresas del Estado Comunal, es decir, aquellas "de propiedad social directa comunal," como se establece en el artículo 12, las mismas deben ser constituidas "mediante documento constitutivo estatutario, acompañado del respectivo proyecto socio-productivo, haciendo este último las veces de capital social de la empresa," el cual debe ser "elaborado con base en las necesidades y potencialidades de las comunidades de la instancia del Poder Popular a la que corresponda, y de acuerdo al plan de desarrollo del correspondiente sistema de agregación comunal."

En segundo lugar, en cuanto a las Empresas públicas constituidas por órganos o entes del Poder Público, que son las "de propiedad social indirecta comunal," dispone el artículo 13, que las mismas son constituidas mediante "documento constitutivo estatutario, de acuerdo a las normativas que rijan al órgano o ente público encargado de su constitución." Se entiende que se refiere al acto ejecutivo por medio del cual se decide en la Administración Central o descentralizada, la creación de una empresa, en los términos de la Ley Orgánica de la Administración Pública.

En *tercer lugar*, en cuanto a las "Unidades productivas familiares," el artículo 14 establece que cada una de las mismas se constituye "por un grupo familiar integrado por personas relacionadas hasta el cuarto grado de consanguinidad y segundo de afinidad, mediante documento constitutivo estatutario y un proyecto socio-productivo sustentado en los saberes y el conocimiento propios del grupo familiar, destinado al beneficio de sus integrantes y a satisfacer necesidades de la comunidad donde el grupo familiar tenga su domicilio."

Por último, en *cuarto lugar*, y en cuanto los Grupos de intercambio solidario, el artículo 15 de la LOSEC dispone que los mismos se constituyen "mediante acta de asamblea de prosumidores y prosumidoras, en la cual toda persona natural o jurídica puede pertenecer a un determinado grupo de intercambio solidario para ofrecer y recibir saberes, conocimientos, bienes y servicios," siempre y cuando cumpla con lo establecido en la Ley y su Reglamento. En este último caso, el acuerdo solidario, conforme se indica en el artículo 44 de la ley, se debe llevar a cabo a través de una asamblea constitutiva de "prosumidores", en la que se debe proponer la denominación del grupo, de "la moneda comunal" que se va a utilizar, así como "la especificación y organización del sistema alternativo de intercambio solidario," el cual se debe regir por lo dispuesto en la Ley y su Reglamento.

Dicha Asamblea de "prosumidores" como se establece en el artículo 47 de la Ley, debe estar integrada por quienes voluntariamente decidan conformar el respectivo grupo de intercambio solidario, con las siguientes atribuciones: 1. Diseñar, denominar, valorar, administrar y decidir sobre cualquier aspecto relativo a la moneda comunal, con autorización del Ministerio de las Comunas y conforme a las resoluciones que dicte al efecto el Banco Central de Venezuela; y 2. Coordinar las actividades de organización y funcionamiento de los diferentes espacios del intercambio solidario.

b. *Ámbito geográfico*

Las organizaciones socio-productivas conforme se exige en el artículo 11 de la LOSEC, deben tener un determinado espacio geográfico en el país, correspondiente a la instancia del Poder Popular en las que se constituyan, donde deben establecer su domicilio. Sin embargo, en el caso de los grupos de intercambio solidario, los mismos deben tener su domicilio en el lugar donde desarrollen las actividades socio-productivas tendientes a ofrecer y recibir bienes, servicios, saberes y conocimientos.

c. *Denominación*

Los documentos de las empresas de propiedad social comunal deben siempre indicar tal carácter, bien sea con la mención expresa de "Empresa de Propiedad Social" o abreviación mediante las siglas "EPS" (art. 17).

d. *Personalidad jurídica*

Todas las organizaciones socio-productivas contempladas en la LOSEC, conforme se dispone en el artículo 16 de la Ley, adquieren personalidad jurídica, no mediante la inscripción de su documento constitutivo en el registro mercantil, sino mediante el registro del mismo "ante el órgano coordinador," es decir, ante el Ministerio de las Comunas.

A tal efecto, dicho Ministerio debe establecer una dependencia funcional de verificación, inscripción y registro con el fin de mantener el seguimiento y control de las organizaciones socio-productivas y de los espacios de intercambio solidario del país (art. 19).

El procedimiento para la inscripción ante el Ministerio de las Comunas, a los efectos de la obtención de la personalidad jurídica de las diversas organizaciones socio-productivas, es el siguiente:

1. En los casos de organizaciones socio-productivas de propiedad social comunal directa, es decir, de empresas del Estado Comunal, los responsables designados por la instancia de agregación comunal correspondiente, deben presentar por ante el Ministerio de las Comunas la solicitud de registro, acompañada del acta constitutiva de la organización, acta de la asamblea de productores, así como el proyecto socio-productivo. Cuando se trate de empresas de propiedad social comunal indirecta, es decir, de empresas públicas, el funcionario autorizado del órgano o ente de la Administración Pública correspondiente, es el que debe presentar ante el Ministerio de las Comunas el acta constitutiva, así como los estatutos de la organización.

2. El servidor público responsable en el Ministerio de las Comunas debe recibir los documentos que le hayan sido presentados con la solicitud, debe efectuar el registro en un lapso no mayor a quince días, otorgándole personalidad jurídica a todos los efectos legales.

3. Si se encontrare alguna deficiencia en la documentación presentada, el servidor público competente lo debe comunicar a los solicitantes, quienes tienen un lapso de treinta días para corregirla, de manera que subsanada la falta se debe proceder al registro.

4. Si los interesados no subsanan la falta en el lapso indicado, el órgano coordinador debe abstenerse de registrar la organización, y contra esta decisión puede interponerse el recurso jerárquico correspondiente conforme a lo dispuesto en la Ley Orgánica de Procedimientos Administrativos, con lo cual queda agotada la vía administrativa. Los actos administrativos dictados por el Ministerio de las Comunas como "órgano coordinador" pueden ser recurridos por ante la jurisdicción contencioso administrativa.

El Ministerio de las Comunas, sólo puede abstenerse de registrar una organización socio-productiva, además de cuando no se acompañen los documentos exigidos en la Ley o si éstos presentan alguna deficiencia u omisión no subsanada, "cuando el proyecto socio productivo de la organización tenga por objeto finalidades distintas a las previstas en la Ley." (Art. 18) Por tanto, ninguna organización socio-productiva que no sea socialista o que no responda al modelo productivo socialista podría ser registrada.

B. *Derechos de las organizaciones socio-productivas*

Conforme se establece en el artículo 20 de la LOSEC, las organizaciones socio-productivas gozan de los siguientes derechos:

1. Formación y capacitación integral para el trabajo productivo y técnico, en la formulación, desarrollo y financiamiento de proyectos socio-productivos sustentables por parte de los órganos y entes del Poder Público con competencia en la materia.

2. Acompañamiento integral mediante el otorgamiento de recursos financieros y no financieros, retornables y no retornables, por parte de los órganos y entes del Poder Público.

3. La transferencia de servicios, actividades y recursos, en el área de sus operaciones, de acuerdo con lo establecido en el artículo 184 y 185 de la Constitución de la República, en concordancia con las decisiones del Consejo Federal de Gobierno.

Además, dispone el artículo 22 de LOSEC que los órganos y entes del Poder Público, en sus diferentes niveles político-territoriales, deben establecer entre las condiciones para los procesos de contratación de obras, adquisición de bienes y prestación de servicios, "medidas que favorezcan y otorguen prioridad y preferencia a las organizaciones socio-productivas" establecidas en la Ley.

Por otra parte, en caso de situaciones sobrevenidas no imputables a la organización socio-productiva, que afecte su funcionamiento o capacidad de pago, el artículo 23 de la Ley dispone que el Ejecutivo Nacional, a través del Ministerio de las Comunas, podrá aprobar y aplicar programas de recuperación o reestructuración.

C. *Obligaciones de las organizaciones socio-productivas*

En cuanto a las obligaciones de las organizaciones socio-productivas, las mismas se enumeran en el artículo 24 de la LOSEC, en la siguiente forma:

1. Diseñar y ejecutar planes, programas y proyectos socio-productivos, en coordinación con el Comité de Economía Comunal, el Consejo de Economía Comunal o la instancia de articulación en materia de economía comunal del sistema de agregación, según sea el caso, dirigidos a consolidar el desarrollo integral de la comunidad o las comunidades del ámbito territorial de la instancia del Poder Popular al que corresponda.

2. Promover y practicar la democracia participativa y protagónica, basada en los principios de la ética socialista, y el desarrollo de actividades socio-productivas, surgidas del seno de la comunidad o las comunidades.

3. Cumplir y hacer cumplir las decisiones emanadas del Comité de Economía Comunal, el Consejo de Economía Comunal o la instancia en materia de economía comunal del sistema de agregación, según sea el caso, en función de articular los planes y proyectos socio-productivos a los lineamientos de planificación de la instancia respectiva.

4. Fomentar, promover e implementar el desarrollo de actividades socio-productivas, políticas, culturales, ecológicas, de defensa de los derechos humanos y de las personas en situación de vulnerabilidad, de acuerdo a los principios y valores contenidos en esta Ley.

5. Rendir cuentas y ejercer la contraloría social, como actividad permanente, en el desarrollo de la gestión comunitaria o comunal.

6. Prever medidas adecuadas para promover la defensa, protección y aseguramiento del ambiente en condiciones óptimas para la realización de

sus actividades, a los fines de minimizar el impacto ambiental de las operaciones que realicen.

7. Reinvertir socialmente los excedentes para el desarrollo de las comunidades y contribuir al desarrollo social del país, de acuerdo a lo establecido en el Reglamento de esta Ley y a la planificación de la instancia correspondiente.

8. Dar prioridad a las personas y al trabajo como hecho social sobre el capital, con el fin de garantizar el desarrollo humano integral.

9. Garantizar la igualdad de derechos y obligaciones para los integrantes de las organizaciones socio-productivas.

10. Desarrollar acciones estratégicas de enlace y coordinación, para articularse en red con otras organizaciones socio-productivas, a los fines de garantizar el desarrollo y consolidación del sistema económico comunal, para elevar los niveles de eficiencia en la productividad y la cobertura de bienes y servicios, en beneficio de la colectividad y el desarrollo social integral del país.

11. Incentivar la inserción socio-productiva como elemento fundamental del desarrollo social, impulsando el espíritu emprendedor solidario y la cultura del trabajo colectivo. A tal efecto, la propia Ley define el "trabajo colectivo" como la "actividad organizada, planificada y desarrollada por los integrantes de las distintas formas organizativas de producción de propiedad social, basada en una relación de producción no alienada, propia y auténtica, de manera participativa y protagónica"(art. 6.23).

12. Garantizar un modelo de gestión basado en el aprendizaje permanente y regido por los principios propios de la democracia revolucionaria.

13. Hacer transparente las estructuras de costos y precios, así como participar en la creación de nuevas formas de espacios de integración, mediante el intercambio directo de bienes y servicios entre las organizaciones socio-productivas y las comunidades.

D. *Régimen jurídico de las organizaciones socio-productivas*

Como se aprecia de lo antes señalado, la LOSEC establece toda una precisa regulación sobre la constitución y funcionamiento de las organizaciones socio-productivas, diferentes a las que rigen en el ordenamiento jurídico de la República para las organizaciones económicas o empresariales, particularmente diferentes a las establecidas en el Código de Comercio.

Sin embargo, en todos aquellos casos en los cuales el desarrollo de las actividades de las empresas de propiedad social hubiere que aplicar supletoriamente cualquier disposición contenida en norma distinta a la LOSEC, es decir, en el ordenamiento jurídico de la república, de acuerdo con el artículo 39 de la LOSEC, se debe proceder con arreglo a los siguientes principios:

1. Las personas naturales y sujetos públicos o privados que formen parte de empresas de propiedad social comunal no tienen derecho o participación sobre el

patrimonio de las mismas, y el reparto de excedentes económicos, si los hubiere, se hará de conformidad con lo establecido en la Ley.

2. Las empresas de propiedad social comunal pueden realizar cualesquiera actos de comercio, pero tales actos no pueden constituir su único o exclusivo objeto empresarial, por cuanto éste debe comprender, además de las actividades que resulten en un beneficio para sus productores que las conformen, la reinversión social del excedente para el desarrollo de la comunidad y contribución al desarrollo social integral del país.

3. La constitución, operación y administración de las empresas de propiedad social comunal debe atender

"a los principios de desarrollo endógeno, equilibrio territorial, soberanía productiva, sustitución selectiva de importaciones y a un modelo de gestión que consolide la relación de producción socialista, determinándose previamente las necesidades de la población donde se proyecte su constitución, con base al potencial local, cultura autóctona y necesidades colectivas, lo cual determinará el tipo de bienes a producir o los servicios a prestar, de acuerdo a lo establecido en el Plan de Desarrollo Económico y Social de la Nación, así como a los lineamientos del Ejecutivo Nacional por intermedio del Ministerio del Poder Popular con competencia en materia de economía comunal."

4. En caso de conclusión, disolución o liquidación de empresas de propiedad social comunal, los bienes resultantes de la liquidación, si los hubiere, no pueden ser apropiados por ninguna de las personas naturales o jurídicas que conformen la empresa, sino que los mismos deben conservar "la condición de bienes de propiedad social comunal directa o indirecta," según corresponda a la clasificación que se les hubiere otorgado para el momento de la constitución de la empresa.

5. En caso de liquidación de empresas de propiedad social comunal indirecta, los bienes resultantes de la liquidación deben ser revertidos a la República o transferidos a otra empresa de propiedad social comunal indirecta, según se indique en el decreto mediante el cual se establezca la liquidación.[147]

Por otra parte, conforme se dispone en el artículo 21, las organizaciones socio-productivas están "exentas del pago de todo tipo de tributos nacionales y derechos de registro."

---

147 El numeral 6 el mismo artículo atribuye al Presidente de la República, en Consejo de Ministros, la potestad de reglamentar los aspectos enumerados en este artículo, así como otros que, con la finalidad de regular el funcionamiento de las empresas de propiedad social comunal, ameriten de normativa administrativa

5. Estructura organizativa y funcional de la organización socio-productiva

A. Las unidades de las organizaciones socio-productivas

La LOSEC establece detalladas regulaciones absolutamente uniformes sobre las diversas Unidades que deben tener las diversas organizaciones socio-productiva, las cuales conforme al artículo 25, son siempre las siguientes: Unidad de Administración (Art. 27); Unidad de Gestión Productiva (Art. 28); Unidad de Formación (Art. 297); y Unidad de Contraloría Social (Art. 30). La LOSEC establece al efecto detalladas regulaciones sobre las competencias de cada una de dichas Unidades.

B. Integrantes de las organizaciones socio-productivas

Las organizaciones socioporductivas están integradas por "productoras o productores" quienes conforme al artículo 6.16, "ejercen el control social de la producción, de manera directa o en conjunto con la representación del Poder Público según la organización, sea de propiedad directa comunal o de propiedad indirecta comunal; y cuyas relaciones de trabajo se basan en la igualdad de derechos y deberes, sin ningún tipo de discriminación ni de posición jerárquica." Es francamente difícil siquiera imaginar cómo una empresa, como organización económica para la producción, pueda funcionar sin posiciones jerárquicas diferenciadas.

Estos productores integrantes de las organizaciones socio-productivas, tienen los siguientes derechos indicados en el artículo 32 de la Ley:

1. Recibir una justa remuneración por el trabajo realizado, de acuerdo a la calidad y cantidad del mismo.

2. Recibir apoyo económico de su organización socio-productiva ante situaciones de contingencia, emergencia o problemas de salud, que no posean capacidad de cubrir.

3. Recibir permanentemente formación y capacitación técnica-productiva y político-ideológica, necesarias para su pleno desarrollo dentro de la organización y del sistema económico comunal.

Por otra parte, dichos integrantes de una organización socio-productiva, tienen los siguientes deberes enumerados en el artículo 33:

1. Coadyuvar en el desarrollo del sistema económico comunal, para contribuir con la transformación del modelo productivo tradicional, hacia el modelo productivo socialista.

2. Incentivar la participación y ayuda mutua entre sus compañeros y compañeras de trabajo.

3. Promover la ética y disciplina revolucionaria.

4. Rendir cuenta de su gestión cuando le sea requerido.

5. Manejar con eficacia y eficiencia los recursos de la organización, asignados por el Estado u obtenidos por cualquier otra vía.

6. Actuar conforme a los acuerdos alcanzados en asamblea, ya sea del ámbito de su sistema de agregación comunal o las ordinarias y extraordinarias de la organización productiva.

7. Promover y practicar la democracia participativa y protagónica en el desarrollo de las actividades socio-productivas.

8. Participar en el diseño y ejecución de planes, programas y proyectos socio-productivos dirigidos a consolidar el desarrollo integral de la comunidad.

9. Promover la contraloría social y estar sujeto a la misma.

10. Velar por el buen uso de los activos de propiedad colectiva.

C. *Los voceros de las unidades de las organizaciones socio productivas*

Cada una de las cuatro Unidades de las organizaciones socio-productivas (Unidad de Administración, Unidad de Gestión Productiva, Unidad de Formación y Unidad de Contraloría Social) deben estar integradas, por tres voceros, designados en la siguiente forma:

Cuando la organización socio-productiva sea de propiedad social comunal directa, es decir, se trate de una empresa del Estado Comunal, todos los integrantes de la Unidad de Organización deben ser designados por la instancia del Poder Popular a la que corresponda la organización socio-productiva, en consulta con sus integrantes (art. 26).

Cuando se trate de una organización socio-productiva que sea de propiedad social comunal indirecta, es decir, de una empresa pública creada por los órganos o entes del Poder Público, los integrantes de la Unidad de Administración deben ser designados en la siguiente forma: Dos representantes del órgano o ente del Poder Público que constituye la organización, los cuales deben ejercer sus labores en igualdad de condiciones con los demás integrantes de la organización; y un vocero de la asamblea de productores y productoras de la organización. En cambio, en cuanto a los integrantes de las Unidades De Gestión Productiva, Formación y Contraloría Social los mismos deben ser designados por la asamblea de productores y productoras.

D. *Condición para ser productores-integrantes de las organizaciones socio-productivas*

Conforme al artículo 31 de la LOSEC, para ser productor integrante de las organizaciones socio-productivas se requiere:

1. Ser venezolano o extranjero residente, habitante de la comunidad con al menos un año de residencia en la misma, salvo en los casos de las comunidades recién constituidas.

2. Ser mayor de quince años, excepto en los casos de las Unidades De Administración y de Contraloría Social donde se requiere ser mayor de dieciocho años.

3. Estar inscrito en el registro electoral de la instancia de la agregación comunal.

4. De reconocida honorabilidad.

5. Tener capacidad para el trabajo colectivo con disposición y tiempo para el trabajo comunitario.

6. Espíritu unitario y compromiso con los intereses de la comunidad.

7. No poseer parentesco hasta el cuarto grado de consanguinidad y segundo grado de afinidad con los demás integrantes de la Unidad de Administración y de la Unidad de Contraloría Social que conforman la organización socio-productiva, salvo las comunidades de áreas rurales y comunidades indígenas.

8. No ocupar cargos de elección popular.

9. No estar sujeto a interdicción civil o inhabilitación política.

10. No ser requerido o requerida por instancias judiciales.

La condición de integrante de la organización socio-productiva se pierde por las siguientes causales enumeradas en el artículo 34 de la Ley:

1. La renuncia a su condición de integrante de la organización.

2. El cambio de residencia comprobado, fuera del ámbito geográfico al que pertenezca la organización socio-productiva.

3. Enfermedad que imposibilite ejercer sus funciones.

4. Estar sujeto a sentencia definitivamente firmen dictada por los órganos jurisdiccionales, que impida el ejercicio de sus funciones.

5. Ser designado o designada en un cargo público de elección popular.

6. Por disolución y/o liquidación de la organización socio-productiva.

7. Por vencimiento del término de duración de la organización socio-productiva.

8. Incurrir en alguna falta grave o infracción de las establecidas en la presente Ley y las que normen las instancias del Poder Popular.

Conforme al artículo 35 constituye falta grave, las siguientes: a) Observar mala conducta o realizar actos que se traduzcan en grave perjuicio moral o material para la organización socio-productiva; b) El no cumplimiento de los deberes e irrespeto de los principios y valores fundamentales establecidos en la Ley y su Reglamento; c) Cuando se desvíe el destino de los recursos que le hayan sido entregados para su administración, a un uso distinto al planificado y que dé origen a un hecho previsto en la ley como punible; o d) Cuando los integrantes de la organización socio-productiva incumplan con la reinversión social del excedente en un periodo de un año.

9. Contravenir las disposiciones establecidas en la carta fundacional de la comuna, las cartas comunales, relativas a las normas de convivencia, o incurrir en alguna falta calificada como grave por esta Ley.

En todo caso, quien infrinja el normal funcionamiento de los grupos de intercambio solidario, incumpla sus deberes o realice acciones que alteren o perjudiquen el sistema de intercambio solidario en detrimento de los intereses de la comunidad, debe ser desincorporado del grupo de intercambio solidario, quedando inhabilitado para participar en otros grupos de intercambio por el lapso de un año, sin perjuicio de la responsabilidad civil, penal y administrativa a que hubiere lugar (art. 51).

10. La muerte.

E. *Normas sobre la gestión productiva y administración de los recursos de las organizaciones socio-productivas*

La LOSEC trae una extensa y detallada regulación sobre la gestión productiva y sobre la administración de los recursos de las organizaciones socio-productivas.

A tal efecto, la *gestión productiva*, en el marco de las actuaciones de las organizaciones socio-productivas, se define en el artículo 56 de la LOSEC como un proceso para hacer efectiva la participación popular y la planificación participativa, que responda a las necesidades colectivas y contribuya al desarrollo de las potencialidades y capacidades de las comunidades.

Esta gestión productiva se concreta como una expresión del ciclo comunal, dirigida a la formulación, ejecución y control del plan de desarrollo de la instancia de agregación comunal a que corresponda (art. 56). Conforme al artículo 57, al referirse a las fases del ciclo comunal productivo, dispone que la gestión productiva, desarrollada a través del mismo, se conforma por cinco fases, las cuales se complementan e interrelacionan entre sí, y que son: el diagnóstico, el plan, el presupuesto, la ejecución y la contraloría social.

En cuanto a los *recursos* de las organizaciones socio productivas, los mismos se regulan en la LOSEC, disponiéndose que los recursos financieros y no financieros son los siguientes: 1. Los que sean transferidos por la República, los estados y los municipios, conforme a lo establecido en los artículos 184, 185, 300 y 308 de la Constitución; 2. Los generados en el desarrollo de su actividad productiva; y 3. Los provenientes de donaciones. (art. 58). Los Recursos financieros se clasifican en Recursos retornables y Recursos no retornables (art. 59): y los Recursos no financieros se definen como programas, proyectos, instrumentos y acciones para el adiestramiento, capacitación, asistencia tecnológica, productiva y otros, prestados por los órganos y entes del Poder Público a las organizaciones socio-productivas, necesarios para concretar la ejecución de las políticas, planes y proyectos que impulsen al sistema económico comunal (art. 60).

En cuanto a los *fondos* de las organizaciones socio-productivas, en los artículos 62 a 65 de la LOSEC se regulan detalladamente los Fondos internos de las organizaciones socio-productivas; los Fondo de mantenimiento productivo; Fondos de atención a los productores, productoras y prosumidores; y el Fondo comunitario para la reinversión social. Este último, conforme al artículo 65, está destinado al desarrollo social comunitario, comunal y nacional, constituido por recursos financieros excedentes del proceso socio-productivo que serán transferidos por las organizaciones socio-productivas a la instancia del Poder Popular que corresponda, así como al Ejecutivo Nacional. Artículo 66

6. *El sistema alternativo de intercambio solidario*

A. *Fines y función del sistema alternativo de intercambio (trueque)*

La LOSEC destina un conjunto de normas para regular, en especial, el "sistema alternativo de intercambio solidario," consistente, como se ha dicho, en el sistema de trueque comunitario directo e indirecto (art. 43), el cual se define en el artículo 40, como:

> "el conjunto de actividades propias que realizan los prosumidores y prosumidoras, dentro y fuera de su comunidad, por un periodo determinado, antes, durante y después del intercambio, con el propósito de satisfacer sus necesidades y las de las comunidades organizadas, de saberes, conocimientos, bienes y servicios, mediante una moneda comunal alternativa; y con prohibición de prácticas de carácter financiero, como el cobro de interés o comisiones."

Este sistema alternativo de intercambio solidario, tal como se indica en el artículo 41 de la Ley, tiene como objetivo primordial facilitar el encuentro de "prosumidores" de los grupos que lo conforman, para desarrollar las actividades propias del sistema, organizado en la forma prescrita en la Ley y su Reglamento, con la finalidad de satisfacer sus necesidades y de las comunidades organizadas, propendiendo al mejoramiento de la calidad de vida del colectivo.

Dicho sistema de intercambio solidario, conforme al artículo 42, se basa en los siguientes principios y valores: 1. La buena fe como base de las operaciones de intercambio. 2. El respeto de las tradiciones sociales y culturales. 3. La responsabilidad en la elaboración de bienes y prestación de servicios. 4. La no discriminación. 5. La coordinación de negociación armónica para el intercambio. 6. El impulso del sistema económico comunal. 7. La satisfacción de necesidades del colectivo. 8. El intercambio de saberes, conocimientos, bienes y servicios de calidad. 9. La reducción de los costos de las transacciones asociadas a los participantes. y 10. El rescate de la memoria histórica local.

Los grupos de intercambio solidario, tal como lo precisa el artículo 46 de la Ley, tienen como función primordial facilitar las relaciones de intercambio entre los "prosumidores", para lo cual deben:

1. Estimular y fortalecer el intercambio justo de saberes, conocimientos, bienes y servicios en cualquiera de los espacios de intercambio solidario.

2. Promover la autogestión comunitaria, incentivando la creación y el desarrollo integral de los prosumidores y prosumidoras.

3. Fomentar el desarrollo endógeno sustentable.

4. Fortalecer la identidad comunal y las relaciones comunitarias.

5. Establecer relaciones con los órganos competentes para el desarrollo de la producción de saberes, conocimientos, bienes y servicios como un medio para alcanzar la soberanía alimentaria.

6. Ejecutar todas aquellas actividades que, en el marco de la Constitución de la República y el ordenamiento legal vigente, determinen los prosumidores y prosumidoras reunidos en asamblea.

B. *Los derechos y deberes de los "prosumidores"*

De acuerdo con el artículo 48 de la Ley, los derechos de los "prosumidores" son los siguientes:

1. Recibir del Ministerio del Poder Popular con competencia en materia de economía comunal, información, formación, capacitación y acompañamiento integral para su efectiva participación en el sistema alternativo de intercambio solidario.

2. Participar en la constitución, gestión y toma de decisiones dentro del grupo de intercambio solidario al cual pertenezcan.

3. Recibir información oportuna e incuestionable sobre los lineamientos del grupo de intercambio solidario en el que participan.

4. Elegir y ser elegidos o elegidas para la conformación de las vocerías de los comités de trabajo del grupo de intercambio solidario.

5. Su publicación en el directorio, que a tales efectos llevará el Ministerio del Poder Popular con competencia en materia de economía comunal, para la identificación de los grupos del sistema alternativo de intercambio solidario, junto con sus ofertas de saberes, conocimientos, bienes y servicios.

6. Los que se reconozcan por decisión de la asamblea de prosumidores y prosumidoras, de conformidad con la Constitución de la República y las leyes.

En cuanto a los deberes de los "prosumidores", conforme al artículo 49 de la LOSEC, son los siguientes:

1. Producir bienes o prestar servicios, saberes y conocimientos para los grupos de intercambio solidario, así como consumir, adquirir bienes y servicios de los otros prosumidores y prosumidoras.

2. Inscribirse ante la unidad de verificación, inscripción y registro del órgano coordinador.

3. Cumplir con las obligaciones y responsabilidades asumidas en su grupo de intercambio solidario.

4. Cumplir y hacer cumplir las decisiones emanadas de la asamblea de su grupo de intercambio solidario.

5. Pertenecer a un comité de trabajo y cumplir las tareas que le sean asignadas.

C. *Los espacios del sistema alternativo de intercambio solidario*

El sistema alternativo de intercambio solidario conforme al artículo 50 de la LOSEC puede ser desarrollado en en los siguientes espacioe: Primero, el Sistema de producción y suministro para el trueque comunitario. Segundo, en los Centros de acopio, tiendas comunitarias y proveedurías. Tercero, en cualquier lugar que determinen los "prosumidores" en el momento requerido, o en su defecto el lugar acordado por la asamblea de "prosumidores". Y cuarto, todos aquéllos que a tales fines fije el Ejecutivo Nacional a través del Ministerio con competencia en materia de economía comunal.

D. *La moneda comunal*

Como se ha dicho, la LOSEC establece la "moneda comunal," como un "instrumento alternativo a la moneda de curso legal en el espacio geográfico de la República," donde funciona el grupo de intercambio solidario, que permite y facilita el intercambio de saberes, conocimientos, bienes y servicios en los espacios del sistema de intercambio solidario, mediante la cooperación, la solidaridad y la complementariedad, en contraposición a la acumulación individua (art. 52). Corresponde al Banco Central de Venezuela regular todo lo relativo a la moneda comunal dentro del ámbito de su competencia (art. 53).

Cada moneda comunal, por otra parte, tiene una denominación que debe ser escogida por cada grupo de intercambio solidario, "la cual responderá a una característica ancestral, histórica, cultural, social, geográfica, ambiental, patrimonial u otra que resalte los valores, la memoria e identidad del pueblo" (art. 54).

La moneda comunal debe ser administrada por los grupos de intercambio solidario, debidamente registrada y distribuida equitativamente entre los "prosumidores", y sólo tendrá valor dentro del ámbito territorial de su localidad; en consecuencia, no tendrá curso legal ni circulará fuera del ámbito geográfico del grupo de intercambio solidario.

El valor de la moneda comunal debe ser determinado "por equivalencia con la moneda de curso legal en el espacio geográfico de la República," a través de la asamblea de "prosumidores", previa autorización del Ministerio de las Comunas, de conformidad con lo previsto en la Ley y las resoluciones que a tal efecto dicte el Banco Central de Venezuela (art. 55).

Por supuesto, leer estas disposiciones sobre unas monedas comunales, cuyo número puede ser infinito, lo que recuerda es el establecimiento de los viejos "vales" o moneda de las haciendas que existieron hasta comienzos del siglo XX, donde los campesinos quedaban confinados para sus posibilidades de intercambio, lo que después de tantas décadas de desarrollo se logró superar, primero or la emisión de moneda por los bancos privados; y luego, por la creación de la moneda única, que es el bolívar, luego de la creación del Banco Central de Venezuela al cual se le dio el monopolio de la acuñación. Parecería que con estas regulaciones sobre la moneda comunal, no sólo se ignora la realidad del país y su historia, sino que parece que se quisiera regresar a la Venezuela de hace más de cien años, confinándose la economía a lo local, cuando en el mundo la corriente globalizadora muestra lo contrario. Basta para darse cuenta de ello los esfuerzos por el mantenimiento del Euro en Europa, como moneda supranacional.

E.   *La red de comercio justo y suministro socialista*

Por último, la LOSEC regula la "red de comercio justo y suministro socialista," integrada por "las unidades de suministro socialista" y demás medios de distribución y abastecimiento con que cuenta el Estado para tal fin (art. 69), que deben ser promovidas, fomentadas y estimuladas por el Poder Ejecutivo Nacional, a través del Ministerio del Poder Popular con competencia en materia de comercio, (art. 70). A tal efecto, el mismo Ministerio debe implementar las medidas necesarias "para garantizar el acceso de las organizaciones socio-productivas del sistema de economía comunal a la red de comercio justo y suministro socialista" (Art. 71).

Por otra parte, dispone la Ley que el Ejecutivo Nacional, debe establecer las medidas necesarias para "promover el acceso de las organizaciones socio-productivas del sistema económico comunal a los distintos procesos de intercambio socio-productivos nacionales e internacionales, preferentemente con los países latinoamericanos y del Caribe; y muy especialmente con los países miembros de la Alianza Bolivariana para los Pueblos de Nuestra América (ALBA-TCP), para potenciar el humanismo, el internacionalismo y la unión de los pueblos, bajo los principios de la solidaridad, la complementariedad y el respeto a la soberanía nacional. (art. 73). No se entiende cómo funcionando con una moneda comunal, puede siquiera pensarse que las organizaciones socio-productivas puedan acceder al comercio internacional.

7.   *El régimen sancionatorio de orden penal*

Por último, la LOSEC establece entre sus disposiciones, la tipificación de un conjunto de delitos como consecuencia del régimen compulsivo que se establece sobre el sistema económico comunal o sistema económico comunista, y que son los siguientes:

En primer lugar, se tipifica como conducta delictiva penada con prisión de cuatro a seis años, la realización de "acciones contrarias al normal desenvolvimiento del sistema económico comunal", supuesto que se da conforme al artículo 75 de la Ley, cuando "personas naturales o las responsables de personas jurídicas … conjunta o separadamente, contravengan las medidas, condiciones y controles" previstos en la LOSEC "para lograr el normal y adecuado desenvolvimiento del sistema económico comunal, ya sea almacenando, distribuyendo, comercializando, usando o suministrando bienes de consumo, servicios y saberes del sistema económico comunal."

Las personas naturales o las responsables de personas jurídicas que, conjunta o separadamente, para formar parte del sistema económico comunal o vincularse con sus actividades, de conformidad con la presente Ley, incurran en este supuesto delictivo, serán penados o penadas con prisión de seis a ocho años.

En segundo lugar, también se tipifica como conducta delictiva penada con prisión de dos a cuatro años, la realización de "restricciones u obstáculos a la cadena de producción, distribución y acceso de bienes y servicios," supuesto que se da conforme al artículo 76 de la Ley, cuando "personas naturales o las responsables de personas jurídicas … conjunta o separadamente, impidan, obstaculicen o restrinjan el normal funcionamiento y resguardo, de la producción, distribución, transporte, comercialización, suministro de los bienes de consumo, servicios y saberes del sistema económico comunal.

Igualmente, incurren en este tipo delictivo, "las personas naturales o las responsables de personas jurídicas que, conjunta o separadamente, impidan el acceso a dichos bienes por partes de los consumidores y consumidoras."

En tercer lugar, por último, también se tipifica como conducta delictiva penada con prisión de dos a cuatro años, la "difusión de propaganda o publicidad subliminal, falsa o engañosa," supuesto que se da conforme al artículo 77 de la LOSEC, cuando "personas naturales o las responsables de personas jurídicas … conjunta o separadamente, realicen propaganda o publicidad subliminal, falsa o engañosa sobre los bienes, servicios y saberes del Sistema Económico Comunal y sus medios de producción, intercambio, distribución, comercialización y suministro."

Paris, diciembre 2010/New York, enero 2011

SEXTA PARTE:

LA NUEVA PROPUESTA DE REFORMA CONSTITUCIONAL CON LA CONVOCATORIA DE LA ASAMBLEA CONSTITUYENTE DE 2017

I.   EL INCONSTITUCIONAL ANUNCIO DEL PRESIDENTE DE LA REPÚBLICA EL 1º DE MAYO DE 2017 DE CONVOCATORIA A UNA ASAMBLEA NACIONAL CONSTITUYENTE

La Constitución de 1999, para asegurar el derecho a la participación política en materia de reforma de la Constitución a través del mecanismo de la Asamblea Constituyente después de la experiencia de la Asamblea Constituyente de ese año, estableció expresamente en su artículo 347, en lenguaje directo y claro, sin ambigüedad alguna, que:

> Art. 347: El pueblo de Venezuela *es el depositario del poder constitu-yente originario. En ejercicio de dicho poder [el pueblo], puede convocar una Asamblea Nacional Constituyente...*"

Sin embargo, al contrario de lo que establece expresamente esta norma,[1] Nicolás Maduro, quien ejercía la Presidencia de la República en mayo de 2017, anunció que convocaría "al poder constituyente originario para ganar la paz y vencer el golpe de Estado y perfeccionar el sistema económico y político del pueblo" agregando que ello lo haría supuestamente en uso de sus:

> "atribuciones presidenciales como jefe de Estado, constitucionales de acuerdo al artículo 347 convoco el poder constituyente originario para que

---

1   Véase Allan R. Brewer-Carías, "Sobre cómo se puede convocar en Venezuela una Asamblea Nacional Constituyente," 1 de mayo de 2017, en http://allanbrewercarias.net/-site/wpcontent/up-loads/2017/05/154.-doc.-Brewer.-C%C3%93MO-CONVOCAR-CONSTITUYENTE-1-5-2017.pdf.

la clase obrera en un proceso convoque a un Asamblea Nacional Constituyente."[2]

Esta propuesta que se concretó luego en los Decretos N° 2.830 de 1 de mayo de 2017 y N° 2.878 de 23 de mayo de 2017, era errada, inconstitucional y fraudulenta.[3]

En Venezuela, se insiste, el presidente de la República NO puede convocar una Asamblea Constituyente, pues conforme al texto del artículo 347 de la Constitución antes citado, quien puede convocar una Asamblea Constituyente es *el pueblo* exclusivamente, quien es el único que detenta el poder constituyente originario.

Y el pueblo no es una fracción o facción del mismo, y menos una persona o grupo, sino que está conformado por el universo de todos los electores, titulares de derechos políticos, considerados en su globalidad, y no solo un componente del mismo como podría ser la "clase obrera," o los "líderes comunitarios," o los representantes de "gremios" o sectores de intereses, o de "regiones."

En Venezuela, la "clase obrera" por supuesto es parte del pueblo, pero no es el pueblo ni pueden atribuírsele las prerrogativas del pueblo. Por tanto, pretender convocar inconstitucionalmente una constituyente y que se conformase solo con supuestos representantes de la "clase obrera," era inconstitucional y discriminatorio políticamente.

Ahora bien, precisamente porque el pueblo en su globalidad es el depositario del poder constituyente originario, el mismo conforme a la norma citada es quien "en ejercicio de dicho poder,"[...] *"puede convocar* una Asamblea Nacional Constituyente con el objeto de transformar el Estado, crear un nuevo ordenamiento jurídico y redactar una nueva Constitución;" debiendo hacerse dicha convocatoria como resultado de la expresión de la voluntad popular, la cual conforme a la Constitución solo se puede expresar a través de un referendo como consecuencia de una votación popular universal, directa y secreta.[4]

Con la declaración expresa del artículo 347 de la Constitución de 1999, en el mismo (siguiendo precisamente la experiencia de la Asamblea Constituyente de 1999), se eliminó toda posibilidad de que un órgano del Estado (órganos constituidos) pudiera "convocar" una Asamblea Nacional Constituyente (solo el pueblo puede hacerlo mediante referendo), y además, se eliminó también toda la otra discusión sobre si la Asamblea Nacional Constituyente, una vez convocada mediante referendo y posteriormente, una vez electa, podía o no asumir el poder

---

2   Véase Alonso Moleiro y María Fernanda Flores, gente de palabra, *Unión Radio*, 1 de mayo de 2017, en http://unionradio.net/maduro-afirma-que-seguira-batallando-para-vencer-guerra-de-precios/.

3   Véase respectivamente en *Gaceta Oficial* N° 6.295 Extra de 1° de mayo de 2017 y N° 41.186 de 23 de mayo de 2017.

4   Véase sobre ello lo que hemos expuesto en Allan R. Brewer-Carías, *Reforma constitucional y fraude a la Constitución (1999-2009)*, Academia de Ciencias Políticas y Sociales, Caracas 2009, p. 64-66; y en *La Constitución de 1999 y la Enmienda constitucional N° 1 de 2009*, Editorial Jurídica Venezolana, Caracas 2011, pp. 299-300.

constituyente originario, que estando exclusivamente en manos del pueblo, nadie más puede asumirlo.[5]

Es decir, conforme a la Constitución de 1999, esa discusión ya no cabía, pues su texto eliminó toda posibilidad de que la Asamblea Nacional Constituyente pudiese ser convocada por algún órgano del Estado y que pudiese usurpar el poder constituyente originario que sólo lo tiene el pueblo.

Ahora bien, para que el pueblo pueda *convocar* una Asamblea Nacional Constituyente mediante la expresión de su voluntad que solo puede materializarse a través de un referendo, el artículo 348 de la Constitución asigna *la iniciativa* para que se inicie el proceso y pueda el pueblo pronunciarse sobre la convocatoria, *primero*, al presidente de la República en Consejo de Ministros; *segundo*, a la Asamblea Nacional, mediante acuerdo de las dos terceras partes de sus integrantes; *tercero*, a los Concejos Municipales en cabildo, mediante el voto de las dos terceras partes de los mismos; o *cuarto*, al quince por ciento de los electores inscritos en el Registro Civil y Electoral. Estos tienen la facultad de proponer ante el Consejo Nacional Electoral que se lleve a cabo un referendo para que el pueblo convoque la Constituyente; pero iniciativa no es convocatoria, es iniciativa para que el pueblo convoque.

De manera que una vez que cualquiera de los legitimados para ello tome la iniciativa, la propuesta que se formule ante el Consejo Nacional Electoral debe contener las "bases comiciales," es decir, la precisión de la misión y los poderes de la Asamblea Constituyente que se propone sea convocada, así como su duración y la forma de integrarla y de elegir a los constituyente, que solo puede realizarse conforme lo previsto en la Constitución, es decir, mediante sufragio universal, directo y secreto, por ser la base de la expresión de la soberanía del pueblo.

No podía conformarse una Asamblea Constituyente, por tanto, como se anunció el 1 de mayo de 2017, con unos "constituyentes electos por la base de la clase obrera" ni por "líderes del pueblo en las comunidades," ni por "sectores gremiales" o regionales. Esa propuesta constituía un fraude a la Constitución y a la voluntad popular. Una vez convocada por el pueblo una Asamblea Constituyente, sus miembros solo pueden ser electos por votación popular, directa y secreta, siendo ello de la esencia de la Constitución.

Conforme a lo anterior, entonces, una vez que alguno de los cuatro legitimados para ello (presidente, Asamblea Nacional, Concejos Municipales, iniciativa popular) tome la iniciativa, debe acudir ante el Poder Electoral a manifestarla, consignado su propuesta de bases comiciales de la Constituyente para que éste órgano proceda en consecuencia a convocar un referendo, precisamente para que el pueblo pueda adoptar la decisión de convocar o no la Asamblea Nacional Constituyente. Solamente si el pueblo la aprueba mayoritariamente es que podría procederse a elegir los miembros de la Asamblea.

---

5   Véase el interesante trabajo de Eduardo Jorge Prats, "El poder constituyente de Sieyès a Maduro," 26 de mayo de 2017, en http://hoy.com.do/el-poder-constituyente-de-sieyes-a-maduro/.

En otras palabras, una vez ejercida la iniciativa y luego de que el pueblo (todo el pueblo) se manifieste mediante referendo sobre la convocatoria y sobre el estatuto básico de la Asamblea Constituyente, si gana el SI, entonces debe procederse a la elección de los miembros de la Asamblea de acuerdo con el Estatuto que se apruebe popularmente.

II. UN NUEVO FRAUDE A LA CONSTITUCIÓN Y A LA VOLUNTAD POPULAR: EL INCONSTITUCIONAL DECRETO PARA CONVOCAR UNA ASAMBLEA CONSTITUYENTES CON EL PROPÓSITO APARENTE DE APROBAR LA REFORMA CONSTITUCIONAL RECHAZADA POR EL PUEBLO EN 2007[6]

Con base en todo lo anterior, el decreto presidencial N° 2830 de 1° de mayo de 2017, cuyo texto solo se conoció oficialmente el 4 de mayo de 2017 (cuando circuló la *Gaceta Oficial* respectiva) convocando una Asamblea Nacional Constituyente constituyó un fraude constitucional y un fraude a la voluntad popular.

Mediante dicho Decreto dictado en violación directa a la Constitución que solo le atribuye al presidente *la iniciativa* para que se convoque una Constituyente (art. 348, Constitución) pero *no para proceder directamente a su convocatoria* que solo le corresponde al pueblo como titular de la soberanía y depositario del poder constituyente originario (art. 348), el presidente, en fraude a la misma, usurpó y le arrebató al pueblo su derecho exclusivo de convocar mediante referendo la Asamblea Nacional Constituyente. Ésta no podía convocarse en Venezuela mediante decreto, marginando al pueblo, y era falso que el presidente tuviera "la iniciativa constitucional y exclusiva de convocar" una Asamblea Constituyente. Basta leer el artículo 348 de la Constitución para constatar que otros órganos del Estado y el propio pueblo tienen esa iniciativa.

El Decreto, además de ser un fraude a la Constitución, era un fraude a la voluntad popular tal como fue expresada mayoritariamente mediante referendo en diciembre de 2007 rechazando la reforma constitucional que una década después se quiere volver a aprobar pero sin la participación popular. Hugo Chávez, con dicha rechazada reforma constitucional, propuso eliminar el Estado democrático y Social de derecho y de Justicia y convertirlo en un "Estado Comunal" o "del Poder Popular,"[7] y diez años después, sin la participación del pueblo, Maduro

---

6   Véase Allan R. Brewer-Carías, "Nuevo fraude a la Constitución y a la voluntad popular: Inconstitucional decreto para convocar una Asamblea Constituyente solo para aprobar la reforma constitucional rechazada por el pueblo en 2007," New York, 4 de mayo de 2017, http://allanbrewerca-rias.net/site/wp-content/uploads/2017/05/156.-Decreto-Constituyente.-Nuevo-fraude-a-la-Constituci%C3%B3n-y-a-la-voluntad-popular.-4-mayo-2017.pdf Véase igualmente en Véase en Allan R. Brewer-Carías, *La inconstitucional convocatoria de una Asamblea Nacional Constituyente en mayo de 2017 Un nuevo fraude a la Constitución y a la voluntad popular*, Colección Textos Legislativos, N° 56, Editorial Jurídica Venezolana, Caracas 2017, pp. 65 ss.

7   Véase lo expuesto en Allan R. Brewer-Carías, *Hacia la consolidación de un Estado socialista, centralizado, policial y militarista. Comentarios sobre el sentido y alcance de las propuestas de reforma constitucional 2007*, Colección Textos Legislativos, N° 42, Editorial Jurídica Venezolana, Caracas 2007; *La reforma constitucional de 2007 (Comentarios*

pretendió implementar la reforma constitucional rechazada por el pueblo, con una convocatoria a una Asamblea Constituyente para hacer la misma reforma, pero negándole al pueblo su derecho a ejercer la democracia directamente.

Era por tanto falsa y contradictoria la oferta que hizo el Decreto de convocar una Asamblea Constituyente como una supuesta "tribuna participativa y protagónica," negándole precisamente al pueblo su principal derecho a la participación política que es el ejercicio directo de su soberanía mediante la expresión de su voluntad a través de referendos, particularmente en materia de reforma constitucional (arts. 5, 72, 347 Constitución).

El Decreto por otra parte, indicó los "objetivos programáticos" que se pretendían asignar a la Asamblea Nacional Constituyente, enumerando sucintamente los siguientes: (1) la paz; (2) la economía; (3), los subsidios-Misiones; (4) las competencias judiciales; (5) el Poder Popular; (6) la defensa de la soberanía; (7) la pluriculturalidad; (8) la juventud, y (9) la ecología.

Para lograr esos objetivos, salvo uno, por supuesto que no se requería acabar con la Constitución de 1999, ni se necesitaba de reforma constitucional alguna, pues para su implementación lo único que se requería era una adecuada política de Estado que el régimen se negó a adoptar e implementar, y para lo cual no se necesitaba de Asamblea Nacional Constituyente alguna, habiendo sido la sola convocatoria de ésta un tremendo fraude político.

Es decir, además de ser *un fraude a la Constitución y a la voluntad popular,* el Decreto dictado *era completamente inútil y engañoso* pues los objetivos que en él se prometían, se insiste, no eran de los que se podían lograr con una Asamblea Constituyente, ni con la eliminación de la Constitución de 1999 ni, por tanto, con aprobar una nueva Constitución. Todos, excepto uno, se podían lograr a través de la implementación de políticas públicas que solo podía adoptar el gobierno y los poderes públicos.

El único de los "objetivos programáticos" enunciados en el Decreto, que en cambio *sí requería de una Asamblea Constituyente* por ser una reforma que *modifica la estructura y los principios fundamentales de la Constitución de 1999,* era el expresado en el "objetivo programático" 5 del Decreto, como la:

"5. Constitucionalización de las nuevas formas de la democracia participativa y protagónica, a partir del reconocimiento de los nuevos sujetos del Poder Popular, tales como las Comunas y Consejos Comunales, Consejos de Trabajadores, entre otras formas de organización de base territorial y social de la población."

Este "objetivo programático" *no era más que la reedición de la rechazada reforma constitucional formulada por H. Chávez en 2007,* y que fue abrumadora

---

al proyecto inconstitucionalmente sancionado por la Asamblea Nacional el 2 de noviembre de 2007), Colección Textos Legislativos, Nº 43, Editorial Jurídica Venezolana, Caracas 2007.

y mayoritariamente rechazada por el pueblo en el referendo de diciembre de 2007, mediante el cual el pueblo manifestó su voluntad de no aprobarla.[8]

Diez años después, el Sr Maduro, en fraude a esa voluntad popular, violando la Constitución y quitándole al pueblo su derecho a participar políticamente mediante referendo en cualquier reforma constitucional, lo que pretendió era imponerle al pueblo con su sola voluntad, un sistema de Estado que el pueblo rechazó, y que falsamente calificó como supuestamente de "democracia participativa y protagónica".

Es decir, negándole al pueblo su derecho a participar directamente en democracia mediante referendo, pretendió engañar y proponer una forma y esquema de Estado que tiene de todo menos de "democracia participativa y protagónica," como se evidenció de la propuesta de reforma constitucional de 2007, que fue rechazada popularmente, y de su inconstitucional implementación mediante leyes, que lo que establecieron fue un sistema centralizado de instancias populistas totalmente controlado en su funcionamiento por un ministerio del Ejecutivo nacional.

El Decreto, además de fijar los "objetivos programáticos" antes indicados, definió algunos elementos conforme a los cuales el presidente pretendía que *se conformase* la Asamblea Nacional Constituyente inconstitucionalmente convocada, al indicar que su:

"conformación obedezca a la estructura geopolítica del Estado Federal y Descentralizado, con base en la unidad política primaria de la organización territorial que nuestra Carta Magna consagra."

Esta fraseología, por supuesto, además de ininteligible, era engañosa y contradictoria con lo que ha sido la política de Estado desde que se sancionó la Constitución de 1999.[9]

El "Estado Federal y descentralizado" que define la Constitución de 1999 (art. 4), lo sabía el presidente Maduro, nunca se desarrolló en el país en los últimos lustros, y más bien se lo aplastó totalmente con la política centralista del gobierno que ha venido progresivamente ahogando y vaciando de competencias a los Estados y Municipios. Era al menos una insolente e inadmisible ironía que el gobierno pretendiera apelar a la inexistente forma de Estado Federal y descen-

---

8   Véase lo expuesto en Allan R. Brewer-Carías, *Hacia la consolidación de un Estado socialista, centralizado, policial y militarista.* Comentarios sobre el sentido y alcance de las propuestas de reforma constitucional 2007, Colección Textos Legislativos, N° 42, Editorial Jurídica Venezolana, Caracas 2007; *La reforma constitucional de 2007 (Comentarios al proyecto inconstitucionalmente sancionado por la Asamblea Nacional el 2 de noviembre de 2007),* Colección Textos Legislativos, N° 43, Editorial Jurídica Venezolana, Caracas 2007.

9   Véase lo expuesto en Allan R. Brewer-Carías, *Federalismo y municipalismo en la Constitución de 1999 (Alcance de una reforma insuficiente y regresiva),* Cuadernos de la Cátedra Allan R. Brewer–Carías de Derecho Público, N° 7, Universidad Católica del Táchira, Editorial Jurídica Venezolana, Caracas-San Cristóbal 2001.

tralizada del Estado, que el propio gobierno ha desmantelado y desconstitucionalizado, para conformar la inconstitucional Asamblea.

Por otra parte, la "unidad política primaria de la organización territorial" que también se mencionó en el decreto para "conformar" la Asamblea, conforme a la Constitución (art. 168) no es otra que el Municipio, el cual precisamente es el que más ha sufrido los embates de las Leyes del Poder Popular de 2010, con las cuales lo que se buscó fue desmunicipalizar progresivamente el país, ahogando a los Municipios, sustituyéndolos por los Consejos Comunales.[10]

Era por tanto una contradicción, y un engaño risible que se propusiera conformar una Asamblea Constituyente conforme a una forma de Estado (Federación y descentralización) que no sólo el régimen ha aplastado, sino que precisamente se pretendía eliminar totalmente con la propia Asamblea Constituyente que se propuso, al tener como su único objetivo programático que la podría justificar, el instaurar el Estado del Poder Popular que implica precisamente la eliminación de los Estados y Municipios.

Por último, el Decreto, al referirse a la elección de los integrantes de la Asamblea Nacional (art. 2) incurrió en una inconstitucionalidad y en una insalvable contradicción al indicar que:

"serán elegidos en los ámbitos sectoriales y territoriales […] mediante voto universal, directo y secreto."

Vale la pena recordarle a los "constitucionalistas" que le redactaron el Decreto a quien ejercía la presidencia, que una "elección universal" conforme a la Constitución (art. 63), es aquella en la cual *votan todos los ciudadanos* que son los electores, sin discriminación ni exclusión de cualquier tipo. En Venezuela, la integración de los órganos del Estado solo podía hacerse mediante elección universal, donde todos los ciudadanos tenían derecho de participar y votar. Por tanto, una elección que se hiciera en "ámbitos sectoriales," precisamente por tratarse de sectores, era y es la antítesis de la universalidad; y solo se establecía en la Constitución para la elección de los diputados a la Asamblea Nacional en representación de las comunidades indígenas.

Una "elección sectorial" podría admitirse fuera del ámbito de los órganos del Estado, por ejemplo, para un partido político, un club social, un sindicato, un colegio profesional o una cámara de comercio, donde solo los miembros de esas organizaciones son electores; pero no para una Asamblea Nacional Constituyente que debía representar la universalidad del pueblo quien es el único depositario de la soberanía y del poder constituyente originario.

10　Véase lo expuesto en Allan R. Brewer-Carías, "La destrucción de la institución municipal en Venezuela, en nombre de una supuesta "participación protagónica del pueblo", en *XXX Congreso Iberoamericano de Municipios "El Buen Gobierno Local*, Ayuntamiento de Guadalajara, Organización de Cooperación Intermunicipal, Federación Española de Municipios y Provincias, Madrid septiembre 2015, pp. 76-102.

III. SÍNTESIS DE LAS INCONSTITUCIONALIDADES DEL DECRETO Nº 2.830 DEL 1 DE MAYO DE 2017, POR MEDIO DEL CUAL SE CONVOCÓ LA ASAMBLEA NACIONAL CONSTITUYENTE[11]

El Decreto Nº 2.830 de 1 de mayo de 2017 mediante el cual, en violación directa de la Constitución, el presidente de la República, usurpando el poder constituyente originario que solo el pueblo puede ejercer, convocó una Asamblea Nacional Constituyente, podía considerarse inconstitucional en su integridad, estando su texto, además, afectado de falsedad, de insolencia y de ironía, siendo a la vez un decreto inútil y engañoso, de carácter fraudulento, que contenía una burla a los ciudadanos, además de una usurpación, y de ser discriminatorio y contradictorio.

Esos eran los ocho vicios de fondo y forma que afectaban el Decreto, tal y como se argumenta a continuación.

1. *Un decreto con base constitucional falsa: dictado en ejercicio de atribuciones inexistentes*

En primer lugar, el Decreto estaba afectado de inconstitucionalidad por pretender basarse en una falsedad, cuando el presidente afirmó que lo dictó "en uso de la facultad que le confiere el artículo 348 de la Constitución."

Este solo enunciado era falso, pues dicho artículo no le confería al presidente atribución alguna para poder convocar ninguna Asamblea Constituyente. Dicha norma, como deriva de su propio texto, solo regula la legitimación necesaria atribuida a determinados órganos o a una fracción de electores, para tener la iniciativa de iniciar un proceso constituyente, que solo el pueblo puede convocar.

Para tales efectos, es evidente que el pueblo no puede espontáneamente iniciar un proceso constituyente. Para que se manifieste, en este caso que solo puede hacerlo mediante referendo (referendo de convocatoria), para lo cual tiene que iniciarse previamente el proceso, atribuyéndose la iniciativa para ello al presidente de la República en Consejo de Ministros, a la Asamblea Nacional mediante un voto calificado, a un número calificado de Concejos Municipales o a un 15 % de electores a nivel nacional. Por tanto, también era falsa la afirmación del presidente en el decreto al indicar que supuestamente tenía la iniciativa "exclusiva" para iniciar el proceso constituyente, ya que había esos otros legitimados.

Pero es evidente que iniciativa para iniciar el proceso constituyente no significa poder de convocatoria de la Asamblea Constituyente que solo le corresponde

---

11 Véase en Allan R. Brewer-Carías, *La inconstitucional convocatoria de una Asamblea Nacional Constituyente en mayo de 2017 Un nuevo fraude a la Constitución y a la voluntad popular*, Colección Textos Legislativos, Nº 56, Editorial Jurídica Venezolana, Caracas 2017, pp. 71 ss. Véanse además, el texto de la Video-conferencia dictada en la *Jornada sobre la Asamblea Nacional Constituyente: Génesis y perspectivas*, Academia de Ciencias Políticas y Sociales, Caracas 13 de junio de 2017, en http://allanbrewerca-rias.net/site/wp-content/up-loads/2017/06/1191.-conf.-Brewer.-Inconstitucionalidad-Decreto-2.830-de-1-5-2017-sobre-convocatoria-Constituyente-1.pdf.

al pueblo. Por tanto, el presidente no era tal para "invocar el Poder Constituyente Originario" como lo afirmó en el decreto, que solo el pueblo podía invocar.

El artículo 347 de la Constitución, en efecto, es absolutamente diáfano en indicar que el pueblo como único depositario del poder constituyente originario, es el que puede convocar una Asamblea Nacional Constituyente, lo que implica que ningún órgano constituido del Estado ni alguna fracción de electores, pueden convocarla. Solo el pueblo puede, y como se dijo, la única forma que tiene de manifestar su voluntad en este caso, es mediante "referendo de convocatoria," como se lo denominó en las discusiones en la materia de la Asamblea Nacional Constituyente en 1999.

Por ello, la convocatoria que hizo el presidente de la República de una Asamblea Nacional Constituyente en el decreto N° 2830 fue absolutamente inconstitucional, y rompía el principio de la necesaria participación del pueblo en toda reforma constitucional.

Sostener, tal como se derivaba del texto del Decreto, avalado en forma incomprensible por la Sala Constitucional del Tribunal Supremo al resolver un recurso de interpretación de las dos normas citadas, en la penosa sentencia N° 378 de 31 de mayo de 2017,[12] que para convocar una Asamblea Nacional Constituyente no era necesario que el pueblo se pronunciase mediante referendo, era aceptar el absurdo de que para cambiar una "coma" en un artículo constitucional mediante una enmienda constitucional, se requiere de un referendo aprobatorio, y que para reformar el texto de un artículo fundamental de la Constitución mediante "reforma constitucional" también se requiere de un referendo; pero para cambiar TODA la Constitución, reformar el Estado y crear un nuevo ordenamiento jurídico, según el presidente de la República con el aval infame del Tribunal Supremo, no había necesidad de que el pueblo se pronunciase.

Mayor absurdo inconstitucional era imposible.

2. Un decreto de contenido insolente: supuestamente dictado con la bendición de Dios

Pero además de estar basado en una falsedad, el Decreto 2830 era en sí mismo una tremenda insolencia.

En su texto, en efecto, el presidente de la República le informó a todos los ciudadanos, y al mundo entero, que había dictado el decreto "con la bendición de Dios Todopoderoso." No se trataba de que al dictarlo invocaba a Dios o hubiera rogado porque lo bendijera a él y a todos los venezolanos; no, lo que afirmó en el texto del decreto fue que lo dictaba ya "con la bendición de Dios," ¡¡como si la

---

12   Véase en http://historico.tsj.gob.ve/decisiones/scon/mayo/199490-378-315-17-2017-17-0519.HTML. Véase sobre esto el documento: "El Juez Constitucional vs. el pueblo, como poder constituyente originario," (Sentencias de la Sala Constitucional N° 378 de 31 de mayo de 2017 y N° 455 de 12 de junio de 2017), 16 de junio de 2017, en http://allanbrewerca-rias.net/site/wp-content/uploads/2017/06/161.-doc.-Sobre-proceso-constituyente-SC-sent.-378-y-455.pdf.

misma ya se la hubiese dado y él la hubiese recibido, lo que en su propio lenguaje significaba que ya sería un ser bendito !!

Tamaña insolencia requería de una explicación. El presidente debió haberle informado a los mortales, dada su supuesta cercanía con Dios, al menos, cómo, cuándo, dónde, y en qué forma tuvo acceso a Él, y cómo fue que logró entrevistarse con Él. Lo menos que requerían los ciudadanos era que se les explicara tal situación, para que no quedase su afirmación como la insólita insolencia que fue.

3. *Un decreto de contenido irónico: para garantizar la paz cuando el logro es impedir a los venezolanos vivir en paz*

El decreto, por otra parte, además a partir de una falsedad y contener una imperdonable insolencia, estaba basado en una ironía absolutamente inaceptable, y era que en el mismo se afirmó que la finalidad de la inconstitucional convocatoria de la fraudulenta Constituyente era para "garantizar la paz" en el país.

Se trató de una nueva manifestación abusiva de utilizar la "paz" para justificar violencia, lo que quedó demostrado con el solo hecho de que precisamente desde que el decreto se anunció el 1º de mayo de 2017, el país entero se alzó en rechazo de la Constituyente inconstitucionalmente convocada, habiéndose materialmente incendiado políticamente la nación, todo lo cual incluso provocó fisuras y disidencias en el propio régimen, todo lo cual lamentablemente nos ha alejado de la paz que todos queremos.

Desde que se dictó el decreto, pareció que, al contrario, la orden ejecutiva que se dictó fue para asegurar que nadie más pudiera ya vivir en paz, trastocándose todo, al punto de que luego hasta las hordas o bandas de malhechores armados y protegidos por el gobierno, y que están a su servicio para reprimir, ni siquiera ya se las llaman "colectivos," sino "grupos de paz y el amor."

Mayor y más amarga ironía ya era simplemente imposible de digerir.

4. *Un decreto de contenido parcialmente engañoso: inutilidad de una Asamblea Constituyente para la mayoría de los objetivos propuestos*

El Decreto Nº 2830, además de partir de una falsedad, de la insolencia de su contenido y de la ironía que lo afecta, era básicamente un texto inútil y engañoso al identificarse los objetivos programáticos que supuestamente justificaron su emisión.

Es decir, para lograr la casi totalidad de los objetivos programáticos que se enumeraron no era necesario convocar ninguna Asamblea Nacional Constituyente, ni reformar la totalidad de la Constitución, ni reformar el Estado ni crear un nuevo orden jurídico. Es decir, para afianzar la paz, perfeccionar el sistema económico, continuar con el sistema de "misiones" y subsidios sociales, ampliar competencias judiciales, defender la soberanía, promover la pluriculturalidad, asegurar los derechos de la juventud y preservar la vida, no se requería dictar una nueva Constitución. Para lograr todo ello lo único que era necesario era aplicar y ejecutar la Constitución vigente mediante políticas de Estado que debían definirse, y además, cambiar la política destructiva en los órdenes político, económico y social que caracterizaron toda la gestión del gobierno.

Fue un engaño intolerable que se le indicase al país, que dichos objetivos programáticos no se habían podido lograr por culpa de la Constitución y que por ello era que había que cambiarla toda. Nada más falso. Lo que había hecho falta en el país, al contrario, era la ejecución efectiva de la Constitución, lo cual deliberadamente el régimen nunca hizo.

5. *Un decreto de contenido fraudulento al querer eliminar el Estado Constitucional y sustituirlo por un Estado Comunal ya rechazado por el pueblo en 2007*

En realidad, de los objetivos programáticos enumerados en el decreto para supuestamente justificar la necesidad de reformar al Estado, crear un nuevo ordenamiento jurídico y dictar una nueva Constitución mediante una Asamblea Nacional Constituyente, solo uno encajaba en ello, y fue la propuesta de eliminar en forma definitiva el Estado Constitucional (el Estado democrático y social de derecho y de justicia, federal y descentralizado definido en la Constitución de 1999), y sustituirlo por un Estado Comunal o Estado del Poder Popular, el cual luego de rechazado en el referendo de la reforma Constitucional de 2007,[13] se fue implementando inconstitucionalmente mediante la emisión, entre otras, de las leyes orgánicas del Poder Popular dictadas en 2010. [14]

Para ello en el decreto se enunció como objetivo programático de la convocatoria de la Asamblea Constituyente, el "constitucionalizar" fraudulentamente dicho Estado del Poder Popular o Estado Comunal, y se pretendió hacerlo sin que hubiera alguna expresión de parte del pueblo mediante referendo, y además, ignorando que ya el pueblo se pronunció sobre ello en el referendo de rechazo de la reforma constitucional propuesta por el presidente Chávez en 2007.

Es decir, en el lenguaje ambiguo del Decreto, se pretendió eliminar de manera fraudulenta el Estado democrático de derecho que regula la Constitución, pero sin consultar al pueblo mediante el referendo de convocatoria que el decreto negó violando la Constitución; y ello, además, en fraude a la voluntad popular

---

13 Véase lo expuesto en Allan R. Brewer-Carías, *Hacia la consolidación de un Estado socialista, centralizado, policial y militarista.* Comentarios sobre el sentido y alcance de las propuestas de reforma constitucional 2007, Colección Textos Legislativos, Nº 42, Editorial Jurídica Venezolana, Caracas 2007; *La reforma constitucional de 2007 (Comentarios al proyecto inconstitucionalmente sancionado por la Asamblea Nacional el 2 de noviembre de 2007),* Colección Textos Legislativos, Nº 43, Editorial Jurídica Venezolana, Caracas 2007.

14 Véase los comentarios en el libro colectivo: Allan R. Brewer Carías, Coordinador y editor, Claudia Nikken, Luis A. Herrera Orellana, Jesús María Alvarado Andrade, José Ignacio Hernández y Adriana Vigilanza, *Leyes Orgánicas sobre el Poder Popular y el Estado Comunal (Los consejos comunales, las comunas, la sociedad socialista y el sistema económico comunal)* Colección Textos Legislativos Nº 50, Editorial Jurídica Venezolana, Caracas 2011.

que ya rechazó la misma propuesta en el referendo en 2007, sobre la reforma constitucional que, con el mismo propósito, propuso el presidente Chávez.

6.   *Un decreto dictado como una burla a la forma federal del Estado*

Por otra parte, el decreto dictado por el presidente de la República convocando inconstitucionalmente una Asamblea Nacional Constituyente, además de tener una base falsa, contener una insolencia, una ironía, un engaño y ser a la vez inútil y fraudulento, constituyó además una burla macabra respecto de la forma federal del Estado que regulaba la Constitución.

En efecto, siendo el propósito esencial de la convocatoria de una Asamblea Constituyente la eliminación del Estado democrático de derecho y de justicia, federal y descentralizado enumerado en la Constitución, y su sustitución por un Estado del Poder Popular o Estado Comunal en el cual quedarían eliminadas las entidades políticas territoriales autónomas del Estado federal y descentralizado como los Estados y Municipios; no era sino una macabra burla pretender basarse, como dijo el decreto, "en la estructura geopolítica del Estado federal descentralizado" que por lo demás había ya sido ahogado por el centralismo exacerbado que se desarrolló en los últimos lustros, para conformar una Asamblea Constituyente cuyo objetivo era precisamente destruir definitivamente dicho Estado federal descentralizado.

7.   *Un decreto que encubre la usurpación del poder constituyente originario*

El Decreto Nº 2830, por otra parte, promovió y ocultó una usurpación inadmisible del poder constituyente originario que conforme a la Constitución solo corresponde al pueblo, y con base en ello es que se puede convocar una Asamblea Nacional Constituyente.

En el caso del decreto, el presidente usurpó dicho poder constituyente originario del pueblo, y se sustituyó inconstitucionalmente al mismo, habiendo pretendido convocar directamente a una Asamblea Nacional Constituyente, calificándola en el decreto como "Originaria."

De acuerdo con la Constitución, se insiste, solo el pueblo es el titular del poder constituyente originario, el cual no es transferible a ningún órgano y mucho menos a un órgano cuya conformación no es producto de la voluntad popular. Por ello, la Asamblea Constituyente convocada en el Decreto nunca podía tener tal carácter "originario" que solo el pueblo tiene; y que solo el pueblo puede determinar cómo se ejerce en caso de que mediante referendo convoque a la Asamblea Constituyente.

8.   *Un decreto contradictorio con contenido discriminatorio*

Por último, el Decreto Nº 2830, estableció con carácter general la forma de elección de los constituyentes, disponiendo contradictoriamente que sería en "ámbitos sectoriales y territoriales," pero "mediante voto universal, directo y secreto," tratando de engañar a los venezolanos, confundiendo deliberadamente votación con representación.

Conforme a la Constitución, y de acuerdo con la forma federal del Estado, la votación de representantes siempre es y en todo caso es mediante sufragio universal, directo y secreto; y la representación que pueden tener es de carácter nacional, estadal, municipal o parroquial, según los niveles de los órganos representativos: nacional (Asamblea Nacional), estadal (Consejos Legislativos de los Estados), municipal (Concejos Municipales) y parroquial (Juntas parroquiales).

Con base en este sistema constitucional, en general, en Venezuela no puede haber elecciones "sectoriales" salvo para la elección de los representantes de los pueblos indígenas. Esta es la única elección sectorial establecida en forma expresa y excepcional en los artículos 125 y 186 de la Constitución. Fuera de este caso, no existe ni puede establecerse en las instituciones públicas una elección de representantes "sectoriales" para integrar órganos representativos.

Solo en el sector privado o no estatal puede haber elecciones sectoriales, y es lo que sucede, por ejemplo, en las elecciones de la directiva de las Academias, de los Colegios profesionales, de los sindicatos o incluso de un club social, en las cuales solo participan, respectivamente, los académicos, los profesionales, los trabajadores o los miembros del Club.

En cuanto a la representación "territorial" la misma es la que se da y sólo puede darse en los cuerpos representativos de las entidades políticas, de manera que los diputados electos para la Asamblea Nacional son electos y representan a la totalidad de la población en todo el territorio; los diputados a los Consejos Legislativos de los Estados son electos y representan a la población del territorio de cada Estado; los concejales a los Concejos municipales son electos y representan a la población de cada municipio y lo mismo sucede con los miembros de las Juntas parroquiales (a pesar de que fueron inconstitucionalmente eliminadas en 2010) que deberían ser electos y representarían a la población de cada parroquia.

La única excepción que había respecto de estos principios de representación territorial a nivel nacional, de representantes que representaban no a la totalidad del pueblo de la nación, sino a los habitantes de cada Estado, era en la integración del Senado, hasta 1999 cuando fue eliminada.

En consecuencia, conforme a la Constitución no puede establecerse para la elección de representantes en un órgano nacional como es una Asamblea Nacional Constituyente, una "representación territorial" que no sea la representación del pueblo en todo el territorio nacional. El principio incluso está en el artículo 201 de la Constitución cuando precisa (a pesar de que los diputados a la Asamblea Nacional se puedan elegir por circunscripciones electorales) que los diputados "representan a los Estados y al pueblo es su conjunto" y no representan los circuitos territoriales en los cuales se eligieron.

Era inconstitucional, por tanto, pretender establecer la integración de un órgano representativo nacional como es una Asamblea Nacional Constituyente, mediante una representación territorial.

Todas las inconstitucionalidades antes mencionadas, fueron confirmadas y desarrolladas en las llamadas "bases comiciales" definidas en forma contradictoria por el presidente de la República en el Decreto N° 2978 de 23 de mayo de 2017, precisamente para no someterlas a "comicios" o votación alguna, en las cuales se regularon las modalidades de la representación sectorial y territorial. En cuanto a la representación "sectorial," la misma se basó en la definición arbitraria de "sectores" a la usanza de los que podía haber en una sociedad como la rusa al comienzo de la Revolución de 1917, cuando se quería pasar el poder a los obreros, dándosele, por ejemplo, relevancia a los pescadores artesanales, y campesinos, e ignorando a las academias, la universidad o a los colegios profesionales.

Y en cuanto a la representación territorial, se estableció una absurda forma de elección de un representante por cada uno de los municipios del país, conduciendo a que un municipio de más de un millón de habitantes como los de Caracas, Valencia o Maracaibo tuviera igual número de representantes que los municipios de solo unos centenares de habitantes del Estado Amazonas.

Dichas bases comiciales, además, estaban afectadas de inconstitucionalidad global, al haber excluido de la posibilidad de formar parte de la Asamblea Nacional Constituyente, a los venezolanos por nacimiento con otra nacionalidad o a los venezolanos por naturalización, reservando tal posición solo a los venezolanos por nacimiento que no tengan otra nacionalidad.[15]

Esta previsión violaba el principio esencial de igualdad entre todos los venezolanos, sin discriminación alguna, que está a la base de la Constitución, donde por lo demás se establece enumerativamente la excepción, es decir, los casos en los cuales para ocupar una función pública se requiere ser venezolano por nacimiento sin otra nacionalidad (art. 41).

Lo anterior muestra, en resumen, los vicios de inconstitucionalidad del Decreto N° 2830 de 1° de mayo de 2017, los cuales sin embargo no había esperanza alguna de que un Juez Constitucional pudiera llegar a controlar, cuando el mismo estaba y está totalmente sometido al Poder Ejecutivo, como el que ha existido en el país.

IV. LA ESENCIA DE LA PROPUESTA CONSTITUYENTE DE 2017: LA VUELTA A LA CREACIÓN DEL ESTADO COMUNAL EN SUSTITUCIÓN DEL ESTADO DEMOCRÁTICO Y SOCIAL DE DERECHO Y DE JUSTICIA, COMO TAREA QUE QUEDÓ "PENDIENTE" DESDE 2007[16]

El Decreto N° 2.830 de 1 de mayo de 2017, mediante el cual el presidente de la República convocó inconstitucionalmente la Asamblea Nacional Constituyen-

15   Véase sobre la igualdad entre venezolanos por nacimiento y naturalización en Allan R. Brewer-Carías, *Régimen legal de la nacionalidad, ciudadanía y extranjería. Ley de Nacionalidad y Ciudadanía, Ley de Extranjería y Migración, Ley Orgánica sobre Refugiados y Asilados*, Colección Texto Legislativos N° 31, 1ª edición, Editorial Jurídica Venezolana, Caracas 2005.

16   Véase en Allan R. Brewer-Carías, *La inconstitucional convocatoria de una Asamblea Nacional Constituyente en mayo de 2017 Un nuevo fraude a la Constitución y a la voluntad popular*, Colección Textos Legislativos, N° 56, Editorial Jurídica Venezolana, Caracas 2017, pp. 139 ss.

te, entre los "objetivos programáticos" que le definió a la misma, había dos, específicamente con redacción ampulosa, que apuntaron directamente a la necesidad de reformar la Constitución para reforma el Estado, establecer un nuevo orden jurídico y dictar una nueva Constitución, que fueron los siguientes:

"3. Constitucionalizar las Misiones y Grandes Misiones Socialistas, desarrollando el Estado democrático, social, de derecho y de justicia, hacia un Estado de Suprema felicidad Social, con el fin de preservar y ampliar el legado del comandante Hugo Chávez, en materia de pleno goce y ejercicio de los derechos sociales para nuestro país."

"5. Constitucionalización de las nuevas formas de la democracia participativa y [protagónica, a partir del reconocimiento de los nuevos sujetos del Poder Popular, tales como las Comunas y los Consejos Comunales, Consejos de Trabajadoras y Trabajadores, entre otras formas de organización de base territorial y social de la población."

Estos "objetivos programáticos" que se le fijaron a la Asamblea Nacional Constituyente eran otra cosa que una "reedición" de la propuesta de reforma constitucional que el presidente Chávez formuló en 2007 para la creación de un Estado Socialista, Centralizado y Militarista,[17] y que fue rechazada por votación popular en el referendo que tuvo lugar el 2 de diciembre de 2007; y que en fraude a la voluntad popular se ha venido implementando en forma ilegítima e in-

---

17 Véase Allan R. Brewer-Carías, "Estudio sobre la propuesta presidencial de reforma constitucional para la creación de un Estado Socialista, Centralizado y Militarista en Venezuela (análisis del anteproyecto presidencial, agosto 2007," en *Anuario da Facultade de Dereito da Universidade da Coruña, Revista jurídica interdisciplinaria internacional*, Con. 12, La Coruña 2008, pp. 87-125; "La proyectada reforma constitucional de 2007, rechazada por el poder constituyente originario", en *Anuario de Derecho Público 2007*, Año 1, Instituto de Estudios de Derecho Público de la Universidad Monteávila, Caracas 2008, pp. 17-65; "La reforma constitucional en Venezuela de 2007 y su rechazo por el poder constituyente originario", en *Revista Peruana de Derecho Público*, Año 8, N° 15, Lima, Julio-Diciembre 2007, pp. 13-53; "El sello socialista que se pretendía imponer al Estado", en *Revista de Derecho Público*, N° 112, Editorial Jurídica Venezolana, Caracas 2007, pp. 71-76; "Estudio sobre la propuesta presidencial de reforma constitucional para la creación de un Estado Socialista, Centralizado y Militarista en Venezuela (Agosto 2007", *Revista de Derecho Público*", N° 111, (julio-septiembre 2007), Editorial Jurídica Venezolana, Caracas 2007, pp. 7-42; "Estudio sobre la propuesta de Reforma Constitucional para establecer un Estado Socialista, Centralizado y Militarista (Análisis del Anteproyecto Presidencial, Agosto de 2007)", *Cadernos da Escola de Direito e Relações Internacionais da UniBrasil*, N° 07, Curitiba, 2007; "Hacia creación de un Estado socialista, centralizado y militarista en Venezuela (2007)", *Revista de Derecho Político*, N° 70, Madrid, septiembre-diciembre 2007, pp. 381-432. Igualmente véase lo que expuse en Allan R. Brewer-Carías, *Hacia la consolidación de un Estado socialista, centralizado, policial y militarista*. Comentarios sobre el sentido y alcance de las propuestas de reforma constitucional 2007, Colección Textos Legislativos, N° 42, Editorial Jurídica Venezolana, Caracas 2007; *La reforma constitucional de 2007 (Comentarios al proyecto inconstitucionalmente sancionado por la Asamblea Nacional el 2 de noviembre de 2007)*, Colección Textos Legislativos, N° 43, Editorial Jurídica Venezolana, Caracas 2007.

constitucional, mediante leyes y decretos leyes[18] e, incluso, mediante "interpretaciones constitucionales" emitidas solícitamente por la Sala Constitucional, en muchos casos a petición del propio Ejecutivo Nacional.[19]

Entre esos objetivos estaba, en primer lugar, el establecimiento de un Estado Socialista Centralizado, como se propuso en 2007,[20] pues como dijo el mismo presidente Chávez en 2007, "así como el candidato Hugo Chávez repitió un millón de veces en 1998, 'Vamos a Constituyente', el candidato presidente Hugo Chávez [en 2006] dijo: 'Vamos al Socialismo', [agregando que a su juicio] todo el que votó por el candidato Chávez, votó por ir al socialismo".[21]

Por ello, el Anteproyecto de Constitución que presentó en 2007 ante la Asamblea Nacional fue para "la construcción del socialismo Bolivariano, el socialismo venezolano, nuestro socialismo, nuestro modelo socialista",[22] cuyo "núcleo básico e indivisible" era "la comunidad", "donde los ciudadanos y las ciudadanas comunes, tendrán el poder de construir su propia geografía y su propia historia."[23] Y todo ello bajo la premisa de que "sólo en el socialismo será posible la verdadera democracia,"[24] pero por supuesto, una "democracia" sin

---

18   Véanse los trabajos de Lolymar Hernández Camargo, "Límites del poder ejecutivo en el ejercicio de la habilitación legislativa: Imposibilidad de establecer el contenido de la reforma constitucional rechazada vía habilitación legislativa," en *Revista de Derecho Público*, N° 115 *(Estudios sobre los Decretos Leyes)*, Editorial Jurídica venezolana, Caracas 2008, pp. 51 ss.; Jorge Kiriakidis, "Breves reflexiones en torno a los 26 Decretos-Ley de Julio-Agosto de 2008, y la consulta popular refrendaría de diciembre de 2007", *Idem*, pp. 57 ss.; y José Vicente Haro García, Los recientes intentos de reforma constitucional o de cómo se está tratando de establecer una dictadura socialista con apariencia de legalidad (A propósito del proyecto de reforma constitucional de 2007 y los 26 decretos leyes del 31 de julio de 2008 que tratan de imponerla)", *Idem*, pp. 63 ss.

19   Véase Allan R. Brewer-Carías, "¿Reforma constitucional o mutación constitucional?: La experiencia venezolana." en *Revista de Derecho Público*, N° 137 (Primer Trimestre 2014, Editorial Jurídica Venezolana, Caracas 2014, pp. 19-65.

20   Véase *Discurso de Orden pronunciado por el ciudadano Comandante Hugo Chávez Frías, Presidente Constitucional de la República Bolivariana de Venezuela en la conmemoración del Ducentésimo Segundo Aniversario del Juramento del Libertador Simón Bolívar en el Monte Sacro y el Tercer Aniversario del Referendo Aprobatorio de su mandato constitucional*, Sesión especial del día miércoles, 15 de agosto de 2007, Asamblea Nacional, División de Servicio y Atención Legislativa, Sección de Edición, Caracas, 2007.

21   *Idem*, p. 4.

22   Véase *Discurso de Orden pronunciado por el ciudadano Comandante Hugo Chávez Frías … cit.*, p. 34.

23   *Idem*, p. 32.

24   *Idem*, p. 35. Estos conceptos se recogieron igualmente en la *Exposición de Motivos* para la Reforma Constitucional, Agosto 2007, donde se expresa la necesidad de "ruptura del modelo capitalista burgués" (p. 1), de "desmontar la superestructura que le da soporte a la producción capitalista" (p. 2); de "dejar atrás la democracia representativa para consolidar la democracia participativa y protagónica" (p. 2); de "crear un enfoque socialista nuevo" (p. 2) y "construir la vía venezolana al socialismo" (p. 3); de producir "el reorde-

representación que, como lo propuso Chávez y fue sancionado por la Asamblea Nacional en la rechazada reforma del artículo 136 de la Constitución, "no nace del sufragio ni de elección alguna, sino que nace de la condición de los grupos humanos organizados como base de la población". Es decir, lo que se buscaba entonces, y ahora se busca con la Asamblea Nacional Constituyente de 2017, es el establecimiento de una "democracia" que no es democracia, pues en el mundo moderno no hay ni ha habido democracia sin elección de representantes.

Todas esas propuestas de entonces rechazadas por el pueblo en diciembre de 2007, las resumió el presidente Chávez en su Discurso del 15 de agosto de 2007, así:

> "en el terreno político, profundizar la democracia popular bolivariana; en el terreno económico, preparar las mejores condiciones y sembrarlas para la construcción de un modelo económico productivo socialista, nuestro modelo, lo mismo en lo político, la democracia socialista; en lo económico, el modelo productivo socialista; en el campo de la Administración Pública, incorporar novedosas figuras para aligerar la carga, para dejar atrás el burocratismo, la corrupción, la ineficiencia administrativa, cargas pesadas del pasado, que todavía tenemos encima como rémoras, como fardos en lo político, en lo económico, en lo social.[25]

Esta reforma, por supuesto, y de allí que en 2017 se haya convocado inconstitucionalmente una Asamblea Constituyente, toca las bases fundamentales del Estado, en particular, en relación con la ampliación constitucional de la propuesta de crear un Estado Socialista en sustitución del Estado democrático y social de Derecho; y con la eliminación de la descentralización como política de Estado, supuestamente en aras de promover una participación política protagónica del pueblo, pero sin libertad alguna, encadenada en un sistema de centralización del poder.

En ese contexto, tanto en 2007 como en 2018, según se infiere de las "bases programáticas" de la Asamblea Constituyente inconstitucionalmente convocada, lo que se pretende es crear las comunas, los consejos comunales y de trabajadores como el núcleo territorial básico del Estado Socialista como supuestos medios de participación y protagonismo del pueblo y para la construcción colectiva y cooperativa de una economía socialista; barriendo de la Constitución toda idea de descentralización como organización y política pública, de autonomía territorial y de democracia representativa a nivel local, y por tanto, de la posibilidad de existencia de entidades políticas autónomas como los Estados y Municipios, sustituyendo a éstos por los Consejos del Poder Popular como formas de agregación

---

namiento socialista de la geopolítica de la Nación" (p. 8); de la "construcción de un modelo de sociedad colectivista" y "el Estado sometido al poder popular" (p. 11); de "extender la revolución para que Venezuela sea una República socialista, bolivariana", y para "construir la vía venezolana al socialismo; construir el socialismo venezolano como único camino a la redención de nuestro pueblo" (p. 19).

25 *Idem*, p. 74.

comunitaria controlados desde el Poder central, pero sin democracia representativa alguna, sino sólo como supuesta expresión de democracia di-recta.[26]

En ese esquema entonces, lo que se propuso fue la eliminación de la democracia representativa a nivel local que exige, conforme a la Constitución de 1999 que todos los titulares de los órganos del poder público tengan siempre su origen en elección popular.

Esa democracia representativa, por supuesto, no se opone a democracia participativa; pero en forma alguna ésta puede pretender sustituir a aquélla, particularmente porque participar es sólo posible cuando, mediante la descentralización, se crean autoridades locales autónomas cerca del ciudadano, en los niveles territoriales más pequeños, lo que implica desparramar el poder.

Este sistema democrático es contrario a la concentración del poder y al centralismo, que es lo que se buscaba encubrir con la falacia de la supuesta "participación protagónica,"[27] en un régimen autoritario, centralizador y concentrador del poder que impedirá la efectiva participación política, al eliminarse los entes territoriales descentralizados políticamente, sin los cuales no puede haber, efectivamente, democracia participativa. En ese esquema que se propuso "constitucionalizar," los Consejos del Poder Popular no serán más de lo que son, es decir, una simple manifestación de movilización controlada desde el poder central, que es lo que ha ocurrido, precisamente, con los Consejos Comunales desde su creación por Ley en 2006,[28] cuyos miembros no son electos mediante sufragio, sino designados por asambleas de ciudadanos a mano alzada controladas por el propio Poder Ejecutivo Nacional. Ello es lo que se perseguía con la rechazada reforma constitucional de 2007, que en 2018 se quiere reeditar, habiéndose previsto entonces de manera expresa que los integrantes de los diversos Consejos del Poder

---

26 Como Chávez lo indicó en 2007: se trataba del "desarrollo de lo que nosotros entendemos por descentralización, porque el concepto cuarto-republicano de descentralización es muy distinto al concepto que nosotros debemos manejar. Por eso incluimos aquí la participación protagónica, la transferencia del poder y crear las mejores condiciones para la construcción de la democracia socialista." Véase *Discurso de Orden pronunciado por el ciudadano Comandante Hugo Chávez Frías....*, cit., p. 5.

27 En la *Exposición de Motivos del Proyecto de Reforma Constitucional presentado por el residente de la República*, en agosto 2007, se lee que el Poder Popular "es la más alta expresión del pueblo para la toma de decisiones en todos sus ámbitos (político, económico, social, ambiental, organizativo, internacional y otros) para el ejercicio pleno de su soberanía. Es el poder constituyente en movimiento y acción permanente en la construcción de un modelo de sociedad colectivista de equidad y de justicia. Es el poder del pueblo organizado, en las más diversas y disímiles formas de participación, al cual está sometido el poder constituido. No se trata del poder del Estado, es el Estado sometido al poder popular. Es el pueblo organizado y organizando las instancias de poder que decide las pautas del orden y metabolismo social y no el pueblo sometido a los partidos políticos, a los grupos de intereses económicos o a una particularidad determinada", *op. cit*, p. 11.

28 Véanse los comentarios sobre ello en Allan R. Brewer-Carías *et al*, *Ley Orgánica del Poder Público Municipal*, Caracas, Editorial Jurídica Venezolana, 2007, pp. 75 y ss.

Popular no nacen "del sufragio ni de elección alguna, sino que nacen de la condición de los grupos humanos organizados como base de la población."

Por otra parte, no es posible concebir un esquema de supuesta participación protagónica del pueblo si solo es para la construcción del socialismo, como se propuso en las "bases programáticas" decretadas en 2017 para la elección inconstitucional de la Asamblea Constituyente en 2017. Ello es lo contrario a lo previsto en el artículo 62 de la Constitución de 1999, que habla del derecho "de *participar libremente* en los asuntos públicos, directamente o por medio de sus representantes elegidos o elegidas," refiriéndose a "la participación del pueblo en la formación, ejecución y control de la gestión pública" como "el medio necesario para lograr el protagonismo que garantice su completo desarrollo, tanto individual como colectivo", a través de los mecanismos de participación enumerados en el artículo 70.

Con la rechazada reforma constitucional de 2007, que se ha querido reeditar a partir de 2017, dichos medios de participación política, entre los cuales están los Consejos del Poder Popular, en ningún caso son "libres" pues quedan reducidos a "la construcción del socialismo," siendo en definitiva excluyentes y discriminatorios.

Por otra parte, otro de los aspectos esenciales de la reforma constitucional rechazada de 2007 que ahora se busca reeditar a partir de 2017, fue el referido vaciamiento total de la forma de organización federal del Estado, con la eliminación de la previsión constitucional que garantiza la autonomía de los Estados y Municipios.

En un Estado centralizado del Poder Popular como el propuesto en 2007 y que se quiere reeditar a partir de 2017, no hay posibilidad de que existan entidades políticas territoriales (Estados y Municipios), con autoridades electas mediante sufragio directo, universal y secreto. Por ello no fue más que otra falacia que la presidenta del Consejo Nacional Electoral anunciara el 16 de mayo de 2017 que habría elecciones regionales de gobernadores a finales de 2017. Efectivamente se realizaron, pero electa la Asamblea Constituyente, quedó eliminada la autonomía de los Estados, al imponerse a los gobernadores su sumisión a la Asamblea Constituyente.

Por otra parte, en cuanto a los Municipios, con la reforma de 2007, que se quiere reeditar a partir de 2017, los mismos perderán su carácter de unidad política primaria en la organización nacional, como lo indica la Constitución, trasladándose esa condición a las comunas, como las células sociales del territorio, conformadas por las "comunidades," como el núcleo territorial básico e indivisible del Estado Socialista. Por lo demás, con la elección de alcaldes decretada inconstitucionalmente por la Asamblea Constituyente para diciembre de 2017, también quedó eliminada la autonomía de los Municipios, al imponerse igualmente a los alcaldes su sumisión a la Asamblea Constituyente

En definitiva, lo que se buscaba es eliminar la distribución vertical del Poder Público entre el Poder Municipal, el Poder Estatal y el Poder Nacional (art. 136), cada uno con su grado de autonomía, sus autoridades electas mediante sufragio directo y universal, y sus respectivas competencias; y sustituirlo por un esquema centralizado de un denominado Poder Popular, con la advertencia expresa como se concibió en 2007, de que dicho "Poder Popular no nace del sufragio ni de elección alguna, sino que nace de la condición de los grupos humanos organizados como base de la población," mediante un agregado de consejos organizados en forma piramidal y de designación de sus directivas mediante elecciones indirectas. Un signo de ello fue la eliminación por la Asamblea Nacional Constituyente en diciembre de 2017, de las autoridades municipales electas del nivel metropolitano del Distrito del Alto Apure y del Área Metropolitana de Caracas, como se explica más adelante.

Otro aspecto que debe mencionarse respecto de la propuesta de "constitucionalizar" determinados temas con la convocatoria en 2017 de una Asamblea Nacional Constituyente para reformar el Estado, tiene relación con lo expresado en el "objetivo programático" tercero del Decreto Nº 2830 de 1 de mayo de 2017, en relación con las Misiones y Grandes Misiones.

Ello fue, también, una reedición de lo propuesto por el presidente Chávez en 2007, de reforma del artículo 141 de la Constitución de 1999 sobre la Administración Pública del Estado, eliminando el principio de que la Administración Pública, como una universalidad de órganos y entes, debe estar siempre al servicio de los ciudadanos, planteando al contrario que lo que debía es estar al servicio del Estado, como estructuras organizativas destinadas a servir de instrumento a los poderes públicos para el ejercicio de sus funciones, y para la prestación de los servicios".

Por otra parte, en la reforma rechazada de 2007, también se quiso "constitucionalizar" a las Misiones, dándosele una nueva redacción del artículo 141 de la Constitución, fragmentándose a la Administración Pública, al "clasificarla" en dos grupos: por una parte "las administraciones públicas burocráticas o tradicionales, que son las que atienden a las estructuras previstas y reguladas en esta Constitución"; y por la otra "las misiones, constituidas por organizaciones de variada naturaleza, creadas para atender a la satisfacción de las más sentidas y urgentes necesidades de la población, cuya prestación exige de la aplicación de sistemas excepcionales, e incluso, experimentales, los cuales serán establecidos por el Poder Ejecutivo mediante reglamentos organizativos y funcionales".

Ahora, a partir de 2017, al quererse constitucionalizarse las misiones mediante una Asamblea Nacional Constituyente, lo que se pretende es reeditar la reforma constitucional rechazada de 2007, que en lugar de corregir el descalabro administrativo que se ha producido en los últimos años por la indisciplina presupuestaria derivada de fondos asignados a programas específicos del gobierno denominados "misiones," concebidos fuera de la organización general del Estado, lo que busca es constitucionalizar el desorden administrativo.

Lo anterior es lo que se podía deducir de los "objetivos programáticos" que se le fijaron a la Asamblea Nacional Constituyente convocada inconstitucionalmente en julio de 2017, siguiendo los lineamientos ya formulados en 2007, en la propuesta de reforma constitucional que fue rechazada por el pueblo.

Sin embargo, en enero de 2019, cuando termino de componer este libro, después de año y medio de "actividades" en la Asamblea Nacional Constituyente, la misma aún no había hecho público oficialmente el texto de algún proyecto de Constitución "para trasformar el Estado y crear un nuevo orden jurídico" como lo pauta la Constitución, lo que confirma que de lo que se trató, hasta ese momento, fue de un instrumento para la consolidación de una dictadura constituyente.[29]

New York, enero 2019

---

29   Véase Allan R. Brewer-Carías, *Usurpación constituyente 1999, 2017. La historia se repite: una vez como farsa y la otra como tragedia*, Colección Estudios Jurídicos, N° 121, Editorial Jurídica Venezolana International, 2018, 654 pp..

SÉPTIMA PARTE:

LA ASAMBLEA NACIONAL AL RESCATE DE LOS PRINCIPIOS DEMOCRÁTICOS, ANTE UNA DICTADURA METIDA EN UN LABERINTO, DESPUÉS DE LA FRAUDULENTA "REELECCIÓN" PRESIDENCIAL DE MAYO DE 2018[*]

I

La "reelección" del Presidente Nicolás Maduro en las elecciones presidenciales anticipadas dispuestas por la fraudulenta e inconstitucional Asamblea Nacional Constituyente constituida en 2017, y que se celebraron el 20 de mayo de 2018,[1] aparte de poner en evidencia el absoluto rechazo popular contra dicho funcionario y contra el régimen que preside, lamentablemente abrieron la puerta

---

[*] Este Sección está conformada por el texto de dos documentos elaborados en dos tiempos: Primero el documento: "Reflexiones sobre la dictadura en Venezuela, después de la fraudulenta "reelección" presidencial de mayo de 2018," New York, 27 de mayo de 2018, publicado en http://allanbrewercarias.com/wpcontent/uploads/2018/05/184.-Brewer.-doc.-SOBRE-LA-DICTADURA.-VENEZUELA.-5-2018..pdf; y segundo, el documento "El régimen en su laberinto y la Asamblea Nacional al rescate de la democracia," New York, 31 de enero de 2019, publicado en: http://allanbrewer-carias.com/wpcontent/uploads/2019/02/188.-Brewer.-El-r%C3%A9gimen-en-su-laberinto-y-la-AN-al-rescate-de-la-democracia-enero-2019-8.pdf

[1] Como lo resumió Margarita López Maya, "Fueron unas presidenciales convocadas anticipadamente por un cuerpo institucional ilegítimo, la Asamblea Nacional Constituyente. Desde que se abriera el proceso y aún antes, estuvo plagado de irregularidades, bajo la mirada impasible de un CNE controlado por Nicolás Maduro y al servicio de los intereses de su cúpula militar y civil," calificándolas como "un episodio más en la continuada marcha del gobierno hacia su meta, que es la estabilización de un régimen autoritario de vocación totalitaria." Véase Margarita López Maya, "¿Qué esperar luego del 20M?" en *Prodavinci*, 25 de mayo de 2018, en https://prodavinci.com/que-esperar-luego-del-20m-b/?platform=hootsuite.

para la solidificación de la dictadura en Venezuela,[2] evaporando toda posibilidad de que el régimen pueda ser desplazado por vía electoral, pacífica y democrática, sumiendo al régimen en un laberinto del cual ya es difícil que pueda salir.

Durante los últimos lustros, en efecto, y en fraude a lo establecido en la Constitución de 1999, Venezuela ha vivido un proceso deliberado de perversión del Estado de derecho, llevado a cabo por todos los órganos del Estado, con la consecuente consolidación paulatina de una dictadura que ha destruido todos los valores y principios democráticos y jurídicos de la Nación.

Un factor fundamental en ese proceso ha sido la actuación de la Sala Constitucional del Tribunal Supremo de Justicia que desde 2000 se convirtió en el agente más artero al servicio del autoritarismo, lo que se evidenció particularmente después del triunfo de la oposición en las elecciones parlamentarias de 2015, cuando la misma, abiertamente actuó como Juez Constitucional sometido al control político por parte del Poder Ejecutivo.[3]

Con ello, el sistema de Justicia Constitucional en Venezuela, que tantos años costó para desarrollar, se convirtió muy rápidamente en un sistema de "in" justicia inconstitucional,[4] que distorsionó la propia función de la Jurisdicción Constitucional,[5] abandonando su carácter de guardián de la Constitución y pasando a convertirse en el principal instrumento para destruir la democracia.[6]

---

2   La palabra "dictadura" definida en el *Diccionario de la Lengua Española*, como "Régimen político que, por la fuerza o violencia, concentra todo el poder en una persona o en un grupo u organización y reprime los derechos humanos y las libertades individuales." Lech Walesa, sin embargo, ha apreciado que "el caso de Venezuela es único y jamás se había parecido a nadie [...] es un caso a estudiar en la historia a futuro, es un país que está secuestrado por un grupo de neo-traficantes y terroristas [...] A mi parecer, no es una dictadura porque no está regida por un solo líder, una sola persona." Véase en Ana Ramos, "Caso "Venezuela: Similar a los nazis," en *ACN, Agencia Carabobeña de Noticias*, 25 de mayo de 2018, en http://acn.com.ve/lech-walesa-venezuela-parece-caso-nazis/

3   Véase sobre ello Allan R. Brewer-Carías, "El juez constitucional al servicio del autoritarismo y la ilegítima mutación de la Constitución: el caso de la Sala Constitucional del Tribunal Supremo de Justicia de Venezuela (1999-2009)", en *Revista de Administración Pública*, N° 180, Madrid 2009, pp. 383-418; y en *IUSTEL, Revista General de Derecho Administrativo*, N° 21, Madrid, junio 2009.

4   Véase Allan R. Brewer-Carías, *Crónica sobre la "In" Justicia Constitucional. La Sala Constitucional y el autoritarismo en Venezuela*, Colección Instituto de Derecho Público. Universidad Central de Venezuela, N° 2, Editorial Jurídica Venezolana, Caracas 2007.

5   Véase Allan R. Brewer-Carías, *Práctica y distorsión de la justicia constitucional en Venezuela (2008-2012)*, Colección Justicia N° 3, Acceso a la Justicia, Academia de Ciencias Políticas y Sociales, Universidad Metropolitana, Editorial Jurídica Venezolana, Caracas 2012; La patología de la Justicia Constitucional, Editorial Jurídica Venezolana, tercera edición, Caracas, 2015.

6   Véase Allan R. Brewer-Carías, *El golpe a la democracia dado por la Sala Constitucional (De cómo la Sala Constitucional del Tribunal Supremo de Justicia de Venezuela impuso un gobierno sin legitimidad democrática, revocó mandatos populares de diputada y alcaldes, impidió el derecho a ser electo, restringió el derecho a manifestar, y eliminó el derecho a la participación política, todo en contra de la Constitución)*, Colección

En Venezuela se comenzó a seguir aquella "peligrosa doctrina" que Thomas Jefferson identificó hace más de doscientos años, y que era la de llegar a "considerar a los jueces como los últimos árbitros de todas las cuestiones constitucionales," advirtiendo ya desde entonces, que ello a lo que conducía era a colocar peligrosamente un país "bajo el despotismo de una oligarquía;"[7] que en nuestro caso ha sido la de los jueces - no tan capaces por cierto – del Tribunal Supremo, que han llegado a implantar una dictadura judicial que funcionó en el marco de la fachada de un "Estado de derecho," el cual fue vaciado totalmente de contenido democrático.

Esa aberración institucional, incluso, llevó a uno de los conspicuos representantes de la dictadura, antiguo miembro de la Asamblea Constituyente, de la cual fue Vice Presidente, antiguo Vicepresidente de la República y antiguo Fiscal General de la Republica, a afirmar irresponsablemente, y por supuesto sin fundamento alguno e ignorando lo que establece la Constitución, que el sistema de gobierno en Venezuela "no es parlamentario, [ni…] es presidencialista, es semi-presidencialista, porque en nuestro régimen *todo el poder está en la Sala Constitucional*."[8]

Aparte de que la afirmación lo que demuestra es una ignorancia total de los principios más elementales del derecho constitucional, lo cierto es que, de hecho, y dando un golpe de Estado, la Sala Constitucional del Tribunal Supremo, estando siempre controlada por el Poder Ejecutivo, efectivamente se arrogó todo el poder en Venezuela, ejerciéndolo arbitrariamente y sin control.

Esta actuación se acrecentó después del triunfo de la oposición en las elecciones parlamentarias de diciembre de 2015, como consecuencia de las cuales el partido de gobierno perdió el control de la mayoría que había detentado desde 2005 en la Asamblea Nacional, al asumir la Sala Constitucional la misión de impedir que la nueva representación popular encarnada en la Asamblea Nacional pudiera ejercer sus funciones constitucionales, y así terminar de destruir lo que quedaba de democracia.

II

Esa acción sistemática e inconstitucional asumida por las Salas del Tribunal Supremo, y que quedó expresada en una multitud de sentencias dictadas desde

---

Estudios Políticos N° 8, Editorial Jurídica Venezolana, segunda edición, (Con prólogo de Francisco Fernández Segado), Caracas, 2015; *El "nuevo constitucionalismo" latinoamericano y la destrucción del Estado democrático por el Juez Constitucional. El caso de Venezuela*, Ediciones Olejnik, Buenos Aires 2018.

7 Véase Thomas Jefferson, "Letter to William Jarvis," Sept. 28, 1820, en Dr. Robert A. J. Gagnon, "Thomas Jefferson on Judicial Tyranny," en http://www.robgagnon.net/JeffersonOnJudicialTyranny.htm

8 Véase Isaías Rodríguez, "Sala Constitucional tiene poder absoluto sobre la AN," en *Últimas Noticias*, Caracas 4 de agosto de 2016, en http://www.ultimasnoticias.com.ve/noticias/politica/isaias-rodriguez-afirma-la-sala-constitucional-poder-absoluto-la-an/

enero de 2016 hasta 2017,[9] hasta que la Asamblea Nacional Constituyente, inconstitucionalmente convocada e instalada en agosto de ese año 2017, asumiera el poder total desplazando en el ejercicio exclusivo de la arbitrariedad al propio Tribunal Supremo,[10] pretendiendo sustituir incluso a la Asamblea Nacional. Afortunadamente no lo logró, y a comienzos de 2019, es ésta, la Asamblea Nacional, la institución en que asumió la conducción del proceso de transición hacia la democracia mientras el régimen sigue confundido dentro del laberinto que construyó.

Por supuesto, en cuanto a aquél proceso de 2016, el mismo fue denunciado por la Asamblea Nacional en un histórico Acuerdo adoptado el 10 de mayo de 2016,[11] en el cual la representación popular advirtió sobre la ruptura del orden constitucional y democrático que había ocurrido en el país, precisamente por obra del Juez Constitucional y del Poder Ejecutivo, al desconocerse la elección parlamentaria como genuina expresión de la soberanía popular.

El Acuerdo de la Asamblea Nacional fue analizado, entre otros, por los 22 expresidentes latinoamericanos que integran la *Iniciativa Democrática de España y las Américas (IDEA)*, habiendo emitido una importante Declaración de fecha 13 de mayo de 2016, indicando:

Primero, que el Presidente de la República en Venezuela gobernaba "por decreto, haciendo valer un estado de emergencia que no ha autorizado el Poder Legislativo como lo manda la Constitución, y el Tribunal Supremo de Justicia, además de declarar inconstitucionales todas las leyes dictadas por la Asamblea desde su instalación el pasado 5 de enero, pretende imponerle reglas para deliberar y sujeta la labor legislativa a la previa iniciativa del gobierno."

Segundo, que el Presidente de Venezuela debía respetar "sin restricciones el mandato de cambio democrático y constitucional que decidió la mayoría del pueblo de Venezuela el 6 de diciembre de 2015" exhortándolo "a que no utilice a los demás poderes del Estado para impedir u obstaculizar las acciones que adelanta constitucionalmente la Asamblea Nacional para resolver la grave crisis que aqueja al país."

---

9   Véase el análisis de las sentencias en Allan R. Brewer-Carías, Allan R. Brewer-Carías, *Dictadura Judicial y perversión del Estado de derecho. La Sala Constitucional y la destrucción de la democracia en Venezuela*, segunda edición: Caracas / New York 2016, 488 pp.; *La consolidación de la tiranía judicial. El Juez Constitucional controlado por el Poder Ejecutivo, asumiendo el poder absoluto*, Colección Estudios Políticos, N° 15, Editorial Jurídica Venezolana International. Caracas / New York 2017

10   Véase Allan R. Brewer-Carías, *Usurpación Constituyente 1999, 2017. La historia se repite: una vez como farsa y la otra como tragedia,* Colección Estudios Jurídicos, N° 121, Editorial Jurídica Venezolana International Caracas/ New York 2018.

11   Véase "Acuerdo exhortando al cumplimiento de la Constitución, y sobre la responsabilidad del Poder Ejecutivo Nacional, del Tribunal Supremo de Justicia y del Consejo Nacional Electoral para la preservación de la paz y ante el cambio democrático en Venezuela," 10 de mayo de 2016, disponible en http://www.asambleanacional.gob.ve/uploads/documentos/doc_d75ab47932d0de48f142a739ce13b8c43a236c9b.pdf

Tercero, que rechazaban "el activismo político partidista del Tribunal Supremo de Justicia, que pretende desconocer la autoridad del Poder Legislativo mediante limitaciones y condiciones al ejercicio de sus funciones, entre otras las amenazas de acciones penales contra los diputados que han acudido ante las organizaciones internacionales a denunciar las violaciones al Estado de derecho, a quienes el gobierno ha tildado de "traidores a la patria."

Cuarto, que exigían al Consejo Nacional Electoral, que asumiera "su obligación constitucional de generar condiciones favorables para el ejercicio del derecho fundamental a la participación política de los venezolanos, a través de los mecanismos constitucionales del referendo, consulta popular y revocatoria de mandato, pero por sobre todo, que actúe como un órgano imparcial de modo que, en 2016, el pueblo de Venezuela pueda expresar libremente su voluntad de cambio democrático a través de un referéndum revocatorio presidencial."

Quinto, que llamaban a las instituciones internacionales para que se pronunciasen al respecto y adoptasen "las medidas tendientes a exigir al gobierno y los poderes públicos a su servicio, garantizar la vigencia efectiva de los derechos fundamentales en Venezuela, recordándoles que la separación de poderes constituye un principio fundamental de funcionamiento del Estado y que las reglas del buen gobierno democrático les imponen la obligación de respetar las decisiones que la Asamblea Nacional adopte en el ámbito de sus competencias."

Y sexto, que denunciaban "el desconocimiento por el Ejecutivo Nacional y por el Tribunal Supremo de Justicia, de la autoridad de la Asamblea Nacional, cuerpo representativo del pueblo venezolano, cuya legitimidad deriva de la expresión mayoritaria del electorado y de la soberanía popular."[12]

Unas semanas después, sin embargo, la Sala Constitucional del Tribunal Supremo, lejos de acatar los principios del Acuerdo legislativo que comentaron los expresidentes, procedió a suspender "los efectos jurídicos" de dicho Acuerdo, al dictar una medida cautelar en un disparatado juicio de amparo constitucional iniciado nada menos que por el Procurador General de la República, es decir, por el abogado de la República, contra el mismo. Al intentar éste una demanda contra el propio órgano legislativo de la República (la Asamblea Nacional), la Sala Constitucional, mediante sentencia N° 478 de 14 de mayo de 2016,[13] resolvió suspender de oficio "los efectos jurídicos" del Acuerdo cuestionado, lo que de por sí era otro disparate y una violación flagrante de la libertad de expresión del pensamiento de los diputados que les garantizaba la Constitución (art. 57), pues "los efectos" de una declaración política se producen de inmediato, al emitirla, y no hay forma jurídica de "suspenderlos."

---

12 Véase IDEA, "Declaración sobre la ruptura del orden constitucional y democrático en Venezuela," 13 de mayo de 2016, disponible en http://www.fundacionfaes.org/es/preview/noticias/45578.

13 Véase en http://historico.tsj.gob.ve/decisiones/scon/junio/188339-478-146-16-2016-16-0524.HTML.

III

En todo caso, fue con base en lo expresado públicamente por la Asamblea Nacional en su Acuerdo, que IDEA y los ex presidentes iberoamericanos hicieron constar "que Venezuela atraviesa la peor crisis económica, social y de gobernabilidad de su historia republicana," todo lo cual coincidió con la iniciativa del Secretario General de la Organización de Estados Americanos, Luis Almagro, unos días después, el 30 de mayo de 2016, a dirigirse al Presidente del Consejo Permanente de la Organización[14] solicitando la convocatoria del mismo conforme al procedimiento previsto en el artículo 20 de la Carta Democrática Interamericana, considerando que en Venezuela se había producido una alteración del orden constitucional que afectaba gravemente su orden democrático.[15]

En la comunicación, Almagro expresó que "en la situación actual que vive Venezuela, no se puede más que concluir que estamos ante alteraciones graves al orden democrático tal como se ha definido en numerosos instrumentos regionales y subregionales,"[16] de manera que después de constatar, entre múltiples hechos, por ejemplo, que "no existe en Venezuela una clara separación e independencia de los poderes públicos, donde se registra uno de los casos más claros de cooptación del Poder Judicial por el Poder Ejecutivo," [17] presentó un amplio *Informe* con una serie de propuestas con el objeto:

"de devolver a la normalidad algunas situaciones que, analizadas del modo más objetivo, no resultan compatibles con lo previsto en la Carta de la OEA, en la Convención Americana de Derechos del Hombre y Convenciones Interamericanas de Derechos Humanos, así como en la Carta Democrática Interamericana.

El funcionamiento democrático normal debe ser subsanado de modo urgente y en forma consistente con los elementos esenciales y los componentes fundamentales de la democracia representativa expresada en los artículos

---

14 Véase la comunicación del Secretario General de la OEA de 30 de mayo de 2016 con el *Informe sobre la situación en Venezuela en relación con el cumplimiento de la Carta Democrática Interamericana*, en oas.org/documents/spa/press/OSG-243.es.pdf. Véase el documento en el libro: *La Crisis de la democracia en Venezuela, la OEA y la Carta Democrática Interamericana. Documentos de Luis Almagro*, Iniciativa Democrática de España y las Américas (IDEA), Editorial Jurídica Venezolana International, 2016.

15 Ello, por supuesto no es nada nuevo, como lo observamos ya en 2002: Allan R. Brewer-Carías, *La crisis de la democracia venezolana. La Carta Democrática Interamericana y los sucesos de abril de 2002*, Los Libros de El Nacional, Colección Ares, Caracas 2002. Véase además un resumen de las violaciones a la Carta Democrática hasta 2012 en Allan R. Brewer-Carías y Asdrúbal Aguiar, en, *Historia Inconstitucional de Venezuela. 1999-2012*, Editorial Jurídica Venezolana, Caracas 2012, pp. 511-534.

16 Véase la comunicación del Secretario General de la OEA de 30 de mayo de 2016 con el *Informe sobre la situación en Venezuela en relación con el cumplimiento de la Carta Democrática Interamericana*, p. 125. Disponible en oas.org/documents/spa/press/OSG-243.es.pdf.

17 *Idem.* p. 73. Disponible en oas.org/documents/spa/press/OSG-243.es.pdf.

3 y 4 de la Carta Democrática Interamericana. Sin la solución de estos principales asuntos no hay solución institucional posible para Venezuela."[18]

Por ello, en particular, el Secretario General de la Organización de Estados Americanos, en su *Informe* expresó específicamente que:

"La continuidad de las violaciones de la Constitución, especialmente en lo que se refiere a equilibrio de poderes, funcionamiento e integración del Poder Judicial, violaciones de derechos humanos, procedimiento para el referéndum revocatorio y su falta de capacidad de respuesta respecto a la grave crisis humanitaria que vive el país lo cual afecta el pleno goce de los derechos sociales de la población, todo ello implica que la responsabilidad de la comunidad hemisférica es asumir el compromiso de seguir adelante con el procedimiento del artículo 20 de una manera progresiva y gradual que no descarte ninguna hipótesis de resolución, ni las más constructivas ni las más severas." [19]

Y con base en ello, fue que el Secretario General, luego de analizar la situación institucional y constitucional del país, expresó que:

"5. Exhortamos al Poder Ejecutivo de la República Bolivariana de Venezuela a eliminar toda forma de incumplimiento de los preceptos constitucionales y políticos respecto al equilibrio de poderes del Estado. En ese sentido se solicita se detenga inmediatamente el ejercicio de bloqueo permanente del Poder Ejecutivo respecto de las leyes aprobadas por la Asamblea Nacional. Así como asegurar la vigencia de las leyes que han sido aprobadas hasta ahora.

6. Solicitamos una nueva integración del Tribunal Supremo de Justicia […] dado que la actual integración está completamente viciada tanto en el procedimiento de designación como por la parcialidad política de prácticamente todos sus integrantes." [20]

La situación de la democracia en Venezuela, ciertamente era y continúa siendo absolutamente precaria, tal como lo fuimos denunciado y analizado desde hace años,[21] la cual fue progresivamente desmantelada y demolida desde que se sancionó la Constitución de 1999, precisamente utilizando los instrumentos de la democracia previstos en la misma,[22] con el objeto final de establecer de un régi-

---

18 *Idem*, pp. 125-126. Disponible en oas.org/documents/spa/press/OSG-243.es.pdf.

19 *Idem*, p. 128. Disponible en oas.org/documents/spa/press/OSG-243.es.pdf.

20 *Idem*, p. 127. Disponible en oas.org/documents/spa/press/OSG-243.es.pdf.

21 Véase Allan R. Brewer-Carías, *La ruina de la democracia. Algunas consecuencias. Venezuela 2015,* (Prólogo de Asdrúbal Aguiar), Colección Estudios Políticos, Nº 12, Editorial Jurídica Venezolana, Caracas 2015.

22 Véase Allan R. Brewer-Carías, *Dismantling Democracy. The Chávez Authoritarian Experiment*, Cambridge University Press, New York 2010.

men autoritario de gobierno en el marco de un Estado totalitario en desprecio de la Constitución y de la ley.[23]

Con tal propósito, el instrumento más artero utilizado para la perversión del Estado de derecho y la destrucción de la democracia fue, precisamente, la Sala Constitucional del Tribunal Supremo de Justicia sometida al Poder Ejecutivo,[24] la cual lejos de garantizar la vigencia de la Constitución, lo que aseguró fue su violación impune destruyendo y golpeando los principios y valores de la democracia.[25]

Por ello no podía extrañar que el 23 de junio de 2016, el Secretario General de la OEA Luis Almagro hubiera expresado ante el Consejo Permanente de la Organización en relación con la situación de la "alteración del orden constitucional que trastoca el orden democrático" de Venezuela, al resumir su *Informe* del 30 de mayo de 2016, que:

"Lo que hemos atestiguado en Venezuela es la pérdida del propósito moral y ético de la política. El Gobierno se ha olvidado defender el bien mayor, el bien colectivo [...].

El pueblo venezolano se enfrenta a un Gobierno que ya no le rinde cuentas. Un Gobierno que ya no protege los derechos de los ciudadanos. Un Gobierno que ya no es democrático [...]

En Venezuela hemos sido testigos de un esfuerzo constante por parte de los poderes ejecutivo y judicial para impedir e incluso invalidar el funcionamiento normal de la Asamblea Nacional. El Ejecutivo repetidamente ha empleado intervenciones inconstitucionales en contra de la legislatura, con la connivencia de la Sala Constitucional del Tribunal Supremo de Justicia. Las evidencias son claras [...]

---

23 Véase Allan R. Brewer-Carías, *Estado totalitario y desprecio a la ley. La desconstitucionalización, desjuridificación, desjudicialización y desdemocratización de Venezuela*, Fundación de Derecho Público, Editorial Jurídica Venezolana, segunda edición, (Con prólogo de José Ignacio Hernández), Caracas 2015; *Authoritarian Government v. The Rule Of Law. Lectures and Essays (1999-2014) on the Venezuelan Authoritarian Regime Established in Contempt of the Constitution*, Fundación de Derecho Público, Editorial *Jurídica Venezolana*, Caracas 2014.

24 Véase Allan R. Brewer-Carías, *La patología de la justicia constitucional*, Tercera edición ampliada, Fundación de Derecho Público, Editorial Jurídica Venezolana, 2014.

25 Véase Allan R. Brewer-Carías, *El Golpe a la democracia dado por la Sala Constitucional (De cómo la Sala Constitucional del Tribunal Supremo de Justicia de Venezuela impuso un gobierno sin legitimidad democrática, revocó mandatos populares de diputada y alcaldes, impidió el derecho a ser electo, restringió el derecho a manifestar, y eliminó el derecho a la participación política, todo en contra de la Constitución)*, Colección Estudios Políticos N° 8, Editorial Jurídica Venezolana, Caracas 2014.

Estos ejemplos demuestran claramente la falta de independencia del poder judicial. El sistema tripartito de la democracia ha fracasado y el poder judicial ha sido cooptado por el ejecutivo [...][26]

Todavía más expresivo y trágico fue lo que expresó el Secretario General Almagro en la Carta abierta que envió a Leopoldo López el día 22 de agosto de 2016, luego de la injusta sentencia que lo condenó a prisión sin prueba alguna, como preso político,[27] en la cual refiriéndose al "horror político" que vive el país, le dijo que en su criterio, dicha:

"sentencia que reafirma tu injusta condena marca un hito, el lamentable final de la democracia en Venezuela. Párrafo a párrafo es, asimismo, la terminación del Estado de Derecho. En esa sentencia queda claramente establecido que en Venezuela hoy no rige ninguna libertad fundamental y ningún derecho civil o político y que estos han expresamente quedado sin efecto en la conducción de los asuntos de gobierno."

En la misma carta abierta, Luis Almagro al constatar que en Venezuela "se ha traspasado un umbral, que significa que es *el fin mismo de la democracia*," expresó que:

"Ningún foro regional o subregional puede desconocer la realidad de que hoy en Venezuela no hay democracia ni Estado de Derecho. El Mercosur, constituye hoy el mejor ejemplo a seguir y la aplicación de las cláusulas internacionales que condenan actos de ruptura del orden constitucional y del sistema democrático se hace cada vez más necesaria."[28]

Finalmente, refiriéndose al procedimiento iniciado por la oposición, conforme a la Constitución, para la realización del referendo revocatorio del mandato del Presidente de la República que solo podía tener lugar hasta 2016, indicó que:

"Seguir un procedimiento previsto en la Constitución no es un golpe de Estado; por el contrario, negar, postergar u obstruir este proceso por cualquier vía es un abuso de poder y un trastorno patente del orden democrático [...]

---

26 Véase el texto de la exposición del Secretario General Luis Almagro ante el Consejo Permanente de la OEA, 23 de junio de 2016, en:http://www.el-nacional.com/politica/PresentacindelSecretarioGeneraldelaOEAante_NACFIL20160623_0001.pdf.

27 Véase Allan R. Brewer-Carías, "La condena contra Leopoldo López por el "delito de opinión". O de como los jueces del horror están obligando al pueblo a la rebelión popular," en *Revista de Derecho Público*, N° 143-144, (julio- diciembre 2015, Editorial Jurídica Venezolana, Caracas 2015, pp. 438-459.

28 Véase el texto de la carta abierta del Secretario General Luis Almagro a Leopoldo López, de 22 de agosto de 2016, en *Lapatilla.com*, 23 de agosto de 2016, en http://www.lapatilla.com/site/2016/08/22/almagro-a-leopoldo-lopez-tu-injusta-sentencia-marca-un-hito-el-lamentable-final-de-la-democracia-carta/.

La celebración del referendo revocatorio en 2016 es la única manera constitucional de resolver la crisis política en Venezuela [...]"[29]

Lo importante de estas apreciaciones, que resumen la trágica realidad política y constitucional del país que tanto se había denunciado en los últimos años, fue que fueron expresadas oficialmente por el Secretario General de la OEA ante los representantes permanentes de los Estados americanos miembros de la Organización,[30] quienes rechazando las pretensiones del representante de Venezuela,[31] con el voto de 20 Estados Miembros entraron a considerar el *Informe* que describía la grave situación de la democracia Venezuela.

En dicho Informe quedó evidenciada la situación de *golpe de Estado permanente y continuo* que en Venezuela ha dado el Poder Ejecutivo en colusión con el Tribunal Supremo, contra la Constitución y contra la Asamblea Nacional como la legítima representación popular electa en diciembre de 2016.

En este caso, en Venezuela, quienes fueron los golpistas que desconocieron la Constitución, alteraron el orden constitucional, trastocaron el orden democrático del país, y destruyeron el Estado de derecho, fueron quienes han ejercido la Presidencia de la República desde 1999, en colusión con los magistrados del Tribunal Supremo.

IV

En efecto, un Estado de derecho existe cuando la organización política de una sociedad está regida por una Constitución como ley suprema; que ha sido adoptada por el pueblo como pacto político en ejercicio de su soberanía a través de sus representantes electos; quienes tienen que gobernar sometidos a los límites y controles constitucionales derivados del sistema de separación de poderes previsto en la Constitución; conforme al cual se define el sistema de gobierno y la relación entre los diversos poderes públicos autónomos e independientes; en un marco en el cual todos deben actuar con sujeción al derecho, prevalezca la pri-

---

29 Véase el texto de la exposición del Secretario General Luis Almagro ante el Consejo Permanente de la OEA, de 23 de junio de 2016, en http://www.el-nacional.com/politica/PresentacindelSecretarioGeneraldelaOEAante_NACFIL20160623_0001.pdf.

30 Como lo expresó José Miguel Vivancos de Human Rights Watch: "Tras la histórica sesión del Consejo Permanente de hoy, donde una mayoría de países rechazó el intento de Venezuela para cerrar la discusión internacional sobre la situación en el país, el Presidente Maduro quedó bajo la mira de la OEA. El secretario general sobresalió con una valiente y honesta intervención sobre la gravísima crisis que aqueja a Venezuela, legitimando a la OEA como foro para fiscalizar el cumplimiento de Venezuela con sus obligaciones jurídicas internacionales en materia de derechos humanos y democracia. Maduro deberá ahora corregir sus prácticas y mostrar resultados concretos en el marco del proceso de la Carta Democrática." Véase en @HRW_Venezuela, y en "Human Rights Watch celebró votación en la OEA sobre Venezuela," en *Diario de la Américas*, 24 de junio de 2016, en http://www.diariolasamericas.com/4848venezuela/389-6835_human-rights-watch-celebro-votacion-en-oea-sobre-venezuela.html

31 Véase la carta de 20 de junio de 2016 del entonces y ahora fallecido Embajador de Venezuela Bernardo Álvarez al Consejo Permanente de la OEA, en https://www.scribd.com/doc/316-293813/Carta-del-Gobierno-de-Venezuela-a-la-OEA.

macía de la dignidad humana y la garantía de los derechos del hombre, y los ciudadanos siempre tengan la posibilidad de controlar judicialmente el ejercicio del poder, mediante un Juez Constitucional autónomo e independiente.[32]

En ese contexto, por tanto, las declaraciones formales en las Constituciones no bastan para que quede un Estado configurado como Estado de derecho, siendo lo primero que tiene que existir para caracterizarlo, el hecho de que tiene que estar efectivamente regido por una Constitución, que como ley suprema contenga normas de aplicación directa e inmediata tanto para las autoridades como para los ciudadanos; a las cuales tienen que estar sujetos y la deben aplicar, el Congreso o Asamblea Legislativa cuando sanciona una ley; el Presidente de la República cuando dicta un acto de gobierno; el propio Presidente y todos los funcionarios públicos cuando dictan actos administrativos; y el Tribunal Supremo y todos los jueces al decidir las causas en sus sentencias, en estos dos últimos casos aplicando también todas las leyes y reglamentos que rigen su actuación.

Es inconcebible por tanto, en ese esquema, que un Juez Constitucional pueda llegar a ser el instrumento para lograr lo contrario de aquello para lo cual fue concebido, es decir, para acabar con la Constitución y configurarse, arrogándose todo el poder del Estado, como el instrumento para garantizar su violación impune por parte de los otros órganos del Estado, asegurando así la destrucción del Estado de derecho o el desmantelamiento de la democracia, o incluso para convertirse en el instrumento para implementar y sostener un régimen autoritario, como precisamente ocurrió en Venezuela.

Como lo observó atinadamente en Secretario General de la OEA, Luis Almagro, al dirigirse al Presidente del Consejo Permanente de la Organización el 30 de mayo de 2016:

"Hoy en día, a cada ley aprobada por el Parlamento, el Gobierno opone su mayoría en la Sala Constitucional, la cual se ha convertido en la instancia que puede desactivar los efectos de cualquier instrumento jurídico emanado del Congreso contrario a sus intereses."[33]

Quedó claro, por tanto, cómo fue a partir de 2016 que se produjo la alteración del orden constitucional que trastocó el orden democrático en el país, y quiénes fueron sus causantes y responsables, todo lo cual, a pesar de la política de mentiras, no se puede ignorar.[34]

---

32   Véase Allan R. Brewer-Carías, *Principios del Estado de derecho. Aproximación histórica,* Cuadernos de la Cátedra Mezerhane sobre democracia, Estado de derecho y derechos humanos, Miami Dade College, Programa Goberna Las Américas, Editorial Jurídica Venezolana International, Miami-Caracas, 2016.

33   Véase la comunicación del Secretario General de la OEA de 30 de mayo de 2016 con el Informe sobre la situación en Venezuela en relación con el cumplimiento de la Carta Democrática Interamericana, p. 125. Disponible en oas.org/documents/spa/press/OSG-243.es.pdf.

34   Véase Allan R. Brewer-Carías, *La mentira como política de Estado. Crónica de una crisis política permanente. Venezuela 1999-2015,* Editorial Jurídica Venezolana, (Con prólogo de Manuel Rachadell), Caracas 2015. Así, por ejemplo, después de más de seis

V

Y tan ello fue así, que después de la presentación del Informe del Secretario General ante la OEA, la Sala Constitucional del Tribunal Supremo continuó dictando sentencias, coartando las funciones de la Asamblea Nacional, tarea a la cual se sumó la Sala Electoral, coartando el ejercicio de los derechos electorales y de votación. Ello, entre otros factores, motivó la realización de la manifestación denominada "Toma de Caracas" el 1 de septiembre de 2016,[35] la cual sin duda fue la concentración política o manifestación de fuerza popular de oposición pacífica al gobierno más multitudinaria que en una sola cuidad hasta entonces hubiera ocurrido en todo el Continente; buscando exigir el cumplimiento de los lapsos para la efectiva realización del referendo revocatorio del mandato de Nicolás Maduro[36] con el objeto de sacarlo a él y a su régimen del poder;[37] así

---

meses de sistemático ataque desarrollado entre enero y agosto de 2016 por el Poder Ejecutivo y el Poder Judicial contra la Asamblea Nacional, al punto de ahogarla y eliminarle sus competencias, el Vicepresidente Ejecutivo, Aristóbulo Istúriz, llegó a afirmar sin ningún rubor y con mucho cinismo que: "En Venezuela no hay una confrontación de poderes, sino un Poder [refiriéndose a la Asamblea Nacional] que está alzado frente al resto. Nosotros hacemos un llamado patriótico a funcionar dentro de la Constitución, con la colaboración de poderes que se armonicen y respeten unos a otros, respetemos la autonomía de cada uno y podamos, juntos, en un juego democrático, trabajar en función de los intereses de la patria y unir esfuerzos todos." Véase en (@VTVcanal8 /) "Istúriz: En Venezuela hay un Poder que está alzado," Caracas, agosto 11 / Mariela Vázquez

35   Véase Nicholas Casey y Patricia Torres, "Thousands of Venezuelans March for President's Ouster," en *The New York Times*, New York, 2 de septiembre d 2016, p. A 4.; "Multitudinaria marcha en Venezuela a favor del referendo," en *El Nuevo Herald*, Miami, 1º de septiembre de 2016, disponible en http://www.el-nuevoherald.com/noticias/mundo/article99222082.html; "Más de medio millón de venezolanos protestaron contra Nicolás Maduro en la "Toma de Caracas", en *La Nación*, Buenos Aires, 1º de septiembre de 2016, en http://www.lanacion.com.ar/1933646-toma-de-caracas-oposicion-marcha-nicolas-maduro.

36   La movilización popular convocada por la oposición fue calificada por el Presidente de la República como nuevo "plan golpista" contra su gobierno. Véase "Maduro denuncia planes de derroca-miento contra gobiernos de izquierda en América Latina," en spanish.peopledaily.com, 28 de agosto de 2016 en http://spanish.peopledaily.com.cn/n3/2016/0828/c316179106554.html; y por el Vicepresidente Ejecutivo, igualmente, conforme al mismo *script* como "un plan desestabilizador, golpista para buscar tumbar a Maduro." Véase "Aristóbulo Istúriz denunció que la oposición intenta derrocar al presidente Nicolás Maduro," Noticiero Venevisión, 28 de agosto de 2016 en http://www.noticierovenevision.net/politica/2016/agos-to/28/167263=aristobulo-isturiz-denuncio-que-la-oposicion-intenta-derrocar-al-presidente-nicolas-maduro-. No sin antes haber deportado a la candidata a la presidencia de Ecuador, diputada Cynthia Viteri, y su comitiva que estaban de visita en el país, acusándola de realizar "actividades proselitistas y desestabilizadoras" Véase el "Comunicado" del Gobierno venezolano en "Gobierno venezolano ordenó deportación de Viteri por actividades desestabilizadoras (Comunicado)," en *La patilla.com*, Caracas 27 de agosto de 2016, en http://www.lapatilla.com/site/2016/08/27/gobierno-venezolano-ordeno-deportacion-de-viteri-por-actividades-desesta-bilizadoras-comunicado/.

como para exigir del Consejo Nacional Electoral la realización de las votaciones para elegir gobernadores y miembros de los Consejos Legislativos de los Estados que correspondía realizar en 2016; y que el régimen le había secuestrado a los venezolanos.

En la víspera de dicha convocatoria, el Gobierno formuló toda suerte de amenazas represivas imaginables contra la oposición, apresando a líderes políticos sin motivo, o con motivos falsos, y trasladado presos políticos arbitrariamente de sus lugares de detención, al punto de que ante la negativa del Estado de aceptar una misión de observación y acompañamiento que le formuló la Secretaria General de la OEA al gobierno, el Dr. Luis Almagro tuvo que advertirle al Gobierno en comunicación del 30 de agosto de 2016 que hacía "responsable al Gobierno de Venezuela de asegurar al pueblo su derecho a manifestarse pacíficamente, su derecho de asociación y su derecho de libre expresión sin sufrir ningún tipo de violencia e intimidación," manifestándole:

"su preocupación por lo ocurrido estos días previos al llamado de la oposición democrática venezolana del 1° de septiembre, donde se han recibido denuncias que demuestran el recrudecimiento de la represión y de las violaciones de Derechos Humanos. Se pretende criminalizar la protesta, se amenaza con inhabilitar a partidos políticos, y se criminaliza la actuación de diputados de la Asamblea Nacional y activistas de la sociedad civil, acciones que dejan serias dudas de que al gobierno venezolano le interese un diálogo serio y constructivo para salir de la crisis en la que ha sumergido a Venezuela." [38]

VI

En las semanas anteriores a estos acontecimientos, la conducta del Tribunal Supremo para desmantelar la democracia y el Estado de derecho, imponiendo la "dictadura judicial" no se detuvo, procediendo su Sala Electoral a dictar la sentencia N° 108 de 1° de agosto de 2016,[39] mediante la cual se preparó el camino para la adopción del acto más irresponsable y definitivo en la confrontación de los poderes del Estado,[40] consistente en la "disolución" de hecho de la Asamblea Nacional, al declarar no sólo que la nueva juramentación de los diputados electos por el Estado Amazonas efectuada ante la Asamblea el 28 de julio de 2016, ca-

---

37 Como lo expresó Enrique Aristiguieta Gramcko: "el objetivo no debe limitarse a exigir una fecha para el referendo revocatorio, sino a lograr un cambio de gobierno." Véase "Aristiguieta Gramcko: La Toma de Caracas debe ser un nuevo 23 de enero," en *Lapatilla.com*, 21 de agosto en https://www.lapa-tilla.com/site/2016/08/21/ariste-guieta-gramcko-la-toma-de-caracas-debe-ser-un-nuevo-23-de-enero/.

38 Véase en: *Mensaje de la Secretaría General de la OEA en ocasión de las manifestaciones del 1 de septiembre*, Luis Almagro, 30 de agosto de 2016, en http://www.oas.org/es/centro_noticias/comunicado_prensa.asp?sCodigo=C-090/16.

39 Véase en http://www.tsj.gov.ve/decisiones/scon/marzo/162025-138-17314-2014-14-0205.HTML.

40 Véase sobre este proceso lo expuesto por Ernesto Estévez León, "El enfrentamiento de poderes," en *La Caja de Pandora*, 5 de agosto de 2016, en https://cajadepandora49.wordpress.com/2016/08/05/el-enfrentamiento-de-poderes/.

recía "de validez, existencia y no produce efecto jurídico alguno" por haber sido la proclamación de los mismos "suspendida" judicialmente desde el 30 de diciembre de 2015; sino que a partir de dicho día 1° de agosto de 2016, también decidió la Sala que carecían "de validez, existencia y no producían efecto jurídico alguno" todos los "actos o actuaciones *que en el futuro* dictare la Asamblea Nacional" con la participación de los diputados juramentados.

Se trató, así, de una nulidad declarada respecto de actos inexistentes y desconocidos, por ser futuros e inciertos, lo cual fue un soberano, arbitrario y peligroso disparate. Ello, además, fue ratificado por la Sala Constitucional en sentencia N° 808 de 2 de septiembre de 2016, que declaró la nulidad de la Ley que Reserva al Estado las Actividades de Exploración y Explotación de Oro sancionada unas semanas antes,[41] todo lo cual fue sucesivamente ratificado en múltiples sentencias dictadas posteriormente, por ejemplo, las sentencias N° 810 de septiembre de 2016, N° 952 de 21 de noviembre de 2016, Nos. 1012, 1013 y 1014 de 25 de noviembre de 2016 y N° 1086 de 13 de diciembre de 2016.[42]

Y así siguió la situación hasta que la Sala Constitucional dictó la sentencia N° 3 de 11 de enero de 2017,[43] mediante la cual se le cercenó definitivamente al pueblo su derecho más elemental en un Estado de derecho, como es el de ejercer la soberanía mediante sus representantes.

Es decir, si los diputados habían sido electos y juramentados era para que participaran en las labores legislativas. ¡¡Pero no!! Bajo el criterio de la Sala, a partir del 1° de agosto de 2016 supuestamente todo lo que había decidido la Asamblea Nacional carecía de validez y existencia, y no producía efecto jurídico alguno. Y como la decisión se adoptó en el marco de un amparo cautelar –aun cuando sin identificarse el supuesto derecho fundamental lesionado ni citarse a los supuestos agraviantes–, entonces, con la misma también se abrió la puerta para que la Sala Constitucional procediera sucesivamente a avocarse al conocimiento de los asuntos por simple "notoriedad judicial," y preparara el camino para incluso poder proceder a aplicar la inconstitucional doctrina que sentó en 2014, en el caso de los Alcaldes de los Municipios San Diego del Estado Carabobo y San Cristóbal del Estado Táchira,[44] pudiendo terminar entonces decretan-

---

41 Véase en http://historico.tsj.gob.ve/decisiones/scon/septiembre/190395-808-2916-2016-16-0831.HTML.

42 Véanse los comentarios a esas sentencias en Allan R. Brewer-Carías, *Dictadura Judicial y perversión del Estado de derecho. La Sala Constitucional y la destrucción de la democracia en Venezuela*, segunda edición: Caracas / New York 2016, 488 pp.

43 Véase en http://historico.tsj.gob.ve/decisiones/scon/enero/194892-03-11117-2017-17-0002.HTML.

44 Véase sobre esas sentencias los comentarios en Allan R. Brewer-Carías, *El golpe a la democracia dado por la Sala Constitucional (De cómo la Sala Constitucional del Tribunal Supremo de Justicia de Venezuela impuso un gobierno sin legitimidad democrática, revocó mandatos populares de diputada y alcaldes, impidió el derecho a ser electo, restringió el derecho a manifestar, y eliminó el derecho a la participación*

do la "cesación" de las funciones de los diputados que incurrieran en desacato, y con ello proceder a "disolver" de hecho la Asamblea, como se fue anunciando en forma desvariada.[45] Sin embargo, a ello no se atrevió.

La decisión de la Sala Constitucional también abrió la puerta para que otros órganos depredadores del poder público pudieran también contribuir a buscar cerrar a la Asamblea Nacional, como fue lo anunciado del Poder Ejecutivo, de proceder a ahogarla presupuestariamente para, de hecho, tratar de impedir que funcionara,[46] lo que efectivamente comenzó a ocurrir al terminar las sesiones ordinarias de la Asamblea el 15 de agosto de 2016.[47]

En fin, de lo que se trataba, en lo que ya era una "dictadura judicial" que se había instalado en el país, fue de desplazar a los representantes de la voluntad popular del marco institucional del Estado, como punto de culminación del proceso de demolición de la democracia, lo que incluso fue formalmente "anunciado" por el Presidente de la República en respuesta a la multitudinaria manifestación popular de rechazo a su gobierno del 1° de septiembre de 2016, al declarar que:

> "Le he pedido a un grupo de juristas, al Procurador General, que en el marco del Decreto de Emergencia Económica y Estado de Excepción, me preparen un decreto constitucional para consultarle a la Sala Constitucional para levantar la inmunidad a todos los cargos públicos, empezando por la inmunidad parlamentaria en Venezuela, si fuese necesario."[48]

---

política, todo en contra de la Constitución), Colección Estudios Políticos N° 8, Editorial Jurídica venezolana, segunda edición, Caracas 2015, pp. 115 ss.

45   La única posibilidad constitucional que existe en la Constitución para que el Presidente de la República pueda disolver la Asamblea Nacional es cuando en un mismo período constitucional se remueva al Vicepresidente Ejecutivo tres veces como consecuencia de la aprobación por la Asamblea de tres mociones de censura (art. 240). Por tanto, para que ese supuesto se pueda llegar a producir, es porque la voluntad de la Asamblea de que la disuelvan.

46   Véase Yelesza Zavala, "Maduro: Si la AN está fuera de ley yo no puedo depositarle recursos," en *NoticieroDigital.com*, 2 de agosto de 2016, en http://www.noticiero-digital.com/forum/viewtopic.php?t=38621

47   Véase las declaraciones del Presidente de la Asamblea: "Ramos Allup: Gobierno suspendió salario a diputados opositores," en *El Tiempo*, Puerto La Cruz, 24 de agosto de 2016, disponible en *El Tiempo.com.ve*, en http://eltiempo.com.ve/venezuela/gobierno/ramos-allup-gobierno-suspendio-salario-a-diputados-opositores/227363

48   Véase "Maduro pide evaluar levantamiento de inmunidad a parlamentarios en Venezuela," en *El Espectador*, Bogotá, 1 de septiembre de 2016, disponible en http://www.elespectador.com/noticias/elmundo/maduro-pide-evaluar-levantamiento-de-inmunidad-parlamen-artículo-652327. El primer Vicepresidente de la Asamblea Nacional Enrique Márquez consideró con razón que "Es un golpe de Estado que Maduro pretenda levantar la inmunidad a los parlamentarios," Caracas 1° de septiembre de 2016. Véase en http://unidadvenezuela.org/2016/09/42810/

Como bien lo observó José Ignacio Hernández:

"Esta amenaza podría ser preludio de un nuevo episodio del conflicto contra la Asamblea Nacional, que incorporaría un elemento sumamente peligroso para el orden democrático y constitucional: desconocer la inmunidad parlamentaria con base en argumentos jurídicos bastante primitivos, permitiendo no sólo el enjuiciamiento sino, además, la privación de libertad de diputados, como consecuencia de una acción de retaliación política."[49]

Ello, por supuesto, era absolutamente inconstitucional pues, conforme al artículo 200 de la Constitución, la inmunidad parlamentaria como privilegio de los diputados solo puede ser allanada por el Tribunal Supremo de Justicia en los casos de comisión de delitos, siendo el Tribunal la "única autoridad que podrá ordenar, previa autorización de la Asamblea Nacional, su detención y continuar su enjuiciamiento," luego de realizado el antejuicio de méritos correspondiente (art. 266.3). Como lo observó María Alejandra Correa Martín:

"La Constitución no confiere al Presidente de la República atribución alguna para instar al Tribunal Supremo de Justicia para allanar la inmunidad parlamentaria, ni para dictar decretos que la condicionen o excluyan. Ni siquiera en el marco de un Estado de Excepción, porque durante la vigencia de éstos no se afecta el funcionamiento de los demás Poderes Públicos (artículo 339, último aparte de la Constitución)."[50]

Sin embargo, lo que era evidente era la intención del Gobierno, en conjunción con la Sala Constitucional del Tribunal Supremo, de acabar definitivamente con la Asamblea Nacional y la representación popular, buscando preparar el camino para la expresada inconstitucional y tortuosa vía de manera que, alegando el "desacato" de los diputados a cumplir con las inconstitucionales sentencias del Tribunal Supremo de Justicia que le fueron cercenado las facultades constitucionales a la Asamblea, poder proceder a "allanarle" la inmunidad parlamentaria a los diputados con la sola intervención de dicho Tribunal Supremo. Es decir, al considerar que la "autorización" que la Constitución exige que deba dar la propia Asamblea Nacional para allanar la inmunidad no era posible que pudiera ser emitida, ya que las Salas del Tribunal habían decidido en sentencias, como la N° 108 de 1° de agosto de 2016 de la Sala Electoral, y la N° 808 de 2 de septiembre de 2016 y todas las posteriores de 2016 de la Sala Constitucional, que todos los ac-

---

49 Véase José Ignacio Hernández, " ¿Qué puede pasar con la inmunidad parlamentaria, tras el anuncio de Maduro?", en *Prodavinci*, 1° de septiembre de 2016, en http://proda-vinci.com/blogs/que-puede-pasar-con-la-inmunidad-parlamentaria-tras-el-anuncio-de-maduro-por-jose-i-hernandez/

50 Véase María Alejandra Correa Martin, "Inmunidad parlamentaria incomoda al Ejecutivo Nacional," 1 de septiembre de 2016, disponible en http://www.allanbrewer-carias.com/Content/449725d9-f1cb-474b-8ab2-41efb849fec2/Content/MAC..%20Inmu-nidad%20parlamentaria.pdf

tos de la Asamblea carecían "de validez, existencia y no producían efecto jurídico alguno;" entonces era simple y burdo que la misma no podía autorizar el allanamiento de la inmunidad parlamentaria de los diputados como lo exigía la Constitución, pudiendo entonces directamente el Tribunal Supremo hacerlo, usurpando dicha función legislativa de control. Esto, sin embargo, tampoco se atrevió la Sala a asumirlo.

VII

Por ello, antes de llegar a plantearse esa vía, lo que hizo el Tribunal Supremo fue seguir emitiendo nuevas decisiones a través de sus Salas, buscando clausurar de hecho a la Asamblea Nacional, como fue la sentencia de la Sala Constitucional N° 814 de 11 de octubre de 2016,[51] dictada con motivo de "ampliar" supuestamente lo resuelto en una sentencia anterior, mediante la cual la propia Sala asumió directamente las competencias de la Asamblea Nacional esta vez en materia presupuestaria, en una evidente usurpación de autoridad, llegando a aprobar un decreto-ley en sustitución de la Ley de Presupuesto para 2017.

La Sala Electoral del Tribunal Supremo, por su parte, además, dictó la sentencia N° 417 del 17 de octubre de 2016,[52] mediante la cual secuestró de nuevo el derecho ciudadano a la revocatoria de mandatos presidenciales para la realización del referendo revocatorio que debía haberse realizado en 2016, "interpretando" en forma inconstitucional que el respaldo de firmas que se necesitaba para convocar dicho referendo era del 20% de los electores inscritos en el Registro Electoral *en cada una* de las circunscripciones de cada uno de los Estados de la República y del Distrito Capital, y no en la circunscripción nacional.

La consecuencia fue que la oposición democrática se preparó para una nueva recolección de firmas para los días 26 al 28 de octubre de 2016, conforme a lo dispuesto por el Consejo Nacional Electoral, lo cual fue frustrado por la acción conjunta de cinco gobernadores de Estado y sendos jueces penales de los Estados "dejado sin efecto **la recolección de firmas del 1% del padrón electoral,**" que se había realizado cuatro meses antes por la Mesa de la Unidad Democrática (MUD) para promover el referendo."[53]

Ello condujo al Consejo Nacional Electoral, el mismo día 20 de octubre, a paralizar "hasta nueva orden judicial, del proceso de recolección de 20% de las manifestaciones de voluntad, que estaba previsto para el 26, 27 y 28 de octubre de 2016," posponiendo "el proceso de recolección hasta nueva instrucción judicial"[54] (es decir, en la práctica *sine die*), con lo cual se acabó la posibilidad de que el pueblo venezolano pudiera ejercer su derecho constitucional a la partici-

---

51 Véase en http://historico.tsj.gob.ve/decisiones/scon/octubre/190792-814-111016-2016-2016-897.HTML.

52 Véase en http://historico.tsj.gob.ve/decisiones/selec/octubre/190852-147-171016-2016-2016-000074.HTML.

53 Véase la información en CNN. Español, 20 de octubre de 2016, en http://cnnespanol.cnn.com/2016/10/20/anulan-firmas-de-la-primera-fase-del-revocatorio-en-varios-estados-de-venezuela/#0.

54 Véase en: http://www.cne.gov.ve/web/sala_prensa/noticia_detallada.php?-id=3483

pación política mediante el referendo revocatorio presidencial, que debió haber ocurrido en 2016. Ello no fue otra cosa sino una nueva manifestación de la dictadura judicial lo impidió.

VIII

El balance de las actuaciones y decisiones adoptadas por la Sala Constitucional del Tribunal Supremo de Justicia durante todo el año 2016, fue en definitiva, que absolutamente todas las leyes y actos parlamentarios sancionados y adoptados por la Asamblea Nacional fueron declarados nulos, concluyendo el proceso a principios de 2017, al disponer la misma Sala Constitucional la cesación definitiva, de hecho, de la Asamblea Nacional al decidir mediante sentencia N° 2 de 11 de enero de 2017,[55] que declaró nulo tanto el acto de instalación de la Asamblea para su segundo período anual del 5 de enero de 2017, como el Acuerdo de 9 de enero de 2017 que declaró la falta absoluta del Presidente de la República, que:

> "Cualquier actuación de la Asamblea Nacional y de cualquier órgano o individuo en contra de lo aquí decidido será nula y carente de toda validez y eficacia jurídica, sin menoscabo de la responsabilidad a que hubiere lugar."

En esta forma, mediante un sablazo final de la "Justicia," que se ratificó en la sentencia de la misma Sala Constitucional N° 3 de 11 de enero de 2017,[56] se le cercenó definitivamente al pueblo su derecho más elemental en un Estado de derecho, que es el de ejercer la soberanía mediante sus representantes; y posteriormente, mediante sentencia N° 7 de 26 de enero de 2017, en la cual si bien se declaró inadmisible la acción intentada, de oficio, en un supuesto *Obiter Dictun,* la Sala procedió a darle la estocada final a la Asamblea, al ratificar la declaratoria de nulidad absoluta y de inconstitucionalidad de todas las actuaciones de la misma, dando además inicio al procedimiento para proceder a enjuiciar a los diputados de la Asamblea por desacato, revocarle su mandato popular y encarcelarlos.[57] En esta línea, sin embargo, el Tribunal no se atrevió a tomar decisión alguna.

Con posterioridad, y con ocasión de la adopción por la Asamblea Nacional de un nuevo Acuerdo, esta vez *sobre la Reactivación del Proceso de Aplicación de la Carta Interamericana de la OEA* como mecanismo de resolución pacífica de conflictos para restituir el orden constitucional en Venezuela,[58] la Sala Constitucional dictó la muy conocida sentencia N° 155 de 27 de marzo de 2017, con la cual consolidó definitivamente la dictadura judicial, en la cual, violando las reglas más elementales del debido proceso, dictó una serie de medidas cautelares de oficio; ordenándole al Presidente de la República que gobernara en abierta

---

55 Véase en http://historico.tsj.gob.ve/decisiones/scon/enero/194891-02-11117-2017-17-0001.HTML

56 http://historico.tsj.gob.ve/decisiones/scon/enero/194892-03-11117-2017-17-0002.HTML

57 Véase en historico.tsj.gob.ve/decisiones/scon/enero/195578-07-26117-2017-170010.HTML

58 Sentencia N° 155 de 27 de marzo de 2017, en http://historico.tsj.gob.ve/decisiones/scon/marzo/197285-155-28317-2017-17-0323.HTML.

violación de la Constitución, "decretándole" para ello un inconstitucional estado de excepción. A la vez, la Sala decidió "iniciar," a la vez, un juicio para el "control innominado de la constitucionalidad" de no se sabe qué actos, procediendo, como se había anunciado amenazadoramente, a eliminarle la inmunidad parlamentaria de la mayoría de los diputados electos en diciembre de 2015.

Dos días después, mediante sentencia N° 156 de fecha 29 de marzo de 2017,[59] la misma Sala decidió un recurso de interpretación intentado el día antes por los representantes de una empresa del Estado del sector hidrocarburos, disponiendo que como la Asamblea Nacional no podía funcionar por estar la mayoría de los diputados que la componen en situación de "desacato" de sentencias anteriores, considerando ello como una supuesta *omisión inconstitucional legislativa*, entonces la propia Sala Constitucional procedió a sustituirse en la Asamblea Nacional y, "de pleno derecho," asumir directamente las funciones de la misma, y ejercer *de facto* las competencias parlamentarias; auto atribuyéndose, incluso, la potestad de "delegarlas" en "el órgano que ella disponga;" y finalmente, atribuyendo inconstitucionalmente al Presidente de la República la potestad de legislar en materia de hidrocarburos.

La gravísima alteración del orden constitucional que ocurrió con estas dos sentencias, que no fue otra cosa que otro golpe de Estado, fue advertida de inmediato por el Secretario General de la OEA, Luis Almagro, quien apenas conoció de las sentencias denunció, con razón, el día 30 de marzo de 2017, "el auto-golpe de Estado perpetrado por el régimen venezolano contra la Asamblea Nacional, último poder del Estado legitimado por el voto popular," afirmando, con lamento, que lo que tanto había "advertido lamentablemente se ha concretado." El Secretario General fue también preciso al destacar los aspectos medulares de las dos inconstitucionales sentencias, indicando que:

> "El Tribunal Supremo de Justicia (TSJ) ha dictado dos decisiones por las que despoja de sus inmunidades parlamentarias a los diputados de la Asamblea Nacional y, contrariando toda disposición constitucional, se atribuye las funciones de dicho Poder del Estado, en un procedimiento que no conoce de ninguna de las más elementales garantías de un debido proceso.
>
> Por la primera de ellas, del 27 de marzo de 2017, el TSJ declara la inconstitucionalidad de acuerdos legislativos calificando como actos de traición a la patria el respaldo a la Carta Democrática Interamericana, instrumento jurídico al cual Venezuela ha dado su voto al tiempo de aprobarlo y fue el primer país en solicitar su aplicación en el año 2002.
>
> Por el segundo fallo, del 29 de marzo, este tribunal declara la "situación de desacato y de invalidez de las actuaciones de la Asamblea Nacional", en forma que no conoce respaldo constitucional ni en las atribuciones de la Asamblea (art. 187 de la Constitución), ni mucho menos en la de la Sala

---

59 Véase en http://historico.tsj.gob.ve/decisiones/scon/marzo/197364-156-29317-2017-17-0325.HTML.

Constitucional del TSJ (art. 336 de la Constitución) y que viola la separación de poderes que la propia Constitución exige sea respetada por todos los jueces los que deben "asegurar su integridad" (art. 334)."

Dichas sentencias, a juicio del Secretario General, al "despojar de las inmunidades parlamentarias a los diputados de la Asamblea Nacional y de asumir el Poder Legislativo en forma completamente inconstitucional, son los últimos golpes con los cuales el régimen subvirtió el orden constitucional." Con ello coincidió la entonces Fiscal General de la República, en contraste – apartándose de su colaboracionismo histórico con el régimen – con la posición del Presidente de la República, quién celebró las sentencias considerándolas como "históricas."

La entonces Fiscal General, en efecto – y dejando de lado el hecho de que durante más de tres lustros ella había sido la principal cómplice de la dictadura -, indicó que de dichas sentencias se evidenciaban "varias violaciones del orden constitucional y desconocimiento del modelo de Estado consagrado en nuestra Constitución," considerando que ello constituía "una ruptura del orden constitucional." [60]

Luego de todas esas reacciones generalizadas, el Presidente de la República, considerando que lo que había ocurrido era un simple supuesto "impasse" entre la Sala Constitucional y la Fiscal General de la República, convocó una reunión del Consejo (consultivo) de Defensa de la Nación, [61] el cual exhortó, por supuesto ilegalmente, al Tribunal Supremo para que "modificara" sus decisiones, a lo cual, sumisa, la Sala Constitucional accedió, anunciando, el 1º de abril de 2017, [62] que procedería de oficio a *reformar y revocar* parcialmente las mencionadas sen-

---

60   Véase el texto en la reseña "Fiscal general de Venezuela, Luisa Ortega Díaz, dice que sentencias del Tribunal Supremo sobre la Asamblea Nacional violan el orden constitucional," en Redacción BBC Mundo, *BBC Mundo*, 31 de marzo de 2017, en http://www.bbc.com/mundo/noticias-america-latina-39459905 Véase el video del acto en https://www.youtube.com/-watch?v=GohPIrveXFE.

61   La propia Sala confesó en un Comunicado de 3 de abril de 2017 publicado en *Gaceta Oficial* que "El Tribunal Supremo de Justicia en consideración al exhorto efectuado por el Consejo de Defensa de la Nación ha procedido a revisar las decisiones 155 y 156, mediante los recursos contemplados en el ordenamiento jurídico venezolano, y en tal sentido, hoy son públicas y notorias sendas sentencias aclaratorias que permiten sumar en lo didáctico y expresar cabalmente el espíritu democrático constitucional que sirve de fundamento a las decisiones de este Máximo Tribunal." Véase en la *Gaceta Oficial* Nº 41.127 de 3 de abril de 2017.

62   Véase sobre el anuncio de las aclaratorias, los comentarios en Allan. Brewer-Carías: "El golpe de Estado judicial continuado, la no creíble defensa de la constitución por parte de quien la despreció desde siempre, y el anuncio de una bizarra "revisión y corrección" de sentencias por el juez constitucional por órdenes del poder ejecutivo. (Secuelas de las sentencias Nº 155 y 156 de 27 y 29 de marzo de 2017), New York, 2 de abril de 2017, en http://allanbrewercarias.net/site/wp-content/uploads/2017/04/150.-doc.-BREWER.-EL-GOLPE-DE-ESTADO-Y-LA-BIZARRA-REFORMA-DE-SENTENCIAS.-2-4-2017.pdf.

tencias N° 155[63] y 156[64] de 27 y 29 de marzo de 2017, y así "eliminar" las inconstitucionales barbaridades que contenían.

Ello, por supuesto, de acuerdo con el ordenamiento jurídico venezolano no era posible; sin embargo, la Sala dictó las sentencias Nos. 157[65] y 158[66] de fecha 1° de abril de 2017 (cuyo texto sin embargo solo fue conocido cerca de las 11 am del día 4 de abril de 2017) para complacer al Poder Ejecutivo, modificando sus sentencias anteriores en violación de los principios más elementales del debido proceso; pero irónicamente, invocando como motivación fundamental, la "garantía de la tutela judicial efectiva consagrada en el artículo 26 constitucional."

Con dichas sentencias, como lo precisó Román José Duque Corredor, los magistrados de la Sala Constitucional cometieron "fraude procesal por falseamiento de la verdad, la adulteración del proceso, y fraude a la ley."[67]

IX

La labor destructiva del Juez Constitucional en todo caso, no concluyó allí, siendo otra manifestación de ello, su actuación ante la definitiva manifestación de desprecio a la Constitución que se produjo en el país, como fue la inconstitucional convocatoria de una Asamblea Nacional Constituyente, sin que ello hubiese sido producto de la voluntad popular, lo cual se realizó por decreto N° 2.830 de 1° de mayo de 2017.[68]

De acuerdo con el texto de la Constitución, el cual supuestamente está montado sobre el concepto de "democracia participativa," cualquier reforma constitucional exigía la participación del pueblo mediante referendo en cualquiera de los tres mecanismos previstos para ello (la enmienda constitucional, la reforma constitucional y la asamblea constituyente), en forma tal que en la enmienda y la reforma constitucional el pueblo debe aprobarlas mediante referendo aprobatorio, una vez que ha sido sancionada, (arts. 341.3, y 344); y en el caso de la Asamblea

---

63   Véase sentencia N° 155 de 27 de marzo de 2017, en http://historico.tsj.gob.ve/decisiones/scon/marzo/197285-155-28317-2017-17-0323.HTML.

64   Véase la sentencia N° 156 de 29 de marzo de 2017 en http://historico.tsj.gob.ve/decisiones/scon/marzo/197364-156-29317-2017-17-0325.HTML.

65   Véase en http://historico.tsj.gob.ve/decisiones/scon/abril/197399-157-1417-2017-17-0323.HTML.

66   Véase en http://Historico.Tsj.Gob.Ve/Decisiones/Scon/Abril/197-400-158-1417-2017-17-0325.Html.

67   Véase Román José Duque Corredor, "Fraude procesal de los magistrados de la Sala Constitucional," 4 de abril de 2017, en http://justiciayecologiaintegral.blogspot.com/-2017/04/fraude-procesal-de-los-magistrados-de.html?spref=fb&m=1.

68   Véase Gaceta Oficial N° 6295 Extraordinario de 1 de mayo de 2017. Véase sobre ello Allan R. Brewer-Carías, La inconstitucional convocatoria de una Asamblea Nacional Constituyente en mayo de 2017. Un nuevo fraude a la Constitución y a la voluntad popular, Colección Textos Legislativos, N° 56, Editorial Jurídica Venezolana, Caracas 2017.

Nacional Constituyente, el pueblo es el que puede convocarla mediante referendo de convocatoria (art. 347).[69]

No es posible concebir que para cambiar una coma de un artículo de la Constitución (enmienda constitucional), o para reformar un artículo fundamental de la misma (la reforma constitucional) se requiera de la participación del pueblo mediante referendo; y ello no se requiera, en cambio, para cambiar *toda* la Constitución y dictar una nueva (asamblea constituyente).

Por ello, la Constitución exige que sea el pueblo el que puede convocar una Asamblea Constituyente, pudiendo manifestarse su voluntad sólo mediante referendo, debiendo también votar en el mismo las bases comiciales sobre la asamblea constituyente que deben garantizar el funcionamiento de la misma conforme a los valores, principios y garantías democráticas (art. 350), y entre ellas, el derecho a la democracia representativa. Ello implica que los constituyentes se tienen que elegir exclusivamente mediante sufragio universal, directo y secreto (art. 63), quedando proscrita toda otra forma de representación grupal, sectorial, de clase o territorial.

Esa convocatoria necesariamente popular de la Asamblea Nacional Constituyente (mediante referendo) es distinta a la *iniciativa* para que dicha convocatoria la pueda realizar el pueblo, la cual la Constitución le atribuye al Presidente en Consejo de Ministros, a la Asamblea Nacional con voto calificado, a los dos tercios de los Concejos Municipales, o a un quince por ciento de los electores (art. 348).

Por tanto, el hecho de poder tener la iniciativa para convocar la Asamblea Nacional Constituyente no puede implicar que se pueda usurpar el carácter del pueblo como depositario del poder constituyente originario, y que el Presidente de la República pueda convocar directamente una Constituyente sin el voto popular expresado en un referendo.[70]

Pero ninguno de estos argumentos tuvo valor alguno para la Sala Constitucional del Tribunal Supremo cambiara la forma *a la medida* cómo ha "interpretado" la Constitución, conforme a lo que le fuera requerido o exigiera el Presidente de la República, razón por la cual al decidir un recurso de interpretación interpuesto por un ciudadano respecto de los artículos 357 y 358 de la Constitución que regulan la figura de la Asamblea Nacional Constituyente como instrumento para la reforma total e integral de la Constitución, dictó la sentencia Nº 378 de 31 de mayo de 2017, para permitirle al Presidente usurpar la voluntad popular para su convocatoria.

---

69   Véase sobre ello lo que hemos expuesto en Allan R. Brewer-Carías, *Reforma constitucional y fraude a la Constitución (1999-2009)*, Academia de Ciencias Políticas y Sociales, Caracas 2009, p. 64-66; y en *La Constitución de 1999 y la Enmienda constitucional Nº 1 de 2009*, Editorial Jurídica Venezolana, Caracas 2011, pp. 299-300.

70   Véase los estudios sobre ello en Allan R. Brewer-Carías y Carlos García Soto (compiladores), *Estudios sobre la Asamblea Nacional Constituyente y su inconstitucional convocatoria en 2017*, Colección Estudios Jurídicos Nº 119, Editorial Jurídica Venezolana, Caracas 2017, 778 pp. y Editorial Temis, Editorial Jurídica Venezolana, Bogotá 2017.

La sentencia, simplemente, concluyó indicando que como dichas normas constitucionales no preveían expresamente que debía haber un referendo popular para convocar dicha Asamblea, ignorando que es el pueblo quien solo puede convocarla, usurpando la voluntad popular indicó que el Presidente de la República sí podía hace la convocatoria sin consultar al pueblo.

Como lo observó Ramón Escobar León, en la sentencia, la Sala Constitucional:

> "afirmó a los cuatro vientos que no había que consultar al pueblo para realizar una asamblea nacional constituyente originaria, porque –según dice la "ponencia conjunta"–la Constitución no lo establecía expresamente. Los "jueces" que integran la Sala Constitucional no interpretaron la Constitución relacionando una norma con otra, sino que tomaron el artículo 347 y extrajeron de él un significado contrario al que la misma Constitución, la doctrina y la experiencia enseñan." [71]

Es decir, ni más ni menos, lo que decidió la Sala Constitucional equivalió a indicar, como se dijo, que para cambiar una simple "coma" en una frase de un artículo en la Constitución mediante el procedimiento de enmienda constitucional, o para reformar un artículo de la misma mediante el procedimiento de reforma constitucional se requería de un referendo popular, pero que sin embargo, para reformar *toda la Constitución y sustituir el texto vigente por otro nuevo,* no se necesitaba consultar al pueblo. [72]

Ante este absurdo constitucional, con toda razón, la entonces Fiscal General de la República solicitó al Tribunal Supremo con fecha 1° de junio de 2017, conforme a lo dispuesto en el Código de Procedimiento Civil, una aclaratoria de dicha sentencia, la cual ni siquiera fue considerada por el Tribunal Supremo de Justicia. Éste, lo que hizo fue decidir mediante sentencia N° 441 de 7 de junio de 2017,[73] que la Fiscal General de la República carecía de legitimación para solicitar aclaratorias de sentencias pues supuestamente no era "parte" en el proceso específico, ignorando que el Ministerio Público, como garante de las garantía constitucionales en los procesos, es una parte de derecho en todos los procesos constitucionales (art. 285.1).[74] La Sala, para decidir en esta forma, incluso llegó a eliminar en la sentencia el carácter de "proceso" que necesariamente debía tener

---

71 Véase Ramón Escobar León, "Activismo y originalísmo constitucional versus tiranía judicial," en *Prodavinci*, 20 de junio de 2017, en http://prodavinci.com/blogs/activismo-y-originalismo-constitucional-versus-tirania-judicial-por-ramon-escovar-leon/?platform=hootsuite

72 Ante las críticas generalizadas, mediante Decreto No. 2889 de 4 de junio de 2017 (*Gaceta Oficial* N° 6303 Extra de 4 de junio de 2017), el Presidente de la república "complementó las bases comiciales" exhortando a la Asamblea Nacional Constituyente que se elija para someter a referendo aprobatorio la Constitución que se sancione.

73 Véase   http://historico.tsj.gob.ve/decisiones/scon/junio/199712-441-7617-2017-17-0519.HTML

74 Véase en http://www.panorama.com.ve/politicayeconomia/TSJ-declaro-inadmisible-solicitud-de-aclaratoria-interpuesta-por-la-fiscal-Luisa-Ortega-Diaz-20170607-0083.html

el "proceso constitucional" de interpretación constitucional que se origina con los recursos de interpretación.

Ante este revés, al día siguiente, la entonces Fiscal General de la República, en su condición de "ciudadana, de electora y de Fiscal General" - quien hasta ese momento, como se dijo, había sido cómplice de todas las actuaciones inconstitucionales de los poderes públicos en el país -, buscando poder argumentar ante alguna autoridad judicial su demanda de inconstitucionalidad de todo el proceso de convocatoria de la Asamblea Nacional Constituyente fraudulenta hecha por el Poder Ejecutivo, introdujo un recurso contencioso electoral por razones de inconstitucionalidad, conjuntamente con una petición de amparo cautelar ante la Sala Electoral del Tribunal Supremo de Justicia,[75] contra las decisiones del Consejo Nacional Electoral mediante las cuales había aprobado y convalidado la convocatoria a la Asamblea Nacional Constituyente efectuada por el presidente de la República, validado las bases comiciales respectivas, y convocado a postulaciones para constituyentístas y a las elecciones de los mismos.

En los días que siguieron, la Sala Electoral del Tribunal Supremo de Justicia cesó de dar audiencias de despacho a los efectos de no recibir ningún recurso o adhesión a la acción presentada por la Fiscal, como ella lo había solicitado públicamente; y en todo caso, las fuerzas de seguridad represivas del gobierno bloquearon e impidieron a las personas llegar hasta la sede del mismo. Además, desde la organización administrativa del Poder Judicial, los Jueces rectores civiles en los Estados se dirigieron a todos los jueces de cada Estado informándoles que *debían abstenerse de recibir* dichas adhesiones.

Días después, mediante sentencia N° 67 de 12 de junio de 2017, la Sala Constitucional, simplemente declaró inadmisible el recurso intentado por la entonces Fiscal General, por supuestamente haber una "inepta acumulación" ya que, según la Sala, habría impugnado actos provenientes de distintos órganos del Estado (cuya nulidad compete ser considerada por diferentes tribunales), cuando ello era absolutamente falso pues en el recurso la Fiscal solo impugnó decisiones del Consejo Nacional Electoral (12.6-2017).

Por otro lado, la Sala Constitucional del Tribunal Supremo, días después, mediante sentencia N° 455 de fecha 12 de junio de 2017 (*Caso: Emilio J. Urbina Mendoza*), declaró sin lugar un recurso de nulidad de nulidad por inconstitucionalidad intentado contra el mismo Decreto N° 2.878 de 23 de mayo de 2017 que estableció las "bases comiciales" para la integración de la Asamblea Nacional Constituyente, basándose en su fallo anterior N° 378 del 31 de mayo de 2017, estableciendo en definitiva "la constitucionalidad" de las referidas bases comiciales inconstitucionales.[76]

---

75 Véase el texto en http://www.mp.gob.ve/c/document_library/get_fi-le?uuid=-3e9aba8c-59ab-4e99-86e0-8953e5e1a504&groupId=10136.

76 Véase sobre dicha sentencia Emilio J. Urbina Mendoza, "La jurisprudencia del horror: Las posturas argumentales de la Sala Constitucional ante el tema constituyente (marzo-mayo 2017), en *Revista de Derecho Público*, No. 149-150 (enero junio 2017), Editorial Jurídica Venezolana, Caracas pp. 364 ss.

Posteriormente, mediante sentencia N° 470 de 27 de junio de 2017,[77] la Sala Constitucional declaró inadmisible el recurso de nulidad que había intentado la entonces Fiscal General de la República y otros funcionarios de la Fiscalía contra el mismo Decreto N° 2.878 de 23 de mayo de 2017, por "haber operado la cosa juzgada" en virtud de que la misma Sala ya había "juzgado sobre la constitucionalidad" del Decreto impugnado, al declarar sin lugar el recurso de nulidad contra el mismo decreto que había intentado el abogado Emilio J Urbina Mendoza, mediante sentencia N° 455, del 12 de junio de 2017.[78]

La sentencia, sin embargo, no quedó allí, sino que la Sala, previamente, pasó a juzgar *de oficio* sobre la validez del nombramiento del Vice-Fiscal de la República quien aparecía firmando el recurso de nulidad declarado sin lugar, y quien había sido nombrado por la Fiscal conforme a la Ley Orgánica del Ministerio Público, en carácter de "encargado," considerando que el mismo carecía de legitimidad para actuar en juicio.

Como la designación del funcionario debía "contar con la previa autorización de la mayoría" de los diputados a la Asamblea Nacional, y como ésta, a juicio de la Sala, se mantenía en "desacato," la Sala consideró que la Fiscal para hacer el nombramiento, debió haber "acudido" ante la Sala Constitucional; y como no lo hizo, entonces declaró la nulidad del nombramiento, sin proceso ni contradictorio alguno y, además, usurpando las funciones de la Asamblea Nacional pasó a resolver "por auto separado" que la propia Sala procedería a "designará de manera temporal un Vice Fiscal General de la República."

En ese contexto, se destacó, además, la sentencia de la Sala Plena del Tribunal Supremo de Justicia de unos días antes, del 20 de junio de 2017,[79] mediante la cual decidió admitir una solicitud formulada por un diputado para que se calificara como falta grave las actuaciones de la entonces Fiscal General de la República en defensa de la Constitución y del orden constitucional, en violación abierta del artículo 25.5 de la Ley Orgánica del Ministerio Público de 2007 que indicaba que sólo el Vice Fiscal o un representante de la Asamblea Nacional podían solicitar ante el Tribunal Supremo de Justicia que se iniciase un antejuicio contra la Fiscal.

---

77 Véase en http://historico.tsj.gob.ve/decisiones/scon/junio/200380-470-27617-2017-17-0665.HTML.

78 Véase sobre dicha sentencia Allan R. Brewer-Carías, "El Juez Constitucional vs. el pueblo, como poder constituyente originario," (Sentencias de la Sala Constitucional N° 378 de 31 de mayo de 2017 y N° 455 de 12 de junio de 2017), 16 de junio de 2017, en http://allanbrewercarias.net/site/wp-content/uploads/2017/06/161.-doc.-Sobre-proceso-constituyente-SC-sent.-378-y-455.pdf. Véase igualmente Allan R. Brewer-Carías, *La inconstitucional convocatoria de una Asamblea Nacional Constituyente en fraude a la voluntad popular*, Editorial Jurídica Venezolana International, Caracas 2017, pp. 131 y ss.

79 Véase en la reseña en *El Nacional*, caracas 21 de junio de 2017, en http://www.elnacional.com/noticias/politica/sala-plena-del-tsj-aprobo-antejuicio-merito-fiscal-ortega-diaz_188686. NO se pudo acceder al link de la página web del Tribunal Supremo: http://www.tsj.gob.ve/es/-/sala-plena-del-tsj-admitio-solicitud-de-antejuicio-de-merito-contra-la-fiscal-general-de-la-republica.

Esa norma, por supuesto, la ignoró el Tribunal, el cual, en desprecio total al derecho, ni siquiera la citó en la sentencia. Lo insólito es que quien no tenía legitimación alguna para actuar, acusó a la Fiscal por sólo haber comenzado a defender la Constitución y denunciar los atropellos del régimen contra la ciudadanía – aun cuando durante una década se hubiera abstenido de hacerlo –, alegando que habría incurrido en incumplimiento o negligencia manifiesta en el ejercicio de sus atribuciones y deberes; que había atentado contra la respetabilidad del Poder Ciudadano; que habría puesto en peligro su credibilidad e imparcialidad comprometiendo la dignidad del cargo; que al tomar decisiones administrativas habría incurrido en grave e inexcusable error; o que al hacerlo haría hecho constar hechos que no sucedieron o habría dejado de relacionar los que ocurrieron.

Más insólito aún fue el alegato del solicitante de que conforme a los ordinales 2 y 3 del artículo 23 de la Ley Orgánica del Ministerio Público, la Fiscal General habría actuado con grave e inexcusable ignorancia de la Constitución, de la ley y del derecho y que habría violado, amenazado o menoscabado los principios fundamentales establecidos en la Constitución. Todo ello, simplemente, por haber comenzado a defender la Constitución, sufriendo así en carne propia todo lo que había hecho contra tantos durante su gestión precedente; habiendo tenido que salir huyendo del país por la persecución desatada en su contra.

Esa decisión de la Sala Constitucional, y la posterior antes mencionada N° 470 de 27 de junio de 2017, mediante la cual la Sala se arrogó inconstitucionalmente el nombramiento del Vice-Fiscal General, concretó la amenaza de la remoción de la Fiscal por el Tribunal Supremo de Justicia, cuando ello era potestad exclusiva y excluyente de la Asamblea Nacional.[80] Ello lo que mostró fue la consolidación definitiva de una tiranía judicial, conducida por un Tribunal Supremo de ilegítimo origen, respecto del cual podía decirse, como lo apreció Ramón Escobar León, que:

"El juez que no tiene un origen democrático ni fundamenta sus fallos, menosprecia su toga y la convierte en una herramienta de la dictadura. Un Poder Judicial sin jueces independientes es fuente del despotismo.

No en balde Montesquieu afirmó: "Cruel tiranía es aquella que se ejerce al abrigo de las leyes y con los colores de la justicia."[81]

---

80 Véase Juan Manuel Raffalli, ¿Qué hay detrás del antejuicio a la Fiscal?" en *Prodavinci*, 21 de mayo de 2017, en http://prodavinci.com/blogs/que-hay-detras-del-antejuicio-a-la-fiscal-por-juan-manuel-raffalli/.

81 Véase Ramón Escobar León, "Activismo y originalísmo constitucional versus tiranía judicial," en *Prodavinci*, 20 de junio de 2017, en http://prodavinci.com/blogs/activismo-y-originalismo-constitucional-versus-tirania-judicial-por-ramon-escovar-leon/?platform=hootsuite.

X

Y ello es lo que ocurrió en Venezuela, consolidándose una dictadura ante la cual, precisamente en ausencia de un Juez Constitucional que pueda asumir el rol de ser el sustituto de la rebelión popular contra las violaciones a la Constitución,[82] no es de extrañar por una parte, que el pueblo venezolano hubiera comenzado a rebelarse contra el gobierno autoritario; y por la otra, que este desplegase todos sus poderes para afianzar la dictadura.

Lo primero se comenzó a manifestar en diciembre de 2015, cuando se produjo una rebelión popular contra el autoritarismo por la vía electoral, mediante el voto, exigiendo un cambio de régimen político, habiendo logrado la oposición democrática la mayoría calificada en la Asamblea Nacional.[83] Si la Asamblea Nacional hubiese podido funcionar como debe ocurrir en un régimen democrático, sin duda hubiese sido un factor determinante en el control político y administrativo del gobierno.

Pero esa vía democrática, sin embargo, lamentablemente la cerró el régimen autoritario, no sólo castrando a la Asamblea Nacional de absolutamente todos sus poderes, sino impidiendo que otras fórmulas de manifestación del voto popular se pudieran manifestar, como fue el caso de haber impedido la realización del referendo revocatorio presidencial en 2016; de la postergación injustificada e inconstitucional de las elecciones regionales de Gobernadores y Alcaldes que constitucionalmente debieron haberse realizado en 2016, y que se realizaron en 2017 sometidas a los designios de una Asamblea Nacional Constituyente fraudulenta, que fue inconstitucionalmente convocada y electa en julio de 2017, y que desde entonces ha usurpado el poder total del Estado.

En todo caso, todas estas actuaciones dictatoriales y totalitarias produjeron otras formas de manifestación de rebelión popular, aún frente a todas esas adversidades antidemocráticas, que se fueron produciendo, no mediante el sufragio libre cuyo ejercicio se le negó al pueblo, sino mediante las masivas movilizaciones populares de protesta generalizada que se produjeron en el país a mitades de 2017, que concluyeron, antes de la instalación de la fraudulenta Asamblea Nacional Constituyente, con la votación por parte de más de 7.5 millones de perso-

---

82 Véase Sylvia Snowiss, *Judicial Review and the Law of the Constitution,* Yale University Press, 1990, pp. 2, 3, 6, 113 ss.

83 Véase Allan R. Brewer-Carías, "El primer paso para la reconstrucción de la democracia: el restablecimiento de la legitimidad democrática de todos los Poderes Públicos. Sobre porqué la nueva Asamblea Nacional debe proceder a revocar los írritos actos de nombramiento de los titulares del Poder Ciudadano (Fiscal General, Contralor General, Defensor del Pueblo), del Poder Judicial (magistrados del Tribunal Supremo y del Poder Electoral (rectores del Consejo Nacional Electoral), y proceder, elegir como Cuerpo Electoral de segundo grado, a los titulares de dichos órganos de acuerdo con la Constitución," 10 diciembre 2015, en http://allanbrewercarias.com/wpcontent/uploads/-2015/11/123.-Brewer.-PRIMER-PASO-RECONSTRUCCI%C3%93N-DE-LA-DEMO-CRACIA.-ELECCI%C3%93N-DE-LOS-TITULARES-DE-LOS-PODERES-P%C3%9-ABLICOS.-dic-2015.pdf.

nas, el 16 de Julio de 1017, precisamente contra la inconstitucional y fraudulenta convocatoria de la Asamblea Nacional Constituyente.[84]

Esas demostraciones populares incluso se produjeron, a pesar de la brutal represión militar desatada contra manifestantes pacíficos e inermes que fueron asesinados por fuerzas oficiales de represión y bandas criminales protegidas por el Estado, que más bien parecieron pertenecer a un ejército de ocupación que a unidades encargadas de velar por el orden público.

Pero ante las exigencias populares de más democracia, la respuesta por parte del régimen fue la mencionada convocatoria de una Asamblea Nacional Constituyente, lo cual no solo era jurídicamente una aberración, sino que fue quizás un grave error político[85] cometido por el régimen, con el cual comenzó a ciegas a entrar en el laberinto del cual no sale, siendo una muestra más de ello, incluso, la reacción que originó en la comunidad internacional en favor del proceso democrático del país, y contra la convocatoria de dicha Asamblea, la cual fue formalmente desconocida por muchos Estados e instituciones internacionales.

La instalación y funcionamiento de la Asamblea Nacional Constituyente, en todo caso, lo que significó fue la definitiva consolidación de la dictadura en el país, la cual se había ido estableciendo mediante el progresivo proceso de concentración y centralización total del poder que el Ejecutivo había logrado amasar luego de neutralizar al Tribunal Supremo y ponerlo a su servicio,[86] de hacer desaparecer de hecho, las entidades político territoriales,[87] y de asegurar el control del árbitro electoral,[88] llegando a la situación que ya se evidenció abiertamente con la convocatoria de la Asamblea Nacional Constituyente, en la cual simple-

---

84 Véase Alison Linares, "Los venezolanos acudieron masivamente a votar contra la reforma constitucional," 16 de julio de 2017, en The New York Times.es, en https://www.ny-times.com/es/2017/07/16/los-venezolanos-acudieron-masivamente-a-votar-contra-la-reforma-constitucional-que-impulsa-nicolas-maduro/

85 Véase los estudios sobre el tema en Allan R. Brewer-Carías y Carlos García Soto (compiladores), *Estudios sobre la Asamblea Nacional Constituyente y su inconstitucional convocatoria en 2017,* Colección Estudios Jurídicos N° 119, Editorial Jurídica Venezolana, Caracas 2017, 778 pp. y Editorial Temis, Editorial Jurídica Venezolana, Bogotá 2017.

86 Véase Allan R. Brewer Carías, *Crónica Sobre La "In" Justicia Constitucional. La Sala Constitucional y el autoritarismo en Venezuela*, Colección Instituto de Derecho Público, Universidad Central de Venezuela, N° 2, Caracas 2007, 702 pp.; "El juez constitucional al servicio del autoritarismo y la ilegítima mutación de la Constitución: el caso de la Sala Constitucional del Tribunal Supremo de Justicia de Venezuela (1999-2009)", en *Revista de Administración Pública*, N° 180, Madrid 2009, pp. 383-418;

87 Véase Allan R. Brewer Carías, *Federalismo y Municipalismo en la Constitución de 1999 (Alcance de una reforma insuficiente y regresiva),* Cuadernos de la Cátedra Allan R. Brewer-Carías de Derecho Público, N° 7, Universidad Católica del Táchira, Editorial Jurídica Venezolana, Caracas-San Cristóbal 2001, 187 pp.

88 Véase Allan R. Brewer Carías, *La Sala Constitucional versus El Estado Democrático de Derecho. El secuestro del poder electoral y de la Sala Electoral del Tribunal Supremo y la confiscación del derecho a la participación política,* Los Libros de El Nacional, Colección Ares, Caracas 2004, 172 pp.

mente Venezuela carece de Constitución. En esa situación, el Estado constitucional simplemente fue sustituido por un gobierno asambleario y tumultuario conducido por una Asamblea Nacional Constituyente instalada inconstitucional y fraudulentamente en 2017, y colocada por encima de la Constitución,[89] a la cual todos los poderes se le han sometido, asumiendo, la misma, el poder total en contra de lo previsto en la Constitución de 1999,[90] y así, llegando incluso durante un tiempo a suplantar la dictadura judicial que comandó el Tribunal Supremo, convirtiéndola en una "dictadura constituyente."

Para ejercer ese poder absoluto, la Asamblea Constituyente se auto atribuyó poderes soberanos y supraconstitucionales que no tenía ni podía tener, y llegó incluso a formalizar expresamente el golpe de Estado en sus decretos (por ejemplo, en las "Normas para garantizar el pleno funcionamiento institucional de la Asamblea Nacional Constituyente en armonía con los Poderes Públicos constituidos" de agosto de 2017),[91] copiando la fórmula tradicional usada en otros golpes de Estado, como la que está en las actas de las Juntas de Gobierno de 1947 y 1958, al señalar que "la Constitución de 1999 solo seguirá en vigencia, en todo aquello en lo que la Asamblea Constituyente no disponga lo contrario."[92]

Con ello, la Asamblea Nacional Constituyente simplemente borró la Constitución como norma suprema, pudiendo disponer lo que quiera, sin límites, siendo sus decisiones incontrolables por haber sometido a sus designios a todos los poderes del Estado, incluyendo al Tribunal Supremo de Justicia; habiendo sido la Asamblea Constituyente, incluso la que dispuso la elección presidencial anticipada para mayo de 2018, con la cual el régimen se adentró más en la oscuridad del laberinto del cual ya no parece tener posibilidad alguna de salir.

XI

En esta situación de ausencia de Constitución y de dictadura constituyente, es que debe apreciarse el significado que tuvo la rebelión popular que ocurrió el 20 de mayo de 2018 con la decisión mayoritaria del pueblo de no participar en la farsa "electoral" organizada en definitiva por dicha Asamblea Nacional Consti-

89   Véase Allan R. Brewer-Carías y Carlos García Soto (compiladores), *Estudios sobre la Asamblea Nacional Constituyente y su inconstitucional convocatoria en 2017*, Colección Estudios Jurídicos Nº 119, Editorial Jurídica Venezolana, Caracas 2017, 778 pp. y Editorial Temis, Editorial Jurídica Venezolana, Bogotá 2017, 776 pp.

90   Véase Allan R. Brewer-Carías, *La inconstitucional convocatoria de una Asamblea Nacional Constituyente en mayo de 2017. Un nuevo fraude a la Constitución y a la voluntad popular*, Colección Textos Legislativos, Nº 56, Editorial Jurídica Venezolana, Caracas 2017, pp. 178 pp.

91   Véase en Allan R. Brewer-Carías, *Usurpación Constituyente 1999, 2017. La historia se repite: una vez como farsa y la otra como tragedia*, Colección Estudios Jurídicos, No. 121, Editorial Jurídica Venezolana International, 2018.

92   Véase Allan R. Brewer-Carías, "La gran usurpación basada en una gran mentira: La fraudulenta Asamblea Nacional Constituyente no puede pretender imponerse sobre los poderes constituidos y menos sobre la Asamblea Nacional," (documento), agosto 2017, en http://allanbrewercarias.net/site/wp-con-tent/uploads/2017/08/176.-doc-Brewer.-Gran-Usurpaci%C3%B3n-basada-Gran-Mentira.pdf.

tuyente para la anticipada "elección" presidencial, en la cual a pesar de haberse desarrollado un ilegal y descarado proceso de "compra de votos" conducido por el régimen mediante la entrega de comida y de dinero,[93] sin consecuencia alguna,[94] sin embargo, se produjo el nivel de abstención electoral más alto que se haya registrado en cualquier elección presidencial en nuestra historia (82.7 %),[95] habiéndose abstenido incluso quienes supuestamente podían apoyar al régimen.[96]

---

93 Véase José Guerra, "El voto comprado," *lapatilla,* 26 de mayo de 218, en https://www.lapatilla.com/site/2018/05/26/jose-guerra-el-voto-comprado/, y en *Finanzas digital,* 27 de mayo de 2018, en http://www.finanzasdigital.com/2018/05/el-voto-comprado/. La compra de votos fue de tal naturaleza que la entrega de comida a la salida de los centros de votación fue denunciada hasta por los candidatos de "oposición" (Véase en Ludmila Vinogradoff, "Henri Falcón denuncia un fraude en los resultados de las elecciones de Maduro y propones nuevos comicios," *ABCInternational,* 21 de mayo de 2018, en http://www.abc.es/internacional/abci-henri-falcon-denuncia-fraude-resultadoselecciones-maduro-y-propones-nuevos-comicios-201805210434_noticia.html), y en cuanto a la entrega de dinero a cambio de votos, incluso el Consejo Nacional Electoral prohibió formalmente a Maduro la entregar bonos que había prometido a quienes votaran. Véase la información en "Poder Electoral venezolano prohíbe a Maduro pagar bonos a electores," en *Agencia EFE,* 20 de mayo de 2018, en https://www.efe.com/efe/america/politica/el-poder-electoral-venezolano-prohibe-a-maduro-pagar-bonos-electores/20000035-3621379

94 Lo menos que debió ocurrir en este caso, ante lo dicho por el propio CNE, tenía que haber sido la "suspensión de los efectos" de la "proclamación" de Maduro, como tan diligentemente lo decidió la Sala Electoral del Tribunal Supremo en diciembre de 2015 respecto de dos diputados electos en el Estado Amazonas en las elecciones parlamentarias de ese año, por denuncias nunca comprobadas de supuestas ofertas de compra de votos. Véase los comentarios a la sentencia en Allan R. Brewer-Carías, "El desconocimiento judicial de la elección popular de diputados," en *Revista de Derecho Público,* No. 145-146, (enero-junio 2016), Editorial Jurídica Venezolana, Caracas 2016, pp. 285- 318.

95 Como lo indicó Alianza Nacional Constituyente indicó, en las elecciones del 20 de mayo, el Consejo Nacional Electoral "altero e incremento los resultados a 9.383.329 votantes, adjudicándole a Maduro 6.245.862 votos, cuando de acuerdo al conteo de actas solo obtuvo 1.811.220 de un total de electores que votaron válidamente de 3.590.040 (17,3 %)." Véase en el comunicado: "La Alianza Nacional Constituyente Originaria, ANCO, fija posición ante el país y la Comunidad Internacional, ante el acto espurio de juramentación del ciudadano Nicolás Maduro Moros," 25 de mayo de 2018, en http://ancoficial.blogspot.com/ Las cifras del proceso, que según lo informó Antonio Sánchez García, "ni siquiera la dictadura puede ocultar" fueron las siguientes: "De los 20.750.809 electores registrados, participaron 3.590.040. De ese 17,3% de votantes, el desglose fue el siguiente: Nicolás Maduro: 1.811.220= 8,73%. Henri Falcón: 1.436.861= 6,4%. Bertucci: 327.749 = 1,58%. Reinaldo Quijada: 14.210= 0,0%." De ello, concluye Sánchez García que " La dictadura de Nicolás Maduro, soportada por el chantaje y la amenaza, el terror de Estado y las fuerzas armadas cubanas, pende de ese hilo de un 8% electoral." Véase Antonio Sánchez García, "Sin máscaras ante el abismo," en *El Nacional,* 27 de mayo de 2018, en http://www.el-nacional.com/noticias/columnista/sin-mascaras-ante-abismo_237137

96 Como lo destacó Tomás Sarka, "La abstención ha sido una protesta de dimensiones similares a las de las firmas contra la Constituyente del 16 de julio de 2017, pero con dos diferencias: esta vez la protesta vino, en su aspecto más notable, del lado de quienes apoyan (o al menos se creía que apoyaban) al gobierno; y no demuestra seguir un liderazgo. Al contrario, ha rematado algunos liderazgos en declive, como el de Maduro, demostrando cuán hondo es el vacío en este aspecto." Véase en Tomás Sarka, "La rebelión de las

Como lo observó Paciano Padrón:

"Lo mejor que nos dejó este pasado domingo 20, es que ratificó claramente que Nicolás Maduro no cuenta con el respaldo popular. Quedó evidenciado que el 82,9 % de los venezolanos no acudió al llamado de la asamblea nacional constituyente y del CNE, habiéndose producido el más grande acto de rebeldía y desobediencia civil que conozcamos en nuestra historia republicana. El pueblo, al no atender el llamado del CNE, dejó solo a Maduro y demostró su rechazo al continuismo, dijo no al hambre, a la enfermedad y a la miseria, dijo no al sometimiento de nuestro país a fuerzas internacionales nefastas. Maduro ya no engaña a nadie, "El emperador está desnudo."[97]

Por ello, con razón, Luis Ugalde SJ, apreció que:

"El NO de los demócratas venezolanos a la fraudulenta y dictatorial votación del 20M ha sido impresionante y contundente. No a la trampa inventada por el gobierno para perpetuarse con este régimen de muerte. A pesar de la coacción, el chantaje y las amenazas, la gran mayoría de los electores dio un no rotundo a la farsa. Incluso millones de chavistas se negaron a la iniquidad. Maduro – luego de todas las maniobras con la bendición del CNE - obtuvo menos del 30% de los posibles votantes. Más de la mitad del país se abstuvo, cosa insólita en Venezuela."

Agregando, sin embargo, que:

"No basta el NO rotundo (incluso de millones de chavistas) a la trampa gubernamental. Es imprescindible, el SÍ democrático al cambio de presidente y de régimen para la recuperación de lo proclamado en el Art. 2 de la Constitución "como valores superiores de su ordenamiento jurídico y de su actuación, la vida, la libertad, la justicia, la igualdad, la solidaridad, la democracia, la responsabilidad social y, en general, la preeminencia de los derechos humanos, la ética y el pluralismo político". La violación sistemática de este artículo nos obliga a luchar por el restablecimiento de la Constitución (Art. 333)."[98]

XII

Ahora bien, el resultado del proceso electoral, con la supuesta "reelección" de Nicolás Maduro para un nuevo período constitucional que debía comenzar a partir de enero de 2019 (2019-2025), a pesar de la masiva abstención y del claro

---

bases," en *Prodavinci*, 21 de mayo de 2018, en https://prodavinci.com/la-rebelion-de-las-bases/?platform=hootsuite

97 Véase Paciano Padrón, "El emperador está desnudo," en *opinónynotiias.com*, 23 de mayo de 2018 en http://www.opinionynoticias.com/opinionpolitica/32687-padron-p

98 Véase Luis Ugalde SJ., "Del No al SI," en *El Universal*, 24 de mayo de 2018, en http://www.eluniversal.com/el-universal/10167/del-no-al-si

signo de rebelión que significó la abstención, y del desconocimiento del mismo incluso por los mismos "contendores" en el proceso,[99] puso al país en el riesgo de que, contrario al efecto buscado con la rebelión y el rechazo (que es el de la democratización), el régimen se dirigiera a proceder al cerramiento definitivo de toda posibilidad de salida hacia un cambio político democrático en el país, mediante la consolidación definitiva del totalitarismo. Como se lo planteó Ramón Guillermo Aveledo, apenas concluido el proceso electoral del 20 de mayo de 2018:

> "La resiliencia del sistema venezolano, en su primer sexenio abiertamente pos-Chávez, nos da cuenta de un régimen que buscará consolidar el liderazgo de Nicolás Maduro, el más ortodoxo de los socialistas, hacia un modelo donde el totalitarismo no sea ya un proyecto, sino una realización efectiva por encima de toda oposición social. ¿Tendremos los venezolanos cómo resistir o estamos condenados a vivir la realidad de los países sometidos bajo este peso ideológico?"[100]

Es decir, el problema era que con el fin de la farsa electoral de mayo de 2018, estando cerrada la vía electoral y democrática para el cambio político en el país, quizás lo que entonces pudimos haber presenciado los venezolanos, habría sido la consecuente "reactivación" de la Asamblea Nacional Constituyente, abriendo la puerta al régimen autoritario para definitivamente proceder a eliminar hacia el futuro todo vestigio de "elecciones," mediante la implementación de lo que en 2007 fue el gran fracaso de Hugo Chávez, pero que a partir de julio de 2017, pasó a ser parte esencial de las "bases programáticas" que fueron "votadas" en la elección de la Asamblea Constituyente en 2017.

Esas "bases programáticas" conducían a lo mismo que se persiguió en 2007, y fue el intento de sustituir definitivamente en el país, mediante una reforma constitucional, el régimen político venezolano de democracia representativa, por un régimen político de supuesta "democracia participativa y protagónica" del pueblo, eliminando el sufragio como se ha conocido hasta ahora.

Y precisamente con tal fin, la misión fundamental de la Asamblea Nacional Constituyente instalada en 2017 de "transformar el Estado," tal como se expresó en la convocatoria, no era otra distinta que la de terminar de destruir todos los últimos vestigios que podían aún existir del Estado democrático y social de derecho, descentralizado y de justicia del cual habla la Constitución de 1999, para lo

---

99   Véase la reseña de Mariano Castillo, Marilia Brocchetto, "Maduro gana las elecciones presidenciales; Falcón desconoce el proceso electoral en Venezuela," *CNN. Latinoamerica,* 20 de mayo de 2018, en http://cnnespanol.cnn.com/2018/05/20/venezuela-ya-vota-maduro-busca-la-reeleccion/

100 Véase Ramón Guillermo Aveledo, "El futuro incierto de Venezuela," en *Diálogo Político,* Fundación Konrad Adenauer, 21 de mayo de 2018, en http://dialogopolitico.org/agenda/el-futuro-incierto-de-venezuela/?utm_source=Konrad-Adenauer-Stiftung&utm_medium=email&utm_campaign=23-05-2018+Bolet%C3%ADn+53+Di%C3%A1logo+Pol%C3%ADtico+&utm_content=Mailing_7081853

cual, luego de asumir el gobierno total y absoluto del país, bajo una forma asamblearia y tumultuaria, le podía corresponder a la Asamblea comenzar a acometer la estructuración de otro Estado distinto, siguiendo el modelo arcaico soviético y cubano, tal y como resultó del propio texto de la convocatoria de la Asamblea Constituyente. Sin embargo, tampoco esto pudo o se atrevió a hacer la Asamblea Nacional Constituyente, la cual luego de más de año y medio de funcionamiento, nada en concreto ha anunciado sobre la misión de propone, y ya parece que no habrá ocasión de que lo haga.

En efecto, conforme al Decreto N° 2.830 de 1° de mayo de 2017, mediante el cual el Presidente de la República convocó inconstitucionalmente la Asamblea Nacional Constituyente, entre los "objetivos programáticos" que le definió a la misma, había uno específicamente con redacción ampulosa, que fue quizás el único que realmente apuntó directamente a la necesidad de reformar la Constitución para la reforma el Estado, establecer un nuevo orden jurídico y dictar una nueva Constitución, en el cual se especificó el siguiente objeto de la Asamblea, consistente en la:

"5. Constitucionalización de las nuevas formas de la democracia participativa y protagónica, a partir del reconocimiento de los nuevos sujetos del Poder Popular, tales como las Comunas y los Consejos Comunales, Consejos de Trabajadoras y Trabajadores, entre otras formas de organización de base territorial y social de la población."

Este "objetivo programático," como se dijo, no pasó de ser una "reedición" de la propuesta de reforma constitucional que el Presidente Hugo Chávez formuló en 2007 para la creación de un Estado Socialista, Centralizado y Militarista,[101] y que fue rechazada por votación popular en el referendo que tuvo lugar el

---

101 Véase Allan R. Brewer-Carías, "Estudio sobre la propuesta presidencial de reforma constitucional para la creación de un Estado Socialista, Centralizado y Militarista en Venezuela (análisis del anteproyecto presidencial, agosto 2007," en *Anuario da Facultade de Dereito da Universidade da Coruña, Revista jurídica interdisciplinaria internacional*, Con. 12, La Coruña 2008, pp. 87-125; "La proyectada reforma constitucional de 2007, rechazada por el poder constituyente originario", en *Anuario de Derecho Público 2007*, Año 1, Instituto de Estudios de Derecho Público de la Universidad Monteávila, Caracas 2008, pp. 17-65; "La reforma constitucional en Venezuela de 2007 y su rechazo por el poder constituyente originario", en *Revista Peruana de Derecho Público*, Año 8, N° 15, Lima, Julio-Diciembre 2007, pp. 13-53; "El sello socialista que se pretendía imponer al Estado", en *Revista de Derecho Público*, N° 112, Editorial Jurídica Venezolana, Caracas 2007, pp. 71-76; "Estudio sobre la propuesta presidencial de reforma constitucional para la creación de un Estado Socialista, Centralizado y Militarista en Venezuela (Agosto 2007", *Revista de Derecho Público*", N° 111, (julio-septiembre 2007), Editorial Jurídica Venezolana, Caracas 2007, pp. 7-42; "Estudio sobre la propuesta de Reforma Constitucional para establecer un Estado Socialista, Centralizado y Militarista (Análisis del Anteproyecto Presidencial, Agosto de 2007)", *Cadernos da Escola de Direito e Relações Internacionais da UniBrasil*, N° 07, Curitiba, 2007; "Hacia creación de un Estado socialista, centralizado y militarista en Venezuela (2007)", *Revista de Derecho Político*, N° 70, Madrid, septiembre-diciembre 2007, pp. 381-432. Igualmente véase lo que expuse en Allan R. Brewer-Carías, *Hacia la consolidación de un Estado socialista, centralizado,*

2 de diciembre de 2007; y que sin embargo, en fraude a la voluntad popular se ha venido implementando en forma ilegítima e inconstitucional, mediante leyes y decretos leyes,[102] e, incluso, mediante "interpretaciones constitucionales" emitidas solícitamente por la Sala Constitucional, en muchos casos a petición del propio Ejecutivo Nacional.[103]

Entre esos objetivos estaba, en primer lugar, el establecimiento de un Estado Socialista Centralizado, como se propuso en 2007,[104] pues como dijo el mismo Presidente Chávez en 2007, "así como el candidato Hugo Chávez repitió un millón de veces en 1998, 'Vamos a Constituyente', el candidato Presidente Hugo Chávez [en 2006] dijo: 'Vamos al Socialismo', [agregando que a su juicio] todo el que votó por el candidato Chávez, votó por ir al socialismo".[105]

Por ello, el Anteproyecto de Constitución que presentó en 2007 ante la Asamblea Nacional fue para "la construcción del socialismo Bolivariano, el socialismo venezolano, nuestro socialismo, nuestro modelo socialista",[106] cuyo "núcleo básico e indivisible" era "la comunidad", "donde los ciudadanos y las ciudadanas comunes, tendrán el poder de construir su propia geografía y su propia historia."[107] Y todo ello bajo la premisa de que "sólo en el socialismo será posible la verdadera democracia,"[108] pero por supuesto, una "democracia" sin

---

policial y militarista. Comentarios sobre el sentido y alcance de las propuestas de reforma constitucional 2007, Colección Textos Legislativos, N° 42, Editorial Jurídica Venezolana, Caracas 2007; *La reforma constitucional de 2007 (Comentarios al proyecto inconstitucionalmente sancionado por la Asamblea Nacional el 2 de noviembre de 2007)*, Colección Textos Legislativos, N° 43, Editorial Jurídica Venezolana, Caracas 2007.

102 Véanse los diversos estudios sobre los decretos leyes de 2008," en *Revista de Derecho Público*, N° 115 *(Estudios sobre los Decretos Leyes)*, Editorial Jurídica venezolana, Caracas 2008.

103 Véase Allan R. Brewer-Carías, "¿Reforma constitucional o mutación constitucional?: La experiencia venezolana." en *Revista de Derecho Público*, N° 137 (Primer Trimestre 2014, Editorial Jurídica Venezolana, Caracas 2014, pp. 19-65; y *El "nuevo constitucionalismo latinoamericano" y la destrucción del Estado democrático por el Juez Constitucional*, Ediciones Olejnik, Buenos Aires 2018..

104 Véase *Discurso de Orden pronunciado por el ciudadano Comandante Hugo Chávez Frías, Presidente Constitucional de la República Bolivariana de Venezuela en la conmemoración del Ducentésimo Segundo Aniversario del Juramento del Libertador Simón Bolívar en el Monte Sacro y el Tercer Aniversario del Referendo Aprobatorio de su mandato constitucional*, Sesión especial del día miércoles, 15 de agosto de 2007, Asamblea Nacional, División de Servicio y Atención Legislativa, Sección de Edición, Caracas, 2007.

105 *Idem*, p. 4.

106 Véase *Discurso de Orden pronunciado por el ciudadano Comandante Hugo Chávez Frías ... cit.*, p. 34.

107 *Idem*, p. 32.

108 *Idem*, p. 35. Estos conceptos se recogieron igualmente en la *Exposición de Motivos* para la Reforma Constitucional, Agosto 2007, donde se expresa la necesidad de "ruptura del modelo capitalista burgués" (p. 1), de "desmontar la superestructura que le da soporte a la producción capitalista" (p. 2); de "dejar atrás la democracia representativa para consolidar la democracia participativa y protagónica" (p. 2); de "crear un enfoque socialista

representación que, como lo propuso el propio Chávez y fue sancionado por la Asamblea Nacional en la rechazada reforma del artículo 136 de la Constitución, "no nace del sufragio ni de elección alguna, sino que nace de la condición de los grupos humanos organizados como base de la población". Es decir, lo que se buscaba entonces, y a partir de 2017 se podía busca con la Asamblea Nacional Constituyente de 2017, era el establecimiento de una "democracia" que no es democracia, pues en el mundo moderno no hay ni ha habido democracia sin elección de representantes.

Hay que recordar que todas esas propuestas de entonces, rechazadas por el pueblo en diciembre de 2007, las resumió el presidente Chávez en su Discurso del 15 de agosto de 2007, así:

> "en el terreno político, profundizar la democracia popular bolivariana; en el terreno económico, preparar las mejores condiciones y sembrarlas para la construcción de un modelo económico productivo socialista, nuestro modelo, lo mismo en lo político, la democracia socialista; en lo económico, el modelo productivo socialista; en el campo de la Administración Pública, incorporar novedosas figuras para aligerar la carga, para dejar atrás el burocratismo, la corrupción, la ineficiencia administrativa, cargas pesadas del pasado, que todavía tenemos encima como rémoras, como fardos en lo político, en lo económico, en lo social.[109]

Esta reforma que a través de la inconstitucionalmente convocada Asamblea Constituyente se pretendió reeditar a partir de 2017, toca las bases fundamentales del Estado, en particular, en relación con la ampliación constitucional de la propuesta de crear un Estado Socialista en sustitución del Estado democrático y social de Derecho; y con la eliminación de la descentralización como política de Estado, supuestamente en aras de promover una "participación política protagónica" del pueblo, pero sin libertad alguna, encadenada en un sistema de centralización del poder.

XIII

En ese contexto, a partir de julio de 2017, según se infiere de las "bases programáticas" de la Asamblea Constituyente inconstitucionalmente convocada, lo que se podría pretender era crear las comunas, los consejos comunales y de trabajadores como el núcleo territorial básico del Estado Socialista como supuestos medios de participación y protagonismo del pueblo y para la construcción colectiva y cooperativa de una economía socialista; barriendo de la Constitución toda idea de descentralización como organización y política pública, de autonomía

---

nuevo" (p. 2) y "construir la vía venezolana al socialismo" (p. 3); de producir "el reordenamiento socialista de la geopolítica de la Nación" (p. 8); de la "construcción de un modelo de sociedad colectivista" y "el Estado sometido al poder popular" (p. 11); de "extender la revolución para que Venezuela sea una República socialista, bolivariana", y para "construir la vía venezolana al socialismo; construir el socialismo venezolano como único camino a la redención de nuestro pueblo" (p. 19).

109 *Idem*, p. 74.

territorial y de democracia representativa a nivel local, y por tanto, de la posibilidad de existencia de entidades políticas autónomas como los Estados y Municipios, sustituyendo a éstos por los Consejos del Poder Popular como formas de agregación comunitaria controlados desde el Poder central, pero sin democracia representativa alguna, sino sólo como supuesta expresión de democracia directa.[110]

En ese esquema entonces, lo que se podía proponer era la eliminación de la democracia representativa a nivel local que exige, conforme a la Constitución de 1999, que todos los titulares de los órganos del poder público tengan siempre su origen en elección popular. Esa democracia representativa, por supuesto, no se opone a democracia participativa; pero en forma alguna ésta podría pretender sustituir a aquélla, particularmente porque participar es sólo posible cuando, mediante la descentralización, se crean autoridades locales autónomas cerca del ciudadano, en los niveles territoriales más pequeños, lo que implica desparramar el poder.

Este sistema democrático es contrario a la concentración del poder y al centralismo, que es lo que se ha buscado encubrir con la falacia de la supuesta "participación protagónica"[111] en un régimen autoritario, centralizador y concentrador del poder que ha impedido la efectiva participación política, y que podría conducir a la eliminación de los entes territoriales descentralizados políticamente, sin los cuales no puede haber efectivamente democracia participativa.

En ese esquema que es el que se propuso "constitucionalizar" de nuevo en 2017, los Consejos del Poder Popular no serían más de lo que han sido, es decir, una simple manifestación de movilización controlada desde el poder central, que es lo que ocurrió, precisamente con los Consejos Comunales desde su creación por Ley en 2006,[112] cuyos miembros no son electos mediante sufragio, sino de-

---

110 Como Chávez lo indicó en 2007: se trataba del "desarrollo de lo que nosotros entendemos por descentralización, porque el concepto cuarto-republicano de descentralización es muy distinto al concepto que nosotros debemos manejar. Por eso incluimos aquí la participación protagónica, la transferencia del poder y crear las mejores condiciones para la construcción de la democracia socialista." Véase *Discurso de Orden pronunciado por el ciudadano Comandante Hugo Chávez Frías....*, *cit.*, p. 5.

111 En la *Exposición de Motivos del Proyecto de Reforma Constitucional presentado por el Presidente de la República*, en agosto 2007, se lee que el Poder Popular "es la más alta expresión del pueblo para la toma de decisiones en todos sus ámbitos (político, económico, social, ambiental, organizativo, internacional y otros) para el ejercicio pleno de su soberanía. Es el poder constituyente en movimiento y acción permanente en la construcción de un modelo de sociedad colectivista de equidad y de justicia. Es el poder del pueblo organizado, en las más diversas y disímiles formas de participación, al cual está sometido el poder constituido. No se trata del poder del Estado, sino es el Estado sometido al poder popular. Es el pueblo organizado y organizando las instancias de poder que decide las pautas del orden y metabolismo social y no el pueblo sometido a los partidos políticos, a los grupos de intereses económicos o a una particularidad determinada", *op. cit*, p. 11.

112 Véanse los comentarios sobre ello en Allan R. Brewer-Carías *et al*, *Ley Orgánica del Poder Público Municipal*, Caracas, Editorial Jurídica Venezolana, 2007, pp. 75 y ss.

signados por asambleas de ciudadanos a mano alzada controladas por el propio Poder Ejecutivo Nacional.

Ello fue lo que se persiguió con la rechazada reforma constitucional de 2007, que a partir de 2017 se quiso reeditar, habiéndose previsto entonces de manera expresa que los integrantes de los diversos Consejos del Poder Popular no nacen "del sufragio ni de elección alguna, sino que nacen de la condición de los grupos humanos organizados como base de la población."

Por otra parte, no es posible concebir un esquema de supuesta participación protagónica del pueblo si solo es para la construcción del socialismo, como de nuevo se propuso en las "bases programáticas" decretadas en 2017 para la elección inconstitucional de la Asamblea Constituyente. Ello es lo contrario a lo previsto en el artículo 62 de la Constitución de 1999, que habla del derecho "de *participar libremente* en los asuntos públicos, directamente o por medio de sus representantes elegidos o elegidas," refiriéndose a "la participación del pueblo en la formación, ejecución y control de la gestión pública" como "el medio necesario para lograr el protagonismo que garantice su completo desarrollo, tanto individual como colectivo," a través de los mecanismos de participación enumerados en el artículo 70.

Con la rechazada reforma constitucional de 2007, que se propuso reeditar a partir de la convocatoria e instalación de la Asamblea Constituyente de 2017, dichos medios de participación política, entre los cuales estarían los Consejos del Poder Popular, en ningún caso son "libres" pues quedan reducidos a "la construcción del socialismo," siendo en definitiva excluyentes y discriminatorios.

Por otra parte, otro de los aspectos esenciales de la reforma constitucional rechazada de 2007 que se buscó reeditar por la Asamblea Nacional Constituyente instalada en 2017, fue el referido vaciamiento total de la forma de organización federal del Estado, con la eliminación de la previsión constitucional que garantiza la autonomía de los Estados y Municipios.

En un Estado centralizado del Poder Popular como el propuesto en 2007 y que se quiso reeditar con la convocatoria de la Asamblea Constituyente en 2017, no habría posibilidad de que existan entidades políticas territoriales (Estados y Municipios), con autoridades electas mediante sufragio directo, universal y secreto. Por ello no fue más que otra falacia que la presidenta del Consejo Nacional Electoral anunciara el 16 de mayo de 2017 que habría elecciones regionales de gobernadores a finales de 2017. Efectivamente se realizaron, pero electa la Asamblea Constituyente, quedó eliminada la autonomía de los Estados, al imponerse a los gobernadores su sumisión a la Asamblea Constituyente.

Por otra parte, en cuanto a los Municipios, con la reforma de 2007, que se quiso reeditar con la convocatoria de la Asamblea Constituyente instalada desde 2017, los mismos perderían su carácter de unidad política primaria en la organización nacional, como lo indica la Constitución, trasladándose esa condición a las comunas, como las células sociales del territorio, conformadas por las "comunidades," como el núcleo territorial básico e indivisible del Estado Socialista. Por lo demás, con la elección de Alcaldes decretada inconstitucionalmente por la Asamblea Constituyente en diciembre de 2017, también quedó eliminada la autonomía de los Municipios, al imponerse igualmente a los alcaldes electos su sumisión a la Asamblea Constituyente.

En definitiva, lo que se propuso con la convocatoria e instalación de la Asamblea Nacional Constituyente en 2017, conforme a la base programática de constitucionalizar el Poder Popular, no fue otra cosa que buscar eliminar la distribución vertical del Poder Público entre el Poder Municipal, el Poder Estatal y el Poder Nacional (art. 136), cada uno con su grado de autonomía, sus autoridades electas mediante sufragio directo y universal, y sus respectivas competencias; y sustituirlo por un esquema centralizado de Estado Comunal, con la advertencia expresa como se concibió en 2007, y antes se indicó, de que dicho "Poder Popular no nace del sufragio ni de elección alguna, sino que nace de la condición de los grupos humanos organizados como base de la población," mediante un agregado de consejos organizados en forma piramidal y de designación de sus directivas mediante elecciones indirectas. Un anticipo de ello fue la eliminación por la Asamblea Nacional Constituyente en diciembre de 2017, de las autoridades municipales electas del nivel metropolitano del Distrito del Alto Apure y del Área Metropolitana de Caracas.[113]

XIV

En ese nuevo Estado, que los venezolanos han pensado que en el año y medio de funcionamiento de la Asamblea Nacional Constituyente algunos de sus miembros quizás habrían estado en proceso de diseñar en la oscuridad y con todo secretismo, en definitiva se buscaría eliminar toda idea de representatividad democrática, y por tanto, a la democracia misma como régimen político, desapareciendo el pilar orgánico de las Constituciones democráticas modernas que es el de la separación de poderes, consolidándose en su lugar un Estado centralizado, conducido por un gobierno autocrático que se seguiría configurando como una especie de nueva "monarquía" de hecho, como las que comenzaron a consolidarse en el mundo contemporáneo siguiendo el modelo ruso y cubano.[114]

En todo caso, lo cierto es que el desarrollo del fracasado proyecto de reforma constitucional de Chávez de 2007, de construir en Venezuela un Estado y sociedad socialista, en sustitución del Estado democrático y social de derecho, incluso, como lo observó Anatoly Kurmanaev, había sido hasta marginado por el candidato Nicolás Maduro en la campaña de 2018, quien más bien "abandonó los slogan izquierdistas en favor de otros directamente clientelares: Vota por mí, y agarraras del reparto la comida," suplantando incluso "al Partido Socialista Unido por un movimiento político de nombre anodino: Movimiento Somos Vene-

---

113 Véase el comentario al decreto constituyente en Allan R. Brewer-Carías, *Usurpación Constituyente 1999, 2017. La historia se repite: una vez como farsa y la otra como tragedia,* Colección Estudios Jurídicos, No. 121, Editorial Jurídica Venezolana International, 2018

114 Véase Allan R. Brewer-Carías, "Las nuevas "monarquías hereditarias" latinoamericanas, la democracia como disfraz y la reelección indefinida de los gobernantes. El caso de la sentencia 084 del Tribunal Constitucional Plurinacional de Bolivia de 28 de Noviembre de 2017," 2 diciembre de 2017, en http://allanbrewercarias.net/site/wp-content/uploads/2017/12/180.-Brewer.doc-Sentencia-N°-84-Bolivia-y-las-nuevas-monarquias.pdf.

zuela."[115] De su análisis sobre "la tragedia de Venezuela" al concluir su asignación periodística en Venezuela que inició en 2013, Kurmanaev constató que "el
llamado gobierno socialista ni siquiera hizo intento de proteger la atención
médica y la educación, los dos supuestos pilares de su programa," concluyendo
con su apreciación lapidaria de que "Esto no fue socialismo. Fue una kleptocacia,
el gobierno de los ladrones (*This wasn't Socialism. It was keleptocracy – the rule
of thieves*).[116]

Pero sin embargo, bastó que se produjera la cuestionada "reelección" de
mayo de 2018, para que en el discurso de Maduro en el acto de su "juramentación" anticipada como supuesto presidente "reelecto," pronunciado el día 24 de
mayo de 2018 ante la Asamblea Nacional Constituyente, después de reconocer
que hacía "falta una rectificación profunda, hay que hacer las cosas de nuevo y
mejor. No estamos haciendo las cosas bien y tenemos que cambiar este país,"[117]
haya procedido a anunciar el curso que se proponía tomar hacia el futuro, para
"rectificar," indicando que "Venezuela ha vuelto a ratificar su rumbo: el socialismo," haciendo un llamado, según reseñó la prensa, para:

> "poner en marcha las cinco dimensiones del socialismo propuestas por el
> presidente Chávez aplicadas como fórmulas de planificación: Ética, moral,
> espiritual; Política, ideológica, institucional; Social; Económica; Territorial.
>
> Estoy más comprometido que nunca con nuestro pueblo. Han elegido us-
> tedes un presidente para construir el socialismo; para solucionar los proble-
> mas; para el diálogo y la pacificación; que es pueblo, que es pueblo de ver-
> dad. Un presidente pueblo", finalizó."[118]

Como lo analizó Daniel Zovatto en su artículo "Venezuela: qué sigue después de la farsa electoral," publicado el 18 de mayo de 2018, en la víspera de la
"reelección" presidencial:

> "A partir del lunes 21 de mayo, la crisis venezolana entra en una nueva
> etapa. Maduro será, para amplios sectores de la sociedad venezolana y de la
> comunidad internacional, un presidente carente de toda legitimidad de-
> mocrática de origen.

---

115 Véase Anatoly Kurmanaev, "The Tragedy of Venezuela. A Country Ruled by Thives,"
   en *The Wall Street Journal*, New York 26-27 de mayo de 2018, p. C2.

116 *Idem.*

117 Véase "Maduro juró como presidente ante la Constituyente, en un acto inesperado," en
   Noticias Caracol, 24 de mayo de 2018, en https://noticias.caracoltv.com/mundo/maduro-
   juro-como-presidente-ante-la-constituyente-en-un-acto-inesperado-ie11269.

118 Véase "Maduro juró como presidente ante la Constituyente, en un acto inesperado," en
   Noticias Caracol, 24 de mayo de 2018, en https://noticias.caracoltv.com/mundo/maduro-
   juro-como-presidente-ante-la-constituyente-en-un-acto-inesperado-ie11269. Véase igualmente la reseña de Mayela Armas y Juan Forero, "Maduro Quickly Sworn In After Con-
   tested Vote," en *The New York Times*, New York, 25 de mayo de 2018, p. A7.

Veo muy complejo su nuevo período. Según Datanálisis, el 66 % de los encuestados considera que Maduro no tiene ni un buen plan ni un buen equipo para gobernar el país, mientras que otro 66 % opina que de ganar Maduro la situación del país empeorará.

Pese a los importantes desafíos que el país enfrenta, no anticipo, lamentablemente, cambios positivos ni en el frente económico ni en el político ni en el humanitario. La crisis económica va a empeorar.

El 95 % de las divisas que ingresan al país dependen del petróleo, cuya producción ha caído a 1,4 millones de barriles diarios; menos de la mitad de los 3,2 millones que Venezuela producía diariamente en el 2013. Por su parte, la hiperinflación (la cual según el FMI será en el 2018 superior al 13.000 %) continuará su espiral ascendente. Lo mismo ocurrirá con los de por sí muy altos niveles de pobreza (80 %) y de desabastecimiento (de alimentos y medicinas), todo lo cual profundizará la crisis humanitaria y aumentará, aún más, la salida de venezolanos, diáspora que está a punto de generar una muy seria crisis regional.

En el frente político, y pese al anuncio efectuado por Maduro, que de ganar las elecciones haría de inmediato un llamado al diálogo y a la conformación de un gobierno de unidad, anticipo un mayor endurecimiento del autoritarismo, de la mano de la ilegítima Asamblea Nacional Constituyente, para anular a la Asamblea Nacional y concentrar la totalidad del poder político."[119]

Las amenazas, sin embargo, hasta enero de 2019 no pasaron de eso, y ya el régimen llegó tan adentro de su laberinto, que ya no hay posibilidad real de que se acometa una reforma constitucional como la anunciada cuando se convocó la Asamblea Nacional Constituyente en mayo de 2017.

XV

Ante esa perspectiva, después de la elección de la ilegítima y fraudulenta Asamblea Nacional Constituyente en 2017, de la elección bajo su control y dominio de los Gobernadores de Estado y de los Alcaldes también en 2017, y de la "reelección" de quien ejercía la Presidencia de la República en mayo de 2018, a pesar de que el pueblo mayoritario votó en 2007 contra el proyecto de dictadura socialista, lo que ratificó en julio de 2017 al oponerse mayoritariamente a la instalación de la Asamblea Constituyente, y en mayo de 2018 al rechazar con su abstención la elección presidencial, lo cierto es que en el país mientras persista la dictadura judicial y constituyente, desde el 21 de mayo de 2018, se agotaron las posibilidades de efectuar elecciones libres, democráticas y pacíficas a través de las cuales el pueblo pudiera votar efectivamente contra la dictadura, y cambiarla.[120]

---

119 Véase Daniel Zovatto, "Venezuela: qué sigue después de la farsa electoral." En *La Nación*, Buenos Aires, 18 de mayo de 2018, en https://www.nacion.com/opinion/columnistas/venezuela-que-sigue-despues-de-la-farsa-electoral/D42GI55WTFFPFNNHFQDY-4GZCOY/story/

120 Por ejemplo, el senador Marco Rubio expresó en su cuenta Tweeter (@marcorubio), el 20 de mayo de 2018, que "Por años el régimen de #Maduro ha utilizado la promesa de

Tal como lo destacó Tulio Álvarez en mayo de 2018, "pase lo que pase: no hay salida electoral," destacando, para corroborar su afirmación, los sucesivos fraudes electorales que se han sucedido en el país,[121] los cuales siempre contaron con la intervención o aval "oportuno" de la Sala Constitucional del Tribunal Supremo de Justicia, entre ellos los siguientes, como lo fuimos observando y analizando en el pasado: *primero*, el "fraude inaugural" con ocasión del referendo revocatorio contra el Presidente Chávez, quien luego de haber inflado el registro electoral con una masiva naturalización de indocumentados, ya pesar de ello haber quedado revocado en su mandato, fue sin embargo "ratificado" en su cargo luego de que la Sala Constitucional y el Consejo Nacional Electoral lo convirtieran el referendo revocatorio en un "referendo ratificatorio;"[122] *segundo*, el fraude electoral en la sucesión presidencial a raíz del fallecimiento de Chávez en 2012, con la elección de Nicolás Maduro, sin separarse del cargo de Vicepresidente y con una mínima mayoría no creíble;[123] *tercero*, la "suspensión" de la proclamación de dos diputados electos a la Asamblea Nacional por el Estado Bolívar para

---

elecciones para dividir y confundir. Ahora ya no queda duda que no hay una salida electoral mientras que el régimen esté en el poder." Véase en El Impulso, 20 de mayo de 2018, en http://www.elimpulso.com/featured/marco-rubio-ahora-no-queda-duda-que-no-hay-salida-electoral-en-venezuela-20may. En esta apreciación coincide Anatoly Kurmanaev, al indicar que para "la mayoría de los venezolanos comunes quienes conozco, la victoria preordenada del Sr. Maduro del último fin de semana borró la última tenue luz de esperanza de que sus vidas podían mejorar por medios democráticos y pacíficos. Lo que queda es el exilio o mayor miseria." Véase Anatoly Kurmanaev, "The Tragedy of Venezuela. A Country Ruled by Thives," en *The wall Street Journal*, New York 26-27 de mayo de 2018, p. C2.

121 Véase Tulio Álvarez, "Pase lo que pase: No hay salida electoral," en *TalCual*, 22 de mayo de 2018, en http://talcualdigital.com/index.php/2018/05/22/pase-lo-pase-no-salida-electoral-tulio-alvarez.

122 Véase Allan R. Brewer-Carías, "La Sala Constitucional vs. el derecho ciudadano a la revocatoria de mandatos populares: de cómo un referendo revocatorio fue inconstitucionalmente convertido en un "referendo ratificatorio," en *crónica sobre la "in" justicia constitucional. la sala constitucional y el autoritarismo en Venezuela*, Colección Instituto de Derecho Público, Universidad Central de Venezuela, No. 2, Caracas 2007, pp. 349-378.

123 Véase el comentario en Allan R. Brewer-Carías, *El golpe a la democracia dado por la Sala Constitucional (De cómo la Sala Constitucional del Tribunal Supremo de Justicia de Venezuela impuso un gobierno sin legitimidad democrática, revocó mandatos populares de diputada y alcaldes, impidió el derecho a ser electo, restringió el derecho a manifestar, y eliminó el derecho a la participación política, todo en contra de la Constitución)*, Colección Estudios Políticos N° 8, Editorial Jurídica venezolana, Caracas 2014, 354 pp.; segunda edición, (Con prólogo de Francisco Fernández Segado), 2015; y en "Crónica sobre las vicisitudes de la impugnación de la elección presidencial de 14 de abril de 2013 ante la Sala Electoral, el avocamiento de las causas por la Sala Constitucional, y la ilegítima declaratoria de la legitimidad de la elección de Nicolás Maduro mediante una Nota de prensa del Tribunal Supremo," en Asdrúbal Aguiar (Compilador), *El Golpe de Enero en Venezuela (Documentos y testimonios para la historia)*, Editorial Jurídica Venezolana, Caracas , 2013. pp. 297-314.

quitare a la oposición la mayoría calificada de votos;[124] *cuarto*, la injusta condena de Leopoldo López, uno de los principales líderes de la oposición, mediante una sentencia amañada como lo reconocieron los Fiscales que lo acusaron,[125] quien además había sido inhabilitado políticamente por la Contraloría General de la República desde 2012;[126] *quinto*, el desconocimiento de lo decidido en la asamblea de ciudadanos el 16 de julio de 2017, en contra de la convocatoria de una Asamblea Constituyente, respaldado por más de 7.5 millones de votos;[127] *sexto*, la inconstitucional y fraudulenta elección de la Asamblea Nacional Constituyente el 30 de julio de 2018, donde hubo una muy escasa participación electoral que contrastó con la inflada cifras presentada por el Consejo Nacional Electoral (más de 8 millones de votos), luego de la denuncia de fraude hecha por la propia empresa encargada de los cómputos electorales;[128] *séptimo*, las elecciones de gobernadores realizadas el 15 de octubre de 2017, con resultados no creíbles, sometidas a los designios de la Asamblea Constituyente, al punto de ser anulada la elección de gobernadores que no se sometieron a la voluntad de la Asamblea;[129] *octavo*, la realización también tardíamente, en diciembre de 2018, de las elecciones de Alcaldes, en la cual no participaron los principales partidos políti-

---

124 Véase Allan R. Brewer-Carías, "El irresponsable intento de "golpe judicial" electoral, y la necesaria revocación inmediata de la inconstitucional "designación" de los magistrados de la Sala Electoral efectuada por la Asamblea moribunda, 4 de enero de 2016, en: http://www.allanbrewercarias.com/Content/449725d9-f1cb-474b-8ab2-41efb849fea3/Content/LA%20IRRESPONSABILIDAD%20EN%20EL%20GOLPE%20JUDICIAL%20ELECTORAL%20Y%20LA%20REVOCACI%C3%93N%20DE%20-LOS%20JUECES%2004-01-2016.pdf.

125 Véase Allan R. Brewer-Carías, "La condena contra Leopoldo López por el "delito de opinión". O de como los jueces del horror están obligando al pueblo a la rebelión popular," en *Revista de Derecho Público*, Nº 143-144, (julio- diciembre 2015, Editorial Jurídica Venezolana, Caracas 2015, pp. 438-459.

126 Véase Allan R. Brewer-Carías, "El derecho político de los ciudadanos a ser electos para cargos de representación popular y el alcance de su exclusión judicial en un régimen democrático (O de cómo la Contraloría General de la República de Venezuela incurre en inconstitucionalidad e inconvencionalidad al imponer sanciones administrativas de inhabilitación política a los ciudadanos), en *Revista Elementos de Juicio*, Año V, Tomo 17, Bogotá 2012, pp. 65-104.

127 Véase Allan R. Brewer-Carías, "La consulta del 16 de julio debe verse como una expresión de rebelión popular y de desobediencia civil en ejercicio del derecho ciudadano a la participación política," 10 de julio de 2017, en http://allanbrewercarias.net/site/wp-content/uploads/2017/07/167.-doc.-Consulta-16-de-julio-y-rebeli%C3%B3n-popular.pdf

128 Véase Allan R. Brewer-Carías, *La inconstitucional convocatoria de una Asamblea Nacional Constituyente en mayo de 2017. Un nuevo fraude a la Constitución y a la voluntad popular*, Colección Textos Legislativos, No. 56, Editorial Jurídica Venezolana, Caracas 2017.

129 Véase Allan R. Brewer-Carías, "Crónica constitucional de un gran fraude y de una gran burla: las elecciones de gobernadores, el "dilema diabólico" que la oposición no supo resolver unida ni por unanimidad, y la humillante subordinación ante la fraudulenta Asamblea Constituyente," 24 octubre 2017, en http://allanbrewercarias.net/site/wpcontent/-uploads/2017/10/179.-doc.-Brewer.-Cr%C3%B3nica-constitucional-de-Gran-Fraude-y-Gran-Burla.-elecci%C3%B3n-Gobernad..-24-10-2017.pdf.

cos de oposición, por lo que fueron "sancionados" por el Consejo Nacional Electoral, con el resultado de que no pudieron renovar su inscripción, quedando excluidos de poder participar en cualquier elección;[130] y *noveno*, la inhabilitación de Henrique Capriles y otros de los principales líderes de la oposición por la Contraloría General de la República, por motivos fútiles;[131] a lo que hay que agregar la persecución contra otros líderes de la oposición como María Corina Machado y Antonio Ledezma, que han sido sometidos a procesos judiciales injustos. Y todo ello, culminando con la "reelección" presidencial del 20 de mayo de 2018, que nadie materialmente reconoce, ni fuera ni dentro del país.

Queda por tanto en el ámbito interno, el ejercicio del derecho ciudadano a la resistencia a cumplir y acatar leyes que son ilegítimas, inconstitucionales e injustas, y a desobedecer a autoridades ilegítimas y que, además, desconocen los principios o valores de la democracia y violan los derechos humanos;[132] así como, además, el ejercicio de más que de un derecho ciudadano, de la obligación que se consagra expresamente en el artículo 350 de la Constitución, que establece que:

"El pueblo de Venezuela, fiel a su tradición republicana, a su lucha por la independencia, la paz y la libertad, desconocerá cualquier régimen, legislación o autoridad que contraríe los valores principios y garantías democráticos o menoscabe los derechos humanos."

Esta norma consagra constitucionalmente lo que la filosofía política moderna ha calificado como desobediencia civil, que es una de las formas como se manifiesta el derecho de resistencia, cuyo origen histórico está en el derecho a la insurrección, que tuvo su fuente en la teoría política difundida por John Locke;[133] el cual se complementa con el derecho a la rebelión contra los gobiernos de hecho, consagrado en el artículo 333 de la misma Constitución que establece además, el otro deber de "todo ciudadano investido o no de autoridad, de colabo-

---

130 Véase el comentario sobre estas acciones en Allan R. Brewer-Carías, *Usurpación Constituyente 1999, 2017. La historia se repite: una vez como farsa y la otra como tragedia,* Colección Estudios Jurídicos, No. 121, Editorial Jurídica Venezolana International, 2018.

131 Véase Allan R. Brewer-Carías, "La inconstitucional inhabilitación política y revocación de su mandato popular, impuestos al gobernador del Estado Miranda Henrique Capriles Radonski, por un funcionario incompetente e irresponsable, actuando además con toda arbitrariedad," en *Revista de Derecho Público,* Nº 149-150, (enero-junio 2017), Editorial Jurídica Venezolana, Caracas 2017, pp. 326-337.

132 Como lo expresó Antonio Sánchez García, "Llegamos al llegadero. No nos quedan sino dos caminos hacia la libertad: la intervención humanitaria o la rebelión civil. O, en el mejor de los casos, una sabia combinación de ambos vectores." Véase Antonio Sánchez García, "Sin máscaras ante el abismo," en *El Nacional,* 27 de mayo de 2018, en http://www.el-nacional.com/noticias/columnista/sin-mascaras-ante-abismo_237137.

133 Véase John Locke, *Two Treatises of Government* (ed. P. Laslett), Cambridge 1967, p. 211. Además, tiene su antecedente constitucional remoto en la Constitución Francesa de 1793 en el último de los artículos de la Declaración de los Derechos del Hombre y del Ciudadano que la precedía, en el cual se estableció que: *"Art. 35.* Cuando el gobierno viole los derechos del pueblo, la insurrección es, para el pueblo y para cada porción del pueblo, el más sagrado de los derechos y el más indispensable de los deberes."

rar en el restablecimiento de la efectiva vigencia de la Constitución," si la misma perdiera "su vigencia o dejare de observarse por acto de fuerza o porque fuere derogada por cualquier otro medio distinto al previsto en ella."[134]

Es el único caso en el cual una Constitución pacifista como la de 1999, admite que pueda haber un acto de fuerza para reaccionar contra un régimen que de hecho haya irrumpido contra la Constitución, o cuando dicho régimen ha materialmente derogado la misma sin seguir los procedimientos previstos en ella, como ha ocurrido en Venezuela, donde como hemos dicho, carecemos de Constitución.[135]

En todo caso, frente a decisiones o leyes inconstitucionales, ilegítimas e injustas dictadas por los órganos del Poder Público, o frente a gobiernos que usurpan el poder, en realidad no estamos en presencia de este deber-derecho a la rebelión, sino del derecho a la resistencia y, particularmente, del derecho a la desobediencia civil, que tiene que colocarse en la balanza de la conducta ciudadana junto con el deber constitucional de la obediencia a las leyes.

XVI

En ese marco, es evidente que no podía realizarse una elección presidencial como la que inconstitucionalmente había sido convocada por la Asamblea Nacional Constituyente inicialmente para el 22 de abril de 2018, ante lo cual, como lo precisaron las Academias nacionales en Comunicado conjunto de 20 de febrero de 2018:

"Las elecciones son el mecanismo fundamental de expresión de la voluntad popular. Pero recurrir a ellas bajo criterios de ilegalidad arbitrariamente impuestos para convalidar la perpetuación en el poder, es inaceptable para los ciudadanos. Al desestimarse las garantías constitucionales y legales de obligatorio cumplimiento por el Estado venezolano, se vulnera el Estado de Derecho y los derechos políticos consagrados en la Constitución de la República, las leyes y tratados internacionales, además de constituir una práctica repudiable y contraria a los principios y estándares internacionales en materia electoral.

No podría haber elecciones libres ni justas con presos políticos, con partidos y líderes opositores proscritos, con una autoridad electoral parcializada, con condiciones desiguales de participación, sin un cronograma electoral

---

134 Véase sobre el tema de la desobediencia civil, Allan R. Brewer-Carías, "El derecho a la desobediencia y a la resistencia contra la opresión, a la luz de la *Declaración de Santiago*" en Carlos Villán Durán y Carmelo Faleh Pérez (directores), *El derecho humano a la paz: de la teoría a la práctica,* CIDEAL/AEDIDH, Madrid 2013, pp. 167-189

135   r-
tad en Venezuela," en *Revista de Derecho* , N° 123, Editorial Jurídica Venezolana, Caracas 2010, pp. 17-43. Véase igualmente lo indicado por la ONG *Acceso a la Justicia*, "Entierro de la Carta Magna den Venezuela," en *la patilla.com*, 25 de mayo de 2018, en https://www.lapatilla.com/site/2018/05/25/analisis-el-entierro-de-la-carta-magna-en-venezuela/

consensuado, sin un registro electoral confiable, sin libertad absoluta de prensa, con amenazas a la población y sin procurar un genuino ambiente de paz y respeto, todas ellas condiciones que fueron rechazadas por el gobierno en las recientes negociaciones con representantes de la oposición." [136]

En consecuencia, al no haber cumplido la "reelección" presidencial del 20 de mayo de 2018 los estándares nacionales e internacionales propios de un proceso democrático, libre, justo y trasparente, la Asamblea Nacional, mediante Acuerdo adoptado el día 22 de mayo de 2018, denunció el proceso electoral del 20 de mayo de 2018, como una "farsa" que:

"incumplió todas las garantías electorales reconocidas en Tratados y Acuerdos de Derechos Humanos, así como en la Constitución de la República Bolivariana de Venezuela y la Ley Orgánica de Procesos Electorales, tomando en cuenta la ausencia efectiva del Estado de Derecho; la parcialidad del árbitro electoral; la violación de las garantías efectivas para el ejercicio del derecho al sufragio y para el ejercicio del derecho a optar a cargos de elección popular; la inexistencia de controles efectivos en contra de los actos de corrupción electoral perpetrados por el Gobierno; la sistemática violación a la libertad de expresión, aunada a la parcialidad de los medios de comunicación social controlados por el Gobierno, y la ausencia de mecanismos efectivos y transparentes de observación electoral."

Por ello, además de otras razones, considerando también que la mayoritaria abstención en el proceso se habría configurado como una "decisión del pueblo de Venezuela, quien en defensa de nuestra Constitución y bajo el amparo de los artículos 333 y 350 que la misma consagra, decidió rechazar, desconocer y no convalidar la farsa convocada para el 20 de mayo, a pesar de la presión gubernamental a través de los medios de control social," la Asamblea Nacional acordó:

"1. Declarar como inexistente la farsa realizada el 20 de mayo de 2018, al haberse realizado completamente al margen de lo dispuesto en Tratados de Derechos Humanos, la Constitución y las Leyes de la República.

2. Desconocer los supuestos resultados anunciados por el Consejo Nacional Electoral y en especial, la supuesta elección de Nicolás Maduro Moros como Presidente de la República, quien debe ser considerado como un usurpador del cargo de la Presidencia de la República.

3. Desconocer cualesquiera actos írritos e ilegítimos de proclamación y juramentación en virtud de los cuales se pretenda investir constitucional-

---

136 Véase "Las Academias Nacionales ante la Convocatoria a elecciones para el 22 de abril de 2018," 20 de febrero de 2018, en http://www.acienpol.org.ve/cmacienpol/Resources/-Pronunciamientos/2018-02-18%20Comite%20interacademico%20%20Ante%20las%20-elecciones%2022%20abril.pdf.

mente al ciudadano Nicolás Maduro Moros como supuesto presidente de la República Bolivariana de Venezuela para el período 2019- 2025." [137]

Esta declaración no puede ser apreciada de otra forma que no sea una clara y decidida manifestación de desobediencia civil, de resistencia ante la ilegitimidad, que desconoce una elección considerada fraudulenta, la declara inexistente, y desconoce la proclamación y juramentación subsiguiente.

En todo caso, el rechazo ciudadano a Maduro, ante la farsa y el fraude electoral cometido,[138] y con miras al rescate de la democracia en el país, en el Acuerdo antes mencionado emitido por la Asamblea Nacional, el 22 de mayo de 2018, la misma decidió:

"6. Reiterar el exhorto a la Fuerza Armada Nacional para que cumpla y haga cumplir la Constitución y se le devuelva la soberanía al pueblo venezolano." [139]

En el Acuerdo también se hizo mención a la Declaración del Grupo de Lima, a la cual siguieron declaraciones de igual valor internacional emanadas de

---

137 Véase el texto del Acuerdo en http://www.asambleanacional.gob.ve/actos/_acuerdo-reiterando-el-desconocimiento-de-la-farsa-realizada-el-20-de-mayo-de-2018-para-la-supuesta-eleccion-del-presidente-de-la-republica. Igualmente en la reseña "Asamblea Nacional desconoce resultados del 20M y declara a Maduro "usurpador," en *NTN24*, 22 de mayo de 2018, en http://www.ntn24.com/america-latina/la-tarde/venezuela/asamblea-nacional-desconoce-resultados-del-20m-y-declara-nicolas

138 Véase el detalle de los motivos por los cuales la elección del 20 de mayo constituyó un fraude electoral, en la declaración del Bloque Constitucional del 22 de mayo de 2018, en la cual concluyeron expresando que "Venezuela se encuentra en una situación de vacío de poder, pues no existe un titular legítimo en el cargo de Presidente de la República," en *noticierodigital.com*, 22 de mayo de 2018, en http://noticierodigital.com/forum/viewtopic.php?f=1&t=100757

139 Véase el texto del Acuerdo en http://www.asambleanacional.gob.ve/actos/_acuerdo-reiterando-el-desconocimiento-de-la-farsa-realizada-el-20-de-mayo-de-2018-para-la-supuesta-eleccion-del-presidente-de-la-republica. Sobre ese mismo exhorto, el 30 de abril de 1018, el Sr. Juan Cruz, *Senior Director* de la Casa Blanca para América Latina, hizo un llamado "a cada ciudadano a cumplir con sus deberes establecidas en esta Constitución y urgimos a los militares a respetar el juramento que hicieron de cumplir con sus funciones. Cumplan su juramento" (*We call on every citizen to fulfill their duties outlined in this constitution and urge the military to respect the oath they took to perform their functions. Honor your oath,"*). Véase en David Adams, "Top Trump official denounces "Madman Maduro", calls on Venezuelans to disobey regime," en univisionnews, 30 de abril de 2018, en https://www.univision.com/univision-news/latin-america/top-trump-official-denounces-madman-maduro-calls-on-venezuelans-to-disobey-regime. Véase sobre estas declaraciones, los comentarios de Jon Lee Anderson, "How long can Nicolás Maduro hang on to power in Venezuela?," en *The New Yorker*, 22 de mayo de 2018, en https://www.newyorker.com/news/news-desk/how-long-can-nicolas-maduro-hang-on-to-power-in-venezuela

más de 44 gobiernos de muchos Estados en el resto de América y Europa, rechazando la legitimidad de la elección.[140]

XVII

De todo ello resultaba, sin duda, que otra de las situaciones que podía contribuir a reaccionar contra el régimen dictatorial, ya que como lo expresó Margarita López Maya, "no pareciera ya que los venezolanos solos podemos derrocar semejante régimen,"[141] era la presión internacional, la cual se comenzó a manifestar el mismo día 21 de mayo de 2018, en la importante declaración de dicho *Grupo de Lima*, en la cual los gobiernos de Argentina, Brasil, Canadá, Chile, Colombia, Costa Rica, Guatemala, Guyana, Honduras, México, Panamá, Paraguay, Perú y Santa Lucía, acordaron ejercer presión diplomática sobre el régimen, ratificando su voluntad "de contribuir a preservar las atribuciones de la Asamblea Nacional," expresando, entre otras cosas, que:

"No reconocen la legitimidad del proceso electoral desarrollado en la República Bolivariana de Venezuela que concluyó el pasado 20 de mayo, por no cumplir con los estándares internacionales de un proceso democrático, libre, justo y transparente."[142]

Destaca también la posición de los Estados Unidos, cuyo Secretario de Estado declaró, sencillamente que:

"Los Estados Unidos condenan la fraudulenta elección que tuvo lugar en Venezuela el 20 de mayo. Esta llamada "elección" es un ataque al orden constitucional y una afrenta a la tradición democrática de Venezuela."[143]

---

140 Véase en general la reseña "Repudio a Maduro. La comunidad internacional rechaza la reelección del mandatario venezolano," en *El País,* Editorial, 21 de mayo de 018, en https://elpais.com/elpais/2018/05/21/opinion/1526916038_130681.html.

141 Véase Margarita López Maya, ¿"Qué esperar luego del 20M?" en *Prodavinci,* 25 de mayo de 2018, en https://prodavinci.com/que-esperar-luego-del-20mb/?platform=hootsuite.

142 Véase la información en *Politico.mx,* 21 de mayo de 2018, en https://politico.mx/minuta-politica/minuta-politica-gobierno-federal/m%C3%A9xico-y-el-grupo-lima-no-reconocen-elecci%C3%B3n-en-venezuela/ El VicePresidente de Estados Unidos Mike Pence a través de su cuenta oficial en Twitter @VP, luego de calificar de "farsa" el proceso electoral del 2° de mayo precisó que: "Estados Unidos se levanta en contra de la dictadura y a favor del pueblo venezolano que pide elecciones justas y libres."Véase en *93.1 Costa del Sol,* 21 de mayo de 2018, en http://www.costadelsolfm.net/2018/05/21/mike-pence-estados-unidos-se-levanta-contra-la-dictadura-vienen-mas-acciones-contra-el-gobierno-de-venezuela/.

143 Véase la declaración de Mike Pompeo: "The United States condemns the fraudulent election that took place in Venezuela on May 20. This so-called "election" is an attack on constitutional order and an affront to Venezuela's tradition of democracy," en "An Unfair, Unfree Vote in Venezuela," *Press Statement, Secretary of State*, Washington, DC., May 21, 2018, en https://www.state.gov/secretary/remarks/2018/05/282303.htm.

Igualmente se destaca la reacción del Grupo G7, que reúne a los líderes de Alemania, Canadá, Estados Unidos, Francia, Italia, Japón y el Reino Unido, y de la Unión Europea, quienes en declaración conjunta denunciaron el desarrollo de dicha elección presidencial por "no cumplir los estándares internacionales" ni asegurar "garantías básicas," concluyendo que "las elecciones presidenciales venezolanas y su resultado, ya que no es representativo de la voluntad democrática de los ciudadanos de Venezuela." [144]

En contraste ante la reacción mayoritaria de la Comunidad internacional, se destacó, sin embargo, el pronto reconocimiento de la "legitimidad" del proceso electoral del 20 de mayo, solo por parte de los gobiernos de China, Rusia, Cuba, Irán, Turquía, Siria, Nicaragua, El Salvador y Bolivia. [145]

El reelecto presidente, sin embargo, y a pesar de esos escuálidos reconocimientos internacionales, como bien lo observó Michael Penfold, dentro y fuera del país quedó como un "presidente sin mandato," producto de la decisión del pueblo, incluyendo la "maquinaria chavista" de abstenerse de votar, con lo cual se "redujo su votación en prácticamente 2 millones de votos, comparado con su cuestionado triunfo en 2013 y un nivel de participación que ha sido el más bajo comparado con cualquiera de las contiendas presidenciales de las últimas décadas."

Por eso Penfold concluyó afirmando con razón, que "si el objetivo era, frente a la presión internacional, ganar legitimidad en el plano nacional producto de una votación masiva, esta posibilidad quedó totalmente abortada frente a los resultados de las votaciones." [146]

---

144 Véase "G7 Leaders' Statement on Venezuela," en la página oficial del primer Ministro de Canadá, Justin Trudeau, 23 de mayo de 2018, en https://pm.gc.ca/eng/news/2018/05/23/-g7-leaders-statement-venezuela. Véase además, en la reseña "El G7 denunció las elecciones en Venezuela por "no cumplir los estándares internacionales" ni asegurar "garantías básicas," en *infobae*, 23 de mayo de 2018, en https://www.infobae.com/america/venezuela/2018/05/23/el-g7-denuncio-las-elecciones-en-venezuela-por-no-cumplir-los-estandares-internacionales-ni-asegurar-garantias-basicas/ . Véase igualmente la información en "G7 and European Union unite to reject recent election in Venezuela," en *north shore news,* The Canadian Press, 23 de mayo de 2018, en http://www.nsnews.com/-news/national/g7-and-european-union-unite-to-reject-recent-election-in-venezuela-1.23310884

145 Véase las reseñas "China y Rusia piden respeto a resultados electorales en Venezuela," en *HispanTV,* 21 de mayo de 2018, en https://www.hispantv.com/noticias/venezuela/377723/china-rusia-respeto-resultados-elecciones-maduro; "Cuba y Rusia felicitan a Nicolás Maduro por su victoria en Venezuela," en El Economista, 21 de mayo de 2018, en https://www.eleconomista.com.mx/internacionales/Cubafelicita-a-Nicolas-Maduro-por-su-reeleccion-en-Venezuela-20180521-0056.html; "Maduro agradece el apoyo de Rusia, China e Irán a su reelección," 22 de mayo de 2018, en https://www.hispantv.com/noticias/venezuela/377791/maduro-eleccion-rusia-china-iran-nicaragua-bolivia

146 Véase Michael Penfold, "Un Presidente sin mandato," en *Prodavinci,* 22 de mayo de 2018, en https://prodavinci.com/un-presidente-sin-mandato/?platform=hootsuitepr

XVIII

En todo caso, en la precaria situación o laberinto en el cual ya desde entonces se encontraba el régimen, como el supuesto mandato que habría obtenido Maduro en 2013 fue para el período 2013-2019 que se vencía en enero de 2019, siendo la supuesta "elección" del 20 de mayo para el período 2019-2025, con el propósito de pretender comenzar de inmediato, es decir, en forma anticipada, el supuesto nuevo mandato producto de la "reelección," el día 22 de mayo de 2018, en medio de absoluto sigilo, Maduro habría presentado ante la Sala Constitucional del Tribunal Supremo de Justicia un recurso de interpretación constitucional (se presumía que era del artículo 231 de la Constitución),[147] para definir, según lo informó la prensa el día 24 de mayo de 2018, ese mismo día:

> "el 24 de mayo si el presidente electo debe esperar hasta el 10 de enero de 2019 para su toma de posesión como está establecido en la Constitución o se adelanta su juramentación."

Y por supuesto, quizás también determinar que, en tal supuesto, la "juramentación" que conforme a la Constitución tenía que ocurrir ante la Asamblea Nacional, tuviera lugar ante la Asamblea Nacional Constituyente y no dicha Asamblea Nacional. La noticia de prensa en la mañana del mismo día, además, ya anunciaba qué era lo que iba a resolverse al poco tiempo, al informar que:

> "La sesión [del Tribunal] está prevista a las 11:00 hora local (15:00 GMT) y una hora más tarde el jefe de Estado está convocado a una sesión especial en la Asamblea Nacional Constituyente; a ambos eventos fue invitada la prensa nacional e internacional."[148]

O sea, aparentemente se habría tratado de un proceso judicial de interpretación constitucional exprés, tramitado con todo sigilo,[149] pero con un resultado previamente anunciado que se produjo en cuestión de horas. Y así fue como ocu-

---

147   Así lo informó oficialmente el Tribunal Supremo de Justicia el 22 de mayo de 2018, sin especificar de cuál artículo de la Constitución se trataba. Véase la información en: "Maduro introdujo un recurso de interpretación ante la Sala Constitucional del TSJ," en NTN24, 22 de mayo de 2018, en http://www.ntn24.com/america-latina/el-informativo-ntn24/venezuela/maduro-introdujo-recurso-de-interpretacion-ante-sala; y en la reseña: "El extraño movimiento de Maduro ante el TSJ," en *Noticiasvenezuela*, 23 de mayo de 2018, en https://noticiasvenezuela.org/2018/05/23/el-extrano-movimiento-de-maduro-ante-el-tsj/amp/?__twitter_impression=true

148   Véase la reseña "El Suprema venezolano decide si adelanta juramentación de Maduro," en *sutniknews*, 24 de mayo de 2018, en https://mundo.sputniknews.com/politica/-201805241078973890-justicia-venezolana-decide-toma-adelantada-de-posesion-de-maduro/

149   En el curso de la tarde de ese mismo día 24 de mayo de 2018, Ramón Escobar León indicó en su tweet: @rescobar: "La justicia en Venezuela no es clandestina y los procesos son públicos. No se justifica mantener el recurso de "interpretación" propuesto por Maduro ante la Sala Constitucional bajo reserva. Los ciudadanos tienen derecho a conocerlo y presentar los alegatos que consideren. "

rrió, de manera que aun sin tenerse noticias de que se hubiese dictado alguna sentencia, efectivamente Nicolás Maduro se juramentó el 24 de mayo de 2018 ante la Asamblea Nacional Constituyente, pero con la salvedad según lo indicó la presidenta de dicha Asamblea al leer un "decreto constituyente" emitido al efecto, que se trataba de una especie de "juramentación anticipada," anunciando en realidad que "tomará posesión del cargo el próximo 10 de enero de 2019."[150]

Sobre ello, José Ignacio Hernández, el mismo día 24 de mayo de 2018 observó que, en definitiva, dicho:

> "acto político realizado por la ANC demuestra que todo el proceso de las elecciones presidenciales forma parte de un fraude continuado, es decir, de un conjunto de decisiones concatenadas entre sí que pretenden tener apariencia de un proceso electoral pero que, en el fondo, no son más que actuaciones políticas orientadas a violentar la Constitución y muy en especial, los derechos políticos de los venezolanos."[151]

En definitiva, como lo resumieron acertadamente Daniel Lozano y Diego Santander en su reseña sobre los hechos en el diario *El Mundo* de Madrid:

> "Recapitulando: un enredo inconstitucional en un escenario ilegítimo, ya que es en el Parlamento donde según la Constitución debería juramentarse el presidente y no la Asamblea Constituyente, un órgano impuesto para redactar la nueva Constitución pero que ejerce como una mezcla del Comité de Salud Pública de la Revolución Francesa y de la Asamblea cubana del Poder Popular. "Un poder magnífico", como reconoció el propio presidente."[152]

Y en cuanto al "recurso de interpretación constitucional" publicitado por el Tribunal Supremo como presentado por Nicolás Maduro, para presumiblemente intentar darle algún presunto "orden" al enredo institucional, en la página web del Tribunal Supremo de Justicia consultada el día 25 de mayo de 2018, nada se había incluido sobre el mismo, por lo que había que presumir que no se dictó

---

150 Véase las reseñas: "Maduro juró como presidente ante la Constituyente, en un acto inesperado," en *Noticias Caracol*, 24 de mayo de 2018, en https://noticias.caracoltv.com/-mundo/maduro-juro-como-presidente-ante-la-constituyente-en-un-acto-inesperadoie-11269; y "Otra maniobra del dictador Nicolás Maduro: juró como presidente ante la Asamblea Constituyente y no frente al Parlamento. El mandatario reelegido en las polémicas elecciones del pasado domingo interpuso un recurso ante el Tribunal Supremo de Justicia y tomó posesión para el nuevo período de gobierno," en *infobae.com*, 24 de mayo de 2018, en https://www.infobae.com/america/venezuela/2018/05/24/el-dictador-nicolas-maduro-jurara-este-jueves-como-presidente-reelecto-de-venezuela-ante-la-asamblea-constituyente/

151 Véase José Ignacio Hernández, "¿Qué fue lo que pasó con la "juramentación" de Nicolás Maduro ante la ANC?," en *Prodavinci*, 24 de mayo de 2018, en https://prodavinci.com/que-fue-lo-que-paso-con-la-juramentacion-de-nicolas-maduro-ante-la-anc/

152 Véase Daniel Lozano y Diego Santander, "Nicolás Maduro jura como presidente ante la Asamblea Constituyente oficialista," en *El Mundo*, 24 de mayo de 2018, en http://www.elmundo.es/internacional/2018/05/24/5b06ff2946163f39148b45d0.html

sentencia antes de la juramentación anticipada de Maduro ante la Asamblea Nacional Constituyente. Como supuestamente la misma era todopoderosa, omnipotente, soberana y omnipresente y, además en ejercicio de un supuesto "poder magnífico," es posible que le hayan dicho al Sr. Maduro que su recurso de interpretación constitucional no habría sido un ejercicio inútil.

XIX

Desde mayo de 2018, como se ha visto, puede decirse que la suerte del régimen en Venezuela estaba definida, nacional e internacionalmente, en el sentido de que desconocida como fue la "reelección" de Nicolás Maduro efectuada el 20 de mayo de 2018, la consecuencia era que no se reconocería que pudiera pretender juramentarse como presidente de la República el 10 de enero de 2019 para un nuevo período constitucional 2019-2015, cuando terminara el período constitucional 2013-2019. Ya estaba anunciado: nadie reconocería la juramentación que se pudiera realizar el 10 de enero de 2019, como nadie había reconocido la "elección" efectuada en mayo de 2018.

3. Desconocer cualesquiera actos írritos e ilegítimos de proclamación y juramentación en virtud de los cuales se pretenda investir constitucionalmente al ciudadano Nicolás Maduro Moros como supuesto presidente de la República Bolivariana de Venezuela para el período 2019- 2025." [153]

Allí estuvo, como lo observó Juan Manuel Raffalli, "la falla de origen," en el sentido de que "todo lo que está aconteciendo políticamente en el país, está vinculado el evento del 20 de mayo de 2018, el cual no ha sido aceptado dentro y fuera de Venezuela para dar piso político y legitimidad a un nuevo período presidencial de Nicolás Maduro." Por eso se hizo dos preguntas:

"¿Hubo elecciones el 20 de mayo? Y de ser así, ¿por qué ese evento, en lugar de legitimar a Maduro para un nuevo mandato, ha generado este ambiente de rechazo, lucha y hasta de cambio político?"

Para responderlas, Raffalli, con toda lógica, pasó a analizar los *Índices de Integridad Electoral* establecidos universalmente (oportunidad y convocatoria; participación política y sufragio pasivo; sufragio activo y registro electoral; voto en el exterior; competitividad electoral; transparencia y observación), concluyendo, con razón, que:

"El incumplimiento de estos indicadores ha derivado en una percepción generalizada de insuficiencia del evento del 20 mayo para legitimar el ejer-

---

153 Véase el texto del Acuerdo en http://www.asambleanacional.gob.ve/actos/_acuerdo-reiterando-el-desconocimiento-de-la-farsa-realizada-el-20-de-mayo-de-2018-para-la-supuesta-eleccion-del-presidente-de-la-republica. Igualmente en la reseña "Asamblea Nacional desconoce resultados del 20M y declara a Maduro "usurpador," en *NTN24*, 22 de mayo de 2018, en http://www.ntn24.com/america-latina/la-tarde/venezuela/asamblea-nacional-desconoce-resultados-del-20m-y-declara-nicolas

cicio de la Presidencia. De ahí que la comunidad de estados organizados, individualmente o mediante organismos multilaterales regionales, se haya pronunciado al respecto. Para citar el ejemplo más contundente, destacamos que el Alto Comisionado para los Derechos Humanos de la ONU, Zeid Ra'ad Al Hussein señaló en relación al proceso del 20 de mayo de 2018 que: "Venezuela no reúne las condiciones mínimas para unas elecciones libres y creíbles."

Igualmente, la Asamblea Nacional electa en 2015, en sendos acuerdos de mayo y noviembre de 2018, ha desconocido del evento del 20 de mayo del mismo año, calificándolo de "inexistente".

Todo lo anterior no hace sino ratificar que, en efecto, el 20 de mayo de 2018 no hubo un respeto ni siquiera razonable a los Índices de Integridad Electoral aplicados internacionalmente. Por ello, la sociedad ha reaccionado enérgicamente rechazando dicho evento, en lugar de aceptar pacíficamente lo que debió ser un proceso electoral normal para dar piso político y legitimidad al ciudadano que debía ejercer la Presidencia a partir del 10 de enero de 2019." [154]

Es la misma precepción que recordó la *ONG Acceso a la Justicia*, al expresar que en el proceso electoral de mayo de 2018, el Consejo Nacional Electoral lo que había hecho era allanarle el camino a Nicolás Maduro para que "compitiera prácticamente solo en las presidenciales," no habiendo habido en el mismo "competidores,' habiéndose realizado el viciado proceso con "partidos políticos y candidatos de oposición inhabilitados," y "controlado por un órgano electoral sin independencia, que permitió manipulaciones hasta de compra de votos por comida, es decir, "tan plagado de irregularidades," razón por la cual:

"gran parte de la comunidad internacional lo desconoció, por lo que dentro y fuera del país se considera, y Acceso a la Justicia se incluye, que a partir del 10 de enero de 2019, cuando culmina el actual período del Jefe de Estado que inició en 2013, Maduro pasa a ser un presidente ilegítimo y además inconstitucional." [155]

Como igualmente lo resumió con toda precisión Ramón Escovar León:

"la "elección" del pasado 20 de mayo estuvo viciada en sus distintas etapas; con partidos y candidatos inhabilitados, se trató de un proceso convocado por la asamblea nacional constituyente, cuya legitimidad no es reconocida por las democracias occidentales, al tiempo que careció de integridad

---

154 Véase Juan Manuel Raffalli, "20 de mayo: la falla de origen," en Prodavinci, 26 de enero de 2019, en https://prodavinci.com/20-de-mayo-la-falla-de-origen-1/

155 Véase "Acceso a la Justicia: TSJ contribuyó con la destrucción del voto en 2018," en *La Patilla*, 7 de enero de 2019, en https://www.lapatilla.com/2019/01/07/acceso-a-la-justicia-tsj-contribuyo-con-la-destruccion-del-voto-en-2018/

electoral. Los resultados de estas "elecciones" no fueron reconocidos ni por las democracias occidentales ni por amplios sectores nacionales."[156]

A esa falta de legitimación de origen de la "reelección" presidencial de mayo de 2018 fue a la cual se refirió la *Academia de Ciencias Políticas y Sociales* en su Comunicado de 4 de enero de 2018, al considerar que, precisamente, había sido "la ilegitimidad de la Asamblea Nacional Constituyente y de todos sus actos," así como "la inexistencia de las condiciones necesarias para la celebración de elecciones libres y justas" las que habían colocado al país ante "la situación inédita" que enfrentábamos los venezolanos en enero de 2019:

"pues el venidero 10 de enero de 2019, fecha en la que, como manda el artículo 231 de la Constitución, ha de juramentarse al presidente de la República para el período 2019-2025, no contamos con un presidente elegido legítimamente a través de elecciones libres y justas. Por lo cual, estando previsto constitucionalmente que el candidato elegido para el cargo de Presidente de la República debe tomar posesión el diez (10) de enero del primer año de su período constitucional (artículo 231), y tomado en consideración que el actual período constitucional vence el 9 de enero de 2019, y siendo que la elección celebrada el 20 de mayo de 2018, adolece de ilegitimidad e inconstitucionalidad, como ya fuera expuesto por esta Academia y las demás Academias Nacionales, esta crisis constitucional debe ser resuelta de manera democrática, constitucional y electoral."

Para ello, concluyó la *Academia*, "frente a esta grave situación, configurada por un conjunto de hechos totalmente inconstitucionales e ilegítimos," que había que proceder a "dar cumplimiento al deber ciudadano establecido en el artículo 333 de la Constitución" exigiendo "a los distintos Poderes Públicos respetar la Constitución," proceder "al restablecimiento pleno del orden constitucional y democrático en el país," el cual debe lograrse:

"mediante el acatamiento de los valores, principios y normas de la Constitución, incluidas elecciones libre y justas, con un Consejo Nacional Electoral independiente e imparcial, integrado por miembros designados conforme a la Constitución; el respeto y la garantía de los derechos humanos; la legalización de los partidos políticos y la habilitación de los candidatos; la libertad de expresión y la independencia de los demás poderes públicos, especialmente el Judicial, el Ministerio Público, la Contraloría General de la República y la Defensoría del Pueblo, lo cuales deben ser designados igualmente conforme a la Constitución." [157]

---

156 Véase Ramón Escovar León, "La sentencia N° 1 de la Sala Constitucional, Carl Schmitt y el 10 E," en *Prodavinci*, 9 de enero de 2019, en https://prodavinci.com/la-sentencia-n-1-de-la-sala-constitucional-carl-schmitt-y-el-10-e/

157 Véase "Ante el 1° de enero de 2019: fecha en la que ha de juramentarse al presidente de la República conforme a la Constitución," en https://www.lapatilla.com/2019/01/04/aca-

El mensaje, en realidad, no tenía sino un solo destinatario, que no era otro sino la Asamblea Nacional, titular del Poder Legislativo, reconocida como el único órgano con legitimidad democrática en el país, ya que todos los otros órganos del Poder Público se encontraban totalmente sometidos al Poder Ejecutivo, en particular el Tribunal Supremo de Justicia, el Consejo Nacional Electoral, y los órganos del Poder Ciudadano, con el Fiscal General de la República a la cabeza.

XX

Y ante esa situación, no había otra cosa que hacer que no fuera interpretar la Constitución para resolver la crisis política que de ella se derivaba.

Se trataba, sin duda, de una situación constitucional inédita la que existía en el país el 10 de enero de 2019, que era la de que no existía un presidente legítimamente electo que pudiera juramentarse en esa fecha, conforme al artículo 231 la Constitución, y tomar posesión del cargo de presidente de la República; situación, que como se ha dicho, no se podía entender sino partiendo de la realización de la ilegítima elección presidencial del 20 de mayo de 2018, a la cual nos hemos referido antes.

Ahora para la solución de tal situación, como no había una previsión constitucional expresa que la previera, debía acudirse al más esencial y elemental de los métodos de interpretación previstos en el ordenamiento jurídico (analogía, art. 4, Código Civil), interpretando analógicamente el artículo 233 de la propia Constitución que se refiere a los casos de falta absoluta del presidente antes de la toma de posesión del cargo ("casos semejantes o materias análoga"). Dicha norma, en la parte pertinente, indica lo siguiente:

"Cuando se produzca la falta absoluta del presidente electo antes de tomar posesión, se procederá a una nueva elección universal, directa y secreta dentro de los treinta días consecutivos siguientes. Mientras se elige y toma posesión el nuevo presidente se encargará de la Presidencia de la República el presidente de la Asamblea Nacional."

Para interpretar la Constitución en relación con la situación constitucional del país antes reseñada, conforme a esa norma, expresé mi opinión en dos series de tweets que publiqué los días 7 y 12 de enero de 2019 (en @arbrewercarias), con los siguientes textos:

El 7 de enero de 2019, en efecto, con motivo de una discusión pública que se planteó entre las situaciones de "usurpación de autoridad" y "vacío de poder," la cual, para resolver la situación constitucional planteada, estimé que no tenía mayor importancia, indiqué lo siguiente:

"1-3. La calificación de la situación constitucional actual que afecta al poder ejecutivo, como usurpación de autoridad o como vacío de poder, en

---

demia-de-ciencias-politicas-y-sociales-sobre-juramentacion-del-10ene-no-contamos-con-un-presidente-elegido-legitimamente/

realidad no cambia en forma alguna lo que debe ocurrir el 10 de enero, cuando termina el periodo constitucional 2013-2019.

2-3. El 10-enero-2019 el país entero y la comunidad internacional constatará que no hay un presidente que haya sido electo legítimamente, y que a pueda ser juramentado constitucionalmente para ejercer la presidencia para el periodo constitucional 2019-2025.

3-3. En esta situación, la AN debe considerar que, ante la falta absoluta de presidente electo, el presidente de la AN debe encargarse de la Presidencia conforme al artículo 233 C, lo que debe ser apoyado por la FAN de la cual, a partir de ese momento, será su Comandante en Jefe."

Posteriormente, el 12 de enero de 2019, escribí lo siguiente:

"1.5. Conforme al art. 233 de la Constitución, tanto el Vicepresidente Ejecutivo como al presidente de la AN tienen entre las funciones inherente a sus respectivos cargos, la de encargarse de la Presidencia de la República en los casos de falta absoluta del presidente de la Rep.

2.5. En ambos casos, por tanto, cuando el Vicepresidente Ejecutivo o el presidente de la AN se juramentan para cumplir con sus propias funciones, entre ellas está, para cada uno, la de encargarse de la Presidencia de la República cuando les corresponda, conforme art. 233 Const.

3.5 Por tanto, en los casos de falta absoluta del presidente regulados en art. 233 C., tanto el presidente de la AN como el vicepresidente, en sus casos, quedan encargados de la Presidencia, de derecho, sin necesidad de juramento adicional, pues ya juraron cumplir esas funciones.

4.5. El art. 233 C. no regula expresamente la situación constitucional actual, por lo que debe ser objeto de aplicación analógica por la AN, ajustando su contenido para resolver la crisis y restaurar el orden constitucional (Ver interpretación J I. Hernández, Art. 233. Prodavinci)

5.5. Aplicado analógicamente art. 233 C., a partir del 10-1 el presidente de la AN Juan Guaidó, quien ya se juramentó el 5-1 para cumplir sus funciones, entre ellas encargarse de Presidencia de la Rep., estaría encargado de ella de pleno derecho, sin necesidad de nuevo juramento." [158]

Con una aproximación similar al tema, José Ignacio Hernández había expresado su criterio sobre la aplicación del método analógico en la interpretación de la situación constitucional que se presentaba el 10 de enero de 2019, conforme al artículo 233 de la Constitución, en la forma siguiente:

"De esa norma puede extraerse el principio según el cual, si para el 10 de enero de 2019 no hay un presidente electo, entonces, el presidente de la

---

158 Véase en @arbrewercarias.

Asamblea Nacional deberá ser juramentado como presidente encargado hasta tanto se realice una nueva elección presidencial.

Por lo tanto, considerando (i) que el 10 de enero comienza un nuevo período; (ii) que el proceso comicial del 20 de mayo no ha sido reconocido como una elección, y (iii) que no habrá un presidente electo para el 10 de enero, entonces, la solución que presenta la Constitución sería que el presidente de la Asamblea Nacional fuese juramentado como presidente encargado hasta que se realice una nueva elección." [159]

Pero por supuesto no bastaban las interpretaciones personales que los ciudadanos pudieran legítimamente hacer buscando una solución a la situación constitucional inédita que el país enfrentaba. Era indispensable que el órgano político por excelencia, la Asamblea Nacional, cuya legitimidad democrática nadie dudaba y como intérprete primario de la Constitución, procediera a hacerlo, y así sucedió.

En efecto, en enero de 2019, al no existir un presidente electo legítimamente que pudiera juramentarse como presidente de la República conforme al artículo 231 de la Constitución, y no estando regulada en forma expresa la situación política que ello implicaba en el texto del artículo 233 de la Constitución, la interpretación de la Constitución para su aplicación correspondía precisamente al órgano llamado a aplicar dichas normas, que no era otro que la Asamblea Nacional, en su carácter de órgano constitucional a través del cual el pueblo ejerce su soberanía (art. 5).[160] Y ésta, en su carácter de "primer interprete de la Constitución,"[161]

---

159 Véase José Ignacio Hernández, "?Qué va a pasar el 10 de enero?, en *Prodavinci,* 6 de enero de 2018, en https://prodavinci.com/que-va-a-pasar-el-10-de-enero/

160 De entrada hay que recordar que la interpretación constitucional corresponde a todas las personas funcionarios y órganos del Estado a quienes corresponde aplicarla. Nadie en el Estado constitucional, tiene el monopolio de a interpretación constitucional. Como lo expresó Nestor Pedro Sagués, "A la Constitución la puede interpretar todo el mundo: legisladores, ministros, paridos políticos, simples particulares, grandes corporaciones, litigantes, sindicatos, el defensor del pueblo, los integrantes del Ministerio Público, las comunidades regionales etc. También los jueces…". Véase Néstor Pedro Sagués, *La interpretación judicial de la Constitución*, Segunda edición, Lexis Nexis, p. 2. Por su parte, como lo expresó Elisur Arteaga Nava: "A todos es dable interpretar la Constitución; no existe norma que atribuya el monopolio de la función a un ente o persona, lo hacen incluso aquellos que no tienen noción de lo que es el derecho." (p. 108). "Interpretación oficial Interpretar la Constitución es una función, una facultad y una responsabilidad que se ha confiado y recae en todos los poderes, órganos y entes previstos en las Constituciones. Quien está facultado de manera expresa para aplicar la carta magna, sin importar qué poder u órgano, está implícitamente autorizado para interpretarla." Véase Elisur Arteaga Nava, "La interpretación constitucional," en Eduardo Ferrer Mac Gregor (Coordinador), *Interpretación constitucional*, Universidad Nacional Autónoma de México, Editorial Porrúa, México 2005, Tomo I, pp. 108 y 109.

161 Como lo expresó Javier Perez Royo: "El primer interprete de la Constitución y el más importante, con mucha diferencia, es el legislador. El legislador es el intérprete normal, ordinario de la Constitución. En consecuencia, la Constitución es una norma jurídica que remite en primera instancia a un intérprete político. El Parlamento es el órgano político que interpreta la Constitución de la única manera que sabe hacerlo: en clave política. Y

asumió plenamente su responsabilidad constitucional, procediendo a interpretar analógicamente en artículo 233 de la Constitución, y a establecer, conforme al artículo 333 de la misma Constitución, las bases de un régimen de transición política que pudiera restablecer el orden constitucional roto, y conducir al país a la celebración de elecciones libres, justas transparentes.

Ningún otro órgano podía asumir esa tarea.

XXI

En ese contexto, sin embargo, ante la situación política que se avecinaba para el 10 de enero de 2019 y ante la ilegitimidad de la "reelección" de Nicolás Maduro, lo primero que se planteó fue así éste hubiera querido acudir ante la Asamblea Nacional, ésta no podía permitir que el mismo se juramentara ante ese cuerpo, sobre todo cuando tenía declarado desde mayo de 2018, "como inexistente la farsa realizada el 20 de mayo de 2018," y había desconocido "los supuestos resultados anunciados por el Consejo Nacional Electoral y en especial, la supuesta elección de Nicolás Maduro Moros como Presidente de la República, quien debe ser considerado como un usurpador del cargo de la Presidencia de la República."[162]

Quizás por ello, cinco días antes del 10 de enero de 2018, el presidente de la fraudulenta Asamblea Nacional Constituyente y primer vicepresidente del Partido Socialista Unido (PSUV), ya anunciaba oficialmente y así salió publicado en la prensa, que la "juramentación de Maduro será ante el TSJ," supuestamente en virtud de que la "Asamblea Nacional, órgano facultado para tal fin, está en desacato."[163] A los efectos del funcionamiento autoritario del Estado, se trató de una especie de "sentencia" resolviendo el asunto, sobre la cual, dos días después, el 7 de enero de 2019, el mismo funcionario insistiría explicando "que el presidente Nicolás Maduro será juramentado ante el Tribunal Supremo

---

además, es un intérprete privilegiado, en la medida en que es el representante democráticamente elegido por los ciudadanos y expresa, por tanto, la voluntad general." Justamente, por eso, su interpretación en forma de ley se impone a toda la sociedad." Véase Javier Pérez Royo, "La interpretación de la Constitución," en Eduardo Ferrer Mac Gregor (Coordinador), *Interpretación constitucional*, Universidad Nacional Autónoma de México, Editorial Porrúa, México 2005, Tomo II, p. 889.

162 Véase el texto del Acuerdo en http://www.asambleanacional.gob.ve/actos/_acuerdo-reiterando-el-desconocimiento-de-la-farsa-realizada-el-20-de-mayo-de-2018-para-la-supuesta-eleccion-del-presidente-de-la-republica. Igualmente en la reseña "Asamblea Nacional desconoce resultados del 20M y declara a Maduro "usurpador," en *NTN24*, 22 de mayo de 2018, en http://www.ntn24.com/america-latina/la-tarde/venezuela/asamblea-nacional-desconoce-resultados-del-20m-y-declara-nicolas.

163 Véase la reseña de la noticia en *NTN24*, 5 de enero de 2019, en http://www.ntn24.com/-america-latina/venezuela/cabello-anuncia-que-juramentacion-de-maduro-sera-ante-el-tsj-102440. Igualmente, la reseña en "Maduro le responde a la Asamblea y anuncia juramento ante el Tribunal Supremo," en *El País*, 5 de enero de 2019, en https://www.elpais.com.uy/mundo/maduro-le-responde-asamblea-anuncia-jura-mento-tribunal-supremo.html.

de Justicia (TSJ) tras la situación de desacato judicial en la que se mantiene la Asamblea Nacional (AN)."[164]

Luego de "dictada" dicha decisión, la cual sin duda aparecía ya como definitiva, vino la lamentable rúbrica a lo "decidido" a cargo de la Sala Constitucional del mismo Tribunal Supremo de Justicia, al resolver sumiso, mediante sentencia No. 1 de 8 de enero de 2019,[165] un recurso de interpretación abstracta de los artículos 231 y 347 de la Constitución, el cual había sido intentado un mes antes, el 11 de diciembre de 2018, por un ciudadano (Otoniel Pautt Andrade), "con relación a la toma de posesión del cargo y la previa juramentación del candidato elegido en la elección presidencial celebrada en fecha 20 de mayo de 2018," lo cual, según el recurrente, implicaban "la legitimidad del mandato presidencial para el nuevo periodo constitucional," para cuya decisión el mismo día se designó Ponente al Magistrado Juan José Mendoza Jover.

El artículo 231 establece la forma de la toma de posesión del Presidente electo mediante juramento ante la Asamblea Nacional, con la previsión de que cuando ello no sea posible por "motivo sobrevenido" entonces la juramentación debe hacerse ante el Tribunal Supremo de Justicia; y el artículo 347 establece el propósito de la Asamblea Nacional Constituyente; habiendo sido la "duda razonable" planteada ante la Sala una supuesta situación de que "la Asamblea Nacional se encuentra en desacato según decisiones dictadas por esta misma Sala Constitucional y por lo tanto está inhabilitada para cumplir el mandato de juramentación presidencial," situación en la que, ante la falta de competencia constitucional de la Asamblea Nacional Constituyente para recibir dicho juramento, solicitaba a la Sala que determinara:

> "¿ante cuál Poder Público (Asamblea Nacional, Tribunal Supremo de Justicia en Sala Plena o en Sala Constitucional o Asamblea Nacional Constituyente), el candidato elegido: ciudadano Nicolás Maduro Moros debe hacer la previa juramentación y toma de la posesión de su cargo para el nuevo periodo constitucional del 2019 al 2025?"

La Sala, para decidir lo solicitado, hizo una serie de disgregaciones sobre otros temas, conexos, pero no relevantes para decidir lo que se le pidió, y menos para resolver la antes mencionada "duda razonable," como si el redactor de la sentencia tuviese necesidad de "rellenar" el texto para darle cierto volumen, procediendo sin embargo a dictar su decisión, solo en un párrafo – sí, un párrafo -, bajo un acápite con el título de "Culminación del período constitucional presidencial vigente e inicio del nuevo período constitucional," así:

---

164 Véase la reseña "PSUV explica juramentación de presidente Maduro ante TSJ," en *Telesur*, 7 de enero de 2019, en https://www.telesurtv.net/news/diosdado-cabello-psuv-juramentacion-nicolas-maduro-tsj-20190107-0024.html.

165 Véase en http://historico.tsj.gob.ve/decisiones/scon/enero/303336-0001-8119-2019-18-0835.HTML.

"en cuanto a la interrogante sobre ante cuál órgano del Poder Público debe juramentarse el ciudadano Nicolás Maduro Moros para el ejercicio del cargo de Presidente de la República para el cual fue electo en los comicios presidenciales el pasado 20 de mayo de 2018, esta Sala reitera, una vez más, que el Órgano Legislativo Nacional se encuentra en flagrante desacato, y por ser este un motivo por el cual el Presidente de la República no puede tomar posesión ante la Asamblea Nacional, tal como lo dispone la norma contenida en el artículo 231 del Texto Fundamental, lo hará ante el Tribunal Supremo de Justicia, para lo cual se convoca al ciudadano Nicolás Maduro Moros para el día 10 de enero de 2019, a las 10 a.m. para que se presente ante el Tribunal Supremo de Justicia a los fines de ser juramentado como Presidente Constitucional de la República Bolivariana de Venezuela para el período presidencial 2019-2025. Así se decide."

Y eso fue todo.

No indicó la Sala, ni siquiera referencialmente, en cuáles sentencias se había declarado y reiterado el supuesto "desacato" de la Asamblea Nacional,[166] ni porqué o cómo esa supuesta situación de "desacato" se podía considerar como el "motivo sobrevenido" (como si fuese siendo *ex ante* y no *ex post*) al cual se refiere el artículo 231 de la Constitución, para "ordenar" que la juramentación de N. Maduro se hiciese ante el Tribunal Supremo de Justicia; es decir, se trató de una decisión inmotivada, adoptada por la Sala Constitucional, conforme lo precisó Ramón Escovar León:

"sin exponer las razones y motivos que expliquen por qué ese supuesto "desacato" constituye un impedimento para juramentarse ante el parlamento, como lo establece la Constitución. Se utiliza el término "desacato" de manera ambigua, vaga e indefinida para utilizarlo cada vez que desean arrebatarle al parlamento legítimo sus facultades constitucionales."[167]

En todo caso, lo que es importante a retener es que la decisión del recurso de interpretación formulado, a los efectos de responder la "duda razonable" del recurrente, no le ocupó a la Sala más de una página.

Pero sin embargo, la sentencia N° 1 del 10 de enero de 2019 no se quedó solo en resolver lo solicitado, sino que con la excusa de incluir unas "consideraciones para decidir," la Sala se refirió a dos temas distintos, dejando así sentado criterios, como *obiter dictum*, sin que nadie se lo hubiese solicitado, sobre el derecho al sufragio y la abstención, y sobre los poderes de la Asamblea Nacional

---

166 Véase sobre esas sentencias lo expuesto en Allan R. Brewer-Carías, *La dictadura judicial y la perversión del Estado de derecho. el Juez Constitucional y la destrucción de la democracia en Venezuela (*Prólogo de Santiago Muñoz Machado), Ediciones El Cronista, Fundación Alfonso Martín Escudero, Editorial IUSTEL, Madrid 2017.

167 Véase Ramón Escovar León, "La sentencia N° 1 de la Sala Constitucional, Carl Schmitt y el 10 E" en *Prodavinci*, 9 de enero de 2019, en https://prodavinci.com/la-sentencia-n-1-de-la-sala-constitucional-carl-schmitt-y-el-10-e/.

Constituyente; ninguno de los cuales tenía realmente relación esencial con las dudas planteadas y lo decidido.

Pero la inclusión de esos *obiter dictum*, sin embargo, no fue nada inocente. Dado que lo resuelto en la sentencia lo consideró la propia Sala como una "ampliación del criterio vinculante sostenido en la sentencia de esta Sala n° 2 del 9 de enero de 2013,"[168] pasó a argumentar en la misma sobre los dos temas antes mencionados, dejando sentando criterios generales "interpretativos" sobre ellas.

El primer tema que trató la Sala Constitucional fue el del derecho al sufragio y el sentido de la abstención electoral. Aquí, la Sala destacó que, a diferencia de la Constitución de 1961 que consagró el sufragio como un derecho y como un deber, en la de 1999 solo se lo reconoció expresamente como un derecho, lo que implica según la Sala que:

"su ejercicio (aun en los casos de votos nulos) debe ser respetado por aquellos que hayan decidido no hacer efectivo el mismo, pues su falta de ejercicio, al perder su carácter obligatorio, no comporta ninguna consecuencia jurídica."

Es decir, la Sala consideró que:

"el ejercicio del derecho al sufragio, es una manifestación de soberanía que no puede ser desconocida por la falta de participación de aquellos que deciden no hacerlo, porque, precisamente, esa decisión de no intervenir o participar es también un derecho y, como tal, no puede menoscabar el derecho al sufragio para la elección de las autoridades cuyos cargos son de elección popular, a quienes decidan expresar su voluntad mediante el voto libre, secreto, universal y directo."

Y de todo ello, concluyó la Sala, refiriéndose a la abstención electoral, que "la falta de participación es responsabilidad solo de quien o quienes dispongan no ejercer su derecho al sufragio activo, por lo que resultaría un contrasentido la pretensión de imponer la abstención como mecanismo de desconocimiento de la voluntad de quienes sí ejercieron su derecho al sufragio;" para terminar decidiendo con carácter vinculante que:

"La naturaleza del sufragio en la Constitución de la República Bolivariana de Venezuela es un derecho, por lo que la abstención en su ejercicio no puede menoscabar el derecho constitucional de quienes sí lo ejercieron."

---

168 Véase los comentarios sobre esta sentencia en Allan R. Brewer-Carías, "Crónica sobre la anunciada sentencia de la Sala Constitucional del Tribunal Supremo de 9 de enero de 2013 mediante la cual se conculcó el derecho ciudadano a la democracia y se legitimó la usurpación de la autoridad en golpe a la Constitución," en Asdrúbal Aguiar (Compilador), *El Golpe de Enero en Venezuela (Documentos y testimonios para la historia)*, Editorial Jurídica Venezolana, Caracas 2013, pp. 133-148.

O sea, que para la Sala Constitucional, la democracia se limita al ejercicio formal del derecho al voto, sin que tenga importancia alguna la legitimidad democrática de la representación; de manera que con el argumento expuesto, y quitándole todo sentido a la abstención electoral, para la Sala Constitucional bastaría que un Presidente sea electo con un solo voto, por ejemplo, el suyo propio, o el de sus amigos y correligionarios, así sean éstos los que participen en el proceso, para considerar que se ha producido una elección popular "legítima".

Esto, por supuesto, es la negación del principio democrático de la representación popular, al cual, con esta sentencia, se lo pretende vaciar totalmente de contenido esencial, para justificar, de aquí en adelante, como interpretación constitucional "vinculante," que basta que voten unos cuantos ciudadanos, así la elección no tenga garantía de ser libre, ni justa, ni trasparente, ni plural ni imparcial, para que una elección se considere "legítima," aún a sabiendas de que los electos no representen realmente la globalidad del pueblo ni tienen el respaldo de la mayoría.[169]

O sea, se trata, según lo decretado con "carácter vinculante" por la Sala Constitucional, del abandono definitivo del principio de la democracia representativa, el cual, al contrario, lo que debe buscar es garantizar que los representantes electos, efectivamente, representen las mayorías y no a una minoría que controla el poder,[170] como desde siempre ha ocurrido por ejemplo en Cuba.[171]

Después de dejar sentado el principio antes mencionado de acabar con la democracia representativa, reduciéndola a una mera democracia formal, reducida al voto, sin consideración alguna respecto de su legitimidad ni sobre la búsqueda de una efectiva representatividad, la Sala Constitucional pasó a analizar el proceso constituyente iniciado en Venezuela el 1° de mayo de 2017, cuando Nicolás Maduro -dijo la Sala - "convocó al poder originario, esto es, el Poder Constituyente, para la formación de una Asamblea Nacional Constituyente" que se ins-

---

169 Particularmente, en el caso de la viciada elección presidencial del 20 de mayo de 2018, según cifras atribuidas a Luis Emilio Rondón, Rector del Consejo Nacional Electoral, de un Registro Electoral de 20.750.809 de electores, solo hubo 3.590.040 de votos válidos (17,3%), de los cuales N. maduro obtuvo 1.811.220 votos (8,73%), con una abstención general del 82,70%. Véase sobre el desconocimiento de Rondón sobre los resultados "oficiales" de esas elecciones en Ronny Rodríguez Rosas, "rector Luis Emilio Rondín desconoce resultados de elecciones presidenciales," en *Efecto Cocuyo*, 20 de mayo de 2018, en http://efectococuyo.com/cocuyo-electoral/rector-luis-emilio-rondon-desconoce-resultados-de-elecciones-presidenciales/

170 Véase Allan R. Brewer-Carías, "La necesaria revalorización de la democracia representativa ante los peligros del discurso autoritario sobre una supuesta "democracia participativa" sin representación," en *Derecho Electoral de Latinoamérica. Memoria del II Congreso Iberoamericano de Derecho Electoral*, Bogotá, 31 agosto-1 septiembre 2011, Consejo Superior de la Judicatura, ISBN 978-958-8331-93-5, Bogotá 2013, pp. 457-482.

171 Véase Allan R. Brewer-Carías, "La necesaria perfectibilidad del sistema electoral cubano," en *Seminario sobre Elecciones y Derechos Humanos en Cuba y América, 24-25 de noviembre de 1997, Centro Capitolio de La Habana*, Unión Nacional de Juristas de Cuba, Instituto Interamericano de Derechos Humanos (IIDH), Agencia Sueca de Cooperación Internacional para el Desarrollo (ASDI), San José, Costa Rica 1998, pp. 273-286.

taló el "4 de agosto de 2017, luego de la respectiva elección de los constituyentes (30 de julio de ese mismo año)."

Para su análisis, la Sala partió de una referencia a la sentencia dictada el 19 de enero de 1999, por la Sala Político-Administrativa de la antigua Corte Suprema de Justicia, bajo ponencia del Magistrado Humberto J. La Roche, en la cual se interpretaron los artículos 4 de la Constitución de 1961 y 181 de la derogada Ley Orgánica del Sufragio y Participación Política,[172] procediendo a glosar sus párrafos sobre la asamblea constituyente y el poder constituyente originario, dejando así sentada su propia doctrina sobre ello, sin que nadie se lo hubiese pedido, y sobre lo cual nunca antes había elaborado, pues en las sentencias que dictó en 2017 cuando decidió sobre las impugnaciones presentadas contra la convocatoria a la Asamblea Nacional Constituyente,[173] no analizó la materia.

Con esta sentencia No 1 de 10 de enero de 2018, entonces, la Sala Constitucional, y dejando aparte sus citas a Carl Schmitt y otros autores, "aprovecho" la ocasión para darle formalmente a la Asamblea Nacional Constituyente y en forma "vinculante," por supuestamente interpretar el artículo 347 de la Constitución, poderes absolutos, totales y casi ilimitados, y por supuesto por encima de la Constitución, ratificando así la existencia en el país de una "dictadura constituyente."[174] No otra explicación tiene el excurso de la Sala en esta materia.

Y comenzó así la Sala a considerar que "el poder constituyente originario se entiende como potestad primigenia de la comunidad política para darse una organización jurídica y constitucional," como Poder que es "previo y superior al régimen jurídico establecido," siendo en definitiva "la más genuina y principal forma de expresión política de los ciudadanos, pues en ella se dará forma a la creación del Estado que se pretende," concluyendo con la afirmación de que "podemos decir que el poder constituyente es política pura, creadora, innovadora y originaria."

Con base en ello, la Sala pasó a precisar "las características de las cuales goza el poder constituyente," destacando entre ellas, su carácter originario, el cual, según explicó Sánchez Agesta, "es un poder ajeno a toda competencia previa, a toda reglamentación predeterminada que, al contrario de lo que sucede con los

---

172 Véase sobre dicha sentencia los comentarios en Alan R. Brewer-Carías, *Poder Constituyente Originario y Asamblea Nacional Constituyente (Comentarios sobre la interpretación jurisprudencial relativa a la naturaleza, la misión y los límites de la Asamblea Nacional Constituyente)*, Colección Estudios Jurídicos N° 72, Editorial Jurídica Venezolana, Caracas 1999.

173 Véase las sentencias N° 378 de 31 de mayo de 2017 y N° 455 de 12 de junio de 2017. Véase los comentarios a las mismas en Allan R. Brewer-Carías, "El Juez Constitucional vs. el pueblo como poder constituyente originario. (Sentencias de la Sala Constitucional N° 378 de 31 de mayo de 2017 y N° 455 de 12 de junio de 2017)," en *Revista de Derecho Público*, N° 149-150, (enero-junio 2017), Editorial Jurídica Venezolana, Caracas 2017, pp. 353-363.

174 Véase Allan R. Brewer-Carías, *Usurpación constituyente 1999, 2017. La historia se repite: una vez como farsa y la otra como tragedia*, Colección Estudios Jurídicos, N° 121, Editorial Jurídica Venezolana International, 2018.

poderes constituidos, no existe dentro sino fuera del Estado;" según Rondón Nucete, no tiene "autoridad alguna que esté por encima de éste;" y según Sieyès "lo puede todo." Como consecuencia de su poder originario, concluyó la Sala:

> "el poder constituyente no puede ser regulado jurídicamente por la Constitución misma ni pueden establecerse de un modo fijo sus formas de manifestación, es él mismo quien deberá buscar y crear las formas mediante las cuales se manifestará. El poder constituyente se manifestará a través de actos que tienen carácter y efectos jurídicos, los cuales son expresión real de la voluntad política."

Con ello, simplemente, la Sala Constitucional decidió que la Asamblea Nacional Constituyente inconstitucional y fraudulentamente convocada y electa en 2017, era un poder constituyente originario que no está sujeto a la Constitución de 1999, abarcando a todos los poderes constituidos, los cuales consideró le están "subordinados," sirviéndoles de "fundamento previo" en el sentido de que según la Sala, "todos los poderes constituidos, las competencias y atribuciones de estos poderes son creadas, modificadas o renovadas por el poder constituyente."

Con base en estos principios derivados de los autores que la Sala glosó en su sentencia, concluyó indicando sobre la Asamblea Nacional Constituyente como poder constituyente originario, que ello dio lugar a "un panorama distinto en la relación jurídica política entre el poder constituyente y los poderes constituidos," indicando que:

> "El órgano constituyente es la representación de la voluntad política de la sociedad representada en una asamblea, cuyo fin es la constitución de un nuevo Estado. Aunado a esto, debemos recordar que el poder constituyente es extraordinario, pues no tiene cabida dentro del Estado sino fuera de él para la constitución de uno nuevo; por ende, las circunstancias en las cuales se hace necesario dicho poder originario son excepcionales e inusuales."

Con base en ello, y considerando la Sala que la Asamblea Nacional Constituyente "está fuera del Estado," consideró que dicho órgano procedió, como "órgano plenipotenciario," a "convocar a elecciones para con ello procurar mantener el orden y la paz en la sociedad."

El único límite al "producto de las actuaciones o deliberaciones" de la Asamblea Nacional Constituyente, sin embargo, conforme la Sala lo decidió en su sentencia No 378 del 31 de mayo de 2017, se refiere al "carácter republicano del Estado, la independencia (soberanía), la paz, la libertad, el mantenimiento de los valores, principios y garantías democráticas, y la progresividad de los derechos humanos" conforme a lo dispuesto en el artículo 350 de la Constitución. De resto, la Sala encontró que:

> "si hubiera sido regulado constitucionalmente el proceso de formación del texto fundamental y la actuación del cuerpo constituyente, se habrían creado límites que desnaturalizarían su carácter de poder constituyente originario y, en principio, ilimitado."

Todo lo anterior, nada tenía que ver con la "interpretación" que se le había solicitado, y solo podía entenderse como una forma de dejar sentado criterios sobre los poderes omnímodos de la Asamblea nacional Constituyente, quizás pretendiendo preparar el camino para futuras actuaciones de la misma, aun cuando en solo unas semanas siguientes, ya parecía improbable que pudieran ocurrir. El laberinto que la propia Sala había contribuido a armar en 2017, se había tragado también a la Asamblea Nacional Constituyente.

La sentencia, en todo caso, y dejando sentados los *obiter dictum* antes mencionados, concluyó simplemente disponiendo:

"Se convoca al ciudadano Nicolás Maduro Moros para el 10 de enero de 2019, a las 10:00 a.m., para que se presente ante el Tribunal Supremo de Justicia a los fines de ser juramentado como Presidente Constitucional de la República Bolivariana de Venezuela para el período presidencial 2019-2025."

XXII

Y así ocurrió. Nicolás Maduro se presentó ante el Tribunal Supremo de Justicia, completándose lo que el diario *El País* de Madrid, del mismo día, calificó como "La farsa de Maduro," indicando que:

"Nicolás Maduro renueva hoy su mandato como presidente de una Venezuela con tintes espectrales: la falta de alimentos, la escasez de productos básicos o el derrumbe del sistema sanitario infligen un castigo de proporciones bíblicas a los venezolanos." [175]

En el mismo trasfondo, pero desde el punto de vista institucional, Ramón Escovar León, destacó, con razón, que:

"Estamos ante un cuadro inédito en nuestra historia constitucional: una Asamblea Nacional a la que se le ha despojado de sus facultades; una Constitución vigente pero que se le ha vaciado de contenido; una concentración de poderes en manos del presidente que fulmina cualquier rastro de democracia; la prensa independiente maniatada o perseguida; una hiperinflación jamás vista en América Latina; una diáspora sin precedentes en la historia del continente y la amenaza de profundizar la tragedia por la vía de la fuerza y al amparo de las bayonetas." [176]

Y desde el punto de vista del derecho constitucional, con el acto de juramentación de Maduro ante el Tribunal Supremo de Justicia, como lo destacó José Ignacio Hernández, lo que se consolidó fue una usurpación de autoridad, pues

---

175 Véase "La farsa de Maduro," en *El País*, 10 de enero de 2019.

176 Véase Ramón Escovar León, "La sentencia N° 1 de la Sala Constitucional, Carl Schmitt y el 10 E," en *Prodavinci,* 9 de enero de 2019, en https://prodavinci.com/la-sentencia-n-1-de-la-sala-constitucional-carl-schmitt-y-el-10-e/.

Nicolás Maduro no podía "asumir la Presidencia de la República mediante juramento" pues no se lo podía considerar como "presidente electo, pues el evento político del 20 de mayo de 2018 no puede ser considerado como una elección libre y transparente."[177]

Por ello, la Asamblea Nacional el mismo día 10 de enero de 2019, se declaró "en emergencia debido a la ruptura completa del hilo constitucional" para, como el intérprete primario de la Constitución, establecer "la ruta para que cese la usurpación;"[178] habiendo el presidente de la Asamblea Nacional expresado el mismo día, que" "Hoy no hay Jefe de Estado, hoy no hay comandante en jefe de las Fuerzas Armadas, hoy hay una Asamblea Nacional que representa al pueblo de Venezuela," expresando que el gobierno no fue electo por el voto popular de los venezolanos, haciendo un llamado a las Fuerzas Armadas para que tomasen acciones contundentes para acabar con la "usurpación" en el país.[179]

En todo caso, y también como secuela de lo que se había expresado en mayo de 2018, en el mismo día 10 de enero de 2019 cuando se llevó a cabo la juramentación de Nicolás Maduro," el Consejo Permanente de la Organización de Estados Americanos, a propuesta de Argentina, Chile, Colombia, Costa Rica, Estados Unidos, Perú y Paragua, aprobaba una Resolución desconociendo a Nicolás Maduro como el presidente de Venezuela, l cual fue adoptada con el voto favorable de Jamaica, Panamá, Paraguay, Perú, República Dominicana, Santa Lucía, Argentina, Bahamas, Brasil, Canadá, Colombia, Costa Rica, Ecuador, Granada, Guatemala, Guyana, Honduras y Haití; la abstención de México, Saint Luis, Uruguay, Antigua y Barbuda, Barbados y El Salvador; y el voto en contra de Nicaragua, San Vicente y las Granadinas, Surinam, Belice, Dominica y Venezuela.[180]

En la Resolución se expresó, además:

"No reconocer la legitimidad del régimen de Nicolás Maduro a partir del 10 de enero de 2019.

Urgir a todos los Estados miembros a invitar a los observadores permanentes de la OEA a adoptar de conformidad del derecho internacional y su

---

177 Véase José Ignacio Hernández, "La usurpación de la Presidencia de la República a partir del 10 de enero de 2019: consecuencias en el Derecho Constitucional y en el Derecho Internacional," 9 enero 2019, en https://www.academia.edu/38119920/La_usurpaci%C3%B3n_de_la_Presidencia_de_la_Rep%C3%BAblica_a_partir_del_10_de_enero_de_2019_consecuencias_en_el_Derecho_Constitucional_y_en_el_Derecho_Internacional?email_work_card=thumbnail-desktop

178 Véase el reportaje "Venezuela: Asamblea Nacional se declara "en emergencia" por jura de Nicolás Maduro. Su presidente, Juan Guaidó hizo un llamado a las fuerzas militares de Venezuela para que acompañen una eventual transición política, en *Tele13*, 10 de enero de 2019, en http://www.t13.cl/noticia/mundo/venezuela-asamblea-nacional-se-declara-emergencia-jura-nicolas-maduro.

179 Véase el reportaje "Juan Guaidó: Hoy no hay jefe de Estado," en *Noticiero52*, 10 de enero de 2019, en https://noticiero52.com/juan-guaido-hoy-no-hay-jefe-de-estado/.

180 Véase la información en El País, 11 de enero de 2019, en https://elpais.com/internacional/2019/01/10/estados_unidos/1547142698_233272.html.

legislación nacional las medidas diplomáticas, políticas, económicas y financieras que consideren apropiadas para contribuir a la pronta restauración del orden democrático venezolano.

Llamado a la realización de nuevas elecciones presidenciales.

Invita a los Estados miembros y los observadores permanentes a implementar medidas para atender la crisis humanitaria venezolana.

Urge al régimen venezolano para que permita el inmediato ingreso para la ayuda humanitaria.

Exige la inmediata e incondicional liberación de los presos políticos.

Expresa su activa solidaridad del pueblo venezolano."[181]

XXIII

La Asamblea Nacional, anticipándose a estos hechos, conforme a lo que había acordado en mayo de 2018, desde el 13 de noviembre de 2018 ya había adoptado un Acuerdo "para impulsar una solución política a la crisis nacional," indicando que:

"a partir del 10 de enero de 2019 Nicolás Maduro continúa la usurpación de la Presidencia de la República, pues a pesar de no ser presidente electo, ocupa de hecho la Presidencia de la República, con lo cual todas las decisiones del Poder Ejecutivo Nacional son ineficaces a partir de ese día, en los términos del artículo 138 de la Constitución."

Y así, siguiendo esa misma línea política, con posterioridad a la juramentación de Maduro ante el Tribunal Supremo de Justicia el 10 de enero de 2019, el 15 de enero de 2019 la Asamblea Nacional adoptó un importantísimo "Acuerdo sobre la declaratoria de usurpación de la Presidencia de la República por parte de Nicolás Maduro Moros y el restablecimiento de la vigencia de la Constitución,"[182] y, en el mismo, interpretando la Constitución, constató que "la anterior situación de usurpación no encuentra una solución expresa en la Constitución;" y

---

181 Véase en *El Nacional*, 10 de enero de 2019, en http://www.el-nacional.com/noticias/mundo/oea-aprobo-resolucion-para-desconocer-juramentacion-maduro_265882

182 Véase en http://www.asambleanacional.gob.ve/actos/_acuerdo-sobre-la-declaratoria-de-usurpacionde-la-presidencia-de-la-republica-por-parte-de-nicolas-maduro-moros-y-el-restablecimiento-de-la-vigenciade-la-constitucion. La Asamblea, ese mismo día, adoptó otros tres importantes Acuerdos que fueron: "Acuerdo para la autorización de la ayuda humanitaria para atender la crisis social que sufre el pueblo venezolano;" "Acuerdo en solicitud de protección de activos del Estado venezolano ante los países de Argentina, Brasil, Canadá, Chile, Colombia, Costa Rica, Guatemala, Guyana, Honduras Panamá, Paraguay, Perú, Estados Unidos, Bulgaria, Rusia, China, Turquía, Emiratos Árabes y la Unión Europea ante la flagrante usurpación del poder ejecutivo por parte del ciudadano Nicolás Maduro Moros," y "Acuerdo sobre la necesidad de una Ley de amnistía para los civiles y militares que apegándose al artículo 333 de la Constitución, colaboren en la restitución del orden."

consideró, con razón, que correspondía entonces a la propia Asamblea Nacional "como única autoridad legítima del Estado y representante del pueblo venezolano," interpretar el texto fundamental y, en consecuencia, adoptar "decisiones para proceder a restablecer la vigencia del orden constitucional, con fundamento en los artículos 5, 187, 233, 333 y 350 de la Constitución."

En particular, la Asamblea Nacional se refirió al artículo 333 de la Constitución[183] que obliga a los ciudadanos, incluyendo a los funcionarios al servicio del Estado, a realizar todas las acciones necesarias para colaborar en el restablecimiento de la vigencia efectiva de la Constitución, y al artículo 350 de la Constitución[184] que reconoce "el derecho a la desobediencia civil frente a la usurpación de Nicolás Maduro," considerando en su carácter de órgano de representación popular, a través del cual el pueblo ejerce su soberanía (art. 4 de la Constitución), que era necesario, "ante la ausencia de una norma constitucional que regule la situación actual," proceder a:

"aplicar analógicamente el artículo 233 de la Constitución, a los fines de suplir la inexistencia de presidente electo al mismo tiempo que se emprendan las acciones para restablecer el orden constitucional con base en los artículos 333 y 350 de la Constitución, y así hacer cesar la usurpación, conformar efectivamente el Gobierno de Transición y proceder a la organización de elecciones libres y transparentes."

En esta forma, la Asamblea Nacional, como el intérprete primario de la Constitución y como el órgano a través del cual el pueblo ejerce su soberanía, acordó la aplicación analógica del artículo 233 de la Constitución, lo que significó que en ausencia de presidente electo legítimamente para juramentarse como presidente para el período 2019-2025, el presidente de la Asamblea Nacional se debía encargar de la presidencia de la República; acordando además, oficialmente, en aplicación de los artículos 333 y 350 de la misma Constitución, lo siguiente:

"*Primero*: Declarar formalmente la usurpación de la Presidencia de la República por parte de Nicolás Maduro Moros y, por lo tanto, asumir como jurídicamente ineficaz la situación de facto de Nicolás Maduro y reputar como nulos todos los supuestos actos emanados del Poder Ejecutivo, de conformidad con el artículo 138 de la Constitución.

Segundo: Adoptar, en el marco de la aplicación del artículo 233, las medidas que permitan restablecer las condiciones de integridad electoral para, una vez cesada la usurpación y conformado efectivamente un Gobierno de

---

183 Recordemos que esta norma del artículo 333, reza así: "Esta Constitución no perderá su vigencia ni dejará de observarse por acto de fuerza o porque fuere derogada por cualquier otro medio distinto al previsto en ella. En tal eventualidad, todo ciudadano investido o no de autoridad, tendrá el deber de colaborar en el restablecimiento de su efectiva vigencia."

184 Recordemos que esta norma del artículo 350, reza así: "El pueblo de Venezuela, fiel a su tradición republicana, a su lucha por la independencia, la paz y la libertad, desconocerá cualquier régimen, legislación o autoridad que contraríe los valores, principios y garantías democráticos o menoscabe los derechos humanos."

Transición, proceder a la convocatoria y celebración de elecciones libres y transparentes en el menor tiempo posible, conforme a lo previsto en la Constitución y demás leyes de la República y tratados aplicables.

Tercero: Aprobar el marco legislativo para la transición política y económica, fijando las condiciones jurídicas que permita iniciar un proceso progresivo y temporal de transferencia de las competencias del Poder Ejecutivo al Poder Legislativo, con especial atención en aquellas que permitan adoptar las medidas necesarias para restablecer el orden constitucional y atender la emergencia humanitaria compleja, incluida la crisis de refugiados y migrantes. El presidente de la Asamblea Nacional se encargará de velar por el cumplimiento de la normativa legal aprobada hasta tanto se restituya el orden democrático y el Estado de Derecho en el país.

Cuarto: Establecer un marco legislativo que otorgue garantías para la reinserción democrática, de modo que se creen incentivos para que los funcionarios civiles y policiales, así como los componentes de la Fuerza Armada Nacional, dejen de obedecer a Nicolás Maduro Moros y obedezcan, de conformidad con los artículos 7 y 328 de la Constitución, las decisiones de la Asamblea Nacional a los fines de cumplir con el artículo 333 de la Carta Magna.

Quinto: Instrumentar las medidas necesarias para que, en el marco de las competencias de control de la Asamblea Nacional, este Parlamento proteja los activos de la República a nivel nacional e internacional, y los mismos puedan ser utilizados para atender la emergencia humanitaria compleja.

Sexto: Disponer de las medidas necesarias para que, de conformidad con las tratados aplicables, la Constitución y las leyes de la República, se asegure la permanencia del Estado venezolano en organismos multilaterales y la vinculación de los mecanismos internacionales de protección de Derechos Humanos como límites al ejercicio del poder político en Venezuela."185

Conforme a este marco, adoptado en un acto parlamentario sin forma de Ley dictado en ejecución directa e inmediata de la Constitución, la Asamblea Nacional en Venezuela asumió el proceso político de restablecer el orden democrático, hacer cesar la usurpación de la presidencia de la República por parte de Nicolás Maduro, establecer el marco para la transición política, previendo que el presidente de la Asamblea Nacional, es decir, del Poder legislativo, asuma progresiva y temporalmente las funciones que le corresponden al tenerse que encargar de la Presidencia de la República, encargándolo formalmente "de velar por el cumplimiento de la normativa legal aprobada hasta tanto se restituya el orden democrático y el Estado de Derecho en el país." En el Acuerdo se hace mención en forma general a un "proceso progresivo y temporal de transferencia de las competencias del Poder Ejecutivo al Poder Legislativo," cuando en realidad de lo que se trata es de un proceso de asunción progresiva y temporal, por parte del presidente de

---

185 Véase en http://www.asambleanacional.gob.ve/actos/_acuerdo-sobre-la-declaratoria-de-usurpacionde-la-presidencia-de-la-republica-por-parte-de-nicolas-maduro-moros-y-el-restablecimiento-de-la-vigenciade-la-constitucion

la Asamblea Nacional, de las competencias que le corresponden como encargado de la Presidencia de la República. Las competencias del Poder Ejecutivo, como tales, no pueden ser transferidas al Poder Legislativo.

Es en tal sentido que la Asamblea Nacional, con base los artículos 7 y 333 de la Constitución, debe establecer el marco de la transición, a cuyo efecto, el 29 de enero de 2019 dio inicio a la consideración de un proyecto de Ley del "Estatuto que rige la transición a la democracia para restablecer la vigencia de la Constitución de la República Bolivariana de Venezuela," que fue aprobado en primera discusión.[186]

XXIV

Ante este histórico Acuerdo de la Asamblea Nacional, debe mencionarse que una institución desprestigiada a la cual ya nadie le hace caso, como es la Sala Constitucional del Tribunal Supremo de Justicia, pareciendo salir del lugar donde van los materiales de desecho, el 21 de enero de 2019, había emitido una "curiosa" "sentencia" N° 3 de 21 de enero de 2019,[187] la cual más bien fue una "declaración" unilateral dictada sin que hubiera habido un proceso alguno, es decir, sin juicio ni partes, sin que nadie se lo hubiera pedido y, por tanto, dictada de oficio, basándose en lo que había resuelto en una sentencia anterior No. 2 de 11 de enero de 2017 en la cual había declarado a la Asamblea Nacional en supuesto "desacato," donde había dispuesto que la "actuación de la Asamblea Nacional y de cualquier órgano o individuo en contra de lo aquí decidido será nula y carente de toda validez y eficacia jurídica."[188] Partiendo de allí, y considerando que era "un hecho público, notorio y comunicacional" que la Asamblea Nacional había desacatado dicha sentencia, incurriendo en una supuesta "omisión constitucional reiterada," entonces pura y simplemente declaró:

"Que la Asamblea Nacional no tiene Junta Directiva válida, incurriendo la írrita "Directiva" elegida el 5 de enero de 2019 (al igual que las "designadas" inconstitucionalmente durante los años 2017 y 2018), en usurpación de autoridad, por lo cual todos sus actos son nulos de nulidad absoluta, de conformidad con lo dispuesto en el artículo 138 constitucional. Así se declara."

Pero no se quedó allí la declaración de la Sala, sino que en relación al Acuerdo de la Asamblea, declaró que el mismo supuestamente violentaba "los

---

186 Véase la información en la reseña "Asamblea Nacional aprobó el proyecto de Ley que rige la transición democrática," en NTN24.com, 29 de enero de 2019, en http://www.ntn24.com/america-latina/venezuela/asamblea-nacional-aprobo-el-proyecto-de-ley-que-rige-la-transicion-la.

187 Véase las referencias en el reportaje: "TSJ declara nula a actual junta directiva de Asamblea Nacional," en Runrunes.com, 21 de enero de 2019, en https://runrun.es/noticias/370711/tsj-declara-nula-actual-junta-directiva-de-asamblea-nacional/.

188 Véase en http://historico.tsj.gob.ve/decisiones/scon/enero/194891-02-11117-2017-17-0001.HTML. Véanse los comentarios a esta sentencia en Allan R. Brewer-Carías, La consolidación de la tiranía judicial en Venezuela, Editorial Jurídica Venezolana, Caracas 2017, pp. 21, 81, 116 ss. y 131 ss.

artículos 130, 131 y 132 constitucionales, en particular el deber que tiene "toda persona" de cumplir y acatar esta Constitución, las leyes y los demás actos que en ejercicio de sus funciones dicten los órganos del Poder Público," porque desconocían "al Poder Judicial al desacatar sus fallos, al Poder Electoral que realizó el proceso electoral en el cual fue elegido, proclamado y juramentado" como presidente el Sr. Maduro, "para el período 2019-2025," y "al Poder Ejecutivo al desconocer la investidura de su titular y, la más grave, al titular de la soberanía, el pueblo, quien lo escogió en comicios transparentes, mediante el sufragio universal, directo y secreto" y quien había "electo" a la Asamblea Constituyente "quien fue la convocante de las referidas elecciones presidenciales." Por ello, la Sala "declaró" que el Acuerdo de la Asamblea Nacional, supuestamente "implica un acto de fuerza que pretende derogar el texto constitucional (artículo 333) y todos los actos consecuentes del Poder Público Nacional," razón por la cual dijo la Sala, ello la obligó "a actuar de oficio en protección del texto fundamental, de conformidad con los artículos 266.1, 333, 334, 335 y 336, estos últimos del Título VIII (De la Protección de la Constitución). Así se decide."

La Sala, además, consideró "inaudito" que se procure aplicar "analógicamente" las causales taxativamente contenidas en el artículo 233 de la Constitución a los fines de justificar la pretendida falta absoluta del presidente de la República," considerando que no podía:

> "agregarse a dichas causales, otra "acomodaticia" para, por vía de una pretendida ficción jurídica, determinar que en nuestro país no hubo elecciones el 20 de mayo de 2018, y que de las resultas de los comicios convocados por el Poder Constituyente y el Poder Electoral no se escogió un Jefe de Estado.

> Dichas causales son de derecho estricto y no pueden ser modificadas y/o ampliadas analógicamente, sin violar la Constitución. Así también se decide."

Por lo visto, la Sala Constitucional, simplemente no entendió qué fue lo que hizo la Asamblea Nacional al dictar el Acuerdo, que no fue sino interpretar analógicamente el artículo 233 de la Constitución. La Asamblea Nacional no le agregó a dicha norma ninguna "clausula" adicional; simplemente, como primer interprete de la Constitución y, en particular, por estar llamada a aplicar esa norma, la interpretó analógicamente aplicándola al caso para resolver la crisis constitucional, en ejecución de lo que ya había acordado desde el 22 de mayo de 2018, que fue "declarar como inexistente la farsa realizada el 20 de mayo de 2018," "desconocer los supuestos resultados anunciados por el Consejo Nacional Electoral y en especial, la supuesta elección de Nicolás Maduro Moros como Presidente de la República, quien debe ser considerado como un usurpador del cargo de la Presidencia de la República, y "desconocer cualesquiera actos írritos e ilegítimos de proclamación y juramentación en virtud de los cuales se pretenda investir constitucionalmente al ciudadano Nicolás Maduro Moros como supuesto presidente de la República Bolivariana de Venezuela para el período 2019-2025."[189]

La Sala Constitucional, cercenándole el derecho de la representación popular de aplicar e interpretar la Constitución, sobre la mención que hizo del artículo 350 de la misma, la declaró "absolutamente impertinente," terminando su "argumentación declarativa" afirmando que "la Asamblea Nacional no puede erigirse en Tribunal Supremo de Justicia para declarar una pretendida usurpación, ya que implicaría la tipificación de la conducta descrita en los precitados artículos 138 y 139, en concordancia con los artículos 136 y 137, todos constitucionales. Así se declara," ignorando, de nuevo, la potestad esencial de la Asamblea Nacional, de ser el órgano primigenio de interpretación de la Constitución,[190] órgano a través del cual el pueblo ejerce su soberanía.

Finalmente, en su "declaración" la Sala Constitucional, al afirmar que "nuestro régimen es eminentemente presidencial," y haciendo referencia, como si fuera una ironía a que en el país existe "separación de poderes," afirmó que es al presidente de la República al que le corresponde dirigir la acción de gobierno y la acción administrativa, de manera que "bajo ningún supuesto puede asumir un parlamento la acción de gobierno y la administración de la Hacienda Pública," cuando en el Acuerdo objeto de la "declaración" la Asamblea Nacional no asumió ninguna de esas acciones. Solo se dispuso que las iría asumiendo el presidente de la Asamblea Nacional como encargado, precisamente de la Presidencia de la República.

Sin duda, al dictar esta "declaración," la propia Sala no se dio cuenta de que ya estaba demasiado adentrada en la oscuridad el laberinto que el régimen se construyó, y que ella misma, con sus decisiones, había ayudó a erigir.

XXV

En todo caso, luego de la interpretación constitucional efectuada por la Asamblea Nacional en el antes mencionado Acuerdo de 15 de enero de 2019, en

---

189 Véase el texto del Acuerdo de 22 de mayo de 2018, en http://www.asambleanacional.gob.ve/actos/_acuerdo-reiterando-el-desconocimiento-de-la-farsa-realizada-el-20-de-mayo-de-2018-para-la-supuesta-eleccion-del-presidente-de-la-republica. Igualmente, en la reseña "Asamblea Nacional desconoce resultados del 20M y declara a Maduro "usurpador," en *NTN24*, 22 de mayo de 2018, en http://www.ntn24.com/america-latina/la-tarde/venezuela/asamblea-nacional-desconoce-resultados-del-20m-y-declara-nicolas

190 Como antes se ha dicho, y lo expresó Javier Pérez Royo: "El primer interprete de la Constitución y el más importante, con mucha diferencia, es el legislador. El legislador es el intérprete normal, ordinario de la Constitución. En consecuencia, la Constitución es una norma jurídica que remite en primera instancia a un intérprete político. El Parlamento es el órgano político que interpreta la Constitución de la única manera que sabe hacerlo: en clave política. Y además, es un intérprete privilegiado, en la medida en que es el representante democráticamente elegido por los ciudadanos y expresa, por tanto, la voluntad general." Véase Javier Pérez Royo, "La interpretación de la Constitución," en Eduardo Ferrer Mac Gregor (Coordinador), *Interpretación constitucional*, Universidad Nacional Autónoma de México, Editorial Porrúa, México 2005, Tomo II, p. 889.

cuanto a la interpretación analógica que la Asamblea Nacional le dio al artículo 233 de la Constitución, aplicado a la situación de ausencia de presidente electo legítimamente que pudiera juramentarse como Presidente de la República para el período 2019-2025, y a pesar de la "declaración" unilateral de la Sala Constitucional en la mencionada sentencia de 21 de enero de 2019, a la cual nadie le hizo caso, resultó lo siguiente:

Primero, respecto de la previsión constitucional de que en ese caso el presidente de la Asamblea Nacional se encargaría de la presidencia de la Republica, ello comenzó a ocurrir formalmente en acto público y popular realizado el día 23 de enero de 2019, al asumir el diputado Juan Guaidó, en su carácter de Presidente de la Asamblea Nacional, condición que no pierde, el deber constitucional que tiene de ejercer las funciones como encargado de la presidencia de la República; y

Segundo, respecto de la tarea inmediata que prevé la norma de procederse a realizar una elección universal, directa y secreta de presidente dentro de los treinta días consecutivos siguientes, la Asamblea la interpretó basándose en la imposibilidad política que ello pudiera ocurrir de inmediato, acordando, en cambio, para que se pueda proceder a realizar dicha elección en forma libre, justa y transparente, la adopción de:

"las medidas que permitan restablecer las condiciones de integridad electoral para, una vez cesada la usurpación y conformado efectivamente un Gobierno de Transición, proceder a la convocatoria y celebración de elecciones libres y transparentes en el menor tiempo posible, conforme a lo previsto en la Constitución y demás leyes de la República y tratados aplicables."

En relación con la asunción por el diputado Juan Guaidó de las funciones como encargado de la Presidencia de la República, por supuesto que no se trató de una "autoproclamación" como se expresó desde el gobierno, sino de la asunción de las competencias que tiene constitucionalmente como presidente de la Asamblea Nacional. Como el propio Guaidó lo expresó:

"Mi asunción como presidente interino está basada en el artículo 233 de la Constitución venezolana, de acuerdo con el cual, si al inicio de un nuevo periodo no hay un jefe de Estado electo, el poder es atribuido al presidente de la Asamblea Nacional hasta que tengan lugar elecciones justas. Por eso, el juramento que tomé el 23 de enero no puede considerarse una "auto proclamación." No fue por mi propio acuerdo que asumí la presidencia sino en ejecución de la Constitución."[191]

Y ello es así, habiendo sido ese juramento una formalidad política, importante, pero formalidad, pues ya al haber prestado juramento como presidente de

---

191 Véase Juan Guaidó, "How the World Can Help Venezuela," en *The New York Times*, New York, 31 de enero de 2019, p. A23. Véase sobre ello, José Ignacio Hernández, "De juramentos y proclamas: una explicación," en *Prodavinci*, 24 de enero de 2019, en https://prodavinci.com/de-juramentos-y-proclamas-una-explicacion/

la Asamblea nacional el 5 de enero de 2019, entre las funciones que juró cumplir estaban las de encargarse de la Presidencia cuando constitucionalmente ello procediera conforme a la Constitución. Por lo demás, al encargarse de la Presidencia de la República, el presidente de la Asamblea lo hace en este carácter de diputado presidente de la Asamblea, el cual como se dijo, por supuesto no pierde.

En todo caso, como resultado de todas estas acciones, la *Academia de Ciencias Políticas y Sociales* en un Pronunciamiento del 29 de enero de 2019, consideró que;

"La Asamblea Nacional ha procedido a invocar la aplicación del referido artículo 333 de la Constitución y su presidente, Diputado Juan Guaidó, asumió en fecha 23 de enero de 2019, la primera magistratura con carácter interino para el restablecimiento de la institucionalidad democrática y la vigencia efectiva de la Constitución, recibiendo el reconocimiento de un importante grupo de países. al respaldar."

Y con base en ello acordó:

"Respaldar al pueblo de Venezuela y a la Asamblea Nacional en su lucha por el restablecimiento del Estado de derecho y del sistema democrático, así como por el respeto de los derechos y libertades ciudadanas y reconocer, de conformidad con el artículo 333 de la Constitución, la legitimidad de las acciones que, con el límite de los principios y valores constitucionales, realiza la Asamblea Nacional para que se efectúen elecciones libres, universales, directas y secretas y acordes a los principios constitucionales que imponen la garantía de la libertad, imparcialidad, participación, igualdad y transparencia." [192]

Por lo demás, para el 31 de enero de 2019, el diputado Juan Guaidó, después de haber sido reconocido como legítimo presidente encargado de Venezuela por casi todos los países de América, (excepto Cuba, México, Uruguay, Bolivia, Nicaragua), y por casi todos los países importantes del mundo (excepto Rusia, China, Irán, Turquía), [193] fue reconocido como tal por el Parlamento Europeo, exhortando a todos los Estados de la Unión Europea a hacer lo mismo. [194]

---

192 Véase "Pronunciamiento sobre la legitimidad de la aplicación del artículo 333 de la Constitución por la Asamblea Nacional a los fines de la restitución de su vigencia efectiva," 29 de enero de 2019, en http://acienpol.org.ve/cmacienpol/Resources/Pronunciamientos/Acuerdo%20de%20Acienpol%20Art.%20333.pdf.

193 Véase "Estos son los países que reconocen a Juan Guaidó como presidente (i) de Venezuela y los que apoyan a Maduro," en *El Comercio*, 28 de enero de 2019, en https://www.elcomercio.com/actualidad/juan-guaido-venezuela-reconocimiento-diplomacia.html

194 Véase la Información en "El Parlamento Europeo reconoce a Juan Guaidó como "legítimo presidente interino de Venezuela," en *ABC España*, 31 de enero de 2019, en https://www.abc.es/espana/abci-parlamento-europeo-reconoce-juan-guaido-como-legitimo-presidente-interino-venezuela-201901311357_video.html. N. del E.: Para el 4 de febrero de 2018, 8 am ET, los siguientes países europeos ya habían reconocido a Juan

En particular, la Resolución del Parlamento Europeo, de 31 de enero de 2019 sobre la situación en Venezuela (2019/2543(RSP)):

"Reconoce a Juan Guaidó como presidente interino legítimo de la República Bolivariana de Venezuela, de conformidad con la Constitución Venezolana y con arreglo a lo establecido en su artículo 233, y apoya plenamente su hoja de ruta; se dictó partiendo de la consideración,"

Y ello lo hizo el parlamente, partiendo de los siguientes considerandos:

"A. Considerando que las elecciones que se celebraron el 20 de mayo de 2018 se llevaron a cabo sin que se cumplieran las normas internacionales mínimas necesarias para el desarrollo de un proceso creíble y sin que se respetaran el pluralismo político, la democracia, la transparencia y el Estado de Derecho; que la Unión Europea, junto con otras organizaciones regionales y países democráticos, no reconoció ni las elecciones ni a las autoridades que surgieron de este proceso ilegítimo;

B. Considerando que, el 10 de enero de 2019, Nicolás Maduro usurpó ilegítimamente el poder presidencial ante el Tribunal Supremo de Justicia, infringiendo el orden constitucional.

C. Considerando que, el 23 de enero de 2019, Juan Guaidó, elegido legítima y democráticamente presidente de la Asamblea Nacional, juró como presidente interino de Venezuela, de conformidad con el artículo 233 de la Constitución venezolana." [195]

En el régimen, sin embargo, sumido en su laberinto, unos días antes, a través del Tribunal Supremo de Justicia, esta vez en Sala Plena, dictó una serie de "medidas cautelares" restrictivas de la libertad de circulación de Juan Guaidó; [196] y el mismo día que se pronunció el Parlamento Europeo, lo que ordenó fue amedrentar a la familia del diputado Guaidó con el mismo componente de las fuerzas de policía, con cuyos efectivos se ha masacrado a los habitantes más necesitados del país, en los barrios populares, que han protestado por las carencias que sufren, como toda la población. [197]

Guaidó como legítimo presidente interino de Venezuela: España, Francia, Suecia, Reino Unido, Dinamarca, Portugal, Letonia, Austria, Lituania, Polonia, Holanda, Alemania.

195 Véase el texto en Parlamento Europeo, 2014-2019, Textos Aprobados, P8_TA-PROV(2019)0061 Situación en Venezuela, en http://www.europarl.europa.eu/sides/getDoc.do?pubRef=-//EP//NONSGML+TA+P8-TA-2019-0061+0+DOC+PDF+V0//ES

196 Véase el reportaje: "El Supremo prohíbe a Guaidó salir de Venezuela y congela sus cuentas. Las medidas impiden al dirigente político realizar también operaciones comerciales," en *El País*, 30 de enero de 2019, en https://elpais.com/internacional/2019/01/29/actualidad/1548778972_796341.html

197 Véase el reportaje: "Juan Guaidó denuncia intimidación de fuerzas de seguridad contra su familia," en *El Comercio*, 31 de enero de 2018, en https://www.elcomercio.com/app_public.php/actualidad/guaido-intimidacion-policia-venezuela-familia.html;

Entretanto, el rechazo popular al régimen y a todo lo que significa el "socialismo" aplicado en el país, que lo que ha originado es miseria y más miseria,[198] y, en paralelo, el reconocimiento al proceso de transición democrático liderado por la Asamblea Nacional y su presidente Juan Guaidó, seguía acrecentándose, y con ello, empujando al régimen a lo más hondo e intrincado del laberinto que se construyó a sí mismo, arrastrando consigo hacia esas tinieblas, además, entre otras cosas, al régimen de Cuba.[199]

New York, 28 de mayo de 2018 / 31 de enero de 2019

---

y "Crush Dissent: Maduro Urges Special Police," en *The New York Times*, "31 de enero de 2019, pp. A1 y A6

198 Véase Mary Anastasia O'Gtrady, "Venezuela Spring," en *The Wall Street Journal*, 28 de enero de 2019, p. A15; y Bret Stephens, "Yes, Venezuela Is a Socialist Catasrophe," en *The New York Times*, 26 de enero de 2019, p. A19.

199 Véase Kirk Semple, "For Venezuela, a Staunch Ally. For Cuba, Lots of Subsidized Oil," en *The New York Times*, 27 de enero de 2019, p. 8; Jessica Donati, Vivian Saloma and Ian Talley, "Trump Sees Maduro Move as First Shot in Wider Battle," en *The Wall Street Journal*, 31 de enero de 2019, pp. A1 y A10.

ÍNDICE GENERAL

SEGUNDA PARTE:

EL PROYECTO DE REFORMA CONSTITUCIONAL PRESENTADO POR HUGO CHÁVEZ ANTE LA ASAMBLEA NACIONAL EN 2007

www.ingramcontent.com/pod-product-compliance
Lightning Source LLC
Chambersburg PA
CBHW021804270326
41932CB00007B/49